Uni-Taschenbücher 1750

Eine Arbeitsgemeinschaft der Verlage

Wilhelm Fink Verlag München
Gustav Fischer Verlag Jena und Stuttgart
Francke Verlag Tübingen und Basel
Paul Haupt Verlag Bern · Stuttgart · Wien
Hüthig Verlagsgemeinschaft
Decker & Müller GmbH Heidelberg
Leske Verlag + Budrich GmbH Opladen
J. C. B. Mohr (Paul Siebeck) Tübingen
Quelle & Meyer Heidelberg · Wiesbaden
Ernst Reinhardt Verlag München und Basel
F. K. Schattauer Verlag Stuttgart · New York
Ferdinand Schöningh Verlag Paderborn · München · Wien · Zürich
Eugen Ulmer Verlag Stuttgart
Vandenhoeck & Ruprecht in Göttingen und Zürich

Jörn Altmann

Außenwirtschaft für Unternehmen

Europäischer Binnenmarkt und Weltmarkt

272 Abbildungen

Gustav Fischer Verlag · Stuttgart · Jena

Adresse des Autors:

Prof. Dr. Jörn Altmann
Postfach 100741, 44707 Bochum
Universitätsstr. 150, 44801 Bochum

Für Grete und Elke

Die Deutsche Bibliothek – CIP-Einheitsaufnahme

Altmann, Jörn:
Aussenwirtschaft für Unternehmen : Europäischer Binnenmarkt und Weltmarkt / Jörn Altmann. – Stuttgart ; Jena : G. Fischer, 1993
(UTB für Wissenschaft : Uni-Taschenbücher ; 1750)
ISBN 3-8252-1750-7 (UTB) kart.
ISBN 3-437-40299-4 (Fischer) kart.
NE: UTB für Wissenschaft / Uni-Taschenbücher

Gesetzt in der 9/10p Sabon auf Monotype Lasercomp
Satz: Typobauer Filmsatz, Scharnhausen
Druck und Einband: Clausen & Bosse, Leck
Gedruckt auf Jämsänkoski 65 g/qm, 1,4faches Volumen
Umschlaggestaltung: Alfred Krugmann, Stuttgart
Printed in Germany 0 1 2 3 4 5

UTB-Bestellnummer: ISBN 3-8252-1750-7

Vorwort

Was die Weltwirtschaft angeht,
so ist sie verflochten.
Kurt Tucholsky

Mit dem 1. 1. 1993 hat eine neue Phase der europäischen Integration begonnen. Der **Europäische Binnenmarkt** wird für manches Unternehmen eine neue Dimension bedeuten; für viele andere Unternehmen sind ausländische Märkte bereits seit langem wichtige Beschaffungs- oder Absatzmärkte. Dieses Buch behandelt zwar insbesondere den Europäischen Binnenmarkt, geht darüber hinaus jedoch auch ausführlich auf Probleme der **Weltwirtschaft** und des internationalen Handels im Weltmarkt ein.

Im internationalen Handel sind eine Vielzahl von Aspekten zu berücksichtigen – organisatorische, produktionstechnische, finanzielle und nicht zuletzt rechtliche Aspekte. Dieses Buch wendet sich an Leser, die sich insbesondere aus der **unternehmerischen Sicht** mit Fragen der Außenwirtschaft befassen wollen. Die einleitenden weltwirtschaftlichen Bezüge im I. Teil bilden dabei einen grundlegenden Rahmen. Im II. Teil werden die betriebswirtschaftlichen und rechtlichen Aspekte der Außenwirtschaft vertieft.

Das Manuskript wurde inhaltlich im Januar 1993 abgeschlossen. Bezüglich der **Aktualität** des Buches stellt sich damit das Problem, daß sich im Zeitraum zwischen Manuskripterstellung, Drucklegung und Veröffentlichung des Buches ständig Veränderungen – vor allem in der Rechtsmaterie – ergeben, nicht zuletzt bedingt durch die gravierenden Veränderungen durch den **Europäischen Binnenmarkt** seit 1. 1. 1993. Dies ist jedoch unvermeidlich.

Um das Verständnis nicht durch eine Vielzahl von Fachausdrücken gleich zu Beginn zu erschweren, werden gelegentlich auch etwas ‹unscharfe›, aber allgemein gebräuchliche Begriffe verwendet. In späteren Abschnitten werden diese dann allerdings – vor allem unter rechtlichen Gesichtspunkten – genauer definiert.

Aufgrund der **Komplexität** der Materie berühren viele Textstellen thematisch auch Aspekte, die ausführlicher in anderen Abschnitten behandelt werden. Um Überschneidungen so weit wie möglich zu vermeiden, werden diese ‹Querverbindungen› durch **Verweise** auf andere Kapitel verdeutlicht.

Fachausdrücke und Begriffe werden optisch meist durch **Fettdruck** oder *Kursivdruck* hervorgehoben. Sofern keine Verweise auf vertie-

fende oder erläuternde Passagen in anderen Abschnitten erfolgen, sollte der Leser bei Verständnisschwierigkeiten über die Stichworte im **Register** Zugang zu Erklärungen suchen.
Mein Dank gilt auch bei diesem Buch meinen Studenten und einer Vielzahl von Kollegen und anderen Fachleuten, die mir wertvolle Informationen, Anregungen und Hinweise gegeben haben. Danken möchte ich auch meinen Mitarbeiter(inne)n *Margit Gandras, Constanze Ricken* und *Hubertus Looschelders*. Das Literaturverzeichnis wurde von *Margit Gandras* und *Martin Spreen* betreut, das Abkürzungsverzeichnis und das Register hat *Thomas Grimm* erstellt. Besonders hervorheben möchte ich – stellvertretend für seine Kollegen – *Andreas Hackenberg* im Hause meines Verlegers *Dr. von Lucius* und ihm und allen anderen für die ausgezeichnete und professionelle Zusammenarbeit und Betreuung danken.

Bochum/Münster, Februar 1993 Jörn Altmann

Übersicht

Inhalt

B. Institutionelle Rahmenbedingungen

Teil II: Betriebswirtschaftliche und rechtliche Vertiefung

D. Vertragsgestaltung im Auslandsgeschäft

E. Außenwirtschaftsrecht

F. Zollrecht

H. Risiken und Risikoabsicherung im Außenhandel

Abkürzungsverzeichnis

AAA	American Arbitration Association
ABFN	Autorité pour le Bassin du fleuve Niger
AbschEG	Abschöpfungserhebungsgesetz
ACC	Arab Cooperation Council
ACM	Arab Common Market
ADB	Asian Development Bank
AE	Ausfuhrerklärung
AfDB	African Development Bank
AFTA	Asean Free Trade Area
AFTD	American Foreign Trade Definitions
AG	Aktiengesellschaft
AG	Ausfuhrgenehmigung
AGB	Allgemeine Geschäftsbedingungen
AHStG	Außenhandelsstatistikgesetz
AKA	Ausfuhrkredit-Gesellschaft
AKM	Ausfuhrkontrollmeldung
AKV	Allgemeine Kreditvereinbarung
AL	Ausfuhrlizenz
ALADI	Asociación Latinoamericana de Integración
ALALC	Asociación Latinoamericana de Libre Comercio
AO	Abgabenordnung
APEC	Asean Pacific Economic Cooperation
APG	Ausfuhr-Pauschal-Gewährleistung
APS	Allgemeines Präferenzsystem
ASEAN	Association of South East Asian Nations
(Carnet-)ATA	Admission Temporaire/Temporary Admission
AUMA	Ausstellungs- und Messeausschuß der deutschen Wirtschaft
aV	aktive Veredelung
aVV	aktiver Veredelungsverkehr
AWB	airway bill
AWG	Außenwirtschaftsgesetz
AWV	Außenwirtschaftsverordnung
AZO	Allgemeine Zollordnung
BAFA	Bundesausfuhramt
BALM	Bundesanstalt für landwirtschaftliche Marktordnung
BAW	Bundesamt für Wirtschaft
BCEAO	Banque Centrale des Etats de l'Afrique de l'Ouest
BEAC	Banque des Etats de l'Afrique Centrale
BEF	Bundesamt für Ernährung und Forstwirtschaft
BERI	Business Environment Risk Information
BfAI	Bundesstelle für Außenhandelsinformationen

BIC	International Bank Identifier Code
BIP	Bruttoinlandsprodukt
BIZ	Bank für Internationalen Zahlungsausgleich
BMEFL	Bundesministerium für Ernährung, Landwirtschaft und Forsten
BMF	Bundesministerium der Finanzen
BMWi	Bundesministerium für Wirtschaft
BStatG	Gesetz über die Statistik für Bundeszwecke
bT	bewegliche Teilbetragszölle
CACM	Central American Common Market
CAD	Cash against documents
CAEU	Council for Arab Economic Unity
CARICOM/CCM	Caribbean Community/Caribbean Common Market
CARIFTA	Caribbean Free Trade Association
CBF	Cash Before Delivery
CBLT	Commission pour le Bassin du Lac Tchad
CCC	Customs Cooperation Council
CCFF	Fazilität zur Kompensation von Exporterlösen und unerwarteten externen Störungen
CD	Certificates of Deposit
CDB	Caribbean Development Bank
CEAO	Communauté Economique de l'Afrique de Ouest
CEEAC	Communauté Economique des Etats de l'Afrique Central
CEPGL	Communauté Economique des Pays du Grand Lac
CFA	Communauté Financière Africaine
CFP	Change Franc Pacifique
CFR	Costs and Freight
CIF	Cost, Insurance, Freight
CIM	Convention internationale concernant le transport des marchandises par chemin de fer
CIP	Carriage and Insurance Paid to
CISG	Convention on the International Sale of Goods
CLC	Commercial Letter of Credit
CMR	Convention relative au contrat de transport international des marchandises par route
COCOM	Coordinating Committee for Multilateral Strategic Export Controls
COD	Cash on Delivery
COMECON	Council for Mutual Economic Cooperation
COREPER	Comité des Représentants Permanents
CPCM	Comité Permanent Consultatif du Maghreb
CPT	Carriage Paid To
CDT	Combined Transport Document
CTO	Combined Transport Operator

d/a	documents against accept
DAC	Development Assistance Committee
DAF	Delivered At Frontier
DAS	Deutscher Ausschuß für Schiedsgerichtswesen
DDP	Delivered Duty Paid
DDU	Delivered Duty Unpaid
DEQ	Delivered Ex Quai
DES	Delivered Ex Ship
DGebrZT	Deutscher Gebrauchszolltarif
DIS	Deutsche Institution für Schiedsgerichtswesen
d/o	delivery orders
d/p	documents against payment
DVO	Durchführungsverordnung
EAC	East African Community
EAG	Einheitliches Gesetz über den Abschluß von internationalen Kaufverträgen über bewegliche Sachen
EAG	Europäische Atomgemeinschaft
EAGFL	Europäischer Ausrichtungs- und Garantiefonds für die Landwirtschaft
EBRD	European Bank for Reconstruction and Development
EBWE	Europäische Bank für Wiederaufbau und Entwicklung für Mittel- und Osteuropa
ECCM	East Caribbean Common Market
ECE	Economic Commission for Europe
ECP	Euro-Commercial Paper
ECOWAS	Economic Community of West African States
ECU	European Currency Unit
EEA	Einheitliche Europäische Akte
EEF	Europäischer Entwicklungsfonds
EFRE	Europäischer Fonds für regionale Entwicklung
EFTA	European Free Trade Association
EG	Europäische Gemeinschaften
eG	eingetragene Genossenschaft
EGKS	Europäische Gemeinschaft für Kohle und Stahl
EHM	Ergänzender Handelsmechanismus
EIB	Europäische Investitionsbank
EKG	Einheitliches Gesetz über den internationalen Kauf beweglicher Sachen
EKM	Einfuhrkontrollmeldung
EL	Einfuhrliste
EP	Europäisches Parlament
EPZ	Europäische Politische Zusammenarbeit
ERA	Einheitliche Richtlinien und Gebräuche für Dokumenten-Akkreditive
ERI	Einheitliche Richtlinien für Inkassi

ERP	European Recovery Programme
ERTI	European Round Table of Industrialists
ERVG	Einheitliche Richtlinien für Vertragsgarantien
ESAPTA	Eastern and Southern African Preferential Trade Area
ESF	Europäischer Sozialfonds
EuGH	Europäischer Gerichtshof
EURATOM	Europäische Atomgemeinschaft
EUROSTAT	Statistisches Amt der EG
EUSt	Einfuhrumsatzsteuer
EUStG	Einfuhrumsatzsteuergesetz
EWG	Europäische Wirtschaftsgemeinschaft
EWGV	EWG-Vertrag
EWI	Europäisches Währungsinstitut
EWIV	Europäische Wirtschaftliche Interessenvereinigung
EWR	Europäischer Wirtschaftsraum
EWS	Europäisches Währungssystem
EWWU	Europäische Wirtschafts- und Währungsunion
EXW	Ex-works
EZ	Entwicklungszusammenarbeit
EZB	Europäische Zentralbank
EZBS	Europäisches Zentralbanken-System
FAO	Food and Agricultural Organization
FAS	Free Alongside Ship
FCA	Free Carrier
FCR	Forwarders Certificate of Receipt
FCT	Forwarders Certificate of Transport
FIATA	Fédération Internationale des Associations des Transitaires et Assimilés
FIBOR	Frankfurt Interbank Offered Rate
FOB	Free on Board
FZ	Finanzielle Zusammenarbeit
GAB	General Agreement to Borrow
GATT	General Agreement on Tariffs and Trade
GCC	Gulf Cooperation Council
gemVV	gemeinsames Versandverfahren
G.I.E.	Groupement d'Intérêt Economique
GmbH	Gesellschaft mit beschränkter Haftung
GPS	General System of Preferences
GVÜ	Gerichtsstands- und Vollstreckungsübereinkommen
gVV	gemeinschaftliches Versandverfahren
GWB	Gesetz gegen Wettbewerbsbeschränkungen
GZT	Gemeinschaftszolltarif
HZA	Hauptzollamt

IAEO	Internationale Atomenergie-Organisation
IATA	International Air Transport Association
IBRD	International Bank for Reconstruction and Development
ICC	International Chamber of Commerce
IDA	International Development Association
IDB	Interamerican Development Bank
IEA	International Energy Agency
IEA	Interministerieller Einfuhrausschuß
IEB	Internationale Einfuhrbescheinigungen
IFC	Internationale Finanz-Corporation
IGH	Internationaler Gerichtshof
IHK	Industrie- und Handelskammer
ILO	International Labour Organization
IMA	Interministerieller Ausschuß
INCOTERMS	International Commercial Terms
ITC	International Trade Center
ITO	International Trade Organization
IWF	Internationaler Währungsfonds
KfW	Kreditanstalt für Wiederaufbau
KG	Kommanditgesellschaft
KLIMA	Kleiner Interministerieller Ausschuß
KWKG	Kriegswaffenkontrollgesetz
KWL	Kriegswaffenliste
LAFTA	Latin American Free Trade Association
L/C	letter of credit
LDC	Less Developed Countries
LIBOR	London Interbank Offered Rate
LLDC	Least Developed Countries
LUXIBOR	Luxemburg Interbank Offered Rate
MCCA	Mercado Común Centroamericano
MERCOSUR	Mercado Común en el America del Sur
MFA	Multifaserabkommen
MIGA	Multilateral Investment Guarantee Agency
MITI	Ministry of International Trade and Industry
MO	Marktordnung
MOEL	mittel- und osteuropäische Länder
MOG	Marktordnungsgesetz
MOR	Marktordnungsrecht
MPL	Master Limited Partnership
MRU	Mano River Union
MSAC	Most Seriously Affected Countries
MTO	Multilateral Trade Organization
MWZ	Mitteilungen für Weltwirtschaftliche Zusammenarbeit

NAFTA	North American Free Trade Association
NEA	Nuclear Energy Agency
NIC	Newly Industrializing Countries
NIMEXE	Nomenklatur Import Export Europa
NRZZ	Nomenklatur des Rates für die Zusammenarbeit auf dem Gebiet des Zollwesens
OAS	Organisation (Latein-) Amerikanischer Staaten
OAU	Organization for African Unity
OCAM	Organisation Commune Africaine et Mauricienne
OCAMM	Organisation Commune Africaine, Malgache et Mauricienne
OECD	Organization for Economic Cooperation and Development
OEEC	Organization for European Economic Cooperation
OFD	Oberfinanzdirektion
OHG	offene Handelsgesellschaft
OMA	Orderly Market Arrangements
OMVG	Organisation pour la Mise en Valeur du Fleuve Gambia
OMVS	Organisation pour la Mise en Valeur du Fleuve Sénégal
OPEC	Organization of the Petrol Exporting Countries
ORI	Operation Risk Index
PRI	Political Risk Index
ProdHG	Produkthaftungsgesetz
PrPG	Produktpirateriegesetz
PTA	Preferential Trade Area
RF	Repayment Factor
RWG	Rat für gegenseitige Wirtschaftshilfe
RZZ	Rat für die Zusammenarbeit auf dem Gebiet des Zollwesens
SAARC	South Asean Association for Regional Cooperation
SACU	Southern African Customs Union
SADC	South African Development Community
SADCC	Southern African Development Coordination Conference
SAF	Strukturanpassungsfazilität
SAP	Strukturanpassungsprogramm
SELA	Sistema Económico Latinoamericano
SITC	Standard International Trade Classification
STABEX	System zur Stabilisierung der Exporterlöse
SWIFT	Society for Worldwide Interbank Financial Telecommunication

SYSMIN	System zur Stabilisierung der Exporterlöse aus mineralischen Erzeugnissen
SZR	Sonderziehungsrecht
TARIC	Tarif Integré Communitaire
TIEx	Transport International par Expres
(Carnet-) TIR	Transport International de Marchandises par Route
T.o.T.	Terms-of-Trade
TWB	truckway bill
TZ	Technische Zusammenarbeit
U	Ursprungszeugnis
UAM	Union Africaine et Malgache
UAMCE	Union Africaine et Malgache de Coopération Economique
UCC	Uniform Commercial Code
UDAO	Union Dounanière de l'Afrique de l'Ouest
UDEAC	Union Dounanière et Economique de l'Afrique Centrale
UDEAO	Union Dounanière des Etats de l'Afrique de l'Ouest
UE	Ursprungserklärung
UEAC	Union des Etats de l'Afrique Centrale
ÜLG	überseeische Länder und Gebiete
UMA	Union du Maghreb Arabe
UMOA	Union Monetaire Ouest Africaine
UN	United Nations
UNCDF	United Nations Capital Development Fund
UNCITRAL	United Nations Commission on International Trade Law
UNCTAD	United Nations Conference on Trade and Development
UNDP	United Nations Development Programme
UN-ECE	Wirtschaftskommission der Vereinten Nationen für Europa
UN-ECOSOC	United Nations Economic and Social Council
UNIDO	United Nations Industrial Development Organization
UNO	United Nations Organization
UPA	Uniform Partnership Act
URDG	Uniform Rules on Demand Guarantees
USt	Umsatzsteuer
UStG	Umsatzsteuergesetz
VER	Voluntary Export Restraints
VN	Vereinte Nationen
V.o.U.	Vormaterialien ohne Ursprungseigenschaft
VuB	Verbote und Beschränkungen

WAEC	West African Economic Community
WäG	Währungsgesetz
WG	Wechselgesetz
WHO	World Health Organization
WTA	Welttextilabkommen
WVB	Warenverkehrsbescheinigung
WZG	Warenzeichengesetz
ZG	Zollgesetz
ZKA	Zollkriminalamt
ZnA	Zollabfertigung nach Aufzeichnung
ZnG	Zollabfertigung nach Gestellungsbefreiung
ZnV	Zollabfertigung nach vereinfachter Zollanmeldung
ZOG	Zollorganisationsgesetz
ZPLA	Zolltechnische Prüf- und Lehranstalt
ZPO	Zivilprozeßordnung
ZTVO	Zolltarifverordnung
ZWVO	Zollwertverordnung

Abbildungsverzeichnis[1]

Teil I: Grundlagen

A. Grundsätzliche Aspekte

A-1: Gründe für Außenhandel

A-2: Arten und Formen des Warenhandels

A-3: Welthandelsstrukturen

[1] Eine Reihe von Abbildungen enthält Überschriften von Zeitungsmeldungen. Aus Gründen der Übersichtlichkeit wird dabei auf Quellenangaben verzichtet.

C-2: Außenwirtschaftliche Protektion

Teil II: Betriebswirtschaftliche und rechtliche Vertiefung

D. Vertragsgestaltung im Auslandsgeschäft

D-1. Nationales und Internationales Vertragsrecht

D-2: Dokumente im Außenhandel

D-3: Internationale Lieferklauseln

D-4: Zahlungsbedingungen im Außenhandel

E-4: Einfuhrabfertigung

E-5: Ausfuhrabfertigung

F. Zollrecht

F-1: Grundlagen und Begriffe

F-2: Abfertigung

F-3: Bemessung der Eingangsabgaben

F-4: Warenursprung und Präferenzen

F-5: Zollverfahren

F-6: Vereinfachungen und Veränderungen durch den Binnenmarkt

G. Marktordnungsrecht

G-1: Entstehung und Ziele der Marktordnungen

G-4: Agrarmarkt-Modell

G-6: Beispiel: Das Preissystem für Getreide

G-7: Formale Aspekte

G-9: Probleme und Fehlentwicklungen

H. Risiken und Risikoabsicherung im Außenhandel

H-1: Risikoarten und Umgehen mit Risiken

H-2: Risiken im Zahlungsverkehr

H-3: Währungsrisiken

Teil I
Grundlagen

A. Grundsätzliche Aspekte

A-1. Gründe für Außenhandel

Die außenwirtschaftlichen Beziehungen eines Landes erstrecken sich auf den **Handel mit Sachgütern**, auf den **Dienstleistungsverkehr**, auf den **Kapitalverkehr** und auf den **Zahlungsverkehr**; auf diese Unterteilung wird in späteren Kapiteln unter den verschiedendsten Aspekten zurückzukommen sein. In diesem einleitenden Abschnitt werden zunächst nur einige Überlegungen angestellt, welche Gründe für Import- oder Exportbeziehungen sprechen und welche Überlegungen bei Direktinvestitionen im Ausland im Vordergrund stehen. In späteren Abschnitten (vgl. u.a. Abschn. A-2.1) werden diese Aspekte erweitert und vertieft.

In den meisten Lehrbüchern wird dabei zwischen volks- und betriebswirtschaftlichen Gründen für Außenhandel unterschieden. Volkswirtschaftliche (makroökonomische) Aspekte sind vor allem dann wichtig, wenn es z.B. um den Abschluß völkerrechtlicher Handelsabkommen geht. So wird ein Land wie Deutschland, das selber kaum über Rohstoffe verfügt, ein Interesse daran haben, sich mit rohstoffreichen Lieferländern über den Bezug wichtiger Güter zu einigen und beispielsweise entsprechende **Handelsabkommen** abschließen. Die sog. **Lomé-Verträge** der Europäischen Gemeinschaft sind hierfür ein gutes Beispiel (vgl. dazu Abschn. B-2.12), aber auch die Überlegungen, welche die EG dazu bewegen, im Agrarbereich mit den **Agrarmarktordnungen** teils handelsfördernde, teils handelsbehindernde Maßnahmen zu entwickeln (vgl. Kap. G.).

Der konkrete internationale Handel aber wird von Unternehmen getragen. Der Abschluß eines Handelsvertrages bedeutet folglich nicht, daß tatsächlich auch Handel betrieben wird (wenn man einmal von den ehemaligen Staatshandelsländern des Ostblocks absieht): Unter marktwirtschaftlichen Rahmenbedingungen sind Unternehmen völlig frei hinsichtlich ihrer Entscheidung, am internationalen Handel teilzunehmen oder nicht. Folglich muß es triftige unternehmerische (mikroökonomische, betriebswirtschaftliche) Gründe für internationalen Handel geben.

A-1.1. Importmotive

A-1.1.1. Nichtverfügbarkeit von Gütern und Produktionsfaktoren

Ohne Gewässer kann man keine Fische fangen; in Deutschland wachsen weder Kaffee noch Bananen. Fehlende **Produktionsfaktoren,** zu denen auch das Klima zählt, bedeuten Nichtverfügbarkeit oder unzureichende Produktion bestimmter **Güter**. Ähnlich verhält es sich mit bestimmten Rohstoffen wie Kupfer, Öl oder Uran, die nur in einigen Ländern anzutreffen sind, in anderen überhaupt nicht. Auf der Importseite handelt es sich also zunächst einmal darum, Güter zu beschaffen, die entweder im Inland **nicht verfügbar** sind oder weil die zu ihrer Herstellung erforderlichen Produktionsfaktoren nicht vorhan-

Abb. A-1.1/1: **Nichtverfügbarkeit von Gütern**

Importabhängigkeit der Bundesrepublik

Rohstoff	hauptsächliche Verwendung	Importanteil in Prozent
Aluminium	Flugzeugbau	100
Asbest	Bremsen	100
Baumwolle	Stoffe	100
Chrom	Stahl	100
Kobalt	Computer	100
Mangan	Stahl	100
Molybdän	Stahl	100
Nickel	Stahl	100
Phosphat	Dünger	100
Quecksilber	Chemie, Elektro	100
Tantal	Stahl	100
Titan	Flugzeugbau	100
Vanadium	Stahl	100
Wolfram	Elektro	100
Zinn	Blech	100
Kupfer	Kabel	99
Silber	Fotochemie	98
Eisenerz	Auto-, Schiffbau	98
Erdöl	Energie	96
Blei	Batterien	92
Zink	Draht (Messing)	71

Quelle: Statistisches Bundesamt

den sind (zwar ließen sich Bananen in Treibhäusern züchten, jedoch nur zu – auf dem Weltmarkt – nicht konkurrenzfähigen Preisen – es sei denn, man könnte sich gegen die Weltmarktkonkurrenz abschotten; Absch. G-8 geht auf ein einschlägiges Beispiel ein). Abb. A-1.1/1 enthält einige Beispiele für Güter, die aufgrund der Nichtverfügbarkeit im Inland importiert werden müssen. 81% der Erdölvorkommen liegen in Entwicklungsländern, weitere 11% in Osteuropa, 85% der Erdgasvorkommen liegen außerhalb der westlichen Industrieländer, 92% der Zinnvorkommen, 78% der Phosphatvorkommen, etc. Dies erklärt auch, weshalb teilweise Handelsbeziehungen mit Ländern beibehalten werden, die man politisch nicht unbedingt zu seinen Freunden zählt; hier werden oft Kompromisse gemacht.

Der Aspekt der Nichtverfügbarkeit bezieht sich auch auf solche Güter, die im Inland nur in *unreichenden Mengen* oder *unzureichender Qualität* angeboten werden können (z.B. Tabak). Importe erfolgen auch, wenn im Ausland bestimmte **Produktdifferenzierungen** verfügbar sind, wie z.B. im Automobilsektor, denn weshalb werden z.B. französische Autos in das Autoland Deutschland importiert bzw. umgekehrt? Auch Mode, Kosmetika oder Elektronik sind Bereiche, wo Produktdifferenzierungen Anlaß für Importe sind. Natürlich gelten analoge Überlegungen auch als Motive für die ausländische Nachfrage nach inländischen Exportgütern.

Die Nichtverfügbarkeit von Gütern im Inland kann sowohl *dauerhaft* sein (Kaffee) als auch *vorübergehend* (Mißernten von Obst, Streiks bei Zulieferern). Sie kann auch auf produktionstechnischen Gründen beruhen, z.B. wenn aus Umweltschutzgründen die Produktion bestimmter Güter im Inland verboten ist (i.d.R. ist dann allerdings auch der Import dieser Güter beschränkt; vgl. Abschn. E-3.2) oder wenn aus patentrechtlichen Gründen eine Produktion im Inland nicht möglich ist.

Ein wichtiger Produktionsfaktor, über den viele Länder nur in unzureichendem Maße verfügen, ist *Arbeit*. Dies mag auf den ersten Blick widersprüchlich erscheinen angesichts der weltweiten Arbeitslosigkeit. In vielen Entwicklungsländern sind Arbeitslosenquoten von weit über 25% gängig (wobei nur die offizielle Arbeitslosigkeit ausgewiesen wird, nicht jedoch das meist erhebliche Ausmaß der verdeckten Arbeitslosigkeit). Dennoch leiden gerade diese Länder unter einem Mangel an *qualifizierten Arbeitskräften*. Die Produktion vieler Güter erfordert – neben einer entsprechenden Kapitalausstattung – eine qualifizierte Berufsausbildung. Hier besteht in vielen Ländern ein großes Defizit. Während unausgebildete, unqualifizierte Arbeitskraft im Überfluß vorhanden ist, aber auch an Akademikern oft kein Mangel besteht, fehlen *Facharbeiter*. Die existierenden Aus- und Fortbildungssysteme können mit dem wachsenden Bedarf qualitativ und quantitativ nicht Schritt halten. Das erforderliche Arbeitskräftepotential aber läßt sich, im Gegensatz zu Sachkapital wie Maschinen, nicht einfach importieren, und hierin ist für Entwicklungsländer ein zentrales, aber nicht immer unverschuldetes Entwicklungshemmnis zu sehen.

A-1.1.2. Kosten-und Preisunterschiede

A-1.1.2.1. Das Faktor-Proportionen-Theorem

Sofern die betreffenden Güter im Inland grundsätzlich in gleicher Qualität verfügbar sind, ist also die Nichtverfügbarkeit kein Importmotiv. Import kann dann aufgrund von **Kosten- und Preisvorteilen** ausländischer Anbieter sinnvoll sein, und analog sind Kostenvorteile von Inländern Anreiz für ausländische Exportnachfrage. Dies kann sich auf Rohstoffe, Halb- oder Fertigprodukte beziehen.

Die Kosten der bei der Güterproduktion eingesetzten Produktionsfaktoren leiten sich u.a. daraus ab, in welchen *Mengen* sie vorhanden sind, d.h. ob sie *reichlich* zur Verfügung stehen oder *knapp* sind und welche Qualität sie haben; dies gilt für Bodenschätze, Rohstoffe, Energiequellen, Bodenflächen und Klimabedingungen ebenso wie für Kapital und Arbeit. Die unterschiedliche Qualität drückt sich in unterschiedlichen **Faktorproduktivitäten** aus, d.h. dem Verhältnis von Produktionsergebnis zu Faktoreinsatz. Wenn sich Kostenunterschiede hierauf zurückführen lassen, spricht man von **Ricardo-Gütern**. In einem Land, in dem beispielsweise Arbeitskräfte knapp sind, werden die Löhne vergleichsweise höher sein als in einem Land, in dem ein Überangebot an Arbeitskräften besteht. Wenn nun die Produktion bestimmter Güter besonders arbeitsintensiv ist, dann sind natürlich Länder im Vorteil, die ein vergleichsweise niedrigeres Lohnniveau haben. Dies erklärt bei manchen Gütern auch den Preisvorteil (süd)-ostasiatischer und japanischer Anbieter in Europa oder Amerika.

Wenn man diese Erkenntnis verallgemeinert, bedeutet dies, daß Länder, in denen Arbeitskräfte oder Rohstoffe relativ gesehen im Überfluß verfügbar und dementsprechend billig sind, bei der Produktion arbeits- oder rohstoffintensiver Güter, die zudem eine relativ einfache Produktionstechnologie erfordern, im Vorteil sind. Umgekehrt sind Länder, die über eine hohe Kapitalausstattung bzw. ein hohes Maß an «Know-how» und Technisierung verfügen, bei der Produktion kapital- oder technologieintensiver Güter im Vorteil.

Diese Überlegungen sind in der Theorie als **Faktor-Proportionen-**

Theorem bekannt. Es wurde von **E. Heckscher** und **B. Ohlin** entwikkelt und stützt sich auf die These, daß die Faktorproportionen, also die relative Verfügbarkeit der Produktionsfaktoren in einem Land, die Faktorpreise bestimmen. Abschn. A-1.4 enthält einige kritische Anmerkungen hierzu.
Der Hauptgrund für kostengünstigere ausländische Produktion liegt meist im Bereich der **Lohnkosten.** In vielen Sektoren – u.a. Textilien, Spielwaren, Elektrogeräte – erfolgt die internationale Güterproduktion vorrangig in **Billiglohnländern,** meist Entwicklungs- und Schwellenländer, wobei die Fertigprodukte anschließend in die kostenintensiveren Industrieländer importiert werden. Abb. A-1.1/2 verdeutlicht beispielhaft die erheblichen internationalen Lohnkostendifferenzen, u.a. auch – noch – innerhalb der EG.

Abb. A-1.1/2: **Internationales Lohnkostengefälle**

Arbeitskosten je Arbeiter-Stunde in der Verarbeitenden Industrie 1991 in DM (zum Teil vorläufige Zahlen: Umrechnung: Jahresdurchschnitt der amtlichen Devisenkurse)

Deutschland	40,48	Luxemburg	30,12	Griechenland	11,14
Schweiz	38,83	Kanada	29,66	Portugal	7,88
Norwegen	38,48	Japan	29,63	Singapur	5,30
Schweden	37,02	Frankreich	26,73	Hongkong	4.40
Italien	32,38	USA	25,57	Südkorea	4,33
Niederlande	32,12	Austalien	24,66	Taiwan	4,15
Belgien	31,72	Großbritannien	22,76	Türkei	3,60
Dänemark	31,32	Spanien	22,50	Mexiko	2,82
Österreich	31,09	Irland	21,66	Brasilien	2,68

Quelle: iw-Zusammenstellung

Im internationalen Lohnkostenvergleich hält die Bundesrepublik erneut die Spitze

Das schlechte Abschneiden der Bundesrepublik bei diesem Kostenvergleich ist vor allem auf die hohe Belastung mit **Personalzusatzkosten** zurückzuführen: Zu jeder Lohn-Mark müssen etwa 0,82 DM Lohnnebenkosten hinzugerechnet werden – von den in Abb. A-1.1/2 angeführten DM 40,48 sind DM 18,75 Personalzusatzkosten (1992). Hierbei schlagen u.a. auch längere Urlaubszeiten als in anderen Ländern und höhere Beitragssätze in den Sozialversicherungen zu Buche, ferner die betriebliche Altersversorgung, 13. Monatsgehalt, Vermögensbildung, Mutterschutz, Lohnfortzahlung bei Krankheit etc. Während die Direktentgelte in Deutschland von 1970 bis 1990 um rd. 230% gestiegen sind, haben die Lohnzusatzkosten mit rd. 442% fast doppelt so stark zugenommen. Betonenswert sind die relativ niedrigen Lohnsätze in den USA. Im Vergleich mit «richtigen» Billiglohnländern wie Taiwan oder Brasilien sind die EG-Billiglohnländer Griechenland und Portugal (noch) teurer. Aber:

Der reine Lohnkostenvergleich ist allein nicht immer aussagekräftig. Vielmehr muß die **Arbeitsproduktivität** berücksichtigt werden, d.h. z.B. das Produktionsergebnis pro Arbeiter oder pro Stunde. Eine hohe Belastung durch Lohnstückkosten kann möglicherweise kompensiert werden durch eine hohe Arbeitsproduktivität. Bei kapitalintensiver Produktion spielen die Lohnstückkosten ohnehin nur eine nachgeordnete Rolle, so daß dafür niedrige Arbeitslöhne nur einer von mehreren Aspekten ist. Wenn es allerdings möglich ist, eine hohe Arbeitsproduktivität auch in ausländischen Standorten mit Lohnkostenvorteilen zu erzielen, liegen Direktinvestitionen in «Billiglohnländern» nahe, wobei allerdings eine Vielzahl anderer Faktoren eine Rolle spielen (vgl. nachstehend Abschn. A-1.3).

Komparative Kostenvorteile lassen sich auch – nach neueren Theorieansätzen – auf die oligopolistische Struktur der Anbieterseite zurückführen. Diese begünstigt die Bewahrung z.B. auch von Knowhow-Vorteilen, ermöglicht aggressive Preispolitik. Zudem lassen sich komparative Kostenvorteile durch staatliche Maßnahmen schaffen bzw. verstärken, etwa durch Exportsubventionierung.

A-1.1.2.2. Produkt-Zyklen

Die sog. **Produkt-Zyklus-These** kann man als Weiterentwicklung des Faktor-Propotionen-Ansatzes zur Erklärung von Kostenunterschieden bezeichnen und in Zusammenhang bringen mit Direktinvestitionen im Ausland. Nach der Produkt-Zyklus-Theorie von **Vernon/Hirsch** durchläuft ein (industrielles) Produkt *drei Phasen:* Bei der Produktentwicklung als erster Phase wird relativ viel qualifizierte Arbeitskraft benötigt. Danach ist in der zweiten Phase zum Aufbau der industriellen Produktionskapazitäten ein relativ großer Kapitaleinsatz auf hohem technischen Niveau erforderlich, der in der dritten Phase durch Vereinfachungen für die Serienfertigung sinkt. Da in der dritten Phase nur Kapital ohne hohe technologische Anforderungen und nur relativ wenig qualifizierter Arbeitseinsatz erforderlich ist, hätten die Ent-

wicklungsländer bei standardisierten Massenproduktionen einen Kostenvorteil.
Arbeitsteilige Spezialisierungsmuster, die sich auf Kostenvorteile aufgrund der Produktzyklusthese zurückführen lassen, sind in der Realität durchaus zu beobachten. Rohstoffintensive Bereiche sind beispielsweise die Ledererzeugung und -verarbeitung oder die Holzbearbeitung, arbeitsintensiv war die Produktion in der Feinmechanik und Elektrotechnik sowie – vor einer beträchtlichen Kapitalintensivierung – die Produktion von Textilien und Bekleidung. In die dritte Produktzyklusphase ist die Produktion von Haushaltsgeräten, Büromaschinen oder Sportartikeln einzuordnen. Hieran wird deutlich, daß Schwellen- und Entwicklungsländer auch im industriellen Bereich in zunehmendem Maße zu Konkurrenten der etablierten Anbieter aus Industrieländern werden.

A-1.1.3. Importabhängigkeit und Protektion

Ein hoher Importanteil kann jedoch auch starke Abhängigkeit vom Ausland bedeuten. Abb. A-1.1/3 verdeutlicht dies beispielhaft. Abb. A-1.1/4 zeigt, daß Güterimporte, die nicht auf das Nichtverfügbar-

Abb. A-1.1/3: **Importabhängigkeit**

Puma bereitet die Beschaffung große Probleme
Fast 100 Prozent der Ware kommt aus Fernost - Engpaß nach Brand

Abb. A-1.1/4: **Importkonkurrenz**

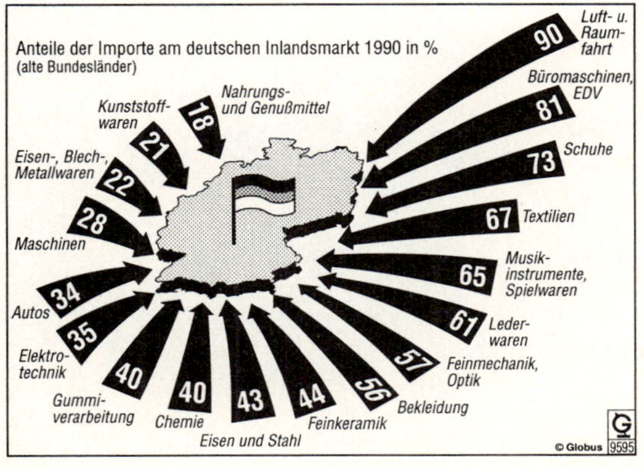

keitsmotiv zurückzuführen sind, eine entsprechende Konkurrenz für inländische Anbieter darstellen können. Folglich gibt es – unbeschadet der theoretisch überzeugenden Vorteile des Freihandels, wie sie von der (neo-)klassischen Außenhandelstheorie postuliert werden – in der Praxis eine Fülle von handelsbehindernden Maßnahmen (sog. **Protektion**), die darauf gerichtet sind, die inländischen Unternehmen und die inländische Wirtschaft vor billigerer und/oder besserer ausländischer Konkurrenz zu schützen. Abschn. C-2 wird dies vertiefen.

A-1.2. Exportmotive

Die ausländische Nachfrage nach inländischen Exportgütern, d.h. weshalb Ausländer ‹bei uns› kaufen, läßt sich durch die vorangehenden Importmotive erklären. Im folgenden wird ergänzend auf einige Aspekte eingegangen, die aus inländischer Sicht eine Betätigung im Exportbereich sinnvoll machen.

Im Hinblick auf Exportgeschäfte liegt das betriebswirtschaftliche Interesse allgemein in der Umsatz- bzw. Gewinnerzielung, spezieller betrachtet in der **Kapazitätsauslastung** und damit der **Beschäftigungssicherung** des Unternehmens, aber daraus abgeleitet auch die Möglichkeit der **Kostendegression** aufgrund von **Skaleneffekten** (*economies of scale*) und damit verbesserter Wettbewerbsfähigkeit im In- und Ausland. Abb. A-1.2/1 verdeutlicht, daß verschiedene Branchen

Abb. A-1.2/1: **Branchen-Exportquoten**

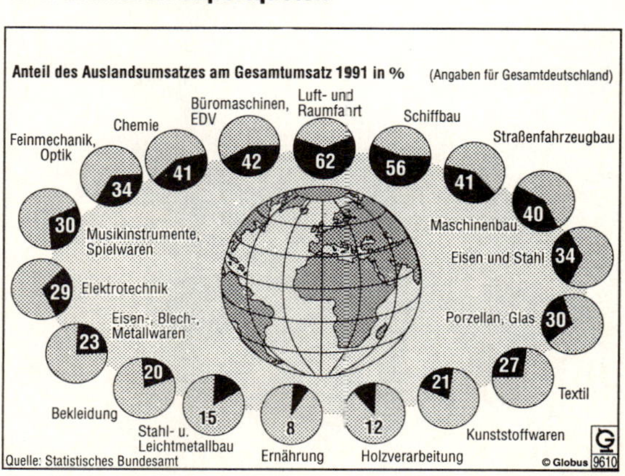

der Wirtschaft teilweise erheblich von der Auslandsnachfrage abhängig sind. Hinzu kommen auch Überlegungen der regionalen **Risikostreuung**, sofern die Exportorientierung regional hinreichend diversifiziert ist, um nicht zu sehr von einzelnen Märkten abhängig zu sein. Vgl. in diesem Zusammenhang auch unten Abschn. A-3.3.

Ein spezieller Aspekt ist die sog. **passive Veredelung**, bei der – vorrangig aus Kostengründen – unfertige Güter zur Be- oder Verarbeitung ins lohnkostengünstigere Ausland «exportiert» und die «veredelten» Fertigprodukte anschließend wieder re-importiert werden. Der Textilbereich ist ein klassisches Beispiel hierfür. Natürlich handelt es sich dabei nicht um Export im strengen Wortsinn, denn die betreffenden Güter sollen letztendlich im Inland zur Verfügung stehen (vgl. Abschn. A-2.3.1 und F-5.3).

Auf gesamtwirtschaftlicher Ebene gibt es viele Beispiele von Ländern, die sich auf die Produktion weniger Güter (meist Rohstoffe oder Agrarprodukte) spezialisiert haben (sog. **Monokulturen**). Diese Volkswirtschaften produzieren dann ein im Verhältnis zur Binnennachfrage großes Überangebot an bestimmten Gütern, das dann ein Ventil auf dem Weltmarkt braucht (sog. **vent-for-surplus-Theorie**).

Ein Land, das sich auf die Produktion eines oder weniger (Export-) Güter spezialisiert, geht damit ein erhebliches *Risiko* ein, indem es sich von der Weltmarktnachfrage und den Weltmarktpreisen abhängig macht (Abb. A-1.2/2):

Spezialisierung soll prinzipiell dazu führen, daß das Land billiger und/oder besser anbieten kann als andere Konkurrenten. Dabei wird unterstellt, daß sinkende Preise als «normale» Reaktion zu einer Zunahme der Nachfrage des Auslands führen. Dies ist jedoch keineswegs immer der Fall. Gerade im Fall von Rohstoffen zeigen sich *Sättigungstendenzen*, die teilweise auch durch die von den Verwendern angewandten Produktionsverfahren technisch bedingt sein können. Sinkende Angebotspreise führen dann nicht zu steigender Nachfrage. Wenn die Exportnachfrage *unelastisch*, d.h. unterproportional auf Preissenkungen in den Lieferländern bzw. auf Einkommenserhöhungen in den Importländern reagiert, wird der (negative) Preiseffekt nicht durch einen (positiven) Mengeneffekt kompensiert, so daß die Exporterlöse bei fallenden Preisen sogar sinken können.

Bedenklich ist in diesem Zusammenhang auch, wenn ein Land Anbauflächen für Nahrungsmittel nun beispielsweise für den Baumwollanbau nutzt, denn Baumwolle kann man nicht essen. Fallende Baumwollpreise oder sinkende Exportnachfrage können dann leicht Versorgungsprobleme auslösen, denen nur durch massive Importe begegnet werden kann. Der *Internationale Währungsfonds* stellt seinen Mitglie-

Abb. A-1.2/2: **Exportabhängigkeit von Staaten**

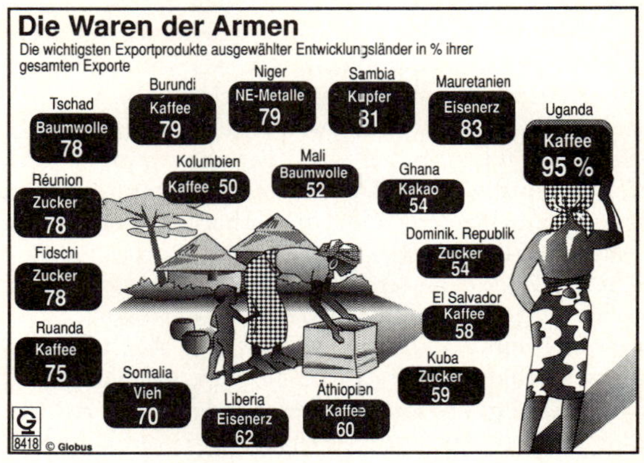

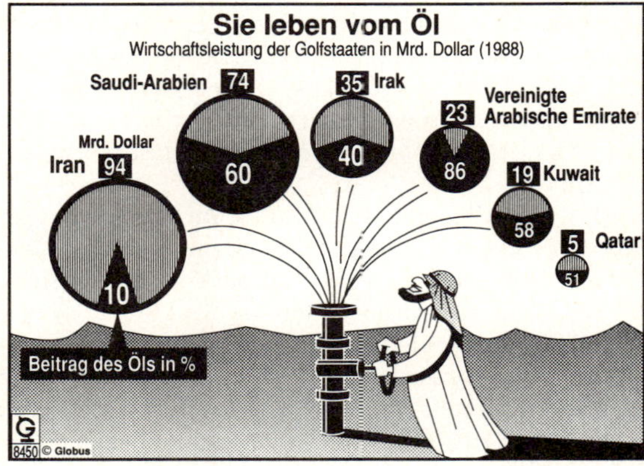

dern unter bestimmten Voraussetzungen für solche Exporterlösausfälle spezielle Kredite zu Sonderkonditionen zur Verfügung. Auch die Europäische Gemeinschaft hat im Rahmen ihrer *Lomé-Verträge* mit den sogenannten *AKP-Ländern* (Entwicklungsländer aus Afrika, der Karibik und dem Pazifik) mit dem *STABEX-Programm* die Kompensation von Exporterlösausfällen eingebaut (vgl. dazu Abschn. B-2.6 und B-2.12).

A-1.3. Direktinvestitionen

Neben Import und Export von Waren gibt es eine Vielzahl anderer Formen außenwirtschaftlicher Aktivitäten; Abschn. A-2.1 geht darauf ausführlicher ein. Im folgenden beschränkt sich die Darstellung auf Exportüberlegungen; für Importe gilt Analoges.

Für die Versorgung ausländischer Märkte gibt es grundsätzlich drei Möglichkeiten:

- *Warenexport*, d.h. eine direkte Lieferbeziehung zwischen Exporteur und ausländischem Käufer,
- *indirekten Export*, d.h. der Hersteller liefert an einen Zwischenhändler, der den ausländischen Markt versorgt,
- Produktion *im Ausland* für den ausländischen Markt; dies bedeutet Kooperation mit ausländischen Partnern und/oder Direktinvestitionen im Ausland.

An dieser Stelle sollen beispielhaft einige Überlegungen zu Direktinvestitionen vorangestellt werden, wobei hier noch nicht auf verschiedene Varianten eingegangen wird. Im Abschn. A-2.3 werden unterschiedliche Investitions- bzw. Beteiligungs*formen* unterschieden.

Wenn sich ein Unternehmen dafür entscheidet, Produktionsanlagen im Ausland zu errichten, statt im Inland produzierte Güter zu exportieren, spielen natürlich eine ganze *Vielzahl von Kriterien* eine Rolle. Dies läßt sich nicht verallgemeinern. Hervorzuheben sind jedoch Aspekte wie günstigere Produktionskosten (u.a. Lohnkosten) (vgl. nochmals Abb. A-1.1/2), bessere Arbeitsproduktivität, Wegfall von Transportkosten; ferner Steuervorteile, das Unterlaufen von Zollschranken, die Marktnähe zum Abnehmer, Risikostreuung, u.v.m. Viele dieser Argumente gelten analog auch für Direktinvestitionen aus Importeurssicht, wie z.B. die Marktnähe für die Rohstoffverarbeitung. Abb. A-1.3/1 verdeutlicht die regionale und sektorale Struktur der deutschen Direktinvestitionen im Ausland. Die meisten dieser Überlegungen gelten analog für die Direktinvestitionen von Ausländern in der Bundesrepublik. Abb. A-1.3/2 verdeutlicht einige Pro- und Contra-Argumente aus der Sicht ausländischer Investoren. Ausländische Direktinvestitionen stellen zwar auf der einen Seite Konkurrenz für inländische Anbieter dar, erhöhen jedoch andererseits – analog zu Güterimporten – den Wettbewerbsdruck und können folglich leistungssteigernd wirken. Zudem schaffen Direktinvestitionen Arbeitsplätze und sind somit beschäftigungspolitisch erwünscht und bedeuten aus Zahlungsbilanzsicht Kapital- und Devisenimport, was zum Ausgleich eines Leistungsbilanzdefizits beitragen kann.

Für die Volkswirtschaft vieler Entwicklungsländer sind Direktinvesti-

Abb. A-1.3/1: **Regionale Struktur der Direktinvestitionen**

INVESTITIONEN / Weitere Liberalisierung angeregt

Deutsche Autozulieferer investieren in Mexiko

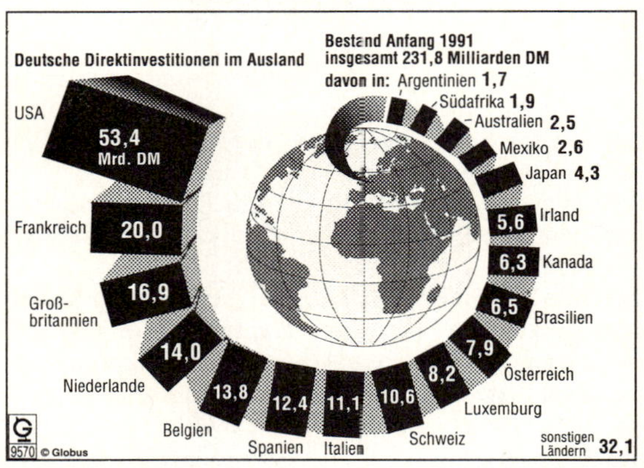

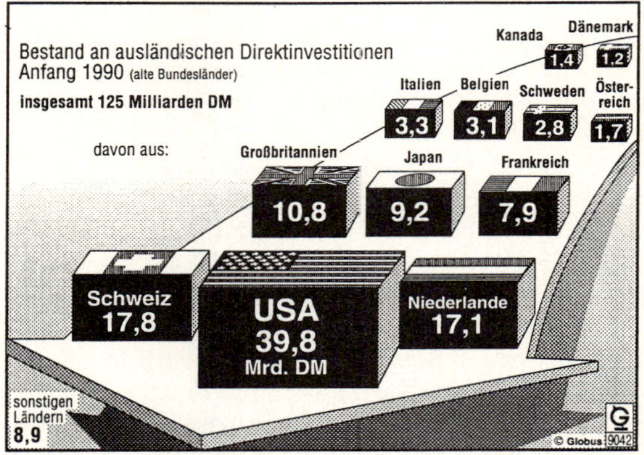

tionen, die sich häufig in sog. **Freien Produktionszonen** konzentrieren, allerdings nicht unproblematisch. Die ausländischen Investoren werden durch Steuer- und Zollvergünstigungen, bevorzugte administrative Behandlung, kostenlose Bahn- oder Straßenanschlüsse, niedrige Immobilienpreise oder günstige Kreditkonditionen angelockt, wobei sich das Gastland erhofft, daß sich aus der Investition u.a. positive Beschäftigungs-, Wachstums- und Einkommenseffekte ergeben. Solche Produktionsenklaven stellen aber häufig einen richtigen Fremdkörper in der Wirtschaftsstruktur des Gastlandes dar, wenn die Verflechtung mit der lokalen Wirtschaft gering ist. In vertikaler Hinsicht bedeutet dies, daß Rohstoffe, Vor- und Zwischenprodukte nicht im

Abb. A-1.3/2: **Investitionsmotive**

IFO / Auslandsinvestitionen dienen Standortoptimierung

Die Internationalisierung der Märkte nimmt zu

Steuerbelastung wird zum Investitionshindernis

Sofia sucht Auslandskapital

Zweifel an Tokios Interesse für Direktinvestitionen

Im Standortwettbewerb liegt die Bundesrepublik im Hintertreffen

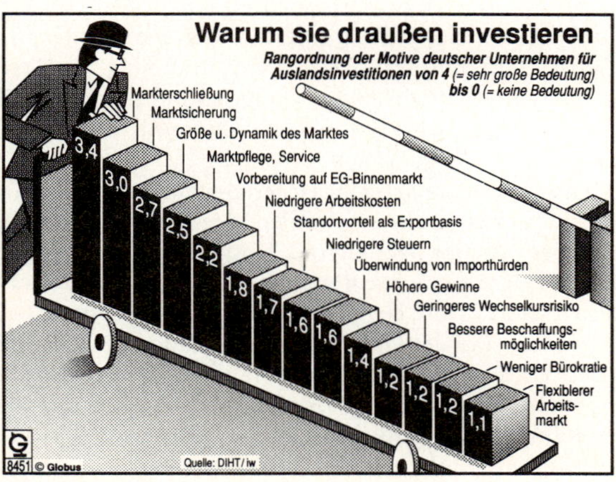

Forts. Abb. A-1.3/2: **Investitionsmotive**

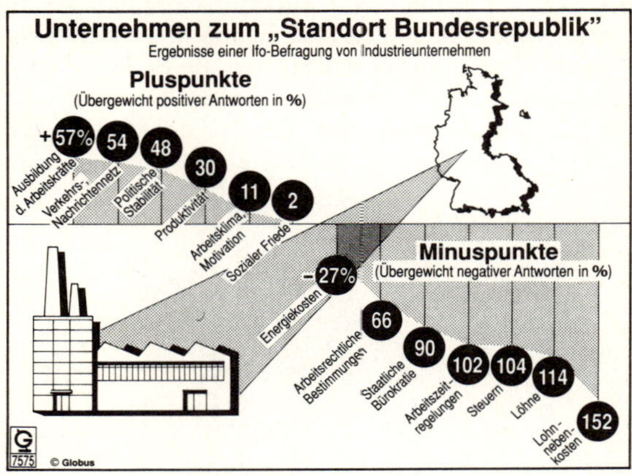

Inland bezogen, sondern importiert werden und daß die Fertigprodukte (weitgehend) exportiert werden. In horizontaler Hinsicht können sich Verdrängungseffekte ergeben: Wenn die produzierten Güter (auch) auf den inländischen Markt gebracht werden, können dadurch inländische Produzenten, die dieser Konkurrenz nicht standhalten können, also eine landesinterne substitutionale Arbeitsteilung nicht möglich ist, vom Markt verdrängt werden. In manchem Entwicklungsland wurden beispielsweise lokale Schuhmacher, Töpfereien oder Flaschenabfüllbetriebe durch moderne Fabriken ruiniert. Hinzu kommt, daß das Gastland meist toleriert, daß die aus der Investition erzielten Gewinne ins Ausland abgezogen und nicht im Gastland reinvestiert werden, weil sonst der Kapitalzufluß gebremst wird. Die Wirkungen von Direktinvestitionen sind daher nicht in jedem Einzelfall positiv.

Für die Weltwirtschaft insgesamt ist festzustellen, daß die grenzüberschreitenden Direktinvestitionen in der Vergangenheit schneller zugenommen haben als der Welthandel, sie jedoch in der Gegenwart – vielleicht unter dem Eindruck der Schuldenkrise – einen rückläufigen Trend aufweisen. Für die Bundesrepublik ist dabei festzustellen, daß nach Daten des Bundeswirtschaftsministeriums lediglich 3% der deutschen Direktinvestitionen im Ausland in Entwicklungsländern, vor allem in Lateinamerika, getätigt wird, während die Masse der Investitionen in die USA geht (56%) sowie in die EG (38%), vorrangig nach England und Frankreich.

Vgl. in diesem Zusammenhang auch weiter unten zwei Exkurse: Der Aspekt **ausländischer Unternehmensformen** (Abschn. D-1.7) ist sowohl relevant hinsichtlich der Zusammenarbeit mit ausländischen Partnern als auch hinsichtlich der Rechtformenwahl bei **Direktinvestitionen,** einschließlich **joint ventures.** In diesem Zusammenhang können auch die rechtlichen Regelungen bezüglich der **EG-Konzentrationskontrolle** eine Rolle spielen (Kartelle, Fusionen; vgl. Abschn. D-1.8).

A-1.4. Exkurs: Einige Bemerkungen zur Außenhandelstheorie

Die (volkswirtschaftliche) **Theorie des internationalen Handels** versucht, das Entstehen von Handelsbeziehungen mit ganz ähnlichen Argumenten wie den soeben behandelten zu erklären. Besonders bekannt sind dabei – wie oben erwähnt – Theorien, welche die Vorteilhaftigkeit internationalen (Frei-)Handels auf der Basis von (Produktions-) **Kostenvorteilen** nachweisen. In einem – modellhaft angenommenen – **Autarkiezustand** (Selbstversorgung) erzeugen die betrachteten Länder dabei grundsätzlich alle in Frage kommenden Güter selbst; es liegen also ähnliche Produktionsstrukturen vor. Vor diesem Hintergrund sollte sich dann jedes Land auf die Produktion des oder der Güter spezialisieren, die es im Vergleich mit anderen Ländern – bei gleicher Güterqualität – kostengünstiger herstellen kann. Es erfolgt somit also eine Spezialisierung und ein Übergang zu komplementären Strukturen; jedes Land erzeugt – im Vergleich zur Autarkiesituation (Selbstversorgung) von bestimmten Gütern mehr, als es selbst benötigt, verzichtet andererseits auf kostenungünstige Produktionen und tauscht die erzeugten Güter mit anderen Ländern aus.
Bei **absoluten Kostenunterschieden** ist dies auch unschwer nachzuvollziehen. Problematischer ist es für solche Fälle, in denen ein Land im Vergleich mit einem Partnerland *nicht* über absolute Kostenvorteile verfügt, welche eine Spezialisierung auf das billiger zu erzeugende Gut nahelegen, sondern keines der betrachteten Güter billiger herstellen kann als ein Partnerland. Die Theorie weist dann nach, daß es dennoch günstiger ist, wenn sich das so benachteiligte Land auf die Produktion desjenigen Gutes konzentriert, bei dem der absolute Kostennachteil am geringsten ist; dies wird als **komparativer Kostenvorteil** (vergleichsweiser, relativer Kostenvorteil) bezeichnet. Analog wird sich das andere Land auf die Produktion solcher Güter verlegen, bei denen der absolute Kostenvorteil am größten ist.
Diese Theorieansätze gehen auf frühe Arbeiten von **Adam Smith** und

David Ricardo (1817) zurück; spätere Weiterentwicklungen von **E. Heckscher** und **B. Ohlin** wurden als das bereits oben erwähnte **Faktor-Proportionen-Theorem** bekannt, welches unterschiedliche Produktionskosten auf die unterschiedliche Verfügbarkeit der Produktionsfaktoren Arbeit und Kapital zurückführt und empfiehlt, daß sich – verallgemeinernd – Entwicklungsländer auf arbeitsintensiv zu produzierende Güter spezialisieren sollten (Stichwort: Billiglohnländer) und Industrieländer auf kapitalintensive Produktionen. Dadurch kann im Endergebnis entweder dieselbe (zusammengefaßte) Produktionsleistung der beteiligten Länder billiger produziert werden (Minimalprinzip) oder mit demselben Mitteleinsatz wie vorher nun mehr produziert werden (Maximalprinzip). Im letzteren Fall dürften die damit verbundenen möglichen Wachstums- und Beschäftigungseffekte unmittelbar einleuchten: der Export als Wachstumsmotor.
Auf der modelltheoretischen Ebene sind diese Überlegungen auch einleuchtend, und man fragt sich, weshalb es dann nicht zu weltweitem Freihandel gekommen ist, wenn durch Spezialisierung und Handel *alle* Beteiligten theoretisch profitieren. Der Grund für die Diskrepanz zwischen Theorie und Praxis ist einfach: Zum einen gehen diese Theorieansätze von **Annahmen** aus, die sich in der Praxis nicht verwirklichen lassen. In der Realität bilden sich die Preise für Arbeit, Rohstoffe oder Kapital eben nicht nach den theoretisch unterstellten Gesetzmäßigkeiten vollkommener Märkte. Grundsätzlich ist zwar beobachtbar, daß manche Länder mit hoher Dauerarbeitslosigkeit auch ein im internationalen Vergleich niedriges Lohnniveau haben. Andererseits führt aber eine hohe Arbeitslosigkeit in den Industrieländern nicht dazu, daß die Löhne aufgrund des Überangebots an Arbeitskräften sinken, da in der Regel Mindestlohnvorschriften bzw. Tarifabschlüsse dies verhindern. Ferner müßten im Zuge der Spezialisierung die Produktionsfaktoren – sowohl Arbeitskräfte als auch Kapital (Betriebsmittel, Werkstoffe, Rohstoffe) – aus der nun aufgegebenen Güterproduktion abgezogen und in die auszubauende Produktion anderer Güter übernommen werden können – ein derartig massiver Strukturwandel ist wenig realistisch. Zudem klammern diese Außenhandelstheorien den Aspekt weitestgehend aus, zu welchen *Bedingungen* sich der Handel nach Spezialisierung vollzieht, d.h. insbesondere, zu welchen Preisen. Damit wird auch einleuchten, daß sich Vor- und Nachteile des internationalen Handels durchaus asymmetrisch verteilen können, so daß einige Länder profitieren, andere hingegen weniger oder gar nicht. Zudem gehen diese Theorien von komplementären Handelsbeziehungen aus und lassen sich so nicht auf substitutionale Strukturen übertragen, welche vielfältigen Anlaß zur

Protektion geben können (vgl. Abschn. C-2). Anzumerken ist auch, daß komparative Kostenunterschiede nicht statisch sind, sondern sich im Zeitablauf verändern können, beispielsweise indem bislang benachteiligte Länder einen technologischen Rückstand aufholen (Japan, Südkorea, Taiwan). Die nun bedrängten Länder lassen i.d.R. den eigentlich erforderlichen und sinnvollen Strukturwandel aber nicht ohne weiteres zu, sondern versuchen, sich durch protektionistische Maßnahmen zu schützen.

Dennoch ist das Faktorproportionentheorem in abgewandelter Form durchaus in manchen Bereichen zu beobachten: In der Textilindustrie verfügen beispielsweise süd(ost)asiatische und süd(ost)europäische Länder über Lohnkostenvorteile. Dies führte einmal zum Vordringen ausländischer Konkurrenten auf dem europäischen Markt, zum anderen aber auch dazu, daß westeuropäische Produzenten Teile ihrer Produktion in die Billiglohnländer auslagerten. Gleichzeitig verstärkte diese Konkurrenz den Anreiz, den teuren Faktor Arbeit durch Kapital, also Maschinen, zu ersetzen, so daß heute in der Textilindustrie, neben traditionellen arbeitsintensiven auch weitgehend automatisierte Produktionsverfahren üblich sind. In dem Maße aber, wie sich der Anteil der Löhne an den gesamten Produktionskosten reduzierte, verringerte sich auch der Anreiz, in Billiglohnländer auszuwandern, so daß manche ausländische Filiale geschlossen und die Produktion – nun erheblich kapitalintensiviert – nach Europa zurückverlagert wurde.

Das Faktorproportionentheorem berücksichtigt nur die Faktoren Arbeit und Kapital ohne weitere Differenzierung, wodurch sein empirischer Nachweis zu Problemen führte: So wies **W. Leontief** nach, daß die USA im Gegensatz zur Theorie relativ kapitalintensive Güter importierten und arbeitsintensive Güter exportierten (sog. **Leontief-Paradoxon**). Das Theorem erfuhr daher Modifikationen, indem bei den Produktionsfaktoren unterschiedlich qualifiziertes Arbeitskräftepotential, der Stand der Technologie und die Ausstattung mit Rohstoffen berücksichtigt wurden. Auch nach diesen Theorieansätzen wäre es demnach für Entwicklungsländer sinnvoll, wenn sie sich auf die Produktion arbeitsintensiver bzw. rohstoffintensiver Produkte mit geringen technologischen Anforderungen konzentrierten.

Insgesamt bleibt aber bei all diesen Theorieansätzen die Frage unbeantwortet, wie z.B. Länder mit relativ billigen, arbeits- oder rohstoffintensiven Exportprodukten teure(re) Importprodukte «bezahlen» sollen. Abschn. A-4.2.4 und -4.3 greifen diesen Aspekt wieder auf.

A-2. Arten und Formen des Warenhandels

A-2.1. Sachliche Abgrenzung

Nach dem deutschen **Außenwirtschaftsgesetz** (AWG) werden in sachlicher Hinsicht folgende Bereiche der Außenwirtschaft unterschieden: Der **Warenverkehr** umfaßt Import und Export (sowie Durchfuhr und Transit) von Sachgütern, der **Dienstleistungsverkehr** erstreckt sich u.a. auf den Personen- und Gütertransport, Versicherungen, Beratungen, Patente und Lizenzen etc., der **Kapitalverkehr** umfaßt die Veränderungen von Forderungen und Verbindlichkeiten gegenüber dem Ausland (u.a. Direktinvestitionen, Wertpapier- oder Immobilientransaktionen, Kredite etc.). Der **Zahlungsverkehr** umfaßt die bankmäßige Abwicklung all dieser Vorgänge durch Einzahlungen aus dem Ausland bzw. Auszahlungen an das Ausland, setzt also i.d.R. ein zugrundeliegendes Basisgeschäft voraus, wenn man einmal von Schenkungen absieht. Die Unterteilung in Waren-, Dienstleistungs-, Kapital- und Zahlungsverkehr spiegelt sich analog wieder in den entsprechenden Teilbilanzen der **Zahlungsbilanz**; vgl. dazu Abschn. A-4. Um den Rahmen nicht zu sprengen, beschränkt sich die Darstellung im folgenden auf den Warenverkehr.

A.2.2. Grundformen des Warenhandels

A-2.2.1. Import/Export

Import und Export – oder synonym: Einfuhr und Ausfuhr – sind keine selbst-verständlichen Begriffe. In unserem Zusammenhang ist zwischen einer ökonomischen Interpretation, einer außenwirtschaftsrechtlichen und einer zollrechtlichen Definition zu unterscheiden. Zunächst wird hier nur auf die ökonomische Interpretation eingegangen, weil die außenwirtschafts- und zollrechtlichen Definitionen an dieser Stelle (noch) nicht wichtig sind; vgl. dazu Abschn. E-4.1 und F-1.4.
Gütermäßig bedeutet **Import**, daß Teile eines ausländischen Sozialprodukts von Inländern in Anspruch genommen werden (in Form von Sachgütern (Waren) oder Dienstleistungen), **Export** liegt vor, wenn Ausländer Teile des inländischen Sozialprodukts in Anspruch nehmen. Beim Warenhandel dürfte dies unmittelbar einleuchten, da dabei Teile des Sozialprodukts ‹über die Grenze› gebracht werden. Beim

Dienstleistungsverkehr kann dies zwar auch der Fall sein (z.B. Transport einer Ware durch ein holländisches Unternehmen von Utrecht nach Münster = Dienstleistungsimport), jedoch ist dieses Kriterium nicht zwingend: Beispielsweise liegt aus deutscher Sicht ein Dienstleistungs*export* vor, wenn eine ausländische Reisegruppe in einem deutschen Hotel übernachtet. Der Exportbegriff knüpft dann daran, daß ein Teil des deutschen Sozialprodukts von Ausländern (aber im Inland!) in Anspruch genommen wird. Analoges gilt für den Dienstleistungsimport, wenn deutsche Urlauber sich in der südlichen Sonne bräunen.

Das deutsche Außenwirtschafts- und Zollrecht verwendet nur die Begriffe **Einfuhr** und **Ausfuhr**, während im Sprachgebrauch (und in nicht-deutschen Texten) synonym auch von **Import** und **Export** gesprochen wird. Sachlich besteht kein Unterschied zwischen diesen Begriffspaaren.

Kapitalexport liegt vor, wenn der Saldo von Forderungen und Verbindlichkeiten von Inländern gegenüber Ausländern zunimmt (d.h. der Forderungsbestand zunimmt und/oder der Bestand an Verbindlichkeiten abnimmt; dies ist gleichbedeutend mit einem Zahlungsstrom *in* das Ausland). **Kapitalimport** liegt vor, wenn der o.a. Saldo abnimmt. Im engeren Sinne versteht man unter Kapitalim- und -export Finanzströme, die nicht mit einem Warenstrom verbunden sind (z.B. Wertpapierkauf, Direktinvestitionen, Immobilienerwerb, Kreditaufnahme bzw.- vergabe), also in Abgrenzung zum reinen Zahlungsverkehr.

(Fast) alle außenwirtschaftlichen Transaktionen werden statistisch registriert, einige müssen geschätzt werden, alle verdichten sich in der Zahlungsbilanz (vgl. Abschn. A-4.2).

Im folgenden beziehen sich die Begriffe Import/Export bzw. Einfuhr/Ausfuhr auf den *Warenhandel*, sofern nichts anderes vermerkt ist.

A-2.2.2. Durchfuhr/Transithandel

Die beiden Begriffe Durchfuhr und Transit sind aus der Sicht des deutschen Außenwirtschaftsrechts *nicht* synonym (also nicht wie z.B. Import = Einfuhr): **Durchfuhr** ist die (physische) Beförderung von Waren aus dem Ausland durch das Inland hindurch wieder ins Ausland, ohne daß sie in den freien Verkehr des Inlandes gelangen. Bei der **passiven Durchfuhr** sitzt der Ablader (Verfrachter, d.h. derjenige, der die Durchfuhr vertragsrechtlich veranlaßt) im Ausland, bei der **aktiven Durchfuhr** im Inland (Abb. A-2.2/1). **Transit** bedeutet, daß Inländer Waren von Ausländern erwerben und sie wieder an Ausländer

Abb. A-2.2/1: **Transit, Durchfuhr**

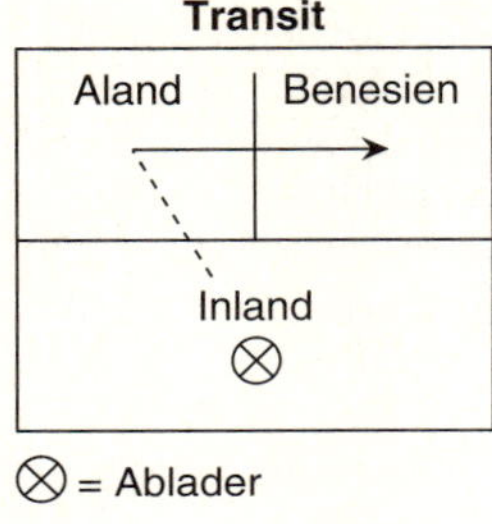

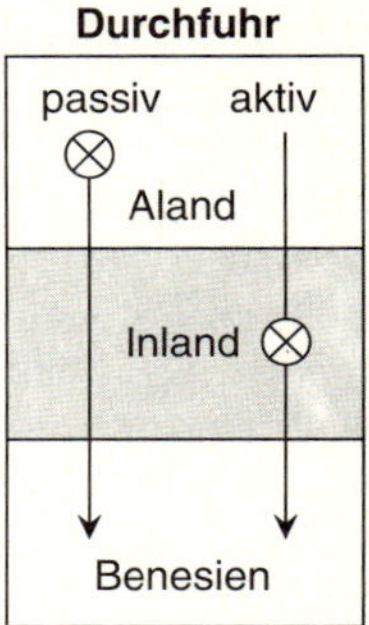

veräußern, ohne daß die Waren physisch ins Inland verbracht werden (oder umgekehrt). Beispielsweise ist ein Transit in Form eines Versendens von Waffen, die von einem Deutschen im Ausland gekauft werden, in ein anderes ausländisches Spannungsgebiet nach dem deutschen Außenwirtschaftsgesetz nicht zulässig.
Zollrechtlich und im Sprachgebrauch wird allerdings meist Transit = Durchfuhr gesetzt (vgl. dazu u.a. auch Abschn. F-5.1.3 zum *TIR-Verfahren*).

A-2.2.3. Direkter/indirekter Außenhandel

Beim **direkten Außenhandel** besteht eine direkte Beziehung zwischen Importeur und Exporteur (Ablader) ohne Zwischenschaltung von z.B. Maklern oder Ausfuhrhändlern. Diese Form erfordert i.d.R. gute Kenntnisse des jeweiligen Auslandes und der Vertragspartner. Direkter Handel ist insbesondere innerhalb Europas und auch im EG-USA-bzw. Japan- und Südost-Asien-Handel üblich.
Beim **indirekten Außenhandel** erfolgen Kauf und Verkauf über zwischengeschaltete Personen oder Unternehmen (vgl. Abschn. A-2.2.3.2). Dies kann z.B. bedeuten, daß ein deutsches Unternehmen Ware, die für den Export vorgesehen ist, an einen deutschen Ausfuhrhändler verkauft, also an eine zusätzliche Handelsstufe, so daß es sich für das betreffende deutsche Unternehmen bei dieser Transaktion im Prinzip um ein reines Binnengeschäft handelt. Aus haftungsrechtlicher Sicht allerdings kann auch bei solchen Binnengeschäften der Produzent/Verkäufer sich mit den Folgen eines Exportgeschäfts konfrontiert sehen (vgl. Abschn. H-1.6 zur Produkthaftung).

A-2.2.3.1. Vor- und Nachteile

Indirekte Handelsformen bieten sich an, wenn Aus- oder Einführer nur über geringe Auslandserfahrung verfügen. Zudem können eine Reihe von Risiken und auch Kosten auf die zwischengeschalteten Unternehmen übertragen werden: Z.B. ist beim indirekten Export kein eigenes Vertriebsnetz des Exporteurs erforderlich, und das Absatzrisiko und weitere Risiken (vgl. Kap. H) sowie die Kosten ab Zwischenhändler liegen beim Außenhändler. Beim indirekten Import über einen inländischen Unternehmen bestehen oft bessere Möglichkeiten, die Ware vor Vertragsabschluß zu prüfen. Solchen (hier nur unvollständig angesprochenen) Vorteilen steht i.d.R. der Nachteil gegenüber, daß der indirekte Handelsweg teurer wird wegen der Handelsspannen, die der Zwischenhändler berechnet. Andererseits kann man als indirekter Importeur auch von Mengenrabatten profitieren, die der Importhändler in Anspruch nehmen kann.

A-2.2.3.2. Formen indirekten Handels

(a) Ausfuhrhändler

Ein Ausfuhrhändler stellt eine *eigene Handelsstufe* dar: Der deutsche Hersteller z.B. verkauft an einen deutschen Außenhändler (Zwischenhändler, z.B. ein Großhändler); das Eigentum an der Ware geht auf den Außenhändler über. Dieser verkauft im eigenen Namen und für eigene Rechnung an ausländische Importeure.

(b) Absatz- oder Handelsmittler

Absatz- oder Handelsmittler stellen *keine* eigene Handelsstufe dar. Dabei gibt es eine Reihe von Varianten:

- Ein **Reisender** steht in einem (ständigen) unselbständigen Geschäftigungsverhältnis zu dem vertretenen Unternehmen. Er handelt in fremdem Namen und auf fremde Rechnung (auch: unselbständiger Handelsvertreter).
- Ein (selbständiger) **Handelsvertreter (Agent)** ist ein rechtlich selbständiger Kaufmann, der aber gleichfalls in fremdem Namen und auf fremde Rechnung handelt (§ 84 HGB). Die konkrete Rechtsbeziehung im Innenverhältnis kann vertraglich gestaltet werden; z.B. kann sich die Handlungskompetenz erstrecken nur auf die Vermittlung von Kontakten oder auch auf den Abschluß (**Alleinvertreter**). Handelsvertreter stehen i.d.R. in einem ständigen Vertragsverhältnis zu dem vertretenden Unternehmen und arbeiten auf Provisionsbasis (oft ist auch ein Fixum üblich), häufig auch für mehrere Auftraggeber. Die

rechtlichen Regelungen bezüglich der Handelsvertreter sind international sehr unterschiedlich, z.B. was die Möglichkeiten anbelangt, die Tätigkeit von Handelsvertretern für Konkurrenzunternehmen auszuschließen. Vor Abschluß von Handelsvertretungsverträgen mit ausländischen Partnern sollte man sich gründlich über die nationalen rechtlichen Besonderheiten informieren.

- Ein **Makler** (vom niederdeutschen *maken* = machen) (§§ 93ff. HGB) ist spezialisiert auf Vertragsanbahnung und Vermittlung. I.d.R. besteht kein ständiges Vertragsverhältnis, sondern es handelt sich um Einzelaufträge. Typische Beispiele sind Warenmakler (die bei Auktionen und Börsengeschäften tätig werden), Versicherungsmakler oder Schiffsmakler. Für Maklergeschäfte gelten meist bestimmte **Formvorschriften** (z.B. muß eine sog. **Schlußnote** über getätigte Geschäfte ausgestellt werden). Der Maklerlohn (Gebühr) wird oft als **Courtage** bezeichnet. Makler handeln in eigenem Namen für fremde Rechnung. Im internationalen Handel spricht man auch von *cif-Agent, comprador, distributor* und *jobber*. Im Bankbereich werden Makler auch als **Broker** bezeichnet.

- Ein **Kommissionär** (§ 383ff. HGB) (*commision* (frz.) = Auftrag) übernimmt z.B. für einen Importeur Ware in eigenem Namen, aber für fremde Rechnung (**Einkaufskommissionär**) und erhält dafür eine **Provision.** Es findet also kein Zwischenerwerb statt; möglich ist aber auch das Handeln auf eigene Rechnung durch sog. Selbsteintritt. Analoges gilt im Export für einen **Verkaufskommissionär**, der Ware eines Exporteurs in Kommission nimmt und aus dem Warenbestand in eigenem Namen, aber für fremde Rechnung (des Exporteurs) verkauft.

Solche Transaktionen werden oft als **Konsignationslager** organisiert (*consigner* (frz.) = hinterlegen): Der Produzent/Lieferant liefert Waren in ein Lager, zur Verfügung des Lagerhalters (Konsignatar). Dieser rechnet periodisch (z.B. monatlich) über die aus dem Lager entnommenen Waren ab. Export-Konsignationslager (meist im Importland) sichern eine schnelle Belieferung des ausländischen Marktes und ermöglichen dem ausländischen Käufer eine Besichtigung und Prüfung der Ware. Der Exporteur bleibt Eigentümer der Ware. Bei der Einfuhr werden Konsignationslager zudem oft als **Zollager** (**Freilager**) geführt. Dies hat den Vorteil, daß die Ware ohne außenwirtschaftsrechtliche Abfertigung und in einer vereinfachten zollrechtlichen Abfertigung in das Zollager verbracht werden kann, ohne daß Zölle oder sonstige Eingangsabgaben erhoben werden. Dies geschieht erst bei Verlassen des Zollagers (vgl. Abschn. F-5.2.2).

A-2.3. Andere Formen des Warenhandels

Die Versorgung ausländischer Märkte bzw. die Ausnutzung ausländischer Bezugsquellen kann hinsichtlich der Intensität des Engagements in unterschiedlichen Abstufungen erfolgen. Neben den bereits angesprochenen Formen direkten und indirekten Handels sind dabei insbesondere die folgenden Formen außenwirtschaftlicher Aktivitäten von Beudeutung.

A-2.3.1. Veredelung

Veredelung bedeutet *Bearbeitung, Verarbeitung* oder *Ausbesserung* von Waren und *Rücksendung* an das Herkunftsland innerhalb bestimmter Fristen. Dabei wird unterschieden zwischen aktiver und passiver Veredelung: Bei **aktiver Veredelung** erfolgt der Veredelungsvorgang im Inland, d.h. die Ware wird zur Veredelung «importiert» und anschließend wieder «exportiert», bei **passiver Veredelung** wird die Ware ins Ausland «exportiert» und anschließend wieder «re-importiert» (Abb. A-2.3/1). Die Anführungszeichen sollen verdeutlichen,

Abb. A-2.3/1: **Veredelung**

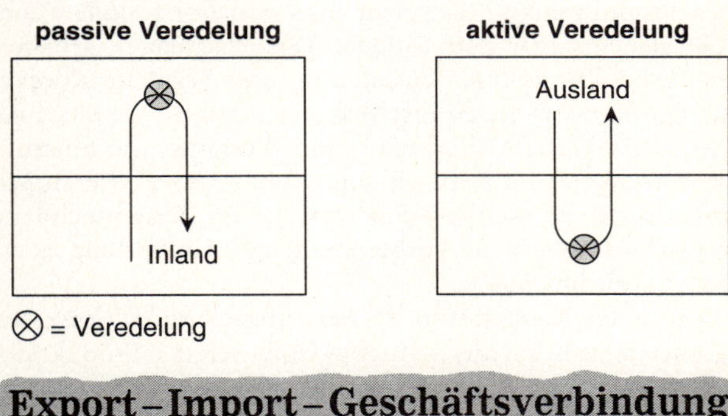

Export – Import – Geschäftsverbindungen

Suchen für deutschsprachige Inhaber und Eigentümer von Schlosserei, Schreinereibetrieben und anderen Gewerken in Polen

Lohn- und Veredelungs-aufträge

Angebote an:

daß es sich weder um zollrechtliche, noch außenwirtschaftsrechtliche Einfuhr bzw. Ausfuhr handelt. Erfolgt die Veredlung auf fremde Rechnung, also im Auftrag, spricht man von **Lohnveredelung**. Veredelung auf eigene Rechnung nennt man **Eigenveredelung**.
Aus deutscher Sicht erfolgen passive Veredelungsvorgänge vorrangig bei Waren, deren Be- oder Verarbeitung arbeitsintensiv ist, so daß es sich lohnt, diese Vorgänge in Ländern mit niedrigen Arbeitskosten durchführen zu lassen «**Billiglohnländer**»), z.B. in der Textilverarbeitung (vgl. auch Abschn. F-5.3), während aktive Veredelungen sich insbesondere auf Vorgänge beziehen, bei denen inländisches (deutsches) Know-how erforderlich ist, z.B. bei Instandsetzung von Maschinen.

A-2.3.2. Kooperation

Unter **Kooperation** (Ko-Produktion) versteht man eine sachlich und oder zeitliche **begrenzte Zusammenarbeit** zwischen ansonsten nicht verbundenen Unternehmen, z.B. zur Ausführung von Projekten, die für einzelne Unternehmen zu groß sind. Nach Abschluß des Projekts löst sich die Kooperation wieder auf (im Inland werden z.B. Autobahnbauabschnitte oft von einer *«ArGe»* (**Arbeitsgemeinschaft**) ausgeführt. Erfolgt die Kooperation in der gleichen Branche und auf derselben Produktionsstufe, spricht man von **horizontaler Kooperation** (z.B. gemeinsamer Betrieb einer Versuchsanlage); arbeiten verschiedene Produktionsstufen zusammen, liegt **vertikale Kooperation** vor. Gängige Kooperationen erstrecken sich auf die Beschaffung, die Fertigung, den Vertrieb, Marketing und Werbung, die Finanzierung oder die Forschung und Entwicklung (Abb. A-2.3/2). Im Außenhandel werden auch oft Kooperationsverträge im Zusammenhang mit Messen geschlossen, um die Vorbereitung und Abwicklung zu erleichtern und zu koordinieren.
Eine Variante der Kooperation ist die **Auftragsproduktion** *(sub-contracting)*, bei der z.B. ein ausländisches Unternehmen Produktionsvorgänge übernimmt, die der Auftraggeber nicht ausführen kann oder will. Die Abgrenzung zur **Veredelung** ist dabei fließend; vgl. aber Abschn. A-2.3.4 zur Direktinvestition.

A-2.3.3. Lizenzfertigung/Franchising

Lizenzfertigung bedeutet die Vergabe von Produktionsrechten oder Know-how an ausländische Produzenten oder Händler (entgeltlicher Technologietransfer). Der Lizenznehmer erwirbt das Recht, ge-

Abb. A-2.3/2: **Unternehmenskooperation**

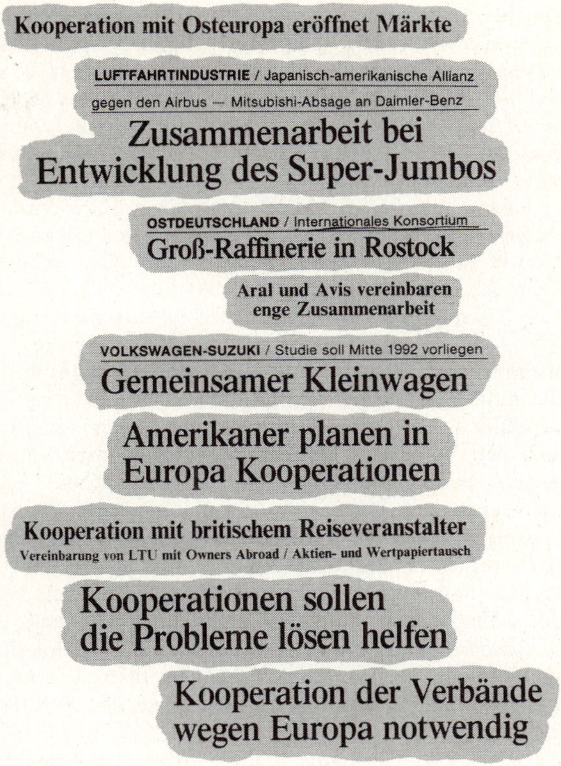

Kooperation mit Osteuropa eröffnet Märkte

LUFTFAHRTINDUSTRIE / Japanisch-amerikanische Allianz gegen den Airbus — Mitsubishi-Absage an Daimler-Benz

Zusammenarbeit bei Entwicklung des Super-Jumbos

OSTDEUTSCHLAND / Internationales Konsortium

Groß-Raffinerie in Rostock

Aral und Avis vereinbaren enge Zusammenarbeit

VOLKSWAGEN-SUZUKI / Studie soll Mitte 1992 vorliegen

Gemeinsamer Kleinwagen

Amerikaner planen in Europa Kooperationen

Kooperation mit britischem Reiseveranstalter

Vereinbarung von LTU mit Owners Abroad / Aktien- und Wertpapiertausch

Kooperationen sollen die Probleme lösen helfen

Kooperation der Verbände wegen Europa notwendig

schützte Produkte herzustellen oder zu vertreiben. Dies kann eine Alternative zur Direktinvestition sein, da der Lizenzgeber die Risiken einer eigenen Markterschließung bzw. einer Direktinvestition umgeht und für die indirekte Versorgung des ausländischen Marktes entsprechende Gebühren einnimmt. Die Lizenzierung steht somit quasi zwischen der Exporttätigkeit und der Direktinvestition.

Nach § 16 AWG kann die Lizenzvergabe genehmigungspflichtig sein, wenn sie die Interessen des vergebenden Landes beeinträchtigt. Z.B. könnte die Herstellung bestimmter renommierter bayrischer Biersorten in einem Land, das den entsprechenden Qualitätsstandard nicht

garantieren kann, das Image nationaler Brauereien beeinträchtigen, weil diese Produkte als Re-Importe nicht klar von den Originalen zu unterscheiden sind.
Es gibt verschiedene Arten von Lizenzverträgen. Beispielsweise bedeutet eine *Produktionslizenz* aus der Sicht des Lizenzgebers die ausländische Produktion nach inländischer Technologie, ggf. als *Markenlizenz* auch ‹unter inländischer Flagge›. Eine *Vertriebslizenz* erstreckt sich auf das Recht, im Ausland produzierte (Marken-)Ware im eigenen Land zu vertreiben, u.a.m.
Für den Lizenzgeber besteht das Risiko, daß er nach Auslaufen des i.d.R. befristeten Lizenzvertrages vom bisherigen Lizenznehmer vom Markt verdrängt werden kann, wenn es ihm nicht gelingt, seinen ursprünglichen Technologievorsprung zu halten bzw. auszubauen und somit den Lizenznehmer zu einem Anschluß-Lizenzvertrag zu nötigen.
Franchising ist eine Sonderform der Lizenzfertigung. Im Rahmen von Franchising führt der rechtlich selbständige Lizenznehmer – üblicherweise im Rahmen eines Ausschließlichkeitsvertrages – sein Unternehmen nach den Vorgaben und Weisungen und unter Kontrolle des Lizenzgebers. Beispielsweise übernimmt der Franchise-Nehmer das Warenzeichen und die Marketingstrategie (Werbung, Produktgestaltung, Preise), während der Franchise-Geber zudem die Standortanalyse und Personalschulung übernimmt.
Kostenmäßig dürfte eine Lizenzvergabe oder ein Franchising aus der Sicht des Gebers i.d.R. billiger sein als ein Filialsystem, weil der Franchisenehmer neben seiner Motivation oft auch lokale Marktkenntnis einbringt. Der Franchisenehmer profitiert seinerseits meist von der Professionalität und dem Marken-Image des «Mutter»-Unternehmens.
Es gibt eine Reihe von *Varianten*. Dabei sind zunächst einmal **management contracts** zu nennen, bei denen nicht das technologische Knowhow, sondern entsprechend qualifiziertes Personal «vermietet» wird. Dies sichert dem Lizenzgeber gleichzeitig einen Einfluß auf die Geschäftsführung des Lizenznehmers, was bei der Lizenzierung i.e.S. nicht der Fall ist. Bei **turn-key contracts** werden komplette Industrieanlagen oder Infrastrukturprojekte erstellt und dem Auftraggeber schlüsselfertig übergeben. Dabei sind wiederum verschiedene vertragliche Abstufungen möglich, die zwischen bloßer Erstellung der technologischen Anlage und umfassender Schulung der Führungsmannschaft anzusiedeln sind, um – im letzteren Fall – daß Risiko auszuschließen, daß der Auftraggeber die erstellten Anlagen nicht effizient einsetzen kann.

A-2.3.4. Direktinvestition

Eine Direktinvestition bedeutet nach § 26 AWG Leistungen von Inländern zur Schaffung *dauerhafter* Wirtschaftsbeziehungen. Dies bedeutet eine Abgrenzung zu sog. **Portfolio-Investitionen,** die renditeorientiert erfolgen und z.B. kurzfristig auf Zinsänderungen reagieren.
Direktinvestitionen können in verschiedenen Formen bzw. Abstufungen erfolgen (Abb. A-2.3/3):

– Errichten (Gründung) von Unternehmen, Betriebsstätten oder Zweigniederlassungen,
– Kauf von Unternehmen, Betriebsstätten oder Zweigniederlassungen,
– Erwerb von Unternehmensbeteiligungen,
– dauerhafte Kreditvergabe an ausländische Unternehmen,
– Ausstattung von ausländischen Unternehmen mit Anlagen oder Kapital.

Beim Erwerb von Beteiligungen wird üblicherweise erst bei einer Beteiligung von 25 % und mehr von Direktinvestition gesprochen; klei-

Abb. A-2.3/3: **Investitionsarten**

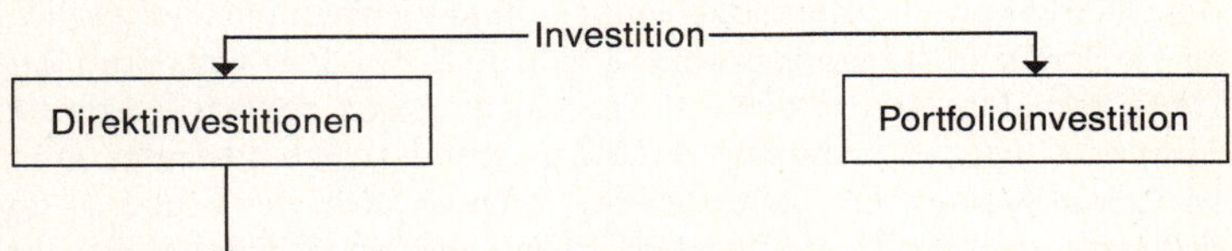

– Errichten (Gründung) von Unternehmen, Betriebsstätten oder Zweigniederlassungen
– Kauf von Unternehmen, Betriebsstätten oder Zweigniederlassungen,
– Erwerb von Unternehmensbeteiligungen über 25 %
– dauerhafte Kreditvergabe an ausländische Unternehmen
– Ausstattung von ausländischen Unternehmen mit Anlagen oder Kapital

---

Immer mehr deutsche Unternehmen fertigen in Ostasien
Neben den niedrigeren Lohnkosten locken der große Markt und das starke Wirtschaftswachstum

Deutsche Unternehmen fertigen in Südchina

Bremer Woll-Kämmerei baut in Australien

Ergee-Werke zieht es nach Fernost
Weniger Lohn und längere Maschinenlaufzeiten / Umsatzwachstum

nere Beteiligungen gelten i.d.R. als Portfolioinvestition (diese Abgrenzung liegt z.B. auch der Zahlungsbilanzstatistik zugrunde), obgleich aus der Sicht des Investors auch bei kleineren Beteiligungen subjektiv durchaus eine Direktinvestition vorliegen kann.

Für Beteiligungen sind (z.B. nach dem deutschen Aktienrecht) vier Stufen relevant:

- Eine Beteiligung von 25% am haftenden Kapital bedeutet eine **Sperrminorität**, mit der bestimmte Entscheidungen in Form eines Vetorechts ggf. blockiert werden können,
- eine Beteiligung von 50% (plus einem Anteil) bedeutet den Erwerb einer **Mehrheitsbeteiligung**, mit der eine Vielzahl von Entscheidungen durchgesetzt werden kann, sofern nicht eine **qualifizierte Mehrheit** (z.B. eine 2/3- oder 3/4-Mehrheit) erforderlich ist;
- um eine Sperrminorität auszuschließen, ist eine 75%ige Beteiligung erforderlich; und schließlich ist die höchste Beteiligungsstufe
- der 100%ige Erwerb eines Unternehmens.

In der jüngeren Vergangenheit hat sich für bestimmte Engagements der Begriff **joint venture** eingebürgert. Darunter versteht man die gemeinsame, i.d.R. auf Dauer angelegte Beteiligung zweier (oder mehr) Unternehmen an Besitz und Führung eines dritten Unternehmens, wobei häufig ein Unternehmen vorrangig Kapital und das andere Know-how einbringt; dabei gibt es eine Viehlzahl von vertraglich zu regelnden Ausprägungsformen (Abb. A-2.3/4). Das Kriterium der Dauerhaftigkeit grenzt dieses Engagement gegen zeitlich begrenzte *Kooperationen* ab (Abschn. A-2.3.2). Grundsätzlich bedeutet *joint venture* allerdings nur «gemeinsames Wagnis», d.h. der Begriff kann durchaus auch auf losere Kooperationen angewendet werden: Es gibt keine allgemeingültige Definition.

Viele Länder regeln Art und Umfang von ausländischen Direktinvestitionen in ihrem Hoheitsgebiet durch spezielle Investitionsgesetze, die sich u.a. auf die maximale Höhe der Beteiligung, den Einbezug lokaler Produktionsfaktoren (insbesondere Arbeitskräfte) und insbesondere auch auf die Gewinnverwendung und den Gewinntransfer erstrecken. Während in der Vergangenheit viele Länder die maximale ausländische Beteiligung auf unter 50% begrenzten, sind die meisten dieser Länder davon abgegangen (z.B. in Osteuropa) und lassen Beteiligungen bis zu 100% zu, da bei einer niedrigen Beteiligungsgrenze verständlicherweise wenig Investoren Interesse an einer Investition haben, die sie selbst nicht kontrollieren dürfen.

Direktinvestitionen erfolgen aus der Sicht des Investors u.a., um Lohnkostenvorteile («Billiglohnländer») oder Steuervorteile auszunutzen, um Währungsrisiken auszuschalten oder Anti-Dumping-Maß-

Abb. A-2.3/4: **Check-Liste bei Joint Ventures**

Folgende Punkte sollten in einem Vertrag für ein Joint-Venture berücksichtigt werden:

- Unternehmenskonzept: Produktpalette, Kapazität, Unternehmensplanung, Investitionsvolumen, Finanzplanung;
- Markt und Vertrieb: Marktabgrenzung und Marketingassistenz;
- Struktur: Kompetenzen und Kräftegleichgewicht;
- Personal: Mitwirkung der Mütter bei der Auswahl, Entsendung und Einstellung;
- Technologietransfer: Zusicherungen für einzelne Technologieverträge;
- «Aufbaumanagement» und Engineeringleistungen: Rolle der Mütter beim Aufbau des Unternehmens;
- Bezugsrechte oder Lieferpflichten;
- Wirtschaftliche Absicherung der übrigen Gesellschafter;
- Schutz der Minderheitsaktionäre;
- Beschränkungen der Veräußerung von Geschäftsanteilen und Aktien;
- Aussagen zum Rechnungswesen und der Prüfung des Jahresabschlusses;
- Berichtswesen und Einsichtsrechte;
- geschäftspolitische Grundsatzfragen;
- Geheimhaltung;
- Klauseln zur Kündigung oder Beendigung des Zusammenschlusses;
- Regelung der Vorgründungsphase bis zur Gründung der Joint-Venture-Kapitalgesellschaft.

Quelle: Handelsblatt 1992

VW besiegelt zweites chinesisches Joint-venture

SIEMENS / Zusammengehen mit Stromberg-Carlson

Joint Venture in den USA

Fast 5000 Gemeinschaftsunternehmen in Polen

Hoher Anteil deutscher Investoren / Niedrige Arbeitskosten

nahmen zu unterlaufen. Für die Bundesrepublik Deutschland beispielsweise gelten die im internationalen Vergleich hohen Lohn(neben)kosten als Investitionshemmnis (vgl. oben Abb. A-1.1/2 und -1.1/8). Abb. A-1.3/1 zeigt die regionale Verteilung deutscher Direktinvestitionen im Ausland und umgekehrt die Herkunft ausländischer Direktinvestitionen in der Bundesrepublik. Die Direktinvestitionen

nahmen in den letzten Jahren sehr viel stärker zu als der internationale Handel.
Zu den mit Direktinvestitionen verbundenen Überlegungen und Risiken vgl. Abschn. H-1.7. Vgl. auch die Exkurse über ausländische Unternehmensformen (Abschn. D-1.7) und die EG-Konzentrationskontrolle (Abschn. D-1.8).

A-2.3.5. Tausch/Kompensation

Für **Tauschhandel** werden eine Reihe von Synonymen verwendet: **Kompensation, Gegengeschäft** oder **Verbundgeschäft,** im englischen Sprachraum **counter trade** oder **barter.** Bei solchen Geschäften erfolgt die Bezahlung gekaufter Ware nicht in Geld, sondern in Form anderer Güter in entsprechendem Gegenwert (vgl. Abb. A-2.3/5). Kompensa-

Abb. A-2.3/5: **Kompensation**

ECE / Gegengeschäfte erhöhen Exportchancen — Untersuchung der Uno-Kommission

Am Kompensationshandel im Geschäft mit Osteuropa führt noch kein Weg vorbei

Kuba tauscht Zucker gegen Petroleum

Russen bezahlten Schiffsumbau mit Fisch

INDIEN:
Counter-Trade-Liste vorgelegt

Eine Liste der Güter, die im Rahmen von Counter-Trade-Verträgen aus Indien importiert werden können, ist vom Ministry of Commerce veröffentlicht worden. Angesichts der permanenten Devisenknappheit Indiens müssen Counter-Trade-Verträge von ausländischen Lieferanten oft zumindest als Bestandteil der Importfinanzierung akzeptiert werden.

Schuhe als Zahlungsmittel

Tauschgeschäfte verbreiten sich rund um die Welt
Kompensation im Osthandel ist unverzichtbar, aber schwierig

Devisenmangel des Ostens läßt die Bartergeschäfte blühen

Ohne Gegengeschäfte läuft mit der GUS gar nichts mehr
„Alles andere als ein leichtes Spiel" / Staatliche Absicherung notwendig / Selbst Hermes hilft nicht immer

Kompensationsware soll den Osthandel retten

tionsgeschäfte sind insbesondere verbreitet mit Länder mit Devisenproblemen. Für Exporteure stellt sich oft die Frage, ob sie ein Kompensationsgeschäft akzeptieren oder auf einen Abschluß verzichten. Obgleich hier eine beträchtliche statistische Grauzone vorliegt, schätzt der IWF den internationalen Kompensationshandel auf ein Volumen von 300–400 Mrd USD oder 15–20% des Welthandels. Für deutsche Firmen beträgt der Kompensationsanteil meistens nur bis zu 1% des Umsatzes; nur in Einzelfällen werden Werte bis zu 10% des Umsatzes genannt.

Am verbreitetsten ist der Tauschhandel im Import- bzw. Export-Zwischenhandel mit osteuropäischen Staaten und Entwicklungsländern, sektoral in der Chemie-, Maschinen-, Metall- und Fahrzeugindustrie. Größere Firmen haben i.d.R. bessere Möglichkeiten, die als ‹Bezahlung› angenommenen Güter wieder zu vermarkten. Nicht wenige Unternehmen unterhalten hierfür eigene Abteilungen, andererseits gibt es auch Spezialunternehmen, welche Counter-Trade-Güter aufkaufen und vermarkten: eine Art Güter-Factoring. Dabei sind als **Kosten** meist zu berücksichtigen Vermittlungsgebühren, Inspektionsgebühren im Exportland und Abwicklungsgebühren; ferner sind oft Preisabschläge hinzunehmen. Innerbetrieblich entstehen daneben betriebsinterne Abwicklungs- und Verwaltungskosten. Die Kosten betragen nicht selten 15%–50% des Warenwertes, und diese müssen bei den Verrechnungspreisen berücksichtigt werden.

Es liegt auf der Hand, daß Kompensationsgeschäfte besonderen **Risiken und Problemen** unterliegen. In erster Linie ist dabei an die Festlegung der Verrechnungswerte zu denken, da es zwar für bestimmte Rohstoffe Rohstoffbörsen gibt, aber z.B. nicht für Turnschuhe. Der Warenwert wiederum hängt ab von der Qualität und somit von Qualitätsmängeln, wenn bei unzuverlässigen oder unseriösen Partnern die im Tausch gelieferte Ware minderwertig ist und folglich nicht den erwarteten Verkaufserlös erbringt. Hinzu kommen der längere Verhandlungsaufwand vor dem Abschluß, Lieferverzögerungen, ggf. erst späterer Liquiditätszufluß und ein beträchtlicher bürokratischer Aufwand, sowohl hinsichtlich der Behördenformalitäten als auch innerbetrieblich (statt lediglich einen Zahlungseingang zu buchen, muß ein Import- oder Transitgeschäft abgewickelt werden).

Verschiedene Formen von Kompensationsgeschäften sind zu unterscheiden:

- Beim **Kompensationsgeschäft i.e.S.** (‹klassischer› **barter**) werden Waren gegen Waren (bzw. Dienstleistungen) getauscht, z.B. werden Arzneimittel geliefert und in Fußbällen ‹bezahlt›. Dabei werden Lieferung und Gegenlieferung im Rahmen ein und desselben Vertrages in einer Währung bewertet, u.U. sogar formal fakturiert, und gegeneinander aufgerechnet; wenn keine **Vollkompensation** zu 100 % vorliegt, erfolgt ggf. ein Spitzenausgleich auf dem Zahlungswege (**Teilkompensation**). Dritte sind dabei nicht eingeschaltet (im Gegensatz zum *Switch-Geschäft*, vgl. nachstehend Abschn. A-2.3.6).

- Bei **Gegenkäufen** *(counterpurchase)* verpflichtet sich der Verkäufer der Exportware, für einen Teil des Exporterlöses Waren aus dem Abnehmerland, u.U. Erzeugnisse des Importeurs, abzunehmen. Es handelt sich dabei um zwei sich wertmäßig entsprechende, formal aber getrennte Verträge. Diese Trennung ist insbesondere im Hinblick auf eine Absicherung des Exportgeschäfts durch die Hermes-Versicherung (vgl. Abschn. H-2.4.4) wichtig, da nur ein von Importverträgen unabhängiger Exportvertrag zu besichern ist; zumindest darf das Gegengeschäft nicht explizit aus dem Exportvertrag hervorgehen. Im Zusammenhang mit dem Zusammenbruch des Ostblocks und der Devisenknappheit der osteuropäischen Länder verstärken sich die Forderungen der Exportwirtschaft, auch ‹klassische› Kompensationsgeschäfte im obigen Sinne in die Hermes-Versicherung einzubeziehen. Solche Geschäfte werden auch als **Parallel-** oder **Junktimgeschäft** oder **Auflagenverkäufe** bezeichnet.
- Sehr ähnlich sind **Rückkäufe** *(product-buy-back)*, bei denen der Exporteur z.B. Werkzeugmaschinen liefert und als ‹Bezahlung› Werkzeuge abnehmen muß, die mit eben diesen – oder analogen – Maschinen erstellt werden (auf dieser Basis verlief seinerzeit das sog. Erdgas-Röhren-Geschäft mit der UdSSR). Da Lieferung und Gegenlieferung zeitlich verzögert erfolgen, ist dabei eine Kreditvereinbarung erforderlich.
- Eine ganz ähnliche Variante sind **trade-off-sets**, bei denen sich der Exporteurs verpflichtet, im Rahmen der Produktion der betreffenden Lieferung Unteraufträge an Unternehmen des Importlandes zu vergeben; so gesehen liegt dann eine Auftragsfertigung vor;
- eine Variante stellen **Dreieckskompensationen** dar; vgl. dazu anschließend.

Aus der Sicht des Allgemeinen Zoll- und Handelsabkommens (GATT) sind Kompensationsgeschäfte bedenklich, weil sie den Bilateralismus fördern und dynamischen Handel behindern. Dennoch werden viele Staaten in absehbarer Zeit aus Devisenmangel noch auf Gegengeschäfte angewiesen sein.

A-2.3.6. Switch-Geschäfte

Switch-Geschäfte *(to switch* = tauschen, wechseln) oder **Dreieckskompensationen** waren im Ost-West-Handel weit verbreitet, werden aber auch im Handel mit Entwicklungsländern getätigt. Dabei werden zwei Transaktionen zwischen bis zu fünf Beteiligten kombiniert. Ein direkter Export aus Aland nach Benesien scheitert am Devisenmangel: Benesien kann nur in seiner ‹weichen› Inlandswährung (Taler) zahlen. Folglich bietet sich folgendes Verfahren an (Abb. A-2.3/6): Der Exporteur verkauft seine Ware einem Switch-Händler und wird in harter Währung bezahlt (DM), der Händler verkauft die Ware nach Benesien und wird in weichen benesischen Talern bezahlt. So gesehen, hat er harte gegen weiche Währung getauscht – ein schlechter Tausch. Er tut dies jedoch, weil er bei einer zweiten Transaktion den umgekehrten Weg beschreitet: Der Händler kauft Ware in Benesien, bezahlt in Talern, verkauft die Ware nach Aland und erhält

Abb. A-2.3/6: **Switch-Geschäft**

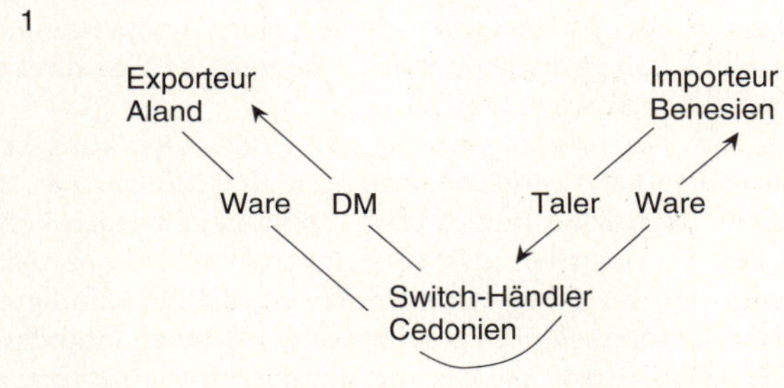

2

Importeur
Aland

Exporteur
Benesien

Ware DM Taler Ware

Switch-Händler
Cedonien

harte Währung – selbstverständlich jedesmal mit entsprechenden Gewinnmargen.
Das Switchgeschäft verknüpft faktisch zwei Transitgeschäfte (vgl. oben Abschn. A-2.2.2).

A-2.3.7. Leasing

Beim Exportleasing *(cross border leasing)* verhandelt der Exporteur mit einem potentiellen Käufer z.B. eines Investitionsgutes. Wenn die Kaufverhandlungen eine konkrete Basis gefunden haben, verkauft der Exporteur das betreffende Gut an eine Leasinggesellschaft (Leasinggeber), die das Objekt auch bilanziert, nachdem er zuvor mit dem ausländischen Kunden (Leasingnehmer) die Bedingungen des Leasing vereinbart hat. Der Kunde schließt dann einen Leasingvertrag mit dem Leasinggeber: Der ausländische Leasingnehmer erhält dadurch das ausschließliche Nutzungsrecht des Investitionsgutes für eine bestimmte Laufzeit (Grundmietzeit, i.d.R. unkündbar) und entrichtet während dieser Zeit die Leasingraten an den Leasinggeber *(Finanzierungsleasing)*.
Diese Konstruktion wird **indirektes Leasing** genannt, da nicht der Hersteller des gemieteten Anlagegutes, sondern eine zwischengeschaltete Leasinggesellschaft Leasinggeber wird; anderenfalls läge **direktes Leasing** vor. Vgl. auch Abschn. D-5.3.1.
In Abgrenzung zum Finanzierungsleasing gibt es das **Operating-Leasing**. Auch hierbei handelt es sich um einen normalen Mietvertrag, der von beiden Seiten – meist mit kurzer Frist – gekündigt werden kann. Folglich trägt der Leasinggeber das volle Investitionsrisiko, so daß diese Leasingform nur für Güter gebräuchlich ist, die bei Kündigung auch von anderen Leasingnehmern genutzt werden können (Standardmaschinen, Kfz). Das Operating Leasing kommt oft als *full service leasing* vor, d.h. incl. Wartung und anderer Kundendienstleistungen durch den Leasinggeber.
Durch Leasing braucht der ausländische Käufer keinen eigenen Kapitaleinsatz in voller Höhe des Leasinggutes zu erbringen, sondern kann in Raten, aber zu 100% fremdfinanzieren. Der Leasinggeber übernimmt dabei das politische und wirtschaftliche Risiko des Exporteurs.

A-2.3.8. Warenbörsen

Eine Vielzahl von Rohstoffen werden – oft täglich – an Warenbörsen gehandelt. Die betreffenden Güter können sowohl standardisiert als

Abb. A-2.3/7: **Rohstoffmärkte**

Metalle	**Nahrungs- und Genußmittel**
Kupfer: London, £/t	Weizen: Chicago, c/bush
Zink: London, US-$/t	Roggen: Winnipeg, kan$/t
Zinn: London, US-$/t	Hafer: Winnipeg, c/bush
Blei: London, £/t	Hafer: Chicago, c/bush
Aluminium: London, US-$/t	Mais: Chicago, c/bush
Nickel: London, US-$/t	Gerste: Winnipeg, kan$/t
Gold: London, US-$/tr oz	Kakao: New York, US-$/t
Silber: London, c/tr oz	Kaffee (Robusta): London, US-$/t
Platin: New York, US-$/tr oz	Zucker: (roh, Kontrakt 11): New York, c/lb
Textil-Rohstoffe und Kautschuk	**Öle, Fette, Ölsaaten**
Baumwolle: (Kontrakt 2) New York, c/lb	Rohöl-Spotpreise: (Nordsee-Brent): Rotterdam, US-$/b
Wolle: (Schweißwolle) Sydney, c/kg	Sojaöl: Chicago, c/lb
Kautschuk: (RSS Nr. 1, loco) New York,c/lb	Sojabohnen: Chicago, c/bush
Kautschuk: RSS Nr. 1, loco London, p/kg	Baumwollsaatöl: New York, c/lb
	Leinsaat: Winnipeg, kan$/t

auch gelagert werden (**Stapelware**). Bekannte Warenbörsen sind u.a. (vgl. Abb. A-2.3/7):

- **New York** (u.a. Gold, Silber, Platin, Kupfer, Öl, Baumwolle, Kakao, Zucker, Kaffee),
- **Chicago** (u.a. Weizen, Fleisch, Soja, Mais)
- **London** (u.a. Zinn, Aluminium, Blei, Kupfer – *The Ring*, in Anspielung auf den kreisförmigen Raum der *London Metal Exchange* – sowie Tee, Gewürze, Schafwolle, Kaffee, Kakao, Weizen, Mais),
- **Rotterdam** (u.a. Getreide, Erdöl),
- **Bremen** (u.a. Baumwolle, Getreide, Tabak),
- **Hamburg** (u.a. Kaffee, Getreide, Baumwolle),
- **Amsterdam** (u.a. Kautschuk, Tee, Kaffee),

  etc.

Der täglich ermittelte Börsenpreis ergibt sich – fast lehrbuchgemäß – aus Angebot und Nachfrage. Das ‹fast› bezieht sich darauf, daß es sich nicht um einen polypolistischen Markt handelt, bei dem auf jeder Marktseite (Anbieter- bzw. Nachfragerseite) eine Vielzahl von – für sich genommen ‹kleinen›, einflußlosen Marktteilnehmern stehen, sondern es sich oft nur um wenige Anbieter oder Nachfrager handelt.

Die in Partien gehandelten Waren werden auf der Grundlage von Warenmustern gehandelt, sind also nach Art und Qualität bekannt. Der Börsenpreis wird als **Kurs** bezeichnet. Für Warenbörsen gelten eine Reihe von produktspezifischen Besonderheiten bezüglich Mindestmengen, Lieferfristen, Lieferort, Zahlungsbedingungen, Kontraktformalitäten, etc.
Die Preisentwicklung an den Rohstoffbörsen wird durch verschiedene Indizes erfaßt, u.a. global durch den Moody's Index, den Reuter's-Index oder – deutsch – den HWWA-Index des Hamburger Instituts für Weltwirtschaft; auch der IWF, das GATT und die UNCTAD berechnen Rohstoffindizes. Daneben gibt es natürlich eine Vielzahl güterspezifischer Indizes.
Wie an anderen Börsen, wird auch an Warenbörsen unterschieden zwischen **Prompt-** oder **Spotgeschäften** (**Kassageschäften**) und **Termin-** oder **Zeitgeschäften**. Bei Kassageschäften muß der Kontrakt sofort erfüllt werden, bei Termingeschäften erst zu einem späteren Zeitpunkt. Bei Termingeschäften werden Waren gehandelt, die teilweise physisch noch gar nicht existieren: Z.B. kann man die Kaffee-Ernte der nächsten Saison ‹per Termin› zu einem bestimmten Stichtag zu einem bereits heute festzusetzenden Preis kaufen, wobei der Kaffee noch am Wachsen ist und Menge und Qualität noch gar nicht feststeht. Es bedarf keiner Erläuterung, daß derartige Geschäfte einen hoch-spekulativen Charakter haben und äußerst risikoreich sind, sowohl was die Gewinn- als auch die Verlustrisiken anbelangt, denn der heute verabredete Terminkurs (Preis) kann erheblich vom später geltenden Kassamarktpreis abweichen.
Ein Terminkäufer wird auf steigende Rohstoffpreise spekulieren (Hausse), so daß er heute Waren zum Terminkurs kauft, die später – zum betreffenden Termin – am Kassamarkt bedeutend teurer sind. Analog spekulieren Terminverkäufer auf eine Rohstoffpreis-Baisse. Die Ursachen für Rohstoffpreisschwankungen sind vielfältig: Mißernten bzw. überdurchschnittlich gute Ernten, gezielte Verknappung des Angebots, politische Krisen im Erzeugerland, internationale Krisen, Ersatz von Rohstoffen durch synthetische Produkte, u.a.m. Tendenziell ist international ein Sinken der Rohstoffpreise zu beobachten – ein bedrohliches Symptom für Länder, die mit dem Export von Rohstoffen Devisen verdienen müssen, denn sinkende Preise bedeuten – im Gegensatz zur schlichten Lehrbuchthese – nicht, daß damit auch die Nachfrage steigt. Im Gegenteil: Die Nachfrage nach den meisten Rohstoffen ist preisunelastisch, d.h. die Veränderung der Nachfragemenge ist unterproportional zur verursachenden Preissenkung.
Bei vielen Rohstoffen werden zwischen Erzeugern und Großabneh-

mern langfristige Lieferkontrakte geschlossen, bei denen zwar die Mengen, nicht aber die Preise determiniert werden (Kautschuk, Erz, Zinn u.v.a.m.). Folgerichtig können an den Börsen nur die noch nicht disponierten Restmengen gehandelt werden. Ein beträchtlicher Umsatz läuft jedoch in außerbörslichen Transaktionen an den Börsen vorbei.
Im Gegensatz zur **Spekulation**, die zukunftsorientiert ist, bezeichnet man als **Arbitrage** das Ausnützen von Preis- bzw. Kursunterschieden zum selben Zeitpunkt: z.B. eine Kaffeepartie in Guatemala kaufen und sie simultan in Hamburg verkaufen. Dies ist sprachlich mißverständlich, weil Arbitrage gleichzeitig das Fachwort ist für private *Schiedsgerichtsbarkeit* (vgl. Abschn. D-1.6). Arbitragen im letzteren Sinne sind gerade im Bereich der Rohstoffmärkte weitverbreitet, um z.B. über Qualitätsmängel zu entscheiden.

A-2.3.9. Auktionen

Im Gegensatz zu Warenbörsen, die laufend stattfinden, werden Auktionen nur in Abständen an bestimmten Terminen abgehalten. Bekannte Auktionen sind u.a.:
- **London** (u.a. Pelze, Wolle, Tee, Gummi),
- **Rotterdam** (u.a. Tabak, Gewürze, Tabak),
- **Bremen, Hamburg** (u.a. Kaffee, Obst, insbes. Bananen).
- Wollauktionen in Australien (u.a. **Sydney**), Neuseeland und Südafrika,
- Kautschukauktionen im **Kuala Lumpur** (Malaysia),
- Zinnauktionen in **Penang** (Malaysia),

  etc.

Die zu versteigenden Güter werden meist in *Lose* aufgeteilt. Die Waren werden oft in öffentlichen Lagerhäusern gelagert, wo sie vorher besichtigt oder aufgrund von Mustern beurteilt werden können. Grundsätzlich wird für die ersteigerten Lose keine Qualitätsgarantie übernommen. Die Abwicklung des Handels auf Auktionen erfolgt über Makler *(buying broker)*. Die Übergabe aus dem Lager erfolgt gegen Vorlage des Auktions-**Schlußscheins**, sozusagen der Kaufbestätigung.

A-2.3.10. Messen

Auch auf Messen, insbesondere auf Verkaufsmessen, findet Außenhandel statt. Messen dienen über die Präsentation von Waren und der Informationsvermittlung der Anbahnung von Kontakten und dem

Abb. A-2.3/8: **Deutsche Messen**

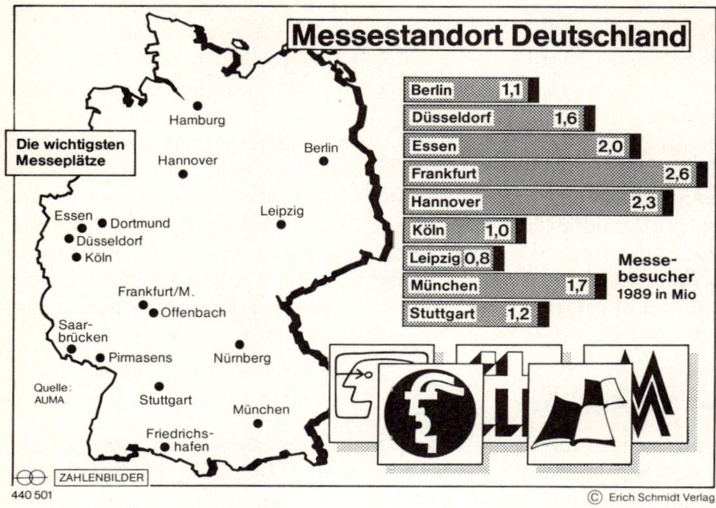

Die Bedeutung der etablierten Branchenmessen wird weiter zunehmen

Abschluß von Kontrakten, so daß sie teils Vorstufe des Außenhandels, teils selbst Handelsform sind (Abb. A-2.3/8).
Aus Anbietersicht sind Messen auch Gelegenheiten, Absatzwege, Kaufgewohnheiten und Verbraucherpräferenzen kennenzulernen und das Konkurrenzangebot zu prüfen.
Die Bundesregierung fördert daher auch Messebeteiligungen deutscher Firmen, insbesondere in Form von Firmengemeinschaftsständen, bei denen u.a. die Betreuung am Messeort, die Überlassung von Ausstellungsflächen, die allgemeine Werbung und die Nutzung von Kommunikationsmitteln mit öffentlichen Mitteln gewährleistet oder unterstützt wird. Neben anderen Stellen (BMWi, Landes-Wirtschaftsministerien, IHKs) informiert der **Ausstellungs- und Messeausschuß der deutschen Wirtschaft** (**AUMA**) in Köln über die Auslandsmessen, die mit Bundesmitteln gefördert werden (Abb. A-2.3/9).

Abb. A-2.3/9: **Auslandsmessen**

Ort	Messe	Datum	Durchführungsges.
1. Universal- und Mehrbranchenmessen für Investitions- und Konsumgüter			
Algier	Internationale Messe	14. 06.–20. 06.	DEGA
Asuncion	Int. Landwirtschafts- und Industrieausstellung	17. 07.–01. 08.	DMA
Buenos Aires	RURAL Landwirtschafts- und Industrieausstellung	29. 07.–18. 08.	NOWEA
Bukarest	TIB – Int. Messe	11. 10.–17. 10.	DURMA
Bulawayo	Internationale Messe	24. 04.–02. 05.	DURMA
Damaskus	Internationale Messe	28. 08.–10. 09.	DURMA
Daressalam	Internationale Messe	01. 07.–09. 07.	DEGA
Guayaquil	Internationale Messe	01. 10.–12. 10.	DEGA
Kairo	Internationale Messe	10. 04.–23. 04.	IMAG
Lagos	International Trade Fair	November	DURMA
Luanda	Internationale Messe	November	DEGA
Maputo	FACIM – Landwirtschafts- und Industriemesse	27. 08–05. 09.	DEGA
Nairobi	Int. Landwirtschafts- und Industriemesse	28. 09.–02. 10.	DURMA
Posen	Internationale Messe	13. 06.–18. 06.	IMAG
Prag	Internationale Messe	09. 11.–12. 11.	DEGA
Santiago de Chile	Fisa – Int. Messe	27. 10.–07. 11.	IMAG
Teheran	Int. Handelsmesse	02. 10.–12. 10.	IMAG
Warschau	Haus und Handwerk	05. 05.–09. 05.	NOWEA
Windhuk	Internationale Messe	01. 04.–04. 04.	DEGA
64. Optik, Labortechnik, Biotechnologie, wissenschaftliche Geräte			
Moskau	NAUKA – Int. Ausst. wiss. Geräte	23. 11.–01.12.	NOWEA
Shanghai	MICONEX – Messtechnik	14. 09.–17. 09.	ISC
Singapur	CIA – Chem/Instrument/Analab Asia	04. 10.–07. 10.	ISC
86. Umwelt			
Monterrey	TECOMEX Umweltmesse	26. 10.–30. 10.	IMAG
Osaka	NEW EARTH Umwelttechnik	07. 12.–10. 12.	NOWEA
Tampa	Oil Spill Conference & Exposition	31. 03.–04. 04.	HMC

Quelle: AUMA

A-3. Welthandelsstrukturen

A-3.1. Die Hauptakteure der Weltwirtschaft

Der *Zweite Weltkrieg* hat die heutigen Weltwirtschaftsstrukturen nachhaltig vorgeprägt. Die dominierende Position der USA in der Weltwirtschaft wurde durch den Krieg verstärkt, nicht zuletzt wegen der erheblichen Kriegsschäden in Europa. Das durch den **Marshallplan** geförderte Wiedererstarken Europas, das mit regionalen Zusammenschlüssen einherging (**EWG, EFTA**), und die ökonomische Entwicklung Japans ergaben somit drei Teilblöcke innerhalb der sog. **Ersten Welt**, denen der «Rat für gegenseitige Wirtschaftshilfe» (**RWG**, oder englisch: **COMECON**: *Council for Mutual Economic Cooperation*, 1991 aufgelöst) mit der UdSSR als dominierender Macht in der **Zweiten Welt** der Staatshandelsländer gegenüberstand. Der RWG war dabei als Versuch zu verstehen, ein Gegengewicht gegen die durch den Marshallplan wiederhergestellte und zunehmende Wirtschaftsmacht des Westens zu bilden. Die übrigen Staaten werden häufig pauschal als «die» Entwicklungsländer in der **Dritten Welt** zusammengefaßt. Abgesehen davon, daß mit der Auflösung des COMECON und dem Zerfall der Sowjetunion diese Blockbildung vom Faktischen her überholt ist, sind solche Grobeinteilungen offensichtlich wenig aussagekräftig, denn die so klassifizierten Länder sind viel zu verschiedenartig.

Zweckmäßiger, obgleich auch nicht unproblematisch, sind feinere Einteilungen, indem beispielsweise bei den Entwicklungsländern unterschieden wird zwischen den reichen erdölfördernden Länder der **OPEC** (*«Organisation of Petrol Exporting Countries»*), den «normalen» Entwicklungsländern (englisch: *«Less Developed Countries»*, **LDCs**) und den «am wenigsten entwickelten Ländern» (*«Least Developed Countries»*, **LLDC**'s; das ‹*LL*› steht also nur zur Hervorhebung). Mit dieser letzteren Gruppe überschneidet sich die der «von Wirtschaftskrisen am meisten betroffenen Länder» (*«Most Seriously Affected Countries»*, **MSAC**), die in der Vergangenheit unter dem Eindruck der ersten Ölkrise so bezeichnet wurden. Durch solche Unterteilungen erhält man dann *Vierte, Fünfte* und *Sechste Welten.*

Für die Weltwirtschaft wird eine weitere Gruppe in zunehmendem Maße bedeutsam, die man als **Schwellenländer** oder *«Newly Industrialising Countries»* (**NIC**'s) bezeichnet. Dabei handelt es sich um Länder, die aufgrund anderer Kriterien (Analphabetenquote, Infrastruktur, Einkommensverteilung etc.) prinzipiell als Entwicklungsländer einzustufen sind, jedoch aufgrund ihrer ökonomischen Entwicklung an der Schwelle zum Industrieland stehen. Zu dieser Gruppe zählen in der «ersten Generation» u.a. Argentinien, Brasilien oder Mexiko sowie die «Viererbande» der «Vier neuen Japans» Hongkong, Südkorea, Singapur und Taiwan; man bezeichnet diese vier Länder auch als «die *vier kleinen Tiger*». In der «zweiten Generation» kommen als Schwellenländer auch die Türkei, Kolumbien, Tunesien, Thailand, die Philippinen oder Malaysia hinzu. Eine einheitliche Abgrenzungen der Klassifizierung als Schwellenland gibt es jedoch nicht. Andererseits ist es in mancherlei Zusammenhang bedeutsam, zu welcher Kategorie ein Land gezählt wird (vgl. Abb. A-3.1/1), weil dies u.a. Einfluß hat auf die Konditionen von Entwicklungshilfekrediten, beim Zugang zu IWF- und Weltbankfazilitäten, bei Umschuldungsabkommen, bei der Gewährung von Investitionsgarantien, etc.

Abb. A-3.1/1: **Gruppeneinteilung**

Südafrika will als Entwicklungsland eingestuft werden
Ausbau der deutschen Unterstützung

Innerhalb dieser ‹Welten› gibt es eine Vielzahl von Staatenverbänden, die sich teils auf die in Abschn. B-1 beschriebenen Integrationsformen stützen, wie z.B. die **Europäische Wirtschaftsgemeinschaft** (**EWG**) oder der **Karibische gemeinsame Markt** (*Caribbean Common Market*, **CARICOM**), teils auch eher nur als Interessenverbände ohne Integrationsziele einzustufen sind wie die Mitglieder der **OECD** (*Organisation for Economic Cooperation and Development*) oder bei den Entwicklungsländern die **OPEC**; als Pendant dazu bezeichnet man die nicht-erdölimportierenden Länder auch als **NOPEC**.
Innerhalb der Dritten Welt gibt es die **Gruppe** 77 (**G-77**), ein Sprachrohr von ursprünglich 77, heute rund 130 Entwicklungsländern in den Vereinten Nationen. Anfang 1990 hat sich innerhalb der G-77 eine Gruppierung von 15 Ländern als Interessenvertretung der Entwicklungsländer gebildet (**G-15**).
Bedeutsam ist ferner die Gruppe der **Blockfreien**, die knapp 110 Länder umfaßt und zwei Drittel der UN-Mitglieder sowie die Hälfte der Weltbevölkerung repräsentiert – aber nicht einmal zehn Prozent der Welt-Wirtschaftsleistung. Diese Gruppierung hatte sich 1955 auf Initiative von Ghandi (Indien), Nasser (Ägypten), Tito (Jugoslawien)

und Sukarno (Indonesien) im Kalten Krieg zwischen Ost und West gegründet und 1961 institutionalisiert. Die Gruppierung sollte unparteiisch zwischen den Militärblöcken stehen. Aufgrund des kolonialen Hintergrunds des Westen orientierten sich die Blockfreien tendenziell aber doch eher an der Position der Sowjetunion. Beispielsweise haben die Blockfreien den Einmarsch der Sowjetunion nach Afghanistan – einem Mitgliedstaat – stillschweigend hingenommen. Auch in den Kriegen mit dem Irak und in Jugoslawien sahen bzw. sehen sie tatenlos zu: Die Organisation hat keine Mechanismen zur Konfliktlösung, auch in den eigenen Reihen, entwickelt. Nach dem Zerfall der Sowjetunion, dem Ende des Kalten Krieges und damit der Auflösung der Position zwischen West und Ost dürften die Blockfreien allenfalls noch eine Plattform als Vertreter von Entwicklungsländer-Interessen in den Nord-Süd-Beziehungen haben. Dabei stünden sie aber in Konkurrenz zur **Gruppe 77**. Argentinien ist 1990 aus der Gruppe ausgetreten, da es sich nicht mehr als Entwicklungsland versteht.

Auf der Seite der Industrieländer gibt es die **G-7**, die Gruppe der führenden Industrieländer (USA, Japan, Kanada, Deutschland, Frankreich, Großbritannien, Italien), deren Staats- und Regierungschefs sich i.d.R. einmal jährlich zu Weltwirtschaftsgipfeln treffen. Innerhalb des IWF gibt es eine **G-10** («Zehnergruppe»), die Gruppe der ursprünglich zehn, heute elf Industrieländer (Schweiz bis 1991 als Nicht-IWF-Mitglied), die dem IWF im Rahmen des **Allgemeinen Kreditabkommens** (*General Agreement to Borrow*, **GAB**) als Kreditgeber zur Verfügung stehen (Belgien, Deutschland, Frankreich, Großbritannien, Italien, Japan, Kanada, Niederlande, Schweden, Schweiz, USA; die Zehnergruppe entspricht G-7 plus Belgien, Niederlande und Schweden plus Schweiz). Als **G-5** bezeichnet man die fünf Industrieländer, deren Währungen den SZR-Korb bilden (Deutschland, Frankreich, Großbritannien, Japan, USA; vgl. Abschn. B-2.6.6); die IWF/Weltbank-Jahrestagungen werden seitens der Entwicklungsländer von einem **24er-Ausschuß** (**G-24**) vorbereitet, je acht Vertretern aus Afrika, Asien und Lateinamerika, der quasi das Pendant zur Zehnergruppe (G-10) der Industrieländer ist.

Und schließlich sind eine Vielzahl regionaler Staatenverbände wie die *Organisation für afrikanische Einheit* (**OAU**) oder die *Organisation (Latein-)Amerikanischer Staaten* (**OAS**) zu nennen.

Neben diesen staatlichen Aktoren stellen einige **internationale Institutionen** einen wichtigen Faktor für die weltwirtschaftlichen Beziehungen dar. Hierzu zählen u.a. der **Internationale Währungsfonds** (**IWF**), die **Weltbank**, die **Welthandelskonferenz** (**UNCTAD**), das **Allgemeine Zoll- und Handelsabkommen** (**GATT**), die regionalen **Entwicklungs-**

banken für Lateinamerika, Asien und Afrika sowie eine Reihe weiterer **UN-Organisationen**. Auf eine Reihe dieser Organisationen und Institutionen geht Abschn. B-2 näher ein.
Von großer Bedeutung für die weltwirtschaftlichen Strukturen sind **Transnationale Unternehmen**, d.h. Unternehmen, die durch Kapitalbeteiligungen und Direktinvestitionen in verschiedenen Ländern tätig sind. Der oft synonym verwendete Begriff «**Multis**», also **Multinationale Unternehmen**, ist insofern irreführend, als es sich bei einem transnationalen Unternehmen durchaus um eines handeln kann, das z.B. rein japanisch ist, jedoch international operiert. Natürlich gibt es auch multinationale Unternehmen im engeren Sinne des Wortes. UN-Schätzungen gehen davon aus, daß der Handel zwischen den Mutter- und Tochtergesellschaften dieser Konzerne ein Drittel des gesamten Welthandels ausmacht. Dabei werden weltweit rund 35000 Unternehmen mit 150000 ausländischen Niederlassungen als «Multis» gewertet. Eine einheitliche Definition Trans- oder Multinationaler Konzerne existiert nicht.
Und schließlich sind als weitere wichtige Aktoren international tätige **private Banken** zu nennen. Unter den 20 größten Banken der Welt sind 12 japanische Banken; die größten sechs sind japanische Institute, gefolgt von zwei französischen Banken. Die erste amerikanische Bank (Citicorp) rangiert erst auf Rang 10. Die Deutsche Bank nimmt als größte deutsche Bank Rang 16 ein.

A-3.2. Internationale Verflechtungen

A-3.2.1. Handelsstrukturen

Abb. A-3.2/1 zeigt die Grobstruktur der Weltwirtschaft. Hervorzuheben ist die Konzentration der wirtschaftlichen Aktivitäten auf die drei Blöcke Nordamerika, Westeuropa und Japan/Asien, auf die sog. **Triade**, während die übrige Welt nur einen nachgeordneten Anteil hat.
An der Verteilung des Welthandels – gemessen an den Exporten – zeigen sich deutliche Unausgewogenheiten: In den westlichen Industrieländern leben zwar nur 17% der Weltbevölkerung, doch entfallen auf sie mit 66,5% rund zwei Drittel der Weltexporte, und sie verfügen über 55% des Weltsozialprodukts (Zahlen nach UN, IWF, GATT und OECD) (vgl. Abschn. A-3.2.4 für ein methodisches Problem).
In den Entwicklungsländern lebt die Hälfte der Weltbevölkerung, doch beträgt ihr Anteil am Weltexport incl. OPEC mit 23% weniger als ein Viertel (ohne OPEC nur rund 18%) und am Weltsozialprodukt

Abb. A-3.2/1: **Struktur der Weltwirtschaft**

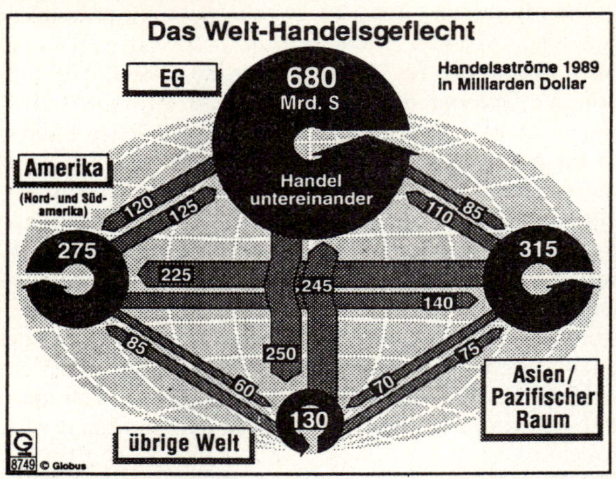

REGER HANDEL: Die Europäische Gemeinschaft ist der Schwerpunkt des Welthandels, so scheint es. Der Handel der zwölf EG-Staaten untereinander erreichte nämlich 1989 einen Wert von 680 Milliarden Dollar. Wesentlicher Grund dafür ist jedoch die europäische Kleinstaaterei.

nur 17%. Die ehemaligen Staatshandelsländer (incl. China) mit rund einem Drittel der Weltbevölkerung haben einen Anteil am Weltexport von knapp 11% und von 28% am Weltsozialprodukt. Um 1960 sah das Bild im Großen und Ganzen ähnlich aus. Bis 1970 hatten die Industrieländer ihren Exportanteil zu Lasten der Entwicklungsländer auf rund 75% bei etwa konstantem Anteil der Staatshandelsländer erhöht. In der Folge der beiden Ölpreisschocks brachte die OPEC den Entwicklungsländeranteil vorübergehend auf rund 30%, doch haben die Industrieländer in den letzten Jahren erneut an Boden gewonnen, zu Lasten des Entwicklungsländeranteils.

Die Abhängigkeit der «drei Welten» von Handelsbeziehungen zwischen den drei Blöcken ist unterschiedlich: Die westlichen Industrieländer machen mit Lieferungen im Wert von 1 Bio Dollar rund 76% ihrer Handelsbeziehungen unter sich aus (sog. Nord-Nord-Handel), im ehemaligen Ostblock (incl. China) sind es mit 110 Mrd noch rund 52% block-interner Handel, während mit 120 Mrd Dollar nur rund 35% des Entwicklungsländer-Handels auf den ‹internen› sog. Süd-Süd-Handel zwischen Entwicklungsländern entfällt. Tendenziell nimmt der Block-interne Handel in Nordamerika, Westeuropa und Asien deutlich stärker zu als der Handel zwischen den Blöcken: Der regionale Handel nimmt gegenüber dem Welthandel an Bedeutung zu. Innerhalb der EG beispielsweise macht der EG-interne Handel für Belgien/Luxemburg über 70% des gesamten Außenhandels beider Länder aus – sie sind damit Spitzenreiter in der EG –, für Dänemark (Schlußlicht) immerhin noch rd. 52%; die Bundesrepublik wickelt rd. 62% ihres Außenhandels EG-intern ab. Wenn man die EG und die EFTA zusammen, d.h. den Europäischen Wirtschaftsraum (EWR) betrachtet, ergeben sich natürlich noch höhere Werte.

Die Verflechtung zwischen den Blöcken ist asymmetrisch: Der Anteil des Westhandels (OECD) am gesamten Außenhandel der ehemaligen RGW-Staaten (ohne China) hat sich zwischen 1970 und 1983 bei den Exporten nach OECD-Angaben von 22% auf 25% erhöht, während er bei den Importen bei 26% stagniert. Die OECD-Staaten wickeln andererseits nur je rund 3% ihrer Importe und Exporte mit Ländern des ehemaligen RWG ab. Nach dem Zusammenbruch des RGW und der Öffnung der ehemaligen Staatshandelsländer nach Westen wird die West-Ost-Verflechtung sicherlich deutlich zunehmen, so daß die hier angeführten Zahlen sich entsprechend verändern werden.

Die westlichen Industrieländer setzen mit rd. 70 Mrd Dollar nur knapp 5% ihrer Gesamtexporte in Entwicklungsländern ab, während diese ihrerseits mit 310 Mrd 67% ihrer Exporte in den westlichen Norden liefern (Quelle: EG). Die Importabhängigkeit ist allerdings unterschiedlich ausgeprägt: Die Bundesrepublik bezieht 16% ihrer Einfuhren aus Entwicklungsländern und liegt damit hinter den Niederlanden (18%) und Frankreich (20%) in der Spitzengruppe in der EG; für die USA beträgt der Entwicklungsländer-Importanteil 35% und für Japan sogar 58% – alle diese Werte beinhalten allerdings die Rohölimporte.

Gütermäßig gesehen sind die wichtigsten Exportprodukte weltweit – mit Anteilen von je 9–11% an den gesamten Weltexporten – Maschinen und Nutzfahrzeuge, Öl und Gas, Agrarprodukte, Autos, chemische Erzeugnisse sowie Spezialmaschinen. Textilien, Bürogeräte und Telekommunikation und Möbel machen je rd. 6% aus.

Abb. A-3.2/2 verdeutlicht die Dominanz der westlichen Industrieländer, insbesondere auch der EG-Länder, in den internationalen Handelsbeziehungen. Auch in absoluten Exportzahlen sind die größten Exporteure mit großem Abstand die USA und Deutschland (diese beiden Staaten wechseln sich gelegentlich an der Spitze ab; dies ist u.a. auch eine Frage der Bewertung durch den Dollarkurs). 1990 war z.B. die Bundesrepublik auf Rang 1 (Exportwert 421 Mrd. Dollar), 1991 die USA (1990 394 Mrd. Dollar). Danach folgen mit deutlichem Abstand Japan (286 Mrd.), Frankreich (216 Mrd.), Großbritannien

Abb. A-3.2/2: **Exportmächte**

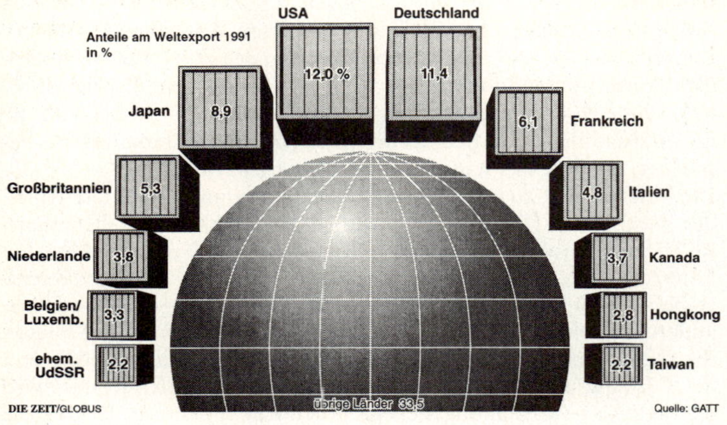

(185 Mrd.), Italien (170 Mrd.), die Niederlande (134 Mrd.), Kanada (131 Mrd.), Belgien/Luxemburg (118 Mrd.), die damalige UdSSR (103 Mrd.), gefolgt von den ‹kleinen Tigern› Hongkong, Taiwan, Südkorea, der Schweiz, China (62 Mrd.), Schweden, Spanien und Singapur.

Wenn man die Exportleistung jedoch pro Kopf der Bevölkerung berechnet, sieht es ganz anders aus. Dann sind kleine Länder die Spitzenreiter: Belgien, Schweiz, Niederlande, Dänemark, an fünfter Stelle Deutschland, gefolgt von Österreich, Japan an neunter, die USA erst an zehnter Stelle. Auch in Relation zum Sozialprodukt liegt die Bundesrepublik international mit einer gesamtwirtschaftlichen Exportquote von rd. 25 % im Mittelfeld: Belgien weist eine Exportquote von rd. 57 % aus, die Niederlande von 47 %, Irland von 38 %, die USA hingegen lediglich 8 % und Japan 9 %.

Nach dem Zusammenbruch des RGW bemühen sich viele seiner ehemaligen Mitgliedstaaten um eine verstärkte Integration in die Weltwirtschaft. Viele sind bereits Mitglieder in internationalen Institutionen geworden wie dem Allgemeinen Zoll- und Handelsabkommen (GATT), dem Internationalen Währungsfonds (IWF) oder der Weltbank (u.a. Ungarn, Polen, die CSFR, Rumänien, China); ein Novum war die Assoziierung der ehemaligen UdSSR beim IWF.

Was die Direktinvestitionen anbelangt, so ist auch da die Konzentration auf die o.a. Triade EG-USA-Japan hervorzuheben. Nach UN-

Angaben entstammen 83% aller grenzüberschreitenden Direktinvestitionen diesen drei Industriezentren, umgekehrt haben sie 70% aller Direktinvestitionen angezogen. Die europäischen «Multis» nehmen dabei an Bedeutung zu: 1992 entfielen 45% der «Multi»-Investitionen auf EG-Konzerne, 17% auf japanische und (nur noch) knapp 17% auf amerikanische Konzerne. Der Anteil von Direktinvestitionen *in* Japan ist allerdings gering, denn es ist sehr schwer, im japanischen Markt Fuß zu fassen; dies gilt etwas abgeschwächt übrigens auch für die Schweiz. Ausgesprochen schwach ist die Tätigkeit ausländischer Investoren im ehemaligen Ostblock. Große Bedeutung wiederum haben ausländische Direktinvestitionen für Entwicklungsländer: Über ein Viertel der «Multi»-Investitionen fließen in den Süden – allerdings dort vorrangig in Schwellenländer (Argentinien, Brasilien, China, Ägypten, Hongkong, Malaysia, Mexico, Singapur, Thailand, Taiwan).

Es ist sehr schwer, den Anteil und vor allem den Einfluß der einzelnen Aktoren auf die Weltwirtschaft präzise zu erfassen, wenn man die pauschale Ebene der Einteilung in drei Welten verlassen will. Ganz außerordentliche Schwierigkeiten ergeben sich dabei hinsichtlich der Rolle der transnationalen Unternehmen, die häufig im Zentrum von Kritik stehen, die ihnen rücksichtslose Durchsetzung egoistischer Interessen vorwirft. Es ist hier nicht der Ort, um die Rolle trans- oder multinationaler Unternehmen in der Weltwirtschaft zu diskutieren. Es ist jedoch davon auszugehen, daß der ökonomische und damit auch politische Einfluß transnationaler Unternehmen auf die Geschicke der Länder, in denen sie ansässig sind, auf nationale und internationale Preisentwicklungen, auf Handels- wie Finanzbeziehungen erheblich sein kann, ohne daß sich dieses jeweils deutlich beobachten ließe (Abb. A-3.2/3).

Neben dem statistischen Erfassungsproblem besteht eine weitere Schwierigkeit bei der Betrachtung der verschiedenen Aktoren in der Weltwirtschaft. Ihre teils gegensätzlichen, teils sich überschneidenden

Abb. A-3.2/3: **Transnationale Konzerne**

Lokomotiven des Weltmarkts

Die Macht der multinationalen Konzerne wächst. Besonders die EG-Multis sind auf dem Vormarsch

UN-Studie

Multis sind Wachstumsmotoren

Interessen können nur im historischen Zusammenhang hinreichend gewürdigt und analysiert werden. Auch dies ist im Rahmen dieses Überblicks nicht möglich, wenngleich Abschn. A-3.4 einen gerafften Überblick über die Entwicklung der internationalen Arbeitsteilung enthält. Der interessierte Leser sei daher auf die im Literaturverzeichnis aufgeführten Arbeiten verwiesen, von denen viele auch den historischen Aspekt betonen.

A-3.2.2. Einige Begriffe

Sofern sich die Handelsbeziehungen zwischen zwei Ländern hinsichtlich der Zusammensetzung der Warenströme ergänzen, spricht man von **komplementärem Handel**. Dies ist z.B. grundsätzlich im Warenhandel zwischen Industrie- und Entwicklungsländern der Fall, indem letztere vorrangig Rohstoffe liefern, die in Industrieländern nicht verfügbar sind, und die Industrieländer liefern Fertigwaren, die in den Entwicklungsländern nicht produziert werden (können).
Wenn die Warenströme sich aber in ihrer Struktur und auch qualitativ ähneln, spricht man von **substitutivem Handel**: Beispielsweise exportiert Deutschland Automobile nach Frankreich und Frankreich nach Deutschland. Substitutiver Handel ist vorrangig zwischen höher entwickelten Volkswirtschaften anzutreffen und setzt beträchtliche Produktdifferenzierungen voraus; ein Warenhandel zwischen zwei Ländern, die beide vorrangig Baumwolle oder andere Rohstoffe produzieren, hätte wenig Sinn.
Die beiden erwähnten Begriffe können auch auf andere Weise betrachtet werden. Bei komplementärem Handel werden Güter verschiedener Wirtschaftssektoren gehandelt; man spricht daher auch von **inter-sektoralem Handel**. Substitutiver Handel erfolgt innerhalb desselben Wirtschaftszweiges: sog. **intra-sektoraler Handel**. In analoger Weise wird in geographischer Hinsicht zwischen **intra-regionalem Handel** (z.B. innerhalb der EG) und **inter-regionalem Handel** unterschieden. Sofern ein Land versucht, bislang importierte Güter nun selbst zu produzieren, spricht man von **Importsubstitution**.

A-3.2.3. Terms-of-Trade

Im internationalen Handel bezeichnet man das Preisverhältnis zwischen Export- und Importgütern als **Terms-of-Trade (T.o.T.)** (d.h. sinngemäß: «Austauschbedingungen des Handels»), wobei man sich meist auf das Verhältnis der entsprechenden Preisindices bezieht (es gibt noch eine Reihe anderer Konzepte):

$$\text{Terms-of-Trade} = \frac{\text{Exportpreis-Index}}{\text{Importpreis-Index}}$$

Wenn ein so berechneter Wert größer als 1 ist (bzw. größer als 100, je nach Skala), besagt er, daß beim Export «bessere» Preise erzielt werden können, als für Importgüter bezahlt werden müssen. Wenn also die Exportpreise steigen und/oder die Importpreise sinken, «verbessern» sich die Terms-of-Trade, im umgekehrten Fall «verschlechtern» sie sich. Veränderungen der Terms-of-Trade drücken somit aus, ob mit denselben Exportmengen (beispielsweise Reis) mehr oder weniger Importgüter (beispielsweise Traktoren) «bezahlt» werden können. Beispielsweise bedeuteten die Ölpreisschocks von 1973 und 1979 jeweils abrupte Terms-of-Trade-Verschlechterungen der Ölimportländer.

Abb. A-3.2/4 verdeutlicht für die Situation der Bundesrepublik, daß sich die ‹deutschen› Terms-of-Trade tendenziell verbessern. Für die

Abb. A-3.2/4: **Terms-of-Trade**

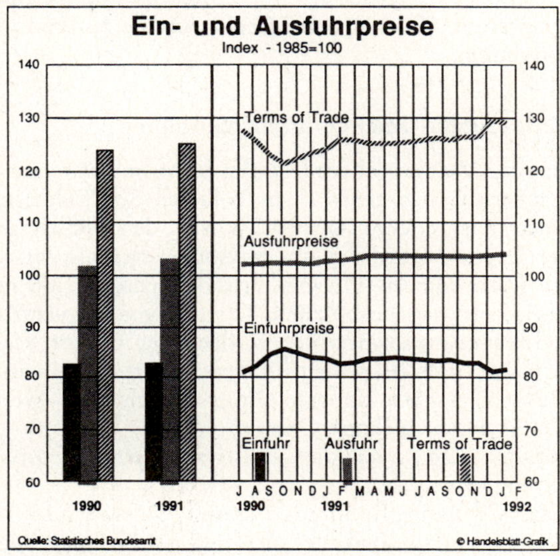

Verfall der Rohstoffpreise — Entwicklungshilfe für Bundesrepublik

Schuldendienst zwingt Dritte Welt zu Überschußproduktion für den Export

meisten Entwicklungsländer wird dagegen dementsprechend von einer tendenziellen Verschlechterung ausgegangen, weil – aus ihrer Sicht – die Importpreise steigen, während die Exportpreise (meist Rohstoffpreise) tendenziell sinken. Eine sich verschlechternde Preisrelation kann nur durch steigende Export*mengen* oder sinkende Import*mengen* aufgefangen werden. Dies ist für Entwicklungsländer ausgesprochen schwierig, weil eine Reduzierung der Importe meist einen empfindlichen Einschnitt in die Güterversorgung bedeutet, andererseits die Exportnachfrage (insbesondere bei Rohstoffen) preisunelastisch ist und nur unterproportional auf Preissenkungen reagiert.
Die *Terms-of-Trade* sollten nicht mit den ***trade terms*** verwechselt werden, welche sich auf die handelspolitischen und kaufmännischen Bedingungen beziehen (vgl. dazu Abschn. D-3). Die Aussagekraft von Terms-of-Trade-Berechnungen ist allerdings eingeschränkt. Sie hängt u.a. davon ab, ob bei der Umrechnung realistische Wechselkurse und Preise verwendet worden sind. Insbesondere eine überbewertete Währung, welche die Importpreise ‹künstlich› verbilligt, verzerrt die Terms-of-Trade (vgl. Abschn. C-1.4). Dies gilt analog für eine künstlich unterbewertete Währung, um Exportvorteile zu erreichen (sog. **Währungsdumping**).

A-3.2.4. Erfassungs- und Bewertungsprobleme

Statistiken zum Welthandel sind häufig nicht immer eindeutig. Die meisten Zahlenangaben gehen beim Volumen des Welthandels von Exportzahlen aus, andere Quellen weisen den Außenhandel als Summe von Export *plus* Import aus, wodurch sich logischerweise sehr viel höhere Werte ergeben. Oberflächlich betrachtet, müßte es eigentlich egal sein, ob man das Welthandelsvolumen auf der Basis von Export- oder Importzahlen ermittelt, denn der Export des Landes Aland nach Benesien ist prinzipiell der Import von Benesien aus Aland. Tatsächlich aber stimmen die entsprechenden Werte nicht überein. Dafür gibt es mehrere Gründe.
Der wichtigste Grund ist, daß die Exportwarenströme «f.o.b.» bewertet werden, Importe «c.i.f.»:
F.o.b. ist die Abkürzung für «free on board». Sofern ein Liefervertrag eine fob-Klausel enthält, bedeutet dies, daß der Lieferant alle Kosten wie Transport, Versicherung und Verladung auf das Schiff *im Hafen des Exportlandes*, oder allgemeiner: auf ein Transportmittel, zu tragen hat (vgl. Abschn. D-3). Diese Nebenkosten werden dem reinen Warenwert hinzugerechnet, so daß Exporte – zu **fob** bewertet – den Gesamtwert inklusive der angefallenen Nebenkosten bis zum Über-

schreiten der Grenze des Lieferlandes wiedergeben (unabhängig davon, ob der konkrete Liefervertrag tatsächlich eine fob-Klausel enthält). Diese Nebenkosten werden ggf. geschätzt. Dies gilt analog für die Importe auf cif-Basis:

C.i.f. ist die Abkürzung für «cost, insurance, freight» (Kosten, Versicherung, Fracht) und bedeutet, daß alle entsprechenden Kosten bis zum Eintreffen *im Bestimmungshafen* eingeschlossen sind. In der Regel werden Importe zu **cif** bewertet, so daß der cif-Importwert dem Güterwert bei Erreichen der Grenze des Importlandes entspricht. Dadurch werden in der Handelsbilanz Positionen erfaßt, die eigentlich in die Dienstleistungsbilanz gehören. Manche Statistiken, z.B. die des Statistischen Bundesamtes, weisen internationaler Praxis entsprechend daher beim Warenhandel Import wie Exporte in **fob**-Werten aus. Dann entspricht der Importwert des einführenden Landes dem Exportwert des entsprechenden ausführenden Landes. In der Handelsbilanz, wie sie von der Deutschen Bundesbank ausgewiesen wird, werden die Importe mit **cif**, die Exporte mit **fob** angesetzt, so daß in beiden Fällen der Warenwert an der Grenze der Bundesrepublik inklusive aller bis dahin entstandenen Nebenkosten angesetzt wird (vgl. unten Abb. A-4.2.3 und ausführlich Abschn. D-3). Dies geschieht – wie erwähnt – unabhängig davon, welche Lieferklauseln die Vertragspartner tatsächlich untereinander vereinbart haben. Eine Veränderung der Bewertungsmethode kann somit erhebliche Veränderungen in den Positionen der Handels- und Dienstleistungsbilanz nach sich ziehen, ohne allerdings den Wert des Außenbeitrags zu verändern, da es sich bei Exporten um eine reine Aktivumschichtung und bei Importen um eine Passivumschichtung zwischen Handels- und Dienstleistungsbilanz handelt (vgl. Abschn. A-4.2).

Neben der **cif-fob-Diskrepanz** gibt es noch einige **weitere Gründe**, weshalb korrespondierende Importe und Exporte in den beteiligten Ländern mit unerschiedlichen Werten ausgewiesen werden. Ein zweiter Grund kann darin liegen, daß aufgrund der transportbedingten **Zeitdifferenz** die Exporte im Exportland bereits erfaßt sind, die Importe im Importland aber nicht. Drittens kann hinzukommen, daß sich der **Wechselkurs** zwischen Erfassung des Exports und Erfassung des Imports verändert hat. Viertens können Exporte zwar offiziell registriert sein, jedoch durch **Schmuggel** und illegalen Handel nicht in den Importstatistiken auftauchen (Analoges gilt auch umgekehrt). Fünftens können z.B. **Zinszahlungen** in der Dienstleistungsbilanz als Zahlungsausgang erfaßt werden, verschwinden jedoch aus Steuergründen in dunklen Kanälen. Sechstens können bestimmte Positionen nur näherungsweise **geschätzt** und regional zugeordnet werden, wie z.B. der nichtorganisierte private Reiseverkehr. Insgesamt können auf diese Weise riesige Summen im «**Bermuda-Dreieck der Statistik**» (iw) untergehen.

A-3.3. Zur Position der Bundesrepublik im Welthandel

Der Außenhandel ist für die Wirtschaft der Bundesrepublik ein außerordentlich wichtiger Bereich. Die **Exportquote** – d.h. das in Prozenten des Bruttosozialprodukts ausgedrückte Volumen des Exports – ist von rd. 23% im Jahre 1970 auf rd. 25% (1991) angestiegen, die **Importquote** im selben Zeitraum von 20% auf 30%. Letzteres kann man auch so interpretieren, daß fast ein Drittel des Güterwertes, den wir für unseren Lebensstandard benötigen, aus dem Ausland bezogen wird. Die Importquote spiegelt damit aber auch die Abhängigkeit der inländischen Güterversorgung vom Ausland wider, sei es bei Vorleistungen, die für die inländische Produktion benötigt werden, sei es bei Fertigprodukten. Viele wichtige Rohstoffe müssen (teilweise vollständig) importiert werden (vgl. nochmals oben Abb. A-1.1.3) wodurch

Abb. A-3.3/1: **Exportabhängigkeit der Bundesländer**

Auslandsumsatz der Industrie 1991	in Mrd DM	in Prozent des Gesamtumsatzes
Bremen	8,1	40,9
Rheinland-Pfalz	22,9	32,7
Bayern	69,7	30,9
Saarland	6,6	29,8
Baden-Württemberg	67,5	29,4
Hessen	26,0	28,1
Nordrhein-Westfalen	93,7	26,6
Niedersachsen	33,3	26,1
Hamburg	8,0	23,0
Schleswig-Holstein	7,1	21,5
Sachsen-Anhalt	3,0	18,8
Thüringen	1,4	15,4
Mecklenburg-Vorpommern	0,5	11,6
Sachsen	2,3	10,8
Berlin	4,7	10,0
Brandenburg	1,1	8,8
Bundesgebiet	356,0	27,0

Abb. A-3.3/2: **Deutsche Exportstruktur** (regional)

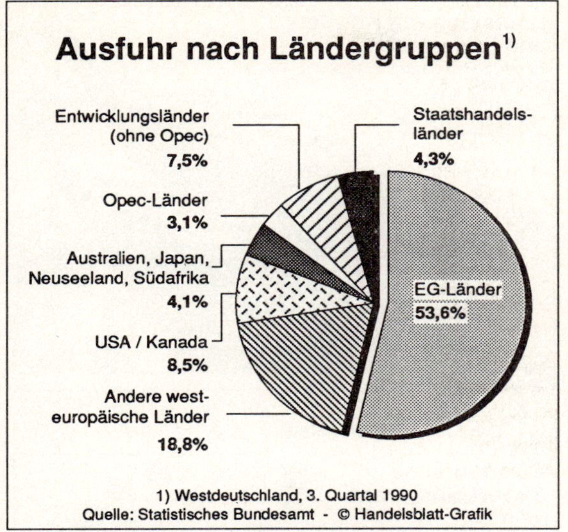

auch politische Abhängigkeiten bedingt werden können, d.h. daß mit Ländern aus ökonomischen Gründen Handelsbeziehungen bestehen, die unter politischen Aspekten eher bedenklich sind. Je höher die Importabhängigkeit ist, desto größer ist auch die «Empfindlichkeit» für Preisveränderungen bei Importgütern bzw. für Wechselkursschwankungen.

Auch ein hoher Exportanteil bedeutet analog eine starke Abhängigkeit vom Ausland: Konjunkturschwankungen des Auslands übertragen sich über die Nachfrage nach Exportgütern auf die Inlandskonjunktur. Viele Branchen sind stark exportabhängig; oben Abb. A-1.2/1 zeigte, wie stark einzelne Branchen vom Exportgeschäft abhängen. Die einzelnen Bundesländer sind dabei recht unterschiedlich in den Außenhandel integriert (Abb. A-3.3/1). Spitzenreiter ist Bremen mit einer Exportquote von rd. 41 %, Schlußlicht ist Brandenburg mit 9 %. Die neuen Bundesländer weisen insgesamt eine deutlich niedrigere Außenhandelsverflechtung auf. Dies liegt vorrangig an den drastisch zurückgegangenen Handelsbeziehungen zu den osteuropäischen Staaten, während sich der Außenhandel nun (vorläufig noch) vorrangig über die westlichen Bundesländer vollzieht.

Abb. A-3.3/3: **Wichtigste Handelspartner der Bundesrepublik**

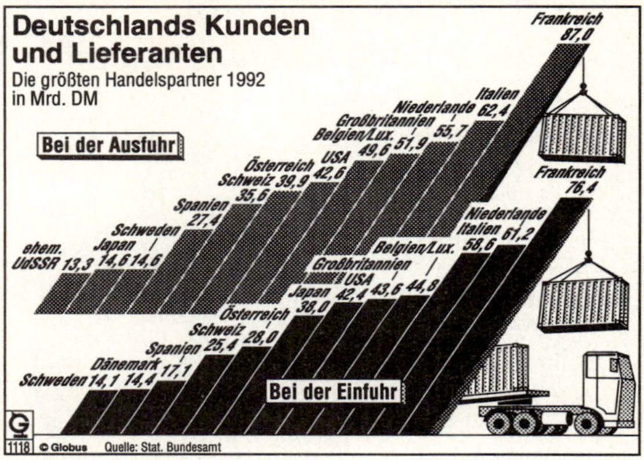

Abb. A-3.3/4: **Deutsche Exportpalette**

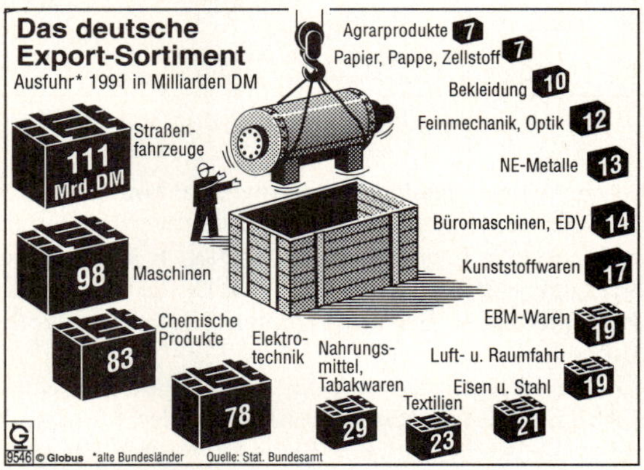

Die Bundesrepublik ist – wie erwähnt – mit den USA der größte Exporteur der Welt; beide Länder wechseln sich in einem Kopf-an-Kopf-Rennen periodisch an der Spitze der Liste der größten Exportnationen ab. Der Hauptanteil des Außenhandels der Bundesrepublik wickelt sich dabei mit Industrieländern, und dabei wiederum mit den EG-Partnern ab (rd. 53,6%; vgl. Abb. A-3.3/2), wobei Frankreich sowohl bei den Importen als auch bei den Exporten (aus deutscher Sicht) mit deutlichem Abstand an der Spitze der Handelspartner steht, bei den Exporten gefolgt von Italien, den Niederlanden, Großbritannien, Belgien/Luxemburg, den USA, Österreich, der Schweiz, Spanien, der ehemaligen UdSSR, Japan und Schweden, und bei den Importen von den Niederlanden, Italien, Belgien/Luxemburg, den USA, Großbritannien, Japan, Österreich, der Schweiz, Spanien, der ehemaligen UdSSR und Schweden (Abb. A-3.3/3). Abb. A-3.3/4 zeigt die wichtigsten deutschen Exportprodukte.

A-3.4. Entwicklungsphasen der Weltwirtschaft

A-3.4.1. Umrisse einiger Außenhandelstheorien

Nach der **Klassischen Wirtschaftstheorie** werden sich in einer Wirtschaftsordnung die für alle Beteiligten besten Ergebnisse einstellen, wenn der Wirtschaftsablauf weitgehend frei ist von staatlicher Beeinflussung und Bevormundung, und dies gilt analog auch für den Aussenhandel. Diese Grundidee des **klassischen Liberalismus**, der Ende des 18. und Anfang des 19. Jahrhunderts u.a. von **Adam Smith, David Ricardo** und **John Stuart Mill** entwickelt wurde, stellt die Freiheit des Individuums, insbesondere auch in seinen ökonomischen Handlungen, in den Mittelpunkt. Der klassischen Argumentation zufolge führt freie Preisbildung zu einem Ausgleich von Angebot und Nachfrage und damit zur Vollbeschäftigung. Störungen und Ungleichgewichte werden sich durch unbehinderte Marktkräfte von selbst beheben, so daß staatliche Eingriffe in den Wirtschaftsablauf sich nur nachteilig auswirken. Konsequente Folgerung dieses Grundprinzips der freien Marktwirtschaft ist für den Außenhandel die Forderung nach **Freihandel.** Das Zustandekommen von Außenhandelsbeziehungen wird dabei insbesondere mit dem Vorhandensein von Kostenunterschieden bei der Güterproduktion erklärt; hierauf wurde in Abschn. A-1.1.2 eingegangen.

Offensichtlich aber ergaben und ergeben sich in der Realität ökonomische Probleme, die sich nicht im Sinne der Theorie und zum Wohle der Benachteiligten von selbst lösen. In solchen Situationen liegt es nahe, an den Selbstheilungskräften des Marktes zu zweifeln und auf staatliche Beeinflussung und Eingriffe in den Wirtschaftsablauf zu setzen. Von besonderer Bedeutung waren dabei die Theorien von **John Maynard Keynes**, der unter dem Eindruck der weltweiten Depression nach 1929 mit zunehmender und sich *nicht* selbst abbauender Arbeitslosigkeit dem Staat die Aufgabe zuschrieb, bei Problemen regelnd und beeinflussend in den Wirtschaftsprozeß einzugreifen, wobei

der Staat insbesondere fehlende private Nachfrage nach Gütern und Produktionsfaktoren durch staatliche Nachfrage ergänzen solle.
Der **Keynesianismus** beeinflußte die Wirtschaftspolitik vieler Staaten nach dem Zweiten Weltkrieg, auch die der Bundesrepublik, nachhaltig. Neben anderen Argumentationen liefert er auch eine theoretische Rechtfertigung für die Behinderung des freien Außenhandels durch *protektionistische Maßnahmen.* Diese stützen sich aber auch auf Elemente des **Merkantilismus**, nach dem ein vorrangiges Ziel staatlicher Politik Autarkie ist, also ökonomische Unabhängigkeit vom Ausland. Die eigene Machtposition wird dabei durch Überschüsse im Außenhandel mit anderen Ländern gestärkt, so daß eine aktive Zahlungsbilanz angestrebt wird. Die historische deutsche Version solcher Wirtschaftspolitik aus dem 17. Jahrhundert wird als **Kameralismus** bezeichnet (*camera* (lat.) = Staatskasse, *mercantium* (lat.) = Handel). Auf die Einschränkung und Behinderung des Freihandels durch **protektionistische Maßnahmen** wird in Abschn. C-2 eingegangen.
Mit anhaltenden und teils zunehmenden ökonomischen Problemen jedoch wuchs die Kritik an den Keynesianischen Theorien, und es erfolgte weltweit eine Rückbesinnung auf die Grundsätze der klassischen Wirtschaftstheorie. Danach steht nicht mehr die Stärkung der Nachfrage, sondern des Güterangebots im Mittelpunkt. Entsprechend wird eine solche Wirtschaftspolitik als **Angebotspolitik** und die zugrundeliegende Wirtschaftstheorie als **neo-klassisch** oder **neo-liberal** bezeichnet.
Im Zusammenhang mit den Grundsätzen der Außenhandelstheorie und -politik ist auch die sehr umstrittene Frage zu sehen, wem die sich aus der Weltwirtschaft ergebenden Vorteile zufallen. Während nach der klassischen Theorie unbehinderter Freihandel letztendlich allen Beteiligten nützt, argumentieren andere ökonomische Schulen, daß sich aufgrund ungleicher Voraussetzungen gerade durch internationalen Handel eine asymmetrische Verteilung von Vor- und Nachteilen ergibt. Hierbei ist insbesondere an die – im Gegensatz zur kapitalistischen klassischen Theorie häufig auf marxistische Schulen zurückgehenden – **Dependenz-** und **Imperialismustheorien** zu denken, nach denen die heutigen Entwicklungsländer ehemals durch die Kolonialmächte und heute durch die Industrieländer in Abhängigkeit gehalten wurden bzw. werden (vgl. den folgenden Abschnitt). Freihandelsbeschränkende Maßnahmen solcherart benachteiligter Länder sind dann in einem ganz anderen Licht zu sehen als die merkantilistischen Ursprungs.

A-3.4.2. Integration, Dependenztheorie und Abkopplung

Die (möglichen) Vorzüge von Strategien, nach denen noch unterentwickelte Volkswirtschaften besser in die Weltwirtschaft integriert werden sollen, beruhen auf der Annahme, daß «**nachholende Entwicklung**» möglich sei und sich die bisher ständig vergrößernde Kluft zwischen Nord und Süd verringern ließe – nicht nur für einige wenige Schwellenländer, sondern für alle bisher benachteiligten (Entwicklungs-)Länder schlechthin («**Modernisierungstheorie**»).
Sog. **Abkopplungstheoretiker** sehen dies allerdings ganz anders. Die Wurzeln dieser Schule reichen weit zurück. Die historischen Beziehungen zwischen Kolonialmächten und ihren Kolonien sind der Ausgangspunkt. Pauschal gesprochen, fungierten die Kolonien einerseits als Rohstofflieferanten, andererseits als Absatzmärkte für die Mutterländer. Die internationale Arbeitsteilung war somit komplementär, aber asymmetrisch. Die Kolonialmächte hatten meist wenig Interesse an einer harmonischen Entwicklung der Kolonien, insbesondere nicht im Hinblick auf deren eigenständige Integration in die Weltarbeitsteilung. Dies prägte die Entwicklung der Kolonien, sei es im Hinblick auf die Produktionsstruktur, die regionale Erschließung oder die Verwaltung. Die landesinterne Infrastruktur ist häufig bis auf den heutigen Tag sternförmig auf die Hauptstadt als ökonomisches und politisches Machtzentrum gerichtet; hier sind auch die wichtigsten Behörden konzentriert. Querverbindungen zwischen Subzentren sind meist wenig vorhanden; das Hinterland ist in jeder Hinsicht weniger gut versorgt und entwickelt als die Zentren («urbane Schlagseite»).
Die Wirtschaft zerfällt meist in einen traditionellen, nach gängigen Begriffen ‹rückständigen› Sektor (Landwirtschaft, Kleingewerbe) und einen mit dem traditionellen kaum verflochtenen modernen technisierten Sektor (Industrie). Mit dieser regionalen und ökonomischen Zweiteilung («**Dualismus**») geht meist auch ein gesellschaftlicher Dualismus einher, indem einer kleinen, oft extrem reichen Oberschicht bei weitgehendem Fehlen eines Mittelstandes die Masse der armen, einflußlosen Bevölkerung gegenübersteht.
Offensichtlich fällt es schwer, diese Tatbestände allein dem ehemaligen Einfluß der Kolonialmächte zuzuschreiben, insbesondere, weil die damaligen lateinamerikanischen Kolonien seit rund 100 Jahren unabhängig sind. Weitgehend unberücksichtigt bleibt auch, daß ein Land wie Äthiopien, das im strengen Wortsinn nie Kolonie war, gleichwohl zu den ärmsten Ländern der Welt zählt. Diesem Einwand wird entgegengehalten, daß auch nach der formalen Unabhängigkeit die ehemaligen Kolonien abhängig geblieben sind: Die in der Kolonialzeit be-

gründete und bis heute ausgebaute asymmetrische komplementäre Arbeitsteilung bewirkte, daß die heutigen Industriestaaten die Rolle der ehemaligen Kolonialmächte, mit denen sie teilweise identisch sind, übernommen haben. Damit ist allerdings nicht leicht zu vereinbaren, daß die ehemaligen Kolonialmächte Spanien und Portugal heute selbst eher zu den Entwicklungsländern zu zählen sind.

Unabhängig davon wird argumentiert, daß der Norden seine wirtschaftliche und politische Macht heute dazu benutzt, die heutigen Entwicklungsländer in ihrer Rolle als Rohstofflieferanten und Abnehmer industrieller Fertigwaren einzubinden und ihre Versuche behindert, sich als Konkurrenten für die Industrieländer im Sinne einer substitutionalen Arbeitsteilung zu entwickeln. Dies bezeichnet man als **Imperialismustheorie** bzw. damit zusammenhängend als **Dependenztheorie.** Danach konzentriert sich die ökonomische und politische Macht in den Industriestaaten («**Metropolen**»), während die Entwicklungsländer am Rande bleiben («**Peripherien**»). Um Kostenvorteile zu nutzen, bilden die Metropolen dabei in den Entwicklungsländern brückenkopfähnliche Enklaven (z.B. als «**Freie Produktionszonen**»), in denen ausländische Investoren zu begünstigten Rahmenbedingungen Direktinvestitionen vornehmen können. Diese Zonen sind jedoch mit der Wirtschaftsstruktur des Gastlandes meist wenig verbunden («**strukturelle Heterogenität**»). Zusammen mit dem ‹modernen› Teil der Volkswirtschaft, in dem westliche Technologien dominieren, bildet sich somit ein Wirtschaftsbereich heraus, der mit dem Begriff des «**peripheren Kapitalismus**» beschrieben wird.

Nach dieser Auffassung bewirkt also die asymmetrische Arbeitsteilung, daß sich die Wirtschaftsstrukturen der Entwicklungsländer deformiert entwickelt haben und entwickeln, so daß in einem solchen Umfeld eine eigenständige Entwicklung unmöglich ist. Neben ökonomischen und politischen Problemen führt diese Abhängigkeit aber auch zu sozialen und vor allem kulturellen Problemen, so daß auch die nationale Identität mancher Völker bedroht ist. Konsequenterweise wird gefordert, daß sich die so benachteiligten und an der eigenständigen Entwicklung gehinderten Länder aus der internationalen Arbeitsteilung lösen. Die Abkopplungs- oder Dissoziations-Theorie postuliert statt der ‹schiefen› komplementären Nord-Süd-Arbeitsteilung und der durch Protektionismus der Industrieländer behinderten Entwicklung substitutionaler Nord-Süd-Beziehungen eine verstärkte Zusammenarbeit zwischen den Entwicklungsländern selbst (**Süd-Süd-Kooperation** bzw. -integration). Eine solche Umstrukturierung, die nicht nach außen, d.h. auf Integration in den Weltmarkt, sondern nach innen gerichtet ist, fördert die Rückbesinnung auf die den heute

benachteiligten Ländern eigenen Werte und Möglichkeiten («**autozentrierte**» bzw. «binnenorientierte **Entwicklung**»).
Die Aussagen der Dependenz-, Imperialismus- und Abkopplungstheorien sind für die Betrachtung der Weltwirtschaft sehr wichtige Denkansätze. Der negative und strukturverzerrende Einfluß der ehemaligen Kolonialmächte ist unbestreitbar. Auch heute ist unverkennbar, daß die Industrieländer – einschließlich der östlichen – ihre ökonomische Vorrangstellung nachhaltig verteidigen wollen und diesen Anspruch in vielen Fällen offensichtlich durchsetzen.
Die von vielen geforderte Neuordnung der Weltwirtschaft durch Abkopplung des Südens weist jedoch einige Schwächen auf. Die Abhängigkeitsbeziehungen zwischen Nord und Süd sind nicht gleichzusetzen mit asymmetrischen Beziehungen zwischen Erster und Dritter Welt, sondern betreffen auch, wenngleich aufgrund der geringeren Einbindung des ehemaligen Ostblocks in die Weltwirtschaft nur in abgeschwächter Form, die Beziehungen zwischen Zweiter und Dritter Welt. Die Abkopplungstheorien leiden so unter einer gewissen ideologischen Verzerrung, indem dies ebensowenig in die Analyse einbezogen wurde wie Asymmetrien in den Süd-Süd-Beziehungen:
So besitzen u.a. Indien, Südkorea oder Indonesien im asiatischen Raum ebenso eine subregionale Vormachtstellung wie Brasilien, Venezuela und Argentinien in Lateinamerika; in vielen afrikanischen Integrationsräumen konzentrieren sich die Vorteile und Nachteile der Integration auf wenige Länder (z.B. Kenia, Nigeria, Elfenbeinküste). Hinzu kommt, daß die Produktionsstrukturen eines potentiellen Süd-Süd-Verbundes vielfach substitutiv, aber zu schwach sind, um nebeneinander zu bestehen, so daß die Vorteile komplementärer oder substitutiver Arbeitsteilung nur unzureichend zum Tragen kommen bzw. kämen.
Ein zweiter Einwand richtet sich gegen die Praktikabilität des Abkopplungskonzepts. Der Abkopplungstheorie fehlt eine operationale Dimension: Es ist bislang weder theoretisch noch praktisch gezeigt worden, wie sich der Prozeß der Loslösung aus der bestehenden internationalen Arbeitsteilung vollziehen soll, ob beispielsweise schlagartig von heute auf morgen die Grenzen geschlossen werden (wohl kaum), oder nach welchen Kriterien sich eine sukzessive Abkopplung vollziehen sollte. Insbesondere müßten die Folgewirkungen einer Loslösung des Südens vom Norden sowohl für die sich abkoppelnden Länder als auch für die Industrieländer, vor allem auch im Hinblick auf die zu erwartenden politischen Folgen im Dreieck West-Ost-Süd, untersucht werden. Der dynamische Aspekt der Analyse fehlt völlig.
Es gibt auch kein überzeugendes, als Anschauungsobjekt geeignetes

Beispiel für ein Land, das sich nachhaltig und erfolgreich abgekoppelt hätte. Die meist als Beispiele angeführten Länder sind schlechte Beispiele: China hat sich zwar unter Mao Tse Tung viele Jahre vom Weltmarkt abgeschirmt, doch ist es allein wegen seiner riesigen Dimensionen als Beispiel ungeeignet: Im Extrem müßte man dann die ganze Welt als autark betrachten. Als weitere historische Beispiele werden genannt: Japan (vorübergehend), Nordkorea, Albanien oder – bereits mit starken Abschwächungen – Tanzania und Kuba; alle diese Länder pfleg(t)en jedoch Außenhandelsbeziehungen auch mit westlichen Ländern, und dies zunehmend (China, Albanien), und von einer Abkopplung aus der internationalen Arbeitsteilung im strengen Sinne konnte nie die Rede sein. Allenfalls sind selektive Teil«abkopplungen», auch im Rahmen von Importsubstitutionsstrategien, zu beobachten. Die Beschreibung eines Sollzustands abgekoppelter Süd-Süd-Kooperation als Alternative zur bestehenden Weltarbeitsteilung ist möglicherweise einleuchtend und – je nach Standpunkt – faszinierend, doch stellt die fehlende dynamische Dimension der Analyse wohl das entscheidende Defizit dieser Theorie dar.
Angesichts der gegenseitigen Abhängigkeiten zwischen Nord (West und Ost) und Süd erscheint sowohl ein individuelles als auch ein kollektives Abkoppeln von Staaten bzw. Staatengruppen aus der internationalen Arbeitsteilung – abgesehen von partiellen Maßnahmen – aus heutiger Sicht ausgeschlossen.

A-3.4.3. Einige Entwicklungsabschnitte

Zusammenfassend lassen sich im historischen Rückblick folgende Phasen im Welthandel unterscheiden:

- Im Zuge der industriellen Revolution wurde bis etwa zur Mitte des 18. Jahrhunderts das Freihandelskonzept in großem Stile verwirklicht. Die Handelsbeziehungen waren dabei komplementär, indem die Industriestaaten (Kolonialmächte) Fertigprodukte in die Kolonien lieferten, aus denen sie Rohstoffe bezogen. Aus monetärer Sicht war diese Phase gekennzeichnet durch den sog. **Goldstandard**, d.h. daß die nationalen Währungen in einer festen Relation an den Goldwert gebunden und die Geldmenge in einer festen Relation von den Goldreserven des betreffenden Landes abhing. Eine Verringerung der Goldreserven bedeutete – verkürzt – eine Verringerung der umlaufenden Geldmenge, um eine Abwertung der Inlandswährung zu verhindern.
- Mit dem zunehmendem Aufkommen von Konkurrenz zwischen den Industrieländern im Kampf um Absatzmärkte kamen bis zum Ende des 19. Jahrhunderts immer mehr protektionistische Elemente

im Welthandel auf. Die Handelsstrukturen wurden – neben weiterbestehenden komplementären Strukturen – auch substitutional, da die Industrieländer ähnliche Güter auf den Weltmärkten anboten.

- Der I. Weltkrieg stellte einen gravierenden Einschnitt im Welthandel dar. Er verschärfte den Protektionismus. Im Gefolge der Weltwirtschaftskrise ab 1929 wurde mit den o.a. Konzepten des Keynesianismus auch eine theoretische Fundierung für staatliche Eingriffe in die nationale und internationale Wirtschaft geliefert. Der mit dem Weltkrieg zusammengebrochene reine Goldstandard wurde abgelöst durch den **Gold-Devisen-Standard**, bei dem die umlaufende Geldmenge von den Gold- *plus* den Devisenreserven abhängt.
- Der II. Weltkrieg verschärfte zunächst die protektionistischen Tendenzen; andererseits begannen jedoch bereits ab 1941 Gespräche und Verhandlungen zwischen den Westmächten mit dem Ziel, die schwer gestörten Welthandelsbeziehungen wieder auf eine ‹normale› Basis zu stellen. Diese Vorgespräche konkretisierten sich nach der berühmten Konferenz von **Bretton Woods** im Jahre 1944 in der Schaffung des GATT und der Gründung von IWF und Weltbank (vgl. Abschn. B-2.6 und -2.7). Die Bretton-Woods-Phase des internationalen Währungssystems war gekennzeichnet durch eine Weiterentwicklung des Gold-Devisen-Standards durch die Orientierung am US-Dollar als Leitwährung und den Einbezug von Sonderziehungsrechten (SZR) in die Währungsreserven (vgl. Abschn. B-2.6.1 und -2.6.6).
- Nach dem II. Weltkrieg lassen sich zwei Phasen unterscheiden: Zunächst dominierten tendenziell freihändlerische Konzepte; u.a. wurden im Rahmen des GATT umfassende Zollsenkungen und andere handelsliberalisierende Maßnahmen durchgesetzt. Dieser Phase wurde mit der 1. Ölkrise 1973 ein Ende gesetzt.
- Ab 1973 – und verschärft durch die 2. Ölkrise 1979 – nahmen wieder protektionistische Tendenzen zu. Diese Phase dauert praktisch bis in die Gegenwart an. Andererseits verstärkten sich im Rahmen der sog. Uruguay-Runde des GATT Bemühungen um eine Wieder-Liberalisierung des Welthandels. Dabei lassen sich fünf Tendenzen unterscheiden, auf die der folgende Abschnitt eingeht.

A-3.5. Aktuelle Tendenzen im Welthandel

Im Welthandel zeichnen sich gegenwärtig fünf Tendenzen ab: *Erstens* werden **marktwirtschaftliche Strukturen** auch von ehemals zentralverwaltungswirtschaftlich geprägten Ländern übernommen, nicht nur in Osteuropa, sondern auch in vielen Entwicklungsländern. Natürlich

gibt es dabei nicht «das» marktwirtschaftliche Modell, sondern eine Vielzahl von individuellen Varianten. Diese Entwicklung wird auch von internationalen Organisationen wie dem GATT und dem IWF gefördert. Eine marktwirtschaftliche Orientierung ist tendenziell freihändlerisch geprägt. In diesem Zusammenhang sind zwei, grundsätzlich widersprüchliche Aspekte zu beobachten:
Zweitens vollzieht sich eine erkennbare **Regionalisierung** des internationalen Handels, indem sich begrenzte Integrationsräume entwikkeln, die intern Freihandel bereits realisieren bzw. anstreben. In Europa steht der Europäische Wirtschaftsraum (EWR) mit der Europäischen Gemeinschaft, assoziierten osteuropäischen Staaten und der Europäischen Freihandelszone (EFTA) im Vordergrund. In Nordamerika bildet sich ein Integrationsraum zwischen den USA, Kanada und wahrscheinlich Mexico. In Südamerika sind verschiedene Integrationsansätze wiederbelebt oder ins Leben gerufen worden, u.a. der Südamerikanische Gemeinsame Markt (MERCOSUR: Mercado Comun del Sur). In Asien will die ASEAN die bisher eher lose Kooperation in eine Freihandelszone überführen. In Afrika gibt es eine Reihe von Integrationsansätzen, die über bloße Absichtserklärungen bereits hinausgekommen sind, wie z.B. die ECOWAS (Economic Community of West African States) (vgl. Abschn. B-1.5).
Drittens ist festzustellen, daß diese freihandelsorientierten Tendenzen, die sowohl allgemein ordnungspolitisch als auch konkret im regionalen Kontext zu beobachten sind, überlagert werden von einem verdeckten **Protektionismus** gegenüber Drittländern, der sich in einer Flut von sog. nicht-tarifären Handelshemmnissen äußert (vgl. Abschn. C-2.3).
Viertens verändert sich die Struktur des internationalen Handels in regionaler Hinsicht in dem Sinne, daß in zunehmendem Maße **Schwellenländer** den etablierten Industrieländern Konkurrenz machen.
Fünftens verändert sich die Struktur des internationalen Handels in sektoraler Hinsicht in dem Sinne, daß in zunehmendem Maße der **Dienstleistungshandel** an Bedeutung gewinnt.

Im folgenden Kapitel wird die Erfassung des Außenhandels in der Zahlungsbilanz behandelt, welche die Bedeutung des Außenhandels für die Wirtschaftskonjunktur widerspiegelt.

A-4. Gesamtwirtschaftliche Bezüge

Die außenwirtschaftlichen Beziehungen eines Landes schlagen sich statistisch in der Zahlungsbilanz nieder. Die Zahlungsbilanz erfaßt alle ökonomischen Transaktionen zwischen Inländern und Ausländern. Sie wird in der Bundesrepublik u.a. von der Deutschen Bundesbank monatlich veröffentlicht. Sie umfaßt neben dem Sachgüterhandel den Dienstleistungs-, den Kapital- und den Zahlungsverkehr; hierauf wird noch ausführlich eingegangen (vgl. Abschn. A-4.2). Die Bedeutung des Außenhandels für die konjunkturelle Entwicklung läßt sich an einem kleinen theoretischen Exkurs deutlich machen.

A-4.1. Außenhandel und Sozialprodukt

Die in einer Volkswirtschaft produzierten Güter können grundsätzlich drei Verwendungszwecken zugeführt werden: Erstens können sie von Inländern *konsumiert* werden, zweitens können sie *investiert*, d.h. produktiv verwendet werden, und drittens können sie ins Ausland *exportiert* werden. Auf der anderen Seite stehen den Wirtschaftssubjekten nicht nur die in der eigenen Volkswirtschaft produzierten Güter zur Verfügung, sondern auch aus dem Ausland importierte Güter. Dies läßt sich in – oft dem englischen Sprachgebrauch entlehnten – Symbolen formal folgendermaßen darstellen:

(1) $Y + Im = C + I + Ex.$

Auf der linken Seite dieser Beziehung steht dabei die *Herkunft* der zur Verfügung stehenden Güter [Y = inländisches Sozialprodukt (vom englischen ‹yield› = Ertrag, Ergebnis), *Im* = Importe, also Teile ausländischer Sozialprodukte] und auf der rechten Seite die *Verwendung* dieser Güter zu Konsum (*C* = *consumption*), Investition (*I*) oder Export (*Ex*). Die Komponenten $C + I + Ex$ werden auch als **volkswirtschaftliche Endnachfrage** bezeichnet.
Da das *inländische* Sozialprodukt Gegenstand der Betrachtung ist, werden die Importe rechnerisch ‹auf die rechte Seite gebracht›, d.h. die Gleichung wird mit ‹−Im› erweitert, so daß sich ergibt

(2) $Y = C + I + Ex - Im.$

Wir verwenden hier bewußt den unscharfen Begriff ‹Sozialprodukt› ohne Zusätze wie Brutto-, Netto-, zu Marktpreisen etc., da der Zusammenhang grundsätzlich auf alle Sozialproduktskonzepte anzuwenden ist und lediglich entsprechende Erweiterungen wie z.B. I^{br} (Bruttoinvestition) oder Y^f (Bewertung zu Faktorkosten) erforderlich sind. Den Saldo der beiden Größen [Ex − Im] bezeichnet man als **Außenbeitrag** zum Sozialprodukt. Der Begriff ‹Außenbeitrag› leitet sich sprachlich eher aus dem Nettosozialprodukt zu Faktorkosten, also dem Volkseinkommen ab: Ist der Außen*beitrag* positiv, fließen der Volkswirtschaft aus der Exporttätigkeit größere Geldmittel (Einkommensteile) zu als für Importzwecke ausgegeben werden, so daß sich ein positiver Beitrag zum Volkseinkommen durch den Außenhandel ergibt. Der Außenbeitrag ist Bestandteil der **Leistungsbilanz** einer Volkswirktschaft, vgl. unten.

Vor dem Hintergrund der vorangehenden Überlegungen läßt sich die Betrachtung etwas ausbauen. Wenn man das Sozialprodukt mit *Y*, den Konsum mit *C* und die Investitionen mit *I* bezeichnet, ergibt sich nach der Entstehungsrechnung

(3) $Y = C + I,$

d.h. das Sozialprodukt wird danach betrachtet, aus welchen Ausgaben es *entstanden* ist. Wenn man untersucht, wofür das entstandene Volkseinkommen *verwendet* worden ist, wird man zwischen ‹Ausgeben› im Sinne von Konsum (*C*) und ‹Nichtausgeben› im Sinne von Sparen (*S*) unterscheiden:

(4) $Y = C + S.$

Nun handelt es sich aber offensichtlich in beiden Gleichungen bei *Y* um dasselbe Sozialprodukt, so daß man wegen

(5) $Y_{\text{aus (3)}} = Y_{\text{aus (4)}}$

schreiben kann

(6) $C + I = C + S$

und folglich

(7) $I = S.$

Dies bedeutet, daß – gesamtwirtschaftlich betrachtet – die nicht-konsumierten Teile des Sozialprodukts gespart bzw. investiert wurden, d.h. anders ausgedrückt: daß die Investitionen aus dem Sparvolumen finanziert wurden.

Die Beziehung (7) ist dabei eine sog. **Identitätsgleichung**, d.h. sie ist *ex post* (nach Ablauf eines Betrachtungszeitraums) bei Vorliegen entsprechend präziser statistischer Daten *immer erfüllt*. Dies unterscheidet sie von einer Gleichgewichtsbedingung in Form einer **Verhaltensglei-**

chung, die – in die Zukunft gerichtet (*ex ante*) eine *erwartete* Gleichheit von I und S ausdrückt. Wird diese Gleichgewichtsbedingung dann in der Praxis nicht erfüllt, werden sich Störungen bzw. Reaktionen bei diesen und anderen Variablen einstellen, die in ihrer Gesamtheit – wiederum *ex post* betrachtet – die Identitätsgleichung erfüllen.
Im Zusammenhang mit der vorstehenden Beziehung (2) ergibt sich unter Einschluß von (4) folgendes:

(8) $Y = C + S = C + I + Ex - Im$

und daraus

(9) $S - I = Ex - Im.$

Dies bedeutet, daß «die Zahlungsbilanz ausgeglichen» ist (der Außenbeitrag Ex − Im ist Null; vgl. hierzu unten), wenn die Investitionen durch das inländische Sparvolumen finanziert worden sind. Sofern diese Gleichheit nicht gegeben ist, z.B. wenn

(10) $S < I = Ex < Im,$

dann sind die Investitionen in dem Ausmaß, wie sie nicht durch inländisches Sparen finanziert wurden (S ist kleiner als I), durch (Sach- oder Kapital-)Importe ermöglicht worden, die zu einem Zahlungsbilanzdefizit geführt haben (‹Ex − Im› ergibt einen negativen Saldo, also einen Importüberschuß). Ein anhaltender Importüberschuß, der nicht durch die Auflösung von Devisenreserven finanziert werden kann, bedeutet somit zwingend, daß externes Kapital in Form von Direktinvestitionen oder Krediten zur Verfügung gestellt worden ist. Die endlose Liste von Ländern mit chronischen Importüberschüssen, die gleichzeitig massive Verschuldungsprobleme haben, belegt dies nachdrücklich.
Die Verwendungsrechnung des Sozialprodukts in der Version

(2) $Y = C + I + Ex - Im$

liegt – in sehr viel differenzierterer Form – der Konjunkturbeobachtung und -prognose zugrunde. Beispielsweise wird dabei zwischen staatlichen und privaten Konsum- und Investitionsgüterverkäufen unterschieden; es werden nicht nur getätigte Käufe, sondern insbesondere auch die Auftragseingänge und -bestandsveränderungen beobachtet, etc. Ein wichtiger Aspekt der konjunkturellen Entwicklung ist aber die Auslandsnachfrage nach Exportgütern (vgl. Abb. A-4.1/1), da diese zu Kapazitätsauslastung beiträgt und Beschäftigungseffekte mit sich bringt. Der Außenbeitrag Ex-Im ist daher ein wichtiger Teil-Indikator für die Analyse der Wirtschaftskonjunktur. Zu den vorangehenden Abschnitten A-1.1 und -1.2 sowie -3.3 wurde bereits auf die positiven Effekte, aber auch auf die Risiken einer intensiven Außenhandelsverflechtung für Konjunktur, Wettbewerb und Beschäftigung hingewiesen.

Abb. A-4.1/1: **Außenhandel und Konjunktur**

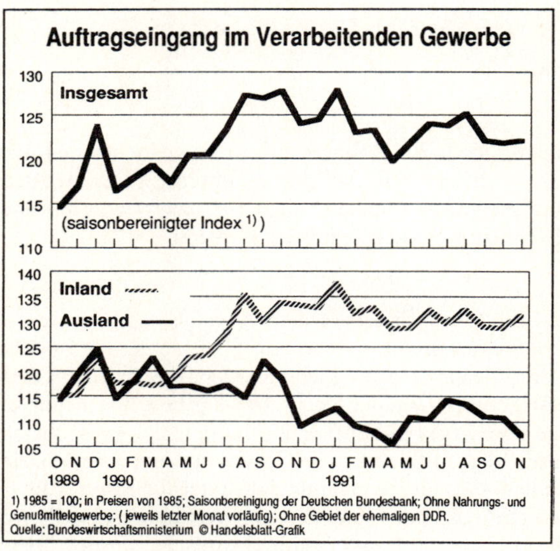

Auslandsorder rückläufig

Wachstum dank des Auslandsgeschäftes

Deutscher Export fällt als Konjunkturstütze aus

Importware drückt auf den deutschen Markt

A-4.2. Zahlungsbilanz

A-4.2.1. Aufbau der Zahlungsbilanz

Die außenwirtschaftlichen Beziehungen eines Landes werden statistisch in der Zahlungsbilanz erfaßt. In ihr schlagen sich alle wirtschaftlichen Transaktionen zwischen In- und Ausländern für die Bundesrepublik in einer Periode nieder, wobei man üblicherweise von Monaten, Quartalen und Jahren ausgeht. Die Deutsche Bundesbank veröffentlicht sie monatlich, wobei die ersten vorläufigen Ergebnisse etwa mit einem Zeitabstand von rund 30 Tagen veröffentlicht werden.

Als Inländer gilt, wer seinen festen Wohnsitz im Inland hat, also auch ausländische Einwohner. Im Gegensatz zum kaufmännischen Bilanzbegriff, der in der Regel von Beständen an einem bestimmten Stichtag ausgeht, ist die Zahlungsbilanz eine Saldenbilanz, die – ebenfalls nach dem Prinzip der doppelten Buchführung – Veränderungen in einer Periode ausweist. Die «Konten» der Zahlungsbilanz werden als Teil-«Bilanz» angesprochen; auf den Grund für die Anführungszeichen ist noch zurückzukommen.

Alle Positionen werden in DM erfaßt. Sofern Transaktionen auf der Basis ausländischer Währungen vorliegen, werden diese in DM-Werte umgerechnet, und zwar im Handelsbereich auf der Basis der sog. statistischen Werte, welche in den Einfuhr- bzw. Ausfuhranmeldungen angegeben werden müssen (vgl. dazu ausführlich Abschn. E-4.1 und -5.1), im Zahlungsverkehr zum Kassa-Briefkurs (vgl. Abschn. C-1.1.1).

Die wichtigsten Teilbilanzen sind die folgenden (vgl. Abb. A-4.2/1).

(1) In der **Handelsbilanz**, auch Waren- oder Warenhandelsbilanz genannt, werden Importe und Exporte von Sachgütern erfaßt, während in die (2) **Dienstleistungsbilanz** Exporte und Importe von Dienstleistungen eingehen. Dies kann Verständnisschwierigkeiten hervorrufen, weil man immaterielle Güter nicht immer transportieren kann. Import bedeutet, daß Inländer Güter in Anspruch nehmen, die Teil eines ausländischen Sozialprodukts sind, oder anders ausgedrückt, die nicht im Inland produziert worden sind. Wenn also ein Deutscher Dienstleistungen ausländischer Anbieter in Anspruch nimmt, dann importiert er diese Dienstleistungen. Daher zählen Urlaubsreisen ins Ausland aus deutscher Sicht zum Dienstleistungsimport, die Reisetätigkeit von Ausländern in Deutschland umgekehrt zum Dienstleistungsexport. Weitere Beispiele sind Lizenzen, Patente, Werbe- und Messekosten, Montagen, Nachrichtenverkehr, Versicherungen, Transportleistun-

Abb. A-4.2/1: **Teilbilanzen der Zahlungsbilanz**

Handelsbilanz	
Export	Import

Dienstleistungsbilanz	
Export	Import

Übertragungsbilanz	
Leistungen vom Ausland	Leistungen an das Ausland

Kapitalbilanz (ohne Zentralbank)	
Veränderungen der Verbindlichkeiten gegenüber dem Ausland (+ : Kapitalimport)	Veränderungen der Forderungen gegenüber dem Ausland (+ : Kapitalexport)

Gold- und Devisenbilanz	
Veränderungen der Verbindlichkeiten der Zentralbank gegenüber dem Ausland	Veränderungen der Forderungen der Zentralbank gegenüber dem Ausland

gen, Beratungen, aber auch Kapitalerträge (Zinsen, Gewinne, Dividenden), Arbeitsentgelte, Provisionen etc., die ins Ausland fließen bzw. aus dem Ausland bezogen werden.

(3) In der **Übertragungsbilanz**, auch Schenkungs- oder Transferbilanz genannt, werden alle Leistungen ohne direkt zurechenbare Gegenleistungen erfaßt, z.B. Entwicklungshilfe (sofern nicht als Kredit gewährt), Beiträge zu internationalen Organisationen und Institutionen (z.B. UNO, IWF), Abführungen an die Europäische Gemeinschaft (EG-Anteil am Mehrwertsteueraufkommen, vereinnahmte Zölle), Überweisungen ausländischer Arbeitnehmer in ihre Heimat, Renten- und Pensionszahlungen an das Ausland, Steuererstattungen an das Ausland, ggf. sonstige Transfers wie 1991 zur Finanzierung des Golfkriegs oder Hilfen an die damalige Sowjetunion und für den Truppenabzug.

Die zusammengefaßten Salden von Handels- und Dienstleistungsbilanz bezeichnet man als **Außenbeitrag** (präzise: Außenbeitrag zum Sozialprodukt), die zusammengefaßten Salden von Außenbeitrag und Übertragungsbilanz als **Leistungsbilanz**. Vgl. hierzu Abschn. A-4.2.4.

(4) Die **Kapitalbilanz** oder Kapitalverkehrsbilanz erfaßt alle Forderungen und Verbindlichkeiten der privaten Wirtschaft und des Staates (außer der Notenbank) gegenüber dem Ausland. Sie unterteilt sich in mehrere Unterbilanzen. Von besonderer Bedeutung sind dabei die langfristige Kapitalbilanz, die u.a. **Direktinvestitionen**, also Beteiligungen deutscher Unternehmen an ausländischen Firmen und umgekehrt, **Portfolioinvestitionen**, also Erwerb von ausländischen Wertpapieren als Kapitalanlage, sowie Kredite und Darlehen umfaßt. Beim **kurzfristigen Kapitalverkehr** unterscheidet man zwischen den Forderungen und Verbindlichkeiten der Unternehmen, der Banken und des Staates; auf der Forderungsseite werden u.a. auch die **Devisenbestände** erfaßt, die in der Wirtschaft verbleiben und nicht der Bundesbank zufließen (vgl. weiter unten). Insgesamt könnte man die Kapitalbilanz auch als «**Kreditbilanz**» bezeichnen.
(5) Die fünfte Teilbilanz ist die **Gold- und Devisenbilanz**, in der Veränderungen der Aktiva und Passiva **der Notenbank** erfaßt werden, links Veränderungen der Verbindlichkeiten der Notenbank gegenüber dem Ausland, z.B. innerhalb des Europäischen Währungsverbundes oder gegenüber dem Internationalen Währungsfonds, rechts Forderungen gegenüber dem Ausland. Diese bestehen, neben Kreditforderungen an das Ausland, vor allem aus Währungsreserven (z.B. Gold und Devisen).
Eigentlich wäre die Gold- und Devisenbilanz, die auch als **Auslandsposition** der Bundesbank bezeichnet wird, vom Charakter ihrer Bestandteile her also ein Teil der Kapitalbilanz. Durch ihre Herauslösung ist es aber möglich, die amtlichen (internationalen) Liquiditätsreserven einer Volkswirtschaft, die u.a. für die internationale Zahlungsfähigkeit wichtig sind, besser zu erfassen. Die Leistungsbilanz wiederum spiegelt die internationale Wettbewerbsfähigkeit der Wirtschaft wieder.

A-4.2.2. Zahlungsbilanzstatistik

A-4.2.2.1. Quellen

Die Daten der Zahlungsbilanz entstammen einer Vielzahl von Quellen. Da ist zunächst die **Außenhandelsstatistik** des Statistischen Bundesamtes zu nennen. Diese wiederum stützt sich auf die Angaben, die bei Einfuhr und Ausfuhr in den Unterlagen zur außenwirtschafts- und zollrechtlichen Abfertigung gemacht werden, insbesondere auf Exemplare des sog. **Einheitspapiers**, das EG-einheitlich bei der Zollabfertigung im Wahrenverkehr mit Nicht-EG-Ländern verwendet wird, sowie auf ergänzende Unterlagen z.B. der Freihafenverwaltungen und im EG-internen Handel auf spezielle statistische Angaben, die von den beteiligten Unternehmen erstellt werden müssen. In der Statistik wird dabei zwischen Generalhandel und Spezialhandel unterschieden. Der **Spezialhandel** umfaßt Ein- und Ausfuhr in den bzw. aus dem zollrechtlichen freien Verkehr sowie Ein- und Ausfuhren im Rahmen aktiver und passiver Veredelungsverkehre. Bei **passiver Veredelung** wird z.B. Stoff aus Deutschland in ein Land außerhalb der EG exportiert, dort zu Oberhemden verarbeitet und diese anschließend wieder re-importiert. Bei **aktiver Veredelung** erfolgt analog die Be- oder Verarbeitung von Gütern aus Drittländern (in diesem Fall) in Deutschland. Der **Generalhandel** erfaßt zudem noch Warenbewegungen in bzw. aus Zollagern.

Eine weitere wichtige **Statistik** ist die **des Auslandszahlungsverkehrs**, die sich auf Vorschriften der Außenwirtschaftsverordnung (AWV) stützt. U.a. muß jeder Inländer Zahlungen an bzw. von Ausländern von mehr als DM 5000 auf bestimmten Formularen melden; in der Praxis geschieht dies – auch bei geringeren Beträgen – meist durch das ausführende Kreditinstitut. Diese Informationen werden ergänzt durch den sog. **Auslandsstatus der Kreditinstitute**, mit dem diese monatlich den Stand der Auslandsaktiva und -passiva melden, gegliedert nach Bilanzpositionen, Währungen und Ländern. Analoge Meldungen müssen Nichtbanken (Unternehmen, Privatpersonen) machen, wenn ihre Forderungen und Verbindlichkeiten aus Finanzbeziehungen und dem Waren- und Dienstleistungsverkehr den Betrag von DM 500000 überschreiten, allerdings exclusive Unternehmensbeteiligungen und verbrieften Schuldverschreibungen. Die Angaben zur **Netto-Auslandsposition der Bundesbank** ergeben sich aus der internen Rechnungslegung der Bundesbank. Auf Fremdwährungen lautende Positionen werden – soweit möglich – mit den Kassakursen zum Zeitpunkt der Transaktion, sonst mit Durchschnittskursen in DM umgerechnet.

Diese Angaben werden durch **Schätzungen** ergänzt, z.B. Güterbewegungen im kleinen Grenzverkehr und im Reiseverkehr, Klein-Ein- und -ausfuhren unterhalb der Meldegrenzen oder Güter, die ursprünglich im Rahmen von Veredelungsverkehren erfaßt wurden, aber im Land der Veredelung verbleiben (sog. **Ergänzungen zum Warenverkehr**), oder Frachten und Versicherungen, die sich nicht aus den Zollunterlagen ergeben. Hierauf geht auch der folgende Abschnitt ein. Abb. A-4.2/2 faßt die Quellen der Zahlungsbilanzstatistik zusammen.

In Abschn. A-3.2.4 wurde bereits darauf hingewiesen, daß die Export-

Abb. A-4.2./2: **Quellen der Zahlungsbilanzstatistik**

Zahlungsbilanzposition	Datenquelle	Art der primären Daten
A. Leistungsbilanz		
1. Warenhandel		
Ausfuhr Einfuhr Ergänzungen zum Warenverkehr Transithandel	Amtliche Außenhandelsstatistik (Statistisches Bundesamt)	Güterbewegungen über die Grenze
2. Dienstleistungen Einnahmen Ausgaben **3. Übertragungen** a) Privat Fremde Leistungen Eigene Leistungen b) Öffentlich Fremde Leistungen Eigene Leistungen	Statistik des Auslandszahlungsverkehrs (§ 62 AWV) Ergänzende Berechnungen/ Schätzungen (Deutsche Bundesbank)	Zahlungen
B. Kapitalbilanz		
1. Langfristiger Kapitalverkehr a) Direktinvestitionen b) Wertpapieranlagen	Statistik des Auslandszahlungsverkehrs (§ 59 AWV)	Zahlungen
c) Kreditgewährung d) Übrige Anlagen	Auslandsstatus der Kreditinstitute (Deutsche Bundesbank)	Bestände
2. Kurzfristiger Kapitalverkehr a) Privater Sektor Kreditinstitute	Auslandsstatus der Kreditinstitute	Bestände
Nichtbanken b) Öffentlicher Sektor	Statistik der Auslandsforderungen und -verbindlichkeiten der Nichtbanken (§ 59 AWV) (Deutsche Bundesbank)	Bestände
C. Saldo der statistisch nicht aufgliederbaren Transaktionen (Restposten)	Als Rest errechnet	
D. Ausgleichsposten zur Netto-Auslandsposition der Deutschen Bundesbank **E.** Veränderung der Netto-Auslandsposition der Deutschen Bundesbank	Informationen aus dem internen Rechenwerk der Deutschen Bundesbank	Bestände und Transaktionen

Quelle: Bundesbank

und Importströme unterschiedlich bewertet werden: Unabhängig von den tatsächlichen, rechtlichen Vereinbarungen zum Liefergeschäft werden **Exporte** auf **fob**-Basis, **Importe** auf **cif**-Basis erfaßt, so daß sich in beiden Fällen in etwa der Warenwert an der Grenze der Bundesrepublik ergibt.

A-4.2.2.2. Buchungsprinzipien

Die Zahlungsbilanz enthält mehrere **Besonderheiten**. Die in der Zahlungsbilanz zu berücksichtigenden Transaktionen sind nicht lückenlos erfaßbar. Der Warenhandel ist statistisch weitgehend aufgrund von Zollunterlagen bzw. den gemäß Außenwirtschaftsgesetz zu vollziehenden Meldungen zur Außenhandelsstatistik nachzuvollziehen; auch im Zahlungsverkehr liefern die Banken aufgrund entsprechender Vorschriften sehr dichtes Datenmaterial. Problematischer hingegen ist es beim Tourismus (Dienstleistungsbilanz), wo oft nur Schätzungen auf der Basis der Bestandsveränderungen an ausländischen Zahlungsmitteln bei den Banken bzw. aufgrund von Rücksendungen von DM-Bargeldbeständen sowie eingelösten Reiseschecks und Euroschecks aus dem Ausland möglich sind.

(1) Der «**Saldo der statistisch nicht aufgliederbaren Transaktionen**» («**Restposten**») ergibt sich daher aus fiktiven Gegenbuchungen zu Transaktionen, die sich wegen unzureichender Erfassungsmöglichkeiten nicht auf zwei, sondern nur auf einer Teilbilanz niederschlagen würden. Z.B. sind Handelskredite kurzfristig nur schwer zu registrieren, so daß zwar Warenimporte erfaßt werden mögen, nicht aber der dazugehörige Kreditvorgang. Die berühmte Suche nach einem Pfennig in der kaufmännischen Buchführung ist für die Zahlungsbilanzstatistik durch den «**Restposten**» daher kein Problem. Beim vorläufigen Jahresabschluß ist der Restposten naturgemäß relativ groß, weil darin noch die statistisch nicht erfaßten Handelskredite enthalten sind (vgl. Abb. A-4.2/3).

(2) Handels-, Dienstleistungs- und Übertragungsbilanz dürften kaum Verständnisprobleme aufwerfen. Kapital- und Devisenbilanz hingegen erfordern einige Anmerkungen. Es fällt auf, daß Kapitalimport «links» und Kapitalexport «rechts» gebucht wird, während Importe und Exporte bei der Handels- und Dienstleistungsbilanz genau umgekehrt erfaßt werden (vgl. oben Abb. A-4.2/1). Die Erklärung liegt darin, daß «links» alle Vorgänge gebucht werden, die zu Zahlungszuflüssen führen, während «rechts» alle Positionen stehen, die zu Zahlungsabflüssen führen. Güterexporte führen im Regelfall zu Zahlungszuflüssen, Güterimporte zu -abflüssen. Eine Zunahme der Ver-

Abb. A-4.2/3: **Wichtige Posten der Zahlungsbilanz** (Salden) **Mio DM**

Zeit	Leistungsbilanz (Bilanz der laufenden Posten) und Kapitalbilanz									Ausgleichsposten zur Auslandsposition der Bundesbank	Veränderung der Netto-Auslandsaktiva der Bundesbank (Zunahme: +)
	Leistungsbilanz					Kapitalbilanz (Kapitalexport: –)			Saldo der statistisch nicht aufgliederbaren Transaktionen		
	Saldo der Leistungsbilanz	Außenhandel[1]	Ergänzungen zum Warenverkehr[2] und Transithandel	Dienstleistungen[3]	Übertragungen	Saldo der Kapitalbilanz	langfristiger Kapitalverkehr	kurzfristiger Kapitalverkehr			
1978	+ 17883	+ 41200	+ 774	– 5898	– 18193	+ 6228	– 2805	+ 9033	– 4339	– 7586	+ 12185
1979	– 9925	+ 22429	– 544	– 11305	– 20506	+ 9438	+ 12200	– 2762	– 4466	– 2334	– 7288
1980	– 25125	+ 8947	– 489	– 10118	– 23466	– 404	+ 5807	– 6211	– 2365	+ 2164	– 25730
1981	– 8026	+ 27720	– 183	– 10745	– 24817	+ 5756	+ 8386	– 2630	– 14	+ 3561	+ 1278
1982	+ 12408	+ 51277	+ 780	– 13720	– 25928	– 3150	– 14156	+ 11005	– 6180	– 441	+ 2667
1983	+ 13540	+ 42089	+ 3270	+ 6614	– 25205	– 18435	– 6979	– 11456	+ 820	+ 2430	– 1644
1984	+ 27940	+ 53966	– 1052	+ 4748	– 29723	– 37491	– 19827	– 17663	+ 6451	+ 2118	– 981
1985	+ 48327	+ 73353	– 1337	+ 5402	– 29091	– 54564	– 12865	– 41699	+ 8080	– 3104	– 1261
1986	+ 85793	+ 112619	– 1468	+ 1698	– 27056	– 82551	+ 33416	+ 115967	+ 2722	– 3150	+ 2814
1987	+ 82462	+ 117735	– 1122	– 5054	– 29107	– 38997	– 21973	– 17024	– 2245	– 9303	+ 31916
1988	+ 88936	+ 128045	+ 1116	– 8437	– 31788	– 127523	– 86751	– 40772	+ 3911	+ 2158	– 32519
1989	+ 107963	+ 134576	– 1263	+ 8413	– 33763	– 135559	– 22534	– 113065	+ 8640	– 2564	– 21560
1990	+ 76079	+ 105382	– 484	+ 7836	– 36682	– 90113	– 66178	– 23935	+ 25010	– 5105	+ 5871
1991	– 32888	+ 21899	+ 1791	+ 2585	– 59163	+ 14406	– 27887	+ 42293	+ 18801	+ 504	+ 823

Handelsbilanz (Außenhandel)
Außenbeitrag (Außenhandel bis Dienstleistungen)
Leistungsbilanz (Außenhandel bis Übertragungen)
Grundbilanz (Außenhandel bis langfristiger Kapitalverkehr)
Gesamtbilanz (Außenhandel bis Ausgleichsposten zur Auslandsposition der Bundesbank)

[1] Einfuhr cif, Ausfuhr fob; [2] Hauptsächlich Lagerverkehr auf inländische Rechnung und Absetzung der Rückwaren und der Lohnveredelung; [3] Ohne im cif-Importwert enthaltene Ausgaben für Fracht und Versicherung

Quelle: Deutsche Bundesbank

bindlichkeiten führt bei Kreditaufnahme zu einem Zufluß von Zahlungsmitteln (daher ‹Linksbuchung›), eine Zunahme der Forderungen, d.h. Kreditvergabe, zu einem Zahlungsmittelabfluß (‹Rechtsbuchung›). Damit wird auch klar, weshalb man von der **Zahlungs**-Bilanz spricht (vgl. Beispiele weiter unten).

(3) Im Gegensatz zur kaufmännischen Buchführung sind in Kapital- und Devisenbilanz sowohl **Plus-** als auch **Minusbuchungen** möglich, denn beide Teilbilanzen erfassen *Veränderungen* von Forderungen und Verbindlichkeiten, und diese können zunehmen (Plusbuchung) oder abnehmen (Minusbuchung). Bei Buchungen in der Handels-, Dienstleistungs- oder Übertragungsbilanz handelt es sich dagegen *immer* um ‹positive› Werte, so daß auf das Vorzeichen (+) verzichtet wird. Nur in der Kapital- und der Devisenbilanz sind Minusbuchungen möglich. Um Mißverständnissen vorzubeugen: Bei den Zahlen in Abb. A-4.2/3 handelt es sich um *Salden*, die logischerweise sowohl positiv als auch negativ sein können, so daß auch das Vorzeichen zur Verdeutlichung angeführt wird.

(4) Wenn sich ein amerikanischer Exporteur von einem deutschen Kunden in DM bezahlen läßt, so wird er in der Regel in Deutschland ein DM-Konto unterhalten, auf welches der deutsche Kunde eine Überweisung vornimmt. Natürlich könnte er auch ein DM-Konto in New York unterhalten, doch sind Fremdwährungskonten im Inland mit beträchtlichen Kosten verbunden, so daß bei häufigeren Transaktionen eine Kontoführung im betreffenden Ausland üblich ist. Folglich entsteht dann durch die DM-Einzahlung in Deutschland für den Amerikaner eine Forderung gegenüber der deutschen Bank, und aus der Sicht der Bank entsteht eine Verbindlichkeit. **DM-Bestände** von Ausländern sind folglich **Verbindlichkeiten** gegenüber dem Ausland, deren Veränderungen in der Kapitalbilanz erfaßt werden bzw. – wenn es sich um eine Verbindlichkeit der Bundesbank z.B. gegenüber der französischen Notenbank handelt – in der Devisenbilanz.

(5) Analoges gilt für **Devisenreserven**. Diese werden üblicherweise nicht ‹im Keller› gelagert, sondern zinsbringend angelegt. Die Anlage von Dollarbeständen z.B. wird so erfolgen, daß dadurch Dollarzinsen erwirtschaftet werden. Wenn man einmal von speziellen Möglichkeiten absieht, werden Dollarguthaben daher nicht in der Bundesrepublik angelegt, sondern auf Dollarkonten z.B. bei amerikanischen Banken. Aus der Sicht des Einlegers entsteht daher eine Forderung gegenüber der amerikanischen Bank in Höhe der eingezahlten Dollarbestände. Folglich werden Devisenbestände als Forderungen und die entsprechenden Zu- oder Abnahmen der Devisenvorräte als Veränderung der Forderungen gegenüber dem Ausland erfaßt. Lediglich Devi-

senbestandsveränderungen der *Bundesbank* werden in der *Devisenbilanz* erfaßt; *alle übrigen* Devisenbestandsveränderungen der privaten Wirtschaft und des Staates werden als kurzfristige Forderungen in der *Kapitalbilanz* erfaßt. Auch volkswirtschaftlich gesehen kann man Devisenbestände als Forderungen gegenüber ausländischen Sozialprodukten interpretieren, denn mit 1 Dollar kann man einen Teil des amerikanischen Sozialprodukts kaufen.
Der Devisenbestand der Bundesbank ändert sich daher nur dann, wenn die Bundesbank am Devisenmarkt **interveniert** oder ausländische Zahlungsmittel an- oder verkauft. Alle übrigen nicht-amtlichen Devisenbestandsveränderungen der privaten Wirtschaft werden in der kurzfristigen Kapitalbilanz erfaßt. Die Devisenbestände der Bundesbank bestehen zu 99% nur aus US-Dollar; eventueller Bedarf an anderen Devisen wird täglich am Devisenmarkt gedeckt bzw. anfallende Devisenbestände umgehend verkauft. Die Devisenreserven werden dabei – entgegen landläufiger Vorstellung – nicht in dicken Dollarbündeln im Tresorraum gehortet, sondern zu größten Teilen in festverzinslichen kurz-, mittel- und langfristigen Dollar-Wertpapieren bester Bonität (‹treasury papers›) angelegt, wodurch sich beträchtliche Zinseinnahmen ergeben. Diese Papiere werden bei Bedarf auch vorübergehend ausgeliehen («bond lending») – gegen Sicherheit und Provision: Dies summiert sich auf risikolose Einnahmen von mehreren Millionen Dollar für die Bundesbank.

(6) Eine weitere Besonderheit ist der **Ausgleichsposten** zur Auslandsposition der Bundesbank, die u.a. die Währungsreserven und sonstige Forderungen der Bundesbank gegenüber dem Ausland umfaßt, z.B. gegenüber der Weltbank oder innerhalb des Europäischen Währungssystems. Diese Währungsbestände werden – da die Zahlungsbilanz in DM geführt wird – durch die entsprechenden Wechselkurse umgerechnet in DM-Werte. Bei der Bewertung der Währungs- (und Gold-)Bestände wendet die Bundesbank sinngemäß die Vorschriften des Aktiengesetzes an, nach denen das Umlaufvermögen – und hierzu zählen Währungsreserven – zu den Anschaffungskosten bzw., wenn der Börsen- oder Marktpreis niedriger ist, zu letzterem bewertet werden (**Niederstwertprinzip**), wobei ein einmal herabgesetzter Wert für die Zukunft beibehalten werden kann. Daher werden z.B. die Dollar-Bestände der Bundesbank mit DM 1,45 und die Goldbestände auf der Basis des ehemaligen Goldpreises von 35 Dollar pro Unze bewertet. Veränderungen der Devisenbestände aber werden zu den jeweiligen Kursen gebucht, so daß eine Korrekturbuchung im Ausgleichsposten den Unterschied im Wertansatz ausgleicht (vgl. unten Abb. A-4.2/11). Jeder Pfennig, um den sich der Wertansatz für

die Dollarreserven verändert, bedeutet eine Veränderung von rund 500 Millionen DM.

A-4.2.2.3. Beispiele

Die Zahlungsbilanz wird nach dem Prinzip der **doppelten Buchführung** geführt. Einige Beispiele sollen dies verdeutlichen.
Als Ausgangsbeispiel sei ein Import von Daunenjacken aus China im Wert von insgesamt 300 Geldeinheiten (GE) angenommen (z.B. 300000 DM). Dieser wird in der Handelsbilanz ‹rechts› gebucht. Im folgenden werden nun einige Varianten durchgespielt, wie sich dieser Import in der Zahlungsbilanz niederschlagen kann (vgl. Abb. A-4.2/4).

Abb. A-4.2/4: **Buchungsbeispiele**

Export		Handelsbilanz		Import
				300

		Dienstleistungsbilanz		
(d)	300			

		Übertragungsbilanz		
(e)	300			

		Kapitalbilanz		
(b)	+ 300		(a)	− 300
(c)	+ 300			
(f)	− 300		(f)	− 300

		Devisenbilanz		

(a) Die Bezahlung erfolgt in Devisen durch Überweisung von einem Konto im Ausland: Rechtsbuchung in der kurzfristigen Kapitalbilanz (Devisenbestände) mit −300, da der Bestand an Forderungen gegenüber dem Ausland abnimmt.

(b) Die Bezahlung erfolgt in DM durch Überweisung auf ein DM-Konto des chinesischen Partners in Deutschland: Linksbuchung +300 in der kurzfristigen Kapitalbilanz (DM-Guthaben von Ausländern), weil der Bestand an Verbindlichkeiten gegenüber dem Ausland zunimmt.

(c) Der Import erfolgt auf Kredit: Linksbuchung +300 in der kurzfristigen Kapitalbilanz (Kredite), weil der Bestand an Verbindlichkeiten gegenüber dem Ausland zunimmt.

(d) Der Import wird als Kompensationsgeschäft durch Zur-Verfügung-Stellen von technischer Beratung in China ‹bezahlt›: Linksbuchung 300 in der Dienstleistungsbilanz als Dienstleistungsexport (analog würde eine Kompensation durch Sachgüterexport in der Handelsbilanz erfaßt).

(e) Der Import erfolgt als Geschenk: Linksbuchung 300 in der Übertragungsbilanz (empfangene Übertragungen).

(f) Der in (c) in Anspruch genommene Kredit wird durch Überweisung von einem Konto im Ausland getilgt (analog zu (a)): Linksbuchung −300 in der kurzfristigen Kapitalbilanz (Abnahme der Verbindlichkeiten: Schulden), Rechtsbuchung −300 in der kurzfristigen Kapitalbilanz (Abnahme der Forderungen: Devisenbestände).

Das Beispiel zeigt, daß die sog. «Devisenbilanz» der Bundesbank, wie sie verkürzt oft genannt wird, bei all diesen Varianten gar nicht berührt wird, da es sich um Transaktionen handelt, bei denen die Bundesbank weder Schuldner noch Gläubiger gegenüber dem Ausland wird (vgl. den vorangehenden Absatz (5) im Abschn. A-4.2.3.2). Die Devisenbilanz wird beispielsweise berührt, wenn die Bundesbank am Devisenmarkt Dollars ankauft. Dann verringern sich die Devisenvorräte der Devisenhändler bzw. Banken (Minusbuchung rechts in der kurzfristigen Kapitalbilanz: Forderungsabnahme) und die Devisenvorräte der Bundesbank nehmen entsprechend zu (Plusbuchung rechts in der kurzfristigen Kapitalbilanz: Forderungszunahme).

A-4.2.3. Saldenbildung

Während jede einzelne Teilbilanz im Normalfall nicht ausgeglichen ist und entweder einen Überschuß oder ein Defizit ausweisen wird, ist die Zahlungsbilanz als Zusammenfassung aller Teilbilanzen aufgrund der doppelten Erfassung jeder Transaktion **immer** ausgeglichen: Die

Summe der ‹linken› Seiten aller Teilbilanzen muß der Summe der ‹rechten› Seiten zwangsläufig entsprechen. Wenn dennoch von einer unausgeglichenen Zahlungsbilanz gesprochen wird, so ist dies streng genommen falsch (vgl. Abb. 4.2/5); man meint damit jedoch nicht die Zahlungsbilanz insgesamt, sondern eine bestimmte Zusammenfassung einzelner Teilbilanzen nach ökonomischen Gesichtspunkten. Dabei gibt es verschiedene Möglichkeiten. Teil-«Bilanzen» sind somit keine Bilanzen im buchhalterischen Sinne, sondern Konten. Wir werden dennoch die im Sprachgebrauch übliche Bezeichnung als Teilbilanz beibehalten.

Abb. A-4.2/5: **«Ausgeglichene» Zahlungsbilanz**

Zahlungsbilanz im Plus trotz hoher Kapitalabflüsse

Steigendes Zahlungsbilanzdefizit

Zur Bestimmung des außenwirtschaftlichen Gleichgewichts wird die Zahlungsbilanz in zwei Teile zerlegt, wobei «über dem Strich» die Positionen stehen, die als zusammengehörend angesehen werden, und «unter dem Strich» die Positionen, in denen sich die Auswirkungen der Bilanzen über dem Strich widerspiegeln. Anders ausgedrückt reagieren die Positionen unter dem Strich auf die Veränderungen der Teilbilanzen über dem Strich, so daß man formaler auch von autonomen oder unabhängigen Veränderungen einerseits und kompensierenden, abhängigen oder induzierten Veränderungen andererseits sprechen kann. Es gibt verschiedene Konzepte, wo diese Trennlinie zu ziehen ist, und dementsprechend kann der Begriff des außenwirtschaftlichen Gleichgewichts unterschiedlich ausgelegt werden. Abb. A-4.2/9 gibt eine Übersicht über diese Konzepte, von denen die wichtigsten im folgenden betrachtet werden.

A-4.2.3.1. Saldo der Leistungsbilanz

Bei der sog. **Verwendungsrechnung** entspricht das Sozialprodukt der zu Marktpreisen bewerteten Summe von Konsumgütern, Investitionsgütern sowie der Differenz zwischen Exporten und Importen (in Symbolen wird dies meist geschrieben als $Y = C + I + Ex - Im$). Diesen Saldo zwischen Exporten und Importen ($Ex - Im$) bezeichnet man als **Außenbeitrag** zum Sozialprodukt, da ein Überschuß der Exporte über die Importe das Sozialprodukt erhöht, ein Importüberschuß dieses vermindert.[1]

Der Außenbeitrag ergibt sich dabei aus der Zusammenfassung von Handelsbilanz und Dienstleistungsbilanz. In den Medien wird dabei nicht immer deutlich, ob es sich bei der Betrachtung um die Handelsbilanz i.e.S. oder den Außenbeitrag einschließlich der Dienstleistungsbilanz handelt (vgl. Abb. A-4.2/6). Nimmt man noch die Übertragungsbilanz hinzu, so bilden die drei Teilbilanzen zusammen die **Leistungsbilanz** oder Bilanz der laufenden Posten (Abb. A-4.2/7). Sie spiegelt die Wirtschaftskraft, die Leistung einer Volkswirtschaft im Sinne internationaler Wettbewerbsfähigkeit wider, die sich z.B. in der Fähigkeit ausdrückt, Importe durch den Erlös der Exporte zu finanzieren und ggf. Übertragungen an das Ausland zu leisten. Würde man das Ziel außenwirtschaftlichen Gleichgewichts so interpretieren, daß die Summe der Importe der Summe der Exporte entsprechen soll –

Abb. A-4.2/6: **Handelsbilanz**

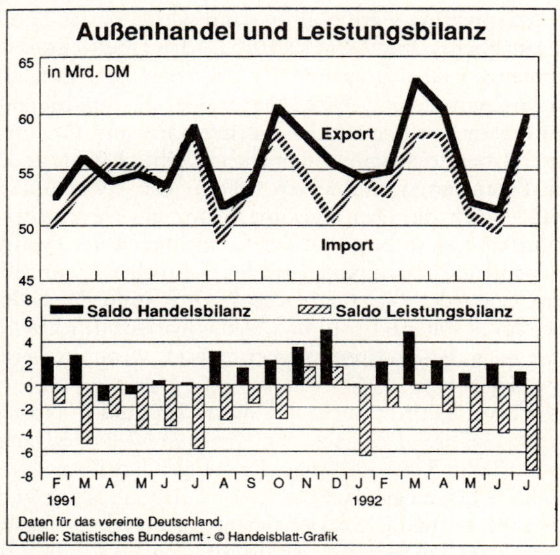

[1] Streng genommen gilt diese Überlegung nur für das Volkseinkommen, das sich durch Zahlungszuflüsse erhöht und durch -abflüsse vermindert. Aufgrund der wertmäßigen Identität zwischen Volkseinkommen und Nettosozialprodukt zu Faktorkosten ist der Begriff ‹Außenbeitrag› sprachlich akzeptabel.

Abb. A-4.2/7: **Leistungsbilanz**

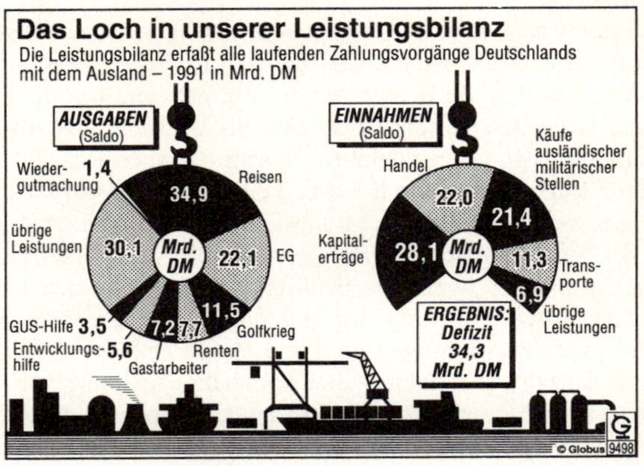

d.h. der Außenbeitrag wäre Null –, dann würde in der Bundesrepublik das erhebliche chronische Defizit in der Übertragungsbilanz – hervorgerufen vor allem aufgrund der Übertragungen an die Europäische Gemeinschaft, deren größter Nettozahler die Bundesrepublik ist, durch Beiträge zu internationalen Institutionen und Organisationen sowie durch Überweisungen ausländischer Arbeitnehmer in ihre Heimat – zu Finanzierungsproblemen führen. Da – wie Abb. A-4.2/3 oben zeigt – auch die Dienstleistungsbilanz ein chronisches Defizit aufweist (insbesondere aufgrund der Reisetätigkeit der Deutschen im Ausland), muß im Warenhandel ein beträchtlicher Exportüberschuß erwirtschaftet werden, um die beiden Löcher in der Dienstleistungs- und Übertragungsbilanz zu stopfen. Außenwirtschaftliches Gleichgewicht wäre nach diesem Konzept verwirklicht, wenn die Leistungsbilanz ausgeglichen ist.

Abb. A-4.2/3 verdeutlicht auch, daß dieser Zustand praktisch nie erreicht wurde. Während es nach dem Zweiten Weltkrieg lange Jahre hindurch nur (zum Teil recht hohe) Leistungsbilanzüberschüsse gegeben hat (**aktive** Leistungsbilanz), wies die Leistungsbilanz in den Jahren 1979–1981 erstmalig ein Defizit auf (**passive** Leistungsbilanz) – eine unmittelbare Folge der zweiten umfassenden Ölpreiserhöhung. Auch 1991 ergaben sich aufgrund der Wiedervereinigung hohe Leistungsbilanzdefizite: Der Importsog in den neuen Bundesländern löste eine entsprechende Verringerung des traditionellen Außenhandelsüberschusses aus; sogar die Handelsbilanz rutschte kurzfristig ins

Minus (April/Mai 1991). Da gleichzeitig erhebliche Übertragungen zu leisten waren – u.a. bedingt durch den Golfkrieg, Rückführung der sowjetischen Truppen und Nachzahlungen an den EG-Haushalt –, ergab sich ein kräftiges Leistungsbilanzdefizit auf anhaltend hohem, ungewohnten Niveau. Im folgenden Abschnitt wird dargestellt, welche Konsequenzen sich – unter sonst gleichen Voraussetzungen, d.h. insbesondere unter der Voraussetzung unveränderter Wechselkurse – aus einem Leistungsbilanz-Ungleichgewicht tendenziell ergeben.

A-4.2.3.2 Konsequenzen von Leistungsbilanzstörungen

Wenn die ‹Trennlinie› innerhalb der Zahlungsbilanz unter der Leistungsbilanz gezogen wird, werden Kapital- und Devisenbilanz zeigen, wie sich spiegelbildlich zur Veränderung der Situation in der Leistungsbilanz der Bestand an Forderungen bzw. Verbindlichkeiten gegenüber dem Ausland verändert hat.

(a) Leistungsbilanzdefizit

Ein negativer Außenbeitrag bedeutet, daß eine Volkswirtschaft mehr importiert, als sie sich aufgrund ihrer Exporterlöse leisten könnte. Dieses Defizit kann abgedeckt oder abgemildert werden, wenn entsprechende Transfers aus dem Ausland – beispielsweise Entwicklungshilfe – erhalten werden. Eine passive Leistungsbilanz bedeutet also, daß mehr importiert wird, als durch Exporterlöse und Transfers finanziert wurde.

(1) Da die Zahlungsbilanz eine nachträgliche Betrachtung darstellt, kann die Summe der Ausgaben nur dann die Summe der laufenden Einnahmen übersteigen, wenn – in Analogie zum privaten Haushalt – Guthaben aufgelöst oder Kredite gewährt wurden. Den Devisenbestand und den Forderungsbestand in der (vor allem kurzfristigen) Kapitalbilanz kann man als Sparpolster betrachten. Tatsächlich ist beobachtbar, daß sich bei einem Leistungsbilanzdefizit meist auch der Devisenbestand reduziert. Allerdings ist dies nicht zwangsläufig so, sofern der Importüberschuß kreditfinanziert wird. In diesem Fall muß die Kapitalbilanz durch einen Kapitalimportüberschuß – sprich: Kredite aus dem Ausland oder ausländische Direktinvestitionen – das Leistungsbilanzdefizit finanzieren. Kredite aber müssen verzinst und getilgt werden, so daß anhaltende, kreditfinanzierte Leistungsbilanzdefizite zu massiven Rückzahlungsproblemen führen können. Die jüngere Vergangenheit seit Anfang der 80er Jahre liefert hinreichend Beispiele von Ländern, deren **internationale Verschuldung** ein Aus-

maß erreicht hatte, das der faktischen Zahlungsunfähigkeit gleichkam. Dies galt (und gilt) für eine Reihe von osteuropäischen Ländern ebenso wie für einige, bis dahin als risikolos eingestufte aufstrebende Entwicklungsländer («**Schwellenländer**»). Ein Eingehen auf die internationale Finanzkrise ist hier nicht möglich.

(2) Neben dem finanziellen Aspekt eines Leistungsbilanzdefizits ist ein weiterer Gesichtspunkt von Bedeutung. Wenn man Import und Export mit «Nachfrage» übersetzt, dann bedeutet «Import» Nachfrage von Inländern bei ausländischen Anbietern und «Export» Nachfrage von Ausländern bei inländischen Anbietern. Ein Importüberschuß bedeutet also, daß mehr inländische Nachfrage auf das Ausland gerichtet ist als ausländische auf die einheimische Produktion. Eine Verlagerung der Nachfrage vom Inland auf das Ausland kann sich ungünstig auf die **Beschäftigungssituation** des Inlands auswirken, da anzunehmen ist, daß betroffene Unternehmen nichtausgelastete Produktionskapazitäten abbauen und Arbeitskräfte «freisetzen» werden, wie es so schön umschrieben wird, d.h. entlassen. Eine anhaltend passive Leistungsbilanz birgt also tendenziell die Gefahr der Unterbeschäftigung in sich.

Beispiel: Zwischen 1969 und 1992 gingen rund 70% der deutschen Baumwollwebereien verloren durch Importkonkurrenz und Rationalisierungsdruck; im Schuhsektor beträgt der Importanteil rund 75% (1970: 40%).

(3) Ein Leistungsbilanzdefizit hat andererseits Wirkungen auf den **Wechselkurs**. Zur Vereinfachung sei das Defizit auf einen Importüberschuß reduziert, doch gelten die folgenden Überlegungen grundsätzlich für jede Zusammenfassung von Teilbilanzen, die ‹unter dem Strich› mehr Devisennachfrage als Devisenangebot ergibt:

Güterimport bedeutet entweder seitens des Importeurs analoge Nachfrage nach Devisen, um die Importgüter zu bezahlen, oder – wenn sie in DM bezahlt werden – DM-Angebot des Exporteurs auf ‹seinem› Devisenmarkt, da der Exporteur in der Regel DM in seine eigene Währung eintauschen wird; von Spezialüberlegungen sei hier abgesehen. Umgekehrt bedeutet Export Devisenangebot im Inland bzw. DM-Nachfrage im Ausland. Ohne den ausführlichen Betrachtungen der Wechselkursbildung im Abschn. C-1.2 vorgreifen zu wollen, heißt dies – verkürzt –, daß ein Außenhandelsdefizit unter dem Strich im Inland mehr Devisennachfrage als Devisenangebot bedeutet, so daß der entsprechende Devisenkurs steigt. *Ceteris paribus* (also «unter sonst gleichen Voraussetzungen») würden ein Handelsdefizit der Bundesrepublik gegenüber Holland bedeuten, daß der Kurs des holländischen Gulden in Deutschland steigt. Dies bezeichnet man als DM-

Abwertung oder gleichbedeutend: Gulden-Aufwertung. Bei **fixen Wechselkursen** müssen die Notenbanken dieser Abwertungstendenz der DM durch **Interventionen** entgegenwirken, so daß sich der Kurs tatsächlich nicht oder nur unwesentlich verändert, bei **flexiblem Wechselkurs** wie gegenüber dem US-Dollar könnte der Dollarkurs entsprechend steigen. Dadurch verteuern sich die Importe bzw. verbilligen sich die Exporte, so daß sich der Importüberschuß abbaut. Näheres findet sich im Abschn. C-1.4. Die tendenziellen Folgen eines Leistungsbilanzdefizits sind in Abb. A-4.2/8 zusammengefaßt.

Abb. A-4.2/8: **Folgen von Leistungsbilanzstörungen**

Leistungsbilanz-Defizit	Leistungsbilanz-Überschuß
• (Abbau von Devisenreserven)	
• externe Verschuldung • Importzunahme/Exportrückgang = Beschäftigungsrückgang ↓	• Exportzunahme/Importrückgang = Beschäftigungsanregung
• Abwertungsdruck auf die Inlandswährung o bei fixen Wechselkursen: Stützungsverkäufe von Devisen → Verschuldung o bei flexiblen Wechselkursen: Abwertung → Inflationstendenz	• Aufwertungsdruck auf die Inlandswährung o bei fixen Wechselkursen: Devisenzufluß → Stützungskäufe → Geldmengeninflation, ggf. auch Nachfragesoginflation Protektionsmaßnahmen der Handelspartner o bei flexiblen Wechselkursen: Aufwertung → Beschäftigungsrückgang → Importverbilligung (Preisberuhigung)

(b) Leistungsbilanzüberschuß

(1) Was nun einen Leistungsbilanzüberschuß anbelangt, so wird er nach dem gerade Gesagten positiv für die **Beschäftigungssituation** sein, und es gibt auch viele Beispiele dafür, daß Länder durch bewußte Unterbewertung oder Abwertung ihrer Währung ihre Exporte fördern wollen, um die Beschäftigungssituation zu verbessern (vgl. Abschn. C-1.4); der berüchtigte Abwertungswettlauf im Zusammenhang mit der Weltwirtschaftskrise von 1929 ist ein extremes Beispiel.

(2) Aber auch ein Leistungsbilanzüberschuß hat – tendenzielle – Gefahren. Dabei ist vor allem an inflationäre Impulse zu denken, die man unter dem Begriff «**importierte Inflation**» zusammenfaßt: Im Export verdiente Devisen dürften zu großen Teilen in einheimische Währungen umgetauscht werden und somit die Geldmenge vergrößern. Dies wäre die Variante einer importierten Geldmengeninflation. Sie wird unterstützt durch ein mögliches Mißverhältnis zwischen Angebot und Nachfrage im Inland, indem das inländische Güterangebot nicht ausreicht, um inländischer plus ausländischer Nachfrage gerecht zu werden – eine Variante der Nachfragesoginflation. Sofern ferner verstärkt bestimmte Güter dem Export zugeführt werden, ohne – wie bisher – dem Inlandsmarkt zur Verfügung zu stehen, kann auch eine Angebotslücke mit entsprechenden inflationären Impulsen entstehen.
Fazit: Ein Leistungsbilanzüberschuß fördert inflationäre Tendenzen.
(3) Analog zum Leistungsbilanzdefizit ergeben sich auch bei einem Leistungsbilanzüberschuß (tendenzielle) Wirkungen auf die **Wechselkurse.** Wie oben gerade skizziert, bedeutet Export entweder Angebot der erzielten Devisen (z.B. Dollar) durch den Exporteur auf seinem heimischen Devisenmarkt oder Nachfrage des ausländischen Importeurs nach DM auf dessen Devisenmarkt, so daß – *ceteris paribus* – der Devisenkurs sinkt bzw. der DM-Kurs steigt (Dollar-Abwertung bzw. DM-Aufwertung). Damit würden die Importe billiger und die Exporte teurer, so daß sich der Exportüberschuß abbauen könnte (siehe auch hierzu Abschn. C-1.4). Abb. A-4.2/8 zeigt die tendenziellen Wirkungen eines Leistungsbilanzüberschusses.
Der wiederholte Hinweis auf *tendenzielle* Wirkungen ist wichtig: Gerade hinsichtlich der Wirkungen auf den Wechselkurs ist hervorzuheben, daß der Außenhandel nur *einen* von mehreren bedeutsamen Einflußfaktoren darstellt, dessen Wirkung von anderen Einflußfaktoren (Zinsentwicklung, Spekulation etc.; vgl. Abschn. C-1.2) abgeschwächt oder sogar überkompensiert werden kann.
Veränderungen der Außenhandels- oder Leistungsbilanzsalden müssen jedoch mit Vorsicht interpretiert werden. Beispielsweise waren 1986 in der Handelsbilanz der Bundesrepublik Rekordüberschüsse zu verzeichnen. Dies ließ vordergründig auf eine Verbesserung der internationalen Wettbewerbsfähigkeit durch verstärkte Exporte schließen. Tatsächlich aber waren die Importe, zwar nicht mengenmäßig, aber durch Ölpreisverfall und Dollarabwertung wertmäßig zurückgegangen. Ließ man diese «Preisluft» aus der Berechnung heraus, war der Exportüberschuß real niedriger als im Jahr zuvor.
Und noch ein Aspekt ist hervorzuheben: Ein Land mit anhaltenden Handels- und Dienstleistungsbilanzüberschüssen fordert als Netto-

Exporteur Reaktionen in anderen Ländern heraus, die ihre eigene Wirtschaft vor dem ausländischen Importdruck schützen wollen.
Mit den oben skizzierten Problemen von Überschüssen läßt sich leichter leben als mit anhaltenden Defiziten. Insbesondere der Beschäftigungsdruck führt immer wieder – in den verschiedensten Ländern – zu innenpolitischen Spannungen, ob es sich nun um Bergarbeiter in Deutschland, Stahlarbeiter in den USA oder die Landwirte und Fischer in Frankreich handelt. Die meisten sog. Handelskriege lassen sich als Probleme mit (sektoralen) Leistungsbilanzdefiziten interpretieren. Auf die Problematik protektionistischer Maßnahmen geht Abschn. C-2 ein.

A-4.2.3.3. Saldo der «Devisenbilanz»

Sofern man sich bei der Saldenbildung an der Leistungsbilanz orientiert, zeigen Kapitalbilanz und Devisenbilanz, wie ein Defizit der Leistungsbilanz durch Abbau von Devisenreserven oder durch Kreditaufnahme im Ausland finanziert wurde bzw. wie Leistungsbilanzüberschüsse zu Kapitalexporten oder Anwachsen der Devisenreserven geführt haben.
Die Interpretation der Kapitalbilanz als abhängige Bilanz, bei der Bewegungen durch entsprechende Veränderungen der Leistungsbilanz hervorgerufen (induziert) werden, darf jedoch nicht so pauschal vorgenommen werden. Viele Kapitalbewegungen sind nicht nur Begleiterscheinungen des Güterhandels, sondern sind ihrerseits autonom. So sind z.B. der internationale Wertpapierhandel und Direktinvestitionnen vom Güterhandel unabhängig. Analoges gilt für spekulative Kapitalanlagen aus dem Ausland in Erwartung einer Aufwertung der Inlandswährung, da dann nach erfolgter Aufwertung Inlandsguthaben in mehr Devisen zurückgetauscht werden können als vorher angelegt wurden. Schließlich führen auch anlagesuchende Fluchtgelder («Kapitalflucht») und ein – aus der Sicht des Auslandes – attraktives Zinsniveau zu Kapitalimporten. Hierzu trägt insbesondere eine im Verhältnis zum Ausland niedrige Inflationsrate bei. Z.B. standen 1986 hohen Zuflüssen in der langfristigen Kapitalbilanz sehr viel höhere Zahlungsabflüsse im kurzfristigen Kapitalverkehr, insbesondere auch für kreditfinanzierte Exporte aus der Bundesrepublik, entgegen.
Der Interpretation der Kapitalbilanz als autonomer Bilanz wird durch das Konzept der **Grundbilanz** Rechnung getragen. Dabei werden Leistungsbilanz und langfristige Kapitalbilanz zusammengefaßt, so daß sich ein Saldo der Grundbilanz aus kompensierenden Salden der kurzfristigen Kapitalbilanz («Kreditbilanz») und der Devisenbilanz er-

klärt. Noch umfassender ist das Konzept, das die Deutsche Bundesbank bis vor kurzem auswies. Danach stand die Devisenbilanz als einzige Bilanz «unter dem Strich» und erklärte den Saldo aller übrigen Transaktionen, der entweder einen Nettozahlungszufluß oder -abfluß bedeutete. Aber auch die Devisenbilanz enthält autonome Positionen, die nicht auf die Veränderung anderer Komponenten reagieren, sondern unabhängig entstehen, wie beispielsweise Devisenbewegungen zur Wechselkurspflege im Europäischen Währungsverbund oder mit dem Internationalen Währungsfonds. Seit August 1983 verzichtet die Bundesbank in ihrer Zahlungsbilanzstatistik auf einen Saldenausweis im Sinne des «außenwirtschaftlichen Gleichgewichts» (Abb. A-4.2/3). Es gibt noch eine Reihe weiterer Zahlungsbilanzkonzepte, die zum Teil aber mehr theoretischen Reiz als praktische Bedeutung haben, so daß hierauf auch nicht weiter eingegangen werden soll.

Abb. A-4.2/9 zeigt nochmals den Unterschied in der Interpretation des außenwirtschaftlichen Gleichgewichts. Wird der Handelsaspekt und damit der Leistungsbilanzsaldo in den Mittelpunkt gestellt, stellen Kapital- und Devisenbilanz die ausgleichenden Positionen dar.

Die Veränderung von Kreditbeziehungen und amtlichen Währungsreserven zeigen dann, wie beispielsweise ein Leistungsbilanzdefizit finanziert wurde, etwa durch Kredite (Kapitalbilanz) oder Abschmelzen von nichtamtlichen Devisenvorräten (Kapitalbilanz) oder Ankauf von Devisen bei der Bundesbank (Devisenbilanz). Werden die Zahlungsbeziehungen zum Ausland insgesamt betrachtet, spiegeln sich Handels- und Finanztransaktionen in der Devisenbilanz wider, die dann sozusagen die «Kasse der Nation» symbolisiert. Bei diesem Konzept ist es auch gerechtfertigt (wenn auch nicht im buchhaltungstechnischen Sinn), von der **Zahlungs**bilanz zu sprechen, da sich so ermitteln läßt, ob per Saldo ein Zahlungszufluß- oder -abfluß vorliegt. Beispielsweise war die Zahlungsbilanz 1985 in diesem Sinne passiv: Die Kapitalbilanz wies so erhebliche Kapitalabflüsse aus, daß sie durch den Überschuß in der Leistungsbilanz nicht ausgeglichen wurden, d.h. die Zahlungsbilanz war insgesamt passiv.

Die Salden aller Teilbilanzen (einschließlich des Restpostens und des Ausgleichpostens) zusammengenommen müssen insgesamt den Wert Null ergeben. Abb. A-4.2/10 macht noch einmal deutlich, daß je nachdem, wo der ‹Strich› gezogen wird, d.h. je nach dem zugrundeliegenden Zahlungsbilanzkonzept, der Saldo aller Bilanzen ‹über dem Strich› genau dem Saldo der Teilbilanzen ‹unter dem Strich› entsprechen muß, so daß die Zahlungsbilanz statistisch bzw. rechnerisch insgesamt immer ausgeglichen ist und sich Ungleichgewichte jeweils auf Zusammenfassungen einiger Teilbilanzen beziehen. Sofern der

Abb. A-4.2/9: **Außenwirtschaftliches Gleichgewicht**

Leistungsbilanz-Konzept

Leistungsbilanz (Überschuß)	38642		
		Kapitalbilanz (Kapitalexport)	49954
		ungeklärte Beträge	− 13155
		Ausgleichsposten	3104
		Devisenbestände (Abnahme)	− 1261
	38642		38642

Devisenbilanz-Konzept

Leistungsbilanz (Überschuß)	38642		
Kapitalbilanz (Kapitalexport)	− 49954		
ungeklärte Beträge	13155		
Ausgleichsposten	− 3104		
		Devisenbestände (Abnahme)	− 1261
	− 1261		− 1261

Abb. A-4.2/10: **Saldenzusammenhang**

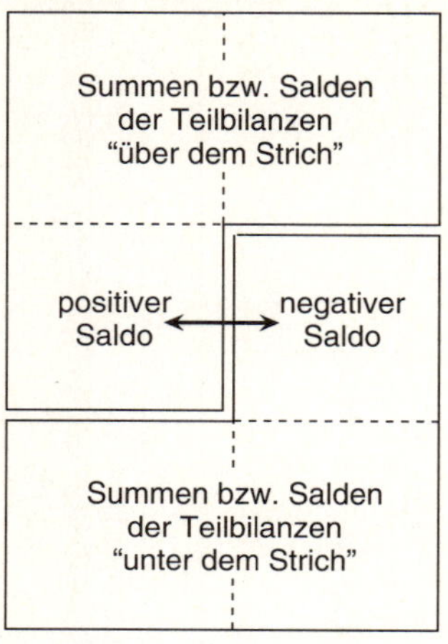

Abb. A-4.2/11: **Ausgleichsposten**

Bundesbank schreibt 4,9 Milliarden DM ab

Wie aus Bonn zu hören ist, beabsichtigt die Bundesbank eine ertragsschmälernde Abwertung ihrer Dollarbestände in der Bilanz. Bisher ist der Dollar mit 1,49 DM verbucht worden. Angeblich steht eine Abschreibung des Dollar auf etwa 1,45 DM zur Diskussion. Jeder Pfennig, mit dem ein Dollar in der Bilanz niedriger bewertet wird, schmälert den ausgewiesenen Gewinn um ungefähr 500 Millionen DM. Das Aktienrecht erlaubt in einem begrenzten Maße solche außergewöhnlichen Abschreibungen mit Blick auf die „Sorgfaltspflicht des ordentlichen Kaufmanns", der sich damit gegen künftige Kursrisiken absichern kann. Im vergangenen Jahr hat die Bundesbank einen Gewinn von 8,3 Milliarden DM an den Bund überwiesen.

Leser jedoch z.B. konkreten Zahlen in Abb. A-4.2/3 nachrechnen will, wird sich kein Saldo von Null ergeben, weil die in den aggregierten Zahlen enthaltenen *Rundungen* nicht nachzuvollziehen sind.
Während für den einzelnen Export- bzw. Importfall grundsätzlich der Satz gilt, daß dem **Realtransfer** (= Güterbewegung, erfaßt in der Leistungsbilanz) ein **Finanztransfer** (= Zahlungsmittelbewegung, erfaßt in der Kapitalbilanz) in gleicher Höhe entspricht (vgl. die Beispiele in Abb. A-4.2/4, gilt dies somit offensichtlich für die Zahlungsbilanz insgesamt nur, wenn sich die Devisenbilanz nicht verändert. Wenn aber die Notenbank am Devisenmarkt interveniert bzw. – bei fixen Wechselkursen, vgl. hierzu Abschn. C-1.3 – intervenieren muß, dann verändert sich auch die Devisenbilanz durch Gegenbuchungen zur Leistungs- oder Kapitalbilanz: Bestimmte Finanztransfers sind dann kein Pendant zu entsprechenden Realtransfers. Nur wenn die Währungsreserven der Bundesbank konstant bleiben, entspricht der Saldo der Leistungsbilanz dem der Kapitalbilanz.

A-4.2.4. Ursachen für Zahlungsbilanzstörungen

Die Ursachen für Zahlungsbilanzprobleme können verständlicherweise sehr vielschichtig sein. Zunächst muß zwischen *güterwirtschaftlichen* und *monetären Ursachen* unterschieden werden:
Güterwirtschaftliche Ursachen betreffen Ein- und Ausfuhr von Sachgütern und Dienstleistungen sowie Transfers, also Komponenten der Leistungsbilanz, auf welche die Kapitalbilanz reagiert. So wird ein zunehmender Importsog als ursächliche Störung sich z.B. in zunehmender Verschuldung als Folge davon widerspiegeln. *Weshalb* ein Importsog eintritt, sei hier dahingestellt (Es ist hier auch nicht der Ort, ausführlicher zu diskutieren, daß ohne eine *vorherige* Kreditzusage auch kein kreditfinanzierter Import realisierbar ist, also so gesehen die Vorschuldung zeitlich *vor* dem Importgeschäft eintritt). Die Zahlungsbilanz registriert also sowohl die Störung (quasi als unabhängige – autonome – Variable) als auch die Konsequenzen, da andere Komponenten der Zahlungsbilanz als abhängige Variablen auf die Störung reagieren.
Monetäre Ursachen zeigen sich in erster Linie in der Kapitalbilanz in Form von – autonomen – Kapitalzuflüssen, etwa aufgrund eines attraktiv hohen Zinsniveaus im Inland, aber auch in der Leistungsbilanz, etwa durch Veränderungen von Wechselkursen.
Wie die obige Betrachtung der Konsequenzen von Leistungsbilanzstörungen gezeigt hat, kann eine Volkswirtschaft mit Leistungsbilanzüberschüssen grundsätzlich eher leben als mit -defiziten: Allgemein

werden Beschäftigungsprobleme als gravierender empfunden als Probleme mit Geldmengenerhöhungen und anderen inflationären Tendenzen. Die Darstellung beschränkt sich daher – um den Rahmen nicht zu sprengen – exemplarisch auf eine kurze Betrachtung von Leistungsbilanzdefiziten. Dabei lassen sich *externe* bzw. *interne Ursachen* unterscheiden; die Abgrenzung ist teilweise fließend, wie gleich zu zeigen sein wird.

A-4.2.4.1. Externe Ursachen

Externe Ursachen sind außerhalb des betreffenden Landes angesiedelt. Leistungsbilanzstörungen können beispielsweise auf eine asymmetrische Einbindung in die Weltwirtschaft zurückzuführen sein: Ein typisches Entwicklungsland hat – im Hinblick auf den Versuch einer sog. nachholenden Entwicklung (vgl. Abschn. A-3.4.2) – einen erheblichen Importbedarf an Gütern, die im Inland nicht zur Verfügung stehen (z.B. Rohöl, Investitionsgüter, Ersatzteile), kann diese aber nicht in ausreichendem Maße durch (Rohstoff-) Exporte finanzieren. Ein in diesem Sinne klassischer externer Schock waren auch die Erdölpreisexplosionen von 1973 und 1979. Eine solche ungünstige strukturelle Position in der Weltwirtschaft ist in dem Sinne extern bedingt, als das betreffende Land seine Situation nicht aus eigener Kraft verbessern kann: Versuche zur Exportdiversifizierung scheitern in vielen Fällen am Protektionismus der potentiellen Importländern. Zu den externen Ursachen zählen weiterhin auch monetäre Faktoren, wie etwa ein steigender Dollarkurs, der die Importrechnungen ansteigen läßt, oder steigende Zinsen für die von ausländischen Gebern gewährten Kredite. Das Leistungsbilanzproblem spiegelt sich dann in ansteigender internationaler Verschuldung, die in vielen Fällen zur Zahlungsunfähigkeit von Schuldnerländern geführt hat. Auf die seit 1982 offen zutage getretene, heute mittlerweile aber nicht mehr in der Tagespresse, sondern nur in Fachkreisen noch diskutierte internationale Verschuldungskrise kann hier nicht näher eingegangen werden. Nur soviel: Die Verschuldungskrise z.B. damals Mexikos, aber auch vieler anderer Staaten (auch in Osteuropa) war teils durch externe Faktoren im eben beschriebenen Sinne verursacht worden. Hinzu kamen aber auch sog. **Gläubigerfehler**, indem Banken den Überfluß an Liquidität, der ihnen u.a. aus den OPEC-Ländern nach den Ölpreisschocks zufloß, mit teilweise sehr aggressiver Kreditpolitik den Nehmerländern förmlich aufdrängten, und dies oft ohne solide Kreditwürdigkeitsprüfung. Hinzu kamen ferner interne Ursachen

(**Schuldnerfehler** und andere), auf die auch nachstehend eingegangen wird.

A-4.2.4.2. Interne Ursachen

Interne Ursachen für Zahlungsbilanzprobleme liegen innerhalb des betreffenden Landes. Einige davon sind aber nicht beeinflußbar, wie z.B. eine ungünstige geographische Lage («Insellage» im Sinne fehlenden Zugangs zu Meeren; erschwerte Transportbedingungen durch Gebirge und Flüsse), klimatische Nachteile (Sahelzone), Mißernten, etc. Solche internen strukturellen Probleme können kaum kompensiert werden.

Andere Ursachen jedoch fallen in den internen Verantwortungsbereich des betreffenden Landes. Hierzu zählen u.a. Fehlentscheidungen über die wirtschaftliche Entwicklung, beispielsweise die Abhängigkeit von bestimmten Monokulturen, die sich in vielen Ländern katastrophal ausgewirkt hat, oder auch untaugliche Versuche zur Importsubstitution. Zu den internen, beeinflußbaren Faktoren gehören auch – kreditfinanzierte – Fehlinvestitionen in unnütze, unrentable Prestigeobjekte (Staudämme, Flughäfen, Kathedralen, Rüstungsausgaben), wodurch für andere Zwecke dringend benötigte Mittel vergeudet wurden, wie überhaupt finanzielles Mißmanagement vieler Regierungen bzw. Potentaten. Dies wird verstärkt durch hausgemachte galoppierende Inflationen, die zu Kapitalflucht und ausbleibender Investitionstätigkeit führen. Die Zahlungsbilanzprobleme sind dann ein Spiegel der grundsätzlichen Entwicklungsprobleme dieser Länder. Ohne dies hier vertiefen zu können sei – als Werturteil des Autors – gesagt, daß viele Probleme von Entwicklungsländern von ihnen selbst zu verantworten sind. Hierzu zählt der soziale Dualismus (extrem reiche, kleine Oberschicht versus extrem armer Masse der Bevölkerung) ebenso wie politische Instabilitäten. In nicht wenigen Ländern haben die Machthaber derartige Vermögen angesammelt, daß sie die externe und interne Verschuldung ihrer Länder allein begleichen könnten. Nichtsdestotrotz werden auch solchen Ländern umfassend laufend neue (öffentliche) Kredite gewährt. Tragisch ist, daß die Bevölkerung in sehr vielen Ländern keinen hinreichenden Einfluß auf die Machtverteilung im Land hat, aber die Probleme in erster Linie ertragen muß, u.a. auch im Zusammenhang mit Anpassungsmaßnahmen, die z.B. Weltbank und Währungsfonds verordnen (vgl. dazu Abschn. B-2.6 und -2.7).

A-4.3. Exkurs: Verschuldungskrisen

Die ab 1981/82 offen zutage getretene internationale Verschuldungskrise belegt symptomatisch die Notwendigkeit eines Überdenkens der Weltwirtschaftsstrukturen (dies ist natürlich ein Werturteil des Autors). Abb. A-4.3/1 zeigt das Ausmaß der externen Verschuldung einiger Entwicklungs- und Schwellenländer. Allerdings fehlt in solchen Aufstellungen meist – und auch hier – der Welt größtes Schuldnerland, die USA, mit gegenwärtig (1992) weit über 500 Mrd. Dollar Auslandsschulden. Natürlich kann man die USA nicht mit ‹den› Entwicklungsländern über einen Kamm scheren, aber die folgenden Überlegungen zur Eindämmung und langfristigen Lösung der Verschuldungskrise gelten analog auch für die USA. An drei Punkten ist anzusetzen: Umschuldungen, Veränderungen in den Schuldner-, d.h. Entwicklungsländern, Anpassungen in den Gläubiger-, d.h. Industrieländern. **Umschuldungen** und **Schuldenerlaß** auf Gläubigerseite allein können eine Konsolidierung der Probleme nicht leisten, denn sie sind Notmaßnahmen, die die Zahlungsunfähigkeit großer Schuldner und damit einen Zusammenbruch des internationalen Finanzsystems verhindern sollen. Die Verschuldungskrise ist in erster Linie ein Symptom weltwirtschaftlicher Probleme, auch wenn sie ihrerseits Ursache für neue Probleme ist.

Umschuldungen (Abb. A-4.3/2) können daher allenfalls eine vorübergehende Atempause gewähren, doch müssen sich zwischenzeitlich die güterwirtschaftlichen und monetären Rahmenbedingungen sowohl in der Weltwirtschaft als auch in dem betreffenden Land verändert

Abb. A-4.3/1: **Internationale Verschuldung**

Auslandsverschuldung in Mrd Dollar (Ende 1991)				**Entwicklungsländer insgesamt**	
Brasilien	117,4	Philippinen	31,6	1992	1223
Mexico	91,1	Venezuela	31,4	1991	1186
UdSSR/GUS	69,5	Thailand	27,5	1990	1181
Indien	72,0	Algerien	26,4	1989	1113
Indonesien	68,9	Ungarn	21,9	1984	924
Argentinien	53,8	Malaysia	21,3	1982	829
Polen	47,0	Marokko	20,9	1980	639
China	44,3	Peru	19,4		
Ägypten	39,3	Bulgarien	12,1		
Südkorea	33,5	CSFR	7,5		
Nigeria	32,1				

Abb. A-4.3/2: **Umschuldungen**

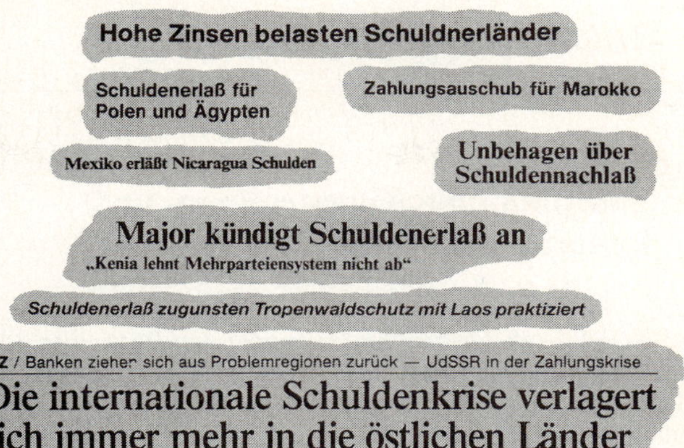
Hohe Zinsen belasten Schuldnerländer

Schuldenerlaß für Polen und Ägypten

Zahlungsauschub für Marokko

Mexiko erläßt Nicaragua Schulden

Unbehagen über Schuldennachlaß

Major kündigt Schuldenerlaß an

„Kenia lehnt Mehrparteiensystem nicht ab"

Schuldenerlaß zugunsten Tropenwaldschutz mit Laos praktiziert

BIZ / Banken ziehen sich aus Problemregionen zurück — UdSSR in der Zahlungskrise

Die internationale Schuldenkrise verlagert sich immer mehr in die östlichen Länder

Brasilien zahlt wieder Zinsen

haben, wenn eine Lageverbesserung eintreten soll. Daher sind auch pauschale Lösungen für alle Schuldnerländer einschließlich eines generellen Schuldenerlasses unrealistisch, da sie die individuellen Gegebenheiten nicht berücksichtigen können. Nur auf den Einzelfall bezogene Lösungen, die allerdings grundsätzliche Nebenbedingungen wie Reduzierung des laufenden Schuldendienstes berücksichtigen müssen, können sowohl den finanzierungstechnischen als auch den güterwirtschaftlichen Anpassungsmöglichkeiten hinreichend Rechnung tragen.

Umschuldungsverhandlungen vollziehen sich auf zwei Ebenen: Sofern es sich bei den Gläubigern um staatliche Institutionen handelt, werden Umschuldungen im sog. **Pariser Club** in Kooperation mit dem Internationalen Währungsfonds verhandelt. Private Gläubiger, vorrangig Banken, arbeiten im **Londoner Club** zusammen, bilden aber auch spezielle Konsortien, wie beispielsweise bei den Umschuldungen mit der GUS. Einige Länder sind oder waren fast Dauerkunden, z.B. Argentinien, Ecuador, die Elfenbeinküste, Indien, Madagaskar, die Philippinen, Polen oder die UdSSR/GUS. Spitzenreiter in der Häufigkeit sind Senegal, Togo und Zaire mit 8–9 Umschuldungen innerhalb von 10–12 Jahren.

B. Institutionelle Rahmenbedingungen

B-1. Internationale Kooperations- und Integrationsformen

Zwischen den beiden Extremen Freihandel und (theoretisch) völliger Abkopplung von internationalen Handelsbeziehungen gibt es offensichtlich Zwischenformen, welche darauf abstellen, die Vorteile des Freihandels mit den Vorteilen der Protektion zu verknüpfen. In der Praxis bedeutet dies, daß bestimmte Länder untereinander sich an den Prinzipien des Freihandels orientieren, jedoch gegenüber nichtbeteiligten Ländern (**Drittländern**) protektionistische Maßnahmen ergreifen. Damit sollen die Vorteile internationaler Wirtschaftsbeziehungen genutzt, aber die möglichen Nachteile vermieden werden. Dabei sind verschiedene Abstufungen zu beobachten, die hier nach zunehmendem Integrationsgrad geordnet sind.

B-1.1. Handels- und Kooperationsabkommen

Unter Kooperation sind **zeitlich** und/oder **sachlich begrenzte** Abkommen zu verstehen, wobei zwischen *betriebswirtschaftlicher* Kooperation auf Unternehmensebene und staatlicher Kooperation auf *Regierungsebene* zu unterscheiden ist; in aller Regel vollziehen sich unternehmerische Kooperationen (vgl. Abschn. A-2) jedoch vor dem Hintergrund entsprechender Regierungsverträge.
Zeitlich begrenzte **Unternehmenskooperationen** ergeben sich beispielsweise im Rahmen von Großprojekten wie dem Bau eines Staudamms. Sachlich begrenzte Kooperation kann z.B. bedeuten, daß verschiedene Unternehmen bei der gemeinsamen Nutzung von Forschungseinrichtungen, Produktionsstätten oder Vertriebswegen kooperieren. Die nächst intensivere Kooperationsform auf dieser Ebene wird oft als «**joint venture**» bezeichnet: Dabei bringen z.B. zwei Partner Kapital, Betriebsstätten und Know-how in ein gemeinsam

Abb. B-1.1/1: **Integrationsstufen**

Kriterien	**Bezeichnung**
Zusammenarbeit bei Einzelvorhaben	partielle Kooperationsabkommen
Zollvergünstigungen zwischen den Mitgliederländern	Präferenzräume, Assoziationen
Allgemeine Zollfreiheit zwischen den Mitgliederländern	Freihandelszone
gemeinsame Außenzölle gegenüber Drittländern	Zollunion
freie Mobilität der Produktionsfaktoren Arbeit, Boden und Kapital	gemeinsamer (Binnen)-Markt
gemeinsame, harmonisierte Wirtschaftspolitik	Wirtschaftsgemeinschaft bzw. Wirtschaftsunion; vollständige (auch politische) Integration
gemeinsame bzw. verkettete Währungen	Währungsunion
gemeinsamer Staatsapparat (Legislative, Exekutive, Jurisprudenz)	

betriebenes drittes Unternehmen ein, dessen Anteile z.B. 50:50 auf die Partner aufgeteilt sind. Die Grenze zur **Direktinvestition** ist dabei fließend.
Auf staatlicher Ebene bedeutet Kooperation z.B. den Abschluß von **Handelsverträgen**, in denen die rechtlichen und sonstigen Rahmenbedingungen für den Handel oder die technische oder finanzielle Zusammenarbeit zwischen zwei Staaten geregelt werden (vgl. Abb. B-1.1/1 und -1.1/2).

Abb. B-1.1/2: **Internationale Kooperation**

EG und ASEAN wollen Kooperation verstärken

Handels- und Kooperationsabkommen sind keine Assoziierungs- oder Integrationsabkommen, d.h. mit ihnen werden keine weitergehenden Integrationsabsichten verabredet, die über handels- oder industriepolitische Aspekte hinausgehen. In Handelsabkommen wird z.B. die Lieferung und entsprechende Abnahme bestimmter Rohstoffe vereinbart, Formalitäten bei der gegenseitigen Ein- und Ausfuhr abgesprochen, Investitionsbedingungen festgelegt oder patentrechtliche Regelungen getroffen. Im asiatischen Raum beispielsweise gibt es die *Asean Pacific Economic Cooperation* (**APEC**), deren Ziel es ist, eine Koordinierung der wirtschaftlichen Zusammenarbeit zu verwirklichen zwischen den **ASEAN**-Staaten, die ihrerseits eine Freihandelszone anstreben (*Asean Free Trade Area*, **AFTA**), mit Australien, Japan, Kanada, USA, Südkorea, Neuseeland, China, Taiwan und Hongkong.
Kooperationsabkommen können sich auf die Zusammenarbeit in bestimmten Teilbereichen wie z.B. der Forschung oder der Zollverwaltung beziehen. Mit einer Reihe von Staaten bzw. Staatengruppen wurden seitens der EG Kooperationsabkommen geschlossen, u.a. mit den ASEAN-Staaten (1983), der Rio-Gruppe (1990, 11 südamerikanische Länder), sowie bilateral mit einer Reihe von lateinamerikanischen und asiatischen Staaten (Sri Lanka 1975, Indien 1981, Brasilien 1982, Pakistan 1985, Argentinien 1990, Chile 1990, Mexiko 1991, Uruguay 1991).

B-1.2. Präferenzabkommen

Auf der nächst intensiveren Stufe zwischenstaatlicher Beziehungen gibt es eine Fülle von sog. **Präferenzabkommen**. Diese Abkommen stellen **Ausnahmen** dar von den GATT-Prinzipien der **Gegenseitigkeit** bzw. der **Meistbegünstigung** (vgl. Abschn. E-2.1): Bei einseitigen Präferenzabkommen gewährt der eine Partner dem anderen unter Verzicht auf Gegenseitigkeit Vergünstigungen wie z.B. Zollbefreiungen beim Import, bei zweiseitigen Abkommen gilt dies gegenseitig. In Abschn. F-4 wird ausführlich auf Präferenzregelungen eingegangen. Vgl. dort Abb. F-4.2/1 als Übersicht über EG-Präferenzabkommen.

Beide Formen stellen Ausnahmen vom Grundsatz der Meistbegünstigung dar. Die EG hat u.a. ein pauschales Präferenzabkommen mit der **EFTA** geschlossen, das durch bilaterale Zusatzabkommen ergänzt wird: Zum Beispiel hat Norwegen Ende 1986 mit der EG ein Freihandelsabkommen für Industriegüter geschlossen, da eine Vollmitgliedschaft in der EG zu Nachteilen für seine Fischereiwirtschaft führen würde. Ferner gibt es EG-Präferenzabkommen mit einer Vielzahl von **Mittelmeerländern** sowie ein **Allgemeines Präferenzsystem (APS)** für alle Entwicklungsländer, und schließlich existiert mit dem **Lomé-Abkommen** unter Verzicht auf das Gegenseitigkeitsprinzip ein Präferenzabkommen für die **AKP-Länder** (Staaten aus Afrika, der Karibik und dem Pazifik) (vgl. Abschn. B-2.12). Damit soll diesen Ländern verstärkt der Zugang zum europäischen Markt geöffnet werden, um ihre wirtschaftliche Entwicklung zu fördern. Per Saldo hat dieses Abkommen offensichtlich keine herausragenden Veränderungen mit sich gebracht, denn kein vom Lomé-Abkommen begünstigter Staat hat sich bislang vom Status eines LLDC zu einem LDC ‹verbessern› können.

Die Bundesrepublik stützt sich in ihrer Außenhandelspolitik offiziell auf das Freihandelsargument. Die Mitgliedschaft in der sich laufend erweiternden Europäischen Wirtschaftsgemeinschaft macht dies ebenso deutlich wie die Unterzeichnung und Anwendung des Allgemeinen Zoll- und Handelsabkommens (**GATT**) sowie der Abschluß der **Lomé-Verträge** und analoger Abkommen mit einer großen Zahl von Entwicklungsländern. Diese Vertragsregelungen tragen deutlich den Stempel des Freihandelsarguments. Andererseits ist unverkennbar, daß das Protektionsargument keineswegs in den Hintergrund getreten ist:

Im Landwirtschaftsbereich der EG etwa werden den inländischen Anbietern Preise garantiert, die nur durch massiven Mitteleinsatz aus der EG-Kasse durchsetzbar sind, indem staatliche Interventionsstellen die nicht absetzbare Produktion aufkaufen, lagern, vernichten oder durch

sog. **Erstattungen** stark subventioniert auf den Weltmarkt schleusen. Die EG-Preise wären nicht haltbar, wenn nicht Importe aus Drittländern durch Schutzmaßnahmen abgeblockt würden. Durch sog. **Abschöpfungen** wird die Differenz zwischen dem in der Regel niedrigeren Weltmarktpreis und dem EG-Agrarpreis bereinigt. Abschöpfungen sind somit im Prinzip Importzölle, wobei allerdings die Zollhöhe nicht als fester Prozentsatz des Importwertes definiert ist, sondern sich mit dem (schwankenden) Weltmarktpreis verändert. Die EG-interne Handelsliberalisierung und Integration ist also mit nachhaltiger externer Protektion gekoppelt (vgl. ausführlich Kap. G).
Auch die Lomèverträge sind auf den zweiten Blick nicht so freihändlerisch, wie häufig dargestellt. Die Zollpräferenzen für Entwicklungsländer beziehen sich vor allem auf solche Produkte, durch deren Import keine inländischen Anbieter bedroht werden. Sofern diese Gefahr aber besteht, gibt es eine Reihe von Ausnahmeklauseln (so für ‹sensible› Produkte), die faktisch wiederum auf Protektion hinauslaufen. Die hier nur anzudeutende Problematik wird in anderen Abschnitten vertieft. In Abschn. B-2.12 werden die erwähnten Lomé-Verträge näher dargestellt; Abschn. C-2 vertieft die Darstellung außenwirtschaftlicher Protektion; Abschn. F-4 geht ausführlich auf zollrechtliche Präferenzabkommen ein.

B-1.3. Assoziationsabkommen

Während Handels- und Kooperationsabkommen keine weitergehende Integration beabsichtigen, sind Assoziationsabkommen eher als Vorstufe der Integration abzusehen. Assoziierungen sind üblich zwischen Staatenverbänden (z.B. der Europäischen Gemeinschaft) und einzelnen Staaten. Der Begriff Assoziierung beschreibt ein besonderes Verhältnis zwischen einem Land und einer Staatengemeinschaft, das über bloße handelspolitische Vereinbarungen hinausgehen. Sie ist i.d.R. als eine Vorstufe zu einer Vollmitgliedschaft gedacht, so z.B. 1964 prinzipiell im Fall der Assoziierung der Türkei an die EG (obgleich der Prozeß aus – hier nicht zu behandelnden Gründen – ins Stocken geraten ist) oder 1962 bei der Assoziierung von Griechenland und 1971 bzw. 1973 von Malta und Zypern sowie 1991 von Polen, Ungarn und der Ex-CSFR an die EG (Abb. B-1.3/1). Daneben wird der Begriff aber auch – mißverständlich – verwendet, z.B. im Zusammenhang mit der Gewährung von besonderen Zollpräferenzen an die AKP-Staaten des Lomé-Abkommens. Die EG bezeichnet diese Verträge heute – im Gegensatz zu früher – auch nicht mehr als Assoziierungs-

Abb. B-1.3/1: **Assoziierung**

Assoziierungs-Abkommen mit Polen, Ungarn und der CSFR

abkommen, ebensowenig wie die Kooperationsabkommen mit den Maghreb-Staaten.
In formeller Hinsicht besteht aus der Sicht der EG auch der Unterschied, daß Assoziierungsabkommen nach Art. 238 EWGV *einstimmig* vom Ministerrat beschlossen werden müssen, nachdem das Europäische Parlament gehört worden ist (Abschn. B-2.2.3.2) und institutionelle Vereinbarungen vorgesehen sind (z.B. die Einrichtung eines Gemeinsamen beratenden Ausschusses), während bei Handelsabkommen nur die qualifizierte Mehrheit im Rat hinreichend ist (Art. 114 EWGV); allerdings wird das Parlament in der Praxis auch vor Abschluß von Handelsverträgen eingeschaltet.

B-1.4. Integrationsformen

Von Integration i.e.S. sollte nur gesprochen werden, wenn sich die Partnerstaaten bemühen, einen gemeinsamen Wirtschaftsraum zu entwickeln. Dabei sind – bei zunehmender Integrationsintensität – die folgenden Integrationsformen zu unterscheiden (vgl. Abb. B-1.1/1. u. 1.4/1).

B-1.4.1. Freihandelszone

Die schwächste Stufe der wirtschaftlichen Integration bezeichnet man als Freihandelszone (Diese volkswirtschaftliche Integrationsform ist nicht zu verwechseln mit nationalen Freihandels- oder Sonderwirtschaftszonen; vgl. dazu Abschn. F-5.2). In einer Freihandelszone vereinbaren die beteiligten Länder, daß sie untereinander auf handelsbehindernde Maßnahmen, insbesondere Zölle, verzichten wollen. Nach außen können sie jedoch gegenüber Drittländern eine autonome Außenhandelspolitik betreiben. Daher ist es z.B. möglich, daß der Einfuhrzoll auf Staubsauger aus Drittländern in Schweden 5,4%, in Norwegen 8,5%, in Österreich 19,4% und in Island 80% beträgt. Daraus ergibt sich u.a. das technische Problem, daß für die Gewährung von Zollfreiheit jeweils geprüft werden muß, ob das betreffende Gut seinen **Ursprung** in einem Mitgliedsland der Freihandelszone hat. Dies bedeutet einen entsprechenden administrativen Aufwand. Ein Beispiel für diese Integrationsform stellt die 1960 gegründete **Europäische Freihandelszone** dar (European Free Trade Association, **EFTA**), der heute noch Norwegen, Österreich, Schweden, Island, die Schweiz und Finnland angehören, nachdem Großbritannien, Dänemark und Portugal mittlerweile Mitglieder der Europäischen Wirtschaftsgemeinschaft geworden sind (sog. «Rest-EFTA»). Polen, Ungarn und die CSFR haben Mitte 1992 beschlossen, in der Übergangszeit bis zu einem späteren Beitritt zur EWG eine Freihandelszone zu verwirklichen. Weitere Beispiele sind die Karibische Freihandelszone (CARIFTA› oder die ehemalige Lateinamerikanische Freihandelszone (LAFTA), und im Oktober 1987 haben die USA und Kanada ein Abkommen geschlossen, nach dem bis 1999 auf eine Freihandelszone zwischen beiden Ländern hingearbeitet werden soll (NAFTA: North American Free Trade Association). Dieser Zone will sich auch Mexico anschließen (Abb. B-1.4/1).

Abb. B-1.4/1: **Freihandelszone**

Caricom: Senkung der Einfuhrzölle

Die 13 Mitgliedstaaten der Caribbean Community (Caricom) wollen die Obergrenzen für ihre Importzölle im ersten Halbjahr 1993 von derzeit 30 bis 35 % herabsetzen. Eine weitere Senkung auf maximal 25 bis 30 % soll bis 1995 folgen.

Asean beschließt Freihandelszone von 1993 an

330 Millionen Verbraucher / Binnenzölle werden gesenkt

Mexiko: Integrationsabkommen mit Chile in Kraft

Mexiko will mit Mittelamerika eine Freihandelszone bilden

Freihandelsabkommen unterzeichnet

Polen, Ungarn, Slowakei und Tschechei verringern Handelshemmnisse

Chinesisch-russischer Freihandel

B-1.4.2. Zollunion

In der nächsthöheren Integrationsstufe vereinbaren die Mitgliederländer außer dem prinzipiellen internen Freihandel auch eine **gemeinsame Zollpolitik** gegenüber Drittländern; man spricht dann von einer **Zollunion.** Die Europäische Gemeinschaft umfaßt eine derartige Zollunion, so daß alle EG-Länder gegenüber Drittländern dieselben Zolltarife erheben. Die Bundesrepublik kann daher keine autonome Zollpolitik betreiben. Die Zollunion stellt für die EG mit den Art. 12–29 ein Kernstück des EWG-Vertrages dar (Abb. B-1.4/2).

Abb. B-1.4/2: **Zollunion**

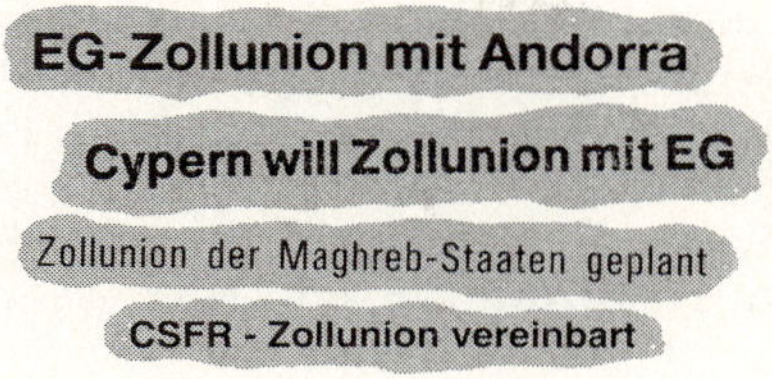

EG-Zollunion mit Andorra

Cypern will Zollunion mit EG

Zollunion der Maghreb-Staaten geplant

CSFR - Zollunion vereinbart

B-1.4.3. Gemeinsamer Markt (Binnenmarkt)

Sofern zur Zollunion mit internem Freihandel und gemeinsamen Aussenzöllen hinzukommt, daß zwischen den Mitgliedern nicht nur die Güter (**Gütermobilität**), sondern auch die Produktionsfaktoren (Arbeit, Boden, Kapital) frei beweglich sind (**Faktormobilität**), spricht man von einem **gemeinsamen Markt**. Dies bedeutet u.a. freie Wahl des Arbeitsplatzes, so daß ein Benesier ohne weiteres in Aland arbeiten darf. Analoges gilt für den grenzüberschreitenden Immobilienerwerb und die freie Beweglichkeit des Kapitals (Direktinvestitionen, Beteiligungserwerb, freier Devisen- und Kapitalverkehr). In der Praxis gibt es zwar eine Reihe von Integrationsabkommen, die als gemeinsamer Markt firmieren, doch zeigt sich, daß die freie Faktormobilität in den meisten Fällen sehr unvollkommen ist. Insbesondere beim Kapitalverkehr bestehen fast immer Behinderungen durch Kapital- und Devisenkontrollen.
Was die Mobilität des Produktionsfaktors Arbeit anbelangt, so ergeben sich daraus häufig Probleme. Wenn sich Länder mit unterschiedlichen Arbeitsmarktproblemen zusammenschließen, üben Länder mit relativ guten Beschäftigungswirkungen einen Zuwanderungssog auf andere aus, in denen die Arbeitslosigkeit höher ist. Hierfür liefert die EG, insbesondere im Zusammenhang mit der sog. **Süd-Erweiterung** und ihren Beziehungen zur assoziierten Türkei ausreichendes Anschauungsmaterial. Unbehinderte Migration (Freizügigkeit) wird in der Regel nur gewährt, wenn das Einwanderungsland selbst über zuwenig Arbeitskräfte verfügt, so wie es beispielsweise in der Bundesrepublik in den 60er Jahren der Fall war. Sofern die Beschäftigungssituation sich aber verschlechtert, sind die Gastarbeiter oft nicht mehr

willkommen, wobei es manchmal – wie vor wenigen Jahren in Nigeria – zu regelrechten Zwangsvertreibungen kommen kann.
In der EG hat sich zur Kennzeichnung des gemeinsamen Marktes der Begriff ‹**Binnenmarkt**› durchgesetzt. Für sich genommen, beschreibt ‹Binnenmarkt› prinzipiell keine Integrationsstufe, sondern lediglich einen durch bestimmte Grenzen bzw. Abgrenzungen definierten internen Markt. So spricht man auch vom deutschen oder amerikanischen Binnenmarkt. Im EG-Zusammenhang hat sich der Begriff jedoch zu einem Terminus entwickelt: Mit der **Einheitlichen Europäischen Akte** (**EEA**; vgl. ausführlicher unten Abschn. B-2.2.3) wurde 1986 zwischen den EG-Mitgliedstaaten vereinbart, ab 1.1. 1993 einen EG-internen Binnenmarkt zu realisieren, der sich durch «*vier Freiheiten*» auszeichnet:

– Freiheit des Warenverkehrs,
– Freiheit des Dienstleistungsverkehrs,
– Freiheit des Personenverkehrs einschließlich Niederlassungsfreiheit,
– Freiheit des Kapitalverkehrs.

Zusammen mit der – in der EEA nicht weiter behandelten – gemeinsamen Außenwirtschaftspolitik (Art. 113 EG-Vertrag) einschließlich eines gemeinsamen Außenzolltarifs erfüllt der EG-Binnenmarkt also die Kriterien einer Zollunion, geht aber insgesamt deutlich darüber hinaus. Besonderes Kennzeichen eines gemeinsamen (Binnen-)Marktes in diesem Sinne ist der Wegfall der Grenzkontrollen zwischen den Partnerländern.
Die Verwirklichung des Binnenmarktes erfordert daher eine Fülle von Harmonisierungen und Angleichungen auf rechtlicher Ebene. So kann auf güterbezogene Grenzkontrollen nur dann verzichtet werden, wenn es zwischen den Mitgliedstaaten keine Unterschiede in steuerlicher Hinsicht mehr gibt. In der Vergangenheit waren viele Abfertigungsvorgänge an den Grenzen nur erforderlich, um bei Importen aus Ländern mit niedrigen Mehrwert- und anderen Verbrauchsteuersätzen eine Anhebung auf das höhere Steuerniveau des Importlandes sicherzustellen. Diese Harmonisierung ist zum 1.1. 93 noch nicht realisierbar gewesen, so daß in der EG noch für einige Zeit Übergangslösungen Anwendung finden müssen (vgl. ausführlich Abschn. E-3.3).

B-1.4.4. Wirtschaftsgemeinschaft

Die vierte Integrationsstufe bezeichnet man als Wirtschaftsgemeinschaft oder synonym: Wirtschaftsunion. Diese geht in dem Sinne über einen Binnenmarkt hinaus, daß auch die allgemeine nationale Wirtschaftspolitik zwischen den Partnerstaaten harmonisiert ist. Dies bedeutet beispielsweise abgestimmte Prioritäten hinsichtlich der Verfolgung alternativer wirtschaftspolitischer Ziele, z.B. ob der Beschäftigungsförderung oder der Inflationsbekämpfung Vorrang eingeräumt werden soll, welche Mittel dabei einzusetzen sind (z.B. geldpolitische oder finanzpolitische), welche Geldmengenpolitik verfolgt werden soll, wie mit der Staatsverschuldung umzugehen ist, etc. Es dürfte auch in dieser Kürze deutlich werden, daß die Bezeichnung Europäische Wirtschaftsgemeinschaft noch keine Zustandsbeschreibung, sondern eine Absichtserklärung ist. Zur Verwirklichung der Wirtschaftsgemeinschaft im strengen definitorischen Sinne besteht noch erheblicher Harmonisierungsbedarf. Dennoch wird der Begriff «Wirtschaftsgemeinschaft» durchaus auch allgemeiner verwendet eben im Sinne einer wirtschaftlichen Gemeinschaft (vgl. Abb. B-1.4/3). International gibt es eine Fülle von Integrationsansätzen (vgl. Abschn. B-1.6). Die meisten erfüllen jedoch nicht die Kriterien für die Verwirklichung der jeweiligen Integrationsformen. So sind in der Regel die Zusammenschlüsse, die sich ehrgeizig als Gemeinsamer Markt oder Wirtschaftsgemeinschaft bezeichnen, nicht einmal Freihandelszonen mit interner Zollfreiheit. Die meisten Freihandelszonen bemühen sich um den Abbau der internen Zollschranken, doch gibt es nur wenige Beispiele für eine tatsächliche Verwirklichung dieses Ziels (u.a. EWG, EFTA, NAFTA), während es sich bei den anderen weitgehend allenfalls um Präferenzräume handelt.

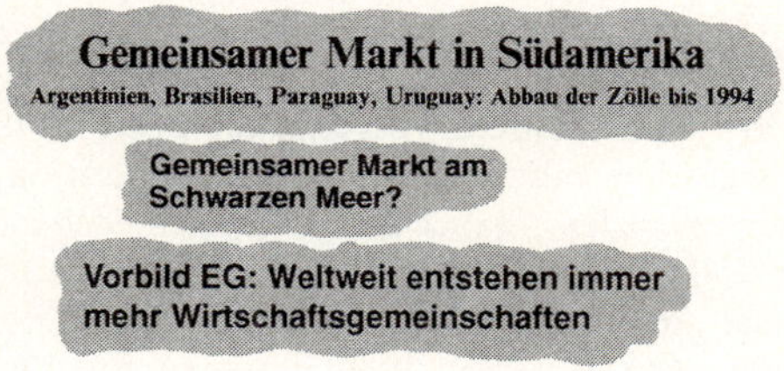

Abb. B-1.4/3: **«Wirtschaftsgemeinschaft»**

Gemeinsamer Markt in Südamerika
Argentinien, Brasilien, Paraguay, Uruguay: Abbau der Zölle bis 1994

Gemeinsamer Markt am Schwarzen Meer?

Vorbild EG: Weltweit entstehen immer mehr Wirtschaftsgemeinschaften

Insgesamt ist eine Tendenz zu regionalen Zusammenschlüssen festzustellen, sei es in Europa (EWR), sei es in Nordamerika (NAFTA), sei es in Asien (AFTA) (vgl. die Beispiele in Abschn. B-1.6). Aus der Sicht des Freihandels bedeutet dies die Bildung von partiellen Integrationszonen mit internen Präferenzregelungen (Abb. B-1.4/4).

Abb. B-1.4/4: **Regionale Wirschaftsblöcke**

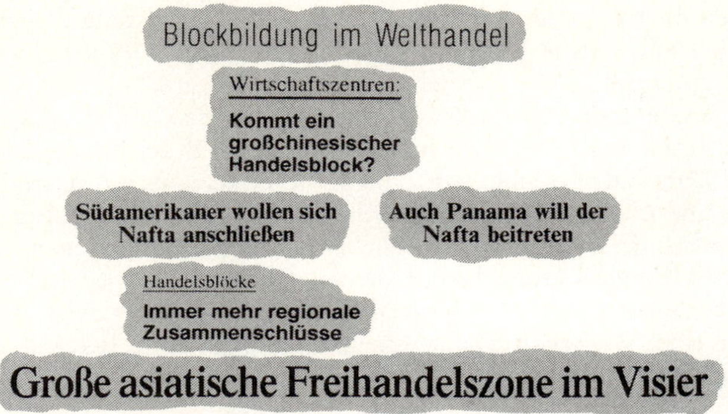

B-1.4.5. Währungsunion

Wünschenswert – weil sinnvoll – ist es, die güter- und faktorwirtschaftliche Integration mit der monetären Integration einer Währungsunion zu verbinden. Dabei gibt es verschiedene Abstufungen, die in Abschn. C-1.7 näher dargestellt werden, u.a. den Wechselkursverbund, wie er im gegenwärtigen Europäischen Währungssystem vorliegt (Abschn. C-1.8), oder die Währungsunion i.e.S. mit einer gemeinsamen Währung für alle Mitgliedsstaaten, wie sie für spätestens 1999 mit der Europäischen Währungsunion angestrebt wird (vgl. dazu Abschn. C-1.9).

In der EG wurde und wird diskutiert, ob eine Währungsunion die Existenz einer Wirtschaftsgemeinschaft voraussetzt oder ob die Bildung der Wirtschaftsgemeinschaft durch die Existenz eines Währungsverbundes beschleunigt wird. Mit der Schaffung des Europäischen Währungssystems und der Entscheidung für die Europäische Währungsunion spätestens ab 1999 hatte sich derzeit die letztere Position durchgesetzt. Grundsätzlich kann man sagen, daß eine Währungsunion ohne tiefergehende ökonomische Integration zumindest laufende Probleme hervorrufen wird, so wie es die ursprünglich ständig erforderlichen Wechselkursänderungen im EWS aufgrund der unterschiedlichen ökonomischen Entwicklung der EG-Länder belegten.

B-1.4.6. Politische Union

Die intensivste Integrationsstufe stellt die völlige, auch politische Verschmelzung der Mitgliederstaaten dar, so wie bei der Bundesrepublik mit ihren Bundesländern, den Vereinigten Staaten von Amerika oder der ehemaligen Union der sozialistischen Sowjetrepubliken. Für die EG könnte dies theoretisch den Übergang von einem Staatenbund zu einem Bundesstaat der «Vereinigten Staaten von Europa» bedeuten.
Im folgenden Abschnitt werden zunächst die sich aus Integrationsbemühungen ergebenden Vor- und Nachteile verallgemeinert. Die Nachteile sind gleichzeitig Ursachen dafür, daß so viele Integrationsansätze stagnieren oder sogar gescheitert sind. Abschn. B-1.6 faßt anschließend eine Reihe von Integrationsbeispielen in einer Übersicht zusammen.

B-1.5. Vor- und Nachteile der Integration

Die Struktur der Weltwirtschaftsbeziehungen stellt sich insgesamt dar als ein Flickenteppich von diversen Integrationsräumen und Präferenzzonen mit partiellen Freihandelsbedingungen, die wie Inseln in einem Meer von Protektion schwimmen. Innerhalb und zwischen diesen Integrationszonen bestehen wiederum komplementäre und substitutionale Beziehungen.
Zwischenstaatliche Integrationsabkommen sollen im ökonomischen Bereich Vorteile mit sich bringen, die allgemein unter dem Begriff **Handelsschaffung** zusammengefaßt werden. Dies bedeutet, daß sich zwischen den integrierenden Volkswirtschaften neue oder verstärkte Handelsbeziehungen entwickeln, die teilweise Beziehungen zu jetzigen Drittländern ersetzen (**Handelsumlenkung**). Beispielsweise wurden die Handelsbeziehungen Marokkos oder Tunesiens, die u.a. Orangen, Oliven, Speiseöl etc. in die EG lieferten, durch den Beitritt erst Griechenlands, dann Spaniens und Portugals zur EWG nachhaltig erschwert, da die drei «EG-Südländer» nun keinerlei Handelsbarrieren mehr zur EWG gegenüberstanden (vgl. Abb. B-1.5/1 und -1.5/2). Grundsätzlich verbindet sich mit einer ökonomischen Integration also im Sinne der Handelsschaffung die Hoffnung auf positive Beschäfti-

Abb. B-1.5/1: **Handelsschaffung und Handelsumlenkung**

Brasilien: Angst vor dem nordamerikanischen Freihandel

Abb. B-1.5/2: **Integrationswirkungen**

ÖSTERREICH / Der Binnenmarkt würde sich auszahlen

Ein EG-Beitritt kann Wien hohes Wachstum bescheren

HANDELSBLATT, Dienstag, 15.9.1992

kg WIEN. Ein mittelfristiges Input-Output-Modell der Wiener Bundeswirtschaftskammer zeigt, daß eine volle Teilnahme Österreichs am europäischen Binnenmarkt das Wirtschaftswachstum des Landes deutlich erhöhen und zusätzliche Arbeitsplätze schaffen würde. Der Preisauftrieb könnte spürbar reduziert und damit die reale Kaufkraft der Bevölkerung wesentlich angehoben werden.

gungs- und Wachstumseffekte, und dies ist für die EG in der Tat auch beobachtbar: Relativer Spitzenreiter ist Irland, das nach Angaben der EG-Kommission über 70% seines Außenhandels innerhalb der EG abwickelt, Schlußlicht Großbritannien mit rund 43%. Der Handel zwischen den EG-Ländern erhöhte sich seit Gründung der EG um über 800%. Vgl. auch Abb. B-1.5/3.

Abb. B-1.5/3: **Handelsschaffung im EWR**

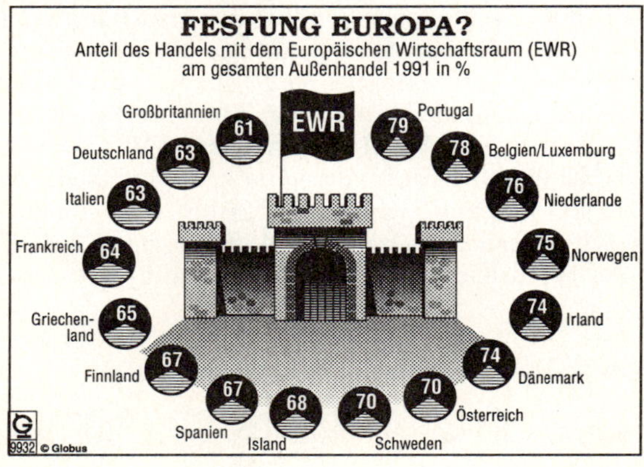

Andererseits kann die Integration auch **Probleme** mit sich bringen (Abb. B-1.5/4). Beispielsweise besteht in der EG ein im internationalen Vergleich hohes Agrarpreisniveau, dem sich Neu-Mitglieder anpassen müssen, so daß die **Verbraucherpreise** steigen können. Auf der Unternehmensebene bedeutet der Wegfall bislang schützender Zölle einen zunehmenden **Konkurrenzdruck** aus den neuen Partnerländern, dem nicht alle Unternehmen standhalten können.
Wenn – wie im Falle der EG – auch die Steuerstrukturen harmonisiert werden müssen, kann dies für Länder mit bislang höheren Steuersätzen, z.B. bei der Mehrwertsteuer oder Verbrauchsteuern – zu **fiskalischen Einbußen** führen. Hinzu kommt, daß die beteiligten Länder oft

Abb. B-1.5/4: **Integrationsprobleme**

Marokko befürchtet nun eine nationale Katastrophe

Des einen Freud', des anderen Leid: Die Aufnahme Spaniens und Portugals in die EG am 1. Januar 1986 ist zur Zeit eine der größten Sorgen der marokkanischen Regierung. Bei der Regierungsneubildung im April ernannte König Hassan II. erstmals einen Sonderminister „für die Beziehungen zur EG", und schon im vergangenen Jahr beantragte der marokkanische König in einem Brief an den damaligen EG-Ratspräsidenten und französischen Staatschef François Mitterrand allen Ernstes die Aufnahme Marokkos in die EG. Die Sorgen Rabats sind verständlich: Marokko wickelt zur Zeit 55 Prozent seines Außenhandels, unter Einschluß Spaniens und Portugals sogar 70 Prozent seiner Im- und Exporte, mit den EG-Ländern ab. Ohne Energieprodukte und einige Rohstoffe sind es sogar 85 Prozent des marokkanischen Außenhandels. 93 Prozent der Tomaten, 98 Prozent der Kartoffeln, 70 Prozent des Frischgemüses, 97 Prozent des Olivenöls und der Gemüsekonserven sowie 58 Prozent des Weins gehen in die EG-Staaten. Diese Erzeugnisse stehen nun in direkter Konkurrenz mit den gleichen Produkten der neuen EG-Mitglieder Spanien und Portugal. Für Marokko, aber auch für das an Getreide, Zitrusfrüchten und Olivenöl reiche Tunesien wäre eine Vertreibung von den EG-Märkten eine nationale Katastrophe. (dpa)

LATEINAMERIKA / Gemeinsamer Markt verschoben

Die Integrationsprogramme stehen vor hohen Hürden

Südamerika rückt zusammen

Vier Staaten gründen gemeinsamen Markt / Brasilien dominiert

OAS / Keine praktischen Rezepte für die Integration erarbeitet

Lateinamerika fehlt Wille zur Kooperation

Die Länder Westafrikas vereinigen sich nur im Schneckentempo

Zu viele Grenzkontrollen / Die Bürokratie lähmt / Gemeinsame Rechnungseinheit ein Fehlschlag

sehr **unterschiedliche Voraussetzungen** mitbringen hinsichtlich Fläche, Infrastruktur, Bevölkerungszahl, Rohstoffvorräten, Wirtschaftskraft, geographischer Gegebenheiten (Küstenland/Binnenland, Berge, Flüsse, Seen), etc. Dadurch können sich die positiven Effekte der Integration (Handelsschaffung, Beschäftigungsanregung) **ungleichmäßig** auf die einzelnen Mitglieder **verteilen**, so daß einige die Vorteile, andere eher die Nachteile der Integration auf sich vereinigen. Wenn es nicht gelingt, ein internes Kompensationssystem zu entwickeln, mit dessen Hilfe benachteiligte Länder entschädigt werden, ist der Integrationserfolg gefährdet.

Vielfach aber gibt es übergeordnete **politische Motive**, welche die ökonomischen Überlegungen in den Hintergrund rücken lassen. So haben beispielsweise die Alt-Mitglieder der EG durch die Aufnahme von Griechenland, Spanien und Portugal bzw. die Assoziierung der Türkei teilweise Nachteile hinnehmen müssen, sei es durch zunehmenden Konkurrenzdruck oder durch Preisprobleme im Agrarbereich, sei es aufgrund wachsender finanzieller Belastungen durch den defizitären EG-Haushalt. Offensichtlich spielen dabei u.a. aber auch NATO-strategische Überlegungen eine Rolle.

Auf der anderen Seite **erhöht** ein Zusammenschluß zu einem größeren Verbund aber auch den **Einfluß** dieser Länder innerhalb der Weltwirtschaft. Dabei muß nicht unbedingt eine umfassendere Integration angestrebt werden, sondern dies gilt auch für Kooperationen in Teilbereichen. Dabei ist u.a. zu denken an Kartelle von Rohstoffproduzenten wie die **OPEC**, deren Mitglieder sich keineswegs ökonomisch integrieren wollen, sondern sich nur in der Produktions- und Preispolitik absprechen. Dies gilt analog auch für andere Rohstoffabkommen. Die Grenze zwischen ökonomischen und politischen Kooperations- bzw. Integrationsmotiven ist auch hier nicht eindeutig zu ziehen.

Wenn Integrationsbemühungen stagnieren oder scheitern, ist dies meist auf zwei Ursachen zurückzuführen. Die erste besteht in **politischen oder ideologischen Differenzen** innerhalb oder zwischen den Integrationspartnern. Hierzu wäre als Beispiel die mehrfachen gescheiterten Integrationsbemühungen Libyens mit Nachbarländern zu zählen oder ethnische und religiöse Auseinandersetzungen innerhalb einzelner Staaten, die den Raum für eine regionale Integration verbauen.

Die zweite Hauptursache sind **ökonomische Disparitäten**. Komplementäre Produktionsstrukturen bedeuten in der Regel eine entsprechende Handelsschaffung, doch können sich dabei – wie erwähnt – asymmetrische Beziehungen mit einer unausgewogenen Verteilung von Vor- und Nachteilen ergeben. Dies gilt analog für substitutionale Beziehungen zwischen unterschiedlich starken Partnern. Es gibt international viele Beispiele, die das Scheitern von Integrationsbemühungen aus diesem Grund belegen, so beispielsweise das Abspalten des Andenpakts innerhalb der Lateinamerikanischen Freihandelszone, der Zusammenbruch der Ostafrikanischen Gemeinschaft zwischen Kenia, Uganda und Tanzania sowie der Zerfall des Zentralamerikanischen Gemeinsamen Marktes, der im sog. «Fußballkrieg» zwischen Honduras und El Salvador gipfelte. Auch innerhalb der Europäischen Gemeinschaft sind in einigen Ländern immer wieder Bestrebungen beobachtbar, aus der Gemeinschaft auszuscheren, so in Großbritannien oder Dänemark.

Bei den **Präferenzabkommen** fällt auf, daß sich die Bevorzugungen auf solche Bereiche erstrecken, denen komplementäre Wirtschaftsbeziehungen zugrunde liegen: Zollfreiheit bzw. stark zollvergünstigt sind vorrangig solche Güter, die im präferenzgewährenden Raum nicht produziert, aber benötigt werden. In der EG sind dies zumeist Rohstoffe. In anderen Bereichen, in denen aufgrund substitutionaler Beziehungen Konkurrenz erwachsen könnte, wie z.B. in der Landwirtschaft, gibt es teils gar keine Präferenzen bzw. sogar Behinderungen, teils nur unter dem Vorbehalt, daß sich daraus innerhalb der EG keine Probleme ergeben dürfen (sog. «sensible Bereiche»). Die unten behandelten Gründe für Protektion lassen sich hier lehrbuchhaft nachvollziehen. Zwar ist hinzuzufügen, daß sich die Lomé-Präferenzen aufgrund der rohstoffgeprägten Exportstruktur auf den größten Teil der AKP-Exporte erstrecken, doch bestehen zumindest potentielle Barrieren für industrielle Halb-Fertigprodukte, die nicht gerade einen Anreiz darstellen, die Exportpalette auf diese Bereiche zu erweitern.

Allgemein kann man sagen, daß die **Erfolgswahrscheinlichkeiten** eines Kooperations- oder Integrationsversuchs um so höher sind, je begrenzter die beabsichtigte Zusammenarbeit ist. Im übrigen müssen die ökonomischen Niveaus der sich zusammenschließenden Länder miteinander kompatibel sein.

Dies bedeutet bei komplementären Wirtschaftsbeziehungen, daß sich die Wirtschaftsstrukturen so ergänzen, daß aus dem Güteraustausch keine gravierenden Zahlungsbilanzprobleme durch **asymmetrische Beziehungen** entstehen. Bei substitutionalen Wirtschaftsbeziehungen bedeutet dies analog, daß die Wettbewerbsfähigkeit der Partnerländer vergleichbar entwickelt sein muß. In der Europäischen Gemeinschaft ist beispielsweise eine entsprechende Asymmetrie in den Wirtschaftsbeziehungen zwischen Frankreich und der Bundesrepublik Anlaß für ständige Wechselkursanpassungen im Europäischen Währungssystem

mit angeblich ‹festen› Wechselkursen gewesen, um den entstehenden Zahlungsbilanzungleichgewichten entgegenzuwirken.
Je ähnlicher sich die kooperierenden bzw. integrierenden Länder sind im Hinblick auf Wirtschaftskraft, Einkommensniveau, Beschäftigungsstand, Inflationsentwicklung, Import- und Exportabhängigkeit etc., desto ausgewogener werden sich die Vor- und Nachteile der Integration verteilen können. Ungleichen Startbedingungen und ökonomischen Disparitäten kann gegebenenfalls – in Maßen – mit **Kompensationssystemen** entgegengewirkt werden, so wie es in der EG u.a. mit dem Europäischen Regionalfonds versucht wird. Ökonomische Integration setzt in jedem Fall auch **politische Harmonie**, zumindest Verträglichkeit voraus, die um so labiler sein wird, je größer die zwischenstaatlichen ökonomischen Probleme sind. Die EG liefert hierfür einiges Anschauungsmaterial.

B-1.6. Integrationsbeispiele

Im folgenden werden Kooperations- und Integrationsabkommen anhand weniger Merkmale skizziert; eine ausführlichere Darstellung würde den Rahmen sprengen. Die angegebenen Jahreszahlen sind i.d.R. die Daten des *Inkrafttretens* der entsprechenden Verträge. In der Literatur werden vielfach stattdessen auch die Daten der *Vertragsunterzeichnung* angegeben, die teilweise deutlich vor dem Zeitpunkt des Inkrafttretens liegen.

Europa

EWG: Europäische Wirtschaftsgemeinschaft, 1957
Gegründet durch die Römischen Verträge.
Mitglieder: Belgien, Dänemark (1972), Deutschland, Frankreich, Griechenland (1981), Großbritannien (1972), Irland (1972), Italien, Luxemburg, Niederlande, Portugal (1986), Spanien (1986), assoziiert: Türkei (1964), 1971 Malta, Zypern 1973, Polen, Ungarn, ehem. CSFR (alle 1991).
Beitrittanträge: Türkei (1987); Österreich (1989); Malta, Zypern (1990); Schweden (1991); Norwegen, Schweiz, Finnland (1992).
Merkmale: seit 1993 gemeinsamer Markt (Binnenmarkt).
Ziele: weitergehende Integrationsziele im Hinblick auf eine Währungsunion (wahrscheinlich ab 1999), als Fernziel auch (partielle) politische Union.

EFTA: European Free Trade Association, 1960 (Europäische Freihandelszone) gegründet durch die Stockholmer Verträge.

Mitglieder: Dänemark (bis 1972), Finnland (1975), Großbritannien (bis 1972), Irland (bis 1972), Island (1970), Norwegen, Portugal (bis 1986), Österreich, Schweden, Schweiz, Spanien (bis 1986). 1972 schieden Dänemark, Großbritannien und Irland, 1986 Portugal und Spanien aus (Beitritt zur EWG), die verbleibenden 6 Staaten (Norwegen, Schweden, Finnland, Island, Österreich, Schweiz) werden als **Rest-EFTA** bezeichnet. Teilweise wird Liechtenstein als eigenständiges Mitgliedland gewertet (Wirtschaftsunion mit der Schweiz), dann 7 Mitglieder.

Nordamerika

NAFTA: North American Free Trade Area *(Vertrag 1991)*
Vertrag noch nicht ratifiziert (12/1992).
Mitglieder: USA, Kanada, Mexiko.
Ziele: Freihandelszone, keine weitergehende Integrationsabsicht.

Lateinamerika und Karibik

ALADI: Asociación Latinoamericana de Integración, 1981 (Lateinamerikanische Integrationszone)
Aus der **ALALC** hervorgegangen, Sitz Montevideo.
Mitglieder: (wie **ALALC**): Argentinien, Bolivien, Brasilien, Chile, Ecuador, Kolumbien, Mexico, Paraguay, Peru, Uruguay, Venezuela.
Ziele/Merkmale: Bildung eines regionalen Präferenzraumes.
Fernziel: Gemeinsamer Markt; flexibler als ALALC: läßt bilaterale Abkommen zu.

ALALC: Asociación Latinoamericana de Libre Comercio, 1960 (Lateinamerikanische Freihandelszone; engl.: LAFTA – Latin American Free Trade Association)
Gegründet durch den Vertrag von Montevideo, 1980 aufgelöst und in die **ALADI** übergegangen.
Mitglieder: Argentinien, Bolivien (1968), Brasilien, Chile, Ecuador (1961), Kolumbien (1961), Mexico, Paraguay, Peru, Uruguay, Venezuela (1966).
Merkmale: Handelsliberalisierung.
Ziel: Integration gescheitert an internen ökonomischen Polarisierungen.

Amazonas-Pakt: Tratado de Cooperación Amazónica, 1978
Gegründet durch den Vertrag von Brasilia.
Mitglieder: Bolivien, Brasilien, Ecuador, Guyana, Kolumbien, Peru, Surinam, Venezuela.
Ziele/Merkmale: wirtschaftliche und ökologische Kooperation in den Amazonasgebieten, subregionale Integration.

Anden-Pakt: Integración Subregional Andino, 1969 (engl.: Andean Common Market, ACM)
Gegründet durch den Vertrag von Cartagena.
Mitglieder: Bolivien, Chile (bis 1976), Ecuador, Kolumbien, Peru, Venezuela (1974).
Ziele: Zollfreiheit, gemeinsamer Außenzoll; später auch Wirtschaftsgemeinschaft, gemeinsames Industrialisierungsprogramm; Reaktion auf Benachteiligung innerhalb der **ALALC**.

CARICOM/CCM: Caribbean Community, auch: Caribbean Common Market, 1973/4 (Karibische Gemeinschaft/Karibischer Gemeinsamer Markt)
Gegründet durch den Vertrag von Chaguaramas.
Vorläufer: 1969 **CARIFTA:** Caribbean Free Trade Association, 1959 Federation of the West Indies.
Mitglieder: Antigua, Barbados, Belize, Dominica, Grenada, Guyana, Jamaica, Montserrat, St. Kitts-Nevis-Anguilla, St. Lucia, St. Vincent, Trinidad & Tobago, Windward Inseln.
Merkmale: Handelsliberalisierung (**CARIFTA**).
Ziele: gemeinsamer Außenzoll und Integration.

ECCM: East Caribbean Common Market, 1968 (Ostkaribischer Gemeinsamer Markt)
Mitglieder: Antigua, Dominica, Grenada, St. Kitts-Nevis-Anguilla, St. Lucia, St. Vincent, Montserrat.
Merkmale: Interessenverband der benachteiligten ‹8 Kleinen› in **CARIFTA/CARICOM**.

La Plata-Pakt (1969):
Mitglieder: Argentinien, Bolivien, Brasilien, Paraguay, Uruguay.
Ziele/Merkmale: Integration der La Plata-Anrainer als Alternative zur ALALC; Energiegewinnung.

MCCA: Mercado Común Centroamericano, 1960 (Zentralamerikanischer Gemeinsamer Markt; engl. CACM – Central American Common Market)
Gegründet durch den Vertrag von Managua.
Mitglieder: Costa Rica (1962), El Salvador, Guatemala, Honduras, Nicaragua.
Merkmale: gemeinsamer Außenzoll; zentrale Clearingstelle.
Ziel: Gemeinsamer Markt.

MERCOSUR: Mercado Común en el America del Sur (Gemeinsamer Markt im südlichen Südamerika)
Mitglieder: Argentinien, Brasilien, Paraguay, Uruguay.
Ziele: völlige Handelsliberalisierung bis 1994.

SELA: Sistema Económico Latinoamericano, 1975 (Lateinamerikanisches Ökonomisches System)

Gegründet durch den Vertrag von Panama.
Mitglieder: 26 lateinamerikanische und karibische Staaten.
Merkmale: Koordinations- und Auffangorganisation für die verschiedenen Abkommen zwischen den Mitgliederstaaten; weniger ökonomisch als politisch ausgerichtet; hat internationalen Beobachterstatus.

Asien

ASEAN: Association of South East Asian Nations, 1967 (Verband südostasiatischer Staaten)
Sitz: Bangkok.
Mitglieder: Brunei (1984), Indonesien, Malaysia, Philippinen, Singapur, Thailand.
Merkmale: primär politische Koordination, behutsame wirtschaftliche Kooperation, kein explizites Integrationsziel.
Auch: **AFTA:** Asean Free Trade Area
Die ASEAN-Staaten beschlossen 1991, in den nächsten 15 Jahren eine Freihandelszone zu verwirklichen.

APEC: Asian Pacific Economic Cooperation, 1989
Mitglieder: die sechs ASEAN-Staaten plus Australien, Japan, Kanada, USA, Südkorea, Neuseeland, China, Taiwan und Hongkong.
Ziele: Koordinierung von wirtschaftlicher Zusammenarbeit, Handel, Investitionen und Energie.

Bangkok-Präferenzabkommen (1975)
Mitglieder: Bangladesh, Indien, Süd-Korea, Laos, Sri Lanka.
Merkmale: gegenseitige Zollpräferenzen, Sonderbedingungen für LLDC's.

SAARC: South Asian Association for Regional Cooperation, 1983 (Südasiatische Gemeinschaft für regionale Zusammenarbeit)
Mitglieder: Bangladesh, Bhutan, Indien, Malediven, Nepal, Pakistan, Sri Lanka.
Ziele: Förderung der wirtschaftlichen Zusammenarbeit.

Afrika, Arabien, Naher Osten

ABFN: Autorité pour le Bassin du fleuve Niger, 1980 (Behörde für das Niger-Becken)
Mitglieder: Benin, Burkina Faso, Elfenbeinküste, Guinea, Kamerun, Mali, Niger, Nigeria, Tschad.
Ziele: Zusammenarbeit bei Nutzung und Entwicklung des Niger-Beckens.

ACC: Arab Cooperation Council, 1989 (Arabischer Kooperationsrat)
Mitglieder: Ägypten, Jordanien, Nordjemen, Irak.
Ziele: umfassende Kooperation und Integration, nicht nur wirtschaftlich, auch kulturell.

ACM: Arab Common Market, 1971 (Arabischer Gemeinsamer Markt)
Mitglieder: Ägypten, Irak, Jordanien, Syrien, Sudan.
Ziele/Merkmale: gemeinsamer Markt; subregionale Gruppierung des Council for Arab Economic Unity (**CAEU**).

CAEU: Council for Arab Economic Unity, 1964 (Rat für arabische wirtschaftliche Einheit)
Mitglieder: Ägypten, Irak, Jordanien, Kuwait, Libyen, Mauretanien, Somalia, Sudan, Syrien, Vereinigte Arabische Emirate, Yemen, Demokr. Rep. Jemen.
Ziele/Merkmale: Kooperation im Bereich Handel, Industrie und Zoll, Schwerpunkt Erdöl, 1964 Gründung des Arabischen Gemeinsamen Markts (**ACM**) und 1977 des Arabischen Währungsfonds.

CEAO: Communauté Economique de l'Afrique de l'Ouest, 1973 (Westafrikanische Wirtschaftsgemeinschaft; engl.: WAEC – West Afrikan Economic Community)
Sitz: Abidjan.
Vorläufer: 1966 **UDEAO** – Union Dounanière des Etats de l'Afrique de l'Ouest. 1959 **UDAO** – Union Dounanière de l'Afrique de l'Ouest.
Mitglieder: Benin, Burkina Faso, Elfenbeinküste, Mali, Mauretanien, Niger, Senegal, Togo (bis 1966).
Merkmale: partielle Zollunion mit Präferenzzöllen.
Ziel: gemeinsamer Außenzoll.

CEEAC: Communauté Economique des Etats de l'Afrique Central, 1983 (Wirtschaftsgemeinschaft der Zentralafrikanischen Staaten)
Mitglieder: Guinea, Burundi, Gabun, Kamerun, Kongo, Rwanda, Tomé & Principe, Tschad, Zaire, Zentralafrikanische Republik.
Merkmale: Liberalisierung des Warenaustauschs.
Ziel: gemeinsamer Außenzoll.

CEPGL: Communauté Economique des Pays du Grand Lac, 1976 (Wirtschaftsgemeinschaft der Staaten des Großen Sees)
Mitglieder: Burundi, Rwanda, Zaire.
Merkmale: gemeinsame Nutzung des Sees, Verringerung der Grenzformalitäten.

CPCM: Comité Permanent Consultatif du Maghreb, 1964 (Permanentes beratendes Komittee des Maghreb)
Gegründet in Tunis.
Mitglieder: Algerien, Marokko, Libyen (bis 1970), Tunesien, Mauretanien (bis 1975).

CBLT: Commission pour le Bassin du Lac Tchad, 1964 (Kommission für das Tschadsee-Becken)
Mitglieder: Kamerun, Niger, Nigeria, Tschad.
Ziele: gemeinsame Wassernutzung.

Conseil de l'Entente, 1959: (Rat der Verständigung)
Mitglieder: Dahomey (heute Benin), Elfenbeinküste, Niger, Obervolta (heute Burkina Faso), Togo (seit 1966).
Ziele/Merkmale: sehr allgemeine Kooperationsziele, 1966 Kreditfonds, 1970 Wirtschaftsgemeinschaft für Vieh und Fleisch.

EAC: East African Community, 1967–1977 (Ostafrikanische (Wirtschafts-) Gemeinschaft)
Gegründet in Kampala.
Mitglieder: Kenia, Tansania, Uganda.
Ziele/Merkmale: Wirtschaftsgemeinschaft, an internen Disparitäten gescheitert.

ECOWAS: Economic Community of West African States, 1975 (Wirtschaftsgemeinschaft westafrikanischer Staaten; frz.: CEDEAO – Communauté Economique des Etats de l'Afrique de l'Ouest).
Mitglieder: Dahomey (heute Benin), Elfenbeinküste, Cap Verde (1977), Gambia, Ghana, Guinea, Guinea-Bissau, Liberia, Mali, Mauretanien, Niger, Nigeria, Obervolta (heute Burkina Faso), Senegal, Sierra Leone, Togo.
Ziele/Merkmale: Handelsliberalisierung, partielle Freihandelszone.
Fernziel: Wirtschaftsgemeinschaft.

ESAPTA (auch **PTA**): Eastern and Southern African Preferential Trade Area, 1982 (Ost- und südafrikanische Handelspräferenzzone)
Mitglieder: Angola, Äthiopien, Botswana, Burundi, Dschibuti, Kenia, Komoren, Lesotho, Madagaskar, Malawi, Mauritius, Moçambique, Rwanda, Sambia, Seychellen, Simbabwe, Somalia, Swasiland, Tansania, Uganda.
Ziele/Merkmale: Abbau von Handelshemmnissen.
Fernziel: gemeinsamer Außenzoll.

GCC: Gulf Cooperation Council, 1981 (Golf-Kooperationsrat)
Sitz: Riad.
Mitglieder: VAE, Bahrain, Saudi Arabien, Oman, Katar, Kuwait.
Merkmale: interne Handelsliberalisierung, partieller gemeinsamer Außenzoll.

MRU: Mano River Union, 1973
Sitz: Freetown.
Mitglieder: Sierra Leone, Liberia, Guinea.
Merkmale: Zollunion (partieller gemeinsamer Außenzoll).

OCAM: Organisation Commune Africaine et Mauricienne, 1974 (Gemeinsame afrikanische und mauritianische Organisation)

Gegründet in Bangui.
Vorläufer: 1970 **OCAMM** – Organisation Commune Africaine, Malgache et Mauricienne. 1965 **OCAM** – Organisation Commune Africaine et Malgache. 1964 **UAMCE** – Union Africaine et Malgache de Coopération Economique. 1961 **UAM** – Union Africaine et Malgache.
Mitglieder: Benin, Elfenbeinküste, Mauritius, Niger, Obervolta (heute Burkina Faso), Rwanda, Senegal, Seychellen, Togo, Zentralafrikanische Republik.
Ziele: wirtschaftliche und technische Zusammenarbeit;
(abnehmende Bedeutung).

OMVG: Organisation pour la Mise en Valeur du Fleuve Gambia, 1978 (Organisation für die Entwicklung des Gambia-Flusses)
Mitglieder: Gambia, Guinea, Guinea-Bissau, Senegal.
Zweck: umfassende Koordination der Aktivitäten zur Nutzung und Entwicklung des Gambia-Flusses.

OMVS: Organisation pour la Mise en Valeur du Fleuve Sénégal, 1972 (Organisation für die Entwicklung des Senegal-Flusses)
Mitglieder: Mali, Mauretanien, Senegal.
Ziele: gemeinsame Nutzung des Flusses, wirtschaftliche Kooperation.

PTA (auch: **ESAPTA**): Preferential Trade Area (Handelspräferenzzone), siehe oben.

SACU: Southern African Customs Union (Südafrikanische Zollunion)
Mitglieder: RSA, Botswana, Lesotho, Swasiland.
Merkmale: Zollunion zwischen RSA, den Homelands und den sog. LBS-Staaten.

SADCC: Southern African Development Coordination Conference, 1979 (Koordinationskonferenz für die südafrikanische Entwicklung)
Mitglieder: Angola, Botswana, Mozambique, Tanzania, Zambia (sog. Frontstaaten), 1980 Lesotho, Malawi, Swasiland, Zimbabwe.
Merkmale: Kooperationsabkommen mit sehr vorsichtigen Zielen, keine Institutionalisierung.

Seit 1992 **SADC** (South African Development Community)
Ziel: gemeinsamer Markt.

UDEAC: Union Douanière et Economique de l'Afrique Centrale, 1964 (Zentralafrikanische Zoll- und Wirtschaftsunion)
Gegründet in Brazzaville.
Mitglieder: Gabun, Guinea, Kamerun, Kongo (Brazz.), Zentralafrikanische Republik (bis 1968, im gleichen Jahr wieder eingetreten), Tschad (bis 1968; siehe UEAC).
Merkmale: landwirtschaftliche Zollunion, partieller gemeinsamer Außenzoll.

UEAC: Union des Etats de l'Afrique Centrale, 1968 (Union zentralafrikanischer Staaten)
Mitglieder: Tschad, Zaire, (Zentralafrikanische Republik 1968–1968, siehe UDEAC).
Ziele: wirtschaftliche Zusammenarbeit, Zoll- und Wirtschaftsunion.

UMA: Union du Maghreb Arabe, 1989 (Union des arabischen Maghreb)
Vorläufer: CPCM – Conseil Permanent Consultatif du Maghreb.
Mitglieder: Algerien, Libyen, Marokko, Mauretanien, Tunesien.
Ziele/Merkmale: Wirtschaftsgemeinschaft; Reaktion auf die EWG-Süderweiterung.

B-2. Internationale Abkommen, Institutionen und Organisationen

In den folgenden Abschnitten werden die wichtigsten internationalen Abkommen, Institutionen und Organisationen dargestellt, welche die Weltwirtschaftsbeziehungen beeinflussen und mitgestalten. Der anschließende Abschnitt B-3 geht damit zusammenhängend auf grundsätzliche Aspekte ein.
Es sei nochmals betont, daß die verfolgten Ziele nur in wenigen Integrationsansätzen tatsächlich realisiert wurden. Viele Abkommen stagnieren bzw. sind – an ihren Ansprüchen gemessen – faktisch gescheitert.
Die Auflistung erhebt keinen Anspruch auf Vollständigkeit.

B-2.1. OECD

B-2.1.1. Entstehung und Arbeitsweise

Die **Organisation for Economic Cooperation and Development (OECD)** mit Sitz in Paris wurde am 14. Dezember 1960 ins Leben gerufen. Sie ist die Nachfolgeorganisation der **OEEC (Organisation for European Economic Co-operation)**, die 1948 zur Abwicklung des Marshall-Plans gegründet worden war. Während der 50er Jahre bemühte sich die OEEC um die Schaffung einer europäischen Freihandelszone – erfolglos, wie die spätere Gründung von EWG und EFTA verdeutlicht, die sich aus OEEC-Mitgliedern zusammensetzen. Allerdings haben beide Organisationen von den Vorarbeiten der OEEC profitiert. Da zudem die USA nach dem Wiedererstarken Europas eine stärkere Einbindung der europäischen Staaten in die Entwicklungshilfe forderten, lag es nahe, mit der OECD eine neue Institution zu schaffen, welche eine Klammer um die EWG, die EFTA, andere westeuropäische Staaten und Nordamerika darstellen sollte.

Die OECD hat gegenwärtig 24 Miglieder plus 4 mit Sonderstatus (vgl. Abb. B-2.1/1). Sie setzt sich bislang ausschließlich aus westlichen Industrieländern zusammen und wird auch als «Klub der Reichen» apostrophiert, osteuropäische Staaten haben neuerdings ihr Interesse an einer Mitgliedschaft bekundet. Die Arbeit der OECD vollzieht sich weniger im Blickfeld der Öffentlichkeit als die anderer Organisationen. Sie ist eine Organisation ohne supranationale Kompetenz und im wesentlichen ein Diskussions- und Beratungsforum. Ihren Statuten

Abb. B-2.1/1: **OECD-Mitglieder**

EWG-Staaten	EFTA-Staaten	andere Staaten
Belgien*	Finnland (1969)	Australien (1971)
Dänemark*	Island*	Japan (1964)
BR Deutschland	Norwegen*	Kanada
Frankreich*	Österreich*	Neuseeland (1973)
Griechenland*	Schweden*	USA
Irland*	Schweiz*	Türkei*
Italien*		Jugoslawien (assoz. 1961)
Luxemburg		Ungarn +
Niederlande*		Polen+
Portugal		CSFR+
Spanien		
Großbritanien		

* Gründungsmitglied der OEEC; + Übergangsstatus, Vollmitgliedschaft beantragt

Ohne Geld und trotzdem mächtig: Die OECD wird 30 Jahre alt

Der „Klub der Reichen" will den Übergang des früheren Ostblocks zur Marktwirtschaft erleichtern

OECD will GATT-Runde voranbringen

OECD: Schwaches Wachstum

OECD: In Mittel- und Osteuropa geht es nur langsam aufwärts

nach bemüht sie sich um eine Förderung des Welthandels auf der Basis von Multilateralismus und Nichtdiskriminierung. Aufgrund ihres umfassenden Mitgliederkreises beeinflußt die OECD mit ihrer Arbeit jedoch ‹hinter den Kulissen› viele andere Aktivitäten und Entscheidungen. Von besonderer Bedeutung ist auch die Vorbereitung von internationalen Wirtschaftsgipfeltreffen, insbesondere der G-7. Die OECD arbeitet mit einer Vielzahl von internationalen Organisationen zusammen (GATT, IWF, Weltbank, UNCTAD etc.; vgl. zu diesen weiter unten) und kooperiert mit vielen Entwicklungsländern.

B-2.1.2. Organe

Der **Rat** ist das oberste Organ der OECD. Er setzt sich aus Vertretern aller Mitgliedsländer – ständige Delegationen geleitet von Repräsentanten i.d.R. im Range eines Botschafters – unter Vorsitz des OECD-Generalsekretärs zusammen. Einmal jährlich tagt der Rat auf Ministerebene. Die EG-Kommission nimmt ohne Stimmrecht teil. Der Rat leitet die Arbeiten der anderen Organe, koordiniert deren Aktivitäten und beschließt den Haushaltsplan. Entscheidungen und Empfehlungen müssen einstimmig beschlossen werden. Sofern sich aber ein Mitgliedstaat der Stimme enthält, gilt die Entscheidung nicht für dieses Land.

Im **Exekutivausschuß** mit 14 Sitzen, der die Ratssitzungen vorbereitet, sind die sieben großen Länder (Frankreich, Großbritannien, Italien, Deutschland, USA, Kanada, Japan: **G-7**) als ständige Mitglieder vertreten, während 7 andere Länder turnusmäßig neu bestellt werden.

Ein **Sekretariat** wickelt die laufenden Arbeiten ab. Es wird vom Generalsekretär und zwei Stellvertretern geleitet und umfaßt mehr als 1700 Mitarbeiter, darunter 530 sog. Professionals.

Unter dem Dach der OECD arbeiten u.a. die **Internationale Energie-Agentur (IEA)** mit 21 Mitgliedsländern und die **Kernenergie-Agentur (NEA)** mit 23 Mitgliedsländern.

Daneben gibt es rund 150 **Fachausschüsse** und Beratungsgremien, die sich mit speziellen Fragen beschäftigen und hervorragende wissenschaftliche Analysen publizieren (u.a. gibt es die Ausschüsse für Wirtschaftspolitik, Handel, Finanz- und Steuerfragen, Industrie, Technologie, u.v.m.). Hervorzuheben sind dabei die Länderberichte (economic surveys). Von besonderer Bedeutung ist das **Development Assistance Committee (DAC)**. Dieser Entwicklungshilfeausschuß hat als Ziel formuliert, daß die öffentliche und private Entwicklungshilfe 1% des Bruttosozialprodukts (BSP) eines Landes ausmachen soll. Damit modifiziert die OECD das analoge Ziel der UN-Vollversammlung, die 0,7% des BSP an öffentlicher Entwicklungshilfe fordert. Letzteres ist in der Praxis jedoch bislang noch nicht verwirklicht worden (von ganz wenigen Länderausnahmen abgesehen, u.a. Niederlande, Norwegen, Schweden; die Bundesrepublik liegt knapp über 0,4%, die USA bei 0,25%), und das DAC-Ziel wird nur wegen der Einbeziehung der privaten Leistungen von einer Reihe von Ländern erfüllt.

B-2.2. Europäische Gemeinschaft (EG)

Die **Europäische Gemeinschaft** (EG) ist sprachlich im Grunde genommen ein Plural, denn sie umfaßt drei Teil-Gemeinschaften: Die **Europäische Gemeinschaft für Kohle und Stahl** (EGKS oder **Montanunion**), die **Europäische Atomgemeinschaft** (EURATOM) und die **Europäische Wirtschaftsgemeinschaft** (EWG); daher wird auch von den Europäischen Gemeinschaf*ten* gesprochen. Die Europäische Gemeinschaft beruht auf **supranationalem Recht** und kann folglich Rechtsakte erlassen, die für sie und die Mitgliedstaaten bindend sind und den nationalen Rechtsvorschriften vorgehen (vgl. Abschn. B-3). Die wichtigsten Entwicklungsabschnitte enthält Abb. B-2.2/1.

B-2.2.1. Europäische Gemeinschaft für Kohle und Stahl (EGKS)

Die **Europäische Gemeinschaft für Kohle und Stahl** (EGKS oder auch **Montanunion**; *montanus* (lat.) = Berg) geht auf eine Initiative des damaligen französischen Außenministers *Robert Schuman* zurück, der 1950 die französische und deutsche Kohle- und Stahlproduktion zu einem gemeinsamen Markt zusammenfassen und einer supranationalen Behörde unterstellen wollte. Diese Idee wurde aber auf die sechs Länder Frankreich, Deutschland, Italien, Niederlande, Belgien und Luxemburg ausgedehnt. Der Vertrag wurde 1951 unterzeichnet und trat am 23. 7. **1952** in Kraft. Das auch als **Pariser Vertrag** bezeichnete Abkommen ist bis zum Jahr 2002 befristet.

B-2.2.2. Europäische Atomgemeinschaft (EURATOM)

Die **Europäische Atomgemeinschaft** (EURATOM) wurde am 25. 3. 1957 in Rom (zeitgleich mit der EWG) von Frankreich, Deutschland, Italien, Niederlande, Belgien und Luxemburg gegründet (**Römische Verträge**). Sie fördert die friedliche Nutzung der Kernenergie und die

Abb. B-2.2/1: **Entwicklungsstufen der EG**

1951	Unterzeichnung des Vertrages zur Gründung der Europäischen Gemeinschaft für Kohle und Stahl **(EGKS)** in Paris **(Pariser Verträge)**. In Kraft getreten am 23. 7. 1952.
1957	Unterzeichnung der Verträge zur Gründung der **EWG** und **EAG** in Rom **(Römische Verträge)**. In Kraft getreten am 1. 1. 1958 – 6 Mitglieder.
1967	**Fusionsvertrag:** Schaffung der EG durch Zusammenlegung der Organe von EWG, EGKS und EURATOM/EAG.
1970	Präferenzabkommen der EG mit Spanien unterzeichnet. In Kraft getreten am 1. 10. 1970.
1972	Unterzeichnung der Verträge über den **Beitritt Dänemarks, Irlands und Großbritanniens**. In Kraft getreten am 1. 1. **1973 – 9 Mitglieder**.
1972	Präferenzabkommen der EG mit Portugal unterzeichnet. In Kraft getreten am 1. 1. 1973.
1979	Unterzeichnung des **Beitrittsvertrages Griechenlands** in Athen. In Kraft getreten am 1. 1. **1981 – 10 Mitglieder**.
1986	**Beitritt** von **Portugal** und **Spanien** einschließlich der Kanarischen Inseln, Ceuta und Melilla. In Kraft getreten am 1. 1. **1986 – 12 Mitglieder**.
1987	**Einheitliche Europäische Akte** tritt in Kraft (Projekt Binnenmarkt 1992 – Schaffung eines einheitlichen Binnenmarktes).
1991	Verträge von **Maastricht** über die Europäische Union unterzeichnet (u.a. gemeinsame Währung bis spätestens 1999).
1992	Volksabstimmungen über Maastricht: Dänemark dagegen, Irland und Frankreich dafür.
1. 1. 1993	Beginn des **Europäischen Binnenmarktes**. **Beitrittskandidaten** (Mitgliedschaft beantragt): Österreich, Schweden, Norwegen, Finnland, (Schweiz), Malta, Zypern.

Forschung auf vielen anderen Gebieten (Medizin, Umweltschutz, Technologie etc.). Die EURATOM mit Sitz in Luxemburg sollte nicht verwechselt werden mit der gleichfalls 1957 gegründeten **Internationalen Atomenergie-Organisation** (IAEO), die auf internationalen Abkommen beruht, während die EURATOM eine Institution supranationalen Rechts ist (vgl. Absch. B-3); beide Organisationen arbeiten jedoch eng zusammen. Die Partner der IAEO sind Staaten und die EG,

EURATOM wendet sich direkt an die Benutzer von Kernmaterial; u.a. stellt sie Sicherheitsnormen auf und überwacht die Verwendung von Kernbrennstoffen.

B-2.2.3. Europäische Wirtschaftsgemeinschaft (EWG)

B-2.2.3.1. Vertragsgrundlagen

Die **Europäische Wirtschaftsgemeinschaft** (**EWG**) wurde gleichfalls am 25. 3. **1957** von Frankreich, Deutschland, Italien, Niederlande, Belgien und Luxemburg in **Rom** gegründet. Der EWG-Vertrag sieht unter anderem vor die Schaffung einer Zollunion, gemeinsame Handelspolitik gegenüber Drittländern, Beseitigung der Hindernisse für den freien Personen-, Dienstleistungs- und Kapitalverkehr, gemeinsame Agrar- und Verkehrspolitik, Koordinierung der Wirtschaftspolitik sowie eine Angleichung von Rechtsvorschriften. Verkürzt wird von den «vier Freiheiten» des EG-Binnenmarktes für den Waren-, Dienstleistungs-, Kapital- und Personenverkehr gesprochen.
Der EWG-Vertrag wurde 1987 durch die **Einheitliche Europäische Akte** (**EEA**) ergänzt, mit der u.a. die Verwirklichung des *Binnenmarktes* zum 1. 1. 1993 festgeschrieben wurde (Abb. B-2.2/1). Die Liste der Beitrittskandidaten ist lang: Neben der Türkei, Österreich, Schweden und Finnland, die bereits Anträge auf Vollmitgliedschaft gestellt haben, wollen auch Malta und Zypern in die EG aufgenommen werden. Auch Norwegen hat sein Interesse bekundet, in der Schweiz gibt es Beitrittsbestrebungen, die drei baltischen Republiken Litauen, Lettland und Estland möchte eine engere Bindung an die EG erreichen, Beitrittsanträge werden auch in Ungarn, Polen und den zwei Republiken Ex-CSFR erwogen. Während der Beitritt Österreichs, Schwedens und Finnlands möglicherweise rasch zu realisieren sein wird, dürften sich die übrigen Verhandlungen bis über das Jahr 2000 hinausziehen. Auf den Vertrag von Maastricht geht Abschn. C-1.10 ein.

B-2.2.3.2. Organe der EG

Ihren jeweiligen Gründungsverträgen nach hatten die EGKS, EURATOM und EWG jeweils eigene Organe. Am 8. 4. 1965 wurden diese durch den sog. **Fusionsvertrag** zusammengeschlossen. Seitdem haben sie keine individuellen Organe, sondern gemeinsam die EG-Kommission, den EG-Ministerrat, das Europäische Parlament und den Europäischen Gerichtshof. Die Selbständigkeit der drei Teilgemeinschaften wurde dadurch jedoch nicht eingeschränkt.

(1) Rat der Europäischen Gemeinschaft

Der **EG-Ministerrat** setzt sich grundsätzlich aus zwölf Ministern zusammen, jeweils einem aus jedem Mitgliedstaat (Abb. B-2.2/2). Es gibt jedoch faktisch nicht *den* Ministerrat, sondern eine Mehrzahl: Die fachliche Zusammensetzung des Ministerrats hängt von dem jeweils zu behandelnden Sachgebiet ab, so daß z.B. einmal der Rat der Finanzminister tagt, ein anderes Mal der Rat der Landwirtschafts- oder Verkehrsminister. Der Vorsitz des Rates bestimmt sich nach alphabetischer Reihenfolge der Mitgliedstaaten in ihrer Landessprache. Der ständige Sitz des Rates ist Brüssel, doch tagt er nur neun Monate in Brüssel und drei Monate in Luxemburg.

Der Ministerrat ist der «Hauptgesetzgeber» der EG (**legislative Funktion**). Er beschließt über Vorlagen der **EG-Kommission**, die dadurch in Form von Richtlinien, (Grund-)Verordnungen und Entscheidungen zu Rechtsakten der Gemeinschaft werden (vgl. dazu ausführlich Abschn. B-3.2.2). Diese Vorschläge können grundsätzlich nur von der Kommission unterbreitet werden (**Initiativrecht**). Der Rat kann die Kommission jedoch auffordern, ihrem Initiativrecht nachzukommen. Der Rat kann diese Vorschläge nur einstimmig abändern.

Der Rat koordiniert – in Zusammenarbeit mit der Kommission – die Wirtschaftspolitik der Mitgliedstaaten, ist für Vertragsabschlüsse mit

Abb. B-2.2/2: **EG-Ministerrat**

12 Vertreter der Regierungen der Mitgliedstaaten

unterstützt durch

- **Europäischen Rat** der Staats- und Regierungschefs
- Ausschuß der Ständigen Vertreter der Regierungen

Stimmkraft

je 10 Stimmen: Frankreich, Italien, Großbritannien, Deutschland
8 Stimmen: Spanien
je 5 Stimmen: Niederlande, Belgien, Griechenland, Portugal
je 3 Stimmen: Irland, Dänemark
2 Stimmen: Luxemburg

zusammen 76 Stimmen

Aufgaben und Funktionen

- Gesetzgebung
- Personalhoheit
- Budgetgewalt
- Außenbeziehungen

Drittländern zuständig (die Verhandlungen führt i.d.R. die Kommission). Mit Ausnahme des direkt gewählten Europäischen Parlaments – und mit Einschränkungen bezüglich der EG-Kommission, die politisch besetzt wird – werden die wichtigsten Institutionen der EG in ihrer Zusammensetzung vom Rat bestimmt; z.B. ernennt er die Mitglieder des Rechnungshofes (**Personalhoheit**). Gemeinsam mit dem **Europäischen Parlament** bildet der Rat die Haushaltsbehörde, die den jährlichen Haushaltsplan der EG beschließt (**Budgetgewalt**).
Der Rat wird in seiner laufenden Arbeit unterstützt von einem **Ausschuß der ständigen Vertreter** der Mitgliedstaaten (AStV) im Botschafterrang (**COREPER**: *Comité des Représentants Permanents*). Auf der Arbeitsebene gibt es zudem zahlreiche **Arbeitsgruppen** sowie ein **Generalsekretariat** mit fast 2000 Beamten.
Nach Art. 148 des EWG-Vertrags gibt es Entscheidungen, die mit einfacher Mehrheit, mit qualifizierter Mehrheit (54 von 76 Stimmen) oder einstimmig getroffen werden. Die derzeit 12 EG-Länder verfügen über unterschiedliche Stimmkraft im Rat: Frankreich, Italien, Großbritannien und die BR Deutschland haben je 10 Stimmen, Spanien 8, die Niederlande, Belgien, Griechenland und Portugal je 5, Irland und Dänemark 3 und Luxemburg 2 Stimmen, zusammen also 76 Stimmen. Grundsätzlich – nach dem EWG-Vertrag – werden Entscheidungen mit einfacher Mehrheit gefällt. Dies ist in der Praxis aber heute eher die Ausnahme: Die meisten Entscheidungen werden mit *qualifizierter Mehrheit* getroffen. Einstimmige Entscheidungen sind u.a. erforderlich für die Aufnahme neuer Mitglieder oder bei Beschlußverfassungen über eine neue Gemeinschaftspolitik: Nach Art. 145 EWGV ist der Rat zuständig für die Koordination der Wirtschaftspolitik der Mitgliederstaaten.
Sofern über Vertragsänderungen beschlossen werden muß, etwa bei der Aufnahme neuer Mitglieder, hat der Ministerrat keine abschliessende Entscheidungskompetenz. In solchen Fällen ist – nach Beschluß durch den Ministerrat – durch den Ratspräsidenten eine **Regierungskonferenz** einzuberufen. Dies geschah bislang zuletzt 1985 zur Ausarbeitung der 1987 in Kraft getretenen **Einheitlichen Europäischen Akte (EEA)**, erstmalig als Mehrheitsentscheidung gegen den Willen Englands, Dänemarks und Griechenlands.
Vertragsänderungen müssen einstimmig beschlossen und von allen nationalen Parlamenten ratifiziert werden.

(2) Europäischer Rat

Der **Europäische Rat** setzt sich aus den Staats- und Regierungschefs der Mitgliedsländer zusammen und tagt seit 1974 etwa 2–3mal pro

Jahr; an diesen Tagungen nimmt auch der Präsident der EG-Kommission teil. Der Europäische Rat als politisches Gremium ist also nicht zu verwechseln mit dem Ministerrat. Er ist 1987 durch die Einheitliche Europäische Akte (EEA) zu einer vertraglich verankerten Institution geworden, nachdem bislang die Zusammenkünfte auf einer informalen Ebene erfolgten. Der Europäische Rat koordiniert die bislang auf dem Konsens-Prinzip beruhende **Europäische Politische Zusammenarbeit (EPZ)**. Diese dient seit 1970 der Harmonisierung der Außenpolitik durch laufende Konsultationen. Die EPZ ist durch die EEA institutionalisiert worden. Seit 1987 gibt es ein eigenes Sekretariat der EPZ in Brüssel. Der Europäische Rat beschloß z.B. die Einberufung der Regierungskonferenz zur Erarbeitung der EEA.

Exkurs: Europa-Rat

Ein weiterer «Rat» bietet sich zur Verwechslung an: Der Europa-Rat mit Sitz in Straßburg ist seit 1949 eine lose Zusammenarbeit zwischen heute 27 Staaten auf der Basis der Prinzipien der Menschenrechte und der Demokratie. Er ist *kein* Organ der EG. Der Europarat hat eine *Beratende Versammlung* mit aus den europäischen Parlamenten entsandten Abgeordneten, einen *Ministerausschuß*, der sich aus den Ministerpräsidenten oder ihren Stellvertretern zusammensetzt, und ein *Ständiges Sekretariat*. Gegenwärtig sind mit Ungarn, der CSFR, Polen und Bulgarien vier ehemalige Ostblockländer Mitglieder geworden. Der Europarat hat nur beratende Funktionen.

(3) Kommission der Europäischen Gemeinschaft

Die **Kommission** mit Sitz in Brüssel und Dienststellen in Luxemburg besteht aus 17 unabhängigen Kommissaren, die von den nationalen Regierungen im gegenseitigen Einvernehmen ernannt werden (Abb. B-2.2/3). Die Amtszeit beträgt vier Jahre, kann aber verlängert werden. Die Kommissare sind wie Minister auf nationaler Ebene jeweils für bestimmte Ressorts zuständig. An der Spitze der Kommission steht ein **Präsident** (als Vorsitzender ohne Sonderrechte) und sechs **Vizepräsidenten**, die von den Regierungen der Mitgliedstaaten für jeweils zwei Jahre ernannt werden; Wiederernennungen sind möglich. Frankreich, Großbritannien, Italien, Spanien und Deutschland stellen jeweils 2 Kommissare, Belgien, Dänemark, Griechenland, Irland, Luxemburg, Niederlande und Portugal jeweils einen Kommissar. Die Kommissare sind keine Interessenvertreter ihrer Entsendungsländer, sondern sollen im Interesse der Gemeinschaft handeln. Sie sind in ihren Handlungen und Entscheidungen unabhängig und können von keiner Regierung Weisungen erhalten (– so die Theorie). Nur

Abb. B-2.2/3: **EG-Kommission**

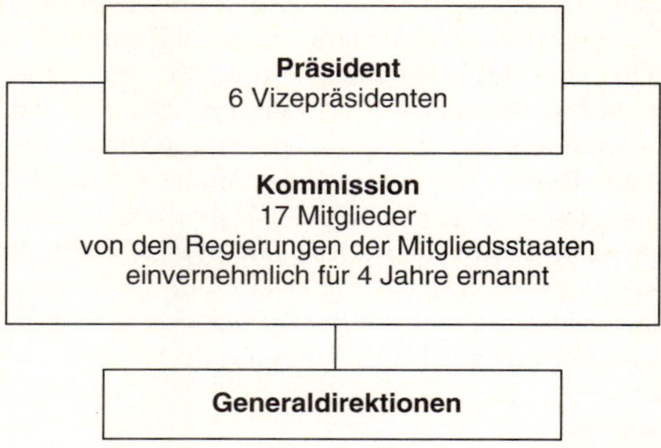

Aufgaben

- Vorschläge zur Weiterentwicklung der Gemeinschaftspolitik.
- Kontrolle der Einhaltung und richtigen Anwendung der EG-Verträge.
- Verwaltung und Durchführung der Gemeinschaftsvorschriften.
- Vertretung der Gemeinschaft in internationalen Organisationen.

Konflikt über Posten und Aufgaben in der EG-Kommission

das Europäische Parlament kann sie ggf. zwingen, geschlossen ihr Amt niederzulegen.

Auf der Arbeitsebene untergliedert sich die Kommission in 36 **Generaldirektionen**, u.a. für Wirtschaft und Finanzen, Wettbewerb, Binnenmarkt und gewerbliche Wirtschaft, Finanzsituation und Steuerfragen, u.a.m. Die Kommission besteht aus einem Apparat mit insgesamt rund 15000 Bediensteten, von denen rund ein Viertel dem Sprachendienst für die 9 offiziellen, gleichberechtigten Amtssprachen angehören.

Die Kommission hat – wie erwähnt – das alleinige Initiativrecht für Vorschläge, die sie dem Rat zur Entscheidung vorlegt. Erst durch die Ratsentscheidung werden diese Vorlagen zu Rechtsakten. Daneben aber kann auch die Kommission auf der Durchführungsebene in einer Vielzahl von Aspekten der **Exekutive** ihrerseits Richtlinien, (Durchführungs-)Verordnungen und Entscheidungen verabschieden, die gleichfalls unmittelbar geltendes Gemeinschaftsrecht werden (vgl. Abschn. B-3.2.2).

Die Kommission überwacht die Einhaltung des EWG-Vertrags, des

sich daraus und der Rechtsetzung des EuGH ableitenden Gemeinschaftsrechts und führt die sich daraus ergebenden Aufgaben aus, u.a. im Bereich der Kartell- und Fusionskontrolle, der Landwirtschaft und der Umweltpolitik.
Die Kommission vertritt die EG in den Außenbeziehungen. Verträge mit Staaten oder Organisationen werden von der Kommission ausgehandelt (und vom Rat beschlossen); die Kommission nimmt die Mitgliedschaft der EG in internationalen Organisationen war. Ferner verwaltet sie eine Reihe von Fonds, u.a. den **Europäischen Entwicklungsfonds** (**EEF**) für die Zusammenarbeit mit Entwicklungsländern, den – binnenmarktorientierten – **Europäischen Fonds für regionale Entwicklung** (**EFRE**) sowie den – äußerst wichtigen – **Europäischen Ausrichtungs- und Garantiefonds für die Landwirtschaft** (**EAGFL**) (vgl. Abschn. B-2.2.3.4). Nach außen hin vertritt die Kommission die EG in internationalen Institutionen und bei Verhandlungen mit Drittländern.

(4) Europäisches Parlament

Das Europäische Parlament (EP) ist die «Vertretung der Völker der Mitgliedstaaten». Es hat seinen Sitz in **Straßburg** (Plenum), das Generalsekretariat des EP sitzt in **Luxemburg**, die Parlamentsausschüsse und Fraktionen tagen in der Regel in **Brüssel**.
Die derzeit 518 (weisungsunabhängigen) Abgeordneten des Europäischen Parlaments werden für fünf Jahre in direkter Wahl von den Bürgern der Mitgliedstaaten gewählt, und zwar noch nach den jeweiligen nationalen Wahlgesetzen. Die Bundesrepublik, Frankreich, Großbritannien und Italien wählen jeweils 81 Abgeordnete, Spanien 60, die Niederlande 25, Belgien, Griechenland und Portugal je 24, Dänemark 16, Irland 15 und Luxemburg 6 Abgeordnete. An der Bevölkerungszahl gemessen, sind kleinere EG-Länder dadurch überrepräsentiert: ein luxemburger Abgeordneter vertritt (rechnerisch) 60000, ein deutscher 980000 Bürger. Seit der Wiedervereinigung Deutschlands nehmen zudem 18 Vertreter aus den neuen Bundesländern an den Aussprachen im Plenum und in den Ausschüssen als Beobachter teil. Die Abgeordneten des EP müssen nicht Mitglieder nationaler Parlamente sein. Sie gruppieren sich nicht nach nationaler Herkunft, sondern in internationalen, parteipolitischen Fraktionen (derzeit neun; vgl. Abb. B-2.2/4). Das EP wählt ein Präsidium mit Präsident, 14 Vizepräsidenten und 5 sog. Quästoren mit beratender Stimme, die auch für die Verwaltungs- und Finanzaufgaben zuständig sind, welche die Abgeordneten betreffen. Die Amtszeit des Präsidiums beträgt 2 ½ Jahre. Beschlüsse des EP werden mit einfacher Mehrheit gefaßt, wobei eine

Abb. B-2.2/4: **EG-Parlament: Politische Fraktionen in %**
(Stand April 1992)

Sozialisten	35,6	Vereinigte Linke	5,7
Christl. Demokraten (Europ. Volkspartei)	32,0	Gaullisten	4,2
		Europäische Rechte	2,8
Liberale u. Demokraten	8,9	Kommunisten	2,6
Grüne	5,3	Regenbogen-Fraktion	2,9

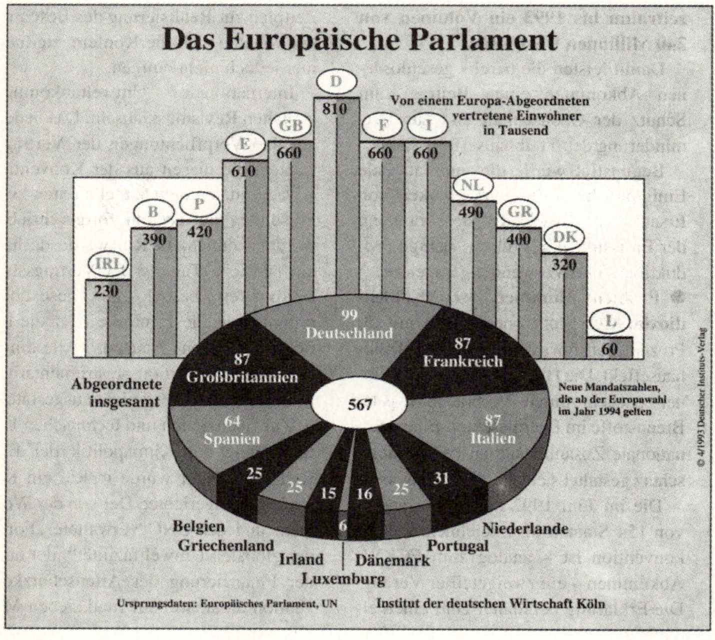

Mindestpräsenz von ⅓ der Abgeordneten erforderlich ist. Das EP verhandelt als einziges Organ der EG öffentlich.

Das EP hat nicht die Kompetenzen nationaler Parlamente: Es hat einige **Kontrollrechte** gegenüber der Kommission (Fragerecht, Mißtrauensvotum) sowie einige **Haushaltskompetenzen** (vgl. unten), jedoch nur wenig Kompetenzen im Rechtsetzungsverfahren. Das bedeutet, daß die Rechtsakte der EG – Richtlinien, Verordnungen und Entscheidungen – grundsätzlich keiner förmlichen parlamentarischen

Kontrolle, die der nationalen Ebene vergleichbar wäre, unterliegen. Diese – nach Meinung des Autors bedenkliche – Konstruktion ergibt sich aus den Römischen Verträgen von 1957.
Durch die Einheitliche Europäische Akte wurde allerdings ein Mitsprache- und Mitentscheidungsrecht des EP zusammen mit dem Rat eingeführt; bei gegensätzlichen Auffassungen kann dabei ein Vermittlungsverfahren eingeleitet werden. Das EP kann Untersuchungsausschüsse einsetzen. Bei der Aufnahme neuer Mitglieder und beim Abschluß von Assoziierungsverträgen ist seitdem die *Zustimmung* des EP erforderlich. Das EP hat allerdings keine Gesetzesinitiative: diese liegt ausschließlich bei der Kommission. Der Zusammensetzung der Kommission muß das EP zustimmen; auf die Zusammensetzung von Rat und Kommission als «Regierung» der EG hat das Parlament jedoch keinen Einfluß: Durch ein Mißtrauensvotum des EP kann die Kommission zwar zum Rücktritt gezwungen werden, doch könnten die nationalen Regierungen theoretisch die Kommission in derselben Besetzung wiederberufen.

Exkurs: «Gesetzgebungsverfahren» der EG
Die Anführungszeichen beim «Gesetzgebungsverfahren» beziehen sich darauf, das es «Gesetze» im strengen Wortsinn auf der Ebene des Gemeinschaftsrechts nicht gibt, sondern **Richtlinien** und **Verordnungen**. Abschn. B-3 vertieft diesen Aspekt. Das Initiativrecht für Richtlinien und Verordnungen liegt grundsätzlich bei der EG-Kommission (Abb. B-2.2/5). Nur sie kann dem Rat Vorschläge unterbreiten. Der Rat beschließt darüber i.d.R. mit einfacher Mehrheit. Bei Maßnahmen von besonderer Bedeutung muß der Rat diese Vorschläge dem EP und ggf. dem **Wirtschafts- und Sozialausschuß** zur Anhörung zuleiten (**obligatorische Anhörung**; eine Nichtanhörung wäre ein Formfehler nach EG-Recht). Beide geben ihre Stellungnahmen jeweils gegenüber der Kommission und dem Rat ab. Ggf. ändert die Kommission daraufhin ihren ursprünglichen Vorschlag ab und legt einen geänderten Vorschlag vor. Die endgültige Entscheidung liegt jedoch beim Rat. Sofern der Rat dem Vorschlag der Kommission zustimmt, genügt eine einfache Mehrheitsentscheidung im Rat. Will der Rat einen Vorschlag der Kommission abändern, so kann er dies nur durch einstimmigen Beschluß tun. *Entscheidungen des Rates unterliegen keiner weiteren legislativen Kontrolle*. Durch die EEA wurde als eine Ergänzung des Vorschlagverfahrens das «Verfahren der institutionellen Zusammenarbeit» geschaffen. Dieses gewährt dem EP in bestimmten Fällen das Recht, nach der Beschlußfassung des Rates ein zweites Mal zu beraten und eine zweite Stellungnahme abzugeben. Nach wie vor aber ver-

Abb. B-2.2/5: **«Gesetzgebungsverfahren» der EG**

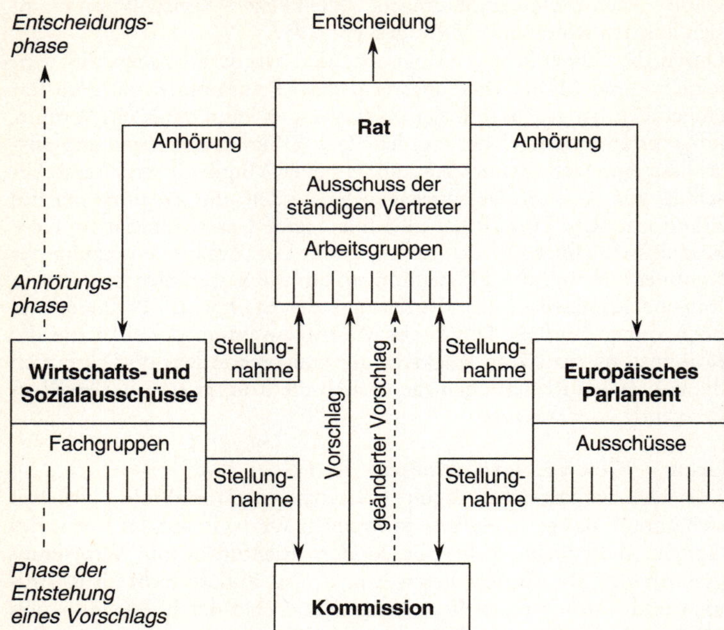

bleibt die endgültige Entscheidung beim Rat. Nach persönlicher Meinung des Autors ist diese Konstruktion bedenklich.
Abschn. B-2.2.3.3 (c) geht auf das etwas abweichende Entscheidungsverfahren bezüglich des EG-Haushalts ein.

(5) Europäischer Gerichtshof (EuGH)

Der **Europäische Gerichtshof** (**EuGH**) ist das Rechtsprechungsorgan und die höchste richterliche Instanz der EG (Abb. B-2.2/6). Er ist zuständig für die Überwachung der Anwendung und Durchsetzung des primären und sekundären Gemeinschaftsrechts (vgl. Abschn. B-3). Damit übt der EuGH Funktionen aus, die auf nationaler Ebene prinzipiell im Wege der parlamentarischen Kontrolle ausgeübt werden.
Er ist mit 13 unabhängigen Richtern (jeder der 12 Mitgliedstaaten stellt einen Richter, der 13. wird im Konsensverfahren – üblicherweise aus einem größeren Mitgliedstaat – kooptiert) und 6 Generalanwälten

Abb. B-2.2/6: **Europäischer Gerichtshof (EuGH)**

13 Richter und 6 Generalanwälte
einvernehmlich auf 6 Jahre von den Regierungen
der Mitgliedstaaten ernannt

unterstützt durch: **Das Gericht 1. Instanz**

Verfahrensarten

- Vertragsverletzungsverfahren
- Untätigkeitsklagen
- Beamtenklagen
- Vorabentscheidungsverfahren

besetzt, die von den Mitgliedstaaten für jeweils sechs Jahre ernannt und in der Regel wiedergewählt werden. Das Gericht tagt teils in Vollsitzungen, teils in Kammern mit drei bzw. sechs Richtern. Vor dem EuGH können die Organe der EG und die einzelnen Mitgliedstaaten verklagt werden und klagen. Klagebefugt sind ebenso natürliche und juristische Personen sowie die nationalen Gerichte, die u.U. sogar eine Verpflichtung zur Klage vor dem EuGH haben, um bestimmte EG-relevante Rechtsfragen klären zu lassen. Der EuGH ist somit zugleich Verfassungsgericht und Verwaltungsgericht. Seit 1988 ist am EuGH ein Gericht 1. Instanz mit 12 Richtern geschaffen worden, u.a. für Individualklagen gegen EG-Organe und z.B. für Wettbewerbsfragen, um den EuGH zu entlasten.

(6) Hilfsorgane

Neben den eigentlichen vier EG-Organen (Rat, Kommission, Parlament, Gerichtshof) gibt es Hilfsorgane und Hilfsinstitutionen, die selbst keine hoheitlichen Rechte ausüben. Zu ihnen zählt seit 1975 auch der **Europäische Rechnungshof**, der die allgemeine interne Finanzkontrolle durch Finanzkontrolleure in den einzelnen EG-Organen durch externe Kontrollen seitens des Rechnungshofes ergänzt. Der Rechnungshof besteht aus 12 Mitgliedern, die von den Regierungen der Mitgliedstaaten im gegenseitigen Einvernehmen für sechs Jahre ernannt werden. Der Rechnungshof kann umfassende Prüfungen bezüglich der Rechtmäßigkeit und Ordnungsmäßigkeit der Haushaltsführung vornehmen. Nach Abschluß jeden Haushaltsjahres erstattet der Rechnungshof einen Jahresbericht. Im Vertrag von Maastricht wird der Rechnungshof sogar als fünftes EG-Organ eingestuft.
Zu den Hilfsorganen zählen ferner z.B. der **Wirtschafts- und Sozial-**

ausschuß (gemeinsam für EWG und EURATOM), der – wie dargestellt – in bestimmten fachlichen Fragen gehört werden muß, der **EWG-Währungsausschuß**, der u.a. mit den Leitkursen und Paritätsänderungen im EWS befaßt wird, und der oben erwähnte **Ausschuß der ständigen** (Rats-)**Vertreter**. Das **Statistische Amt** der EG (**EUROSTAT**) erstellt Daten zu einer Vielzahl von Aspekten der volkswirtschaftlichen Gesamtrechnung, des Welthandels, des Arbeitsmarktes oder der regionalen bzw. sektoralen Entwicklung. EUROSTAT bemüht sich auch um eine Harmonisierung der Methodik, z.B. beim Sozialprodukt, bei der Arbeitslosenstatistik, der Preisstatistik, der Zahlungsbilanz oder der Direktinvestitionen. Dies ist u.a. deshalb von Bedeutung, weil bestimmte Aggregate Grundlage für Berechnungen sind, z.B. für die Bemessung von nationalen Abführungen an den EG-Haushalt.

B-2.2.3.3. EG-Haushalt

Seit 1967 – nach Inkrafttreten des Fusionsvertrages – gibt es für die EG einen Gesamthaushalt, der die Verwaltungskosten der drei Gemeinschaften und die Ausgaben der EG in den verschiedenen Aufgabenfeldern und Politikbereichen umfaßt. Die nachstehend skizzierte Haushaltsstruktur wird sich durch eine zu erwartende Erweiterung der EG mit Sicherheit verändern. Der EG-Haushalt hatte 1992 ein Volumen von rd. 63 Mrd. ECU, das sind rd. 126 Mrd. DM Der EG-Haushalt orientiert sich an einer mittelfristigen, fünfjährigen (rollenden, d.h. jährlich zu überprüfenden) Finanzplanung (für 1993–1997 als Delors-II-Paket bezeichnet). Ein wichtiger Haushaltsgrundsatz ist dabei die sog. **Subsidiarität**: Von der nationalen Ebene sollen nur dann Aufgaben an die supranationale EG-Ebene abgegeben werden, wenn sie auf der nationalen Ebene nicht zufriedenstellend gelöst werden können (beispielsweise eine gemeinsame Agrarpolitik); dies soll einem europäischen Zentralismus entgegenwirken.

(a) Einnahmen

Ursprünglich wurde der EG-Haushalt aus nationalen Beiträgen finanziert, die aus den nationalen Haushalten abgeführt wurden. 1970 erfolgte eine wichtige strukturelle Umstellung, nach der das Finanzierunssystem seitdem auf **Eigenmitteln** der EG beruht:

- Die Mitgliedstaaten führen 1,4% der steuerpflichtigen Bemessungsgrundlage der **Mehrwertsteuer** an den EG-Haushalt ab (sog. Eigenmittelbeschluß des Rates vom Mai 1985); dies entsprach 1992 rd. 55% der EG-Einnahmen (vgl. Abb. B-2.2/7);

Abb. B-2.2/7: **EG-Haushaltseinnahmen**

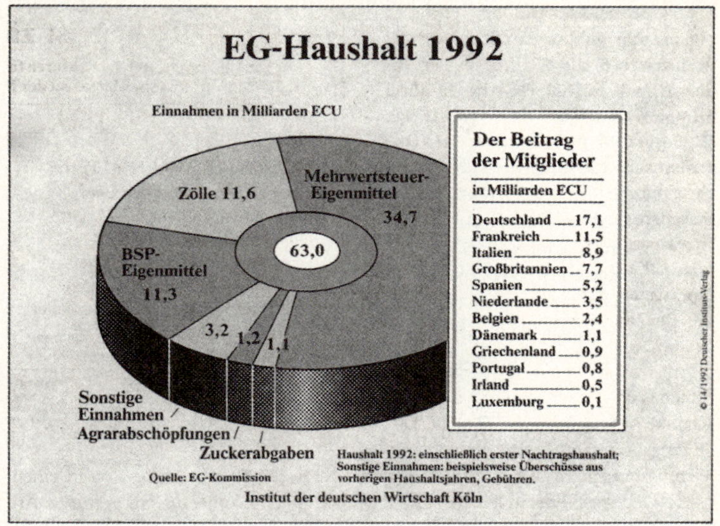

Zustimmung für EG-Haushalt

STRASSBURG, 17. Dezember (Reuter). Mit großer Mehrheit hat das Europa-Parlament am Donnerstag in Straßburg dem Haushalt der Europäischen Gemeinschaft für 1993 zugestimmt. Der EG-Finanzplanung für die kommenden sieben Jahre haben die Abgeordneten dagegen nicht zugestimmt.

- die beim Handel mit Drittländern erhobenen **Agrarabschöpfungen** sowie eine **Zuckerabgabe** (zusammen rd. 4% der Einnahmen) und **Zölle** (19%) werden in voller Höhe an den EG-Haushalt abgeführt;
- zur jeweiligen **Restfinanzierung** des Haushalts wurde 1988 eine Abgabe eingeführt, die sich aus der Relation der **Bruttosozialprodukte** ableitet.

Insbesondere die letztere Einnahmequelle wird aus der Sicht betroffener ärmerer Staaten kritisiert, weil es ein Kennzeichen ärmerer, d.h. investitionsschwacher Staaten ist, daß das Bruttosozialprodukt einen hohen Anteil an Mehrwertsteuereinnahmen ausweist, so daß ärmere

Staaten überproportional durch diese Abgabe belastet werden. Die Mitgliedstaaten dürfen die Zahlungen nicht verweigern; 1985 wurde z.B. Großbritannien wegen Zahlungsrückhaltung vom EuGH verurteilt.

Es werden allerdings Überlegungen diskutiert, ob die EG darüber hinaus über eigene Steuereinnahmen verfügen sollte, z.B. Teile der Kfz- und Mineralölsteuern. Gegenwärtig besteht eine Haushaltsobergrenze in Höhe von 1,2% des gemeinsamen Bruttosozialprodukts; dies entspricht gegenwärtig etwa 130 Mrd. DM. Es bestehen Überlegungen, diese Begrenzung und damit das maximal mögliche Haushaltsvolumen anzuheben.

Der EG-Haushalt hat – neben der *fiskalischen Funktion*, die Ausgaben zu finanzieren –, insbesondere auch eine *Umverteilungsfunktion*. Als Folge ergibt sich, daß drei Länder (Deutschland, mit großem Abstand vor Großbritannien und – seit kurzem – Frankreich) **Nettozahler** sind (vgl. Abb. B-2.2/8 für Deutschland; 1991 z.B. netto 19 Mrd. DM), während die übrigen Mitgliedstaaten Nettoempfänger sind, insbesondere aufgrund der Zahlungsflüsse im Agrarbereich. Großbritannien hat jedoch durchgesetzt, daß ihm seit 1985 ein Beitragsrabatt gewährt wird, weil seine Agrar- und Importstruktur nur wenige Subventionen aus der EG-Kasse bedingt. Trotz der Position als Nettozahler profitieren Länder wie die Bundesrepublik jedoch ganz eindeutig von «Europa»: der Export bedeutet ganz beträchtliche Beschäftigungs- und Steuereffekte; über die Hälfte der deutschen Exporte gehen in die EG.

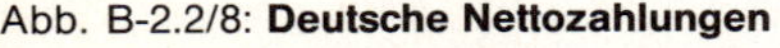
Abb. B-2.2/8: **Deutsche Nettozahlungen**

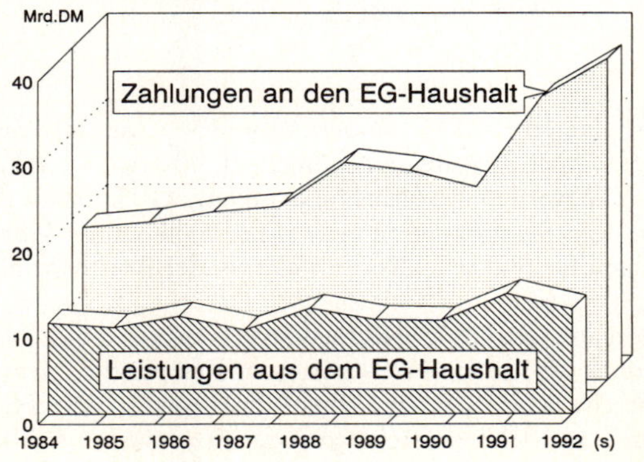

(b) Ausgaben

Entgegen manchem Vorurteil betrifft nur ein kleiner Teil der EG-Ausgaben Personal- und Verwaltungsausgaben. Der weitaus größte Teil der Ausgaben entfällt auf den Agrarbereich (Landwirtschaft und Fischerei: 64%). Hinzu kommen Ausgaben für Strukturmaßnahmen (Regionalpolitik, 13%), interne Politikbereiche und Maßnahmen im Außenbereich (z.B. Entwicklungshilfe oder Hilfen für die GUS). Bei den Ausgaben ist zwischen **obligatorischen Ausgaben**, die sich unmittelbar aus den EG-Verträgen ableiten (z.B. Agrarausgaben), und **nicht-obligatorischen Ausgaben** zu unterscheiden. Diese Differenzierung ist wichtig für das Verfahren zur Feststellung des Haushalts. Die Abgrenzung zwischen obligatorischen und nichtobligatorischen Ausgaben ist jedoch nicht eindeutig. Abb. B-2.2/9 zeigt die Veränderung der Ausgabenstruktur im Zeitvergleich.

Abb. B-2.2/9: **EG-Haushaltsausgaben**

Was Europa kostet

EG-Ausgaben 1988 und 1992

	Budget 1988		Budget 1992	
	Mrd. DM	Prozent	Mrd. DM	Prozent
1. Garantie der Agrarmärkte	56,1	60,6	71,4	53,0
2. Strukturpolitik	15,9	17,2	36,9	27,2
3. Forschung u.a.	2,5	2,7	6,3	4,7
4. Sonstige Politikbereiche, Außenpolitik	4,3	4,6	10,4	7,8
5. Verwaltungsausgaben	11,6	12,7	7,8	5,8
6. Währungsreserve	2,0	2,2	2,0	1,5
Gesamtausgaben	92,4	100,0	134,8	100,0

Quelle: EG-Kommission

Der Gemeinschaft droht eine ernste Haushaltskrise

Wachsende Aufgaben, weniger Geld

(c) Haushaltsverfahren
Der EG-Haushalt orientiert sich – wie erwähnt – an einer mittelfristigen Finanzplanung. Die einzelnen EG-Organe und – Institutionen (Rat, Kommission, Parlament, Kommission) stellen bis zum 1. Juli jeden Jahres die Haushaltsvoranschläge für die sie betreffenden Ausgaben auf, die von der EG-Kommission zum Vorentwurf des Haushalts zusammengefaßt werden (dieses Verfahren entspricht übrigens auch dem deutschen Haushaltsrecht). Die Kommission kann dem Entwurf eine Stellungnahme mit u. U. abweichenden Vorschlägen beifügen. Wenn der Ministerrat davon abweichen will, muß er sich direkt mit den Organen ins Benehmen setzen. Der Entwurf wird dem Europäischen Parlament (EP) zugeleitet. Das EP kann Änderungen bei den Ausgaben beschließen, bei den obligatorischen Ausgaben allerdings nur, sofern dies keine Ausgabensteigerung bedeutet. Andernfalls kann es Änderungen nur *vorschlagen*, über die der Ministerrat in 2. Lesung mit qualifizierter Mehrheit entscheiden muß. Das EP hat danach nur noch die Möglichkeit, den Haushalt insgesamt – aus wichtigen Gründen – global in 2. Lesung mit Zwei-Drittel-Mehrheit abzulehnen (so geschehen 1979). Der Haushaltsplan wird vom EP zum Jahresende endgültig festgestellt und von der Kommission während des Haushaltsjahres ausgeführt.

B-2.2.3.4. Einige EG-Institutionen und Fonds

(1) Die **Europäische Investitionsbank (EIB)** ist seit 1958 für die Entwicklung der ökonomisch schwächeren Regionen der Gemeinschaft zuständig, erfaßt aber auch assoziierte osteuropäische Staaten und Entwicklungsländer. Kreditnehmer können staatliche und private Projektträger sein, insbesondere auch kleine und mittlere Unternehmen (KMU).
(2) Die **Europäische Bank für Wiederaufbau und Entwicklung für Mittel- und Osteuropa** (**EBRD,** *European Bank for Reconstruction and Development*, «**Osteuropabank**») wurde 1991 gegründet (Sitz London), um den Prozeß der Umstrukturierung Mittel- und Osteuropas hin zu marktwirtschaftlichen Strukturen zu unterstützen.
(3) Der **Europäische Entwicklungsfonds (EEF)** ist für die finanzielle Zusammenarbeit mit Entwicklungsländern zuständig und verwaltet insbesondere die Mittel, die im Rahmen der sog. Lomé-Verträge den AKP-Staaten (Staaten aus Afrika, der Karibik und des Pazifik) zur Verfügung gestellt werden.
(4) Für die Struktur- und Regionalpolitik innerhalb der EG stehen verschiedene Fonds zur Verfügung u. a. – seit 1962 – der **Europäische**

Sozialfonds (ESF), mit dessen Mitteln nach Art. 125 EWGV durch Beihilfen zur beruflichen Umschulung und zur Umsiedlung von Arbeitslosen die berufliche Mobilität gefördert werden soll, der **Europäische Ausrichtungs- und Garantiefonds für die Landwirtschaft** (EAGFL) im Rahmen der Agrarpolitik (vgl. dazu Kap. G), nach der ersten Erweiterung der EG der **Europäische Fonds für regionale Entwicklung** (EFRE, 1975) zur Förderung strukturschwacher Regionen und Gebiete der Mitgliedstaaten, und gegenwärtig werden Pläne für einen **Europäischen Investitionsfonds** und einen **Kohäsionsfonds** diskutiert.

B-2.2.3.5. Handelspolitik

Nach Art. 113 EWGV ist die Handelspolitik eine Gemeinschaftsaufgabe. Die EG hat mit einer Vielzahl von Ländern und Ländergruppen Handels- und Präferenzabkommen abgeschlossen, u.a. mit den EFTA-Ländern, den Mittelmeerländern, den sog. AKP-Ländern und verschiedenen osteuropäischen Ländern. Aus didaktischen Gründen werden diese nicht hier, sondern an anderer Stelle behandelt. Vgl. daher Abschn. B-2.12 zum Lomé-Abkommen und F-4 zu einer Reihe anderer Assoziierungs- und Präferenzabkommen.

B-2.3. EFTA

Die Europäische Freihandelszone (European Free Trade Association, EFTA) wurde im Mai 1960 in Stockholm von 8 Staaten gegründet: Dänemark, Großbritannien, Irland, Norwegen, Schweden, Portugal, Österreich, Schweiz. Island trat 1970 bei, Finnland (zunächst assoziiert) wurde 1975 Vollmitglied. Im Zuge der Norderweiterung der EG schieden 1972 Großbritannien, Irland und Dänemark aus der EFTA aus, 1986 mit der EG-Süderweiterung Portugal und Spanien. Die verbleibenden 6 Staaten (Norwegen, Schweden, Finnland, Island, Österreich, Schweiz) werden auch als **Rest-EFTA** bezeichnet. Seit Mitte 1991 wird Liechtenstein als eigenständiger Staat berücksichtigt und nicht nur als Bestandteil der Wirtschaftsunion mit der Schweiz (Abb. B-2.3/1).

Die Gründung der EFTA ist vor dem Hintergrund der EWG-Gründung zu sehen. Der Versuch einer umfassenden europäischen Integration nach dem II. Weltkrieg mißlang; die Interessen und Probleme der einzelnen Länder waren zu unterschiedlich. Großbritannien sah sich zunächst mehr seinen Commonwealth-Partnern verpflichtet, die skan-

Abb. B-2.3/1: **EFTA (European Free Trade Association; Europäische Freihandelszone,** gegründet im Mai 1960 in Stockholm, Abkommen in Kraft seit 1. 7. 1960)

Mitglieder

1960	1970	1972	1986
Dänemark	Dänemark		
			Finnland
Großbritannien	Großbritannien		
Irland	Irland		
	Island	Island	Island
Norwegen	Norwegen	Norwegen	Norwegen
Schweden	Schweden	Schweden	Schweden
Portugal	Portugal	Portugal	
Österreich	Österreich	Österreich	Österreich
Schweiz/ Liechtenstein	Schweiz/ Liechtenstein	Schweiz/ Liechtenstein	Schweiz/ Liechtenstein

dinavischen Länder konnten bestimmte Aspekte des EWG-Vertrags nicht akzeptieren, insbesondere im Bereich der Landwirtschaft und der Fischerei. Die o.a. Staaten schlossen sich daher – als Alternative – zur EFTA zusammen. Eine gewisse Klammer zwischen EWG und EFTA stellte von Anfang an die OECD dar, vgl. oben. Zudem bestehen weitgehende vertragliche Bindungen zwischen EWG und EFTA, insbesondere gegenseitige Präferenzabkommen (vgl. Abschn. F-4), so daß für den gewerblichen Sektor und den Montanbereich ein 18 Staaten umfassender Freihandelsraum besteht. Dieser wird im Rahmen des ab 1. 1. 1993 geltenden Abkommens über den Europäischen Wirtschaftsraum (EWR) weiter ausgebaut (vgl. Abschn. B-2.4 zum EWR).

Das wichtigste EFTA-Organ ist der Ministerrat, der i.d.R. dreimal pro Jahr tagt. Die EFTA-Staaten sind gleichberechtigt; eine Stimmgewichtung wie in der EWG gibt es nicht. In Genf ist das EFTA-Sekretariat mit rund 100 Beschäftigten angesiedelt (zum Vergleich: Die EG-Kommission in Brüssel beschäftigt rund 20000 Vollzeitkräfte).

Als Freihandelszone (vgl. Abschn. B-1.4.1) hat die EFTA alle Binnenzölle und fast mengenmäßigen Handelsbeschränkungen zwischen den Mitgliedstaaten beseitigt, verfolgt jedoch keine gemeinsame Außenhandelspolitik. Eine Reihe von Agrarerzeugnissen, Fischerei- und Meeresprodukten werden nicht von der internen Liberalisierung erfaßt, sondern unterliegen bilateralen Handelsregelungen. Im Gegensatz zur EG strebt(e) die EFTA keine weitergehende außenhandels-

und wirtschaftspolitische, insbesondere auch keine politische Integration an.
Die Handelsverflechtungen zwischen EWG und EFTA sind sehr intensiv: über 61% der EFTA-Importe stammen aus der EG (Schweiz 73%, Österreich 67%, die anderen Länder 43–58%), mehr als 54% der EFTA-Exporte gehen in die EG (Norwegen 65%, Österreich 60%, die übrigen Länder 38–55%; Stand: 1992). Umgekehrt geht rund ein Viertel der EG-Exporte in EFTA-Länder.
In der jüngsten Vergangenheit zeichnet sich ab, daß sich auch die Rest-EFTA auflösen wird: Schweden, Österreich und die Schweiz streben eine Vollmitgliedschaft in der EG an, andere Staaten sind in dieser Hinsicht noch zögernd (u.a. Island wegen besonderer Probleme hinsichtlich des erforderlichen Verzichts auf die reklamierte 200-Meilen-Fischfangzone, auch in Norwegen ist die politische Meinung hinsichtlich einer EG-Mitgliedschaft zurückhaltend). Die Vorstufe könnte der EWR sein:

B-2.4. Europäischer Wirtschaftsraum (EWR)

Am 9. 4. 1984 fand eine gemeinsame Ministerkonferenz der EWG und der EFTA statt, als deren Ergebnis die sog. **Luxemburger Erklärung** als Absichtserklärung für eine weitergehende Integration anzusehen ist: Die 19 Länder von EWG (12) und EFTA (7) haben ein ab 1. 1. 1993 geltendes Abkommen geschlossen, nach dem die durch entsprechende Präferenzabkommen zwischen der EG und den EFTA-Ländern (vgl. Abschn. F-4) bereits geltende Freiheit für den Warenverkehr ausgedehnt werden soll auf die o.a. «vier Freiheiten» des EG-Binnenmarktes. U.a. müssen die EFTA-Länder die Voraussetzungen für die Niederlassung von Banken und Versicherungen schaffen. Außerdem soll das EG-Wettbewerbsrecht einschließlich der Bestimmungen über die Kartell- und Fusionskontrolle für alle Vertragsstaaten gelten. Für den Agrarbereich sollen in bilateralen Abkommen zwischen der EG und den einzelnen EFTA-Ländern besondere Probleme und Ausnahmen verhandelt werden. Besonders schwierig waren die Verhandlungen über den Alpentransit mit Österreich und die Fischereirechte mit Island und Norwegen. Insgesamt soll dadurch ein **Europäischer Wirtschaftsraum** (**EWR**) geschaffen werden, der in vielen Zügen dem EG-Binnenmarkt ähnelt. Allerdings ist keine Abschaffung der Personenkontrollen zwischen EG- und EFTA-Staaten vorgesehen; auch gehört eine gemeinsame Währungspolitik nicht zum Vertrag.
Das EWR-Abkommen umfaßt rund 1000 Seiten Vertragstext; rund

800 EG-Rechtsakte, die den freien Warenverkehr betreffen, mußten in den Vertrag integriert werden. Bei dem EWR-Abkommen handelt es sich um ein Assoziierungsabkommen gemäß Art. 238 EWGV. Da dieser die Ratifizierung des Vertrages durch die jeweiligen nationalen Parlamente vorsieht, hat sich das Inkrafttreten des Abkommens über den 1. 1. 1993 hinaus verzögert, zudem auch, weil der EuGH die geplante Einrichtung eines gemeinsamen Gerichtshofs von EG und EFTA als rechtswidrig beurteilt hat. Im Mai 1992 war das EWR-Abkommen im portugisischen **Porto** von den Außenministern der EG- und EFTA-Staaten unterzeichnet worden (Abb. B-2.4/1). Der Ratifizierungsprozeß allerdings stockt: Im Dezember 1992 hat die Schweiz in einer Volksabstimmung den Beitritt zum EWR abgelehnt.

Abb. B-2.4/1: **EWR**

Die Efta-Staaten bekräftigen ihr Interesse am Wirtschaftsraum

Europaparlament billigt den EWR-Vertrag

Im EWR leben mit 377 Millionen Menschen nur 7,1% der Weltbevölkerung, aber im EWR werden mit rd. 7 Bio US-$ 30% des Weltsozialprodukts erwirtschaftet (zum Vergleich USA: 5,47 Bio, Japan 2,97 Bio US-$), und der EWR hat mit rd. 2,7 Bio US-$ einen Anteil von 43% des Welthandels (Einfuhr + Ausfuhr).

Der EWR ist für einige EFTA-Länder sicher nur eine Vorstufe zur Vollmitgliedschaft in der EWG, denn nach dem EWR-Vertrag werden die EFTA-Länder bei EG-Entscheidungen zwar konsultiert, doch können sie nicht mitentscheiden. Andererseits bestehen in einigen EFTA-(und EG-)Ländern doch erhebliche Bedenken gegen eine Abtretung von Souveränitätsrechten an die EG-Administration, insbesondere angesichts des weitgehenden Fehlens einer parlamentarischen Kontrolle der EG, wie oben ausgeführt: 1972 stimmte Norwegen in einer Volksabstimmung gegen den EG-Beitritt, 1992 lehnte Dänemark in einer Volksabstimmung die Maastrichter Verträge ab, welche die Fortentwicklung der EG zur Wirtschafts- und Währungsunion festschreiben.

Die Vervollkommnung des EWR hat aus der Sicht der EG aber nur eine nachgeordnete Priorität, denn an erster Stelle steht die Verwirklichung des Binnenmarktes.

B-2.5. Im Rückblick: RWG/COMECON

Der Rat für gegenseitige Wirtschaftshilfe (Council for Mutual Econonomic Assistance, COMECON) wurde 1949 gegründet, um ein Gegengewicht zum Marshall-Plan, dem European Recovery Programme (ERP) zu schaffen. Gründungsmitglieder waren die UdSSR, Bulgarien, Polen, Rumänien und Ungarn, später kamen Albanien, die DDR, die CSSR, die Mongolei, Kuba und Vietnam als Vollmitglieder hinzu; Afghanistan, Äthiopien, Angola, Laos, Mozambique und die Volksrepublik Jemen, bis 1966 auch China, hatten Beobachterstatus; mit Jugoslawien bestand ein Assoziierungsabkommen, mit Finnland, Guayana, Irak, Jamaika und Mexiko Kooperationsabkommen.
Der RGW hat sich 1991 nach dem Zusammenbruch der UdSSR und dem Zerfall des Ostblocks als Institution aufgelöst. In den über 40 Jahren seines Bestehens hat der RGW viel Anschauungsmaterial dafür geliefert, welche Probleme sich bei dem Versuch ergeben, sehr heterogene Volkswirtschaften mit einem komplexen, zentralistischen Planungssystem zu verzahnen.

B-2.6. Der Internationale Währungsfonds (IWF)

B-2.6.1. Entstehung und Ziele

Der **Internationale Währungsfonds** (**IWF**, engl. *International Monetary Fund*, **IMF**) wurde 1944 auf der Konferenz von **Bretton Woods**, einem kleinen Badeort in New Hampshire an der amerikanischen Ostküste, zusammen mit der **Weltbank** (*International Bank for Reconstruction and Development*, **IBRD**) beschlossen; die entsprechenden Abkommen traten 1945 in Kraft, die Institutionen – beide mit Sitz in Washington D.C. – nahmen Anfang 1947 ihre Arbeit auf.
Während der Weltbank längerfristige Entwicklungsaufgaben zugedacht waren, wurde der IWF als «Zahlungsbilanzfeuerwehr» konzipiert, um bei prinzipiell vorübergehenden Zahlungsbilanzproblemen Unterstützung gewähren zu können.
Auf der Bretton-Woods-Konferenz, an der 44 Staaten teilnahmen, standen sich zwei Positionen gegenüber: die *Großbritanniens* – vertreten durch Sir John Maynard **Keynes** – und die der *USA*, vertreten

durch den Finanzstaatssekretär Harry Dexter **White** («White-Plan»). Keynes schlug eine multilaterale Zentralbank und die Schaffung einer internationalen Recheneinheit vor («**Bancor**»), die eine Goldkernwährung darstellen sollte. Die Zentralbank sollte als Clearingstelle fungieren und einen Großteil internationaler Zahlungsströme und damit auch die Notwendigkeit von Devisenreserven überflüssig machen. Dieser revolutionäre Vorschlag konnte sich jedoch nicht gegen den amerikanischen White-Plan durchsetzen.

Im Währungsbereich wurde ein System fester Wechselkurse geschaffen, indem alle beteiligten Währungen eine feste Parität zum US-Dollar erhielten (mit einer Bandbreite von ± 1%); der Dollar wiederum hatte eine feste Goldparität (1 Unze Feingold = 35 Dollar), und die amerikanische Regierung gab eine Goldeinlösegarantie ab, nach der offizielle Dollarreserven jederzeit in Gold eingetauscht werden konnten. Der Dollar war also so gut wie Gold. Über dieses

Exkurs: Zur Geschichte des Dollars

Den amerikanischen Dollar gibt es seit 1792, also seit über 200 Jahren. Zunächst herrschte aber – auch bedingt durch den Bürgerkrieg – ein Währungswirrwarr. Zum Ende des Bürgerkriegs gab es rund 7000 verschiedene Banknoten von etwa 1500 Ausgabeinstituten; ein Drittel des Geldumlaufs galt als gefälscht. Erst die Geldscheine der Nordstaaten, die «Greenbacks», setzten sich als Banknoten durch. Vom Wort her leitet sich «Dollar» aus Silbermünzen ab, die seit 1515 aus Silber geprägt wurden, das aus Minen in Joachimsthal im Erzgebirge gefördert wurde. Die «Joachimsthaler Silbermünze» hat sich im Zeitablauf über «Taler» zu «Dollar» abgeschliffen.

Bis zur Unabhängigkeit der ehemaligen englischen Kolonien in Nordamerika galt dort das englische Pfund als gesetzliches Zahlungsmittel, allerdings neben einer Vielzahl von verschiedenem Warengeld als Geldsurrogaten – Tabak, Felle, Schießpulver, Muschelschmuck – und dem spanisch-mexikanischen Peso. Nach der Unabhängigkeit wurde auch zunächst ein Peso als amerikanische Währung eingeführt, den man aber allgemein nur «Dollar» nannte. Man sagt auch, daß das Dollarzeichen die zusammengeschobene Abkürzung «P'S» für Peso ist (Quelle: Wolfram Weimer, FAZ 1992). Interessant ist auch, daß die Ein-Dollar-Note metaphysische Elemente enthält: Über der Pyramide von Gizeh, um die sich eine Vielzahl von Interpretationen ranken, ist das esotherische sog. «Dritte Auge» abgebildet.

System sollte der IWF wachen und Mitgliedstaaten mit Zahlungsbilanzproblemen helfen: Wechselkursänderungen waren nur bei grundlegenden Zahlungsbilanzproblemen bis zu maximal ± 10% möglich.

Der IWF funktioniert im Grunde genommen wie eine Genossenschaftsbank, die ihren Mitgliedern Kredite gewährt. Bei gravierenden Zahlungsbilanzstörungen, wobei vorrangig an Leistungsbilanzdefizite zu denken ist, können die Mitglieder des IWF entsprechend der Höhe ihrer Einlagen (Quote) Kredite aufnehmen («ziehen»). An eine Finanzierung struktureller, d.h. langfristiger Zahlungsbilanzdefizite war und ist nicht gedacht. Allerdings standen bei Gründung des IWF 1945 die Probleme der heutigen Entwicklungsländer auch noch nicht zur Debatte; entsprechende Änderungen der Statuten waren im Zeitablauf erforderlich. Mittlerweile gibt es eine Reihe von Kreditfazilitäten, die speziell auf die Probleme von Entwicklungsländern zugeschnitten sind; hierzu gleich. Das in Bretton Woods beschlossene Weltwährungssystem beruhte auf festen Wechselkursen, so daß die Zahlungsbilanzkredite des IWF auch zur Verteidigung der vereinbarten Währungsparitäten dienten. Seit dem Zusammenbruch des Bretton-Woods-Systems 1973 und dem Übergang zu flexiblen Wechselkursen entfällt dieser Aspekt (vgl. dazu ausführlich Abschn. C-1.8.1).

Mitte 1992 hatte der IWF rund 180 Mitglieder, nachdem 1991/92 viele neue Mitglieder hinzugekommen waren: die Schweiz, die als einziges Industrieland bislang kein Mitglied war, jedoch in vielerlei Hinsicht mit dem IWF zusammenarbeitete, u.a. als Kreditgeber, sowie eine ganze Reihe von Ländern der ehemaligen UdSSR und des ehemaligen Ostblocks; weitere Länder haben die Mitgliedschaft beantragt.

B-2.6.2. Organisation

Der **Gouverneursrat** ist das oberste, ‹politische› Leitungsgremium des IWF. Jedes Mitgliedsland entsendet einen Repräsentanten, meist einen Minister oder den Zentralbankpräsidenten, wie im Fall der Bundesrepublik. Der Gouverneursrat entscheidet über die Festsetzung der Länderquoten (vgl. Abschn. B-2.6.3), über die Aufnahme neuer Mitglieder und die Zuteilung von Sonderziehungsrechten (vgl. Abschn. B-2.6.6). Er tritt jährlich einmal zusammen, häufig gleichzeitig mit der Gouverneursratssitzung der Weltbank (vgl. Abschn. B-2.7.2). Daneben gibt es den **Interimsausschuß**, der sich aus je 11 Vertretern von Industrie- und Entwicklungsländern zusammensetzt und zwischen den Gouverneursratssitzungen – daher ‹Interim› – meist zweimal jährlich berät. Seitens der Entwicklungsländer werden diese Sitzungen von

einem **24er-Ausschuß** (**G-24**) vorbereitet, je acht Vertretern aus Afrika, Asien und Lateinamerika, der quasi das Pendant zur **10er-Gruppe**[1] (**G-10**) der Industrieländer ist. Als **G-5** bezeichnet man die fünf Industrieländer, deren Währungen den SZR-Korb bilden (Deutschland, Frankreich, Großbritannien, Japan, USA; vgl. Abschn. B-2.6.6); als **G-7** gelten die sieben Industrieländer, deren Staats- und Regierungschefs sich i.d.R. einmal jährlich zu einem Weltwirtschaftsgipfel treffen (Deutschland, Frankreich, Großbritannien, Italien, Japan, Kanada, USA).
Das **Exekutivdirektorium** führt die laufenden Geschäfte des IWF. Es besteht aus 22 Exekutivdirektoren, von denen fünf von den Mitgliedern mit den größten Länderquoten ernannt werden (darunter auch Deutschland), einer von Saudi-Arabien (wegen seines hohen Finanzbeitrags), und die anderen werden vom Gouverneursrat für je zwei Jahre nach einem regionalen Proporz gewählt. Die Exekutivdirektoren wählen den **Geschäftsführenden Direktor** für fünf Jahre. Der Gouverneursrat hat an den Exekutivausschuß alle Geschäfte delegiert, die nach dem IWF-Abkommen übertragbar sind.

B-2.6.3. Quoten und Kreditsystem

Auf die Mitgliedstaaten des IWF entfallen **Quoten**, die sich aus der Wirtschaftskraft des jeweiligen Landes ableiten (u.a. unter Berücksichtigung des Sozialprodukts und der Währungsreserven). Die Höhe der Quote bestimmt die Einzahlungen, das Stimmrecht und die Kreditmöglichkeiten des Mitgliedslandes. Die Gesamtsumme der Quoten beträgt seit 1992 rund 180 Mrd. US-Dollar.
Die Mitglieder müssen einen Teil der Quote in Sonderziehungsrechten (SZR, vgl. Abschn. B-2.6.6), Gold oder Fremdwährung (zusammen i.d.R. 25%) einzahlen (sog. **Subskription**), in bestimmten Fällen – sofern der Fonds Bedarf an der betreffenden Währung hat – zusätzlich auch eigene Landeswährung. Die Quoten werden absolut und relativ mindestens alle fünf Jahre überprüft und ggf. angepaßt; die letzte allgemeine Revision war 1990. Allgemeine Quotenerhöhungen müssen (seit 1992) mit 70% der Mitgliederstimmen beschlossen werden (vorher 85%) (vgl. Abb. B-2.6/1). Daneben können einzelne Länderquoten auch individuell verändert werden. Die prozentuale Quoten-

---

[1] USA, Deutschland, Japan, Frankreich, Großbritannien, Italien, Kanada, Niederlande, Belgien, Schweden; seit 1984 auch die Schweiz, d.h. es ist eigentlich eine 11er-Gruppe.

Abb. B-2.6/1: **IWF-Quoten**

Ohne eine Quotenerhöhung kommt der Währungsfonds in Not

Quotenerhöhung um 50 Prozent

Die Bundesrepublik rückt auf Platz zwei im Währungsfonds

Aufnahme der Schweiz in IMF und Weltbank

IWF / Die Koordinierung der G-7 fällt zur Zeit schwer

Währungsfonds: Riesen und Zwerge

Quoten der fünf größten und fünf kleinsten IWF-Mitgliedsländer nach der geplanten Erhöhung Ende 1991

	in Millionen SZR	in Prozent des IWF-Kapitals
Vereinigte Staaten	26.500	19,6
Bundesrepublik	8.200	6,1
Japan	8.200	6,1
Frankreich	7.400	5,5
Großbritannien	7.400	5,5
		in Promille
Sao Tomé und Principe	5,5	0,041
Malediven	5,5	0,041
Tonga	5,0	0,037
Bhutan	4,5	0,033
Kiribati	4,0	0,030

SZR: Sonderziehungsrechte; 1 SZR = 2,20 DM;
Quelle: Internationaler Währungsfonds

summe bestimmt das Stimmrecht, das – bedingt durch methodische Gründe – in den Prozentpunkten geringfügig abweicht. Die höchste Länderquote haben die USA (19%), gefolgt von Deutschland, Japan, Großbritannien und Frankreich. Die EG als Block hingegen rangiert mit rd. 28% weit vor den USA; die Industrieländer vereinen rd. 62%, die Entwicklungsländer rd. 38% auf sich. Jedes Land hat bei Abstimmungen in den Entscheidungsorganen 2500 Grundstimmen plus weitere Stimmen in Abhängigkeit von der Höhe der Quote. Allerdings wird im Exekutivrat meist im Konsensverfahren ohne Stimmauszählung entschieden, während im Gouverneursrat formell abgestimmt wird.

Grundsätzlich sollte der Fonds sich aus den Subskriptionszahlungen finanzieren. Daneben kann er jedoch auch bei einzelnen Mitgliedern oder Gruppen von Mitgliedern Kredite aufnehmen und Mittel auf den internationalen Kreditmärkten aufnehmen. Die sog. **Zehnergruppe** im IWF hat dem IWF im Rahmen der **Allgemeinen Kreditvereinbarung** (**AKV**) eine ständige Kreditlinie zur Verfügung gestellt, die auch umfassend genutzt wird.

Für Kredite seitens des IWF – **Ziehungen** genannt – stehen verschiedene **Fazilitäten** zur Verfügung. Abb. B-2.6/2 zeigt, daß jedes Mitglied zunächst in Höhe seiner *Subskription* Mittel beanspruchen kann (**Reservetranche**). Dies gilt nicht als Kreditgewährung, da diese Mittel ja von dem betreffenden Mitglied selbst aufgebracht worden ist, und ist daher gebührenfrei (vgl. Abschn. B-2.6.4). Zusätzlich kann jedes Mitglied Kredite im Rahmen von vier **Kredittranchen** zu je 25% der Quote aufnehmen (vgl. dazu auch Abschn. B-2.6.5). Als ‹normale› Mittelbeanspruchung kann ein Land daher 125% seiner Quote ausnutzen.

Daneben gilt es Sonderfazilitäten, die teils zusätzlich, teils anstelle der Kredittranchen beansprucht werden können. Zum einen gibt es die **Erweiterte Fondsfazilität**, die von Ländern mit strukturellen, mittelfristigen Problemen in Anspruch genommen werden kann. Zum anderen

Abb. B-2.6/2: **IWF-Ziehungen**

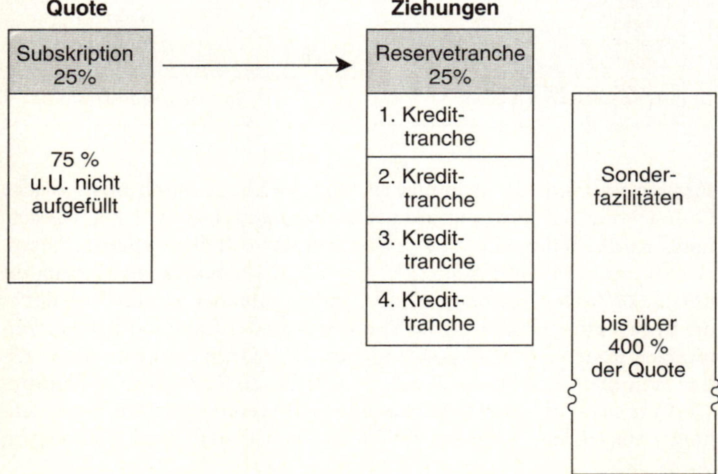

können im Rahmen der **Strukturanpassungsfazilität** (SAF) Mittel zur Durchführung von Anpassungsprogrammen in Zusammenarbeit mit IWF/Weltbank in Anspruch genommen werden. Durch die **Fazilität zur Kompensierung von Exporterlösausfällen und unerwarteten externen Störungen** (CCFF) können Erlösausfälle aufgefangen werden (eine Konstruktion, die im STABEX-System der EG-Lomé-Verträge übernommen wurde, vgl. Abschn. B-2.12) sowie andere Belastungen kompensiert werden, z.B. für die Finanzierung von **Rohstoffausgleichslagern (Pufferlagern)** (*buffer stocks*) im Rahmen von Rohstoffabkommen (vgl. B-2.11). In besonderen Situationen gab es auch spezielle, zeitlich begrenzte Fazilitäten wie die Ölfazilität, die nach der ersten Ölkrise 1973 geschaffen wurde und den Ölpreisschock dämpfen sollte. Insgesamt stehen einem kreditsuchenden Land daher über 500% seiner Quote an Kreditmöglichkeiten zur Verfügung.

B-2.6.4. Kreditkosten

Die Inanspruchnahme von IWF-Krediten ist nicht kostenlos (außer innerhalb der Reservetranche). Kredite werden zu einem Zinssatz verzinst, der sich an der Verzinsung des SZR (vgl. Abschn. B-2.6.6) orientiert, also von Markteinflüssen abhängt. In bestimmten Fällen sind höhere Zinsen zu zahlen; LLDCs werden niedrigere Zinssätze gewährt. Ziehungen müssen innerhalb bestimmter Fristen getilgt werden. Die konkrete Darstellung würde zu sehr ins – hier entbehrliche – technische Detail gehen. Die Inanspruchnahme bestimmter Tranchen bzw. Fazilitäten ist an die Erfüllung wirtschaftspolitischer Bedingungen geknüpft, die vom Fonds mit dem kreditsuchenden Land vorher ausgehandelt werden (sog. **Konditionalität**).

B-2.6.5. Konditionalität

Während die Inanspruchnahme von Fondsmitteln in Höhe der Subskription (Reservetranche) bedingungslos erfolgen kann (die Reservetranche zählt daher auch zu den offiziellen Währungsreserven jedes Landes), sind Ziehungen innerhalb der Kredittranchen mit Auflagen verbunden. Innerhalb der 1. Kredittranche sind Kredite noch weitgehend bedingungslos verfügbar, während bei höheren Kredittranchen der IWF die Mittelgewährung von der Erfüllung bestimmter wirtschaftspolitischer Auflagen abhängig macht (sog. **Konditionalität**). Dabei handelt es sich regelmäßig um

- Abbau des staatlichen Haushaltsdefizits, insbesondere durch Verringerung der Staatsausgaben,

- Abbau der Staatsverschuldung,
- Verringerung der Inflation,
- Abwertung der Inlandswährung und
- Liberalisierung des Handels- und Zahlungsverkehrs.

In vorangehenden Verhandlungen und Beratungen gibt das kreditsuchende Mitgliedsland eine Absichtserklärung ab (**letter of intent**) hinsichtlich der geplanten Reformmaßnahmen. Daraufhin schließt der Fonds mit dem kreditsuchenden Mitgliedsland ein **Bereitschaftsabkommen (stand-by-agreement)**, in dem sich der Fonds zur Auszahlung von Mitteln und das Mitgliedsland zur Erfüllung der geplanten wirtschaftspolitischen Bedingungen verpflichten (Abb. B-2.6/3). Die zugesagten Mittel werden ‹in Raten› in bestimmten Zeitabschnitten – z.B. 3-monatig – in Abhängigkeit von der Verwirklichung bestimmter Indikatoren (z.B. der Inflationsrate) ausgezahlt (**Phasing**). Damit soll sichergestellt werden, daß das betreffende Land tatsächlich eine Verbesserung seiner Situation, d.h. eine Verringerung der Probleme erreicht, die Ursache für die Kreditaufnahme sind.

Diese Konditionalität ist Ansatzpunkt für teilweise massive Kritik am IWF (bzw. der Weltbank, da beide Institutionen bei **Strukturanpas-**

Abb. B-2.6/3: **IWF-Konditionalität**

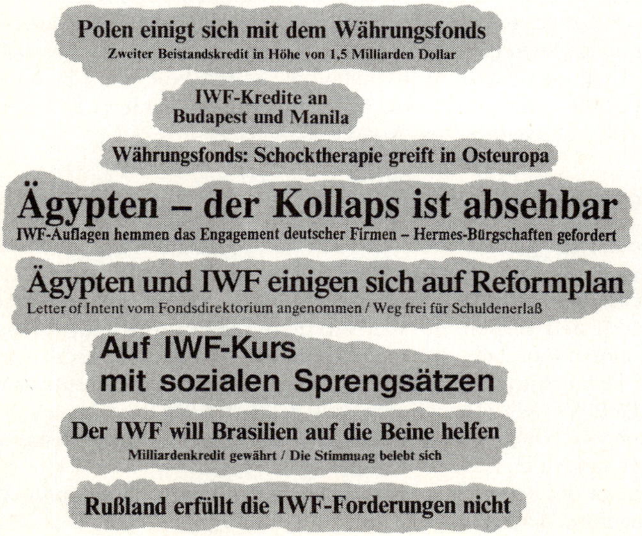

Polen einigt sich mit dem Währungsfonds
Zweiter Beistandskredit in Höhe von 1,5 Milliarden Dollar

IWF-Kredite an Budapest und Manila

Währungsfonds: Schocktherapie greift in Osteuropa

Ägypten – der Kollaps ist absehbar
IWF-Auflagen hemmen das Engagement deutscher Firmen – Hermes-Bürgschaften gefordert

Ägypten und IWF einigen sich auf Reformplan
Letter of Intent vom Fondsdirektorium angenommen / Weg frei für Schuldenerlaß

Auf IWF-Kurs mit sozialen Sprengsätzen

Der IWF will Brasilien auf die Beine helfen
Milliardenkredit gewährt / Die Stimmung belebt sich

Rußland erfüllt die IWF-Forderungen nicht

sungsprogrammen (**SAP**) und anderen Stabilisierungsprogrammen oft zusammenarbeiten). Der IWF/Weltbank-Ansatz ist makroökonomisch verständlich, denn die oben aufgelisteten Hauptziele im Rahmen der Konditionalität sind plausibel. Die Kritik richtet sich gegen drei Aspekte (vgl. Abb. B-2.6/3):

- Zum einen treffen die mikroökonomischen Auswirkungen der Anpassung in erster Linie gerade die Bevölkerungsschichten, welche die Folgen der Anpassung am wenigsten tragen können: Eine versuchte Verringerung der Staatsdefizits bedeutet z.B. Wegfall von Subventionen auf Grundnahrungsmittel und öffentliche Transportmittel; der Schulbesuch und die Inanspruchnahme von ärztlicher Versorgung ist nicht mehr kostenlos; Arbeitsstellen im öffentlichen Dienst werden abgebaut; die Inflationsbekämpfung erfolgt – neben der Reduzierung der Staatsausgaben – auch durch Anhebung der Kreditzinsen zur Eindämmung der Nachfrage; die Abwertung der Währung soll – durch die entsprechende Verteuerung der Importgüter – den Importsog abbremsen (und den Export analog anregen, hierzu gleich). Die Folgen sind oft massive, abrupte Preissteigerungen bei gleichzeitig erfolgenden Entlassungen. In vielen Ländern hat die betroffene Bevölkerung auf diese Maßnahmen mit teilweise bürgerkriegsähnlichen Protesten reagiert (*«Brotaufstände»* oder auch *«IWF-Aufstände»*). Die theoretisch vorstellbare Exportanregung im Gefolge einer Abwertung kommt jedoch oft nicht zustande: nämlich dann, wenn es sich bei den meist wenigen Exportgütern um preisunelastische Rohstoffe handelt, bei denen eine Preissenkung keinen Mengeneffekt auslöst, sondern dem Exportland lediglich geringere Exporterlöse beschert.
- Der zweite Kritikpunkt leitet sich daraus ab, daß solche landesinternen Anpassungsmaßnahmen prinzipiell auch Probleme lösen sollen, die extern bedingt sind. Die Verschuldung vieler Entwicklungsländer wird – unabhängig von teilweiser offensichtlicher, massiver Mißwirtschaft, auf die hier nicht eingegangen werden kann – auch durch Faktoren bestimmt, auf die das betreffende Land keinen Einfluß hat, z.B. den Verfall von Rohstoffpreisen im Exportbereich oder der Anstieg des Dollarkurses oder internationaler Kreditzinsen. Solche Effekte können ein Land schon an den Rand des Zusammenbruchs drängen und kaum durch interne Sparmaßnahmen aufgefangen werden. Die Kritik bezieht sich daher darauf, daß IWF/Weltbank externe Ursachen intern bekämpfen, also konzeptionell teilweise bedenklich vorgehen.
- Der dritte Kritikpunkt richtet sich dagegen, daß sich der IWF bei der konkreten Ausgestaltung der Anpassungsmaßnahmen darauf zurückzieht, daß er im Vorfeld des *Bereitschaftsabkommens* ja lediglich

Empfehlungen gebe und das kreditsuchende Land frei sei, ob es diese annehme oder nicht. Das ist natürlich so nicht der Fall, denn ein Land, welches sich nicht der («vorgeschlagenen») Konditionalität unterwirft, erhält keinen IWF-Kredit, und wenn sich der IWF weigert, halten sich auch andere Kreditgeber zurück; das kann sich kein Land leisten. Der IWF schreibt also faktisch schon die Anpassungsmaßnahmen vor. Dabei ist aber zu beobachten, daß sich grundsätzlich die oben beschriebenen harten Auswirkungen für die armen Bevölkerungsgruppen einstellen, daß aber kaum analoge Maßnahmen «empfohlen» werden, welche auch die – sehr oft extrem reiche – Oberschicht des Landes in gleicher Weise zur Finanzierung der Anpassung heranziehen. Die Verteilung der Anpassungslasten in der Bevölkerung erfolgt sehr asymmetrisch (vgl. auch Abb. B-2.6/4).

Abb. B-2.6/4: **Haushaltssanierung in Deutschland**

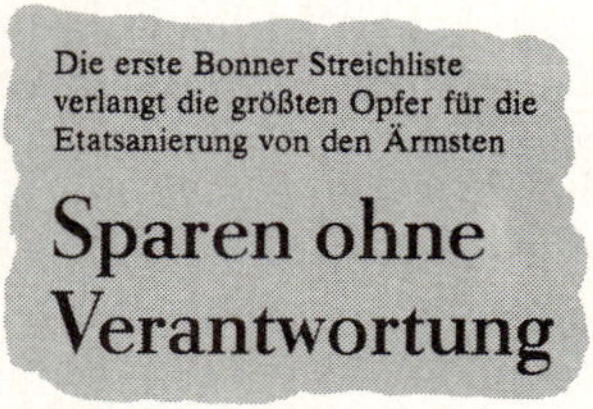

Die erste Bonner Streichliste verlangt die größten Opfer für die Etatsanierung von den Ärmsten

Sparen ohne Verantwortung

Insgesamt ist oft festzustellen, daß die Anpassungsmaßnahmen so hoch dosiert werden, daß die Anpassungsfolgen sehr bzw. zu drastisch sind («Overkill»). In einigen Ländern haben die entsprechenden Reaktionen der betroffenen Bevölkerung zu politischen Umstürzen geführt, so daß IWF/Weltbank auch vorgeworfen wird, schwache Regierungen zu destabilisieren. Wir können diese Überlegungen hier aber nicht weiter verfolgen.

B-2.6.6. Exkurs: Sonderziehungsrechte (SZR)

Sonderziehungsrechte (SZR) sind Kunstgeld, künstlich geschaffene international verwendbare Liquidität: 1969 wurden durch eine Änderung des IWF-Abkommens SZR geschaffen und auf die IWF-Mitglieder verteilt, um einer – damals empfundenen – Liquiditätsverknappung zu begegnen. SZR können von den Teilnehmern am SZR-System und vom IWF wie andere Währungsreserven u.a. verwendet werden, um Kredite und Zinsen zurückzuzahlen oder Subskriptionen

beim IWF zu leisten. Die Schaffung und Zuteilung von SZR kann vom Gouverneursrat mit 85% der Stimmen beschlossen werden. Hiervon wurde zwischen 1970 und 1981 mehrfach Gebrauch gemacht, seitdem allerdings nicht mehr. Die SZR machen international gegenwärtig rd. 3% aller Währungsreserven aus. Sofern ein Teilnehmerland zugeteilte SZR verwenden will, weist der IWF ihm Empfängerländer zu, bei denen es seine SZR gegen Devisen tauschen kann (**Designierung**). Für die Ankaufsverpflichtung von SZR gibt es bestimmte Höchstgrenzen. Unabhängig davon können SZR-Teilnehmer natürlich jede Verwendung – ohne Einschaltung des IWF – frei vereinbaren.
Da SZR nicht am Devisenmarkt gehandelt werden, wird zur Wertbestimmung ein Marktkurs ermittelt. Grundlage ist ein Währungskorb, der sich aus bestimmten festen Beträgen an US-Dollar, DM, französischen Franc, Yen und englischem Pfund zusammensetzt. Diese Beträge werden täglich mit den jeweiligen Kassa-Dollarkursen gewichtet (bei der DM wird z.B. der amtliche Kassa-Mittelkurs der Frankfurter Börse verwendet, vgl. Abschn. C-1.1). Dadurch ergibt sich z.B. ein SZR-Wert von 1,45 US-Dollar. Der SZR-Wert unterliegt aufgrund der Gewichtung durch die Korbwährungen relativ geringeren Schwankungen als die individuellen Währungen. Ein ganz ähnliches Verfahren wird auch bei der Ermittlung des ECU-Wertes im Europäischen Währungssystem verwendet (vgl. Abschn. C-1.9).

B-2.7. Weltbank

B-2.7.1. Entstehung und Ziele

Die Bezeichnung **Weltbank** ist die international gängige Verkürzung der offiziellen Bezeichnung *International Bank for Reconstruction and Development* (**IBRD**). Die Weltbank wurde zusammen mit dem IWF 1944 auf der o.a. Bretton-Woods-Konferenz beschlossen; das Abkommen trat 1945 in Kraft. Die IBRD begann 1947 ihre Geschäftstätigkeit, wie der IWF mit Sitz in Washington D.C. Zur **Weltbankgruppe** gehören mehrere Institutionen (vgl. Abb. B-2.7/1), auf die weiter unten eingegangen wird. Wie erwähnt, wurde der IWF prinzipiell für kurzfristige Zahlungsbilanzprobleme seiner Mitglieder konzipiert, während sich die Weltbank der Finanzierung eher längerfristiger Entwicklungsaufgaben widmen sollte. Im Zeitablauf, bedingt durch die zunehmende Bedeutung der Entwicklungsländer in der Weltwirtschaft, haben sich jedoch diese Abgrenzungen zwischen beiden Institutionen in hohem Maße verwischt: Der IWF berücksichtigt langfristige

Aspekte und arbeitet in der Praxis – bei Analysen, Beratung und Maßnahmen – eng mit der Weltbank zusammen.

Abb. B-2.7/1: **Weltbankgruppe**

Die Weltbank erhöht ihre Darlehenszusagen

SAMBIA / Sanierungsmaßnahmen werden „belohnt"

Weltbank und IDA beenden bestehende Kreditsperre

IFC unterstützt osteuropäische Reformländer

Hohes Engagement der privatwirtschaftlichen Weltbanktochter

DRITTE WELT / Mehr Garantiezusagen durch die Miga

Direktinvestitionen gefragt

B-2.7.2. Organisation

Die Weltbank steht nur Mitgliedern zur Verfügung; Mitglied bei der IBRD können nur Staaten werden, die ihrerseits Mitglied des IWF sind (1992: 156 Weltbankmitglieder). Die Organisationsstruktur der Weltbank (und ihrer Schwesternorganisationen) entspricht der des IWF: Das oberste Leitungsorgan der Weltbank ist der **Gouverneursrat,** in den jedes Mitgliedsland einen Gouverneur und einen Stellvertreter entsendet; die Gouverneure sind meist Finanz- oder Wirtschaftsminister und folglich weisungsgebundene Ländervertreter.
Für die laufenden Geschäfte ist wie beim IWF ein gleichfalls 22-köpfiges **Exekutivdirektorium** zuständig, das einen Präsidenten für fünf Jahre wählt, der weder Gouverneur, noch Exekutivdirektor sein darf. 5 Direktoren werden von den ‹großen› Mitgliedstaaten gestellt, 17 weitere werden im Turnus gewählt. Wie beim IWF wird das Stimmrecht jedes Mitgliedslandes mit seinem Kapitalanteil gewichtet. Bemerkenswert ist dabei, daß nur ein Bruchteil des von den Mitgliedern gezeichneten Eigenkapitals der Weltbank tatsächlich eingezahlt ist (rd. 10 von rd. 150 Mrd Dollar); der Rest steht im Bedarfsfall aufgrund von Regierungsgarantien zur Verfügung.

B-2.7.3. Schwesterorganisationen: Die Weltbankgruppe

Nach Gründung der Weltbank wurden im Zeitablauf weitere Schwester-Organisationen gegründet, welche die Arbeit der IBRD ergänzen.

Zur Förderung privater Investitionen in Entwicklungsländern wurde 1956 die **Internationale Finanz-Corporation (IFC)** gegründet. Die Weltbank darf den Statuten nach nur Darlehen und diese nur an Regierungen vergeben. Die IFC hingegen engagiert sich auch durch Kapitalbeteiligungen bei privaten Unternehmen und bringt dabei – neben öffentlichen Mitteln – auch Mittel privater Kapitalgeber ein.
Um den besonderen Bedürfnissen der ärmsten Entwicklungsländer (LLDC) Rechnung zu tragen, wurde 1960 die **Internationale Entwicklungs-Organisation** (*International Development Association*, **IDA**) gegründet. Die Finanzmittel der IDA werden LLDCs zu besonders weichen Konditionen gewährt. Die IDA ist somit die «Weltbank» der LLDCs. Nach dem Eigenverständnis der Weltbank sind die IBRD und die IDA zwar juristisch getrennte Institutionen, aber funktional eine Einheit, welche dieselbe Art von Aktivitäten für unterschiedliche Zielgruppen durchführen.
1988 wurde die **Multilaterale Investitions-Garantie-Agentur** (**MIGA**: *Multilateral Investment Guarantee Agency*) gegründet. Sie sichert private Investitionen in Entwicklungsländern durch die Übernahme nicht-kommerzieller, insbesondere politischer Risiken ab (vgl. Abschn. H-1.7) und berät bei der Entwicklung von Investitionsförderungs- und -schutzprogrammen. Der Aufgabenbereich von MIGA und IFC überschneidet sich also.
Die Mitgliedschaft in den Schwesterorganisationen der IBRD ist nicht automatisch, sondern setzt jeweils eine individuelle Aufnahme voraus. Mitglieder von IFC, IDA und MIGA können nur Weltbank-Mitglieder werden. Auf Einzelheiten der Finanzierungsstruktur der Weltbankgruppen-Mitglieder wird hier verzichtet.

B-2.7.4. Maßnahmen und Kosten

Die Weltbank vergibt Kredite an die Regierungen ihrer Mitgliedsländer. Die IBRD finanziert sowohl konkrete *Projekte* (z.B. einen Staudamm; solche Projekte werden international ausgeschrieben) als auch **Sektoranpassungsdarlehen** (*Sector Adjustment Loans*), die sich auf die Entwicklung bestimmter Wirtschaftssektoren beziehen (z.B. den Bergbau oder die Fischerei) als auch **Strukturanpassungsdarlehen** (*Structural Adjustment Loans*, **SAL**), die sich auf die Umstrukturierung der gesamten Volkswirtschaft beziehen, z.B. im Zusammenhang mit Umschuldungsabkommen oder beim Übergang zu marktwirtschaftlichen Wirtschaftsordnungen. Bei diesen Anpassungsmaßnahmen arbeitet die Weltbank eng mit dem IWF zusammen; SALs unterliegen in der Regel wirtschaftspolitischen Auflagen (vgl. Abschn. B-2.6.5).

Weltbankkredite werden verzinst und stehen mittel- bis langfristig zur Verfügung (15–20 Jahre, 3–5 tilgungsfreie Jahre). ‹Normale› Kreditnehmer müssen marktübliche Konditionen akzeptieren; IDA-Kredite sind unverzinslich und haben (heute) Laufzeiten bis zu 40 Jahren (bis zu 10 tilgungsfreie Jahre). IFC-Kredite werden zu härteren Konditionen gewährt als Weltbank- und IDA-Kredite. Bei allen Institutionen ist die Kreditverwaltung mit (teilweise geringfügigen) Gebühren verbunden. Im Gegensatz zum IWF (abgesehen von speziellen Vereinbarungen mit der sog. Zehnergruppe) finanziert sich die Weltbankgruppe neben den Subskriptionen ihrer Mitglieder, Kreditrückflüssen und teilweise auch Gewinnen (IFC) auch durch Kreditaufnahme auf den internationalen Kapitalmärkten.
Die Weltbank genießt dabei aufgrund ihres ‹standing› mit einem ‹AAA› = ‹Triple A› -Rating allerhöchste Bonität.

B-2.8. BIZ

Die **Bank für internationalen Zahlungsausgleich** (**BIZ**) in Basel wurde 1930 ursprünglich zur Abwicklung der deutschen Reparationsleistungen gegründet. Die BIZ soll heute die Zusammenarbeit zwischen den Zentralbanken fördern und als Treuhänder bei internationalen Verträgen dienen. Sie erfüllte in der Vergangenheit auch wichtige Aufgaben im Rahmen der Vorläuferabkommen des Europäischen Währungssystems. Die BIZ gewährt ihren Mitgliedern im Bedarfsfall Stützungskredite, in jüngerer Vergangenheit insbesondere für mittel- und osteuropäische Länder. Ausgelöst durch die internationale Verschuldungskrise 1973/74 wurden im Rahmen der BIZ Methoden und Grundsätze für die Bankaufsicht entwickelt und umgesetzt.
Die BIZ ist eine Aktiengesellschaft schweizer Rechts, deren Anteile von den beteiligten Zentralbanken gehalten werden.

B-2.9. Regionale Entwicklungsbanken

Mit ähnlichem organisatorischen Aufbau wie die Weltbank (Gouverneursrat, Direktorium, Präsident) sind zwischen Ende der 50er und Anfang der 60er Jahre internationale Entwicklungsbanken mit regionaler Begrenzung des Aufgabenbereichs gegründet worden: die **Interamerikanische Entwicklungsbank** (*Interamerican Development Bank*, **IDB**; 1959, Sitz Washington), die **Afrikanische Entwicklungsbank** (*African Development Bank*, **AfDB**; 1963, Sitz Abidjan) und die **Asia-**

tische Entwicklungsbank (*Asian Development Bank*, **ADB**; 1965, Sitz Manila). Diese Banken sollen den wirtschaftlichen Fortschritt einzelnen Regionen durch Finanzhilfen und beratende Tätigkeit unterstützen. Sie finanzieren sich durch Beiträge und Sonderzuwendungen der Mitgliedstaaten und durch Mittelaufnahme auf den internationalen Kreditmärkten.

Auch die o.a. **Europäische Investitionsbank** (**EIB**) (vgl. Abschn. B-2.2.3.4) ist in diesem Sinne eine regionale Entwicklungsbank, ebenso wie die 1991 gegründete **Osteuropabank** (*Europäische Bank für Wiederaufbau und Entwicklung für Mittel- und Osteuropa*, **EBWE**).

Es gibt eine Reihe von subregionalen Instituten, z.B. die Karibische Entwicklungsbank (Caribbean Development Bank, CDB, Sitz Barbados), auf die nicht weiter eingegangen wird.

B-2.10. GATT

Das **Allgemeine Zoll- und Handelsabkommen** (*General Agreement on Tariffs and Trade*, **GATT**) ist ein sehr wichtiges, zentrales Abkommen für die weltwirtschaftlichen Beziehungen. Aus methodischen Gründen wird der GATT-Vertrag jedoch nicht hier, sondern im Zusammenhang mit anderen außenwirtschaftsrechtlichen Ausführungen dargestellt. Vgl. daher ausführlich **Abschn. E-2.1.**

B-2.11. Die Welthandelskonferenz (UNCTAD)

B-2.11.1. Entstehung und Ziele

Während die Bemühungen zur Verbesserung der Einbindung in die internationale Arbeitsteilung insbesondere auf Ausbau und Anwendung des freihandelsorientierten GATT abstellen, werden im Rahmen der seit 1965 bestehenden Welthandelskonferenz (UNCTAD: *United Nations Conference on Trade and Development*) mit vergleichbarer Zielsetzung (d.h. Verbesserung der internationalen Arbeitsteilung durch Abbau asymmetrischer Beziehungen) Positionen vertreten, die eher protektionistischen Charakter haben. Sie zielen in erster Linie auf die Stärkung der Rohstoffproduzenten innerhalb der internationalen Arbeitsteilung (Abb. B-2.11/1).

Im Zusammenhang mit der ersten UNCTAD-Konferenz 1964 in Genf bildete sich die sog. «**Gruppe 77**» als Sprachrohr der Entwicklungslän-

Abb. B-2.11/1: **UNCTAD**

Mit einer neuen Identität gegen den Unctad-Niedergang

UN-Organisation soll Forum für Nord-Süd-Dialog werden
Partnerschaft statt Konfrontation

Unctad strebt engere Nord-Süd-Kooperation an

der; diese Gruppe ist inzwischen auf rd. 130 Mitglieder angewachsen, so daß sich daraus aus organisatorischen Gründen mittlerweile eine «**Gruppe der 15**» entwickelte.

B-2.11.2. Organisation

Das oberste Entscheidungsgremium der UNCTAD ist die **Vollversammlung**, die i.d.R. alle vier Jahre zusammentritt (1964 Genf, 1968 Neu-Delhi, 1972 Santiago de Chile, 1976 Nairobi, 1979 Manila, 1983 Belgrad, 1987 Genf, 1992 Cartagena de las Indias/Kolumbien). Zwischen den Vollversammlungen nimmt der **Welthandels- und Entwicklungsrat** (Genf) die Interessen der Organisation wahr. Auf der Arbeitsebene des Rates arbeiten eine Vielzahl von Ausschüssen, z.B. zuständig für Grundstoffe, Finanzen, Technologie, Handelspräferenzen oder Technologietransfer. Die UNCTAD-Vollversammlung 1964 verabschiedete eine Resolution, in der ein Volumen der gesamten öffentlichen, privaten, bi- wie multilateralen Entwicklungshilfe von 1% des BSP gefordert wurde (vgl. Abschn. B-2.1.2 zum 0,7%-Ziel der öffentlichen Entwicklungshilfe der OECD). Die Entschließungen und Resolutionen der UNCTAD haben allerdings keinerlei rechtsverbindlichen Charakter.

B-2.11.3. Rohstoffabkommen

Inspiriert durch die im Agrarbereich der Europäischen Gemeinschaft existierenden Marktordnungen mit garantierten Mindestpreisen für eine Vielzahl von Agrarprodukten und Abnahmegarantien für die Erzeuger wurde dieses Prinzip im Rahmen der UNCTAD auf eine Reihe von Rohstoffen übertragen. Die Grundidee dabei ist, die Länder, die stark vom Erlös einiger weniger Rohstoffe abhängen, vor Preisschwankungen auf den Rohstoffmärkten zu schützen.
Technisches Instrument hierfür sollen **Pufferlager** (*buffer stocks*) sein,

die – EG-analog – bei fallenden Rohstoffpreisen in den Markt eingreifen und durch Stützungskäufe den Rohstoffpreis stabilisieren sollen. Bei steigenden Rohstoffpreisen, die möglicherweise einen Nachfragerückgang auslösen könnten, sollen die Pufferlager aus ihren Beständen Vorräte auf dem Weltmarkt verkaufen und somit preisberuhigend wirken. Der jeweilige Orientierungspreis wäre von den kartellmäßig verbundenen Produzenten, ggf. in Zusammenarbeit mit wichtigen Abnehmern, zu bestimmen.

Bislang wurden **Rohstoffabkommen** geschlossen (und meist mehrfach verlängert) für Weizen (erstmals 1949), Zucker (1954), Zinn (1954), Kaffee (1963), Kakao (1973) und Naturkautschuk (1980). Auch im Rahmen der Lomé-Verträge hat die EG mit den AKP- Staaten das sog. **STABEX**-Programm entwickelt, das u.a. auch Pufferlager vorsieht und mit dessen Hilfe die Exporterlöse bestimmter Güter stabilisiert werden sollen; für mineralische Rohstoffe existiert mit dem **SYSMIN** eine dem STABEX-ähnliche Variante (vgl. anschließend). Unbeschadet aller technischen und konzeptionellen Unterschiede zwischen EG-Agrarmarktordnungen, UNCTAD-Rohstoffprogrammen und STABEX-Verfahren ist jedoch festzuhalten, daß die bisherigen Erfahrungen mit preisstabilisierenden Maßnahmen, die sich ja offensichtlich gegen die Marktkräfte richten müssen, wenig überzeugend sind: Die EG ist aufgrund ihrer Preis- und Absatzgarantien aus Gründen, die hier nicht näher zu behandeln sind, praktisch bankrott. Wegen der daraus resultierenden finanziellen Probleme können vielfach Ländern, denen im Rahmen des STABEX Ausgleichszahlungen zustünden, diese nicht oder nicht in voller Höhe geleistet werden.

Die meisten Rohstoffabkommen sind formal oder faktisch zusammengebrochen; zuletzt ist 1986 das Zinnkartell in Konkurs gegangen. Abgesehen von der problematischen Finanzierung von Pufferlagern können preisstabilisierende Abkommen nur dann wirksam sein, wenn ihre Mitglieder über einen hohen Anteil am Weltmarkt verfügen. Wenn hingegen wichtige Produzenten oder Abnehmerländer nicht an einem solchen Kartell teilnehmen, ist seine Wirkung begrenzt. Hinzu kommen ökonomische und politische Koordinationsprobleme zwischen den Kartellmitgliedern. Das seit 1974 in der UNCTAD verhandelte **Integrierte Rohstoffabkommen** für insgesamt 18 Rohstoffe ist daher auch bisher nicht von der erforderlichen Anzahl von Mitgliedern ratifiziert worden.

Die fundamentale Auseinandersetzung um die Befürwortung marktwirtschaftlicher oder zentralverwaltungswirtschaftlicher Elemente, die sich in dem Nebeneinander von Erster und Zweiter Welt niedergeschlagen und eine Vielzahl von *mixed economies* als Mischformen in allen drei ‹Welten› hervorgebracht hat, wiederholt sich hier auf einer institutionellen Ebene: Während das grundsätzlich freihändlerische GATT die Marktkräfte stärken will, betonen die in der UNCTAD favorisierten Vorschläge die möglichen Vorzüge lenkender (interventionistischer) Maßnahmen, die in der Regel von staatlichen oder supranationalen Trägern ergriffen werden sollen.

B-2.12. Lomé-Abkommen

Nach einer Serie von Unabhängigkeitserklärungen ergab sich die Notwendigkeit, die Beziehungen der ehemaligen französischen Kolonien zu Frankreich und damit zur EWG zu regeln. 1963 wurde in **Jaundé** (Kamerun) ein Abkommen unterzeichnet, das die wirtschaftliche Zusammenarbeit zwischen 18, meist frankophonen Ländern und der EWG regelte. Mit dem Beitritt Großbritanniens, Irlands und Dänemarks zur EG mußten analoge Regelungen für die Commonwealth-Staaten und einige andere Länder getroffen werden. 1975 kam es in **Lomé** (Togo) zum Abschluß des ersten sog. **Lomé-Abkommens** zwischen der EG und damals 46 Staaten aus Afrika, der Karibik und des Pazifik (**AKP-Staaten**). Danach folgten in fünfjährigen Intervallen Folgeverträge bis 1989 Lomé-IV, das in den wesentlichen Aspekten nun für einen Zeitraum von 10 Jahren gilt (das Finanz*volumen* wird 5-jährig verhandelt). Die Lomé-Abkommen erstrecken sich auf die landwirtschaftliche und industrielle Entwicklung, den Handels- und Dienstleistungsbereich und die regionale Zusammenarbeit. Heute erfaßt das Lomé-Abkommen 70 Staaten (Abb. B-2.12/1).

(1) Handelspolitische Zusammenarbeit
Aufgrund umfassender (einseitiger) Zollpräferenzen wird den AKP-Staaten weitgehend freier Zugang zum EG-Markt gewährt. Dies gilt für fast alle gewerblichen und für rund 97% der Agrarausfuhren der AKP-Länder, allerdings nicht für solche, die unter die Marktordnungen der EG fallen (vgl. Kap. G); hier greifen Sonderregelungen und Beschränkungen. Die AKP-Länder müssen umgekehrt der EG lediglich die Meistbegünstigung gewähren.
Der Erfolg ist jedoch wenig beeindruckend: Der Marktanteil der AKP-Länder am Import in die EG ist von 7% 1975 auf knapp 5% 1991 gesunken. Gegen eine Ausdehnung der Präferenzen auf Marktordnungswaren sperren sich allerdings – aus naheliegenden Gründen – die südlichen EG-Mitglieder, aber auch die Nord-Länder, wenn es z.B. um Rindfleisch, Obst und Gemüse geht. Die Zugeständnisse der

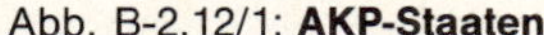
Abb. B-2.12/1: **AKP-Staaten**

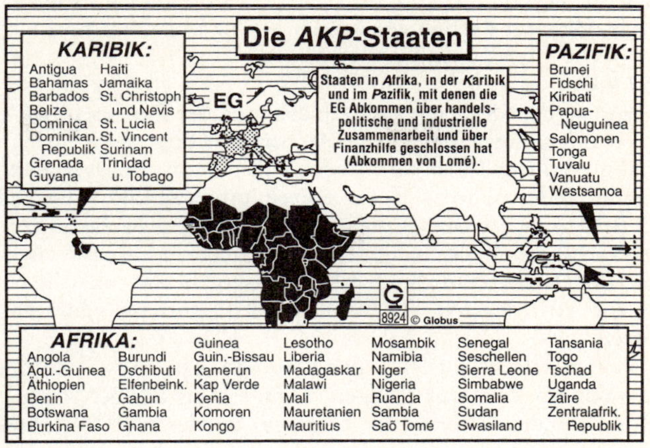

Lomé IV kann ihnen die Angst nicht nehmen

Entwicklungsländer rechnen mit Nachteilen durch die Veränderungen in Osteuropa

EG in diesen Bereichen sprechen eine deutliche Sprache: So dürfen 1500 t Erdbeeren pro Jahr – mehr eingeführt werden – das sind rund 3 Gramm pro EG-Einwohner, natürlich nur außerhalb der europäischen Erdbeersaison ...

Die Zollpräferenzen im gewerblichen Bereich sind allerdings weitgehend theoretischer Natur, da es sich dabei i.d.R. um Güter handelt, die in den AKP-Ländern nicht produziert werden (können). So dürfte z.B. die Zollfreiheit für Elektronikgüter praktisch kaum ausgenutzt werden. Je bedrohlicher die Importkonkurrenz ist, desto höher sind die Protektionsschranken der EG. In vielen Fällen erweist sich auch die langwierige Prüfung des Warenursprungs als technisches Handelshemmnis. Andererseits ist die Ursprungsprüfung aber erforderlich, um Umwegimporte aus Nichtvertragsländern ausschalten zu können: Ein Zielkonflikt zwischen Zweckdienlichkeit und Praktikabilität.

(2) Unterstützung bei Grundstoffen

Als das Lomé-I-Abkommen verhandelt wurde, standen Rohstoffprobleme in der internationalen Diskussion im Vordergrund, bedingt durch die erste Ölkrise 1973. Die Entwicklungsländer forderten daher eine Absicherung gegen Schwankungen ihrer Erlöse aus Rohstoffexporten. Im Rahmen der Lomé-Verträge wurde diesen Problemen in dreierlei Hinsicht Rechnung getragen.

(a) **STABEX**

Im Rahmen des «Systems zur Stabilisierung der Exporterlöse» (STABEX) wurden zwei Problembereiche berücksichtigt: zum einen, wenn Einnahmeverluste durch Nachfragerückgang bzw. Preisverfall entstehen, zum anderen, wenn dies auf Produktionsausfälle aufgrund unvorhersehbarer Ereignisse zurückzuführen ist, z.B. Naturkatastrophen. STABEX will also nicht die Rohstoffmärkte stabilisieren, so wie es die o.a. Rohstoffabkommen (i.d.R. vergeblich) versuchten, sondern die AKP-Staaten vor erratischen Exporterlösschwankungen schützen.

Das System erfaßt fast 50 Exportprodukte. Eine Ausgleichszahlung seitens der EG kann nur erfolgen, wenn erstens das betreffende Produkt im Vorjahr des Erstattungsantrages mindestens 6% der gesamten Exporterlöse des betreffenden Landes erwirtschaftet hat und wenn zweitens der Exporterlös mindestens 6% niedriger ist als im Durchschnitt der letzten vier Jahre (für LLDCs liegen beide Schwellen bei 1,5%).

Das System sieht überzeugender aus, als es ist: Aufgrund von Finanzproblemen der EG konnten in vielen Jahren die – vertraglich begründeten – Ausgleichsansprüche von AKP-Ländern nur zum Teil erfüllt werden, 1989 z.B. nur zu 50%, denn der STABEX-Fonds füllt sich nicht automatisch wieder auf. Über die konkrete Verwendung der Ausgleichszahlungen entscheidet das Empfängerland; die EG gibt nur sehr vage Kriterien vor, z.B. «zur Unterstützung der Entwicklungsanstrengungen» – was immer das heißen mag –, und verlangt innerhalb eines Jahres einen Verwendungsnachweis.

STABEX kann kurzfristig sicherlich Exporterlöseinbußen abfedern. Indirekt aber trägt es dazu bei, daß AKP-Staaten von problematischen Grundstoffen abhängig bleiben. In manchen Ländern haben sich bedenkliche Monokulturen ergeben: Wenn Mali beispielsweise Anbauflächen für Nahrungsmittel umwandelt in Baumwollfelder, macht es sich in bedenklicher Weise abhängig von den Baumwoll-Exporterlösen, um Nahrungsmittelimporte zu finanzieren, denn Baumwolle kann man nicht essen. Eine Alternative wäre, in den betreffenden Entwicklungsländern mit dem gleichen Mittelaufwand die Entwicklung der Eigenversorgung anstelle der Exportorientierung zu fördern.

Die zentrale Problematik aber faßt ein afrikanischer Lomé-Delegierter zusammen: «Die gleichen Länder, die uns raten, mehr Devisen zu erwirtschaften, um unsere Schulden zurückzuzahlen, verriegeln gleichzeitig in Brüssel die Grenzen für unsere Produkte» – STABEX bedeutet so gesehen also: Geld statt Freihandel.

(b) **Zusatz-Protokolle**
Für eine Reihe von AKP-Ländern ist (Rohr-)Zucker eines der wichtigsten Exportprodukte. Die EG hat im Rahmen des sog. **Zuckerprotokolls** als Ergänzung zu den Lomé-Verträgen die Abnahme von bestimmten Zuckermengen zu einem festen Preis garantiert. Die Erzeugerländer wiederum verpflichten sich, die jeweiligen Mengen zu liefern; sie entsprechen rund ⅔ der AKP-Zuckerexporte. Diese Garantie bedeutet eine wichtige Absicherung für die Lieferländer. Allerdings orientieren sich die Garantiepreise an der EG-internen Situation, mit sinkender Tendenz. Zudem exportiert die EG ihren (Rüben-)Zucker-Überschuß mit Exporterstattungen auf den Weltmarkt und drückt dort die Preise und folglich auch die sonstigen Exporterlöse der zuckerexportierenden Länder. Unter Umständen können sich daraus wiederum Erstattungsansprüche aus STABEX ergeben...
Neben dem Zuckerprotokoll gibt es ähnliche Vereinbarungen bezüglich Rindfleisch (**Rindfleischprotokoll**) und Rum (**Rumprotokoll**).

(c) **SYSMIN**
Bergbauprodukte sind nicht im STABEX erfaßt. Daher wurde mit einem Stabilisierungssystem für Exporterlöse aus mineralischen Erzeugnissen (SYSMIN) ein ergänzendes Ausgleichssystem geschaffen. Es umfaßt Kupfer, Kobalt, Phosphate, Mangan, Bauxit, Aluminium, Zinn, Eisenerz, Uran und Gold, ähnelt in seiner Wirkung dem STABEX, funktioniert aber anders: Wenn der betreffende Rohstoff 15% der gesamten Exporterlöse ausmacht (10% für LLDCs), können bei Exportrückgängen Ausgleichszahlungen beantragt werden. Diese werden allerdings – nicht wie bei STABEX – allein aufgrund des Erlösrückgangs gezahlt. Eine Kommission untersucht vielmehr, ob durch geeignete Projekte die Situation verbessert werden kann. Die eventuellen Zahlungen – meist als Ko-Finanzierung mit EIB, Weltbank, AfDB und anderen – sind also projektgebunden und dienen somit letztendlich auch der Sicherung der Rohstoffversorgung der EG.

(3) **Finanzielle und technische Zusammenarbeit**
Finanzielle Zusammenarbeit (FZ) bedeutet (meist zweckgebundene) Kredite und Zuwendungen – seitens der EG i.d.R. über den o.a. EEF und die EIB abgewickelt –, technische Zusammenarbeit (TZ) in erster

Linie die Bereitstellung von Beratern. Dabei geht es in zunehmendem Maße nicht um Einzelprojekte, sondern um Programme und sektorale Schwerpunkte wie z.B. Infrastruktur, Erziehungswesen oder Landwirtschaft. Die konkrete Ausgestaltung der Maßnahmen wird dabei vielfach – theoretisch – den Empfängerländern überlassen. Faktisch allerdings wird offiziell und inoffiziell recht stark auf den Mitteleinsatz Einfluß genommen (diese Festellung gilt generell für die Entwicklungshilfe, sei sie bilateral oder multilateral, als TZ oder FZ).

(4) Kritische Würdigung

Insgesamt haben die Lomé-Abkommen nicht die in sie gesetzten Erwartungen erfüllt. Der Anteil der AKP-Länder am Import in die EG ist – wie erwähnt – nicht gestiegen, sondern gesunken; kein einziges AKP-Land hat den Sprung vom Status eines LLDC zum ‹normalen› LDC-Entwicklungsland geschafft; die Stabilisierungsmechanismen von STABEX und SYSMIN werden in ihrer Wirksamkeit durch unzureichende Finanzmittel beeinträchtigt; die EG hält an einer Vielzahl von Handelsbarrieren bei Agrarimporten auch und gerade gegenüber AKP-Ländern fest.

Die Lomé-Länder befürchten insgesamt – und wohl nicht zu Unrecht –, daß sich das Engagement der EG zu Lasten der AKP-Länder auf die Entwicklung Mittel- und Osteuropas verlagern wird, allen entgegenstehenden Beteuerungen auf politischer Ebene zum Trotz. Ein Indiz ist die rasche, problemlose und umfangreiche Hilfezusicherung der EG für Osteuropa seit 1990, während sich die Verhandlungen mit Entwicklungsländern meist als sehr zäh und wenig großzügig erweisen. Diese Überlegungen bzw. Befürchtungen treffen auch auf private Investitionsentscheidungen zu.

B-2.13. Welttextilabkommen (WTA)

1961 wurde – im Rahmen des GATT – das «**Kurzfristige Baumwollwaren-Abkommen**» geschlossen, um die Anpassungsprozesse der Textilproduzenten in Industrieländern an veränderte Rahmenbedingungen zu erleichtern. Durch das Entstehen von Textilproduktionen in Niedriglohnländern hatten sich gravierende Wettbewerbsveränderungen ergeben. Diese Vereinbarung wurde 1962 zunächst abgelöst durch ein «**Langfristiges Baumwolltextil-Abkommen**» und 1974 in ein **Welttextilabkommen** (WTA I) überführt und mehrfach verlängert, zuletzt bis Ende 1992 (WTA IV). Da es sich auch auf synthetische

Fasern erstreckt, wird es auch als **Multifaserabkommen** (**MFA**) bezeichnet.

Das WTA legt die Grundsätze fest, nach denen Handelsverträge zwischen Liefer- und Abnehmerländern zu gestalten sind. Es umfaßt ein System bilateraler Selbstbeschränkungsabkommen und einseitiger Quotierungen, in denen durch Export- und Importkontingente die Wettbewerbsvorteile von Billiganbietern begrenzt werden, um gravierenden Störungen sowohl der Import- als auch der Exportmärkte entgegenwirken zu können. Die EG beispielsweise hat mit rd. 30 Niedriglohnländern Selbstbeschränkungsabkommen geschlossen. Das WTA stellt einen krassen Verstoß gegen die Prinzipien des GATT dar, obgleich es in seinen Grundsätzen einen Abbau nicht-tarifärer Handelshemmnisse fordert. Viele textilexportierende Länder bemühen sich daher – bislang erfolglos –, das WTA aufzuheben und den Textilhandel wieder den normalen GATT-Regeln zu unterwerfen.

Das WTA gilt für rund 85% des weltweiten Stoff- und Bekleidungshandels. Die passiven Veredelungsverkehre werden auf die WTA-Quoten nicht angerechnet. Spezielle Klauseln sollen verhindern, daß der angestrebte Schutz durch Umgehungseinfuhren oder durch Nichtbeachtung von Etikettierungsvorschriften unterlaufen wird; vgl. auch Abschn. F-4.4 zum Problem der Ursprungsbestimmung. Nicht ausgenutzte Kontingente werden oft zu Schwarzmarktpreisen gehandelt.

Lücken im Abkommen können modische Effekte auslösen: So fielen vor einigen Jahren Jeans-Latzhosen als Arbeitskleidung nicht unter das betreffende Kontingent für normale Jeanshosen. Folglich konnten Latzhosen (vorübergehend) in unbegrenzter Menge in die EG importiert werden und lösten eine regelrechte Modewelle aus.

Das WTA wird von einem *Textiles Surveillance Board* und einem *Textiles Committee* überwacht, welches dem GATT-Rat Bericht erstatten muß. Das WTA ist zweifellos ein Verstoß gegen das Liberalismuspostulat des GATT. Andererseits ist davon auszugehen, daß die Alternative zum WTA ein schwer zu überschauendes und kaum zu kontrollierendes Geflecht von bilateralen Abkommen und nichttarifärer Handeslhemmnisse wäre. So gesehen, ist das WTA unter der Schirmherrschaft des GATT das kleinere Übel.

B-2.14. Weitere Abkommen und Institutionen

Wie oben unter Abschn. B-2.11.3 angeführt, gibt es eine Vielzahl von **Rohstoffabkommen,** in denen die Produktion oder der Handel mit bestimmten Rohstoffen geregelt wird, u.a. Weizen, Zucker, Zinn,

Kaffee, Kakao, Naturkautschuk; auch das OPEC-Rohöl-Kartell kann hier mit angeführt werden. Einige Abkommen werden im Zeitablauf immer wieder außer Kraft gesetzt, z.B. das Kaffee- oder das Kakaoabkommen. Die preisstabilisierende Wirkung von Quotenregelungen kann allgemein nur dann auftreten, wenn sie nicht umgangen oder unterlaufen werden können. Andernfalls wird durch Überangebot regelmäßig ein Preisverfall ausgelöst; der Kaffeemarkt ist ein einprägsames Beispiel. Dies ist besonders tragisch für Länder, deren Exporterlöse stark von einem oder wenigen Rohstoffen abhängen. Auf die Problematik von Rohstoffabkommen und auf Vertragsdetails kann hier nicht weiter eingegangen werden.

Dem **Rat für die Zusammenarbeit auf dem Gebiet des Zollwesens** (**RZZ**; *Customs Cooperation Council*, **CCC**) mit Sitz in Brüssel gehören mehr als 70 Industrie- und Entwicklungsländer an. Im Rahmen des RZZ wird versucht, die Zollformalitäten international zu vereinfachen und zu vereinheitlichen. Auf die Arbeiten des RZZ gehen u.a. das Zolltarifschema (vgl. Abschn. F-3), das Carnet ATA (vgl. Abschn. F-5.4.2) und andere Verfahrensregelungen zurück.

Die **Internationale Handelskammer** in Paris (*International Chamber of Commerce*, **ICC**) sei hier stellvertretend für eine Reihe anderer Institutionen genannt, die als private Einrichtungen im internationalen Handel tätig sind. Auf die Arbeiten der ICC gehen u.a. weltweite Regelungen zurück wie die INCOTERMS (vgl. Abschn. D-3) oder die ERA/ERI (Einheitliche Richtlinien und Gebräuche für Dokumentenakkreditive und -inkassi; vgl. Abschn. D-4.3). Neben vielen anderen Institutionen bietet die ICC auch ihre Dienste in der außergerichtlichen Schiedsgerichtsbarkeit an.

B-2.15. Exkurs: UN-Organisationen

Eine Reihe von UN-Organisationen sind für internationale Handelsfragen von Bedeutung. Daher wird im folgenden in einer kurzen Übersicht die Struktur der UNO skizziert (vgl. Abb. B-2.15/1).

B-2.15.1. Die Vereinten Nationen (UNO)

Die Vereinten Nationen (**VN**; United Nations Organisation, **UN** oder **UNO**) wurden am 24. 10. 1945 mit Inkrafttreten der UN-Charta gegründet. Sie lösten den **Völkerbund** ab, der den Ausbruch des Zweiten Weltkrieges nicht verhindern konnte und während des Krieges nahezu handlungsunfähig blieb. Die UN-Charta ist ein zeitlich nicht begrenz-

Abb. B-2.15/1: **UNO**

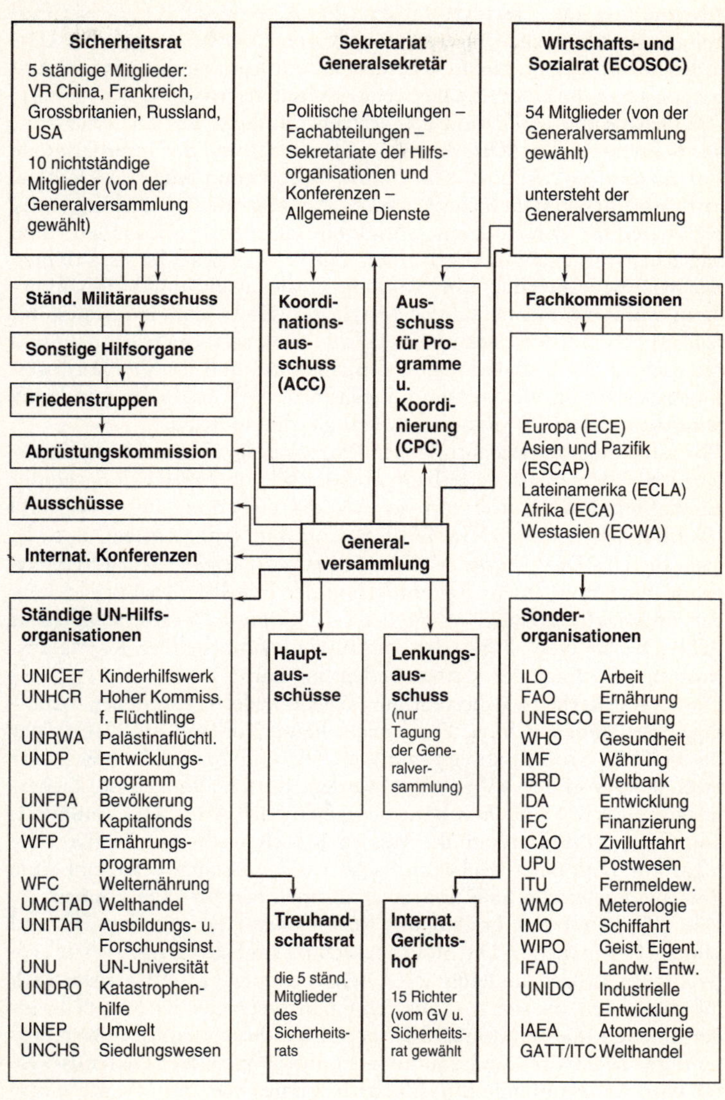

ter völkerrechtlicher Vertrag zwischen souveränen Staaten. Die Bundesregierung hat – gestützt auf Art. 24 GG – der UNO gewisse Hoheitsrechte übertragen, indem sie sich u.a. Entscheidungen des UN-Sicherheitsrates unterwirft, z.B. im Zusammenhang mit Handelsembargos gegen Irak (1991) und Serbien/Montenegro (1992).

Die Organe der UNO sind die Vollversammlung, der Sicherheitsrat, das Sekretariat, der Wirtschafts- und Sozialrat und der Internationale Gerichtshof (vgl. Abb. B-2.15/1). Die **Vollversammlung** (VV) in New York ist – neben dem Sicherheitsrat – das zentrale Beschlußorgan der UNO, jedoch den anderen UN-Organisationen, insbesondere dem Sicherheitsrat, *nicht* übergeordnet. Die VV entscheidet (zusammen mit dem Sicherheitsrat) über Aufnahme oder Ausschluß von Mitgliedern, wählt die nichtständigen Mitglieder des Sicherheitsrates, wählt (zusammen mit dem Sicherheitsrat) den Generalsekretär der UN und die Richter des Internationalen Gerichtshofes und ist für Haushaltsfragen zuständig. Bei Abstimmungen in der VV hat jedes Land eine Stimme; alle Länder sind also formal gleichberechtigt.

Mit zunehmender Bedeutung der Probleme der Entwicklungsländer wurden zudem spezielle **Hilfsorgane der VV** für Entwicklungsländer geschaffen. 1964 wurde von der VV die Gründung der **UNCTAD** (Welthandelskonferenz) in Genf beschlossen (vgl. Abschn. B-2.11), 1966 die **UNIDO** (*United Nations Industrial Development Organisation*), mit Sitz in Wien, zur Förderung der industriellen Entwicklung der Entwicklungsländer, 1966 der *UN Capital Development Fund* (**UNCDF**) in New York, der aufgrund unzureichender Kapitalausstattung allerdings nur geringe Bedeutung hat.

Der **UN-Sicherheitsrat** besteht aus 15 Mitgliedern, von denen 5 ständige Sitze haben (China, Frankreich, heute Rußland als Nachfolger der UdSSR, Großbritannien und die USA) und 10 weitere jeweils für zwei Jahre von der VV gewählt werden. Entscheidungen des Sicherheitsrats – z.B. Handelsembargos – gelten nach Art. 24 GG unmittelbar für die Bundesrepublik, müssen jedoch nach Art. 25 der UN-Charta in nationales Recht umgesetzt werden, nicht zuletzt, um diese Entscheidungen mit Sanktionsmechanismen bewehren zu können.

Das **UN-Sekretariat** besteht aus dem Generalsekretär der UN und seinem Beamtenstab. Die Stellenbesetzung im Sekretariat richtet sich (wie auch in den anderen UN-Organisationen) grundsätzlich nach Länderquoten, die sich u.a. aus den Finanzbeiträgen der Mitgliedsländer ableiten (die Bundesrepublik ist im UN-System stark unterrepräsentiert, da sie ihre Länderquote nicht ausschöpft). Der Generalsekretär wird auf Empfehlung des Sicherheitsrates von der VV mit einfacher Mehrheit gewählt. Die Schlüsselpositionen in der UN-

Verwaltung werden oft von den Vertretern der ständigen Mitglieder des Sicherheitsrates besetzt.
Der **Internationale Gerichtshof** (IGH) in Den Haag ist das Rechtsprechungsorgan der UN; vgl. Abschn. B-3.2.1.
Der **UN-Wirtschafts- und Sozialrat** (*UN Economic and Social Council*, **UN-ECOSOC**) dient als Forum für internationale Wirtschafts- und Sozialfragen und koordiniert seine Hilfsorgane und die Sonderorgane. Außenwirtschaftlich gesehen ist das wichtigste Hilfsorgan das **Entwicklungsprogramm der UN** (*UN Development Programme*, **UNDP**, seit 1965, New York), welches insbesondere technische Hilfe durch Beratung leistet.
Die **Sonderorganisationen der UN** sind selbständige, autonome Organisationen, die – soweit möglich – vom UN-ECOSOC koordiniert werden. Von herausragender Bedeutung sind dabei die **Weltbankgruppe** und der **IWF** (vgl. oben), ferner die **Internationale Arbeitsorganisation** (*International Labour Organisation*, **ILO**, Genf) und die **Ernährungs- und Landwirtschaftsorganisation** (*Food and Agricultural Organisation*, **FAO**, Rom).

B-3. Nationales, supranationales und internationales Recht

B-3.1. Der Zusammenhang zwischen den Rechtsebenen

Das für die außenwirtschaftlichen Beziehungen relevante Recht stellt sich als eine nicht leicht zu durchschauende Verzahnung von nationalem, internationalem und supranationalem Recht dar. Als **nationales Recht** sind dabei die Normen zu verstehen, die aus der nationalen Rechtsetzung hervorgegangen sind. Im Fall der Bundesrepublik Deutschland sind dies die im jeweiligen parlamentarischen Gesetzgebungsverfahren verabschiedeten Bundes- und Landesgesetze und die sich daraus jeweils ableitenden Rechtsverordnungen.
Supranationales Recht ist solches Recht, das dem nationalen Recht übergeordnet ist, indem es nationales Recht ‹bricht›: Nationale Rechtsnormen, die dem supranationalen Recht entgegenstehen, sind dadurch automatisch nichtig (vgl. weiter unten). Zum supranationalen Recht zählt in unserem Zusammenhang vor allem das Recht der Europäischen Gemeinschaften (**Gemeinschaftsrecht**).

Internationales Recht (Spezielles Völkerrecht; **Völkervertragsrecht**) besteht aus Abkommen und Verträgen, denen die Bundesrepublik – bzw. die EG – beigetreten ist bzw. die sie unterzeichnet haben und die in jedem Falle, um auf nationaler oder supranationaler Ebene Rechtskraft zu erhalten, transformiert und ratifiziert werden müssen, beispielsweise der GATT-Vertrag.
(Exkurs: Ein internationaler bzw. völkerrechtlicher Vertrag (Staatsvertrag) kommt i.d.R. zustande durch a) Vertragsverhandlungen, b) **Paraphierung** des vorläufigen Vertragstextes, d.h. «Unterzeichnung» des nicht mehr veränderbaren Vertragstextes mit den Anfangsbuchstaben der Namen der Verhandlungsführer (*Paraphen*; durch die Paraphierung sind die Verhandlungspartner weder gebunden noch zur endgültigen Zustimmung verpflichtet), c) Durchlaufen des nationalstaatlichen Zustimmungsprozesses: dies bedeutet **Transformation** des völkerrechtlichen Vertrags z.B. durch ein entsprechendes (gleichlautendes) nationales Vertragsgesetz oder durch ein Zustimmungsgesetz in nationales Recht, d) **Ratifikation**, d.h. formelle Bestätigungserklärung durch das Staatsoberhaupt *nach* erfolgter parlamentarischer Transformation in nationales Recht (häufig wird im Sprachgebrauch auch bereits das parlamentarische Zustimmungsverfahren als Ratifikation bezeichnet),
e) gegenseitiger Austausch bzw. – bei multilateralen Verträgen – Hinterlegung der Ratifikationsurkunden. (Durch die Transformation kommt auf nationaler Ebene rechtlich nicht externes Recht zur Anwendung, sondern nationales Recht, das materiell dem externen Recht entspricht.)
Damit ergibt sich der in der Abb. B-3.1/1 dargestellte Aufbau der verschiedenen Rechtsebenen, die nicht nur für die Außenwirtschaft relevant sind.

B-3.2. Supranationales Recht

B-3.2.1. Allgemeines Völkerrecht

Die oberste Ebene bildet als supranationales Recht das zwingende, **allgemeine Völkerrecht**. Dieses umfaßt die rechtlichen Regeln für die Beziehungen zwischen den Staaten und internationalen Institutionen der Internationalen Staatengemeinschaft. Das Völkerrecht ist im westlichen ungeschriebenes **Gewohnheitsrecht** sowie formalisiertes **Völker-Vertragsrecht**. Nur in einigen Bereichen ist das prinzipiell un-

Abb. B-3.1/1: **Rechtsebenen**

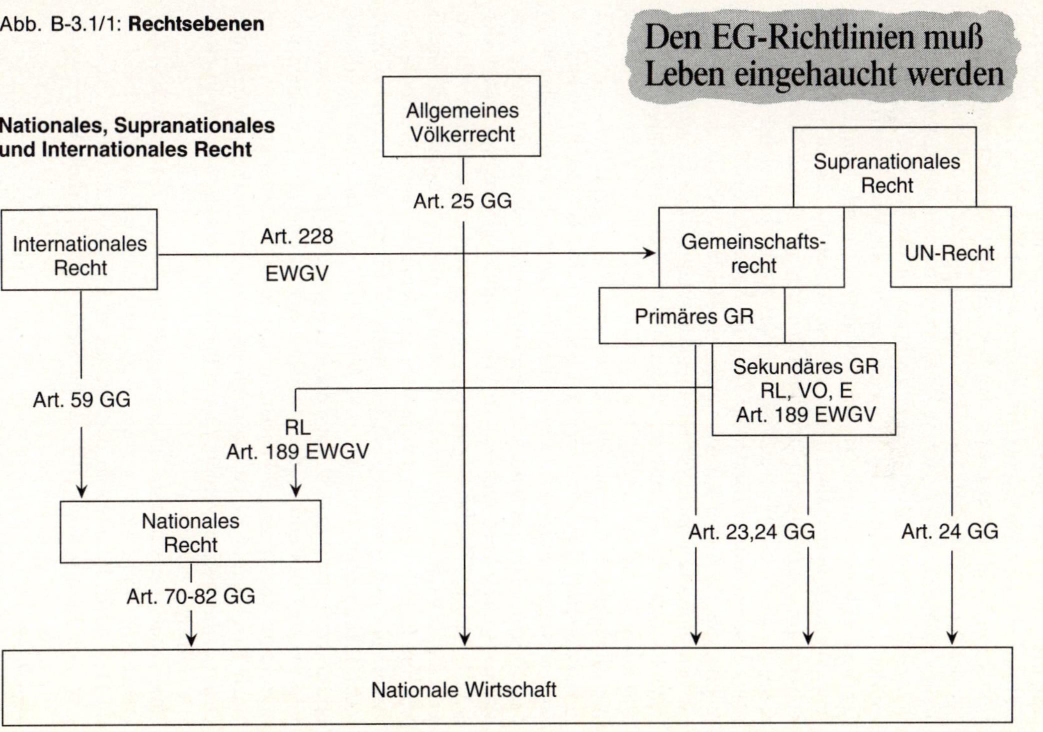

geschriebene Völkergewohnheitsrecht formalisiert worden, so z.B. im Statut des *Internationalen Gerichtshofes* (IGH) in Den Haag, in der *UN-Seerechtskonvention* oder der *Wiener Vertragskonvention.*
Für die Außenwirtschaft wichtige Regelungsbereiche des Allgemeinen Völkerrechts sind u.a. die Stellung der Staaten als Rechtssubjekte (beispielsweise die Möglichkeit, als Staat zu klagen oder verklagt zu werden), die Regelung der Hoheitsbereiche, die Rechte und Pflichten der Staaten untereinander (beispielsweise die Verpflichtung, geschlossene Verträge einzuhalten (*«pacta sunt servanda»*: Wiener Vertragskonvention), das Prinzip der Ratifizierung internationaler Abkommen, das Recht auf Hochseefischerei, das Recht der freien Durchfahrt von Handelsschiffen (Beschlagnahmung bedeutet Bruch des Völkerrechts), das Recht der Küstenstaaten am Festlandsockel[2], die Immunität von diplomatischen Vertretungen, Ersatzpflichten für völkerrechtliche Delikte, die allgemeinen Regeln der internationalen Gerichts- und Schiedsgerichtsbarkeit, etc.
Die allgemeinen Regeln des Völkerrechts sind gemäß Art. 25 GG *Bestandteil des Bundesrechts,* «(...) gehen den Gesetzen vor und erzeugen Rechte und Pflichten unmittelbar für die Bewohner des Bundesgebietes.» Dies bezieht sich allerdings nicht bereits allgemein auf internationale Verträge – wie z.B. Handelsabkommen oder der GATT-Vertrag: Solche Regelungen des Völkervertragsrechts müssen auf die nationale Rechtsebene transformiert werden; vgl. dazu Abschn. B-3.4 – , sondern vorrangig auf Aspekte der Menschenrechte sowie auf die Notwendigkeit, ggf. nationale Regelungen dem Völkerrecht anzupassen. Nach Art. 100 Abs. 2 GG muß im Zweifelsfall das Bundesverfassungsgericht entscheiden, ob eine Regel des allgemeinen Völkerrechts Bestandteil des Bundesrechts ist und ob sie folglich unmittelbare Rechte und Pflichten für den einzelnen erzeugt.
Nach Art. 23 und 24 GG können Hoheitsrechte auf supranationale Organe übertragen werden. In der Praxis sind diese Normen in zweierlei Hinsicht relevant:
Zum einen sind Hoheitsrechte auf die Organe der *Europäischen Gemeinschaft* übertragen worden (vgl. anschließend Abschn. B-3.2.2). Im Dezember 1992 wurde der Art. 23 inhaltlich neu in das Grundgesetz aufgenommen (er tritt an die Stelle einer überholten Vorschrift

[2] Geologisch endet der Festlandsockel bei ca. 130–200 m Tiefe; dann folgt der «Hangknick» hin zum steileren Kontinentabfall. Nach der UN-Seerechtskonferenz (1973–1981) endet der Festlandsockel nach 200sm. Der Festlandsockel ist *nicht* Teil des Hoheitsgebiets, sondern völkerrechtlich *Hohe See.* Die Küstenstaaten haben jedoch das Recht der *ausschließlichen Nutzung* des Festlandsockels.

über den Geltungsbereich des GG). Neu und besonders an dieser Norm ist die Feststellung, daß die Bundesrepublik Deutschland bei der Entwicklung der (politischen) Europäischen Union mitwirkt. Die dazu ggf. erforderliche Übertragung von Hoheitsrechten durch den Bund kann – das ist neu – nur durch Gesetz *mit Zustimmung des Bundesrates* erfolgen. Bundestag und Bundesrat wirken in Angelegenheiten der Europäischen Union mit.

Zum anderen hat der *UN-Sicherheitsrat*, der nur aus einigen UN-Mitgliedern besteht, nach Art. 24 GG hoheitsrechtliche Kompetenzen, indem er – gestützt auf Artikel 39–51 der UN-Charta – z.B. wirtschaftliche und militärische Sanktionen gegen Staaten verhängen kann, die eine Bedrohung für den Weltfrieden darstellen (konkrete Beispiele: Irak 1990, Lybien 1992, Serbien/Montenegro 1992). Derartige Beschlüsse sind für alle Mitgliedstaaten nach Art. 25 der UN-Charta verbindlich, müssen aber dessenungeachtet in nationale Maßnahmen bzw. Rechtsnormen umgesetzt werden, insbesondere, um sie mit nationalen Sanktionsmöglichkeiten bei Zuwiderhandlungen zu verknüpfen.

Das Grundgesetz ist insgesamt recht völkerrechtsfreundlich orientiert; u.a. unterwirft sich die Bundesrepublik gemäß Art. 24 Abs. 3 GG zur Regelung zwischenstaatlicher Streitigkeiten der internationalen Schiedsgerichtsbarkeit. Diese ist im internationalen Bereich institutionalisiert durch den **Internationalen Gerichtshof** (**IGH**) in Den Haag. Der IGH ist formal ein Organ der UNO, urteilt jedoch nicht im Namen der Vereinten Nationen. Er hat 15 Mitglieder verschiedener Staatsangehörigkeit, die von der UN-Vollversammlung und dem UN-Sicherheitsrat in getrennten Wahlgängen für jeweils neun Jahre bestimmt werden. Alle drei Jahre wird ein Drittel der Richter neu gewählt. Faktisch allerdings besteht ein regionaler Proporz, indem vier Richter aus Westeuropa kommen, zwei aus Osteuropa, einer aus den USA, zwei aus Südamerika und je drei aus Afrika und Asien.

Der Gerichtsbarkeit des IGH unterstehen nur Staaten, die sich dazu freiwillig bereiterklärt haben, so wie die Bundesrepublik in Art. 24 GG. Der IGH wurde z.B. 1992 von Lybien mit dem seitens des UN-Sicherheitsrates verhängten Embargo gegen das Land befaßt, oder 1986 wegen der Verminung von Häfen in Nicaragua durch die USA. Eine etwaige Verurteilung eines Staates durch den IGH hat jedoch praktisch keine Konsequenzen, abgesehen von moralischem Druck und dem Echo in der Presse. Insbesondere ziehen sich beklagte Staaten oft hinter die Behauptung zurück, daß der IGH keine Kompetenz zur Entscheidung bei politischen Differenzen habe.

B-3.2.2. Gemeinschaftsrecht

Das Recht der Europäischen Gemeinschaften (Gemeinschaftsrecht) ist eine besondere Ebene, die weder dem nationalen Recht, noch dem Völkerrecht zuzuordnen ist. Die Europäischen Gemeinschaften haben als zwischenstaatliche Einrichtungen nach dem Völkerrecht dieselben Rechte und Pflichten wie einzelne Staaten, so daß sie auch *verbindliches Recht* setzen können. Dieses Recht gilt sowohl für die europäischen Organe als auch für die Mitgliedstaaten, die nationalen Behörden, die nationalen Gerichte und die einzelnen Bürger. Dies beruht aus deutscher Sicht, wie erwähnt, auf Art.23 und 24 GG. Damit ist das Gemeinschaftsrecht insgesamt dem nationalen Recht übergeordnet (**supranationales Recht**): Gemeinschaftsrecht ‹bricht› nationales Recht; sofern sich nationales und supranationales Recht im konkreten Fall widersprechen, ist das supranationale Gemeinschaftsrecht anzuwenden.

Grundsätzlich sind drei Fälle zu unterscheiden (vgl. Abb. B-3.2/1): Fall (a) kennzeichnet den gerade angesprochenen Tatbestand, daß

Abb. B-3.2/1: **Gemeinschaftsrecht und nationales Recht**

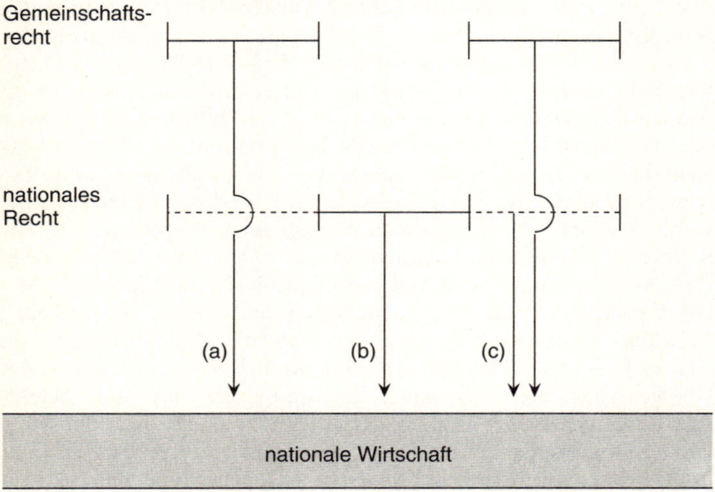

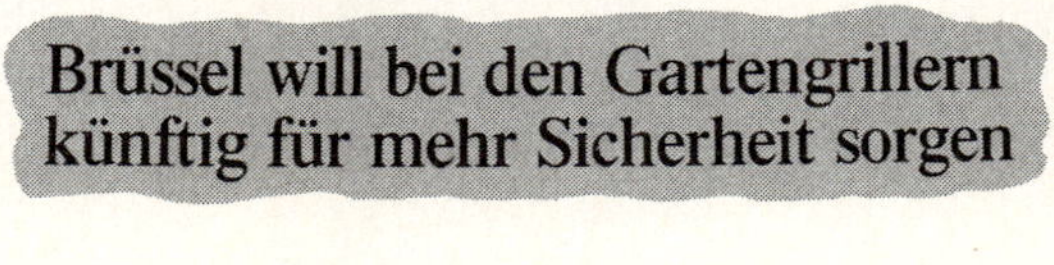
Brüssel will bei den Gartengrillern künftig für mehr Sicherheit sorgen

nationales Recht durch Schaffung supranationalen Gemeinschaftsrechts (meist sekundären Gemeinschaftsrechts) ‹überflüssig› (*obsolet*) geworden ist. Anstelle des nationalen Rechts regelt nun Gemeinschaftsrecht den betreffenden Tatbestand (z.B. im Bereich des Zollrechts i.e.S.; vgl. Kap. F).

Fall (b) zeigt den Fall, daß es auf der Ebene des Gemeinschaftsrechts (noch) keine Regelung für bestimmte Tatbestände gibt (z.B. im Bereich der Verbrauchsteuern). Dann gilt nach wie vor nationales Recht.

Fall (c) tritt dann ein, wenn es zwar supranationale Regelungen gibt, aber aus rechtstechnischen Gründen parallel dazu nationales Recht ‹benötigt› wird, um beispielsweise Tatbestände aus dem Außenwirtschaftsrecht mit Strafsanktionen bedrohen zu können. Ein Verstoß gegen ein Exportembargo gegen Serbien beispielsweise kann nach UN-Recht gar nicht sanktioniert werden, nach EG-Recht lediglich mit einer Geldbuße belegt werden und bedarf für eine strafrechtliche Würdigung (Freiheitsstrafe, Geldstrafe) einer nationalen Rechtsnorm: Auf supranationaler Ebene gibt es keine strafrechtlichen Sanktionen.

Rechtliche Kontrollinstanz für das Gemeinschaftsrecht ist der **Europäische Gerichtshof** (**EuGH** in Luxemburg (vgl. oben Abb. B-2.2/6 und hier Abb. B-3.2/2), der mit seiner Rechtsprechung gleichfalls supranationales Recht setzt. Der EuGH hat 13 Richter sowie 6 Gene-

Abb. B-3.2/2: **Europäischer Gerichtshof (EuGH)**

Europäischer Gerichtshof beanstandet Richtlinie

mwh. FRANKFURT, 19. März. Die Richtlinie der Europäischen Gemeinschaft über den Wettbewerb auf dem Markt der Telekommunikationsendgeräte ist teilweise nichtig. Dies hat der Europäische Gerichtshof (Urteil vom 19. März 1991 - Rs C-202/88) entschieden.

Einstweilige Anordnung gestoppt

am. HAMBURG, 11. Mai. Eine vorläufige Entscheidung des Präsidenten des Europäischen Gerichtshofes Erster Instanz hat die im März dieses Jahres ergangene einstweilige Anordnung der EG-Kommission gestoppt.

ralanwälte, die von den Mitgliedstaaten für jeweils drei Jahre ernannt und in der Regel wiedergewählt werden. Das Gericht tagt teils in Vollsitzungen, teils in Kammern mit drei bzw. sechs Richtern. Seit 1989 gibt es zur Entlastung des Gerichts eine 1. Instanz beim EuGH mit weiteren 12 Richtern, die u.a. für Wettbewerbsfragen und für Individualklagen gegen ein EG-Organ zuständig ist.

B-3.2.2.1. Primäres Gemeinschaftsrecht

Auf der Ebene des Gemeinschaftsrechts ist zu unterscheiden zwischen primärem und sekundärem Gemeinschaftsrecht. Das primäre Gemeinschaftsrecht umfaßt die **Gründungsverträge** der Europäischen Gemeinschaften, also den Vertrag über die Gründung der **Europäischen Gemeinschaft für Kohle und Stahl** (EGKS) vom 18. 4. 1951 (sog. *Montanunions-Vertrag* oder *Pariser Vertrag*), den Vertrag zur Gründung der **Europäischen Wirtschaftsgemeinschaft** (EWG-Vertrag) vom 25. 3. 1957 und den Vertrag zur Gründung der **Europäischen Atomgemeinschaft** (EAG oder EURATOM), ebenfalls vom 25. 3. 57. Der EWG- und der EURATOM-Vertrag werden nach ihrem Unterzeichnungsort auch als *Römische Verträge* bezeichnet. Zum primären Gemeinschaftsrecht zählen auch die Gründungs- und Zusatzprotokolle und -abkommen, die späteren Ergänzungsverträge wie z.B. die **Einheitliche Europäische Akte** von 1987 sowie die Beitrittsverträge mit neuen Mitgliedern.
Das primäre Gemeinschaftsrecht gilt entweder – ohne weitere nationale Umsetzung – unmittelbar für den einzelnen Bürger (z.B. die Regelungen des EG-Wettbewerbsrechtes) oder verpflichtet die Organe der Gemeinschaft zum Handeln bzw. die nationalen Gesetzgeber zur Umsetzung in nationales Recht.

B-3.2.2.2. Sekundäres Gemeinschaftsrecht

Als sekundäres Gemeinschaftsrecht bezeichnet man die sich aus dem primären Gemeinschaftsrecht ableitenden Rechtsnormen, z.B. in fachlicher Hinsicht auch das Marktordnungsrecht für den Bereich der Landwirtschaft und das Zolltarifrecht. Gemäß Art. 189 des EWG-Vertrages werden dabei folgende Formen unterschieden:

(1) EG-Verordnungen
Eine Verordnung ist allgemeingültig, d.h. sie gilt in allen ihren Teilen unmittelbar *in* allen Mitgliedstaaten für alle staatlichen Instanzen, Bürger und Institutionen. EG-Verordnungen werden dennoch meist in

nationales Recht übernommen, da nur auf der Ebene des nationalen Rechts andere Sanktionen als Bußgelder möglich sind. In ihrer Rechtskraft ähnelt die EG-Verordnung am ehesten dem, was man auf nationaler Ebene als Gesetz bezeichnet, wobei allerdings die erheblichen Unterschiede im Gesetzgebungsverfahren zu berücksichtigen sind: Das Europäische Parlament ist beim Erlaß von Verordnungen durch den EG-Rat oder die -Kommission kaum beteiligt.

Die wichtigsten, als **Grundverordnungen** bezeichneten Verordnungen werden vom EG-Ministerrat erlassen, **Ausführungs-** bzw. **Durchführungsverordnungen** dazu in der Regel von der EG-Kommission. Letztere kommen – obgleich der Vergleich bedenklich ist – noch am ehesten einer nationalen Rechtsverordnung nahe (beispielsweise der *Außenwirtschaftsverordnung* (AWV). Die EG-Verordnungen sind nach dem EWG-Vertrag zu begründen und werden im Amtsblatt der Gemeinschaft veröffentlicht. Der jeweilige Klammerzusatz (EWG) ist daher «offiziell». Der Leser möge dafür Verständnis haben, daß neben ›seriösen‹ Beispielen im folgenden insbesondere auch einige besonders schöne bürokratische Exemplare ausgewählt wurden. Vielleicht wird dadurch auch der Unterschied zwischen Grundverordnungen und Durchführungsverordnungen deutlicher.

- Verordnung (EWG) Nr. 4064/89 des Rates vom 21. Dezember 1989 über die Kontrolle von Unternehmenszusammenschlüssen.
- Verordnung (EWG) Nr. 1715/90 des Rates vom 20. Juni 1990 über die von den Zollbehörden der Mitgliedstaaten erteilten Auskünfte über die Einreihung von Waren in die Zollnomenklatur.
- Verordnung (EWG) Nr. 295/91 des Rates vom 8. April 1991 über eine gemeinsame Regelung für ein System von Ausgleichsleistungen bei Nichtbeförderung im Linienverkehr (Anmerkung des Autors: dies betrifft Überbuchungen).
- Verordnung (EWG) Nr. 382/89 der Kommission vom 15. Februar 1989 über Maßnahmen zur Erleichterung der Anwendung der Richtlinie 85/397/EWG des Rates zur Regelung gesundheitlicher und tierseuchenrechtlicher Fragen im innergemeinschaftlichen Handel mit wärmebehandelter Milch.
- Verordnung (EWG) Nr. 254/90 der Kommission vom 31. August 1990 über die Wiedereinführung des Zollsatzes für Nachthemden, Schlafanzüge, Bademäntel und -jacken aus Gewirken der Warenkategorie Nr. 24 (laufende Nummer 40.0240) und Kleider für Frauen und Mädchen der Warenkategorie Nr. 26 (laufende Nummer 40.0260) mit Ursprung in Indonesien, denen die in der Verordnung (EWG) Nr. 3897/89 des Rates vorgesehenen Zollpräferenzen gewährt werden.
- Verordnung (EWG) Nr. 2829/90 der Kommission vom 27. Septem-

ber 1990 zur Einstellung des Pollackfanges durch Schiffe unter spanischer Flagge.

- Verordnung (EWG) Nr. 1394/91 der Kommission vom 27. Mai 1991 zur Änderung der Liste im Anhang der Verordnung (EWG) Nr. 3664/90 zur Festlegung der Liste der Schiffe mit einer Länge über alles von mehr als 8 m, die in bestimmten Gebieten der Gemeinschaft mit Baumkurren, deren Gesamtbaumlänge mehr als 9m beträgt, auf Seezunge fischen dürfen.

(2) EG-Richtlinien

Im Unterschied zur Verordnung, die *in* jedem Mitgliedstaat gilt, ist eine EG-Richtlinie *für* jeden Mitgliedstaat hinsichtlich des zu erreichenden Zieles verbindlich. Wie dieses Ziel aber erreicht werden soll, bleibt den einzelnen Staaten überlassen. Eine Richtlinie ist also nicht unmittelbar anwendbar wie eine Verordnung, sondern muß – in einem zweistufigen Verfahren – in nationales Recht umgesetzt und damit konkretisiert und anwendbar gemacht werden. Auch dabei gibt es sowohl ‹seriöse› als auch durchaus kuriose Beispiele:

- Richtlinie des Rates vom 13. Februar 1989 über die Pflichten der in einem Mitgliedstaat eingerichteten Zweigniederlassungen von Kreditinstituten und Finanzinstituten mit Sitz außerhalb dieses Mitgliedstaats zur Offenlegung von Jahresabschlußunterlagen.
- Richtlinie der Kommission Nr. 79/408/EWG bezüglich des Wilderns der Turteltaube (*Streptopelia turtur*) in Frankreich.

Wichtige Richtlinien im Außenwirtschaftsbereich betreffen u.a. die Harmonisierung der nationalen Zollgesetze. Eine EG-Richtlinie ist in etwa mit der Rahmengesetzgebungskompetenz des Bundes für Länder und Gemeinden gemäß Art. 75 GG zu vergleichen (dort z.B. für allgemeine Grundsätze des Hochschulwesens oder des Melde- und Ausweiswesens). Der EuGH hat Anfang 1992 eine bahnbrechende Entscheidung getroffen: In der Praxis gab es häufig Fälle, in denen Mitgliedstaaten die Umsetzung einer EG-Richtlinie in nationales Recht hinauszögerten. Nach dem EuGH-Urteil nun kann ein Bürger seinen Staat auf Schadenersatz verklagen, wenn dieser ihm Rechte vorenthält, die auf Gemeinschaftsebene gewährt wurden. Dies bedeutet erstmalig auch eine indirekte Form von Sanktionen gegen einen Staat, der gegen EG-Vorschriften verstößt, indem er die vorzunehmende Umsetzung von Gemeinschaftsrecht in nationales Recht verzögert und damit die Rechtsharmonisierung in der EG beeinträchtigt.

(3) EG-Entscheidungen

Im Gegensatz zur allgemeingültigen Verordnung ist eine Entscheidung nur für den *Einzelfall* und nur für die in der Entscheidung bezeichneten natürlichen oder juristischen Personen verbindlich. Entscheidungen sind auch nicht veröffentlichungsbedürftig und sind in ihrer Wirkung mit dem *Verwaltungsakt* des deutschen Rechts zu vergleichen. Beispiele: Entscheidung über eine beantragte Fusion oder Verhängung einer Geldbuße bei Zuwiderhandlungen. Betroffenen steht ggf. der direkte Klageweg zum Europäischen Gerichtshof offen.

- Entscheidung des Rates vom 13. Februar 1989 zur Festlegung eines europäischen Plans für die Stimulierung der Wirtschaftswissenschaften (1989–1992) (SPES).
- Entscheidung der Kommission vom 29. Februar 1991 über eine spezifische Maßnahme zur Behebung von Schwierigkeiten beim Wittlingfang in der Nordsee.

(4) Andere Akte

Neben diesen drei rechtsverbindlichen Formen der Setzung sekundären Gemeinschaftsrechts können Rat und Kommission, aber auch das Europäische Parlament aufgrund eigener Initiative **Empfehlungen** und – bei Anfragen – **Stellungnahmen** abgeben. Aus der Arbeit des Rates in seiner wechselnden fachlichen Zusammensetzung können sich ferner **Erklärungen**, politische **Beschlüsse** oder **Vereinbarungen** ergeben.

Das Amtsblatt der EG veröffentlicht auch schriftliche Anfragen mit Antwort:

Schriftliche Anfragen mit Antwort

- Nr. 668/90 von Herrn Kenneth Stewart an die Kommission.

Betrifft: Frühlingstulpen aus Ankara.

- Nr. 1014/90 von Herrn Alain Pompidou an die Kommission.

Betrifft: Harmonisierung der Normen für Reitkappen.

- Nr. 2540/90 von Herrn Jan Sonneveld an die Kommission.

Betrifft: Gemeinschaftsregelung für schmierbare gelbe Fette.

- Nr. 2949/90 von den Abgeordneten Giuseppe Mottola und Gerardo Gaibisso an die Kommission.

Betrifft: Geänderter Vorschlag für eine Richtlinie über die Etikettierung von Tabakerzeugnissen – Angefeuchteter Tabak zum Lutschen – Dokument KOM (90)538.

B-3.3. Nationales Recht

Trotz der bereits weitgehenden Integration der Europäischen Gemeinschaft ist eine Vielzahl von Wirtschaftsbereichen (noch) nicht durch Gemeinschaftsrecht geregelt. In diesen Fällen greift das jeweilige nationale Recht: Nationale Regelungen gelten immer nur dann, wenn es keine entsprechenden Regelungen im Gemeinschaftsrecht gibt. Nationales Recht wird bzw. ist durch entsprechende Regelungen im Gemeinschaftsrecht außer Kraft gesetzt; dem Gemeinschaftsrecht widersprechende nationale Regelungen sind automatisch nichtig.
Wie erwähnt, werden EG-Verordnungen dennoch meist in nationales Recht übernommen, da nur auf der Ebene des nationalen Rechts andere Sanktionen als Bußgelder möglich sind. Hinzu kommt die Notwendigkeit, z.B. organisatorische Regelungen (Zuständigkeiten, Formvorschriften) – in jedem Mitgliedstaat individuell – rechtlich zu normieren. Insofern also ergänzen sich die beiden Rechtsebenen, da das Gemeinschaftsrecht in vielen Bereichen unvollständig ist. Der EuGH hält die Parallelität von Rechtsnormen auf gemeinschaftlicher und auf nationaler Ebene für rechtswidrig, doch sprechen die erwähnten praktischen Gründe für ihre vorläufige Beibehaltung.
Vor diesem Hintergrund sind auch die enormen Bemühungen zu sehen, zur Vollendung des europäischen Binnenmarktes die unterschiedlichen nationalen Gesetze zu harmonisieren. Dies wird in vielen Fällen noch beträchtliche Zeit in Anspruch nehmen, so daß bis dahin unterschiedliche nationale Rechte nebeneinander in der Gemeinschaft gelten werden.
Nach Art. 73 und 74 GG ist für den Außenwirtschaftsbereich allein der Bund zuständig. Das für die Außenwirtschaft einschlägige nationale deutsche Recht umfaßt zum einen **Gesetze** – und die sich daraus ableitenden Rechtsverordnungen –, die sich unmittelbar auf die Außenwirtschaft richten, wie z.B. das **Außenwirtschaftsgesetz** (AWG), das **Zollgesetz** (ZG) (insbesondere als Verfahrensrecht) oder das **Umsatzsteuergesetz** (UStG), insbesondere im Hinblick auf die **Einfuhrumsatzsteuer** (EUSt). Zum anderen gehören dazu auch alle gesetzlichen Regelungen, die sowohl die inländischen als auch die ausländischen Wirtschaftsbeziehungen betreffen, wie z.B. die **Abgabenordnung** (AO) als allgemeines Verfahrensrecht für Zölle, Abschöpfungen, Steuern und andere Abgaben, das **Gesetz gegen Wettbewerbsbeschränkungen** (GWB), das **Kriegswaffenkontrollgesetz** (KWKG) oder die **Verbrauchsteuer-** und anderen **Steuergesetze**. In den Kap. E und F wird dies vertieft.

B-3.4. Völkervertragsrecht (Internationales Recht)

Internationale Abkommen oder Verträge müssen – um bindend anwendbar zu werden – wie erwähnt durch Ratifizierung oder Transformierung durch die jeweils zuständigen Organe in supranationales oder nationales Recht übernommen werden. Völkerrechtliche Verträge, welche die *Europäische Gemeinschaft* geschlossen hat bzw. denen sie beigetreten ist, werden nach Art. 228 EWGV Bestandteil des Gemeinschaftsrechts und sind damit für die Mitgliedstaaten verbindlich,wie z.B. der **GATT-Vertrag**, die Abkommen zwischen der EG und den EFTA-Staaten, die **Lomé-Verträge** oder andere Präferenzabkommen. Rein formal handelt es sich dabei um *sekundäres Gemeinschaftsrecht*, weil es sich aus Handlungen der EG-Organe ableitet, doch ist derartigen internationalen Verträgen doch eine herausgehobene Bedeutung – etwa im Vergleich mit innergemeinschaftlichen Verordnungen – beizumessen.
Völkerrechtliche Verträge, welche die politischen Beziehungen des *Bundes* regeln und die nicht Gemeinschaftsrecht sind, bedürfen nach Art. 59 GG der **Ratifizierung** der für die Bundesgesetzgebung jeweils zuständigen Körperschaften, d.h. **Bundestag** und **Bundesrat**. Auch andere Regelungen wie z.B. die *COCOM-Liste* als Export-Embargo-Vereinbarung (vgl. Abschn. E-5.8) müssen in nationale Regelungen transformiert werden: Die COCOM-Liste ist in die sog. Ausfuhrliste eingearbeitet (diese ist eine Anlage zur AWV) und damit materiell zu nationalem Recht geworden. Dies ist u.a. erforderlich, um derartige Abkommen den entsprechenden nationalen Sanktionsmöglichkeiten im Hinblick auf das Ordnungswidrigkeiten- bzw. Strafrecht unterwerfen zu können (vgl. dazu Abschn. E-3.4.5). Formal ist es umstritten, ob es korrekt ist, derartige internationale Abkommen nicht als Gesetz zu ratifizieren, sondern durch einfache Rechtsverordnung der Exekutive in nationales Recht zu transformieren. Die obige Abb. B-3.1/1 faßt die Einwirkungsmöglichkeiten der verschiedenen Rechtsebenen zusammen. Eine Überprüfung des EG-Rechts im Hinblick auf seine Vereinbarkeit mit dem Grundgesetz findet – nach einer Entscheidung des Bundesverfassungsgerichts aus dem Jahre 1987 – nicht statt, solange die EG und die Rechtsprechung des Europäischen Gerichtshofes einen wirksamen Schutz der Grundrechte gegenüber der Hoheitsgewalt gewährleisten.

C. Betriebswirtschaftliche Wirkungen außenwirtschaftspolitischer Maßnahmen

C-1. Wechselkurswirkungen

In diesem Abschnitt wird der Begriff ‹**Währung**› nur im Hinblick auf **ausländische** Währungen verwendet. Diese Klarstellung ist insofern von Bedeutung, als die Bundesbank der Sicherung der Stabilität der Währung verpflichtet ist, womit die Kaufkraft der **Inlands**-Währung gemeint ist. Im Mittelpunkt der Währungspolitik im Sinne dieses Kapitels steht der **Wechselkurs**, der das Austauschverhältnis zwischen der inländischen und einer ausländischen Währung bezeichnet. Dies bedeutet, daß es ebensoviele Wechselkurse gibt wie ausländische Währungen.

C-1.1. Devisenmarkt

C-1.1.1. Wechselkursbegriffe

In der üblichen Schreibweise würde der Wechselkurs zwischen DM und französischen Franc (FF) beispielsweise dargestellt als FF 29,40. Diese Schreibweise bezeichnet man als **Preiswechselkurs**, da ausgedrückt wird, daß 100 FF 29,40 DM kosten. Die Kurznotierung FF 29,40 ist üblich, da der Preis für die ausländische Währung grundsätzlich in inländischer Währung ausgedrückt wird[1] und sich auf jeweils 100 Einheiten der ausländischen Währung bezieht. Ausnahmen von dieser Regel sind alle Dollar- bzw. Pfund-Notierungen, die sich auf jeweils 1 Einheit beziehen, und die italienische Lira, die in 1000 notiert wird. $ 1,33 an einem schweizer Bankschalter würde dann bedeuten, daß 1 US-Dollar 1,33 sfr (Schweizer Franken) entspricht. Für eine Reihe

[1] Eine Ausnahme stellen die Kreuzwechselkurse (‹cross rates›) dar, die zwei ausländische Währungen zueinander in Beziehung setzen, z. B. aus deutscher Sicht 1 US-Dollar = 6,73 FF.

‹exotischer› Währungen gibt es analoge Abweichungen von der 100-Regel (Abb. C-1.1/1).

Abb. C-1.1/1: **«Peso Nuevo»**

Mexiko rechnet mit neuen Pesos

Mexico, D.F. (BfAI) – In Mexiko wurde mit Wirkung vom 1.1.93 eine Währungsumstellung durchgeführt. Die neue Währungseinheit lautet „Nuevos Pesos“; sie weist gegenüber der bisher geltenden Währung drei Dezimalstellen weniger auf, was zu einer Vereinfachung der Handels- und Finanztransaktionen beitragen soll

Der Kehrwert des Preiswechselkurses ist der **Mengenwechselkurs**: 100 FF = 29,40 DM entspricht – wertmäßig identisch – 100 DM = 340 FF (gerundet). Der Mengenwechselkurs drückt aus, welche «Menge» ausländischer Zahlungsmittel man für eine Einheit Inlandswährung tauschen kann. An den Börsen, den Bankschaltern und in der Presse werden grundsätzlich nur Preiswechselkurse notiert, außer in Großbritannien, wo auch Mengennotierungen üblich sind. Ein ausländischer Preiswechselkurs ist folglich aus Inlandssicht identisch mit einem inländischen Mengenwechselkurs. Die Unterscheidung zwischen Preis- und Mengenwechselkursen wird im Zusammenhang mit der Betrachtung von Wechselkursänderungen in Abschn. C-1.4 von Bedeutung sein.

Für die Praxis sind zwei weitere Begriffspaare wichtig.

Zunächst ist zu unterscheiden zwischen **Ankaufs-** und **Verkaufskursen**, beides aus Banksicht. Der Ankaufskurs (**Geldkurs**) liegt unter dem Verkaufskurs (**Briefkurs**), da Banken ausländische Währungen nur zu höheren Preisen verkaufen werden, als sie ihrerseits beim Ankauf zahlen müssen. In Abb. C-1.1/2 ist außerdem ersichtlich, daß zwischen **Devisenkursen** einerseits und **Sortenkursen** (faktisch synonym: **Notenkursen**) andererseits unterschieden wird. Devisenkurse gelten für den bargeldlosen Zahlungsverkehr (Überweisungen auf bzw. von Girokonten, Wechseleinreichungen, Schecks, auch Reise-

Abb. C-1.1/2: **Devisen- und Sortenkurse**

Land/Währung	Devisen Geld	Devisen Brief	Sorten Ank.	Sorten Verk.	Land/Währung	Noten Ank.	Noten Verk.
Australien (1 A-$)°	1.1160	1.1280	1.05	1.18	Ägypten (1 eg £)**	0.32	0.62
Belgien/Lux. (100 bfr)	4.853	4.873	4.77	5.00	Bulgarien (1 Lew)**	0.02	0.11
Dänemark (100 dkr)	25.710	25.830	24.80	26.80	CSFR (100 Kcs)**	4.40	5.70
Finnland (100 Fmk)	30.250	30.450	29.60	31.60	GUS (1 Rubel)**	-.-	0.05
Frankreich (100 FF)	29.185	29.345	28.40	30.40	Hongkong (1 HK-$)	0.1800	0.2350
Griechenland (100 Dr)*°	0.7500	0.7620	0.59	0.89	Indien (1 Rupie)**	0.030	0.070
Grossbritannien (1 £)	2.450	2.464	2.35	2.55	Indonesien (100 Rupien)*	0.045	0.130
Irland (1 Ir.£)	2.620	2.634	2.49	2.71	Israel (1 Shekel)	0.40	0.70
Italien (1000 Lire)	1.0825	1.0925	1.03	1.16	Kenia (1K-Sh)**	0.015	0.050
Japan (100 Yen)	1.3050	1.3080	1.24	1.32	Malaysia (1 Ringgit)	0.53	0.69
Kanada (1 Can-$)	1.2777	1.2857	1.22	1.34	Malta (1 M. £)	4.00	4.70
Neuseeland (1 NZ-$)°	0.8320	0.8440	0.70	0.95	Marokko (1 Dirham)**	0.1520	0.1920
Niederlande (100 hfl)	88.840	89.060	87.70	90.20	Mexiko (100 mex. Pesos)	0.02	0.09
Norwegen (100 nkr)	23.340	23.460	22.30	24.30	Rumänien (100 Lei)**	0.05	0.65
Österreich (100 oeS)	14.195	14.235	14.07	14.37	Sri Lanka (1 Rupie)*	0.015	0.060
Portugal (100 Esc)	1.102	1.122	0.92	1.22	Südafrika (1 H-Rd.)*	0.37	0.61
Schweden (100 skr)	22.790	22.950	21.70	23.70	Singapur (1 S-$)	0.85	1.05
Schweiz (100 sfr)	110.700	110.900	109.25	112.25	Thailand (100 Baht)*	5.40	7.50
Spanien (100 Ptas)	1.402	1.412	1.34	1.47	Türkei (100 Ltq)°	0.011	0.024
Südafrika (1 F-Rd.)*°	-.-	0.3420	-.-	-.-	Tunesien (1 tun. Din)**	1.20	1.90
USA (1 $)	1.6298	1.6378	1.58	1.70	Ungarn (100 Fr)*	1.10	2.35
					Zypern	3.00	3.65
ECU (1) in DM°	1.9475	1.9625	-.-	-.-			
(ECU-Leitkurs)			2.05586				
ECU (1) in US-$	1.1920	1.1950	-.-	-.-			

Quelle: Dt. Verkehrs-Bank AG, München
* Einfuhr begrenzt ** Einfuhr verboten
° im Freiverkehr

schecks), Sortenkurse beziehen sich auf Bargeld[2]. Der Sortenverkaufskurs ist höher als der Devisenverkaufskurs, d.h. ein Kunde, der sich ausländisches Bargeld kaufen möchte, zahlt einen höheren Preis, als wenn er sich Reiseschecks ausstellen ließe. Der Unterschied zwischen Devisen- und Sortenkursen erklärt sich daraus, daß den Banken durch Bargeldgeschäfte u.a. Transport-, Lager- und Versicherungskosten entstehen, die bei bargeldlosem Verkehr nicht anfallen.
In den Medien wird meist nur *ein* Wechselkurs genannt, also nicht zwischen Geld- und Briefkurs unterschieden. Es handelt sich dabei um den **amtlichen Mittelkurs**, der an der Devisenbörse in Frankfurt beim sog. **Fixing** offiziell aufgrund der zu diesem Zeitpunkt vorliegenden An- und Verkaufswünsche der Devisenhändler ermittelt wird.
Der amtliche bestellte Devisenmakler versucht dabei, den (Mittel-) Kurs zu fixieren, zu dem der größte Börsenumsatz möglich ist. Vom so bestimmten Mittelkurs ausgehend, werden dann Geld- und Briefkurs durch Ab- bzw. Zuschläge errechnet; dies ist in Abb. C-1.1/3 deutlich zu erkennen. Die amtlichen Kurse sind für einige Devisenge-

[2] Ganz exakt gesehen beziehen sich Notenkurse nur auf Banknoten, Sortenkurse auf Banknoten und Münzen.

Abb. C-1.1/3: **Fixing**

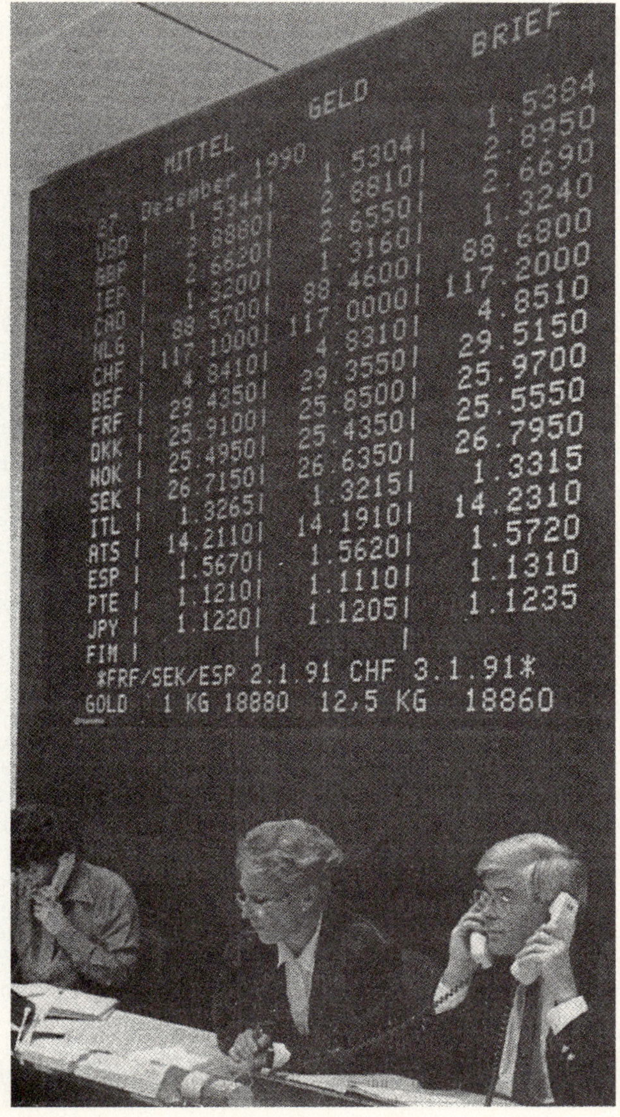

schäfte verbindlich. Gibt der Kunde seiner Bank keine andere Weisung, wird sein Auftrag zum amtlichen Kurs abgerechnet (Er kann aber auch auf «vor-» oder «nachbörslichen» Kursen bestehen, wenn dies günstiger ist). Auch die Abgabe von Reiseschecks erfolgt seitens der Banken zum ‹amtlichen› Briefkurs, und der Mittelkurs wird bei bestimmten Bewertungen, z.B. der Erfassung von Handelsströmen in der Zahlungsbilanz, zugrunde gelegt. Auch die Abrechnung von Käufen auf Kreditkartenbasis erfolgt bei vielen Instituten zum Mittelkurs, auf den dann z.B. ein Provisionszuschlag von 1% erfolgt. Im außerbörslichen Handel (sog. **Telefonhandel**) steht es den Banken bzw. Devisenhändlern jedoch frei, abweichende Kurse – je nach Marktlage – zu vereinbaren; hierauf ist gleich zurückzukommen.

Den Handel mit nicht amtlich notierten Währungen bezeichnet man als **Freiverkehr** (z.B. algerische Dinar, australische Dollar, mexikanische Pesos, saudi-arabische Rial, südafrikanische Rand, türkische Pfund etc.). Der allergrößte Teil des Devisenkassahandels vollzieht sich außerbörslich und fast ausschließlich per Telefon oder Fax bzw. Telex. Dabei ist zwischen **Eigengeschäften** zu unterscheiden, denen keine Kundenaufträge zugrunde liegen, und der Abwicklung von **Kundengeschäften**, deren Risiko durch «**Glattstellungen**», d.h. entsprechend gegenläufige Transaktionen, jeweils kompensiert wird. Kassageschäfte für Kunden führen Kreditinstitute durch Selbsteintritt als Kommissionäre aus, Termingeschäfte (vgl. unten C-1.5) sind Eigengeschäfte der Kreditinstitute. Außer den Kreditinstituten sind spezielle Makler am Devisenmarkt tätig.

Im Hinblick auf die Gewinnüberlegungen ist zwischen *Spekulation* und *Arbitrage* zu unterscheiden. Bei **Kurs-Arbitragen** werden Kursunterschiede genutzt, die *zum selben Zeitpunkt* an verschiedenen Börsenplätzen auftreten, z.B. wenn man Dollar in Tokio zu 1,5210 kaufen und in London zu 1,5220 verkaufen kann (Analog gibt es **Zinsarbitragen**, mit denen Zinsdifferenzen zwischen verschiedenen Geldmärkten ausgenutzt werden). Kursarbitragen sind relativ selten, weil durch die Vernetzung der Informationssysteme derartige Vorteile sofort von vielen Devisenhändlern ausgenutzt würden, so daß sich die Kursunterschiede durch entsprechende Angebots- und Nachfrageverschiebungen sofort einebnen. Mit **Kurs-Spekulation** wird auf entsprechende Kursentwicklungen *im Zeitablauf* gesetzt; z.B. würde es in Erwartung steigender Dollarkurse lohnend sein, heute Dollars zu kaufen, um sie später mit Gewinn zu verkaufen. Vgl. auch unten Abschn. C-1.2.

Im allgemeinen Sprachgebrauch wird häufig von **Devisen** als Oberbegriff für ausländische Zahlungsmittel gesprochen, doch ist dies offensichtlich sachlich nicht korrekt, weil Bargeld keine Devisen, sondern

Sorten bzw. **Noten** sind. Die Sorten- bzw. Notenkurse können von den Banken individuell bestimmt werden, wobei sich die Institute in der Regel nach den Empfehlungen ihrer Girozentralen richten. Abb. C-1.1/4 gibt einen Überblick über die verschiedenen Wechsel-

Abb. C-1.1/4: **Wechselkurse**

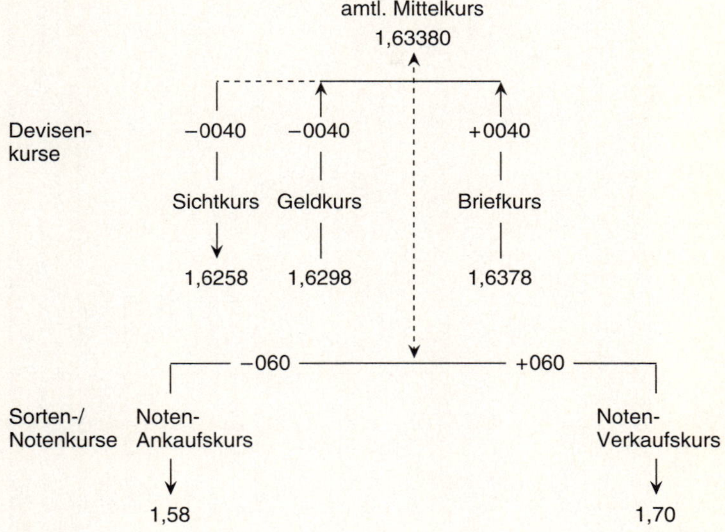

kursbegriffe. Dabei sind noch zwei Ergänzungen erforderlich: Bei Einreichen von Schecks, die auf ausländische Währung lauten, rechnen die Banken zum sog. **Sichtkurs** ab, der unter dem Devisengeldkurs liegt, da der DM-Betrag dem Einreicher u.U. früher gutgeschrieben wird («E.v.», d.h. Eingang vorbehalten), als die ankaufende Bank den Scheckbetrag beim Bezogenen einziehen kann. Für diese – einige Tage ausmachende – «Kredit»-zeit wird daher der etwas ungünstigere Sichtkurs berechnet (der Kursabschlag beträgt in der Regel die halbe Spanne zwischen Devisenbrief- und -geldkurs). Münzen werden vielfach gar nicht zurückgekauft und wenn doch, dann zu einem Vergleich zu Banknoten meist sehr ungünstigen **Münzkurs** (z.B. mit einem Abschlag von 20%).

Abb. C-1.1/5 enthält zur Veranschaulichung Kursangaben einiger weniger gebräuchlicher Währungen, da sich die «Kurszettel» in den Me-

Abb. C-1.1/5: **Seltenere Wechselkurse** (Auswahl)

Land	Währung/ Abkürzung	ISO-Code*)	WE für 1 DM	DM für 100 WE
Paraguay	Guarani/₲	(PYG)	712,00	0,1405
Peru	Inti/I.	(PEI)	3133,464[5])	0,0319[5])
Philippinen	Philippin. Peso/₱	(PHP)	13,253	7,5530
Polen	Zloty/Zl	(PLZ)	3757,23	0,0266
Portugal	Escudo/Esc	(PTE)	88,522	1,1297
Ruanda	Ruanda-Franc/F. Rw	(RWF)	46,216	2,1640
Rumänien	Leu/l	(ROL)	8,3734	11,9426
Sambia	Kwacha/K	(ZMK)	12,8148	7,8042
São Tomé und Principe	Dobra/Db	(STD)	82,983	1,2054
Saudi-Arabien	Saudi Riyal/S. Rl.	(SAR)	2,2228	44,991
Senegal	CFA-Franc	(XOF)	170,9694	0,5849
Seschellen	Seschellen-Rupie/SR	(SCR)	3,2602	30,6756
Sierra Leone	Leone/Le	(SLL)	37,601	2,659
Simbabwe	Simbabwe-Dollar/Z$	(ZWD)	1,3436	74,43
Singapur	Singapur-Dollar/S$	(SGD)	1,1236	89,003
Somalia	Somalischer Schilling/So. Sh.	(SOS)	547,7677	0,1826
Sri Lanka	Sri-Lanka-Rupie/S.L. Re.	(LKR)	23,6968	4,2201
St. Lucia	Ostkarib. Dollar/EC$	(XCD)	1,5946	62,7116
St. Vincent	Ostkarib. Dollar/EC$	(XCD)	1,5946	62,7116
Sudan	Sudan. Pfund/sud£	(SDP)	2,6606[5])	38,6022[5])
Südafrika	Rand/R	(ZAR)	1,5034	66,52

Land	Währung/ Abkürzung	ISO-Code*)	WE für 1 DM	DM für 100 WE
Suriname	Suriname-Gulden/Sf	(SRG)	1,0695	93,5082
Swasiland	Lilangeni/E	(SZL)	1,5054	66,43
Syrien	Syrisches Pfund/syr£	(SYP)	6,6428	15,0534
Tansania	Tansan.-Schilling/T. Sh.	(TZS)	113,702	0,8795
Thailand	Baht/฿	(THB)	15,24	6,5617
Togo	CFA-Franc	(XOF)	170,969	0,5849
Tonga	Pa'anga/T$	(TOP)	0,6996	142,955
Tschad	CFA-Franc	(XAF)	170,969	0,5849
Tschechoslowakei	Tschechosl. Krone/Kcs	(CSK)	8,24[4])	12,108[4])
Türkei	Türkisches Pfund/TL.	(TRL)	1365,82	0,0732
Tunesien	Tunesischer Dinar/tD	(TND)	0,5359	186,598
UdSSR	Rubel/Rbl	(SUR)	0,3573	279,877
Uganda	Uganda-Schilling/U. Sh.	(UGS)	220,27	0,4542
Ungarn	Forint/Ft	(HUF)	36,866	2,7125
Uruguay	Urug. Neuer Peso	(UYP)	475,15	0,2105
Venezuela	Bolivar/Bs	(VEB)	25,4203	3,9339
VAE	Dirham/DH	(AED)	2,1740	45,999
Vietnam	Dong/D	(VND)	243,75	0,041
Zaire	Zaire/Z	(ZRZ)	269,086	0,3717
Zentralafrik. Republik	CFA-Franc	(XAP)	170,9694	0,5849
Zypern	Zypern-Pfund/Z£	(CYP)	0,2828	353,60

[1]) Kurs der Zentralbank [2]) Interventionskurs [3]) Kontrollierter Kurs [4]) Kommerzieller Kurs [5]) Offizieller Kurs [6]) Kurs der Geschäftsbanken
*) Währungscode der International Organization for Standardization.

dien verständlicherweise auf die wichtigsten Währungen beschränken. Die Abbildung enthält in der dritten Spalte auch den von den ‹normalen› Devisenkürzeln abweichenden «**BIC**», den «**International Bank Identifier Code**», der jede Währung mit drei Buchstaben bezeichnet: Die D-Mark beispielsweise wird danach mit DEM abgekürzt, der amerikanische Dollar mit USD, der französische Franc mit FRF statt mit FF bzw. ffr. Die deutsche Devisenbörse in Frankfurt weist auch den BIC aus; vgl. Abb. C-1.1/2.
Die bislang verwendeten Wechselkursüberlegungen bezogen sich – ohne daß dies besonders betont wurde – implizit auf sog. **Kassakurse**, d.h. Kurse, die für heute abgeschlossene Geschäfte, die innerhalb von zwei Geschäftstagen nach Abschluß erfüllt sein müssen, gelten. Daneben gibt es auch **Terminkurse**, die für Transaktionen gelten, die heute vereinbart werden und später als zwei Geschäftstage, per Termin, zum heute vereinbarten Terminkurs abgewickelt werden. Abschn. C-1.5 geht hierauf näher ein. Vgl. auch Abschn. F-3.2.2.3.

C-1.1.2. Devisenhandel

Bevor wir auf ökonomische, teilweise technische Einzelheiten der Währungspolitik eingehen, soll der Hintergrund des internationalen Devisenhandels kurz beleuchtet werden. In Deutschland gibt es in Berlin, Düsseldorf, Frankfurt, Hamburg und München Devisenbörsen. Frankfurt ist dabei wegen des dort (durch einen amtlich bestellten Devisenmakler täglich zwischen 13.00 und 14.00 Uhr) vorgenommenen **Fixings** der amtlichen Kurse von derzeit 17 Währungen der wichtigste Börsenplatz (pro Währung beansprucht das Fixing somit nur wenige Minuten). Diese offiziellen Börsen haben für den internationalen Devisenhandel allerdings nur nachgeordnete Bedeutung: Nur ein Bruchteil des Devisenhandels (ca. 1–2%) läuft über die Devisenbörsen, während sich der ‹eigentliche› Devisenhandel im telefonisch abgewickelten ‹vor-› oder ‹nachbörslichen› Handel (**Telefonverkehr**) abspielt, wobei die Händler hinsichtlich ihrer Kursstellungen völlig frei sind: An- und Verkaufskurse im Devisenhandel richten sich jeweils nach Angebot und Nachfrage. An der Devisenbörse wickeln die Banken vorrangig nur bestimmte Kundenaufträge ab und decken ihren Spitzenbedarf ab.
Das äußere Bild bei Devisenhändlern bzw. -maklern hat sich verändert. Zunächst sitzen sie (immer noch) in einem Dschungel von Telefonen und bedauern, nur zwei Ohren zu haben; mit den wichtigsten Geschäftspartnern sind sie in der Regel durch Standleitungen verbunden (die Telefonkosten sind entsprechend). Heute wird die Szene zu-

sätzlich von Monitoren beherrscht, auf denen die sich an vielen Orten der Welt bildenden Kurse gleichzeitig verfolgt werden können; Computer vollführen in Sekundenschnelle komplizierte Rechenoperationen. Dennoch herrscht oft Hektik, denn gerade wegen dieser technischen Hilfsmittel ist der Devisenmarkt für alle recht transparent geworden, und das Ausnützen von Vorteilen muß blitzschnell gehen. Daher hat sich auch eine eigene, für den Außenstehenden oft unverständliche Sprache entwickelt. Devisenkurse werden meist bis in die vierte, bei Paritätsfestlegungen (beispielsweise im Europäischen Währungssystem) auch bis in die fünfte, gelegentlich sechste Stelle berechnet. Solche Zahlenkolonnen wären aber viel zu zeitraubend und fehlerträchtig. Wenn der Kurs für einen Dollar beispielsweise um 1,62 DM liegt, dann wird sich ein Devisenhändler überlegen, welchen Kurs er «stellen» wird, z.B. «fünfundzwanzig, fünfunddreißig». Das bedeutet, daß er zu 1,6225 zu kaufen bereit ist (sein Geldkurs) und für 1,6235 (sein Briefkurs) verkaufen würde. Die Differenz zwischen diesen beiden Kursen, über die jeder Händler für sich selbst entscheidet, beträgt üblicherweise zehn Stellen. Dabei gibt es unter Devisenhändlern übliche Gebräuche (**Usancen**): Eine angerufene Bank **muß** einen Geld- und einen Briefkurs nennen (‹stellen›), und wenn der Anrufer es so möchte, **muß** die angerufene Bank zu diesen Kursen kaufen bzw. verkaufen. Natürlich kann man auch einmal «Abwehrkonditionen», d.h. unrealistische Kurse nennen. Dann wird man hören: «Thanks, but we saw it slightly better», und der Anrufer wird an anderer Stelle seinen Kontrakt abschließen.
Auch die gehandelten Beträge werden meist verkürzt wiedergegeben: «100 Dollar» sind 100 Millionen Dollar, und mit dem Ausruf «an Sie!» ist gerade ein Verkauf bzw. mit «von Ihnen!» ein Kauf abgeschlossen worden. Ein Devisen*makler*, der also nicht auf eigene Rechnung arbeitet, verdient pro Million-Dollar-Kontrakt 25 Dollar von jeder ‹Seite›, d.h. sowohl Käufer als auch Verkäufer zahlen dem Vermittler diesen Betrag. Kursdifferenzen von tausendstel Pfennigen summieren sich dabei zu erheblichen Summen. Wenn ein Händler «50 Dollar» (also 50 Mio. Dollar) zu 1,6230 gekauft und zu 1,6233 verkauft hat, er also «drei Stellen gut gemacht» hat, hat er – möglicherweise innerhalb weniger Sekunden – 15000 DM gewonnen. Bei den gewaltigen Summen, die tagtäglich umgesetzt werden, können sich somit Gewinne – oder Verluste – gleichfalls zu stolzen Zahlen addieren, so daß man sich vorstellen kann, unter welcher nervlicher Belastung diese Kontrakte abgeschlossen werden. Und alles am Telefon: Das gesprochene Wort eines Devisenhändlers gilt; anderenfalls wäre er sehr schnell «draußen». Erst anschließend werden schriftliche

Händlernoten erstellt, die dann als Grundlage für Buchführung und buchmäßige Abwicklung dienen. Viele Devisenhändler zeichnen als Gedächtnisstütze das telefonische Geschehen auf Tonband auf; mancher Streitfall läßt sich so schnell klären, unabhängig davon, daß dies juristisch nicht als Beweismittel dient. Gegebenenfalls teilt man sich den Schaden. Aber wie gesagt: Das gesprochene Wort gilt, und man kennt sich: Die meisten Händler sprechen sich (meist auf englisch) nur mit dem Vornamen an.

Nach dem durch windige Devisengeschäfte ausgelösten Zusammenbruch der Herstatt-Bank im Jahre 1974 wurde seitens der Bundesbank durchgesetzt, daß eine organisatorische Dreiteilung stattfindet, indem der *Devisenhandel* (am Telefon), die *Abwicklung* der geschlossenen Geschäfte (ggf. Verkauf von Wertpapieren, in denen Devisen angelegt waren, und Überweisung («Anschaffung») der verkauften Beträge) und *Buchung* organisatorisch getrennt erfolgen, um Mauscheleien unmöglich zu machen.

Der internationale Devisenhandel läuft aufgrund der Verschiebung der Zeitzonen rund um die Uhr; wenn in Europa geschlossen wird, beginnt in New York das Geschäft, und über Nacht kann sich viel verändert haben. Da nur ein Bruchteil der Umsätze über die offiziellen Börsen läuft, ist das Gesamtvolumen des Devisenhandels schwer zu schätzen. Insgesamt wird aber davon ausgegangen, daß täglich 200 bis 250 Milliarden US-Dollar an den internationalen Devisenmärkten umgesetzt werden, an turbulenten Tagen auch mehr. Dies ist ein Vielfaches des täglichen Güterhandelsvolumens in der Welt. Dabei steht immer der Dollar im Mittelpunkt, denn der Markt z.B. für direkte Franken/Yen-Geschäfte ist «eng»; vielmehr wird man Franken gegen Dollar verkaufen und mit den Dollar anschließend Yen einkaufen: Der Dollar fungiert als «Vehikelwährung».

Für den Außenhandel sind nur **voll konvertible Währungen** unproblematisch. Wenn eine Währung voll konvertibel ist, kann sie – aus der Sicht des betreffenden Landes – ohne Beschränkungen in unbegrenzter Höhe in jede beliebige andere Währung getauscht werden. Die DM ist eine solche Währung. Andererseits gibt es auch **teilkonvertible Währungen** (Abb. C-1.1/6): Im Falle der sog. **inneren Konvertibilität** können Devisen in beliebiger Art und Höhe in Inlandswährung getauscht werden, oder präziser: erworbene Devisen – z.B. aus dem Export – *müssen* in das Inland transferiert und bei entsprechenden Stellen, meist Staatsstellen, getauscht werden. Ausnahmen müssen beantragt und genehmigt werden. Für Importe können die entsprechenden Devisen auch nur bei eben diesen Stellen – auf Antrag – erworben werden. Kapitaltransaktionen sind dann meist genehmi-

Abb. C-1.1/6: **Währungs-Konvertibilität**

Ungarn strebt die volle Konvertibilität seiner Währung an

Teilkonvertibilität in der ČSFR

Ägypten macht Landeswährung konvertibel

Osteuropa und GUS:

Konvertibilität oder Zahlungsunion?

In Kenia werden Devisen noch immer bewirtschaftet

Aber mit dem freien Handel von Bezugsscheinen hat die Regierung die Kontrolle gelockert

gungspflichtig. Je nach der Strenge des Antragsprinzips ist der Unterschied zur **Devisenbewirtschaftung** dann oft nicht mehr groß.
Im folgenden Abschnitt wird untersucht, welche Einflußgrößen auf die Wechselkursbildung wirken.

C-1.2. Wechselkursbildung

Der Wechselkurs als Wertverhältnis zwischen in- und ausländischer Währung ergibt sich aus Angebot und Nachfrage an den Devisenmärkten, wobei sieben **Einflußfaktoren** zu unterscheiden sind:
(1) An erster Stelle ist der **Außenhandel** zu nennen. Wer Güter importiert, wird Nachfrager nach ausländischer Währung im Inland oder der ausländische Lieferant wird Anbieter von inländischer Währung im Ausland. Wer Güter exportiert, wird entweder in ausländischer Währung bezahlt, die dann im einfachsten Fall am inländischen Devisenmarkt angeboten wird, oder der ausländische Käufer wird in seinem Land Nachfrager nach der Währung des Exporteurs.
Indirekt sind somit auch unterschiedliche Einkommensentwicklungen wechselkursbeeinflussend, da bei steigendem (Volks-)Einkommen die Importnachfrage meist überproportional zunimmt und tendenziell leistungsbilanzverschlechternd wirkt.
(2) Eine zweite Quelle sind **Erwartungen** hinsichtlich der künftigen Entwicklung des Wechselkurses (**Kursspekulation**). Wenn der heutige Dollarkurs 1,62 DM ist und erwartet wird, daß der Dollarpreis steigt, dann lohnt es sich, heute DM in Dollars zu tauschen und diese später – nach erfolgtem Preisanstieg – wieder in DM zurückzutauschen.

Umgekehrt besteht ein Anreiz, Dollarbestände zu verkaufen, wenn zu erwarten ist, daß der Dollarpreis sinkt, weil dann die ehemaligen Dollarbestände später günstig zurückgekauft werden können. Natürlich setzt dies entsprechende Kursschwankungen unter Berücksichtigung der jeweiligen An- und Verkaufskurse voraus, damit sich solche Tauschgeschäfte lohnen.

Kursunterschiede an verschiedenen Orten zum selben Zeitpunkt sind nur in sehr geringen Grenzen möglich. Wenn es möglich wäre, in Frankfurt Dollars gegen DM günstig einzukaufen, um sie in Tokio sofort danach mit Gewinn wieder gegen DM zu verkaufen, würde eine Flut solcher Geschäfte dafür sorgen, daß sich die DM/Dollar-Kurse in Frankfurt und Tokio wieder soweit annähern, daß sich diese **Kursarbitrage** nicht mehr lohnte. Abweichungen im selben Zeitpunkt können daher nur bestehen aufgrund von – im Telefon- und Telexhandel allerdings recht geringen – Abwicklungskosten. Der wesentliche Aspekt ist daher nicht **Arbitrage**, sondern **Spekulation**. Arbitragegeschäfte beziehen sich auf die Ausnutzung von Unterschieden zum *selben Zeitpunkt*, während Spekulation auf Unterschiede im *Zeitablauf* zielt (siehe auch weiter unten: Zinsarbitrage).

Die Erwartung, daß sich der Wechselkurs ändern wird, trägt durch die erwartungsbedingten Verhaltensweisen dazu bei, daß die erwartete Veränderung tatsächlich eintritt: In *Erwartung* eines steigenden (fallenden) Kurses erhöht sich die Devisennachfrage (das Devisenangebot), wodurch der Kurs *tatsächlich* steigen (fallen) kann («*self-fullfilling prophecy*»).

(3)Als dritter Faktor sind unterschiedliche **Inflationsraten** anzusehen. Wenn die Wertaufbewahrungsfunktion der Inlandswährung durch Inflation stark beeinträchtigt wird, kann es naheliegen, Guthaben in stabile ausländische Währungen zu tauschen.

(4) Der vierte wechselkursbestimmende Faktor sind unterschiedliche **Zinsniveaus** im In- und Ausland. Wenn beispielsweise das amerikanische Zinsniveau deutlich höher ist als das deutsche, dann besteht ein Anreiz, DM in Dollars zu tauschen und diese auf amerikanischen Konten anzulegen. Analog besteht für amerikanische Kreditnehmer ein Anreiz, Kredite in der Bundesrepublik statt in den USA aufzunehmen, wobei die aufgenommenen Gelder dem Kreditverwendungszweck entsprechend in Dollars getauscht werden. In beiden Fällen ergibt sich also Nachfrage nach US-Dollar aufgrund der Ausnutzung von internationalen Zinsunterschieden (**Zinsarbitrage**).

Dabei ist aber anzumerken, daß die Zinsunterschiede eine gewisse Größenordnung haben müssen, bevor sich die Zinsarbitrage lohnt, denn An- und Verkauf von Devisen ist mit Kursunterschieden und

Nebenkosten verbunden (Geld- und Briefkurs, Abwicklungsgebühren, Provisionen, Courtagen, Spesen, ggf. Kurssicherungskosten durch **Termingeschäfte** (vgl. weiter unten) etc.). Das Kursrisiko aufgrund des Zeitunterschiedes zwischen An- und Verkaufstermin läßt sich durch die erwähnten Termingeschäfte ausschließen; vgl. dazu auch Abschn. H-3.

(5) Fünftens ergeben sich aus dem langfristigen **Kapitalverkehr**, insbesondere durch Veränderungen der Direktinvestitionen, die sich an der erwarteten Rendite orientieren, Devisenzu- und -abflüsse.

(6) Sechstens stellen bewußte Devisenan- und -verkäufe der **Notenbanken** zur Wechselkursbeeinflussung einen wesentlichen Einflußfaktor dar (auch hierauf wird noch zurückzukommen sein).

(7) Siebtens beeinflussen aktuelle oder erwartete politische **Krisen** sowie Nachrichten über die Entwicklung wichtiger Daten wie z.B. der amerikanischen Handelsbilanz die Wechselkursbildung, so daß auch eher **psychologische Faktoren** hinzukommen.

Abb. C-1.2/1: **Wechselkursbeeinflussende Faktoren I**

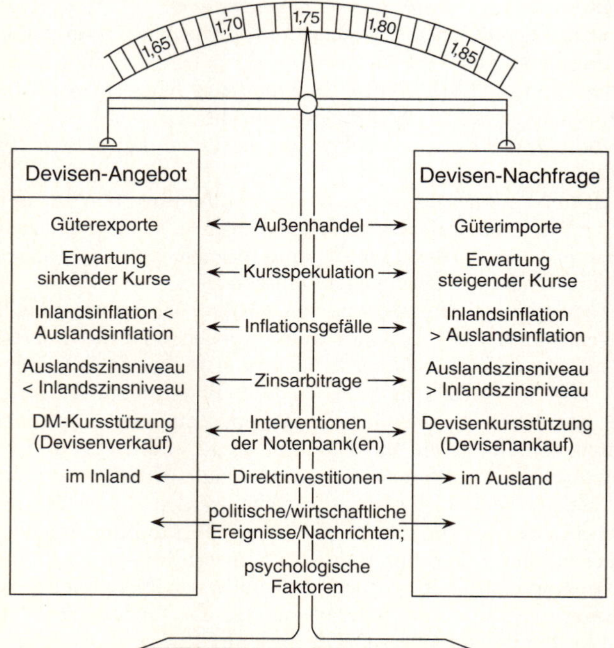

Abb. C-1.2/1 faßt dies zusammen, wobei wiederum zu betonen ist, daß es sich um tendenzielle Wirkungen handelt. Eine Erhöhung der Güterexporte bewirkt – für sich genommen – aus deutscher Sicht zwar eine Erhöhung des Devisenangebots (bzw. – wenn in DM fakturiert wird – eine Erhöhung der DM-Nachfrage im Ausland), und somit würde der Devisenkurs tendenziell sinken. Der Güterhandel stellt jedoch nur *einen* Einflußfaktor bezüglich des Wechselkurses dar. Wenn simultan die Kapitalexporte (d.h. Devisennachfrage) zunehmen, kann dies den ersten Effekt durchaus überkompensieren, so daß der Devisenkurs nicht sinkt, sondern steigt.

Es dürfte auch erneut erkennbar werden, welche Vielfalt gegenseitiger Abhängigkeiten bestehen: Der Wechselkurs wird vom Außenhandel beeinflußt, aber auch umgekehrt werden Import und Export von Wechselkursveränderungen berührt. Unterschiedliche Inflationsraten können neben Geldmengeneffekten u.a. auch von Wechselkursen und Außenhandel bedingt sein (Stichwort: importierte Inflation). Zinsunterschiede mögen Geldmengen- oder Inflationsursachen haben, etc. Finanz-, Geld-, Währungs-, Außenhandelspolitik sind sowohl untereinander als auch mit den ihrerseits gegenseitig voneinander abhängigen wirtschaftspolitischen Zielen eng verzahnt. Dies erklärt auch, weshalb man beispielsweise aus deutscher Sicht einer Diskontsatzver-

Abb. C-1.2/2: **Wechselkursbeeinflussende Faktoren II**

ZINSEN / Pfund-Abwertung im EWS soll vermieden werden

England und Spanien senken Notenbankzinsen

Krisen in Moskau und am Golf treiben den Dollar hoch

Politischer Zwist gefährdet das Pfund

Britische Leistungsbilanz mit hohem Defizit

J. Rh. LONDON, 12. Juni. Schlechte Nachrichten aus Politik und Wirtschaft haben am Mittwoch Druck auf das britische Pfund ausgeübt.

Dollarschwäche nach Zinssenkung in Amerika

Diskontsatz von 6 auf 5,5 Prozent / Bush hofft auf Nachahmer

Schlesingers Erklärung läßt den US-Dollar absacken

änderung in Japan so große Aufmerksamkeit schenkt, denn diese wird sich möglicherweise über Zinsveränderungen auf den Dollarkurs und damit auf den deutschen Außenhandel und damit auf die deutsche Konjunktur auswirken können (vgl. auch Abb. C-1.2/2).

Abb. C-1.2/3 zeigt die offensichtlichen Zusammenhänge zwischen den unterschiedlichen Realzinsniveaus (d.h. Nominalzinsen abzüglich Inflationsrate) in Amerika und Deutschland und dem (Preis-)Wechselkurs bzw. zwischen den unterschiedlichen Inflationsraten und dem (Mengen-)Wechselkurs. Die Verwendung unterschiedlicher Kurse

Abb. C-1.2/3: **Zinsen, Inflation und Wechselkurs**

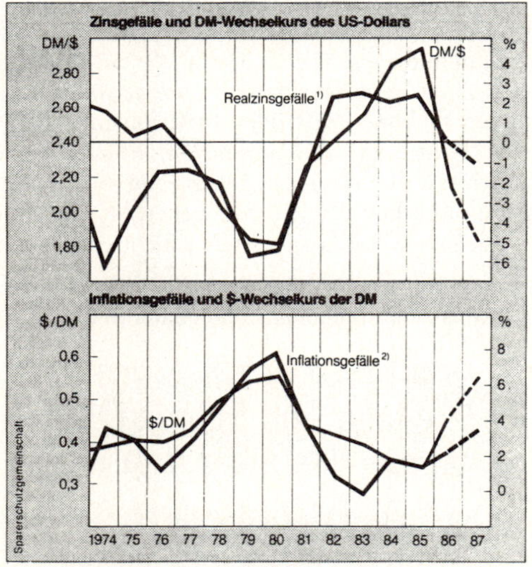

Die Notenbanken müssen den Dollar weiter stützen
Zinssenkungen erwartet

Bundesbank geht mit Diskontsenkung voran
Japan wird folgen

Japan erwägt weitere Diskontsenkung

Die Zinssenkung soll Wechselkurse stabilisieren

(Preis- bzw. Mengenwechselkurs) sollte dabei nicht verwirren, denn beide Kurse ließen sich ohne weiteres – ein simples Dreisatzproblem – in den anderen umrechnen. Daß der Einfluß des Zinsgefälles, auf den sich die sog. **Zinsparitätentheorie** stützt, ebensowenig immer eindeutig nachzuweisen ist wie der des Inflationsgefälles, von dem die **Kaufkraftparitätentheorie** ausgeht, dürfte offensichtlich daran liegen, daß derartige Theorien jeweils einen Einflußfaktor isoliert herausstellen, sich in der Realität jedoch verschiedene Einflüsse überlagern. In aller Regel sind *monokausale* Theorien, die andere Variablen vernachlässigen bzw. als konstant unterstellen oder in die Nebenbedingungen verweisen, nur unzureichend empirisch nachzuweisen.
Veränderungen der dargestellten Faktoren führen zu Veränderungen des Angebots- und Nachfrageverhaltens an den Devisenmärkten. Ob sich daraus auch ein neuer Wechselkurs ergibt, hängt von der Art des betreffenden Wechselkurssystems ab.

C-1.3. Wechselkurssysteme

C-1.3.1. Flexible Wechselkurse

Man unterscheidet zwei Wechselkurssysteme – solche mit «**festen**» und solche mit **flexiblen** Wechselkursen. Bei flexiblen Wechselkursen bewirkt eine Veränderung von Angebot und Nachfrage nach ausländischer Währung einen neuen Wechselkurs. Zum Beispiel wird eine anhaltende Erhöhung der Nachfrage nach US-Dollars bei unverändertem Angebotsverhalten zu einem Anstieg des Wechselkurses führen, da manche Nachfrager, die aufgrund des zu knappen Angebots nicht zum Zuge kämen, bereit sein werden, einen höheren Preis zu zahlen: Ein Nachfrageüberhang löste eine Art Versteigerungseffekt aus.
In der graphischen Darstellung (Abb. C-1.3/1) bedeutet eine Erhöhung der Nachfrage nach US-Dollars eine Rechtsverschiebung der Nachfragekurve von N zu N', d.h. daß bei einem Wechselkurs von 1,75 statt 60 Mio. Dollar (Punkt Q) nun 80 Mio. nachgefragt werden (Punkt W). Da zu 1,75 nur 60 Mio. angeboten werden (Punkt Q) (und sich dieses Anbieterverhalten auch nicht ändert: die Kurve A verlagert sich nicht), bewirkt der Nachfrageüberhang einen Anstieg des Wechselkurses auf $ 1,83 (Punkt R). Zu diesem Kurs stimmt wiederum die angebotene mit der nachgefragten Dollarmenge (72 Mio. $) überein, und dieser Kurs wird solange gelten (**Gleichgewichts-Wechselkurs**), bis eine erneute Änderung im Anbieter- oder Nachfragerverhalten eintritt, wodurch sich die Angebots- oder Nachfragekurve verschiebt.

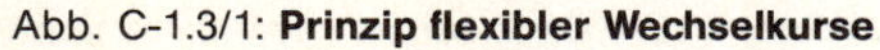

Abb. C-1.3/1: **Prinzip flexibler Wechselkurse**

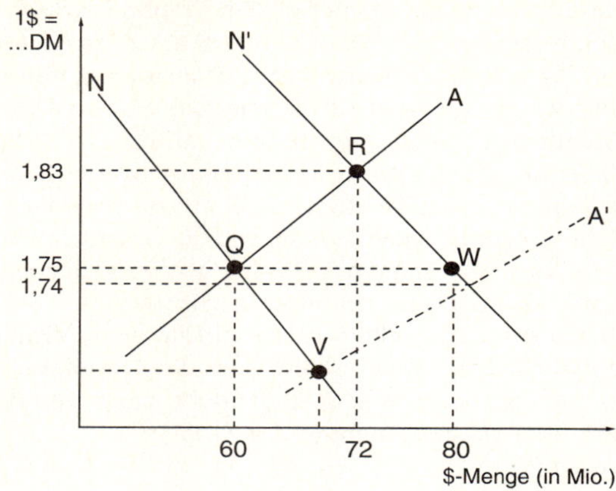

Auf die Erläuterung weiterer Beispiele (Angebotserhöhung: Verschiebung der Angebotskurve von A zu A'; etc.) kann wohl verzichtet werden (Punkt V in Abb. C-1.3/1).

Flexible Wechselkurse entsprechen somit weitestgehend dem Prinzip marktwirtschaftlicher Preisbildung, von dem die ökonomische Theorie so oft grundsätzlich ausgeht. Aus dem englischen Sprachgebrauch

Abb. C-1.3/2: **Dollarkursschwankungen**

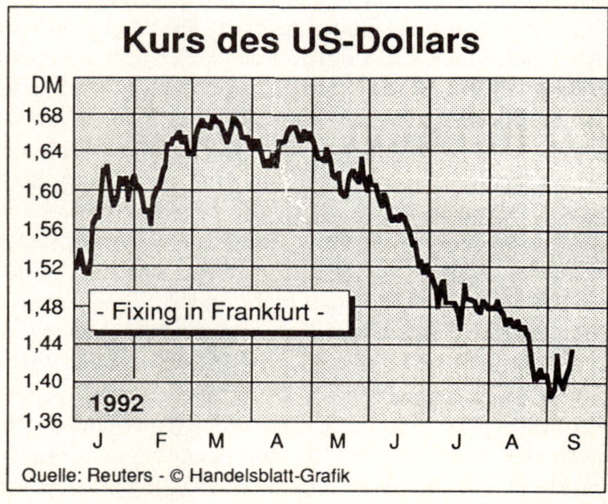

ist der Ausdruck ‹**Floating**›, übernommen worden, da der flexible Wechselkurs im Zeitablauf «auf den Wellen der Marktkräfte schwimmt» (floatet).
Wie Abb. C-1.3/2 zeigt, können diese Schwankungen recht beträchtlich sein. Wir werden darauf zurückkommen.

C-1.3.2. Fixe Wechselkurse

Fixe Wechselkurse im strengen Wortsinn sind fast nur in Ländern anzutreffen, in denen die Wechselkurse administrativ festgelegt werden, so etwa die Rubelkurse innerhalb des damaligen Rates für gegenseitige Wirtschaftshilfe (RGW/COMECON). Sofern sich die Kursbildung aber am Markt vollzieht, handelt es sich bei «fixen» Wechselkursen um Systeme mit *fast* fixen bzw. *kaum* flexiblen Wechselkursen. Bei fixen Wechselkursen ist die Orientierungsmarke ein – autonom oder in zwischenstaatlichen Vereinbarungen – festgelegtes Verhältnis zwischen zwei Währungen (**Parität** bzw. **Leitkurs**), das im Prinzip ständig gelten soll. Dies würde erfordern, daß der sich aus Angebots- und Nachfrageverhalten an den Devisenbörsen ergebende Wechselkurs immer der vereinbarten Parität entspricht, die nicht selten bis in die fünfte oder sechste Stelle nach dem Komma definiert ist. Es wäre unrealistisch, dies für die Praxis zu unterstellen, da sich über Nacht oder über die Wochenenden, wenn die Devisenbörsen geschlossen sind, Kauf- und Verkaufswünsche aufstauen. Daher ist es bei «fixen» Wechselkursen – wie z.B. innerhalb des **Europäischen Währungssystems** – zulässig, daß die sich am Devisenmarkt bildenden Kurse vom Leitkurs bzw. der Parität nach oben oder unten abweichen, wobei das Ausmaß der zulässigen Abweichung wiederum Vereinbarungssache zwischen den betreffenden Ländern ist. Im damaligen, 1973 zusammengebrochenen internationalen Währungssystem auf der Basis des Abkommens von **Bretton Woods** war eine Abweichung von ± 1% zulässig gewesen; im Europäischen Währungssystem ist eine **Bandbreite** von ± 2,25% vereinbart worden (vgl. unten Abschn. C-1.8).
Innerhalb der Bandbreite ist der Wechselkurs flexibel. Probleme entstehen dann, wenn der Wechselkurs aus der Bandbreite auszubrechen droht. Dann müssen die beteiligten Notenbanken eingreifen (intervenieren), weshalb die entsprechenden Höchst- bzw. Mindest‹preise› auch als oberer bzw. unterer **Interventionskurs** bezeichnet werden. Wenn beispielsweise der Kurs des französischen Franc gegenüber der DM aufgrund zunehmenden Angebots an ffr fällt (Verschiebung der Angebotskurven von A zu A' in Abb. C-1.3/3), dann würde der Wechselkurs von 29,8225 (Punkt Q) theoretisch sinken auf 27,846 (Punkt

V). Die Bundesbank ist aber verpflichtet, französische Franc solange aufzukaufen (Rechtsverschiebung der Nachfragekurve von N zu N'), bis der Kursverfall des Franc auf eine zulässige Abweichung innerhalb der Bandbreite begrenzt wird (Punkt W).
Analog zu diesem **Stützungskauf** der Bundesbank ist die französische Nationalbank verpflichtet, DM zu verkaufen und eigene Währung anzukaufen. Im Europäischen Währungssystem ist als Besonderheit eingebaut, daß die Notenbanken bereits zum Eingreifen verpflichtet sind, wenn drei Viertel der insgesamt möglichen Abweichung vom Leitkurs ausgeschöpft sind («**intra-marginale Intervention**»). Entsprechende Überlegungen gelten für ein drohendes Überschreiten des vereinbarten Höchstkurses (Punkt R) (vgl. Abb. C-1.3/3 und C-1.3/4).
Bei der Behandlung der Faktoren, die auf die Wechselkursbildung wirken, wurde bereits darauf hingewiesen, daß Angebot und Nachfrage am Devisenmarkt auch vom Verhalten der Notenbanken mitbestimmt wird. Bei fixen Wechselkursen leitet sich dies – wie dargestellt – aus der Eingreifverpflichtung der Notenbanken bei Annäherung an die Interventionspunkte ab. Aber auch bei flexiblen Wechselkursen sind die Notenbanken als Nachfrager oder Anbieter ‹am Markt›. Der Unterschied besteht darin, daß die Notenbanken bei fixen Wechselkursen intervenieren *müssen*, bei flexiblen aber zur Kurspflege eingreifen *können*.
Anhaltende Interventionen der Notenbank(en) sind nicht unproblematisch. Stützungskäufe können zu unerwünschter Vergrößerung der Geldmenge führen, denn die Bundesbank kauft z.B. französische

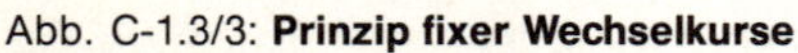
Abb. C-1.3/3: **Prinzip fixer Wechselkurse**

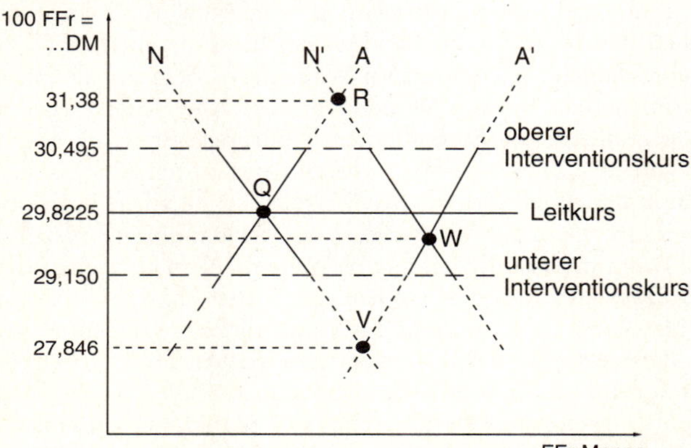

Abb. C-1.3/4: **Devisenmarkt-Interventionen**

Frankreichs Währungsreserven sind erschöpft

Bundesbank stützt den französischen Franc

Notenbank-Interventionen stoppen die Talfahrt des Dollar

Notenbanken können Sturz des Dollar nicht bremsen

Fünf Interventionsrunden von 18 Notenbanken / Verspannungen im Europäischen Währungssystem

Bei ihren Dollar-Interventionen „spuckt die amerikanische Fed häufig gegen den Wind"

Zentralbankinterventionen stützen das britische Pfund

Franc oder US-Dollar gegen Abgabe von DM, d.h. Zentralbankgeld. Wenn dies über einige Tage in größerem Umfang durchgeführt wird, können sich leicht Milliardenbeträge ergeben. Umgekehrt bedeuten Stützungskäufe, daß die Notenbank in der Regel ihre Devisenbestände abbauen muß bzw. – wenn diese nicht reichen oder aus anderen Gründen nicht angetastet werden sollen – daß sie die benötigten Devisen bei anderen Notenbanken kaufen oder leihen muß. Auch dies kann offensichtlich kein Dauerzustand sein.

Wenn bei fixen Wechselkursen der vereinbarte Leitkurs über längere Zeit hinweg nur durch ständige Stützungskäufe bzw. -verkäufe der Notenbanken verteidigt werden kann, so ist dies ein sicheres Indiz dafür, daß der vereinbarte Leitkurs unrealistisch ist und nicht den Gegebenheiten des Marktes entspricht. Dann liegt es nahe, die künstliche finanzielle Beatmung aufzugeben und einen neuen Leitkurs vertraglich zu vereinbaren (sog. **Stufen-Flexibilität**). Im Europäischen Währungssystem bedeutet dies eine beträchtliche politische Anstrengung, da aufgrund des Einstimmigkeitsprinzips alle beteiligten Länder den neuen bilateralen Leitkursen zustimmen müssen. Federführend bei diesen Verhandlungen sind die jeweiligen Finanzminister bzw. Notenbanken[3]. Da die Europäische Gemeinschaft keine Währungs-

[3] Belgien (bfr.: bildet mit Luxemburg (lfr) eine Währungsunion), Dänemark (dkr), Bundesrepublik Deutschland (DM), Frankreich (ffr oder FF), Irland (Ir£), Niederlande (hfl), Spanien (Pts) und Portugal (Esc). Großbritannien (£), Griechenland (Dr) und Italien (Lit) nehmen am Wechselkursmechanismus des EWS im technischen Sinne nicht teil, wohl aber an den Beratungen und werden in die Berechnung des ECU eingezogen.

hoheit hat, müssen die im gegenseitigen Einvernehmen vereinbarten Leitkurse durch Regierungsverträge bestätigt werden. Da eine Wechselkursänderung verschiedene ökonomische Konsequenzen hat, ist das zähe Ringen um die Durchsetzung der eigenen Position verständlich (vgl. unten Absch. C-1.8).

C-1.3.3. Gespaltene und andere Wechselkurse

Üblicherweise wird vereinfachend nur zwischen fixen und flexiblen Wechselkursen unterschieden. Bei näherer Betrachtung gibt es jedoch noch weitere Differenzierungen.

Bei **flexiblen** Wechselkursen (floating) ist zu unterscheiden zwischen solchen, die sich wirklich (weitgehend) völlig frei am Markt bilden (beispielsweise der DM-Kurs gegenüber dem australischen Dollar), und solchen, die teilweise massiv durch international abgestimmte Interventionen der verschiedenen Notenbanken beeinflußt werden, wie z.B. der US-Dollar. Man spricht dabei auch von «**managed floating**» oder auch – um den Eingriff in die Kräfte des freien Marktes zu verdeutlichen – von «**schmutzigem Floating**» (Karl Schiller).

Eine spezielle, dem flexiblen Wechselkurs nah verwandte Variante von Wechselkurssystemen stellt das «**crawling peg**» dar. Dabei handelt es sich um automatisch erfolgende Wechselkursanpassungen, die entweder durch die Veränderung bestimmter, genau festgelegter **Indikatoren** ausgelöst werden (beispielsweise erfolgt bei überschüssigem Devisenangebot bestimmter Dauer eine entsprechende Aufwertung der Inlandswährung) oder die in einem bestimmten zeitlichen Rhythmus erfolgen (beispielsweise erfolgt bei galoppierender Inflation wöchentlich eine Abwertung um 5%). Der Sinn solcher Mechanismen ist im ersten Fall die Herauslösung der meist kontrovers bewerteten Entscheidung über Ja oder Nein einer Wechselkursänderung aus der politischen Diskussion. Man spricht dabei von sog. **Regelmechanismen**, um bestimmte Entscheidungen zu entpolitisieren. Im zweiten Fall sollen durch das «crawling» zudem die Wirkungen einer abrupten, massiven Abwertung dosiert und damit abgefedert werden.

Bezüglich **fixer** Wechselkurse ist festzustellen, daß es sich – wie ausgeführt – in den meisten Fällen gar nicht um im strengen Wortsinn fixe (d.h. starre) Wechselkurse handelt, sondern um «**quasi-fixe**», d.h. fast fixe Wechselkurse: Im EWS beispielsweise sind die bilateralen Kurse innerhalb der Bandbreite flexibel. In einigen Fällen gibt es jedoch tatsächlich fixe Wechselkurse: So existiert zwischen Belgien und Luxemburg eine Währungsunion, indem der belgische Franc (BEF bzw. bfr) und der luxemburgische Franc (LUF bzw. lfr) im Verhältnis 1:1

aneinander gekoppelt sind. Außerdem besteht auch zwischen dem niederländischen Gulden (NLG bzw. hfl) und der DM sowie zwischen dem österreichischen Schilling (ATS bzw. öS) und der DM eine faktische Währungsunion mit starrem Kursverhältnis, das bei jeder Wechselkursveränderung innerhalb des EWS in den letzten Jahren beibehalten wurde. Norwegen hat seine Währung freiwillig und einseitig an die ECU angebunden (vgl. auch unten Abschn. C-1.8).
In vielen Ländern (Venezuela, Argentinien, Ägypten, Rußland, Südafrika, etc.) gab und gibt es **gespaltene Wechselkurse** (synonym: **multiple** Wechselkurse) (Abb. C-1.3/5). Dabei handelt es sich um unter-

Abb. C-1.3/5: **Gespaltene Wechselkurse** (Rubel)

– Handelsrubel	1 $	=	1,67 Rubel
– offizieller Kurs	1 $	=	0,55 Rubel
– Touristenkurs	1 $	=	5,50 Rubel
– Schwarzmarktkurs	1 $	=	15,00 Rubel

Vier verschiedene Rubel-Kurse

schiedliche Kurse je nach Art der Transaktion, um bestimmte Geschäfte zu fördern bzw. zu behindern. Beispielsweise gibt es dann einen Wechselkurs für «normale», private Handelstransaktionen, einen abgewerteten (für Importzwecke schlechteren) Kurs für private Finanztransaktionen oder einen aufgewerteten (besseren) Kurs für staatliche Transaktionen, wobei die Kurse entweder fix sein können oder sich frei am Markt bilden. Neben «offen» gespaltenen Kursen gibt es auch verdeckte (versteckte, verschleierte) Kursspaltung mit Hilfe von Gebühren, Einfuhr- oder Ausfuhrzöllen oder -steuern oder entsprechenden Subventionen oder Entlastungen. In gewisser Weise kann man auch von einem gespaltenen Wechselkurs sprechen, wenn es neben dem offiziellen Kurs einen **Schwarzmarktkurs** gibt. In den meisten Ländern sind Schwarzmarktgeschäfte illegal und werden entsprechend geahndet. Es gibt aber auch Beispiele für Schwarzmärkte (in der Vergangenheit u.a. Ägypten und die Dominikanische Republik: DomRep), in denen der Devisenschwarzmarkt (in)offiziell geduldet und gleichzeitig (in)offiziell kontrolliert wurde, d.h. die Gewinne flossen in bestimmte Kanäle. Sofern der Schwarzmarkt nicht inoffiziell toleriert wird, sind Schwarzmarkt-Tauschgeschäfte riskant: Zum einen drohen in vielen Ländern empfindliche Strafen, und staatliche

Spitzel provozieren zum illegalen Umtausch. Zum anderen werden insbesondere Touristen bei solchen Geschäften betrogen, indem ihnen z.B. falsche oder ungültige Banknoten angedreht werden oder sie beim Geldabzählen übervorteilt werden: Ein in einem Banknotenbündel gefaltet enthaltener Geldschein kann leicht als zwei Scheine gezählt werden.

In manchen Ländern ist zu beobachten, daß – vor allem bei galoppierender Inflation – die nationale Währung (z.B. Peso) verdrängt wird von einer stabilen externen Währung (z.B. Dollar), so daß sich eine inoffizielle **Parallelwährung** ergibt, in der die Preise ausgedrückt und Transaktionen abgewickelt werden. Bei starker Inflation sollte möglichst immer nur soviel getauscht werden, wie für die nächsten Transaktionen erforderlich ist, weil u.U. schon nach wenigen Tagen ein günstigerer Kurs gilt.

Zusammenfassend lassen sich also folgende **Wechselkurssysteme** unterscheiden:

- wirklich freie Wechselkurse (DM gegen australischen Dollar),
- freie Wechselkurse mit Interventionen («managed floating»: US-Dollar),
- «crawling peg» (Ende der 80er Jahre: jugoslawischer Dinar),
- de jure absolut fixe Wechselkurse (Währungsunion Belgien-Luxemburg),
- de facto absolut fixe Wechselkurse (DM: hfl, DM: öS),
- relativ fixe Wechselkurse mit Bandbreite (quasi-fixe Wechselkurse: übrige EWS-Währungen),
- gespaltene Wechselkurse.

Im folgenden Abschnitt werden die Wirkungen von Wechselkursänderungen betrachtet.

C-1.4. Wechselkursänderungen

C-1.4.1. Aufwertung

Die Begriffe Auf- bzw. Abwertung hängen eng zusammen und können möglicherweise auf ein und dieselbe Situation zutreffen. Dies hängt mit der oben betrachteten Unterscheidung zwischen Preis- und Mengenwechselkursen zusammen. So ist eine Aufwertung der DM gegenüber dem französischen Franc (FF) sinngemäß identisch mit einer Abwertung des FF gegenüber der DM:

Als **Abwertung** des FF bezeichnet man die Tatsache, daß der Leitkurs von 100 FF = 32,6107 DM verändert wird zu z.B. 100 FF =

29,8164 DM, d.h. der sog. **Preiswechselkurs sinkt**. Wenn man den Preiswechselkurs in einem schlichten Dreisatz nach ‹DM› auflöst, ergibt sich 100 DM = 335, 386 FF. Letzteres drückt die ‹Menge› an FF aus, die man für 100 DM eintauschen kann (sog. **Mengenwechselkurs**). Der Mengenwechselkurs ist der Kehrwert des Preiswechselkurses (und umgekehrt), wobei das Wertverhältnis DM/FF bei beiden Schreibweisen logischerweise identisch ist. Die Notierung FF 32,61 ist somit aus deutscher Sicht ein Preiswechselkurs und aus französischer Sicht ein Mengenwechselkurs. Diese Unterscheidung mag sehr akademisch erscheinen, doch beziehen sich die Begriffe «Auf- bzw. Abwertung der DM» sprachlich auf den Mengenwechselkurs, obgleich in der Praxis meist nur Preiswechselkurse notiert werden. Wenn der Leitkurs von FF 32,6107 sinkt auf FF 29,8164 (Abwertung des FF), dann entspricht dies einer Veränderung des Mengenwechselkurses von 100 DM = 306,648 auf 335,386 (Aufwertung der DM). Um deutlich zu machen, weshalb die (politische) Einigung über neue Leitkurse so schwierig ist, sollen im folgenden die Wirkung von Auf- bzw. Abwertungen betrachtet werden, wobei wir das bisherige Beispiel weiterverwenden.

Zunächst zum Außenhandel. Wenn ein deutscher Exporteur Ware zu einem Preis von DM 100.- anbietet, dann kostet sie aus der Sicht eines französischen Käufers nach der Franc-Abwertung (bzw. **DM-Aufwertung**) nun FF 28,74 mehr als vorher. Bei ‹normaler› Reaktion führt eine Preiserhöhung zum Rückgang der nachgefragten Gütermenge, so daß tendenziell die deutschen Exporte sinken. Dabei ist aber darauf hinzuweisen, daß es eine Reihe von Beispielen für anomale Reaktion gibt, darunter auch die deutsche Exportentwicklung. Die DM ist seit der Währungsreform gegenüber dem Dollar gewaltig aufgewertet worden – ursprünglich war die Parität $ 4,20! –, doch sind die Exporte ständig gestiegen. Das liegt an verschiedenen Faktoren, die hier nicht vertieft werden können, u.a. auch am Image ‹made in Germany›, das vielen Produkten auf den Weltmärkten eine Quasimonopolstellung verschaffte, vor allem aber auch daran, daß stets zu wenig oder zu spät aufgewertet wurde, so daß per Saldo immer noch ein ‹Rest› von Unterbewertung der DM übrig blieb. Im Normalfall also bedeutet eine Aufwertung der eigenen Währung eine Erschwernis für die eigenen Exporte.

Was die Importe anbelangt, so wird eine Ware, die bisher 100 FF kostete, nun aus deutscher Sicht um DM 2,79 billiger, d.h. es besteht damit – bei normaler Reaktion – eine Tendenz zu höheren Importen. Dies betrifft insbesondere auch den Dienstleistungsimport in Form von Urlaubsreisen ins Ausland, die entsprechend billiger werden. Für die inländischen Anbieter bedeutet diese tendenzielle Verschlechterung der Leistungsbilanz einen Nachfrageausfall, wenn man unterstellt, daß die verstärkten Importe Teile der bisherigen Inlandsnachfrage ersetzen und daneben die Auslandsnachfrage nach Inlandsgütern zurückgeht (Abb. C-1.4/1). Bei entsprechend kräftigen

Abb. C-1.4/1: **Dollarraum**

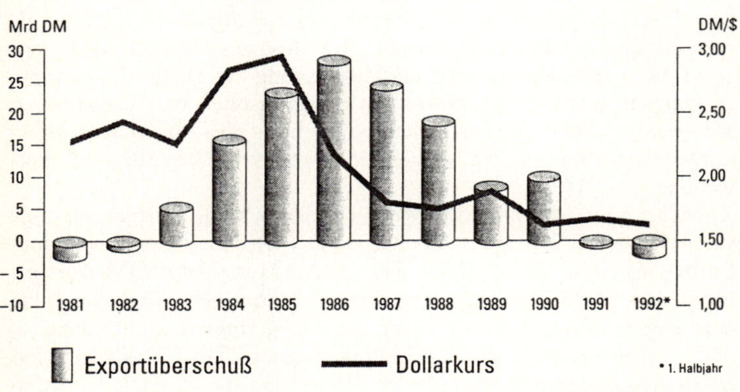

Absatzeinbußen kann dies zum Entstehen oder Verschärfen einer **Unterbeschäftigungssituation** führen. Andererseits bedeutet die Leistungsbilanzverschlechterung **Verminderung** eines gegebenen **Inflationsdrucks**, da sich die Importe verbilligen (Abnahme der importierten Kostendruckinflation) und die Exporte zurückgehen (Abnahme eines etwaigen Nachfragesogs bzw. Abnahme der Ausweitung der Geldmenge durch Zufließen und Umtauschen ausländischer Währung in DM). Daß die Inflationsrate in der Bundesrepublik vor einigen Jahren so nachhaltig gesunken war und 1986 praktisch bei Null lag, war insbesondere auch darauf zurückzuführen, daß sich der Effekt sinkender Ölpreise noch um den Effekt eines sinkenden Dollarkurses verstärkte. Ohne diese beiden externen Impulse hätte die deutsche Inflationsrate sicherlich spürbar höher gelegen.

Hier zeigt sich erneut der klassische **Konflikt** zwischen den Zielen Preisniveaustabilität und hoher Beschäftigungsstand. Die DM-Aufwertung führt weiterhin dazu, daß eventuell bestehende Zinsvorteile im Ausland verstärkt genutzt werden können, da derselbe Zinsertrag in ausländischer Währung mit weniger DM zu erzielen ist, wodurch gleichfalls bei Abfluß von DM ins Ausland eine Verringerung der DM-Geldmenge begünstigt wird (von sich daraus wieder ergebenden Folgewirkungen auf den Wecheselkurs sei hier abgesehen).
Ein bewußtes Vermeiden bzw. Hinauszögern einer Aufwertung, oder anders ausgedrückt: eine bewußte **Unterbewertung** einer Währung wirkt somit ähnlich wie ein Schutzzoll gekoppelt mit Exportsubventionen. Dies erklärt vielleicht, weshalb in der Regel gezögert wird, bei fixen Wechselkursen einem Aufwertungsdruck auf die eigene Währung zügig und in angemessener Höhe nachzugeben. Andererseits kann dies auch als Wettbewerbsverzerrung interpretiert werden, welche die Anpassungsnotwendigkeit an veränderte Weltmarktbedingungen verschleiert.
Auf betriebswirtschaftlicher Ebene lassen sich die Aufwertungswirkungen in dreierlei Hinsicht unterscheiden (vgl. auch ausführlich Abschn. H-3.1): *Erstens* verschlechtert die Aufwertung wegen ihres Preiseffekts die **Wettbewerbschancen** von Exporteuren (Abb. C-1.4/2), während sie umgekehrt den Bezug von Importgütern verbilligt und den Verkäufern ausländischer Güter im Inland Wettbewerbsvorteile verschaffen kann. *Zweitens* verringert sich der Wert von **Forderungen**, die auf ausländische Zahlungsmittel lauten (z.B. in Dollar fakturierte

Abb. C-1.4/2: **DM-Aufwertung**

Cassella-Bilanz durch Währungsschwankungen beeinträchtigt

Der Dollar-Kursrutsch verschärft den Wettbewerb

Kalte Dusche für Exporteure

Der Dollarverfall gefährdet einige Branchen

DM-Aufwertung trübt die deutschen Exportchancen

Einfuhr-Preise

Stabilitäts-Import

Dollarkurs drückt die Benzinpreise

Exportrechnungen) bzw. vermindert sich der Wert von **Verbindlichkeiten**, die auf die ausländische Währung lauten (z.B. Importrechnung in Dollars). *Drittens* verändert die Abwertung in analoger Weise Aktiv- bzw. Passivposten, die auf ausländische Währung lauten, in den in DM aufzustellenden **Unternehmensbilanzen** (z.B. Direktinvestitionen in den USA oder ursprünglich in Dollars aufgenommene Kredite) (zu den Möglichkeiten der Absicherung gegen dieses Wechselkursrisiko vgl. Abschn. H-3.2).
Abb. C-1.4/3 faßt die (tendenziellen) Wirkungen einer DM-Aufwertung zusammen. Abb. A-1.2/1 und A-3.3/4 verdeutlichen, welche Branchen aus der Sicht der Bundesrepublik von einer Erschwerung

Abb. C-1.4/3: **Wirkungen einer DM-Aufwertung gegenüber dem Dollar**

DM Abwertung

1 $	=	1,65 DM	↓	100,– DM	=	60,61 $ ↓
1 $	=	1,50 DM		100,– DM	=	66,67 $

Volkswirtschaftliche Effekte

- $-Importpreise sinken, (in DM gerechnet) → Importzunahme möglich
- DM-Exportpreise steigen, (in $ gerechnet) → Exportabnahme möglich

} Leistungsbilanz-Verschlechterung

- Beschäftigungseinbußen?
- Dämpfung des (importierten) Preisauftriebs

Betriebswirtschaftliche Effekte

- Wettbewerbschancen
  – von Exporteuren verschlechtern sich
  – von Importeuren verbessern sich
- $-Forderungen und -Verbindlichkeiten werden ‹weniger DM wert›
- ursprünglich auf Dollar lautende Bilanz-Aktiva und -Passiva werden ‹weniger DM wert›

ihrer Exporte durch eine DM-Aufwertung/Dollarabwertung vorrangig betroffen sind.

C-1.4.2. Abwertung

Die Wirkungen einer **DM-Abwertung** lassen sich durch analoge Überlegungen ableiten, so daß hier eine Zusammenfassung genügt. Durch eine Abwertung der Inlandswährung werden die eigenen Exportgüter aus der Sicht des Auslandes billiger, die ausländischen Importgüter aus der Sicht des Inlandes teurer, so daß sich eine Tendenz zur **Verbesserung der Leistungsbilanz** ergibt. Dies läßt sich auch anhand des Begriffs ‹**Terms of Trade**› erläutern. Unter diesem wörtlich mit «Handelsbedingungen» zu übersetzenden Begriff versteht man das Verhältnis der Exportpreise zu den Importpreisen, z.B. jeweils ausgedrückt in Export- und Importpreisindizes. Eine Abwertung der Inlandswährung, welche die Exportpreise senkt und die Importpreise erhöht, würde zu einer ‹Verschlechterung› der Terms of Trade führen, da mit dem Erlös einer konstanten Menge an Exportgütern nur noch eine kleinere Menge an Importgütern ‹bezahlt› werden kann. (Aus dem Gesagten ergibt sich analog, daß eine Aufwertung der Inlandswährung eine Verbesserung der Terms of Trade bedeutet).
Aus der Verschlechterung der Terms of Trade bei einer Abwertung mit Verbilligung der Export- und Verteuerung der Importgüter folgen wiederum **positive Effekte für die Beschäftigung** im Inland, und hier ist auch die Hauptantriebskraft für das Verlangen nach Abwertung der eigenen Währung im internationalen Kontext zu sehen. Da aber die positiven Effekte des abwertenden Landes mit entsprechenden negativen Effekten in den dadurch aufwertenden Ländern einhergehen, ist es verständlich, daß um jeden Prozentpunkt erbittert gerungen wird (nebenbei: abweichende Prozentsätze im Zusammenhang mit Wechselkursänderungen ergeben sich daraus, daß einmal der Preis- und einmal der Mengenwechselkurs als Bezugsgröße verwendet wird). Der Preis für die beschäftigungsfördernden Effekte der Abwertung ist in einem **Verstärken inflationärer Kräfte** zu sehen, zunächst durch Erhöhung des importierten Kostendrucks bei preisunelastischen Gütern und möglicherweise im Zeitablauf durch Nachfragesog- und Geldmengeneffekte aufgrund steigender Exportnachfrage. Der positive Beschäftigungseffekt wird aber allgemein als wichtiger betrachtet, wie auch das historische Beispiel des sog. Abwertungswettlaufs im Gefolge der Weltwirtschaftskrise von 1929 deutlich macht, als viele Länder fast gleichzeitig versuchten, sich durch Abwertung Beschäftigungsvorteile gegenüber anderen zu verschaffen.

Auf betriebswirtschaftlicher Ebene lassen sich wiederum drei Effekte unterscheiden (vgl. auch Abschn. H-3.1): *Erstens* verbessert die Abwertung wegen des bereits erläuterten Preiseffekts die **Wettbewerbschancen** von Exporteuren, während sie umgekehrt Importgüter verteuert und den Verkäufern ausländischer Güter im Inland Preisnachteile bringt. *Zweitens* erhöht sich der Wert von **Forderungen** und **Verbindlichkeiten**, die auf ausländische Zahlungsmittel lauten. *Drittens* verändert die Abwertung in analoger Weise Aktiv- bzw. Passivposten, die auf ausländische Währung lauten, in den DM-**Unternehmensbilanzen.**
Abb. C-1.4/4 zeigt die (wiederum tendenziellen) Wirkungen einer

Abb. C-1.4/4: **Wirkungen einer DM-Abwertung gegenüber dem Dollar**

DM Aufwertung

1 $	=	1,50 DM	↓	100,– DM	=	66,67 $ ↓
1 $	=	1,65 DM		100,– DM	=	60,61 $

Volkswirtschaftliche Effekte

- $-Importpreise steigen, (in DM gerechnet) → Importabnahme möglich
- DM-Exportpreise sinken, (in $ gerechnet) → Exportzunahme möglich

} Leistungsbilanz-Verbesserung

- Beschäftigungsanregung?
- Zunahme eines (importierten) Preisauftriebs

Betriebswirtschaftliche Effekte

- Wettbewerbschancen
  – von Exporteuren verbessern sich
  – von Importeuren verschlechtern sich
- $-Forderungen und -Verbindlichkeiten werden ‹mehr DM wert›
- ursprünglich auf Dollar lautende Bilanz-Aktiva und -Passiva werden ‹mehr DM wert›

Abb. C-1.4/5: **Abwertungen**

Freiwillige Abwertungen sind in Europa nicht mehr in Mode
Die Politiker bevorzugen stabile Kurse / Abwertungen haben häufig als Konjunkturstütze versagt

Major will britisches Pfund nicht abwerten

Polen
Abwertung des Zloty

Forint um 15 Prozent abgewertet

Spaniens Peseta und Portugals Escudo wurden um sechs Prozent abgewertet

Peseta-Abwertung mit Zinserhöhung abgefedert

SPANIEN / Solchaga zu den Folgen der Abwertung
Steigerung der Exporte soll Wachstum beschleunigen

DM-Abwertung, und Abb. C-1.4/5 verdeutlicht exemplarisch, daß eine Abwertung der eigenen Währung international keine Seltenheit ist. Ob eine Abwertung allerdings tatsächlich die zu erwartende Leistungsbilanz-verbessernde Wirkung hat, ist nicht sicher:
Die Abwertung verteuert ohne Verzögerung die Importe, so daß diese nominal steigen. Ob sie gütermäßig gedrosselt werden, so daß der Importwert insgesamt sinkt, hängt von der **Elastizität der Importnachfrage** ab. Ob und wie intensiv diese auf die Verteuerung der Importgüter mit Nachfragerückgang reagiert, kann präzise nur für den Einzelfall bestimmt werden. Dies gilt analog für die Exporte, die nominal billiger werden, wobei aber unbestimmt ist, ob und wie elastisch die Exportnachfrage mengenmäßig darauf reagiert.
Hinzu kommt kurzfristig der sog. «**J-Kurven-Effekt**». Zur Veranschaulichung sei als Beispiel eine Abwertung der DM gegenüber dem US-Dollar gewählt:
Alle Importrechnungen, die auf Dollar lauten (in Dollar «fakturiert» sind), werden damit teurer. Dies ist allgemein die Regel, denn in den meisten Ländern kann man als Grundsatz davon ausgehen, daß Importe in der Währung des Lieferlandes fakturiert sind; nur in Ländern mit «harter», begehrter Währung ist dies oft nicht der Fall. Importrechnungen in DM hingegen werden von der Abwertung nicht betroffen, wohl aber der ausländische Exporteur, der jetzt zwar denselben

DM-Betrag erhält, wie bei Vertragsabschluß verabredet, jedoch beim Umtausch dieses Betrags weniger Dollar erhält als er ursprünglich kalkuliert hatte. Bei zukünftigen Geschäften wird er dies wohl berücksichtigen und seine DM-Lieferpreise nach Deutschland entsprechend nach oben anpassen. Dann wird sich auch für diese Fälle die Importverteuerung auswirken.

Was die Exporte anbelangt, so werden diese nach den gerade angestellten Überlegungen vorrangig in DM fakturiert sein. Eine Wechselkursveränderung hat demnach bei bestehenden DM-Kontrakten keinen Effekt für den Exporteur, wohl aber für den Importeur in den USA, der den vereinbarten DM-Betrag nun mit weniger Dollar kaufen kann als gedacht; aus seiner Sicht werden folglich die Exportwaren billiger. Wäre der Exportkontrakt in Dollar fakturiert, so würde der deutsche Exporteur dafür mehr DM eintauschen können als er kalkuliert hatte. Daher kann er in Zukunft seine Exportpreise in Dollar senken, ohne Einbußen bei seinen DM-Erlösen zu erleiden.

Zusammengefaßt wird das ‹J› deutlich (vgl. Abb. C-1.4/6): Wegen des Übergewichts der Fakturierung in der Währung des jeweiligen Lieferlandes verteuern sich – in DM ausgedrückt – die Importe bei gleichbleibender oder nur gering ansteigenden DM-Exporterlösen, d.h. die Leistungsbilanz verschlechtert sich zunächst, oder anders ausgedrückt:

Das Leistungsbilanzdefizit nimmt zunächst zu (abfallender Ast der J-Kurve). Erst wenn die Preislisten angepaßt und die Preisveränderungen über die jeweiligen Import- und Exportelastizitäten zu Nachfragereaktionen führen, können die Importe sinken bzw. die Exporte stei-

Abb. C-1.4/6: **J-Kurven-Effekt**

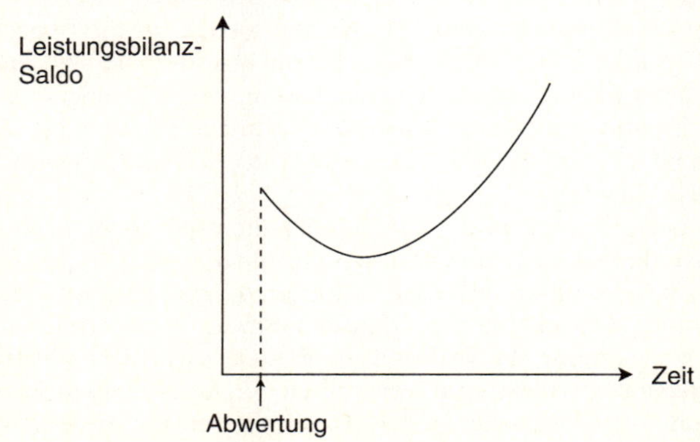

gen, so daß sich die Leistungsbilanz verbessert (aufsteigender Ast der Kurve).

Wenn (auch wiederholte) Abwertungen der eigenen Wirtschaft nicht auf die Sprünge helfen oder Abwertungen aus anderen (z.B. politischen) Gründen nicht möglich sind, werden Länder mit Leistungsbilanzdefiziten zu anderen importdämpfenden und exportanregenden Maßnahmen greifen; auf diese beobachtbare, mit dem Begriff **Protektionismus** beschriebene Tendenz wird im Abschn. C-2 eingegangen.

Auch im internationalen Güterhandel dominiert der Dollar: Ein Großteil der Außenhandelsrechnungen wird international in Dollar ausgestellt («fakturiert», vgl. auch Abschn. H-3.2.1.1). Für die Bundesrepublik gilt dies offensichtlich nicht in so hohem Maße wie für andere Länder, da auch die «harte» DM ein international gern akzeptiertes Zahlungsmittel ist. Insgesamt erklärt sich daraus die wichtige Stellung des Dollars in den internationalen Handels- und Finanzbeziehungen. Das erhebliche Übergewicht der Finanztransaktionen über die Handelsbewegungen macht aber auch deutlich, daß die Handelsströme zwar ein wichtiger, aber eben nur einer von vielen Einflußfaktoren für die Wechselkurse sind.

C-1.5. Kassa- und Termingeschäfte

Als **Kassakurse** bezeichnet man die Wechselkurse, die für Geschäfte gelten, die sofort abgewickelt werden (**Spotgeschäfte**), während **Terminkurse** für Geschäfte gelten, die erst zu einem späteren Zeitpunkt auf der Basis des heute vereinbarten Kurses abgewickelt werden. Während sich die Kassakurse an den Devisenmärkten nach Angebot und Nachfrage bilden, werden die Terminkurse von der Bundesbank bzw. von jedem anderen, der Devisen-Termingeschäfte anbietet, ‹gesetzt›. Termin- und Kassakurse weichen in der Regel voneinander ab. Ist der Terminkurs höher als der Kassakurs, so spricht man von einem Aufschlag (**Report**), ist er niedriger, von einem Abschlag (**Deport**). Ob eine Währung mit Report oder Deport gehandelt wird, hängt in erster Linie von den **Zinsunterschieden** zwischen den betreffenden Ländern ab. In Abb. C-1.5/1 wird beispielsweise der US-Dollar mit einem Aufschlag ausgewiesen. Dies liegt daran, daß Anfang 1992 das Zinsniveau in der Bundesrepublik erheblich höher lag als in den USA. Der Käufer von Termindollars muß erst per Termin DM liefern, kann also in der Zwischenzeit diesen DM-Betrag am deutschen Geldmarkt höherverzinslich anlegen, während der Verkäufer der Termindollars diesen Dollarbetrag nur niedrigerverzinslich am US-Markt anlegen kann.

Abb. C-1.5/1: **Devisen-Termin-Markt** (Zins und Swapsätze unter Banken)

Zinsen am Eurogeldmarkt

4. 1.	1 Monat	2 Monate	3 Monate	6 Monate	1 Jahr
DM	8⅝ – 8⅞	8 9/16 – 8 13/16	8½ – 8¾	8⅛ – 8⅜	7½ – 7¾
US-$	3⅛ – 3⅜	3⅛ – 3⅜	3 3/16 – 3 7/16	3⅜ – 3⅝	3 13/16 – 4 1/16
Brit. £	6 13/16 – 7 1/16	6 13/16 – 7 1/16	6 13/16 – 7 1/16	6⅝ – 6⅞	6½ – 6¾
hfl	8 3/16 – 8 5/16	8⅛ – 8¼	8 – 8⅛	7⅝ – 7¾	7½ – 7⅝
bfr	8½ – 8⅝	8 7/16 – 8 9/16	8 5/16 – 8 7/16	7⅞ – 8	7⅝ – 7¾
FFr	11¾ – 12¼	11¾ – 12¼	10¾ – 11¼	10½ – 11	9½ – 10
itl	12½ – 13½	12½ – 13½	12½ – 13½	12½ – 13½	12½ – 13½
ECU	10 1/16 – 10 5/16	10 1/16 – 10 5/16	10 1/16 – 10 5/16	9⅞ – 10⅛	8⅞ – 9⅛
sFr	5⅞ – 6⅛	5 13/16 – 6 1/16	5¾ – 6	5 9/16 – 5 13/16	5¼ – 5½
Yen	3¾ – 4	3 11/16 – 3 15/16	3⅝ – 3⅞	3⅝ – 3⅞	3 9/16 – 3 13/16

Münchner Terminhandel (Swaps)

US-$	+0,0082/85	+0,0146/150	+0,0212/217	+0,0371/381	+0,0565/585
Brit. £	+0,003/5	+0,006/9	+0,009/12	+0,016/20	+0,021/27
FFr	–0,12/09	–0,20/15	–0,28/23	–0,41/34	–0,61/51
hfl	+0,030/55	+0,063/93	+0,097/137	+0,153/228	+0,166/315
itl	–0,004/2	–0,008/5	–0,012/9	–0,025/21	–0,054/49
sFr	+0,27/32	+0,47/53	+0,70/78	+1,32/1,45	+2,33/2,63

Quelle: Bay. Hypotheken- und Wechsel-Bank AG, München, (Swaps) und Hypo-Lux (Euro-Zinsen)

(Ob dies tatsächlich geschieht, ist für die Kursbildung unerheblich). Dieser Zinsvorteil für den Termin-Käufer wird daher durch einen Aufschlag ausgeglichen, so daß der Termindollarkurs höher liegt als der Kassakurs.

Abb. C-1.5/1 verdeutlicht dies: Die Währungen mit Report (vgl. «Münchener Terminhandel»: US-Dollar, britisches Pfund, holländischer Gulden, schweizer Franken) wurden zum damaligen Zeitpunkt niedriger verzinst als die DM (vgl. «Zinsen am Eurogeldmarkt»). Alle übrigen notierten Währungen waren besserverzinslich und wiesen einen Deport aus. Daß Reports und Deports mit zunehmender Laufzeit des Termingeschäfts – und damit zunehmender Wahrscheinlichkeit, daß sich Änderungen ergeben – gleichfalls im Sinne einer Risikoprämie größer werden, dürfte einleuchten. Der Unterschied zwischen Termin- und Kassakurs wird als **Swap** bezeichnet bzw., wenn er in Prozenten des Kassakurses ausgedrückt wird, als **Swapsatz**. Die Bundesbank bietet Swapgeschäfte an, um An- und Verkaufswünsche von Devisen zu stimulieren und damit Einfluß auf die Wechselkurse zu nehmen oder – und dies steht heute im Vordergrund – um die Geldmenge durch Geldexport ‹feinzusteuern›. Wenn beispielsweise der Terminkurs für den Dollar DM 1,62 und der Kassakurs DM 1,61 ist (von Geld- und Briefkursen sei hier wiederum abgesehen), dann besteht ein Anreiz, Dollars für 1,61 DM zu kaufen und per Termin für 1,62 DM zurückzuverkaufen. Zwischenzeitlich können die Dollars im Ausland zinsbringend angelegt werden. Somit können sich bei ent-

sprechend hohen Zinsunterschieden Termingeschäfte auch dann lohnen, wenn die Termindevisen mit Deport gehandelt werden. Ein entsprechend gesetzter Swapsatz seitens der Bundesbank kann somit dazu beitragen, dem Markt vorübergehend Liquidität zu entziehen oder zur Verfügung zu stellen.
Eine Variante besteht in sog. **Devisenpensionsgeschäften**, die sich analog zum Wertpapierlombard bzw. zu Wertpapierpensionsgeschäften vollziehen und als Offenmarktgeschäfte auf Zeit zu betrachten sind. Dabei werden Geschäftsbanken z.B. vorübergehend Devisen übertragen und somit Liquidität entzogen, was letztlich dieselben Wirkungen hat wie ein Swapgeschäft. Während bei Swapgeschäften ein Termin- mit einem Kassageschäft gekoppelt ist – z.B. verkauft die Bundesbank Devisen und kauft sie per Termin zurück –, gibt es auch Termingeschäfte ohne Kassageschäft (sog. **Outrightgeschäfte**). Sie dienen hauptsächlich dazu, Spekulationen hinsichtlich der Wechselkursentwicklung entgegenzuwirken. So würden bei Aufwertungserwartungen hinsichtlich der DM Devisen per Termin gekauft, um den Anreiz zu spekulationsbedingten Devisenflüssen zu mildern. Würde also die DM zwischenzeitlich tatsächlich aufgewertet, so hätte der Devisenverkäufer durch den Terminkurs kaum einen Aufwertungsverlust zu tragen. Swapgeschäfte werden auch zwischen den Notenbanken getätigt, um Devisen zu besorgen, die zur Kursstützung beispielsweise im EWS benötigt werden. Analog werden am Markt aufgekaufte Devisen in Outrightgeschäfte per Termin an ausländische Notenbanken zurückverkauft.
Devisentermingeschäfte dienen im kaufmännischen Bereich in erster Linie dazu, sich gegen mögliche Verluste aus Wechselkursänderungen abzusichern. Die damit verbundenen Kosten – u.a. in Form von Kursabschlägen gegenüber dem Kassakurs – könnten somit als Versicherungsprämie bezeichnet werden. Abschn. H-3 geht auf diese und andere Formen der Wechselkursabsicherungen für Importeure und Exporteure ausführlich ein. In Deutschland werden Terminkurse nicht amtlich notiert. Sie werden vielmehr von den Kreditinstituten in Abhängigkeit von den Zinsunterschieden zwischen den beteiligten Währungen «gestellt». Bei Termingeschäften sind volle Monate üblich, d.h. 30, 60, 90, 180 oder 360 Tage, es können aber auch «gebrochene Termine» vereinbart werden, wenn das Basisgeschäft dies nahelegt. Kunden, die keine Kaufleute sind, müssen i.d.R. für Termingeschäfte Sicherheiten leisten.
Im folgenden Abschnitt werden zunächst einige Argumente zur Beurteilung von fixen oder flexiblen Wechselkursen betrachtet. Danach werden alternative Varianten der monetären Integration in Form von

Währungszusammenschlüssen betrachtet, bevor daran anschließend speziell auf die Währungsintegration in Europa eingegangen wird.

C-1.6. Fixe oder flexible Wechselkurse?

Obgleich die im ehemaligen Währungssystem auf der Grundlage des Abkommens von Bretton Woods vereinbarten fixen Wechselkurse gegenüber dem US-Dollar als **Leitwährung** seit 1973 aufgehoben sind, ist der US-Dollar immer noch als wichtigste internationale Währung anzusehen. Die DM hat gegenüber dem Dollar eine breite Skala von Bewertungen durchlaufen. Nach dem Zweiten Weltkrieg wurde die Parität gegenüber dem Dollar am 1. 5. 1949 mit 3,33 DM festgelegt, doch folgte nur wenig später am 1. 9. 49 eine zwanzigprozentige Abwertung der DM auf 4,20 DM. Am 6. 3. 61 wurde die DM gegenüber dem Dollar um 5% aufgewertet auf 4,00 DM, am 27. 10. 69 nochmals – dies war ein zentrales Wahlkampfthema – um 9,6% auf 3,66 DM; am 21. 12. 71 erfolgte im Zusammenhang mit der um sich greifenden internationalen Währungskrise eine neuerliche DM-Aufwertung um 13,6% bei gleichzeitiger Dollar-Abwertung, so daß sich als neuer Dollarkurs 3,22 DM ergab, und am 12. 2. 73 wurde der Dollar abgewertet auf 2,90 DM (was einem Aufwertungseffekt der DM von 11% entspricht). Am 19. 3. 73 begann das **Blockfloaten** der europäischen Währung gegenüber dem Dollar. Als historischer Tiefstkurs wurde der Dollar am 2. 9. 92 mit DM 1,3870 gehandelt; Ende 1992 schwankte er um DM 1,60. Daß die deutsche Exportwirtschaft die gewaltigen Aufwertungseffekte gegenüber dem Dollar verkraftet hat (die Veränderung von DM 4,20 zu 1,3870 entspricht einem Aufwertungssatz von insgesamt rd. 330%!), liegt offensichtlich daran, daß sich deutsche Produkte aufgrund ihrer Qualität international einer relativ preisunelastischen Nachfrage gegenübersehen.

Das Hauptargument für **fixe Wechselkurse** liegt – vor allem aus kaufmännischer Sicht – in der sicheren **Kalkulierbarkeit** im Zeitablauf. Das wichtigste Gegenargument besteht – wie oben schon erwähnt – darin, daß zur Verteidigung unrealistisch gewordener fixer Wechselkurse die Notenbank entweder – bei Abwertungssog der Inlandswährung z.B. aufgrund eines Leistungsbilanzdefizits – laufend ausländische Währung abgeben muß (**Stützungsverkauf**), was zum **Abbau von Devisenreserven** bzw. internationaler **Verschuldung** führen kann, oder – bei Aufwertungsdruck auf die Inlandwährung, z.B. aufgrund eines Leistungsbilanzüberschusses – laufend ausländische Währung ankaufen muß (**Stützungskauf**), wodurch sich die **Geldmenge** inflationär ausweiten kann.

Bei **flexiblen Wechselkursen** hingegen würden sich Zahlungsbilanzstörungen, die auf internationale Preis-, Kosten- oder Zinsunterschiede zurückzuführen sind, durch die dadurch ausgelösten Devisenbewegungen zu großen Teilen von **selbst beheben.** Dies bedeutet, daß dann in nationaler Hinsicht Wirtschaftspolitik betrieben werden kann, die nicht durch entgegengerichtete Einflüsse von der «außenwirtschaftlichen Flanke» bedroht wird. Hier nur ein Beispiel: Eine erfolgreiche binnenwirtschaftliche (Preis-)Stabilitätspolitik würde – unter sonst gleichen Voraussetzungen – bei höherem ausländischen Preisniveau tendenziell zu Exportüberschüssen führen. Diese aber bringen – wie dargestellt – inflationäre Impulse mit sich und würden die Stabilitätspolitik durch importierte Inflationskräfte gefährden. Bei flexiblen Wechselkursen hingegen würden die Devisenzuflüsse zu einer Aufwertung der Inlandswährung führen, wodurch Preis- oder Zinsunterschiede eingeebnet würden.

Man spricht daher auch von «**Selbstheilungskräften**» flexibler Wechselkurse. Diese sollten aber nicht überschätzt werden, denn es wäre unrealistisch zu glauben, daß flexible Wechselkurse auf güterwirtschaftliche Ungleichgewichte angemessen reagieren. Wegen des Übergewichts des reinen Finanz-Devisenhandels über die Handelsströme und die langfristigen Kapitalbewegungen können sich sogar völlig entgegengesetzte Entwicklungen ergeben, z.B. daß bei einer Zunahme des amerikanischen Handelsbilanzdefizits der Dollar nicht – wie theoretisch zu erwarten wäre – schwächer wird (abwertet), sondern ganz im Gegenteil aufwertet.

Der Hauptvorteil flexibler Wechselkurse liegt dessenungeachtet darin, daß sie automatisch auf Marktveränderungen reagieren, d.h. keine anhaltenden Falschbewertungen («**misalignments**») möglich sind. Wechselkursanpassungen bei fixen Wechselkursen – auch innerhalb des EWS, vgl. Abschn. C-1.9 – erfolgten meist «zu spät» und «zu schwach». Eine immer wieder zu beobachtende Unterbewertung der DM wirkt folglich auf der Importseite wie ein Schutzzoll, auf der Exportseite wie eine Exportsubvention (vgl. Abschn. C-1.4.2).

Der Hauptnachteil flexibler Wechselkurse liegt in der **schwierigen Kalkulierbarkeit** im Zeitablauf, die über längere Fristen nur unbefriedigend durch Termingeschäfte abzusichern ist. Die Möglichkeit von Wechselkursschwankungen bezeichnet man als «**volatility**». Fixe Wechselkurse sind eine unabdingbare **Voraussetzung für Integrationsbestrebungen**, z.B. innerhalb der Europäischen Gemeinschaft; flexible Wechselkurse sind für national autonome Wirtschaftspolitik praktikabler. Die Tatsache, daß das Europäische Währungssystem vom Prinzip fester Wechselkurse ausgeht, während gegenüber «Drittländern» flexible Wechselkurse gelten, mag diese Aussage untermauern.

C-1.7. Währungsintegration

Die Schaffung einer **Währungsunion** bedeutet allgemein die *Vereinheitlichung des Währungssystems* zwischen zwei oder mehreren Partnerländern, wobei grundsätzlich nur noch eine Währung für alle Partnerländer gemeinsam existiert. Dabei gibt es sowohl verschiedene Formen, auf die gleich eingegangen wird, als auch zwei verschiedene Strategien.
Die erste ist die Position der «*Ökonomisten*», wonach eine monetäre Integration nur stattfinden kann bzw. soll, wenn die ökonomische Integration (Zollunion/gemeinsamer Markt/Wirtschaftsunion) als Voraussetzung vollendet oder doch zumindest sehr weit fortgeschritten ist. Also: erst ökonomische Integration, dann monetäre. Um es einmal kraß zu sagen: Da kann man meist lange warten. Die andere Position ist die der «*Monetaristen*» (wobei dieser Begriff *nicht* – so wie bei *Milton Friedman* – als Gegensatz zu Vertretern des *Keynesianismus* gemeint ist). Die Monetaristen im hier gemeinten Sinne vertreten die Auffassung, daß eine frühzeitige monetäre Integration die ökonomische Integration vorantreibe und fördere. Also: erst monetäre Integration, dann ökonomische. Diese Variante ist sowohl bei der Konstruktion des Europäischen Währungsverbundes gewählt worden, da dieser – ab 1979 – existierte, ohne daß zumindest ein Binnenmarkt realisiert worden wäre, und auch die Maastrichter Beschlüsse der EG zur Schaffung einer Währungsunion spätestens ab 1. 1. 1999 sind in diesem Sinne geprägt. Die monetaristische Integrationsstrategie liegt auch der Franc-Zone zugrunde (vgl. Exkurs am Schluß dieses Abschnitts).
(1) Die schwächste Form der Währungsintegration ist der **Währungsverbund**, wie z.B. das Europäische Währungssystem (EWS; vgl. ausführlich anschließend Abschn. C-1.8). Dabei werden für die beteiligten nationalen Währungen untereinander feste Wechselkurse vereinbart (im EWS **Leitkurs** genannt), von denen die aktuellen Marktkurse aber – je nach gewähltem Währungssystem mehr oder weniger innerhalb bestimmter **Bandbreiten** – abweichen dürfen. Im EWS z.B. können die Marktkurse um je 2,25% über bzw. unter den vereinbarten Leitkursen liegen. Die beteiligten Staaten sind verpflichtet, ggf. durch Interventionen sicherzustellen, daß ihre Währung voneinander nicht um

Abb. C-1.7/1: **Währungskooperation und Wechselkursunionen**

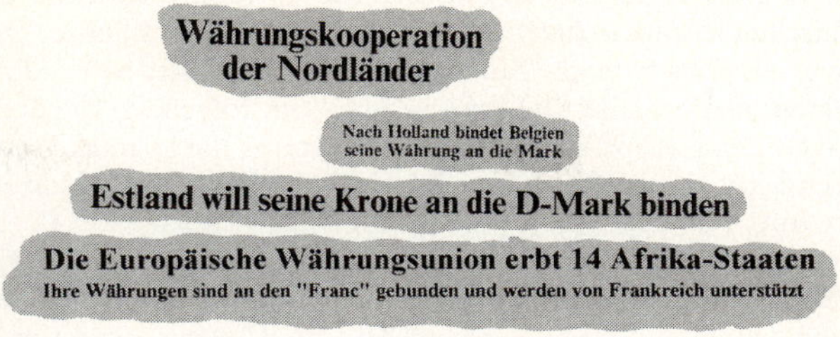

Währungskooperation der Nordländer

Nach Holland bindet Belgien seine Währung an die Mark

Estland will seine Krone an die D-Mark binden

Die Europäische Währungsunion erbt 14 Afrika-Staaten
Ihre Währungen sind an den "Franc" gebunden und werden von Frankreich unterstützt

mehr als die verabredete Bandbreite abweichen (vgl. Abb. C-1.3/3). Währungsverbünde sind relativ lose monetäre Integrationen und – wie die Praxis des EWS zeigt – relativ starken wechselkursbeeinflussenden Faktoren ausgesetzt, so daß gelegentlich Auf- oder Abwertungen erforderlich werden oder Währungen aus dem Verbund ausscheiden.

(2) Die nächst intensivere Form monetärer Integration ist die **Wechselkursunion**, bei der es keine Bandbreiten gibt, die Wechselkurse also völlig fix oder starr sind. Ein solcher Wechselkursverbund existiert beispielsweise formal zwischen Belgien und Luxemburg oder innerhalb der sog. **Franc-Zone** zwischen Frankreich und 14 afrikanischen sowie einigen anderen überseeischen Staaten (vgl. den Exkurs im Anschluß an diesen Abschnitt). Daneben gibt es nicht-formelle, **faktische Wechselkursunionen**, z.B. zwischen Deutschland auf der einen Seite und den Niederlanden, Belgien, Österreich und der Schweiz jeweils auf der anderen Seite: In allen vier Fällen wird der Wechselkurs zur DM seit vielen Jahren (Belgien 1990) absolut stabil gehalten, so daß sich faktisch ein Fünferverbund gebildet hat (vgl. Abb. C-1.7/1).

(3) Solche Wechselkursunionen sind Vorstufen, sind Quasi-Währungsunionen. Eine ‹richtige› **Währungsunion** setzt eine gemeinsame Währung der beteiligten Länder voraus. Dabei gibt es wiederum drei Varianten:

(a) Zum einen können sich die Partnerländer auf eine der bereits in Umlauf befindlichen nationalen Währungen einigen, so wie es 1990 bei der Währungsunion zwischen der Bundesrepublik und der Ex-DDR zunächst der Fall war.

(b) Zum anderen können sich die Partnerländer – theoretisch – auf eine ‹dritte›, externe nationale Währung einigen; für diese Variante gibt es jedoch kein praktisches Beispiel.

(c) Drittens können die Mitglieder der Währungsunion eine neue, supranationale Währung einführen, die in keinem Mitgliedstaat oder einem anderen Land in Umlauf ist, wie es möglicherweise in der Europäischen Gemeinschaft mit dem ECU geschehen könnte. Dies ist gegenwärtig jedoch noch Zukunftsmusik. Zunächst wird daher – nach einem Exkurs über die Franc-Zone – im folgenden die Struktur des derzeitigen Europäischen Währungssystems dargestellt, bevor anschließend auf die beabsichtigte Europäische Währungsunion eingegangen wird.

Hinsichtlich der regionalen Abgrenzung von Währungsunionen – sei es in Form der oben angesprochenen Wechselkursunion (2) oder der Währungsunion i.e.S. (3) – versucht die sog. **Theorie optimaler Währungsräume (OWR)** Kriterien zu entwickeln. Als Währungsraum wird dabei ein Gebiet verstanden, innerhalb dessen eine Gruppe von Ländern mit gemeinsamer Währung oder mit nationalen Währungen – bei voller Konvertibilität – mit absolut festen Wechselkursen miteinander verbunden sind, wobei der Währungsraum nach außen ‹floated›. Die Mitglieder des Währungsraums geben dabei ihre währungspolitische Autonomie an eine supranationale Zentralbank ab. ‹Optimal› ist der Währungsraum dann, wenn trotz der Aufgabe des wirtschaftspolitischen Instruments der Wechselkursänderung – im Falle flexibler Wechselkurse – die Vorteile überwiegen, die sich aus der Währungsunion ergeben.

Es gibt eine Vielzahl von Abgrenzungskriterien, die jedoch jeweils den Nachteil besitzen, sich nur auf *eine* ökonomische Größe zu stützen. Beispielsweise ist es danach sinnvoll, wenn ein relativ kleines Land, das eine intensive Handelsverflechtung mit einem großen Nachbarland hat, einen festen Wechselkurs beibehält. Genau dies ist z.B. der Fall bei Belgien, Österreich oder den Niederlande gegenüber Deutschland. Insgesamt ist die Theorie optimaler Währungsräume nicht operational genug, um daraus im konkreten Fall politische Handlungsratschläge abzuleiten. Dennoch lassen sich daraus Überlegungen heranziehen, daß die geplante Europäische Währungsunion sich wahrscheinlich zunächst auf einen Kern weniger Länder beschränken wird, welche im Sinne der Kriterien eines OWR Erfolgsaussichten haben – eben Belgien/Luxemburg, die Niederlande, Deutschland und – schon mit Abstrichen – Frankreich, ggf. ergänzt durch Österreich und die Schweiz. Abgesehen von Frankreich existiert zwischen den übrigen der angeführten tatsächlich und *de facto* eine Art DM-Währungsraum mit unveränderlichen Wechselkursen, wie oben unter (2) bereits ausgeführt.

C-1.8. Exkurs: Die Franc-Zone

Eine Wechselkursunion stellt auch die **Franc-Zone** dar. Frankreich hat sie formal 1939 für seine damaligen Kolonien geschaffen, faktisch bestand sie schon Ende des 19. Jahrhunderts im Rahmen des «*Empire Français*». Bis zur Unabhängigkeit der Kolonien in den 60er Jahren wurde die gesamte Franc-Zone zentral von Paris aus gesteuert. 1973 und 1975 erfolgten umfassende Reformen, die zu einer gewissen Dezentralisierung führten.

Im Zentrum der Franc-Zone steht der konvertierbare **Franc-CFA** (*Communauté Financière Africaine*): In jedem der 14 afrikanischen Mitgliedstaaten kursiert ein CFA-Franc auf national unterschiedlichen Banknoten, der in einem absolut festen Kursverhältnis zum französischen Franc steht: 1 FRF = 50 F-CFA oder 1 F-CFA = 0,02 FRF. Dieses Kursverhältnis ist seit der Einführung des Neuen Franc 1958 in Frankreich durch de Gaulle unverändert geblieben. Im Sprachgebrauch wird i.d.R. von *der* Franc-Zone gesprochen, obgleich es faktisch drei sind, denn es gibt zwei afrikanische und eine pazifische Franc-Zone mit einem Franc-CFP; hierzu weiter unten. Die Franc-Zonen sind weltweit eine einzigartige Konstruktion.

Die Franc-Zone stellt ein Beispiel für einen «*monetaristischen*» Ansatz im oben erwähnten Sinne dar: Die ökonomistische Strategie würde – zumindest – von einer Zollunion ausgehen; dies aber würde die beteiligten Länder ihrer wichtigsten Einnahmequelle zur Finanzierung des Staatshaushalts berauben – und auch für viele Staatsdiener, welche für die administrative Abwicklung z.B. der Zollabfertigung zuständig sind, den Wegfall lukrativer Nebeneinnahmen bedeuten.

Die afrikanische Franc-Zone besteht aus zwei Währungsgebieten, die von zwei Notenbanken verwaltet wird: Die westafrikanische **UMOA** (*Union Monetaire Ouest Africaine*) für die Länder Benin, Burkina Faso, Elfenbeinküste, Mali, Niger, Senegal und Togo wird von der **BCEAO** (*Banque Centrale des Etats de l'Afrique de l'Ouest*) mit Sitz in Dakar/Senegal verwaltet, die zentralafrikanische Franc-Zone für Gabun, Guinea, Kamerun, Kongo, Tchad und die Zentralafrikanische Republik (ZAR) von der **BEAC** (*Banque des Etats de l'Afrique Centrale*) von Jaundé/Kamerun aus. Die monetären Beziehungen zwischen beiden Zentralbanken laufen über das französische Schatzamt («*Trésor*»), welches der Banque de France unterstellt ist.

Für eine Reihe von französischen überseeischen Départements – im EG-Jargon **ÜLG** genannt – überseeische Länder und Gebiete (vgl. Abschn. F-4.2 zu entsprechenden Präferenzabkommen der EG mit den ÜLG) –, die nicht der französischen Notenbank unterstehen, gibt es einen eigenen Währungsraum mit dem **Franc-CFP** (*Change Franc Pacifique*), der von zwei notenbank-ähnlichen französischen Institutionen verwaltet wird. Der F-CFP hat eine Parität von 1 FRF = 18,18 F-CFP bzw. 1 F-CFP = 0,055 FRF, also eine im Vergleich mit dem CFA-Franc deutlich aufgewertete Parität zum FRF (1 FRF = 50 CFA = 18,18 CFP).

Folgende Kriterien kennzeichnen die Franc-Zonen:

- unbegrenzte Konvertierbarkeit der beteiligten Währungen untereinander; dies bedeutet über die freie Konvertibilität des FRF auch weltweite Eintauschfreiheit der CFA-Francs. Die FRF/CFA-Konvertibilität wird durch eine Garantie des französischen Finanzministeriums gesichert,
- absolut feste Parität zum FRF, die nur vertraglich durch einstimmigen Beschluß der beteiligten Länder geändert werden kann,
- völlige Transferfreiheit für Devisen in diesen Währungsräumen, d.h. alle beteiligten Staaten haben abgestimmte Devisenbestimmungen, die denen Frankreichs vergleichbar sind.

Die beiden afrikanischen Zentralbanken unterhalten beim französischen Schatzamt Verrechnungskonten, über welche die Zahlungsvorgänge untereinander, mit Frankreich und mit Drittländern verbucht und verrechnet werden. Aufgrund der völlig freien Konvertibilität der CFA-Francs zum FRF haben die beteiligten Staaten Zugriff auf jede beliebige Art konvertibler Devisen. Dies sichert den Mitgliedstaaten der Franc-Zone ihre internationale Zahlungsfähigkeit. Die Länder sind verpflichtet, 65 % ihrer Devisen in einen gemeinsamen Pool einzubringen, können andererseits ihre «Operationskonten» aber bei Zahlungsbilanzproblemen auch überziehen. Diese Währungsgarantie ist für die afrikanischen und pazifischen Länder der entscheidende Vorteil der Franc-Zone.

Für Frankreich bedeutet diese Konstruktion faktisch eine Ausweitung des nationalen Wirtschaftsraums auf den afrikanischen Kontinent bzw. in die pazifischen Gebiete. Die Franc-Zonen stellen daher aufgrund der freien Konvertierbarkeit der CFA-Francs in den FRF eine – auch vielen Fachleuten meist völlig unbekannte, verdeckte – *Ergänzung des Europäischen Währungsverbundes* dar, denn der FRF im EWS repräsentiert – so gesehen – neben Frankreich zahlreiche weitere Länder in Afrika und im Pazifik.

Die konkrete Konstruktion der Franc-Zone als Währungsunion ist nicht unproblematisch. Intern wird kritisiert, daß Frankreich – unbeschadet der formellen Autonomie und der statutenmäßigen Mitbestimmungs- und Mitentscheidungsrechte der Mitgliedstaaten – doch ein erhebliches Übergewicht hat, nicht zuletzt auch im Hinblick auf

Wechselkursänderungen im EWS, denn die Franc-Zonen-Länder machen automatisch jede Wechselkursveränderung des FRF innerhalb des EWS mit, auch wenn dies nicht ihrer individuellen Situation entspricht. Die Konvertibilitätsgarantie Frankreichs erstreckt sich zudem nur auf Forderungen und Verbindlichkeiten der afrikanischen Zentralbanken, nicht der jeweiligen Regierungen oder einzelner Unternehmen. In diesen Fällen ist ausländischen Gläubigern nicht mit Konvertibilitäts- und Transfergarantien geholfen, wenn die jeweiligen Schuldner nicht zahlen können oder wollen. Dem Vorteil der völligen Kapitalverkehrsfreiheit steht zudem der Nachteil eines beträchtlichen Devisenabflusses gegenüber, da afrikanisches Kapital in starkem Maße in renditesicherere und risikoärmere außerafrikanische Anlagen fließt. Der Kapitalmangel ist eine der Hauptursachen für die ökonomischen Probleme der afrikanischen Länder.

Die Schaffung einer Währungsunion hat im CFA-Franc-Bereich also nicht die Impulse gebracht, die für einen erkennbaren wirtschaftlichen Aufschwung erforderlich wären. Die ökonomische Integration fehlt: Obgleich die afrikanische Franc-Zone z.B. so unterschiedliche Länder umfaßt wie das bitterarme Burkina Faso und das reiche Ölland Gabun, sind sich die Wirtschaftsstrukturen der Franc-Zonen-Länder sehr ähnlich. Nur 10% ihres Gesamtexports entfällt auf den intraregionalen Handel, in der UDEAC sogar nur 1–2%; Frankreich bezieht nur 1,1% seiner Importe aus der Franc-Zone und liefert nur 1,4% seiner Exporte dorthin.

Der folgende Abschnitt geht auf das Europäische Währungssystem ein, das zwar einerseits mit der Schaffung des Wechselkursverbundes gleichfalls einer monetaristischen Strategie im oben definierten Sinne gefolgt war, andererseits aber doch die ökonomische Integration mit der Schaffung des Binnenmarktes ab 1993 so weit vorangetrieben hat, daß die anvisierte Währungsunion spätestens ab 1999 nicht ohne eine ökonomische Basis ‹schwebt›.

C-1.9. Struktur des Europäischen Währungssystems

C-1.9.1. Historischer Hintergrund

Die Entstehung des Europäischen Währungssystems (EWS) muß im geschichtlichen Zusammenhang gesehen werden. Noch während des Zweiten Weltkriegs wurde 1944 auf der Konferenz von **Bretton Woods** die Gründung des **Internationalen Währungsfonds** (IWF) beschlossen (vgl. Abschn. B-2.6). Dieser sollte über ein System fixer Wechselkurse (mit Bandbreiten von ± 1%) gegenüber der Leit- und Reservewährung US-Dollar wachen. Dieses System, das auch als Bretton-Woods- oder IWF-System bezeichnet wird, stützte sich insbesondere darauf, daß die amerikanische Regierung garantierte, staatliche Dollarguthaben jederzeit in Gold einzutauschen: Als «Wechselkurs» wurde 1 Unze Feingold (rd. 31 Gramm) = 35 Dollar festgesetzt.

Bedingt durch verschiedene Faktoren (u.a. die Rüstungsausgaben im Vietnamkrieg) wuchsen die Dollarbestände im Ausland so an, daß das Vertrauen in die Goldeinlösegarantie abbröckelte (*Dollarschwemme*). Insbesondere Frankreich unter de Gaulle tauschte in großem Stil Dollarbestände gegen Gold ein, so daß die amerikanischen Goldvorräte im legendären Fort Knox dahinschmolzen. In diesen Zeitraum fiel auch die Abwertung des britischen Pfundes als zweitwichtigster Reservewährung und die Spaltung des Goldpreises in einen freien Kurs für die privaten Märkte und einen festen für offizielle Transaktionen sowie die Freigabe der Wechselkurse verschiedener Währungen – darunter der DM – im Jahr 1968.

Den entscheidenden Stoß bekam das Bretton-Woods-System am 15. 8. 1971, als US-Präsident Nixon die Goldeinlösegarantie des Dollars aufhob und den Dollar gegenüber dem Gold abwertete. Eigentlich hätten die USA den Dollarkurs – wie jedes andere Land auch – durch Interventionen verteidigen müssen (Goldverkäufe gegen Dollar), doch die Nixon-Regierung entschied anders: «Der Dollar ist unsere Währung, aber Euer Problem» (Finanzminister Conally). Zunächst wurde – vergebens – versucht, durch Erweiterung der Bandbreiten von ± 1% auf ± 4,5% das IWF-System zu retten, doch erfolgte **1973** der endgültige **Zusammenbruch** mit der allgemeinen Freigabe der Wechselkurse.

Die EG-Staaten beschlossen allerdings, zwar gegenüber dem Dollar zu «floaten», andererseits aber ihre Währung enger aneinander zu binden, und vereinbarten bereits damals eine Bandbreite von 2,25%, woraus sich das sog. **Blockfloaten** ergab; das Grundprinzip wird unten erläutert. Danach ergaben sich verschiedene Zwischenkonstruktionen, die als «**Schlange**» bzw. «**Schlange im Tunnel**» Eingang in die Literatur gefunden haben. Einzelheiten dazu sind hier entbehrlich. Am 13. 3. 1979 trat dann das **Europäische Währungssystem** (**EWS**) in Kraft.

Das EWS besteht aus **drei Komponenten**: der Europäischen **Währungseinheit ECU**, dem **Interventionssystem** bezüglich der Verteidigung der vereinbarten Leitkurse der nationalen Währung gegenüber der ECU sowie einem **Kreditsystem** zwischen den beteiligten Notenbanken.

C-1.9.2. Die ECU

Sprachlich besteht Unsicherheit, ob es «die» oder «der» ECU heißt. Aus der Übersetzung als Europäische Währungseinheit ergibt sich eindeutig «die» ECU, im Sprachgebrauch wird jedoch dessen ungeachtet oft von «dem» ECU gesprochen. Die Abkürzung ECU hat übrigens nichts mit dem *Ecu* zu tun, einer französischen Goldmünze aus dem Mittelalter, obwohl man in Frankreich vermutlich nicht unglücklich ist über diese Namensähnlichkeit. Die Europäische Währungseinheit wird als «Warenkorb» aus allen am EWS beteiligten Währungen ermittelt. Der Begriff Warenkorb kann bildlich verstanden werden, indem von jeder Währung ein bestimmter Betrag in den Korb bezahlt wird. Die Höhe dieses Betrages ergibt sich aus einer komplizierten Berechnung, bei der für jedes Land die Höhe des Bruttosozialproduktes, der Anteil am EG-internen Warenhandel und die Beteiligung am Kreditsystem innerhalb des EWS berücksichtigt werden. Diese verschiedenen Währungsbeträge wurden bei der Einführung des EWS festgelegt und werden vertragsgemäß alle fünf Jahre überprüft. Gegenwärtig hat die ECU die in Abb. C-1.9/1 wiedergegebene Zusammensetzung.

Durch Multiplikation der Währungs-Beiträge mit den sich täglich bildenden Wechselkursen in bezug auf die Währung eines Mitgliedslandes und Addition dieser Beträge ergibt sich der Marktwert (Kassakurs) eines ECU, ausgedrückt in der Währung eben dieses Landes.

Aus den – in Verhandlungen festgelegten – Leitkursen der einzelnen Währungen zum ECU (Abb. C-1.9/2) lassen sich dann die bilateralen Leitkurse zwischen den Währungen unterscheiden. **Beispiel**: 1 ECU = 1,96992 DM = 6,60683 FF, daraus folgt (1,96992 : 6,60683 = 0,298164): 100 FF = 29,8164 DM und (6,60683 : 1,96992 = 3,353857): 100 DM = 335,3857 FF (vgl. auch Abb. C-1.9/3).

Dabei sind zwei Werte zu unterscheiden: (1) Durch Multiplikation der im ECU enthaltenen einzelnen Währungsbeträge mit den bilateralen Leitkursen ergibt sich z.B. der DM-Leitkurs des ECU. (2) Durch Multiplikation der Währungsbeträge mit den jeweiligen Tageskursen (Kassakursen) ergibt sich der DM-Tageskurs des ECU. Die Abweichungen der Leitkurse von den Tageskursen können dann entsprechende Interventionen auslösen (vgl. den folgenden Abschnitt).

Die ECU hat im EWS verschiedene **Funktionen**. Erstens ist sie **Leitkurswährung**, wie im nächsten Abschnitt ausgeführt wird. Zweitens dient sie in verschiedensten Zusammenhängen als **Rechengröße**, beispielsweise bei der Festsetzung von Agrarpreisen. Drittens ist sie **Reservemedium**, d.h. die Notenbanken halten einen Teil ihrer Wäh-

Abb. C-1.9./1: **ECU-Zusammensetzung**

a) grundsätzlich:

	Währungsbetrag		x	Wechselkurs*	=	...	DM
	3,431	bfr/lfr	x	....	=	...	DM
+	0,6264	DM	x	....	=	...	DM
+	0,1976	dkr	x	....	=	...	DM
+	1,44	Dr	x	....	=	...	DM
+	1,393	Esc	x	....	=	...	DM
+	1,332	FF	x	....	=	...	DM
+	0,2198	hfl	x	....	=	...	DM
+	0,008552	IrL	x	....	=	...	DM
+	151,8	Lit	x	....	=	...	DM
+	0,08784	L	x	....	=	...	DM
+	6,6885	Pta	x	....	=	...	DM
	=1	ECU			=	1,96992 DM*	

b) konkret:

	Währungsbetrag		x	Wechselkurs*	=	...	DM
	3,431	bfr/lfr	x	4,84839	=	0,166348	DM
+	0,6246	DM	x	0,6264	=	0,6264	DM
+	0,1976	dkr	x	26,2163	=	0,0518	DM
+	1,44	Dr	x	0,77478	=	0,011157	DM
+	1,393	Esc	x	1,08122	=	0,01506	DM
+	1,332	FF	x	29,8164	=	0,39715	DM
+	0,2198	hfl	x	88,75193	=	0,195077	DM
+	0,008552	IrL	x	2,67895	=	0,0229	DM
+	151,8	Lit	x	0,11651	=	0,176862	DM
+	0,08784	L	x	2,44483	=	0,214754	DM
+	6,6885	Pta	x	1,373858	=	0,09189	DM
	=1	ECU			=	1,96992 DM**	

Quelle: Deutsche Bundesbank

* Durch Multiplikation der Währungsbeträge mit den bilateralen *Leitkursen* der einzelnen Währungen zur DM ergibt sich der Leitkurs der Währung der DM zum ECU, durch Multiplikation mit den Kassakursen zur DM der entsprechende ECU-Marktkurs in DM. Der hier dargestellte Wert ist der Leitkurs.
Beispiel (vgl Abb. C-1.9./2) : 1 ECU = 1,96992 DM = 40,6304 bfr, daraus folgt (1,96992 : 40,6304 = 0,0484839), d.h. 100 bfr = 4,84839 DM.

** Rundungsfehler bei den hier dargestellten Zahlen bedingen eine Abweichung in der 4. Stelle nach dem Komma. 1,96992 ist korrekt.

Großbritannien und Italien nehmen ab 17.9. 92 (vorübergehend) nicht mehr am Wechselkursmechanismus des EWS teil. Griechenland ist nicht Mitglied des EWS.

Abb. C-1.9/2: **ECU-Leitkurse** (Stand: 23.11. 92)

Währung	ECU-Leitkurs (1 ECU = ... WE)
Deutsche Mark	1,96992
Pfund Sterling	0,805748
Franz. Franc	6,60683
Ital. Lira	1690,76
Holl. Gulden	2,21958
Belg./Lux. Franc	40,6304
Dän. Krone	7,51410
Irisch. Pfund (Punta)	0,735334
Span. Peseta	143,386
Portug. Escudo	182,194
Griech. Drachme	254,254

Beispiel: 1 ECU = 1,96992 DM = 6,60683 FF
daraus folgt:
100 DM = 335,386 FF
100 FF = 29,8164 DM (vgl. auch Abb. C-1.9/3)

rungsreserven – neben Dollar und anderen Währungen – in ECU. Viertens ist sie **Zahlungsmittel** zwischen den Notenbanken, die ihre Transaktionen untereinander teilweise in ECU abwickeln, und fünftens ist sie in zunehmendem Maße **Anlagemedium**: So können Anleihen in ECU aufgelegt und gezeichnet und – auch von privater Seite – Konten in ECU geführt werden. Sechstens könnte die ECU auch als Zahlungsmittel im Handel und für Private fungieren, doch spielt sie in dieser Hinsicht gegenwärtig noch keine Rolle (vgl. aber Abschn. C-1.10).

C-1.9.3. Der Interventionsmechanismus

Das Wechselkurssystem des EWS ist ein System fixer Wechselkurse mit Bandbreiten, so wie es oben in Abschn. C-1.3.2 ausführlich beschrieben wurde. Als Orientierungsgröße dient wiederum die ECU: Wie im vorangehenden Abschnitt dargestellt, lassen sich aus den ECU-Leitkursen der einzelnen Währungen die jeweiligen bilateralen Leitkurse im Wege des schlichten Dreisatzes ableiten (noch einmal das obige Beispiel: 1 ECU = 1,96992 DM = 6,60683 FF bedeutet 100 DM = 335,386 FF bzw. 100 FF = 29,8164 DM) (vgl. auch Abb. C-1.9/3). Die bilateralen Kassakurse (z.B. zwischen DM und FF) an den Devisenbörsen dürfen dabei um jeweils 2,25 % nach oben und unten von diesen Leitkursen abweichen, so daß sich daraus das sog. **Paritätengitter** ergibt, das in Abb. C-1.9/3 dargestellt ist: Die drei

Abb. C-1.9/3: **Paritätengitter seit 17. September 1992**

Land Währung	100 bfrs/lfrs = ... WE	100 dkr = ... WE	100 DM = ... WE	100 FF = ... WE
Belgien/ Luxemburg bfr/lfr	– – –	553,00 540,723 528,70	2109,50 2062,55 2016,55	628,970 614,977 601,295
Dänemark dkr	18,9143 18,4938 18,0831	– – –	390,16 381,443 373,00	116,32 113,732 111,20
Deutschland DM	4,959 4,84837 4,740	26,810 26,2162 25,630	– – –	30,495 29,8164 29,150
Frankreich FF	16,6310 16,2608 15,8990	89,925 87,9257 85,970	343,05 335,386 327,92	– – –
Irland Ir£	1,8510 1,80981 1,7695	10,0087 9,78604 9,5683	38,1825 37,3281 36,4964	11,3830 11,1299 10,8825
Niederlande hfl	5,5870 5,46286 5,3415	30,21 29,5389 28,8825	115,235 112,673 110,1675	34,36 33,5953 32,8475
Portugal Esc	447,560 421,513 396,980	2420,10 2279,22 2146,60	9233,60 8693,93 8190,00	2752,40 2592,21 2441,30
Spanien Pta	352,230 331,729 312,422	1904,60 1793,73 1689,30	7262,20 6842,07 6443,30	2166,10 2040,06 1921,30

Kursangaben beziehen sich (am Beispiel des FF) von oben nach unten auf Höchstkurs (30,495), Leitkurs (29,8164) und Mindestkurs (29,150).[4]

[4] Wenn man die 2,25%-Bandbreite anhand der bilateralen Leitkurse nachrechnet, ergeben sich geringfügige rechnerische Abweichungen, die sich aus Rundungsfehlern bei der Umrechnung über die ECU-Leitkurse und Dollar-Wechselkurse ergeben; auf eine Darstellung wird hier verzichtet.

Quelle: Bundesbank

1 Ir£ = ... WE	100 hfl = ... WE	100 Esc = ... WE	100 Ptas = ... WE
56,5115 55,2545 54,0250	1872,15 1830,54 1789,85	25,19 23,7241 22,3435	32,0080 30,1451 28,3950
10,4511 10,2186 9,9913	346,24 338,537 331,02	4,6586 4,38747 4,1321	5,9196 5,57496 5,2504
2,740 2,67894 2,619	90,770 88,7526 86,780	1,221 1,15023 1,083	1,552 1,46155 1,377
9,1890 8,98480 8,7850	304,44 297,661 291,04	4,0961 3,85772 3,6332	5,2048 4,90182 4,6165
– – –	33,8868 33,1293 32,3939	0,455895 0,429360 0,404371	0,579284 0,545568 0,513816
3,0870 3,01848 2,9510	– – –	1,376 1,29601 1,221	1,74856 1,64679 1,55094
247,299 232,905 219,350	8190,00 7715,97 7267,00	– – –	134,920 127,065 119,670
194,623 183,295 172,627	6447,70 6072,44 5719,00	83,5630 78,6999 74,1180	– – –

Italien hatte bis 1990 von der Möglichkeit Gebrauch gemacht, daß Ländern, die dem ehemaligen Europäischen Währungsverbund, der sog. *Schlange*, nicht angehörten, eine Schwankungsbreite von ± 6% in Anspruch nehmen dürfen, übernahm jedoch dann die ± 2,25%-Verpflichtung. Spanien (seit 1989) und Portugal (seit 1992) nehmen nun auch am EWS, aber mit einer erweiterten Bandbreite von ± 6% teil. 1991 kaum eingetreten, schied Großbritannien im September

1992 – zusammen mit Italien – bereits wieder aus dem Interventionsmechanismus aus, nachdem im EWS nach einer längeren Ruhepause die größte Krise innerhalb der 13 Jahre seit Bestehen des EWS mit erheblichen Turbulenzen ausgebrochen war (vgl. Abb. C-1.9/4): Allein die Bundesbank kaufte zunächst zur Kursstützung innerhalb weniger Tage für 16 Mrd DM schwache Währungen auf – vergebens:

Abb. C-1.9/4: **Das EWS in der Krise**

Das EWS in der Krise

Währungsturbulenzen um das britische Pfund
Gründe: Schatten des Referendums in Frankreich, Leistungsbilanzdefizit und hohe Arbeitslosigkeit

Bundesbank läßt die Leitzinsen unverändert
Über herbe Kritik aus London bestürzt / Hohe Interventionen

Das Europäische Währungssystem in einer Krise
London und Rom suspendieren die Teilnahme
Flucht in die Mark / Peseta abgewertet / Kritik an der Bundesbank / Warten auf das Referendum

Devisen-Chaos

Schweden erhöht den Zins auf 500 Prozent
Hypothekenbanken stellen Kreditvergabe ein / Krone vor der Abwertung?

Fassungslosigkeit in Schweden wegen der Zinserhöhungen

Schweden senkt Leitzins von 75 auf 20 Prozent

England setzt den Leitzins wieder herab
Das Pfund soll schnell ins EWS zurück / Wilde Sprünge der Aktienkurse

Neue Mittelkurse im EG-Währungssystem

EG-Notenbanken um ein Gegensteuern bemüht

Die Bundesbank erwartet nun Ruhe im Europäischen Währungssystem

Gerüchte um den weiteren Kurs der Bundesbank

„Das EWS ist widerstandsfähig“

Die Lira bleibt außerhalb des EWS

Der Druck der Spekulanten schwächt den Franc
Notenbanken intervenieren den ganzen Tag / Gemeinsame Erklärung / Wer behält die Nerven?

Spekulationen um EWS-Realignment

Neben dem englischen Pfund wurde auch die Teilnahme der italienischen Lira am Interventionssystem bis auf weiteres aufgehoben, die spanische Peseta und der portugiesische Escudo wurde abgewertet. Für die Berechnung der ECU wurden und werden für Währungen, die nicht am Interventionssystem teilnehmen (derzeit also Großbritannien, Italien, Griechenland) fiktive Leitkurse festgelegt. Die freiwillige Bindung von EG-Beitrittskandidaten (Schweden, Finnland, Norwegen, Zypern) an die ECU kann sich als recht problematisch erweisen (vgl. Abb. C-1.9/4), wenn sich im EWS Spannungen ergeben.

Solange sich die Devisenkassakurse innerhalb der Bandbreite bewegen, sind folglich die vertraglichen Bedingungen der Höchst- bzw. Mindestkurse eingehalten. Sofern jedoch ein Wechselkurs aus dieser Bandbreite auszubrechen droht, sind die Notenbanken **verpflichtet**, durch entsprechende **Interventionen** – in unbegrenzter Höhe – gegenzusteuern, so wie es in Abschn. C-1.3.2 dargestellt wurde: Wenn z.B. der Kurs des FF in Deutschland (zu stark) sinkt, muß die Deutsche Bundesbank FF aufkaufen (**Stützungskauf**), während parallel dazu die französische Notenbank dem in Frankreich steigenden Kurs der DM mit **Stützungsverkäufen** von DM begegnen muß. Über Art und Umfang dieser Maßnahmen finden laufende telefonische Absprachen zwischen den Notenbanken statt. In der Praxis besteht allerdings bereits vor Erreichen der Bandbreite die Pflicht zu Interventionen, nämlich wenn Dreiviertel der zulässigen Abweichung überschritten wird (**intra-marginale Intervention**). Ein Erreichen dieser **Abweichungsschwelle** wird durch den Vergleich der ECU-Tageswerte mit den ECU-Leitwerten festgestellt.

Im Abschn. C-1.3.2 wurde ausgeführt, daß massive und anhaltende Interventionen **negative Konsequenzen** haben können; beispielsweise führen Stützungskäufe zu einer Ausweitung der Geldmenge, was inflationäre Impulse bedeuten kann. Daher haben Stützungsinterventionen grundsätzlich einen **zeitlich begrenzten** Charakter. Bei anhaltenden Störungen ist es erforderlich, die Leitkurse zu überdenken und das Paritätengitter zu überarbeiten. Da die daraus resultierenden Auf- und Abwertungen entsprechende ökonomische und politische Konsequenzen haben (vgl. Abschn. C-1.4), sind solche «**realignments**» nicht immer unproblematisch gewesen. Dennoch sind die Leitkurse in der Geschichte des EWS verschiedentlich verändert worden (vgl. Abb. C-1.9/5); von einem System «fester» Wechselkurse konnte anfangs keine Rede sein. In erster Linie waren dafür Zahlungsbilanzungleichgewichte und unterschiedliche Inflationsraten in den Mitgliederstaaten verantwortlich.

Aus heutiger Sicht ist festzustellen, daß sich in den letzten Jahren eine

Abb. C-1.9/5: **Wechselkursänderungen im EWS**

Auf-/Abwertungen im EWS*)									
Datum	D-Mark	Lira	dkr	bfr/lfr	FF	IR£	hfl	£	PTA/ ESC
1979									
24. September	+ 2,00			− 2,86					
30. November				− 4,76					
1981									
23. März		− 6,00							
5. Oktober	+ 5,50	− 3,00			− 3,00	+ 5,50			
1982									
22. Februar			− 8,50	− 3,00					
14. Juni	+ 4,25	− 2,75			− 5,75		+ 4,25		
1983									
21. März	+ 5,50	− 2,50	+ 1,50	+ 2,50	− 2,50	− 3,50	+ 3,50		
1985									
22. Juli	+ 2,00	− 6,00	+ 2,00	+ 2,00	+ 2,00	+ 2,00	+ 2,00		
1986									
7. April	+ 3,00		+ 1,00	− 1,00	− 3,00		+ 3,00		
4. August						− 8,00			
1987									
12. Januar	+ 3,00		+ 2,00				+ 3,00		
1990									
8. Januar		− 3,68							
8. Oktober**)								+ 5,13	
1992									
14. September	+ 3,50	− 3,50	+ 3,50	+ 3,50	+ 3,50	+ 3,50	+ 3,50	+ 3,50	+ 3,50
17. September									− 5,00
22. November									− 6,00

*) in % gegenüber allen übrigen Teilnehmerwährungen. **) Beitritt Großbritanniens zum Wechselkursmechanismus des EWS. Anpassung der vorherigen fiktiven Leitkurse. Quelle: Deutsche Bundesbank.

spürbare **Stabilisierung** in die Wechselkursentwicklung innerhalb des EWS ergeben hatte. Während zwischen Start des EWS Anfang 1979 und 1987, d.h. innerhalb von acht Jahren zwölf Leitkursanpassungen erfolgten, gab es zwischen Januar 1987 und Januar 1990 drei Jahre lang keine Veränderungen. 1990 erfolgten dann – zu Beginn und Ende des Jahres – zwei Anpassungen; seitdem ist latent bestehender Anpassungszwang bis Ende 1992 «intern» erfolgreich durch Interventionen kompensiert worden. Anders wären auch die Überlegungen hinsichtlich des Übergangs zur Europäischen Währungsunion, die für Anfang 1999 vorgesehen ist, unrealistisch: Eine Stabilität des EWS-Systems relativ fixer Kurse erleichtert den Übergang zu einem System absolut

fixer Kurse bzw. zur Einführung einer Europawährung als Endstufe (vgl. Abschn. C-1.10).
Die Turbulenzen im EWS im September 1992 haben aber gezeigt, daß ein Wechselkursverband ein recht dünnes Eis darstellt. Sobald interne ökonomische Spannungen (unterschiedliche Zinsniveaus oder Inflationsraten, asymmetrische Handelsbeziehungen, Konjunkturprobleme) ein gewisses Ausmaß erreichen, sind die vereinbarten Leitkurse meist nicht mehr zu halten: Dann ist eine Wechselkursanpassung («**Realigment**») erforderlich.
Der historischen Vollständigkeit halber sei erwähnt, daß es in der EG neben dem EWS ein zweites Wechselkurssystem gab: das System der **grünen Paritäten.** Dieses war erforderlich gewesen, weil für den Landwirtschaftsbereich im Rahmen der **EG-Marktordnungen** spezielle Umrechnungskurse vereinbart worden waren, die von den EWS-Leitkursen abwichen. Um daraus eventuell resultierende Benachteiligungen zu vermeiden, war ein kompliziertes System von Währungs-Ausgleichsbeträgen erforderlich, welches den grenzüberschreitenden Warenverkehr verwaltungsmäßig erheblich belastete. Da dieses System mittlerweile gegenstandslos ist, wird auf eine nähere Darstellung verzichtet.
Eingangs wurde gesagt, daß die EWS-Währungen untereinander auf einem System fixer Wechselkurse mit Bandbreiten beruhen, während der Wechselkurs gegenüber dem Dollar ein flexibler Wechselkurs ist. Daraus ergibt sich, daß eine Veränderung des DM/Dollar-Kurses sich auch auf den Dollar-FF-Kurs auswirken muß, da sonst Gewinne aus Kursarbitragen möglich wären. Ein Beispiel soll den Zusammenhang verdeutlichen:
Angenommen, zwischen DM und FF gelte ein Leitkurs von 1:3. Im Ausgangszeitpunkt t_1 entspricht 1 Dollar 2 DM und gleichzeitig 6 FF (Abb. C-1.9/6). Nun verändert sich im Zeitpunkt t_2 der flexible Dollarkurs, indem sich der Dollar gegenüber der DM aufwertet auf 1:2,5. Da der Wechselkurs zwischen DM und FF mit 1:3 festgelegt ist, würde sich – bei dem ursprünglichen $/FF-Kurs – nun folgendes Tauschgeschäft lohnen: 1 Dollar wird in 2,50 DM getauscht, diese in 7,50 FF und diese zurück in 7,5:6 = 1,25 Dollar – eine wundersame Geldvermehrung. (Daß in diesem Beispiel nicht zwischen Geld- und Briefkursen unterschieden wird, ändert nichts am Prinzip. Bei einer differenzierten Betrachtung müßten lediglich entsprechend größere Kursunterschiede angenommen werden.)
Die Vorteilhaftigkeit solcher Dreiecksgeschäfte (**Kursarbitrage**) sind so offenkundig, daß sich u.a. durch eine Flut solcher $/FF-Tauschgeschäfte die Nachfrage nach Dollars bzw. das Angebot an FF erhöht,

Abb. C-1.9/6: **Blockfloaten I**

Währung / Zeitpunkt	$		DM		FFr
t_1	1	:	2		
			1	:	3
	1		:		6
t_2	1	:	2,5		
			1	:	3
	1		:		7,5

so daß sich der (flexible) $/FF-Kurs entsprechend verändern wird, so daß sich Dreiecksgeschäfte nicht mehr lohnen. In unserem Beispiel würde sich ein neuer $/FF-Kurs von 1:7,5 einstellen. Die angenommene DM-Abwertung gegenüber dem Dollar wird also aufgrund der freien Marktkräfte an den Devisenmärkten eine entsprechende FF-Abwertung nach sich ziehen. Dies gilt sinngemäß für die übrigen Währungen des EWS-Verbundes. Stellt man aufeinanderfolgende Auf- und Abwertungen im Zeitablauf dar, wie in Abb. C-1.9/7, ergibt sich eine Art Schlange. Insgesamt bezeichnet man diesen Zusammenhang

Abb. C-1.9/7: **Blockfloaten II**

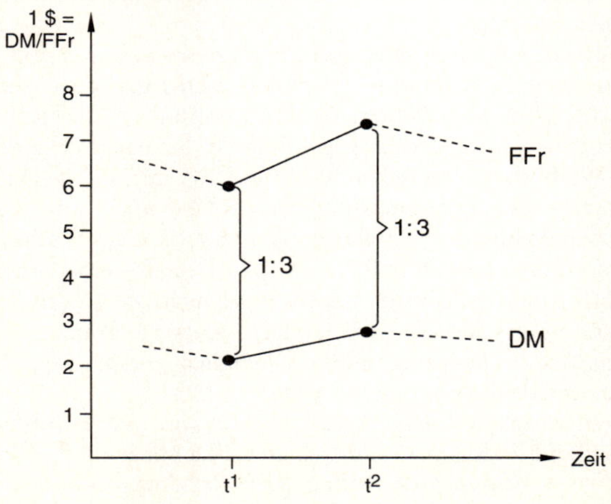

als **Blockfloaten**, da der EWS-Verbund insgesamt ‹wie ein Floß auf den Wellen des Dollarkurses schwimmt›.

C-1.9.4. Das Kreditsystem

Bei Bedarf können die Notenbanken auf die Kreditmechanismen des EWS zurückgreifen. Für Stützungsverkäufe ausländischer Währung beispielsweise stellen sich die Notenbanken **kurzfristige Kredite** in unbegrenzter Höhe zur Verfügung. Diese Kreditlinien (die übrigens in ECU berechnet werden) werden verzinst und müssen in kürzerer Frist getilgt werden. **Mittelfristige Kredite** erfordern einen Beschluß der Notenbankenpräsidenten, wobei jedes EWS-Land sowohl eine Schuldnerquote als auch eine Gläubigerquote hat, d.h. sowohl Anspruch auf Kredite hat, als auch als Gläubiger ausleihen muß. Derartige Kredite sind in der Regel mit wirtschaftspolitischen Auflagen verbunden, etwa im Hinblick auf die Geld- bzw. Zinspolitik der betreffenden Notenbank.
Das EWS stellt in seiner Konstruktion offensichtlich einen Kompromiß zwischen Festkurssystem, Flexibilität und Währungsunion dar. Der folgende Abschnitt geht auf die kommende Europäische Währungsunion ein.

C-1.10. Die Europäische Währungsunion

Im Dezember 1991 wurde auf dem EG-Gipfeltreffen in **Maastricht** (Niederlande) beschlossen, daß spätestens am 1. Januar 1999 eine **Europäische Währungsunion** mit einer gemeinsamen europäischen Währung in Kraft treten soll. Offensichtlich bedurfte es dieses, der Schaffung des EG-Binnenmarktes ab 1993 vergleichbaren politischen Kraftaktes, um den Integrationsprozeß voranzutreiben: Auch bei diesem Beschluß wurde – wie bei der Schaffung des EWS – die Theorie verworfen, daß eine vollendete Wirtschaftsgemeinschaft Voraussetzung für eine Währungsunion sei, denn von einer Harmonisierung des ökonomischen Hintergrundes der 12 (und wahrscheinlich bald mehr) EG-Staaten kann noch keine Rede sein. In der politischen Realität hat sich folglich die Theorie durchgesetzt, daß die ökonomische (und politische) Integration durch die monetäre Integration vorangetrieben werden wird. Ab 1999 also soll es eine **Europäische Wirtschafts- und Währungsunion** (**EWWU**) geben.
Ob es tatsächlich in der in Maastricht vereinbarten Form dazu kommt, ist angesichts des negativen Volksentscheids in Dänemark

und des äußerst knappen Pro-Entscheids in Frankreich Mitte bzw. Ende 1992 nicht sicher; die europäische Integration hat auch durch den negativen Entscheid der Schweiz zum EWR-Beitritt im Jahr 1992 erhebliche Dämpfer bekommen. Zunächst aber wird am vereinbarten Stufenplan für die Europäische Integration festgehalten.

C-1.10.1. Integrationsstufen

Die **erste Stufe** der Währungsintegration vollzog sich ab Juli 1990 mit der Liberalisierung des Kapitalverkehrs, mit verstärkter wirtschaftspolitischer Abstimmung der Regierungen (Vorlage von sog. Konvergenz-Programmen) und der Teilnahme von nun zehn Staaten am EWS.

Ab 1. 1. 1994 beginnt die **zweite Stufe** (**Übergangsphase**). Dazu wird ein **Europäisches Währungsinstitut** (**EWI**) geschaffen, welches die europäische Währungseinheit ECU weiterentwickeln, freiwillig übertragene Währungsreserven der nationalen Notenbanken verwalten und allgemein die Voraussetzungen für die Schaffung einer **Europäischen Zentralbank** (**EZB**) nach dem Modell der Deutschen Bundesbank fördern soll. Das EWI hat in dieser Übergangszeit keine geldpolitischen Kompetenzen; die geldpolitische Autonomie der nationalen Notenbanken bleibt erhalten. In der Vorstufe zur Schaffung einer EZB werden die nationalen Notenbanken, die gegenwärtig noch von ihren jeweiligen Regierungen abhängig sind, unabhängig werden müssen. Dies ist insbesondere vor dem Hintergrund zu sehen, daß offensichtlich ein Zusammenhang zwischen der Abhängigkeit der Notenbank von der jeweiligen nationalen Regierung und Tendenz zu Inflation besteht (vgl. Abb. C-1.10/1). Ebenfalls in der zweiten Stufe werden die Währungsgewichte im ECU-Korb festgeschrieben. Dabei ist davon auszugehen, daß sich vorher noch einige spürbare Auf- und Abwertungen vollziehen werden.

Bis zum 31. 12. 1996 soll mit qualifizierter Mehrheit über die **dritte Stufe** (**Endstufe**) der vollständigen monetären Integration mit **gemeinsamer Währung** – d.h. wahrscheinlich Abschaffung der nationalen Währungen DM, Franc, Gulden, etc. – beschlossen werden. Allerdings herrscht noch größte Unklarheit darüber, wie die Europawährung dann heißen soll: Es ist nicht sicher, daß sich «ECU» durchsetzt. Wie sollen dann die «Pfennige» heißen? In anderen Vorschlägen ist von Euro-Franken, von Euro-Talern, Euro-Pfund, Euro-Peso und sogar von Euro-Dollar die Rede, aus Griechenland stammt Euro-Obolos = Eurobolos. Kommt es zu keiner Verständigung, tritt die Währungsunion spätestens am 1. 1. 1999 in Kraft. Frühestens ab 1. 1.

Abb. C-1.10/1: **Unabhängigkeit der Notenbanken und Geldwert**

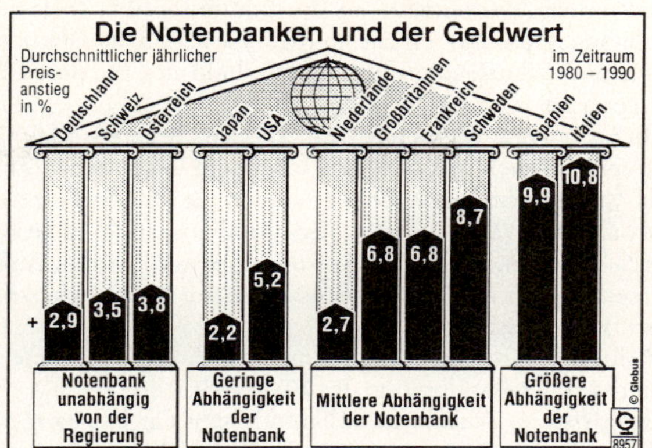

1997 also wird das **Europäische Zentralbanken-System** (**EZBS**) und die **Europäische Zentralbank** (**EZB**) gegründet, die aus dem EWI hervorgeht. Das EZBS besteht aus der EZB und den nationalen Zentralbanken. Die EZB wird ein Statut erhalten, das Verfassungsrang hat und nicht – wie z.B. das Bundesbankgesetz – lediglich ein einfaches und damit leicht zu änderndes Gesetz ist. Die EZB wird daher dem Ziel der Sicherung der Geldwertstabilität verpflichtet sein, wodurch die Möglichkeit ausgeschlossen wird, daß nationale bzw. supranationale Staatshaushalte durch die Notenbank finanziert werden. Insbesondere soll die EZB hinsichtlich ihrer Wechselkurspolitik unabhängig sein. Innerhalb der EZB soll ein EZB-Rat für Grundsatzentscheidungen zuständig sein, das EZB-Direktorium für Einzelentscheidungen und die nationalen Zentralbanken der Mitgliedstaaten für die Ausführung der Entscheidungen.

C-1.10.2. Konvergenzkriterien

In diese Endstufe können zunächst nur Staaten eintreten, welche bestimmte wirtschafts- und finanzpolitische Kriterien (sog. **Konvergenzkriterien**) erfüllen, die allerdings teilweise durchaus dehnbar zu interpretieren sind:

1. Die **Neuverschuldung** darf drei Prozent des Bruttoinlandsprodukts (BIP) nicht überschreiten.
2. Das staatliche **Haushaltsdefizit** darf nicht höher sein als 60% des

BIP. (Dabei bestehen beträchtliche Manipulationsmöglichkeiten, indem bestimmte Positionen – in der Bundesrepublik beispielsweise die Treuhandgesellschaft – nicht im regulären Staatshaushalt, sondern in Neben- und Schattenhaushalten außerhalb des regulären Budgets geführt werden.)

3. Die **Inflationsrate** (gemessen am Verbraucherpreisindex) soll im Jahr vor der Entscheidung über den Übergang in die dritte Stufe nicht mehr als 1,5 Prozentpunkte höher sein als im Durchschnitt der drei stabilsten Länder. (Dies könnte also durchaus auch Inflationsraten von 5–6% zulassen, für die Preisniveaustabilität, für den Außenwert des ECU und damit die Wettbewerbsstärke der Exportwirtschaft eine problematische Aussicht).

4. Die **Währungen** müssen mindestens zwei Jahre lang **ohne Abwertung** innerhalb der Bandbreiten des EWS verblieben sein.

5. Das (langfristige) **Zinsniveau** soll mindestens ein Jahr lang nicht um mehr als zwei Prozentpunkte höher liegen als in den drei stabilsten Staaten; diese beiden letzten Kriterien hängen eng mit der Inflationsbedingung zusammen.

Diese Kriterien stellen hohe Anforderungen an die Mitgliedstaaten. Als sie im Dezember 1991 beschlossen wurden, erfüllten nur sehr wenige Länder diese Bedingungen; die Bundesrepublik z.B. wies – einigungsbedingt – noch ein zu hohes Budgetdefizit aus (vgl. Abb. C-

Abb. C-1.10/2: **Beitrittskriterien für die Währungsunion**

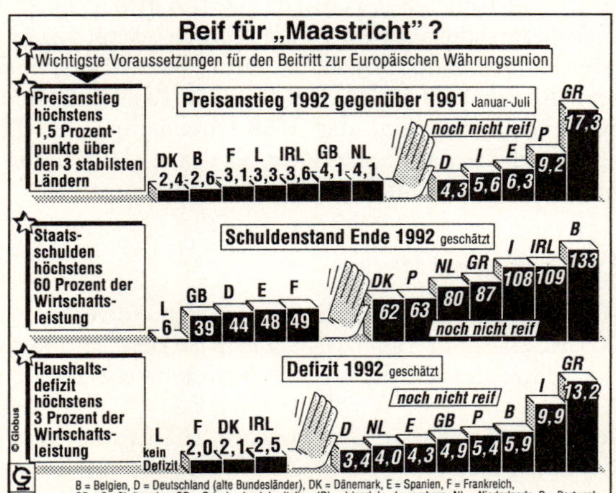

1.10/2). Auf Drängen Großbritanniens gibt es zudem eine sog. «**opt-out-Klausel**», nach der keine Teilnahmeverpflichtung an der dritten Stufe besteht, wenn ein Land eine «unwiderrufliche Festlegung des Wechselkurses seiner Währung» noch nicht billigen kann. Durch Zusatzprotokolle soll aber gesichert sein, daß sich außer Großbritannien nicht auch andere Staaten auf diese Hintertür berufen.

C-1.10.3. Erwartungen

Die **positiven Erwartungen** an die Europäische Währungsunion lassen sich in einigen Punkten zusammenfassen:
1. Zunächst bedeutet der Wegfall der Währungsschwankungen volks- und betriebswirtschaftlich die Beseitigung von Unsicherheit und damit auch den Wegfall von Kurssicherungskosten und Transaktionskosten durch Währungsan- und verkauf (das Wechselkursrisiko war und ist innerhalb des EWS ohnehin allerdings vergleichsweise gering).
2. Durch die Währungsunion wird sich auch eine Beruhigung der Geld- und Kapitalmärkte ergeben, weil Spekulationen bezüglich interner Wechselkursänderungen gegenstandslos werden.
3. Eine Europäische Zentralbank kann – Autonomie vorausgesetzt – für den gesamten EG-Bereich besser für Preisniveaustabilität sorgen als eine Vielzahl nationaler Zentralbanken.
Ob und in welcher Weise eine umfassende **politische Union**, etwa im Sinne der «Vereinigten Staaten von Europa», zu realisieren sein wird, bleibt hier dahingestellt. Sicher ist aber, daß die Maastrichter Beschlüsse einen Meilenstein in der Geschichte der europäischen Integration darstellen.
Dessenungeachtet sind sie nach wie vor heiß **umstritten**; die Erwartungen sind nicht ausschließlich optimistisch. Insbesondere die Deutsche Bundesbank hegt Befürchtungen, daß die künftige Europäische Zentralbank (EZB) möglicherweise die Geldwertstabilität nicht autonom genug verteidigen könne, denn die EZB hat auf wichtige nationale Faktoren wie die Haushaltspolitik, die Steuern oder die Lohnentwicklungen keinen direkten Einfluß. Der Ausschluß von Wechselkursänderungen schweißt die Staaten unwiderruflich hinsichtlich Zahlungsbilanzentwicklung und Preisniveau zusammen. Dies kann leicht zu gemeinschaftsinternen Verzerrungen und Spannungen in der ökonomischen und sozialen Entwicklung führen. Sehr realistisch ist, daß sich in der – bald um einige EFTA-Staaten vergrößerten – EG zwei Ländergruppen bilden, nämlich eine, welche den stabilen Kern bilden, und eine andere, mit ökonomisch und strukturell schwä-

cheren Ländern, die mit dieser Kerngruppe u.U. nur lose verbunden sind.

Die angestrebte völlige Liberalisierung des **Kapitalverkehrs** auch gegenüber Drittländern steht dabei allerdings auf schwachen Füßen. Die neuen Bestimmungen des EWG-Vertrages beinhalten ab 1. 1. 1994 aufgrund einiger recht vager Bestimmungen die Möglichkeit, daß Staaten in Problemsituationen zu Restriktionen des (grundsätzlich dann völlig liberalisierten) Devisen- und Kapitalverkehrs mit Drittländern greifen können. So heißt es u.a. im Artikel 73e: «Falls Kapitalbewegungen nach oder aus Drittländern unter *außergewöhnlichen* Umständen das Funktionieren der Wirtschafts- und Währungsunion *schwerwiegend* stören oder zu stören drohen, kann der Rat mit *qualifizierter* Mehrheit auf Vorschlag der Kommission und nach *Anhörung* der Europäischen Zentralbank gegenüber Drittländern befristete Schutzmaßnahmen mit einer Geltungsdauer von höchstens sechs Monaten treffen, wenn diese *unbedingt erforderlich* sind», und Artikel 73f fügt hinzu, daß in dringenden Fällen jeder Mitgliedstaat in eigener Initiative, also ohne Ratsbeschluß, solche Schutzmaßnahmen ergreifen kann, «sofern *schwerwiegende politische* Umstände dies *geboten erscheinen* lassen» (Hervorhebungen von mir). Die Kommission und die übrigen Mitglieder sind davon lediglich zu unterrichten; der Rat kann mit qualifizierter Mehrheit beschließen, daß diese Maßnahmen aufzuheben oder zu ändern sind – aber ob dies gegen den Willen eines starken Mitgliedstaates auch geschehen würde? Es ist also nicht unvorstellbar, daß es ein geteiltes ‹**Europa der zwei Geschwindigkeiten**› geben kann.

Es ist nicht ausgeschlossen, daß die Maastrichter Beschlüsse nicht in der geplanten Weise und Frist umgesetzt werden, sondern daß es zu Modifikationen oder Verzögerungen kommt.

Die Zeit bis zur Realisierung der monetären Integration wird schnell vergehen. Parallel dazu wird auch die güterwirtschaftliche Integration (Handel, Dienstleistungen, Personenverkehr) voranzutreiben sein. Auf diese Aspekte der **Vollendung des Binnenmarktes** wurde oben in Abschn. B-1.4.3 eingegangen.

C-2. Außenwirtschaftliche Protektion

Bevor in Kapitel E und F auf die rechtlichen Aspekte der Protektion eingegangen wird, sollen zunächst die ökonomischen Grundlagen der Protektion skizziert werden. Im folgenden Abschnitt werden einige Argumente für protektionistische Maßnahmen skizziert. Danach werden tarifäre und nicht-tarifäre Maßnahmen unterschieden, bevor abschließend auf die Folgen der Protektion eingegangen wird.

C-2.1. Gründe für Protektion

Im historischen Rückblick zeigt sich recht deutlich, daß Länder immer dann zu protektionistischen Maßnahmen griffen und greifen, wenn ihnen aus dem Außenhandel Nachteile erwachsen. Grundsätzlich treten die meisten Länder für Freihandel ein: Rund 130 Länder sind dem freihändlerisch orientierten GATT, dem Allgemeinen Zoll- und Handelsabkommen, beigetreten oder wenden seine Regeln faktisch an (vgl. Abschn. B-2.10 und E-2.1). Dessenungeachtet wird der internationale Handel von wohl allen Staaten behindert – mehr oder weniger stark, und mehr oder weniger offen oder versteckt. In Abschn. A-3.4.3 wurde bereits verdeutlicht, daß in der historischen Betrachtung jeweils immer dann für Freihandel eingetreten wird, wenn dies für die freihändlerischen Staaten nützlich ist, so wie im Zuge der industriellen Revolution bis etwa zur Mitte des 18. Jahrhunderts, daß jedoch immer dann, wenn nationale Interessen bedroht sind, protektionistische Maßnahmen ergriffen werden.
Die Grundformen der Protektion verdeutlichen die relativ einfachen Gründe für Protektion: Durch **Importbehinderungen** soll unerwünschte Importkonkurrenz abgewehrt und die Nachfrage nach inländischen Produkten gestärkt werden. Analog sollen durch **Exportförderung** die Absatzchancen der einheimischen Wirtschaft auf dem Weltmarkt verbessert werden. Beides schafft Aufträge für die inländische Wirtschaft mit entsprechenden Beschäftigungseffekten; daraus resultieren Wachstumseffekte mit entsprechenden Steuereffekten. Insgesamt also sollen protektionistische Maßnahmen die Wohlfahrt der betreffenden Volkswirtschaft erhöhen – dies in der Regel zu Lasten anderer Volkwirtschaften; hierzu weiter unten.
Hinsichtlich der protektionistischen Maßnahmen wird zwischen tarifärer und nicht-tarifärer Protektion unterschieden. **Tarifäre Protek-**

tion bedeutet Schutz der inländischen Wirtschaft durch Zölle (engl.: *tariffs*), **nicht-tarifäre Protektion** ist der Oberbegriff für alle übrigen Schutzmaßnahmen (Abschn. C-2.3).

C-2.2. Tarifäre Protektion

C-2.2.1. Ökonomische Grundlagen

Das Wort ‹*Zoll*› leitet sich sprachhistorisch aus dem griechischen ‹*telos*› = Ende, Grenze und ‹*teloneum*› = Zollhaus ab, wobei sich über ‹*tol*› (siehe auch engl.: ‹*toll*›) und ‹*tsol*› schließlich ‹*Zoll*› herausbildete. Sachlich gleichbedeutend ist das gotische «*mauta*» = Maut. Der folgende Abschnitt geht auf die Gründe für Zollerhebung ein.

C-2.2.1.1. Zollzwecke

Historisch wurden Zölle zumeist im Binnenland erhoben, teils als Benutzungsgebühren für Straßen, Flüsse, Brücken, Häfen oder Märkte, teils als Schutzgebühren (Geleitzölle). Erst im 19. Jahrhundert verlagerte sich die Zollerhebung weitgehend an die Landesgrenze (Passierzölle), in Deutschland vor allem durch die Gründung des Deutschen Zollvereins (1834), durch den die Binnenzölle abgeschafft und gemeinsame Außenzölle eingeführt wurden (quasi ein Vorläufer der EG-Zollunion).

Grundsätzlich sind zwei – sich gegenseitig ausschließende – Zwecke bei der Zollerhebung zu unterscheiden:

Fiskalzölle sollen *Einnahmen* für den Staatshaushalt erbringen, und dies ist historisch auch das traditionelle Zollmotiv, wie die Zölle (Steuern) auf Bärte und öffentliche Toiletten belegen (*pecunia non olet*). Auch nach der deutschen Abgabenordnung (AO), dem ‹Obergesetz› für alle Steuern, sind Zölle Steuern, also Leistungen ohne Gegenleistung, und dienen explizit der Erzielung von Einnahmen (§ 3 AO). Da sie das zu verzollende Gut entsprechend verteuern, setzt die Verwirklichung des Einnahmeziels voraus, daß die Nachfrage nach den so künstlich verteuerten Gütern nicht in einem solchen Maße zurückgeht, daß der Einnahmezweck verfehlt wird. Formaler gesprochen bedeutet das, daß die *Preiselastizität* der Nachfrage nach diesen Gütern möglichst klein ist, d.h. daß sich die Nachfrager möglichst wenig durch die Zollerhebung abschrecken lassen.

Das zweite Zollmotiv ist der **Wirtschaftsszoll**. Sein Ziel ist nicht die Einnahmeerzielung, sondern der Schutz der inländischen Wirtschaft vor billigerer ausländischer Importkonkurrenz (**Schutzzoll**). Dieses historisch im *Merkantilismus* (bzw. im *Kameralismus* als deutscher Version) entstandene Zollmotiv steht auch heute in der Europäischen Gemeinschaft (wie in allen Industrieländern) im Vordergrund: Die EG-Außenzölle sind eindeutig Schutzzölle. Aus nationaler Sicht besteht sowieso kein Einnahmemotiv, da die von den nationalen Zollverwaltungen eingenommenen Zölle seit 1975 an den EG-Haushalt nach Brüssel abgeführt werden. Die von den deutschen Zollbehörden erhobenen Einnahmen belaufen sich zudem auf weniger als 0,05 % der Staatseinnahmen. Das Schutzmotiv wird auch daran deutlich, daß die Zölle in aller Regel mit zunehmendem Verarbeitungsgrad der importierten Güter zunehmen, d.h. die verarbeitende Industrie schützen, während – in der Gemeinschaft nicht produzierte – Rohstoffe gar nicht oder nur gering von Zöllen belastet werden (vgl. dazu auch Abschn. C-2.2.2). Die EG erhebt auch in Abhängigkeit von der Jahreszeit *Saisonzölle* für Obst und Gemüse, um ihre eigene Produktion zu schützen.

Das Schutzzollargument wird unterstützt durch das Zahlungsbilanz-Argument: Verringerung des Imports bedeutet eine analoge Verringerung des Devisenbedarfs und damit möglicherweise auch eine Verringerung des für Importe erforderlichen Kreditbedarfs. Allerdings setzt dies voraus, daß die Nachfrage nach den durch Zölle verteuerten Importgütern so preiselastisch reagiert, daß tatsächlich eine Verringerung des Importwertes eintritt (vgl. auch weiter unten).

Unter dem Gesichtspunkt der Protektion sind somit nur Schutzzölle als protektionistische Maßnahmen zu werten. Natürlich wirken auch Fiskalzölle handelshemmend, doch werden sie eben aus anderen wirtschaftspolitischen Gründen eingesetzt als Schutzzölle.

Für viele **Entwicklungsländer** hingegen steht das **Fiskalzollargument** im Vordergrund: Zolleinnahmen sind verwaltungstechnisch relativ einfach zu erheben und können die Hauptkomponente der Staatseinnahmen bilden, insbesondere wenn es sich um Länder handelt, deren Wirtschafts- und Verwaltungsstruktur eine vergleichbar problemlose Besteuerung der Binnenwirtschaft nicht ermöglicht. Nach IWF-Angaben machten Zolleinnahmen in Obervolta zwischen 1981 und 1983 46 % der Staatseinnahmen aus, im Sudan 43 %, im Libanon 40 %; in sehr vielen Staaten liegt auch heute der Anteil zwischen 25 und 35 %. Dies belegt gleichzeitig die relative Unelastizität der Importnachfrage oder macht – allgemeiner ausgedrückt – deutlich, daß ein großer Teil der Importgüter trotz der zum Teil erheblichen zollbedingten Verteuerung nachgefragt wird. Nur preisunelastische Güter eignen sich, wie erwähnt, für Fiskalzollzwecke.

Daher ist es verständlich, wenn bestimmte Länder aus fiskalischen Gründen kein ausgeprägtes Interesse an einer Handelsliberalisierung haben. Sie befinden sich daher auch in einem Dilemma, wenn der IWF im Rahmen von Strukturanpassungsprogrammen zur Sanierung der Wirtschaft eine Importliberalisierung «empfiehlt» (vgl. Abschn. B-2.6.5): Zunächst müßte bei Fiskalzöllen direkt auf Zolleinnahmen verzichtet werden. Hinzu kommt bei Schutzzöllen, daß durch Importe inländische Produktion verdrängt werden kann, was zum einen zu Beschäftigungseinbußen führt, zum anderen aber auch Einbußen bei den Steuern bedeuten kann, die sich bislang aus der inländischen Produktion ergaben (Umsatz- und Verbrauchsteuern, Einkommen- und Gewinnsteuern).

Auch im Exportbereich gibt es in vielen Ländern Zölle, und zwar sowohl als Fiskalzölle, insbesondere in Entwicklungsländern, als auch als Schutzzölle, um den Export bestimmten Güter zu erschweren und die Güterversorgung im Inland nicht zu gefährden. Auch das EG-Recht sieht potentiell die Möglichkeit vor, im Agrarbereich Ausfuhrabgaben zu erheben, wenn die Weltmarktpreise über den vereinbarten EG-Preisen liegen, da dann die EG-Produkte verstärkt auf den Weltmarkt abfließen könnten und die Binnenversorgung u. U. gefährdet wäre.

Abb. C-2.2/1: **Zollzwecke und Zollarten**

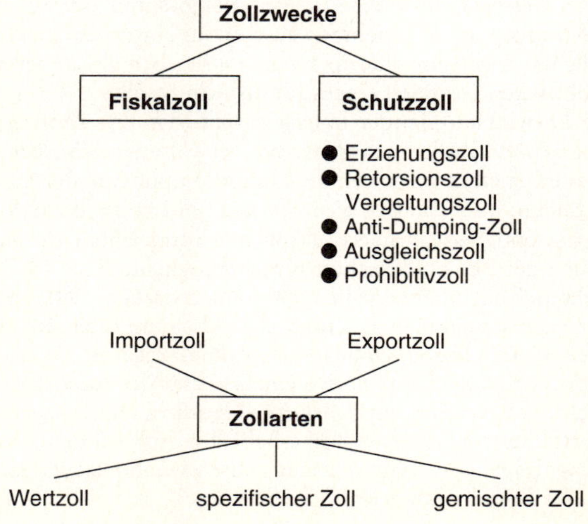

Das Schutzzollargument ist historisch als **Erziehungszoll** entstanden (*Friedrich List*; 1789–1846), d.h. als zeitlich begrenzter Zoll, in dessen Schutz sich die begünstigten Industrien auf den späteren Wettbewerb auf dem Weltmarkt vorbereiten sollten. Sobald die Wettbewerbsfähigkeit gegenüber den Konkurrenten im Ausland ausreichend gestärkt ist, soll ein solcher Schutzzoll abgebaut werden. Vielfach denaturieren Erziehungszölle jedoch zu Dauereinrichtungen, welche die Erstarrung und Verkrustung ineffizienter Wirtschaftstrukturen begünstigen; die Abschottung des EG-Agrarmarktes vom Weltmarkt ist ein einschlägiges schlechtes Beispiel. Der angestrebte Schutzeffekt kann sich außer auf bestimmte Wirtschaftszweige z.B. auch auf die Zahlungbilanz- oder Devisensituation beziehen (Zahlungsbilanzargument). Sofern durch Zölle der Import völlig zum Erliegen kommt und faktisch ein Importverbot vorliegt, spricht man von **Prohibitivzoll**, während Zölle, die als Reaktion auf die Zollerhebung eines anderen Landes eingeführt werden, als **Retorsionszoll** oder **Vergeltungszoll** bezeichnet werden. In diesem Zusammenhang sind auch **Anti-Dumping-Zölle** als tarifäre Protektion gegen «Schleuderpreise» und **Ausgleichszölle** für staatlich subventionierte Ausfuhren anzuführen, welche ungerechtfertigt billige Importe auf ein ‹richtiges› Preisniveau anheben sollen (vgl. Abb. C-2.2/1). Es gibt noch weitere Zollargumente, auf die hier nicht weiter eingegangen wird.

C-2.2.1.2. Zollarten und Zollwirkungen

Es gibt zwei Zollarten: spezifische Zölle und Wertzölle. Ein **Wertzoll** bemißt sich in einem bestimmten *Prozentsatz* des Zollwertes (synonym: proportionaler Zoll), ein **spezifischer Zoll** (synonym: **Stückzoll**) bemißt sich pro quantifizierbarer Einheit (z.B. Gewicht, Volumen, Länge, Alkoholanteil, etc.) (auch die sog. **Abschöpfungen** im Agrarbereich sind in ihrer Wirkung faktisch Zölle; vgl. Abschn. G-4.1.2). Als Variante gibt es **gemischte Zölle**, die Wertzölle und spezifische Zölle kombinieren (vgl. weiter unten). Während die Bestimmung von spezifischen Zöllen vergleichsweise problemlos ist, hat die Bestimmung des Zollwertes bei Wertzöllen entscheidenden Einfluß auf die Höhe der Zollabgaben: Der bloße Warenwert eines Importgutes z.B. gemäß der Handelsrechnung wird logischerweise geringer sein als die gesamten Bezugskosten einschließlich Fracht-, Verpackungs-, und Versicherungskosten sowie Maklerprovisionen, etc. Ob und welche Nebenkosten in den zu verzollenden Zollwert eingehen, unterliegt in der Praxis genauen Regelungen, weil die Zollbelastung z.B. durch manipulierte Rechnungen vermindert werden kann (vgl. Abschn. F-5).

Zölle verteuern die zu importierenden Güter. Bei Wertzöllen ist die relative Belastung dabei *unabhängig* vom Wert des betreffenden Gutes: Ob eine Ware 100,– oder 100000,–DM wert ist, beeinflußt bei gegebenem Zollsatz nicht die prozentuale Belastung. Zollabgaben und Zollwert entwickeln sich daher proportional (vgl. Abb. C-2.2/2 a). Bei spezifischen Zöllen, die im **Gemeinsamen Zolltarif** (**GZT**) der EG in ECU, im **Deutschen Gebrauchszolltarif** (**DGebrZT**) in DM ausgedrückt werden (vgl. dazu Abschn. F-3.2), nimmt die relative Belastung hingegen mit steigendem Zollwert ab (Abb. C-2.2/2 b).Anders ausgedrückt: Relativ billige Güter werden durch spezifische Zölle stärker belastet (bzw. behindert) als vergleichbare teurere Güter (Schutzeffekt gegen Billigwaren), während der Schutzeffekt bei steigenden Weltmarktpreisen abnimmt.
Bei gemischten Zöllen gibt es vier Varianten: Entweder werden beide

Abb. C-2.2/2: **Zollwirkungen I: Wertzölle und spezifische Zölle**

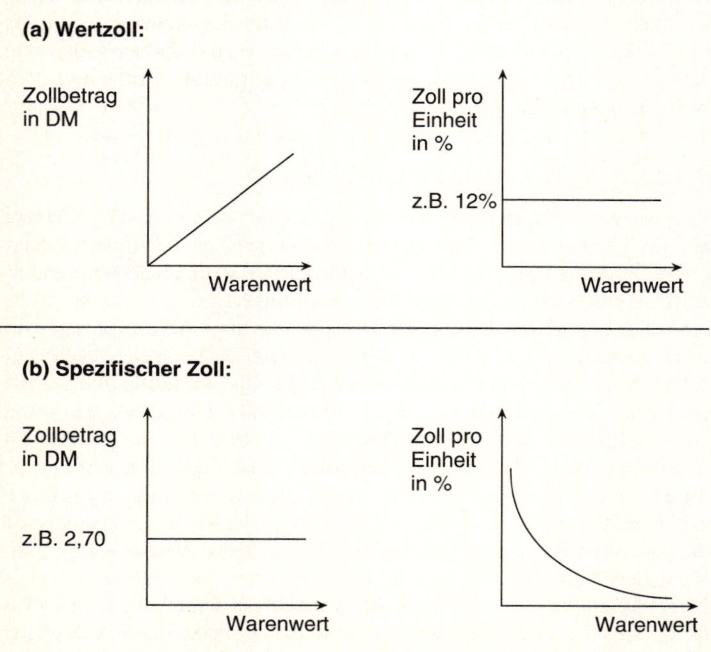

Zollarten zusammen erhoben, wie beispielsweise bei 3,40 ECU pro Stück *plus* 7% des Zollwertes (vgl. Abb. C-2.2/4 (a)), oder der spezifische Zoll dient als *Höchstzoll*: Armbanduhren (9101) 1,2 %, höchstens 0,20 ECU pro Stück (c), oder als *Mindestzoll*: Äpfel (0808) 9 % vom Zollwert, mindestens aber 0,45 ECU für 100kg Eigengewicht (b), oder als Höchst- *und* Mindestzoll: Armbanduhren (9101) aus USA 5,1 %, mindestens 0,30 ECU, höchstens 0,80 ECU pro Stück (d). Die Entwicklung der prozentualen Belastung bei gemischten Zöllen in Abhängigkeit vom Zollwert (vgl. Abb. C-2.2/4) vollzieht sich analog zu den vorangehenden Ausführungen.
In der *Volkswirtschaftstheorie* werden im Hinblick auf die gesamtwirtschaftlichen Zollwirkungen folgende Effekte unterschieden: der *Schutzeffekt* hinsichtlich der Möglichkeiten der geschützten Wirtschaftszweige, teurer anzubieten als die ausländische Konkurrenz; der *Einnahmeeffekt* hinsichtlich des Staatshaushalts; der *Konsumeffekt*, der sich durch die Reaktionen der Nachfrager auf die zollbedingte Verteuerung der Importgüter und ggf. eine Verlagerung der Nachfrage auf substitutive Inlandsgüter ergibt; der *Terms-of-Trade-Effekt*, der die Veränderungen in der internationalen Wettbewerbsfähigkeit der inländischen Wirtschaft ausdrückt, hervorgerufen durch eine veränderte Relation der Preisindizes der Export- und Importgüter (*Terms-of-Trade*); der *Umverteilungseffekt*, der die Einkommensumverteilungen zwischen Verbrauchern und Anbietern beschreibt, die durch die Zollerhebung hervorgerufen werden; es gibt noch andere Effekte. Auf diese Zusammenhänge wird hier jedoch nicht eingegangen.

C-2.2.1.3. Effektive Protektion

Auf den ersten Blick könnte man annehmen, daß die in den Zolltarifen ausgewiesenen Zollsätze auch den *Schutz* widerspiegeln, den sie für inländische Produzenten gegenüber ausländischen Konkurrenten darstellen. Tatsächlich ist das sehr oft nicht der Fall. Betrachten wir ein fiktives Beispiel (Abb. C-2.2/5). Bei Freihandel kann ein inländischer Produzent für die Verarbeitung des Rohstoffs Baumwolle zu Stoff im Importland maximal 80,– erzielen (die sog. **Wertschöpfungsspanne**, d.h. Verarbeitungskosten plus Gewinn). Durch einen Schutzzoll von 20 % auf das Endprodukt Stoff kann diese Spanne aber erhöht werden auf 120,–, d.h. der inländische Stoffproduzent kann bei seiner Kalkulation um 40,– teurer sein als sein ausländischer Konkurrent. Die geschützte Wertschöpfungsspanne kann der Inländer entweder durch einen höheren *Gewinn* abschöpfen, ohne einen Wettbewerbsnachteil zu haben, oder aber entsprechend *billiger* anbieten

Abb. C-2.2/3: **Spezifische Zölle** (Auszug aus dem DGebrZT)

Zeile	Codenummer	Warenbezeichnung	Zust.-Bereich	Einfuhrliste Genehmigungsfrei/-bedürftig	Einfuhrliste Bemerkungen	EUSt	Ber.-Nr.
	1	2	3	4	5	6	7
13 14 15 16 17 18	220421100000	--- Wein, ausgenommen Wein der Unterposition 220410, in Flaschen mit Schaumweinstopfen, die durch besondere Haltevorrichtungen befestigt sind; Wein in anderen Umschließungen, mit einem auf gelöstes Kohlendioxid zurückzuführenden Überdruck von 1 bar oder mehr, jedoch weniger als 3 bar, gemessen bei einer Temperatur von 20°C	60	EHM[251261]	MO 15	R	
	1	2	3	4	5	6	7
1	2401	Tabak, unverarbeitet; Tabakabfälle:					
2		– Tabak, nicht entrippt:					
3 4 5 6 7		-- «flue-cured» Virginia und «light-air-cured» Burley, einschließlich Burleyhybriden; «light-air-cured» Maryland und «fire-cured» Tabak, gegen Vorlage einer Bescheinigung nach vorgeschriebenem Muster*): *) Hinweis auf Teil III (Anweisung L). (277)					
8 9	240110100000	--- «flue-cured» Virginia ▶VUB 17104	14		MO 3	R	

Codenummer	Zollsätze				Besondere Zollsätze		Ber.- Nr.
	Beitrittsländer		Drittländer	Zollaussetzung (A) Zollkontingent (K)	Allg. Zollpräferenzen (APS)	CY, EFTA [AT, CH, FI, IS, NO, SE], FO, IL, KCM [KI, CE], MCH [EG, JO, LB, SY]. MGB [DZ, MA, TN], MT, TR, WB ÜLG [XB], AKP [XY], YU	
	ES	PT					
8	9	10	11	12	13	14	15
220421100000	15 ECU für 100 l	17,80 ECU für 100 l	40 ECU für 100 l			MGB 8 ECU für 100 l TR frei	
8	9	10	11	12	13	14	15
240110100000	8,6 mindestens 10,50 ECU für 100 kg Eigengewicht höchstens 11,20 ECU für 100 kg Eigengewicht	frei	23 mindestens 28 ECU für 100 kg Eigengewicht höchstens 30 ECU für 100 kg Eigengewicht	6 198290 mindestens 16 ECU für 100 kg Eigengewicht höchstens 27 ECU für 100 kg Eigengewicht (K 0040)		TR, XB, XY: frei	

Abb. C-2.2/4: **Zollwirkungen II: Gemischte Zölle**

(a) Additive Zölle:
DM 2,30/Stück plus 12 % vom Warenwert

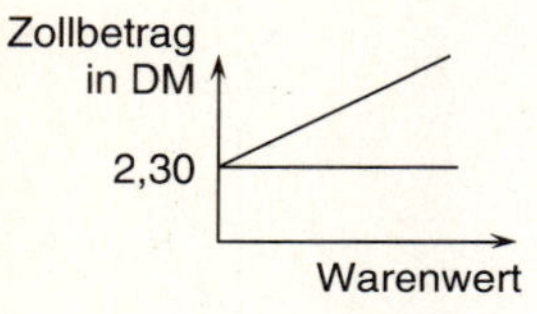

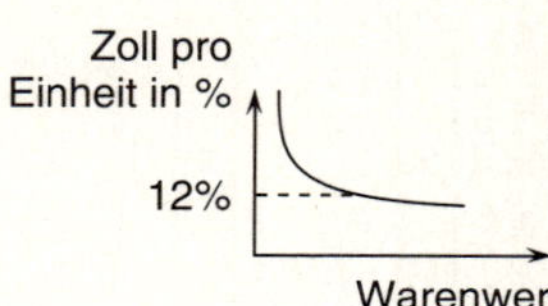

(b) Mindestzoll:
12 % vom Warenwert, mindestens DM 2,30

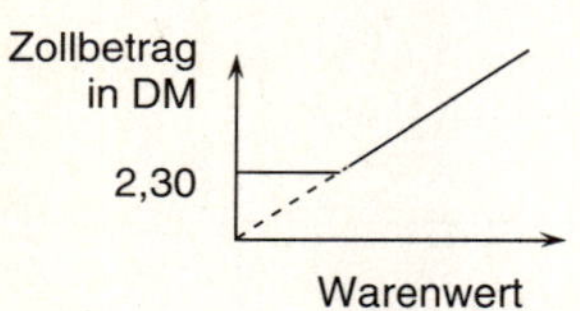

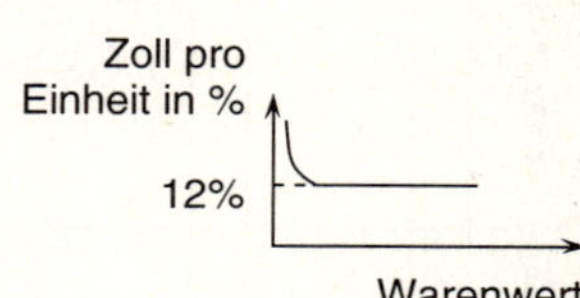

(c) Höchstzoll:
12 % vom Warenwert, höchstens DM 2,30

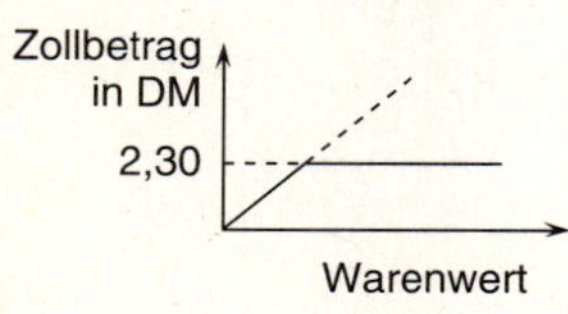

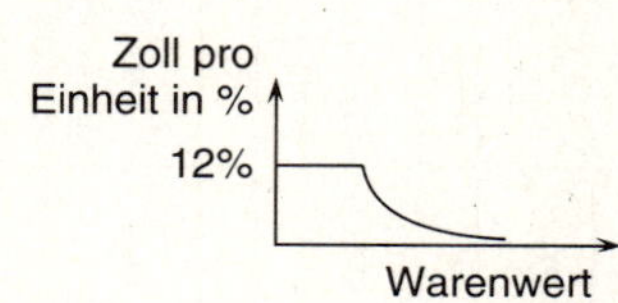

(d) Mindest- und Höchstzoll:
12 % vom Warenwert, mindestens DM 2,30, höchstens DM 3,10

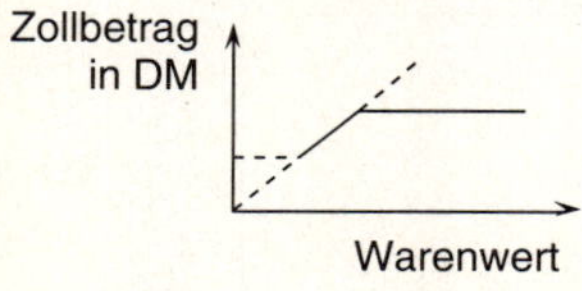

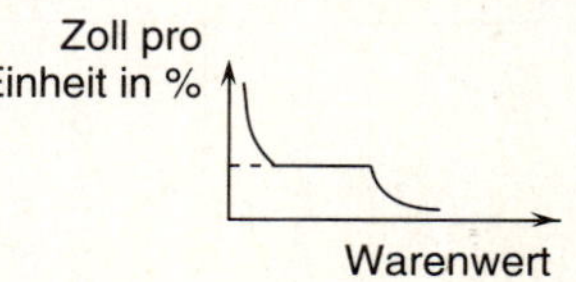

Abb. C-2.2/5: **Effektive Protektion I**

	Rohstoff	Endprodukt	Wertschöpfungsspanne
Freihandelspreis	120,–	200,–	80,–
+ Zoll (nominal)			
in %	0%	20%	
in DM	–,–	40,–	
= Importpreis	120,–	240,–	120,–
Zollschutz			
– nominal	240:200 →	20%	
– effektiv	120:80 →		50%

GATT

Der effektive Protektionismus ist fünfmal so hoch wie die Zollbelastung der Waren

als die ausländische Konkurrenz und sich so einen Wettbewerbsvorteil sichern. Die durch den Zollschutz tatsächlich mögliche Wertschöpfungsspanne bezeichnet man als **effektive Protektion.** Da die Wertschöpfung um 50 % höher sein kann als bei Freihandel, beträgt die effektive Protektion 50 % (120,– im Vergleich zu 80,–) die nominale Protektion nur 20 % (240,– im Vergleich zu 200,–).
Verändern wir das Beispiel wie folgt, indem Rohstoff *und* Fertigprodukt mit dem gleichen, nominalen Zollsatz von 20 % geschützt werden (Abb. C-2.2/6): Jetzt beträgt der Unterschied zwischen beiden

Abb. C-2.2/6: **Effektive Protektion II**

	Rohstoff	Endprodukt	Wertschöpfungsspanne
Freihandelspreis	120,–	200,–	80,–
+ Zoll (nominal)			
in %	20%	20%	
in DM	24,–	40,–	
= Importpreis	144,–	240,–	96,–
Zollschutz			
– nominal	240:200 →	20%	
– effektiv	96:80 →		20%

Wertschöpfungsspannen tatsächlich nur 20 % (96,– im Vergleich zu 80,–), und die effektive Protektion ist nun identisch mit der nominalen Protektion.

Je niedriger die Zölle auf Rohstoffe bzw. allgemeiner: Vorleistungen im Vergleich zu Fertigprodukten sind, desto höher ist die effektive Protektion, und umgekehrt: Wenn der Baumwollzoll unter sonst gleichen Voraussetzungen z. B. 30 % betrüge (Importpreis dann 120 + 36 = 156,–), wäre die Wertschöpfungsspanne nur noch 84,– und die effektive Protektion nur noch 5 % (240 – 156 = 84,–; 84,– im Vergleich zu 80,– bei Freihandel = 5 %), d.h. die nominale Protektion würde einen Schutzeffekt behaupten, der effektiv aber viel niedriger liegt.

C-2.3. Nicht-tarifäre Protektion

C-2.3.1. Nicht-tarifäre Handelshemmnisse i.e.S.

Das GATT, das einen wesentlichen Bestandteil der gegenwärtigen Weltwirtschaftsordnung darstellt, ist grundsätzlich freihändlerisch orientiert und richtet sich gegen handelsbehindernde Maßnahmen. Für viele Güterbereiche wurden im Laufe der GATT-Verhandlungsrunden zollsenkende oder zollbefreiende Maßnahmen beschlossen, so daß Protektion durch Erhöhung oder Einführung von Zöllen (abgesehen von Ausnahmefällen) gegen geltende Abkommen verstoßen würde. Die inländische Wirtschaft läßt sich jedoch auch durch andere Maßnahmen als Zölle schützen oder fördern. Die lange Liste dieser nicht-tarifären Maßnahmen belegt den Erfindungsreichtum, mit dem das bestehende GATT-Abkommen, das von über 130 Staaten angewendet wird, in der Praxis durchlöchert und umgangen wird. Das Arsenal **nicht-tarifärer Handelshemmnisse** umfaßt grobe und subtile Instrumente (vgl. Abb. C-2.3/1). Das GATT hat eine Liste von 800 verschiedenen (!) Maßnahmen zusammengestellt. Extreme Protektionsmaßnahmen sind Import- und Export**verbote**, die den Güterhandel vollständig unterbinden (Abb. C-2.3/2 und -/3). Abgeschwächte Varianten stellen **Kontingente** dar, die mengen- oder wertmäßige Höchstgrenzen festlegen. Dies ist häufig verbunden mit der Notwendigkeit von **Lizenzen**, mit denen wiederum Devisenzuteilungen gekoppelt sein können, wobei die Lizenzvergabe sowohl von objektiven als auch von höchst subjektiven Kriterien abhängen kann. Importbehindernd können sich auch vorgeschriebene **Normen** auswirken, etwa DIN- oder VDE-Normen, aber auch Hygiene- und sonstige (Schutz)-

Abb. C-2.3/1: **Nicht-tarifäre Handelshemmnisse** (Übersicht)

Formale Handelsbeschränkungen:	**Administrative Handelsbeschränkungen**
Nichttarifäre Importbelastungen (Preisbezogene Maßnahmen) – Grenzzuschläge – Hafen- und statistische Taxen – Nichtdiskriminierende Verbrauchsteuern und Einschreibgebühren – Diskriminierende Verbrauchsteuern, staatliches Versicherungsobligatorium – Nicht- und diskriminierende Umsatzsteuern – Importdepot – Variable Abgaben – Konsulargebühren – Stempelsteuern – Verschiedene Sonder- und Zusatzsteuern *Mengenrestriktionen und ähnliche spezifische Handelsbeschränkungen* (Mengenbezogene Maßnahmen) – Lizenzvorschriften Kontingentierung und Quoten – Embargo – Exportbeschränkungen und -verbote – Devisen- und andere monetäre oder Finanzkontrollen – Staatliche Preisfestsetzungen und -Kontrollen – Übernahme- und Leistungspflichten – Restriktive Geschäftsbedingungen – Diskriminierende bilaterale Abkommen – Diskriminierende Ursprungsregeln – Internationale Kartelle – Freiwillige Exportbeschränkungen (Orderly Marketing Agreements) *Diskriminierende Frachtansätze* (Flaggenprotektionismus)	*Beteiligung des Staates am Handel* – Subventionen und andere staatliche Beihilfen – Staatshandel, Staatsmonopole und Konzessionsvergabe – Importentmutigende Gesetze und Verordnungen – Probleme im Zusammenhang mit der allgemeinen Staatspolitik – Öffentliches Einkaufswesen – Steuererleichterungen, Kredit- und Bürgschaftsgewährung – Boykott *Technische Normen, Standards und Verbraucherschutzbestimmungen* – Gesundheits- und Sicherheitsbestimmungen – Pharmazeutische Kontrollvorschriften – Produktgestaltungsvorschriften – Herstellungsvorschriften – Industrienormen – Maß- und Gewichtsvorschriften – Beschriftungs- und Verpackungsvorschriften – Kennzeichnungsvorschriften – Verwendungsvorschriften – Vorschriften zum Schutz geistigen Eigentums – Markenrechtliche Bestimmungen *Zollabfertigung und weitere administrative Beschränkungen* – Antidumping-Politik – Zollberechnungsgrundlagen – Formalitäten der Konsularbehörden – Beglaubigungsvorschriften – Administrative Schwierigkeiten – Warenklassifikation – Vorschriften betreffend Mustersendungen, Rücksendungen und Wiederausfuhren – Ausgleichszölle und -steuern – Beschwerderecht – Notrecht

Quelle: Frankfurter Institut für wirtschaftspolitische Forschung e.V., Argumente zur Wirtschaftspolitik, Nr. 12/Juni 1987, S. 3.

Abb. C-2.3/2: **Importprotektion**

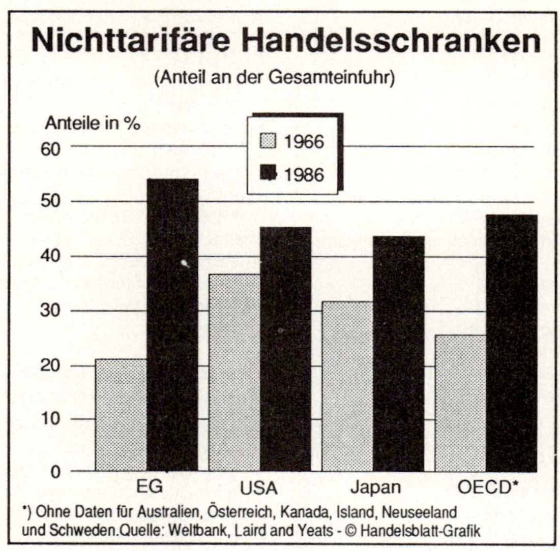

Exportausfälle der Dritten Welt durch den Protektionismus der Industrieländer

Abb. C-2.3/3: **Importverbot**

Südkorea wird sein Reiseinfuhrverbot zum Schutz der heimischen Produktion aufrechterhalten und bei den Restriktionen für 14 andere Agrarprodukte bleiben. vwd

Einfuhrstopp für Kirschen beantragt

Vorschriften wie auch das damalige deutsche Reinheitsgebot für Bier[5], ferner Formvorschriften für Warenbegleitpapiere und Ursprungsdokumente, die beispielsweise in der Sprache des Importlandes abgefaßt werden müssen und somit Übersetzungskosten verursachen. Diskri-

[5] Nach einem Urteil des Europäischen Gerichtshofes rechtswidrig und als Importbehinderung nicht mehr anzuwenden.

minierend können sich auch Praktiken auswirken, bei staatlichen Aufträgen Anbieter aus dem Inland oder dem befreundeten Ausland zu berücksichtigen, obwohl andere Anbieter billiger wären.
Importbehindernd wirkt sich auch aus, wenn die Einfuhrformalitäten laufend geändert werden bzw. über die entsprechenden Vorschriften im Ausland nur unzureichende Informationen beschafft werden können. Berühmt geworden ist der französische Fall, bei dem die Zollabfertigung für japanische Videogeräte nicht dort erfolgte, wo die Containerschiffe anlegten, sondern im Hinterland, so daß sich die Importgüter durch zusätzliche Transport-, Versicherungs- und Personalkosten entsprechend verteuerten und sich der Konkurrenzdruck auf die inländischen Anbieter dadurch und aufgrund der zeitlichen Verzögerung verringerte.
Importbehindernd wirken auch **Selbstbeschränkungsabkommen** (beispielsweise bei Textilien, Stahl, Automobilien), bei denen sich die Exporteure ‹freiwillig›, d.h. unter politischem Druck zu einer Begrenzung ihrer Exporte verpflichten (vgl. unten). Eine schwache Variante der Importbehinderung stellt der Appell dar, einheimische statt ausländischer Produkte zu kaufen («buy american!»), wobei die Grenze zur allgemeinen, verkaufsfördernden Werbung («Wurst aus deutschen Landen») nur schwer zu ziehen ist.
Auch im Exportbereich gibt es nicht-tarifäre Protektion. Dabei ist insbesondere an Exportsubventionen zu denken, beispielsweise an die **Erstattungen** bei EG-Agrarexporten, welche die hohen EG-Preise auf das niedrigere Weltmarktniveau herunterschleusen, um die gewaltigen Agrarüberschüsse abzubauen (ganz im Sinne der «vent-for-surplus»-Theorie) und so vielen Ländern Konkurrenz machen, die auf den Export ihrer Agrarprokukte (Zucker, Weizen, Fleisch, etc.) angewiesen sind (Abb. C-2.3/4 und weiter unten). Zu den exportfördernden Maßnahmen zählen auch staatliche Exportgarantien wie in der Bundesrepublik die **Hermesbürgschaften**, die den Exporteur vor Zahlungsausfällen schützen. Die Konditionen solcher Exportversicherungen sind allerdings international auf OECD-Ebene abgestimmt (vgl. Abb. C-2.3/5 und Abschn. H-2.4.4).
Als protektionistische Maßnahmen sind auch solche zu werten, die zwar primär die Wettbewerbsfähigkeit von Unternehmen im Inland stärken sollen, sich jedoch damit indirekt auch auf die internationale Wettbewerbsfähigkeit auswirken, wie zum Beispiel Subventionen oder Steuervergünstigungen bei der Unternehmensansiedlung.
Alle diese Maßnahmen, deren Liste täglich länger wird, lassen sich nicht umfassend ermitteln und entziehen sich daher vielfach einer Regelung und Kontrolle. Dennoch betreffen die Hauptanstrengungen

Abb. C-2.3/4: **Agrarprotektion**

Die EG will sich schützen

Die EG macht die Grenzen dicht für Obst und Gemüse
Agrar-Chaos wird immer größer - Schutz für die eigene Erzeugung - Kritik aus der Industrie

Der Agrar-Protektionismus der EG behindert Exporte der Dritten Welt

Neuseeland leidet unter EG-Subventionen

Der internationale Handelskrieg kennt keine Sieger

Importbeschränkungen kosten mehr als sie bringen
Der Verbraucher zahlt die Zeche

Abb. C-2.3/5: **Exportförderung**

Neue Exportförderung in Milliardenhöhe geplant
Hilfen nicht auf den Osthandel beschränkt / Höheres Haushaltsrisiko durch Hermes-Sonderkonditionen?

Neue Hermes-Bürgschaften für die GUS offen
Künftig kritischere Auswahl / Beschäftigungseffekte im Vordergrund

Europa fordert in Japan Autoimportquoten

internationaler Handelsverhandlungen gerade wie im GATT oder der **Welthandelskonferenz** (UNCTAD) die nicht-tarifären Handelshemmnisse, ohne daß sich bisher allerdings erkennbare größere Fortschritte erkennen ließen. Und dies ist nicht verwunderlich, solange diejenigen Länder, die Zugeständnisse machen, fürchten müssen, ihre eigenen ungelösten Probleme im Bereich von Beschäftigung, Wachstum oder Inflation durch Preisgabe bisher behaupteter Positionen noch zu verschärfen. Im historischen Rückblick zeigt sich, daß Freihandel immer nur von solchen Ländern befürwortet oder praktiziert wurde, die eine starke Position im Welthandel hatten und aus einer Zunahme internationaler Handelsbeziehungen selbst am meisten profitierten. Sobald diese starke Stellung sich abzuschwächen begann, gingen auch traditionelle Freihändler wie England im 19. Jahrhundert zu protektionistischer Handelspolitik über.

In den folgenden Abschnitten werden einige Aspekte nicht-tarifärer Protektion vertieft. Weiter unten – im Abschn. E-1.1.5 – wird die rechtliche Behandlung nicht-tarifärer Protektion im GATT und im EG-Gemeinschaftsrecht im Zusammenhang mit anderen rechtlichen Aspekten behandelt.
Besonders anfällig für protektionistische Maßnahmen sind in der EG neben dem Agrarbereich (vgl. Abb. C-2.3/4) sog. sensitive Produktionszweige wie Stahl, Textilien, Optik, Schuhe, Sportartikel, Möbel, Elektro(nik) oder die Automobilindustrie. Im internationalen Vergleich stellt sich die EG protektionistischer dar als die USA und Japan: Die EG behindert mit nicht-tarifären Maßnahmen 22% der Importe aus Entwicklungsländern und 11% der Importe aus Industrieländern, wobei selbstverständlich wichtige Rohstoffe wie Aluminium, Baumwolle, Kupfer oder Zinn, die vollständig importiert werden müssen, keinerlei Behinderung unterliegen.

C-2.3.2. EG-Agrarmarkt-Protektion

Ein besonders eklatantes Beispiel nicht-tarifärer Protektion stellt der EG-Agrarmarkt dar. Aus systematischen Gründen wird diese Problematik im Kap. G, insbesondere auch G-4 anhand eines Agrarmarkt-Modells dargestellt. Ohne diesen Ausführungen hier vorgreifen zu wollen, läßt sich vereinfachend sagen, daß durch Mindestpreise, die gegenüber dem Weltmarkt durch sog. Abschöpfungen gesichert werden, und staatliche Abnahmegarantien die EG-Landwirtschaft vor der potentiell viel billigeren Weltmarktkonkurrenz geschützt wird. Diese Maßnahmen leitet sich natürlich aus übergeordneten politischen und ökonomischen Überlegungen ab, auf die hier noch nicht einzugehen ist, doch sei als Fazit vorweggenommen, daß die Konstruktion des EG-Agrarmarkt-Protektionismus zum einen rein ökonomisch gesehen eine ausgesprochen ineffiziente Lösung darstellt und zum anderen international eine Vielzahl von Problemen verursacht: Dabei sei nur an das Scheitern der sog. Uruguay-Runde des GATT erinnert, das auf ungelösten Interessengegensätzen zwischen der EG und den USA bezüglich der Agrar(export)subventionen zurückzuführen ist, sowie an die Störung der Weltmarktpreisbildung bei bestimmten agrarischen Produkten (Weizen, Zucker), die für viele Entwicklungsländer eine wichtige Quelle ihrer Exporterlöse darstellen. Wir werden dies im Kapitel G vertiefen.

C-2.3.3. Dumping und Exportsubventionen

Zu den protektionistischen Maßnahmen gehören – wie erwähnt – nicht nur Import-behindernde, sondern auch Export-fördernde Maßnahmen. Klassische Maßnahmen in diesem Bereich sind Dumping und Exportsubventionen. In den folgenden Abschnitten wird auf diese Formen der Protektion zunächst nur allgemein eingegangen. Aus methodischen Gründen soll dies erst in Abschn. E-1.5 im Zusammenhang mit anderen rechtlichen Aspekten insbesondere dahingehend vertieft werden, wie die nicht-tarifäre Protektion GATT-rechtlich und EG-rechtlich behandelt wird.

C-2.3.3.1. Dumping und Dumpingabwehr

Grundsätzlich gibt es zwei Definitionen von Dumping: Nach der ersten liegt Dumping dann vor, wenn ein Anbieter seine Produkte zu **nicht-kostendeckenden Preisen** – unter Selbstkosten – verkauft. Diese Definition ist für die Praxis aus zweierlei Gründen problematisch. Zum einen kann der Tatbestand des Dumping folglich nur bei Kenntnis der Kostenkalkulation des Anbieters festgestellt werden. Da Dumping in bestimmten Fällen zu entsprechenden Gegenmaßnahmen berechtigt, wird ein betroffener Anbieter seine Kalkulation wohl kaum freiwillig aufdecken. Es stellt sich also ein kaum zu lösendes Feststellungs- bzw. Beweisproblem. Zum anderen – und dies ist wohl das schwerwiegendere Argument – kann es einem Anbieter wohl kaum verwehrt werden, im Zuge von Mischkalkulationen bestimmte Produkte auch unter Kostenpreis anzubieten. Aus Verbrauchersicht bedeutet dies entsprechende Preisvorteile. Derartige Lockangebote sind im nationalen Handel gang und gäbe, warum also nicht im internationalen Kontext?
Folglich stützt sich die rechtliche Beurteilung von Dumping im internationalen Handel auf eine andere Definition. Danach liegt Dumping dann vor, wenn der Anbieter im Inland, also auf seinem Heimatmarkt, höhere Preise verlangt als im Ausland auf Exportmärkten, der Exportpreis also unter dem sog. **Normalwert** liegt. Dieser Tatbestand ist auch ohne Industriespionage sehr leicht festzustellen. Allerdings ist er nur eine notwendige, nicht aber hinreichende Voraussetzung für (legale) Abwehrmaßnahmen gegen Dumping. Daneben muß eine bedeutende *Schädigung* eines Wirtschaftszweiges vorliegen oder drohen und der kausale *Zusammenhang* zwischen dieser Schädigung und dem Dumping nachgewiesen werden. Abschnitt E-1.5 wird dies aus rechtlicher Sicht im Zusammenhang mit dem Anti-Dumping-Kodex

des GATT und dem entsprechenden EG-Recht vertiefen. Sofern die Voraussetzungen insgesamt erfüllt sind, ist ein von Dumping betroffenes Importland berechtigt, **Anti-Dumping-Zölle** zu erheben (vgl. Abb. C-2.3/6). Während Dumping also eine nicht-tarifäre Protektionsmaßnahme der Exportseite darstellt, ist ein Anti-Dumping-Zoll eine dadurch ausgelöste tarifäre Protektion der Importseite. In der EG stützt sich das Anti-Dumping-Recht auf den entsprechenden GATT-Kodex; vgl. hierzu ausführlich Abschn. E-1.5. Dies gilt auch für Exportsubventionen.

Abb. C-2.3/6: **(Anti-)Dumping**

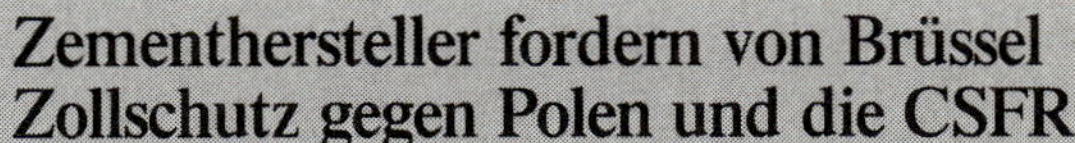
Zementhersteller fordern von Brüssel Zollschutz gegen Polen und die CSFR

USA verhängen Strafzölle auf französischen Wein und Agrarprodukte

Dumpingklage der Stahlindustrie Amerikas
Zwölf Unternehmen fordern Straf- und Ausgleichszölle auf den Import

Die EG prüft Strafzölle auf Fotokopiergeräte

Keine Strafzölle für Minivans in Amerika

EG-Strafzölle auf Tonbandkassetten aus Fernost

Vorläufige Antidumping-Zölle auf bestimmte Stahlrohrimporte aus osteuropäischen Ländern in die Gemeinschaft sind von der EG-Kommission in einem bereits im Dezember 1991 eröffneten Verfahren mit Wirkung vom 15. November zusätzlich zu den normalen Zöllen beschlossen worden. Im einzelnen sind polnische Lieferungen mit 10,8 Prozent, tschechoslowakische mit 30,4 Prozent und ungarische mit 21,7 Prozent betroffen. Der für Kroatien auf 17,4 Prozent festgesetzte Strafzoll ist wegen der besonderen Situation des Landes vorläufig ausgesetzt. St.

103 Ermittlungen bei Dumpingpreisen

EG prüft GUS auf Dumping

Philippinen erheben Einfuhrzusatzzoll

EG-Einfuhrzoll gegen Österreich-Beihilfepolitik

C-2.3.3.2. Exportsubventionen und Ausgleichzölle

Im Gegensatz zu Dumpingmaßnahmen, die auf privater, unternehmerischer Ebene ergriffen werden, handelt es sich bei der Subventionierung von Exporten um *staatliche Maßnahmen*. Die protektionistische Wirkung von Exportsubventionen entspricht den Effekten von Dumping, indem das Exportangebot billiger sein kann, als es ohne diese Maßnahmen der Fall wäre. Als Schutzmaßnahme kann das betroffene Importland – sofern bestimmte Kriterien erfüllt sind – den Preisvorteil durch **Ausgleichszölle** abschöpfen. Wie Anti-Dumping-Zölle sind diese also tarifäre Reaktionen auf nicht-tarifäre Protektionsmaßnahmen. Auf GATT-Ebene ist das Subventionsproblem in einem gesonderten Subventions-Kodex normiert worden, der in EG-Recht transformiert worden ist. Vgl. auch hierzu ausführlicher Abschn. E-1.5. Ein spezielles Problemfeld sind dabei staatliche Exportkreditversicherungen; um sie von den Exportsubventionen im engeren Sinne abzugrenzen, sind für ihre Ausgestaltung u.a. auf OECD-Ebene entsprechende internationale Vereinbarungen getroffen worden (vgl. dazu Abschn. H-2.4.4).

C-2.3.4. Wechselkurs-Protektionismus

In den Grenzbereichen der Protektion fallen Wechselkursänderungen; dies braucht nach den Ausführungen in Abschn. C-1.4 wohl nicht nochmals ausgeführt werden. Als protektionistische Maßnahme ist die Wechselkursgestaltung aber nur dann zu werten, wenn sie bewußt im Hinblick auf die Erzielung bestimmter *Handelswirkungen* vorgenommen wird, d.h. nicht aufgrund *währungspolitischer* Erwägungen. Andernfalls handelt es sich lediglich um die Anpassung eines unrealistischen Wechselkurses an die ökonomische Realität, z.B. aufgrund unterschiedlicher Inflationsraten, so wie es innerhalb des EWS mehrfach zu beobachten war. Diese Motive sind naturgemäß selten eindeutig abzugrenzen. Dabei ist in erster Linie an eine gezielt unterbewertete Währung zu denken: Auf der einen Seite verbilligt sie die Exporte des betreffenden Landes (aus der Sicht des Auslandes). Eine unterbewertete Währung wirkt damit wie eine Exportsubvention. Allerdings ist zu berücksichtigen, daß Güter mit unzureichender Qualität oder preisunelastischer Nachfrage auch nach Abwertungen Absatzprobleme behalten werden. Auf der anderen Seite verteuert eine Abwertung die Importe (aus der Sicht des Inlandes) und wirkt somit importbehindernd; die Exportprobleme der deutschen Wirtschaft bei sinkendem Dollarkurs belegen dies.

Eine überbewertete Währung, mit deren Hilfe Importe künstlich verbilligt werden, ist zwar prinzipiell gleichfalls eine Hilfe für die inländische Importwirtschaft, doch wirkt dies nicht handelshemmend, sondern im Gegenteil handelsfördernd. In diesem Sinne wäre eine überbewertete Währung daher kein nicht-tarifäres Handels*hemmnis*.

In den Bereich des Wechselkursprotektionismus fallen auch Maßnahmen, mit denen das Wechselkursrisiko ausgeschaltet und auf den Staat übertragen wird (Abb. C-2.3/7). Die Konditionen für staatliche Versicherungen gegen Wechselkursrisiken unterliegen daher meist internationalen Absprachen. Abschn. H-3.2.3 geht darauf näher ein.

Abb. C-2.3/7: **Währungsprotektion**

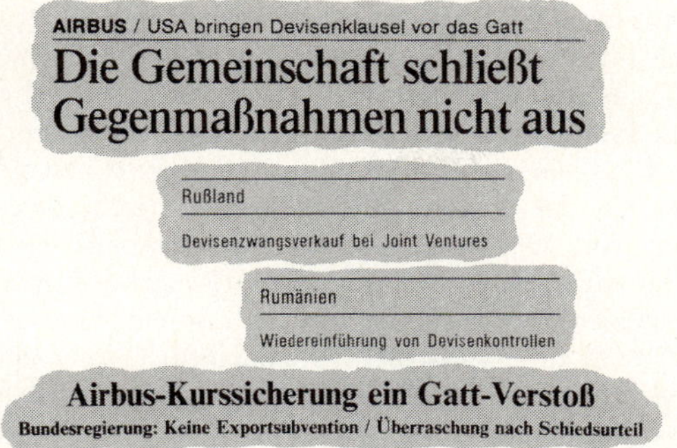

AIRBUS / USA bringen Devisenklausel vor das Gatt

Die Gemeinschaft schließt Gegenmaßnahmen nicht aus

Rußland

Devisenzwangsverkauf bei Joint Ventures

Rumänien

Wiedereinführung von Devisenkontrollen

Airbus-Kurssicherung ein Gatt-Verstoß

Bundesregierung: Keine Exportsubvention / Überraschung nach Schiedsurteil

C-2.3.5. Devisenbewirtschaftung

Devisenbewirtschaftung bedeutet meist *beschränkte* Konvertibilität; das Extrem absoluter Nicht-Konvertibilität findet sich heute nur noch in Einzelfällen (früher: ehemaliger Ostblock) oder nur als vorübergehende Maßnahme. Bei beschränkter Konvertibilität kann die inländische Währung nur in begrenztem Umfang in alle oder einige ausländische Währungen getauscht werden; meist gibt es dann entsprechende Höchstbeträge für den Umtausch. Vielfach werden die verfügbaren Devisen zugeteilt, z.B. auf der Basis von Importlizenzen.
Nur wenige Länder, darunter die Bundesrepublik, haben bisher die für unbehinderten Außenhandel erforderliche volle **Konvertibilität** ihrer Währung verwirklicht. Darunter versteht man, daß ausländische Währungen ohne jede Beschränkung in inländische bzw. inländische Währung in ausländische getauscht werden können. In den meisten Ländern gibt es mehr oder weniger starke Beschränkungen des Devisenverkehrs (Devisenbewirtschaftung), von denen die wichtigsten kurz umrissen werden sollen.
Eine einschneidende Maßnahme sind Devisenzuteilungen für Importe. Dies kann mit der Vergabe von Importlizenzen oder mit Importkontingenten gekoppelt sein. U.a. haben auch England und Frankreich in der jüngeren Vergangenheit den Reiseverkehr ins Ausland (Dienstleistungsimport) durch Beschränkung der maximal ausführbaren Devisensumme reduziert. Häufig besteht eine Abführpflicht für Devisen an die Notenbank oder überhaupt das Verbot des privaten Devisenumtausches. Einige Länder wenden (meist nur vorübergehend) **‹gespaltene› Wechselkurse** an. Dann existiert neben einem günstigen Wech-

selkurs für dringend benötigte Importgüter (aufgewerteter Kurs) ein ungünstigerer Kurs für solche Importe, die als weniger dringend oder gar als Luxus betrachtet werden (abgewerteter Kurs). Möglicherweise gibt es noch einen dritten Wechselkurs für reine Finanztransaktionen, umd die Wechselkursspekulationen abzuschrecken. Der abgewertete Kurs würde dann auch Exportgeschäften zugrunde gelegt. (Vgl. oben Abschn. C-1.3.3). In der Bundesrepublik besteht weitestgehende Freiheit im Bereich des Außenhandels. Dennoch sieht das **Außenwirtschaftsgesetz** von 1961 eine Reihe von Beschränkungen vor, die bei Bedarf, d.h. zur Abwehr schädigender Einwirkungen aus fremden Wirtschaftsgebieten angewendet werden können. Hierzu zählen beispielsweise auch unerwünschte Deviseneinflüsse aus dem Ausland, denen durch verschiedene Maßnahmen begegnet werden kann. Die Bundesbank kann den Mindestreservesatz für Guthaben ausländischer Einleger bei deutschen Banken bis auf 100% festsetzen, eine Maßnahme, die allerdings nur bei zinselastischen Anlagen wirkt und Kursspekulationen nicht betrifft. Analog kann bestimmt werden, daß Inländer, die im Ausland Kredite aufnehmen, bis zu 100% davon zinslos bei der Bundesbank als Guthaben halten müssen (**Bardepot**; im Juli 1972 galt dabei der Höchstsatz von 50%). Seit dem Übergang zu flexiblen Wechselkursen (1973) sind diese Beschränkungen des Geld- und Kapitalverkehrs nicht mehr in Kraft, können aber jederzeit durch Rechtsverordnung der Bundesregierung wieder eingeführt werden. Analoge Beschränkungen und Kontrollen sieht das Außenwirtschaftsgesetz auch für den Güterimport und -export vor, doch machen die Bestimmungen insgesamt deutlich, daß Beschränkungen der aussenwirtschaftlichen Beziehungen im Rahmen des Außenwirtschaftsgesetzes für die Bundesrepublik nur als vorübergehende und außerordentliche Maßnahme anzusehen wären (vgl. Abschn. E-3).

C-2.4. Folgen der Protektion

Da tarifäre Protektion aufgrund des GATT-Vertrages nur in bestimmten Ausnahmefällen möglich ist (vgl. Abschn. E-1.2), breitet sich die nicht-tarifäre Protektion entsprechend aus. Da auch diese nach den GATT-Regeln grundsätzlich unzulässig ist, besteht die Tendenz, innovativ neue, möglichst nicht erkennbare Schutzmaßnahmen zu entwikkeln (Abb. C-2.4/1). Die Weltbank hat 1991 festgestellt, daß 20 der 24 OECD-Mitglieder protektionistischer sind als vor zehn Jahren; 28% der Einfuhren in OECD-Länder aus Entwicklungsländern unterliegen nicht-tarifären Handelshemmnissen; nur noch 7% des Welthandels

Abb. C-2.4/1: **«Innovationen»**

„Die besten Köpfe befassen sich mit der Erfindung neuer Barrieren"

entsprechen voll und ganz den GATT-Bestimmungen. Allein zwischen der EG und den USA bestanden Anfang der 90er Jahre rund 200 Konfliktbereiche, die teilweise zu offenen Handelskriegen führten und führen. Für Protektionismus besonders anfällige Problemsektoren sind insbesondere Stahl, Textilien, Bekleidung, Flugzeuge, Schiffbau, Automobile, Unterhaltungselektronik, Kohle, Sojabohnen und sonstige Agrarprodukte. Hier besteht ein klarer Widerspruch zwischen dem immer wieder seitens der Industrieländer proklamierten freien Welthandel und ihrem konkreten Handeln. Appelle für Freihandel, die auf keinem Wirtschaftsgipfel fehlen, wirken daher zunehmend unglaubwürdig, und der Ausspruch, der Freihandel werde mit dem Schwert des Protektionismus verteidigt (Quelle unbekannt), spricht für sich.

C-2.4.1. Folgen im Importraum

Die Folgen protektionistischer Maßnahmen sind in gewisser Hinsicht denen ähnlich, die sich aus der Bildung regionaler Integrationszonen ergeben (vgl. Abschn. B-1.6.), denn eine Zollunion z.B. bedeutet zwar Liberalisierung nach innen, aber protektionistische Abschottung nach außen (vgl. Abb. C-2.4/2). Durch Protektionsmaßnahmen kommt es in analoger Weise zu Handelsumlenkungen, indem bisherige ausländische Lieferanten ersetzt werden durch inländische, wobei inländisch

Abb. C-2.4/2: **Protektion durch Integration**

Das Gatt erwägt die Prüfung der Nafta

TOKIO, 1. September (dpa/vwd). Das Allgemeine Zoll- und Handelsabkommen (Gatt) in Genf erwägt, das Abkommen zwischen den Vereinigten Staaten, Kanada und Mexiko über die Bildung einer nordamerikanischen Freihandelszone (Nafta) auf ihre Vereinbarkeit mit den Gatt-Freihandelsregeln zu prüfen.

im weiteren Sinne zu interpretieren ist und z.B. nicht deutsche, sondern europäische Lieferanten bedeutet, also Lieferanten innerhalb des Protektionsraumes. In diesem Raum kommt es durch Protektion also u.U. zu Handelsschaffung. Aus der Sicht des bzw. der protektionierenden Staaten bedeutet dies somit positive Effekte wie die Erhaltung von Arbeitsplätzen, die andernfalls durch billigere oder bessere ausländische Konkurrenz vernichtet würden (dies ist in der Regel das zentrale Motiv für Protektion), fiskalische Effekte (Steuermehreinnahmen), Leistungsbilanzverbesserung und u.U. Devisenersparnisse. In anderem Zusammenhang hat Reichskanzler Otto von Bismarck 1879 in einer Debatte über Schutzzölle gesagt:
«Die abstrakten Lehren der Wissenschaft lassen mich in dieser Beziehung völlig kalt, ich urteile nach der Erfahrung, die wir erleben. Ich sehe, daß die Länder, die sich schützen, prosperieren, ich sehe, daß die Länder, die offen sind, zurückgehen.»
Wer unmittelbar und negativ von ausländischer Konkurrenz bedroht wird, hat natürlich ein subjektiv verständliches Interesse an staatlicher Protektion; Lobbyisten versuchen dementsprechend, die staatliche Wirtschaftspolitik zu beeinflussen. Andererseits halten Befürworter protektionistischer Maßnahmen sich (mindestens) ein Auge zu, denn durch Protektion können auch **negative Effekte** im «geschützten» Land auftreten: Die Konsequenzen von nicht-tarifären Handelshemmnissen tragen einmal die Verbraucher in Form von *höheren Preisen*, als sie bei unbehindertem Handel möglich wären; ein Blick auf die EG-Agrarpreise belegt dies (Abb. C-2.4/3). Dies gilt direkt für Fertigprodukte und indirekt für Vorleistungen, deren Kosten in die inländische Produktion eingehen. Dies kann sich auch negativ auf die *Exportchancen* anderer Sektoren auswirken, was zu *Einkommens- und Beschäftigungsverlusten* führen kann. Negativ wirken sich auch Vergel-

Abb. C-2.4/3: **Protektionswirkungen**

Die Einfuhrausgleichsabgabe auf marokkanische Tomaten haben die Arbeitsgemeinschaft der Verbraucherverbände (AGV) und der Bundesverband Deutscher Fruchthandelsunternehmen (BDF) kritisiert. Die vom der EG-Kommission auf 1,40 DM je Kilogramm festgesetzte Abgabe gilt vom 7. April an. Die AGV sprach von einem Strafzoll auf preiswerte und schmackhafte Tomaten aus dem Süden, die den teuren Glashaustomaten aus dem Norden Konkurrenz machten. dpa/vwd.

tungsmaßnahmen anderer Länder aus, welche die Absatz- und Beschäftigungsmöglichkeiten der Exportwirtschaft beeinträchtigen können. Zudem besteht die Gefahr (und die Tendenz), daß die durch protektionistische Maßnahmen abgeschirmten Wirtschaftszweige in ihrer *Innovationskraft erlahmen* und sich verkrustete, ineffiziente Strukturen bilden und wegen des fehlenden internationalen Wettbewerbsdruck technischer Fortschritt und Modernisierungsinvestitionen unterbleiben. Nicht nur die Abschottung des damaligen RGW ist ein Beispiel dafür. Die dadurch nicht eintretenden Wachstumseffekte können auch als potentielle Beschäftigungsverluste und nicht-realisierte Steuereinnahmen interpretiert werden. Die Kosten sind nicht seriös zu quantifizieren, doch besteht die Vermutung wohl nicht zu Unrecht, daß die durch die Protektion geschützten inländischen Arbeitsplätze dadurch sehr teure Arbeitsplätze sind. Zudem bedingt die Überwachung der Protektion auch Kosten, sowohl auf der staatlichen Ebene durch die Notwendigkeit eines entsprechenden Verwaltungsapparats als auch auf der Unternehmensebene, indem die entsprechenden Formalitäten zu beachten und zu erfüllen sind. OECD-Schätzungen quantifizierten Protektions-Verwaltungskosten im Schnitt mit 2–5% des Importhandelswertes.

C-2.4.2. Folgen auf der Exportseite

Die Konsequenzen von protektionistischen Maßnahmen für die Exporteure bzw. Exportländer liegen auf der Hand und werden hier nur der Vollständigkeit halber nochmals summarisch erwähnt: Importprotektion verringert die Absatz-, damit die Beschäftigungs-, Wachstums- und Gewinnmöglichkeiten auf seiten der Exporteure; dies gilt analog für Exportprotektionismus, der die Absatzmöglichkeiten anderer Länder auf dem Weltmarkt beeinträchtigt oder zunichte macht (Stichworte: EG-Agrar-Exportsubventionen).

Betriebswirtschaftlich kann dies im Extrem – bei zu starker Abhängigkeit von Einzelmärkten – zu Konkursen führen, volkswirtschaftlich ist festzuhalten, daß der Import-/Exportprotektionismus bestimmter Staaten andere in ihrer Entwicklung behindert und insbesondere auch dazu beigetragen hat, daß bestimmte Entwicklungsländer in zunehmende Verschuldung geraten sind. Angesichts der ganz eindeutigen jeweiligen Interessenverteilung zwischen Protektionisten und negativ Betroffenen ist es müßig, diesen Aspekt hier zu vertiefen.

C-2.5. Reaktionsmöglichkeiten

Das Abschotten nationaler Märkte durch protektionistische Maßnahmen bedeutet aus der Sicht der ‹ausgesperrten› potentiellen Lieferanten geringere Exportmöglichkeiten, damit – mit den entsprechenden umgekehrten Vorzeichen – Beschäftigungsverluste, fiskalische Einbußen etc. Protektion stimuliert folglich Reaktionen.

C-2.5.1. Anpassen

Anpassung ist hier zunächst statisch gemeint, indem durch Protektion benachteiligte Lieferanten bzw. Exportländer z.B. die Absatz- bzw. Gewinneinbußen einfach hinnehmen – theoretisch denkbar, aber nicht sehr einleuchtend. Realistischer ist, daß sie versuchen werden, statt in die geschützten Märkte in andere Marktsegmente zu liefern – eine Form der Handelsumlenkung. Natürlich verlagert sich dadurch das Problem der Verdrängung nur und wird somit möglicherweise an anderer Stelle zu Reaktionen führen. Dynamische Formen der Anpassung hingegen versuchen, die Protektionsmauern zu überwinden, zu umgehen oder zu unterlaufen.

C-2.5.2. Umgehen

Sofern potentielle Absatzmärkte durch Zölle geschützt sind, kann versucht werden, durch Senkung der Produktionskosten und/oder Verbesserung der Produktqualität – trotz Importzoll – konkurrenzfähig zu bleiben. So gesehen, würde Protektion sogar innovativ wirken.

Gängiger als eine Überwindung von Protektionsschranken hingegen sind Versuche, derartige Schutzmauern zu umgehen. Beispiele dafür finden sich bei Direktinvestitionen, durch welche die Produktion *in* den Protektionsraum verlagert wird, denn Zölle – oder auch Importquoten – treffen nur Importgüter, nicht hingegen die inländische Produktion. Insbesondere japanische Produzenten, die von Protektionsmaßnahmen betroffen wurden, haben in großem Umfang in der EG und den USA investiert. Dies geschah zunächst auch in Form sog. **Schraubenzieherfabriken**, in denen – sehr listig – die nicht von Zöllen oder Importkontingenten betroffenen *Bestandteile* bestimmter Fertigprodukte zusammengesetzt wurden. Da entsprechende Reaktionen der EG, auch die Verwendung dieser Teile mit Strafzöllen zu belegen, GATT-widrig waren, wurde das Außenschutznetz engmaschiger gemacht. Direktinvestitionen zum Umgehen von Protektionsbarrieren setzen nunmehr einen bestimmten Anteil an inländischer Wertschöpfung voraus, um ein Produkt als innerhalb der EG gefertigt ansehen zu können (sog. **Local-content**-Kriterium). Und schließlich können Schutzzölle unterlaufen werden, indem auf unternehmerischer Ebene Dumping betrieben bzw. – aus der Sicht des exportierenden Staates – exportfördernde Subventionen gewährt werden. Diese wiederum kann entsprechende Anti-Dumping- bzw. Ausgleichzölle provozieren, auf welche die Exportseite wiederum reagieren wird, etc. Eine weitere Reaktionsmöglichkeit sind daher auch harschere Maßnahmen.

C-2.5.3. Vergelten

Der historische Rückblick liefert eine Fülle von Anschauungsmaterial, wo Staaten oder Staatengruppen auf protektionistische Maßnahmen mit entsprechenden Gegenmaßnahmen reagieren, nach dem Motto: Wie Du mir, so ich Dir. Auf der Exportseite gilt dies für Subventionswettläufe, auf der Importseite schaukelt sich dies leicht zu Handelskriegen hoch, die dann – etwas verharmlosend – z.B. als «Spaghettikrieg» oder «Hähnchenkrieg» bezeichnet werden (Abb. C-2.5/1). Letztendlich nützen derartige Kampfstrategien beiden Seiten nicht, denn sie führen tendenziell zu **Handelsvernichtung**, doch lassen sie

Abb. C-2.5/1: **Handelskriege**

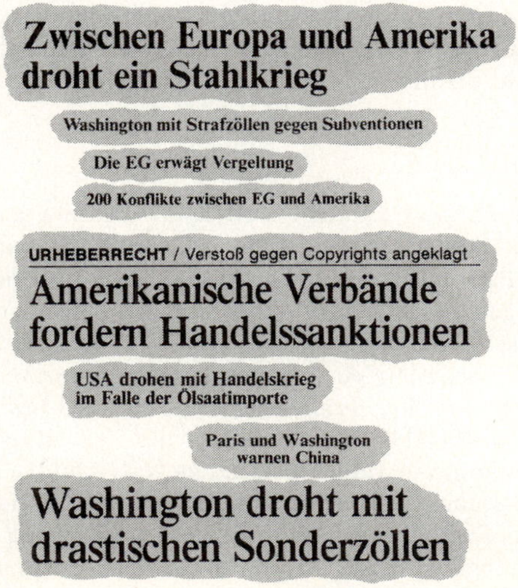

Zwischen Europa und Amerika droht ein Stahlkrieg

Washington mit Strafzöllen gegen Subventionen

Die EG erwägt Vergeltung

200 Konflikte zwischen EG und Amerika

URHEBERRECHT / Verstoß gegen Copyrights angeklagt

Amerikanische Verbände fordern Handelssanktionen

USA drohen mit Handelskrieg im Falle der Ölsaatimporte

Paris und Washington warnen China

Washington droht mit drastischen Sonderzöllen

sich innenpolitisch oft gut verkaufen, um die Aktionsbereitschaft und Durchsetzungkraft der Regierung zu dokumentieren. Friedlicher und wahrscheinlich mittelfristig auch erfolgreicher sind Verhandlungsstrategien.

C-2.5.4. Verhandeln

Durch Verhandlungen kann versucht werden, protektionistische Maßnahmen aufzuheben, abzuschwächen oder zu verschieben. Dies kann bilateral erfolgen (meist) oder multilateral (seltener). Bilaterale Verhandlungen haben den Vorteil, daß sie verdeckter erfolgen können. In Verhandlungen kann auch die zunächst benachteiligte Exportseite noch Verbesserungen erzielen. Aus diesem Grunde zeigt sich auch eine zunehmende Tendenz zu bilateralen «freiwilligen» **Selbstbeschränkungsabkommen.**

C-2.5.5. Exkurs: Selbstbeschränkungsabkommen

In Selbstbeschränkungsabkommen verpflichtet sich die Exportseite, eine bestimmte Exportmenge innerhalb eines festgelegten Zeitraumes – trotz gegebener größerer Absatzmöglichkeiten – nicht zu überschreiten; im Gegenzug verpflichtet sich die Importseite, die Lieferung dieser Gütermengen zuzulassen und nicht durch andere protektionistische Maßnahmen zu behindern. Um ein Unterlaufen der Selbstbeschränkung durch Direktinvestitionen zu verhindern, wird meist vereinbart, daß die Inlandsproduktion des ausländischen Anbieters im Importland auf die Importquoten angerechnet wird.

C-2.5.5.1. Verbreitung

Selbstbeschränkungsabkommen sind keine Erfindung der jüngsten Vergangenheit. Schon 1935 haben die USA und Japan ein Abkommen über die Einfuhr von Textilien geschlossen. Auch zwischen den beiden Weltkriegen gab es bilaterale Vereinbarungen über Importmengen von landwirtschaftlichen Produkten zwischen Frankreich als Importland und den Niederlanden und Belgien als Exportländer sowie bei Industriewaren zwischen Frankreich (Importland) und Großbritannien, Deutschland und Belgien. Seit Mitte der 50er Jahre breiteten sich Selbstbeschränkungsabkommen stark aus (vgl. Abb. C-2.5/2).
Selbstbeschränkungsabkommen unterlaufen – weil bilateral – das GATT-Prinzip der Nicht-Diskriminierung. Gleichzeitig umgehen sie die Überwachungs- und ggf. Schlichtungsmechanismen des GATT für

Abb. C-2.5/2: **Selbstbeschränkungsabkommen**

Importland	Exportland	Produkt	Geltungs-dauer
EG	Ungarn	Stahl	1987–88
EG	Japan	Stahl	1987...
USA	Taiwan	Drehbänke, Fräsmaschinen	1987–92
USA	Japan	Drehbänke, Fräsmaschinen, Stanzmaschinen	1987–92
Kanada	Japan	Automobile	1986–88
EG	Korea	Videokassettenrekorder, Farbfernseher	1987–88
Kanada	Korea	Schuhe	1986–87
Kanada	Taiwan	Schuhe	1987

Quelle: GATT

Japan will Autoabsatz in der EG drosseln
1992 um sechs Prozent / Übereinkunft in Tokio

JAPAN-AUTOS
Importlimit in den USA in Sicht

Japan will Autoexporte in die USA einschränken

Gatt kritisiert Handelspolitik Amerikas
Mitgliedsländer klagen über bilaterale Absprachen und Sanktionen

nicht-tarifäre Handelshemmnisse, weil die Handelsbehinderung ja vertraglich ausgehandelt wird.

C-2.5.5.2. Arten

Selbstbeschränkungsabkommen, die zwischen Staaten bzw. Staatenverbänden geschlossen werden, bezeichnet man als **Orderly Market Arrangements** (**OMA**). OMAs haben somit die Qualität von Staatsverträgen. Sie sind zu unterscheiden von **Volountary Export Restraints** (**VER**), die auf privatrechtlicher Ebene ausgehandelt werden und eher als Absichtserklärungen zu werten sind. Und schließlich gibt es Selbstbeschränkungsabkommen, die zwischen Staat und Unternehmen abgeschlossen werden, sowohl Importstaat versus Exportunternehmen als auch Unternehmen im Importland versus Exportstaat.

Hinsichtlich der Beteiligten ist zu unterscheiden zwischen bilateralen Selbstbeschränkungsabkommen und multilateralen (z.B. das Welttextilabkommen). Die Wirksamkeit von Selbstbeschränkungsabkommen hängt logischerweise von ihrer Durchsetzbarkeit ab. Exportländer mit liberalisierter Exportpolitik würden sich schwer tun, eine Exportbeschränkung zu realisieren. Die Tatsache, daß sich Japan dennoch in vielen Fällen als Partner in Selbstbeschränkungsabkommen findet, ist auch darauf zurückzuführen, daß die japanischen Unternehmen auf die Empfehlungen des **Ministry of International Trade and Industry** (**MITI**) in sehr viel stärkerer Weise – freiwillig – reagieren, als sich dies in anderen Ländern erwarten ließe. Die deutsche Exportwirtschaft wäre aus dieser Sicht sicher kein guter Partner für Selbstbeschränkungsabkommen.

C-2.5.5.3. Selbstbeschränkungsabkommen versus Importquoten

Zunächst mutet es etwas merkwürdig an, daß ein Exporteur bzw. ein Exportland «freiwillig» die Exporte beschränkt und folglich auf Absatz-, Beschäftigungs- und Gewinnmöglichkeiten verzichtet. Die Freiwilligkeit steht nicht zu Unrecht in Anführungsstrichen. Die Alternative zum zähneknirschenden Einwilligen in die Selbstbeschränkung wären jedoch i.d.R. andere protektionistische Maßnahmen, welche die Exportseite härter treffen würden als der «freiwillige» Verzicht. Die Einwilligung in Selbstbeschränkungsabkommen bedeutet daher meist die Einsicht, daß protektionistische Maßnahmen des Importlandes unvermeidlich sind. Insbesondere gilt dies für Importkontingente, völlig unabhängig von der Tatsache, daß sie GATT-rechtlich in aller Regel unzulässig sind. Bis zu einer GATT-rechtlichen Klärung aber würden sie wirken und entsprechenden Schaden anrichten.
Im Vergleich mit Importkontingenten ergeben sich folgende Unterschiede und Vorteile, die – aus der Sicht beider Vertragsparteien – für Selbstbeschränkungsabkommen sprechen.

- Zunächst einmal sind Importkontingente (Quoten), wie gerade erwähnt, GATT-rechtlich meist unzulässig; ihre Einführung wirbelt daher i.d.R. beträchtlichen Staub auf. Selbstbeschränkungsabkommen hingegen können elegant hinter den Kulissen ausgehandelt und umgesetzt werden, obgleich sie in ihrer faktischen Wirkung GATT-rechtlich genauso eine rechtswidrige Behinderung des freien Handels darstellen. Ein Exportland, das gerade einvernehmlich ein Selbstbeschränkungsabkommen unterzeichnet hat, wird kaum im nächsten Schritt Protest beim GATT einlegen.

Selbstbeschränkungsabkommen werden daher auch als «ausgehandelter Protektionismus» bezeichnet.

- Selbstbeschränkungsabkommen vollziehen sich folglich in einer GATT-rechtlichen Grauzone und provozieren daher tendenziell weniger Retorsionen als Importkontingente.
- Hinsichtlich ihrer Wirksamkeit können Selbstbeschränkungsabkommen gezielter bei individuellen Problem«partnern» ansetzen als Importkontingente.
- In Selbstbeschränkungsabkommen wird i.d.R. vom Importland zugesichert, auf andere Protektionsmaßnahmen zu verzichten, bei Importkontingenten kann das Importland im Bedarfsfall weitere Pfeile aus dem Köcher ziehen.
- Bei Importkontingenten sieht sich ein potentieller Exporteur dem internationalen Wettbewerb mit anderen Interessen ausgesetzt, bei Selbstbeschränkungsabkommen ist ein gewisser Absatzpfad individuell reserviert.
- Auf die konkrete Ausgestaltung von Selbstbeschränkungsabkommen – z.B. hinsichtlich ihrer Befristung oder ihres Volumens – kann die Exportseite Einfluß nehmen, auf die von Importkontingenten in der Regel nicht; Selbstbeschränkungsabkommen werden meist in Zeitabständen nachverhandelt.
- Die Überwachung der Einhaltung von Importkontingenten obliegt lediglich dem Importland, die von Selbstbeschränkungsabkommen beiden Seiten – die Last und Verantwortung wird verteilt.

Abb. C-2.5/3 faßt die wesentlichsten Unterschiede tabellarisch zusammen.

Abb. C-2.5/3: **Selbstbeschränkungsabkommen versus Importquoten**

	Exportbeschränkung	Importquoten
Restriktion	Ausfuhr	Einfuhr
Wirkung	selektiv diskriminierend	global nicht diskriminierend
Umgehungsimporte	möglich	nicht möglich
Exportmöglichkeiten	partiell gesichert	unbestimmt
Ausgestaltung	verhandelbar	nicht verhandelbar
GATT-Verstoß	verdeckt	sichtbar
Überwachung	durch beide Seiten	durch Importland

Teil II
Betriebswirtschaftliche und rechtliche Vertiefung

D. Vertragsgestaltung im Auslandsgeschäft

D-1. Nationales und internationales Vertragsrecht

Der Vertragsgestaltung kommt bei internationalen Wirtschaftsbeziehungen besondere Bedeutung zu, weil sich in der Regel Vertragspartner gegenüberstehen, die an unterschiedliche rechtliche Regelungen gewöhnt sind (vgl. Abschn. D-1.2). Daher ist es erforderlich, alle relevanten Aspekte der Geschäftsbeziehung vertraglich eindeutig und rechtswirksam zu vereinbaren. Im folgenden Abschnitt werden am Beispiel eines Kaufvertrags (auf andere Verträge wird hier nicht eingegangen) zunächst einige regelungsbedürftige Punkte umrissen, die teils den eher kaufmännischen Bereich, teils den formaljuristischen Bereich des Vertrages betreffen (vgl. Abb. D-1.1/1). Daran anschließend werden einige rechtliche Aspekte vertieft.

D-1.1. Regelungsbedürftige Aspekte

D-1.1.1. Kaufmännische Vertragsinhalte

Zunächst ist es wichtig, die **Vertragspartner** eindeutig zu identifizieren. Dies mag trivial klingen, ist es aber nicht: Man möge sich ein Hochhaus in Hongkong vorstellen mit einer Unzahl darin ansässiger Firmen, die für europäische Ohren sehr ähnliche Namen tragen können und deren Anschriften sich vielleicht nur durch das Stockwerk oder gar nur Raumnummern unterscheiden.
Ein weiterer wichtiger Aspekt ist die eindeutige Präzisierung der gehandelten **Ware** nach Art, Qualität und Menge bzw. Größe etc. Weitere Vertragspunkte betreffen den **Kaufpreis** sowie den Ausweis eventueller Nebenkosten oder Abgaben und eventueller Abzüge, Rabatte, Skonti o.ä.; die **Lieferbedingungen**, d.h. die Einigung über die Aufteilung von Transportkosten und -gefahren, günstigerweise auf der Basis der standardisierten INCOTERMS, inkl. eventuell besondere Abma-

Abb. D-1.1/1 **Wichtige Vertragspunkte**

Kaufmännische Vertragsinhalte

Vertragspartner
Käufer/Verkäufer (Name, Anschrift)
Ware
Art, Qualität, Menge, Größe, etc.
Kaufpreis
dabei Nebenkosten, Rabatte, Skonti etc.
Lieferbedingungen
(z.B. INCOTERMS): Transportkosten- und -gefahrenübergang, ggf. Transportweg, Teillieferungen, Termine, Fristen)
Zahlungsmodalitäten
wann, in welcher Währung, wieviel (Teilzahlung?), an wen, wo; wie (z.B. Ratenzahlung), ggf. dokumentäre Zahlung (d/p, d/a, Akkreditiv; welche Dokumente?)

Formaljuristische Vertragsaspekte

Verhandlungs-/Vertragssprache
anzuwendendes Recht
Eigentumsübergang
Sachmängelhaftung
Regelung von Leistungsstörungen
Gerichtsstand
Erfüllungsort
Einbezug Allgemeiner Geschäftsbedingungen
Garantien
Vertragsstrafen
Schiedsgerichtsbarkeit
etc.

chung bezüglich der Verpackung, des Transportweges o.ä. (vgl. Abschn. D-3 zu Lieferbedingungen); die **Zahlungsmodalitäten**: wann, in welcher Währung, wieviel (Teilzahlung?), an wen, wo; wie (z.B. Ratenzahlung, bei Präsentation bestimmter Dokumenten (d/p, d/a), im Rahmen eines Akkreditivs, welche Dokumente dafür erforderlich sein sollen, etc. (vgl. Abschn. D-4 zu Zahlungsbedingungen); ggf. Teillieferungen; Termine (Verladung, Verschiffung, Ankunft etc.) (wenn außer der Bestimmung des Lieferorts *(loco)* auch ein unverzüglicher Liefertermin vereinbart wird, spricht man von *Prompt-Geschäft*); ggf. – aus außenwirtschaftsrechtlicher Sicht – Absprachen oder Zusicherungen über den **Endverbleib** der gelieferten Ware (z.B. bei genehmigungspflichtigen Waren: Abschn. E-5.3), etc. Vgl. auch Kap. H über Risiken.

D-1.1.2. Formaljuristische Vertragsaspekte

(a) Sprache

Von elementarer Bedeutung ist bereits ganz frühzeitig die Einigung auf eine Verhandlungs- und Vertragssprache (beide sollten möglichst übereinstimmen). Dies kann die Sprache eines der Vertragspartner sein. Natürlich wird es jeder Vertragspartner wohl grundsätzlich vorziehen, daß seine eigene Sprache verwendet wird, doch wird dies bei international weniger verbreiteten Sprachen (dazu zählt auch Deutsch) nicht ohne weiteres durchzusetzen sein; es hängt natürlich teilweise auch von der Marktposition der Partner ab. Vielfach einigt man sich aber auf eine für beide Partner fremde «Drittsprache», insbesondere Englisch als international geläufiger Handelssprache. Verträge in Fremdsprachen bzw. Übersetzungen davon können ganz beträchtliche Interpretationsprobleme aufwerfen und sollten nicht ohne Not ohne fachkundige Beratung und Prüfung aufgesetzt werden.

(b) Rechtswahl

Im Hinblick auf die nicht speziell vertraglich geregelten Rechte und Pflichten der Vertragspartner und insbesondere auf die juristische Überprüfung ist die Präzisierung des im Streitfall anzuwendenden Rechts erforderlich. Dies sollte möglichst explizit vertraglich erfolgen, da sich sonst das Problem stellt, welches Recht anzuwenden ist. Abschn. D-1.3 geht darauf ein. Analog zur Sprachwahl wird jeder Partner wiederum ein Interesse daran haben, daß das ihm vertraute Recht vereinbart wird (von Spezialfällen sei hier abgesehen), doch wird sich z.B. deutsches Recht nicht immer ohne weiteres vereinbaren lassen. Auch dies hängt sehr von der Machtposition der Vertragspartner ab (dies gilt analog für die Gerichtstandsvereinbarung; vgl. anschließend). Es kann sich daher anbieten, sich auf internationales Vertragsrecht zu einigen (Abschn. D-1.4).

(c) «Force majeure»-Klausel

Unter einer «*force majeure*»-Klausel (sinngemäß: höhere Gewalt) kann der Exporteur im Falle der Unmöglichkeit der Vertragserfüllung (z.B. aufgrund eines Handelsembargos) nach Ablauf einer bestimmten Frist Ansprüche gegen den Vertragspartner gelten machen bezüglich Erstattung aller Kosten, die für (Teil-)Leistungen entstanden sind, die bis zum Eintritt des «force majeure»-Ereignisses angefallen sind.

(d) Gerichtsstand

Die Wahl des Gerichtsstandes ist ein wichtiger Aspekt auch für die Durchsetzbarkeit eventueller Gerichtstitel (vgl. Abschn. D-1.5).

Grundsätzlich ist es günstig, wenn das anzuwendende Recht mit dem Gerichtsstand übereinstimmt; andernfalls kann nicht davon ausgegangen werden, daß das zuständige Gericht mit dem anzuwendenden Recht ohne weiteres vertraut ist. Dies kann zu Verzögerungen, Kosten und Interpretationsproblemen führen.

(e) Erfüllungsort
Der Erfüllungsort, d.h. der Ort, an dem der Schuldner die geschuldete Leistung und der Gläubiger die Leistung annehmen muß, muß schriftlich vereinbart werden. Dieser ist nicht grundsätzlich mit dem Gerichtsstand identisch. Nach deutschem Recht gilt – sofern keine Vereinbarung erfolgt ist – der Sitz des Schuldners zum Zeitpunkt der Entstehung des Schuldverhältnisses.

(f) Allgemeine Geschäftsbedingungen
Grundsätzlich werden in vielen ausländischen Rechtsordnungen Allgemeine Geschäftsbedingungen (AGB) nur dann rechtswirksam, wenn sie offenkundig Vertragsinhalt geworden sind. Ein Indiz hier ist meist, daß sie vom Käufer bewußt unterschrieben werden. Eine bloße Übersetzung in die Sprache des Käufers und Beifügung zum Kaufvertrag (etwa kleingedruckt auf der Rückseite) und der Hinweis, der Käufer habe nicht – ausdrücklich – widersprochen, reichen meist nicht aus. Unterschriebene, hand- oder maschinengeschriebene AGB werden dabei leichter anerkannt als (klein)gedruckte. Einheitliche internationale Regelungen in diesem Bereich gibt es jedoch nicht.

(g) Garantien
Für eine Reihe von Aspekten werden bei internationalen Kauf- und Lieferverträgen oft Garantien verlangt (in der Regel als Bankgarantien). Gängig sind u.a. **Bietungsgarantien** *(bid bonds)*, insbesondere bei Ausschreibungen: Hält sich ein Bieter, der den Zuschlag erhält, nicht an sein Angebot, verfällt die Garantie (unabhängig von sonstigen Ansprüchen). Bei Ausschreibungen müssen Interessenten häufig eine Bankauskunft vorlegen (**Präqualifikation**), in der die Bank u.a. auch ihre Bereitschaft zur Übernahme von Bietungsgarantien ausdrückt. Diese Erklärung ist jedoch zunächst unverbindlich. Durch **Anzahlungsgarantien** soll gewährleistet werden, daß einem Käufer, der eine Anzahlung geleistet hat, diese zurückgezahlt wird, wenn der Verkäufer nicht leistet (Rückerstattungs- oder Rückzahlungsgarantie); durch **Liefer-** und **Gewährleistungsgarantien** soll sichergestellt werden, daß der Verkäufer dem Käufer vertragsgerechte Ware liefert und ggf. seinen Pflichten im Rahmen der Mängelrüge nachkommt; durch

Erfüllungsgarantien soll die Einhaltung von Werkverträgen sichergestellt werden.
Da derartige Garantien in der Regel «auf erstes Anfordern» hin, d.h. ohne materielle Prüfung des Anspruchs zahlbar gestellt werden, sollten klare Kriterien für die Inanspruchnahme vereinbart werden. Dennoch kann die Vereinbarung solcher Garantien zu Problemen führen: In manchen Ländern ist es nicht unüblich, diese Garantien unberechtigterweise in Anspruch zu nehmen, ohne daß sich der Verkäufer dagegen schützen kann (vgl. Abschn. H-2.4.3.4). Grundsätzlich sollte im Kaufvertrag eindeutig geregelt werden, unter welchen Voraussetzungen und unter Vorlage welcher Nachweise Garantien in Anspruch genommen werden können. Die ICC hat Mitte 1992 *Einheitliche Richtlinien für auf Anforderung zahlbare Garantien* auf internationaler Ebene eingeführt.

(h) Schiedsgerichtsbarkeit
Um Auseinandersetzungen vor ordentlichen Gerichten zu vermeiden, oder bei unklarer oder komplizierter Rechtslage, wird oft auf außergerichtliche Schiedsgerichtsverfahren ausgewichen (vgl. Abschnitt D-1.6). Um Probleme und Unklarheiten hinsichtlich der Wahl des anzuwendenden Rechts zu vermeiden, sollten daher die Vertragspartner diesen Punkt einvernehmlich und ausdrücklich im Vertrag regeln.

(i) Eigentumsvorbehalt
Nach deutschem Recht kann der Exporteur das Risiko der Nichtzahlung seitens des ausländischen Käufers durch den Eigentumsvorbehalt verringern. Ob dies eine sinnvolle Vertragsklausel ist, hängt davon ab, ob der Eigentumsvorbehalt im Land des Käufers durchzusetzen ist, denn dieses Rechtsinstitut ist teils unbekannt, teils an bestimmte Voraussetzungen geknüpft: So muß der Eigentumsvorbehalt beispielsweise in der Schweiz beim Kantonalgericht registriert werden, das für den Wohnsitz des Käufers zuständig ist. In vielen Ländern wird nicht – wie nach deutschem Recht – zwischen Kaufvertrag (§ 433 BGB) und Eigentumsübertragung (§ 925 BGB) unterschieden, so daß dort bei Abschluß des Kaufvertrages auch das Eigentum übergeht und ein Eigentumsvorbehalt gegenstandslos ist (vgl. auch Abb. D-1.5/1).

D-1.1.3. Vorverträge

Häufig werden vor Abschluß des eigentlichen Vertrages Vorverträge in Form eines *«letter of intent»* oder eines *«Memorandum of Understanding»* formuliert. Dies kann problematisch sein, wenn – wie z.B.

nach US-Recht – ein solches Mermorandum of understanding in den USA nicht einklagbar *(enforcable)* ist, wohl aber für den deutschen Vertragspartner nach deutschem Recht als bindender Vorvertrag zu werten ist. Der deutsche Partner kann also u.U. asymmetrisch in Anspruch genommen werden.

D-1.2. Rechtskreise

Bei der Gestaltung grenzüberschreitender Kauf-, Liefer-, Handels- oder sonstiger Verträge sind – wie bereits die vorangehenden Ausführungen verdeutlichen – eine Vielzahl von Punkten zu berücksichtigen. Zu den wichtigsten gehören u.a.: Kostenübergang, Gefahrenübergang, Eigentumsübergang, Sachmängelhaftung, Regelung von Leistungsstörungen, Zahlungsbedingungen, Einbeziehung Allgemeiner Geschäftsbedingungen, Vertragsstrafen (sog. Pönale), Gerichtsstand, Erfüllungsort, ggf. Schiedgerichtsbarkeit, die Verhandlungs- und Vertragssprache und als sehr wichtiger Punkt: das anwendbare Recht. Dieser Aspekt wird im folgenden betrachtet.
Angenommen, ein deutscher Exporteur liefert eine Werkzeugmaschine in die USA, und der amerikanische Käufer will den Exporteur – aus welchen Gründen auch immer – gerichtlich belangen: geschieht dies nach deutschem oder amerikanischem Recht? Um es vorweg zu nehmen: Sofern dies nicht vertraglich vereinbart wurde, kommt es auf die Umstände des konkreten Einzelfalls an. Grundsätzlich ist davon auszugehen, daß das deutsche Recht, das deutschen Exporteuren und Importeuren vertraut ist, in dieser Form nicht im Ausland gilt. Beispielsweise ist der in Deutschland gängige Eigentumsvorbehalt in der Regel im Ausland unwirksam. Ob wichtige Unterschiede bestehen, hängt insbesondere davon ab, welchem Rechtskreis das betreffende Ausland zuzurechnen ist. Diese sind – historisch gewachsen – von den jeweiligen kulturellen, sozialen und religiösen Hintergründen geprägt.
Der heute gültige **deutsche Rechtskreis** ist vom 1900 in Kraft getretenen BGB geprägt. In vielen Ländern gelten Rechtsordnungen, die dem deutschen jedoch zumindest ähnlich sind: Die österreichische und die liechtensteinische Rechtsordnung weisen viele Gemeinsamkeiten mit der deutschen auf (die schweizerische Rechtsordnung, die von der Türkei übernommen wurde, hingegen weicht recht stark vom deutschen System ab: Beispielsweise muß ein Eigentumsvorbehalt in der Schweiz am Wohnsitz des Erwerbers gerichtlich registriert sein). Das griechische Zivilgesetzbuch ähnelt im Aufbau dem deutschen BGB, ebenfalls das chinesische im Hinblick auf die ersten drei Bücher;

ursprünglich auch das japanische, das aber später stark von angloamerikanischen Einflüssen überlagert wurde.
Der **anglo-amerikanische Rechtskreis** ist kasuistisch fundiert und basiert nachhaltig auf einer Fall-Rechtsprechung. Dies ist für Kontinentaleuropäer ein erheblicher Unterschied zum eigenen Rechtskreis. Zu diesem Rechtskreis sind außer Großbritannien und (weitgehend) den USA (teilweise) Kanada, Australien, Neuseeland, Südafrika, Indien, Pakistan und viele Länder West- und Ostafrikas zu zählen. Hervorzuheben ist dabei u.a., daß die USA dabei in das Bundesstaatsrecht und das Recht aller Einzelstaaten zerfallen, es also kein einheitliches US-Recht gibt. Als Beispiel für einen wichtigen Unterschied im anglo-amerikanischen Rechtskreis gegenüber dem deutschen sei erwähnt, daß in diesem Rechtskreis der Anbieter – im Gegensatz zur deutschen Rechtsordnung – nicht an sein Angebot gebunden ist, solange keine Annahme des Angebots stattgefunden hat. (Der Anbieter ist allerdings ggf. bei Nichteinhaltung seines Angebots schadenersatzpflichtig.)
Der **romanische Rechtskreis** beruht auf dem napoleonischen Code Civile und erstreckt sich auf Frankreich, Luxemburg, Belgien, die Niederlande, die meisten der ehemaligen französischen Kolonien, die Provinz Quebec in Kanada, den Bundesstaat Louisiana in den USA, Argentinien und Brasilien; auch Spanien und Italien sind hier hinzuzurechnen.
Von den übrigen Rechtskreisen seien noch erwähnt der **skandinavische**, der **islamische**, der (ehemalige) **sozialistische** und der **fernöstliche** Rechtskreis.
Die einzelnen Länder, die jeweils einem bestimmten Rechtskreis zuzurechnen sind, haben natürlich individuell unterschiedliche nationale Rechtsordnungen. Obgleich diese sich in wichtigen Grundzügen ähneln, muß daher bei einem internationalen Vertrag festgelegt werden, welches Recht im Bedarfsfall anzuwenden sein soll. Die Darstellung beschränkt sich im folgenden auf Kaufrecht.

D-1.3. Anzuwendendes Recht

Grundsätzlich sind die Vertragsparteien hinsichtlich einer Vereinbarung über das auf ihren Kaufvertrag anzuwendende Recht frei (**Parteiautonomie**), sofern nicht zwingende Rechtsvorschriften (z.B. beim Immobilienerwerb) dem entgegenstehen. Zum Beispiel bestehen im islamischen Rechtskreis oft grundsätzliche Verbote, ausländisches Recht anzuwenden. Aus praktischen Gründen sollte das gewählte Recht einen Bezug zum zugrundeliegenden Rechtsgeschäft haben, so

daß beispielsweise ein deutscher und ein amerikanischer Partner nicht gerade portugiesisches Recht vereinbaren werden, nicht zuletzt aus sprachlichen Gründen. Welches (privatrechtliche) Recht vereinbart wird, hängt insbesondere auch von der Machtstellung der Partner ab, denn jeder Beteiligte hat natürlich zum einen ein Interesse daran, sich auf das ihm vertraute Recht zu stützen, nicht zuletzt aus sprachlichen Gründen, und wird sich nicht ohne Not auf ein fremdes Recht einlassen, und zum anderen ist zu berücksichtigen, ob das gewählte Recht im Streitfall auch durchsetzbar ist (vgl. dazu Abschn. D-1.5). Eine sog. **Vertragsspaltung**, bei der Teile des Vertrags verschiedenen Rechten unterstellt werden, ist grundsätzlich problematisch.
Prinzipiell gibt es **vier Möglichkeiten** der Rechtsvereinbarung: das nationale Recht des Verkäufers, das nationale Recht des Käufers, ein drittes ‹neutrales› nationales Recht (z.B. schweizerisches oder österreichisches Recht, und schließlich internationales Recht.
Sofern vertraglich kein nationales Recht vereinbart wurde, gilt für die Unterzeichnerstaaten des «UN-Übereinkommens zum internationalen Warenkauf» i.d.R. automatisch dieses internationale **UNCITRAL-Kaufrecht** (vgl. Abschn. D-1.4.2). Sofern über das anzuwendende Recht Unklarheit besteht, muß im Streitfall gerichtlich nach den Normen des sog. **internationalen Privatrechts** diese Frage geklärt werden. Dies geschieht durch das Gericht, das als erstes mit dem strittigen Vertrag befaßt wird, so daß es wiederum von den unterschiedlichen, in dem betreffenden Land geltenden Grundsätzen für das internationale Privatrecht für die Ermittlung des anwendbaren Rechts abhängt, wie der konkrete Fall beurteilt wird.
In der Bundesrepublik wird dabei nach der **Zivilprozeßordnung (ZPO)** u.a. vom sog. **hypothetischen Parteiwillen** ausgegangen, d.h. das Gericht untersucht den Schwerpunkt des Rechtsverhältnisses beim betreffenden Kaufvertrag unter dem Aspekt, wie die Vertragsparteien *vermutlich* die Rechtsfrage geregelt hätten, wenn sie daran gedacht hätten. Dies ist besonders kompliziert, wenn z.B. ein deutscher Exporteur eine Ware, die in Österreich lagert, in der Schweiz an einen brasilianischen Käufer verkauft. Oft werden dabei objektive Kriterien wie der Sitz des Verkäufers bzw. der Abladeort den Ausschlag geben, jedoch werden auch die Vereinbarungen über den Erfüllungsort, den Gerichtsstand, die Vertragssprache oder ggf. eine Schiedsgerichtsklausel herangezogen. Im romanischen Rechtskreis wird meist der Ort des Vertragsabschlusses zugrunde gelegt. Sofern das Land, dessen Recht nach dieser Prüfung anzuwenden ist, aber Mitglied eines internationalen Kaufrechtsabkommens ist (Abschn. D-1.4), würde – in Ermangelung einer vertraglichen Regelung – *dieses* als Regelung für internatio-

nale Verträge und nicht das nationale Recht zur Anwendung kommen.
Sofern man sich nicht auf das Recht des einen oder anderen Partners oder auf ein ‹neutrales› drittes nationales Recht einigen kann, bietet es sich an, auch vertraglich auf internationale Kaufrechtsvereinheitlichungen auszuweichen; dies geschieht in der Praxis in zunehmendem Maße.

D-1.4. Kaufrechtsvereinheitlichungen

Internationale Kaufrechtsvereinheitlichungen sind eigenständiges, zwischenstaatliches Kaufrecht, das von den nationalen Kaufrechten abweicht. Sie haben den Vorteil, daß der Nachteil, sich auf ‹fremdes› Recht einstellen zu müssen, für alle Vertragspartner gilt (dies gilt analog auch für ein vereinbartes ‹neutrales› nationales Recht). Zudem sind die Kaufrechtsvereinheitlichungen sehr praxisorientiert. Natürlich können Regelungen aus Kaufrechtsabkommen durch vertragliche Regelungen individuell ganz oder teilweise modifiziert oder ersetzt werden.

D-1.4.1. Vorläufer: Haager Kaufrechtsübereinkommen

Die ‹**Haager Kaufrechtsübereinkommen**›, die von 1974–1990 galten, stellen einen Versuch dar, das internationale Kaufrecht zu vereinheitlichen. Sie sind aber mittlerweile weitgehend vom UN-Kaufrecht ersetzt worden (vgl. Abschn. D-1.4.2). Zum Haager Kaufrecht zählten zwei Abkommen:
- das ‹Einheitliche Gesetz über den internationalen Kauf beweglicher Sachen› (**EKG**) und
- das ‹Einheitliche Gesetz über den Abschluß von internationalen Kaufverträgen über bewegliche Sachen› (**EAG**).

Voraussetzung für die Anwendbarkeit des Haager Kaufrechts war u.a., daß die Vertragspartner ihren Sitz in verschiedenen Staaten haben, der Vertrag über die Grenze abgeschlossen wurde, über die Grenze geliefert wird und der Ort des Vertragsabschlusses und der Lieferung in zwei verschiedenen Staaten liegen.
Das Haager Abkommen wurde jedoch nur von wenigen Ländern ratifiziert (darunter 1973 von der Bundesrepublik Deutschland, nicht aber z.B. von Frankreich) und war faktisch nur begrenzt innerhalb der EG von Bedeutung. Es wurde in Deutschland am 1.1.1991 durch das UN-Kaufrecht ersetzt.

D-1.4.2. UN-Kaufrecht

Das «UN-Übereinkommen zum internationalen Warenkauf» wurde im April 1980 von der *United Nations Commission on International Trade Law* (**UNCITRAL**) in Wien vorgelegt, um die Haager Kaufrechtsabkommen zu ersetzen, und trat am 1.1.1991 auch in der Bundesrepublik in Kraft, nachdem es zuvor von einer hinreichenden Zahl von Vertragspartnern ratifiziert wurde. Häufig wird auch die Bezeichnung «*Convention on the International Sale of Goods*» (**CISG**) verwendet.
Das UN-Kaufrecht, synonym: Wiener Kaufrecht oder UNCITRAL-Kaufrecht, gilt – gegenüber dem Haager Kaufrecht – als einfacher, klarer und straffer. Die Praxisrelevanz leitet sich vor allem aus der engen Orientierung an Handelsbräuchen ab. Das Abkommen weicht in vieler Hinsicht vom deutschen BGB und HGB ab, da es als Kompromiß zwischen Vertretern unterschiedlicher Rechtskreise zustande gekommen ist. Dies kann natürlich in der Praxis zu Auslegungsproblemen führen.

(a) Anwendungsbereich
Das UN-Kaufrecht gilt automatisch für alle internationalen Verträge, die folgende Kriterien erfüllen:
Das Abkommen erstreckt sich auf den Kauf von Waren, so daß andere Rechtsbereiche wie u.a. Kauf von Immobilien, Wertpapieren, Schiffen, Flugzeugen nach wie vor Einigung auf ein nationales Recht erfordern.
Voraussetzung für die Anwendbarkeit des UN-Kaufrechts ist, daß die Vertragspartner ihren Sitz in verschiedenen Staaten haben. Allerdings muß – im Gegensatz zum ehemaligen Haager Kaufrecht – nicht zwingend ein Vertrag ‹über die Grenze› vorliegen oder über die Grenze geliefert werden, so daß auch die Lieferung im Inland an einen Käufer mit Sitz im Ausland eingeschlossen wird. Reine Inländerkäufe unterliegen jedoch nicht dem Abkommen, d.h. einer der beiden Beteiligten muß Ausländer sein, was sich allerdings nicht auf die Staatsangehörigkeit, sondern auf den Firmensitz (Niederlassung) oder gewöhnlichen Aufenthalt (bei natürlichen Personen) bezieht.
Sofern nicht explizit nationales Recht unter Ausschluß des UN-Kaufrechts vereinbart worden ist, findet das UN-Kaufrecht dann automatisch Anwendung, wenn das Land mindestens eines der Vertragspartner Mitglied des UN-Abkommens ist und das internationale Privatrecht des anderen Landes auf das nationale Recht des ersten Landes verweist: Klagt beispielsweise ein deutsches Unternehmen vor einem

britischen Gericht gegen ein britisches Unternehmen (Großbritannien ist nicht Mitglied des Abkommens) und verweist das britische internationale Privatrecht bei internationalen Kaufverträgen auf deutsches Recht – wenn bei der Prüfung analog Abschnitt D-1.3, welches Recht anzuwenden ist, sich nach dem britischen internationalen Privatrecht ergibt, daß das deutsche Recht anzuwenden ist –, so muß das britische Gericht das UN-Kaufrecht als geltendes deutsches Recht anwenden, weil die Bundesrepublik Mitglied des internationalen Kaufrechtsabkommens ist. Sofern nicht das internationale UN-Recht, sondern das nationale deutsche Recht angewendet werden soll, muß dies vertraglich vereinbart und das UN-Recht ausgeschlossen werden. Im Vertrag sollte dann also sinngemäß vereinbart werden: «Für alle Rechtsbeziehungen, die sich für die Vertragsparteien aus diesem Vertrag ergeben, gilt das deutsche Recht unter Ausschluß des UN-Kaufrechts».

(b) Einschränkungen
Zunächst einmal haben eine Reihe von Staaten Vorbehaltsklauseln hinsichtlich der Anwendbarkeit des UN-Kaufrechts durchgesetzt, d.h. bestimmte Aspekte gelten u.a. nicht in skandinavischen Ländern, den USA und China. Insgesamt sind diese Ausschlußmöglichkeiten aber viel begrenzter als im alten Haager Kaufrecht.
Die Anwendbarkeit ist materiell beschränkt auf bewegliche Güter, allerdings nicht für den persönlichen (privaten) Gebrauch, sondern nur für kommerzielle Zwecke. Weitere Ausschlüsse bestehen hinsichtlich Käufen auf Versteigerungen, von Wertpapieren und Zahlungsmitteln, von Schiffen und Luftfahrzeugen und von elektrischer Energie. Bei der Haftpflicht sind Personenschäden explizit ausgeklammert, weil die Produkthaftpflicht sich nicht überall gegen den Hersteller richtet – wie in der Bundesrepublik –, sondern vertraglich geregelt werden muß, und diese soll nach wie vor nationalem Recht unterliegen. Das Abkommen läßt zudem eine Reihe von Rechtsbegriffen unbestimmt (z.B. ‹angemessene› Frist) und läßt andere Fragen wie die Währung des Kaufpreises oder die Verzinsung offen. Diese Punkte müssen daher vertraglich konkretisiert werden.

D-1.4.3. Weitere vereinheitlichende Regelungen

Es ist empfehlenswert, sich bei internationalen Kauf- und Lieferverträgen auf die **INCOTERMS**, d.h. die *International Commercial Terms* zu stützen, die von der Internationalen Handelskammer (ICC, *International Chamber of Commerce*) erarbeitet werden. Sie regeln klar und systematisch den Kosten- und Gefahrenübergang und die

damit verbundenen Rechte und Pflichten von Käufer und Verkäufer (vgl. ausführlicher Abschn. D-3).
Im Bereich von industriellen Maschinen, Anlagen und langlebigen Konsumgütern gibt es darüber hinaus mit den **ECE-Lieferbedingungen** (ECE = *Economic Commission for Europe* = UN-Wirtschaftskommission für Europa) einen speziellen Regelungsvorschlag für Allgemeine Lieferbedingungen. Im angelsächsischen Bereich gibt es sog. Formularverträge, die als Vorbereitung für den Vertragsabschluß recht gebräuchlich sind.
Zu den Rechtsvereinheitlichungen, welche die internationale Vertragsgestaltung eindeutig(er) machen und damit erleichtern, sind auch die **Einheitlichen Richtlinien für Dokumentengeschäfte** (Dokumenteninkassi und Akkreditive) zu zählen. Hierauf wird im Abschn. D-4 vertiefend eingegangen.

D-1.5. Rechtsverfolgung im Ausland

D-1.5.1. Allgemeines

Bei Rechtsproblemen mit einem ausländischen Partner sollte zunächst versucht werden, eine gütliche Einigung durch einfachen Schriftwechsel oder z.B. durch ein Vergleichsverfahren (vgl. Abschn. D-1.6.1) zu erreichen, sowohl um die Geschäftsbeziehung nicht zu belasten als auch um die mit der Rechtsverfolgung verbundenen Schwierigkeiten zu vermeiden: Juristische Streitigkeiten mit ausländischen Vertragspartnern bergen eine Fülle von Problemen in sich. Dies bezieht sich auf die fremde Rechtsordnung, deren Normen oft nicht in der Sprache des Inländers zugänglich sind, auf ein anders strukturiertes Gerichtssystem, auf ungewohnte Praktiken bei Rechtsberatung und Rechtsbeistand und auf die Vollstreckbarkeit von Ansprüchen, die im Inland gegenüber dem ausländischen Vertragspartner (oder besser: -gegner) erwirkt wurden.
Sofern keine gütliche Einigung möglich ist und auch die Möglichkeit der privaten Schiedsgerichtsbarkeit ausgeschlossen ist, bleibt keine Alternative zur gerichtlichen Klärung. Dabei wird in der Regel die Einschaltung von ausländischen Rechtsanwälten ratsam sein, die mit den ausländischen Gegebenheiten vertraut sind. Dabei können sich aber wichtige Abweichungen von den deutschen Gebräuchen ergeben. So werden in manchen Ländern – selbst bei Erfolg vor Gericht – die Anwaltskosten nicht erstattet. Diese wiederum können sich nach gerichtlichen Gebührentabellen richten oder aber frei vereinbart wer-

den, was zu deutlich höheren Kosten als in der Bundesrepublik führen kann. Zudem ist in manchen Ländern (z.B. den USA) ein Erfolgshonorar üblich, was in der Bundesrepublik unzulässig ist.

D-1.5.2. Gerichtsstand

Der Gerichtsstand kann – wie alle übrigen Vertragspunkte – frei, aber ausdrücklich und schriftlich vereinbart werden. Allerdings ist zu beachten, daß nach dem nationalen Recht mancher Staaten die Vereinbarung eines ausländischen Gerichtsstandes unzulässig und damit z.B. die Anerkennung eines deutschen Gerichtsurteils nicht gegeben ist (vgl. Abb. D-1.5/1). In der EG gilt das Europäische Gerichtsstands- und Vollstreckungsübereinkommen (**GVÜ**) (vgl. auch weiter unten). Grundsätzlich sollten nach dem GVÜ Personen vor einem Gericht des Staates verklagt werden, in dem sie ihren Sitz haben. Jedoch kann mit einem im Geltungsbereich des Abkommens ansässigen Partner ein beliebiges Gericht im Geltungsbereich vereinbart werden. Damit ist gleichzeitig die Anerkennung einer gerichtlichen Entscheidung im Hinblick auf eine eventuelle Forderungsdurchsetzung gewährleistet. Grundsätzlich ist es günstig, wenn das vereinbarte Recht und der

Abb. D-1.5/1 **Rechtsprobleme**

Eigentumsvorbehalt beim Export nach Dänemark
Deutsche Firmen, die nach Dänemark «unter Eigentumsvorbehalt» liefern, müssen immer wieder feststellen, daß der nach deutschem Recht wirksam vereinbarte Eigentumsvorbehalt in Dänemark nicht durchsetzbar ist. Wie der Delegierte der Deutschen Wirtschaft in Dänemark dazu bemerkt, ist für die Wirksamkeit eines Eigentumsvorbehalts immer eine ausdrückliche und klare Vereinbarung Voraussetzung; ein Hinweis auf einer Rechnung oder in den Allgemeinen Geschäftsbedingungen reicht nicht aus.

Pakistan – Rechtsverfolgung
Im Geschäftsverkehr mit Pakistan bereiten Gerichtsstands- und Schiedsvereinbarungen immer wieder Probleme. Vereinbarungen über die Zuständigkeit eines ausländischen Gerichts werden im Zweifel als nichtig angesehen. Bestand haben derartige Klauseln nur dann, wenn sie mit einem wirtschaftlich potenten pakistanischen Partner oder einer öffentlich-rechtlichen Institution vereinbart wurden und der Gegenstandswert des Vertrages sehr erheblich ist. In allen anderen Fällen muß davon ausgegangen werden, daß ein von pakistanischer Seite angerufenes Gericht seine Zuständigkeit bejahen wird.

Quelle: IHK Münster, awi 91

Gerichtsstand übereinstimmen. Wenn der Erfüllungsort als Gerichtsstand vereinbart wird, sollte zugleich auch das anwendbare Recht vereinbart werden, da der Erfüllungsort nicht in allen Rechtskreisen gleich definiert wird. Die ausschließliche Vereinbarung eines ausländischen Gerichtsstandes (möglichst dann die Hauptstadt) sollte insbesondere davon abhängig gemacht werden, ob ausländische Gerichtstitel aufgrund von gegenseitigen Vollstreckungsabkommen (siehe unten) ggf. auch durchgesetzt werden können und umgekehrt. Dies gilt auch für einen ‹neutralen› Gerichtsstand, für den dann mit beiden Staaten der Vertragsparteien entsprechende Gegenseitigkeitsabkommen gelten müssen. In der Bundesrepublik hängt die Anerkennung von Urteilen ausländischer ordentlicher Gerichte nach der ZPO davon ab, ob dies gegenseitig gilt. Günstig ist dann eine Klausel wie «Gerichtsstand ist nach Wahl des Klägers entweder der Geschäftssitz des Klägers oder des Beklagten». Darüber hinaus ist zu prüfen, ob ein deutscher Gerichtsstand zweckmäßig ist. In einigen Ländern (u.a. Indien oder Pakistan) muß ein deutsches Urteil bei einer Klage im jeweiligen Partnerland nochmals verhandelt und entschieden werden (vgl. nachstehend).

D-1.5.3. Forderungseinzug im Ausland

D-1.5.3.1. Außergerichtliches Verfahren

Wie bereits erwähnt, ist es empfehlenswert, zunächst eine gerichtliche Auseinandersetzung mit einem ausländischen Partner zu vermeiden und auf außergerichtliche Alternativen wie Vergleichs- oder Schiedsgerichtsverfahren (vgl. Abschn. D-1.6) einschließlich des außergerichtlichen Mahnverfahrens zurückzugreifen. Allerdings ist darauf zu achten, daß durch den damit verbundenen Zeitaufwand keine Probleme im Hinblick auf die Verjährungsfrist entstehen.

D-1.5.3.2. Gerichtliche Vollstreckung

Sofern eine außergerichtliche Einigung nicht in Frage kommt, kann der Gläubiger im Rahmen eines gerichtlichen Verfahrens einen Vollstreckungstitel erwirken und ggf. zur Vollstreckung bringen. Dabei ist die Klärung des Gerichtsstandes sowie des anwendbaren Rechts Voraussetzung (vgl. oben). Für die Erlangung eines Vollstreckungstitels kann – unter der Voraussetzung eines deutschen Gerichtsstands – entweder das gerichtliche Mahnverfahren oder das Klageverfahren gewählt werden.

Für das **Mahnverfahren** finden dann die Vorschriften der deutschen Zivilprozeßordnung (ZPO) Anwendung. Eine (rechtlich) problemlose Durchsetzung ist insbesondere im Geltungsbereich des Europäischen Gerichtsstands- und Vollstreckungsübereinkommens (GVÜ, vgl. (a) weiter unten) zu erwarten. Das Mahnverfahren ist im Vergleich zum Klageverfahren kostengünstiger und in der Regel schneller. Beim gerichtlichen Mahnverfahren wird auf eine Begründung in der Sache verzichtet. Das Gericht fordert den Schuldner auf Antrag des Gläubigers auf, innerhalb einer bestimmten Frist (i.d.R. zwei Wochen) Zahlung zu leisten oder Widerspruch einzulegen. Sofern der Schuldner nach Zustellung des Mahnbescheides nicht innerhalb einer bestimmten Frist zahlt oder widerspricht, kann auf Antrag ein Vollstreckungstitel erteilt werden. Bei rechtzeitigem Widerspruch geht das Verfahren in einen normalen Prozeß über, bei dem mündlich verhandelt wird, Beweise erhoben werden und durch Urteil entschieden wird. Gegen den Vollstreckungsbescheid kann der Schuldner innerhalb von zwei Wochen Einspruch einlegen. Geschieht dies nicht, wird der Anspruch des Gläubigers rechtskräftig. Die Zwangsvollstreckung aufgrund eines vollstreckbaren Titels erfolgt durch den Gerichtsvollzieher im Wege der Pfändung und öffentlichen Versteigerung.
Beim gerichtlichen **Klageverfahren** wird – im Gegensatz zum Mahnverfahren – nicht nur die formelle, sondern auch die sachliche Begründung des Gläubigeranspruchs geprüft. Grundsätzlich ist die Wirksamkeit eines Gerichtsentscheides auf den Staat begrenzt, in dem das Gericht seinen Sitz hat, sofern nicht entsprechende Abkommen über die (gegenseitige) *Anerkennung* und *Vollstreckung* gerichtlicher Entscheidungen vorliegen. Andernfalls richtet sich die Anerkennung bzw. Vollstreckung deutscher Gerichtsentscheide nach dem (autonomen) nationalen Zivilprozeßrecht des betreffenden Landes, in Deutschland also nach der ZPO (§§ 328, 722).

(a) Multilaterale Abkommen
In der EG gilt seit 1973 das bereits erwähnte ‹Übereinkommen über die gerichtliche Zuständigkeit und die Vollstreckung gerichtlicher Entscheidungen in Zivil- und Handelssachen›, kürzer: das **GVÜ**. Danach kann als Gerichtsstand ein beliebiger Ort im Geltungsbereich des Abkommens vereinbart werden; dies gilt auch für Partner, die lediglich eine Zweigniederlassung im Geltungsbereich des GVÜ haben. Die Unterzeichnerstaaten sind völkerrechtlich zur Anerkennung ausländischer Vollstreckungstitel verpflichtet.
Die Anerkennung eines ausländischen Gerichtsentscheides erfordert in der Bundesrepublik keine besonderen Verfahrensschritte. Für die

Vollstreckung ist beim zuständigen ausländischen Gericht ein Antrag auf Erteilung einer Vollstreckbarkeitserklärung einzureichen, über den ohne Anhörung des Schuldners entschieden wird. Allerdings kann dieser dagegen Rechtsbehelfe einlegen, welche die Vollstreckung zumindest nachhaltig verzögern können.

(b) Bilaterale Vollstreckungsabkommen
Mit einer Reihe von (auch EG-)Ländern hat die Bundesrepublik bilaterale Abkommen über die Anerkennung und Vollstreckung von Zivilurteilen geschlossen. Diese greifen nur dann, wenn das multilaterale EG-Abkommen keine Regelungen vorsieht, etwa bei der Anerkennung und Durchsetzung von Schiedsgerichtssprüchen (vgl. unten), oder wenn der betreffende Staat nicht vom multilateralen Abkommen erfaßt wird (Schweiz, Österreich, Tunesien).

(c) Vollstreckung ohne Abkommen
Auch ohne Gegenseitigkeitsabkommen sind Vollstreckungen im Ausland möglich, doch vollziehen sich diese gemäß den jeweiligen nationalen Vorschriften. Dabei gibt es drei Typen:

- Viele Länder – insbesondere des französischen Rechtskreises – verlangen eine sachliche und rechtliche Überprüfung des ausländischen (deutschen) Urteils, d.h. es wird praktisch ein neuer Prozeß erforderlich.
- Andere Länder – vor allem des anglo-amerikanischen Rechtskreises – gehen zwar von einem neuen Prozeß aus, berücksichtigen jedoch den ausländischen Gerichtsentscheid als wichtigen Beweis.
- Wiederum andere Länder – vor allem des anglo-amerikanischen Rechtskreises – überprüfen ‹lediglich› die Erfüllung bestimmter Grundanforderungen an den erlassenen Gerichtsentscheid, meist in dem Sinne, daß die Rechte des ausländischen Beteiligten im deutschen Verfahren – nach den Kriterien des ausländischen Rechts – hinreichend gewahrt worden sind.

D-1.5.3.3. Forderungseinzug durch Arrest

Durch einen Arrest nach der ZPO soll die Zwangsvollstreckung einer Geldforderung gesichert werden, solange der Gläubiger noch keinen vollstreckbaren Titel hat. Der Arrest erfolgt durch vorläufige Zwangsvollstreckung in das Vermögen des Schuldners (z.B. durch **Pfändung**). Voraussetzung für den Arrest ist, daß der Schuldner über Vermögenswerte in der Bundesrepublik verfügt. Durch den Arrest wird sichergestellt, daß der Schuldner z.B. keine Vermögenswerte beiseite schafft

(dinglicher Arrest) oder ins Ausland verzieht (unter bestimmten Voraussetzungen: *persönlicher Arrest*, d.h. Haft oder sonstige Beschränkung der persönlichen Freiheit).
Die hier nur angedeuteten Probleme bei der Prozeßführung und Entscheidungsvollstreckung im Ausland führen oft dazu, daß die Vertragsparteien von vornherein den ordentlichen Gerichtsweg ausschließen und ein außergerichtliches Vergleichs- oder Schiedsgerichtsverfahren vorsehen.

D-1.6. Internationale Schiedsgerichtsbarkeit

Die Schiedsgerichtsbarkeit bedeutet im internationalen Handel eine sehr zu empfehlende Alternative zu einem Verfahren vor einem ordentlichen staatlichen Gericht. Schiedsgerichte sind *private Gerichte*, die privatrechtliche Streitigkeiten beilegen können. Zur internationalen Schiedsgerichtsbarkeit werden hier im weiteren Sinne sowohl Schlichtungsverfahren (Vergleichsverfahren) als auch Schiedsgerichtsverfahren i.e.S. gezählt. Wie bereits angesprochen, bedeuten diese Möglichkeiten der Streitbeilegung häufig eine geringere Belastung der Geschäftsbeziehungen.
Die vertragliche Vereinbarung eines Schiedsgerichts i.e.S. (sog. **Arbitrage**) bedeutet den Ausschluß des ordentlichen Rechtsweges: Der Spruch eines Schiedsgerichtes ist endgültig und verbindlich; es gibt keine Revision oder Berufung. Der Spruch des Schiedsgerichts kann gerichtlich vollstreckt werden (vgl. unten). Weniger formal sind Vergleichs- oder Schlichtungsverfahren.

D-1.6.1. Vergleichsverfahren (Schlichtung)

Sofern bei Streitigkeiten zwischen Vertragspartnern kein Schiedsgerichtsverfahren vereinbart worden ist und auf eine Klage vor einem ordentlichen Gericht (zunächst) verzichtet werden soll, bietet sich der Versuch einer gütlichen Regelung an. Dies kann unformal durch gegenseitige Diskussion erfolgen oder formaler, indem sich die Parteien darauf einigen, an einem Schlichtungsverfahren teilzunehmen, um ggf. einen Vergleich zu erreichen.
Ein **Vergleich** bedeutet einen Vertrag zwischen zwei ursprünglich streitenden Parteien, dessen Inhalte im Wege des gegenseitigen *Nachgebens* ermittelt werden. Dies setzt also den beiderseitigen guten Willen zur Einigung voraus. Sofern vertraglich nichts anderes bestimmt worden ist, nehmen die Parteien an der Schlichtung *freiwillig* teil. Dabei

können sie sich gemeinsam auf ein Schlichtungsverfahren und den oder die Schlichter einigen oder aber auf vorstrukturierte Schlichtungsordnungen zurückgreifen, wie sie von vielen Institutionen wie z.B. der oben bereits erwähnten Internationalen Handelskammer (ICC) in Paris, nationalen Handelskammern oder Verbänden angeboten werden. Im Gegensatz zum Schiedsgerichtsspruch (vgl. anschließend) ist der Spruch des Schlichters lediglich ein Vorschlag, dem die Parteien zustimmen können oder auch nicht. Im letzteren Fall ist die Schlichtung gescheitert und es kommt kein Vergleich zustande. Vielfach wird auch verabredet, daß im Falle des Scheiterns der Schlichtungsversuche ein Schiedsgericht angerufen wird, dessen Spruch dann für beide Seiten unabhängig von der Interessenlage verbindlich ist. Diese Abfolge ist jedoch nicht zwingend, d.h. ein gescheiterter Vergleich geht nicht zwangsläufig in ein Schiedsgerichtsverfahren über, und ebensowenig setzt ein Schiedsgerichtsverfahren zunächst einen Schlichtungsversuch voraus.
(Während im folgenden privatrechtliche Auseinandersetzungen angesprochen sind, geht Abschn. E-1.6 auf die zwischenstaatliche Streitschlichtung im Rahmen des **GATT** ein.)

D-1.6.2. Schiedsgerichtsverfahren

D-1.6.2.1. Formen

Beim Schiedsgerichtsverfahren i.e.S. sind zwei Grundtypen zu unterscheiden: **institutionalisierte** und **Ad-hoc-Schiedsgerichte**. Ständige, institutionalisierte Schiedsgerichte bestehen bei verschiedenen Organisationen, Verbänden, Handelskammern und Börsen. Besonders hervorzuheben sind dabei die bereits erwähnte Internationale Handelskammer (ICC) in Paris, der London Court of Arbitration, das Internationale Schiedsgericht bei der Zürcher Handelskammer, das Schiedsgericht der Handelskammer in Stockholm, die Bundeskammer der gewerblichen Wirtschaft in Wien, die American Arbitration Association (AAA) in New York und die Schiedsgerichte der deutschen Auslandshandelskammern. Diese Schiedsgerichte konkurrieren natürlich miteinander um die Klientel (Abb. D-1.6/1). Die Auswahl einer bestimmten Institution wird nicht zuletzt auch von ihrer Reputation abhängen. Meist wird ein Ort gewählt, der in einem ‹neutralen› Land liegt. Für viele Rohstoffe (Kaffee, Tee, Baumwolle etc.) gibt es institutionalisierte **Qualitätsarbitragen**.
In der Bundesrepublik gibt es die Deutsche Institution für Schiedsgerichtswesen (DIS) in Bonn, die 1991 aus der Fusion des Deutschen

Abb. D-1.6/1: **Schiedsgerichte**

SCHIEDSGERICHTSBARKEIT / Gerichtshof für internationale Handelsstreitigkeiten

Der gute Ruf entscheidet im Wettbewerb der weltweit tätigen Schiedszentren

Ausschusses für Schiedsgerichtswesen (DAS) und des Deutschen Instituts für Schiedsgerichtswesen (bislang auch: DIS) hervorgegangen ist. Diese Zweiteilung war international aber auf wenig Akzeptanz gestoßen: Deutschland wurde nur selten als Schiedsort gewählt, auch wenn deutsche Vertragsparteien beteiligt waren. Die neue DIS betätigt sich national und international.

Ad-hoc-Schiedsgerichte treten meist nur für den betreffenden Fall zusammen und lösen sich anschließend wieder auf. Sie entscheiden ohne Überwachung des Schiedsverfahrens durch eine Schiedsinstitution.

D-1.6.2.2. Schiedsgerichtsklausel

Die vertraglich zu fixierende Schiedsgerichtsklausel sollte folgende Punkte regeln: Einsetzung eines Schiedsgerichts, Ort des Schiedsverfahrens, Art des Schiedsgerichts (Institution, ad hoc), Zusammensetzung des Schiedsgerichts nach Zahl und Qualifikation der Richter, Auswahl der Richter, die anzuwendende Schiedsordnung, das anzuwendende Recht, die Sprache des Schiedsverfahrens, die Verteilung der Kosten. Institutionalisierte Schiedsgerichte haben meist eine eigene Schiedsordnung, die viele dieser Punkte bereits regeln. Daneben gibt es aber auch internationale Muster-Schiedsgerichtsordnungen (vgl. unten) sowie branchenspezifische Verfahrensordnungen. Für die im Vertrag zu vereinbarende Schiedsklausel gibt es dabei Standardformulierungen, die nach Bedarf modifiziert oder ergänzt werden können. Wenn dies geschehen soll, sollte die Zustimmung der betreffenden Schiedsinstitution eingeholt werden, ob sie auf der Basis einer geänderten Schiedsklausel arbeiten wird.

Auch bei Vereinbarung von Schiedsgerichtsklauseln sollten die Parteien (es können durchaus mehr als zwei sein) das auf den Vertrag – nicht das Schiedsverfahren – anzuwendende Recht vertraglich eindeutig bestimmen, da dieses Problem andernfalls – genau wie sonst durch ein ordentliches Gericht – im außergerichtlichen Schiedsgerichtsverfahren geklärt werden muß.

D-1.6.2.3. Schiedsverfahren

Das Verfahren soll am Beispiel des Schiedsgerichtshofes der IIC dargestellt werden. Der Schiedsgerichtshof entscheidet nicht selbst, sondern überwacht, daß die eingesetzten Schiedsgerichte das in der Schiedsordnung vorgesehene Verfahren einhalten. Das Schiedsgericht kann direkt oder über die jeweils zuständige Landesgruppe des IIC angerufen werden. Dem eigentlichen Schiedsverfahren wird in der Regel ein Vergleichsverfahren vorgeschaltet, um zu versuchen, eine einvernehmliche Lösung zu erreichen. Gelingt dies nicht, wird der Streitfall einem Schiedsgericht übergeben.
Das ICC bestimmt einen Kostenvorschuß für die Schiedskosten (Verwaltungsgebühren und Honorare für die Richter), der sich aus einer Gebührentabelle ergibt und den die Parteien anteilig zu zahlen haben.
Das eigentliche Verfahren ist nicht-öffentlich und somit diskreter als ein ordentliches Gerichtsverfahren. Der Schiedsspruch wird in der Regel innerhalb von 2 Monaten verkündet.

D-1.6.2.4. Zusammensetzung des Schiedsgerichts

Schiedsverfahren werden i.d.R. entweder von einem Einzelrichter oder von einem Gremium von drei Schiedsrichtern entschieden.
Bei Ad-hoc-Schiedsgerichten kann die Zusammensetzung des Schiedsgerichts frei vereinbart werden. Bei kleineren Streitwerten wird das Schiedsgericht oft – aus Kostengründen – nur aus einem Richter bestehen, auf den sich die Parteien gemeinsam einigen oder der durch einen von den Parteien bestimmten neutralen Dritten, z.B. eine Handelskammer, gewählt wird. Möglich sind auch zwei Richter, die dann einen Schiedsobmann wählen.
Bei größeren Streitwerten ist die folgende Klausel beliebt: Jede Partei bestimmt einen Richter, ein dritter wird gemeinsam festgelegt oder ggf. durch einen neutralen Dritten von außen bestimmt.
Auch bei institutionalisierten Schiedsgerichten können ein- oder mehrköpfige Gerichte gewählt werden, die – im Fall des IIC – vom Präsidenten des Schiedsgerichtshofes ernannt werden, falls die Parteien keine andere Regelung treffen.
Im Gegensatz zu ordentlichen Gerichten wird ein Schiedsverfahren bei Ausfall eines Richters nicht automatisch einem anderen übertragen. Daher ist eine Regelung bezüglich der Vertretung oder des Ersatzes von Schiedsrichtern empfehlenswert.

D-1.6.2.5. Internationale Schiedsordnungen

Internationale Schiedsordnungen bieten Musterregelungen an, u.a. für die Schiedsvereinbarung, Bestellung, Ablehnung oder Abberufung von Richtern und für das Verfahren bei Tod oder Amtsunfähigkeit von Richtern. Diese Schiedsordnungen können von institutionalisierten wie von ad-hoc-Schiedsgerichten angewendet werden. Eine sehr bekannte Schiedsordnung ist die der Internationalen Handelskammer (ICC) in Paris. Auch die «Wiener Regeln» der Bundeskammer der gewerblichen Wirtschaft, Wien, oder die «Stockholmer Regeln» der Stockholmer Handelskammer werden oft zugrunde gelegt. Für die USA wird gern auf die Schiedsordnung der American Arbitration Association (AAA) zurückgegriffen.
Auf die Schiedsgerichtsordnung der UN-Wirtschaftskommission für Europa (UN-ECE-Schiedsgerichtsordnung) von 1966 wird/wurde vielfach im Ost-West-Handel zurückgegriffen, da sie unter Beteiligung west- und osteuropäischer Staaten zustande gekommen ist. Nach der Auflösung des RGW wird wohl verstärkt auf die UNCITRAL-Schiedsordnung von 1976 zurückgegriffen werden, die ursprünglich vor allem im Hinblick auf Entwicklungsländer ausgearbeitet wurden. Es gibt noch eine Reihe anderer Schiedsordnungen, z.B. der deutsch-schweizerischen oder der deutsch-französischen Handelskammer, auf die hier nicht weiter eingegangen wird.

D-1.6.2.6. Durchsetzbarkeit

Der Schiedsspruch gilt als ausländischer Schiedsspruch des Landes, in dem das Schiedsverfahren durchgeführt wurde. Dies muß nicht unbedingt das Land sein, in dem eine Schiedsinstitution ihren Sitz hat. Beispielsweise finden die meisten der Schiedsverfahren der ICC nicht in Paris, sondern in einem von den Vertragspartnern vereinbarten Schiedsort statt. Die (gerichtliche) Vollstreckbarkeit von Schiedsgerichtssprüchen hängt davon ab, ob es zwischen den betroffenen Staaten ein Abkommen über die gegenseitige Anerkennung von Schiedssprüchen gibt. Wenn dies nicht der Fall ist, muß das nationale Recht des Landes, in dem der durch den Schiedsspruch ‹Verurteilte› seinen Sitz hat, herangezogen werden. In der BRD regelt dies die Zivilprozeßordnung (ZPO), nach der ein ausländischer Schiedsspruch nach dem für inländische Schiedssprüche gültigen Verfahren für vollstreckbar erklärt werden kann. Voraussetzung ist allerdings, daß die Vereinbarung über die Anrufung eines Schiedsgerichts freiwillig und nicht unter mißbräuchlicher Ausnutzung wirtschaftlicher oder sonsti-

ger Macht erzwungen worden ist. Im letzteren Fall würde ein ausländischer Schiedsspruch nach deutschem Recht nicht anerkannt und folglich auch nicht durchgesetzt werden.
Das wohl wichtigste internationale Abkommen in diesem Zusammenhang ist das *UN-Übereinkommen über die Anerkennung und Vollstreckung ausländischer Schiedssprüche* von 1958, das auch von der BRD ratifiziert worden ist. Danach sind Schiedssprüche aus Vertragsstaaten genauso zu vollstrecken wie inländische, d.h. sie dürfen keinen anderen Verfahrens- oder Kostenvorschriften unterworfen werden. Schiedssprüche müssen zuvor von ordentlichen Gerichten für vollstreckbar erklärt werden, wobei das Gericht jedoch keine materielle Überprüfung des Sachverhalts, sondern nur eine formelle Prüfung des Verfahrens vornimmt, z.B. im Hinblick auf Zuständigkeiten und ob die verurteilte Partei nicht in ihrem Recht auf rechtliches Gehör verletzt worden ist.
Auf Länder, die dem UN-Abkommen nicht beigetreten sind, wird das *Genfer Protokoll über die Schiedsklauseln im Handelsverkehr* von 1923 oder das *Genfer Abkommen über die Vollstreckung ausländischer Schiedssprüche* von 1927 angewendet.
Dies macht deutlich, daß die Wahl des Ortes des Schiedsverfahrens, den die Parteien bestimmen können, insbesondere seine Bedeutung auch darin hat, ob für das dadurch bestimmte Land entsprechende Durchsetzungsregeln gelten.

D-1.6.2.7. Vor- und Nachteile von Schiedsgerichten

Private Schiedsgerichte (nicht nur internationale) sind fachlich meist außerordentlich *kompetent*, da sie mit Spezialisten für den betreffenden Fall besetzt sind. Hiervon kann im ordentlichen Gerichtsverfahren nicht immer ausgegangen werde, so daß dort meist externe Gutachter mit herangezogen werden müssen. Diesem Vorteil steht der Nachteil entgegen, daß der Spruch des Schiedsgerichts – wie erwähnt – *endgültig* ist und keine Revision möglich ist. In der Regel wird ein Schiedsrichter jedoch versuchen, einen Schiedsspruch auf der Basis eines Vergleichs zu fällen. Im Gegensatz zum Schlichtungsvorschlag ist der Schiedsgerichtsspruch also bindend.
Schiedsgerichtsverfahren sind im Vergleich mit ordentlichen Gerichtsverfahren meist (aber nicht immer) *weniger zeitaufwendig* und *weniger kostspielig*. Dies gilt vor allem für Ad-hoc-Schiedsgerichte, bei denen i.d.R. nur Honorare und Spesen, aber keine allgemeinen Verwaltungsgebühren wie bei institutionalisierten Schiedsgerichten anfallen. Diese Vorteile gelten allerdings *nicht für Bagatellfälle*, da die

Schiedsgerichte i.d.R. auch bei kleinen Streitwerten Mindestgebühren verlangen, und auch dann nicht, wenn bei unstreitigen Forderungen schnell ein *vollstreckbarer Titel* erworben werden soll: Dies ist über ein Schiedsgerichtsverfahren zeitaufwendiger. Tendenziell werden Schiedsgerichtsverfahren als *weniger belastend* für die Beziehungen der streitenden Parteien empfunden als der Spruch eines ordentlichen Gerichts. Da sie nicht-öffentlich sind, sind sie auch diskreter als ordentliche Verfahren. Es ist insgesamt festzustellen, daß Schiedssprüche in der Regel von den Parteien erfüllt werden, ohne daß eine gerichtliche Vollstreckung erforderlich würde.

D-1.7. Exkurs: Unternehmensformen im Ausland

Die folgenden Ausführungen erheben nicht den Anspruch, einen Überblick über das ausländische Gesellschaftsrecht zu geben, da dies den Rahmen sprengen würde. Es sollen nur einige Aspekte angesprochen werden, um ausländische Partnerunternehmen in einen allgemeinen rechtlichen Bezugsrahmen einordnen zu können.

D-1.7.1. Europäische Unternehmensformen

In allen EG-Ländern gibt es die Rechtsform der Aktiengesellschaft (AG), der Gesellschaft mit beschränkter Haftung (GmbH), der offenen Handelsgesellschaft (OHG) und der Kommanditgesellschaft (KG). Die Merkmalsausprägungen sind dabei jedoch recht unterschiedlich. Einige andere Rechtsformen wie z.B. die Kommanditgesellschaft auf Aktien (KGaA) oder die eingetragene Genossenschaft (eG) oder die Stille Gesellschaft sind in unterschiedlicher Verbreitung möglich. Die unternehmensrechtlichen Möglichkeiten in Österreich, der Schweiz, einigen skandinavischen Ländern und teilweise auch Japan entsprechen in vieler Hinsicht weitgehend deutschem Recht. Einige Formen sind lediglich landestypisch, wie die deutsche GmbH & Co. KG oder das französische G.I.E. *(Groupement d'Intérêt Economique)*, das wohl auch Namenspatron war für die Europäische Wirtschaftliche Interessenvereinigung als bislang einzige Unternehmensform auf EG-Ebene. Die Abb. D-1.7/1–5 geben einen Überblick.

D-1.7.2. Amerikanische Unternehmensformen

In den USA werden Handelsgeschäfte überwiegend von Einzelpersonen betrieben *(sole proprietorships)* und nur ein Fünftel in Gesell-

Abb. D-1.7/1 **Ausländische Unternehmensformen I: Aktiengesellschaft**

Staat	Name	Mitgl.	Mindestkap.	
B	Société Anonyme Naamloze Vennootschap	2	1,25 Mio bfrs	25 % Mindesteinlage mind. 1,25 Mio bfrs.
D	AG	5	100.000 DM	
DK	aktieselskab	3	300.000 dkr = 78.630 DM	auch good-will möglich, 2 Gesellschafter müssen Dänen od. aus d. EG sein
F	Société Anonyme (S.A.)	7	250.000 FF = 74.275 DM 1,5 Mio FF = 445.650 DM	25 % Mindesteinlage, 99 Jahre Gesellschaftsdauer
GR	anonymos etaeria (A.E.)	2	5 Mio Dr. = 65.000 DM	seit 1835
GB	Public Company Public Company Limited by Shares	7	50.000 Ł = 150.000 DM	25 % Mindesteinlage, 2 directors, 1 secretary
IRL	Public (Limited) Company	7	30.000 IRLŁ = 80.400 DM	
I	Società per Azioni (S.p.A.)	2	200 Mio Lire = 272.000 DM	30 % Mindesteinlage
LUX	société anonyme	7	350 FLUX = 17,08 DM	20 % Mindesteinlage
NL	Naamloze Vennootschap (NV)	keine Mind.-zahl	100.000 hfl = 88.870 DM 30 Mio hfl 26.661.000 DM	25 % Mindesteinlage, mind. 40.000 hfl
P	sociedade anónima	5	60.000 DM	10 % Mindesteinlage
E	Sociedad Anónima (S.A.)	3	10 Mio Ptas = 163.000 DM	25 % Mindesteinlage

Abb. D-1.7/2 **Ausländische Unternehmensformen II: Gesellschaft mit beschränkter Haftung**

Staat	Name	Mitgl.	Mindestkap.	
B	Socicíété Privée à responsabilitée limitée (SPRL) Besloten Vennootschap met beperkte aansprakelijkheid (BVBL)	2–50	750.000 bfrs = 36.600 DM	
D	GmbH	1	50.000 DM	mind. 500 DM je Gesellschafter
DK	anpartsselskab (Ap/S)	1	80.000 dkr = 20.468 DM	seit 1973
F	Société à Responsabilité Limitée (S.A.R.L.)	2–50	50.000 FF = 14.855 DM	Volleinzahlung Einmann-GmbH möglich
GB	Private (Limited) Company	2 max. 50	–	director, secretary überwiegt in GB
IRL	Private (Limited) Company	2–50	–	
I	società a responsabilità limitata (s.r.l.)	2	20 Mio Lire = 27.200 DM	
LUX	société a responsabilité limitée	2–40	100.000 FLUX = 4.880 DM	
NL	Besloten Vennootschap met beperkte aansprakelijkheid (BV)	1	40.000 hfl. = 35.548 DM	Unbedenklichkeitserklärung des Justizministers, 25 % Mindesteinzahlung
P	sociedade par quotas (limitada)	1	50.000 DM	50 % Mindesteinzahlung
E	Sociedad de Responsabilitadad Limitada (S.R.L.)	2–50	500.000 Ptas = 8.150 DM bis 50 Mio Ptas	

Abb. D-1.7/3 **Ausländische Unternehmensformen III: Offene Handelsgesellschaft**

Staat	Name	
B	Société en nom collectif Vennootschap onder firma	kaum gebräuchlich
D	OHG	2 Mitglieder, §§ 105–160 HGB
DK	Navngivne Handelsselskab Ansvarligt Interessentskab	alle Gesellschafter müssen einen Gewerbeschein besitzen. Nur Dänen können diesen erwerben
F	Société en Nom Collectif (SNC)	2 Mitglieder, 99 Jahre Gesellschaftsdauer
GK	omorythmos etaeria	bereits seit 1835 bekannt
GB	~Partnership	bis 20 Mitglieder
IRL	~Partnership	bis 20 Mitglieder
LUX	société en nom collectif	2 bis 40 Mitglieder
NL	Vennootschap onder firma (VOF)	
P	sociedade en nome colectivo	sehr selten
E	Sociedad Colectiva (y Compañia/y Cia.)	

schaftsform. Die Gesellschaftsformen lehnen sich eng an die in Großbritannien an. Dabei ist zwischen Personengesellschaften *(Partnerships)* und Kapitalgesellschaften *(Corporations; Companies)* zu unterscheiden.[1]

Die **Partnership** ähnelt der deutschen Gesellschaft bürgerlichen Rechts bzw. der OHG. Sie ist nach dem *Uniform Partnership Act* (UPA) auf Gewinn gerichtet, muß aber kein Handelsgewerbe sein. Gewinn oder Verlust werden zwischen den Partnern geteilt, wodurch sie sich von der einfachen Beteiligung mit Kapitalanlage unterscheidet. Der Gesell-

[1] Die folgenden Ausführungen stützen sich auf einen Beitrag von Rainer Kuba in: Die Geschäftswelt, hrsg. vom Deutschen Sparkassenverlag, 1989.

Abb. D-1.7/4 **Ausländische Unternehmensformen IV: Kommanditgesellschaft**

Staat	Name	
B	Société en commandite simple/Commanditaire Vennootschap	sehr selten
D	KG	2 Mitglieder, §§ 161–177a HGB
DK	kommanditselskab	
F	Société en Commandite Simple (SCS)	sehr selten
GK	eterorythmos etaeria	seit 1835 bekannt
GB	~Limited Partnership	Generalpartner: Komplementär
IRL	~Limited Partnership	
LUX	société en commandite simple	2 Mitglieder
NL	Commanditaire Vennootschap (CV)	
P	sociedade em comandita	sehr selten
E	Sociedad Comanditaria	geringe Bedeutung

schaftsvertrag kann völlig formlos abgeschlossen werden und bedarf nicht einmal der Schriftform.

Eine der KG ähnliche Rechtsform stellt die (**Master**) **Limited Partnership** (MLP) dar (in Großbritannien heute meist *Private Limited Company*), die im *Uniform Limited Partnership Act* normiert ist, der allerdings nur in einigen Bundesstaaten Anwendung findet. Dabei wird zwischen dem vollhaftenden *general partner* und dem teilhaftenden *limited partner* unterschieden, der von der Geschäftsführung ausgeschlossen ist.

Die einzige Kapitalgesellschaft des amerikanischen Rechts ist die **Corporation**, entweder als *Public Corporation*, deren Aktien an der Börse gehandelt werden, oder als *Close Corporation*, mit einer begrenzten Zahl von Gesellschaftern, z.B. eine Unternehmung im Familienbesitz. Die rechtliche Normierung besteht im *Uniform Business Corporation Act*, der u.a. auch Formvorschriften beinhaltet. Diese sind allerdings in den Bundesstaaten unterschiedlich streng, so daß die Gründung meist dort erfolgt, wo die geringsten Anforderungen bestehen, und das Unternehmen anschließend verlegt wird. Die Gründungskosten

Abb. D-1.7/5 **Ausländische Unternehmensformen V: Sonstige Gesellschaftsformen**

Staat	Name	
B	Société Cooperative – Genossenschaft Cooperatieve Vennootschap	
D	stille Ges. e.G. KGaA GmbH & Co. KG	§§ 230–237 HGB; Innengesellschaft Genossenschaftsgesetz §§ 278–290 Aktiengesetz § 4 Mitbestimmungsgesetz
DK	kommanditaktieselskab stille Selskab andelsselskab A.m.b.a. andelsforetagende	– KGaA, seit 1973, kaum verbreitet – stille Gesellschaft – beschränkt haftende Genossenschaft – Genossenschaft
F	Société en Commandite par Actions (SCA) – KGaA Société en Participation (S.P.) – stille Gesellschaft Groupement d'Intérêt Economique (G.I.E.) Société à capital variable/Société cooperative – eG Société nationalisée Société d'économie mixte – gemischtwirt. Gesellschaft	
GB	Partnership – als stille Gesellschaft Company Limited by Guarantee	
IRL	Unlimited Company – unbeschränkte Haftung, kein dt. Äquivalent	
I	associazione in partecipazione società in accomandita per azioni	– stille Gesellschaft – KGaA
LUX	société en commandite par actions société coopérative	– KGaA, – eG, mind. 7 Mitglieder
NL	Cooperatieve Vereniging Commanditaire Vennootschap op aandelen (CVOA) stille Gesellschaft Versicherungsgesellschaft auf Gegenseitigkeit	– eG – KGaA
E	Sociedad en Somandita por Acciones Sociedad Anómima Laboral (S.A.L.) Sociedad Agrariade de Transformación Cooperativa	– KGaA, seit 1990 – AG in Arbeiterhand – Landwirtschaftliche Verarbeitungsgesell-schaft – Genossenschaft

sind gering (insgesamt 600–1000 Dollar); in einzelnen Bundesstaaten genügt die Einreichung einer Gründungsurkunde; die Ausgabe von Aktien und die Einzahlung von Mindestkapital ist oft nicht erforderlich. Die Corporation ist daher für Unternehmen jeder Größenordnung geeignet. Personalunion bei Vorstandspositionen ist zulässig, ebenso wie eine Personaleinheit von Aktionär, Verwaltungsrats- und Vorstandsmitglied.

D-1.7.3. Die Europäische Wirtschaftliche Interessenvereinigung

Die Unternehmensform der Europäischen Wirtschaftlichen Interessenvereinigung (EWIV) beruht auf einer EG-Verordnung aus dem Jahre 1985; ihre Gründung ist erst seit 1989 möglich. Bedauerlicherweise ist die Bezeichnung nicht europaeinheitlich: Es gibt 7 verschiedene Abkürzungen und 9 verschiedene Schreibweisen.
Die EWIV ist eine Handelsgesellschaft im Sinne des deutschen HGB, aber keine juristische Person und auch keine unabhängige Gesellschaftsform. Ihre Mitglieder haften gesamtschuldnerisch und unbegrenzt. Mit der EWIV können Unternehmen bestimmte Funktionen gemeinsam ausüben. Sie ist branchenunabhängig und bietet sich z.B. an für ein gemeinsames Forschungs- und Entwicklungsvorhaben oder für gemeinsamen Einkauf, Vertrieb, Rechnungswesen, etc. Ein Mindestkapital ist nicht erforderlich. Die EWIV ist in der Bundesrepublik dem OHG-Recht unterstellt, allerdings mit einer Geschäftsführung wie bei der GmbH. Inhaltlich ähnelt die EWIV der ARGE als begrenzte Arbeitsgemeinschaft. Die Partner behalten – außerhalb der Zusammenarbeit – ihre volle juristische und wirtschaftliche Selbständigkeit. Die EWIV ist vorrangig eine Unternehmensform für kleine und mittlere Unternehmen: Eine Verflechtung mit anderen EWIV ist nicht möglich, sie darf nicht mehr als 500 Mitarbeiter beschäftigen, und sie darf keine Anteile eines der Mitgliedsunternehmen halten.

D-1.8. Exkurs: EG-Konzentrationskontrolle

D-1.8.1. Kompetenzen

Innerhalb der EG gibt es – auch in wettbewerbsrechtlicher Hinsicht – (noch) ein Nebeneinander von nationalen und von supranationalen (also gemeinschaftsrechtlichen) Regelungen. Dabei gilt als Grundsatz, daß ‹Gemeinschaftsrecht nationales Recht bricht›, d.h. daß EG-rechtliche Bestimmungen in allen Teilen verbindlich und unmittelbar in jedem Mitgliedstaat gelten. Damit sind nationale Regelungen, die mit dem Gemeinschaftsrecht nicht in Einklang stehen, automatisch nichtig. Positiv ausgedrückt bedeutet dies beispielsweise, daß ein Kartell, das nach EG-Recht zulässig ist, nicht nach nationalem Kartellrecht verboten werden kann, ebensowenig wie ein nach EG-Recht mißbräuchliches Verhalten nach nationalem Recht zulässig sein kann. Ein bestimmter Tatbestand kann aber sowohl nach nationalem als auch nach supranationalem Recht unzulässig sein. Allerdings kann er nicht doppelt geahndet werden, weil eine bereits ergangene Bußgeldentscheidung auf EG- oder nationaler Ebene zu berücksichtigen ist. In dem Maße, wie das supranationale Gemeinschaftsrecht ausgebaut wird, verlieren die nationalen Regelungen – und damit eventuelle Konfliktmöglichkeiten – an Gültigkeit.

Die existierenden nationalen Wettbewerbsnormen – faktisch haben allerdings nur die Bundesrepublik, Frankreich und Großbritannien nennenswerte Regelungen – beziehen sich in ihrer Wirkungsbeurteilung nur auf den jeweiligen nationalen Markt und können die Wirkungen auf die gesamte EG nur sehr unzureichend erfassen. Daher ist ein Ausbau des supranationalen Wettbewerbsrechts, einschließlich der eventuellen Schaffung eines Europäischen Kartellamtes, eine notwendige Begleiterscheinung bei der Verwirklichung des europäischen Binnenmarktes.

Gegenwärtig aber gilt noch, daß wettbewerbsrechtliche Fragen, die nicht durch EG-Recht geregelt sind, in den Zuständigkeitsbereich der Mitgliedstaaten fallen (sog. nationale *Restkompetenz*). Dies gilt auch für solche Fälle, insbesondere der Fusionskontrolle, in denen die EG-Kommission mit Blick auf den gesamten EG-Markt keine Bedenken sieht, wohl aber ein Mitgliedstaat hinsichtlich seines nationalen Markts. In solchen Fällen kann der Mitgliedstaat seine Bedenken anmelden, über die die Kommission entscheiden muß; dies unterliegt ggf. der Überprüfung durch den EuGH. Unabhängig davon können die Mitgliedstaaten aber nationale Regelungen treffen, wenn sog. legitime Interessen (etwa im Bereich der Medienvielfalt oder der öffentlichen Sicherheit) betroffen sind.

Nach dem EWG-Vertrag (Art. 3) sollen die Mitgliedstaaten den Wettbewerb vor Verzerrungen schützen. Die zentralen wettbewerbsrechtlichen Bestimmungen des Europäischen Gemeinschaftsrechts finden sich in den Art. 85 und 86 EWGV, wobei sich diese prinzipiell auf dieselben Problem- bzw. Kontrollbereiche erstrecken wie das deutsche GWB: die Kartellkontrolle, die Fusionskontrolle und die Mißbrauchsaufsicht; die Fusionskontrolle ist allerdings rechtlich anders verankert, wie zu zeigen sein wird. Die Überwachung und Durchsetzung der wettbewerbsrechtlichen Bestimmungen ist Aufgabe der EG-Kommission.

D-1.8.2. Kartellkontrolle

Nach Art. 85 EWGV sind Vereinbarung oder Verhaltensweisen von zwei und mehr Unternehmen, die den Wettbewerb verzerren oder den Handel zwischen den Mitgliedstaaten beeinträchtigen können, verboten. Dies erstreckt sich sowohl auf sog. **horizontale** Absprachen zwischen Unternehmen derselben Produktions- oder Handelsstufe als auch auf **vertikale** Absprachen zwischen Unternehmen verschiedener Produktionsstufen, etwa zwischen Produzenten und Zulieferern. Nicht jede einschlägige Absprache ist hingegen automatisch ein Verstoß gegen das Kartellverbot, sondern es müssen eine Reihe von Kriterien erfüllt sein:
Erstens muß eine (mündliche oder schriftliche) Vereinbarung oder eine entsprechende abgestimmte Verhaltensweise vorliegen. Zweitens muß mehr als ein Unternehmen beteiligt sein. Drittens muß eine *spürbare* Einschränkung oder Verfälschung des Wettbewerbs innerhalb der EG bezweckt werden. Viertens muß die Vereinbarung den tatsächlichen oder möglichen Handel zwischen den Mitgliedstaaten beeinträchtigen: Die Bestimmung gilt also nicht für Vereinbarungen ohne Auswirkungen auf den Handel, etwa Forschungsabsprachen. Es ist nicht erforderlich, daß die beteiligten Unternehmen ihren Sitz in verschiedenen Ländern haben, da auch durch rein nationale Vereinbarungen Auswirkungen auf den EG-internen Handel ausgehen können, etwa bei verabredeten Bezugs- oder Lieferboykotts.
Eine nach Art. 85 verbotene Vereinbarung ist automatisch nichtig, d.h. es bedarf prinzipiell keines weiteren juristischen oder administrativen Vorgehens auf nationaler Ebene. Zuwiderhandlungen können von der EG-Kommission mit Unterlassungsanordnungen und Geldbußen bis zu 1 Mio ECU (oder bis zu 10% des Jahresumsatzes der betreffenden Unternehmen) geahndet werden (vgl. Abb. D-1.8/1).
Analog zu den nationalen Bestimmungen des GWB gibt es auch auf der Ebene des Gemeinschaftsrechts *Aufgreifschwellen*, um Vereinbarungen von geringerer Bedeutung auszuschließen; dies betrifft insbesondere kleine und mittlere Unternehmen. Das Kartellverbot des Art. 85 gilt nicht, wenn die Güter, auf die sich die Vereinbarung erstreckt, im EG-Markt einen Marktanteil von nicht mehr als 5% haben und wenn der Gesamtumsatz der beteiligten Unternehmen

Abb. D-1.8/1: **EG-Kartellkontrolle**

Die EG ist einem Pappe-Kartell auf der Spur
Akten beschlagnahmt / Etwa 15 Unternehmen betroffen

EG-Behörde ahndet Chemie-Marktaufteilung

EG-Geldbuße für Aer Lingus

200 Mio ECU pro Jahr nicht überschreitet (sog. **De-minimis-Regel** zugunsten kleiner und mittlerer Unternehmen (KMU)). Allerdings sind dies nur Orientierungswerte, so daß sowohl Vereinbarungen oberhalb der Richtwerte als unbedenklich als auch solche unterhalb der Richtwerte als nicht geringfügig eingestuft werden können. Sofern Unternehmen unsicher sind, ob ihre Vereinbarung unter diese Ausnahmeregelung fällt, können sie (sinnvollerweise bereits im Planungsstadium) bei der Kommission ein **Negativattest** beantragen, das ihnen förmlich bescheinigt, daß die Vereinbarung nicht gegen die Wettbewerbsregeln verstößt. Unter Umständen ist auch eine Freistellung erforderlich:

Auch wenn die Aufgreifkriterien erfüllt sind und nicht als geringfügige Beeinträchtigung anzusehen sind, kann die EG-Kommission den Art. 85 für unanwendbar erklären, d.h. eine **Freistellung** aussprechen, sofern die Vorteile der Vereinbarung die wettbewerbsrechtlichen Nachteile überwiegen. Dies setzt erstens voraus, daß die Vereinbarungen zu Produkt- oder Vertriebsverbesserungen oder zu wirtschaftlichem Fortschritt beitragen, z.B. durch Kostensenkungen. Zweitens müssen die Kostenvorteile durch Preissenkungen oder verbesserte Qualität an die Verbraucher weitergegeben werden. Drittens müssen die Wettbewerbsbeeinträchtigungen zur Erzielung der positiven Wirkungen unabdingbar sein, und viertens darf der Wettbewerb auf keinen Fall vollständig ausgeschaltet werden.

Sofern eine Vereinbarung diese vier Bedingungen insgesamt erfüllt, kann eine Freistellung erfolgen, entweder als Einzelfreistellung oder als Gruppenfreistellung. Eine **Einzelfreistellung** muß individuell beantragt werden und gilt nur für den betreffenden Einzelfall. Da diese formellen Entscheidungen zeitaufwendig sind, können Unternehmen ein sog. *comfort-letter* beantragen, in dem die Kommission die (rechtlich nicht bindende) Auffassung zum Ausdruck bringt, daß kein Verstoß vorliegt. Nach Eingang des Antrags auf Einzelfreistellung oder auf ein *comfort-letter* ist eine Verhängung von Bußgeldern ausge-

schlossen, allerdings kann ggf. eine Unterlassungsverfügung ausgesprochen werden.
Eine **Gruppenfreistellung** gilt generell für bestimmte Bereiche. Dabei gibt es eine **weiße Liste**, in der die zulässigen Klauseln abstrakt beschrieben sind (z.B. für «Know-how-Vereinbarungen» oder für «Vertriebs- und Kundendienstvereinbarungen für Kraftfahrzeuge») und eine **schwarze Liste**, welche die unzulässigen enthält (z.B. gemeinsame Boykotts); einige Bereiche sind derzeit noch nicht abschließend geklärt (z.B. hinsichtlich des Informationsaustausches). Unternehmen, die diese Listen beachten, können also rechtlich sicher sein – ohne individuellen Antrag und Bescheid –, daß sie nicht gegen EG-Regeln verstoßen. In Zweifelsfällen kann aber auch hier ein **Negativattest** beantragt werden.

D-1.8.3. Mißbrauchsaufsicht

Dieser Bereich des Wettbewerbsrechts wird durch Art. 86 EWGV geregelt. Er richtet sich – wie das deutsche GWB – gegen den Mißbrauch einer marktbeherrschenden Stellung. Diese wird so verstanden, daß ein Unternehmen unabhängig handeln kann, ohne auf andere Marktteilnehmer Rücksicht nehmen zu müssen. Wichtige Kriterien sind dabei die Größe des Marktanteils und die Finanzkraft des Unternehmens sowie der Einfluß ausländischer Konkurrenten. Die Marktbeherrschung muß dabei innerhalb der EG bzw. eines wesentlichen Teils davon vorliegen; dies kann sowohl ein ganzer Mitgliedstaat als auch eine nationale Region sein. Als Mißbrauch gelten Nachteile für Dritte, wie z.B. die Erzwingung von sachlich ungerechtfertigten Koppelungsgeschäften oder die Erzwingung unangemessener (Einkaufs- oder Verkaufs-)Preise. Die EG-Kommission kann gegen mißbräuchliches Verhalten auf Antrag oder in eigener Initiative vorgehen.

D-1.8.4. Fusionskontrolle

Die Fusionskontrolle auf Gemeinschaftsebene wird nicht im EWG-Vertrag geregelt. Vielmehr wurde erst 1989 eine ‹Verordnung über die Kontrolle von Unternehmenszusammenschlüssen› erlassen, um die wettbewerbsrechtliche Regelungslücke zu schließen; es handelt sich also nicht um primäres, sondern sekundäres Gemeinschaftsrecht. Analog zum GWB erstreckt sich die Verordnung auch auf die Konzernbildung (der anglophone Begriff *mergers and acquisitions* wird dieser Tatsache besser gerecht).
Unternehmenszusammenschlüsse müssen bei der Kommission zur

Überprüfung angemeldet werden, wenn die beteiligten Unternehmen insgesamt einen (weltweiten) Gesamtumsatz von mehr als 5 Mrd. ECU und wenn zwei Unternehmen einen Gesamtumsatz innerhalb der EG von jeweils mehr als 250 Mio. ECU haben, außer, wenn jedes Unternehmen mehr als zwei Drittel seines Gesamtumsatzes in jeweils nur einem Mitgliedstaat erzielt.
Ein Zusammenschluß darf nicht vor der Anmeldung und danach nicht ohne Tolerierung der Kommission vollzogen werden. Die Kommission prüft – in alleiniger Zuständigkeit – den geplanten Zusammenschluß auf seine Verträglichkeit mit dem Binnenmarkt, insbesondere ob und inwieweit der EG-intern wirksame Wettbewerb beeinträchtigt wird, was auch Zulieferer und Abnehmer einschließt. Die betroffenen Unternehmen haben das Recht, von der Kommission gehört zu werden. Die Entscheidungen der Kommission können durch den Europäischen Gerichtshof (EuGH) überprüft werden (vgl. Abb. D-1.8/2).

Abb. D-1.8/2: **EG-Fusionskontrolle**

Die europäische Fusionskontrolle noch ohne Biß

Der EG-Fusionskontrolle fehlt es an Transparenz

D-1.8.5. Problematik

Ein großes Problem ist die notwendige *Marktabgrenzung*. Und wie soll man es bewerten, wenn es in einem Land zwar nur ein einziges Unternehmen gibt, das aber mit ausländischen Konkurrenten im – harten – Wettbewerb steht? Dies berührt den Problemkreis der sog. **Transnationalen Unternehmen** *(‹Multis›)*, die in der Regel jenseits des Einflußbereichs nationaler Wettbewerbsgesetze stehen. Zwar haben Regierungen u.a. im Rahmen der *Organisation für wirtschaftliche Zusammenarbeit und Entwicklung (OECD)* eine Zusammenarbeit bei der Verfolgung grenzüberschreitender Wettbewerbsbeschränkungen vereinbart. Ein *Europäisches Kartellamt* – geschweige denn ein internationales – gibt es jedoch (noch) nicht, und oft wird ein Interessenkonflikt zwischen nationalen und übergeordneten supranationalen, z.B. europäischen Interessen bestehen. Die gegenwärtig existierenden Institutionen sind für die Problemstellung weder geschaffen noch mit den erforderlichen Verhaltensvorschriften (Zielen) bzw. entsprechenden gesetzlichen Instrumenten ausgestattet (Abb. D-1.8/3).

Abb. D-1.8/3: **EG-Kartellbehörde**

GATT soll Wettbewerb kontrollieren

Vizepräsident der EG-Kommission plädiert für internationale Kartellbehörde

In der EG gibt es kein unabhängiges Kartellamt

D-2. Dokumente im Außenhandel

Zur Abwicklung des Außenwirtschaftsverkehrs gehören eine Vielzahl von Dokumenten und Formularen. In diesem Kapitel werden die wichtigsten **Dokumente** vorgestellt. Die zur Abwicklung von Importen und Exporten aus *außenwirtschaftsrechtlicher* und *zollrechtlicher* Sicht zusätzlich erforderlichen sonstigen **Formulare** werden in den Kapiteln E und F behandelt. Der Begriff ‹Dokument› ist vom lateinischen Ursprung her *(documentum)* eigentlich ein ‹Beweis›, wird jedoch im Sprachgebrauch und hier allgemeiner für eine Vielzahl schriftlicher ‹Urkunden› verwendet. Zunächst werden die verschiedenen Funktionen der Dokumente erläutert. Einige beispielhafte Abbildungen solcher Dokumente sind in diesem Kapitel enthalten; es kann sich dabei natürlich nur um eine kleine Auswahl handeln.

D-2.1. Funktionen der Dokumente

Die zahlreichen im Außenhandel verwendeten Dokumente haben je nach ihrer Ausstattung unterschiedliche Funktionen. Zunächst einmal haben viele Dokumente eine **Wertpapierfunktion**, indem nur dem Inhaber dieser Papiere die in der Urkunde verbrieften Rechte zukommen. Zur Ausübung dieses Rechts, z.B. der Herausgabe der Ware, muß das betreffende Papier vorgelegt werden (**Legitimationsfunktion**)

(im Privatbereich z.B. ein Garderobenschein, um den Pelzmantel abzuholen). Dokumente mit Wertpapierfunktion, die keine «geborenen» Orderpapiere sind wie Scheck oder Wechsel, müssen zur Weitergabe eine **Orderklausel** enthalten («**gekorene**» **Orderpapiere**), z.B. bei einem Konnossement «an die Order von ...», wodurch der Verfügungsberechtigte präzise definiert wird, oder lediglich «an Order», wodurch der Kreis der Verfügungsberechtigten offen bleibt. Alle Orderpapiere können nur durch **Indossament** weitergegeben werden. Sofern Papiere lediglich «an Order» gestellt sind, braucht derjenige, der z.B. die Ware herauszugeben hat, die Berechtigung nicht zu prüfen, d.h. es wird mit befreiender Wirkung an denjenigen geleistet, der das Papier vorlegt.
Eine weitere wichtige Funktion ist die **Sperrfunktion**. Manche Dokumente geben dem Inhaber die Möglichkeit, bereits verfrachtete Ware nachträglich umzuleiten oder zum Absender zurückzurufen (Dispositionspapiere). Eine **Beweisfunktion** haben Dokumente, wenn sie bestimmte Tatbestände nachweisen, z.B. Gewichte, den Zeitpunkt der Absendung, die chemische Zusammensetzung, usw. Dies kann als Beleg zur Erfüllung bestimmter Vertragspflichten ebenso von Bedeutung sein wie bei Schadenersatzproblemen, beispielsweise wenn falsche Warenbeschreibungen zu Importverboten führen oder der Bestimmungsort im Frachtbrief unrichtig ist. Von einer **Finanzierungsfunktion** wird gesprochen, wenn Dokumente z.B. als Kreditsicherheit verwendet werden können, beispielsweise ein Konnossement. Im folgenden werden die wichtigsten Dokumente näher dargestellt.

D-2.2. Einteilung und Arten der Dokumente

Die im Außenhandel gebräuchlichen Dokumente lassen sich in drei Hauptgruppen unterteilen (vgl. Abb. D-2.2/1):
- kaufmännisch erforderliche Dokumente,
- außenwirtschaftsrechtlich erforderliche Dokumente,
- zollrechtlich erforderliche Dokumente.

Im folgenden wird – wie erwähnt – zunächst nur auf die aus *kaufmännischer Sicht* für den Import bzw. Export erforderlichen Dokumente eingegangen. Die für außen- und zollrechtliche Zwecke erforderlichen Unterlagen werden in späteren Kapiteln behandelt. Die kaufmännischen Dokumente lassen sich wiederum unterteilen in
- Zahlungsdokumente,
- Handelsdokumente und
- Versicherungsdokumente.

Abb. D-2.2/1: **Dokumente im Außenhandel** (Arten und Beispiele)

Kaufmännische Dokumente	**Außenwirtschaftsrechtliche Dokumente**		**Zollrechtliche Dokumente** (aus EG-Sicht), z. B.:
Zahlungsdokumente, z. B. – Wechsel – Scheck – Dokumenten-Akkreditiv **Handelsdokumente** a) Begleitdokumente, z. B. – Handelsrechnung – Packliste – Inspektionszertifikat – Analysezertifikat** b) Versanddokumente, z. B. – Eisenbahnverkehr: CIM-Frachtbrief – Luftverkehr: Luftfrachtbrief (IATA-AWB) – LKW-Verkehr: CMR-Frachtbrief – Seeverkehr: **Seekonnossement*** c) Lagerdokumente – **Orderlagerschein*** – ‹normale› Lagernachweise d) Versicherungsdokumente – Policen – Zertifikate	**Einfuhr, z. B.:** Einfuhranmeldung (zugleich Zollantrag) Einfuhrgenehmigung Einfuhrlizenz Ursprungszeugnis Ursprungserklärung Einfuhrerklärung Einfuhrkontrollmeldung Internationale Einfuhrbescheinigung Wareneingangs-bescheinigung Qualitätsbescheinigung – z. B. für Obst, Gemüse, Fleisch, Blumen, Saatgut, – Kaffeezeugnis – Kakaozeugnis Statistische Meldungen im Zahlungsverkehr etc.	**Ausfuhr, z. B.:** Ausfuhranmeldung Ausfuhrerklärung Versandausfuhrerklärung Ausfuhrgenehmigung Negativbescheinigung Ausfuhrlizenz Ausfuhrkontrollmeldung Endverbleibsnachweis Endverbleibserklärung – Internationale Einfuhr-bescheinigung – Wareneingangs-bescheinigung Qualitätsbescheinigung – u. a. Kaffeezeugnis – Kakaozeugnis Statistische Meldungen im Zahlungsverkehr etc.	Einheitspapier, u. a. – Zollanmeldung – Versandanmeldung – Ausbesserungsschein CARNET-TIR CARNET-ATA Zollwertanmeldung Herkunftsnachweis – Ursprungserklärung/ Lieferantenerklärung – Warenverkehrs-bescheinigung – EUR.1, – Formblatt A – A.TR.1 Rückwarenerklärung Kontingentsschein etc.

* Traditionspapiere
** ggf. auch aus außenwirtschaftsrechtlichen Gründen

Hinzu kommen eine Vielzahl von Unterlagen u.a. für die Transport- und die Zahlungsabwicklung, die jedoch außerhalb des Kompetenzbereichs des Importeurs bzw. Exporteurs erstellt werden, insbesondere von Maklern, Frachtführern, Spediteuren, Versicherungen und Banken. Auf diese Papiere wird im folgenden nicht eingegangen.

D-2.2.1. Zahlungsinstrumente

Auf die rechtlichen Einzelheiten der Zahlungsinstrumente (u.a. Scheckrecht, Wechselrecht) kann hier nicht näher eingegangen werden. Es erfolgt lediglich eine Auflistung mit kurzen Erläuterungen.

(1) Scheck
Ein Scheck ist eine Anweisung an einen **Bezogenen** (in der Regel ein Kreditinstitut), gegen Vorlage des Schecks zu Lasten seines Kontos den angegebenen Betrag zu zahlen. Der Scheck ist nach deutschem Recht ein *Inhaberpapier*, d.h. der Scheckeinreicher braucht seine Legitimation nicht nachzuweisen; dies wird durch die Formulierung «Zahlen Sie gegen diesen Scheck ... an ... oder Überbringer» deutlich. Daher sind Schecks in der Praxis meist nicht bar einzulösen, sondern werden «nur zur Verrechnung» ausgestellt, so daß der Weg der Zahlung zum Begünstigten nachträglich ggf. zurückverfolgt werden kann. Der Scheckinhaber hat scheckrechtlich keinen Anspruch auf Einlösung. Die Aushändigung von Scheckformularen an den Kontoinhaber begründet einen Vertrag, der den Kontoinhaber verpflichtet, Schecks nur bei ausreichender Deckung auszustellen.
Auf der Exportseite kann der Exporteur entweder einen auf D-Mark oder auf eine Fremdwährung lautenden Bank- oder Privatscheck erhalten, der von seiner Hausbank angekauft werden kann. Schecks sind i.d.R. an die Order des Begünstigten ausgestellt; daher muß der Scheckeinreicher den Scheck vor der Weitergabe auf der Rückseite (ital.: *in dossa*) indossieren. Mit dem **Indossament** überträgt der bisherige Inhaber des Schecks das Eigentum und damit die Rechte aus dem Papier auf den neuen Eigentümer. Dies geschieht oft nur durch die Unterschrift des Indossanten (**Blankoindossament**), ggf. aber auch einschließlich der Angabe des Indossatars, d.h. des neuen Eigentümers (**Vollindossament**). Durch ein Blankoindossament wird der *Orderscheck* zum *Inhaberscheck*. Neben der sog. **Transportfunktion,** mit der die Rechte übergehen, hat das Indossament auch eine **Garantiefunktion,** da der Indossant wie der Scheckaussteller dem rechtmäßigen Inhaber des Schecks für die Einlösung des Schecks haftet. Zudem hat das Indossament eine **Legitimationsfunktion** (Beweisfunktion),

mit der der Besitzer sich als rechtmäßigen Eigentümer legitimieren kann, sofern die Indossamentenkette lückenlos ist.

Die Gutschrift erfolgt dann als ‹E.V.-Gutschrift› («Eingang vorbehalten») unter dem Vorbehalt des endgültigen Eingangs des Gegenwertes. Bei Fremdwährungsschecks erfolgt der Ankauf zum sog. **Sichtkurs**, der etwas unter dem Devisengeldkurs (d.h. dem Devisenankaufkurs der Banken) liegt, da zwischen Ankauf, Gutschrift und tatsächlicher Einlösung einige Zeit vergehen kann, was sich die ankaufende Bank durch den etwas ungünstigeren Kurs honorieren läßt. Die Kursdifferenz entspricht sinngemäß einer Verzinsung des bevorschußten Gegenwertes.

Während **Bankschecks** in der Regel problemlos eingelöst, d.h. angekauft werden, ist dies bei **Privatschecks** nicht unbedingt immer der Fall, da das Einlöserisiko größer ist, weil i.d.R. keine Bonitätsprüfung des Ausstellers möglich ist. Um so größere Bedeutung kommt dann für den Scheckeinreicher der Garantiefuntion des Indossaments bei, da er auch nach längerer Frist (nach anglo-amerikanischem Recht bis zu sechs Jahren) in Regreß genommen werden kann.

Auf der Importseite besteht gleichermaßen die Möglichkeit, daß der Importeur auf die kontoführende Bank einen Privatscheck zieht oder seine Bank beauftragt, ihrerseits einen Bankscheck auf eine Korrespondenzbank zu ziehen, i.d.R. an die Order des begünstigten Exporteurs im Ausland.

(2) Wechsel

Unter den Zahlungsinstrumenten kommt dem Wechsel eine große Bedeutung zu. Ein Wechsel ist ein Orderpapier, das völlig losgelöst vom eigentlichen Schuldverhältnis als eigenständiges Wertpapier eine unabhängige Forderung verbrieft (vgl. auch unten Abschn. D-5.1.4). Er kann durch Indossament und Übergabe übertragen werden. Dabei gibt es insbesondere zwei wichtige Formen (Abb. D-2.2/2):

Mit einem **gezogenen Wechsel** weist der Aussteller (z.B. ein Exporteur) den Bezogenen (z.B. den Importeur) an, einen bestimmten Betrag an den Wechselnehmer (z.B. den ausländischen Exporteur) zu zahlen. Solange der gezogene Wechsel nicht vom Bezogenen akzeptiert ist, spricht man von einer **Tratte** (bill of exchange). Das Akzept wird auf den üblichen Wechselformularen ‹quer› zum eigentlichen Text angebracht, daher spricht man auch von ‹*Querschreiben*›. Wird das Akzept verweigert, haftet der Aussteller für die Wechselsumme und etwaige Nebenkosten (z.B. Wechselsteuer).

Im Gegensatz zum gezogenen Wechsel verpflichtet sich der Aussteller

Abb. D-2.2/2: **Wechsel**

London, the 15th December 19 92
Place and Date of drawing
Name of month in letters

Place of Payment: London

15th March, 1993
Date of Maturity

· PROMISSORY NOTE ·

the 15th March, 19 93
Name of month in letters

I (we) promise to pay against this Promissory Note USD 500.000,-

say: --fivehundredthousand USD--

Stamps on the reverse side

to the order of: G. Läubiger, Bochum/FRG
FOR VALUE RECEIVED

payable at: London

CHEAT EXPORT LTD.
46 Lower Harbour Street
London W1H 6PF
Signature and address of drawer
ppa. Mills

Bestell-Nr. 19a Wilhelm Köhler Verlag · Minden · Frankfurt · Hamburg · Bonn

---

Bochum, den 15.12. 1992
Ort und Tag der Ausstellung (Monat in Buchstaben)

400	Münster	14.03.93
Nr. d. Zahl.-Ortes	Zahlungsort	Verfalltag

Vermerke in diesen Spalten sind nur für Kreditinstitute bestimmt und gehören nicht zum Wechseltext.

Gegen diesen **Wechsel** - erste Ausfertigung - zahlen Sie am 14. März 1993
Monat in Buchstaben

an mich oder meine Order DM --45.000,-
Betrag in Ziffern

Deutsche Mark ---fünfundvierzigtausend-- Pfennige wie oben
Betrag in Buchstaben

Bezogener Sch. Uldner
Karge Gasse 13

in 4630 Bochum
Ort und Straße (genaue Anschrift)

Zahlbar in **4400 Münster**
Zahlungsort
bei **Stadtsparkasse Münster**
Name des Kreditinstituts
z. L. Konto Nr.

G.L.Äubiger
Hoffnungstraße 24
4400 Münster
Unterschrift und genaue Anschrift des Ausstellers

Stempelmarken auf der Rückseite unmittelbar unter diesem Rande aufkleben!

Angenommen
Sch. Uldner

131 000 7/85

bei einem **Solawechsel** (einem eigenen Wechsel) selbst (dies entspricht der anglo-amerikanischen *promissory note*).
Alle Wechselbeteiligten (Bezogener bzw. Akzeptant, Aussteller, Indossanten, ggf. Wechselbürge: Avalist) haften als Gesamtschuldner im Regreß (Rückgriff), wenn der Wechsel ‹platzt›, d.h. wenn nicht fristgerecht gezahlt wird und dies durch Wechselprotest festgestellt wird.
Wechsel müssen einer Reihe formaler Bedingungen genügen; u.a. muß in der Urkunde das Wort ‹Wechsel› enthalten sein. Grundsätzlich kann man diese Formvorschriften auch auf einem Bierdeckel erfüllen und diesen zu einem wechselrechtlich einwandfreien Wechsel machen. Das Wechselrecht ist ein besonders strenges Recht.
Auf der Exportseite können erhaltene Wechsel der Hausbank zum Diskont eingereicht werden, wobei hinsichtlich der Wechselabrechnung insbesondere – wie beim Scheck – auf den Sichtkurs hinzuweisen ist.
Im spanischsprachigen Raum wird das wechselähnliche **Pagaré** (= «ich werde zahlen») verwendet. Es handelt sich dabei um eine unbedingte schriftliche Verpflichtung des Ausstellers des Dokuments, einem Dritten oder an dessen Order eine bestimmte Geldsumme zu einem bestimmten Termin zu zahlen. Das Pagaré entspricht nicht immer allen Kriterien des jeweiligen nationalen Wechselrechts.

(3) Akkreditiv
Ein gleichermaßen wichtiges Dokument ist das Akkreditiv. Mit einem Akkreditiv weist z.B. ein Importeur seine Bank an, einem Begünstigten innerhalb eines bestimmten Zeitraumes einen bestimmten Betrag auszuzahlen. Das Akkreditiv ist ein vom eigentlichen Grundgeschäft losgelöstes Zahlungsversprechen. In der Regel ist die Auszahlung an die Vorlage bestimmter, im Akkreditiv spezifizierter Dokumente geknüpft (Dokumenten-Akkreditiv), mit denen u.a. beispielsweise die ordnungsgemäße Verschiffung der Ware nachgewiesen wird (in Abschn. D-4.3.2 wird dies vertieft). Als «Dokument» liegt ein Akkreditiv in der Praxis sehr häufig lediglich in Form eines Telex vor, hat aber dessenungeachtet die gerade beschriebenen Funktionen.

D-2.2.2. Versicherungsdokumente

Eine **Versicherungspolice** ist eine Urkunde eines Versicherers über einen abgeschlossenen Versicherungsvertrag. Dabei sind **Einzelpolicen** für eine einzelne Warensendung und **Generalpolicen** gebräuchlich. Letztere sind Rahmenverträge und gelten für alle Warensendungen meist innerhalb eines bestimmten Zeitraumes und innerhalb eines

bestimmten Wertrahmens. Bei Generalpolicen wird i.d.R. für die einzelne Warensendung ein **Versicherungszertifikat** (Versicherungsschein) ausgestellt. Die Notwendigkeit dieser Dokumente hängt insbesondere auch von den vereinbarten Lieferbedingungen ab. Liegt beispielsweise ein ‹cif-Vertrag› vor (vgl. Abschn. D-3), ist der Exporteur zum Abschluß einer Transportversicherung verpflichtet und muß dies dem Importeur entsprechend dokumentieren. Versicherungsdokumente sind häufig auch Teil der vorzulegenden Papiere bei Dokumentenakkreditiven.
Der Versicherungsumfang kann selbstverständlich sehr unterschiedlich sein. Für bestimmte Lieferbedingungen (z.B. cif), für die der Abschluß einer Versicherung zwingend erforderlich ist, müssen **Mindeststandards** eingedeckt sein. Diese richten sich z.B. nach den Londoner «*Institute Cargo Clauses*»; im Abschn. D-3.3 wird dies vertieft.

D-2.2.3. Handelsdokumente

Die Handelspapiere unterteilen sich in die Hauptgruppen Begleitpapiere, die mit der Ware reisen, und Versandpapiere, die lediglich den Versand der Ware nachweisen und ebenfalls mit der Ware reisen können oder auch nicht.

D-2.2.3.1. Begleitpapiere

Art und Anzahl der Begleitdokumente, die mit der Ware reisen, richten sich vielfach nach den Einfuhrbestimmungen des Importlandes, aber auch nach den speziellen Wünschen des Importeurs. Es ist empfehlenswert, die jeweiligen **Importvorschriften** des Einfuhrlandes im Hinblick auf die Aufmachung von Dokumenten genau zu beachten (vgl. das Beispiel in Abschn. E-5.10), weil eine nachträgliche Änderung der Papiere oft nicht möglich ist oder mit unnötigem Zeit- und Kostenaufwand verbunden ist oder sogar zu Zollstrafen und Beschlagnahmung der Ware führen kann. Beispielsweise schreiben die arabischen Staaten des persischen/arabischen Golfs die Bezeichnung ‹Arabischer Golf› vor, während der Iran keine Importe mit eben dieser Zielbestimmung aufnimmt, sondern die Bezeichnung ‹Persischer Golf› verlangt. Zweckmäßigerweise wird man in den Papieren dieses Problem durch die Angabe des konkreten Bestimmungshafens umgehen.
Die Beachtung von formalen Vorschriften ist genauso wichtig im Hinblick auf Verpackungs- und Markierungsvorschriften.

(1) Handelsrechnung

Die Handelsrechnung *(commercial invoice)* ist oft im Importland für amtliche Zwecke erforderlich. Sie enthält u.a. folgende Angaben: Namen und Anschrift des Exporteurs und des Importeurs, Ausstellungsdatum, genaue Beschreibung der Ware (Art, Menge, Gewicht, Verpackung, etc.), Preis(e) einschließlich ev. Rabatte oder Skonti, die Lieferbedingungen (vgl. Abschn. D-3), die Zahlungsbedingungen (vgl. Abschn. D-4) sowie eine rechtsverbindliche Unterschrift. Für manche Importländer ist eine Beglaubigung durch die Handelskammer erforderlich. Die Angaben in der Handelsrechnung müssen beim Dokumentenakkreditiv präzise mit der Warenbeschreibung im Akkreditiv übereinstimmen; zudem darf der Rechnungspreis (i.d.R.) nicht höher sein als die Akkreditivsumme. Die Handelsrechnung ist u.a. für viele Zollzwecke nötig, z.B. bei der Feststellung des Zollwertes.

(2) Pro-forma-Rechnung

Eine Pro-forma-Rechnung *(pro-forma-invoice)* wird meist vor der Lieferung der Ware oder sogar vor Geschäftsabschluß ausgestellt. Papiermäßig ist sie meist mit der (Original-)Handelsrechnung identisch und enthält lediglich den Zusatz «Pro-forma-Rechnung». Sie dient in vielen Ländern als Grundlage für die Beantragung von Importlizenzen und Devisenzuteilungen, kann für die Eröffnung eines Importakkreditivs erforderlich sein, begleitet Ersatzlieferungen (Gewährleistung) oder Waren bei vorübergehender Verwendung im Ausland (vgl. Abschn. F-5.4.1). Um sie von anderen Dokumenten, insbesondere der Handelsrechnung, abzugrenzen, sollte sie den Zusatz tragen «Nicht für Zollzwecke/not for customs purposes».

In manchen Ländern muß der Importeur eine Herstellerrechnung vorlegen, wenn die Ware nicht direkt beim Hersteller bezogen wird. Der Hintergrund ist dabei meist, daß in Weichwährungsländern der «Überfakturierung» vorgebeugt werden soll, weil z.B. der Importeur auf der Grundlage einer überhöhten Rechnung eine überhöhte Devisenzuteilung erhält, die ins Ausland transferiert wird. Daß diese Bedingung in der Praxis zu Problemen führen kann – insbesondere, wenn eine Ware über mehrere Handelsstufen importiert wird –, liegt auf der Hand.

(3) Konsulatsfaktura

Die Konsulatsfaktura *(consular invoice)* ist u.a. noch in einigen lateinamerikanischen Ländern für die Zollabwicklung erforderlich. Sie entspricht inhaltlich prinzipiell der Handelsrechnung, doch müssen oft die ausgewiesenen Preise durch das Konsulat des Einfuhrlandes –

gegen Gebühr – legalisiert (beglaubigt) werden, d.h. das Konsulat bestätigt, daß der Warenwert dem tatsächlichen Verkehrswert im Exportland entspricht. Häufig müssen für die Konsulatsfaktura spezielle Formulare verwendet werden, meist in der Sprache des Importlandes (also i.d.R. Spanisch) oder der üblichen Korrespondenzsprache. Sie sind beim zuständigen Konsulat erhältlich.
Durch die Bestätigung des ‹eigenen› Konsulats sollte insbesondere der Gefahr entgegengewirkt werden, daß durch überhöhte Importrechnungen ein illegaler Devisenexport möglich wäre: Das Konsulat bestätigte den *«fair market value»* oder den *«Current Domestic Value»*. Die englische Bezeichnung *«Combined Certificate of Value and Origin and Invoice»* ist daher aufschlußreich. Vor allem zwischen verbundenen Unternehmen wären fingierte Rechnungen nicht sehr schwierig zu erstellen. Besonders empfindlich ist man daher auch meist im Hinblick auf Änderungen, Radierungen, Übermalungen oder Rasuren in den Dokumenten. Derart korrigierte Papiere werden in der Regel auch nicht legalisiert. Mit der Einführung des GATT-Zollwert-Kodex, der sich im Zusammenhang mit dem sog. *Transaktionswert* gerade auch des Problems des ‹richtigen› Wertes annimmt (vgl. Abschn. F-3.1), ist die Bedeutung dieser Absicherung zurückgegangen. Die meisten Staaten, die früher auf einer Konsulatsfaktura bestanden, haben diese abgeschafft (Ausnahmen: Dominikanische Republik, Haiti, Panama, Paraguay und – für einige Waren – Philippinen). Statt dessen wird oft ein Inspektionszertifikat verlangt; vgl. nachstehend (5).

(4) Zollfaktura
Die Zollfaktura *(customs invoice)* ist im anglo-amerikanischen Raum gebräuchlich. Sie ist der Konsulatsfaktura vom Zweck her ähnlich, aber formlos und dient der Verzollung der Importware. Der Exporteur bestätigt, daß der angegebene Warenwert dem tatsächlichen Verkehrswert in seinem Land entspricht. Dadurch sollen sowohl Dumpingpreise als auch überhöhte Preise unterbunden werden. Eine Legalisierung durch ein Konsulat ist nicht gebräuchlich, manchmal muß jedoch die Unterschrift des Exporteurs durch einen Zeugen beglaubigt werden.
Die Bezeichnung Zollfaktura ist eigentlich überflüssig, denn jede Warenrechnung dient auch Verzollungszwecken.

(5) Inspektionszertifikat
Bei Dokumentenakkreditiven, aber auch aufgrund amtlicher Importvorschriften ist oft ein Waren-Kontroll-Zertifikat (**Inspektions-Zertifikat**) erforderlich, das durch dazu befugte Stellen ausgestellt wird und

die Übereinstimmung der verpackten Ware mit der Bestellung bzw. den Importbestimmungen des Einfuhrlandes bescheinigt. Mit diesem Dokument bestätigt ein vom Importeur beauftragter Prüfer – je nach Lieferbedingung u.U. auch auf Kosten des Exporteurs – in einem *«clean report of findings»* die Korrektheit von Preis, Qualität und Menge der verschifften Ware (vgl. Abb. D-2.2/3 und -2.2/4). Von der

Abb. D-2.2/3: **Export-Inspektion**

AUSSENWIRTSCHAFT / 27 Entwicklungsländer lassen deutsche Ausfuhren inspizieren

Exportpreisprüfungen sollen die schmalen Devisenkassen der Dritten Welt schonen

Iran: Inspektionszertifikate für Einfuhren

Exportwirtschaft wird diese Einschaltung unabhängiger Prüffirmen eher als nichttarifäres Handelshemmnis betrachtet, weil es die Abwicklung erschweren kann, denn die auf diese Aufgaben spezialisierten Prüffirmen haben oft einen beträchtlichen Entscheidungsspielraum. Bei strittigen Punkten muß dann oft der Prüffirma nachgegeben werden, weil z.B. die Ausnutzung eines Akkreditivs unter zeitlicher Befristung steht. Aus der Sicht der Importländer sollen Preisprüfungen u.a. der Kapitalflucht durch überhöhte Importrechnungen vorbeugen, aber auch im Export Fälschungen bei angeblichen Markenartikeln (vgl. unten Abb. E-4.8/1 u. 2). Vielfach betätigen sich Spezialfirmen auf diesem Gebiet.

(6) Packliste

Die Packliste *(packing list)* enthält eine genaue Spezifizierung der verpackten Ware hinsichtlich Art (Codenummern), Anzahl, Brutto- und Nettogewicht, usw. (Abb. D-2.2/5). Sie kann ggf. durch Gewichtslisten, Aufmaßlisten oder sonstige Warenbeschreibungen ergänzt werden oder aber diese Angaben selbst enthalten. Packlisten und Gewichtsbescheinigungen (oft von dazu ermächtigten amtlichen Stellen) sind u.a. auch für Zollzwecke erforderlich (z.B. bei genehmigungsbedürftiger Ausfuhr) sowie für Versicherungszwecke. Zur Warenspezifikation werden daneben weitere Dokumente verwendet wie Wiege- oder Aufmaßbescheinigungen.

Abb. D-2.2/4: **Inspektionszertifikat**

Kopie

SGS intercontrol GmbH

Clara-Zetkin-Str. 112 Postfach 1335 **O-1080 Berlin**	Adolf-Weinhold-Str. 6 Postfach 35 **O-9030 Chemnitz**	Weißeritzstr. 40 **O-8010 Dresden**	Bahnhofstr. 8 **O-5020 Erfurt**	Oderallee 25 Postfach 155 **O-1200 Frankfurt/Oder**
Ritterstr. 15 **O-7010 Leipzig**	Congress Center Magdeburg Schmidtstr. 27a Postfach 87 **O-3018 Magdeburg**	Rostock-Überseehafen Postfach 192 **O-2500 Rostock**	Neue Badenstr. 3 **O-2300 Stralsund**	Ulmenstr. 12 Postfach 80 **O-2400 Wismar**

Zertifikat
Certificate **No** 0101/ 403808 403808

CERTIFICATE OF INSPECTION OF VESSEL'S HOLDS

In pursuance of an order received from: ~~S.A. LOUIS DREYFUS ET CIE~~
~~87 AVENUE DE LA GRANDE ARMEE~~
~~F - 75782 PARIS CEDEX 16~~

requesting us to carry out the instructions summarized as under: inspection of vessel's holds

of a consignment designated as: 3.038.007 kos GERMAN MILLING WHEAT in bulk of crop 1991

test weight	:	76/77 kg/hl min
moisture	:	14,5 pct max
protein on dry basis	:	11 pct min
foreign matters	:	2 pct max
hagberg (falling number)	:	225 sec min
content of fusarium kernels must no exceed	:	0,5 pct

Contract No.: 01/21092-250

loaded on board M/V " AMUR 2507 "

from Rostock to Kaliningrad on June 02nd/03rd, 1992

We certify as follows:
Before commencement of loading we have inspected holds no. 1,2 and 3 of the above mentioned vessel and confirm their fitness to receive and store grain during transportation without any risk to the quality and condition of grain. All holds are free from rust, glass and other sanitary objects, from live infestation and without foreign smell.

Rostock, June 3rd, 1992
SGS intercontrol GmbH
i. V. Grunewald i.A. Werbs

Grunewald

Dieses Zertifikat entbindet Käufer und Verkäufer nicht davon, alle ihre Rechte auszuüben und allen ihren Verpflichtungen aus dem Kaufvertrag nachzukommen. Entgegenstehende Vereinbarungen sind für uns unverbindlich. Die Verantwortlichkeit der Gesellschaft im Rahmen dieses Zertifikates ist auf vom Auftraggeber nachgewiesene grobe Fahrlässigkeit beschränkt und wird in keinem Falle das Zehnfache der Gebühren oder der Provision überschreiten.

The issuance of this certificate does not exonerate buyers or sellers from exercising all their rights and discharging all their liabilities under the contract of sale. Stipulations to the contrary are not binding on us. The company's responsibility under this certificate is limited to gross negligence proven by principals and will in no case be more than ten times fees or commission.

Proben werden nur 3 Monate aufbewahrt. Samples are kept for 3 months only.

Abb. D-2.2/5: **Packliste**

PACKLISTE / PACKING LIST / LISTA DE EMPAQUE

cartons

NUMMER/ MARK	ANZAHL/ NUMBER	INHALT/CONTENTS	BRUTTO/ GROSS	NETTO/ NET	CM

IRREVOCABLE DOCUMENTARY CREDIT NO. RHK44/107 ENQ44/21 DATE OF ISSUE 15-6-92.
MUSLIM COMMERCIAL BANK LIMITED, RECORDER HOUSE BRANCH, BUSINESS RECORDER ROAD,
KARACHI (PAKISTAN).
TO COVER GOODS: DRUGS AND MEDICINES(MEDICAMENTS)DENTAL IMPRESSION AND FILLING
MATERIALS AND DENTAL INSTRUMENTS AND APPLIANCES AS PER SUPPLIER'S PROFORMA
INVOICE NOS: 2317A AND 2317B DATED MAY 19, 1992.
TRANSPORTATION ON C&F FROM: ANY WEST GERMANY SEAPORT TO: KARACHI SEAPORT.
IMPORT LICENCE NO(S) B-525731 & B-746797 AND H.S. CODE NO.3407.0010,
3006.4000 AND 9018.4900.
UNDER STATE BANK OF PAKISTAN REGISTRATION NO(S) 02-92-800-009-089 & 06-92-800-013-291
IMPORTER'S REGISTRATION NO: W-440148.

NUMMER/ MARK	ANZAHL/ NUMBER	INHALT/CONTENTS	BRUTTO/ GROSS	NETTO/ NET	CM
ES 7158 -	15 à	100 foil bag Palget of 450g	[illegible].000	[illegible].000	57/46/70
ES 7172		(à 55.- kg gr./47.- kg nt.)			
ES 7173-	2 à	100 foil bag Palget Quick 450g	110.000	94.000	57/46/70
ES 7174		(à 55.- kg gr./47.- kg nt.)			
ES 7175-	10 à	200 Xylestesin-S 50 cartr. 1.8ml	800.000	760.000	80/50/55
ES 7184		(à 80.- kg gr./76.- kg nt.)			
ES 7185-	2 à	200 Xylestesin-A 50 cart. 1.7 ml	160.000	152.000	80/50/55
ES 7186		(à 80.- kg gr./76.- kg nt.)			
ES 7187	1	100 Xylestesin-A 50 cart. 1.7 ml	79.000	76.000	80/50/55
		100 Mepivastesin 50 cart. 1.7 ml			
ES 7188	1	200 Mepivastesin 50 cart. 1.7 ml	79.000	76.000	80/50/55
ES 7189	1	40 tin Palget 900g	60.000	52.000	100/45/75
ES 7190	1	40 tin Palget 900g	60.000	52.000	100/45/75
ES 7191	1	20 tin Palget 900g	45.000	36.320	100/45/75
		6 intr, pack Ketac-Fil Aplicap			
		3 packs Ketac-Fil Aplicap 50 caps light yel.			
		3 packs Ketac-Fil Aplicap 50 caps yellow			
		6 packs Ketac-Silver Aplicap 50 caps			
ES 7192	1	12 single pack Pertac Universal Bond	58.000	47.178	90/55/70
		6 intr. pack Pertac-Hybrid			
		12 packs Scutabond			
		12 triple packs Durelon powder 60g			
		24 triple packs Durelon liquid univ. 34ml			
		6 intr. pack ESPE Etching Gel Minitip			
		6 intr. pack Visio-Seal			
		50 normal packs Cavit-G			
		50 packs Cavit of 4 tubes			
		12 packs Cavit of 20 tubes			
		12 normal packs Cavit-W			

(7) Ursprungsnachweise

Für eine Reihe von außenwirtschafts- und zollrechtlichen Zwecken ist es im Importland erforderlich, den Warenursprung nachzuweisen, insbesondere im Zusammenhang mit Importgenehmigungen und Zollpräferenzen. Dabei werden zwei Formen unterschieden (vgl. auch Abschn. F-4.5):

Ursprungszeugnisse werden von einer dazu berechtigten Stelle ausgestellt bzw. beglaubigt, z.B. der Zollbehörde des Exportlandes oder –

wie in Deutschland – von der IHK, während **Ursprungserklärungen** durch den Exporteur auf der Handelsrechnung angebracht werden. Die EWG verwendet in bestimmten Zusammenhängen für den Ursprungs- bzw. Präferenznachweis spezielle Warenverkehrsbescheinigungen (WVB). In einigen fernöstlichen Ländern sind sog. Werksatteste (Hersteller-Erklärungen) erforderlich, mit denen der Hersteller erklärt, wer die Ware hergestellt hat. Dies muß i.d.R. durch das jeweilige Konsulat beglaubigt werden.

In einigen Ländern dienen die Ursprungsnachweise dazu, Embargobestimmungen zu überwachen. So muß im arabischen Raum nicht selten nachgewiesen werden, daß die Ware keinerlei Bezüge zu Israel aufweist, und bestimmte Länder verbieten (1992) Importe aus Südafrika. Sofern derartige diskrimierende Papiere von den Behörden des Exportlandes ausgestellt oder beglaubigt werden müssen, sehen sich deutsche Exporteure in Schwierigkeiten, weil die dafür üblicherweise zuständigen Industrie- und Handelskammern (IHKs) dies ablehnen werden (IHKs sind Körperschaften des öffentlichen Rechts) (vgl. auch nachstehend).

(8) Weitere Begleitpapiere

Die Importbestimmungen vieler Länder erfordern oft Nachweise über spezielle Aspekte der Beschaffenheit der Waren, z.B. Pflanzengesundheitszeugnisse oder veterinärmedizinische Testate oder sonstige Analysezertifikate z.B. bezüglich der chemischen Zusammensetzung einer Ware. Australien verlangt z.B. bei Holzverpackungen den Nachweis, daß eine Behandlung gegen die Sirexwespe erfolgt ist.

Bei Nahostexporten ist häufig ein **Black-List-Certificate** erforderlich, das oft vom jeweiligen Konsulat des Importlandes im Exportland beglaubigt werden muß und z.B. bescheinigt, daß das Schiff ein bestimmtes Alter nicht überschreitet (Sicherheitsaspekt) und die kontrahierte Reederei oder die Versicherung nicht zu den Firmen zählen, die wegen ihrer Beziehungen zu Israel auf der ‹schwarzen Boykottliste› *(Black List)* der Arabischen Liga stehen, vgl. Beispiel Abb. D-2.2/6. Die Bundesregierung hat 1992 im Alleingang die Beteiligung an Boykottmaßnahmen verboten, die nicht von der Bundesregierung selbst angeordnet sind. Deutsche Unternehmen dürfen danach keine entsprechenden Erklärungen abgeben, was für die Exportwirtschaft problematisch sein kann (vgl. auch Abschn. E-3.6 und -5.3).

Im Rahmen bestimmter spezieller Abkommen (z.B. betreffend Kaffee, Kakao, Textilien) sind spezielle Papiere erforderlich (z.B. **Kaffeezeugnisse, Kakaozeugnis**).

Abb. D-2.2/6: **Black-List-Certificate**

Briefkopf Schiffsmakler Hamburg

Ref. MS *(Schiffsname)*

As agents of Messrs. XY Shipping Company, Karachi, we herewith certify that the above mentioned vessel is plying the Cyprus flag and is not older than 15 years.
Furtheron we confirm that she is not scheduled to call at any Israelian, Indian, South African, Rhodesian, Formosa (Taiwan) and Bangladesh ports prior to discharging at Karachi.
The vessel is chartered by the XY Shipping Company, Karachi.

Stempel/Unterschrift
Schiffsmakler Hamburg

D-2.2.3.2. Versanddokumente

Bei den Versandpapieren ist zu unterscheiden zwischen solchen, die lediglich den Versand der Ware nachweisen (**Versandnachweise**), und solchen, welche die Ware ‹repräsentieren›, d.h. deren Besitz gleichbedeutend ist mit der Verfügungsgewalt über die Ware (sog. **Traditionspapiere**, synonym auch als **Dispositionspapiere** bezeichnet). Versandnachweise haben eine rechtlich schwächere Stellung als Traditionspapiere, indem sie keine Wertpapiere sind, d.h. kein Vermögensrecht verbriefen, sondern nur Beweisurkunden hinsichtlich des Abschlusses von Beförderungsverträgen sind. Die Auslieferung der Ware erfolgt dabei an den bestimmten Empfänger, ohne daß dieser Originale oder Duplikate des Versandnachweises vorlegen muß.

(1) Traditionspapiere

Als Traditionspapiere bezeichnet man solche, deren Vorlage für eine Verfügung über die Ware erforderlich ist. Sie berechtigen zur Herausgabe der Ware bzw. ‹repräsentieren› die Ware. Traditionspapiere verkörpern einen selbständigen schuldrechtlichen Anspruch auf die Ware, unabhängig von dem zugrundeliegenden Rechtsgeschäft:

(a) Transportdokumente

Bei den Transportdokumenten sind je nach Verkehrsträger verschiedene Formen von **Konnossementen** zu unterscheiden. Der Begriff leitet sich aus dem französischen *«connaissement»*, frei übersetzt als Anerkennung, ab, d.h. es handelt sich um Übernahme-Anerkenntniserklärungen des Verfrachters bzw. Frachtführers (Reederei) für den sog. Ablader *(Shipper)*. (Der Ablader schließt den Seefrachtvertrag mit dem Verfrachter und bringt die Ware an das Schiff. Sofern er nicht selbst der Ausführer ist, sondern z.B. als Seehafenspediteur im Auftrag des Ausführers handelt, bezeichnet man letzteren auch als Urablader.) Im englischen Sprachgebrauch werden synonym die Begriffe *bill of loading* oder *bill of lading* (sprachlich veraltet) verwendet.

Besondere Bedeutung kommt Konnossementen dadurch zu, daß sie als Wertpapiere einen selbständigen, schuldrechtlichen Anspruch auf Auslieferung der Ware im Bestimmungshafen gewährleisten: Ihr Besitz berechtigt zur Herausgabe der Ware. Das Konnossement ist also nicht nur ein Legitimationspapier wie der Frachtbrief (vgl. unten). Zwar verwenden die Reedereien jeweils individuell unterschiedliche Konnossementsformulare, doch entsprechen sich diese inhaltlich weitgehendst.

Das **Seekonnossement** (*marine, liner* oder *ocean bill of lading*, ‹b/l›) ist das klassische Traditionspapier der Seeschiffahrt (Abb. D-2.2/7). In der Regel werden zwei oder drei **Originalexemplare** erstellt, von denen jedes allein die Ware vertritt und zur Herausgabe der Ware berechtigt; mit der Erfüllung einer Ausfertigung sind die übrigen Exemplare ‹erledigt›. Die Gesamtzahl der Originale wird im Konnossement vermerkt und als **voller Satz** *(full set)* bezeichnet. Bei Akkreditiven wird dann z.B. die Vorlage von 3/3 des vollen Satzes verlangt, d.h. alle drei Originale müssen vorgelegt werden. Neben den Originalen gibt es für verschiedene Zwecke noch eine beliebige Zahl weiterer Kopien, die durch den Aufdruck oder Stempel *«Copy»* kenntlich gemacht werden und nicht begebbar sind *(«Copy/non negaciable»)* und nicht die Ware repräsentieren. Die Originale sind gemäß § 363 (2) HGB durch Indossament begebbar, meist durch Blankoindossament, so daß sie praktisch Inhaberpapiere werden. Dadurch erhalten Konnossemente ihre herausragende Bedeutung im Handel. In der Regel enthalten Konnossemente eine Orderklausel (**Orderkonnossement**). Wenn es nicht an eine bestimmte Order, z.B. des Empfängers, gestellt ist (**Rektakonnossement**), ist derjenige orderberechtigt, der die Ware am Schiff abliefert (**Inhaberkonnossement**). Durch die Orderklausel kann der Ablader nur dann noch frei über die Ware verfügen, wenn er im Besitz sämtlicher Originale ist.

Abb. D-2.2/7: **See-Konnossement (B/L)**

Page No. 2

Shipper

WALTER BOTTRAM MASCHINENBAU-
GMBH u. CO. KG
WALLGRABEN 37
D-4400 MÜNSTER/GERMANY

B/L No. C/24.3

Reference No.

Consignee

TO THE ORDER OF
INSTITUTO MECANICO, SAN JUAN

POLSKIE LINIE OCEANICZNE

Polish Ocean Lines

81-364 GDYNIA, 10 LUTEGO 24 P.O.B. 265
TELEX 054351 PHONE 20-19-01

Notify Address (Carrier not responsible for failure to notify)

INSTITUTO MECANICO, SAN JUAN

Negotiable

COMBINED TRANSPORT or PORT to PORT*
BILL OF LADING for
MEDITERRANEAN SERVICE

Pre-Carriage by	Place of Receipt	
Vessel: SAVANNA	Port of Loading: BREMEN PORT	
Port of Discharge: PORT LIMON	Place of Delivery	On-Carriage by

Marks and Nos; Container No.	Number and Kind of Packages, description of Goods		Gross Weight	Measurement
698010/O.C. 36066 LIC.PUB. 5101 2. SUMINISTRO PARCIAL VIA PORT LIMON PESO BRUTO: 407 KG PESO NETO: 248 KG COSTA RICA IRREVOCABLE LETTER OF CREDIT NO. 92-2168 DEL BANCO COOPERATIVO COSTARRICENSE R.L. SAN JOSE/C.RICA	1 CAJA ======	EQUIPOS, REPUESTOS Y ACCESORIOS, COMO REFERENCIA ORDEN DE COMPRA NO. 36066, DTD NOVEMBER 2, 1992 CIF PORT LIMON, WITH FINAL DESTINATION ADUANA PRINCIPAL, SAN JOSE COSTA RICA 2. SUMINISTRO PARCIAL ON BOARD FREIGHT PREPAID	407,- KGS =========	

Original

Shippers are liable for any fine incurred by non compliance with port regulations

Particulars above declared by Shipper

Value of goods declared by Shipper

Freight and charges

FLETE MARITIMO: DM 2.603,-

SHIPPED ON BOARD in apparent good order and condition as specified above unless otherwise stated.
The Carrier, in accordance with and to the extent of the provisions contained in this Bill of Lading, and/or in his own name to procure performance of the combined transport and the delivery of the goods, including all services which are necessary to such transport from the place and time of delivery and accepts responsibility for such transport and such services. One of the Bills of Lading must be surrendered duly endorsed in exchange for the goods or delivery order.
IN WITNESS where of Bill(s) of Lading has/have been signed in the number indicated below, one of which being, accomplished the other(s) to be void.

Freight Payable at	Place and Date of Issue
BREMEN	**Bremen**
Number of Original Bs/L: 3/TRES	Signed for the Carrier

on behalf of POL
WALTER SPORLEDER
GmbH & Co. KG.
ppa.
as Agent only

General Average, if any, to be adjusted according to YORK-ANTWERP-RULES, 1974, as amended 1990.

* Based on the terms of COMBIDOC issued by the BIMCO and INSA subject to the Uniform Rules (publication no 298)

Es gibt keine international vereinheitlichten Formulare für Konnossemente, so daß die Reedereien jeweils individuelle Papiere verwenden. Meistens enthalten Konnossemente Bezüge auf international anerkannte Klauseln, welche verschiedene Schadensfälle betreffen (Konnossementsklauseln), z.B. die *Both-to-blame*-Klausel bei Kollisionen mit Schuld auf beiden Seiten, oder die Himalaya-Klausel bezüglich der Haftung des Schiffspersonals, bzw. allgemein auf Beförderungsbedingungen der Reederei, die nicht eigens im Konnossement aufgeführt werden. Dann spricht man auch von **Short form B/L.** Daneben können auch individuelle Vermerke und Einfügungen in Konnossementen enthalten sein. Hinweise auf z.B. Beschädigungen der Ware machen ein Konnossement «unrein» *(unclean)*. 1924 wude eine Internationale Vereinbarung zur Vereinheitlichung der Regeln für Konnossemente geschlossen. Diese sog. **Haager Regeln** sind überarbeitet worden und 1978 durch ein UN-Abkommen, die sog. **Hamburger Regeln**, ersetzt worden, doch ist dieses Abkommen in Ermangelung einer hinreichenden Zahl von Ratifizierungen durch Vertragsstaaten noch nicht in Kraft getreten.

Zweckmäßigerweise sollte im Konnossement ein «*Notify*-Vermerk» mit einer Adresse angebracht werden, damit der Frachtführer bei Ankunft im Bestimmungshafen die angegebene Person bzw. Firma verständigen kann, die nicht unbedingt der Importeur sein muß. Oft werden die Konnossementsangaben auch über Fax vom Linienagenten der Reederei im Verladehafen an einen Agenten im Bestimmungshafen übermittelt. Dieser stellt dem Empfänger eine *Arrival Note* zu, damit die Warenabnahme vorbereitet werden kann. Wenn das Konnossement blanko «an Order» indossiert ist, sollte die Notify-Adresse die Anschrift des Empfängers sein, andernfalls z.B. die eines Spediteurs oder einer Bank im Bestimmungshafen.

Das Konnossement hat also eine Doppelfunktion. Zum einen ist es eine Urkunde über den Frachtvertrag zwischen Ablader und Schiffsfrachtführer, zum anderen eine Urkunde hinsichtlich des Rechtsverhältnisses zwischen Frachtführer und berechtigtem Empfänger.

Verschiedene Konnossementsarten sind gebräuchlich. Mit einem **Übernahme-Konnossement** bestätigt der Verfrachter, die Ware übernommen zu haben (‹received for shipment›), wobei die Verladung und Verschiffung noch aussteht. Daneben gibt es auch Hafen- oder Lagerhalterkonnossemente (port b/l, custody b/l), mit denen sowohl die Warenübernahme als auch die Verpflichtung bescheinigt wird, die Ware innerhalb einer bestimmten Frist zu verladen. Mit einem **(An-) Bord-Konnossement** bestätigt der Verfrachter, daß er die Ware verschifft, d.h. an Bord genommen hat (‹shipped-by- ... (Schiffsname)).

Für Akkreditive werden meist An-Bord-Konnossemente verlangt. Durch den vom Verfrachter mit Datum und Unterschrift abgezeichneten Vermerk ‹shipped on board› kann ein Übernahme-Konnossement in ein An-Bord-Konnossement überführt werden. Dies ist bei bestimmten Lieferbedingungen (vgl. Abschn. D-3) von Bedeutung. Das im Vorfeld des Konnossements früher verwendete **Mate's Receipt** oder *Board Receipt* (**Steuermannsquittung**, Vorläufige Quittung), mit dem die Reederei, vertreten durch den Ladeoffizier oder den Steuermann des Schiffes, den Erhalt der Ware bestätigt, ohne daß ein Käufer genannt ist, ist heute nicht mehr gebräuchlich.

Für einzelne Warenmengen, die zu einer Gesamtsendung zusammengefaßt werden, können **Teilkonnossemente** ausgestellt werden, die jedes für sich alle Konnossementsfunktionen haben, insbesondere also Traditionspapiere sind. Eine andere Möglichkeit stellen **Sammelkonnossemente** dar. Sie werden häufig verwendet, wenn mehrere kleinere Lieferungen zusammengefaßt werden. I.d.R. tritt dabei der Seehafenspediteur gegenüber dem Verfrachter als Ablader und Auftraggeber auf. Im Innenverhältnis zu seinen Auftraggebern wiederum stellt er jeweils **Spediteurskonnossemente** aus. Diese sind nur dann akkreditivfähig, wenn dies im Akkreditiv ausdrücklich zugelassen ist. Da ein Sammelkonnossement einen anderen Ablader ausweist als z.B. den im Akkreditiv Begünstigten, muß das Akkreditiv dann eine entsprechende **Third-Party-Klausel** enthalten, z.B. «B/L showing third party as shipper acceptable». Der Ablader-Spediteur beauftragt einen Korrespondenzspediteur im Bestimmungshafen, die Ware zu übernehmen. Hierzu muß er das Reedereikonnossement vorlegen. Die Weiterleitung der einzelnen Teilsendungen erfolgt auf der Basis sog. **Delivery Orders** (d/o), welche Weisung enthalten, die Teilsendungen gegen Vorlage der einzelnen Spediteurskonnossemente an die einzelnen Abnehmer auszuliefern. Im Gegensatz zum Reedereikonnossement bzw. zum **Teilkonnossement** sind weder Spediteurskonnossemente noch Delivery Orders Traditionspapiere. Wenn beispielsweise ein Importeur eine Partie an verschiedene Kunden weiterverkaufen möchte, kann er Teilkonnossemente ausstellen lassen, die sich nur in der Warenmenge unterscheiden und die an die einzelnen Käufer weitergeleitet werden. Allerdings erfahren seine Kunden damit den Namen des Abladers, so daß sie sich bei späteren Gelegenheiten u.U. direkt an den Lieferanten wenden könnten. Daher werden in solchen Fällen meist andere Papiere verwendet, die keine Traditionspapiere sind, also kein Eigentum verbriefen, sondern nur einen schuldrechtlichen Herausgabeanspruch. Man spricht dann von **Teilscheinen**. Einzelheiten sind hier entbehrlich.

Das in der Praxis am meisten verwendete Konnossement ist das «an Order» ausgestellte und blanko indossierte Order-Konnossement. Sofern es nicht ausdrücklich verlangt wird, sollte das Konnossement nicht an eine bestimmte Order ausgestellt sein, weil der Exporteur damit die Verfügungsgewalt über die Ware abgibt.

In der Binnenschiffahrt wird das entsprechende Dokument als **Flußkonnossement** oder **Ladeschein** bezeichnet (§§ 444–450 BGB). Es repräsentiert die Ware, kann an Order gestellt sein und ist durch Indossament übertragbar.

Zwei Zusätze sind noch zu erläutern. Konnossemente sollen für Akkreditivzwecke «rein» sein *(clean)*, d.h. die Papiere dürfen keine Vermerke über Mängel an Ware oder Verpackung enthalten (andernfalls sind sie *«claused»*, d.h. enthalten Klauseln oder Zusätze, die das B/L *«unclean»* machen). Der Frachtführer ist verpflichtet, bei offenkundigen Mängeln diese auf dem Konnossement festzuhalten, und Banken werden Verladedokumente nicht aufnehmen, die derartige Zusätze enthalten. Als «alt» *(stale)* wird ein Konnossement bezeichnet, daß erst nach Ankunft der Ware beim Empfänger eintrifft, er die Ware also nicht unverzüglich in Empfang nehmen kann. Dadurch können Lager- und Versicherungskosten entstehen.

Konnossemente können auch von Spediteuren ausgestellt werden, doch sind sie nur unter bestimmten Voraussetzungen akkreditivfähig, da die Haftung eines Spediteurs nicht so umfassend ist wie die eines Frachtführers (vgl. auch weiter unten).

Von besonderer Bedeutung ist dabei die FIATA[2] Combined Transport Bill of Lading (**FIATA-FBL**-Dokument oder **Durchkonnossement**), das für den Transport mit verschiedenen Verkehrsmitteln in Frage kommt (kombinierter oder multimodaler Transport[3], mindestens aber ein Transportabschnitt per Schiff); es kann jedoch auch nur als Seekonnossement verwendet werden. (Dann ist unbedingt der oben angesprochene Vermerk *«shipped on board»* erforderlich.) Die von der Internationalen Handelskammer (ICC) in Paris anerkannte FIATA-FBL ist – wie jedes ‹richtige› Konnossement – begebbar *(negociable)*

---

[2] FIATA: *Fédération Internationale des Associations des Transitaires et Assimilés.*

[3] Auch *Combined Shipment*; bedeutet Gütertransporte über mehrere Stationen mit verschiedenen Transportmitteln, z.B. LKW–Bahn–Schiff, im Unterschied zum *Through Transport System* mit nur einem Transportmittel über verschiedene Stationen. Ein echtes Durchkonnossement liegt dann vor, wenn der das Konnossement ausstellende erste Frachtführer die Verantwortung für den gesamten Transport und nicht nur für ‹seinen› Teilabschnitt übernimmt (dann: unechtes Durchkonnossement). Die Bezeichnung *Through Bill of Lading* wird teilweise auch für reinen Landtransport verwendet.

(vgl. Art. 25d ERA). Nicht begebbare Exemplare müssen den Aufdruck «non negociable» tragen. Mit der Ausstellung eines FIATA-FBL haftet ein Spediteur wie ein Frachtführer, also weitergehender als bei der allgemeinen Spediteurshaftung, wobei je nach bekanntem oder unbekanntem Schadensort bestimmte Haftungsdetails relevant werden, auf die hier nicht eingegangen werden soll.
Vom Seekonnossement abzugrenzen ist der in der Praxis entwickelte **Seefrachtbrief.** Dieser weist den Abschluß eines Seefrachtvertrages und den Empfang der Ware aus. Für die Auslieferung an den Empfänger ist hingegen nicht die Vorlage des Dokuments erforderlich, sondern sie erfolgt durch ein Auslieferungspapier, das der Seefrachtführer mit den Daten des Seefrachtbriefs z.B. durch Telex oder Fax ausdrukken läßt. Der Seefrachtbrief ist also weder ein Traditionspapier, noch hat er Sperrfunktion.

(b) Lagerdokumente

Lagerscheine (*Warehouse Warrants*, W/W) sind sinngemäß ‹connaissements› eines Lagerhalters, mit denen der Lagerhalter die Übernahme der Ware bescheinigt und die Auslieferung verspricht. Der **Orderlagerschein** ist ein Dokument einer staatlich konzessionierten Lagerhausgesellschaft. Wie bei anderen Traditionspapieren wird die Ware nur gegen seine Vorlage ausgeliefert oder nach Order disponiert. Ein **Namens-Lagerschein** (Abb. D-2.2/8) ist auf den Namen des Berechtigten ausgestellt. Lagerscheine können durch Indossament weitergegeben werden. Wird eingelagerte Ware in Teilen ausgeliefert, wird dies durch Abschreibungen auf der Rückseite des Orderlagerscheins vermerkt.

(2) Versandnachweise

Die Versandnachweise unterscheiden sich hinsichtlich ihrer Ausgestaltung in Abhängigkeit vom verwendeten Transportmittel. Die Darstellung beschränkt sich auf die wesentlichsten Aspekte.

(a) Eisenbahntransport

Für den Eisenbahntransport wird der **CIM-Frachtbrief**[4] verwendet, der seit 1. 1. 1993 in neuer Version gemeinsam für den internationalen Güter- und den Expreßgutverkehr gilt; er ersetzt damit auch den

---

4 CIM: *Convention internationale concernant le transport des marchandises par chemin de fer* (Internationales Übereinkommen über den Eisenbahnfrachtverkehr); *railway consignment note.*

Abb. D-2.2/8: **Namens-Lagerschein**

Namenslagerschein Nr. 5589

Ich/Wir lagerte(n) ein auf Grund der Allgemeinen Deutschen Spediteurbedingungen (ADSp.) neueste Fassung, die auch gegenüber jedem Erwerber dieses Lagerscheines gelten, für Rechnung und Gefahr der Firma

EURO-TRANSPORT, Habsburgerring 13-17, 5000 Köln 1

*) auf meinem/unserem eigenen Lager 5000 Köln Bonntor, Bonner Str. 23

~~auf dem Lager der Firma~~

die nachstehend verzeichneten Güter:

Marke und Nummer	Zahl und Art der Kolli	Inhalt [1])	Angegebenes Bruttogewicht in kg	Ermitteltes Bruttogewicht in kg
Nr. 354 bis 369	16 Ballen	Teppiche	1306	

[1]) Anm. ~~Der Inhalt ist angegeben von~~ .... }*)
Der Inhalt ist von mir/uns festgestellt.

Auslieferung: Entsprechend ADSp. § 48 C a) bin ich/sind wir als Lagerhalter verpflichtet, das eingelagerte Gut nur gegen Aushändigung des Namenslagerscheines, insbesondere nicht lediglich gegen einen Lieferschein, Auslieferungsschein oder dergl. und im Falle der Abtretung nur an denjenigen Inhaber des Lagerscheines herauszugeben, der durch eine zusammenhängende Kette von auf dem Lagerschein stehenden Abtretungserklärungen legitimiert ist.

Ich/Wir erkenne(n) weiter an, daß ich/wir dem legitimierten Rechtsnachfolger des Einlagerers nur solche Einwendungen entgegensetze(n), welche die Gültigkeit der Ausstellung des Scheines betreffen oder sich aus dem Schein ergeben oder mir/uns unmittelbar gegen den Rechtsnachfolger zustehen. Mein/unser gesetzliches Pfand- oder Zurückbehaltungsrecht wird durch diese Bestimmungen nicht berührt. Bei Teilauslieferungen ist der Lagerschein zwecks Abschreibung vorzulegen.

Bearbeitung: Die Bearbeitung der Ware darf nur von dem laut Lagerschein Berechtigten vorgenommen oder veranlaßt werden, soweit es sich nicht um Bearbeitungen handelt, die im Interesse der Erhaltung der Ware notwendig sind oder deren Vornahme im Lagerschein gestattet ist.

Versicherung: Die Ware ist durch mich/uns für Rechnung wen es angeht versichert / ~~nicht versichert~~ }*)
gegen Feuersgefahr und/oder Einbruchdiebstahl für die Dauer der Lagerung
zum Tageswert von DM 57.662,20
[Versicherungen decke(n) ich/wir nur auf ausdrücklichen schriftlichen Auftrag hin].
Die **Speditionsversicherung** [SVS gemäß ADSp. § 39 ff] habe(n) ich/wir mit einer Versicherungssumme von DM 60.000,– eingedeckt.

Bemerkungen: [z. B. besondere Bedingungen für die Einlagerung]

Köln, den 14.03. 1992

eingelagert am 14.03. 1992

(Stempel und Unterschrift des Lagerhalters)

*) *Unzutreffendes durchstreichen.*

bisherigen **Internationalen Expreßgutschein** (**TIEx**: *Transport International par Expres*).
Er besteht aus fünf Exemplaren, von denen eines – das **Frachtbrieforiginal** – mit der Ware reist und für die Auslieferung an den Empfänger benötigt wird. Das bahnamtlich abgestempelte **Frachtbriefdoppel** (**Duplikatfrachtbrief**) behält der Absender als Beweisurkunde, daß die Ware ordnungsgemäß dem Frachtführer (Bahn) übergeben worden ist; die übrigen Exemplare werden für bahnspezifische Zwecke verwendet. Im Frachtbrief werden u.a. alle warenspezifischen Merkmale (Menge, Art, Gewicht etc.) sowie Absender, Frachtführer und Empfänger vermerkt.
Das Frachtbriefdoppel hat die besondere Funktion, daß der Besitzer dieses Dokuments zwar nicht mehr Eigentümer der Ware ist, aber weiterhin eine Verfügungsgewalt über die Ware hat: Gegen Vorlage des Exemplars kann die Ware zurückbeordert oder umgeleitet bzw. die Auslieferung an den Empfänger verhindert werden (Sperrfunktion). Übt der Absender dieses Recht nicht aus, wird die Ware an den Empfänger ausgeliefert und die Sperrfunktion erlischt. Sofern der Käufer diese Verfügungmacht ausschließen will, muß er die Übergabe des Frachtbriefdoppels verlangen. Dies ist bei Dokumentenakkreditiven oder Dokumenteninkassi regelmäßig der Fall. Der Frachtbrief ist kein Traditionspapier.
Während die Auslieferung der Ware an den Empfänger nicht von der Vorlage des Frachtbrieforiginals abhängt, ist für die Ausübung der Sperrfunktion die Vorlage des Doppels erforderlich.

(b) Luftfracht

Bei Luftfrachtsendungen wird der **Luftfrachtbrief** verwendet (*airway bill*, **AWB**). Hierfür wurde von der **IATA**[5] ein einheitliches Formular entwickelt. Der Luftfrachtbrief besteht aus drei Originalen und einer unbestimmten Zahl von Kopien. Ein Original ist für die Luftfahrtgesellschaft bestimmt, eines reist mit der Ware und ist für den Empfänger bestimmt, eines wird nach Übernahme der Ware durch die Luftfahrtgesellschaft von dieser unterzeichnet und dem Absender übergeben. Dieses Exemplar hat die analogen Beweis- und Sperrfunktionen wie das o.a. Frachtbriefdoppel («**Luftfrachtbriefdritt**»: *«Original 3 for Shipper»*). Der Empfänger benötigt zum Empfang der Ware hingegen kein Frachtbriefexemplar. Der Luftfrachtbrief ist kein Traditionspapier – enthält daher auch den Eindruck *«not negociable»* –, sondern ein Übernahme- und Begleitpapier.

[5] IATA: *International Air Transport Association.*

(c) Straßentransport
Für den Güterkraftverkehr wurde – mit analogen Funktionen – der Internationale **CMR-Frachtbrief**[6] entwickelt (**LKW-Frachtbrief** oder *truckway bill*, **TWB**) (Abb. D-2.2/9).

(d) Multimodaler Transport
Die besondere Funktion multimodaler Transportdokumente leitet sich zum einen aus der Tatsache ab, daß beim Warentransport verschiedene Verkehrsmittel benutzt werden können (sog. **multimodaler Transport**, z.B. mit dem LKW zur Bahn und von der Bahn mit dem LKW zum Schiff), zum anderen aus der Unterscheidung zwischen Spediteur und Frachtführer. Ein **Spediteur** ist in gewissem Sinne ein Makler, der den Abschluß eines Transportvertrages vermittelt bzw. den Transport durch Dritte (vertragliche Frachtführer, Unterfrachtführer) besorgen läßt. Ein **Frachtführer** besorgt den Transport mit eigenen Transportmitteln. Ein Spediteur gilt selbst als Frachtführer, wenn er als *Fixkostenspediteur* bzw. als *Sammelspediteur* auftritt. Die Unterscheidung zwischen Spediteur und Frachtführer ist in haftungsrechtlicher Hinsicht von Bedeutung, indem Spediteure nur für die sorgfältige Auswahl der Frachtführer haften, nicht jedoch für dessen Handlungen bzw. Unterlassungen. Auch hinsichtlich der Erfüllung der Lieferbedingungen (INCOTERMS) ist diese Unterscheidung von Bedeutung (vgl. Kap. D-3). Mit den Spediteur-Dokumenten bestätigt der Spediteur – unabhängig von den Dokumenten der Verkehrsträger – die Übernahme der Ware.
Ein Papier für den multimodalen Transport wird allgemein auch als *Combined Transport Document* (**CTD**) bezeichnet (nach der französischen Abkürzung auch **TC-Dokument**); der Spediteur ist dann ein *Combined Transport Operator* (**CTO**).
Dabei gibt es zunächst einmal die *Negociable FIATA Combined Transport Bill of Lading* (**FBL**) als Durchkonnossement für den internationalen Transport. Das FBL ist ein von der ICC anerkanntes begebbares Dokument *(negociable)*, sofern es nicht den ausdrücklichen Vermerk *«non negociable»* trägt. Damit ist es auch akkreditivfähig. Der Spediteur übernimmt mit diesem Dokument die Verantwortung sowohl für die Ware als auch für die Durchführung des Transports.
Das **FIATA-FCR-Dokument** (*Forwarders Certificate of Receipt*, **Spediteur-Übernahmebescheinigung**) hat gleichermaßen eine Beweis-

[6] CMR: *Convention relative au contrat de transport international des marchandises par route.*

Abb. D-2.2/9: **CMR-Frachtbrief**

1 Absender (Name, Anschrift, Land) / Expéditeur (nom, adresse, pays)
FRANZ KLÖBNER OHG
8000 MÜNCHEN 80
GASSELSTIEGE 7

INTERNATIONALER FRACHTBRIEF
LETTRE DE VOITURE INTERNATIONAL
Diese Beförderung unterliegt trotz einer gegenteiligen Abmachung den Bestimmungen des Übereinkommens über den Beförderungsvertrag im internat. Straßengüterverkehr (CMR)
Ce transport est soumis, nonobstant toute clause contraire, à la Convention relative au contrat de transport international de marchandises par route (CMR)

Ref.: 7654/92

2 Empfänger (Name, Anschrift, Land) / Destinataire (nom, adresse, pays)
Cheat Trading Co.
Ave Frahani 55
Tehran/Iran
Phone 828427, Telex 214665

16 Frachtführer (Name, Anschrift, Land) / Transporteur (nom, adresse, pays)
Yümeni, Istanbul/Turkey

3 Auslieferungsort des Gutes / Lieu prévu pour la livraison de la marchandise
Ort/Lieu Tehran
Land/Pays Iran

17 Nachfolgende Frachtführer (Name, Anschrift, Land) / Transporteurs successifs (nom, adresse, pays)

4 Ort und Tag der Übernahme des Gutes / Lieu et date de la prise en charge de la marchandise
Ort/lieu München
Land/Pays Germany
Datum/Date 12.10.92

18 Vorbehalte und Bemerkungen der Frachtführer / Réserves et observations des transporteurs

5 Beigefügte Dokumente / Documents annexés
Rechnung/Ausfuhrerklärung/
Colliliste/Kopie

CMR

6 Kennzeichen und Nummern / Marques et numéros	**7** Anzahl der Packstücke / Nombre des colis	**8** Art der Verpackung / Mode d'emballage	**9** Bezeichnung des Gutes / Nature de la marchandise	**10** Statistiknummer / No statistique	**11** Bruttogewicht in kg / Poids brut, kg	**12** Umfang in m³ / Cubage m³
1-148	143	Boxes as per attached colli list			1.250 kgs	
L/C No. 92-12345						

Klasse / Classe — Ziffer / Chiffre — Buchstabe / Lettre — (ADR)

13 Anweisungen des Absenders (Zoll- und sonstige amtliche Behandlung) / Instructions de l'expéditeur (formalités douanières et autres)
To order of
Money Bank
Saadi Branch
Tehran/Iran

19 Zu zahlen vom: / A payer par:	Absender / L'expéditeur	Währung / Monnaie	Empfänger / Le Destinataire
Fracht / Prix de transport			
Ermäßigungen / Réductions –			
Zwischensumme / Solde			
Zuschläge / Suppléments			
Nebengebühren / Frais accessoires			
Sonstiges / Divers +			
Zu zahlende Gesamtsumme / Total à payer			

14 Rückerstattung / Remboursement

15 Frachtzahlungsanweisungen / Prescription d'affranchissement
Frei / Franco FREIGHT PREPAID
Unfrei / Non Franco

20 Besondere Vereinbarungen / Conventions particulières
Notify GASA INDUSTRIAL CO.
Ave Mossadegh 23, Tehran/Iran

21 Ausgefertigt in / Etabli à München am / le 12.10. 19 92

24 Gut empfangen / Réception des marchandises — Datum / Date
am / le .... 19....

22 München
Unterschrift und Stempel des Absenders (Signature et timbre de l'expéditeur)

23 Yümeni, Istanbul/TR
Unterschrift und Stempel des Frachtführers (Signature et timbre du transporteur)

Unterschrift und Stempel des Empfängers (Signature et timbre du destinataire)

25 Angaben zur Ermittlung der Tarifentfernung mit Grenzübergängen

von	bis	km

28 Berechnung des Beförderungsentgelts

frachtpfl. Gewicht in kg	Tarifstelle: Sonderabmachung	Güterarten	Währung	Frachtsatz	Beförderungsentgelt

IF THERE ARE ANY INTERRUPTIONS DURING TRANSPORT TO TEHRAN/IRAN, PLEASE CONTACT IMMEDIATELY HANSEN FORWARDING, MUNICH PHONE 089/345417

Summe

26 Vertragspartner des Frachtführers ist – kein – Hilfsgewerbetreibender im Sinne des anzuwendenden Tarifs

27	Amtl. Kennzeichen	Nutzlast in kg
Kfz	34 S 2134	
Anhänger	34 S 7856	

Benutzte Gen.-Nr. ☐ National ☐ Bilateral ☐ EG ☐ CEMT

und Sperrfunktion: Mit dem Dokument, das dem Absender bei Übernahme der Ware übergeben wird, verpflichtet sich der Spediteur, die Ware an den Empfänger zu senden bzw. zu seiner Verfügung zu halten. Zur Ausübung der Sperrfunktion ist die Vorlage des Originals erforderlich, allerdings nur, solange der Spediteur noch nicht ausgeliefert hat. Das FIATA-FCR ist insbesondere bei dokumentärer Zahlung und vereinbarter Ab-Werk-Lieferung (EXW: ex works) gebräuchlich. Das FCR ist kein Traditionspapier. Das FIATA-FCR ist nicht begebbar, kann also nicht ‹an Order› gestellt werden. Sofern neben dem einzigen Original Kopien erstellt werden müssen, so sind diese mit dem Aufdruck «copy – not negociable» zu versehen. Bei Dokumentenakkreditiven muß es allerdings ausdrücklich und namentlich im Akkreditiv angeführt sein.
Im Gegensatz zum FIATA-FCR ist das **FIATA-FCT-Dokument** begebbar *(Negociable)* (FCT = *Forwarders Certificate of Transport*; **Spediteur-Transportbescheinigung**). Die Auslieferung an den Empfänger erfolgt daher nur bei Vorlage des indossierten Originaldokuments. Wie das FCR muß auch das FCT bei Akkreditiven ausdrücklich und namentlich aufgeführt sein (dies gilt nicht für die oben behandelte **FIATA-FBL**, die ein vollwertiges akkreditivgerechtes Instrument ist). Das FCT ist bei den Lieferbedigungen von Bedeutung, bei denen der Verkäufer das Transportrisiko bis zur Übergabe an den Empfänger trägt. Da es sich aber um ein Spediteursdokument handelt, übernimmt der Spediteur keine spezielle Frachtführerhaftung, aber eine Garantieverpflichtung für die Auslieferung. Dies hat insbesondere versicherungstechnische und -kostenmäßige Konsequenzen, auf die hier nicht weiter eingegangen wird.

(e) Postverkehr
Im kommerziellen Außenhandel ist der Postverkehr – einschließlich des Luftpostverkehrs – vor allem für *Kleinsendungen* von Bedeutung, z.B. im Zusammenhang mit *Warenmustern* oder *-proben.* **Posteinlieferungsscheine** sind Empfangsbestätigungen des Postamtes mit Beweisfunktion, obgleich sie keine Warenbeschreibung enthalten.

Auf die Tatsache, daß neben den vorangehenden Dokumenten noch zahlreiche weitere Papiere für außenwirtschafts- und zollrechtliche Zwecke erforderlich sind, wurde bereits eingangs hingewiesen. Diese Papiere werden später im Zusammenhang mit den rechtlichen Import- und Exportvorschriften behandelt. Abb. D-2.2/10 verweist beispielhaft auf einige Probleme im Zusammenhang mit Außenhandelspapieren.

Abb. D-2.2/10: **Dokumentenprobleme**

Indien – Herstellerrechnung wird verlangt
Bei der Einfuhr nach Indien muß der Importeur die Rechnung des Herstellers der einzuführenden Ware vorlegen, wenn diese nicht vom Hersteller selbst bezogen wird. Ferner ist seit 31. 10. 90 der genaue und korrekte Wert der Importware anzugeben.
Diese Maßnahme zielt dem Vernehmen nach auf eine Kontrolle des «overinvoicing». Illegale Devisenabflüsse durch überhöhte Rechnungen ausländischer Lieferanten sollen unterbunden werden. Die Vorlage einer Rechnung des Produzenten könne jedoch Schwierigkeiten bereiten, wenn es sich um Güter handelt, die über einen oder mehrere Zwischenhändler eingeführt werden und der Hersteller u. U. gar nicht bekannt ist. Außerdem sei ein Rückschluß vom Erzeuger- auf den Verkaufspreis nur bedingt möglich. An den Zollgrenzen Indiens könne es, so wird befürchtet, zu einem Rückstau von Importgütern kommen.

Libyen – Neue Konsulatsgebühren
Nach einer Mitteilung der Libyschen Botschaft werden jetzt folgende Konsulatsgebühren erhoben: Ursprungszeugnisse, pro Exemplar DM 45,–; Hersteller-Erklärungen, pro Exemplar DM 45,–; Black-List-Certificates, pro Exemplar DM 45,–; zuzüglich GHORFA-Gebühr, pro Exemplar DM 20,–.
Die Übersetzung des Ursprungszeugnisses muß wieder von einem vom Volksbüro anerkannten Übersetzer erfolgen.

VR China – Gefälschte Lizenzen bei Textil-Export
Die EG-Kommission weist die Unternehmen, die Textilien und Bekleidung aus China direkt oder über ein Drittland importieren, darauf hin, daß hinreichende Gründe für die Annahme bestehen, daß Ausfuhrlizenzen und Ursprungserzeugnisse für die Kategorien vier, fünf, sechs, sieben, acht und 21 zur Umgehung der Bestimmungen des bilateralen Textilabkommens gefälscht worden sind. Die Einführer in der EG werden ersucht, bis auf weiteres die Ausfuhrlizenzen und Ursprungszeugnisse für die vorgenannten Kategorien von den chinesischen Handelsvertretungen in der Gemeinschaft beglaubigen zu lassen.

Iran – Inspektions-Zertifikat
Exportgüter, die für den Iran bestimmt sind, müssen nach den iranischen Vorschriften vor Versand durch eine Prüfungsgesellschaft abgenommen werden. Für die Bundesrepublik Deutschland ist die Firma GHSMI (Gellatly Hankey Marine Services International) bevollmächtigt worden, die Inspektionen und Zertifizierungen vorzunehmen.

Quelle: IHK Münster, 1991

D-3. Internationale Lieferklauseln

D-3.1. Bedeutung

D-3.1.1. Bedeutung für den Außenhandel

Internationaler Handel bedeutet grundsätzlich, daß eine Ware aus dem Exportland in ein – oft weit entferntes – Importland gebracht werden muß, also ein **Liefergeschäft** vorliegt; von möglichen Ausnahmen, daß z.B. die gekaufte Ware im Lager des Verkäufers verbleibt, bis der Käufer sie weiterverkauft hat, sei hier abgesehen. Ein Liefergeschäft impliziert *Kosten* und *Gefahren*. Ihre Aufteilung auf Verkäufer bzw. Käufer ist vertraglich zu regeln, denn die nationalen gesetzlichen Vorschriften sind zum einen unterschiedlich, zum anderen decken sie nicht alle in Frage kommenden Aspekte ab. Die vertragliche Vereinbarung kann wiederum grundsätzlich völlig frei geschehen. Es bietet sich jedoch an, dabei auf erprobte Standardformulierungen zurückzugreifen: die sog. **INCOTERMS** *(International Commercial Terms)*. Diese werden seit rund 70 Jahren von der Internationalen Handelskammer (ICC: *International Chamber of Commerce*) in Paris herausgegeben. Die ICC wurde 1919 auf privatrechtlicher Ebene gegründet. Sie ist heute in fast 60 Ländern mit Landesgruppen vertreten. In viele internationale Organisationen – insbesondere der UNO – ist die ICC mit beratendem Status eingebunden.

Die Incoterms[7] beruhen auf *praxisnahen Regelungen*, die teilweise eine sehr lange kaufmännische Tradition haben: Die Klausel FOB *(«free on board»)* wurde bereits in der Segel-Schiffahrt verwendet. Die Incoterms regeln ausführlich die *Pflichten von Käufer und Verkäufer* bei Lieferverträgen bezüglich Transportkosten (**Kostenübergang**), Transportrisiko (**Gefahrenübergang**) und u.a. Abwicklungspflichten (Dokumentenbeschaffung, Vertragsabschlüsse). Damit können sie als unmißverständlicher Vertragsteil in internationale Kauf- bzw. Lieferverträge eingebaut werden. Allerdings sind sie branchenunabhängig und nehmen keinen Bezug auf bestimmte Länder oder Regionen, so daß sie natürlich nicht alle Aspekte erfassen können. Da sich die kaufmännischen Gepflogenheiten und insbesondere die Transporttechniken im Zeitablauf verändern (z.B. durch das Aufkommen von

---

[7] Obgleich das Akronym INCOTERMS prinzipiell mit großen Buchstaben darzustellen ist, werden aus optischen Gründen im Text kleine Buchstaben verwendet.

Combined Shipments[8] mit Containern, **RoRo-Verkehr**[9] und die EDV), wurden und werden die Incoterms von Zeit zu Zeit überarbeitet. Die erste ICC-Version entstammt dem Jahr 1936 auf der Basis einer Untersuchung von gängigen Vertragsklauseln aus dem Jahre 1923. Überarbeitete Fassungen erschienen 1953, 1967, 1976, 1980 und – als heute aktuelle Version – 1990.

Die Incoterms regeln ausschließlich Fragen des Liefergeschäfts. Andere Aspekte des Kaufvertrags wie z.B. Eigentumsübergang, Mängelrüge oder Zahlung sind nicht Gegenstand der Lieferklauseln. Daraus folgt, daß die Vereinbarung einer Lieferklausel nicht die Notwendigkeit ausschließt, auch das anzuwendende (Kauf)Recht vertraglich zu vereinbaren (vgl. oben Abschnitt D-1.1). Auch Fragen der Rechtsbeziehung zu Maklern, Banken, Spediteuren oder Versicherungen werden durch die Incoterms nicht berührt. Sie sollten nicht verwechselt werden mit den von der ICC publizierten sog. **Trade Terms**, welche die Handelsbräuche von fast 30 Ländern definieren. (Als Beispiel für einen Handelsbrauch sei die in bestimmten Bereichen übliche sog. *tel-quel-Klausel* erwähnt, nach der der Käufer die Ware in der Qualität abzunehmen hat, die sie bei Lieferung aufweist; es wird also keine Gewähr für eine bestimmte Qualität übernommen. Handelsüblich ist dabei aber oft, daß ein mittlere Güte geliefert werden muß.) Sprachliche Verwechslungsmöglichkeiten bestehen auch zu den **Terms of Trade**, welche das statistische Verhältnis eines Exportpreisindex zu einem Importpreisindex ausdrücken.

Die ICC-Incoterms haben weltweite Verbreitung erlangt. Hervorzuheben ist aber, daß daneben auch *andere Standardformulierungen* von Lieferbedingungen verwendet werden, so z.B. die *American Foreign Trade Definitions* (**AFTD**) sowie die **Skandinavischen Kaufrechte**; auch der damalige RGW hatte spezielle Formulierungen entwickelt. Dies ist insofern von Bedeutung, als zwar gleichlautende Kürzel verwendet werden, diese aber inhaltlich andere Bedeutung haben können: FOB kann nach AFTD bereits ab Versandplatz beginnen, während die ICC-Interpretation «an Deck» im Verladehafen beginnt (vgl. unten). Auf solche Abweichungen wird im folgenden nicht eingegangen. Die Darstellung beschränkt sich auf die ICC-Incoterms und dabei

[8] **Combined Shipment** bedeutet Gütertransporte über mehrere Stationen mit verschiedenen Transportmitteln, z.B. LKW-Bahn-Schiff, im Unterschied zum **Through Transport** über verschiedene Stationen, aber mit nur einem Transportmittel.

[9] RoRo = *«Roll on – Roll off»*: Fahrzeuge können mit eigener Kraft an und von Bord rollen, z.B. über den aufklappbaren Bug oder das Heck von Spezialschiffen.

auf die wichtigsten Aspekte. Für Einzelheiten sei auf die Original-Incoterms der ICC verwiesen oder auf teilweise auch kommentierende Publikationen, die von einigen Kreditinstituten angeboten werden. (Die Darstellung hier stützt sich u.a. auf eine hervorragende Publikation der DG Bank, Bonn 1990.)

Hervorzuheben ist, daß die Incoterms als solche *keinerlei rechtliche Verbindlichkeit* haben; sie sind weder internationales, supranationales oder nationales Recht noch Gewohnheitsrecht oder Handelsbrauch. Sie erlangen erst Rechtskraft, wenn sie privatrechtlich *ausdrücklich* in einen Kaufvertrag eingebaut werden. Aufgrund der verschiedenen Fassungen, die es im Zeitablauf gegeben hat, empfiehlt es sich, eindeutig auf die entsprechende Version Bezug zu nehmen, z.B. FOB Incoterms 1990, insbesondere, wenn gerade eine Revision erfolgt ist und zeitältere Verträge u.U. sich noch auf die vorangehende Version stützen. Damit wird auch eine Verwechslung mit z.B. FOB-AFTD ausgeschlossen. Da die Incoterms kein bindendes Recht sind, können sie natürlich je nach Bedarf abgeändert, eingeschränkt oder ergänzt werden. Man nennt die Klauseln daher **Basisklauseln**. Beispielsweise kann man «FOB» erweitern zu «FOB, verschifft»: Der Verkäufer muß dann anstelle des Käufers den Frachtvertrag abschließen (vgl. unten D-3.2.2). Grundsätzlich kann man sich auch auf ältere Versionen beziehen. Sofern keine spezielle Version vereinbart wird, gilt automatisch die bei Vertragsabschluß in Kraft befindliche ICC-Version, und zwar die englische Originalfassung. Fremdsprachliche Übersetzungen z.B. ins Deutsche dienen nur der Vereinfachung. Bei der Auswahl einer Klausel sollten die Parteien sicherstellen, daß die gewählte Klausel auch realisierbar ist. So wäre z.B. DDP (*delivered duty paid*: geliefert verzollt) nicht möglich, wenn der Exporteur als Gebietsfremder eine im Importland erforderliche Importgenehmigung gar nicht erlangen kann (vgl. unten).

Die Incoterms stellen in der heutigen ICC-Version klar und deutlich die verschiedenen Käufer- und Verkäuferpflichten in 10 Positionen jeweils spiegelbildlich – und zwar auch drucktechnisch – gegenüber (Abb. D-3.1/1). Sie sind so aufgebaut, daß von Klausel 1 bis Klausel 13 fortschreitend die **Verkäuferpflichten** (A) zunehmen, während die **Käuferpflichten** (B) abnehmen. Beispielsweise regelt bei der Klausel FCA Frei Frachtführer die Position A4/B4, daß der Verkäufer alle Gefahren des Verlusts und der Beschädigung der Ware so lange zu tragen hat, bis sie durch die Übergabe an den vom Käufer bestimmten Frachtführer vom Käufer getragen werden muß. Das ist klar und eindeutig. Der Gefahrenübergang bedeutet, daß der Käufer auch bei Verlust oder Beschädigung der Ware den Kaufpreis zu zahlen hat.

Abb. D-3.1/1: **INCOTERMS: Zu regelnde Punkte**

Verkäufer	**Käufer**
A.1 Lieferung vertragsgemäßer Waren	**B.1** Zahlung des Kaufpreises
A.2 Lizenzen, Genehmigungen und Formalitäten	**B.2** Lizenzen, Genehmigungen und Formalitäten
A.3 Beförderungs- und Versicherungsvertrag	**B.3** Beförderungsvertrag
A.4 Lieferung	**B.4** Abnahme
A.5 Gefahrenübergang	**B.5** Gefahrenübergang
A.6 Kostenteilung	**B.6** Kostenteilung
A.7 Benachrichtigung des Käufers	**B.7** Benachrichtigung des Verkäufers
A.8 Liefernachweis, Transportdokument oder entsprechende elektronische Mitteilung	**B.8** Liefernachweis, Transportdokument oder entsprechende elektronische Mitteilung
A.9 Prüfung – Verpackung – Kennzeichnung	**B.9** Prüfung der Ware
A.10 Sonstige Verpflichtungen	**B.10** Sonstige Verpflichtungen

Gleiche Verpfichtungen werden auch mit gleichlautenden Formulierungen beschrieben. Dies erleichtert den Vergleich der Klauseln untereinander. Zur Veranschaulichung wird unten in Abschn. D-3.2.3 die gängige Lieferklausel CIF vollständig wiedergegeben.

D-3.1.2. Bedeutung für die Zollwertfestsetzung

Der *Zollwert* von Importgütern ist definiert als Warenwert (**Transaktionswert**; vgl. Abschn. F-3.1), zuzüglich u.a. der Transport-, Versicherungs- und sonstigen Nebenkosten, die bis zum Ort des Verbringens in das Zollgebiet der EG angefallen sind. Aufgrund der Lieferklauseln kann festgestellt werden, ob der auf der Handelsrechnung ausgewiesene Rechnungsendpreis ggf. um die Lieferkosten berichtigt werden muß, da der Zollwert von «CIF Verbringungsort» ausgeht, unabhängig davon, welche Lieferklausel die Vertragspartner konkret vereinbart haben. Dem Warenwert auf der Basis eines FOB-Vertrags müssen z.B. fiktiv die Lieferkosten hinzugerechnet werden, ein Rechnungsendpreis auf der Basis einer DDP-Klausel muß um die entsprechenden Lieferkosten innerhalb des Zollgebiets gekürzt werden.

D-3.2. INCOTERMS 1990

D-3.2.1. Gruppeneinteilung

Die 13 Lieferklauseln der aktuellen Incoterms 1990 können vier Gruppen zugeordnet werden, innerhalb derer, wie erwähnt, in aufsteigender Folge die Pflichten des Verkäufers zunehmen und die des Käufers abnehmen. Alle Klauseln werden durch drei Buchstaben bezeichnet, die sich aus den Anfangsbuchstaben der englischen Originalfassung ableiten; vgl. Abb. D-3.2/1.

Aus der Sicht des Verkäufers ist die (einzige) **E-Klausel** (EXW) die günstigste, da er die Ware lediglich auf seinem Gelände zur Verfügung stellen muß (sog. **Abholklausel**). Bei den drei **F-Klauseln** (FCA, FAS, FOB) muß der Verkäufer die Ware dem vom Käufer bestimmten Frachtführer übergeben, d.h. der Haupttransport ist vom Käufer zu bezahlen. Bei den vier **C-Klauseln** (CFR, CIF, CPT, CIP) muß der Verkäufer den Beförderungsvertrag (Haupttransport) auf eigene Kosten abschließen; allerdings geht die Gefahr mit der Übergabe an den Frachtführer auf den Käufer über: Kosten- und Gefahrenübergang erfolgen nicht am selben Ort (sog. **Zwei-Punkt-Klauseln**), im Gegensatz zu allen übrigen Klauseln (**Ein-Punkt-Klauseln**). Bei den fünf **D-Klauseln** (DAF, DES, DEQ, DDU, DDP) muß der Verkäufer alle Kosten und Risiken bis zum Bestimmungsort tragen (sog. **Ankunftsklauseln**). Einige Klauseln eignen sich besonders bzw. einige nicht für bestimmte Transportwege. Hierauf wird in Abschn. D-3.2.2.5 eingegangen.

D-3.2.2. Charakteristika der einzelnen Klauseln

Obgleich die Klauseln der Incoterms nicht länder- oder branchenspezifisch sind, beinhalten sie eine Fülle von teilweise sehr detaillierten Regelungen, die für eine allgemeine Charakterisierung und das allgemeine Verständnis nicht unbedingt erforderlich sind. Im folgenden

Abb. D-3.2/1: **Gruppeneinteilung**

E-Klausel Kosten- u. Gefahrenübergang: Werk	**EXW**	Ex Works ... (named place) Ab Werk ... (benannter Ort)
F-Klauseln Kosten- u. Gefahrenübergang: Lieferort	**FCA**	Free Carrier ... (named place) Frei Frachtführer ... (benannter Ort)
	FAS	Free Alongside Ship ... (named port of shipment) Frei Längsseite Seeschiff ... (benannter Verschiffungshafen)
	FOB	Free On Board ... (named port of shipment) Frei an Bord ... (benannter Verschiffungshafen)
C-Klauseln Gefahrenübergang: Lieferort Kostenübergang: Bestimmungsort	**CFR**	Cost and Freight ... (named port of destination) Kosten und Fracht ... (benannter Bestimmungshafen)
	CIF	Cost, Insurance and Freight ... (named port of destination) Kosten, Versicherung und Fracht ... (benannter Bestimmungshafen)
	CPT	Carriage Paid To ... (named point of destination) Frachtfrei ... (benannter Bestimmungsort)
	CIP	Carriage and Insurance Paid to ... (named point of destination) Frachtfrei versichert ... (benannter Bestimmungsort)
D-Klauseln Kosten- und Gefahrenübergang: Bestimmungsort = Lieferort	**DAF**	Delivered At Frontier ... (named point) Geliefert Grenze ... (benannter Ort)
	DES	Delivered Ex Ship ... (named port of destination) Geliefert ab Schiff ... (benannter Bestimmungshafen)
	DEQ	Delivered Ex Quay (duty paid) ... (named port of destination) Geliefert ab Kai (verzollt) ... (benannter Bestimmungshafen)
	DDU	Delivered Duty Unpaid ... (named point) Geliefert unverzollt ... (benannter Ort)
	DDP	Delivered Duty Paid ... (named point) Geliefert verzollt ... (benannter Ort)

werden daher nur die wichtigsten Aspekte der 13 Klauseln dargestellt. Wiederholungen werden so weit wie möglich vermieden. Die Begriffe ‹Kosten› und ‹Gefahren› sind durchgängig so zu verstehen, wie sie zu EXW erläutert werden. Um eine umfassende Kenntnis der einzelnen Klauseln zu erhalten, ist ein Studium des gesamten Klauseltextes erforderlich. Um den Rahmen nicht zu sprengen, kann hier jedoch keine vollständige Darstellung erfolgen. Im folgenden Abschnitt wird jedoch die EXW-Klausel umfassend erläutert, um beispielhaft auch einige allgemeine Aspekte zu verdeutlichen. Im abschließenden Abschn. D-3.2.4 wird die CIF-Klausel vollständig wiedergegeben. Abb. D-3.2/2 faßt einige wesentliche Aspekte zusammen.

D-3.2.2.1. E-Klausel

Die E-Gruppe besteht nur aus einer einzigen Klausel. Sie wird im folgenden ausführlich dargestellt, weil viele Aspekte auch für andere Klauseln gelten.

(1) EXW = Ex Works = Ab Werk... (benannter Ort)
EXW ist als «**Abhol-Klausel**» die *Minimalverpflichtung* für den Verkäufer; für diesen ist EXW faktisch ein Inlandsgeschäft. Er muß die Ware auf seinem Betriebsgelände bzw. einem üblichen Ort zur vereinbarten oder üblichen Zeit in transportgerechter Verpackung (z.B. für den Seetransport geeignet) lediglich zur Verfügung stellen (A.4 und A.9). Die Kosten der Verpackung können also dem Käufer nicht in Rechnung gestellt werden (A.6/B.6). Der Verkäufer muß den Käufer in angemessener Weise und rechtzeitig benachrichtigen, an welchem Ort und zu welcher Zeit dies erfolgen soll (A.7). «Angemessen» bedeutet in der Praxis, daß eine möglichst schnelle Kommunikationsart zu wählen ist, heute zunehmend Fax. Innerhalb der meisten europäischen Länder dürfte auch der normale Postweg genügen, sicherlich aber nicht im Überseeverkehr.
Sofern der Kaufvertrag dies vorsieht, muß ggf. der Käufer Ort und Zeitpunkt der Abnahme rechtzeitig selbst bestimmen (B.7). Der Abnahmeort (siehe oben den Zusatz «...» in der Klausel «Ab Werk ...») sollte – insbesondere bei weitläufigem Betriebsgelände – möglichst präzise bestimmt werden, z.B. «Ab Werk, Zweigwerk Münster, Rampe 7, Incoterms 1990».
Zur Verfügung stellen bedeutet nicht Verladen; dies ist grundsätzlich Sache des Käufers (A.6/B.6). Da in der Regel aber der Verkäufer über die erforderlichen Verladeeinrichtungen verfügt (z.B. einen Gabelstapler), wird er diese in der Praxis dem Käufer auch – auf dessen Kosten

Abb. D-3.2/2: **Übersicht** (V = Verkäufer/K = Käufer) Quelle: Bredow, Jens/Seiffert, Bodo, INCOTERMS 1990, Bonn 1990, S. 12

	Exportfreimachung	**Importfreimachung**	**Transportvertrag**	**Lieferort**	**Gefahrübergang V → K**	**Kostenübergang V → K**	**Transportversicherung**
EXW	K	K	K	Werk des V	Lieferort		
FCA	V	K	K	Ort der Übergabe an den Frachtführer	Lieferort		
FAS	K	K	K	Längsseite Schiff im Verschiffungshafen	Lieferort		
FOB	V	K	K	Schiff im Verschiffungshafen	Schiffsreling		
CFR	V	K	V	Schiff im Verschiffungshafen	Schiffsreling	Bestimmungshafen	
CIF	V	K	V	Schiff im Verschiffungshafen	Schiffsreling	Bestimmungshafen	V/Mindestdeckung
CPT	V	K	V	Ort der Übergabe an den 1. Frachtführer	Lieferort	Bestimmungsort	
CIP	V	K	V	Ort der Übergabe an den 1. Frachtführer	Lieferort	Bestimmungsort	V/Mindestdeckung
DAF	V	K	V	Bestimmungsort an der Grenze	Bestimmungsort		
DES	V	K	V	Schiff im Bestimmungshafen	Schiff im Bestimmungshafen		
DEQ	V	V	V	Kai des Bestimmungshafens	Kai des Bestimmungshafens		
DDU	V	K	V	Bestimmungsort	Bestimmungsort		
DDP	V	V	V	Bestimmungsort	Bestimmungsort		

und Gefahr – zur Verfügung stellen, denn Gefahr des Verlustes und der Beschädigung und Kosten gehen auf den Käufer über, wenn der Verkäufer die Ware zur Verfügung gestellt hat (A.5/B.5). Dies bedeutet z.B. auch die deutliche Konkretisierung, welche von einer Vielzahl auf Rampe 7 lagernden Kaffeesäcken denn nun zu der zu verladenden Partie gehören.
Der Käufer muß die Ware wie nach A.7/B.7 angekündigt übernehmen (B.4), dies dem Verkäufer in geeigneter Weise nachweisen (B.8), z.B. durch eine Empfangsquittung (also nicht umgekehrt) – woraus sich die Verpflichtung zur Zahlung des Kaufpreises ergibt (B.1) – und sich selbst um Verladung, Abtransport und die Grenzabfertigung kümmern (A.2/B.2). Erfolgt die Verladung verspätet, können Lagerkosten für den Käufer anfallen. Eventuelle Qualitätsprüfungen vor Verladung, die nicht für die Übernahme erforderlich sind, gehen zu Lasten des Käufers, sofern der Kaufvertrag nichts anderes bestimmt (A.9/B.9). Der Verkäufer muß ihm bei der Beschaffung erforderlicher Dokumente jede Hilfe gewähren, kann jedoch dafür Kostenerstattung verlangen (A.10/B.10). Zölle, Steuern und andere Abgaben muß der Käufer tragen (A.2/B.2). Hinsichtlich Beförderungs- und Versicherungsvertrag obliegen keiner Seite Verpflichtungen (A.3/B.3).
EXW bedeutet also, daß der Käufer Gefahr und Kosten des gesamten Transports tragen sowie die Export- und Importabwicklung durchführen soll. Dies bietet sich z.B. an, wenn der Käufer verschiedene Warensendungen im Exportland zu einer Gesamtsendung zusammenstellen will. EXW setzt voraus, daß der Käufer den Export auch tatsächlich ausführen kann. Problematisch kann dies beispielsweise sein, wenn eine Exportgenehmigung erforderlich ist, die Gebietsfremde nicht erhalten können. Dann müßte eine andere Klausel gewählt werden.

D-3.2.2.2. F-Klauseln

Eine F-Klausel sollte gewählt werden, wenn der Käufer Gefahren und Kosten ab einem bestimmten Lieferort im Exportland tragen, der Verkäufer aber die Exportabfertigung übernehmen soll. Der Käufer hat dabei die Wahl des Transportmittels und des Frachtführers, kann z.B. mit Reedereien seines eigenen Landes verladen. Allerdings ist es auch nicht selten, daß auch bei einer F-Klausel vereinbart wird, daß der Verkäufer den Frachtvertrag besorgt, wenn er günstigere Frachtraten erzielen kann als der Käufer.
Hinsichtlich der F-Klauseln ist die im vorangehenden Kapitel bereits angesprochene Unterscheidung zwischen Frachtführer und Spediteur

wichtig, insbesondere bezüglich der Haftung, da der Spediteur weniger umfassend haftet als ein Frachtführer. Ein **Spediteur** ist eine Art Makler, der den Transport durch Dritte, z.B. einen vertraglichen Frachtführer, besorgen läßt. Der Spediteur übernimmt also nicht die Verantwortung für den Transport bis zum Bestimmungsort, sondern nur dafür, daß er den Transport durch Dritte (**Frachtführer**) besorgen läßt. Der Spediteur kann aber selbst auch die Beförderungsverpflichtung bis zum Bestimmungsort übernehmen und damit vertraglicher Frachtführer werden. Dies ist bei Einsatz unterschiedlicher Transportmittel (multimodaler Transport) nicht selten; vgl. oben in Abschnitt D-2.2 die Ausführungen zur spediteurspezifischen FIATA *Combined Bill of Lading* (FBL). Weitere Einzelheiten sind hier entbehrlich. Da die Darstellung der übrigen Incoterms komprimierter erfolgt als zu Ex Works, wird nur noch gelegentlich auf die genauen Fundstellen (z.B. A.4 oder B.2) verwiesen.

(2) **FCA = Free Carrier = Frei Frachtführer... (benannter Ort)**
Die FCA-Klausel ist auf *alle Transportarten* anwendbar: See-, Binnenschiff-, Straßen-, Bahn- oder Lufttransport, d.h. für Transporte über die «nasse» oder die «trockene Grenze». Der Käufer hat die sog. Transportdisposition (B.3). Mit der Angabe des Lieferorts im Exportland («...») wird meist auch die Transportart festgelegt, z.B. «FCA Flughafen Düsseldorf» oder «FCA LKW Zweiglager München» oder «FCA Freihafen Bremen» oder «FCA Güterbahnhof Kassel». Sofern keine Festlegung der Transportart erfolgt, wird der Käufer dies frühzeitig im Rahmen seiner Benachrichtigungspflicht tun müssen (B.7), damit der Verkäufer seiner Pflicht zur transportgerechten Verpackung nachkommen kann (A.9). Spätestens dann sollte auch der Ort so genau wie möglich präzisiert werden, z.B. «FCA Freihafen Bremen, Schuppen 14, Rampe 3» (Anmerkung: Ein Schuppen ist eine Lagerhalle im Freihafen). Andernfalls könnte der Verkäufer sich theoretisch eine beliebige Übergabestelle am Lieferort auswählen.
Hinsichtlich des Transports bedeutet FCA einen **gebrochenen Transport** «bis Lieferort» und «ab Lieferort bis Bestimmungsort», wobei es aber – in Ergänzung der FCA-Basisklausel – vertraglich oft dem Verkäufer übertragen wird, auch für den Transportvertrag ab Lieferort zu sorgen, allerdings auf Kosten des Käufers oder – sofern möglich – unfrei versendet. Der Verkäufer ist für die Exportabwicklung verantwortlich, muß also alle Zoll- und sonstigen behördlichen Formalitäten abwickeln. Ggf. sollte ein Vorbehalt wie z.B. «vorbehaltlich Exportgenehmigung» vertraglich vereinbart werden. Eine Pflicht zur Transportversicherung besteht nicht, jedoch dürfte es ratsam sein, daß der

Verkäufer den Transport bis zum Spediteur bzw. Frachtführer und der Käufer danach auf eigene Kosten versichert. Solche gebrochenen Policen sind jedoch sowohl teurer als auch problematisch, wenn nicht mehr festgestellt werden kann, ob ein Schaden vor oder nach Übergabe an den Spediteur/Frachtführer eingetreten ist. In der Praxis wird daher oft der Abschluß einer durchgehenden Versicherung vereinbart.

Bei FCA-Klauseln ist die *Termintreue* wichtig, weil dies für den Käufer aufgrund seiner Transportdisposition oder eigener Lieferverpflichtungen von großer Bedeutung sein kann. Fristüberschreitung kann im Sinne eines **Fixgeschäfts** nach § 376 HGB zu Schadenersatzpflicht wegen Nichterfüllung führen. Demzufolge sind die Benachrichtigungspflichten beider Seiten über Lieferungs- und Übernahmemodalitäten besonders wichtig.

Eine wichtige Anwendung ist FCA Seehafen im *Containerverkehr*. Würde man für Container FOB Seehafen wählen (vgl. (4)), ergibt sich das Problem, daß der Käufer gar nicht «an Deck» liefern kann, weil die Beladung des Schiffs mit Containern in der Verantwortung des Seefrachtführers erfolgt, folglich nicht im Einflußbereich des Verkäufers liegt. Dieser endet im Container-Terminal, dort findet die Übergabe an den Frachtführer statt. Die Containerverladung erfolgt dementsprechend auf Kosten des Käufers; allerdings ließe sich als Zusatz vereinbaren «FCA ..., Terminal-Abwicklungskosten zu Lasten des Verkäufers». Für den sonstigen Seefrachtverkehr entspricht FCA den FOB-Bestimmungen weitgehendst.

(Anmerkung: Wird im Frachtvertrag *Full Container Load* (FCL) vereinbart, übergibt der Ablader dem Verfrachter einen vollbeladenen Container und trägt die Verantwortung und Kosten für Verpackung und Entladung (bzw. analog der Empfänger bei C-Klauseln; vgl. unten). Bei *Less than Container Load* (LCL) verpackt der Verfrachter in seiner Verantwortung Waren, die nur einen Teil des Containerstauraums ausfüllen, verfrachtet sie und stellt sie dem Empfänger zu.)

Da verschiedene Warendokumente Beweis- oder Sperrfunktionen haben (vgl. oben Abschn. B-2.2), regelt FCA A.8/B.8 ausführlich die Pflichten zur Beschaffung und Zurverfügungstellung der Liefernachweise bzw. Transportdokumente der verschiedenen Transportarten. Auf Einzelheiten wird hier nicht eingegangen.

(3) FAS = Free Alongside Ship = Frei Längsseite Schiff ... (benannter Verschiffungshafen)

Die Klausel bietet sich an bei Verladung von *Massengütern* auf konventionelle Schiffe (z.B. Getreide; also z.B. nicht bei Containern, weil diese nicht direkt an das Schiff herangebracht werden können), wobei die Verladung entweder vom Kai aus, also von der Landseite her erfolgen kann, oder von der Wasserseite, z.B. aus Leichtern, Bockschiffen oder Schuten. Dies trifft auch bei anderen Gütern zu auf Schiffe, die nicht in – zu flache oder besetzte – Häfen einlaufen können und daher vor dem Hafen «auf Reede» beladen werden müssen (z.B. Lagos/Nigeria).

Im Gegensatz zu FCA muß der Verkäufer bei FAS keine exportfreie Ware liefern, für ihn liegt also ein Binnengeschäft vor. Der Käufer hat also sowohl für die Export- als auch für die Importabwicklung zu sorgen. Die Lieferverpflichtung ist erfüllt, wenn die Ware vom Kai oder vom Wasser mit den Ladeeinrichtungen am Kai oder mit dem Ladegeschirr des Schiffes verladen werden kann. Dann gehen alle Gefahren auf den Käufer über. Der Käufer muß den Verkäufer über den Namen des Schiffes, den Liegeplatz und die Ladezeit rechtzeitig benachrichtigen (sog. **FAS-Instruktion**). Die Gefahren gehen auch dann auf den Käufer über, wenn das Schiff nicht zum vereinbarten Termin einläuft oder früher ausläuft. Die Kosten bis zur Anlieferung trägt der Verkäufer, die Kosten des Verladens und alle weiteren Kosten der Käufer.

(4) FOB = Free On Board = Frei an Bord ... (benannter Verschiffungshafen)

FOB ist eine klassische Lieferklausel im *konventionellen Seeverkehr* (für den Container-Verkehr ist FCA geeigneter); sie ist neben CIF wohl die allgemein bekannteste, wenn auch nicht die am meisten verwendete Klausel. Der Verkäufer muß exportfreie Ware liefern, d.h. er muß die Ausfuhrformalitäten erledigen. Grundsätzlich muß der Käufer den Transportvertrag auf seine Kosten abschließen (sog. *echtes FOB-Geschäft*; zu den Kosten zählen u.a. die Frachtkosten, Schiffsmaklerspesen und -provisionen, Umladekosten im Schiff, etc.). In der Praxis ist es aber nicht selten, daß dies – auf Kosten des Käufers – dem Verkäufer übertragen wird mit dem Zusatz «FOB, verschifft» (*unechtes FOB-Geschäft* mit Geschäftsbesorgungsvertrag für den Transport). Der Verkäufer hat keinerlei Versicherungspflicht, wird die Ware aber sinnvollerweise bis zur Verladung versichern.
Der Verkäufer hat alle Kosten zu tragen bis einschließlich der Verladung auf das Schiff («an Deck»). In vielen Häfen ist es jedoch üblich, daß die Ware bereits an Land vom Seefrachtführer übernommen wird; dann sind die Verladekosten Teil der Schiffsfracht. Der Käufer hat analog zu FAS dem Verkäufer eine rechtzeitige **FOB-Instruktion** über

den Namen des Schiffes, den Liegeplatz und den Verladetermin zu geben.
Der **Gefahrenübergang** richtet sich nach altem Handelsbrauch: Die Gefahr geht auf den Käufer über in dem Moment, wo die Ware die Schiffsreling zum ersten Mal überschreitet; sie kann dabei durchaus im Ladegeschirr des Krans noch in der Luft schweben. Dies kann von Bedeutung sein, wenn der Kran aus irgendwelchen Gründen wieder zurückschwenkt (z.B. weil das Deck nicht frei ist), die Ware wieder auf dem Kai absetzen will und sie dabei beschädigt wird: Dies geht zu Lasten des Käufers, ebenso wie sich daraus ergebende weitere Kosten durch erforderliche Umladungen oder zusätzliche Lager- und Versicherungskosten. Das gleiche gilt, wenn die Ware aus dem Ladegeschirr auf das Deck fällt: Auch dann sind Gefahr und Kosten auf den Käufer übergegangen, jedoch nicht, wenn die Ware vor Überqueren der Reling neben das Schiff ins Wasser oder auf den Kai fällt.
Der Verkäufer muß dem Käufer «jede Hilfe» beim Beschaffen des «üblichen Transportdokuments für den vereinbarten Bestimmungshafen» gewähren. Dies wird in den meisten Fällen ein Seekonnossement, kann aber auch ein Seefrachtbrief sein (vgl. oben Abschn. D-2.2).

D-3.2.2.3. C-Klauseln

Im Unterschied zu den F-Klauseln muß der Verkäufer bei C-Klauseln auch den Transportvertrag (ggf. auch den Versicherungsvertrag) abschließen und die Kosten bis zum Bestimmungsort tragen.

(5) **CFR = Costs and Freight =**
Kosten und Fracht... (benannter Bestimmungshafen)
Bei CFR muß der Verkäufer zusätzlich zu seinen FOB-Verpflichtungen (d.h. u.a. exportfreie Ware) den Frachtvertrag (nicht aber einen Versicherungsvertrag) abschließen und die regulären Frachtkosten bis zum Bestimmungshafen tragen. Der Seefrachtführer ist also Beauftragter des Verkäufers. Eine analoge Anwendung auf den Luftfrachtverkehr scheidet aus, weil der Verkäufer nicht «on board», d.h. ins Flugzeug liefern kann; hier bietet sich z.B. FCA mit Zusatz «Fracht zu Lasten des Verkäufers» an. Der Transport muß auf dem üblichen Weg und in der üblichen Weise reisen, d.h. das Anlaufen mehrerer Häfen unterwegs oder auch Umladen können durchaus üblich sein. Der Gefahrenübergang entspricht FOB, also bei erstmaligem Überschreiten der Schiffreeling im Bestimmungshafen. Die Importabwicklung ist Sache des Käufers.
Durch die Einbeziehung der Transportkosten in die Pflichten des Ver-

käufers wird CFR – wie alle C-Klauseln – zu einer **Zwei-Punkt-Klausel**, weil der Gefahrenübergang im Abgangshafen erfolgt und der Kostenübergang im Bestimmungshafen. Entladungskosten trägt der Verkäufer, wenn sie Teil der Schiffsfracht sind (also ein Seefrachtvertrag zu sog. *«Liner-Terms»* vorliegt, der Belade-, Stau- und Entladekosten[10] einschließt. Bei einer FIO-Vereinbarung *(«free in and out»)* müßte der Befrachter oder der Empfänger diese Kosten tragen). Ggf. wäre *«CFR landed»* zu vereinbaren, wenn der Käufer nicht die Entladekosten tragen soll. Alle übrigen Kosten, die nicht zur Schiffsfracht zählen, trägt der Käufer, z.B. außerordentliche Liegekosten, die durch Verzögerungen in Zwischenhäfen anfallen.
Hinsichtlich des Seefrachtvertrags wird unterschieden zwischen einem Stückgutvertrag, der sich auf einzelne Güter bezieht, und einem Chartervertrag, der sich auf das ganze Schiff beziehen kann (Vollcharter) oder auf Teile des Schiffsraums (Teilcharter).

(6) **CIF = Costs, Insurance, Freight =**
Kosten, Versicherung, Fracht... (benannter Bestimmungshafen)

CIF ist neben FOB eine klassische *Seefrachtklausel*. CIF erweitert die CFR-Verpflichtungen des Verkäufers (vgl. ausführlich Abschn. D-3.2.4). Neben dem Seefrachtvertrag bis zum Bestimmungshafen muß der Verkäufer auf seine Kosten, aber zugunsten des Käufers eine Transportversicherung abschließen, die den Käufer zur Erhebung von Ansprüchen ermächtigt (die Gefahr verbleibt beim Käufer). CIF entspricht also FOB plus reguläre Fracht- plus Versicherungskosten. Da damit unterschiedliche Versicherungsbedingungen zum Tragen kommen können, verpflichtet CIF den Verkäufer zum Abschluß einer **Mindestdeckung** (der sog. Clause C der Cargo-Klauseln des *Institute of London Underwriters*; siehe die anschließende Anmerkung). Damit ist die Ware versichert zum Kaufpreis plus 10% (für imaginären Gewinn) gegen u.a. Feuer oder Explosion, Auf-Grund-Laufen, Kentern oder Kollision des Schiffes, nicht aber Krieg, Streik, Aufruhr, Piraterie oder Verzögerungen. Ggf. müßte der Käufer eine Zusatzversicherung zu seinen Lasten abschließen (lassen). (Nach Angaben der Internationalen Handelskammer (ICC) in Paris nehmen vor allem im südchinesischen und malaiischen Meer die Fälle von Seepiraterie beträchtlich zu.) In diesem Zusammenhang ist darauf hinzuweisen, daß eine Versicherungspolice mit «voller Deckung» *(all risks)* auch nicht alle Risiken

---

[10] Im Seeverkehr wird der Entladevorgang als *«Löschen»* bezeichnet: dies hat also nichts mit Brandbekämpfung zu tun.

abdeckt, sondern u.a. Schäden durch Reiseverzögerungen sowie Kriegs- und politische Risiken ausschließt. Ein Einschluß erfordert Zusatzvereinbarungen.
(Anmerkung: Englische Versicherungsgesellschaften haben das Institute of London Underwriters gegründet, welches Versicherungsklauseln für bestimmte Risiken ausarbeitet, insbesondere für den Seetransport. Auf diese Klauseln wird oft in Versicherungsverträgen in ähnlicher Weise Bezug genommen wie auf die Incoterms. Die o.a. Klausel C ist eine Minimalklausel mit geringstem Versicherungsschutz; den größten Deckungsschutz gewährt Klausel A. Nichtversicherte Risiken können durch Zusatzklauseln u.a. gegen Kriegsgefahr, Streik oder mutwillige Zerstörung gedeckt werden.)
Der Verkäufer muß unter CIF die Ware in Übereinstimmung mit dem Kaufvertrag transportgerecht verpackt und termingerecht an Bord des Schiffes liefern und dem Käufer die Verladung unverzüglich mitteilen. Er trägt alle Gefahren für die Ware, bis sie im Abladehafen die Reling des Seeschiffs überschritten hat. Er muß auf seine Kosten eine auf den Käufer übertragbare Seeversicherungspolice abschließen und dem Verkäufer einen vollständigen Satz reiner, begebbarer Orderkonnossemente mit Vermerk *«shipped on board»* und *«freight prepaid»* beschaffen. Zudem muß er dem Importeur auf dessen Verlangen, Kosten und Gefahr Ursprungszeugnis und Konsulatsfaktura beschaffen sowie bei der Beschaffung aller für die Einfuhr im Bestimmungsland erforderlichen Dokumente behilflich sein.
Der Importeur muß die ordnungsgemäß erbrachten Dokumente aufnehmen und den vereinbarten Kaufpreis zahlen, die neben Transport und Versicherung anfallenden Kosten tragen, auch für die Beschaffung von Ursprungszeugnissen oder Konsulatsfakturen, und die Zollgebühren und sonstigen Eingangsabgaben im Importland zahlen.
Noch eine Anmerkung: Unabhängig von den tatsächlich vereinbarten Lieferklauseln werden in Zahlungsbilanzstatistiken alle Exporte fiktiv mit FOB-Werten und alle Importe mit CIF-Werten angesetzt, um jeweils den Wert der Ware «an der Grenze» zu erfassen (vgl. auch Abschn. A-4.2.3).

(7) **CPT = Carriage Paid To = Frachtfrei bis ... (benannter Bestimmungsort)**

Diese Klausel ist bei *allen Transportarten* anwendbar, wenn der Verkäufer – auf seine Kosten, aber auf Gefahr des Käufers – die Ware bis zu einem bestimmten Bestimmungsort liefern soll. Dieser muß – im Gegensatz zu CIF – kein Hafen sein; für einen Hafen wäre CFR anwendbar. Der Verkäufer kommt seiner Verpflichtung nach, wenn er

exportfreie Ware liefert, den Beförderungsvertrag auf seine Kosten abschließt und die Ware dem ersten Frachtführer übergibt; die Gefahr geht dabei auf den Käufer über (vgl. oben die Unterscheidung von Spediteur und Frachtführer; dies ist insbesondere bei multimodalem Transport von Bedeutung). Dem Verkäufer obliegt keine Versicherungspflicht.
CPT entspricht also CFR mit dem Unterschied, daß der Bestimmungsort kein Hafen ist, bzw. FCA plus Freimachung für den Export plus Frachtkosten. Der Käufer trägt alle Kosten ab Gefahrenübergang, die nicht zur Fracht gehören, also ggf. auch Entladekosten, sofern diese nicht in der Fracht enthalten sind, und ist für die Importabwicklung zuständig.

(8) **CIP = Carriage and Insurance Paid to =**
Frachtfrei versichert bis ... (benannter Bestimmungsort)

CIP entspricht – weitgehend wörtlich – CPT mit zusätzlicher Versicherungspflicht. Die Versicherungsklausel wiederum entspricht der entsprechenden CIF-Regelung (Mindestdeckung, siehe oben). CIP ist also eine CIF-analoge Klausel für Bestimmungsorte, die nicht Hafen sind.
In Abhängigkeit davon, ob ein Bestimmungs*hafen* oder ein anderer Bestimmungs*ort* vereinbart wurde, ergibt sich folglich inhaltlich eine Übereinstimmung von CFR/CPT bzw. von CIF/CIP.

D-3.2.2.4. D-Klauseln

Die fünf D-Klauseln sind insgesamt **Ein-Punkt-Klauseln.** Sie erweitern die Verantwortung des Verkäufers neben den Kosten u.a. um die Transportgefahren bis zum Bestimmungsort, wo erst die Gefahr übergeht (im Gegensatz z.B. zu CIF oder CIP, bei denen die Gefahr beim Käufer liegt, aber der Verkäufer die Versicherungskosten trägt). Der Verkäufer muß bei D-Klauseln zwar keine Versicherung abschließen, wird dies aber aus Vorsichtsgründen sicher tun.

(9) **DAF = Delivered At Frontier =**
Geliefert Grenze ... (benannter Ort)

Die Klausel ist prinzipiell für *alle Transportarten* anwendbar, in der Praxis jedoch vorrangig für den Straßen- und Eisenbahntransport. Die Verpflichtung des Verkäufers endet, wenn er die Ware vor der Grenze in einem genau zu bestimmenden Grenzort des Bestimmungslandes dem Käufer zur Verfügung stellt; er schuldet also keine importfreie Ware. Es handelt sich bei DAF um einen **Ankunftsvertrag.** Die Klausel impliziert möglicherweise eine Umladung vor der Grenze, was in der Praxis jedoch selten geschieht, z.B. nicht im TIR-Verfahren (vgl. Abschn. F-5.1.3). Grundsätzlich ist der Verkäufer frei in der Wahl des Transportmittels bis zum vereinbarten Ort. Zur Verfügung stellen bedeutet, daß der Käufer die Ware übernehmen und über sie verfügen kann. Hierzu gehört auch, daß der Verkäufer ggf. die Kosten einer Entladung trägt und daß alle erforderlichen Warendokumente für eine Importabfertigung vorliegen, z.B. ein Carnet-TIR. Nimmt der Käufer die Ware nicht ab, geht die Gefahr trotzdem auf ihn über.

(10) DES = Delivered Ex Ship =
Geliefert ab Schiff ... (benannter Bestimmungshafen)

DES ist eine *Seetransportklausel* und entspricht prinzipiell CIF, mit dem Unterschied, daß der Verkäufer nicht nur die Versicherungskosten, sondern auch die Gefahr bis zur Lieferung trägt. Die Lieferverpflichtung bedeutet Zurverfügungstellen der Ware an Bord des Schiffes im Bestimmungshafen, so daß sie in üblicher Weise vom Käufer übernommen werden kann. Dementsprechend muß er über die erforderlichen Dokumente verfügen. Nimmt er die Ware nicht ab, geht die Gefahr trotzdem über. Die Kosten der Entladung trägt der Käufer, der auch die Importabfertigung besorgen und tragen muß.

(11) DEQ = Delivered Ex Quai =
Geliefert ab Kai (verzollt) ... (benannter Bestimmungshafen)

Bei dieser *Seetransport-Klausel* schuldet der Verkäufer export- und importfreie Ware, er ist also zur Abwicklung der Importformalitäten und zur Leistung der Eingangsabgaben im Bestimmungsland verpflichtet. Dies setzt voraus, daß er dazu auch formal in der Lage ist, z.B. ggf. auch eine Importgenehmigung erhalten kann. Durch entsprechende Modifikationen der Klausel können diese Pflichten auch teilweise auf den Käufer übertragen werden, z.B. durch «DEQ, Zoll bezahlt ohne Einfuhrabfertigung» oder « ... Zölle nicht bezahlt» oder « ... Einfuhrumsatzsteuer nicht bezahlt». Dies bietet sich vor allem dann an, wenn eine Abgabenerstattung an Gebietsfremde nicht zulässig ist.

(12) DDU = Delivered Duty Unpaid =
Geliefert unverzollt ... (benannter Bestimmungsort)

Die Klausel, die für *alle Transportarten* anwendbar ist, ähnelt DAF, jedoch wird der Leistungsort im *Binnenland* des Einfuhrlandes liegen. Der Verkäufer trägt alle Kosten und Gefahren bis zu diesem Ort, jedoch sind Einfuhrformalitäten und Einfuhrabgaben Sache des Käufers. Will der Käufer die Gefahr tragen, bietet sich CPT an, will er zudem auch die Kosten des Transports übernehmen, FCA. Falls der Verkäufer über eingespielte Beziehungen zu einem Zollagenten im Importland verfügt, kann z.B. vereinbart werden «DDU, Zollformalitäten durch Verkäufer», wobei der Käufer die Importabgaben zu tragen hat.

(13) **DDP = Delivered Duty Paid =**
Geliefert verzollt ... (benannter Bestimmungshafen)
Diese Klausel ist das spiegelbildliche Pendant zu EXW, indem es aus der Sicht des Verkäufers die *Maximalverpflichtung* darstellt. Nach DDP muß er die Ware auf eigene Kosten und Gefahr bis zu einem Bestimmungsort im Importland liefern und dabei alle anfallenden Formalitäten erledigen sowie neben allen Kosten auch alle Abgaben tragen. Dies setzt auch voraus, daß ihm alle für den Import erforderlichen Dokumente zur Verfügung stehen. Inhaltlich bedeutet DDP: DDU plus Zollabwicklung oder DEQ plus Lieferung ins Binnenland. Auch hierbei können Modifikationen erfolgen wie «... Einfuhrumsatzsteuer nicht bezahlt».

D-3.2.2.5. Eignung der INCOTERMS für bestimmte Transportmittel

Ob und welche Klausel im konkreten Fall anzuwenden ist, ist – wegen des Kostenaspekts – sowohl eine Sache der Machtverteilung zwischen Exporteur und Importeur als auch eine Frage der Zweckmäßigkeit, z.B. hinsichtlich der Möglichkeiten zur Beschaffung von Dokumenten oder der Abwicklung von Formalitäten. Wie wohl im Ansatz deutlich wurde, lassen sich durch Modifikationen vielfältige Varianten erreichen, die den jeweiligen Erfordernissen des konkreten Liefervertrags bestmöglich gerecht werden.
Zusammenfassend läßt sich sagen, daß sieben Klauseln für alle Transportarten angewendet werden können (EXW, FCA, CPT, CIP, DAF, DDU, DDP). Speziell nur für den Schiffstransport geeignet sind FAS, FOB, CFR, CIF, DES und DEQ. Für den Luft- und Eisenbahntransport bieten sich insbesondere FCA und DAF an.

D-3.2.3. Vollständiges Beispiel: Lieferbedingung CIF

Kosten, Versicherung, Fracht ... (benannter Bestimmungshafen)
(**Costs, Insurance, Freight**)

«Kosten, Versicherung, Fracht» bedeutet, daß der Verkäufer die gleichen Verpflichtungen wie bei der CFR-Klausel hat, jedoch zusätzlich die Seetransportversicherung gegen die vom Käufer getragene Gefahr des Verlusts oder der Beschädigung der Ware während des Transportes abzuschließen hat.
Der Verkäufer schließt den Versicherungsvertrag ab und zahlt die Versicherungsprämie.
Der Käufer sollte beachten, daß gemäß dieser Klausel der Verkäufer nur verpflichtet ist, eine Versicherung zu Mindestbedingungen abzuschließen.
Die CIF-Klausel verpflichtet den Verkäufer, die Ware zur Ausfuhr freizumachen.
Diese Klausel kann nur für den See- oder Binnenschiffstransport verwendet werden. Hat die Schiffsreling keine praktische Bedeutung, wie bei Ro-Ro- oder Containertransporten, ist die CIP-Klausel geeigneter.

A. Der Verkäufer hat ...	B. Der Käufer hat ...
A-1. Lieferung vertragsgemäßer Ware ... die Ware in Übereinstimmung mit dem Kaufvertrag zu liefern sowie die Handelsrechnung oder die entsprechende elektronische Mitteilung und alle sonstigen vertragsgemäßen Belege hierfür zu erbringen.	**B-1. Zahlung des Kaufpreises** ... den Preis vertragsgemäß zu zahlen.
A-2. Lizenzen, Genehmigungen und Formalitäten ... auf eigene Gefahr und Kosten die Ausfuhrbewilligung oder andere behördliche Genehmigung zu beschaffen sowie alle Zollformalitäten zu erledigen, die für die Ausfuhr der Ware erforderlich sind.	**B-2. Lizenzen, Genehmigungen und Formalitäten** ... auf eigene Gefahr und Kosten die Einfuhrbewilligung oder andere behördliche Genehmigung zu beschaffen sowie alle erforderlichen Zollformalitäten für die Einfuhr der Ware und gegebenenfalls für ihre Durchfuhr durch ein drittes Land zu erledigen.

A-3. Beförderungs- und Versicherungsvertrag

a) Beförderungsvertrag
... auf eigene Rechnung den Vertrag über die Beförderung der Ware auf dem üblichen Wege in der üblichen Weise bis zum benannten Bestimmungshafen in einem Seeschiff (bzw. gegebenenfalls einem Binnenschiff) der Bauart, die normalerweise für die Beförderung der im Vertrag genannten Ware verwendet wird, abzuschließen.

b) Versicherungsvertrag
... auf eigene Kosten die **im Vertrag vereinbarte Transportversicherung** zu beschaffen, die den Käufer oder eine andere Person mit versichertem Interesse an den Gütern berechtigt, direkt beim Versicherer Ansprüche geltend zu machen, und dem Käufer die Versicherungspolice oder einen sonstigen Nachweis über den Versicherungsschutz zu übermitteln.
Die Versicherung ist bei zuverlässigen Versicherern oder Versicherungsgesellschaften abzuschließen und muß **mangels ausdrücklicher Vereinbarung** von etwas Gegensätzlichem mit der **Mindestdeckung der Institute Cargo Clauses** (Institute of London Underwriters) oder einem ähnlichen Bedingungswerk übereinstimmen. Die Dauer der Versicherung muß B.5 und B.4 entsprechen. Auf Verlangen des Käufers hat der Verkäufer auf Kosten des

B-3. Beförderungsvertrag

... keine Verpflichtung.

Käufers eine **Versicherung gegen die Gefahren Krieg, Streik, Aufruhr und bürgerliche Unruhen** zu beschaffen, sofern dies möglich ist. Die Mindest-Versicherung muß den **Kaufpreis zuzüglich 10% (d.h. 110%)** decken und in der Währung des Kaufvertrages genommen werden.

A-4. Lieferung
... die Ware an Bord des Schiffes im Verschiffungshafen in dem vereinbarten Zeitpunkt oder innerhalb der vereinbarten Frist zu liefern.

B-4. Abnahme
... anzuerkennen, daß die Ware in Übereinstimmung mit A.4 übergeben wird und die Ware dem Frachtführer im Bestimmungshafen abzunehmen.

A-5. Gefahrenübergang
... vorbehaltlich der Bestimmungen von B.5, alle Gefahren des Verlusts oder der Beschädigung der Ware so lange zu tragen, bis sie die Schiffsreling im Verschiffungshafen überschritten haben.

B-5. Gefahrenübergang
... alle Gefahren des Verlusts oder der Beschädigung der Ware von dem Zeitpunkt an zu tragen, in dem sie die Schiffsreling im benannten Verschiffungshafen überschritten hat.
Sollte er die Benachrichtigung gemäß B.7 unterlassen, alle Gefahren des Verlusts oder der Beschädigung der Ware von dem für die Verschiffung vereinbarten Zeitpunkt oder vom Ablauf der hierfür vereinbarten Frist an zu tragen, vorausgesetzt, daß die Ware in geeigneter Weise konkretisiert, d.h. als der für den Käufer bestimmte Gegenstand abgesondert oder auf andere Art kenntlich gemacht worden ist.

A-6. Kostenteilung
... vorbehaltlich der Bestimmungen von B.6
– alle die Ware betreffenden Kosten so lange zu tragen, bis sie

B-6. Kostenteilung
... vorbehaltlich der Bestimmungen von A.3a) alle die Ware betreffenden Kosten von dem Zeitpunkt an zu tragen, in dem sie

gemäß A.4 geliefert worden ist, sowie die Fracht- und alle anderen aus A.3a) entstehenden Kosten sowie die Kosten der Verladung der Ware an Bord und alle Ausladungskosten im Entladungshafen zu tragen, sofern sie von regulären Schiffahrtsgesellschaften beim Abschluß des Beförderungsvertrags erhoben werden;

– die Kosten der für die Ausfuhr notwendigen Zollformalitäten sowie alle Zölle, Steuern und andere öffentliche Abgaben zu tragen, die bei der Ausfuhr der Ware anfallen.

gemäß A.4 geliefert worden ist, und, sofern diese Kosten nicht von regulären Schiffahrtsgesellschaften beim Abschluß des Beförderungsvertrags erhoben worden sind, alle während des Transports bis zur Ankunft im Bestimmungshafen anfallenden, die Ware betreffenden Kosten einschließlich der Kosten für die Löschung und die Leichterung sowie die Kaigebühren zu tragen. Sollte er die Benachrichtigung gemäß B.7 unterlassen, von dem für die Verschiffung vereinbarten Zeitpunkt oder vom Ablauf der hierfür vereinbarten Frist an alle dadurch entstehenden zusätzlichen Kosten zu tragen, vorausgesetzt, daß die Ware in geeigneter Weise konkretisiert, d.h. als der für den Käufer bestimmte Gegenstand abgesondert oder auf andere Art kenntlich gemacht worden ist.

... alle Zölle, Steuern und andere öffentliche Abgaben sowie die Kosten der Zollformalitäten, die bei der Einfuhr der Ware und gegebenenfalls bei der Durchfuhr durch ein drittes Land anfallen, zu tragen.

A-7. Benachrichtigung des Käufers

... den Käufer in angemessener Weise zu benachrichtigen, daß die Ware an Bord des Schiffes geliefert worden ist, sowie jede andere Nachricht zu geben, die der Käufer benötigt, um erforderliche Maßnahmen zu Über-

B-7. Benachrichtigung des Verkäufers

... wenn er berechtigt ist, den Zeitpunkt für die Verschiffung der Ware und/oder den Bestimmungshafen festzulegen, den Verkäufer in angemessener Weise davon zu benachrichtigen.

nahme der Ware treffen zu können.

A-8. Liefernachweis, Transportdokument oder entsprechende elektronische Mitteilung

...mangels anderer Vereinbarung auf eigene Kosten dem Käufer unverzüglich das übliche Transportdokument für den vereinbarten Bestimmungshafen zu beschaffen.

Dieses Dokument (z.B. ein begebbares Konnossement, ein nichtbegebbarer Seefrachtbrief oder ein Dokument des Binnenschiffstransports) muß über die vertraglich vereinbarte Ware lauten, ein innerhalb der für die Verschiffung vereinbarten Frist liegendes Datum tragen, den Käufer berechtigen, die Herausgabe der Ware am Bestimmungsort von dem Frachtführer zu verlangen, und mangels anderer Vereinbarung dem Käufer ermöglichen, die Ware während des Transports an einen nachfolgenden Käufer durch Übertragung des Dokuments (begebbares Konnossement) oder durch Mitteilung an den Frachtführer zu verkaufen.

Besteht ein solches Transportdokument aus mehreren Originalausfertigungen, muß dem Käufer der vollständige Satz übergeben werden. Wenn das Transportdokument einen Hinweis auf einen Chartervertrag enthält, so muß der Verkäufer außerdem ein

B-8. Liefernachweis, Transportdokument oder entsprechende elektronische Mitteilung

...das Transportdokument gemäß A.8 anzunehmen, wenn es mit dem Kaufvertrag übereinstimmt.

Exemplar dieser Urkunde übergeben.
Wenn sich Verkäufer und Käufer auf elektronische Datenkommunikation geeinigt haben, kann das in den vorstehenden Absätzen erwähnte Dokument durch eine entsprechende Mitteilung im elektronischen Datenaustausch (EDI message) ersetzt werden.

A-9. Prüfung – Verpackung – Kennzeichnung

... die Kosten der Prüfung (wie Qualitätsprüfung, Messen, Wiegen und Zählen) zu tragen, die für die Lieferung der Ware gemäß A.4 erforderlich ist.
Auf eigene Kosten für eine Verpackung zu sorgen (sofern es nicht handelsüblich ist, die in dem Vertrag beschriebene Ware unverpackt zu verschiffen), die für den von ihm besorgten Transport der Ware erforderlich ist. Die Verpackung ist in geeigneter Weise zu kennzeichnen.

B-9. Prüfung der Ware

... mangels anderer Vereinbarung die Kosten von Warenkontrollen vor der Verladung (preshipment inspection) zu tragen, mit Ausnahme behördlich angeordneter Kontrollen des Ausfuhrlandes.

A-10. Sonstige Verpflichtungen

... dem Käufer auf dessen Verlangen, Gefahr und Kosten bei der Beschaffung aller anderen als in A.8 genannten Dokumente oder entsprechender elektronischer Mitteilungen, die im Verschiffungs- und/oder Ursprungslande ausgestellt oder abgesendet werden und die der Käufer zur Einfuhr der Ware und gegebenenfalls zur Durchfuhr durch ein drittes Land benötigt, jede Hilfe zu gewähren.

B-10. Sonstige Verpflichtungen

... alle Kosten und Gebühren für die Beschaffung der in A.10 genannten Dokumente oder entsprechender elektronischer Mitteilungen zu tragen und diejenigen des Verkäufers zu erstatten, die diesem bei der Hilfeleistung hierfür entstanden sind.
Dem Verkäufer auf dessen Verlangen die für die Versicherung der Ware erforderlichen Auskünfte zu erteilen.

D-4. Zahlungsbedingungen im Außenhandel

D-4.1. Interessenkonflikte

Analog zu den Lieferbedingungen sind auch die Zahlungsbedingungen unterschiedlich vorteilhaft bzw. risikoreich für Importeure (Käufer) oder Exporteure (Verkäufer). Abb. D-4.1/1 verdeutlicht schematisch den Interessengegensatz zwischen Exporteur und Importeur: Der Exporteur ist beispielsweise an einer möglichst frühen, der Importeur an einer möglichst späten Zahlung interessiert, sowohl aus liquiditäts- und zinstechnischen Gründen als auch – seitens des Importeurs – wegen der Möglichkeit von Mängelrügen vor Zahlung. Der Importeur will sicherstellen, daß er bei Zahlung die Ware auch erhält, der Exporteur, daß er bei Lieferung auch bezahlt wird. Beide wollen letztlich ihre Risiken und Kosten minimieren (vgl. auch Kap. H zu Risiken). Die Vereinbarung einer bestimmten Zahlungsbedingung wird auch hier nicht zuletzt von der Machtverteilung zwischen den Vertragspartnern abhängen. Allgemein lassen sich gesicherte und ungesicherte Zahlungsbedingungen unterscheiden: Ungesichert kann beispielsweise eine Anzahlung sein, gesichert ist u.a. eine Zahlung im Rahmen eines Akkreditivs.

Bei den meisten Geschäften wird wohl nur eine Zahlungsbedingung vereinbart. Bei größeren Transaktionen, vor allem mit längerer Laufzeit, sind auch mehrere Zahlungsbedingungen gängig, z.B. eine 10%ige Anzahlung bei Vertragsabschluß, 50% bei erster Teillieferung gegen Dokumentenakkreditiv, die restlichen 40% gegen Sichttratte bei Schlußlieferung.

Jede Zahlungsvereinbarung muß folgende Fragen klären:

Abb. D-4.1/1: **Interessenkonflikte bei Zahlungsbedingungen**

Interessen des Käufers	Interessen des Verkäufers
• keine Risiken übernehmen (Zahlungsrisiko, Abnahmerisiko) • keine Kosten der Kreditfinanzierung tragen (Lieferantenkredit) d.h.: • Zahlung möglichst spät leisten • Ware möglichst früh erhalten	• keine Risiken übernehmen (Lieferrisiko) • keine Kosten der Kreditfinanzierung tragen (Bestellerkredit) d.h.: • Zahlung möglichst früh erhalten (Vorauszahlung) • Ware möglichst spät liefern

«Wer zahlt – wann – wieviel – in welcher Währung – wie (Zahlungsweg und -form) – wo – an wen?»
Die Zahlungsbedingungen sind eng mit Finanzierungsfragen verbunden. Um Überschneidungen zu vermeiden, werden solche Aspekte in diesem Kapitel ausführlicher dargestellt; im Abschn. D-5 wird dann ggf. nur verwiesen.

D-4.2. Nicht-dokumentäre Zahlungsabwicklung

D-4.2.1. Vorauszahlung

Vorauszahlung (*cash before delivery*, c.b.d.) bedeutet Leistung des geschuldeten Betrags in voller Höhe vor Erhalt der geschuldeten Ware. Für den Importeur ist die Vorauszahlung die ungünstigste, für den Exporteur die günstigste und sicherste Zahlungsbedingung, weil das Risiko des Zahlungsausfalls – vgl. Abschn. H-2 – vollständig ausgeschlossen wird. Zudem hat die Vorauszahlung eine Finanzierungsfunktion, die dem Exporteur Liquidität zuführt und Zins- bzw. Finanzierungskosten spart. Die Vereinbarung der Vorauszahlung setzt entweder eine entsprechende Machtposition des Exporteurs voraus und/oder ein ausgeprägtes Vertrauen seitens des Käufers, der ja eine Vorleistung erbringt, ohne sicher sein zu können, daß er die entsprechende Gegenleistung erhält. Andererseits wird gerade bei ungewisser Bonität des Kunden gern Vorauszahlung verlangt (Abb. D-4.2/1).

Abb. D-4.2/1: **Barzahlung**

Rußland-Handel vorwiegend gegen Barzahlung
Noch keine Bürgschaften für Gegengeschäfte

Vorauszahlungen sind unabhängig davon auch üblich bei Sonderaufträgen, die erhebliche Vorkosten verursachen, und bei Investitionsgütern, die entsprechende Vorfinanzierung erfordern. Dabei sind auch Anzahlungen üblich (vgl. anschließend).

D-4.2.2. Anzahlung / Abschlag

Anzahlung *(down payment)* bedeutet Leistung eines Teils des bei Lieferung geschuldeten Betrags vor Erhalt der Ware; es wird also eine Vorleistung erbracht, der noch keine Gegenleistung gegenübersteht, im Gegensatz zur Abschlagszahlung: Abschlagszahlungen sind Teilzahlungen z.B. bei Erreichen bestimmter Fertigungsstufen eines Gutes mit längerer Herstelldauer. Diese Zahlungsbedingung ist vor allem üblich bei längeren Herstellungszeiten. Aus der Sicht des Exporteurs verringern Anzahlung und Abschlagszahlung die Zahlungsrisiken und haben gleichzeitig eine Finanzierungsfunktion, aus der Sicht des Importeurs bleibt das Risiko der Nichtlieferung (Lieferrisiko). Daher wird häufig eine **Anzahlungsgarantie** (**Bankaval**) vereinbart. Sie garantiert dem Importeur, daß er bei Nichtlieferung der Ware seine Anzahlung zurückerhält.

D-4.2.3. Zahlung bei Lieferung

Bei der Zahlungsbedingung «Zahlung bei Lieferung» (*cash on delivery*, c.o.d.) wird die Ware gegen Leistung der Zahlung ausgehändigt. Dies kann den Einzug der Zahlung durch **Nachnahme** bedeuten, bespielsweise im Postverkehr, oder – allerdings nur in einigen Ländern – auch auf der Basis von Eisenbahn- und Luftfrachtbriefen. Der Begriff «*cash*» kann dabei neben Barzahlung auch Bezahlung durch **Scheck** zulassen. Gleichermaßen deckt «cod» auch die Auslieferung der Ware gegen eine **Bankbestätigung** ab, mit der die Bank bestätigt, daß der Käufer die Zahlung zugunsten des Verkäufers unwiderruflich angewiesen hat. Cash-Zahlungen sind vor allem dann für den Kunden interessant, wenn er gleichzeitig Barzahlungsnachlässe (Skonti) geltend machen kann.

D-4.2.4. Dokumente gegen unwiderruflichen Zahlungsauftrag

Vor allem im internationalen Spediteurgeschäft ist es gängig, die Warendokumente nur gegen Vorlage einer Bankbestätigung im eben genannten Sinne herauszugeben. Allerdings hängt die tatsächliche Ausführung des Zahlungsauftrags davon ab, daß ein ausreichendes Guthaben bzw. eine entsprechende Kreditlinie vorliegt. Hinzu kommt, daß auch ein unwiderruflicher Zahlungsauftrag nach deutschem Recht «aus wichtigem Grund» widerrufen werden kann, wobei es zunächst im Ermessen des Zahlungspflichtigen liegt, was ein wichtiger Grund ist, d.h. seine Bank wird den Widerruf zunächst beachten. Der Zahlungsauftrag betrifft nämlich grundsätzlich das Innenverhältnis zwischen Importeur und Bank, woraus ein Außenstehender keine Rechte ableiten kann. Dies ist nur dann möglich, wenn die vorlegende Bank nicht dem Importeur, sondern gegenüber dem zahlungsbegünstigten Exporteur den unwiderruflichen Zahlungsauftrag bestätigt.

Diese Zahlungsbedingung ähnelt in ihrer Wirkung der Bedingung «Dokumente gegen Zahlung», vgl. Abschn. D-4.3.1.1.

D-4.2.5. Einfache (offene) Rechnung und offenes Zahlungsziel

Bei den Zahlungsbedingungen «einfache Rechnung» und «offenes Zahlungsziel» versendet der Exporteur die Ware vor der Zahlung durch den Käufer ohne jegliche Sicherstellung der Ware und ohne ein vorbehaltliches Verfügungsrecht wie z.B. beim Akkreditiv oder beim Inkasso (vgl. unten) (sog. *clean payment*). Der Importeur begleicht die Rechnung (durch Scheck, Überweisung oder Wechsel; vgl. einige allgemeine Ausführungen in Abschn. D-2.2.1 und -5.1.4) entweder nach Erhalt der Lieferung, nach Erhalt der Rechnung (einfache Rechnung: «Zahlung bei Erhalt der Rechnung»), oder unter Inanspruchnahme eines eingeräumten Zahlungsziels (offenes, d.h. ungesichertes Zahlungsziel, z.B. 14, 30, 60, 90, 120 Tage).
In der Regel wird bei kurzen Zahlungszielen ein **Skonto** eingeräumt, wenn der Käufer das Zahlungsziel nicht ausnutzt und sofort zahlt (z.B.: «Rechnungsbetrag zahlbar innerhalb von 30 Tagen, 3% Skonto innerhalb von 10 Tagen»). Skonto*ausschluß* wird beispielsweise formuliert als: «Netto Kasse bei Erhalt der Rechnung». Ein Zahlungsziel entspricht also einem ungesicherten Kredit (meist als **Lieferantenkredit** bezeichnet; die Bezeichnung ist möglicherweise irreführend, weil man zwischen Krediten *durch* den Lieferanten und *an* den Lieferanten unterscheiden muß; vgl. dazu Abschn. D-5.2.2). Sofern möglich, sollte ein Zahlungsziel durch Wechsel abgesichert werden, da dadurch eine Buchforderung in eine Wechselforderung umgewandelt wird, die für den Gläubiger günstiger ist. Andererseits ist die beabsichtigte Wechselstrenge oft nur eine vermeintliche Besserstellung des Gläubigers, da in manchen Ländern ein Wechselprotest keine besonders gravierenden Folgen für den Bezogenen hat.
Die *offene Rechnung* stellt für den Importeur die günstigste Zahlungsbedingung dar. Neben der Kreditfunktion bietet sie dem Importeur auch die Möglichkeit, vor Zahlung zu prüfen, ob die Ware kontraktgerecht geliefert wurde, so daß auch kein Liefer- oder Qualitätsrisiko besteht. Analog stellt diese Zahlungsbedingung für den Exporteur die ungünstigste Form dar, da ihm neben dem Abnahmerisiko (der Importeur verweigert die Annahme der Ware) auch Zins- und andere Finanzierungskosten entstehen. Die offene Rechnung setzt daher seitens des Exporteurs großes Vertrauen in den Importeur voraus und wird vor allem zwischen Vertragspartnern mit eingespielten Geschäftsbeziehungen verwendet. Im innereuropäischen Außenhandel

und auch im Handel mit Nordamerika ist die offene Rechnung gebräuchlich.
In manchen Ländern gibt es wertmäßige Obergrenzen für die Vereinbarung nicht-dokumentärer Zahlungen (z.B. Ungarn).

D-4.3. Dokumentäre Zahlungsabwicklung

Bei dokumentärer Zahlung sichert sich der Exporteur gegen das Zahlungsrisiko und der Importeur gegen das Lieferrisiko dadurch ab, daß die Auslieferung der Ware bzw. die Aushändigung der Warendokumente bzw. die Auszahlung des Kaufpreises an bestimmte Bedingungen geknüpft werden. Dabei spielen vor allem zwei Formen im Außenhandel eine Rolle: das Dokumenten-Inkasso und das Dokumenten-Akkreditiv.

D-4.3.1. Dokumenten-Inkasso

Beim Dokumenten-Inkasso wird der vom Käufer geschuldete Betrag durch eine Bank gegen Aushändigung bestimmter, vereinbarter Dokumente eingezogen. Die Bank ist dabei Treuhänder und Vermittler zwischen Exporteur und Importeur. Zwei Formen sind zu unterscheiden: **Dokumente gegen Zahlung** (*documents against payment*: **d/p**, oder (seltener) synonym: *cash against documents*, c.a.d., nicht zu verwechseln mit c.o.d.!) und **Dokumente gegen Akzept** (*documents against accept*, **d/a**). Die englischen Kürzel d/p und d/a sind international allgemein gebräuchlich.

D-4.3.1.1. Dokumente gegen Zahlung (d/p)

Bei der Zahlungsbedingung «Dokumente gegen Zahlung» versendet der Exporteur die Ware auf einem Transportweg, der nicht unmittelbar mit der Übergabe an den Käufer (Importeur) endet, sondern die Ware verbleibt zunächst beispielsweise im Lager eines Spediteurs oder in einem Zollager im Importland (vgl. unten Abschn. D-4.3.1.3). Der Importeur kann die Ware aus diesem Lager nur gegen Vorlage bestimmter Dokumente (z.B. einem Konnossement oder einem Lagerschein) übernehmen. Diese werden ihm erst bei Zahlung «Zug um Zug» ausgehändigt, d.h. er zahlt, *bevor* er die Ware auf Mängel untersuchen kann.
Das Dokumenten-Inkasso läuft folgendermaßen ab (vgl. Abb. D-4.3/1):

Abb. D-4.3/1: **Dokumenteninkasso (d/p) (Schema)**

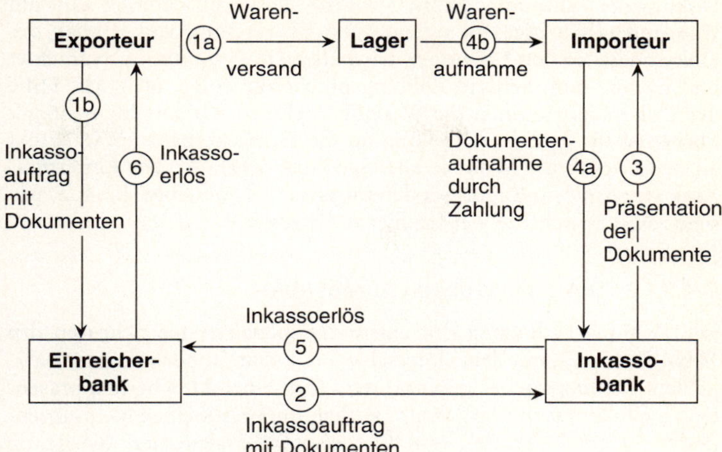

(1a) Der Exporteur versendet die Ware. Damit ist er im Besitz des entsprechenden Transportdokuments. (1b) Zeitlich parallel dazu reicht er die mit der Warenlieferung zusammenhängenden Dokumente (Transportdokument, Ursprungsnachweis, Rechnung, Versicherungszertifikat, Packliste etc.) seiner Bank ein (**Einreicherbank**, Exportbank, *remitting bank*), zusammen mit einem Inkassoauftrag d/p. Dieser muß alle Angaben enthalten, die für die Durchführung des Inkassos erforderlich sind, insbesondere wie die Dokumente zu übergeben sind (Hierfür haben die Kreditinstitute individuelle Formulare entwickelt, vgl. Abb. D-4.3/6). Im Falle des d/p bedeutet dies Zahlung Zug um Zug bei Vorlage der Dokumente. (2) Die Einreicherbank leitet die Dokumente und den Inkassoauftrag an eine Bank im Importland weiter (**Inkassobank**, vorlegende Bank, *collecting bank*). Sofern zwischen Exporteur und Importeur keine Absprachen hinsichtlich der zu beteiligenden Banken bestehen, wird die Einreicherbank nach eigenem Ermessen eine geeignete Inkassobank auswählen; meist bestehen diesbezüglich eingespielte Beziehungen. Möglich ist auch, daß der Exporteur direkt an eine Bank im Importland herantritt, welche dann sowohl die Funktion der Einreicherbank als auch der Inkassobank übernimmt. Möglich ist auch, daß eine dem Importeur besonders angenehme Bank vereinbart wird. (3) Die Inkassobank legt die Dokumente dem Importeur vor («Erste Präsentation», Andienung) (Geschäftsbesorgung im Sinne des BGB). (4a) Wenn der Importeur die Dokumente «aufnimmt» bzw. «einlöst», leistet er Zahlung Zug um Zug und erhält die Dokumente. Die Überlassung von *Kopien* der Dokumente an den Importeur wird als erste Präsentation betrachtet und hat die unmittelbare Zahlungspflicht zur Folge. (4b) Mit Hilfe der Dokumente kann er die Ware übernehmen. (5) Die Inkassobank überweist die geleistete Zahlung an die Einreicherbank (bzw. direkt an den Exporteur, wenn sie alleinige Bank war). (6) Die Einreicherbank schreibt dem Exporteur den Inkassoerlös gut (einige banktechnische Zwischenschritte werden hier übergangen).

D-4.3.1.2. Dokumente gegen Akzept (d/a)

Die Zahlungsbedingung d/a entspricht in den ersten Schritten d/p (Abb. D-4.3./2), mit dem Unterschied, daß dem Importeur grundsätzlich ein Zahlungsziel eingeräumt wird. Zu seiner Absicherung präsentiert die Inkassobank im Schritt (3) dem Importeur einen nicht-akzeptierten Wechsel (**Tratte**). (4a) Der Importeur akzeptiert die Tratte

Abb. D-4.3/2: **Dokumente gegen Akzept (d/a) (Schema)**

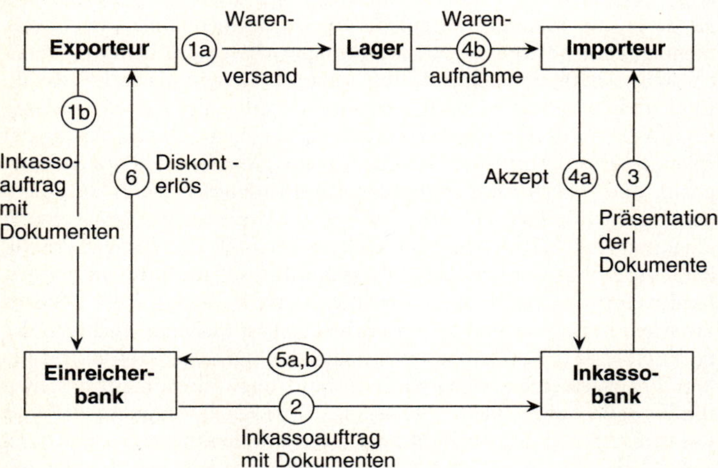

und erhält die Dokumente ausgehändigt, mit denen er (4b) die Ware übernehmen kann. Sofern die Tratte innerhalb einer bestimmten Frist nach Vorweisung fällig ist, spricht man von einer **Nach-Sicht-Tratte**, bei Fälligkeit an einem bestimmten Datum von einer **Zeittratte**. Es kann auch vereinbart werden, daß die Tratte erst nach Ankunft der Ware vorgelegt werden darf. (5) Je nach Inkassoauftrag leitet die Inkassobank das Akzept über die Einreicherbank an den Exporteur (5a, 6) weiter oder das Akzept bleibt bis zur Fälligkeit bei der Inkassobank. Gebräuchlich ist auch, daß der akzeptierte Wechsel vor Fälligkeit diskontiert wird, entweder bereits durch die Inkassobank (5b), die den Diskonterlös direkt oder über die Einreicherbank an den Exporteur leitet, oder durch die Einreicherbank (6).
Im Überseehandel ist es gebräuchlich, daß der Importeur den Exporteur durch einen *letter of authority* zuvor ermächtigt, die Tratte auf ihn oder seine Bank zu ziehen.

D-4.3.1.3. Besondere Aspekte des Dokumenteninkassos

Bei beiden Inkassoformen (d/p und d/a) bleibt für den Exporteur das **Abnahmerisiko** bestehen, daß der Importeur die Dokumente nicht aufnimmt (nicht «honoriert»). In diesem Fall können sich für den Exporteur erhebliche Kosten ergeben (Lagerkosten, Rücktransport, Versicherung, Preisabschlag, um die Ware an andere Käufer im Ausland verkaufen zu können, etc.). Der Inkassoauftrag muß daher genaue Anweisungen enthalten, was in diesem Fall zu tun ist, etwa ob bei d/a **Wechselprotest** erhoben werden soll. d/p und d/a setzen daher grundsätzlich ein entsprechendes Vertrauensverhältnis zwischen den Vertragspartnern und eine hinreichende Bonität des Importeurs voraus. Um bei d/a das Wechselrisiko zu begrenzen, kann die Inkassobank oder eine andere Bank zusätzlich eine Bürgschaftsverpflichtung in Form eines **Wechselavals** übernehmen. Dieses wird in der Regel auf dem Wechselformular vermerkt, ggf. auch auf einem getrennten Papier.
Während bei Seefracht die Herausgabe der Ware den Besitz eines ordnungsgemäß indossierten Konnossements voraussetzt – und dieses wird bei d/p oder d/a nur gegen Erfüllung der Zahlungsverpflichtung bzw. Leistung des Akzepts übergeben –, wird die Ware bei Versand per Luft- oder Bahnfracht, Post oder LKW bei direktem Versand an den Importeur auch dann übergeben, wenn er die Inkassodokumente *nicht* honoriert. Dies kann verhindert werden, wenn die Ware nicht direkt an den Importeur, sondern an einen Spediteur oder eine Bank adressiert wird (sofern diese zugestimmt haben). Für die dann erfor-

derliche Freigabe der Ware an den Importeur berechnen die Banken eine gesonderte Freistellungsgebühr (vgl. Abb.D-4.3/3).
Probleme bzw. Verzögerungen können sich ergeben, wenn der Importeur in Fremdwährung zu leisten hat (aus seiner Sicht) und er die erforderlichen Devisen beantragen muß. Dies wiederum kann u.U. bedingen, daß die Ware zollamtlich abgefertigt ist. Dieser Prozeß kann ggf. durch eine vorherige Vorlage von Zoll- oder Konsulatsfaktura verkürzt werden (vgl. oben Abschn. D-2.2.3.1). In einigen Ländern mit eingeschränkter Währungskonvertibilität übergeben die Banken in der Praxis die Dokumente bereits bei Hinterlegung des entsprechenden Betrages in Inlandswährung. Das bei Zahlung in Auslandswährung bestehende Wechselkursrisiko für den Exporteur sollte dieser in geeigneter Weise absichern (vgl. Abschn. H-3). Probleme können sich auch ergeben, wenn für den Güterimport eine Importgenehmigung erforderlich ist.
Die d/p-Klausel kann variiert werden, beispielsweise als «Zahlbar bei Ankunft der Ware (oder: des Schiffes), d/p», wodurch der Zeitpunkt der Dokumentenübergabe hinausgeschoben wird. Üblicherweise präsentieren die Banken die Dokumente unverzüglich, so daß dem Importeur durch den Zusatz bis zur Ankunft der Ware/des Schiffes ein Zahlungsziel eingeräumt wird. In der Praxis nehmen manche Käufer ein solches Zahlungsziel auch unvereinbart in Anspruch, indem sie die Aufnahme der Dokumente hinauszögern, bis die Ware eingetroffen ist (u.U. auch, obgleich «Zahlung bei erster Präsentation» vereinbart worden ist). Möglich ist z.B. auch «Zahlbar xy Tage nach erster Präsentation, d/p», wodurch dem Importeur gleichfalls eine Zahlungsfrist eingeräumt wird und die Dokumente Zug um Zug xy Tage nach Präsentation gegen Zahlung ausgehändigt werden.

Abb. D-4.3/3: **Inkasso-Kosten**

Auf der Seite des Exporteurs			
Inkassoprovision	3 ‰	mindestens DM	75,–
Porto, Spesen		DM	15,–
Courtage bei Fremdwährung	0,25 ‰		
Änderungsprovision		DM	50,–
Auf der Seite des Importeurs			
Inkassoprovision	3 ‰,	mindestens DM	75,–
(wird sehr oft verweigert)			
Abwicklungsprovision	3 ‰,	mindestens DM	75,–
Courtage bei Fremdwährung	0,25 ‰		
Freistellungsgebühr	1,5 ‰,	mindestens DM	100,–

Bei d/a wird für den Exporteur der Schuldner aus dem Kaufvertrag durch einen Wechselschuldner ersetzt, was aus Gläubigersicht aus rechtlichen Gründen günstiger sein kann. Dies hängt jedoch in hohem Maße davon ab, ob eventuelle Ansprüche aus Wechselprotesten seitens des Exporteurs im Importland auch durchgesetzt werden können bzw. ob die damit verbundenen Kosten in einem realistischen Verhältnis zum möglichen Erfolg stehen (vgl. oben Abschn. D-1.5 über Rechtsverfolgung im Ausland).

Das Dokumenteninkasso ist auf der Seite der Einreicher- und der Inkassobank mit **Bankspesen** verbunden (vgl. Abb. D-4.3/3). Die Aufteilung dieser Kosten sollte vertraglich geregelt werden. Gängig ist beispielsweise, daß jeder Vertragspartner die Kosten «auf seiner Seite» trägt; dies kann jedoch beispielsweise nur dem Importeur zufallen.

Die Abwicklung von Dokumenteninkassi wird international nach den **«Einheitlichen Richtlinien für Inkassi»** (**ERI**) abgewickelt, die von der Internationalen Handelskammer (ICC) in Paris entwickelt worden sind. Gegenwärtig ist eine Fassung aus dem Jahr 1979 gültig. Die ERI tragen dazu bei, daß bei der Inkassoabwicklung Mißverständnisse und Interpretationsprobleme vermieden werden. Sofern keine anderslautenden Vereinbarungen getroffen worden sind und keine nationalen Gesetze entgegenstehen, sind die ERI für alle Beteiligten (Exporteur, Importeur, Banken) bindend. Die ERI enthalten verschiedene Begriffsdefinitionen (u.a. Inkasso, die Beteiligten, Dokumente, etc.).

Hervorzuheben ist, daß die beteiligten Einreicher- und Inkassobanken lediglich verpflichtet sind, die *Vollzähligkeit* der erhaltenen Dokumente gemäß dem Inkassoauftrag zu prüfen und sie auftragsgemäß weiterzuleiten und auszuhändigen; sie haben keinerlei inhaltliche oder formelle Prüfungspflicht oder weitergehende Verpflichtungen. Die Banken müssen die erteilten Weisungen, etwa bezüglich von Fristen oder der Art der Dokumentenübergabe an den Importeur oder hinsichtlich der Weiterleitung der Dokumente über mehrere Kreditinstitute, exakt befolgen. Andernfalls können sie schadenersatzpflichtig werden. Dies gilt auch, wenn Banken guten Kunden die Dokumente bereits vorab zu treuen Händen übergeben mit der Nebenbedingung, daß der Kunde von den Papieren erst nach Erfüllung seiner Verpflichtungen gebraucht macht.

Dokumenteninkassi werden häufig mit **Factoring** verbunden, d.h. daß z.B. die Einreicherbank dem Einreicher die Forderung abkauft und auf eigene Rechnung einzieht (vgl. Abschn. D-5.1.5).

D-4.3.2. Dokumenten-Akkreditiv (L/C)

Wie aus den vorangehenden Ausführungen deutlich werden dürfte, verbleiben bei d/p und d/a sowohl für den Exporteur als auch für den Importeur *Risiken*: Der Exporteur kann nicht sicher sein, daß der Importeur die Dokumente honoriert, d.h. zahlt, der Importeur kann nicht sicher sein, daß der Exporteur vertragsgerechte Ware liefert. Ein Kompromiß wird dadurch erreicht, indem die Zahlung gegen Vorlage bestimmter Dokumente erfolgt, welche die Absendung der Ware nachweisen (**Dokumenten-Akkreditiv**; *Letter of credit*, L/C). Im Sprachgebrauch wird der Begriff Akkreditiv üblicherweise als Dokumentenakkreditiv interpretiert. Allerdings gibt es auch sog. **Bar-Akkreditive** (einfache oder glatte Akkreditive), die z.B. im Reiseverkehr möglich sind, bei denen die Auszahlung an denjenigen erfolgt, der sich als Begünstigter ausweisen kann.

Im hier relevanten Fall des internationalen Kaufvertrags ist ein (Dokumenten-)Akkreditiv ein *abstraktes Zahlungsversprechen* (gemäß § 780 BGB) i.d.R. der Bank des Importeurs, dem Exporteur innerhalb einer bestimmten Frist gegen Vorlage bestimmter Dokumente, u.a. solcher, die die Ware repräsentieren (Traditionspapiere), eine festgelegte Summe – in der Regel den Kaufpreis – zu zahlen (*accredere* (lat.) = beglaubigen). Diese Dokumente müssen absolut «akkreditivkonform» sein, d.h. in jeder Hinsicht den im Akkreditiv aufgestellten Bedingungen entsprechen (sog. Dokumentenstrenge, vgl. weiter unten). Das Akkreditiv setzt damit zusätzlich neben das Zahlungsversprechen des Importeurs ein Zahlungsversprechen der Bank. Dieses zusätzliche Zahlungsversprechen ist vom zugrundeliegenden Kaufvertrag losgelöst, d.h. die Bank kann dem Begünstigten die Zahlung beispielsweise nicht mit dem Hinweis auf Mängelrügen des Importeurs verweigern, selbst wenn diese objektiv zu Recht erfolgen. Das Akkreditiv stellt daher für den Exporteur – abgesehen von der Vorauszahlung – die größtmögliche Zahlungssicherheit dar.

Umgekehrt ist das Akkreditiv auch für den Importeur eine größtmögliche Absicherung gegen das Lieferrisiko, denn er leistet nur Zahlung Zug um Zug, wenn ihm bestimmte Papiere übergeben werden, welche ihm zum einen das Eigentum anderer Ware verschaffen (Traditionspapiere) und die zum anderen sicherstellen, daß es sich um vertragsgemäße Ware handelt (z.B. durch Inspektionszertifikate, vgl. oben Abschn. D-2.2.3).

D-4.3.2.1. Abwicklung

Beim Akkreditiv ist sowohl ein Drei-Parteien- als auch ein Vier-Parteienverhältnis möglich; hierauf wird gleich eingegangen. Abb. D-4.3/4 zeigt den schematischen Ablauf eines Dokumenten-Akkreditivs.

Abb. D-4.3/4: **Dokumenten-Akkreditiv (Schema)**

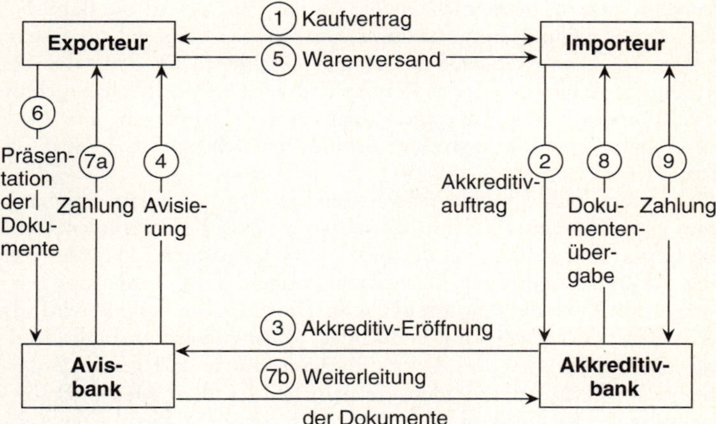

(1) Im ersten Schritt schließen Exporteur und Importeur einen **Kaufvertrag** über die Lieferung und Bezahlung bestimmter Ware. Dieser Vertrag wird neben allen anderen relevanten Vereinbarungen eine **Akkreditivklausel** enthalten, d.h. die Vereinbarung, daß Dokumentenübergabe und Bezahlung im Rahmen eines Dokumentenakkreditivs erfolgen sollen (z.B.: «Zahlung der Kaufsumme aus einem bei der Bank des Käufers zu eröffnenden Akkreditiv zugunsten des Verkäufers gegen Vorlage benannter Dokumente innerhalb eines bestimmten Zeitraums»). Im Kaufvertrag sollte auch präzise geregelt werden, welche Seite die entstehenden Akkreditivkosten (vgl. Abschn. D-4.3.2.6) zu tragen hat. Nur in dieser Phase hat der Exporteur (der **Akkreditivbegünstigte**) die Möglichkeit, auf die Ausgestaltung des Akkreditivs, d.h. auf die Akkreditivbedingungen Einfluß zu nehmen. Der eventuelle spätere Wunsch nach Änderungen kann nur bei Einverständnis aller Beteiligten realisiert werden (vgl. unten). Dies gilt auch für Änderungen seitens des Importeurs.

(2) Der Importeur (**Akkreditivsteller**) beantragt bei seiner Bank (**Akkreditivbank**), in der Regel mit einem entsprechenden, von Bank zu Bank individuell gestalteten Formular (Abb. D-4.3/5), ggf. auf andere Weise, ein Akkreditiv zu eröffnen (Werkvertrag mit Geschäftsbesorgung gemäß §§ 631ff., 675 BGB). Dies setzt grundsätzlich ein entsprechendes Guthaben oder eine Finanzierungsvereinbarung zwischen Importeur und Akkreditivbank voraus. In manchen Ländern ist für die Akkreditiveröffnung sogar eine Bardeckung erforderlich (z.B. bis vor kurzem Ungarn, heute nicht mehr). In der Praxis wird die Bank bei der Antragstellung aufgrund ihrer Erfahrungen beratend tätig sein. Sofern noch keine Geschäftsbeziehungen etabliert sind, prüft die Akkreditivbank die Bonität des Käufers und wird bei positivem Ergebnis das Akkreditiv wie beantragt «herauslegen». Damit geht sie – wie oben erläutert – ein abstraktes Schuldversprechen nach § 780 BGB ein.

(3) Im Regelfall, d.h. im Vier-Parteien-Fall, wird die Akkreditivbank nun eine Akkreditiv-**Eröffnungsanzeige** an eine **Korrespondenzbank** im Exportland senden, mit der Bitte, den begünstigten Exporteur von der Akkreditiveröffnung zu benachrichtigen. Dies wird günstigerweise die Bank des Exporteurs sein. Die Exporteursbank wird als **Avis-Bank** oder **Zweitbank** bezeichnet. Sie ist zumeist auch gleichzeitig «**Zahlstelle**», d.h. das Akkreditiv kann durch Vorlage der Dokumente bei ihr benutzt werden. (In manchen Ländern wird der Eröffnungsbank die Avisbank staatlicherseits vorgeschrieben.) Die Avisbank arbeitet im Rahmen eines Geschäftsbesorgungsvertrags gemäß § 675 BGB als Erfüllungsgehilfin der Akkreditivbank, nicht des Käufers. Die Akkreditivbank hat daher der Avisbank grundsätzlich die Akkreditivdeckung vorschußweise zur Verfügung zu stellen. Die Zweitbank kann u.U. eine Drittbank als Zahlstelle einschalten. Die Zweitbank kann ggf. auch Bestätigungsbank sein (vgl. unten).

Möglich ist auch, daß die Akkreditivbank selbst avisiert, so daß sich nur ein Drei-Parteien-Verhältnis ergibt. Diese Variante ist jedoch seltener als der Vier-Parteien-Fall.

(4) Die Avisbank teilt dem Importeur die Akkreditiveröffnung in der im Akkreditivauftrag gewählten Form mit, z.B. brieflich, in der Regel jedoch auch vorab telefonisch oder per Fax mit dem Hinweis «vollständige Einzelheiten folgen». Das «eigentliche» Akkreditiv besteht in der Praxis häufig aus einem schlichten Telex, unbeschadet seiner umfassenden kaufmännischen und rechtlichen Bedeutung.

(5) Erst daraufhin wird der Exporteur die Versendung (u.U. auch erst die Produktion) der Ware veranlassen.

(6) Den vereinbarten Akkreditivbedingungen entsprechend reicht der

Abb. D-4.3/5: **Akkreditiveröffnungsauftrag**

Akkreditiveröffnungsauftrag

50: Auftraggeber — Konto-Nr. 110088765

Früchte Import GmbH
Wallstraße 7
4400 Münster

an (Sparkasse)
Stadtsparkasse Münster
Postfach 5920
4400 Münster
zur Weiterleitung an (Landesbank)

Bankverbindung des Begünstigten (soweit bekannt)
Banca Commerciale Italiana
Palermo/Sizilien

31: gültig bis 28.3.93 in Palermo

59: Begünstigter
Citrus-Export Palermo
Via Avioa 34, Palermo/Sozilien

Eröffnung – falls nicht über SWIFT –
☐ durch (Luft-)Post ☐ Mit Vorankündigung durch Telekommunikation
☒ durch Telekommunikation (als Instrument für die Inanspruchnahme)

☐ Das Akkreditiv soll übertragbar sein.

32: Betrag in Ziffern: DM 200.000,-
Betrag in Worten: zweihunderttausend---

49: Bestätigung des Akkreditivs durch Auslandsbank
☒ nicht gewünscht ☐ gewünscht ☐ kann erfolgen

39: ☐ höchstens ☐ circa

71: Ausländische Bankgebühren gehen
☐ zu unseren Lasten ☒ zu Lasten des Begünstigten

41: Akkreditiv benutzbar

Versicherung wird abgeschlossen.
☐ von uns ☒ vom Begünstigten

durch
☒ Sichtzahlung ☐ Akzeptleistung ☐ Negoziierung
☐ hinausgeschobene Zahlung

43: Teillieferungen ☐ erlaubt ☒ nicht erlaubt
43: Umladungen ☒ erlaubt ☐ nicht erlaubt

44: Verladung/Versendung/Übernahme von/in
nicht später als 13.3.93 zur Beförderung nach Münster

gegen Vorlage nachstehend genannter Dokumente
42: ☐ und Tratte(n) des Begünstigten per
gezogen auf

45: Ware (möglichst **kurze Warenbezeichnung**)
Waren lt. Kaufauftrag Nr. 54321 CIF Münster

45: Lieferungsbedingungen
(unter Angabe des Verlade-/Bestimmungshafens)
☐ FOB ☐ C&F ☒ CIF
oder (sonstige vereinbarte Lieferungsbedingungen)
☐

46: Dokumente
☒ unterschriebene Handelsrechnung (3-fach)
☒ Transportdokumente **(bitte genau bezeichnen)**
voller Satz reiner Original-An-Bord-Seekonnossemente,
ausgestellt an Order, blanko indossiert, Notify:
Spedition Walter Müller, Ramertsweg 14, 4400 Münster,
Vermerk: Fracht bezahlt
☒ Versicherungspolice oder Versicherungszertifikat, ausweisend »Prämie bezahlt«
über 100% desRechnungsbetrages, deckend alle Risiken
☒ Weitere Dokumente
Ursprungszeugnis Form A
Pack- und Gewichtsliste

48: Die Dokumente sind innerhalb von 15 Tagen nach dem Ausstellungsdatum des Transportdokumentes, jedoch innerhalb der Gültigkeitsdauer des Akkreditivs vorzulegen.

47: Zusätzliche Bedingungen

Wir bitten, vorstehenden Auftrag zu Lasten unseres Kontos Nr.110088765 auszuführen.
Anlage Z 1 zur AWV ist angeheftet.

Wir beauftragen Sie, Ihr **unwiderrufliches** Dokumentenakkreditiv für unsere Rechnung – zu Lasten unseres Kontos – in Übereinstimmung mit vorstehenden Weisungen zu eröffnen. Anlage Z 1 zur AWV ist beigefügt. Die Allgemeinen Geschäftsbedingungen der kontoführenden Sparkasse/Landesbank sowie die umseitig abgedruckten Bedingungen werden anerkannt.

Sachbearbeiter/Tel. Nr.

28.12.92 STEMPEL

Datum — Firmenstempel und rechtsverbindliche Unterschrift(en)

Exporteur die erforderlichen Versand- und Begleitpapiere seiner Bank (Avisbank) ein (Abb. D-4.3/6).
(7) Diese prüft die Dokumente auf Form und Inhalt, wobei sie strenge Maßstäbe an die Akkreditiv-Konformität legt (vgl. unten). Sofern sich keine Beanstandungen ergeben, zahlt die Avisbank dem Verkäufer die vereinbarte Summe aus (7a), leitet die erhaltenen Dokumente an die Akkreditivbank weiter (7b) und belastet diese gleichzeitig mit dem an den Exporteur ausgezahlten Betrag (Zwischen Avis- und Akkreditivbank sind auch andere Konstruktionen möglich).
(8) Die Akkreditivbank händigt dem Käufer die Dokumente aus und belastet ihn mit dem entsprechenden Akkreditivbetrag, sofern dies nicht bereits im Zusammenhang mit Schritt 2 erfolgt ist.

Für die beteiligten Partner ergeben sich also zwei ganz wesentliche *Vorteile*, welche die Bedeutung des Akkreditivs in der Praxis erklären: Der Exporteur versendet die Ware erst, nachdem das Akkreditiv eröffnet worden ist. Er kann dann sicher sein, daß seine Forderung bei korrekter Erfüllung seiner Leistungspflicht, also bei Vorlage akkreditivkonformer Dokumente, umgehend erfüllt wird, d.h. er erhält den Akkreditivbetrag u.U. bereits deutlich vor dem Eintreffen der Ware beim Käufer. Der Importeur kann andererseits sicher sein, daß die Zahlung nur erfolgt, wenn aufgrund der eingereichten Dokumente sichergestellt ist, daß der Exporteur vertragsgerecht geliefert hat: Zu den Akkreditivdokumenten kann beispielsweise ein Inspektionszertifikat gehören, welches die Konformität der Ware mit dem Kaufvertrag bestätigt.

D-4.3.2.2. Unterschiede Akkreditiv-/Dokumenteninkasso

Zwischen den dokumentären Zahlungsformen d/p; d/a und Akkreditiv bestehen eine Reihe von Unterschieden:

- Bei d/p und d/a erbringt der Verkäufer eine Vorleistung durch Produktion und Versand der Ware *vor* Sicherstellung der Zahlung.
- Beim Akkreditiv erbringt die Akkreditivbank (ggf. auch die bestätigende Bank, vgl. unten) eine Garantieleistung, bei d/p und d/a haben die Banken nur eine ausführende Funktion («Briefträgerfunktion»; dies ist eine Formulierung des Autors und kein banktechnischer Begriff).
- Beim Akkreditiv handelt es sich für den Importeur nicht ein um Zug-um-Zug-Geschäft: Der Exporteur erhält i.d.R. Zahlung, bevor die Ware beim Importeur eintrifft.
- d/p und d/a sind einfacher und kostengünstiger als ein Akkreditiv.

Abb. D-4.3/6: **Dokumenteneinreichung**

An (Sparkasse)	Zur Weiterleitung an (Landesbank/Girozentrale)
Stadtsparkasse Münster **Postfach 5920** **4400 Münster** Ref.-Nr.	Bank Melli Iran Friedensstraße 4 6000 Frankfurt/M. Ref.-Nr.

Gemäß den umseitigen Bedingungen erhalten Sie die nachstehend aufgeführten Dokumente:

Dokumente	Wechsel/ Quittung	Faktura	Duplikat-frachtbrief	Posteinl.-Schein	Versich.-Pol./Zert.	Konnossement	Spediteur-beschein.	Spezifikation / Packliste	Ursprungs-zeugnis	Luftfracht-brief	
Anzahl	--	10	--	--	--	--	--	10	1	1	

über die Verladung von spare parts for stationary air monitoring tupe ri 5002
Empfänger EXIMRAD LTD. PURCHASING DIVISION, TEHRAN/IRAN
per Luftfracht am 15.02.92 von Frankfurt/M. nach Tehran

☒ **zur Inanspruchnahme des Akkreditivs** Nr. 176468/2 über DM 515.500,- (Akkreditivbetrag):

Betrag der Inanspruchnahme	Fälligkeit	Weitere Inanspruchnahmen
515.500,-	28.02.92	☐ erfolgen noch ☒ erfolgen nicht mehr

☐ **zum Einzug:**

Betrag	Fälligkeit	Inkassospesen
		Ihre Kosten/Spesen zu Lasten des ☐ Auftraggebers ☐ Bezogenen Fremde Kosten zu Lasten des ☐ Auftraggebers ☐ Bezogenen

☐ Auf Zahlung der Spesen darf nicht verzichtet werden.

Bezogener:

Ausl. Inkassobank
(falls vorgeschrieben)

☐ Liefern Sie die Dokumente aus gegen Zahlung.

☒ Liefern Sie die Dokumente aus gegen Akzeptierung.

☐ Das Akzept soll bei der Inkassobank zum Einzug bei Fälligkeit verbleiben. Bei Nachsichtwechseln ist mir/uns das Verfalldatum mitzuteilen.

☐ Senden Sie das Akzept an mich/uns zurück.

☐ Aufnahme der Dokumente kann bis zur Ankunft der Ware zurückgestellt werden.

☐ Kein Protest bei Nichtbezahlung ☐ Kein Protest bei Nichtakzeptierung

☐ Protest bei Nichtbezahlung ☐ Protest bei Nichtakzeptierung

☒ Im Falle der Nichtbezahlung oder Nichtakzeptierung erbitten wir Nachricht unter Angabe von Gründen für die Nichtbezahlung/Nichtakzeptierung

☐ per Luftpost ☒ drahtlich

Weitere Instruktionen:
Wir bitten Sie, die eingereichten Dokumente zu prüfen und uns ggf. zu informieren, wenn sich Änderungswünsche Ihrerseits ergeben sollten. Das notwendige INSPECTION CERTIFICATE wird so bald als möglich nachgereicht.

(Rückseite nur verwenden, wenn dieser Raum nicht ausreicht. Angaben des Auftraggebers auf der Rückseite sind nur verbindlich, wenn sie unterschrieben sind.)

Wir bitten, vorstehenden Auftrag auszuführen.	Ich/Wir bitte(n), vorstehenden Auftrag auszuführen. Nach Eingang des Erlöses bitte(n) ich/wir um Gutschrift auf mein/unser Konto Nr. 44007867 P.F. Kupka Maschinenbau GmbH Siemensstraße 45 4400 Münster
Datum — Stempel und Unterschriften der Sparkasse	Datum — Unterschrift und genaue Anschrift des Absenders/Einreichers

• Bei d/p und d/a besteht für den Exporteur ein Abnahmerisiko, beim Akkreditiv nicht. Das Lieferrisiko für den Importeur ist bei d/p und d/a ungleich größer als beim Akkreditiv. Allerdings übernehmen die Banken auch beim Akkreditiv keine Haftung für Menge, Qualität, Verpackung etc. der durch die Dokumente vertretenen Waren, so daß ein gewisses Restrisiko für den Importeur verbleibt.

D-4.3.2.3. Formen des Akkreditivs

Bei der Darstellung der verschiedenen Ausgestaltungsmöglichkeiten des Akkreditivs werden teilweise auch Aspekte anzusprechen sein, die für den Finanzierungsaspekt des Akkreditivs von Bedeutung sind. Dieser Abschnitt hier ist daher komplementär zum Abschn. D-5.1.5, in dem die Finanzierungsfunktion von Akkreditiven behandelt wird.

(a) Widerrufliches / unwiderrufliches Akkreditiv
Ein **widerrufliches** Akkreditiv kann – durch die Eröffnerbank, aber grundsätzlich nur auf Betreiben des Käufers – bis zur Dokumentenaufnahme jederzeit annulliert oder abgeändert werden, und zwar *ohne* Benachrichtigung des Begünstigten. Die Eröffnungsbank prüft dabei nicht, ob der Käufer zum Widerruf oder zur Änderung berechtigt ist. Offensichtlich entbehrt diese Akkreditivform die Sicherheit, daß der Verkäufer gegen Dokumentenvorlage auch tatsächlich zu seinem Geld kommt. Daher kommen widerrufliche Akkreditive in der Praxis fast nur zwischen Partnern vor, die sich gut kennen und sich gegenseitig vertrauen. Dann wird das widerrufliche Akkreditiv als Alternative zum Dokumenteninkasso eingesetzt, insbesondere wenn das Akkreditiv am Sitz der Verkäuferbank eröffnet wird. Dokumentenakkreditive, die nicht *ausdrücklich* als unwiderruflich bezeichnet sind, werden als widerruflich angesehen.
Ein **unwiderrufliches** Akkreditiv muß im Akkreditivtext ausdrücklich als unwiderruflich *(irrevocable)* bezeichnet sein. Änderungen sind nur mit Zustimmung des Akkreditivbegünstigten und ggf. der bestätigenden Bank (vgl. (b)) möglich. Bei einem unwiderruflichen Akkreditiv kann der Exporteur sicher sein, daß er die Akkreditivsumme erhält, wenn er die akkreditivkonformen Dokumente vorlegt. Sein Risiko besteht – abgesehen vom Bonitätsrisiko der eröffnenden Bank – also nur darin, daß er diese Dokumente nicht in der verlangten Form oder nicht innerhalb der vereinbarten Frist vorlegen kann. In der Praxis sind fast nur unwiderrufliche Akkreditive üblich; i.d.R. enthalten die entsprechenden Antragsformulare der Kreditinstitute bereits eine vorgedruckte Formulierung. Sehr selten sind daher auch sog. *«strapa-*

zierte» Akkreditive, bei denen die Inanspruchnahme durch den Begünstigten nicht nur die Vorlage der üblichen Dokumente verlangt, sondern auch eine Einwilligungserklärung des Käufers.

(b) Bestätigtes / unbestätigtes Akkreditiv

Beim **unbestätigten** Akkreditiv haftet – neben dem Käufer – nur die Akkreditivbank gegenüber dem Begünstigten für die Zahlung des Akkreditivbetrages – in der Regel unwiderruflich. Dennoch verbleibt ein **Delkredere-Risiko** für den Begünstigten (Exporteur) hinsichtlich der zur Zahlung verpflichteten Eröffnerbank sowie ein – in bestimmten Ländern nicht unbeträchtliches – **Länderrisiko.** Wenn zudem der Ort der «Benützung» des Akkreditivs im Land der Eröffnerbank liegt, also aus der Sicht des Exporteurs im Ausland, kommt das Risiko des Postversands der zahlungsauslösenden Dokumente hinzu, auch hinsichtlich der einzuhaltenden Fristen für die Akkreditivbenützung.

Wenn der Exporteur diese Risiken besichern will, wird er darauf drängen, zusätzlich noch eine Bank im Inland, z.B. seine Hausbank, in die Haftung einzubeziehen. Dann wird er vom Käufer verlangen, ein (unwiderruflich) **bestätigtes** Akkreditiv zu stellen. Die Akkreditivbank des Käufers beauftragt dann eine Bank im Exportland, dem Akkreditivschreiben an den Exporteur ihre eigene, zusätzliche Bestätigung beizufügen. Regelmäßig wird dies die avisierende Bank sein, doch ist dies nicht zwingend: So sind beispielsweise für algerische Akkreditive tunesische Bankbestätigungen gängig. Die bestätigende Bank haftet dann genauso wie die Akkreditiv-eröffnende Bank (abstraktes Schuldversprechen gemäß § 780 BGB); für den Begünstigten ergeben sich daraus zwei vom ursprünglichen Kaufvertrag unabhängige Zahlungsversprechen.

Die Bestätigung ist mit *Kosten* verbunden (vgl. unten). Sie setzt in der Praxis (faktisch) voraus, daß das Akkreditiv unwiderruflich eröffnet ist und – meist – daß das Akkreditiv bei der bestätigenden Bank benützbar und zahlbar ist. Die bestätigende Bank wird vorab das Delkredere-Risiko der eröffnenden Bank sowie das Länderrisiko prüfen, d.h. vor Abschluß des Kaufvertrags sollte der Exporteur sicherstellen, daß seine Bank das entsprechende Akkreditiv auch bestätigen wird. Für einige besonders risikoreiche Länder wird dies nicht der Fall sein. Die konkrete Entscheidung über die Bestätigung wird die angesprochene Bank allerdings erst nach Stellung des Akkreditivs und nach Erhalt des Bestätigungsauftrags treffen. Mit der Bestätigung ‹seiner› Bank hat der Exporteur folglich diese Risiken für sich ausgeschlossen. Nach den **ERA** (**Einheitliche Richtlinien für Dokumentakkreditive**, vgl. unten Abschn. D-4.3.2.4) wird allerdings auch beim

bestätigten Akkreditiv das Risiko einer Geschäftsunterbrechung durch höhere Gewalt, Krieg, Unruhen etc. nicht durch die Bank abgedeckt. Einige Banken lehnen es allerdings ab, ihre Akkreditive bestätigen zu lassen. In diesem Fall wird der Akkreditivbegünstigte versuchen, von seiner Bank eine verbindliche Ankaufszusage zu erhalten, die faktisch einer Bestätigung gleichkommt.
In den USA und Kanada ist zudem der *stand-by letter of credit* üblich. Dabei handelt es sich um eine Akkreditiv-Sonderform, die jedoch nicht durch Verschiffungsdokumente unterlegt ist. Die betreffende Bank verpflichtet sich dabei im Sinne einer Bürgschaft (vgl. auch Abschn. H-2.4.3), Zahlung zu leisten, sofern der Schuldner seinen Verpflichtungen nicht nachkommt. Diese Sonderform ist gebräuchlich, weil Banken in den USA und Kanada keine Garantien herauslegen dürfen, da dies in die Kompetenz von Versicherungen fällt.
In der Praxis kommt das (unwiderrufliche) unbestätigte Akkreditiv sehr häufig vor, insbesondere wenn hinsichtlich des Sitzes der Akkreditivbank kein Länderrisiko besteht. Sofern dieses besichert werden soll, ist eine Akkreditiv-Bestätigung erforderlich.

(c) Übertragbares Akkreditiv

Bei einem als übertragbar gekennzeichneten Akkreditiv ist der Begünstigte berechtigt, die zur Zahlung aufgeforderte Bank zu ersuchen, das Akkreditiv ganz oder teilweise einem Dritten verfügbar zu stellen. Eine Übertragung ist nur *einmalig* möglich, d.h. der Zweitbegünstigte kann seinerseits nicht nochmals übertragen, sofern das Akkreditiv keine anderslautende Weisung enthält. Die Übertragung ist z.B. gebräuchlich, wenn der Exporteur nicht Hersteller ist und die Ware von einem Lieferanten bezieht. Dieser kann seine Ansprüche gegen den Exporteur dadurch besichern, daß der Akkreditivanspruch ganz oder teilweise auf ihn übertragen wird. Da sich dabei aus den Dokumenten bestimmte Informationen ergeben (Name, Sitz des ausländischen Abnehmers, Preise), lassen die ERA bestimmte Änderungen der Akkreditivdaten zu, ggf. durch Austausch von Dokumenten. Da die Übertragbarkeit mit zusätzlichen Kosten verbunden ist, kann in der Praxis auch auf eine Übertragung verzichtet werden, wenn der Lieferant z.B. mit einer Zahlungsgarantie der Bank zufrieden ist. Möglich ist auch die folgende Variante:

(d) Gegenakkreditiv (*back-to-back*-Akkreditiv)

Wenn der Importeur einer Übertragung des von ihm beantragten Akkreditivs auf einen Dritten nicht zustimmt, kann ein Gegenakkreditiv eröffnet werden (frz.: *dos-à-dos*-Akkreditiv). Dabei beantragt der Exporteur bei seiner Bank ein Akkreditiv z.B. zugunsten seines Lieferanten, wobei das Akkreditiv des Importeurs (**Basisakkreditiv**) als Sicherheit dient. Der Lieferant kann das Gegenakkreditiv bei seiner Bank bevorschussen lassen und somit eine frühzeitige Finanzierung erreichen. Die Bank des Importeurs hat mit der Eröffnung des Gegenakkreditivs nichts zu tun. Da sich Basis- und Gegenakkreditiv auf dieselbe Lieferung beziehen, kann es wie bei der Übertragung problematisch sein, daß die Dokumentation des Basisakkreditivs Angaben enthält, welche der Lieferant nicht wissen soll (Name des Importeurs, Kaufpreis, etc.). Auf Lösungsmöglichkeiten wurde oben bereits hingewiesen.

(e) Revolvierendes Akkreditiv
Das revolvierende Akkreditiv bietet sich für regelmäßig wiederkehrende Lieferungen an, beispielsweise für Teillieferungen, wenn der Käufer zur Ausnutzung von Mengenrabatten oder gerade günstiger Preise mehr Ware bestellt, als er gegenwärtig benötigt, und diese dann in konstanten Teilmengen liefern läßt. Das Akkreditiv steht dann nach Benützung bis zu einem bestimmten Gesamtbetrag erneut zur Verfügung, beispielsweise DM 50000,– dreimal revolvierend benützbar bis zum Gesamtbetrag von DM 200000,–. Ein revolvierendes Akkreditiv kann auch *kumulativ* eröffnet werden, so daß der in einem Zeitabschnitt nicht genutzte Betrag nicht verfällt, sondern danach zusätzlich zur Verfügung steht. Revolvierende Akkreditive, die u.a. in der Bauindustrie, im Textilbereich und im Kaffeehandel verwendet wurden, haben in der jüngeren Vergangenheit stark an Bedeutung verloren und sind durch «normale» Akkreditive ersetzt worden. U.a. haben sie den Nachteil, daß der Importeur bei der Akkreditiveröffnung u.U. bereits die gesamte Akkreditivsumme anschaffen muß.

(f) Rembours-Akkreditiv
bei einem Rembours-Akkreditiv (**Akzept-Akkreditiv**) beauftragt der Importeur seine Bank, ein Akkreditiv zu eröffnen, unter dem der begünstigte Exporteur eine **Zeittratte** (Termintratte, Nach-Sicht-Tratte) entweder auf die Importbank oder die bestätigende oder eine dritte (‹neutrale›) Bank oder auf den Käufer ziehen kann, am einfachsten aber auf die avisierende (seine) Bank. Bei Präsentation der Dokumente durch den Exporteur wird dann von seiner Bank statt einer Zahlung ein Wechselakzept geleistet, wobei der Exporteur Zug-um-Zug die Dokumente übergibt. Der Exporteur kann sich dann – i.d.R. auch bei seiner Bank – durch Diskontierung des Akzepts refinanzieren (*remborser* (frz.) = erstatten, zurückzahlen). Die Bank des Impor-

teurs löst das Akzept dann bei Fälligkeit ein. Zwischen Akkreditivbank (des Importeurs) und Remboursbank (des Exporteurs) muß folglich eine entsprechende Kreditvereinbarung bestehen.
Von **direktem Rembours** spricht man, wenn die Akkreditivbank gleichzeitig Remboursbank ist. Bei Einschaltung einer Zweitbank spricht man von **indirektem Rembours**. Für den Importeur liegt der Vorteil insbesondere in der Ausnutzung des Zahlungsziels bis zur Fälligkeit des Wechsels. Zudem können durch Einschaltung einer Zweitbank ggf. niedrigere Kreditkosten als im Importland ausgenutzt werden. Das Rembours-Akkreditiv entspricht faktisch einem Akzept-Kredit auf der Basis eines Warengeschäfts (vgl. Abschn. D-5.1.4.3 und D-5.1.5).

(g) Negoziierungs-Akkreditiv
Ein Negoziierungs-Akkreditiv sieht den Ankauf (Negoziierung) von Sicht- oder Nach-Sicht-Tratten vor, die der Begünstigte auf den Käufer oder die eröffnende Bank zieht und die den Dokumenten beigefügt sein müssen. Bei einem bestätigten Akkreditiv negoziiert die Bank ohne möglichen Regreß (Rückgriff) auf den Begünstigten (Aussteller; Exporteur), denn sie hat ihm ja durch ihre eigene Bestätigung ein abstraktes Zahlungsversprechen abgegeben. Bei unbestätigten Akkreditiven hingegen besteht die Rückgriffsmöglichkeit auf den Aussteller.
Die Negoziierbarkeit kann nur bei einer bestimmten Bank oder frei gegeben sein.

(h) Sicht- / Nach-Sicht-Akkreditiv
Beim **Sichtakkreditiv** erhält der Begünstigte den Akkreditivbetrag Zug-um-Zug gegen Vorlage der akkreditivkonformen Dokumente, wobei der zahlungspflichtigen Bank eine gewisse Zeit zur Prüfung der Dokumente und/oder zur Anschaffung der entsprechenden Deckung des Akkreditivbetrags (Rückgriff z.B. auf die Eröffnerbank) einzuräumen ist.
Beim **Nach-Sicht-Akkreditiv** leistet die Akkreditivbank die Zahlung nicht bei Einigung der Dokumente, sondern zu einem verabredeten späteren Zeitpunkt (Akkreditiv mit aufgeschobener Zahlung, *deferred-payment-credit*). Ein solches Akkreditiv ist in der Wirkung für den Begünstigten dem Rembours-/Akzept-Akkreditiv ähnlich. Allerdings erhält dieser kein Wechselakzept, sondern eine schriftliche Zusage der (eröffnenden oder bestätigenden) Bank, am Fälligkeitstag Zahlung zu leisten. Der Importeur erhält also eine Zahlungsfrist z.B. nach Verladung oder Einreichung der Dokumente.
Der Fälligkeitstag muß nach den ERA (vgl. Abschn. D-4.3.2.5) aller-

dings genau bestimmbar sein. Unpräzise wäre z.B. «zahlbar X Tage nach Warenankunft» (was ist, wenn die Ware nie ankommt?), präzise wäre z.B. «X Tage nach Dokumentenvorlage». Für den Exporteur ist zu bedenken, daß der Importeur vor Zahlung in den Besitz der Ware gelangt und versuchen kann, durch Einreden die Akkreditivabwicklung zu verzögern.

(i) Akkreditive mit Anzahlung
Bei Akkreditiven mit Anzahlung *(packing credit* oder *anticipatory credit)* kann die Avisbank eine **Vorauszahlung** an den Begünstigten leisten, die gesichert oder ungesichert sein kann. Bei einer gesicherten Anzahlung gibt die Bank des Begünstigten eine Anzahlungsgarantie (vgl. Abschn. D-1.1.2 oder H-2.4.3). Im Rohstoffhandel ist z.B. die sog. **red clause** gängig, bei der die Vorauszahlungsklausel früher mit roter Tinte geschrieben wurde (daher der Name). Die Avisbank kann dabei dem Begünstigten – bei Haftung der eröffnenden Bank – eine Vorauszahlung gegen *dingliche Sicherheit vor* Einreichung der Dokumente leisten, damit der Verkäufer den Einkauf der Ausfuhrware finanzieren kann, z.B. wenn die Ware vor der Verschiffung noch gelagert wird: Der Vorschuß wird dann gegen Übergabe des Lagerscheins gewährt. Akkreditive mit einer **green clause** (weil mit grüner Tinte geschrieben) bedeuten Vorschuß ohne dingliche Sicherheit. Solche *Packing Credits* setzen wegen des hohen Risikos für den Importeur ausgezeichnete Geschäftsbeziehungen voraus.

(j) Handelskreditbrief *(Commercial Letter of Credit, CLC)*
Beim *Commercial Letter of Credit* (dokumentärer Handelskreditbrief) handelt es sich um eine anglo-amerikanische Form des Akkreditivs.
Nachdem die englischen Banken seit 1963 die Regelungen der ERA für Negoziierungsakkreditive für die CLC übernommen haben, besteht faktisch kein Unterschied mehr zum frei negoziierbaren Akkreditiv. Der CLC wird nicht über eine avisierende Bank, sondern dem Begünstigten direkt zugestellt (ist «direkt aufgemacht», «direkt adressiert»), auch wenn die Zustellung in der Praxis sehr oft über eine Bank im Exportland erfolgt; diese übernimmt jedoch nicht die Funktionen einer Avisbank. Die «Akkreditiv»bank verpflichtet sich im CLC, gegen Übergabe der Dokumente die auf die Akkreditivbank gezogene Tratte zu akzeptieren. Dies geht i.d.R. mit einer *«Drawing Authorization»* einher, mit der der Käufer den Verkäufer ermächtigt, nach Verschiffung der Ware Tratten auf ihn oder seine Bank zu ziehen und einer Bank seiner Wahl zum Ankauf anzudienen. Die Käuferbank

wird dabei eine Korrespondenzbank zum Ankauf (Negoziierung) der Tratten ermächtigen. Diese Ermächtigung wird uneinheitlich als *authority to purchase, authority to pay* oder *letter of authority* bezeichnet. Das CLC ist immer auf Wechselbasis ausgestellt und als gekorenes Orderpapier durch Indossament gut übertragbar, verstärkt durch eine meist enthaltene «*bona-fide*»-Klausel, mit der sich die eröffnende Bank jeder ankaufenden Bank gegenüber zur Zahlung verpflichtet. Soll die freie Ausnutzbarkeit ausgeschlossen sein, wird ein *Restricted CLC* gestellt, welches nur bei der bestätigenden Bank eingelöst werden kann. In der Praxis ist es nicht selten, daß bei dieser Akkreditivform unseriöse Partner fingierte CLCs andienen. Im Zweifelsfall sollte man die Echtheit überprüfen lassen. Andererseits ist festzustellen, daß sich insgesamt das Akkreditiv gegenüber dem CLC zunehmend durchsetzt, insbesondere weil die Negoziierungsprovision meist höher ist (ca. 10‰) als die Akkreditivabwicklungsprovision.

(k) Händlerakkreditiv

Das Händlerakkreditiv *(Merchant's Letter of Credit)* ist eine relativ seltene Variante des Akkreditivs, bei der der Käufer das Akkreditiv selbst ausstellt und unterzeichnet. Eine ggf. avisierende Bank übernimmt dabei keinerlei Verpflichtungen. Ein Händlerakkreditiv wird daher nur bei absolut erstklassiger Bonität des Käufers Verwendung finden.

D-4.3.2.4. ERA

In den meisten Ländern, einschließlich der Bundesrepublik, gibt es keine spezielle rechtliche Regelung des Akkreditivs. Rechtsgrundlagen sind die einschlägigen Bestimmungen des BGB und des HGB sowie die nichtgesetzlichen «**Einheitlichen Richtlinien und Gebräuche für Dokumente-Akkreditive**» (**ERA**), die – wie die oben behandelten ERI, vgl. Abschn. D-4.3.1.3 – von der Internationalen Handelskammer (ICC) in Paris aufgestellt worden sind, und die Allgemeinen Geschäftsbedingungen (AGB) der Banken. Die ERA in der gegenwärtig gültigen Fassung von 1983 wurden von der ICC unter Beteiligung der UNCITRAL und einiger anderer UN-Organisationen erarbeitet. Die ERA werden laufend überarbeitet, um den erforderlichen Praxisbezug zu gewährleisten. Ergänzend dazu bietet die ICC Fallstudien zu Akkreditivproblemen an.

Da die ERI also wie die ERA keine Rechtsnorm sind, sondern allgemeine Regelungen, gelten sie in den meisten Staaten immer dann, wenn keine anderen Regelungen im Akkreditiv enthalten sind. Dies betrifft auch die Frage des jeweils anzuwendenden internationalen Privatrechts. Im Zweifelsfall wird dies das Recht am Domizil der Akkreditivbank bzw. am Domizil der bestätigenden Bank sein. Zur Harmonisierung der Verfahrensabwicklung hat die ICC verschiedene Standardformulare entwickelt, so für den Akkreditiv-Antrag, für die Akkreditiv-Eröffnung, für die Avisierung und für Akkreditiv-Änderungen.

D-4.3.2.5. Änderung des Akkreditivs

Wenn dem Exporteur die Akkreditiveröffnung avisiert wird, sollte er eingehend prüfen, ob die Akkreditivbedingungen den getroffenen Vereinbarungen entsprechen und ob er sie – insbesondere im Hinblick auf die Akkreditiv-Konformität der vorzulegenden Dokumente – erfüllen kann. Andernfalls sollte er nicht zögern, eine Änderung des Akkreditivs zu verlangen, auch wenn damit Kosten verbunden sind (vgl. unten). Sofern beispielsweise die Lieferbedingung geändert wird, müssen ggf. auch die Transport- und Versicherungspapiere verändert und ggf. aus der Liste der vorzulegenden Dokumente gestrichen werden. Eine Erhöhung des Akkreditivbetrags kann möglicherweise eine erneute Meldepflicht nach der Außenwirtschaftsverordnung auslösen (vgl. Abschn. E-3.3).
Umgekehrt sollten die Beteiligten Änderungswünsche der jeweiligen Gegenseite ablehnen, wenn sie nicht akzeptabel sind. Grundsätzlich müssen *alle* Beteiligten einer Akkreditivänderung zustimmen. Dabei ist daran zu denken, daß Schweigen als Zustimmung gelten kann.

D-4.3.2.6. Kosten des Akkreditivs

Die in Abb. D-4.3/7 genannten Sätze können nur beispielhaft verstanden werden, da sie von den Kreditinstituten individuell gestaltet werden. Sie geben jedoch einen Anhaltspunkt für die Größenordnungen der Akkreditvkosten. Grundsätzlich sind folgende Spesenregelungen möglich:
- Alle Kosten gehen zu Lasten des Exporteurs,
- alle Kosten gehen zu Lasten des Importeurs,
- Exporteur und Importeur tragen jeweils die Kosten auf ‹ihrer Seite›,
- es ist keine Regelung der Spesenteilung erfolgt: Der Exporteur zahlt dann nur die Abwicklungsprovision.

Abb. D-4.3/7: **Akkreditiv-Kosten**

Auf der Seite des Importeurs			
Abwicklungsprovision			
– Unwiderruflichkeitsgebühr			
– Dokumentenaufnahmegebühr			
zusammen	3 ‰,	mindestens	DM 75,–
Fremdwährungskurtage	0,25 ‰		
Porto, Spesen			DM 15,–
Deferred-Payment-Provision	3 ‰	pro Monat	
		mindestens	DM 50,–
Änderungsprovision			DM 50,–
Auf der Seite des Exporteurs			
Avisierungsprovision	1 ‰,	mindestens	DM 75,–
Abwicklungsprovision	3 ‰,	mindestens	DM 50,–
Bestätigungsprovision	1–3 ‰	pro Monat	
		mindestens	DM 100,–
Änderungsprovision	3 ‰,	teilweise fix	DM 50,–
Akzeptprovision	1,5 ‰	pro Monat	
Diskontprovision	Bundesbankdiskont plus 0,75 %		
Porto, Spesen			DM 15,–

D-4.3.2.7. Wichtige Aspekte beim Akkreditiv

(a) Allgemeines

Die Akkreditivbedingungen sollten frühzeitig und so präzise wie möglich im Rahmen des Kaufvertrags zwischen den Partnern abgesprochen werden, um Mißverständnisse und eventuell erforderliche Änderungen zu vermeiden. Die Kreditinstitute haben für den Antrag auf Akkreditiveröffnung in der Regel individuelle Vordrucke entwickelt. Daneben gibt es einen standardisierten Vordruck, der von der Internationalen Handelskammer in Paris entwickelt worden ist. Die Verwendung solcher Formulare verringert das Risiko unvollständiger Angaben oder mit den ERA unvereinbarer Akkreditiv-Bedingungen.

Ein Akkreditiv ist ein **abstraktes Zahlungsversprechen**, losgelöst vom zugrundeliegenden Kaufvertrag. Diese Tatsache wird gelegentlich verdrängt, z.B. wenn ein Exporteur mit dem Hinweis auf die faktische Erfüllung des Kaufvertrags durch objektiv korrekte Warenlieferung Zahlung verlangt, jedoch nicht alle erforderlichen akkreditivkonformen Dokumente vorlegen kann, oder der Importeur verweist auf Mängelrügen und verlangt, die Zahlung zurückzuhalten. Die Kreditinstitute sind unabhängig von privatrechtlichen Auseinandersetzungen zur Zahlung *verpflichtet*, wenn völlig akkreditivkonforme Dokumente vorgelegt werden.

(b) Aus der Sicht des Importeurs

Sofern keine etablierten Geschäftsbeziehungen bestehen, sollte sich der Importeur von der Seriosität seines Lieferanten überzeugen. Der Importeur kann das Risiko nicht-vertragsgerechter Warenlieferung nicht vollständig ausschließen, solange dies nur auf der Basis von Dokumenten geprüft wird. Dagegen schützt auch eine sehr ins Detail gehende Warenbeschreibung nicht; diese kann vielmehr Schreib- oder Übermittlungsfehler begünstigen. Die Akkreditivbedingungen sollten klar und übersichtlich und nicht zu umfangreich sein. Sinnvoll ist es daher häufig, ein **Inspektionszertifikat** (vgl. Abschn. D-2.2.3.1) in die Akkreditiv-Dokumentation einzubeziehen. Der Käufer ist nach den ERA für die klare und genaue Festlegung der erforderlichen Dokumente und der einzuhaltenden Bedingungen verantwortlich.

Die Dokumente sollten im Akkreditiv-Eröffnungsantrag und im Akkreditiv in der *Reihenfolge* aufgeführt werden, wie sie die Kreditinstitute üblicherweise bei der Dokumentenprüfung einhalten; die entsprechenden Formulare sehen dies in der Regel auch so vor. Beim Antrag auf Akkreditiveröffnung sollte die erforderliche Zeit für die Bearbeitung berücksichtigt werden. Durch die heute gängigen Kommunikationssysteme (vgl. auch unten Abschn. D-4.4 zu **SWIFT**) kann die Akkreditiveröffnung allerdings recht schnell erfolgen.

Vor einer Akkreditiveröffnung sollte sichergestellt werden, daß die zu importierende Ware keinen *Importbeschränkungen* unterliegt, z.B. nach dem Außenwirtschaftsgesetz (vgl. Abschn. E-4) oder im Rahmen von Importkontingenten bei Agrar- oder Textilprodukten. Ggf. sind frühzeitig Genehmigungen zu beantragen, weil seitens des Exporteurs ordnungsgemäß präsentierte Dokumente die Zahlung auslösen, auch wenn sich Importprobleme ergeben.

Die *Laufzeit* des Akkreditivs sollte realistisch bemessen sein. Eine zu kurze Laufzeit kann eine Verlängerung (mit entsprechenden Kosten) erforderlich machen, eine zu lange Laufzeit verursacht gleichermaßen unnötige Bankkosten. Das «letzte Verladedatum» sollte nicht zu dicht am Verfallstag des Akkreditivs liegen, um dem Exporteur hinreichend Gelegenheit zum Erstellen und Einreichen der Dokumente zu lassen.

Der Akkreditiv-Begünstigte sollte so präzise wie möglich bezeichnet werden, um Verwechslungen auszuschließen, insbesondere wenn es sich um Namen oder Firmen in Ländern handelt, in denen z.B. arabische oder kyrillische oder japanische Schrift geschrieben wird. Dies gilt analog für die Bank, bei der das Akkreditiv benutzbar sein soll.

Wenn der Akkreditivbetrag nicht von vornherein präzise zu bestimmen ist, kann dies durch entsprechende Formulierungen berücksichtigt werden, z.B. durch «bis zu», wenn eine Unterschreitung des Akkreditivbetrags möglich ist (z.B. bei Inanspruchnahme von Skonto), oder durch eine «Circa-Stellung», weil z.B. Transport- oder Versicherungskosten noch nicht feststehen: Dann kann der Akkreditiv-Betrag um 10% über- oder unterschritten werden.

(c) Aus der Sicht des Exporteurs
Wenn ihm die Eröffnung des Akkreditivs angezeigt wird, sollte der Exporteur prüfen, ob die Warenangaben, Termine, Fristen, Preise etc. und die Akkreditivbedingungen sich mit den Vereinbarungen mit dem Käufer decken bzw. ob der Exporteur in der Lage sein wird, diese form- und fristgerecht zu erfüllen. Ggf. sollte umgehend eine Änderung verlangt werden (vgl. vorstehend D-4.3.2.5).
Die *formalen Anforderungen*, die bei Akkreditiven an die Dokumente gestellt werden, sind sehr streng (sog. **Dokumentenstrenge**). Die eingereichten Dokumente müssen vollständig – im Sinne des Akkreditivs – sein, äußerlich in Ordnung, z.B. keine offensichtlichen Irrtümer aufweisen (Verwechslung von Anschriften), und dürfen sich inhaltlich nicht widersprechen (wenn z.B. im Akkreditiv von einer cif-Lieferung die Rede ist, andere Papiere aber eine fob-Lieferung ausweisen). Bereits geringfügige Abweichungen können zur Zurückweisung von Dokumenten führen, beispielsweise wenn in einem Dokument aufgrund eines offenkundigen Schreibfehlers als Herkunftsangabe «Gemrany» statt «Germany» steht; u.U. wird die Bank sich beim Käufer vergewissern, ob dies akzeptabel ist. Fehler schleichen sich oft ein bei Stückzahlen, Gewichten, Versanddaten, Warennummern etc. In der Regel entdecken Banken Mängel in den aufzunehmenden Dokumenten vor Auszahlung an den Begünstigten. Allerdings darf die Dokumentenprüfung nur eine ‹angemessene› Zeit in Anspruch nehmen, insbesondere auch, damit der Begünstigte in der Zeit bis zum Verfalldatum u.U. Nachbesserungen vornehmen kann. Ein geübter Sachbearbeiter wird die Dokumentenprüfung in wenigen Minuten durchführen können; in wirklichen Problemfällen werden maximal 2–3 Bankarbeitstage anzusetzen sein.
Eine Zahlung des Akkreditiv-Betrags unter *Vorbehalt* oder trotz mangelhafter Dokumentation ist grundsätzlich nicht vorgesehen. Sofern dies doch geschieht, trägt das auszahlende Kreditinstitut – wie bei einer Bevorschussung – das volle Risiko. Diese absolute Dokumentenstrenge ist zwar mitunter mühsam, aber letztlich für alle Beteiligten von Vorteil, denn die Bank muß allein aufgrund von Dokumenten entscheiden, ob akkreditivkonform geleistet wurde und der Akkreditivbetrag auszuzahlen ist.
Die *Dokumenteneinreichung* muß unbedingt innerhalb der Gültigkeit

des Akkreditivs erfolgen, wobei die Versanddokumente spätestens 21 Kalendertage nach Ausstellung vorgelegt werden müssen (sofern das Akkreditiv nichts anderes bestimmt). Sofern dies nicht möglich ist, müßte mit Zustimmung aller Beteiligten vom Exporteur eine Fristverlängerung des Akkreditivs beantragt werden. Andernfalls verfällt das Akkreditiv, und die Akkreditivbank sowie ggf. die bestätigende Bank werden von ihrer Zahlungsverpflichtung befreit.
Meist ist die Avisbank auch *Zahlstelle*, d.h. das Akkreditiv ist bei ihr benutzbar. Der Ort der Benützung (d.h. der Ort für die Dokumentenvorlage) und der Ort der Zahlung können aber auch verschieden sein, z.B. wenn die Dokumente bei der Avisbank präsentiert werden, Zahlstelle jedoch die Akkreditivbank ist, die erst nach Eingang der Dokumente Zahlung leistet. Die Avisbank kann – neben anderen Finanzierungsmöglichkeiten – das Akkreditiv jedoch auch bevorschussen; vgl. Abschn. D-5.1.6.
Auf die Aspekte der Risiken aus dem Zahlungsverkehr und der Risikoabsicherung wird im Abschn. H-2 eingegangen.

D-4.4. Zahlungsbedingungen bei langfristigen Exportverträgen

Bei Großprojekten wie der Errichtung von Zweigwerken, Staudämmen oder größerer Anlageinvestitionen bedeutet der längerfristige Zeithorizont ein zusätzliches Risiko. Daher ist es nicht unüblich, **Festpreise** zu vereinbaren und diese durch Bankgarantien oder staatliche Gewährleistungen zu besichern. Sofern dies auf der Basis von Fremdwährungen erfolgt, ist es erforderlich, das Wechselkursrisiko entsprechend abzusichern. Vgl. hierzu ausführlich Abschn. D-5.3 und H-3.

D-4.5. Exkurs: Zahlungsabwicklung mit dem Ausland

D-4.5.1. Bankabwicklung

(a) Überweisung
Zahlungen an das Ausland können entweder in Inlandswährung (DM), in der betreffenden Auslandswährung oder in einer Drittwährung erfolgen. Viele Außenhandelsunternehmen unterhalten neben ihren DM-Konten auch **Fremdwährungskonten** (z.B. in US-Dollar), entweder bei einer inländischen Bank oder ein Dollarkonto bei einer amerikanischen Bank. Zahlungen in Fremdwährung werden zum De-

visen-Briefkurs abgerechnet. Hinzu kommen eine **Courtage** (z.B. 0,25‰), ggf. eine Abwicklungs- oder Bearbeitungsgebühr (1,5‰) sowie Porti, Spesen und sonstige Kosten. Im Zahlungsauftrag muß angegeben werden, wie sich diese Kosten auf den Auftraggeber bzw. den Empfänger verteilen. Bei einem Fremdwährungskonto entfällt zwar die Courtage, jedoch sind teilweise nicht unerhebliche Kontoführungsgebühren zu entrichten. Das vom Kunden beauftragte Kreditinstitut leitet einen Zahlungauftrag an ein Korrespondenzinstitut weiter mit der Bitte um Gutschrift auf dem Konto des Begünstigten. Dies kann per Brief, Fax, Fernschreiben, Telegramm oder per *SWIFT* erfolgen. Der briefliche Zahlungsauftrag hat den Nachteil langer Postlaufzeiten und beinhaltet ein Verlustrisiko. Fernschriftliche Überweisungen sind zwar schnell, aber relativ teuer. Daher nehmen *SWIFT*-Zahlungen immer mehr zu (vgl. unten).
Nach § 59 AWV sind Zahlungen an das Ausland bzw. aus dem Ausland ab DM 5000,– meldepflichtig. Das entsprechende Meldeformular «Zahlungsauftrag im Außenwirtschaftsverkehr (Anlage Z1») (Abb. D-4.5/1) wird jedoch in der Praxis bei den meisten Banken auch für kleinere Beträge verwendet. Ein Exemplar des Durchschreibesatzes wird vom Kreditinstitut an die Landeszentralbank weitergeleitet.

(b) Scheck

Möglich ist auch eine Zahlung durch – postalisch zuzustellenden – **Privat-** oder **Bankscheck** (**Orderscheck**). Dies ist in Nordamerika und Großbritannien sehr verbreitet; in anderen Ländern werden Schecks auch verwendet, weil z.B. bei Überweisungen hohe Gebühren im Empfängerland anfallen oder keine Kontoverbindung bekannt ist. Wie bei der brieflichen Überweisung ergeben sich als Nachteile die Postlaufzeiten und die entsprechenden Verlustrisiken sowie das Risiko der Nichteinlösung. Für den Scheckaussteller bedeutet der Zeitaufwand umgekehrt eine spätere Belastung. Dabei kann der Betrag auf DM oder ausländische Währung lauten. Der Begünstigte wird den Scheck dann seiner Bank zum Inkasso oder zum Ankauf einreichen. Bei bekannten Einreichern oder Ausstellern wird i.d.R. eine sofortige E.v.-Gutschrift erfolgen: Eingang (des Scheckbetrags) vorbehalten. Bei anderen Schecks wird die Gutschrift für den Einreicher erst nach Gutschrift durch den Bezogenen erfolgen. Fremdwährungsschecks werden zum **Sichtkurs** (Scheckankaufskurs) abgerechnet, der eine halbe Spanne der Differenz Brief-/Geldkurs unter dem Geldkurs liegt. Dies soll den Zinsverlust auffangen, der für die Zeit zwischen Scheckankauf und Gutschrift des Scheckbetrages bei der ankaufenden Bank entsteht.

Abb. D-4.5/1: **Zahlungsauftrag im Auslandszahlungsverkehr**

Anlage Z 1 zur AWV

ZAHLUNGSAUFTRAG IM AUSSENWIRTSCHAFTSVERKEHR
Meldung nach § 59 der Außenwirtschaftsverordnung

Dem Geldinstitut mit Blatt 2 einreichen

52: An (beauftragtes Geldinstitut) — BLZ 400 501 50

Stadtsparkasse Münster

- [X] Zahlung
- [ ] Akkreditiv
- [ ] Inkasso Einlösung

zu Lasten des
- [ ] DM-Kontos
- [ ] Währungs-Kontos
- [ ] Währungs-Termin-Kontos

Ihre Nr.

Ohne zusätzliche Weisung, sind Sie berechtigt, den Auftrag als Zahlung zu Lasten des DM-Kontos zu behandeln.

32: Währung DM — Betrag in Ziffern 22.000,-

Betrag in Worten --zwanzigtausend----

50: Auftraggeber (Meldepflichtiger) — Konto Nr.: 9987645
Name Klöbner KG
Straße L.-Oriot-Straße 34
Ort 4400 Münster

57: Bank des Begünstigten
Banca Internazionale Spa.
Genua/Italien

59: Begünstigter — Konto Nr.: S-1734-556
Name Luigi Andreotti
Straße Via Casella 234/4
Ort Genua / Italien

70: Verwendungszweck
Handelsrechnung D23/92-45

71: Ihre Kosten/Spesen zu Lasten des [X] Auftraggebers [ ] Begünstigten
Fremde Kosten zu Lasten des [ ] Auftraggebers [X] Begünstigten

Die Zahlung ist – sofern sie nicht über S.W.I.F.T. erfolgt – auszuführen
[ ] brieflich [ ] drahtlich bis
[ ] Korrespondenzbank
[ ] Bank des Begünstigten
[ ] Begünstigten

Zusätzliche Weisungen für das Geldinstitut

S 20 =
W 51 =
W 57 =
W 40 A B F G
W 34
Abw. Geb. 205: 2 ‰/DM
Courtage 160: 1 ‰/DM
Spesen: 8 ‰/DM
Fremde Geb.: 7 ‰/DM
W 45 = 02
W 46 = 1
W 47 = 00
W 32 = TT
W 72 =
S 72 =

Aufgestellt: — Erfassung:
Geprüft: — Kontrolle:
Am: — Freigabe:

Angaben zur Meldung nach §§ 59 ff der Außenwirtschaftsverordnung
Falls Platz nicht ausreicht, Anlage verwenden

Die vorstehende Zahlung betrifft (Zutreffendes am linken Rand ankreuzen [X] und entsprechende Zeilen ausfüllen)

Bei Akkreditiven, letzten Tag der Gültigkeitsdauer angeben — A B C D

[X] **I Waren-einfuhr** — a) Einkaufsland Italien 9 9 4 — b) Betrag in DM ohne Pfennig

[ ] **II Transithandel** (§ 40 Abs. 2 AWV) — c) Warenbezeichnung — d) Nr. des Warenverzeichnisses für die Außenhandelsstatistik — e) Einkaufsland — f) Betrag in DM ohne Pfennig

Sofern die Ware bereits an Gebietsfremde veräußert ist (durchgehandelte Transithandelsgeschäfte)[1]

g) Warenbezeichnung (nur ausfüllen, wenn die eingekaufte Ware durch Bearbeitung ihre Beschaffenheit verändert hat) — h) Eingang des Verkaufserlöses[2] Monat und Jahr — i) Nr. des Warenverzeichnisses für die Außenhandelsstatistik — k) Käuferland — l) Verkaufspreis Betrag in DM ohne Pfennig

1) Sofern die Ware noch nicht veräußert ist, ist der Verkaufserlös im Zeitpunkt des Eingangs auf Anlage Z 4 zur AWV zu melden. – 2) Sofern der Verkaufserlös noch nicht eingegangen ist, voraussichtlichen Zeitpunkt des Eingangs angeben.

[ ] **III Dienstleistungs- und Kapitalverkehr, sonstige Ausgaben** — m) Kennzahl laut Leistungsverzeichnis — n) Gläubigerland — o) Anlageland (bei Vermögensanlagen außerhalb des Wirtschaftsgebietes) — p) Betrag in DM ohne Pfennig

q) Nähere Angaben über den Zahlungszweck (Wichtigste Einzelheiten des Grundgeschäfts – bei Krediten und Darlehen auch ursprünglich vereinbarte Laufzeit oder Kündigungsfrist – angeben, z. B. Erwerb eines Grundstückes in ...., Darlehensgewährung an ein Unternehmen in ...., Rückzahlung eines in .... aufgenommenen Kredits, Lizenzgebühr für ein ausländisches Patent)

Datum 4.7.92 — Telefon 817035

Klöbner KG Fruchtimporte
Firma, Unterschrift und Gewerbe

Dispositionsvermerke
[ ] eingezahlt auf Cpd 900 292 491 DM
Kurs — Gebühr
Datum — Betriebsstelle — Name und Unterschrift

D-4.5.2. SWIFT

Das Akronym SWIFT steht für *Society for Worldwide Interbank Financial Telecommunication.* Es handelt sich dabei um ein genossenschaftliches Unternehmen (nach belgischem Recht) mit dem Ziel, durch Datenfernübertragung den internationalen Zahlungsverkehr zu beschleunigen und zu sichern. Alle bedeutenden Banken sind diesem Datenfernübertragungsnetz angeschlossen. Die Zahlungsanweisungen werden von der Einzelbank länderweise durch einen *«Concentrator»* gebündelt und an die SWIFT-Zentrale weitergeleitet. Diese sortiert die Aufträge nach Ländern und gibt sie an die jeweiligen Concentratoren weiter, die die Zahlungsanweisungen an die Adressaten verteilen. Dieser Vorgang dauert nur wenige Minuten. Dadurch wird die Zeitspanne zwischen Kontobelastung und -gutschrift auf ein Minimum reduziert, so daß der sog. **Zahlungsfloat** teilweise fast ausgeschaltet ist. Darüber hinaus bietet SWIFT einen höheren Sicherheitsgrad als der konventionelle Zahlungsverkehr und reduziert die erforderlichen Zahlungsverkehrsbelege erheblich.
Als **Float** wird die Zeit zwischen Belastung beim Absender und Gutschrift beim Empfänger bezeichnet. Er hängt von der Postlaufzeit ab *(Mail Float)*, von den Transferzeiten innerhalb der Post- und Banksystem *(Clearing Float)* und auch unternehmens-/konzernintern durch die Abwicklung der Zahlungsströme *(Processing Float).* Die Postlaufzeit wird vielfach durch Botendienste verkürzt. Durch Einrichtung von Postfächern und Konten bei Banken in der Nähe der Schuldner können weitere Zeiteinsparungen erreicht werden. Diese Postfächer werden täglich (teilweise mehrmals) von den Banken geleert und zahlungsrelevante Eingänge (Schecks) umgehend bearbeitet (**Lock-Box-Konzept**).

D-5. Finanzierung des Außenhandels

Die Außenhandelsfinanzierung umfaßt die **Import-** und die **Exportfinanzierung.** Zur **kurzfristigen** Finanzierung rechnet man üblicherweise Zahlungsziele bis zu einem Jahr (360 Tage), darüber hinaus bis ca. 4–5 Jahre spricht man von **mittelfristiger** Finanzierung. Die Abgrenzung zur **langfristigen** Finanzierung ist dabei aber fließend. Einige Aspekte der Finanzierung überschneiden sich mit den vorangehend behandelten Zahlungsbedingungen, werden jedoch der Vollständigkeit halber nochmals mit aufgeführt. Auf die Aspekte der Risikoabsicherung wird in den Abschn. H-2 u. -3 eingegangen. Abb. D-5.1/1 gibt eine Übersicht über die Finanzierungsmöglichkeiten, die anschließend erläutert werden.

Abb. D-5.1/1: **Finanzierungsmöglichkeiten** (Übersicht)

Kurzfristige Exportfinanzierung
- Vorauszahlungen
- Bankkreditlinien
- Währungskredite
- Wechselkredite
- Diskontkredite
- Akzeptkredite
- Akkreditiv
- Ankauf und Bevorschussung beim Dokumenten-Inkasso
- Forfaitierung
- Factoring

Importfinanzierung
- Vorschüsse durch Abnehmer
- Handelskredit (Liefererkredit)
- Bankkreditlinien
- Akkreditiv
- Euromarktfinanzierung

Mittel- und langfristige Exportfinanzierung
- Leasing
- Kreditlinien der AKA
- Kreditlinien der KfW
- Finanzierungen im Rahmen der Entwicklungszusammenarbeit

D-5.1. Kurzfristige Exportfinanzierung

Gegenstand der kurzfristigen Exportfinanzierung ist die Finanzierung der Kosten von Einkauf, Transport, Versicherung und Lagerung von Vorleistungen sowie der Produktion der Exportgüter (Exportvorfinanzierung) und von Lagerung, Transport und Versicherung der Exportware sowie der Liquidierung von Forderungen, die sich aus Exportgeschäften ergeben (Anschlußfinanzierung).

D-5.1.1. Vorauszahlungen

Die Finanzierungsfunktion von Voraus- und Anzahlungen sowie von Abschlagszahlungen *(cash before delivery)* für den Exporteur als Mitfinanzierung der Herstellungskosten oder auch der Kosten einer Fabrikations- oder Anzahlungsgarantie (vgl. Abschn. H-2.4.3) durch den Besteller ist offensichtlich und braucht hier nicht weiter ausgeführt zu werden. Es sei nochmals darauf hingewiesen, daß dies als Zahlungsbedingung eine relativ starke Marktposition des Exporteurs gegenüber dem Käufer sowie – als *clean payment*, d.h. ohne bankmäßige Besicherung – ein entsprechendes Vertrauensverhältnis zwischen den Partnern voraussetzt. Andererseits sind derartige Klauseln bei Bestellung von Gütern mit längerer Herstelldauer nicht unüblich. Die meist übliche Absicherung durch ein Bankaval (Garantie/Bürgschaft) muß bei den Finanzierungskosten berücksichtigt werden.

D-5.1.2. Bankkreditlinien

Grundsätzlich ist im Hinblick auf Exportkredite zwischen Lieferanten- und Bestellerkrediten zu unterscheiden. Beim **Lieferantenkredit** wird der Kredit dem Exporteur von der inländischen Bank (z.B. des Exporteurs) gewährt, beim **Bestellerkredit** (gebundener Finanzkredit) dem ausländischen Importeur, gleichfalls von der inländischen Bank. (Ein Kredit für den Importeur seitens seiner ausländischen Bank wäre als Importfinanzierung zu klassifizieren; vgl. Abschn. D-5.2.2, auch zur Abgrenzung Lieferanten- und Liefer(er)kredit.)
Dem Kreditnehmer wird nach Prüfung seiner Bonität eine Kreditlinie in Inlandswährung eingeräumt, die er bis zum zugesagten Höchstbetrag in Anspruch nehmen und nach Belieben tilgen kann. Dabei ist der **Kontokorrentkredit** die von der Abwicklung her einfachste und flexibelste, in der Regel aber auch die teuerste Kreditform, denn neben den Kreditzinsen wird eine Bereitstellungsprovision sowie ggf. – wenn das Limit überzogen wird – eine (höhere) Überziehungsprovision erhoben. Meist sind Bankkredite durch inländische Sicherheiten abgesichert, doch kann dies auch durch die Abtretung von Forderungen aus dem Auslandsgeschäft geschehen (**Zessionskredit**).
Eine Kreditform, bei der keine Liquidität zur Verfügung gestellt wird, ist der **Avalkredit**, d.h. sinngemäß eine Kreditleihe. Die avalierende Bank übernimmt dabei für ihren Kunden eine Bürgschaft bzw. eine Garantie. Eine **Bürgschaft** ist ein Schuldvertrag, bei dem der Bürge sich verpflichtet, für die Verbindlichkeiten eines Dritten (des Schuldners) aufzukommen. Vertragspartner sind der Gläubiger und der

Bürge, nicht der Dritte. Die Bürgschaft ist vom Bestand der Hauptforderung abhängig; ist diese nicht entstanden oder erlischt diese, kann der Gläubiger auch keine Forderung gegenüber dem Bürgen geltend machen. Der Bürger kann die dem Hauptschuldner zustehenden Einreden und Einwendungen geltend machen (§§ 765ff. BGB und §§ 349ff. HGB). Die Bürgschaft ist also akzessorisch, d.h. der Bürge kann vom Gläubiger nicht in Anspruch genommen werden, wenn der Schuldner nicht zu leisten braucht. Die **Garantie** hingegen bedeutet ein unwiderrufliches Zahlungsversprechen (vgl. ausführlicher auch Abschn. H-2.4.3). Für einige Aspekte der Euromarkt-Finanzierung vgl. Abschn. D-5.2.5.

D-5.1.3. Währungskredite

Kredite in einer ausländischen Währung (Währungskredite) haben in der Regel eine feste Laufzeit zu festen Sätzen. Sie bieten sich insbesondere an, wenn der Bezug von Vorleistungen und der Exporterlös in derselben Währung fakturiert ist, um eine zweimalige Konvertierung zu vermeiden. Sie können u.a. auch zur Absicherung eines anderweitig bestehenden Wechselkursrisikos eingesetzt werden (vgl. Abschn. H-3.2.2). Ggf. müssen sie selbst gegen das Kursrisiko abgesichert werden. Ein Währungskredit ist relativ teuer, da die kreditgewährende Bank die Kurssicherungskosten einbeziehen wird.

D-5.1.4. Wechselkredite

Zunächst kurz einige grundsätzliche, sehr allgemeine wechseltechnische Ausführungen. Der Wechsel ist ein **Wertpapier**, das ein *abstraktes*, vom zugrunde liegenden Warengeschäft unabhängiges Zahlungsversprechen enthält und das durch besondere, recht strenge Bestimmungen des Wechselrechts gesichert ist, sofern bestimmte gesetzliche Formvorschriften gewahrt sind (u.a. muß das Wort «Wechsel» in der Wechselurkunde enthalten sein). Verstöße gegen das Wechselrecht werden sehr zügig geahndet: Wenn ein Wechsel ‹platzt›, d.h. das Zahlungsversprechen nicht eingehalten wird, geht der Wechsel auf Betreiben des Wechselgläubigers ‹zu Protest› und der Wechselverpflichtete kann sehr schnell Besuch des Gerichtsvollziehers erwarten.
Beim Wechsel gibt es zwei Grundformen:
Bei einem **gezogenen Wechsel** verpflichtet der **Aussteller** (Exporteur) einen anderen (**Bezogener**), z.B. den Importeur, indem er den Wechsel auf diesen ‹zieht› und der Bezogene ihn akzeptiert. Bis zum erfolgten Akzept wird der Wechsel «**Tratte**» genannt. Das **Akzept** erfolgt durch

Unterschrift auf der Vorderseite des Wechselformulars (üblicherweise ein Papier im halben DIN-A-4-Format), und zwar quer zu den sonstigen Wechseleintragungen (vgl. oben Abb. D-2.2/2); daher der umgangssprachliche Begriff, einen Wechsel «querzuschreiben».
Große Bedeutung hat die zweite Form, der **Solawechsel** (eigener Wechsel, *promissory note)*, bei dem der Aussteller (z.B. Importeur) sich selbst zur Zahlung verpflichtet und zugleich Aussteller und Bezogener ist (oben Abb. D-2.2/2). Solawechsel werden üblicherweise ‹an Order›, z.B. an die Order des Exporteurs, gestellt, so daß dieser nach Belieben den Wechsel weiterreichen kann. Solawechsel werden beim **Factoring** bevorzugt (vgl. Abschn. D-5.1.8).
Der Wechsel ist ein *‹geborenes Orderpapier›*, d.h. er kann durch **Indossament** an den nächsten Inhaber *(Indossatar)* übertragen werden (im Gegensatz zu einem *Rekta-Papier*, das nicht durch Indossament, sondern nur durch gewöhnliche Abtretung nach §§ 398ff. BGB übertragen werden kann. Orderpapiere können durch eine Rekta-Klausel («Nicht an Order») zu Rektapapieren gemacht werden). Der Begriff Indossament leitet sich ab aus der Übertragungsanweisung *‹in dossa›* (ital.) = auf dem Rücken, d.h. auf der Rückseite des Wechselformulars. Aussteller, Bezogener (nach Akzept) und Indossatar haften als Gesamtschuldner für die Wechselsumme: Der letzte Inhaber des Wechsels kann bei jedem der Wechselschuldner die Einlösung des Zahlungsversprechens verlangen. Grundsätzlich ist zwischen Wechseln in Inlandswährung und solchen in Auslandswährung zu unterscheiden, wobei für die Einräumung des entsprechenden Kredits analoge Voraussetzungen bestehen.
Auf Einzelheiten des nationalen (deutschen) und des internationalen Wechselrechts kann hier nicht eingegangen werden. Auf internationaler Ebene gibt es schon seit langem Abkommen über die Vereinheitlichung des Wechselrechts. Die Genfer Wechselrechtskonferenz von 1930 führte u.a. zum *Abkommen über das Einheitliche Wechselgesetz*, welches weitgehend mit dem heute gültigen deutschen Wechselgesetz (WG) identisch ist. Das Abkommen wurde von 22 (meist europäischen) Ländern ratifiziert, allerdings nicht von Großbritannien (und einigen Commonwealth-Staaten) und den USA, so daß es heute nebeneinander das *anglo-amerikanische Wechselrecht* und das *Genfer Einheitliche Wechselrecht* gibt. Seit 1972 (mit Revisionen 1977 und 1982) liegt ein Entwurf eines *Einheitlichen Gesetzes über die internationalen Wechsel* vor, welcher von der bereits in Kap. D-1 erwähnten UNCITRAL erarbeitet wurde. Der Entwurf weicht jedoch in vielen Punkten vom in Europa gewohnten Wechselrecht ab, so daß mit einer Ratifizierung in absehbarer Zukunft nicht zu rechnen ist.

D-5.1.4.1. Diskontkredit

Einen Diskonkredit räumt ein Kreditinstitut ein, welches einen Wechsel *(«Abschnitt»)* vor Fälligkeit ankauft. Dies setzt eine entsprechende Diskontkreditlinie voraus. Dabei ist zwischen rediskontfähigen und nicht-rediskontfähigen Wechseln zu unterscheiden: Bei der Bundesbank rediskontfähiges Wechselmaterial muß bestimmte formale Bedingungen erfüllen:

- Die *Restlaufzeit* darf (ab Ankaufstag) höchstens 90 Tage betragen,
- es muß sich um (nicht prolongierte) *Handelswechsel* handeln,
- der Wechsel muß mindestens drei «gute» *Unterschriften* der Wechselverpflichteten tragen (darunter mindestens eine Bankunterschrift),
- er darf nur auf bestimmte Länder gezogen sein.

Die Bundesbank rechnet dabei bei Fremdwährungswechseln zum **Devisengeldkurs** ab. Die diskontierende Bank rechnet zum **Sichtkurs** ab, d.h. kürzt den Devisengeldkurs um bestimmte Spannen (vgl. Abschn. C-1.1.1).

Beispiel:
Diskontsatz der Bank =
(Devisengeldkurs − 0,5 × (Briefkurs-Geldkurs))
+ 1,5‰ mind. DM 15,– Abwicklungsprovision
+ DM 5,– Auslagen
+ 0,25‰ Courtage bei Fremdwährung.

Eine Variante stellt der Umkehrwechsel (synonym: Eigenakzept) dar: Der Exporteur nennt den Bezogenen (Importeur) im Indossament als Begünstigten. Dieser verkauft den Abschnitt an seine Bank und reicht die Diskontgutschrift an den Exporteur weiter. Ein solcher Umkehrwechsel bietet sich an, wenn der Importeur durch ein Skonto die Diskontkosten überkompensieren kann oder wenn die Diskontkosten im Importland günstiger sind als im Exportland.

D-5.1.4.2. Privatdiskonte

Diese Finanzierungsmöglichkeit war eine deutsche Besonderheit, *war*, weil die von einem Bankenkonsortium getragene **Privatdiskont AG** in Frankfurt nach dem Wegfall der Wechselsteuer gegenwärtig die Geschäftstätigkeit eingestellt hat und die sich aus der Realisierung des Binnenmarkts und der Europäischen Währungsunion ergebenden Entwicklungen abwartet.

Grundlage waren Akzepte, denen Außenhandelsgeschäfte zugrunde liegen (Import, Export, Transit, Lohnveredelung; dies mußte auf dem

Wechselformular dargestellt werden). Als Aussteller kamen nur Firmen mit ausgezeichneter Bonität («erste Adressen») in Frage, die über ein Haftungskapital von mindestens 1 Mio. DM verfügen. Die einzelnen Abschnitte mußten auf mindestens 100000,– DM (höchstens 5 Mio.) lauten und durch 5000 teilbar sein.
Die Einsatzmöglichkeiten dieses Instruments waren daher begrenzt. Die von den Firmen ausgestellten und von ihren jeweiligen Banken akzeptierten Abschnitte wurden über die Privatdiskont AG, also nicht direkt, der Deutschen Bundesbank zum Diskont eingereicht. Für diese Finanzierung wurde ein spezieller Privatdiskontsatz angesetzt, der täglich an der Frankfurter Börse notiert wurde und (inkl. der Akzeptprovision der Akzeptbank) etwas günstigerer war als der Rediskontsatz der Bundesbank.

D-5.1.4.3. Akzeptkredit / Rembourskredit

Beim Akzeptkredit verpflichtet sich eine Bank, innerhalb eines bestimmten Kreditlimits Wechsel zu akzeptieren, die – je nachdem – der Importeur oder der Exporteur auf sie zieht. Durch das Akzept sind die Wechsel am Geldmarkt gut verwertbar (diskontierbar); z.B. kann der Importeur das Akzept seinem Lieferanten weiterreichen. Die Bank stellt also zunächst ihren guten Namen zur Verfügung. Hierfür ist eine spezielle *Akzeptprovision* an die Bank zu zahlen (ca. 0,5–2% p.a.). Üblich – wenngleich nicht zwingend – ist dabei, daß die akzeptierende Bank den Wechsel selbst ankauft und dem Einreicher den Diskonterlös zur Verfügung stellt. Gelangt das Akzept in Umlauf, haftet die Akzeptbank zwar im Außenverhältnis als Hauptverpflichteter, wird sich jedoch im Innenverhältnis so absichern, daß der Importeur den Wechselbetrag vor Fälligkeit anschaffen muß. Sofern der Akzeptkredit vor dem Hintergrund eines zugrundeliegenden Warengeschäftes erfolgt, spricht man auch von einem **Rembourskredit**. Dies erfolgt üblicherweise auf der Basis eines Akkreditivs (vgl. nachfolgend).

D-5.1.4.4. Negoziierungskredit

Bei einem Negoziierungskredit wird die Exportbank von der Importbank (im Auftrag des Importeurs) ermächtigt, vom Exporteur ausgestellte Tratten (vor Akzept) anzukaufen (*authority to purchase* oder auch *authority to negociate*). Hierfür erhält die Exportbank eine Negoziierungsprovision. Da Banken oft auch im Rahmen eines Rembourskredits bereit sind, Tratten anzukaufen (unabhängig von einer Beauftragung durch die Importbank), ähneln sich beide Kreditformen in der Praxis.

D-5.1.5. Akkreditive

Das Akkreditiv selbst stellt keinen Kredit da, doch besteht eine enge wirtschaftliche Verbindung zwischen Akkreditiv und Finanzierung. Die oben in Abschn. D-4.3.2.3 dargestellten Akkreditivformen haben alle eine Finanzierungsfunktion auf der Verkäufer- und/oder auf der Käuferseite. Hier werden nur einige Aspekte nochmals hervorgehoben.

(1) Durch ein (unwiderrufliches) Akkreditiv erhält der Exporteur gegen Vorlage bestimmter Dokumente bereits bei Versendung die vereinbarte Akkreditivsumme.

(2) Ein Akkreditiv kann (i.d.R. von der Avisbank, aber auch einer anderen Bank) *angekauft* oder *bevorschußt* werden. Im Hinblick auf die Bevorschussung sei auch auf die Bevorschussung durch den Käufer verwiesen *(packing credits)*.

(3) Bei einem **Remboursakkreditiv** verschafft der Importeur dem Exporteur ein Akzept der Importbank oder der Exportbank, das der Exporteur entsprechend diskontieren kann. Beispielsweise akzeptiert die Exportbank eine auf sie gezogene Tratte im Auftrag der Importbank, die wiederum im Auftrag des Importeurs handelt. Der Exporteur kann sich also unmittelbar nach Einreichung der Akkreditivdokumente durch Diskontierung des Akzepts refinanzieren. Der Importeur muß die Ware erst bei Fälligkeit des Akzept bezahlen. In der Zwischenzeit kann er die importierte Ware vermarkten. Das Remboursakkreditiv setzt also – im Gegensatz zum Akzeptkredit, der ein reines Finanzgeschäft sein kann – ein zugrundeliegendes *Warengeschäft* voraus. Der Rembourskredit kommt insbesondere in Frage, wenn die Kreditkosten im Exportland (Remboursland) niedriger sind als im Importland. Beim direkten Rembours leistet die Exporteurbank das Akzept, beim indirekten Rembours eine dritte Bank, z.B. wenn in einer Drittwährung fakturiert wurde (ein deutscher Exporteur verkauft auf Dollarbasis nach Indien; Remboursplatz New York).

(4) Bei einem Akkreditiv mit **hinausgeschobener Zahlung** *(deferred payment)* gewährt der Exporteur dem Importeur ein Zahlungsziel, dessen Kosten (Zinsen) er in der Akkreditivsumme verrechnen wird. Der Akkreditivbetrag kann dem Begünstigten bevorschußt werden, allerdings auf Risiko der bevorschussenden Bank. Diese Variante ist kostengünstiger als ein Akzept-Akkreditiv. Ebenso kann der Exporteur statt einer Bevorschussung seine Forderung *forfaitieren* (vgl. unten), dies durchaus an seine Hausbank.

(5) Durch ein **übertragbares Akkreditiv** kann der Akkreditivbetrag ganz oder teilweise einem Dritten zur Verfügung gestellt werden, beispielsweise einem Vorlieferanten des Exporteurs. So kann der Akkre-

tiv-begünstigte Exporteur Waren einkaufen, ohne selbst eigene Mittel einsetzen zu müssen. Analoges gilt für das **Gegenakkreditiv** (*back-to-back*-Akkreditiv), auch wenn dieses aufgrund der oben dargestellten Probleme relativ selten ist.

D-5.1.6. Ankauf und Bevorschussung bei Dokumenten-Inkassi

Die Exportbank kann – auf der Basis von Erfahrungswerten, aber auch im Auftrag der Importbank – Forderungen aus Dokumenten-Inkassi ankaufen oder bevorschussen *(negoziieren)*, wenn den Inkasso-Dokumenten eine Tratte beigefügt ist, bevor diese vom Importeur bzw. der Importbank akzeptiert worden ist. Da dabei der Eingang der Zahlung durch den Importeur nicht sichergestellt ist, wird die Vereinbarung einer entsprechenden Exporteurshaftung sowie ggf. eine Kurssicherung erforderlich sein. Diese Finanzierungsform ist in der Praxis relativ selten. Eine gewisse Bedeutung hat noch die *«authority to purchase»*, die vor allem im Zahlungsverkehr mit dem Fernen Osten vorkommt: Dabei ermächtigt die Importbank eine Exportbank zum Ankauf von Wechseln, die der Exporteur auf den Käufer gezogen hat und die von den vorgeschriebenen Dokumenten begleitet werden, bei vollem Rückgriffsrecht auf den Wechselaussteller.

D-5.1.7. Lombardkredit

Ein Lombardkredit wird durch Verpfändung beweglicher Sachen besichert. An die Stelle der dinglichen Übergabe – im Privatbereich z.B. beim Pfandleiher – tritt beim Warenlombard i.d.R. die Indossierung und Übergabe entsprechender Traditionspapiere (z.B. Pfandindossament auf einem Orderlagerschein). Der Warenlombard wird u.a. bei Rohstoffen wie Kaffee, Tee, Tabak und Baumwolle praktiziert. Diese Güter sind zumeist an der Börse handelbar, ggf. können sie leicht versteigert werden.

D-5.1.8. Forfaitierung

Bei der Forfaitierung verkauft der Exporteur seine Außenhandelsforderung mit Abschlag (Diskont) an einen Forfaiteur (meist eine Bank), wobei er selbst jegliche Haftung ausschließt bzw. der Forderungskäufer auf jeden Rückgriff *gegen*über dem Forderungsverkäufer verzichtet (Verkauf *à forfait*, d.h. «in Bausch und Bogen»). Forfaitierung bedeutet folglich Abwälzung aller Risiken auf den Forfaiteur: u.a. Delkredere-Risiko, politisches Risiko, Zinsänderungsrisiko, Währungsrisiko. Weitere Vorteile sind die sofortige Liquiditätszufuhr durch die Umwandlung eines Zielgeschäfts in ein Sichtgeschäft, der Wegfall der Kreditsicherung und -überwachung und die einfache Abwicklung der Forfaitierung: Der Käufer erwirbt die Forderungen durch Indosssament oder Erklärung (Abb. D-5.1/2). Grundsätzlich ist jede dokumentierte Forderung mit einem spezifizierten Zahlungstermin forfaitierbar. Im Gegensatz zum **Factoring** (vgl. anschließend) erstreckt sich Forfaitierung i.d.R. jedoch auf mittelfristige Einzelforderungen mit hohen Beträgen, z.B. bei Investitionsgütern, auf avalierte Wechselforderungen sowie auf Forderungen aus Nachsicht-Akkreditiven und nicht – wie beim Factoring – auch auf das gesamte Volumen kurzfristiger und auch kleinerer Forderungen des Exporteurs.

Abb. D-5.1/2: **Forfaitierung**

FORFAITIERUNG / Käufer übernimmt die Erfüllungsrisiken

Bewährte Problemlösung für Risiken im Außenhandel

Der Exporteur (Forfaitist) fragt im konkreten Fall – unter Nennung aller relevanten Angaben – den Forfaiteur, z.B. seine Bank, ob sie zur Forfaitierung der Forderung bereit ist. Die Bank gibt daraufhin entweder eine **Indikation**, d.h. eine unverbindliche und kostenfreie Stellungnahme ab hinsichtlich der möglichen Konditionen (die nur für den Zeitpunkt der Anfrage gelten, an die sich der angefragte Forfaiteur aber *ceteris paribus* eine gewisse Zeit gebunden hält) oder eine verbindliche Fest-Offerte, die oft auch nur für den Tag der Abgabe gilt. Mit der Annahme der Festofferte sind die Bedingungen verbindlich vereinbart.

Forderungen werden vom Forfaiteur bevorzugt in Form von *Solawechseln* des Importeurs an die Order des Exporteurs angekauft («sind durch Solawechsel unterlegt»), weil der Exporteur bei Übertragung von Solawechseln durch Indossament seine Haftung durch den Zusatz «ohne Obligo» *(without recourse)* ausschließen kann (sog. *«Angst-Indossament»*). Dies ist beim gezogenen Wechsel, den typischerweise der Exporteur auf den Importeur zieht, für den Aussteller (Exporteur) nicht möglich, denn dieser kann die wechselrechtliche (Aussteller-)Haftung beim gezogenen Wechsel nicht ausschließen. Die Forderungen müssen auf konvertible Währung lauten und i.d.R. durch eine Bank (meist im Land des Schuldners) avaliert sein. Da das auf dem Wechsel angebrachte Aval mit dem Wechsel übertragen wird, stellt dies die unkomplizierteste Besicherung dar. Möglich sind aber auch separate abstrakte Bankgarantien oder andere Formen der Besicherung. Bei erstklassigen Schuldnern wird auf Avale meist verzichtet.

Bei *Ratenzahlungen* ist es gängig, daß der Exporteur von seinem Kunden eine – von einer erstklassigen Bank avalierte – Solawechselserie erhält, deren erster Wechsel nach Ablauf einer vereinbarten Frist fällig wird und die anschließenden Wechsel in einem vertraglich vereinbarten (z.B. halbjährigen) Rhythmus. Nach Indossierung verkauft der Exporteur dann das gesamte Wechselpaket «à forfait» an den Forfaiteur.

Die *Kosten* der Forfaitierung umfassen den Diskont (in Abhängigkeit von den Refinanzierungskosten des Forfaiteurs, dem anzukaufenden Risiko, das sich aus der Bonität des Schuldners, des Importlandes und der Avalbank sowie der Währung und der Restlaufzeit ableitet), ferner eine Bereitstellungsprovision (bei nicht sofortiger Einreichung der Forfaitierungsdokumente, aber sofortiger Auszahlung), die i.d.R. monatlich im voraus zahlbar ist. Bei der Restlaufzeit werden üblicherweise sog. **Respekttage** hinzugezählt, um die erfahrungsgemäß der Forderungsbetrag verspätet eingeht. Möglich ist auch eine Optionsprämie, wenn zwischen Angebotsabgabe und -annahme durch den Exporteur mehr als 48 Stunden liegen.

Hermes-besicherte Forderungen (vgl. Abschn. H-2.4.4) sind besonders gut forfaitierbar. Auch international hat sich ein **Sekundärmarkt** gebildet, auf dem Spezialinstitute und Banken – vorrangig aus Deutschland, Großbritannien und der Schweiz – Forderungen untereinander handeln. Damit kann ein Exporteur seine Forderung auch dann verkaufen, wenn das von ihm angesprochene Institut selbst nicht zur Übernahme bereit ist.

D-5.1.9. Export-Factoring

Factoring gewinnt in zunehmendem Maße an Bedeutung. Es vollzieht sich über spezialisierte Factoring-Unternehmen. Der Factor kauft dem Exporteur – in der Regel im Rahmen eines längerfristigen und umfassenden Vertrages – seine sämtlichen (Außenhandels-)Forderungen gegenüber seinen (ausländischen) Debitoren ab, wobei bestimmte Kauflimits vereinbart werden können. Der Forderungsverkäufer hat dabei eine Andienungspflicht, d.h. er muß alle vertraglich vereinbarten Forderungen zum Kauf anbieten, während der Factor grundsätzlich eine *Ankaufspflicht* hat (außer bei zweifelhaften Forderungen).

Der Exporteur wird i.d.R. vor Abschluß des Kaufvertrages den abzusichernden Betrag bei seinem Exportfactor anfragen, um sicherzustellen, daß die Forderung im Rahmen des vereinbarten Limits angekauft wird. Der Factor übernimmt dabei meist auch eine Bonitätsprüfung des Importeurs sowie weitere Service- und Informationsfunktionen bezüglich des ausländischen Marktes *(financial engineering)*. Die angedienten Forderungen werden zu 80–90% bevorschußt. Die verbleibenden 10–20% werden ausgezahlt, sobald der Debitor an den Factor gezahlt hat. Dadurch sichert sich der Factor u.a. gegen Mängelrügen, Warenretouren oder Skontoabzüge ab. Der Forderungskäufer übernimmt damit bestimmte Funktionen: einmal die *Finanzierungsfunktion*, da der Exporteur vor Fälligkeit Zahlung erhält, zum zweiten eine *Dienstleistungsfunktion*, weil der Factor u.a. Bonitätsprüfung, Mahnwesen und Inkasso übernimmt, und drittens eine *Delkredere-Funktion*, indem der Factor auch vollständig das Risiko des Zahlungsausfalls übernimmt (**echtes Factoring**; andernfalls handelt es sich um **unechtes Factoring**, das allerdings nur selten praktiziert wird).
Für das Factoring werden Zinsen auf die gewährten Vorschüsse (max. 80% des Forderungsbetrags bzw. DM-Gegenwertes) in banküblicher Höhe berechnet sowie Gebühren in Höhe von ca. 1–2,5% der eingereichten Rechnungswerte erhoben. Je nachdem, ob der Debitor über den Forderungsverkauf informiert ist oder nicht, spricht man vom *offenen* bzw. vom *stillen* Verfahren. Aufgrund einer internationalen Konvention aus dem Jahre 1988 in Ottawa/Kanada wird das offene Factoring durch Verfahrensvereinfachungen erleichtert. So entfallen z.B. die im romanischen Rechtskreis sonst erforderlichen und recht umständlichen Vorschriften über die Zustellung einer Abtretungsurkunde durch den Gerichtsvollzieher, oder die nach deutschem Recht sonst erforderliche Notwendigkeit, die Benachrichtigung an den Schuldner zu unterschreiben: Dies kann vor allem Massenfactoring behindern. Durch das internationale Abkommen wird die Stellung des Factors gegenüber dem Debitor geklärt und gestärkt, da letzterer den Anspruch des Factors anerkennen muß (unter Aufrechterhaltung der ihm auch sonst gegen den Forderungsverkäufer zustehenden Einreden und Rechte). Abb. D-5.1/3 verdeutlicht, daß das Factoring vorläufig noch eine Domäne der Industrieländer ist.
Beim internationalen Factoring wird häufig – neben dem Exportfactor im Land des Exporteurs – ein Importfactor im Land des Importeurs eingeschaltet, der dem Exportfactor zur Beurteilung der Bonität des Importeurs zur Verfügung steht und dem Exportfactor im Innenverhältnis die Einbringlichkeit der Forderung garantieren kann. Möglich ist auch, daß der Exporteur direkt mit dem Importfactor kontrahiert.

Abb. D-5.1/3: **Factoring**

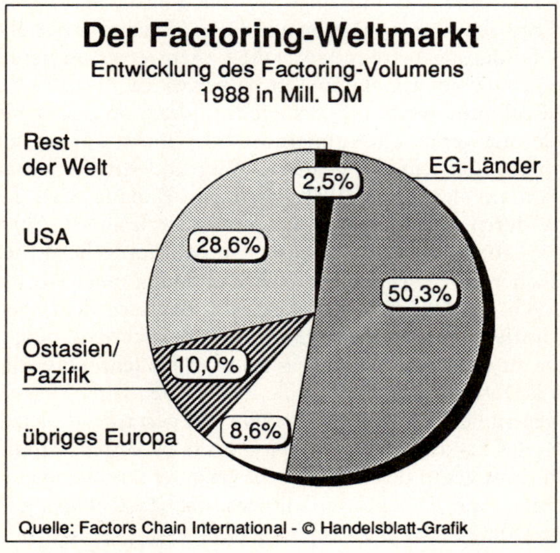

Abb. D-5.1/4 stellt die wesentlichsten Unterschiede zwischen Factoring und Forfaitierung gegenüber, wobei natürlich im konkreten Einzelfall auch andere Konditionen als die dargestellten möglich sind.

Abb. D-5.1/4: **Vergleich Forfaitierung/Factoring**

Merkmale	Forfaitierung	Export-Factoring
Wesen	Kauf von Exportforderungen ohne Rückgriff auf den Exporteur Einzelgeschäfte	Kauf von Exportforderungen ohne Rückgriff auf den Exporteur Rahmenvertrag
Größenordnung	mindestens 50 000 DM	Umsatz pro Land und Jahr mindestens 500 000 DM
Laufzeit	3 Monate bis 8 Jahre	maximal 180 Tage
Währung	DM, US$, sfr, Yen, FF und Ecu sowie andere Währungen, in denen eine kongruente Refinanzierung möglich ist	Keine Einschränkung, da Währungsrisiko beim Forderungsverkäufer verbleibt
Delkredererisiko	Forfaiteur	Factor
Politisches Risiko Transferrisiko	Forfaiteur	Exporteur
Finanzierung	Nominalwert der Forderung ./. Diskont	80 % des Bruttorechnungswertes
Voraussetzungen	erstklassige Schuldneradresse oder gutes Bankaval, ausreichende Bonität des Importlandes	ausreichende Bonität des Lieferanten, des ausländischen Importeurs und des Korrespondenzfactors
Besonderheiten	gesamte Abwicklung durch Forfaiteur	Buchhaltung, Mahnwesen und Inkasso kann vom Factor übernommen werden

Quelle: Handelsblatt

D-5.2. Importfinanzierung

Viele Überlegungen leiten sich spiegelbildlich aus den Ausführungen zur Exportfinanzierung ab. Um Wiederholungen auf ein Höchstmaß zu begrenzen, ist die folgende Darstellung komprimiert.

D-5.2.1. Vorschüsse durch Abnehmer

Sofern der Importeur die gekaufte Importware weiterhandelt, besteht die Möglichkeit, daß er den Import durch Voraus- oder Anzahlungen oder Abschlagszahlungen seiner Abnehmer ganz oder teilweise finanziert.

D-5.2.2. Handelskredit

Der Abnehmer erhält vom Lieferanten Ware auf Ziel und muß den Rechnungsbetrag erst nach z.B. 30, 60 oder 90 Tagen begleichen. Der Vergleich mit der sofortigen Zahlung verdeutlicht, daß es sich dabei um einen sehr teuren Kredit handelt: Beispielsweise lautet die Zahlungsbedingung «2% Skonto bis 10 Tage nach Lieferung oder 30 Tage netto». Die Ausnutzung der zusätzlichen 20 Tage kosten den Importeur folglich 2% des Rechnungsbetrages; das entspricht – auf 360 Tage hochgerechnet – einem Zinssatz von rund 36%. Das Zahlungsziel kann dabei sowohl formal vereinbart sein als auch durch schleppende Zahlung *(«lagging»)* erzwungen sein. Der Vorteil des Handelskredits besteht insbesondere in seiner Formlosigkeit.
Sprachlich bestehen Verwechslungsmöglichkeiten und Abgrenzungsprobleme, weil bestimmte Kredite nach den Kredit*gebern*, andere nach den Kredit*nehmern* bezeichnet werden: Der **Handelskredit** (synonym: Liefererkredit, **Lieferkredit**, Liefervertragskredit oder auch im Sprachgebrauch: Lieferantenkredit) wird dem *Importeur* seitens des Exporteurs (= Kreditgeber) gewährt (Rechtsverhältnis Kunde/Exporteur). Der **Lieferantenkredit** ist ein Kredit, der dem inländischen *Exporteur* (= Kreditnehmer) seitens einer Bank zur Finanzierung seiner Kosten bis zur Bezahlung durch den Käufer gewährt wird (Rechtsverhältnis Bank/Exporteur). Die Verwechslungsmöglichkeit ergibt sich z.B. folglich daraus, ob man den Lieferantenkredit als Kredit *an den* oder *durch den* Lieferanten ansieht. Für Kreditinstitute ist ein Lieferantenkredit ein Kredit *an den* Lieferanten (vgl. auch Abschn. D-5.3.2 und -5.3.3). Ein **Bestellerkredit** schließlich ist ein Kredit, den eine *inländische* Bank einem ausländischen Kunden zur Finanzierung seiner Order gewährt (Rechtsverhältnis Bank/Importeur).

D-5.2.3. Wechselkredite

Gängig ist die Unterlegung eines Zahlungsziels für den Importeur durch Wechsel, die der Exporteur auf dem Importeur zieht, sei es allgemein, im Rahmen der Zahlungsbedingung d/a oder im Rahmen eines Akkreditivs auf Wechselbasis.

D-5.2.4. Bankkredite

Bei den hier angesprochenen Krediten handelt es sich um Importvorschüsse, u.U. auch auf der Basis von Lombardkrediten, die eine ausländische Bank dem ausländischen Importeur gewährt. Die Kosten

berechnen sich nach den entsprechenden Kreditkonditionen. Ggf. wird dem Importeur von seiner Bank ein Fremdwährungskredit eingeräumt.
Eine Besonderheit stellen aus deutscher Sicht sog. **4f-Kredite** dar: Im Auftrag eines deutschen Importeurs nimmt eine deutsche Bank bei einer ausländischen Bank einen Kredit auf, der unmittelbar an den ausländischen Exporteur über seine Bank weitergeleitet wird. Nach § 2 Abs. 4f. der Anweisungen der Deutschen Bundesbank über Mindestreserven ist ein solcher zweckgebundener und durchgeleiteter Kredit von der Mindestreserve freigestellt (und entsprechend kostengünstiger). Vgl. auch am Ende von Abschn. D-5.4.

D-5.2.5. Akkreditiv

Der Importeur beantragt bei seiner Bank die Eröffnung eines Importakkreditivs. Die Akkreditivbank wird das Akkreditiv *‹herauslegen›*, wenn die Zahlung *(‹Anschaffung›)* der Akkreditivsumme durch den Importeur sichergestellt ist. Dies kann aufgrund von Guthaben oder durch Kreditvereinbarungen geschehen. Die Bank des Importeurs garantiert dem Exporteur Zahlung gegen Vorlage bestimmter Dokumente (vgl. Abschn. D-4.3.2). Die Auszahlung der Akkreditivsumme an den Exporteur erfolgt dabei, bevor der Importeur die Dokumente aufnimmt und über die Ware verfügen kann. Bei einem Akkreditiv mit hinausgeschobener Zahlung (*Deferred-payment*-Akkreditiv) und bei einem Akkreditiv auf Wechselbasis erhält der Importeur ein Zahlungsziel.

D-5.2.6. Euromarktfinanzierung

Die Importbank nimmt für den Importeur Mittel am Euromarkt auf (sog. **Erstfinanzierung**). Dies kann günstiger sein als eine Kreditaufnahme des Importeurs am Inlandsmarkt, da seine Bank am Euromarkt bessere Konditionen erreichen kann. Sofern die Bank die Mittel nicht selber direkt aufnehmen kann, wird sie in der Regel einen Euromarktkredit bei einem anderen Institut vermitteln können. Abschnitt D-5.4 weiter unten vertieft dies.

D-5.3. Mittel- und langfristige Exportfinanzierung

Der Bereich des Außenhandels, der sich auf Investitions- und andere Kapitalgüter erstreckt, erfordert eine analoge mittel- bis langfristige Finanzierung, insbesondere auf der Seite der Importeure.

D-5.3.1. Export-Leasing

Beim Exportleasing *(cross border leasing)* verhandelt der Exporteur mit einem potentiellen Käufer z.B. eines Investitionsgutes. Wenn die Kaufverhandlungen eine konkrete Basis gefunden haben, verkauft der Exporteur das betreffende Gut an eine Leasinggesellschaft (Leasinggeber), die das Objekt auch bilanziert, nachdem er zuvor mit dem ausländischen Kunden (Leasingnehmer) die Bedingungen des Leasing vereinbart hat. Der Kunde schließt dann einen Leasingvertrag mit dem Leasinggeber: Der ausländische Leasingnehmer erhält dadurch das ausschließliche Nutzungsrecht des Investitionsgutes für eine bestimmte Laufzeit (Grundmietzeit, i.d.R. unkündbar) und entrichtet während dieser Zeit die Leasingraten an den Leasinggeber (**Finanzierungsleasing**).
Diese Konstruktion wird **indirektes Leasing** genannt, da nicht der Hersteller des gemieteten Anlagegutes, sondern eine zwischengeschaltete Leasinggesellschaft Leasinggeber wird; anderenfalls läge **direktes Leasing** vor (Abb. D-5.3/1).

Abb. D-5.3/1: **Leasing**

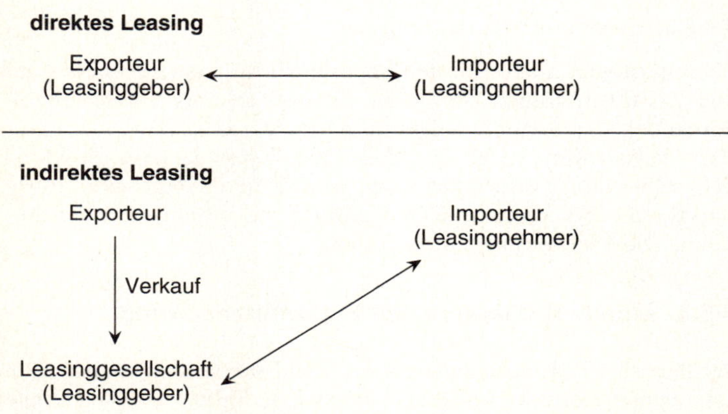

Folgende Varianten sind üblich:
(a) Nach Ablauf der Grundmietzeit und voller Bezahlung des Leasingobjekts geht das Eigentum an den Leasingnehmer über (**Mietkauf**).
(b) Der Vertrag enthält eine *Kaufoption*, die der Leasingnehmer ausnutzen kann, aber nicht ausnutzen muß.
(c) Der Vertrag enthält ein *Verlängerungsoptionsrecht*, das der Leasingnehmer durch einseitige Willenserklärung ausnutzen kann, i.d.R. zu günstigeren Bedingungen als während der Grundmietzeit.
(d) Der Vertrag enthält keine Option, d.h. es handelt sich um einen *normalen Mietvertrag*, der mit Ablauf der Grundmietzeit endet.
Die Leasingraten sind so bemessen, daß das vermietete Objekt nach Ablauf der Grundmietzeit voll amortisiert ist und der Leasinggeber einen Gewinn erzielt hat. Der Leasingnehmer trägt dabei das volle Investitionsrisiko, insbesondere hinsichtlich des technischen Fortschritts (Überalterung des Leasingsobjekts). Zudem trägt er die anfallenden Wartungs-, Reparatur- und Versicherungsrisiken. Diese Leasingform eignet sich insbesondere für Auftragsfertigung, die nach den speziellen Wünschen des Leasingnehmers erfolgt.
Auf finanzwirtschaftliche und steuerliche Einzelheiten muß hier verzichtet werden.
In Abgrenzung zum Finanzierungsleasing gibt es das **Operating-Leasing**. Auch hierbei handelt es sich um einen normalen Mietvertrag, der von beiden Seiten – meist mit kurzer Zeit – gekündigt werden kann. Folglich trägt der Leasinggeber das volle Investitionsrisiko, so daß diese Leasingform nur für Güter gebräuchlich ist, die bei Kündigung auch von anderen Leasingnehmern genutzt werden können (Standardmaschinen, Kfz). Das Operating Leasing kommt oft als *full service leasing* vor, d.h. inkl. Wartung und anderer Kundendienstleistungen durch den Leasinggeber.
Durch Leasing braucht der ausländische Käufer keinen eigenen Kapitaleinsatz in voller Höhe des Leasinggutes, sondern kann in Raten, aber zu 100% fremdfinanzieren. Der Leasinggeber übernimmt dabei das politische und wirtschaftliche Risiko des Exporteurs.

D-5.3.2. Kreditlinien der AKA

Die **AKA Ausfuhrkredit-Gesellschaft GmbH** ist ein von derzeit 58 deutschen Banken getragenes Kreditinstitut für die Finanzierung von Exportgeschäften. Sie gewährt **Lieferantenkredite** an deutsche Exporteure und **Bestellerkredite** (gebundene Finanzkredite) an ausländische Käufer oder deren Banken, indem der Exporteur seine Forderungen

(bzw. Kredit-Besicherungen) an die AKA abtritt und sich dadurch refinanziert.
Die Refinanzierungsmöglichkeiten der AKA selbst bei ihren Mitgliedern werden **Plafonds** genannt. Bei den Lieferantenkrediten, also Kredite an Exporteure, aus **Plafond A**, die HERMES-gedeckt sein müssen (vgl. Abschn. H-2.4.4), ist eine Selbstfinanzierungsquote des Exporteurs von 10–15% erforderlich. Unter bestimmten Voraussetzungen kann ein **Globalkredit** aus Plafond A in Anspruch genommen werden, bei dem der Exporteur in einem vereinfachten Verfahren eine Vielzahl von Ausfuhrgeschäften finanzieren lassen kann, i.d.R. für einen Zeitraum von zwei Jahren, allerdings mit einer 30%igen Selbstfinanzierungsquote.
Kredite unter Plafond A können nur über Banken abgewickelt werden, die dem AKA-Konsortium angehören. Exporte in EG-Länder sind von der Finanzierung ausgeschlossen.
Daneben gibt es den **Plafond B** für Kredite mit einer Selbstfinanzierungsquote von 30%, die auch über andere Banken abgewickelt werden können, die nicht der AKA angehören. Der Plafond B richtet sich vorrangig auf Exportgeschäfte mit Entwicklungsländern und ist nicht in EG-Ländern einsetzbar.
Plafond C dient für (HERMES-besicherte) **Bestellerkredite**, die im Auftrag des Bestellers an den Exporteur ausgezahlt werden. Unter Plafond C kauft die AKA auch HERMES-gedeckte Exportforderungen an (*Forfaitierung;* vgl. Abschn. D-5.1.8).
Kreditanträge werden über die Hausbank des Antragstellers an einen vom Aufsichtsrat der AKA bestellten Kreditausschuß geleitet, der über den Antrag entscheidet.

D-5.3.3. Kreditlinien der KfW

Die staatliche **Kreditanstalt für Wiederaufbau** (**KfW**) in Frankfurt ist 1948 zur Abwicklung des «**Marshall-Plans**» *(European Recovery Programme, ERP)* gegründet worden. Ihre Aufgabe ist allgemein die Förderung der inländischen Wirtschaft. Sie bietet heute – neben anderen Aufgaben im In- und Ausland, insbesondere auch in den ostdeutschen Bundesländern und im Rahmen der finanziellen Entwicklungszusammenarbeit mit Entwicklungsländern, auf die hier nicht einzugehen ist – wie die AKA Besteller- und Lieferantenkredite an, ist jedoch langfristiger orientiert als die AKA.
Langfristige Lieferantenkredite werden dem Exporteur seitens der KfW gewährt zur Refinanzierung eines dem Importeur eingeräumten Zahlungsziels. Dabei muß die Hausbank des Exporteurs die Haftung

übernehmen. Zudem verlangt die KfW eine HERMES-Deckung und die Übertragung der Ansprüche aus dem Exportgeschäft.
Bei Bestellerkrediten ist die Laufzeit unbegrenzt, sofern sie HERMES-besichert sind, bei einer Mindestlaufzeit von 7 Jahren. Diese Kredite können vom deutschen Exporteur oder vom ausländischen Käufer beantragt werden. Die Auszahlung erfolgt ohne Abzug zu 100% an den Exporteur. Voraussetzung ist eine Sicherstellung des Kredits durch eine Zahlungsgarantie einer erstklassigen Bank oder eine HERMES-Deckung.
Neben KfW und AKA bieten auch Geschäftsbanken und Girozentralen langfristige Kredite für die Exportfinanzierung an.

D-5.3.4. Der OECD-Konsensus

Um zu verhindern, daß sich durch unterschiedliche staatliche Hilfestellung diskriminierende Exportförderungspraktiken ergeben, wurde 1978 von den Migliederstaaten der OECD ein Abkommen über Leitlinien für staatlich finanzierte und staatlich abgesicherte Exportkredite abgeschlossen (vgl. auch Abschn. H-2.4.4). Die Regelungen dieses sog. **OECD-‹Konsensus›** sind in Abhängigkeit vom Pro-Kopf-Einkommen nach Länderkategorien – reiche, mittlere, arme Länder: Kategorie I, II bzw. III – differenziert. Sie erstrecken sich u.a. auf die mindestens und maximal abzusichernde Kreditlaufzeit, die Höhe der vom Käufer zu erbringenden Mindestanzahlung bzw. -voraus- oder -zwischenzahlungen, die beschränkte Einbeziehung örtlicher Kosten in die Kreditsumme sowie auf Mindestzinssätze (wiederum nach Ländergruppen differenziert). Für relativ arme und mittlere Länder gelten dabei sog. **Tabellenzinssätze** als Mindestzinsen, die sich aus den Umlaufrenditen öffentlicher Anleihen ableiten; für ‹reiche› Länder gelten bestimmte Referenzzinssätze des kommerziellen Kapitalmarktes als Mindestzins *(Commercial Interest Reference Rate, CIRR)*. Einzelheiten sind hier entbehrlich. Wenn ein Mitglied gegen diese Bestimmungen verstößt, können die anderen Mitglieder gleichziehen und ihren Exporteuren die gleichen Konditionen gewähren (sog. **Matching**; dieser Begriff ist nicht identisch mit dem in Abschn. H-3.2.2.2 verwendeten). Auf EG-Ebene gibt es bisher keine Harmonisierung der Exportkredit-Konditionen.

D-5.3.5. Finanzierungen im Rahmen der Entwicklungszusammenarbeit

Im Rahmen der wirtschaftlichen Zusammenarbeit mit Entwicklungsländern (**Entwicklungszusammenarbeit, EZ**; *«Entwicklungshilfe»*) gibt es eine Reihe von Finanzierungsmöglichkeiten.
Im Rahmen der **Kapitalhilfe** (**Finanzielle Zusammenarbeit, FZ**) werden Projekte finanziert, deren Auftragsvergabe i.d.R. durch eine internationale, ggf. auch nur durch eine auf die Bundesrepublik begrenzte Ausschreibung seitens des begünstigten Entwicklungslandes erfolgt. Mit FZ-Mitteln wird auch die sog. **Warenhilfe** finanziert, bei der dem Entwicklungsland bestimmte Güter zur Verfügung gestellt werden. Interessierte Exportunternehmen können sich über Publikationen der *Bundesstelle für Außenhandelsinformationen* (BfAI) in Köln informieren, insbesondere durch die *«Mitteilungen für Weltwirtschaftliche Zusammenarbeit»* (MWZ).

Abb. D-5.3/2: **Internationale Ausschreibungen**

Ausschreibungen EWG-finanzierter Vorhaben

Nr. 3437 – Caricom Secretariat
Gegenstand der Leistung: Lieferung, Montage und Inbetriebnahme von einer Wähl-Nebenstellenanlage.
Vorhaben Nr.: 5100.02.94.189
Ausschreibungsunterlagen (in englischer Sprache):
SOFRECOM, M.C. Coste, 24, avenue du Petit Parc,
F-94307 Vincennes Cedex.
Die Ausschreibungsunterlagen können beim Informationsdienst der Europäischen Gemeinschaften, Zitelmannstr. 22, 5300 Bonn, eingesehen werden.
Preis der Unterlagen: 200 FF (ca. 59,– DM).
Angebotsschluß: 29. September 1992

Ausschreibungen der Weltbank und anderer Entwicklungsbanken

Äthiopien: Addis Ababa Administrative Region Project, Implementation Office, Harambee Building, 3rd Floor, House No. 904–13, P.O. Box 69 21, Addis Ababa (Tel. 15-37-92, 15-33-46):
Tender No. 2161-ET: Supply, in eight lots, of miscellaneous equipment, machinery and vehicles for the Second Addis Ababa Urban Development Project.
Lastenheftgebühr: 150 Br.
Angebotsschluß: 15. April 1992.

Quelle: Dresdner Bank

Im Rahmen der **Technischen Zusammenarbeit** (TZ) werden gleichfalls Liefer- und Leistungsaufträge vergeben, welche über die staatliche *Deutsche Gesellschaft für Technische Zusammenarbeit* (GTZ) GmbH in Eschborn nach der *Verdingungsordnung für Leistungen* (VOL) und für *Bauleistungen* (VOB) abgewickelt werden. Die BfAI macht auch diese Ausschreibungen bekannt. Auch im Rahmen der vom *Europäischen Entwicklungsfonds* (EEF) finanzierten Projekte erfolgen Ausschreibungen. Über Maßnahmen der *Europäischen Investitionsbank* (EIB) im Rahmen des **Lomé-Abkommens** oder aufgrund von Assoziierungs- und Kooperationsabkommen mit Ländern des Mittelmeerraums informieren die erwähnten MWZ und BfAI. Vgl. auch oben Abschn. D-5.3.5.

Schließlich können deutsche Unternehmen auch an *Ausschreibungen* teilnehmen (Abb. D-5.3/2), die von verschiedenen multilateralen Entwicklungshilfeinstitutionen durchgeführt werden, u.a. der *Weltbankgruppe* (**Weltbank**, *Internationale Entwicklungsorganisation* (**IDA**), *Internationale Finanz-Corporation* (**IFC**), *Asiatische Entwicklungsbank* (**ADB**), *Interamerikanische Entwicklungsbank* (**IDB**), *Afrikanischer Entwicklungsfonds* (**ADF**), *Afrikanische Entwicklungsbank* (**AfDB**), diverse Organisationen der Vereinten Nationen, u.a. das *UN-Entwicklungsprogramm* (**UNDP**, New York), die *Landwirtschaftsorganisation* (**FAO**, Rom), die *Weltgesundheitsorganisation* (**WHO**, Genf), das *Internationale Arbeitsamt* (**ILO**, Genf) oder die *Industrie-Entwicklungsorganisation* (**UNIDO**, Wien). Vgl. auch Abschn. B-2.15.

D-5.4. Exkurs: Der Euromarkt

D-5.4.1. Abgrenzung

Der so. Euromarkt, auch *Off-Shore*-Markt oder *Xeno*-Markt[11] genannt, umfaßt alle Geld- und Kreditgeschäfte in einer Währung ausserhalb ihres Geltungsbereichs als gesetzliches Zahlungsmittel, sog. Fremdwährungsgeschäfte. Diese können in jeder beliebigen Währung durchgeführt werden, weshalb man auch von *Euro-Dollar-*, *Euro-DM-* oder *Euro-Pfund-Markt* spricht. Eine Euro-Dollar-Transaktion könnte sich beispielsweise zwischen einer deutschen und einer französischen Bank auf Dollarbasis abwickeln. Neben dieser Einteilung ist

[11] Xeno (griech.) = fremd.

zu unterscheiden zwischen Euro-Geld-, Euro-Kredit- und Euro-Kapital-Markt (vgl. unten).

Der Euromarkt ist in den 50er Jahren entstanden. 1958 führten die wichtigsten westeuropäischen Staaten die Konvertibilität ihrer Währungen ein. Gleichzeitig wiesen die USA ein großes, anhaltendes Zahlungsbilanzdefizit aus, so daß die am Weltmarkt ‹schwimmenden› US-Dollars Anlagemöglichkeiten außerhalb der USA suchen mußten. Dies wurde verschärft durch die Einführung von Höchstzinssätzen seitens der USA für kurzfristige Einlagen in amerikanischen Banken (sog. *Regulation Q* des *Federal Reserve Act*) sowie weitere restriktive Maßnahmen in den USA. Zudem hatte Großbritannien 1957 Kontrollen für Pfund-Kredite an Gebietsfremde eingeführt. Da andererseits nichtamerikanische Nachfrager nur in eingeschränktem Maße Dollarkredite bei amerikanischen Banken erhalten konnten, bildete sich (zunächst in London) der Euro-Dollar-Markt. Im Zeitablauf entstanden weitere Euromärkte mit jeweils ausländischen Banken u.a. in Paris, Zürich, Luxemburg (dort insbesondere ein Euro-DM-Markt), den Bahamas, den Cayman-Inseln, Panama, Bahrein, Hongkong, Singapur, Tokyo *(«Asien-Dollar-Markt»)*, sogar seit 1981 in New York selbst[12]: Die Bezeichnung «Euro-» ist also nicht geographisch zwingend. Vielfach sind Banken nicht als Institute präsent, sondern unterhalten bloße Briefkastenfirmen. Neben den bereits ‹vagabundierenden› Eurodollars wurde der Markt auch durch die Überschüsse der OPEC-Staaten gespeist. Wie Abb. D-5.4/1 zeigt, laufen fast 20% des internationalen Bankgeschäfts über die Euromärkte.

- Zum **Eurogeldmarkt** zählen Sichtguthaben bei Geschäftsbanken, vorrangig Termineinlagen mit festen Laufzeiten zwischen 1 Tag *(overnight money)* und einem, drei oder sechs Monaten, die als Kredite oder – sofern sie verbrieft sind (*Depositenzertifikate* (CDs), *Euro-Commercial Papers* (ECPs), *Euronotes*; vgl. nachstehend) – als Wertpapiere auf dem Sekundärmarkt gehandelt werden. Rund 80% des Volumens des Eurogeldmarktes wird in Dollar abgewickelt, etwa 15% in DM, gefolgt vom Schweizer Franken und dem englischen Pfund. Die Zinssätze sind sog. Interbankensätze, die sich an den verschiedenen Euromärkten frei bilden. Der bekannteste ist dabei der **LIBOR** (sprachlich eigentlich «die»:), die *«London Inter-Bank Offered Rate»*, also ein Angebotszinssatz (Briefsatz). Im konkreten Eurokredit-Geschäft orientiert sich der Zins dabei am LIBOR, indem dieser je nach Bonität um kleinere oder größere Zuschläge *(Margen)* erhöht

---

12 Allerdings als *International Banking Facility*; auf die Abgrenzung solcher «Bankenfreizonen» zum Euromarkt kann hier verzichtet werden: die Kriterien sind eng verwandt.

Abb. D-5.4/1: **International Banking**

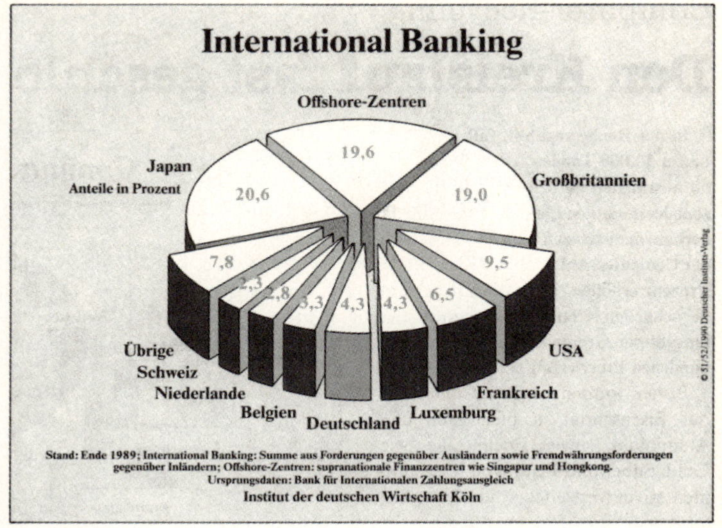

wird (z.B. Libor plus 0,75% Punkte). Neben dem LIBOR gibt es u.a. den FIBOR für Frankfurt, den LUXIBOR für Luxemburg oder den PIBOR für Paris. Das Pendant zum LIBOR ist der **LIBID**, die *London Interbank Bid Rate*, also ein Nachfragezinssatz (Geldsatz). Der entsprechende Mittelwert wird **LIMEAN** genannt.

Den Eurogeldmarkt zeichnen einige *Besonderheiten* aus. Erstens unterliegt er – im Gegensatz zu nationalen Geld- und Kreditmärkten – keiner währungspolitischen *Kontrolle* einer Zentralbank; insbesondere besteht keine Mindestreservepflicht, die ja wegen ihrer Unverzinslichkeit wie eine Steuer wirkt. Zudem ist die Steuerbelastung an vielen Euromarktplätzen sehr niedrig, und aufgrund der (relativ) wenigen, aber meist sehr großen Marktteilnehmer halten sich auch die Personal- und Verwaltungskosten der Eurobanken in Grenzen. Aufgrund dieser Wettbewerbsvorteile sind die Euromarktzinsen niedriger als auf den nationalen Märkten.

Zweitens vollziehen sich die Kredittransaktionen am Euromarkt ohne Stellung von *Sicherheiten*. Das Teilnehmerspektrum ist daher auf «Adressen» allererster Bonität begrenzt: Der Euromarkt ist in erster Linie ein per Telefon oder Fax abgewickelter Interbankenmarkt zwi-

schen Geschäftsbanken, Währungsbehörden und staatlichen Institutionen, von denen einige ständig, andere nur gelegentlich am Markt auftreten. Hinzu kommen auch Unternehmen und Institutionen mit erstklassiger Bonität. Insgesamt betätigen sich ca. 50–60 international bekannte Adressen am Euromarkt.
Drittens erfolgen die Abschlüsse *formlos* per Telefon oder Fax und werden anschließend schriftlich bestätigt. Andererseits gilt als ungeschriebenes Gesetz die absolute Zuverlässigkeit und die unbedingte Einhaltung von Terminen; andererseits wäre ein Marktteilnehmer umgehend ‹draußen›. Viertens werden am Euromarkt nur sehr große, ‹runde› Beträge gehandelt.

- Zum **Eurokreditmarkt** zählen (meist verbriefte) kurz-, mittel- und langfristige Kredittransaktionen mit Laufzeiten von überwiegend 3–10 Jahren, teilweise auch länger, häufig 5jährig). Eine besondere Finanzierungsform ist der Roll-over-Kredit mit einer Laufzeit von mehreren Jahren, wobei jedoch der Zins – auf der Basis des LIBOR – der aktuellen Entwicklung kurzfristig angepaßt wird.
- Am **Eurokapitalmarkt** (Abb. D-5.4/2) werden langfristige Anleihen (Eurobonds) allerester staatlicher und privater «Adressen» und supra-

Abb. D-5.4/2: **Euromärkte**

Vom Streit um die Zinssteuer profitieren die Euromärkte

Das Euromarktvolumen erreicht 7,5 Billionen Dollar

Welle von Neuemissionen an den Eurobondmärkten

Der Euro-Kapitalmarkt 1990*)
(in Milliarden Dollar)

Währung	Emissionsvolumen 1990	Emissionsvolumen 1989	Marktanteile 1990	Marktanteile 1989	Volumenveränd. in %
Dollar	70,3	121,1	39,2	55,0	− 41,9
Yen	22,1	17,1	12,3	7,8	+ 29,3
Pfund	21,1	20,3	11,7	9,2	+ 3,9
Ecu	17,7	12,4	9,9	5,6	+ 42,7
DM	16,2	16,1	9,1	7,3	+ 0,1
FF	9,2	4,5	5,1	2,1	+ 104,4
Kan. Dollar	6,3	12,8	3,5	5,8	− 50,8
Lire	5,9	3,7	3,3	1,7	+ 59,5
A-Dollar	5,0	6,7	2,8	3,1	− 25,4
Andere	5,6	5,6	3,1	2,5	−
Total	179,4	220,3	100,0	100,0	− 18,6

*) ohne Franken-Auslandsanleihen, geschätztes Volumen 33 Milliarden Fr.

Quelle: Handelsblatt

nationaler Emittenten wie der Weltbank gehandelt, in zunehmendem Maße auch in ECU. Der Eurokapitalmarkt wird oft von Kapitalnehmern beansprucht, deren Bonität nicht ausreicht, um selbst am Eurokapitalmarkt Anleihen zu begeben.
In einigen Publikationen wird nicht zwischen Euro-Kredit- und Euro-Kapital-Markt unterschieden, in anderen wird der Euro-Kredit-Markt als Oberbegriff für den kurzfristigen (Geld-) und mittelfristigen Kreditmarkt verwendet.
Der besonderen Leichtigkeit der Kreditaufnahme- und -vergabe (auch für enorme Beträge) ist es mit zu verdanken, daß die im Gefolge der Ölkrisen und der Verschuldungskrise auftretenden Störungen finanziert werden konnten. Andererseits begünstigen dieselben Charakteristika auch eine spekulative Verstärkung von Störungen. Die Problematik des Euromarktes liegt in diesem Zusammenhang insbesondere in der durch keinerlei währungsbehördliche Restriktionen begrenzten Kreditschöpfungsmöglichkeiten und der sich daraus möglicherweise ergebenden Erhöhung der inländischen Geldmenge.
Für ‹normale› Unternehmen ist der Euromarkt wegen der geforderten erstklassigen internationalen Bonität und der sehr hohen Beträge unmittelbar kein interessanter Markt. Es besteht jedoch die Möglichkeit, indirekt am Euromarkt teilzunehmen, indem z.B. eine Bank mit erstklassiger Bonität als direkter Marktteilnehmer auftritt und die günstigeren Konditionen, die sie erreichen kann, teilweise an ihren Kunden weitergibt. Der Euromarkt kann daher der kostengünstigste Markt für Kreditnehmer sein. Vgl. auch oben Abschn. D-5.2.4.

D-5.4.2. Finanzinnovationen

Die hier nur kursorisch behandelten neuen Finanzierungsinstrumente spielen auf dem Euromarkt eine zunehmend bedeutendere Rolle. In der Regel ist allerdings ein beträchtliches Finanzvolumen erforderlich, um diese Instrumente nutzen zu können, so daß sie für die Außenhandelsfinanzierung weniger in Betracht kommen.
Bei einem **Zinsswap** tauschen zwei Swappartner ihre Zinsverbindlichkeiten für eine bestimmte Laufzeit aus, wobei z.B. der eine Partner eine feste und der andere eine variable Zinsverbindlichkeit oder der eine eine langfristige und der andere eine kurzfristige Laufzeit hat. Dadurch kann z.B. eine Umschuldung oder Kündigung von Verbindlichkeiten vermieden werden. Bei einem **Währungsswap** erfolgt ein Austausch von Verbindlichkeiten, die auf unterschiedliche Währungen lauten. Dies kann aufgrund entsprechender Erwartungen hinsichtlich

der Wechselkursentwicklung sinnvoll sein. **Euroanleihen** (**Eurobonds**) sind mittel- bis langfristige Wertpapiere, die meist über Bankkonsortien für internationale Institutionen oder staatliche Schuldner emittiert werden. **Euronotes** hingegen sind kurzfristige Wertpapiere mit Laufzeiten meist zwischen 30 und 180 Tagen. **Certificates of Deposit** (CDs) sind verbriefte Empfangsbescheinigungen von Kreditinstituten über Geldeinlagen. Diese kurzfristigen Papiere werden fest verzinst. Ihre Bedeutung nimmt in der jüngeren Vergangenheit auch in Deutschland zu. **Commercial Papers** (CPs) sind kurzfristige Papiere, die diskontiert angeboten werden.

E. Außenwirtschaftsrecht

Das Außenwirtschaftsrecht wird in der Gegenwart insbesondere unter dem Aspekt verschärfter Exportkontrollen heftig diskutiert. Tatsächlich aber umfaßt das Außenwirtschaftsrecht einen sehr viel weiteren Bereich. Der Begriff des Außenwirtschaftsrechts bedarf daher einer gewissen Präzisierung (vgl. Abb. E-1.1/1):

Abb. E-1.1/1: **Außenwirtschaftsrecht i.w.S.**

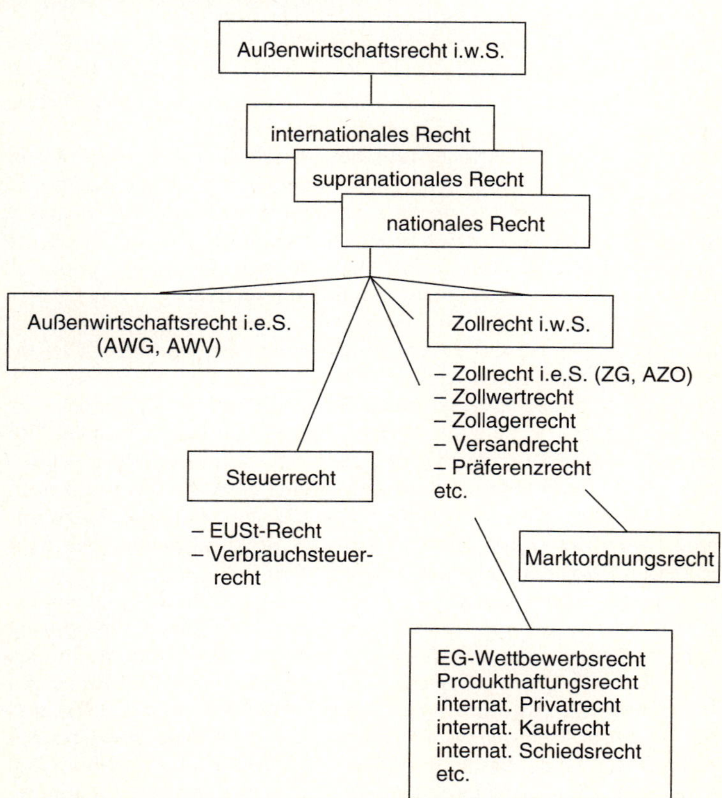

Im engeren Sinn sind mit ‹Außenwirtschaftsrecht› nur die Bestimmungen gemeint, welche regeln, ob und unter welchen Voraussetzungen oder Einschränkungen Güter ein- oder ausgeführt werden dürfen. Hierfür sind auf nationaler Ebene insbesondere das *Außenwirtschaftsgesetz* (**AWG**) und die *Außenwirtschaftsverordnung* (**AWV**) einschlägig. Dies ist zu unterscheiden vom **Außenwirtschaftsrecht im weiteren Sinn**, welches daneben u.a. das *allgemeine Zollrecht*, das *Zollwertrecht* und das *Zolltarifrecht*, ferner Teile des *Marktordnungsrechts*, das *Einfuhrumsatzsteuerrecht* und die außenwirtschaftlichen Aspekte des *Verbrauchsteuerrechts* umfaßt. In einer weiten Interpretation kann man ferner alle übrigen Rechtsnormen hinzuzählen, die den internationalen Wirtschaftsverkehr betreffen, u.a. das EG-*Wettbewerbsrecht*, das *Produkthaftungsrecht*, internationales *Kaufrecht* oder die internationale *Schiedsgerichtsbarkeit*.

An anderer Stelle wurde bereits ausgeführt, daß sich das Außenwirtschaftsrecht – sowohl in der weiteren als auch in der engeren Interpretation – nicht nur auf den Warenhandel, sondern auch auf den Dienstleistungs-, Kapital- und Zahlungsverkehr bezieht.

Das für außenwirtschaftliche Beziehungen relevante Recht ist – wie in Abschn. B-3 ausgeführt – eine Verzahnung verschiedener Rechtsebenen. Nationales Recht ist nur in dem Maße gültig, wie es nicht supranationalem Gemeinschaftsrecht entgegensteht. Das Zollrecht z.B. ist weitgehend Gemeinschaftsrecht, obgleich noch eine Reihe nationaler Restkompetenzen bestehen. Internationale Verträge wie das GATT-Abkommen oder die COCOM-Regeln müssen aber in nationales Recht bzw. Gemeinschaftsrecht transformiert werden, um auf nationaler Ebene wirksam zu werden.

Wie die Geschichte lehrt, ist Außenwirtschaftsrecht in der Praxis vorrangig auch eine Frage der *Durchsetzbarkeit* von Rechtsnormen; dies gilt seit ewigen Zeiten, sei es zur Zeit des Merkantilismus/Kameralismus im 17. Jahrhundert, bei der Umsetzung des GATT-Vertrags nach dem 2. Weltkrieg bis heute oder bei der Durchsetzung von Embargobeschlüssen des UN-Sicherheitsrates, z.B. 1990 gegen den Irak oder 1992 gegen Serbien (vgl. dazu auch Abschn. E-3.6).

In diesem Kapitel E wird zunächst ausschließlich das Außenwirtschaftsrecht im engeren Sinne behandelt. Auf eine nähere Betrachtung der Beziehungen zu internationalen Institutionen und Organisationen – wie z.B. der OECD (*Organisation for Economic Cooperation and Development*, Paris), dem Internationalen Währungsfonds (IWF) und der Weltbank (*International Bank for Reconstruction and Development, IBRD*, beide Washington), der UNCTAD (*United Nations Conference on Trade and Development*, Genf) und einer Vielzahl anderer

UN-Organisationen, die auf den Außenwirtschaftsverkehr in der Regel nicht unmittelbar, sondern meist indirekt einwirken – muß dabei verzichtet werden. Die zum Außenwirtschaftsrecht im weiteren Sinne zählenden Aspekte des allgemeinen Zollrechts, des Zolltarifrechts und des Zollwertrechts werden in späteren Kapiteln behandelt. Im Abschn. E-1 wird mit dem GATT-Vertrag zunächst internationales Außenwirtschaftsrecht behandelt, im Abschn. E-2 dann (supranationales) Gemeinschaftsrecht und in den Abschnitten E-3 bis E-5 nationales Außenwirtschaftsrecht.

Bereits an dieser Stelle ist ein wichtiger Aspekt zu betonen, um Mißverständnissen vorzubeugen: Unbeschadet der Verwirklichung des EG-Binnenmarktes ab 1. 1. 1993 und des (weitgehenden) Wegfalls der warenbezogenen Grenzkontrollen zwischen den EG-Staaten bestehen nach wie vor EG-intern eine Vielzahl von Vorschriften, die für den grenzüberschreitenden Warenverkehr innerhalb der EG zu beachten sind, insbesondere in außenwirtschaftsrechtlicher (i.e.S.) und steuerrechtlicher Hinsicht. Hierauf wird verschiedentlich zurückzukommen sein.

E-1. Internationales Außenwirtschaftsrecht: Der GATT-Vertrag

Das **Allgemeine Zoll- und Handelsabkommen** (GATT: *General Agreement on Tariffs and Trade*) wird hier im Zusammenhang mit dem Außenwirtschaftsrecht betrachtet, weil es zwar auch internationales Zollrecht darstellt («*Agreement on* **Tariffs**»), jedoch über die zollrechtliche Ebene hinaus allgemeine Fragen des Handels und der nicht-tarifären Protektion behandelt. Sprachlich hat es sich eingebürgert, den englischen Kürzel GATT zu verwenden; die deutsche Abkürzung AZHA ist eher ungebräuchlich. Sprachlich würde zum Ansprechen des *Vertragstextes* die Abkürzung GATT (wegen des ‹A› für *Agreement*) genügen. Um den Vertrag von der faktischen *Institution* abzugrenzen (zum *faktischen* vgl. unten), wird zuweilen auch von GATT-Vertrag (GATT-V) gesprochen, obwohl dies sprachlich strenggenommen ein ‹weißer Schimmel› ist.

Das Allgemeine Zoll- und Handelsabkommen trat 1948 in Kraft. Dem GATT gehören heute über 100 Mitglieder an; fast 30 weitere Staaten wenden das Abkommen faktisch an, ohne formal beigetreten zu sein.

Nach dem I. Weltkrieg wurde in internationalen Konferenzen versucht (u.a. Weltwirtschaftskonferenz 1927, Londoner Konferenz 1933), die gestörten Handelsbeziehungen wieder aufzubauen. Bedingt durch die Weltwirtschaftskrise in den 30er Jahren und später verstärkt durch den Weltkrieg hatten gegenseitige handelspolitische Restriktionen zu einer beträchtlichen Desintegration der Weltwirtschaft geführt. Im amerikanischen als «**Hull-Programm**» bekannten Handelsgesetz von 1934 waren bereits Prinzipien enthalten, die später im GATT-V verankert wurden (Abbau des Protektionismus, Meistbegünstigung, Gegenseitigkeit; vgl. unten). Und bereits während des Zweiten Weltkriegs fanden 1941 Gespräche zwischen den USA und Großbritannien statt, um den aufgekommenen Protektionismus zu beschränken; dies konkretisierte sich u.a. in der sog. «**Atlantik-Charta**». 1945 veröffentlichten die USA ihre *«Proposals for Expansion of World Trade an Employment»* und für die Ausarbeitung einer Welthandels-Charta (**Havanna-Charta**). Diese Konzepte wurden 1947/48 in einer internationalen Konferenz des Wirtschafts- und Sozialrates der UN beraten; die Havanna-Charta wurde von 54 Staaten unterzeichnet, mit dem Ziel, einen freihandelsorientierten Welthandel zu fördern und eine **Internationale Handelsorganisation** (**ITO**: *International Trade Organization*) zu gründen. Die ITO sollte als Sonderorganisation der UN im Handelsbereich eine Funktion ausüben wie der IWF im Währungsbereich und die Weltbank für die wirtschaftliche Entwicklung (IWF und Weltbank waren 1944/45 im Rahmen der Konferenz von *Bretton Woods* geschaffen worden). Die in Vorverhandlungen (Londoner Konferenz von 1946) im Hinblick auf allgemeine Zollsenkungen erreichten Erfolge führten dazu, daß diese Zollzugeständnisse (Teil IV der vorgeschlagenen ITO-Satzung) am 1. 1. 1948 vorab und vorläufig in einem gesonderten Abkommen, das kaum organisatorische Bestimmungen enthielt, vereinbart wurden (*Protocol of Provisional Application* des GATT).

Pikanterweise wurde die Havanna-Charta jedoch gerade von den USA aufgrund eines wirtschaftspolitischen Stimmungswandels im amerikanischen Kongreß nicht ratifiziert – und im Gefolge auch von anderen Staaten nicht –, so daß das nur provisorisch gedachte GATT als Auffangsposition übrig blieb. Das GATT mit Sitz in Genf hat formal nur den Status eines (vorläufigen) internationalen Handelsabkommens, agiert aber faktisch und völkergewohnheitsrechtlich als und wie eine internationale Organisation im Sinne des UN-Rechts.

E-1.1. Grundsätze

Der GATT-Vertrag (GATT-V) besteht aus lediglich 38, allerdings teilweise recht umfangreichen Artikeln, die auffälligerweise mit *römischen Zahlen* gekennzeichnet sind. Der Vertrag besteht aus vier Teilen: In Teil I wird vor allem das Meistbegünstigungsprinzip behandelt. Teil II regelt eine Anzahl von Ausnahmen, Teil III behandelt die Organisation des Abkommens, auch im Hinblick auf Beitritt oder Austritt, Teil IV kam erst 1966 hinzu und umfaßt besondere Regeln für die Einbeziehung der Entwicklungsländer. Zum eigentlichen Vertragstext hinzu kommen eine Anzahl von Zusatzvereinbarungen (**Kodizes**) zu bestimmten Punkten (z.B. Anti-Dumping, Subventionen) sowie als Ausführungs- und Durchführungsbestimmungen. Die Mitglieder des Abkommens werden als *«Vertragsparteien»* bezeichnet. Der strukturelle Aufbau des Abkommens ist nicht sonderlich überzeugend: So regelt bereits Art. IV als einer der in der chronologischen Reihenfolge ersten Artikel Sonderbestimmungen für Kinofilme, während erst in Art. XI und XIII auf die sicherlich nicht unwichtigeren (allgemeinen) mengenmäßigen Handelsbeschränkungen Bezug genommen wird.

Die **Präambel** des GATT-V spricht von der Notwendigkeit, den Lebensstandard zu erhöhen, die Vollbeschäftigung zu verwirklichen, hohes und steigendes Realeinkommen und wirksame Nachfrage zu sichern, die Hilfsquellen der Welt zu erschließen sowie die Produktion und den Austausch von Waren zu steigern. Dies soll durch Berücksichtigung von drei bzw. vier Prinzipien (vgl. (2)) erfolgen (vgl. Abb. E-1.1/2):

(1) **Liberalisierung** (Präambel und Art. XI). In der Präambel des GATT-V wird zum Ausdruck gebracht, daß die Vertragsparteien danach streben, den internationalen Handel von Zöllen und anderen Handelsschranken zu befreien und Diskriminierungen zu beseitigen. Anders herum betrachtet bedeutet dies ein Verbot der Erhöhung oder Einführung von Zöllen und allgemeiner: ein Verbot der Verschärfung bestehender oder der Einführung neuer Handelshemmnisse, einschließlich solche nicht-tarifärer Art. Das GATT fordert dabei nicht bedingungslosen Freihandel, denn es gibt zahllose Ausnahmeregelungen, sondern ein Vorantreiben der Liberalisierung.

(2) Allgemeine *Meistbegünstigung* (Art. I, II). Dieser Grundsatz besagt folgendes: Wenn Aland dem Staat Benesien eine Handelsvergünstigung einräumt, dann soll diese Vergünstigung automatisch auch für alle anderen Staaten (Cedonien etc.) gelten. Dies wird analog auch als Grundsatz der **Nicht-Diskriminierung** bezeichnet, da aus der Sicht

Abb. E-1.1/2: **GATT**

GATT (gegründet 1948)

Organe
Vollversammlung
GATT-Rat (Ständiger Rat)
Ausschüsse

Generaldirektor
Sekreteriat (Genf)

Rechtliche Grundlagen

GATT-Vertrag | Kodizes

Grundsätze
Liberalisierung
Meistbegünstigung
(Nichtdiskriminierung)
Reziprozität

- Anti-Dumping-Kodex
- Subventionskodex
- Normenkodex
- Kodex über öffentliches Beschaffungswesen
- Kodizes über Importlizenzen und Zollwertermittlung

Ausnahmen
- aus nicht-ökonomischen Gründen
- für Integrationsräume
- für Entwicklungsländer
- für bestimmte Güterarten

Verhandlungsrunden
1. 1947 Genf
2. 1949 Annecy/Frankreich
3. 1951 Torquay/England
4. 1956 Genf
5. Dillon-Runde 1960-61 Genf
6. Kennedy-Runde 1964-67 Genf
7. Tokio-Runde 1973-79
8. Uruguay-Runde 1986-92

von Aland nicht zwischen einem begünstigten Benesien und einem nicht-begünstigten Cedonien «diskriminiert» wird. Bilateral vereinbarte Zollvergünstigungen werden nach dem Meistbegünstigungsprinzip damit multilateral wirksam. In der Praxis wird die Gewährung der Meistbegünstigung jedoch nicht automatisch, sondern als Privileg vergeben (vgl. Abb. E-1.1/3). Die Nicht-Diskriminierung bezieht sich im weiteren Sinne auch darauf, daß eingeführte Waren den gleichen inneren Abgaben (z.B. Verbrauchsteuern) und Rechtsvorschriften unterworfen werden wie inländisch produzierte Waren (Art. II und III; Prinzip der **Inländer**(gleich)**behandlung** oder synonym: **Paritätsklausel**). Eine Änderung der allgemeinen Meistbegünstigungsklauseln kann nur durch *einstimmigen Beschluß* aller Vertragsparteien erfolgen.

Abb. E-1.1/3: **Meistbegünstigung**

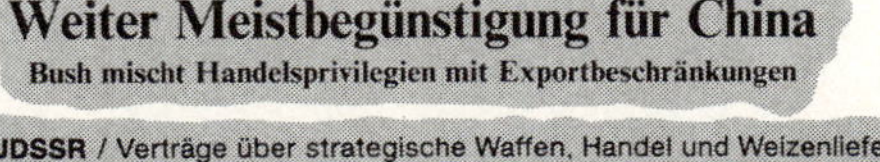

Weiter Meistbegünstigung für China

Bush mischt Handelsprivilegien mit Exportbeschränkungen

USA-UDSSR / Verträge über strategische Waffen, Handel und Weizenlieferungen

Bush verlangt vor Meistbegünstigung Liberalisierung der Emigrationsgesetze

Meistbegünstigung durchlöchert

(3) **Gegenseitigkeit.** Wenn Aland Benesien eine Vergünstigung einräumt, dann soll Benesien gleichwertige Gegenleistungen für Aland erbringen. Dies wird auch als **Reziprozität** bezeichnet.
Diese drei Grundsätze hängen eng zusammen: Bilaterale Liberalisierungsabkommen zwischen Aland und Benesien würden (theoretisch) nach dem Grundsatz der Gegenseitigkeit und der Meistbegünstigung automatisch zu multilateraler, letztlich weltweiter Liberalisierung führen. Offensichtlich ist dies in der Praxis aber nicht der Fall, denn es gibt im GATT eine Reihe von *Ausnahmen*, die u.a. auch dazu führen, daß die Meistbegünstigung einzelnen Partnerländer eingeräumt werden kann oder auch nicht. Im folgenden Abschnitt werden die wichtigsten Ausnahmen dargestellt.

E-1.2. Ausnahmen

(1) *Nicht-ökonomische Ausnahmen*
Artikel XX GATT-V listet verschiedene Ausnahmefälle auf, in denen als Ausnahme vom Liberalisierungsprinzip handelsbeschränkende

Maßnahmen – unter entsprechenden Voraussetzungen – zulässig sind. Dabei handelt es sich um *nicht-ökonomische Gründe*, u.a. um Beschränkungen zum Schutz des Lebens und der Gesundheit von Menschen, Tieren und Pflanzen, zum Schutz der öffentlichen Sittlichkeit, zum Schutz des nationalen Kulturgutes, zur Erhaltung erschöpflicher Naturschätze sowie (Art. XXI) zur Wahrung wesentlicher Sicherheitsinteressen bzw. zur Erhaltung des internationalen Friedens. Nebenbedingung ist dabei, daß derartige Maßnahmen nichtdiskriminierend angewendet werden. Eine Vielzahl von handelsbeschränkenden Maßnahmen des durch EG-Recht weitgehend überholten deutschen Außenwirtschaftsrechts stützen sich auf diese beiden GATT-Artikel (vgl. Abschn. E-2 und E-3.2).

(2) *Integrationsräume*
Art. XXIV GATT-V läßt Ausnahmen vom Meistbegünstigungsprinzip und vom Liberalisierungsprinzip zu für Freihandelszonen und Zollunionen, deren Mitglieder sich untereinander Vergünstigungen einräumen können, ohne diese auch Drittländern gewähren zu müssen.

(3) *Entwicklungsländer*
Im Jahre 1965 wurde dem ursprünglichen GATT-V ein **Teil IV** (Art. XXXVI-XXXVIII) hinzugefügt, der spezielle Regelungen für Entwicklungsländer beinhaltet; die Probleme und Interessen dieser Länder konnten logischerweise 1948 noch nicht berücksichtigt werden. Durch die Ergänzung wurde Vorsorge dafür getroffen, daß Entwicklungsländer keine Verpflichtungen übernehmen müssen, die mit ihrem Entwicklungsstand und ihren finanziellen und handelspolitischen Erfordernissen nicht zu vereinbaren sind. Teil IV läßt daher Ausnahmen zu vom Prinzip der Gegenseitigkeit, der Meistbegünstigung und vom Verbot der Erhöhung oder Einführung von Zöllen, da viele Entwicklungsländer ihre Staatshaushalte auf die Einnahmen aus der Besteuerung des Außenhandels stützen. Die Ausnahmeregelungen des Teils IV sind die Grundlage für einseitige Präferenzabkommen, so für das **Allgemeine Präferenzsystem** der EG für Entwicklungsländer (**APS**, engl. **GSP**: *General System of Preferences*), für die sog. **Lomé-Verträge** zwischen den Ländern Afrikas, der Karibik und des Pazifik (**AKP-Staaten**) und der EG (Ausnahme von der Gegenseitigkeit), aber auch für Ausnahmen von der Meistbegünstigung im Rahmen multilateraler Abkommen, auch zwischen Entwicklungsländern, über gegenseitige Zollsenkungen (so ein gegenseitiges Präferenzabkommen zwischen 18 Entwicklungsländern aus dem Jahr 1973).

Teil IV enthält im wesentlichen *Grundsätze* und *Ziele*, weniger konkrete Rechte und Pflichten. Hervorzuheben ist, daß sich die Entwicklungsländer mit zunehmender Industrialisierung wieder den allgemeinen GATT-Regeln ohne Präferenzbehandlung unterwerfen sollen *(Prinzip der Graduation)*. Änderungen in diesem Teil können mit Zweidrittelmehrheit der Vertragsparteien beschlossen werden.

(4) *Schutz der Zahlungsbilanz (Art. XII)*
Um dem Abbau von Devisenreserven zu begegnen, können unter bestimmten Voraussetzungen mengenmäßige Einfuhrbeschränkungen eingeführt werden, sofern diese Maßnahmen nichtdiskriminierend sind, also nicht hinsichtlich der Lieferländer unterschieden wird. Die Notwendigkeit dieser Maßnahmen zum Schutz der Zahlungsbilanz muß nach Art. XV GATT-V vom *Internationalen Währungsfonds* (IWF) bestätigt werden. Mit dem IWF besteht damit eine institutionalisierte Zusammenarbeit, um eine Abstimmung der jeweiligen Aktivitäten zu gewährleisten.

(5) *Landwirtschaft und Fischerei (Art. XI)*
Die Einfuhr von Erzeugnissen der Landwirtschaft und Fischerei kann – als explizite Ausnahme vom Liberalisierungsgebot – Beschränkungen unterworfen werden.

(6) *Mangel an Lebensmitteln (Art. XI)*
Um einen kritischen Mangel an Lebensmitteln zu beheben oder zu verhüten, kann die Ausfuhr vorübergehend beschränkt werden.

(7) *Normung (Art. XI)*
Ein- und Ausfuhrbeschränkungen, die zur Anwendung von Normen oder Vorschriften u.a. über die Einteilung nach Güteklassen angewendet werden, sind zulässig.

(8) *Notmaßnahmen (Art. XIX)*
Wenn in das Gebiet eines Vertragsstaates Waren in derart überhöhten Mengen eingeführt werden, daß der inländischen Wirtschaft ernsthafter Schaden zugefügt wird, können als Notstandsmaßnahmen (sog. *Escape-Klausel* oder **waiver**) nichtdiskriminierende Einfuhrbeschränkungen vorgenommen werden. Allerdings ist mit der Inanspruchnahme dieser Ausnahmeregelung eine Entschädigungspflicht für die benachteiligten Exportländer verbunden.

(9) *Sicherheit (Art. XXI)*
Jede Vertragspartei kann Maßnahmen in bezug auf militärische und strategische Güter treffen, die nach ihrer Auffassung(!) zum Schutz ihrer wesentlichen Sicherheitsinteressen notwendig sind – was immer das bedeuten mag.
Das GATT-Abkommen enthält zudem weitere Ausnahmeregelungen, u.a. hinsichtlich der Behandlung von Dumping und von Exportsubventionen, zu deren Abwehr unter bestimmten Voraussetzungen **Anti-Dumping-** bzw. **Ausgleichszölle** zulässig sind. Diese Problembereiche sind im Anti-Dumping-Kodex und im Subventions-Kodex als Zusatzabkommen zum GATT-V speziell geregelt worden (vgl. weiter unten).
Aufgrund der zahlreichen Ausnahmeregelungen im GATT-Vertrag ist es möglich, daß insbesondere die Meistbegünstigungsklausel als Privileg gewährt werden kann – oder auch nicht (vgl. nochmals Abb. E-1.1/3). Eine umfassende Anwendung der GATT-Prinzipien ist dessenungeachtet Fernziel aller GATT-Verhandlungen.
Bei Meinungsverschiedenheiten und zur Beilegung von Streitigkeiten sind in der Regel **Konsultationen** zwischen den nicht übereinstimmenden Parteien bzw. mit dem GATT aufzunehmen. Wenn die streitenden Parteien sich nicht einigen können, kann ein GATT-internes Schiedsgerichtsverfahren eingeleitet werden, dem sich die Vertragsparteien zu unterwerfen haben (vgl. Abschn. E-1.6).

E-1.3. GATT-Verhandlungen

Der GATT-Vertrag wurde in seiner Urfassung 1948 verabschiedet. In der damaligen Zeit waren die Rahmenbedingungen anders als heute. Es hat sich daher in der Vergangenheit verschiedentlich die Notwendigkeit ergeben, die Vertragsbestimmungen anzupassen, beispielsweise durch die Einfügung des o.a. Teil IV im Hinblick auf die Probleme der Entwicklungsländer. Die Bestimmungen des Abkommens werden insbesondere in den ständigen **Verhandlungsrunden** überprüft und angepaßt. Die gegenwärtig noch laufende Verhandlungsrunde, die eigentlich schon 1990 abgeschlossen sein sollte, wird als *Uruguay-Runde* bezeichnet. Die 1. Runde fand 1947 in Genf statt, die 2. Runde 1949 in Annecy/Frankreich, die 3. Runde 1951 in Torquay/England, die 4. Runde 1956 in Genf. Die jüngeren «Runden» wurden nach Verhandlungsorten oder Personen bezeichnet: Die 5. Runde war die **Dillon-Runde** 1960–61 in Genf, die 6. Runde die **Kennedy-Runde** von 1964–67 in Genf, die 7. Runde die **Tokio-Runde** von 1973–79, die

8. Runde die **Uruguay-Runde** von 1986 bis – voraussichtlich – 1993. Ungeachtet der geographischen Bezeichnungen finden die sich über einen längeren Zeitraum hinziehenden Verhandlungen in aller Regel in Genf statt, lediglich Eröffnungs-, wichtige Zwischen- oder Schlußkonferenzen finden auch an anderen Orten statt.
Jede dieser Runden stand unter bestimmten sachlichen Vorzeichen: So wurden in der Kennedy-Runde, innerhalb derer der Übergang von bilateralen zu multilateralen Verhandlungen erfolgte, umfassende Zollsenkungen realisiert sowie mit der Konzipierung des Teils IV GATT-V die Probleme der Entwicklungsländer berücksichtigt; die Tokio-Runde stand im besonderen Maße im Zeichen der Problematik nicht-tarifärer Handelshemmnisse; die Uruguay-Runde beschäftigte sich – neben dem Dauerbrenner nicht-tarifärer Handelshemmnisse – u.a. mit dem Dienstleistungshandel, mit dem Schutz geistigen Eigentums (Patente, Lizenzen) sowie mit Agrarproblemen: letztere waren Ursache für das Stocken bzw. Scheitern der Verhandlungen: die Uruguay-Runde sollte ursprünglich 1990 abgeschlossen sein. Zum gegenwärtigen Zeitpunkt (Dezember 1992) ist – noch – davon auszugehen, daß diese Verhandlungsrunde 1993 abgeschlossen wird. Angesichts des Beharrens der EG auf den Prinzipien ihrer Agrarpolitik, insbesondere im Hinblick auf die Beibehaltung von Agrarsubventionen (vorrangig vertreten durch Frankreich und Spanien, aber unterstützt u.a. auch und insbesondere durch die Bundesrepublik), ist jedoch ein Scheitern der Uruguay-Runde in dieser Hinsicht nicht auszuschließen.
Gegenwärtig sind wichtige Wirtschaftsbereiche nicht den GATT-Regeln unterworfen: die Landwirtschaft, der Dienstleistungsverkehr, die Textilindustrie, für die innerhalb des GATT mit dem **Multifaserabkommen** (synonym: **Welttextilabkommen**) (vgl. Abschn. E-1.5.7) Sonderregelungen gelten, der Schutz geistigen Eigentums, der Schutz ausländischer Investitionen und *last not least* der Umweltschutz.

E-1.4. Organisation des GATT

Der **Vollversammlung** der Mitglieder (sie werden im Vertrag in ihrer Eigenschaft als Entscheidungsorgan als DIE VERTRAGSPARTEIEN bezeichnet) ist das höchste Organ, das über alle Fragen im Zusammenhang mit dem allgemeinen Abkommen entscheidet. Sie tritt jährlich einmal zusammen. Jedes Mitgliedsland (Vertragspartei) ist gleichberechtigt und hat eine Stimme. In der Praxis wird allerdings in den meisten Fällen nicht abgestimmt, sondern nach dem Konsensprinzip entschieden, so daß sich kein Land überstimmt zu fühlen braucht. Schwierigere Fragen werden daher oft in Sonderabkommen geregelt, die nur für die Länder gelten, die ihnen zustimmen bzw. beitreten (vgl. z.B. die Kodizes in Abschn. E-1.5).

Daneben gibt es seit 1961 den **GATT-Rat** (Ständiger Rat), der sechs- bis neunmal pro Jahr zusammentritt und 70 Mitglieder hat. Die Mitgliedschaft im Rat kann von jeder Vertragspartei durch bloße Mitteilung des Interesses erlangt werden (sog. **Selbstwahlprinzip**). Der Rat bereitet die Tagungen der Ministerkonferenzen und Verhandlungsrunden vor und führt sie durch, behandelt die GATT-Angelegenheiten im Zeitraum zwischen den Vollversammlungen, schlichtet Streitigkeiten (Abschn. E-1.6) und überwacht die Arbeiten der Unterorgane (Ausschüsse, Arbeitsgruppen, Panels).

Den organisatorischen Unterbau bildet das **GATT-Sekretariat** in Genf mit rd. 400 Mitarbeitern. Das Sekretariat wird vom Generaldirektor des GATT geleitet. Dieser wird jedoch nicht von den GATT-Mitgliedern direkt gewählt, sondern von einem *Interimsausschuß für eine Internationale Handelsorganisation* (ITO), der von den Verhandlungen über die Havanna-Charta übrig geblieben ist und aus 18 Mitgliedern besteht.

Eine Änderung dieser organisatorischen Struktur kann nur durch einstimmigen Beschluß erfolgen.

Der wohl wichtigste **Ausschuß** ist der **für Handel und Entwicklung**. Daneben gibt es das **Textilüberwachungsorgan** für das Multifaserabkommen von 1974 (vgl. Abschn. E-1.5.7) und die speziellen Organe der verschiedenen Sonderabkommen (Kodizes) des GATT (vgl. anschließend Abschn. E-1.5).

Seit 1975 gibt es die **Beratungsgruppe der 18**, deren Mitglieder nach bestimmten Kriterien (politische und geographische Bedeutung) ausgewählt werden. Die Gruppe fungiert lediglich als Diskussionsforum für handelspolitische Grundsatzfragen. Das **Internationale Handelszentrum** (*International Trade Center*, **ITC**) ist ein gemeinsames Unterorgan des GATT und der Welthandelskonferenz UNCTAD (*United Nations Conference on Trade and Development*, gleichfalls in Genf), das sich insbesondere der Handelsförderung der Entwicklungsländer durch Ausbildung, Beratung und Marktforschung widmet. (Diese Institution ist nicht zu verwechseln mit dem *World Trade Center* in New York, welches die internationale Organisation von weltweit rd. 180 *World Trade Centers* ist; diese bieten – auf privater Basis – in den verschiedenen Ländern alle für den Außenhandel notwendigen Beratungsdienste an.)

E.-1.5. Berücksichtigung nicht-tarifärer Handelshemmnisse im GATT und im EG-Recht

Ungeachtet des GATT-Grundsatzes der Liberalisierung war nach einer eher freihändlerisch orientierten Phase nach dem 2. Weltkrieg insbesondere ab den 70er Jahren eine Zunahme des **Protektionismus** zu beobachten, vor allem bedingt durch die Weltwährungskrisen ab 1973 und die beiden Ölkrisen von 1973 und 1979, die zu weltweiter Rezession führten. Gleichzeitig bedeuteten die Exporterfolge von Schwellenländern und Niedriglohnländern eine zunehmende Konkurrenz für die Wirtschaft der Industrieländer. Aufgrund der beachtlichen Liberalisierungsfolge im tarifären Bereich (durchschnittlicher Abbau der Zölle zwischen 1947 und 1991 um 75%) stand das Instrumentarium von Schutzzöllen jedoch nur noch eingeschränkt zur Verfügung, so daß auf nicht-tarifäre Handelshemmnisse (im folgenden: *ntHH*) ausgewichen wurde. Das Spektrum der *ntHH* ist beeindruckend und zeugt von der Phantasie der einzelnen Staaten, das Liberalisierungsgebot zu umgehen: das GATT selbst hat in einem Inventar über 600 (verschiedene!) Maßnahmen aufgelistet, andere Aufstellungen kommen weltweit auf rund 1000 Formen. Oben in Abschn. C-2 faßte Abb. C-2.3/1 bereits die wichtigsten Formen zusammen: vgl. auch dort die Ausführungen zur nicht-tarifären Protektion.
Protektionistische Maßnahmen provozieren Gegenreaktionen der betroffenen «Partner»länder; solche **Retorsionen** können zu regelrechten *Handelskriegen* führen (oben Abschn. C-2.5).

E-1.5.1. Grundsätze

Der GATT-Hauptvertrag berücksichtigt *ntHH* in einigen Artikeln. Art. III enthält eine Generalklausel, welche die Diskriminierung von Importgütern gegenüber gleichartigen Inlandsprodukten im Hinblick auf innere Abgaben und Rechtsvorschriften verbietet (Prinzip der **Inländerbehandlung**). Art. VIII schreibt dazu vor, die Verfahrensvorschriften möglichst einfach zu gestalten und Gebühren auf die tatsächlich entstehenden Kosten zu erbrachten Dienstleistungen zu beschränken. Art. XI verbietet explizit mengenmäßige Handelsbeschränkungen, läßt allerdings Ausnahmen zu. Dies ist vor dem Hintergrund der Situation während und nach dem II. Weltkrieg zu sehen. Die Ausnahmen (Art. XI und XII) beziehen sich u.a. auf mengenmäßige Beschränkungen zur Sicherung der Inlandsversorgung mit lebensnotwendigen Gütern sowie zur Erhaltung einer leistungsfähigen Landwirtschaft (auf Vorschlag der USA), ferner auf mengenmäßige Import-

beschränkungen zum Schutz der Beschäftigung und der Zahlungsbilanz (auf Vorschlag europäischer Länder). Die Anwendung von *ntHH* darf jedoch nur nichtdiskriminierend erfolgen, d.h. sich nicht nur gegen einzelne Länder richten (Art. XIII und XIV). In dem 1966 hinzugekommenen Teil IV des Abkommens, der Sonderbestimmungen für Entwicklungsländer enthält, ist auch die Ermächtigung enthalten, daß Entwicklungsländer mengenmäßige Importbeschränkungen beibehalten oder einführen können.
Der weltweit aufgekommene **Neo-Protektionismus** führte jedoch dazu, daß mit Beginn der Tokio-Runde ab 1973 das GATT-Basisabkommen durch ergänzende Vereinbarungen (Kodizes) erweitert wurde. Die Mitglieder des GATT werden jedoch nicht automatisch Mitglieder dieser Zusatzabkommen, sondern müssen jedem **Kodex** individuell beitreten. Hierzu die folgenden Abschnitte.

E-1.5.2. Der Subventions-Kodex

Im GATT-Basisvertrag regelt Art. VI die Handhabung von **Ausgleichszöllen** für subventionierte Exporte und von **Anti-Dumping-Zöllen** (*Dumping* wird im nächsten Abschnitt behandelt). Art. XVI geht ausführlich auf die Subventionsproblematik ein: Unter **Subventionen** versteht das GATT staatliche Beihilfen zugunsten der inländischen Wirtschaft im weitesten Sinne, mit dem Ziel, die Ausfuhr eines Gutes zu steigern oder die Einfuhr zu verringern. Dies kann – neben unmittelbaren, direkten finanziellen Zuwendungen – die Befreiung von direkten und indirekten Steuern bedeuten, Zinsvergünstigungen oder die Übernahme von Verlusten aus Exportgeschäften (der Gestaltung der Konditionen für Exportkreditversicherungen – in Deutschland «Hermes»-Versicherungen – ist daher besondere Aufmerksamkeit zu widmen; Abschn. H-2.4.4 geht darauf ein) oder z.B. vergünstigte Transport- und Frachtgebühren für Exporteure. Besondere Bedeutung haben staatliche Export-Fördermaßnahmen in Wirtschaftssektoren mit Struktur- und Beschäftigungsproblemen, in der EG u.a. im Bereich der Agrarwirtschaft sowie in der Stahl- und der Schiffsbauindustrie (ebenso in den USA).
Der Subventionskodex trat 1980 in Kraft; gegenwärtig sind knapp 30 Staaten beigetreten (EG = 1 Staat); die EG hat die entsprechenden Regelungen in sekundäres Gemeinschaftsrecht übernommen. Wie in Art. XVI GATT-V wird im Subventionskodex festgehalten, daß Exportsubventionen auf andere Vertragsparteien nachteilige Wirkungen haben können. Exportsubventionen für Industriegüter und für mineralische Grundstoffe sind daher (bereits seit 1962) grundsätzlich ver-

boten (außer für Entwicklungsländer). Für andere Grundstoffe sind bedingte Ausnahmen möglich, solange das subventionierende Land keinen «mehr als angemessenen Anteil» am Welthandel mit diesem Grundstoff erhält. Mit diesem recht vagen Begriff ist u.a. gemeint, daß dadurch nicht die Ausfuhr eines anderen Staates verdrängt wird. Grundstoffe im Sinne des GATT-V sind alle Erzeugnisse der Landwirtschaft, Forstwirtschaft und Fischerei und alle mineralischen Erzeugnisse. Für letztere gilt also eine Ausnahme von der Ausnahme, indem das Subventionsverbot sich auch auf mineralische Grundstoffe erstreckt.

Die ungleiche Behandlung von Industriegütern und Agrarprodukten ist nicht sonderlich überzeugend. Gerade die Agrarsubventionen der EG mit ihren hohen Produktionsüberschüssen stellen auf vielen Produktmärkten für andere Länder eine große Behinderung dar. Neben vielen anderen Ländern haben insbesondere die USA ein ausgeprägtes Interesse daran, die Agrarprotektion der EG abzubauen. Das Stagnieren bzw. Scheitern der Uruguay-Runde leitet sich unmittelbar aus dem Beharren der EG auf eben diesen Subventionen bzw. Abschöpfungen auf der Importseite ab.

Staatliche Produktionssubventionen, mit denen binnenwirtschaftliche oder sozialpolitische Ziele verfolgt werden (z.B. Beschäftigungssicherung; sog. **heimische Subventionen**) sind nach dem Subventionskodex im Gegensatz zu Exportsubventionen zulässig. Hierzu zählen u.a. die Förderung von Forschungs- und Entwicklungsprogrammen, die Förderung wirtschaftlich und sozial schwacher Regionen sowie beschäftigungsfördernde Maßnahmen. Auch dies ist nicht sehr überzeugend, da Produktionssubventionen gleichermaßen zu Kostensenkungen und damit im Exportbereich zu Preisvorteilen führen können wie direkte Exportbeihilfen.

Nach dem GATT-Basisvertrag und dem Subventionskodex sind seitens geschädigter Staaten *Gegenmaßnahmen* möglich, i.d.R. in Form von sog. **Ausgleichszöllen**, welche die Auswirkungen der Subventionierung abschöpfen sollen (vgl. oben Abschn. C-2.3.3). Sie sind zulässig, sofern

- der *Tatbestand* der Subventionierung feststeht,
- eine bedeutende *Schädigung* eines Wirtschaftszweiges vorliegt oder droht und die Interessen der Gemeinschaft ein Eingreifen erfordern und
- der kausale *Zusammenhang* zwischen dieser Schädigung und der Exportsubventionierung nachgewiesen wird.

Der Nachweis des Subventionstatbestandes ist vom Geschädigten, der einen Ausgleichszoll beantragt, zu führen. Eine Schädigung des betref-

fenden Wirtschaftszweiges wird u.a. danach beurteilt, ob eine erhebliche Zunahme der Exporte dieses Gutes zu verzeichnen ist und ob die Preise der betreffenden Importgüter niedriger lagen im Vergleich zu vergleichbaren Gütern im Importland. Der erforderliche Nachweis des kausalen Zusammenhangs soll verhindern, daß andere Ursachen (z.B. konjunktureller Rückgang der Inlandsnachfrage) fälschlicherweise den Importen angelastet werden.
Sofern diese Kriterien erfüllt sind, kann das Importland entscheiden, ob und in welcher Höhe ein Ausgleichszoll erhoben werden soll. Der Ausgleichszoll darf den entstandenen Schaden allerdings *nicht überkompensieren*, d.h. es muß das Prinzip der Verhältnismäßigkeit zwischen Schaden und Maßnahme gewahrt bleiben. Zudem darf sich der Ausgleichszoll nur gegen das subventionierende Land richten, nicht gegen andere Importe: Es muß in dieser Hinsicht also diskriminiert werden. Neben Ausgleichszöllen können Gegenmaßnahmen nach Art. XXIII GATT-V auch in der Rücknahme von Zugeständnissen bzw. Verpflichtungen bestehen (z.B. Widerruf gewährter Meistbegünstigung) oder in Form von nicht-tarifären Handelshemmnissen (z.B. Importquoten).
Der Subventionskodex regelt auch die Vereinheitlichung von Verfahrensvorschriften zur *Streitbeilegung*, doch besteht in der Praxis eine Tendenz, statt dessen unmittelbar wirkende Ausgleichszölle als Vergeltungsmaßnahmen anderen, indirekten Maßnahmen vorzuziehen.
In der EG ist für die Festsetzung von Ausgleichszöllen (und von Anti-Dumping-Zöllen, vgl. anschließend) die EG-Kommission zuständig. Sie kann nach Bedarf nationale Behörden einschalten. Für die Einleitung des entsprechenden Prüfverfahrens ist ein Antrag einer natürlichen oder juristischen Person (also auch eines einzelnen Unternehmens) oder auch einer nichtrechtsfähigen Vereinigung, die im Namen eines Wirtschaftszweiges der Gemeinschaft handelt, erforderlich (z.B. eines Verbandes). Da sich die entsprechenden Prüf- und Festsetzungsverfahren über längere Zeit hinziehen können, kann die Kommission zum Schutz der europäischen Wirtschaft vorläufige Zölle festsetzen. Diese können bis zu vier Monaten in Kraft bleiben und bis zu zwei Monaten verlängert werden. Der vorläufige Zoll wird allerdings nicht tatsächlich erhoben, sondern der Zollschuldner (i.d.R. der Importeur in der EG) muß eine Sicherheit in Höhe des vorläufigen Zolls leisten, um die Ware in die EG einführen zu können; dies erfolgt meist durch eine Bankbürgschaft. Ausgleichszölle bleiben grundsätzlich 5 Jahre lang in Kraft, jedoch kann auf Antrag eines Beteiligten vorher ein Überprüfungsverfahren eingeleitet werden, z.B. wenn die Preise auf dem Heimatmarkt des Ausführers sinken, so daß die auszugleichende

Spanne kleiner wird. Ggf. wird der Zoll daraufhin geändert oder aufgehoben, und zuviel gezahlte Zölle werden erstattet.
Wie sich aus den o.a. Voraussetzungen ergibt, kann bei drohenden Schädigungen auch Anlaß für einen präventiven Schutz bestehen. Dabei sind besondere Anforderungen an die entsprechenden Prognosen zu stellen, um einem Mißbrauch dieser Bestimmungen vorzubeugen. Dabei sind als Indikatoren die im Exportland bestehenden oder absehbar entstehenden Ausfuhrkapazitäten sowie die Wahrscheinlichkeit der Ausfuhr in die EG heranzuziehen. Letzteres kann z.B. durch langfristige Lieferverträge belegt werden.

E-1.5.3. Der Anti-Dumping-Kodex

Die Beurteilung von Dumpingfällen erfolgt in großer Analogie zur (Anti-)Subventionsproblematik. Dumping bedeutet – in der Interpretation des GATT – die Ausfuhr von Gütern, die von Unternehmen im Export billliger angeboten werden als auf dem Inlandsmarkt «**Normalwert**»), es muß also eine räumliche Preisdifferenzierung (**Preisdumping**) vorliegen. Im Gegensatz zur Exportsubventionierung handelt es sich dabei also nicht um staatliche, sondern um privatwirtschaftliche, *unternehmerische* Maßnahmen. Während staatliche Subventionen aufgrund der GATT-Regeln untersagt und damit ggf. unterbunden werden können, ist dies bei privatwirtschaftlichem Dumping nicht ohne weiteres duchsetzbar.
Der 1967 im Rahmen der Kennedy-Runde entwickelte Anti-Dumping-Kodex trat – wie der Subventionskodex – 1980 in Kraft. Er konkretisiert die Bestimmungen des Art. VI und ergänzt sie vor allem durch Verfahrensvorschriften. Dadurch sollen nicht nur die von Dumping-Einfuhren betroffenen Staaten geschätzt werden, sondern auch und insbesondere den Exportländern ein Schutz vor ungerechtfertigten Anti-Dumping-Maßnahmen geboten werden.
In der EG stützt sich das (Anti-)Dumping- und (Anti-)Subventionsrecht auf die entsprechenden GATT-Kodizes (im EGKS- und im EAG-Vertrag gibt es abweichende Besonderheiten, auf die hier nicht eingegangen wird).
Analog zum Subventionskodex sind seitens geschädigter Staaten Gegenmaßnahmen möglich in Form von **Anti-Dumping-Zöllen**, sofern

- der *Tatbestand* des Dumpings feststeht,
- eine bedeutende *Schädigung* eines Wirtschaftszweiges vorliegt oder droht und
- der kausale *Zusammenhang* zwischen dieser Schädigung und dem Dumping nachgewiesen wird.

Auch ein Anti-Dumping-Zoll darf den entstandenen Schaden nicht überkompensieren, d.h. es muß das Prinzip der Verhältnismäßigkeit zwischen Schaden und Maßnahme gewahrt bleiben. Üblicherweise wird als **Dumpingspanne** die Differenz zwischen dem Inlandspreis im Exportland und dem Exportpreis durch einen Zusatzzoll abgeschöpft. Der Dumping-Kodex fordert allerdings die Unterzeichnerstaaten auf, möglichst auf die Erhebung von Anti-Dumping-Zöllen gegenüber Entwicklungsländern zu verzichten, d.h. eine Schlichtung auf andere Weise zu erreichen.

Bei Dumpingverdacht kann die EG-Kommission die Stellung einer *Sicherheit* in Höhe der mutmaßlichen Dumpingspanne verlangen, die erst bei negativem Aufklärungsergebnis wieder erstattet wird.

Um zu vermeiden, daß Anti-Dumping-Regelungen, die sich auf ein bestimmtes Produkt (z.B. Fotoapparate) erstrecken, umgangen werden, waren in der EG Ergänzungen der Rechtsvorschriften erforderlich. In einer Reihe von Fällen wurden die Einzelteile, aus denen das Fertigprodukt besteht und die keinem Anti-Dumping-Zoll unterlagen, in die EG eingeführt und dort in sog. «**Schraubenzieherfabriken**» zusammengesetzt. Durch eine Neufassung der Anti-Dumping-VO der EG kann sich der Zoll dann unter bestimmten Voraussetzungen auch auf das in der EG montierte Fertigprodukt erstrecken. Kern dieser Maßnahme ist die Festlegung einer Mindestwertschöpfung, die innerhalb der EG erfolgen müßte (**local content**), damit das Fertigprodukt zollfrei bliebe. Diese Vorgehensweise wurde vom GATT als rechtswidrig erklärt, da nach den GATT-Regeln keine Zölle auf die Verwendung importierter Produkte erhoben werden dürfen. Die entsprechenden Schlupflöcher lassen sich also nur durch differenzierte Außenzollbestimmungen für Einzelteile schließen. Seit 1988 können zudem erhöhte Zölle erhoben werden, wenn sich herausstellt, daß der Ausführer den verhängten Zoll trägt und nicht an den Importeur weitergibt. Dadurch soll eine Preiserhöhung im Importland erzwungen werden.

Im Gegensatz zum oben definierten Preisdumping sieht das GATT im sog. **Valuta-Dumping** keinen Dumpingtatbestand: Durch gezielte Unterbewertung der Währung des Exportlandes können u.U. erhebliche Wettbewerbsvorteile erzielt werden. Der Dumping-Kodex unterscheidet zudem zwischen direktem und indirektem Dumping: Bei **direktem Dumping** werden durch Güter des Exportlandes Aland gleichartige des Importlandes Benesien verdrängt, während bei **indirektem Dumping** durch Aland in Benesien Güter eines anderen Exportlandes Cedonien verdrängt werden. Benesien kann in diesem Fall auch Maßnahmen zugunsten von Cedonien ergreifen.

Im Jahr 1991 z.B. hat die EG-Kommission in über 100 Dumpingfällen mit einem Gesamtimportwert von rd. 5 Mrd DM ermittelt. In einigen Fällen sind dabei Strafzölle von über 30% verhängt worden.

E-1.5.4. Der Normen-Kodex

Im Rahmen der Tokio-Runde wurde 1979 ein Abkommen über die Behandlung *technischer Handelshemmnisse* geschlossen. Auch dieser Kodex geht vom Grundsatz der *Nichtdiskriminierung* aus, nach dem ausländische Güter im Hinblick auf technische Normen und Vorschriften nicht ungünstiger behandelt werden dürfen als die einer anderen Vertragspartei, und vom Prinzip der *Inländerbehandlung*, so daß Importgüter in technischer Hinsicht den gleichen Normen wie inländische Güter unterworfen sind. Sofern Änderungen bei technischen Normen eingeführt werden, sind diese rechtzeitig bekanntzumachen, um anderen Ländern hinreichend Zeit zur Anpassung zu geben.

E-1.5.5. Kodex bezüglich des öffentlichen Beschaffungswesens

Der Grundsatz der Nichtdiskriminierung ausländischer Waren auf dem Gebiet der *inneren Abgaben* und *Rechtsvorschriften*, der Importgütern die Inländerbehandlung sichert, galt gemäß Art. III Abs. 8a GATT-V explizit nicht für staatliche Beschaffungsmaßnahmen. Durch den Kodex über das öffentliche Beschaffungswesen, der 1980 in Kraft trat, wurde diese im Basisabkommen nach wie vor enthaltene Ausnahmeregelung faktisch außer Kraft gesetzt. Öffentliche Beschaffungsmaßnahmen unterliegen nunmehr von einem bestimmten Volumen ab (heute 130000 Sonderziehungsrechte (SZR)) dem Kodex nach sowohl dem Prinzip der *Inländergleichstellung* als auch der *Nichtdiskriminierung*. Reine Dienstleistungen (z.B. Beratungen) werden vom Kodex allerdings ebensowenig erfaßt wie bestimmte Branchen bzw. Bereiche (u.a. Kraftwerke, die Luftfahrt, Eisenbahnen und militärische Stellen, ferner Maßnahmen zum Schutz der öffentlichen Sicherheit und Ordnung, zum Schutz des Lebens und der Gesundheit von Menschen, Tieren und Pflanzen sowie zum Schutz geistigen Eigentums); diese *Ausnahmetatbestände* können natürlich leicht mißbraucht werden. *Entwicklungsländer* sind von den Verpflichtungen des Abkommens ganz entbunden.

Insgesamt ist das Volumen grenzüberschreitender öffentlicher Beschaffungsmaßnahmen in der Praxis ausgesprochen klein. Dies liegt zum einen an der nach wie vor bestehenden Bevorzugung inländischer

Unternehmen durch öffentliche Vergabestellen. Nicht selten werden die Ausschreibungsformalitäten so gestaltet, daß ausländische Anbieter z.B. die Ausschreibungsfristen nicht einhalten können. Zum anderen ist aber der Informationsstand der potentiellen Anbieter hinsichtlich der Möglichkeiten, sich an öffentlichen Beschaffungsmaßnahmen im Ausland zu beteiligen, oft unzureichend.

E-1.5.6. Kodizes über Importlizenzen und Zollwertermittlung

Die Notwendigkeit von Importlizenzen kann Exportbemühungen nachhaltig behindern. Der GATT-Kodex über *Importlizenzen* stellt darauf ab, die entsprechenden Verfahrensregelungen zu vereinfachen und transparenter zu machen. Gleichermaßen werden durch den *Zollwert-Kodex* (vgl. ausführlich Abschn. F-3.) die Ermessenspielräume eingeschränkt bei der Ermittlung des Zollwertes, der als Basis für die Verzollung dient.

E-1.5.7. Handelshemmnisse und Welttextilabkommen

Die Textilindustrie der Industrieländer stand ab Ende der 50er Jahre unter zunehmendem Druck von Importen aus Niedriglohnländern. 1961 versuchten zunächst 19 Industrieländer, den Markt in ihrem Sinne zu regulieren. Durch Einschaltung des GATT gelang es dann den Lieferländern, *im Rahmen des GATT* ein neues Abkommen zu vereinbaren, das als *Baumwoll-Textilabkommen* 1962 für zunächst fünf Jahre in Kraft trat und nach Auffassung der Befürworter die Interessen aller Beteiligten besser berücksichtigte; andere sehen das anders. Das Abkommen wurde in unregelmäßigen Abständen verlängert und gilt seit 1974 auch für synthetische Fasern (*Welttextilabkommen* (**WTA**) oder **Multifaser-Abkommen** (MFA)). Ziele des Abkommens sind – neben der Ausweitung des Handels – der Abbau von Handelshemmnissen bei gleichzeitiger Gewährleistung der geordneten und ausgeglichenen Entwicklung des Handels. Beschränkungen des Handels sind möglich durch einseitige Festsetzung von *Importquoten* oder bilaterale *Selbstbeschränkungsabkommen.* Die EG beispielsweise hat mit über 30 Lieferländern Selbstbeschränkungsmaßnahmen geschlossen. Die Einführung neuer Restriktionen ist nur bei Marktstörungen und nur nach Konsultationen mit dem jeweiligen Lieferland möglich. Ein spezielles Überwachungsorgan des WTA berichtet dem GATT-Rat.

E-1.5.8. Neuere Tendenzen des Protektionismus

Die Verhandlungen im Rahmen der Uruguay-Runde haben verdeutlicht, daß sich der nicht-tarifäre Protektionismus neben dem eigentlichen Warenhandel insbesondere auch auf zwei andere Bereiche erstreckt: Zum einen behindern national unterschiedliche Bestimmungen u.a. bezüglich Niederlassung, Zulassung oder Qualifikation die Internationalisierung des *Dienstleistungsverkehrs*. Zum anderen entstehen weltweit immense Schäden durch Verstöße gegen den **Schutz geistigen Eigentums**. In Abschn. E-4.7 wird als Beispiel auf die Problematik der **Markenpiraterie** eingegangen.
Von großer Bedeutung bezüglich der nicht-tarifären Handelsbehinderung sind die bereits in Abschn. C-2.5.5 ausführlich behandelten «freiwilligen» **Selbstbeschränkungsabkommen** geworden. Selbstbeschränkungsabkommen sind – ungeachtet der Tatsache, daß sie eindeutig handelsbehindernd sind – wie ausgeführt – dennoch für Import- wie Exportländer vorteilhaft. Dies erklärt ihre sehr große Verbreitung.

E-1.6. Streitschlichtungsmechanismen im GATT

E-1.6.1. Völkerrechtliche Streitbeilegung

Eine tragfähige, dauerhafte Konfliktlösung setzt voraus, daß sie einvernehmlich erreicht wird. Im allgemeinen Völkerrecht werden – gestützt auf Art. 33 der UN-Charta – Verhandlung, Untersuchung, Vermittlung und Vergleich als diplomatische Verfahren der Streitbeilegung bezeichnet. Der Begriff der Verhandlung (*negotiation*) braucht wohl nicht vertieft zu werden. Ein Untersuchungsverfahren (*inquiry*) soll die strittigen Fakten klären, schließt aber nicht – wie ein Schiedsgerichtsverfahren – mit einem «Urteil» ab. Eine Vermittlung (*mediation*) bedeutet die Einschaltung einer dritten Partei, wobei diese durchaus auch eigene Vorschläge macht. Ein Vergleichsverfahren (*conciliation*) ähnelt einem Schiedsgerichtsverfahren, doch ist der Schiedsspruch nicht bindend, sondern hat nur empfehlenden Charakter.
Internationale Gerichts- und Schiedsgerichtsverfahren münden in ein Urteil. Erfüllt die unterlegene Partei ihre Verpflichtungen daraus nicht, hat die andere Partei lediglich die Möglichkeit der Retorsion (völkerrechtskonforme Vergeltung) oder der Repressalie (Eingriff in Rechtsgüter). Bei Schiedsgerichten haben beide Parteien die Möglichkeit, Einfluß auf die Gestaltung des Verfahrens zu nehmen (Richter-

wahl, Ort, Verfahrensablauf etc.; vgl. analog Abschn. D-1.6). Bei internationalen Gerichtsverfahren sind all diese Aspekte institutionell vorgegeben. Das wichtigste Organ ist dabei der Internationale Gerichtshof (IGH) in Den Haag (vgl. Abschn. B-3.2.1).

E-1.6.2. GATT-interne Verfahren

Die GATT-interne Streitschlichtung gewinnt in zunehmendem Maße an Bedeutung, und zwar sowohl im GATT allgemein als auch innerhalb der Zusatzabkommen (Kodizes). In der Vergangenheit vollzog sich die Schlichtung vielfach außerhalb des GATT bilateral auf diplomatischem Wege.
Die nicht in Kraft getretene Havanna-Charta sah ein recht ausdifferenziertes System der Streitbeilegung vor (u.a. Konsultationen, Schiedsgerichtsbarkeit). Der GATT-V enthält mit den Art. XXII (Konsultationen) und XXIII (Schutz der Zugeständnisse und sonstigen Vorteile) nur zwei recht vage Bestimmungen. Dennoch haben sich aus gewohnheitsrechtlicher Praxis verschiedene komplexe Mechanismen der Streitbeilegung herausgebildet. Allerdings stehen diese Verfahren nur den Mitgliedstaaten zur Verfügung; Einzelpersonen können sich nicht direkt an das GATT wenden, sondern müssen sich durch ihre Regierungen (bzw. für die EG: durch die Kommission) vertreten lassen.

(a) Konsultationen
Im GATT-V finden sich rund 20 verschiedene Konsultationsbestimmungen, die von einem unverbindlichen Meinungsaustausch bis hin zu präzisen Verhandlungsvorschriften reichen. Nach Art. XXII:1 GATT-V wird von jeder Vertragspartei verlangt, Vorstellungen einer anderen Partei anzuhören, diese wohlwollend zu prüfen und ausreichende Gelegenheit zu (bilateralen) Konsultationen zu geben, ggf. schriftlich (Art. XXIII:1). Dies gilt als erste Stufe. Wird dabei keine Einigung erzielt, können als zweite Stufe multilaterale Konsultationen unter Einschaltung dritter Parteien erfolgen, z.B. des GATT-Rates. Hierfür werden in der GATT-Praxis Arbeitsgruppen eingerichtet, an denen jedes «interessierte» Mitglied teilnehmen kann. Die Berichte dieser Arbeitsgruppen stellen formal Vermittlungsvorschläge des GATT-Rates dar. Wenn die Konsultationen innerhalb von 30–60 Tagen (in dringlichen Fällen, z.B. bei Disputen über verderbliche Ware nach 10 Tagen) zu keiner Einigung führen, kann ein Panel-Verfahren beantragt werden (c).

(b) Vermittlungsverfahren
Das Vermittlungsverfahren wurde ursprünglich für die Entwicklungsländer konzipiert, später jedoch auf alle Vertragsparteien ausgedehnt. Wie oben erwähnt, kann ein Vermittler (z.B. der Generaldirektor des GATT) eigene Vorschläge machen.

(c) Panel-Verfahren
Jeder Mitgliedstaat kann die Einsetzung eines Schiedsgerichts (**Panel**) verlangen, sofern vorangehende Konsultationen und Verhandlungen gescheitert sind. Das Panel-Verfahren nach Art. XXIII:2 nimmt innerhalb der Streitschlichtung im GATT eine zentrale Stellung ein. Die zugrundeliegende Beschwerde wird den anderen GATT-Mitgliedern mitgeteilt. Der Generaldirektor des GATT macht einen Vorschlag bezüglich der Zusammensetzung des Panels, über den der GATT-Rat entscheidet. In der Praxis sind es meist drei weisungsunabhängige Experten, die in ein Panel berufen werden. Obgleich es (noch) keine Schiedsgerichtsordnung des GATT gibt, haben sich bestimmte Verfahrensregeln gewohnheitsrechtlich herausgebildet. Die streitenden Parteien werden schriftlich und mündlich gehört, ebenfalls Drittparteien, wenn sie sich als «interessiert» erklären. Über das (nicht-öffentliche) Verfahren und den Spruch des Panels wird ein **Bericht** erstellt, der dem GATT-Rat vorgelegt wird. Dieser entscheidet abschließend im Namen der Vertragsparteien durch **Beschluß**. Dabei können an die betreffenden Staaten **Empfehlungen** oder **Weisungen** genehmigt werden, z.B. Anti-Dumping-Zölle einzuführen, gewährte Zollpräferenzen – z.B. die Meistbegünstigung – auszusetzen oder Einfuhrbeschränkungen anzuwenden. In der Praxis wird dabei regelmäßig angestrebt, daß ein *Konsens* mit der ‹unterlegenen› Partei hergestellt wird. Reformbemühungen – auch im Rahmen der Uruguay-Runde – stellen darauf ab, daß nach dem Prinzip «Konsens minus zwei» verfahren wird, d.h. daß sich die Streitparteien bei den meinungsbildenden Abstimmungen enthalten sollen.

(d) Schiedsverfahren
In der Uruguay-Runde wurde der Vorschlag eines Schiedsverfahrens als zusätzliche Alternative zum Panelverfahren entwickelt. Während ein Panel einseitig auf Wunsch eines betroffenen Landes eingesetzt werden kann, erfordert das Schiedsverfahren gegenseitiges Einvernehmen darüber, wobei beide Parteien sich verpflichten, sich dem Schiedsspruch zu unterwerfen. Auch ist dem Schiedsverfahren kein obligatorisches Konsultationsverfahren vorgeschaltet. Aufgrund des Einvernehmens der Streitparteien über das Verfahren wird der GATT-

Rat nicht mit der Überwachung oder Durchsetzung des Verfahrens bzw. der Entscheidung befaßt.

E-1.6.3. Durchsetzbarkeit

Die Panel-Empfehlungen und die Entscheidungen des GATT-Rates auf der Basis des Panels haben noch keine Rechtswirkungen. Erst durch die Annahme durch die Vollversammlung der Vertragsparteien werden sie zu (sekundärem) GATT-Recht. Bei Nichtbeachtung des Schiedsspruchs können die Rechte aus dem GATT ausgesetzt bzw. betroffene Staaten zu Gegenmaßnahmen ermächtigt werden. Letztlich hängt die Durchsetzung der Schiedssprüche von der Kooperationsbereitschaft der Streitparteien ab.
Reformvorschläge erstrecken sich auch auf die Schaffung einer Berufungsinstanz, um die Schiedssprüche rechtlich überprüfen zu können. Diese Entscheidung wäre dann endgültig, und der obsiegenden Partei würden automatisch Sanktionsrechte zugestanden, wenn die unterlegene Partei sich dem Spruch nicht unterwirft. Solche **Retorsionen** – wie oben beschrieben – sind das einzige formale Druckmittel zur Durchsetzung von GATT-Beschlüssen.

E-1.7. Perspektiven des GATT

Die EG hat die damalige Idee der *International Trade Organisation* (ITO) aus der Gründungszeit des GATT aufgegriffen und 1990 vorgeschlagen, das GATT durch eine multilaterale Handelsorganisation (MTO: *Multilateral Trade Organisation*) zu ersetzen. Der MTO-Vorschlag geht auch von dem formalen Argument aus, daß das GATT bis zum heutigen Tage nur ein Provisorium ist, welches aus dem Scheitern der *Havanna-Charta* «vorläufig» hervorging. Zudem sei es schwierig, die im GATT-V nicht behandelten o.a. Problembereiche (Dienstleistungen, geistiges Eigentum etc.) durch Vertragsreformen in das GATT zu integrieren.
Parallel dazu gibt es Überlegungen, die OECD zu einer Handelsorganisation aufzuwerten. Dies stützt sich auf die Beobachtung, daß die allermeisten Handelskonflikte sich – bilateral – zwischen den drei großen Blöcken EG, USA und Japan abspielen. Konflikte zwischen diesen Dreien werden so gut wie gar nicht dem GATT vorgetragen, sondern intern verhandelt. Durch einen Einbezug in die OECD würde sich wenigstens eine partielle Multilateralisierung ergeben.
Aus der Sicht der heutigen Zeit allerdings gibt es zur Institution des

GATT keine realistische Alternative. Es ist daher davon auszugehen, daß das historisch gewachsene GATT-Regelwerk auch in Zukunft im Zuge von Verhandlungsurkunden renoviert, ausgebessert und ergänzt werden wird, um es an die aktuellen Bedürfnisse des internationalen Handels anzupassen.

E-2. EG-Außenwirtschaftsrecht

Das Gemeinschaftsrecht hat als *supranationales Recht* Vorrang vor dem nationalen Recht. Allerdings gibt es auf Gemeinschaftsebene bislang keine zusammenfassenden außenwirtschaftsrechtlichen Vorschriften, die dem deutschen Außenwirtschaftsrecht in seiner Gesamtheit entsprechen. Insbesondere gibt es keine umfassend harmonisierten außenwirtschaftlichen Schutzmaßnahmen, so daß dieser Bereich zu großen Teilen (noch) dem nationalen Recht unterliegt, ebenso wie das außenwirtschaftliche Verfahrensrecht. Die außenwirtschaftsrechtlichen Bestimmungen der EG setzen sich daher aus einer nur schwer zu überblickenden, recht unübersichtlichen Vielzahl von Richtlinien und Verordnungen zusammen, die in vielen Fällen – ungeachtet der Tatsache, daß sie als supranationales (sekundäres) Gemeinschaftsrecht auf die nationale Ebene wirken – parallel dazu in nationales Recht übernommen werden (vgl. Abschn. B-3.2.2); hierauf wird weiter unten noch eingegangen.

E-2.1. Außenwirtschaftsverkehr innerhalb der EG

Nach dem EWG-Vertrag ist die EG eine **Zollunion** (Art. 9ff.), innerhalb derer es keine Beschränkung des Warenverkehrs durch Zölle geben darf, und nach Art. 30 und 34 EWGV sind im Außenwirtschaftsverkehr innerhalb der Gemeinschaft *mengenmäßigen Beschränkungen* grundsätzlich verboten:

Art. 9 (1) EWGV: **Zollunion**

Grundlage der Gemeinschaft ist eine Zollunion, die sich auf den gesamten Warenaustausch erstreckt; sie umfaßt das Verbot, zwischen den Mitgliedstaaten Ein- und Ausfuhrzölle und Abgaben gleicher Wirkung zu erheben, sowie die Einführung eines Gemeinsamen Zolltarifs gegenüber dritten Ländern.

Art. 30 EWGV: **Verbot mengenmäßiger Einfuhrbeschränkungen**
Mengenmäßige Einfuhrbeschränkungen sowie alle Maßnahmen gleicher Wirkung sind unbeschadet der nachstehenden Bestimmungen zwischen den Mitgliedstaaten verboten.

Art. 34 EWGV: **Verbot mengenmäßiger Ausfuhrbeschränkungen**
(1) Mengenmäßige Ausfuhrbeschränkungen sowie alle Maßnahmen gleicher Wirkung sind zwischen den Mitgliedstaaten verboten.
(2) Die Mitgliedstaaten beseitigen bis zum Ende der ersten Stufe die bei Inkrafttreten dieses Vertrages bestehenden mengenmäßigen Ausfuhrbeschränkungen sowie alle Maßnahmen gleicher Wirkung.

Allerdings gibt es **Ausnahmeregelungen.** *Art. 36 EWGV* läßt mengenmäßige Ein- und Ausfuhrbeschränkungen zu aus *‹nicht-wirtschaftlichen Gründen›*, also z.B. aus Gründen der öffentlichen Ordnung, Sicherheit oder Sittlichkeit, zum Schutz der Gesundheit und des Lebens von Menschen, Tieren und Pflanzen sowie zum Schutz des nationalen Kulturgutes, sofern diese Maßnahmen nichtdiskriminierend angewendet werden und keine verschleierte Beschränkung des Handels zwischen den Mitgliedstaaten darstellen. Die entsprechenden Maßnahmen werden im konkreten Fall durch die jeweiligen nationalen Bestimmungen geregelt, im Fall der Bundesrepublik in erster Linie durch das Außenwirtschaftsgesetz (AWG) und die Außenwirtschaftsverordnung (AWV), aber auch durch andere Normen (z.B. das Artenschutzgesetz oder Umweltschutzvorschriften) (vgl. Abb. E-2.1/1).
Art. 223 EWGV erlaubt handelsbeschränkende Maßnahmen bezüglich Produktion von und Handel mit Militär- und Kriegsmaterial (Die

Abb. E-2.1/1: **Müllhandel**

Paris schließt Grenzen für den deutschen Müll

Export-Stopp für Müll

EG einigt sich auf strengere Kontrollen bei Abfalltransporten

Frankreich verbietet ab sofort Müllimporte

EG-Kommission hat eine Streichung dieses Artikels vorgeschlagen.) Zudem ist es nach *Art. 224 EWGV* zulässig, daß die Mitgliedstaaten – unter bestimmten Voraussetzungen hinsichtlich der gegenseitigen Information und der Wahrung der internen Wettbewerbsbedingungen – individuell Maßnahmen zur Wahrung wesentlicher Sicherheitsinteressen ergreifen, u.a. bei innerstaatlichen oder internationalen Spannungen; dies war z.B. 1990 und 1992 im Zusammenhang mit der jeweils nationalen Umsetzung der UN-Sicherheitsratsbeschlüsse in einen Handelsboykott gegen Irak und Libyen der Fall, wobei parallel dazu allerdings auch entsprechende EG-Verordnungen erlassen wurden.
Daneben erlaubt(e) *Art. 115 EWGV* (noch; die Bestimmung entfällt mit der Verwirklichung des Binnenmarktes ab 1993) die Beschränkung der Wareneinfuhr aus einem anderen Mitgliedsland (sofern es sich um zum freien Verkehr innerhalb der EG abgefertigte Drittlandsware handelt), wenn andernfalls wirtschaftliche Schwierigkeiten im Importland zu befürchten wären: Im Warenverkehr gegenüber Drittländern schreibt Art. 113 EWGV die Schaffung EG-einheitlicher Grundsätze für die Handelspolitik vor, wobei sich dies – explizit – auf eine Vielzahl von Bereichen bezieht, so u.a. auf die Änderung von Zollsätzen, den Abschluß von Handelsverträgen, Maßnahmen zur Handelsliberalisierung und handelspolitische Schutzmaßnahmen. Da die Handelspolitik jedoch nicht umfassend harmonisiert ist, kann es zu **Handelsverlagerungen** kommen, indem z.B. Importbeschränkungen eines EG-Landes durch Umwegimporte über ein anderes EG-Land umgangen würden. Um dies zu verhindern, kann die EG-Kommission gemäß Art. 115 EWGV unter den angeführten Voraussetzungen eine Einfuhrgenehmigungspflicht zulassen (vgl. Abb. E-2.1/2). So haben beispielsweise Frankreich und Italien die Einfuhr japanischer Automobile kontingentiert; Japan hat darauf mit «freiwilliger» Selbstbeschränkung des Autoabsatzes in die EG reagiert. Frankreich kann so Umwegimporte z.B. aus Deutschland untersagen. Auch im Textilbereich gibt es Beschränkungen nach Art. 115. Die Bundesrepublik hat auf Maßnahmen nach Art. 115 EWGV verzichtet.
Nach Art. 48–58 EWGV besteht Freizügigkeit und freies Niederlassungsrecht (vorbehaltlich von Beschränkungen aus Gründen der öffentlichen Sicherheit, Ordnung und Gesundheit). Nach den Artt. 59ff. wird der Dienstleistungsverkehr schrittweise liberalisiert (z.B. Banken, Versicherungen, Rechtsanwälte etc.). Nach Art. 67ff. werden die Mitglieder noch bestehende Beschränkungen des Kapitalverkehrs abbauen. Art. 73 läßt – nach Ermächtigung durch die Kommission – Schutzmaßnahmen zu, wenn Kapitalbewegungen Störungen im Funktionieren des Kapitalmarktes eines Mitgliedstaates zur Folge haben.

Abb. E-2.1/2: **Art. 115 EWGV**

EG Artikel 115 ermöglicht nationale Handelsschranken

BDI warnt vor Protektionismus

HANDELSBLATT, Montag, 23.12.1991

dpa/vwd KÖLN. Der Bundesverband der Deutschen Industrie in Köln hat am Montag unter Hinweis auf die Ergebnisse des EG-Gipfeltreffens in Maastricht davor gewarnt, den Protektionismus „durch die Hintertür" in Europa einschleichen zu lassen. Als warnendes Beispiel für wachsende interventionistische Tendenzen führte der industrielle Spitzenverband an, daß ein schon längst totgeglaubter Artikel des EWG-Vertrages wieder in die neuen EG-Verträge aufgenommen worden sei. Diese Bestimmung, der Artikel 115 des EWG-Vertrages, ermögliche es, nationale Handelsbeschränkungen gegenüber Drittländern durch Kontrollen an den EG-Binnengrenzen abzusichern.

In Kombination mit dem neuen Kapitel „Industriepolitik" stelle dieser Artikel in den neuen EG-Verträgen ein „gefährliches Instrument" dar, heißt es in der BDI-Erklärung. Die Art und Weise, in der dieser Artikel kurz vor Schluß der Verhandlungen in die Vertragsentwürfe hineingekommen sei, zeige deutlich, wie stark die interventionistischen Kräfte in der EG noch seien. Nun werde die Möglichkeit des Ausschlusses von Drittlandwaren aus dem Freiverkehr weiterhin und in verschärfter Form bestehenbleiben.

Nach Art. 106 wird der Zahlungsverkehr von allen noch bestehenden Beschränkungen befreit werden. Art. 108 läßt nationale Maßnahmen zum Schutz der Zahlungsbilanz bei ernsten Problemen zu, gewährt jedoch der Kommission ein nachträgliches, aber unverzügliches Überprüfungsrecht.

Diese Binnenmarkt-bezogenen Aspekte werden überlagert von dem 1987 durch die *Einheitliche Europäische Akte* (**EEA**) eingefügten Art. 8a EWGV. Dieser schreibt die Realisierung der sog. «*Vier Freiheiten*» zum 1. 1. 1993 vor: Freiheit des Waren-, Dienstleistungs-, Personen- und Kapitalverkehrs. Um es aber nochmals ganz deutlich zu sagen: Dessenungeachtet kann der Warenverkehr auch innerhalb der EG nach nationalem Recht beschränkt werden, sofern es sich nicht um handelspolitisch motivierte Beschränkungen handelt (vg. oben zu Art. 36 EWGV): Beispielsweise ist auch im Binnenmarkt die Einfuhr von Waffen oder artengeschützter Tiere grundsätzlich verboten bzw. genehmigungspflichtig. Die Abschn. E-4 und -5 werden dies vertiefen.

Während nach Art. 92 *staatliche Beihilfen* gleich welcher Art, die den Wettbewerb verfälschen oder zu verfälschen drohen, mit dem Gemeinsamen Markt unvereinbar sind (soweit sie den Handel zwischen

den Mitgliedstaaten beeinträchtigen), werden bestimmte Beihilfen als zulässig angesehen, so z.B. Beihilfen sozialer Art an Verbraucher oder Beihilfen zur Förderung der wirtschaftlichen Entwicklung von strukturschwachen Gebieten. Vgl. hierzu auch die Ausführungen zur Behandlung von Subventionen nach dem GATT-Subventions-Kodex oben in Abschn. E-1.5.2.
Im Bereich der *Währungspolitik* beließ der EWG-Vertrag den Mitgliedstaaten gemäß «Titel II: Die Wirtschaftspolitik» (Art. 102a–109 EWGV) eine beträchtliche nationale Autonomie, u.a. hinsichtlich des Abbaus von Zahlungsrestriktionen (Art. 106), der Festlegung der Wechselkurse (Art. 107) und erforderlicher Schutzmaßnahmen bei Zahlungsbilanzkrisen (Art. 109). Alle Zugeständnisse des EWGV bezüglich derartiger Restriktionen standen jedoch unter der Nebenbedingung, daß sie schrittweise zu beseitigen seien. Durch die Beschlüsse des **Gipfeltreffens von Maastricht** Ende 1991, welche die Verwirklichung der EG-Währungsunion spätestens am 1. 1. 1999 festschreiben, soll dieser nationale Handlungsspielraum weitgehend beseitigt werden.

E-2.2. Außenwirtschaftsbeziehungen zu Drittländern

Grundsätzlich steht auch das EG-Außenwirtschaftsrecht gegenüber Drittländern – wie das nationale deutsche Außenwirtschaftsrecht – unter dem Postulat des Freihandels. Dessenungeachtet gibt es eine Reihe von einschränkenden Schutzmaßnahmen, insbesondere im *Textil-, Stahl-* und *Agrarbereich*; allein im Textilbereich gibt es ca. 30 Spezialverordnungen. Um die Einhaltung dieser Bestimmungen kontrollieren zu können, sind auch im innergemeinschaftlichen Warenverkehr bestimmte Kontrollen erforderlich. Hierauf ist noch zurückzukommen.
Gemäß Art. 113 EWGV ist die (Außen-)*Handelspolitik* – wie erwähnt – eine Gemeinschaftsaufgabe. Dies betrifft sowohl die Wareneinfuhr als auch die Warenausfuhr. Die *zollpolitische Behandlung* des Warenverkehrs mit Drittländern ist – da die EG eine Zollunion ist – EG-einheitlich im gemeinschaftlichen **Zolltarif** geregelt. Eine Reihe von Ratsverordnungen regeln als **Grundverordnungen** die Einfuhren aus Nicht-Staatshandelsländern, Staatshandelsländern und China; weitere Grundverordnungen betreffen Ursprungsregeln, Kontingente und Veredelungsverkehre; auch für die Ausfuhr gibt es Ratsverordnungen (u.a. VO(EWG)2603/69). Diese Normen gehen zwar vom Freihandelsprinzip aus, regeln jedoch die Voraussetzungen für Beschränkun-

gen in einer Weise, die den §§ 8 und 10 des AWG entsprechen (vgl. Abschn. E-3).

Gegenüber Drittländern gilt im Rahmen der sog. **Allgemeinen Einfuhrregelung** (VO(EWG) 288/82) grundsätzlich das GATT-konforme Prinzip der Freiheit der Einfuhr von mengenmäßigen Beschränkungen. Allerdings läßt das EG-Recht auch für bestimmte, in der sog. **Negativliste** aufgeführte Güter nationale mengenmäßige Beschränkungen zu bzw. schließt/schloß in der **Positivliste** die (ehemaligen) Staatshandelsländer von der Einfuhrliberalisierung aus. Auch die **Gemeinsamen Marktorganisationen** für bestimmte landwirtschaftliche Produkte enthalten Ein- und Ausfuhrregelungen (Artt. 38–47 EWG-V). Ebenfalls nach EG-Recht (und nach dem GATT-Vertrag) zulässig sind auch *Ausgleichszölle* für subventionierte Exporte aus Drittländern oder analoge *Anti-Dumping-Zölle*, sofern bestimmte Voraussetzungen erfüllt sind (vgl. Abschn E-1.5.2 u. -1.5.3). Bei anderen, nicht GATT-konformen und somit unerlaubten Handelspraktiken kann die EG zudem nach dem sog. **Neuen handelspolitischen Instrument** (VO(EWG) 2641/84) Zollzugeständnisse zurücknehmen, Zollsätze anheben oder mengenmäßige Beschränkungen einführen.

EG-einheitliche Einfuhrbestimmungen gibt es auch im Rahmen der *Handelsabkommen*, welche die EG u.a. mit der EFTA, den AKP-Staaten oder den Mittelmeerländern geschlossen hat, ferner auch in anderen *Abkommen* wie dem sog. *Welttextilabkommen*, dem *Internationalen Kaffeeabkommen* oder dem *Internationalen Kakaoabkommen* (vgl. dazu Abschn. B-2.13 u. -2.14).

Auch für die Warenausfuhr gilt grundsätzlich das Prinzip der Freiheit von mengenmäßigen Beschränkungen. Unter bestimmten Voraussetzungen kann jedoch auch die Ausfuhr beschränkt werden, z.B. um die interne Güterversorgung zu gewährleisten.

Neben diesen durch EG-Recht initiierten Restriktionsmöglichkeiten muß die EG – genau wie nationale Staaten (vgl. Abschn. E-3.2) gemäß Art. 25 der UN-Charta Beschlüsse des UN-Sicherheitsrates, der z.B. ein Handelsembargo wie 1990 gegen Irak oder 1992 gegen Serbien/Montenegro verhängt, in EG-Recht umsetzen. Dies geschieht in Form von Verordnungen der Kommission.

Abb. E-2.2/1 faßt die nach inter- bzw. supranationalem Recht möglichen Beschränkungen des Außenwirtschaftsverkehrs schematisch zusammen. Auf nationale Beschränkungsmöglichkeiten geht der folgende Abschnitt ein.

Trotz der grundsätzlichen Freiheit des Warenverkehrs ist seine statistische Erfassung aus vielerlei Gründen erforderlich, u.a. um die Zahlungsbilanzen zu erstellen bzw. um Planungs- und Entscheidungs-

Abb. E-2.2/1: **Rechtliche Ausnahmen von Freihandelsprinzip**

nach dem GATT-Vertrag:
- aus nicht-ökonomischen Gründen nach Art. XX
- zur Wahrung der wesentlichen Sicherheitsinteressen bzw. zur Erhaltung des internationalen Friedens nach Art. XXI
- für Integrationsräume nach Art. XXI
- für Entwicklungsländer nach Teil V des GATT
- zum Schutz der Zahlungsbilanz nach Art. XII
- bei landwirtschaftlichen Erzeugnissen und aus Gründer der Normung nach Art. XI
- in besonderen Notsituationen nach Art. XIX (*escape*-Klausel)
- Anti-Dumbing- und Ausgleichszölle nach den entsprechenden Kodizes

nach EG-Recht:
- mengenmäßige Beschränkungen nach Art. 36 EWGV
- mengenmäßige Beschränkungen nach Art. 223, 224 EWGV
- mengenmäßige Beschränkungen nach Art. 115 EWGV
- gemeinsame Außenzölle gegenüber Drittländern Art. 9 EWGV und GTZ
- Anti-Dumping- und Ausgleichszölle
- Beschränkungen gegenüber Entwicklungsländern (APS),
AKP-Ländern (Lomé-Verträge)
osteuropäischen Staaten
nach dem Multifaserabkommen
- Beschränkungen nach dem Marktordnungsrecht
- Beschränkungen des UN-Sicherheitsrates, die nach Art. 25 der UN-Charta in nationales Recht umgesetzt werden müssen

nach nationalem Recht (vgl. Abb. E-3.2/1):
- außenwirtschaftliche Beschränkungen (AWG, AWV) einschließlich Beschränkungen des UN-Sicherheitsrates, die nach Art. 25 der UN-Charta in nationales Recht umgesetzt werden müssen
- aus nicht-ökonomischen Gründen (Verbote und Beschränkungen [VuB]

grundlagen für staatliche Investitionen zu erhalten. Obgleich dies weitgehend im nationalen Recht geregelt ist, wird dies erleichtert durch ein EG-einheitliches Warenverzeichnis – die *Kombinierte Nomenklatur* – und Verordnungen über einheitliche Begriffsbestimmungen und Methoden der statistischen Aufbereitung. Im Formularbereich gibt es dazu einheitliche Vordrucke, insbesondere das sog. Einheitspapier (vgl. Abschn. E-3.4(c)) und das sog. INTRASTAT-Meldeformular (vgl. Abschn. F-6).

E-3. Nationales Außenwirtschaftsrecht

Wie in Abschn. B-3 ausgeführt, greifen nationale Rechtsnormen nur, wenn es keine entgegenstehenden Gemeinschaftsregelungen gibt. Dies ist allerdings in einer Reihe von Aspekten der Fall. Neben diesen im – in sich sehr zersplitterten – EG-Recht ‹ungeregelten› Bereichen enthält das deutsche Außenwirtschaftsrecht aber auch eine Reihe von Punkten, die auch auf EG-Ebene rechtlich normiert sind. Dies hat insbesondere den Grund, daß damit bestimmte Tatbestände auch den Sanktionsmechanismen des deutschen Außenwirtschaftsrechts in strafrechtlicher Hinsicht unterworfen werden, denn diese gibt es (noch) nicht im Gemeinschaftsrecht.
Andererseits ist diese Praxis des «Nebeneinanders› von Gemeinschaftsrecht und nationalem Recht nach einem Urteil des EuGH prinzipiell *rechtsproblematisch*, denn es existiert gleichzeitig zweierlei geltendes Recht, doch bietet dies *praktische Vorteile*, da die außenwirtschaftsrechtlichen Bestimmungen auf diese Weise ‹kompakt› in AWG und AWV zusammengefaßt und nicht in einer Vielzahl von EG-Bestimmungen verstreut sind. In den folgenden Abschnitten werden die außenwirtschaftsrechtlichen Bestimmungen zunächst allgemein und grundsätzlich dargestellt. In den Abschnitten E-4 und E-5 erfolgt dann eine genauere Analyse jeweils im Hinblick auf Import- bzw. Exportbestimmungen.

E-3.1. Konzeption und Aufbau des Außenwirtschaftsrechts

Das am 1. 9. 1961 in Kraft getretene **Außenwirtschaftsgesetz** (**AWG**) ist als **Rahmengesetz** konzipiert, auf dessen Ermächtigungsgrundlage konkretisierende Rechtsverordnungen – insbesondere die **Außenwirtschaftsverordnung** (**AWV**) sowie zwei Zuständigkeitsverordnungen – erlassen worden sind, welche das Außenwirtschaftsrecht konkret ausgestalten. Diese Konstruktion beruht auf der Ermächtigung des Art. 80 GG, daß Gesetze durch Rechtsverordnungen konkretisiert werden können. Dies gewährleistet die erforderliche Flexibilität, um die rechtlichen Bestimmungen ohne umständliche Gesetzgebungsprozeduren nach Bedarf den aktuellen politischen und wirtschaftlichen Gegebenheiten anpassen zu können, da – nationale – Rechtsverord-

nungen (nicht zu verwechseln mit EG-Verordnungen, vgl. Abschn. B-3.2.2.2) ohne prozeduale Verzögerungen von der Exekutive (d.h. von Regierungsbehörden) erlassen werden können.
Nach § 1 des AWG ist der Außenwirtschaftsverkehr grundsätzlich frei, jedoch sind Beschränkungen möglich; dies wird gleich auszuführen sein. Anders ausgedrückt: Es ist alles erlaubt, was nicht ausdrücklich verboten ist oder unter Genehmigungsvorbehalt gestellt wird (**Liberalismusprinzip**). Diese Struktur stellt den Gegenpol dar zu der prinzipiell alternativen Rechtskonstruktion, nach der alles grundsätzlich verboten ist, es sei denn, es sei ausnahmsweise erlaubt (**Verbotsprinzip**): Dieses Prinzip galt – allerdings im Zeitablauf aufgelokkert durch eine Vielzahl allgemeiner Genehmigungen – vom 19. 9. 49 mit dem Gesetz Nr. 53 (Devisenbewirtschaftung und Kontrolle des Güterverkehrs) der amerikanischen *Militärregierung Deutschlands* (und gleichlautenden Gesetzen der britischen Militärregierung und des französischen Hohen Kommissars) bis zum Inkrafttreten des AWG im Jahre 1961 und gilt heute z.B. für das US-amerikanische Außenwirtschaftsrecht; Exporte erfordern dort Exportlizenzen. Das *Prinzip des grundsätzlich freien Außenwirtschaftsverkehrs* steht in Einklang sowohl mit den Bestimmungen des Grundgesetzes, dem EWG-Vertrag als auch mit den GATT-Regeln. Zu AWG und AWV gibt es eine Reihe von Anlagen, u.a. Listen, in denen inhaltliche Grundlagen für Import- und Exportbeschränkungen geregelt werden (z.B. die sog. Einfuhr- bzw. Ausfuhrlisten und verschiedene Länderlisten); hierzu später.
Das Außenwirtschaftsgesetz erstreckt sich *(sachlicher Geltungsbereich)* nach § 1 auf den gesamten Waren-, Dienstleistungs-, Kapital-, Zahlungs- und sonstigen Wirtschaftsverkehr mit fremden Wirtschaftsgebieten sowie den Verkehr mit Auslandswerten und mit Gold zwischen Gebietsansässigen (einige Begriffserklärungen folgen weiter unten). Das Außenwirtschaftsrecht ist also ein Recht für *alle* Bereiche der Außenwirtschaft; dies deckt in Zweifelsfällen der Passus *«sonstiger Wirtschaftsverkehr»* ab. Eine wichtige *Ausnahme* allerdings ist der Agrarbereich, für den mit dem **Gesetz über die gemeinsamen Marktordnungen** (MOG) eigene Regelungsmechanismen außerhalb des AWG geschaffen worden sind, mit dem die Maßnahme der Gemeinsamen (EG-)Agrarpolitik national umgesetzt wurden. Neben dem AWG betreffen auch die Bestimmungen des **Kriegswaffenkontrollgesetzes** (KWKG) von 1961 (mit teilweise strengeren Sanktionen als das AWG) den Außenwirtschaftsverkehr. Das KWKG regelt die Herstellung, die Beförderung und das Inverkehrbringen von Kriegswaffen. In der **Kriegswaffenliste** (KWL) wird aufgeführt, was unter den Begriff der

Kriegswaffe fällt. Im Gegensatz zum AWG gilt beim KWKG der Grundsatz des Verbotes mit Erlaubnisvorbehalt.

Die im AWG enthaltenen Beschränkungen des grundsätzlich freien Außenwirtschaftsverkehrs beruhen zum einen auf einer Reihe von nicht-ökonomischen Gründen (z.B. Schutz der öffentlichen Ordnung oder Schutz der Gesundheit; vgl. dazu Abschn. E-4.6: Verbote und Beschränkungen (**V.u.B.**)), wobei diese vielfach national verankert, d.h. kein supranationales Recht sind, sowie auf internationalen Vorgaben wie z.B. im Rahmen des **COCOM** oder des **Atomwaffensperrvertrages** (vgl. Abschn. E-5.8), aber auch auf supranationalem Recht, wie im Falle von Exportembargos, die durch den **UN-Sicherheitsrat** beschlossen wurden (vgl. Abschn. E-3.6). Die Beschränkungen erstrecken sich dabei

- auf Waren und deren Fertigungsunterlagen,
- Technologie, technische Daten und Verfahren,
- Rechtsgeschäfte und Dienstleistungen.

Der Begriff des *Warenverkehrs* ist im Außenwirtschaftsrecht unproblematisch. *Dienstleistungen* umfassen z.B.: Transporte, Versicherungen oder Lizenzen, der *Kapitalverkehr* u.a. Kreditgeschäfte, Wertpapiertransaktionen sowie Immobiliengeschäfte und Unternehmensbeteiligungen. *Zahlungs-*, d.h. *Devisen*beschränkungen (aus den typischen währungspolitischen Gründen) sind nach dem AWG unzulässig: Weder AWG noch AWV enthalten Beschränkungsmöglichkeiten für den internationalen Zahlungsverkehr (allerdings die mögliche Einführung einer Bardepotpflicht; vgl. E-3.2.(1)); hierzu müßte ggf. das AWG geändert werden. Eine Ausnahme stellen die Beschränkungen gegen Irak, Kuwait, Libyen, Serbien und Montenegro dar, die sich allerdings nicht auf währungspolitische, sondern auf sicherheitspolitische Motive gemäß § 7 AWG stützen; vgl. dazu unten.

Die außenwirtschaftsrechtlichen Bestimmungen sind öffentliches Recht, d.h. sie umfassen *nicht* unmittelbar die privatrechtlichen Beziehungen zwischen Exporteur, Importeur, Speditionen, Reedereien, Banken, etc. Hierfür gelten Regelungen in den Zivilgesetzbüchern (BGB, HGB, ZPO).

Der *räumliche Geltungsbereich* des AWG – das sog. **Wirtschaftsgebiet** (§ 4 AWG) – ist das *Hoheitsgebiet* der Bundesrepublik. Hierzu zählen auch Gebiete, die als **Zollfreigebiete** nicht zum Zollgebiet gehören (vgl. die Gegenüberstellung in Abschn. F-1.4), z.B. die *Freihäfen* und die Insel Helgoland. Zum Wirtschaftsgebiet gehören auch **Zollanschlüsse** wie das Kleine Walsertal. Zollanschlüsse sind staatsrechtlich Ausland, jedoch wirtschaftlich und geographisch völlig mit der Bundesrepublik verbunden und meist ohne Zugang zu bzw. aus dem

Staatsgebiet, zu dem sie hoheitlich gehören. Daraus resultieren gewisse Besonderheiten auch in anderer Hinsicht: Beispielsweise wird die (deutsche) Zollgrenze im Kleinen Walsertal auf den österreichischen Bergen von deutschen Zollbeamten überwacht. Andere hoheitliche Aufgaben – Post, Polizei/Gendarmerie – werden hingegen von österreichischen Beamten – teilweise in österreichischen Uniformen – ausgeübt, die wiederum in deutscher Währung bezahlt werden: Die DM ist offizielle Währung im Kleinen Walsertal, das aus österreichischer Sicht als Devisenausland gilt. Die Gemeinden des Kleinen Walsertales haben sowohl deutsche als auch österreichische Postleitzahlen bzw. Telefonvorwahlnummern; für die Briefbeförderung sind österreichische Postwertzeichen zu verwenden – allerdings wertmäßig nach dem deutschen Posttarif.

Nicht zum Wirtschaftsgebiet gehören **Zollausschlüsse** wie die Gemeinde Büsingen an der deutsch-schweizerischen Grenze, die als zum (fremden) Währungsgebiet der Schweiz zugehörig gewertet wird. Die Regelungen über Zoll-An- und -Ausschlüsse werden in Staatsverträgen getroffen. Gleichfalls nicht zum Wirtschaftsgebiet zählen deutsche Flugzeuge und Schiffe unter deutscher Flagge außerhalb des Hoheitsgebiets, wohl aber die sog. Drei-Meilen-Zone[1] an den Meeresküsten, welche das Hoheitsgebiet begrenzt. Das gesamte Ausland und die Hohe See gelten als fremdes Wirtschaftsgebiet.

Nur noch als historische Fußnote sei erwähnt, daß das Gebiet der ehemaligen **DDR** weder fremdes noch (deutsches) Wirtschaftsgebiet war: Wirtschaftsgebiet konnte sie nicht sein, weil sie nicht zum Geltungsbereich des AWG (d.h. dem Hoheitsgebiet der Bundesrepublik) zählte, als fremdes Wirtschaftsgebiet (Ausland) konnte sie nach den Bestimmungen des Grundgesetzes nicht gewertet werden. Für den Wirtschaftsverkehr mit der DDR galten daher eine Fülle von Sonderbestimmungen für den sog. *innerdeutschen Handel*, die auch im Kontext mit der EG und auch aus (import-)steuerrechtlicher Sicht eine Fülle von Besonderheiten und rechtlichen Problemen mit sich brachten. Hieraus erklären sich auch die sprachlich umständlichen Bezeich-

---

[1] Ungeachtet der Ergebnisse der UN-Seerechtskonferenz von 1973–1982, welche eine 12-Meilen-Zone toleriert, erkennt die Bundesrepublik nur 3 Seemeilen als Küstengewässer an. Sie hat bislang in jedem Fall gegen eine Ausweitung der Küstengewässer auf 12 sm oder mehr protestiert, um die Schaffung von Völkergewohnheitsrecht zu verhindern. Auf der Konferenz wurde als Neuerung eine Ausschließliche Wirtschaftszone von 200 sm definiert, innerhalb derer der Küstenstaat bestimmte Hoheitsrechte genießt, u.a. im Hinblick auf die Ausbeutung von Naturschätzen. Außer der Bundesrepublik und Großbritannien haben alle anderen EG-Staaten sowie die EG selbst das Abkommen unterzeichnet, jedoch nicht ratifiziert.

nungen wie z.B. Wirtschaftsgebiet (statt Inland), fremdes Wirtschaftsgebiet (statt Ausland) und Gebietsansässiger bzw. Gebietsfremder (statt Inländer bzw. Ausländer): Als *gebietsansässig* gelten – völlig unabhängig von der Staatsangehörigkeit – natürliche Personen mit Wohnsitz oder gewöhnlichem Aufenthalt im Wirtschaftsgebiet sowie juristische Personen oder Personenhandelsgesellschaften mit Sitz oder Sitz der Unternehmensleitung im Wirtschaftsgebiet; dies gilt auch für Zweigniederlassungen oder Betriebsstätten (§ 4 AWG). Der im folgenden gelegentlich verwendete Begriff *Inländer* sollte in diesem Sinne verstanden werden.

Die Bestimmungen des AWG knüpfen also an zwei Kriterien an: Unter *territorialen Aspekten* erstreckt sich das AWG auf grenzüberschreitende Warenbewegungen, also auf die *Sachen*, unabhängig davon, ob die beteiligten Personen Inländer oder Ausländer sind (nach § 10a AWG sind EG-Bürger dabei (deutschen) «Gebietsansässigen» gleichgestellt). Unter *personellen Aspekten* ist es bei bestimmten Rechtsgeschäften mit dem Ausland (z.B. im Dienstleistungs-, Kapital- und Zahlungsverkehr) hingegen entscheidend, ob die Beteiligten **Inländer** oder **Ausländer** sind, unabhängig davon, ob sich diese Transaktionen im Inland oder Ausland vollziehen (Verkauf von Wertpapieren durch einen Deutschen an einen Franzosen in Deutschland). Die Einbeziehung von Transaktionen mit Auslandswerten und Gold auch zwischen Inländern (§ 1 AWG) ist vorrangig historisch, aus der Zeit der damaligen Devisenbeschränkungen zu sehen; in diesen Bereichen gibt es auch keine Beschränkungen.

Das AWG umfaßt 4 Teile. Der erste Teil über «Rechtsgeschäfte und Handlungen» enthält 2 Abschnitte über allgemeine Vorschriften (u.a. Grundsätze, Begriffsbestimmungen und Zuständigkeiten; §§ 1–4c) und allgemeine Beschränkungsmöglichkeiten (§§ 5–7) sowie 4 Abschnitte mit Bestimmungen über spezielle Beschränkungsmöglichkeiten (diese Unterscheidung wird gleich vertieft) für den Warenverkehr, den Dienstleistungsverkehr, den Kapitalverkehr und für Gold (§§ 8–24). Der zweite Teil enthält ergänzende Vorschriften (z.B. Verfahrens- und Meldevorschriften, bezüglich des Status der Bundesbank (für die die Beschränkungen des AWG nicht gelten) oder bezüglich Genehmigungen), der dritte Teil erstreckt sich auf Straf-, Bußgeld- und Überwachungsvorschriften und der vierte Teil auf einige bei Gesetzen übliche Schlußvorschriften.

Die AWV war ursprünglich zusammen mit dem AWG 1961 in Kraft getreten, wurde jedoch 1987 - nach 59 Änderungsverordnungen – durch eine überarbeitete neue Fassung abgelöst (die mittlerweile auch bereits durch 25 **Änderungsverordnungen**, insbesondere zum Embargorecht, novelliert wurde. Hinzu kommen zahlreiche (bis jetzt über 80) – gesonderte – *Änderungsverordnungen für die Ausfuhrliste*). Die jetzige AWV umfaßt 9 Kapitel: Nach dem Kapitel I mit wenigen allgemeinen Vorschriften (bezüglich Anträgen, Genehmigungen und Warenwert) folgen 6 Kapitel bezüglich Warenausfuhr (II), Wareneinfuhr (III), sonstigen Warenverkehr (Durchfuhr/Transit) (IV), den Dienstleistungsverkehr (V), den Kapitalverkehr (VI) und den Zahlungsverkehr (VII) – jeweils gegliedert in Beschränkungen und Meldebestimmungen. Ein 1990 eingeschobenes Kapitel VII a enthält besondere Beschränkungen gegen Irak und (vorübergehend) Kuwait, die Kapitel VII b und c analoge Vorschriften für Libyen (1992) und Serbien und Montenegro (1992). Diese Kapitel werden gefolgt von Bußgeldvorschriften (VIII) und Übergangs- und Schlußvorschriften (IX). Zahlreiche Vorschriften der AWV sind im Zeitablauf aufgehoben, ersetzt oder eingefügt worden.

Abb. E-3.2/1: **Beschränkungen nach dem AGW (Schema)**

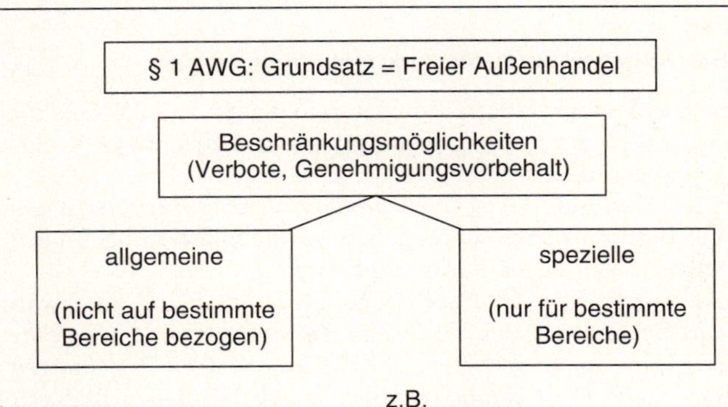

z.B.
- Erfüllung zwischenstaatlicher Verträge
- Sicherheit
- schädliche Einwirkungen auf den Wettbewerb
- schädigende Geld- und Kapitalzuflüsse

z.B.
- Ausfuhr
  - – Deckung lebenswichtigen Bedarfs
  - – Agrargüter: Qualitätsnormen
- Einfuhr
  - – Schutz der Wirtschaft
  - – Verwendungsbeschränkungen
- Dienstleistungsverkehr (Seeschiffahrt, Luftfahrt, Filmwirtschaft, Versicherungen)
- Kapitalverkehr

Die Paragraphen der AWV enthalten in den Überschriften Hinweise auf die gesetzlichen Ermächtigungsgrundlagen für die einzelnen Vorschriften, z.B. lautet § 69k AWV (Serbien/Montenegro): «Beschränkungen nach § 7 Abs. 1 AWG aufgrund der Resolution 757 (1992) des Sicherheitsrates der Vereinten Nationen (Kapitel VII der Charta) vom 30. Mai 1992» oder die Bestimmungen des 2. Titel im Kapitel VI über Kapitalverkehr sind überschrieben mit «Meldevorschriften nach § 26 AWG».

E-3.2. Beschränkungsmöglichkeiten nach dem Außenwirtschaftsrecht

Nach § 2 AWG sind zwei Arten von Beschränkungsmöglichkeiten zu unterscheiden (Abb. E-3.2/1): *allgemeine*, auf alle Bereiche des Aussenwirtschaftsverkehrs anwendbare, und *spezielle*, nur für bestimmte Bereiche (Einfuhr, Ausfuhr) oder Sektoren (Landwirtschaft) geltende Beschränkungsmöglichkeiten.

E-3.2.1. Allgemeine Beschränkungsmöglichkeiten

Allgemeine Beschränkungen können nach den §§ 5–7 AWG in folgenden (hier nicht ganz vollständig aufgelisteten) Fällen durch Rechtsverordnung angeordnet werden:

- um die Erfüllung *zwischenstaatlicher Vereinbarungen* zu ermöglichen (z.B. Importbeschränkungen, um Abnahmeverpflichtungen aus Handelsverträgen nachkommen zu können);
- um die *Sicherheit* der Bundesrepublik Deutschland zu gewährleisten, um eine Störung des *friedlichen Zusammenlebens der Völker* zu verhüten oder um zu verhüten, daß die *auswärtigen Beziehungen* der Bundesrepublik Deutschland erheblich gestört werden (z.B. durch Exporte von Waffen, Munition und Kriegsgerät)[2]; in diesen Beschränkungstatbestand des § 7 AWG fallen auch Embargobeschlüsse wie gegen den Irak, Libyen, Serbien und Montenegro (Abb. E-3.2/2), deren Umsetzung in nationales Recht nach Art. 25 der UN-Charta erforderlich ist;

---

[2] Im AWG sind explizit u.a. auch zur Herstellung dieser Güter dienende Geräte und Konstruktionsunterlagen aufgeführt; Stichworte U-Boot-Blaupausen nach Südafrika oder Giftgasanlagen nach Libyen; in diesem Zusammenhang ist auf die Exportliste (als Anlage zur AWV) und die in diese eingearbeitete COCOM-Liste zu verweisen; vgl. auch Abschn. E-4.9.

Abb. E-3.2/2: **Embargobeschlüsse**

Sanktionen gegen Serbien schon wirksam
Genehmigungsverfahren für den Zahlungsverkehr / Hohe Strafe bei Verstößen

Konten für Serbien und Montenegro gesperrt

- um *schädliche Einwirkungen* aus fremden Wirtschaftsgebieten abzuwehren, die den *Wettbewerb* einschränken, verfälschen oder verhindern (z.B. im Falle von Dumping-Importen) oder zu Beschränkungen des Wirtschaftsverkehrs mit dem Wirtschaftsgebiet führen (so können Vergeltungsmaßnahmen («**Retorsionen**») ergriffen werden; Stichwort Handelskriege);
- um Auswirkungen von Verhältnissen außerhalb des Wirtschaftsgebiets vorzubeugen oder entgegenzuwirken, die mit der *freiheitlichen Ordnung* der Bundesrepublik nicht übereinstimmen;
- um schädigende *Geld- und Kapitalzuflüsse* aus fremden Wirtschaftsgebieten abzuwehren (z.B. durch eine zinslose **Bardepotpflicht** bis zu 100% auf im Ausland aufgenommene Kredite; diese Regelung war vorübergehend von 1971–1974 in Kraft).

E-3.2.2. Spezielle Beschränkungsmöglichkeiten

(1) Beim **Warenverkehr** gibt es für besondere, explizit angesprochene Bereiche gemäß §§ 8–14 AWG die folgenden (hier nicht vollständig aufgelisteten) Beschränkungsmöglichkeiten (materiell sind diese – als nationales Recht – weitgehend gegenstandslos aufgrund entsprechender übergeordneter EG-Regelungen):

- Die *Ausfuhr*[3] von Waren kann beschränkt werden, um einer Gefährdung der Deckung des *lebenswichtigen Bedarfs* im Wirtschaftsgebiet vorzubeugen oder entgegenzuwirken, wenn also die inländische Versorgung gefährdet ist (theoretisch denkbar im Marktordnungsbereich).
- Bei *landwirtschaftlichen Erzeugnissen* sind Beschränkungen möglich, um Störungen der Ausfuhr durch *minderwertige Erzeugnisse* vorzubeugen oder entgegenzuwirken, um also bestimmte Produktstandards zu gewährleisten.
- Die *Ausfuhr* von Waren mit Ursprung außerhalb des Wirtschaftsgebiets kann beschränkt werden, um zu verhindern, daß diese in andere

---

3 Mit «Ausfuhr» ist hier nur der außenwirtschaftsrechtliche, nicht der zollrechtliche Ausfuhrbegriff gemeint; vgl. Abschn. F-1.4.

Mitgliedstaaten einer zwischenstaatlichen wirtschaftlichen Organisation (im Klartext: insbesondere also der EG) verbracht werden, sofern dies entsprechenden Importbestimmungen dieser Organisation widerspräche (vgl. Art. 115 EWGV; in Deutschland bislang nicht angewendet).

• Bei *Ausfuhrgeschäften* kann die Vereinbarung von *Zahlungs- oder Lieferbedingungen* beschränkt werden, die günstiger als die handels- oder branchenüblichen Bedingungen sind, insbesondere um Abwehrmaßnahmen des Importlandes zu vermeiden (z.B. bei Dumpingpreisen). (Diese Beschränkungsmöglichkeit – § 9 AWG – ist bisher nicht angewendet worden.)

• Die *Wareneinfuhr* kann beschränkt werden, wenn dies zum Schutz der inländischen Wirtschaft erforderlich ist.

• *Durchfuhr* und *Transit* von (Embargo-)Waren kann beschränkt werden.

• Schließlich können für eingeführte Waren *Verwendungsbeschränkungen* vorgeschrieben werden.

Um sicherzustellen, daß diese Bestimmungen nicht dadurch unterlaufen werden, daß die Einfuhr durch Gebietsfremde vorgenommen wird, bestimmt das AWG, daß gebietsfremde Gemeinschaftsansässige (beispielsweise ein französisches Unternehmen mit Sitz in Frankreich, unter bestimmten Voraussetzungen auch ein französisches Tochterunternehmen mit Sitz in Deutschland) den Gebietsansässigen (also deutschen Importeuren und Exporteuren) gleichgestellt sind.

(2) Der **Dienstleistungsverkehr** kann zum Schutz wichtiger inländischer Interessen beschränkt werden, sofern er die aktive Lohnveredelung (vgl. Abschn. F-5.3.1), Herstellungs- und Vertriebsrechte, die Filmwirtschaft, See- und Binnenwirtschaft, Luftfahrt oder Schadensversicherungen betrifft (§§ 15–21 AWG). Beispielsweise bedarf das Verchartern eines Schiffes unter deutscher Flagge an einen Gebietsfremden aus einem Land der **Länderliste C** (Abschn. E-4.2.2) der Genehmigung. Umgekehrt bedarf der Abschluß von Frachtverträgen für Stückgüter durch Seeschiffe aus Ländern, die nicht in der **Länderliste F1** oder **F2** aufgeführt sind, der Genehmigung. Diese Beschränkungsmöglichkeiten, die in der AWV spezifiziert sind, sollten Retorsionen bei wettbewerbsbehindernden Maßnahmen des Auslandes ermöglichen bzw. inländische Unternehmen gegen nicht-marktkonforme ausländische Konkurrenz schützen. Der § 45a AWV soll Ausführer vor unseriösen Preisprüfungsvorschriften der Importländer schützen, indem die Tätigkeit der betreffenden Kontrollunternehmen in der Bundesrepublik genehmigungspflichtig ist. Die – durch EG-Recht obsolet gewordenen – Beschränkungsmöglichkeiten der §§ 15

(aktive Lohnveredelung), 16 (Herstellungs- und Vertriebsrechte) und 19 (Luftfahrt) sind bislang nicht angewendet worden.

(3) Der **Kapitalverkehr** mit fremden Wirtschaftsgebieten kann bezüglich der Kapitalausfuhr und der Geld- und Kapitalanlagen Gebietsfremder in Deutschland beschränkt werden, um das Zahlungsbilanzgleichgewicht sicherzustellen oder (erheblichen) Störungen auf dem Kapitalmarkt oder bezüglich der Kaufkraft der DM entgegenzuwirken. Beschränkungen des Kapitalimports und -exports können neben Direktinvestitionen u.a. auch gelten für den Erwerb von Grundstükken und Wertpapieren, die Kreditaufnahme und -vergabe oder die Unterhaltung von Konten; auch hier ist bei der Kapitaleinfuhr eine **Bardepotpflicht** möglich. Gleichermaßen können Rechtsgeschäfte beschränkt werden, die die Ein- und Ausfuhr von Gold betreffen (§§ 22–24 AWG). Die Beschränkungsmöglichkeiten der §§ 22 (Kapitalausfuhr) und 24 (Verkehr mit Gold) sind bisher nicht angewendet worden; die Beschränkungsmöglichkeit der §§ 6a und 23 AWG (Abwehr schädigender Geld- und Kapitalzuflüsse aus fremden Wirtschaftsgebieten; Kapital- und Geldanlagen Gebietsfremder) sind seit 1981 nicht mehr angewendet worden. Seit 1990 sind – gestützt auf die allgemeine Beschränkungsmöglichkeit des § 7 AWG – Beschränkungen im Kapitalverkehr mit Irak, Libyen, Serbien und Montenegro in Kraft; die Beschränkungen gegenüber Kuwait wurden 1991 wieder aufgehoben.

(4) Der **Zahlungsverkehr** ist in jeder Hinsicht frei und unbeschränkt, unterliegt jedoch bestimmten Melde- und Überwachungsvorschriften (§ 59 AWV). Eine Ausnahme stellen die oben erwähnten besonderen Beschränkungen gegen Irak, Kuwait, Libyen, Serbien und Montenegro dar, die – gestützt auf die allgemeine Beschränkungsmöglichkeit des § 7 AWG – als 1990/92 eigens eingefügte Kapitel VII a–c der AWV auch den Zahlungsverkehr mit diesen Ländern verbieten bzw. genehmigungspflichtig machen. Diese Ergänzung war notwendig zur Umsetzung der entsprechenden, für alle Mitgliederländer verbindlichen UN-Resolution, die aber gemäß Art. 25 der UN-Charta in nationales Recht transformiert werden mußte. Es handelt sich dabei jedoch nicht um eine Beschränkung des Zahlungsverkehrs schlechthin (so wie die Bardepotpflicht im Kapitalverkehr), sondern um spezifische Maßnahmen nur gegen einzelne Länder.

Abb. E-3.2/3 faßt die staatlichen Regelungen des Außenwirtschaftsverkehrs i.w.S. zusammen. Abb. E-3.2/4 verdeutlicht die inhaltliche Übereinstimmung und rechtliche Kongruenz von Handelsbeschränkungen auf den verschiedenen Rechtsebenen.

Abb. E-3.2/3: **Staatliche Regelungen im Außenwirtschaftsverkehr**

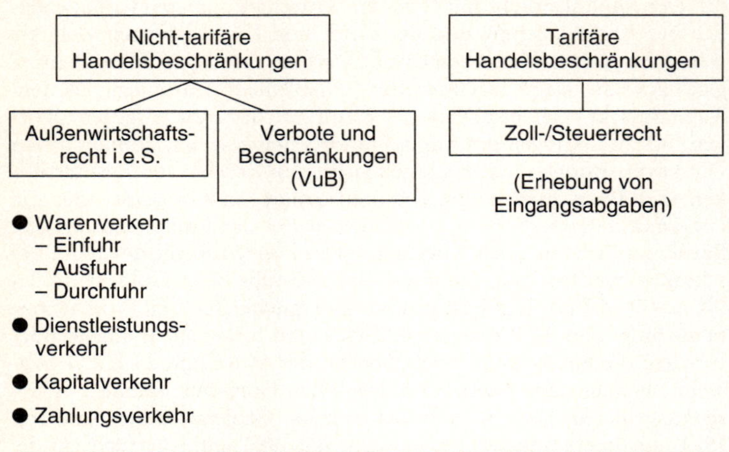

Abb. E-3.2/4: **Rechtliche Kongruenz**

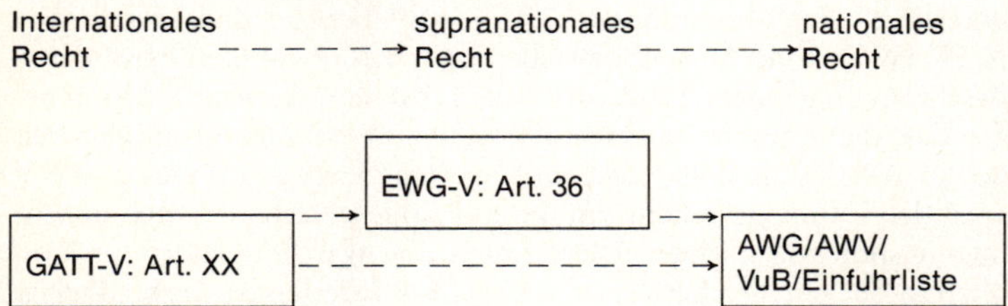

E-3.3. Arten und Umfang der Beschränkungsmöglichkeiten

Hinsichtlich der Regelungsbefugnis ist festzustellen, daß für den nationalen Verordnungsgeber, also die Bundesregierung, nur noch relativ geringer Spielraum besteht für autonome nationale Maßnahmen, da weite Bereiche der Handelspolitik durch supranationales Gemeinschaftsrecht geregelt sind; auf nationaler Ebene können in solchen Fällen lediglich die nationalen Bestimmungen dem Gemeinschaftsrecht angepaßt werden.

Nach dem AWG sind zwei grundsätzliche Arten von Beschränkungen möglich: entweder **Verbote** oder **Genehmigungsvorbehalte**. Absolute Verbote von Handlungen oder Rechtsgeschäften sind selten (z.B. Exportverbote im Rahmen des Irak-Embargos), weil mit einer rationalen Handhabung von Genehmigungspflichten flexibler, differenzierter, aber genauso konsequent analoge Wirkungen erzielt werden können. Genehmigungen werden nur auf (teilweise formgebundenen) Antrag gewährt und können mit Nebenbestimmungen verbunden sein, z.B. einer zeitlichen Befristung oder der Einhaltung bestimmter Bedingungen oder Auflagen, oder unter einem Widerrufsvorbehalt stehen.

Grundsätzliche rechtliche Überlegungen sprechen für die Liberalisierung der Außenwirtschaft: Art. 2 GG in Verbindung mit Art. 12 und 14 GG garantieren die Wirtschaftsfreiheit ebenso wie der EWG-Vertrag. Beschränkungen des Außenwirtschaftsverkehrs müssen daher nach § 2 AWG – nach dem *Prinzip der Verhältnismäßigkeit* – auf ein Minimum begrenzt und aufgehoben werden, wenn der Grund für ihre Einführung entfällt, um zu verhindern, daß gegenstandslose Beschränkungen in Kraft bleiben. Beschränkungen, die bereits abgeschlossene Verträge betreffen, dürfen nur angeordnet werden, wenn der angestrebte Zweck andernfalls erheblich gefährdet würde. Diese Regelung hat besondere Bedeutung erhalten für Unternehmen, die 1990/91 vom Embargo gegen den Irak betroffen wurden (zur Abgrenzung Embargo/Boykott vgl. Abschn. E-3.6).

Das AWG als Rahmengesetz enthält Ermächtigungen für die Exekutive, Beschränkungen des Außenwirtschaftsverkehrs durch Rechtsverordnung (d.h. insbesondere durch Änderung der AWV) zu erlassen. Dies hat, wie erwähnt, den Vorteil (und den Sinn), den zeitraubenden Weg des Gesetzgebungsverfahrens zu vermeiden, der beispielsweise bei einer Gesetzesänderung oder beim Erlaß eines sog. **Transformationsgesetzes** zur Umsetzung völkerrechtlicher Verpflichtungen beschritten werden müßte. Von dieser Struktur gibt es jedoch eine Ausnahme, indem konkret und unmittelbar *im* Außenwirtschaftsgesetz in § 10 *Beschränkungen* für die *Wareneinfuhr* geregelt werden. In diesem Punkt wird das Prinzip durchbrochen, daß im AWG nur der Rahmen gesteckt wird, der durch entsprechende Vorschriften in der AWV konkretisiert werden muß: Die **Einfuhrliste**, welche die entsprechenden Beschränkungen enthalten kann, ist eine Anlage zum Außenwirtschafts*gesetz* (und nicht – wie die Ausfuhrliste – eine Anlage zur Außenwirtschafts*verordnung*. Dies ist historisch zu verstehen, weil

Ende der 50er Jahre Importaspekte bedeutsamer waren als Exportfragen. Die Einfuhrliste bestimmt, für welche Einfuhren eine Einfuhrgenehmigung erforderlich ist. Sie kann gemäß § 10 AWG aber durch einfache Rechtsverordnung geändert, also genauso wie die Ausfuhrliste flexibel den aktuellen Erfordernissen angepaßt werden (hat also selbst den Charakter einer Rechtsverordnung) – dies allerdings, wie bereits ausgeführt, vorrangig nach Maßgabe des Gemeinschaftsrechts; Eigenständige nationale Beschränkungsmaßnahmen im handelspolitischen Bereich i.e.S. sind nicht mehr möglich (dies ist gemäß Art. 113 EWGV Gemeinschaftskompetenz), sondern fast nur noch im nationalen Sicherheitsbereich. Dessenungeachtet werden in der Praxis alle Importbeschränkungen – nationalen und gemeinschaftsrechtlichen Charakters – quasi zusammenfassend in die Einfuhrliste eingearbeitet, nicht zuletzt um – wie erwähnt – eine rechtliche Basis für Bußgeld- bzw. Strafbestimmungen zu schaffen.

E-3.4. Zuständigkeiten

E-3.4.1. Erlaß von Rechtsverordnungen

Da das AWG Bundes- und Länderangelegenheiten berührt, wäre nach Art. 84 GG – genau wie bei der Verabschiedung des AWG – auch beim Erlaß von Ausführungs-Rechtsverordnuangen jeweils die Zustimmung des Bundesrates erforderlich. Dies wäre im Hinblick auf die notwendige Flexibilität bei der Anpassung der AWV an geänderte Rahmenbedingungen sehr hinderlich. Gestützt auf Art. 80 GG hat man daher eine andere rechtliche Konstruktion gewählt:
Rechtsverordnungen nach dem AWG bedürfen – mit sehr wenigen Ausnahmen – nicht der Zustimmung des Bundesrates, sondern werden diesem ebenso wie dem Bundestag nach Verkündung lediglich mitgeteilt. Der *Bundesrat* kann gegenüber dem Bundestag eine *Stellungnahme* abgeben. Der *Bundestag* wiederum kann innerhalb von vier Monaten nach Verkündung die unverzügliche Aufhebung einer derartigen Rechtsverordnung anordnen. Ausgenommen sind hiervon Maßnahmen zur Erfüllung ratifizierter Verträge, weil der Bundestag dabei bereits mitgewirkt hat, sowie hinsichtlich Verordnungen über die Höhe eventueller Bardepotsätze.
Grundsätzlich ist für den Erlaß von außenwirtschaftlichen Rechtsverordnungen die *Bundesregierung* zuständig (§ 27 AWG), wobei wegen der meist umfassenden Bedeutung derartiger Regelungen die Entscheidung des *Gesamtkabinetts* erforderlich ist. Hinsichtlich solcher

Rechtsverordnungen, die nur der Erfüllung von Verpflichtungen aus internationalen Verträgen dienen, ist der *Bundeswirtschaftsminister* (im Einvernehmen mit dem Bundesaußenminister und -finanzminister) zuständig. Diese Rechtsverordnungen brauchen auch nicht Bundestag und Bundesrat mitgeteilt zu werden.

E-3.4.2. Genehmigungsverfahren

Je nach Art des betreffenden Außenwirtschaftsbereiches sind verschiedene Behörden für die Erteilung von Genehmigungen zuständig. Zwar ist in § 28 Abs. AWG davon die Rede, daß dies in die Kompetenz von Landesbehörden falle, doch besagt Abs. 3, daß durch Rechtsverordnung eine zentrale Bearbeitung durch Bundesbehörden angeordnet werden kann. Dies ist heute die Regel:
Im Bereich des Warenverkehrs sind für Genehmigungen zuständig das (dem Bundeswirtschaftsminister nachgeordnete) *Bundesamt für Wirtschaft* (BAW) sowie das im April 1992 neu geschaffene *Bundesausfuhramt* (BAFA) (beide in Eschborn), für den Bereich der gemeinsamen Agrarmarkt-Organisationen die *Bundesanstalt für landwirtschaftliche Marktordnung* (BALM) und das *Bundesamt für Ernährung und Forstwirtschaft* (BEF) (beide in Frankfurt, werden demnächst wahrscheinlich fusioniert), für Dienstleistungen im Bereich des Verkehrswesens das *Bundesverkehrsministerium* und für den Kapital- und Zahlungsverkehr die *Deutsche Bundesbank*. Diese Bundesbehörden haben gegenüber den obersten Landesbehörden auch ein entsprechendes Weisungsrecht. Diese Regelungen entsprechen der Zuständigkeitsverteilung zwischen Bund und Ländern zum Zeitpunkt des Inkrafttretens des AWG. Anträge auf Einfuhr oder Ausfuhrgenehmigungen sind bei den jeweils zuständigen Bundesämtern auf bestimmten Formblättern zu beantragen.
Grundsätzlich besteht nach § 3 AWG ein *Rechtsanspruch* auf eine Genehmigung. Die Genehmigungsbehörde hat im Rahmen eines *Ermessungsspielraumes* daher zu prüfen, ob durch das beantragte Einfuhr- oder Ausfuhrgeschäft der Zweck der Beschränkung nicht oder nur unwesentlich beeinträchtigt wird, wobei insbesondere auch indirekte Wirkungen – wie die mittelfristigen Auswirkungen von Präzedenzfällen – zu berücksichtigen sind. Im Rahmen des Beurteilungsspielraums der Genehmigungsbehörde sind dabei neben (volks-)wirtschaftlichen Kriterien auch außen- und sicherheitspolitische Aspekte zu berücksichtigen. Dazu gibt es u.a. *Politische Grundsätze der Bundesregierung für den Export von Kriegswaffen und sonstigen Rüstungsgütern* aus dem Jahre 1982. Ggf. wird auch der COCOM-

Ausschuß in Paris mit der Entscheidung befaßt. Bei Einfuhrkontingenten (vgl. dazu Abschn. E-4.5) sind daher die Weisungen des *Interministeriellen Einfuhrausschusses* (IEA) zu beachten (nicht zu verwechseln mit dem *Interministeriellen Ausschuß* IMA im Zusammenhang mit Exportgewährleistungen, vgl. Abschn. H-2.4.4). Im IEA sind vertreten die Bundesminister für Wirtschaft, Finanzen, Ernährung, Landwirtschaft und Forsten und die Deutsche Bundesbank; Sitz des Gremiums ist das Bundesamt für Wirtschaft. Wenn der Zweck der Beschränkung nicht beeinträchtigt wird, *muß* die Genehmigung erteilt werden, wobei allerdings Auflagen möglich sind, etwa eine zeitliche Befristung oder eine wert- oder mengenmäßige Begrenzung der Genehmigung.

E-3.4.3. Meldebestimmungen

Nach dem Außenwirtschaftsgesetz kann angeordnet werden, daß Rechtsgeschäfte und Handlungen im Außenwirtschaftsverkehr den zuständigen Behörden zu melden sind, um u.a.

- die *Zahlungsbilanz* erstellen zu können,
- überprüfen zu können, ob die *Voraussetzungen* für Anordnung, Aufhebung oder Erleichterung von Beschränkungen (noch) vorliegen,
- die Wahrnehmung außen(wirtschafts)politischer *Interessen* zu gewährleisten,
- die *Verpflichtungen* aus zwischenstaatlichen Vereinbarungen erfüllen zu können.

Rechtsgrundlagen für die Meldepflicht sind neben dem AWG und der AWV das **Außenhandelsstatistikgesetz, AHStG**, und das **Gesetz über die Statistik für Bundeszwecke** (**BStatG**). Um eine systematische Auswertung zu ermöglichen, müssen zur Kennzeichnung der Waren dabei bestimmte Kennzahlen verwendet werden. Diese leiten sich aus einem sog. **Leistungsverzeichnis** ab, das der AWV als **Anlage LV** beigefügt ist. Für den *Reiseverkehr* bestehen dabei umfassende Befreiungen von den Meldepflichten. Die *Außenhandelsstatistik* ist eine wichtige Grundlage für Zoll-, Präferenz- und Handelsabkommen. In den aussenwirtschaftsrechtlichen Meldeunterlagen (Exemplare des *Einheitspapiers*; vgl. u.a. Abschn. E-4, E-5 und insbesondere F-2) ist für Einfuhren und Ausfuhren jeweils der «**statistische Wert**» (Feld 46) anzugeben. Dieser entspricht dem Warenwert an der Grenze einschließlich der Beförderungskosten. Importe werden dabei CIF, Exporte FOB bewertet, völlig unabhängig von den tatsächlichen Vereinbarungen im Kauf- bzw. Liefervertrag. In den außenwirtschaftsrechtlichen Anmeldepapieren muß daher ggf. der Import-CIF- bzw. der Export-FOB-

Wert fiktiv errechnet (geschätzt) und angegeben werden. Diese Praxis ist international üblich. Aus diesem Grund – abgesehen von anderen, hier nicht zu berücksichtigenden Erfassungs- und Bewertungsprobleme – differieren folglich auch der Exportwert z.B. von Deutschland in die USA und der entsprechende Importwert aus der Sicht der USA, weil dort die Beförderungskosten mit einbezogen sind. Internationale Handelsstatisiken verwenden daher i.d.R. nicht die Importwerte, sondern die (höheren) Exportwerte.

Ein- und Ausfuhrsendungen sind den Zollbehörden durch die **statistischen Anmeldescheine** *(Einfuhranmeldung, Ausfuhrerklärung)* anzumelden (§§ 26, 46 AWG und Bestimmungen des **Außenhandelsstatistikgesetzes, AHStG**). Anmeldepflichtig ist jeweils der *Zollbeteiligte*. Diese Anmeldungen, die in der Regel im Zuge der Erstellung bestimmter Zollformulare im Durchschreibeverfahren erfolgen, werden an das *Statistische Bundesamt* in Wiesbaden, je nach Art auch an die *Deutsche Bundesbank* in Frankfurt weitergeleitet und dienen der Fortschreibung der Außenhandelsstatistik. Ausgenommen davon sind im gewerblichen Bereich u.a. Kleinsendungen bis zu DM 500,– sowie auch Waren, für die (außertarifliche) Zollbefreiungen gelten (vgl. Abschn. F-3.2.4).

Mit der Verwirklichung des *Binnenmarktes* entfallen für den EG-internen Handel mit Gemeinschaftswaren alle Zollverfahren und damit auch die entsprechenden Anmeldungen, zumeist auf der Basis entsprechender Exemplare des Einheitspapiers, das bislang folglich als wichtige statistische Informationsquelle diente. Mit dem Wegfall der Formulare im EG-Intrahandel ergibt sich daher die Notwendigkeit, die Warenströme in anderer Weise zu erfassen. Hierfür ist ein dem Einheitspapier ähnliches Formular entwickelt worden («**IntraStat**»). Unternehmen, die pro Jahr für mehr als 100000 ECU Waren in andere EG-Länder liefern (statistisch bezeichnet als **Versendung** = Ausfuhr/ Export) bzw. beziehen (sog. **Eingang** = Einfuhr/Import), müssen die entsprechenden Daten mit dem neuen Formular (oder wie bisher über EDV) den statistischen Erfassungsstellen melden. Für kleinere Umsätze sind vereinfachte Meldeverfahren bzw. gänzliche Befreiungen vorgesehen.

Aus den statistischen Angaben kann die Struktur der Warenströme ermittelt werden, sowohl was beim Import die Warenherkunft als auch beim Im- und Export die regionale Beteiligung innerhalb der Bundesländer anbelangt. Neben der Außenhandelsstatistik wird eine *Verkehrsstatistik* geführt. Aus den Angaben über die Abfertigungszollstellen, Transportmittel (Bahn, LKW, Luftverkehr, Seeverkehr) und Transportwege können Rückschlüsse für die Infrastrukturpolitik

gezogen werden, sowohl was das Straßen- und Schienennetz betrifft als auch den Ausbau der Zollabfertigungsstellen (Abb. E-3.4/1).
Besondere Meldepflichten bestehen im *Dienstleistungsbereich*, u.a. bezüglich des Abschlusses von Charter- und Frachtverträgen im Seeverkehr mit Gebietsfremden, in der Filmwirtschaft über Vorführungs- und Senderechte und im Braugewerbe über Vertriebsrechte.
Neben den Güterstatistiken gibt es auch statistische **Meldungen im Zahlungs- und Kapitalverkehr** mit dem Ausland. Die Deutsche Mark ist zwar eine frei konvertible Währung und kann von jedermann ohne Beschränkungen oder Genehmigungen in beliebiger Höhe vom Inland ins Ausland transferiert werden (und umgekehrt). Dessenungeachtet besteht eine statistische Meldepflicht für Zahlungen im Außenwirtschaftsverkehr, und zwar grundsätzlich auch für *Privatpersonen*, was häufig nicht bekannt ist.

Abb. E-3.4/1: **Außenhandelsverkehr**

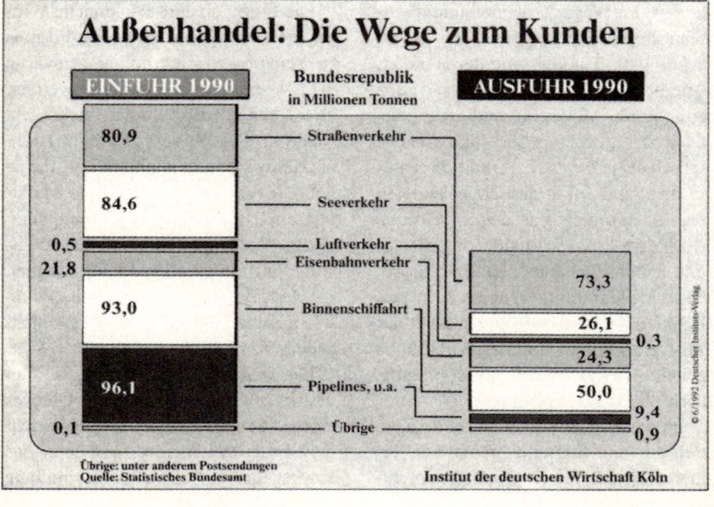

Grundsätzlich müssen Gebietsansässige Zahlungen von mehr als 5000,– DM (bar, durch Scheck, Wechsel, Überweisung oder Auf- und Verrechnungen), die sie im Außenwirtschaftsverkehr **leisten oder erhalten, mit bestimmten vorgeschriebenen** Formblättern melden. Davon ausgenommen sind Privatpersonen, die Zahlungen im *Reiseverkehr* an Ort und Stelle im Ausland leisten. Nicht zu melden sind ferner alle Ausfuhrerlöse (da diese bereits durch die Zollunterlagen bei der Exportabfertigung erhoben werden) sowie Aufnahme oder Tilgung kurzfristiger Kredite (bis zu 12 Monaten) bzw. Begründung und Rückzahlung kurzfristiger Bankguthaben. Zudem sind Forderungen oder Verbindlichkeiten gegenüber Gebietsfremden zu melden, wenn die jeweiligen Summen bei Ablauf eines Monats mehr als 500000,– DM betragen; für Kreditinstitute, Schiffahrtsunternehmen und im Transithandel gelten dabei Sonderbestimmungen (§§ 66–69 AWV).

Einige dieser Positionen werden auch durch andere Meldevorschriften erfaßt, welche nur die *Kreditinstitute* betreffen (z.B. für Reisezahlungsmittel). Das Meldeformular «Zahlungsauftrag im Außenwirtschaftsverkehr» gemäß § 59 AWV (sog. **Vordruck Z1**) ist oben in Abb. D-4.5/1 dargestellt; auf andere Formulare muß hier verzichtet werden. Derartige Meldeformulare sind auch in anderen Ländern üblich. Pro Jahr werden in der Bundesrepublik über 4 Millionen Posten durch das Z1-Formular registriert.

Alle Meldungen im Zahlungsverkehr dienen ausschließlich statistischen Zwecken; die Deutsche Bundesbank ist zur *Geheimhaltung* verpflichtet und darf diese Daten nicht weitergeben, etwa an die Finanzbehörden (§ 16 des Gesetzes über die Statistik für Bundeszwecke und § 5 Bundesdatenschutzgesetz). Die Meldeformulare selbst werden kurzfristig vernichtet; erhalten bleiben dann lediglich die sich daraus ergebenden aggregierten Zahlen.

Verstöße gegen die Meldepflichten stellen *Ordnungswidrigkeiten* dar, die mit *Geldbußen* geahndet werden können (hierzu auch der folgende Abschnitt).

Zusammen mit diesen statistischen Meldebestimmungen ergeben sich somit vier rechtlich voneinander unabhängige Verfahrensebenen, sowohl für die Einfuhr als auch für die Ausfuhr:

- Die *außenwirtschaftliche* Ebene erstreckt sich auf die Frage, ob und ggf. unter welchen Bedingungen eine Ware ein- oder ausgeführt werden darf; dabei sind auch andere gesetzliche Normen wie das Kriegswaffenkontrollgesetz oder das Artenschutzgesetz zu beachten.
- Die *zollrechtliche* Ebene erstreckt sich darauf, ob die Einfuhr zu Zollabgaben führt und ob bzw. welche zollverfahrenstechnischen For-

malitäten bei Ein- und Ausfuhren beachtet werden müssen. Dies umfaßt auch die *marktordnungsrechtliche* Prüfung.

- Die *steuerrechtliche* Ebene bezieht sich auf die Anwendung der Steuervorschriften, z.B. im Hinblick auf die Erhebung von Einfuhrumsatzsteuer (EUSt) oder besonderer Verbrauchsteuern wie z.B. der Mineralölsteuer oder der Tabaksteuer.
- Die *statistische* Ebene bezieht sich auf die statistische Meldepflicht für Ein- und Ausfuhren (vgl. Abb. E-3.4/2).

In der Regel werden diese vier Ebenen bei der Einfuhr- bzw. Ausfuhrabfertigung in einem Arbeitsgang berücksichtigt und erledigt (vgl. u.a. Abschn. E-4.2).

Abb. E-3.4/2: **Rechtsebenen bei der Abfertigung**

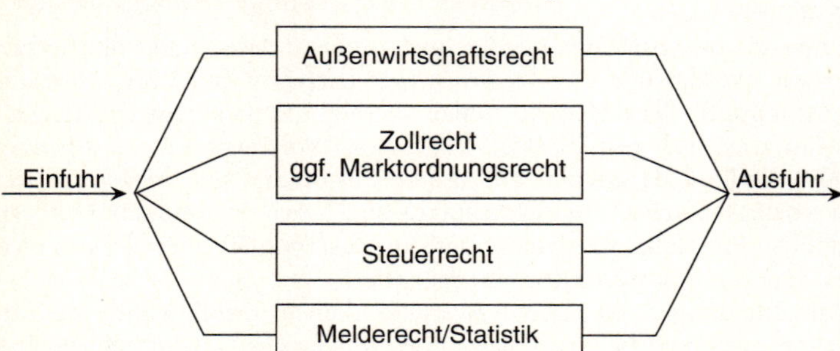

E-3.4.4. Überwachung und Verwaltung

Die Einhaltung der Bestimmungen dieser vier Ebenen wird in erster Linie durch die *Zollbehörden* überwacht, denen ein- oder ausgeführte Waren auf Verlangen darzulegen bzw. zu gestellen sind (§ 46 AWG). Die *Verwaltungsbehörden* im Sinne des AWG sind die **Oberfinanzdirektionen** (denen die Zollbehörden unterstehen), die ebenso wie die übrigen zuständigen Behörden Auskünfte verlangen und Prüfungen (nicht nur in Unternehmen) durchführen können. Dies kann u.U. gebührenpflichtig sein, etwa bei einer beantragten Abfertigung außerhalb des Amtsplatzes der Zolldienststelle, insbesondere aber, wenn sich die Angaben der Beteiligten als unrichtig herausstellen.
Im (deutschen) Verwaltungsbereich wird auf Bundesebene grundsätzlich zwischen drei Ebenen unterschieden: oberste *Bundesbehörden, Mittelbehörden* und *örtliche Behörden* (vgl. Abb. E-3.4/3). *Bundes-*

Abb. E-3.4/3: **Aufbau der Bundeszollverwaltung**

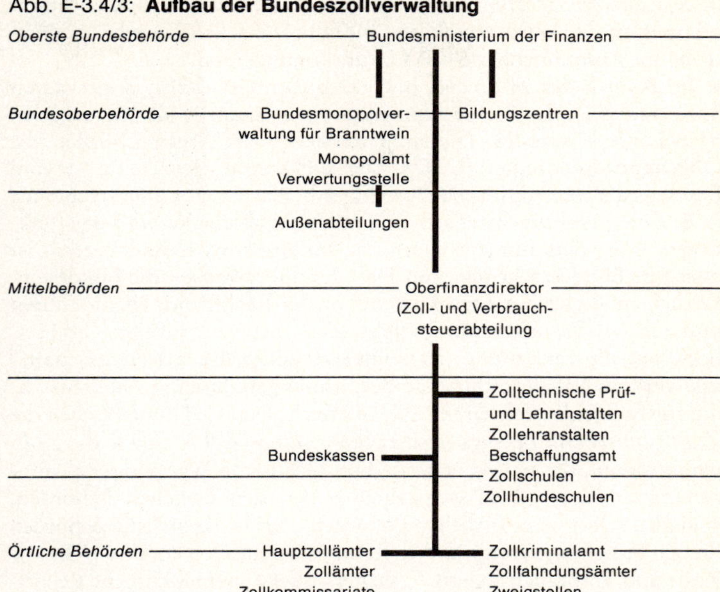

oberbehörden haben – im Gegensatz zu einer obersten Bundesbehörde – keine nachgeordneten Dienststellen, also keinen institutionellen Unterbau, sind jedoch anderen Behörden gegenüber fachlich weisungsbefugt. Oberste Bundesbehörden sind jeweils Ministerien:

- Im Bereich des Außenwirtschaftsrechts im engeren Sinne sind dies das **Bundesministerium für Wirtschaft** (BMWi) mit den nachgeordneten Genehmigungsbehörden **Bundesamt für Wirtschaft** (BAW), dem **Bundesausfuhramt** (BAFA) (beide in Eschborn bei Frankfurt) und dem **Bundeskartellamt** in Berlin, ferner im agrarischen Bereich das **Bundesministerium für Ernährung, Landwirtschaft und Forsten** (**BMELF**) mit den nachgeordneten Genehmigungsbehörden **Bundesamt für Landwirtschaft und Marktordnung** (BALM) und dem **Bundesamt für Ernährung und Forstwirtschaft** (BEF), im Bereich des Kapital- und Zahlungsverkehrs die **Bundesbank**, im grenzüberschreitenden Dienstleistungsbereich auch das **Bundesaufsichtsamt für das Kreditwesen** sowie das **Bundesaufsichtsamt für das Versicherungswesen** (beide in Berlin). Auf die Darstellung der Einbeziehung weiterer Dienststellen in bestimmten Sachfragen (u.a. Verkehr) wird hier verzichtet; erinnert sei aber an den oben erwähnten Interministeriellen Einfuhrausschuß (IEA) im Zusammenhang mit Einfuhrkontingenten.

- Im Bereich des Zollrechts und des außenwirtschaftlich relevanten Steuerrechts ist das **Bundesministerium für Finanzen** als oberste Bundesbehörde zuständig. Diesem unterstehen als Mittelbehörden die **Oberfinanzdirektionen (OFD)**. Die OFD sind gleichzeitig sowohl Bundes- als auch Landesbehörden, d.h. sie üben bundesrechtliche (z.B. Zölle, Verbrauchsteuern) und landesrechtliche Verwaltungsfunktionen (z.B. Einkommensteuer) aus; im Außenwirtschaftsbereich ist aber nur Bundesrecht relevant. Die OFD überwachen die bundeseinheitliche und gleichmäßige Anwendung der Rechtsnormen. Sie führen durch ihren *«Betriebsprüfungsdienst Zoll»* Betriebsprüfungen im Hinblick auf die Einhaltung der zollwert-, zolltarif-, außenwirtschafts- und verbrauchsteuerrechtlichen Bestimmungen durch, sie sind zuständig für Bußgeldverfahren im AWR-Bereich. Den OFD unterstehen die *Zolltechnischen Prüfungs- und Lehranstalten* (ZPLA) sowie die *Zolllehranstalten*, die u.a. chemische und technische Warenuntersuchungen durchführen (diese ‹schweben› neben den örtlichen Behörden, sind also selbst keine örtlichen Behörden), ferner als örtliche Behörden die **Zollfahndungsämter** und die **Hauptzollämter** (HZA), welche die Zölle und Verbrauchsteuern verwalten, über außergerichtliche Rechtsbehelfe entscheiden und u.a. auch Geldbußen festsetzen. Die **Zollämter**, d.h. die *Binnenzollämter* und die *Grenzzollämter* an den Grenzübergangsstellen, und die *Zollkommissariate* entlang den Grenzen sind Organisationseinheiten der HZA.

Das **Zollkriminalamt** (ZKA) in Köln ist eine zentrale Aufklärungsinstitution mit dem Status einer Bundesoberbehörde. Das ZKA ist aus dem **Zollkriminalinstitut** (Köln) hervorgegangen, das bereits in der Vergangenheit ein zentrales Zollfahndungsamt war. In technisch-wissenschaftlicher Hinsicht ist das ZKA auf einem hohen Stand. Das Analysespektrum erfaßt in kriminalistischer Hinsicht u.a. Schriftvergleiche, Echtheitsprüfungen, Rauschgiftanalysen, Rekonstruktion von Dokumenten. Heiß umstritten war, ob das ZKA bereits im Vorfeld illegaler Exporte die Befugnis haben solle, den Brief-, Post- und Fernmeldeverkehr verdächtigter Unternehmen zu überwachen und somit Art. 10 GG einzuschränken. Die durch richterliche Anordnung möglichen Einschränkungsmöglichkeiten (§§ 39–43 AWG) sind zunächst bis Ende 1994 befristet.

E-3.4.5. Sanktionen: Bußgelder und Strafen

Zuwiderhandlungen und Verstöße gegen das AWG sind in den meisten Fällen nach § 33 AWG **Ordnungswidrigkeiten**, die durch Bußgelder – bis zu 1 Mio. DM, bei bloßen Verfahrensfehlern bis zu DM 50000,– geahndet werden können, zusätzlich zu einer vollständigen Bruttogewinnabschöpfung, d.h. ohne daß entstandene Kosten abgezogen werden könnten. Nur schwerwiegende Delikte können im Exportbereich nach § 34 AWG als **Straftaten** gewürdigt werden, nämlich bei Verstößen gegen die in § 7 AWG genannten Rechtsgüter (Schutz der Sicherheit und der auswärtigen Interessen, sofern dadurch die Sicherheit der Bundesrepublik beeinträchtigt, das friedliche Zu-

Abb. E-3.4/4: **Außenwirtschafts(straf)recht**

Mitarbeit an ABC-Wafffen strafbar
Der Bundestag zieht jetzt Konsequenzen aus dem Fall Rabta

Dem Irak bei der Giftgas-Produktion geholfen?
Staatsanwaltschaft Darmstadt erhebt Anklage gegen zwölf Beschuldigte und die Preussag

Libyen-Affäre: Fünf Jahre Haft für Jürgen Hippenstiel-Imhausen

Bald härtere Strafen für illegale Rüstungsexporte

Bonn verfügt über scharfe Munition zur Verhinderung von Waffenexporten

Die Änderung des Außenwirtschaftsgesetzes
Abhören, um Straftaten zu vereiteln
Brief- und Telefonverkehr darf überwacht werden

AUSSENWIRTSCHAFT/ Gesetzespaket verabschiedet
Verschärfung der Kontrolle

AUSSENWIRTSCHAFTSRECHT
Das Netz der Kontrollen ist jetzt dichter gewebt

Illegal mit Fellen geschützter Tiere gehandelt?
Abermals Verfahren im Streit gegen Pelzimporteur

Mehrere Dutzend Embargo-Strafverfahren eingeleitet
Verschärfte Überwachung im Bosnien-Konflikt / Export militärischen Bedarfs, aber kein Waffenexport

sammenleben der Völker gestört oder die auswärtigen Beziehungen der Bundesrepublik *erheblich* gestört werden). Dabei ist bereits der Versuch bzw. allein schon die Gefährdung strafbar. Derartige Delikte werden mit **Freiheitsstrafen** bis zu fünf Jahren bestraft. Für Verstöße gegen *UNO-Embargos* wurde ein eigener Straftatbestand geschaffen, der mit einer Mindeststrafe von zwei Jahren und maximal 15 Jahren Freiheitsentzug bewehrt ist. Insgesamt ist herauszustellen, daß Verstöße gegen *Importbestimmungen* ausnahmslos nur als Ordnungswidrigkeit gewertet werden können; lediglich im *Exportbereich* ist eine strafrechtliche Würdigung möglich, so wie z.B. im Fall der mit deutscher Hilfe gebauten Giftgasfabrik in Rabta/Libyen (Abb. E-3.4/4). Bei einer Reihe sensibler Exportgüter sind Verstöße gegen die Exportvorschriften in jedem Fall Straftaten. Dennoch stößt die relativ geringe Strenge dieser Vorschriften oft auf Unverständnis, da Rechtsverletzungen im Außenwirtschaftsbereich mit teilweise gravierenden Folgen (etwa im Hinblick auf einen Verstoß gegen das Exportverbot von Kriegswaffen) teilweise von schwächeren Sanktionen bedroht sind als beispielsweise schwerer Diebstahl. In den letzten Jahren wurden die Bestimmungen des Außenwirtschaftsrechts der Bundesrepublik allerdings drastisch verschärft (vgl. nachstehend).
Unabhängig von spektakulären Verstößen gegen Embargovorschriften im Exportbereich sind *gängige Verstöße* u.a. die Einfuhr ohne Genehmigung (schon der Versuch kann geahndet werden), die Vorlage unrichtiger Papiere (z.B. Ursprungsnachweise, Einfuhrerklärungen oder Einfuhrkontrollmeldungen), unrichtige Angaben, um Genehmigungen zu erwirken, Behinderung der Nachprüfung, etc. Bußgeldbescheide werden von der zuständigen Oberfinanzdirektion erlassen.

E-3.5. Reform des Außenwirtschaftsrechts

Das deutsche Außenwirtschaftsgesetz von 1961, nach dem im Außenwirtschaftsverkehr grundsätzlich alles erlaubt ist, was nicht ausdrücklich verboten ist, sah bis vor wenigen Jahren insbesondere Beschränkungen im Exportbereich vor, die sich aus der sog. **COCOM-Liste** ableiteten. Diese ist eine Embargoliste mit ‹strategischen› Gütern, u.a. im sog. *High-Tech-Bereich*, deren Export in bestimmte Länder verboten bzw. genehmigungspflichtig ist (vgl. Abschnitt E-5.8). In der jüngeren Vergangenheit (insbesondere 1990–92) sind umfassende verschärfende Reformen der Bestimmungen erfolgt, obgleich das deutsche Außenwirtschaftsrecht – neben dem amerikanischen – international wohl die strengsten Bestimmungen vorsieht. Auf Einzelheiten der Exportvorschriften wird ausführlich im Abschn. E-5 eingegangen, so daß hier nur einige allgemeine Grundzüge der Reform skizziert werden.

(1) Vor dem Hintergrund der Veränderungen in Osteuropa wurden die Beschränkungen der *COCOM-Liste* gegenüber Osteuropa *gelokkert.*

(2) Andererseits wurden die *Exportbeschränkungen* nachhaltig *verschärft*, um Exporte von direkt oder indirekt kriegsrelevanten Gütern zu unterbinden. In *geographischer Hinsicht* wurden die bislang auf die kommunistischen Länder begrenzten Exportkontrollen auch auf andere Länder ausgedehnt, entweder in der AWV (z.B. in § 5b AWV explizit: Libyen) oder durch Aufnahme in die neu geschaffene **Länderliste H** (vgl. Abschn. E-4.2.2). Diese sieht die Genehmigungspflicht für Exporte in bestimmte ‹kritische› Länder außerhalb des COCOM-Bereichs vor. Dabei handelt es sich um Länder, die in Spannungsgebieten liegen oder die als Umschlagplätze für den Waffenhandel anzusehen sind. Nach einer Erweiterung 1990 (Libyen, Syrien, Libanon, Irak und vorübergehend Kuweit) erfolgte 1992 eine Bereinigung, so daß die zuletzt 54 Länder umfassende Liste H nun auf 34 Länder gestrafft wurde. Neun Länder wurden von der Liste H in eine **Liste I** übertragen. Dabei handelt es sich um Staaten, die zwar dem *Atomwaffen-Sperrvertrag* nicht beigetreten sind, aber kein besonderes Verbreitungsrisiko darstellen.

(3) In *sachlicher Hinsicht* wurde das Spektrum der nach der sog. **Ausfuhrliste** genehmigungspflichtigen Güter (vgl. Abschn. E-5.2.2) *erweitert* bzw. präzisiert, so z.B. bei chemischen und biologischen Substanzen und beim Technologietransfer. Während der Kriegswaffenhandel bereits durch das *Kriegswaffenkontrollgesetz* (KWKG, 1961) streng reglementiert war und ist, bestand Handlungsbedarf im Bereich von zivilen Gütern, die auch zu nicht-zivilen Zwecken verwendet werden können (sog. **dual-use-Güter**). Dies geschah – unter dem Eindruck des Krieges zwischen Irak und Iran – erstmals 1984, dann seit Anfang 1989 im Zusammenhang mit der Lieferung von Konstruktionsunterlagen für U-Boote nach Südafrika und mit der deutschen Verwicklung in die Giftgasfabrik-Affäre in Rabta/Libyen (1989), später aufgrund des im August 1990 durch den Irak ausgelösten Golfkriegs, aufgrund des Embargos gegen Libyen und gegen Serbien/Montenegro (dies führte u.a. zur – sicher nur vorübergehenden – Einfügung der Kapitel VIIa–c mit den §§ 69a–k AWV).

Hinzugekommen ist u.a. auch die Genehmigungspflicht für **Auslandstätigkeiten** von Bundesbürgern im Zusammenhang mit der Entwicklung und Herstellung von Waffen, Munition und Kriegsgerät (z.B. Ausbildung oder Beratung), insbesondere bei Raketenprojekten im Ausland (§§ 45b,c AWV).

Schließlich sind Ausfuhren in Länder der Länderliste H auch dann genehmigungspflichtig, wenn die – an sich problemlosen – Güter zwar selbst nicht genehmigungspflichtig wären, aber zum Einbau in genehmigungspflichtige Tatbestände bestimmt sind *und* der Ausführer Kenntnis davon hat (§§ 5c,d AWV). Hierbei gilt eine Freigrenze für Waren bis zu DM 5000,– pro Vertrag. Die Tatsache, daß eine Ware *nicht* in der Ausfuhrliste für genehmigungspflichtige Güter erfaßt ist, bedeutet somit nicht zweifelsfrei, daß die Ausfuhr tatsächlich auch genehmigungsfrei ist. Diese Konstruktion verringert ein wenig das Problem, daß die Anpassung der Ausfuhrliste in der Praxis der technischen Entwicklung ständig hinterherhinkte.

(4) Die Einfügung des o.a. § 5c AWV bedeutet damit gleichzeitig auch eine Verschärfung der Bestimmungen über die Kontrolle des **Endverbleibs**, nicht zuletzt auch, um *Umwegimporte* zu unterbinden. Darüber hinaus können gebietsansässige Unternehmen, die im sensiblen Bereich der A-, B- und C-Technologie tätig sind, verpflichtet werden, über ihre Produktion Auskunft zu geben, auch wenn sie gar nicht exportieren wollen. Diese Regelung ist bislang international ohne Beispiel.

(5) In **institutioneller Hinsicht** wurde datenschutzrechtlich ein verbesserter Datenaustausch zwischen den verschiedenen Behörden ermöglicht. Die deutsche Zollverwaltung versucht zudem bei Inanspruchnahme des erleichternden Ausfuhrverfahrens, unter Verwendung der Ausfuhrerklärungen und Ausfuhrkontrollmeldungen, mit einem neuen, computergestützten System *KOBRA* («Kontrolle bei der Ausfuhr») Ausfuhrdaten von Datenträgern der Exporteure zu speichern und insbesondere hinsichtlich des Endverbleibs auszuwerten; hinsichtlich der Umsetzung dieser Absicht ist aus praktischen Gründen Skepsis angebracht. Ferner wurde die Personalkapazität der Kontrollbehörden erhöht, die Zollkontrollen auf besonders kritische Länder konzentriert und die Außenwirtschaftsprüfungen verstärkt. Daneben wurde ein **Warnsystem** eingeführt, mit dem die Behörden – auch aufgrund nachrichtendienstlicher Hinweise – die Industrie vor illegalen Beschaffungsversuchen warnen können.

(6) Da viele außenwirtschaftsrechtliche Vorgänge auf Antragsbasis abgewickelt werden, wurden die Zuverlässigkeitsprüfungen intensiviert und von den Unternehmen verlangt, daß sie einen **Ausfuhrbeauftragten** auf Leitungsebene benennen, der bei Verstößen ggf. persönlich zur Verantwortung gezogen werden kann.

(7) Die **Sanktionsmöglichkeiten** bei Zuwiderhandlungen wurden verschärft. Eine Reihe von Tatbeständen sind nunmehr nicht Ordnungswidrigkeiten, sondern *Straftaten*. Die möglichen *Geldbußen* wurden auf 1 Mio. DM verdoppelt. Zusätzlich können die Bruttoerlöse aus illegalen Aktivitäten abgeschöpft werden. Der allgemeine Strafrahmen wurde von 3 auf 5 Jahre Freiheitsstrafe ausgeweitet. Von nun an ist bereits der bloße *Tatbestand* der Ausfuhr – nicht, wie bisher, die dadurch bedingte Gefährdung oder gar die konkrete Verletzung der Sicherheit und der auswärtigen Beziehungen der Bundesrepublik – für eine Bestrafung ausreichend. Bei Verstößen gegen *UN-Embargos* ist eine Höchststrafe von *15 Jahren Freiheitsstrafe* möglich. Bei Beteiligungen Deutscher an der Herstellung von ABC-Waffen im Ausland ist bereits ein leichtfertiges ‹Fördern› (als eigenständiges – vom «Förder»-Begriff her allerdings umstrittenes - Delikt) für eine Bestrafung hinreichend. In vielen Fällen ist eine *Mindeststrafe* von 2 Jahren vorgesehen, so daß eine Bewährungsfrist ausgeschlossen ist. Kritisch anzumerken ist allerdings, daß unbestimmte Rechtsbegriffe wie ‹leichtfertig› Rechtsunsicherheit schaffen und auch Beihilfehandlungen ohne Vorsatz kriminalisieren können.

Diese außenwirtschaftsrechtlichen Reformen erfolgten als autonome Initiative der Bundesrepublik, da es außerhalb der strategischen Kontrollen des COCOM-Systems und dem *Atomwaffen-Sperrvertrag* (Nichtverbreitungsvertrag, NV-Vertrag) bei atomaren Gütern keine analogen internationalen Initiativen in dieser Hinsicht gibt. Allerdings hat der *«European Round Table of Industrialists»* (ERTI) Mitte 1991 ein Konzept für ein Exportkontrollrecht vorgelegt, das Elemente der COCOM-Vereinbarungen mit den Erfordernissen des EG-Binnenmarktes verbindet: Danach soll eine *«Licence Free Zone»* gebildet werden, die zunächst dem Binnenmarkt entspricht, aber auch auf die EFTA und andere COCOM-Länder ausgedehnt werden kann. In dieser Zone sollen *dual-use*-Güter frei zirkulieren können, abgesichert durch eine Liste der zu kontrollierenden Waren und eine Liste der zu boykottierenden Länder. Die Kontrolle soll nach diesem Vorschlag einer europäischen Exportkontrollagentur übertragen werden.

Im Zuge der Realisierung des Europäischen Binnenmarktes wird auch eine Harmonisierung der nationalen Außenwirtschaftsrechtsbestimmungen, insbesondere im Hinblick auf die erforderlichen Exportkontrollen *dringend* nötig sein. Die Bundesrepublik hat mit ihrem recht strengen Außenwirtschaftsrecht sehr hohe Maßstäbe gesetzt. Es ist nicht unwahrscheinlich, daß diese durch eine europäische Harmonisierung teilweise verwässert werden.

E-3.6. Exkurs: Boykott und Embargo (am Beispiel des Golfkriegs)

E-3.6.1. Begriffsabgrenzung

Der Begriff **Boykott** geht zurück auf den englischen Gutsherrn *Charles Boycott*, der wegen seiner Übergriffe und Härte gegen irische Pächter um 1880 zur Auswanderung aus Irland gezwungen wurde, weil es privater Initiative gelang, daß Geschäftsleute keine Geschäfte mehr mit ihm tätigten, ihn seine Arbeiter verließen und jeglicher gesellschaftliche Verkehr mit ihm zum Erliegen kam. Außenwirtschaftlich gesehen ist ein Boykott ein auf *privatwirtschaftlicher* Ebene organisierter, vorrangig *import*orientierter Abbruch der Wirtschaftsbeziehungen zu einem Staat, z.B. ein Boykott südafrikanischer Orangen seitens der Verbraucher wegen der Apartheitspolitik Südafrikas. Analog kann es natürlich auch privatwirtschaftlich fundierten *Ausfuhrboykott* geben, indem Exporteure bestimmte Kunden bzw. Länder nicht beliefern. Im Arabienhandel z.B. müssen Exporteure häufig eine Boykotterklärung gegen Israel abgeben (vgl. auch die Abschn. D-2.2.3.1 und E-5.3.(9)) und sich somit dem Boykott der arabischen Länder anschließen. Dies bezeichnet man als **Sekundär-Boykott.** Die Bundesregierung hat 1992 in internationalem Alleingang die Abgabe solcher Erklärungen verboten; das Inkrafttreten der Verordnung ist allerdings – wegen der massiven Proteste: vgl. unten Abb. E-5.3/6 – auf Mai 1993 verschoben worden.

Im Sprachgebrauch wird die definitorisch prinzipiell klare Abgrenzung zum *Embargo* jedoch oft verwischt:

Der Begriff **Embargo** ist spanischen Ursprungs: Das Verb *embargar* bedeutet Aktivitäten wie Anhalten, Beschlagnahmen oder Pfänden. Dies bezieht sich auf das Verhindern des Auslaufens von Schiffen oder Waren. Heute versteht man unter Embargo *staatlich* angeordnete (Zwangs-)Maßnahmen, mit denen der Güterhandel mit einem bestimmten Staat unterbunden wird, i.d.R. als Repressalie gegen Völkerrechtsverletzungen eines anderen Landes oder um dieses zu bestimmten Handlungen zu zwingen bzw. davon abzuhalten. Im Gegensatz zum eher passiv orientierten Boykott (freiwilliger *Verzicht* auf Käufe oder Lieferungen) umfaßt ein Embargo also aktives Handeln (Verbot und Unterbindung des Warenverkehrs). Im Hinblick auf den Ansatzpunkt der Restriktionen wird z.B. unterschieden zwischen *Importembargo* (z.B. Rohöl) oder *Exportembargo* (Handelsembargo), *Kapitalembargo* (Zahlungssperre oder Verbot von Vermögensübertragungen; meist in Ergänzung zu einem Handelsembargo) oder *Trans-*

portembargo (Schiffe, Flugzeuge). Je nach Ausmaß handelt es sich dabei um ein *Total-* oder ein *Partial-* bzw. *Selektivembargo* (z.B. Waffenembargo). Wirken dabei mehrere Staaten zusammen, spricht man von einem *Kollektivembargo*.
Das Embargo ist inhaltlich eng verwandt mit zwei anderen Begriffen. Bei einer **Sanktion** handelt es sich um eine Reaktion eines Staates als Vergeltung für ein völkerrechtswidriges Verhalten eines anderen Staats. (Der Begriff **Retorsion** wird meist im Zusammenhang mit handelspolitischen Sanktionen verwendet.) Dies kann also auch ein Embargo sein. Eine **Blockade** ist eine militärische Maßnahme, die beispielsweise ein (prinzipiell nicht-militärisches) Embargo durchsetzen und unterstützen soll.

E-3.6.2. Rechtliche Verankerung

Am Beispiel des Handelsembargos gegen den Irak im Zusammenhang mit dem Golfkrieg von 1990 wird deutlich, daß eine derartige Maßnahme auf verschiedenen *Rechtsebenen* verankert ist (vgl. Abschn. B-3) (dies gilt analog für die anderen Embargobeschlüsse der UNO, auf die hier nicht näher eingegangen wird):
(1) Auf der *supranationalen Ebene* war das Handels- und Kapitalverkehrs-Embargo vom UN-Sicherheitsrat am 2./6. 8. 1990 verordnet worden (gestützt auf Art. 41 der UN-Charta, und zwar rückwirkend) (2. 8. 1990: Verurteilung der Aggression, 6. 8. 1990 Beschluß über Handels- und Finanzembargo; UN-Resolutionen 660 und 661). Für die Bundesrepublik als Mitglied der UN ergab sich daraus bereits eine Bindung an die Beschlüsse des Sicherheitsrates gemäß Art. 24 GG; dies erforderte jedoch gemäß Art. 25 UN-Charta eine Umsetzung in entsprechende nationale Rechtsakte. Das Handelsembargo gegen den Irak wurde durch den UN-Sicherheitsrat zur Seeblockade durch Kriegsschiffe im Mittelmeer und im Persischen Golf.
(2) Parallel dazu wurde eine Umsetzung der UN-Beschlüsse auf *gemeinschaftsrechtlicher Ebene* auch erforderlich durch analoge Beschlüsse der EG-Außenminister am 4. 8. 1990, die das UN-Embargo bestätigten: Nach den Kriterien der *Europäischen Politischen Zusammenarbeit* (vgl. Art. 1 und 30 der Einheitlichen Europäischen Akte von 1986) bedeutete dies zum einen die Notwendigkeit, diese Beschlüsse in EG-Verordnungen umzusetzen (EG-VO Nr. 2340/1990 vom 8. 8. 1990), zum anderen, diese wiederum in nationales Recht umzusetzen, insbesondere, um die Embargobeschlüsse mit (nationalen) Sanktionsmöglichkeiten zu verknüpfen, was auf EG-Ebene nicht

möglich ist (diese Praxis ist rechtlich sehr streitig und wird von einigen Fachleuten als rechtswidrig angesehen).

(3) Die Umsetzung auf die *nationale Ebene* geschah in der Bundesrepublik am 7. 8. 90 u.a. durch

- entsprechende Änderung der AWV durch den Einschub des Kapitels VIIa (solche Zusätze zu bestehenden Normen bedeuten meist den Einschub von Paragraphen a,b,c; die folgenden Embargobeschlüsse gegen Libyen, Serbien und Montenegro führten zu Kapiteln VIIb und c),
- Aussetzung der Hermes-Exportkreditversicherung für den Irak,
- Stop aller Ausfuhrgenehmigungen für den Irak,
- Einfrieren aller irakischen Konten in der Bundesrepublik,
- Genehmigungspflicht für Durchfuhren von Rüstungsgütern und Nuklearausrüstung,
- Verbot von Zahlungen im Zusammenhang mit dem Handelsembargo,
- Genehmigungspflicht für sonstige Zahlungen.

Durch diese Rechtsakte wurde die UN-Sicherheitsrats-Resolution Nr. 661 vollständig auf die nationale Rechtsebene der Bundesrepublik transformiert.

Jedes Embargo und jeder Boykott hängt in seiner Wirksamkeit davon ab, ob die Maßnahme umfassend angewendet wird oder ob es Staaten bzw. Unternehmen gibt, die es durchbrechen oder umgehen – aus welchen Gründen auch immer (Abb. E-3.6/1).

Für Unternehmen, die auf der Import- oder der Exportseite von Embargos betroffen werden – auch indirekt, z.B. als Sublieferanten –, können sich daraus beträchtliche *Nachteile* ergeben, insbesondere wenn – wie im Fall der Embargobeschlüsse gegen den Irak – diese auch ex post in bereits abgeschlossene Verträge eingreifen: Dies betrifft noch in der Produktion befindliche, gelagerte oder bereits verschiffte Exportwaren und verursacht entsprechende Kosten und Verluste. Eine Umleitung bzw. ein Verkauf an andere Abnehmer ist insbesondere dann kaum möglich, wenn es sich um spezielle Auftragsproduktion handelt.

Die Rechtslage bezüglich *Schadensersatzansprüchen* ist unübersichtlich. Dies soll gleich anschließend – wieder am Beispiel des Exportembargos gegen den Irak im Jahre 1990 – verdeutlicht werden. Wenn betroffene Unternehmen z.B. keine *Hermes-Exportversicherung* gegen politische Risiken abgeschlossen haben (vgl. Abschn. H-2.4.4), müssen sie entstehende Schäden selbst tragen. Daher ist es aus dieser Sicht betriebswirtschaftlich subjektiv verständlich, wenn Unternehmen versuchen, Embargobeschlüsse zu unterlaufen oder zu umgehen.

Abb. E-3.6/1: **Embargobruch**

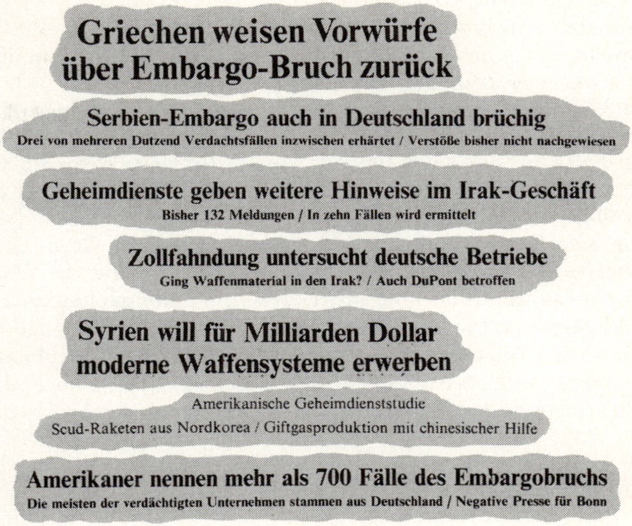

Griechen weisen Vorwürfe über Embargo-Bruch zurück

Serbien-Embargo auch in Deutschland brüchig
Drei von mehreren Dutzend Verdachtsfällen inzwischen erhärtet / Verstöße bisher nicht nachgewiesen

Geheimdienste geben weitere Hinweise im Irak-Geschäft
Bisher 132 Meldungen / In zehn Fällen wird ermittelt

Zollfahndung untersucht deutsche Betriebe
Ging Waffenmaterial in den Irak? / Auch DuPont betroffen

Syrien will für Milliarden Dollar moderne Waffensysteme erwerben

Amerikanische Geheimdienststudie
Scud-Raketen aus Nordkorea / Giftgasproduktion mit chinesischer Hilfe

Amerikaner nennen mehr als 700 Fälle des Embargobruchs
Die meisten der verdächtigten Unternehmen stammen aus Deutschland / Negative Presse für Bonn

Eine moralische Rechtfertigung leitet sich nach Meinung des Autors daraus jedoch auf keinen Fall ab.

E-3.6.3. Entschädigung für Embargoschäden

Die EG hat den Embargobeschluß des UN-Sicherheitsrates vom 2. 8. 1990 durch ihre Verordnung Nr. 2340/90 in (supranationales) EG-Recht umgesetzt. Diese war nach Art. 189 EWG-Vertrag damit auf nationaler Ebene unmittelbar geltendes Recht.

Die Bundesrepublik Deutschland hat ihrerseits diese EG-Verordnung – und damit indirekt die UN-Resolution – mit der 10. Verordnung zur Änderung der Außenwirtschaftsverordnung in nationales Recht umgesetzt. Anspruchsgrundlage wäre danach § 69a AWV, da ein Embargo einen (zulässigen) Eingriff in die Berufsfreiheit gemäß Art. 12 GG bedeutete. AWG und AWV sehen aber keine Entschädigungsregelungen vor. Derartige Risiken gehören nach Ansicht des Bundes zum Außenhandelsrisiko, gegen das sich der Exporteur ggf. versichern kann (vgl. Abschn. H-2.4.4).

Sofern also die EG-Verordnung rechtsgültig war, wäre die nationale

Umsetzung im Hinblick auf Schadensersatzansprüche gegen den Bund irrelevant (gewesen), da sie dann – wegen der Rechtskraft der EG-Verordnung – nicht ursächlich gewesen wäre. Dann wäre die EG Anspruchsgegner für Schadensersatzforderungen – ein Scheinerfolg, denn in dieser Hinsicht gibt es keine EG-Regelungen.
Es ist allerdings rechtlich umstritten – und in Ermangelung eines EuGH-Urteils bislang auch ungeklärt –, ob die EG überhaupt eine *Kompetenz* zum Erlaß von Embargovorschriften hat: Wenn ein Embargo als Teil der *Handels*politik ausgelegt wird, würde es unter den Zuständigkeitsbereich der EG gemäß Art. 113 EWGV fallen («Die gemeinsame Handelspolitik (wird) nach einheitlichen Grundsätzen gestaltet»). Eine eindeutige Entschädigungspflicht seitens der EG ist für diesen Fall jedoch nicht normiert. Wenn ein Embargo hingegen als Teil der *Außen*politik angesehen wird – und vieles spricht dafür –, dann wäre die Embargokompetenz gemäß Art. 223 EWGV auf nationaler Ebene verblieben (Art. 223 läßt nationale Maßnahmen eines Mitgliedstaats zu im Hinblick auf die Aufrechterhaltung des Friedens

Abb. E-3.6/2: **Embargorisiko**

GOLF / Deutsch-Arabische Gesellschaft reist nach Bagdad

Ohne Hermes-Deckung gibt es keine Entschädigung

HANDELSBLATT, Donnerstag, 4.10.1990

sm BONN. Deutsche Unternehmen, die aufgrund des internationalen Handelsembargos keine Zahlungen aus Irak und Kuwait erhalten, haben keine Aussichten auf staatliche Entschädigung, wenn die betroffenen Geschäfte ohne Ausfuhrbürgschaft (Hermes-Deckung) abgewickelt wurden. Es gebe in diesen Fällen „keine Entschädigungsmöglichkeit", teilte eine Sprecherin des Bundeswirtschaftsministeriums dem Handelsblatt mit.

„Embargo hat negative Folgen für Mittelstand"

Balkantransportzeit verdoppelt

und der internationalen Sicherheit). Gegenwärtig vertritt der Bund – offensichtlich in Abwehr entsprechender Schadensersatzansprüche – die auf Art. 113 EWGV gestützte Version.
Ende 1992 allerdings wurde im Bundesanzeiger eine Bekanntmachung der Vereinten Nationen veröffentlicht, nach der die UN auf Antrag (Formulare beim Bundesverwaltungsamt, Köln) Entschädigungen aus einem Entschädigungsfonds für Vermögensschäden leisten, die Wirtschaftsunternehmen und Privatpersonen aufgrund der irakischen Invasion entstanden sind. Das klingt aber besser, als es ist: Explizit ausgeschlossen sind reine Embargoschäden. Die Entschädigung erstreckt sich also z.B. auf zerstörte Investitionsobjekte – und sie setzt voraus, daß der Irak der UN-Resolution entsprechend hinreichende Mittel zur Verfügung stellt. Dies ist bislang nicht der Fall.
Fazit: Unternehmen, die sich gegen das politische Risiko, das sich z.B. in einem Embargo manifestiert, nicht – z.B. bei HERMES – versichert haben, müssen den Schaden selbst tragen (Abb. E-3.6/2). Unternehmen, welche durch Veränderung der rechtlichen Rahmenbedingungen konkret negativ betroffen sind und nach Schadenersatz streben, müssen gegenwärtig noch mit einer beträchtlichen juristischen Unsicherheit leben bezüglich ihres Anspruchsgegners. Die Erfolgsaussichten einer etwaigen Schadensersatzklage sind ausgesprochen unsicher. Als Trostpflaster wird seitens des Bundes auf die steuerlichen Entlastungsmöglichkeiten verwiesen, etwa auf die Herabsetzung von Steuervorauszahlungen oder Stundung oder ggf. Erlaß von Steuerschulden.

E-3.7. Bürokratie und Unternehmen

Die Vielzahl der bislang und in den folgenden Abschnitten behandelten Vorschriften kann falsche Eindrücke erwecken: Es scheint sich ein Wust von Formularen, Verwaltungsprozeduren und – betriebswirtschaftlich gesehen – entsprechenden Kosten aufzutürmen, der die Lust am Auslandsengagement verderben kann. Vielleicht zu Unrecht: Tatsächlich vollziehen sich die Import- und Exportaktivitäten meist doch problemloser und unkomplizierter, als es dem Leser vielleicht erscheinen mag. Dies gilt insbesondere für Unternehmen, die nicht nur gelegentlich, sondern laufend im Außenhandel tätig sind: Zum einen entwickeln sich nach Überwindung von Anfangsproblemen unternehmensinterne *Routinen*, welche die Abläufe vereinfachen. Zum anderen können solche Unternehmen in vielerlei Hinsicht auch administrative *Verfahrensvereinfachungen* und *Erleichterungen* in An-

spruch nehmen, auf die in den nachfolgenden Abschnitten auch eingegangen wird.
Dessenungeachtet bleibt festzuhalten, daß außenhandelstreibenden *Unternehmen* ein beträchtliches Maß an **Verwaltungsarbeit** aufgebürdet wird. Während größere Unternehmen hierfür oft Spezialisten einsetzen, können sich kleine oder mittlere Unternehmen diesen Aufwand nicht immer leisten. Dadurch entstehen Probleme und Reibungsverluste. Es ist empfehlenswert, die von den Verwaltungsbehörden vorgeschriebenen Abläufe genau einzuhalten und auch die entsprechende Dokumentation den Vorschriften entsprechend zu erstellen. Zwar ist die Dokumentenstrenge etwas milder als z.B. bei Akkreditiven, doch können fehlende oder unvollständige Unterlagen zu zeitraubenden Verzögerungen führen. Andererseits muß auch hervorgehoben werden, daß die zuständigen Dienststellen in der Regel sehr kooperativ sind und hilfesuchende Unternehmen im konkreten Fall fachkompetent und konstruktiv beraten.
Aber auch der gutwilligste Beamte kann das Problem nicht lösen, daß bestehende Vorschriften zu beachten sind, auch wenn sie dem gesunden Menschenverstand widersprechen:
Weshalb beispielsweise wird eine Abgabenschuld gegenüber der Zollbehörde, die nicht fristgerecht bedient wird, mit Verzugszinsen belastet, während umgekehrt zuviel erhobene Abgaben – z.B. aufgrund von Berechnungsfehlern der Zollverwaltung –, auf deren Rückzahlung man häufig lange warten muß, nicht verzinst werden? Und dabei kann es sich um erhebliche Summen handeln. Verwaltungsrechtlich lassen sich hierfür natürlich Paragraphen anführen, welche die Rechtmäßigkeit dieser Praxis belegen. Dem (meist laienhaften) Rechtsgefühl leuchten viele Regelungen – wie eben diese – aber nicht ein.
Nach dieser etwas emotionalen Einlage kehren wir nun zum Sachlichen zurück. In den folgenden Abschnitten werden – nach der vorangegangenen allgemeinen Darstellung des Außenwirtschaftsrechts – die spezifischen Einfuhr und Ausfuhrbestimmungen behandelt. Dabei sei nochmals darauf hingewiesen, daß sich die Betrachtung – dies gilt hier zunächst für die Einfuhr genauso wie später analog für die Ausfuhr – zunächst lediglich auf den *außenwirtschaftsrechtlichen* Bereich erstreckt. Andere Aspekte z.B. im Hinblick auf das *Zollrecht* oder das *Verbrauchsteuerrecht* werden in späteren Abschnitten ausführlich behandelt.
Die *außenwirtschaftsrechtlichen* Einfuhr- und Ausfuhrverfahren überschneiden sich in der Abfertigungsprozedur faktisch mit den *zollrechtlichen* Verfahren; dies wirkt sich u.a. in der Verwendung bestimmter Formulare für beide Zwecke bzw. der zeitgleichen Vorlage bestimmter

Papiere aus. Wenn in den folgenden Kapiteln Außenwirtschafts- und Zollrecht in der Darstellung sorgfältig getrennt werden, so geschieht dies aus rechtssystematischen Gründen. Die konkrete Abwicklung beider Aspekte vollzieht sich in der Praxis weitgehend simultan; dies sollte in Erinnerung behalten werden.
Mit der Verwirklichung des Binnenmarktes ab 1. 1. 1993 sind für den innergemeinschaftlichen Warenverkehr alle Grenzformalitäten entfallen. Dies bedeutet, daß – im kommerziellen Bereich – alle außenwirtschafts- und zollrechtlichen Verfahrensschritte nur noch bei den jeweils zuständigen Binnenzollstellen erfolgen (dies gilt nicht unbedingt für den Außenhandel mit Drittländern!). Die außenwirtschaftsrechtliche Abfertigung richtet sich dabei nach den zollrechlichen Zuständigkeiten: Dort, wo nach dem Zollrecht die Zollabfertigung vorgenommen wird, erfolgt auch die außenwirtschaftsrechtliche Abfertigung. Daher wird auf einige Einzelheiten hinsichtlich der verschiedenen Zolldienststellen erst weiter unten, u.a. in Abschn. F-1.4, eingegangen.

E-4. Einfuhrabfertigung

Um Mißverständnissen vorzubeugen, sei nochmals betont, daß die *außenwirtschaftsrechtlichen* Einfuhr- (und Ausfuhr-) Bestimmungen grundsätzlich auch für den Warenverkehr *zwischen den EG-Staaten* gelten: Die Handelsfreiheit ist eine *zollrechtliche* Freiheit. Durch den Wegfall der warenbezogenen Grenzkontrollen im EG-Binnenmarkt hat sich die Überwachung der außenwirtschaftsrechtlichen Bestimmungen daher von der Grenze weg in die Unternehmen verlagert; dies geschieht u.a. auch durch Betriebsprüfungen. Unabhängig davon gelten die *Vereinfachungen durch den Binnenmarkt* natürlich *nicht* für den *Warenverkehr mit Drittländern.* Dies sollte bei den folgenden Ausführungen zur Einfuhrabfertigung – und analog in Abschn. E-5 für die Ausfuhr – berücksichtigt werden. Nach wie vor vollzieht sich fast die Hälfte des Außenhandels der Bundesrepublik Deutschland mit Nicht-EG-Ländern.
An dieser Stelle ist nochmals hervorzuheben, daß – wie am Schluß von Abschn. E-3.4.3 dargelegt – bei der Einfuhrabfertigung (und dies gilt analog für die Ausfuhrabfertigung) i.d.R. in einem Arbeitsgang vier Verfahrensebenen abgedeckt werden: die außenwirtschaftsrechtliche, die zollrechtliche, die steuerrechtliche (bei Agrarwaren zudem die

marktordnungsrechtliche Ebene) und die statistische Ebene. Dessenungeachtet sind diese Ebenen rechtlich unabhängig voneinander. Im folgenden wird nur auf die außenwirtschaftsrechtlichen und einige statistische Aspekte eingegangen; die zoll- und steuerrechtlichen Inhalte werden im Kapitel F behandelt.
Im Hinblick auf die Systematik des Außenwirtschaftsrechts ist nochmals hervorzuheben, daß – wie in Abschn. E-3 ausführlich dargestellt – nach § 1 AWG der Außenwirtschaftsverkehr grundsätzlich frei ist, jedoch Beschränkungen möglich sind, verkürzt: Es ist alles erlaubt, was nicht verboten ist.

E-4.1. Begriffsbestimmungen

Einfuhr ist nach § 4 AWG das Verbringen von *Sachen* (d.h. nicht nur Waren, sondern auch Wertpapiere und Zahlungsmittel) und *Elektrizität* aus fremden Wirtschaftsgebieten in das **Wirtschaftsgebiet**. Als Einfuhr gilt auch das Verbringen aus einem Zollfreigebiet, Zollausschluß oder einem Zollverkehr in den freien Verkehr des Wirtschaftsgebiets, sofern diese Sachen vorher aus fremden Wirtschaftsgebieten verbracht worden waren. Um das Abfertigungsverfahren bei der zollrechtlichen Einfuhr mit der außenwirtschaftsrechtlichen Kontrolle verbinden zu können, wurde diese ‹doppelte› AWG-Einfuhr konstruiert, also aus praktischen Gründen. *Gemeinschaftsrechtlich* ist Einfuhr das Verbringen von Waren in das *Zollgebiet* der EG (sog. **Erhebungsgebiet**); national *zollrechtlich* ist Einfuhr das Verbringen in das **Zollgebiet** *der Bundesrepublik*; vgl. Abschn. F-1.4). Damit gibt es drei Einfuhrbegriffe: erstens nach dem AWG, zweitens nach dem nationalen Zollrecht, drittens nach dem Gemeinschaftsrecht. Hierauf wird noch zurückzukommen sein (vgl. die Übersicht in Abb. F-1.3/1).
(Anmerkung: In den Rechtsvorschriften wird nur von *Einfuhr* und *Ausfuhr* gesprochen. Im Text hier werden gelegentlich auch die Begriffe *Import* und *Export* im analogen Sinn verwendet.)
Einführer ist nach § 24 AWV, wer Waren in das Wirtschaftsgebiet verbringt oder verbringen läßt. Ein Spediteur oder Frachtführer ist nach der AWV explizit kein Einführer, und er wird dies, sofern er die Einfuhrabfertigung für den Einführer abwickelt, in den Formularen z.B. durch den Zusatz «i.A.» (im Auftrag) kenntlich machen. Dies ist in vieler Hinsicht wichtig, u.a. im Hinblick auf die Ahndung von Importdelikten. (Eine ähnliche Konstruktion liegt auch in zollrechtlicher Hinsicht vor, vgl. Abschn. F-2.2.) Sofern die Einfuhr aufgrund eines Kaufvertrages zwischen einem Gebietsansässigen und einem Ge-

bietsfremden *(«Ablader»)* erfolgt, der z.B. aufgrund einer C- oder D-Lieferklausel die Waren in das Wirtschaftsgebiet verbringt, gilt dessenungeachtet nur der Gebietsansässige als Einführer.
Einfuhrsendung ist dabei die Warenmenge, die an demselben Tag von demselben Lieferer an denselben Einführer abgesandt worden ist und von derselben Zollstelle abgefertigt wird. Dies ist insbesondere von Bedeutung, wenn in Abhängigkeit vom Warenwert (definiert in § 4 AWV) ein erleichtertes Einfuhrverfahren möglich ist (hierzu weiter unten). Dabei können mehrere Einfuhrsendungen als zusammengehöriger Gesamtvorgang gewertet werden, um ein Unterlaufen von etwaigen Wertgrenzen durch Teillieferungen zu verhindern.
Durchfuhr ist die (physische) Beförderung von Waren aus fremden Wirtschaftsgebieten durch das Wirtschaftsgebiet, ohne daß sie in den freien Verkehr des Wirtschaftsgebiets gelagen (vgl. Abschn. E-5.7). Dabei darf die *direkte Beförderung* – außer aus transportbedingten Gründen, wie beispielsweise notwendigen Umladungen von der Bahn auf LKW – nicht unterbrochen werden, auch nicht durch vorübergehende Einlagerung in einem Zollager, da andernfalls die Ware als zunächst eingeführt und dann wieder ausgeführt gilt und die entsprechenden (im Vergleich zu den vereinfachten Durchfuhrbestimmungen) schärferen Ein- und Ausfuhrbestimmungen anzuwenden sind.
Transit bedeutet, daß Inländer Waren von Ausländern erwerben und sie wieder an Ausländer veräußern, ohne daß die Waren in das Wirtschaftsgebiet verbracht werden bzw. wenn doch, ohne daß sie einfuhrrechtlich abgefertigt werden (vgl. oben Abb. A-2.2/1). Transit und Durchfuhr von Embargowaren sind genehmigungspflichtig. Die beiden Begriffe werden im Sprachgebrauch auch synonym verwendet.

E-4.2. Einfuhrverfahren nach AWG/AWV

Das außenwirtschaftliche Einfuhrverfahren läßt sich ganz vereinfacht so beschreiben, daß die für die Überwachung der Einhaltung des Außenwirtschaftsrechts zuständigen Zolldienststellen die Zulässigkeit der Einfuhr prüfen. Dabei stützen sie sich auf die Bestimmungen des Außenwirtschaftsgesetzes (AWG), die in der Außenwirtschaftsverordnung (AWV) und weiteren Dienstanweisungen präzisiert werden. Die AWV verweist dabei auf die Einfuhrliste (EL) sowie auf verschiedene Länderlisten (vgl. unten), die jeweils Anlagen zum AWG bzw. zur AWV sind. In der Praxis wird dabei insbesondere auf Unternehmensseite der Deutsche Gebrauchszolltarif (DGebrZT), in den die außenwirtschaftsrechtlichen Einfuhrbestimmungen eingearbeitet sind, als

‹Nachschlagewerk› verwendet (vgl. Abschn. F-3.2.2). Parallel zu AWG/AWV sind die u.a. Bestimmungen des Kriegswaffenkontrollgesetzes (KWKG) zu beachten, auf die hier jedoch nicht eingegangen wird.

E-4.2.1. Antrag auf Einfuhrabfertigung

Das außenwirtschaftsrechtliche Einfuhrverfahren beginnt konkret damit, daß der *Einführer* (bzw. in seinem Auftrag ein Spediteur oder Frachtführer) bei der zuständigen Zolldienststelle einen **Antrag auf** (außenwirtschaftsrechtliche!) **Einfuhrabfertigung** stellt (Die verschiedenen Zollstellen werden später u.a. in Abschn. F-1.3 ausführlich abgegrenzt). § 27 Abs. 1 AWV sagt dazu lapidar, daß dies *bei einer Zollstelle* zu geschehen habe, ohne diese näher zu bestimmen, weil sich dies aus den zollrechtlichen Bestimmungen ableitet: Der Einfuhrabfertigungsantrag kann formlos gestellt werden, erfolgt jedoch in der Regel im Zusammenhang mit dem Antrag auf Zollabfertigung (**Zollantrag**, vgl. unten), der in der Regel schriftlich und formulargebunden, d.h. i.d.R. unter Verwendung bestimmter Exemplare des sog. Einheitspapiers (Abschn. F-2.1) gestellt werden muß (§ 27 Abs. 3 AWV).

Dabei müssen bestimmte Papiere vorgelegt werden (Abschn. E-4.3), und zwar bei der genehmigungsfreien ebenso wie bei der genehmigungsbedürftigen Einfuhr. Die Zollbehörde prüft die Zulässigkeit der Einfuhr anhand der EG-rechtlichen Vorschriften und der Vorschriften des AWG und der AWV – konkret geschieht dies, wie bereits oben erwähnt, anhand der **Einfuhrliste**, aus der u.a. auch erforderliche Einfuhrdokumente hervorgehen – vgl. Abb. E-4.2/1 und die Ausführungen weiter unten – und vermerkt die (außenwirtschaftsrechtliche) Einfuhrabfertigung auf dem **Zollbefund**. Danach kann der Einführer aus *außenwirtschaftsrechtlicher* Sicht über die Ware i.d.R. frei verfügen.

Nochmals: Daneben ist eine zollrechtliche, eine steuerrechtliche (EUSt, Verbrauchsteuern) und ggf. eine marktordnungsrechtliche Einfuhrabfertigung erforderlich; diese verschiedenen Abfertigungsvorgänge erfolgen in der Praxis aber grundsätzlich in einem Zug:

Das *Außenwirtschaftsrecht i.e.S.* regelt die Frage, ob eine Ausnahme vom Grundsatz des freien Wirtschaftsverkehrs gemäß § 1 AWG vorliegt oder nicht. Das *Zollrecht* (i.w.S.), das *Einfuhrumsatzsteuer-*, das *Verbrauchsteuer-* und das *Marktordnungsrecht* regeln u.a. die Frage, ob und ggf. in welcher Höhe für die Einfuhr **Eingangsabgaben** zu

Abb. E-4.2/1: **Einfuhrliste: Warenliste** (Auszug aus dem DGebrZT 1992)

Zeile	Codenummer	Warenbezeichnung	Zust.-Bereich	Einfuhrliste Genehmigungsfrei/-bedürftig	Einfuhrliste Bemerkungen	E U St	Ber.-Nr.
	1	2	3	4	5	6	7
28		– **Roheisen**, legiert					
29	720130100000	-- mit einem Gehalt an Titan von 0,3 bis 1 GHT und an					
30		Vanadium von 0,5 bis 1 GHT (EGKS)	01	[262]	EE[050068088]	R	
17		– andere **Glaswaren:**					
18		-- Aus Bleikristall					
19	701391100000	--- handgefertigt (manuelle Glasentnahme)	13	+[268]	U/EKM	R	
20		►BMA St.◄					
21	701391900000	--- mechanisch gefertigt (mechanische Glasentnahme)	13		EKM	R	
22		►BMA St.◄					
1	5901	**Gewebe,** mit Leim oder stärkehaltigen Stoffen bestrichen,					
2		von der zum Einbinden von Büchern, zum Herstellen von					
3		Futteralen, Kartonagen oder zu ähnlichen Zwecken ver-					
4		wendeten Art; Pausleinwand; präparierte Malleinwand;					
5		Bougram und ähnliche steife Gewebe, von der für die Hut-					
		macherei verwendeten Art:					
6	590110000000	– Gewebe, mit Leim oder stärkehaltigen Stoffen bestri-					
7		chen, von der zum Einbinden von Büchern, zum Her-					
8		stellen von Futteralen, Kartonagen oder zu ähnlichen					
9		Zwecken verwendeten Art					
		►TXT 99/0990◄	09	[081]	UE	R	
12		– **Kleider:**					
13	610441000000	-- aus Wolle oder feinen Tierhaaren	09	038 051 052 053 054 056 058	EEG[072]/U	R	
14		►BMA St. TXT 26/0260◄		077 081 085 107 210 214			

entrichten sind; dieser Begriff ist der Oberbegriff für die verschiedenen Abgaben bei der Einfuhr.
Grundsätzlich ist nach § 10 AWG die Einfuhr durch Gebietsansässige (Inländer) ohne Genehmigung zulässig, sofern nicht eine Einfuhrgenehmigung vorgeschrieben ist; Gebietsfremde brauchen hingegen grundsätzlich eine Einfuhrgenehmigung. Da dies im Widerspruch zum EWG-Vertrag stünde, sind EG-Bürger bei ansonsten genehmigungsfreier Einfuhr den Gebietsansässigen gemäß § 10a AWG gleichgestellt. Um die Genehmigungsfreiheit oder -notwendigkeit bei der Einfuhr prüfen zu können, müssen die einzuführenden Güter den zuständigen Behörden, also der zuständigen Zolldienststelle, dargelegt werden (dies geschieht in der Praxis meist gleichzeitig mit der zollrechtlichen Gestellung; hierauf wird in Abschn. F-1.4 ausführlich eingegangen). Die Zollbehörden dürfen die Sachen untersuchen.
Sofern es sich beim Einführer um einen Gebiets- (oder EG-) -Ansässigen handelt (also *personenbedingt* keine Einfuhrgenehmigung benötigt wird – siehe oben), ist von der Zollstelle zu prüfen, ob *warenbedingt* eine Einfuhrgenehmigung erforderlich ist. Dies geschieht mit Hilfe der *Einfuhrliste*.

E-4.2.2. Einfuhrliste und Länderlisten

Die **Einfuhrliste** gibt für jede Ware an, ob eine Einfuhrgenehmigung erforderlich ist oder nicht. Sie ist als Anlage zu § 10 AWG, der als die zentrale Einfuhrbestimmung des Außenwirtschaftsrechts anzusehen ist, Teil des AWG, kann aber durch Rechtsverordnung geändert werden, hat also selbst den Charakter einer Rechtsverordnung; dies wird jeweils im Bundesanzeiger bekannt gegeben. Da auf nationaler Ebene nur noch wenige Entscheidungskompetenzen verblieben sind, erfolgt die Änderung der Einfuhrliste in der Regel nur als deklaratorische Anpassung an die unmittelbar geltenden Einfuhrvorschriften der EG. Es gibt schon insgesamt 120 Verordnungen zur Änderung der Einfuhrliste.
Die Einfuhrliste besteht aus drei Teilen:
– Teil I: Anwendungsbestimmungen,
– Teil II: Länderlisten,
– Teil III: Warenliste.
Bei den **Anwendungsbestimmungen** ist u.a. hervorzuheben (z.B. Ziffer 3), daß Waren, die sich im zollrechtlich freien Verkehr der Gemeinschaft befinden, unabhängig vom Warenursprung genehmigungsfrei eingeführt werden können. Ausnahmen davon können jedoch vorliegen, wenn die Einfuhr gemäß Art. 115 EWGV beschränkt (vgl. oben

Abschn. E-2.1; dies betrifft bestimmte Freiverkehrswaren unabhängig vom Drittlandsursprung (z.B. im Stahlbereich) oder solche mit Ursprung in bestimmten Drittländern, z.B. Rumänien).

In der **Warenliste** (Abb. E-4.2/1) sind alle Waren mit ihren statistischen Warennummern und -bezeichnungen nach der Systematik des *Verzeichnisses für die Außenhandelsstatistik* erfaßt; zudem ist die ggf. für Genehmigungen zuständige Behörde codiert angegeben: 03 beispielsweise bedeutet Bundesamt für Wirtschaft in Eschborn. Aus der Warenliste ist den jeweiligen Zeichen bzw. Anmerkungen eine eventuelle Genehmigungsbedürftigkeit zu entnehmen. Dies gilt auch in Verbindung mit den Länderlisten, indem z.B. (wenn die Spalte 4 der Warenliste das Zeichen ‹+› enthält) eine Einfuhrgenehmigung erforderlich ist, wenn die Ware ihren Ursprung nicht in einem Land der Länderliste A/B hat. Zur Warenliste gibt es rund 100 Anmerkungen (vgl. z.B. die zahlreichen Klammerzusätze in Abb. E-4.2/1).

Es gibt eine ganze Reihe von **Länderlisten** für verschiedene Zwecke. Im Zusammenhang mit der Einfuhrliste handelt es sich dabei um die Länderlisten A, B und C, welche zum AWG gehören. Daneben gibt es weitere, in der **Anlage L** zur AWV zusammengefaßte Länderlisten, die auch für den Export gelten.

Die Länderlisten **A, B** und **C** waren ursprünglich getrennt: Die Länderliste A umfaßt die OECD-Länder, die Länderliste C die ehemaligen Staatshandelsländer (ohne China und Kuba, für die spezielle EG-Regelungen gelten), die Länderliste B alle übrigen Länder. Seit 1976 sind die Länderlisten A und B zu **A/B** zusammengefaßt (vgl. Abb. E-4.2/2), wodurch die Sonderbehandlung der ehemaligen Staatshandelsländer im Außenwirtschaftsverkehr deutlich wird.

Um festzustellen, unter welchen Voraussetzungen eine Ware (außenwirtschaftsrechtlich gesehen) eingeführt werden kann, prüft man in der Warenliste (bzw. im *Deutschen Gebrauchszolltarif* (DGebrZT); vgl. Abschn. F-3.2) im entsprechenden Abschnitt für die betreffende Ware, ob dort Beschränkungen angeführt sind, z.B. eine Genehmigungsbedürftigkeit. Dies kann u.U. vom **Ursprung** (von der Herkunft) der Ware abhängen; dabei sind die verschiedenen Länderlisten zu berücksichtigen. Neben den o.a. Länderlisten A/B und C gibt es noch eine Reihe anderer Listen, die vorrangig im Exportzusammenhang von Bedeutung sind, jedoch der Vollständigkeit halber bereits hier erwähnt werden sollen (vgl. Abschn. E-5.5ff.):

Die Länderliste **D** enthält alle COCOM-Mitgliederländer und sonstigen Länder, die **Internationale Einfuhrbescheinigungen (IEB)** ausstellen (dies ist insbesondere für Exportzwecke von Bedeutung; vgl. Abschn. E-5.3 (7)). Die Länderliste **E** enthält alle Staaten, die – analog –

Abb. E-4.2/2: Länderlisten

Länderliste C

Albanien	Kirgisistan	Russische Föderation
Armenien	Kuba	Tadschikistan
Aserbaidschan	Lettland	Tschechoslowakei*
Bulgarien	Litauen	Turkmenistan
China	Moldau	Ukraine
Estland	Mongolei	Usbekistan
Georgien	Nordkorea	Vietnam
Kasachstan	Polen*	Weißrußland
	Rumänien	

* Bevorstehender Wechsel in die Länderliste A/B.

Länderliste H

Ägypten	Iran	Mosambik
Afghanistan	Israel	Myanmar
Albanien	Jemen	Nordkorea
Algerien	Jordanien	Pakistan
Angola	Jugoslawien*	Rumänien
Argentinien	Kambodscha	Saudi-Arabien
Brasilien	Katar	Somalia
Bulgarien	Kuba	Südafrika
China	Kuwait	Syrien
Indien	Libanon	Taiwan
Irak	Libyen	Vietnam
	Mauretanien	

* Jugoslawien im Sinne der Länderliste H umfaßt das Staatsgebiet Jugoslawiens am 22. Dezember 1991.

Länderliste I

Chile	Komoren	Tansania
Dschibuti	Niger	Vanuatu
Guyana	Oman	Vereinigte Arabische Emirate

Durchfuhrberechtigungsscheine für Embargowaren ausstellen. Die Länderlisten **F1** bis **F3** enthalten Länder mit bestimmten Genehmigungs- und Meldevorschriften bezüglich des Abschlusses von Fracht- oder Charterverträgen im Seeverkehr, und die Länderlisten **G1** und **G2** solche Länder, die den Abschluß von Transportversicherungen

keiner Genehmigungspflicht unterwerfen. Die Länderliste **H** (seit Dezember 1990) enthält alle Länder, auf die sich Kontrollvorschriften *außerhalb des COCOM*, also außerhalb des sog. Ost-West-Bereichs, erstrecken, z.B. den Irak. Die Länderliste **I** enthält Staaten, die dem Vertrag über die Nichtverbreitung von Kernwaffen (Atomwaffensperrvertrag) nicht beigetreten sind.
Die Einfuhrliste, die in der Regel zu Jahresbeginn neu herausgegeben wird, ist als eigenständiges Druckwerk verfügbar. In der Praxis wird jedoch in der Regel der o.a. *Deutsche Gebrauchszolltarif* als Nachschlagewerk verwendet, in den die Einfuhrliste mit allen Angaben – manchmal nicht fehlerfrei – eingearbeitet ist.
Wenn sich nun aus der Einfuhrliste eine Genehmigungsbedürftigkeit ergibt, so gibt es dennoch eine Vielzahl von *Ausnahmebestimmungen*, auf die weiter unten eingegangen wird.

Abb. E-4.2/3: **Genehmigungsbedürftige Einfuhr (Schema)**

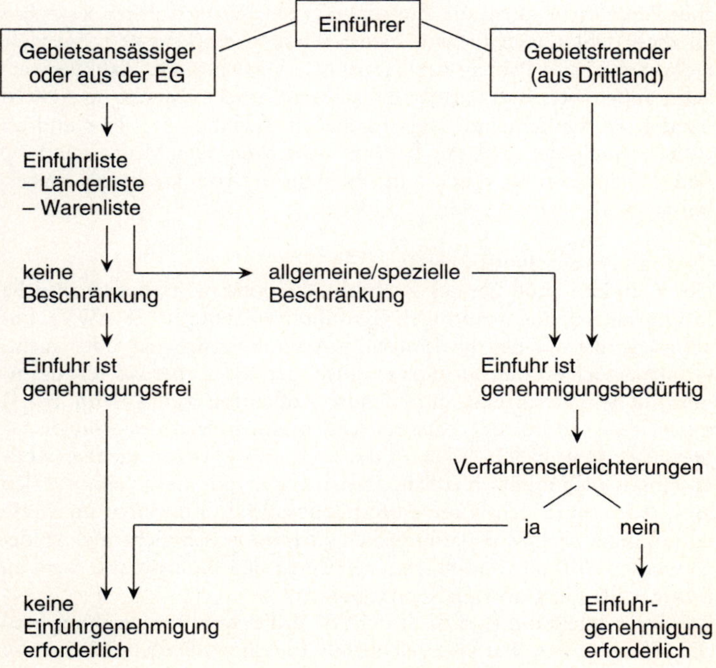

Neben der Genehmigungsbedürftigkeit gibt die Einfuhrliste Aufschluß über weitere Einfuhrbeschränkungen und formale Voraussetzungen bei der Einfuhr. Beispielsweise werden Waren, die einer *Gemeinsamen Marktorganisation* mit entsprechenden Handelsregelungen unterliegen, mit ‹GMO› gekennzeichnet (vgl. Kap. G). Auf weitere Bestimmungen wird im Zusammenhang mit den Abfertigungsunterlagen im folgenden Abschnitt eingegangen. Abb. E-4.2/3 faßt die Genehmigungsbedürftigkeit von Einfuhren schematisch zusammen.

E-4.3. Abfertigungsunterlagen

Bei der Einfuhrabfertigung müssen aus *außenwirtschaftsrechtlicher* Sicht unterschiedliche Dokumente und Papiere vorgelegt werden (wiederum: unbeschadet der *zollrechtlichen* Einfuhrabfertigung). Die relativ ausführliche Darstellung soll dabei auf keinen Fall möglichst viele Details vermitteln, sondern gerade wegen der Vielzahl unterschiedlicher Papiere vor allem die Zuordnung erleichtern, welchen *Zwecken* all diese Unterlagen dienen. Es ist schon bemerkenswert, wieviele Dokumente und Papiere für Transport, Versicherung, Zahlungsverkehr, außenwirtschafts-, zoll- und steuerrechtliche Zwecke im Außenhandel erforderlich sind. Hervorzuheben ist dabei, daß hier und an anderer Stelle die Liste der Papiere nicht nach dem Motto «und ... und ...» zu lesen ist, sondern in Abhängigkeit vom konkreten Einzelfall meist als «oder ... oder ... oder ...»;

(1) Einfuhrabfertigungsantrag
Der Einführer muß bei der Zollstelle die außenwirtschaftsrechtliche Einfuhrabfertigung beantragen (**Einfuhranmeldung**) (§ 28 AWV), unabhängig davon, ob die Einfuhr genehmigungsfrei ist oder nicht. Grundsätzlich ist dies formlos möglich, geschieht aber i.d.R. zusammen mit dem gleichzeitig zu stellenden **Zollantrag** (vgl. Abschn. F-1.4) unter Verwendung der entsprechenden Exemplare des *Einheitspapiers*; vgl. Abb. E-4.3/1). Da für die alternativ zu beantragenden Zollverfahren auch unterschiedliche *Fristen* gelten, gilt dies analog für den außenwirtschaftsrechtlichen Abfertigungsantrag. Einfuhren im Werte von weniger als DM 500,– brauchen auch statistisch nicht angemeldet zu werden. Auf die Vereinfachungen durch den Binnenmarkt wird an dieser Stelle nicht nochmals eingegangen.
Bei der Anmeldung sind nach der AWV die Warenbezeichnung und die Nummer des Warenverzeichnisses für die *Außenhandelsstatistik*

Abb. E-4.3/1: **Einheitspapier**

A BESTIMMUNGSZOLLSTELLE

EUROPÄISCHE GEMEINSCHAFT

6

Exemplar für das Bestimmungsland

1 ANMELDUNG	IM 4 XXXXX
2 Versender/Ausführer Nr.	Australian Wool Comp. Melbourne
3 Vordrucke	
4 Ladelisten	XXXXX
5 Positionen	1
6 Packst. insgesamt	XXXXXXX
7 Bezugsnummer	
8 Empfänger Nr.	Firma Schaf u. Schur KG Hamburger Straße 9 6000 Frankfurt/M.
9 Verantwortlicher für den Zahlungsverkehr Nr.	XXXXXXXXXXXXXXXXXXXXXXXXXXXXXXXX
10 Letztes Herkunftsland	XXX
11 Hand./Erz. Land	800
12 Angaben zum Wert	XXXXXXXXXXXXXX
13 G. L. P.	XXXXX
14 Anmelder/Vertreter Nr.	Empfänger/Vertreter: Spedition Schnelltransport GmbH, Güterstr.13 6000 Frankfurt/M.
15 Versendungs-/Ausfuhrland	Australien
15 Vers./Ausf.L.Code	a 800 b XX
17 Bestimm.L.Code	a XXX b 06
16 Ursprungsland	Australien
17 Bestimmungsland	XXXXXXXXXXXXXXXX
18 Kennzeichen und Staatszugehörigkeit des Beförderungsmittels bei der Ankunft	Waggon
19 Ctr.	0
20 Lieferbedingung	FOB Melbourne
21 Kennzeichen und Staatszugehörigkeit des grenzüberschreitenden aktiven Beförderungsmittels	Schiff 004
22 Währung u. in Rechn. gestellter Gesamtbetr.	400 5040
23 Umrechnungskurs	2,50
24 Art des Geschäfts	1 1
25 Verkehrszweig an der Grenze	1
26 Inländischer Verkehrszweig	XX
27 Entladeort	Hamburg
28 Finanz- und Bankangaben	XXXXXXXXXXXXXXXXXXXXXXXXXXXXXXXX
29 Eingangszollstelle	1299
30 Warenort	
31 Packstücke und Warenbezeichnung — Zeichen und Nummern - Container Nr. - Anzahl und Art	12 Kartons S+S Nrn. 1 - 12 Kammgarngewebe ganz aus Schurwolle 350 g/qm Kosten bis Bestimmungsort 310,40 DM
32 Positions Nr.	
33 Warennummer	51121910 000 0
34 Urspr.land Code	a 800 b XX
35 Rohmasse (kg)	720
36 Präferenz	
37 VERFAHREN	4000 0
38 Eigenmasse (kg)	600
39 Kontingent	
40 Summarische Anmeldung/Vorpapier	Eisenbahnfrachtbrief
41 Besondere Maßeinheit	
42 Artikelpreis	XXXXXXXXX
43 B. M. Code	X
44 Besondere Vermerke/Vorgelegte Unterlagen/Bescheinigungen u. Genehmigungen	[X] **Hinsichtlich aller angemeldeten Waren zum vollen Vorsteuerabzug berechtigt.** Anlage Zollwertanmeldung DV 1
Code B.V.	XXX
45 Berichtigung	XXXXXXXXXX
46 Statistischer Wert	12949 DM

47 Abgabenberechnung

Art	Bemessungsgrundlage	Satz	Betrag	ZA
100	12.949,60			
200	13.260,--			
	Summe:			

48 Zahlungsaufschub	
49 Bezeichnung des Lagers	
B ANGABEN FÜR VERBUCHUNGSZWECKE	
50 Hauptverpflichteter Nr. / Unterschrift:	XXXXXXXXXXXXXXXXXXXXXXXXXXXXXXXXXXXXXXXX vertreten durch Ort und Datum:
C ABGANGSZOLLSTELLE	
51 Vorgesehene Grenzübergangsstellen (und Land)	XXXXXXXXXXX XXXXXXXXXXX XXXXXXXXXXX XXXXXXXXXXX XXXXXXXXXXX XXXXXXXXXXX
52 Sicherheit nicht gültig für	XXXXXXXXXXXXXXXXXXXXXXXXXXXXXXXXXXXXXXXXXX
Code	XX
53 Bestimmungszollstelle (und Land)	XXXXXXXXXXXXXXXXXXXXXXXXXX
J PRÜFUNG DURCH DIE BESTIMMUNGSZOLLSTELLE	
54 Ort und Datum:	Frankfurt/M., 5.10.1992
Unterschrift und Name des Anmelders/Vertreters:	i.A.u.i.V. Spedition Schnelltransport GmbH i.A. Müller, Expedient

anzugeben. Diese Angaben dienen neben der außenwirtschaftsrechtlichen Würdigung als Information für die Zahlungsbilanzstatistik. Dem «Warenverzeichnis für die Statistik des Außenhandels der Gemeinschaft und des Handels zwischen ihren Mitgliedstaaten» (**NIMEXE** = Nomenklatur für die Import- und Exportstatistik der Europäischen Gemeinschaft) ist ein vom Statistischen Bundesamt herausgegebenes Länderverzeichnis beigefügt, aufgrund dessen Ein- und Ausfuhrformulare den amtlichen Statistiken entsprechend ausgefüllt werden können/sollen.
Um zu ermöglichen, daß auch ein Beauftragter des Einführers die Einfuhrformalitäten abwickeln kann, z.B. ein Spediteur oder Frachtführer, kann der Abfertigungsantrag auch von einem anderen als dem Einführer in Vertretung gestellt werden. Der Antragsteller wird dadurch nicht selbst Einführer (und ggf. Zollschuldner), sondern der Vertretene wird als ‹eigentlicher› Einführer verpflichtet.

(2) Einfuhrgenehmigung
Sofern die *Einfuhrliste* dies vorschreibt, ist bei der Einfuhrabfertigung eine Einfuhrgenehmigung vorzulegen (§ 10 AWG, §§ 30, 31 AWV). Diese ist vor der Einfuhr bei den dafür zuständigen Behörden (siehe oben) zu *beantragen*, ggf. durch datenmaschinelle Bearbeitung als *«Einfuhrgenehmigungs-EDV»*. Die Genehmigungsbehörde vermerkt die Einfuhrgenehmigung auf dem Antrag und sendet dieses Dokument dem Antragsteller zurück (Abb. E-4.3/2), so daß er es bei der Einfuhrabfertigung vorlegen kann. In Abb. E-4.3/1 beispielsweise ist die Einfuhr von Roheisen (Tarifposition 7201) mit Ursprung in der Republik Südafrika genehmigungspflichtig; dies ergibt sich aus der Fußnote 262, auf die in Spalte 4 der Einfuhrliste verwiesen wird. Die zahlreichen Fußnoten werden in einem speziellen Anhang zum Deutschen Gebrauchszolltarif erläutert (vgl. auch Abschn. F-3.2.2).
Allgemein kann man sagen, daß bei Waren, die sich nicht im freien Verkehr der EG befinden, eine Einfuhrgenehmigung in folgenden Fällen erforderlich ist:

- Gebietsansässige benötigen (warenbedingt) eine Einfuhrgenehmigung, wenn die Einfuhrliste dies vorschreibt. Dies ist dann der Fall,
  - wenn die Warenliste das Zeichen ‹–› enthält,
  - wenn die Warenliste das Zeichen ‹+› enthält und das Einkaufs- oder Ursprungsland nicht in der Länderliste A/B enthalten ist (dies gilt i.d.R. also für osteuropäische Länder),
  - wenn eine andere entsprechende Anmerkung dies vorschreibt.
- Gebietsfremde benötigen (personenbedingt) grundsätzlich immer eine Einfuhrgenehmigung (außer z.B. für Messen und Ausstellun-

Abb. E-4.3/2: **Einfuhrgenehmigung**

Name und Anschrift des Antragstellers:

Müller-Lüdenscheidt OHG
Reeperbahn 34
2000 Hamburg

Auf der 2. und 3. Ausfertigung durchschreiben

Anlage E 3 zur AWV

I. Antrag auf Einfuhrgenehmigung
(§ 30 Abs. 1 der Außenwirtschaftsverordnung)

1. Ausfertigung
Für Einführer zur Einfuhrabfertigung

Ausschreibungs- oder Verfahrens- Nr. 05200401005

Textilimport /-handel
Beruf oder Gewerbe des Antragstellers

040-676552
Fernruf / Fernschreiber

1. Oberhemnden, T-Shirts, Unterziehpullis und andere Unterkleidung, aus Gewirken
Benennung der Ware(n) mit ihrer handelsüblichen Bezeichnung

2. 6004190, 6004200, 6004220, 6004230, 6004240, 6004260, 6004410, 6004500, 6004580, 6004710, 6004790, 6004890
Benennung der Ware(n) nach dem Warenverzeichnis für die Außenhandelsstatistik

3. s.o.
Nr(n). des Warenverzeichnisses für die Außenhandelsstatistik

4. 09
Zuständigkeitsbereich

5.*)
Preis für die handelsübliche Einheit

6. Gesamtwert: a) **in DM**

b) in ausländischer Währung *)

7. Menge: 25.000 Stück
in handelsüblichen Einheiten

8. Türkei
Ursprungsland

9. Türkei
Einkaufsland

10. Türkei
Versendungsland

11. Zahlung bis: 30.08.1992
vorgesehener Endtermin

12. Lieferung bis: 30.06.1992
vorgesehener Endtermin

13. Besondere Angaben:

Hamburg, 09.01.1992
Ort und Tag

STEMPEL
Firmenstempel und Unterschrift

*) Auszufüllen, wenn bereits bekannt.

II. Einfuhrgenehmigung

(§ 30 Abs. 1 der Außenwirtschaftsverordnung)

Nicht übertragbar!

Nr. Ausschreibungs- oder Verfahrens- Nr. 05200401005
Lfd. Nr. je Ausschreibung oder Verfahren 0093

1. Dem Antragsteller wird genehmigt, Oberhemden, T-Shirts, Unterziehpullis und andere Unterkleidung, aus Gewirken
6004190, 6004200, 6004220, 6004230, 6004240, 6004260, 6004410, 6004500, 6004580, 6004710, 6004790, 6004890
Benennung der Ware(n) und Nr(n). nach dem Warenverzeichnis für die Außenhandelsstatistik

bis zum **Betrage im Gegenwert von DM** bis **zur Menge von** °°°18.636°°°Stück

in Worten: achtzehntausendsechshundertsechsunddreißig

einzuführen, wenn Einkaufs-, Ursprungs- und Versendungsland die unter den Nrn. 8 bis 10 des Antrags angegebenen Länder sind.

2. Die Einfuhrgenehmigung wird am 31.7.92 **ungültig,** wenn die Einfuhrabfertigung bis dahin nicht beantragt ist.

3. Bedingungen, Auflagen, Widerrufsvorbehalt:

Die EG/vorherige Bewilligung (Genehmigung) konnte nur in dieser Höhe genehmigt werden, da die beantragte Gesamtmenge das zur Einfuhr vorgesehene Kontingent überstieg.(72)

Rechtsbehelfsbelehrung ist beigefügt.

4. Diese Einfuhrgenehmigung befreit nur von der Einfuhrbeschränkung des Außenwirtschaftsgesetzes und der auf Grund dieses Gesetzes erlassenen Rechtsverordnungen. Andere Verbote und Beschränkungen bleiben unberührt.

BUNDESAMT FÜR GEWERBLICHE WIRTSCHAFT

Eschborn, 12.02.1992
Ort und Tag
Im Auftrag

Unterschrift

Dienstsiegel

Die Gültigkeit der Einfuhrgenehmigung für die Einfuhrabfertigung wird verlängert bis zum

Ort und Tag
Im Auftrag

Unterschrift

gen) (zur Sonderstellung von EG-Bürgern vgl. oben Abschn. E-4.2.1).

Sofern die Einfuhrbeschränkung durch **Kontingente** geregelt sind (vgl. nachstehend), werden diese im Bundesanzeiger als **Einfuhrausschreibungen** bekanntgemacht. (In bestimmten Fällen unterliegen Importe von Waren, die sich nicht im freien Verkehr befinden, sog. *«Ausschreibungen mit laufender Antragstellung»* (**AmlA**). In diesen Fällen werden beantragte Einfuhrgenehmigungen laufend und unbeschränkt erteilt, so daß die Einfuhr faktisch nicht mengenmäßig beschränkt ist. Dieses Verfahren dient lediglich der präzisen statistischen Überwachung).

Durch die Einfuhrgenehmigung erhält der Antragsteller das Recht, Waren innerhalb der genehmigten Wert- oder Mengengrenzen innerhalb einer bestimmten Frist einzuführen. Die Genehmigungsbehörde muß dabei sicherstellen, daß der Zweck der Einfuhrbeschränkung nicht beeinträchtigt wird (vgl. oben Abschn. E-3.3).

Bei Inanspruchnahme der Genehmigung wird die eingeführte Menge auf der Einfuhrgenehmigung nach Menge und Wert *‹abgeschrieben›*, d.h. das in Anspruch genommene Volumen wird auf dem Formular festgehalten. Der Einführer muß ausgenutzte Genehmigungen fünf Jahre aufbewahren. Nicht ausgenutzte Einfuhrgenehmigungen müssen der Genehmigungsstelle unverzüglich zurückgegeben werden (§ 3 AWV).

In der AWV (§§ 32ff.) sind zahlreiche *Ausnahmen* von der prinzipiellen Genehmigungspflicht aufgeführt. Dies bezieht sich sowohl auf eine Vielzahl bestimmter *Gütergruppen* (rund 30 Positionen) als auch auf bestimmte *Einfuhrzwecke*: So sind Kleinsendungen bis zu einem Wert von DM 1000,– von der Genehmigungspflicht befreit, wenn sie nicht kommerziell verwendet werden sollen, ebenso Güter, für die eine Zollbefreiung gilt, ferner Einfuhren durch Gebietsfremde für Ausstellungen und Messen. Zur Durchführung einer Mehrzahl von gleichgelagerten Einfuhrzöllen können auch **Globalgenehmigungen** gewährt werden, die zeitlich, mengen- oder wertmäßig begrenzt sein können.

Andererseits entfallen eine Reihe von Vereinfachungen, die ggf. gälten, im Rahmen von genehmigungspflichtigen Einfuhren, so z.B. die Befreiung von der Vorlage von Ursprungsnachweisen (vgl. nachfolgend (4)) oder Einfuhrerklärungen (vgl. (5)).

Die folgenden Unterlagen können je nach Sachlage sowohl bei der genehmigungsfreien als auch bei der genehmigungsbedürftigen Einfuhr erforderlich sein:

(3) Einfuhrlizenz (L)

Sofern in der Warenliste – z.B. bei landwirtschaftlichen Erzeugnissen, die einer gemeinsamen Marktorganisation unterliegen – das Zeichen ‹L› aufgeführt ist, wird bei der Abfertigung zum freien Verkehr eine Einfuhrlizenz benötigt (ohne Abb.); die Rechtsgrundlage bilden entsprechende EG-Verordnungen. Sie hat eine *Kontroll-* bzw. *Überwachungsfunktion*: Eine Einfuhr*genehmigung* ist ja lediglich eine *Ermächtigung* zur Einfuhr, die nicht ausgenutzt werden *muß*. Mit der Einfuhr*lizenz* wird hingegen sichergestellt, daß die beantragten Einfuhren auch tatsächlich durchgeführt werden: Die Lizenzerteilung wird von der Stellung einer *Kaution* abhängig gemacht wird, die ganz oder teilweise verfällt, wenn die Einfuhr nicht fristgemäß oder unvollständig durchgeführt wird. So ist es möglich, die zu überwachenden Einfuhrmengen realistisch fortzuschreiben. Für bestimmte Warenarten gibt es Lizenzfreimengen, die ohne Einfuhrlizenz eingeführt werden dürfen.

Sprachlich verwandt, aber sachlich anders gelagert ist die **EHM-Lizenz**: Aufgrund des sog. **Ergänzenden Handelsmechanismus (EHM)**, der 1986 durch den EG-Beitritt Spaniens und Portugals geschaffen worden ist, ist in einer Übergangszeit für bestimmte, noch mengenmäßig beschränkte Wareneinfuhren eine EHM-Lizenz erforderlich.

(4) Herkunftsnachweis

Da Einfuhrbeschränkungen vom Warenursprung abhängen (können), ist vielfach ein Herkunftsnachweis erforderlich. Die Notwendigkeit dafür kann sich dabei aus der Einfuhrliste oder aber aus der Einfuhrgenehmigung ergeben.

Die einfachste Form des Herkunftsnachweises ist z.B. eine *Rechnung* oder ein *Transportpapier*, sofern sich daraus das Herkunfts- oder Versendungsland bzw. das Ursprungsland identifizieren läßt. Damit können u.a. die Angaben zur Außenhandelsstatistik überprüft werden. Diese Form des Herkunftsnachweises kann genügen, sofern die Einfuhrliste nicht formalere, strengere Ursprungsnachweise verlangt. Dabei sind zwei Formen zu unterscheiden (§ 29 AWV):

Ein **Ursprungszeugnis (U)** ist eine Urkunde, die nur von dafür befugten Stellen ausgestellt werden kann (§ 29 AWV), z.B. den Zollbehörden des Herkunftslandes. Dabei gibt es international keine verbindliche Standardisierung (allerdings einheitlich innerhalb der EG und im Rahmen des Multifaserabkommens), jedoch ein **Musterformular**, das von der EG-Kommission und dem *Rat für Zusammenarbeit auf dem Gebiet des Zollwesens (Customs Cooperation Council* (CCC) oder synonym: ‹*Brüsseler Zollrat*›) ausgearbeitet worden ist. Die **Warenver-**

kehrsbescheinigung EUR.1 dient als Ursprungsnachweis in verschiedenen Präferenzabkommen, u.a. EG-EFTA-Ländern, das sog. **Formblatt A** als Ursprungsnachweis im Rahmen des *Allgemeinen Präferenzsystems* (APS) mit den Entwicklungsländern (vgl. Abschn. F-4.2).
Ob und unter welchen Voraussetzungen eine Ware ihren Ursprung in einem bestimmten Land hat, ist eine Frage der **Ursprungsregeln**. Auch hierfür gibt es keine allgemeingültigen Kriterien, so daß sie jeweils im Rahmen der entsprechenden *Präferenzabkommen* konkretisiert werden. Bei Importen aus nichtpräferenzbegünstigten Ländern ist von der EG-Grundregel auszugehen, daß eine vollständige Erzeugung oder eine hinreichende Be- oder Verarbeitung ursprungsbegründend ist, wobei wiederum erklärungsbedürftig ist, was unter ‹hinreichend› zu verstehen ist (vgl. hierzu unten Abschn. F-4.4).
Eine **Ursprungserklärung** (**UE**) kann vom *Exporteur* gegeben werden, indem dieser – ohne amtliche Bestätigung – *auf der Handelsrechnung* bescheinigt, daß die betreffende Ware «nach den in der EG geltenden Regeln ihren Ursprung in X-Land haben»; dieser Bezug auf die EG-Regeln ist aus EG-Sicht erforderlich.
Ob ein Ursprungszeugnis oder eine Ursprungserklärung erforderlich ist, kann gleichfalls der Einfuhrliste entnommen werden, indem in der entsprechenden Spalte 5 dieser Liste entweder ‹U› für Ursprungszeugnis oder ‹UE› für Ursprungserklärung steht (vgl. Abb. E-4.2/1).
Hinsichtlich der Vorlage von Ursprungsnachweisen bestehen Ausnahmen, auch wenn in der Einfuhrliste ein Ursprungsnachweis gefordert wird (§ 29 AWV): Einmal gibt es eine Befreiung, sofern der Wert der Einfuhrsendung DM 2100,– nicht übersteigt *(Bagatellklausel)* (außer bei Textil- und Bekleidungswaren, da hier Sonderregelungen des Welttextilabkommens bestehen). Zum anderen sind Waren mit EG-Ursprung oder solche, die sich im freien Verkehr der EG befinden, unabhängig vom Warenwert vom Ursprungsnachweis befreit; allerdings muß die Gemeinschaftseigenschaft durch andere Papiere – z.B. die Handelsrechnung – nachgewiesen werden.
In vielen Fällen können Ursprungszeugnisse bzw. -erklärungen als *außenwirtschaftsrechtliche* Ursprungsnachweise auch durch andere Papiere ersetzt werden. Dies gilt insbesondere für die o.a. (zollrechtlich erforderliche) **Warenverkehrsbescheinigung** (**WVB**) **EUR.1** (im Warenverkehr mit der EFTA, außer bei nicht-kommerziellen Kleinsendungen und im Reiseverkehr; für kommerzielle Kleinsendungen genügt – statt des überholten Vordrucks EUR.2 – heute eine Ursprungserklärung auf der Handelsrechnung); das Formular **APR** im Postverkehr bis zu einem Warenwert von DM 4700,–; im Rahmen des Assoziierungsabkommens mit der Türkei die Formulare **A.TR.1**

oder **A.TR.3**; oder das bereits angeführte **Formblatt A** bei Einfuhren aus Entwicklungsländern, die zur Erlangung der Zollfreiheit oder der Zollvergünstigungen im Rahmen von Präferenzabkommen erforderlich sind, und für den außenwirtschaftsrechtlichen Ursprungsnachweis, u.U. mit Ergänzungen, hinreichend sein können (vgl. auch Abschn. F-4.5).

(5) Einfuhrerklärung (EE, EEG)
Sofern die Spalte 5 der Einfuhrliste das Zeichen ‹EEG› oder ‹EE› angeführt ist (Abb. E-4.2/1), wird eine Einfuhrerklärung verlangt (sog. *Erklärungsverfahren*; § 28a AWV). Dabei handelt es sich um ein Instrument zur Überwachung der Einfuhren bestimmter (nur noch weniger) ‹sensibler› Waren aus Drittländern (z.B. im Agrar-, Stahl- oder Textilbereich) durch das jeweils zuständige Bundesamt (BAW, BALM, BEF); diesen ist das Formular (Abb. E-4.3/3) – zeitlich vor der Einfuhrabfertigung – zur Abstempelung und Auswertung – vorzulegen. Die Einfuhrüberwachung ist entweder aufgrund von EG-Vorschriften erforderlich (dann: ‹EEG›, d.h. Einfuhr-Erklärung der Gemeinschaft) oder aufgrund von nationalen – deutschen – Überwachungsvorschriften (‹EE›). Dies bezieht sich auch auf solche Waren, die aus dem freien Verkehr der EG eingeführt werden.
Die Einfuhrerklärung ist also nicht mit einem Genehmigungsvorbehalt verbunden; sie hat nur eine reine Informationsfunktion für die Überwachungsbehörden. Das zuständige Bundesamt vermerkt in der Einfuhrerklärung einen Endtermin für die Einfuhrabfertigung sowie einen Prozentsatz, um den die angegebene Einfuhr wert- bzw. mengenmäßig überschritten werden darf; dieses Exemplar muß der Einführer der Einfuhrzollstelle zusammen mit der Rechnung vorlegen, wobei u.a. geprüft wird, ob der Verwendungstermin der EE(G) eingehalten worden ist, ob der Rechnungspreis den in der EE(G) erklärten Preis nicht überschreitet und ob die erklärte Einfuhrmenge (inklusive der Überziehungsmarge) eingehalten worden ist; andernfalls wird die Einfuhrabfertigung abgelehnt.
Die Einfuhr*erklärung* ist somit von der Einfuhr*anmeldung* und vor allem von der Einfuhr*genehmigung* zu unterscheiden.

(6) Einfuhrkontrollmeldung (EKM)
Sofern die Ware in der Warenliste mit ‹EKM› gekennzeichnet ist, ist eine Einfuhrkontrollmeldung erforderlich (§ 28a AWV). Es handelt sich dabei um ein (zusätzliches) Exemplar 6 des Einheitspapiers (Durchschrift der Einfuhranmeldung) mit dem eingestempelten Eindruck «Einfuhrkontrollmeldung» unten rechts im Feld B (hier ohne

Abb. E-4.3/3: **Einfuhrerklärung**

Anlage E1 zur AWV

Einfuhrerklärung

(§ 28a der Außenwirtschaftsverordnung)

1. Ausfertigung

Für Einführer zur **Einfuhrabfertigung**

② Beruf / Gewerbe des Einführers: Textilgroßhandel

③ Telefon (einschl. Vorwahl) 0711/565656 — Telex /Fax 0711/656565

④ Tag und Ort der Abgabe der Einfuhrerklärung: 0 1 1 0 9 2 | Stuttgart

⑤ Zuständigkeitsbereich: 1 0

⑥ Verfahrens-Nr.: 7 6 3 4 6 2 0 2 0 0 1

⑦ (Länder-Nr.) Ursprungsland: 7 3 6 | Taiwan

⑧ (Länder-Nr.) Einkaufsland: 7 4 0 | Hongkong

⑨ (Länder-Nr.) Versendungsland: 7 3 6 | Taiwan

① Name und Anschrift des Einführers — Zollnummer

Hach u. Mann GmbH
Textilgroßhandel
Wollgasse 45
7000 Stuttgart

⑩ Benennung der Ware(n) mit ihrer handelsüblichen Bezeichnung
Kinder-Sandalen mit Laufsohle und Oberteil aus Kunststoff

⑪ Benennung der Ware(n) nach der Einfuhrliste
Schuhe mit Laufsohle und Oberteil aus Kunststoff

⑫ Waren-Nr(n). der Einfuhrliste
6 4 0 2 9 9 3 | 9 0

⑬ **Gesamtwert:** (cif-Preis frei Grenze) a) in DM 1 4 2 2 0 — b) in ausländischer Währung — c) Umrechnungskurs DM

⑭ Menge der Ware(n) in handelsüblichen Einheiten - soweit nicht anderes vorgeschrieben - 3 6 0 0 | Paar

⑮ Preis für die handelsübliche Einheit (cif-Preis frei Grenze): DM 4,50 / Paar

⑯ Lieferbedingungen (z. B. fob, cif): cif Bremen, verzollt

⑰ Zeitpunkt(e) und Ort(e) der Einfuhr (voraussichtlich): Oktober 1992, Bremen

⑱ **Bemerkungen:** Mit einer Speicherung der Zollnummer und der dazugehörigen Adreßdaten und ihrer Weitergabe an Dienststellen der Zollverwaltung bin ich einverstanden.

Ausführer: Narrow Shoe trading Co.
1343 Willow Road / Richmond House
TST Kowloon / Hongkong

(Hinweis: Diese Angaben sind der Einfuhrliste oder ggf. der Einfuhrausschreibung zu entnehmen)

Anlage: Handelsrechnung 1-fach

- S T E M P E L -

ppa [Unterschrift]

Firmenstempel und Unterschrift

⑲ Exportlizenz-Nr.

⑳ Exportlizenz-Datum

㉑ Kategorie Lieferland

- nicht vom Einführer auszufüllen -

Zuordnungs-Nr. des Bundesamtes

Endtermin für die Einfuhrabfertigung:

Tagesstempel

Vom Hundert-Satz der zulässigen Überschreitung bei der Einfuhrabfertigung:

Dienststempel

Unterschrift

Abbildung, vgl. sinngemäß Abb. E-4.3/1). Eine EKM ist erforderlich insbesondere für den genehmigungsfreien Import von Fleisch, Glas- und Keramikwaren und Bild- und Tonträgern aus Ländern, die nicht zur Länderliste A/B gehören, also vorrangig (bisherige) Staatshandelsländer. Sie dient zur *Marktbeobachtung* nach bereits erfolgter Einfuhr, der Überwachung von Einfuhrquoten, zur Entscheidung über die Freigabe von Kautionen (vgl. → Einfuhrlizenz) oder bei Bild- und Tonträgern zur Überwachung von Urheberrechten.
Auch wenn eine Ware in der Einfuhrliste entsprechend gekennzeichnet ist, entfällt die Notwendigkeit zur Vorlage einer EKM u.a. bei Waren mit Ursprung in einem OECD-Land sowie für Kleinsendungen bis zu DM 1000,– (außer für bestimmte Güter, z.B. Bild- und Tonträger). Die Vorlage einer EKM entfällt auch bei Einfuhren im erleichterten Verfahren (vgl. unten).

(7) Einfuhrbescheinigungen
Einfuhrbescheinigungen können seitens des ausländischen Exporteurs vom Importeur verlangt werden, damit der Exporteur seinen Behörden gegenüber den ordnungsgemäßen Eingang überwachter Exporte nachweisen kann, z.B. bei genehmigungspflichtigen Lieferungen von Waren der COCOM-Liste. Dabei gibt es vor allem zwei Papiere, die aus deutscher Importeurssicht beim BAW zu beantragen sind (§ 29b AWV):
Eine **Wareneingangsbescheinigung** (WEB; *Delivery Verification Certificate*) wird nachträglich, d.h. nach erfolgter Zollabfertigung im Importland ausgestellt und dient als Unterlage für die Verwendungskontrolle genehmigungspflichtiger Exporte. Eine **Internationale Einfuhrbescheinigung** (**IEB**: *International Import Certidicate, IIC*) dient analogen Zwecken im Exportland. Das zugrundeliegende Geschäft muß durch entsprechende Unterlagen nachgewiesen werden (z.B. Kaufvertrag). Die IEB wird bei der Einfuhrabfertigung von den Zollbehörden abgestempelt.

(8) Sonstige Unterlagen
Bei der genehmigungsfreien Einfuhr von *Obst* und *Gemüse*, für das von der EG Qualitäts-*Mindeststandards* festgelegt sind, muß eine entsprechende Kontrollbescheinigung oder Empfangsbestätigung vorgelegt werden, aus der die Qualitätsbedingung hervorgeht (§ 35a AWV); auch bei einigen *Textilerzeugnissen* hängt die Genehmigungsfreiheit davon ab, daß bestimmte Qualitätsbescheinigungen bei der Einfuhr vorgelegt werden; bei *Fleisch* können veterinärmedizinische Untersuchungen erforderlich sein; bei der Einfuhr von *Kaffee* ist nach

den Bestimmungen des Internationalen Kaffeeabkommens, wenn Einfuhrquoten in Kraft sind, z.B. ein Kaffeezeugnis erforderlich (§ 35b AWV). Analoges gilt für *Kakao* (Kakaozeugnis).

E-4.4. Vereinfachungen und Erleichterungen

Außenwirtschaftsrechtliche Vereinfachungen und Erleichterungen müssen verfahrenstechnisch kongruent sein mit dem zollrechtlichen Verfahren – anders ausgedrückt: Das außenwirtschaftsrechtliche Verfahren darf das zollrechtliche Verfahren nicht hemmen und umgekehrt. Zollrechtlich gewährte Vereinfachungen und Erleichterungen (vgl. Abschn. F-2.3) führen folglich – da das außenwirtschaftsrechtliche Anmeldeverfahren, wie erwähnt, formlos ist – zu analogen Vereinfachungen und Erleichterungen in außenwirtschaftsrechtlicher Hinsicht: Die Zollformulare – egal, ob im Standardverfahren oder vereinfacht – dienen der außenwirtschaftsrechtlichen Anmeldung.
Alle Fälle, in denen Verfahrenserleichterungen («Einfuhr im erleichterten Verfahren») gelten, sind in den *§§ 32–35c AWV* gergelt. Erleichterungen bei der Wareneinfuhr können darin bestehen, daß:

- eine Befreiung von der *Genehmigungspflicht* vorliegt (z.B. für nicht-kommerzielle Kleinsendungen, Geschenksendungen und im Reiseverkehr sowie für Muster, Messe- und Ausstellungsgüter) und/oder
- eine Befreiung von der *Vorlagepflicht* bestimmter Papiere gegeben ist (z.B. Einfuhrgenehmigung, Einfuhrkontrollmeldung (z.B. bei OECD-Einfuhren), Einfuhrerklärung, Ursprungsnachweis bei der Verbringung in Zollager oder beim aktiven Veredelungsverkehr) und/oder
- eine Befreiung von der *Anmeldungs- oder Gestellungspflicht* vorliegt.

Wie weiter unten zu zeigen sein wird, erfolgen die kommerziellen Einfuhren in überwiegender Zahl nicht nach dem prinzipiellen Schema, sondern unter weitestgehender Ausnutzung von Vereinfachungen und Erleichterungen.

E-4.5. Einfuhrkontingente

Einfuhrkontingente seitens der EG bestehen insbesondere im *Textilbereich* im Rahmen der *Gemeinsamen Einfuhrregelung* (hierfür sind Einfuhr*genehmigungen* erforderlich) sowie im *Landwirtschaftsbe-*

reich für eine ganze Reihe von Marktordnungswaren (für die Einfuhr*lizenzen* benötigt werden), daneben aber auch im Rahmen von bilateralen Abkommen, insbesondere mit ehemaligen Staatshandelsländern, sowie im Zusammenhang mit *Selbstbeschränkungsabkommen* (u.a. über japanische Automobilexporte). Außer aus außenwirtschaftsrechtlichen Gründen sind Kontingente auch üblich im Rahmen von Zollpräferenzen; aus Vereinfachungsgründen werden diese hier an dieser Stelle mitbehandelt.

Die *Kompetenz* zur Einrichtung von Kontingenten liegt bei der EG-Kommission, auf der Basis des Vorschlags von Mitgliedstaaten, der mit den anderen Mitgliedstaaten abgestimmt werden muß. Das Gesamtkontingent für die EG wird nach **Quoten** auf die Mitgliedstaaten aufgeteilt, denen die Überwachung der Einhaltung der Kontingentierung zukommt. Die nationalen Kontingente können meist ohne Zustimmung der Kommission um 20% überzogen werden. Sofern auch dies nicht ausreicht, ist eine Aufstockung bei der Kommission zu beantragen.

Da der Außenwirtschaftsverkehr grundsätzlich frei ist, kann sich grundsätzlich auch jeder Interessierte an Einfuhrausschreibungen beteiligen. Bei Kontingenten, die aus wirtschaftspolitischen Gründen eingerichtet werden, erfolgt jedoch vielfach eine Eingrenzung des Kreises der Berechtigten, z.B. werden bei Messekontingenten nur Anträge berücksichtigt, die auf einem Messekaufvertrag beruhen. Dabei sind auch Antragshöchstgrenzen üblich.

Wenn bei Einfuhrkontingenten die Genehmigungsanträge das Volumen der Kontingente überschreiten, muß eine Auswahl getroffen werden. Daher wird das Verfahren – i.d.R. zum Jahresbeginn – durch **Ausschreibungen** im Bundesanzeiger unter Angabe der Antragsbedingungen und des Volumens des Kontingents vorbereitet *(Einfuhrausschreibung)*, um Interessenten die Möglichkeit zur Antragstellung zu geben. Die in einem bestimmten Zeitraum nacheinander gestellten Anträge sollen dabei als gleichzeitig gestellt betrachtet werden (sog. **Gleichbehandlungszeitraum**). Bei der Ausnutzung von Kontingenten soll sowohl eine volkswirtschaftlich als auch betriebswirtschaftlich sinnvolle Nutzung möglich sein. Grundsätzlich sollen dabei etablierte Handelsströme berücksichtigt werden, aber auch neue Interessenten sollen Zugang finden können.

Bei der Kontingentsaufteilung sind verschiedene *Verfahren* möglich:

(1) Beim sog. **Windhundverfahren** werden die Genehmigungen nach der zeitlichen Reihenfolge ihrer Beantragungen erteilt: «Wer zuerst kommt, mahlt zuerst». Dabei können allerdings nur schwer volkswirtschaftliche Kriterien berücksichtigt werden.

(2) Das **Referenzverfahren** ist sachlicher, indem die Anträge auf der Grundlage von Vergleichswerten entschieden werden, etwa dem Volumen der Vorjahresanträge, um traditionelle Handelsströme zu berücksichtigen. Dabei wird eine sog. ‹Newcomer-Quote› für Antragsteller reserviert, die im Referenzzeitraum keine Anträge gestellt hatten.

(3) Im (einfachen) **Quotenverfahren** wird das Kongingent gleichmässig auf alle Antragsteller verteilt (**Kontingentscheinverfahren**).

(4) In der Praxis wird eine Kombination von (2) und (3) bevorzugt (**Quotenreferenzverfahren**), indem ein Teil des Kontingents zu gleichen Teilen und der Rest nach Referenzwerten zugeteilt wird.

(5) Insbesondere bei Selbstbeschränkungsmaßnahmen kann auch eine *Verteilung durch das Lieferland* erfolgen. Das Importland hat dann keinen Einfluß auf die Entscheidung über die Person des Einführers und das Volumen der Einfuhr. Die Ausfuhrberechtigung wiederum kann von einer Exportgenehmigung abhängen: Im Welttextilabkommen z.B. setzen Einfuhrgenehmigungen die Vorlage einer Exportlizenz voraus.

Ein **Interministerieller Einfuhrausschuß** (**IEA**) erläßt für die Bundesrepublik Richtlinien für die Erteilung von Einfuhrgenehmigungen und die Durchführung von Einfuhrausschreibungen. Der Ausschuß setzt sich zusammen aus Vertretern der Bundesministerien für Wirtschaft und für Ernährung, Landwirtschaft und Forsten sowie der Deutschen Bundesbank (nicht zu verwechseln mit dem *Interministeriellen Ausschuß* (IMA), der über HERMES-Deckungen entscheidet; vgl. Abschn. H-2.4.4).

Diese vorangehenden Kriterien gelten analog für genehmigungsbedürftige Ausfuhren im Rahmen von **Ausfuhrkontingenten,** die gleichfalls auszuschreiben sind und deren Kontingente auf die einzelnen Bewerber zu verteilen sind.

E-4.6. Aktuelle Importverbote und -beschränkungen

Unter dem Begriff **Verbote und Beschränkungen** (**VuB**) werden alle Vorschriften zusammengefaßt, die das Verbringen von Waren über die Zollgrenze oder die Hoheitsgrenze verbieten oder beschränken. Der Begriff VuB ist zollrechtlich verankert, denn die Zollbehörden haben nach *§ 1 Zollgesetz* die Einhaltung der Verbote und Beschränkungen zu überwachen. Ob die Einfuhr einer Ware verboten ist bzw. ob eine **Einfuhrgenehmigung** erforderlich ist, ergibt sich – wie ausgeführt –

aus der Einfuhrliste in Abhängigkeit von der Warenart bzw. dem Lieferland.
Dabei sind VuB aus wirtschaftlichen und aus nichtwirtschaftlichen Gründen zu unterscheiden, wobei bei letzteren der Verbots- oder Beschränkungsgrund auch in anderen Rechtsnormen als dem AWG verankert sein kann, z.B. dem Lebensmittelrecht, dem Naturschutzgesetz, der Bundes-Artenschutz-Verordnung, dem Tierseuchengesetz oder dem Warenzeichengesetz. Der DGebrZT bzw. die Einfuhrliste weisen jedoch nicht bei jeder Ware durch den Hinweis ‹VuB› auf Beschränkungen hin, so daß hierzu ergänzend Dienstanweisungen des Bundesfinanzministeriums herangezogen werden müssen.

Bei **Verboten** sind zu unterscheiden:
- absolutes Verbot ohne Ausnahmen (z.B. Einfuhr verseuchter Tiere),
- relatives Verbot mit möglicher Ausnahmebewilligung (z.B. Einfuhrverbot für Waffen; Ausnahmen durch Bundeskriminalamt),
- relatives Verbot mit Genehmigungsvorbehalt (z.B. Einfuhr von artengeschützten Tieren oder Pflanzen; Genehmigung durch Bundesamt für Wirtschaft).

Beschränkungen sind i.d.R. *Gebote*, wie z.B. das Erfordernis, bestimmte Bescheinigungen vorzulegen (z.B. Trichinenfreiheit bei Fleisch).
Die folgenden (wichtigsten, nur beispielhaften) VuB bestehen bei der Wareneinfuhr:

1. **Schutz der öffentlichen Ordnung**
- *Banknotenpapier:*
  → erlaubnispflichtig,
- außer Kurs gesetzte *Münzen, Medaillen*:
  → verboten,
- *Schuldurkundenpapier* (auch für Euroschecks etc.):
  → genehmigungspflichtig
- *Waffen, Munition, Geschosse* (außer Kriegswaffen), für Jagd, Sport, Spiel:
  → genehmigungspflichtig, Kennzeichnungspflicht,
  → bestimmte Typen sind verboten (u.a. Springmesser, Schlagringe),
- *Kriegswaffen:*
  → genehmigungspflichtig,
- *Sprengstoffe:*
  → Berechtigungsnachweis erforderlich,

- *Radioaktive Stoffe:*
  → genehmigungspflichtig,
- *verfassungswidrige Medien:*
  → *verboten, Beschlagnahme,*
- *strafrechtlicher Schutz der öffentlichen Ordnung und Sicherheit* (Gewaltdarstellung, Rassenhaß, harte Pornographie, jugendgefährdende Schriften):
  → verboten, Beschlagnahme,
- Güter, die die *Sicherheit der Alliierten Streitkräfte* gefährden:
  → genehmigungspflichtig,
- *Sendeanlagen:*
  → genehmigungspflichtig.

2. **Schutz der Umwelt**

- *Beseitigung von Abfällen:*
  → genehmigungspflichtig (Abfallbeseitigungsgesetz, Immissionsschutzgesetz)
- *DDT:*
  → verboten.

3. **Schutz der menschlichen Gesundheit**

- *Fleisch:*
  → veterinär-medizinische Untersuchungspflicht,
  → zubereitetes Affen-, Katzen-, Hunde-, Pferdefleisch, Fleisch von anderen Einhufern: verboten.
- *Geflügelfleisch* mit bestimmten *Zusätzen (Zartmacher):*
  → verboten,
- *Methylalkohol, Absinth, Wein, Likörwein, Schaumwein:*
  → Verkehrsbeschränkung (muß im Ursprungsland zum Verzehr geeignet gewesen sein)
- *Betäubungsmittel:*
  → genehmigungspflichtig (Bundesgesundheitsamt),
- *Krankheitserreger:*
  → genehmigungspflichtig,
- Arzneimittel:
  → genehmigungspflichtig, gemäß Bundesarzneimittelgesetz,
- *Lebensmittel:*
  → Verkehrsbeschränkungen gemäß Lebensmittelgesetz, Beförderungsvorschriften für leicht verderbliche Lebensmittel.

4. **Schutz der Tierwelt**

- *kranke Tiere:* verboten

- *lebende Einhufer, Hasen, Kaninchen, Katzen, Hunde, Geflügel, Vögel, Affen, Fische:*
  → genehmigungspflichtig,
- *Knochen:*
  → verboten,
- bestimmte *seltene Tierarten:*
  → verboten (Artenschutzabkommen), sofern keine Genehmigung zulässig (dann genehmigungspflichtig), Beschlagnahme (Bsp. Krokodile, Elfenbein),
- *Tierarzneimittel:*
  → genehmigungspflichtig,
- *Futtermittel:*
  → überwachungs-, ggf. genehmigungspflichtig.

5. **Schutz der Pflanzenwelt**
- *Pflanzen und Saatgut:*
  → kann genehmigungspflichtig/verboten sei (BMELF), Saatgut nur als EG-Ursprungsware
- *Pflanzenschutzmittel:*
  → genehmigungspflichtig durch Biologische Bundesanstalt.

6. **Gewerblicher Rechtschutz**
- *falsche Angaben* auf Waren (Gattung, Ursprung [made in ...], Markenname):
  → Beschlagnahme

7. **Branntwein:**
   → genehmigungspflichtig (nur Branntweinmonopolverwaltung darf einführen),

8. **Verkehrsbeschränkungen auf dem Gebiet der Verbrauchsteuern**
   → Verpackungszwang,
   → Beipackverbot bei Tabakwaren,

9. **Verkehrsbeschränkung auf dem Gebiet der nationalen Marktordnungen:**
   → Andienungszwang bei Getreide, Fleisch (BALM),

10. **Sonstige Verkehrsbeschränkungen:**
    → medizinische Meßgeräte nur, wenn sie geeicht sind,
    → Textilkennzeichnungspflicht (Materialbestandteile).

Nationale Verbote und Beschränkungen stehen natürlich potentiell im *Konflikt* mit den Freihandelsnormen des GATT und des EWG-Vertrages. Oben in Abschn. E-1.2 wurde aber bereits ausgeführt, daß Art. XX GATT eine generelle Ausnahme-Klausel darstellt für nationale Maßnahmen aus nicht-ökonomischen Gründen, die z.B. den Schutz der öffentlichen Ordnung, der Gesundheit von Menschen, Tieren und Pflanzen oder der öffentlichen Sicherheit zum Ziel haben. Dies gilt sinngemäß für Art. 36 EWG-Vertrag (vgl. Abschn. E-2). Für beide Normen ist Voraussetzung, daß die Schutzmaßnahmen nichtdiskriminierend getroffen werden und nicht etwa verdeckte Handelsbehinderungen darstellen, also ökonomische Ziele haben.

E-4.7. Zusammenfassung

Obgleich es nach den langen vorangehenden Ausführungen nicht so erscheinen vermag, bestehen insgesamt gesehen nur für wenige Waren Einfuhrbeschränkungen oder Überwachungsvorschriften: Rund 95% aller Waren können unbeschränkt und frei eingeführt werden. Bei Gütern der gewerblichen Wirtschaft bestehen bei der Einfuhr von Waren der Länderliste A/B nur bei einigen Gütern bzw. Gütergruppen Einfuhrbeschränkungen, so z.B. bei *Textilien, Stahl*, bestimmten *Porzellan-* und *Keramikerzeugnissen* sowie bei einigen *mineralischen Produkten* und bei *Kohle*; zudem gibt es bei einer Reihe von *agrarischen Gütern*, die unter die Marktorganisationen fallen (z.B. Zucker, demnächst Bananen), mengenmäßige Importbeschränkungen. Besondere Regelungen betreffen die Länder, mit denen die EG Assoziie-

Abb. E-4.7/1: **Einfuhrunterlagen** (Übersicht)

- Einfuhrabfertigungsantrag (immer)
  formlos, meist in Verbindung mit dem Zollantrag oder der
- Einfuhranmeldung (Exemplare des Einheitspapiers)
- Einfuhrgenehmigung
- Einfuhrlizenz (im MO-Bereich)
- Ursprungsnachweis durch
  - Rechnung
  - Ursprungserklärung oder
  - Ursprungszeugnis
- Einfuhrerklärung (als EE oder EEG, vorherige Überwachung)
- Einfuhrkontrollmeldung (nachträgliche Marktbeobachtung bei Einfuhren aus Staatshandelsländern)
- spezielle Unterlagen für bestimmte Güter (z.B. Kaffeezeugnis)

rungs- oder andere Abkommen getroffen hat, z.B. Präferenzabkommen, auf die in Abschn. F-4.2 eingegangen wird.
Einfuhren aus den ehemaligen Staatshandelsländern sind zu rund 98% gleichfalls liberalisiert, d.h. genehmigungsfrei und unbeschränkt möglich. Sofern dennoch bei C-Gruppen-Ländern Importkontingente bestehen, legt diese grundsätzlich der EG-Rat für die Mitgliederstaaten der EG fest, doch bestehen auch dabei Ausnahmeregelungen.
Bei der Einfuhrabfertigung können – je nach Sachlage – die in Abb. E-4.7/1 zusammengefaßten Einfuhrunterlagen erforderlich sei. In Abschn. E-5.3 werden die entsprechenden Ausfuhrunterlagen behandelt. Dabei sei nochmals daran erinnert, daß es sich bei den bisherigen Betrachtungen lediglich um die außenwirtschaftsrechtlichen, nicht um die zollrechtlichen Aspekte handelt. Für zollrechtliche Zwecke sind weitere Unterlagen erforderlich, vgl. Kap. F.

E-4.8. Exkurs: Markenpiraterie

E-4.8.1. Problematik

Allgemein versteht man unter Markenpiraterie (synonym: *Produktionspiraterie*; engl. *counterfeiting*) die detailgetreue *Imitation* eines Produktes, das unter dem illegal verwendeten Markennamen, aber erheblich billiger als das Original angeboten wird. Das Imitieren bezieht sich insbesondere auf den Namen, bestimmte Markenzeichen oder Symbole (Abb. E-4.8/1) sowie auf das Design des Produkts oder die Verpackung. Die Fälschungen sind meist qualitativ schlechter als das Vorbild, doch gibt es auch Beispiele für Plagiate, die auch von Fachleuten nur schwer vom Original zu unterscheiden sind: Technisch bestehen kaum Probleme für Fälschungen jeder Art; die Möglichkeiten der Nachahmung nehmen sehr viel schneller zu als die Möglichkeiten zu ihrer Verhinderung.
Die *Produktpalette* gefälschter Produkte umfaßt u.a. Textilien, Uhren, Kosmetika, Lederwaren, Autozubehör, Audio- und Videogeräte, Bild- und Tonträger (Cassetten, CDs), Computersoftware, Büroartikel, Werkzeuge, elektrische und elektronische Güter, chemische und pharmazeutische Produkte (Medikamente, Düngemittel), etc. Die ICC schätzt das Volumen des Piraten-Umsatzes weltweit auf über 60 Mrd. Dollar pro Jahr, andere kompetente Fachschätzungen gehen sogar von 100 Mrd. Dollar aus. Insgesamt sind rd. 5% des Welthandels dem Handel mit Plagiaten zuzurechnen (Abb. E-4.8/2).
Produktionszentren der Falsifikate sind insbesondere fernöstliche

Abb. E-4.8/1: **Markenpiraterie I**

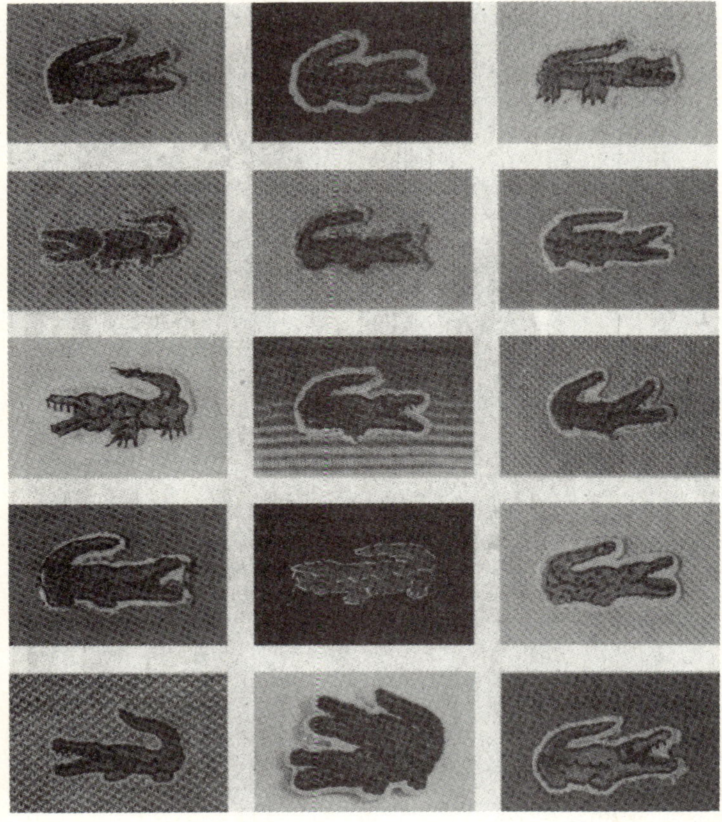

Länder des asiatisch-pazifischen Raumes mit niedrigen Produktionskosten, Südamerika, Afrika (Marokko, Nigeria), aber auch Westeuropa (Italien, Frankreich, Großbritannien, auch: Bundesrepublik (Computersoftware)) sowie einige osteuropäische Staaten.

Neben der direkten Produktnachahmung ist aber auch die gezielte Markenverwechslung von Bedeutung, indem dem Original zum Verwechseln ähnliche, aber nicht völlig identische Aufmachungen hinsichtlich Markennamen, Designs oder Werbebotschaften verwendet

Abb. E-4.8/2: **Markenpiraterie II**

Fliegende Händler sind Touristen meist einen Schritt voraus

Markenpiraten immer dreister

Original-Hersteller setzen Hoffnungen in die GATT-Verhandlungen

Genf (dpa/VWD). Die Fälscher von Markenartikeln werden immer dreister. Überall, wo Touristen auftauchen, sind die fliegenden Händler schon da und bieten unverfroren „echte" Cartier- und Rolex-Uhren, Taschen von Louis Vuitton, Lacoste-Hemden oder Levi's-Jeans an. Auch in der Computer-, Musik- und Videobranche, auf dem Medikamenten- und Kosmetikmarkt, ja selbst bei Auto- und Flugzeugersatzteilen sowie bei Militärzubehör wird abgekupfert wie nie zuvor.

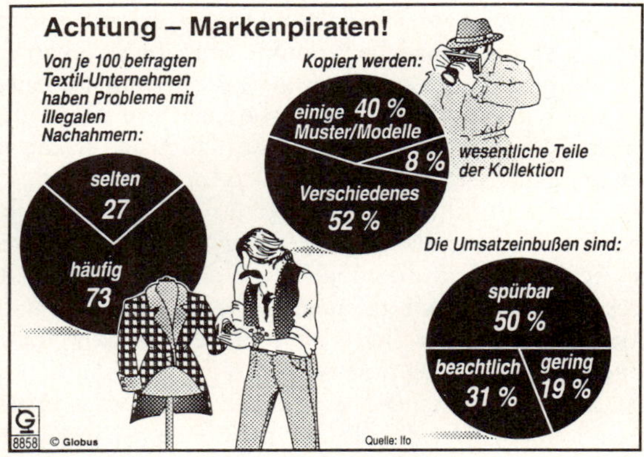

„Die weltweiten Schäden aus Produktpiraterie liegen bei jährlich 60 Milliarden Dollar"

werden: NIVOLIA statt NIVEA, PapsiCola statt PepsiCola, McDouglas statt McDonald, fast gleiche Markenzeichen, etc.

Die *negativen Konsequenzen* der Produktimitation lassen sich wie folgt zusammenfassen:

(1) Die in ihren Rechten verletzten Markenhersteller erleiden Umsatzverluste. Dies gilt sowohl unmittelbar als auch mittelbar durch Beeinträchtigung des Marken-Image durch qualitativ minderwertige Plagiate. Die oben zitierten 60–100 Mrd. Dollar pro Jahr sind wahrscheinlich nicht übertrieben.

(2) Daraus resultieren negative Beschäftigungseffekte, d.h. verlorene bzw. nicht geschaffene Arbeitsplätze, deren Volumen kaum seriös quantifiziert werden kann; allein für Europa sind jedoch Schätzungen über 100000 Arbeitsplätze gängig.
(3) Den staatlichen Haushalten entstehen durch illegale Produktion und illegale Einfuhr erhebliche Steuerausfälle.
(4) Die Verbraucher werden durch minderwertige Produkte ökonomisch geschädigt, sowohl allgemein, indem sie in ihren Preis-Qualitäts-Erwartungen getäuscht werden, als auch konkret, indem z.B. Krankenkassen mit dem Hinweis auf die Existenz billigerer Substitutionsgüter die Erstattung teurer Medikamente verweigern.
(5) Durch qualitativ unzureichende Imitate bestehen konkrete physische Gefahren: Pharmazeutische Produkte wie z.B. Medikamente sind teilweise wirkungslos oder sogar gesundheitsgefährdend; Autoersatzteile wie z.B. Bremsen oder Flugzeugersatzteile wie z.B. Benzinpumpen versagen; medizinische Geräte arbeiten aufgrund nachgemachter Komponenten fehlerhaft, etc.
Der *Anreiz* für die Attraktivität der Produktpiraterie ist jedoch plausibel: Sie stellt in vielen Ländern eine relativ einfache, aber dringend benötigte Arbeitsbeschaffungsmöglichkeit dar, und sie ist (bislang) sowohl schwer aufzuklären als auch zu verhindern. Die moralische Rechtfertigung dafür leitet sich insbesondere aus dem Vorwurf ab, daß die Industrieländer den aufstrebenden Entwicklungsländern den Zugang zu dem entsprechenden technischen und geistigen Know-how verweigern: Somit scheint die illegale Aneignung des geistigen Eigentums der einzige Weg zu sein, dieser Behinderung zu begegnen. Hinzu kommt, daß auch in den betroffenen Importmärkten entsprechende Interessen angesiedelt sind: Viele illegale Nachahmungen sind Auftragsproduktion von Importeuren in Industrieländern. Damit scheint es legitim zu sein, überteuerte Produkte durch billigere Substitute zu ersetzen (vorausgesetzt, die Qualität ist gleichwertig). Dies gilt für fast alle Importländer, und nicht zuletzt in Osteuropa besteht eine sehr große, unkritische Nachfrage nach westlichen Markenprodukten. Imitationen werden in zunehmendem Maße nicht nur im informellen Sektor, sondern auch in regulären Geschäften angeboten. Der Begriff «*Original Copy of...* (Markenname)» ist fast zu einem Markenzeichen auf den *grauen Märkten* geworden. Die WIRTSCHAFTSWOCHE zitierte in ihrer Ausgabe vom 6. 12. 91 den zynischen Ausspruch: *«It's a trick and not a Sony»*.

E-4.8.2. Rechtliche Rahmenbedingungen

Die formalrechtliche Absicherung des Markenschutzes ist in der jüngeren Vergangenheit deutlich verbessert worden.
Ein Europäisches Markenrecht, welches die unterschiedlichen nationalen Schutzrechtsbestimmungen vereinheitlicht, wurde bislang zwar nicht geschaffen, aber 1988 wurde eine *Erste Richtlinie zur Angleichung des Markenrechts der Mitgliedstaaten* verabschiedet. Zudem verbietet eine EG-Verordnung aus demselben Jahr die Überführung nachgeahmter Ware in den zollrechtlich freien Verkehr. Aufgespürte Ware kann danach durch die Zollbehörden beschlagnahmt und vernichtet werden.
Mitte 1990 ist das deutsche *«Gesetz zur Stärkung des Schutzes des geistigen Eigentums und zur Bekämpfung der Produktpiraterie»* (**Produktpirateriegesetz, PrPG**) in Kraft getreten. Es gewährt dem in seinen Rechten verletzten Hersteller einen erzwingbaren *Anspruch auf Auskunft* über die Herkunft der Plagiate, also über Hintermänner, Bezugsquellen, Händler, Vertriebswege und Importeure. In Übereinstimmung mit dem übergeordneten EG-Recht ermöglicht das PrPG auch die Einziehung und ggf. Vernichtung gefälschter Produkte. Das PrPG ergänzt damit das deutsche **Warenzeichengesetz** (**WZG**), nach dem ein Warenzeichen in der sog. Zeichenrolle eingetragen werden kann, die beim Patentamt in München geführt wird. Die Schutzdauer beträgt grundsätzlich 10 Jahre. Verstöße gegen den Schutz des geistigen Eigentums werden – insbesondere aufgrund des PrPG – von Geld- und Freiheitsstrafen bedroht. Im Hinblick auf die damit verbundenen Beschränkungen des Außenwirtschaftsverkehrs knüpfen diese Vorschriften an die allgemeinen Beschränkungsmöglichkeiten nach § 6 AWG an («Abwehr schädigender Einwirkungen aus fremden Wirtschaftsgebieten»).
Auf internationaler Ebene bemüht sich die *World Intellectual Property Organization* (**WIPO**) in Genf um eine Fortentwicklung des noch aus dem vorigen Jahrhunderts stammenden *Madrider Abkommens zum Schutz des geistigen Eigentums*. Auch im Rahmen der Uruguay-Runde des GATT erfolgten entsprechende Verhandlungen, deren Ergebnisse zum gegenwärtigen Zeitpunkt jedoch noch nicht konkret abzusehen sind. Die Aussichten stimmen eher pessimistisch.

E-4.8.3. Schutzmöglichkeiten

Das Problem der Markenpiraterie liegt jedoch in erster Linie nicht in der rechtlichen Fundierung, sondern in der Anwendung und Durchsetzung der Normen. Zum einen werden fernöstliche Produktpiraten

sich kaum von den Sanktionsandrohungen z.B. deutscher oder europäischer Gesetze beeindrucken lassen, wenn bzw. weil diese in ihrem Land kaum durchzusetzen sind. Zum anderen sind die EG-Außengrenzen hinsichtlich ihrer Kontrollintensität doch recht unterschiedlich, so daß Produktpiraten wahrscheinlich nicht unbedingt über die relativ strikt kontrollierten deutschen Zollgrenzen in die EG vorzustoßen versuchen werden. Der Wegfall der Grenzkontrollen im EG-Binnenmarkt wird dieses Problem nicht gerade entschärfen.
Desto wichtiger ist der Aspekt, wie sich Unternehmen gegen Produktpiraterie schützen können. Im Hinblick auf **unternehmensinterne Maßnahmen** ist es zunächst von Bedeutung, die zu schützenden Rechte registrieren zu lassen. Hinzu kommen Maßnahmen zur Geheimhaltung zu schützender Verfahren, fälschungssichere Kennzeichnung der Produkte und die Pflege von Datensammlungen im ‹Fälschungsmarkt›, auch im Austausch mit anderen Unternehmen. **Unternehmensextern** steht vor allem die Marktbeobachtung im Vordergrund, wobei sich Testkäufe, der Einsatz spezieller ausländischer Agenten und auch hier die Kooperation mit anderen Unternehmen als sinnvoll erwiesen haben. Im konkreten Verletzungsfall sollten zivilrechtliche und strafrechtliche Schritte strikt verfolgt werden. Viele Staaten, die als Brutstätten der Markenpiraterie gelten, unterstützen mittlerweile durch strenge Maßnahmen die Bekämpfung des Fälschungsgewerbes.
Kleine und mittelständische Unternehmen (KMU), deren Möglichkeiten der Tatsachenermittlung und Schadensvermeidung bzw. -begrenzung und der Rechtsverfolgung begrenzt sind, haben einen besonders schweren Stand. Die ICC hat mit dem *Counterfeiting Intelligence Bureau (CIB)* in London eine auf Markenpiraterie spezialisierte Institution geschaffen. Das CIB stellt auch Nachforschungen im Auftrag an, aktiviert die örtlichen Überwachungs- und Strafverfolgungsbehörden und informiert allgemein über neue Erkenntnisse in der Produktpiraterie.

E-5. Ausfuhrabfertigung

Analog zur Vorbemerkung zu Abschn. E-3 ist auch hier festzuhalten, daß sich die folgenden Ausführungen nur auf die außenwirtschaftsrechtlichen Aspekte beziehen. Das Exportkontrollrecht ist EG-weit

noch nicht harmonisiert; es gibt keine gemeinsamen Warenlisten, Länderlisten, Genehmigungskriterien und -verfahren und Kontrollmaßnahmen. Die folgenden Ausfuhren betreffen somit nationales deutsches Ausfuhrrecht. Eine EG-einheitliche Ausfuhrliste ist zwar weitgehend fertiggestellt, jedoch noch nicht in Kraft.
Auch für die Ausfuhr gilt, daß nach § 1 des AWG der Außenwirtschaftsverkehr grundsätzlich frei ist, jedoch Beschränkungen möglich sind: Es ist alles erlaubt, was nicht verboten ist. Und auch im Exportbereich gibt es wie beim Import eine Vielzahl von Vereinfachungen und Erleichterungen, die den zunächst sehr kompliziert anmutenden Verfahrensablauf bei der Ausfuhrabfertigung in der Praxis noch stark ‹glätten› können und sehr viel reibungsloser machen (können), als es zunächst erscheinen mag.

E-5.1. Begriffsbestimmungen

Als **Ausfuhr** gilt nach § 4 AWG das Verbringen von *Sachen* und *Elektrizität* aus dem Wirtschaftsgebiet in fremde Wirtschaftsgebiete (vgl. dies oben analog für die Einfuhr). Ein Verbringen in ein (deutsches) Zollager ist demnach außenwirtschaftsrechtlich keine Ausfuhr, da die Ware nicht das Wirtschaftsgebiet verläßt. (Hiervon ist der *zollrechtliche* Ausfuhrbegriff zu unterscheiden, wonach Ausfuhr das Verbringen von Waren aus dem Zollgebiet EG in ein Drittland ist. Vgl. hierzu auch die Abgrenzung von Versendung und Versand in Abschn. F-5.1)
Ausführer ist nach § 8 AWV, wer Waren nach fremden Wirtschaftsgebieten verbringt oder verbringen läßt. Ein Spediteur oder Frachtführer ist jedoch kein Einführer. Bei einem Ausfuhrvertrag mit einem Gebietsfremden (§ 9 AWG), was die Regel sein wird, ist nur der Gebietsansässige Ausführer, auch bei einem fob-Vertrag, bei dem der Gebietsfremde den Transport über die Grenze durchführen muß. Damit ist grundsätzlich der Gebietsansässige außenwirtschaftsrechtlich verantwortlich, da sich bei Gebietsfremden nicht ohne weiteres Kontrollen durchführen bzw. ggf. Sanktionen durchsetzen lassen.
Ausfuhrsendung ist dabei nach § 8 AWV die Warenmenge, die ein Ausführer gleichzeitig über dieselbe Ausgangszollstelle (vgl. zu diesem Begriff weiter unten) für dasselbe Käuferland nach demselben Bestimmungsland ausführt. Dies ist vor allem bei Teillieferungen von Bedeutung, da der Begriff der Ausfuhrsendung für bestimmte Verfahrensvorschriften, aber auch für Befreiungen wichtig ist.
Käuferland ist das Land, in dem der gebietsfremde Käufer ansässig ist; ggf. gilt das **Bestimmungsland** als Käuferland. Das Bestimmungsland

ist das Land, in dem die Waren ge- oder verbraucht oder be- oder verarbeitet werden sollen.

E-5.2. Ausfuhrverfahren nach AWG/AWV

Analog zum Einfuhrverfahren läßt sich das außenwirtschaftliche Ausfuhrverfahren vereinfacht so beschreiben, daß die für die Überwachung der Einhaltung des Außenwirtschaftsrechts zuständigen Zolldienststellen die Zulässigkeit der Ausfuhr prüfen. Dabei stützen sie sich auf die Bestimmungen des Außenwirtschaftsgesetzes (AWG), die in der Außenwirtschaftsverordnung (AWV) und verschiedenen Dienstanweisungen präzisiert werden. Die AWV verweist dabei wiederum auf die Ausfuhrliste (AL) sowie auf verschiedene Länderlisten, die jeweils Anlagen zum AWG bzw. zur AWV sind. Parallel dazu sind die Bestimmungen des Kriegswaffenkontrollgesetzes (KWKG) zu beachten, auf die hier jedoch nicht eingegangen wird.

E-5.2.1. Gestellung und Anmeldung

Der Grundsatz des freien, unbeschränkten Außenhandels gilt – wie erwähnt – ebenso wie für die Einfuhr selbstverständlich auch für die Ausfuhr. Sofern weder ein *Verbotstatbestand* noch ein *Ermächtigungsvorbehalt* (Genehmigungsbedürftigkeit) vorliegt, ist die Warenausfuhr außenwirtschaftssrechtlich frei (Abb. E-5.2/1). Allerdings können Beschränkungen aufgrund anderer Rechtsnormen bestehen; dies wird in Abschn. E-5.7 behandelt.

Das **Ausfuhrverfahren** ist **zweistufig.** (1) Es beginnt mit der **Gestellung** und **Anmeldung** der anzuführenden Waren bei der zuständigen Zollstelle zur (außenwirtschaftsrechtlichen) Prüfung der Zulässigkeit der Ausfuhr. Während das Außenwirtschaftsrecht bei der Einfuhr die Zollstelle nicht präzisiert und in § 27 AWV lediglich von *einer* Zollstelle spricht, sind §§ 9 und 10 für die Ausfuhr genauer (Abb. E-5.2/2 veranschaulicht die dabei zu unterscheidenden Begriffe): Der Ausführer muß der **Ausfuhrzollstelle** (bis 1993 **Versandzollstelle**[4] genannt) unter Vorlage der Exemplare 1 bis 3 des Einheitspapiers die Ware gestellen und anmelden. Exemplar 1 (**Ausfuhrerklärung (AE)**, vgl. unten) verbleibt bei der Ausfuhrzollstelle; Exemplar 2 (**Ausfuhranmeldung**) wird an das Statistische Bundesamt übersandt; Exemplar 3

[4] Der Begriff leitet sich daraus ab, daß allgemein eine grenzüberschreitende Warenbewegung als **Versendung** bezeichnet wird. Vgl. unten Abschn. F-5.1.

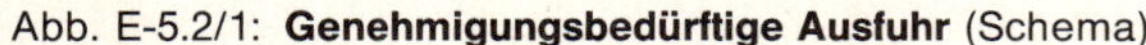

Abb. E-5.2/1: **Genehmigungsbedürftige Ausfuhr** (Schema)

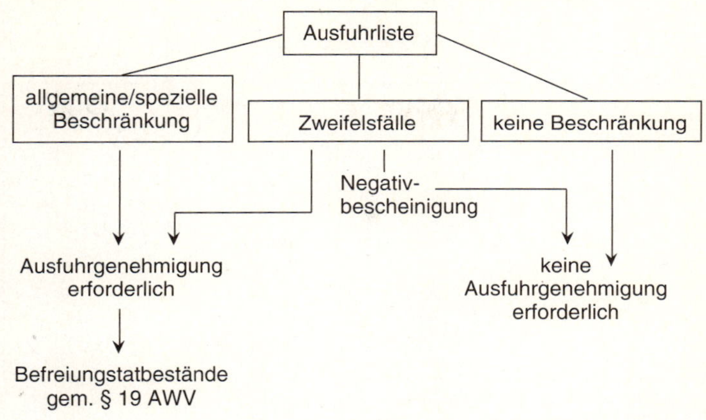

Trotz immer schärferer Prüfungen ist eine totale Ausfuhrkontrolle nicht erreichbar

Ausfuhrkontrolle verärgert die Exportwirtschaft

Bundesausfuhramt bestreitet Vorwürfe / In sensiblen Fällen zeitraubende Prüfungen

(**Durchschrift der AE**) erhält der Ausführer zurück. Die Ausfuhrzollstelle ist die für den Ausführer zuständige Zollstelle, in der Regel das Hauptzollamt, in dessen Bezirk der Ausführer seinen Sitz hat. Bürgerlich gesprochen, ist dies der Ort, wo der Exportvorgang beginnt.

Die Ausfuhrzollstelle prüft die Zulässigkeit der Ausfuhr – insbesondere anhand der **Ausfuhrliste**; vgl. nachstehend – und fertigt die Ausfuhrwaren außenwirtschaftsrechtlich auf der AE entsprechend ab. Für *genehmigungsfreie* Ausfuhren bis zu DM 4000,– entfällt die Gestellungs- und Anmeldepflicht ebenso wie die Vorlage der AE. Ggf. kann auch das Verfahren mit Vorlage einer *Versandausfuhrerklärung* gewählt werden (vgl. unten).

(2) Die AE (Exemplar 3) muß der **Ausgangszollstelle** vorgelegt werden; die Ware ist ggf. erneut zu gestellen. Die Ausgangszollstelle ist die nach den *Zoll*vorschriften für die Gestellung zuständige Zollstelle, somit diejenige, welche die tatsächliche Ausfuhr überwacht, d.h. die letzte Zollstelle vor Verlassen des Wirtschaftsgebietes.

Abb. E-5.2/2: **Zollstellen**

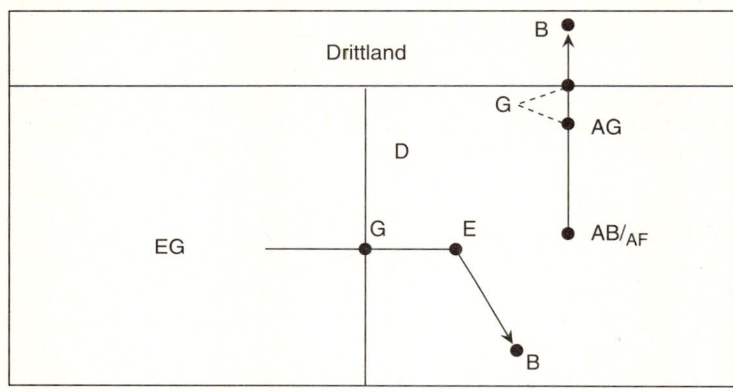

AF Ausfuhrzollstelle (bisher: Versandzollstelle)
AB Abgangszollstelle
AG Ausgangszollstelle
B Bestimmungszollstelle
E Eingangszollstelle
G Grenzübergangsstelle
\- - - - -
alle: Abfertigungszollstellen

Das AWG enthält nur an wenigen Stellen (§§ 9 und 10) *spezielle* Vorschriften für die Ausfuhr (vgl. weiter unten), während natürlich die allgemeinen und speziellen *Beschränkungsmöglichkeiten* des AWG auch für die Ausfuhr gelten.

Analog zur Einfuhr ist zwischen genehmigungs*freier* und genehmigungs*bedürftiger* Ausfuhr zu unterscheiden, wobei es in der Praxis eine Reihe recht drastischer Ausfuhrbeschränkungen gibt. So ist beispielsweise gegenwärtig aufgrund von UNO-Embargos, die aus den bereits mehrfach erwähnten Gründen in das nationale Außenwirtschaftsrecht transformiert worden sind, die Ausfuhr nach Libyen, dem Irak und Serbien/Montenegro (1991 vorübergehend Kuwait) insgesamt *verboten*; für C-Listen-Länder (d.h. ehemalige Staatshandelsländer) bestehen für bestimmte Warengruppen recht strikte Ausfuhrbeschränkungen. Im AWG gibt es keine Ausfuhr*verbote*, sondern der Gesetzgeber bedient sich des flexibleren Instruments des Genehmigungsvorbehalts. Die Ausfuhrbeschränkungen ergeben sich aus den §§ 5–6a AWV i.V. mit der Ausfuhrliste.

E-5.2.2. Ausfuhrliste

Die **Ausfuhrliste** ist eine *Anlage* zur Außenwirtschafts*verordnung* (Anlage AL) (die Einfuhrliste ist hingegen – wie erwähnt – eine Anlage zum Außenwirtschafts*gesetz*; beide Listen können durch einfache Rechtsverordnung geändert werden – und dies geschieht recht häufig –, haben also selbst den Charakter von Rechtsverordnungen). Während die Einfuhrliste alle nur denkbaren Waren umfaßt *(Positivliste)*, enthält die Ausfuhrliste im Sinne einer *Negativliste* nur diejenigen Waren, deren Ausfuhr nicht frei, sondern genehmigungsbedürftig ist. Dies gilt prinzipiell für alle Länder. Folglich ist die Ausfuhrliste – trotz beträchtlichen Umfangs: fast 200 Druckseiten – auch kürzer als die Einfuhrliste.

Die Ausfuhrliste wird jeweils vor Inkrafttreten von Änderungen als Beilage zum Bundesanzeiger veröffentlicht. Exporteure sollen damit

Abb. E-5.2/3: **Ausfuhrliste**

Teil I: Internationale Listen («Embargolisten»)

- Abschnitt A: Liste für Waffen, Munition und Rüstungsmaterial.
- Abschnitt B: Kernenergieliste (Materialien, Anlagen, Ausrüstung)
- Abschnitt C: Liste für sonstige Waren und Technologien von strategischer Bedeutung
  (dieser Abschnitt ist sehr umfangreich und in acht Gruppen unterteilt (wobei den Gütern, die sowohl zivilen als auch militärstrategischen Zwecken dienen können (dual-use-Güter) besondere Bedeutung zukommt).
- Abschnitt D: Liste für Chemieanlagen und Chemikalien, die zur Herstellung chemischer Kampfstoffe (C-Waffen) geeignet sind.
- Abschnitt E: Liste für Anlagen zur Erzeugung biologischer Kampfstoffe (B-Waffen).

Teil II: Warenliste

Waren, deren Ausfuhr beschränkt ist z.B. zur Sicherstellung der Versorgung im Wirtschaftsgebiet oder zur Einhaltung von Qualitätsnormen für bestimmte Güter.

Teil III: Stahl- und Rohrausfuhren in die USA («Schrottliste»)

Mengenmäßige Beschränkungen für Stahlerzeugnisse aufgrund des (zunächst bis 1992 befristeten) Selbstbeschränkungsabkommens zwischen der EG und den USA.

Teil IV: Analoge «Schrottliste» für Waren mit Ursprung in der Ex-DDR, deren Ausfuhr in die USA einer Genehmigung bedarf.

Gelegenheit haben, sich rechtzeitig auf Änderungen einzustellen und z.B. in ihre eigenen Computersysteme einzuarbeiten (vgl. unten Abb. E-5.2/5). Ob und unter welchen Voraussetzungen eine Ausfuhrgenehmigung erforderlich bzw. zu erhalten ist, richtet sich nach dem Bestimmungsland. Daher wird auf die **Länderlisten** Bezug genommen, in denen bestimmte Ländergruppen erfaßt sind (vgl. oben Abschn. E-3.2).

Die Ausfuhrliste ist in vier Teile gegliedert (Abb. E-5.2/3):

Teil I enthält die Liste der sog. **Embargowaren**, d.h. Waren, deren Ausfuhr aus Gründen der Sicherheit oder der auswärtigen Interessen der Bundesrepublik beschränkt ist; dieser Teil hat in der Praxis die größte Bedeutung;

Teil II enthält solche Waren, deren Ausfuhr aus anderen Gründen beschränkt ist, z.B. zur Sicherstellung der Versorgung im Wirtschaftsgebiet,

Teil III (‹Schrottliste›) enthält alle Stahlerzeugnisse, die Gegenstand des (zunächst bis 1992 befristeten) Selbstbeschränkungsabkommens zwischen der EG und den USA sind, und deren (mengenmäßig beschränkte) Ausfuhr in die USA genehmigungspflichtig ist. (Da im Stahlmarkt der EG Subventionen gewährt werden, hatten die USA andernfalls Ausgleichs- und Antidumpingzölle angekündigt.)

Teil IV ist durch den Einigungsvertrag erforderlich geworden und enthält analoge Stahlerzeugnisse wie Teil III, die aus dem ehemaligen DDR-Gebiet stammen. Nach einer Übergangszeit wird dies gegenstandslos werden.

Teil I der Ausfuhrliste ist seit Mitte 1990 in *fünf Abschnitte* untergliedert (vorher vier):

- *Abschnitt A:* Liste für Waffen, Munition und Rüstungsmaterial,
- *Abschnitt B:* Kernenergieliste,
- *Abschnitt C:* Liste für sonstige Waren von strategischer Bedeutung; dieser Abschnitt ist sehr umfangreich und in acht Gruppen unterteilt (wobei den Gütern, die sowohl zivilen als auch militärstrategischen Zwecken dienen können (dual-use-Güter) besondere Bedeutung zukommt),
- *Abschnitt D:* Liste von Anlagen und Chemikalien, die zur Herstellung chemischer Kampfstoffe geeignet sind,
- *Abschnitt E* (seit 1990): Liste für Anlagen zur Erzeugung biologischer Kampfstoffe (B-Waffen).

In die Abschnitte *A–C* sind auch die Güter eingearbeitet, die in der sog. **COCOM-Liste** enthalten sind (vgl. dazu Abschn. E-5.8; bei Änderungen der COCOM-Liste erfolgt eine Anpassung der AL); die

Abschnitte *D* und *E* beruhen auf nationalen Beschränkungen. Analog zur Einfuhrliste ergibt sich das Problem, das die Warenbezeichnungen und Warennummern des Teils I der Ausfuhrliste denen der COCOM-Liste entsprechen, während für die nationalen statistischen Zwecke für die Angaben in den Abfertigungsunterlagen das Warenverzeichnis für die Außenhandelsstatistik maßgeblich ist. Wie erwähnt, gibt es dafür *Umschlüsselungsverzeichnisse*, mit denen die eine Codierung in die andere überführt werden kann. Abb. E-5.2/4 enthält ein Beispiel aus der Ausfuhrliste.

Die Bestimmungen zum Teil I der Ausfuhrliste sind recht strikt: Eine Ware unterliegt bereits dann den Beschränkungen des Teils I, wenn eines ihrer *Bestandteile* in der Liste angeführt ist, und umgekehrt, wenn eine Ware, die selbst nicht in der Liste steht, *Spezialteil* ist für eine andere, in der Liste geführte Ware, gilt die Exportbeschränkung ebenfalls.

Dabei ist nicht nur die Ausfuhr der in Teil I genannten *Waren* genehmigungspflichtig, sondern auch der Transfer von *Know-how* und die Ausfuhr der *Unterlagen*, die zu ihrer Herstellung erforderlich sind, z.B. technische Zeichnungen, Blaupausen, Entwürfe, etc. Dies gilt analog für Unterlagen über die in der Liste aufgeführten Technologien, wenn sie für Nicht-OECD-Länder, d.h. nicht nur für Staatshan-

Abb. E-5.2/4: **Ausfuhrliste: Warenbeispiel**

1560

Hochenergie-Speicherkondensatoren wie folgt:

a) Kondensatoren mit einer Folgefrequenz kleiner als 10 Hz (single shot slot capacitators) mit allen folgenden Merkmalen:
   1. Nennspannung größer/gleich 5 kV,
   2. Energiedichte größer/gleich 250 J/kg und
   3. Gesamtenergie größer/gleich 25 kJ;

b) Kondensatoren mit einer Folgefrequenz größer/gleich 10 Hz (repetition rated capacitators) mit allen folgenden Merkmalen:
   1. Nennspannung größer/gleich 5 kV,
   2. Energiedichte größer/gleich 50 J/kg,
   3. Gesamtenergie größer/gleich 100 J und
   4. Lebensdauer größer/geich 10000 Lade-/Entladezyklen.

Anmerkungen:
1. Diese Nummer erfaßt keine Elektrolyt- oder Tantal-Kondensatoren.
2. Vereinfachtes Genehmigungsverfahren für von dieser Nummer erfaßte Geräte für medizinische Anwendungen.

delsländer (Gruppe-C-Länder) bestimmt sind. Die Länderliste A/B weist die OECD-Länder mit einem ‹*› gesondert aus.
Die in Abschnitt I–C aufgelisteten Waren dürfen in Ländern der Länderliste A/B *ohne Genehmigung* ausgeführt werden, sofern nach dem zugrundeliegenden Ausfuhrvertrag der Gesamtwert DM 4000,– nicht übersteigt und die Ware nicht unter bestimmte spezielle Positionen der Ausfuhrliste fällt, wie z.B. Gleitsegler, Minispione oder Hubschrauber. Für Güter der Abschnitte D und E gilt dies analog, allerdings für einen Höchstwarenwert von 10000,– DM gemäß dem zugrundeliegenden Vertrag; diese Ausnahme gilt allerdings nur für chemische Anlagen, nicht hingegen für chemische Stoffe.
Teile II–IV enthalten Waren, deren Export aus anderen als ‹strategisch-sicherheitspolitischen› Gründen beschränkt werden kann. Hierauf wird hier nur kursorisch eingegangen:
Dabei handelt es sich einmal um die Sicherstellung der Versorgung innerhalb des EG-Marktes; solche Güter werden in der Ausfuhrliste ggf. mit einem **B** *(‹Bedarfsdeckung›)* gekennzeichnet. Dies gilt gegenwärtig nur für bestimmte *Schrott-Teile*, um ein Recycling zu ermöglichen. Die Genehmigungspflicht innerhalb bestimmter Ausfuhrkontingente erstreckt sich dabei nur auf Exporte außerhalb der EG.
Zum anderen dienen die Beschränkungen der Sicherstellung der *Qualität* von exportierten *Agrarprodukten*: Wenn Güter in der Ausfuhrliste mit einem **G** *(«Güte»)* gekennzeichnet sind (dies gilt z.B. für frisches Obst, Gemüse und Blumen), setzt die Ausfuhr ohne Genehmigung – nach allen Verbrauchsländern, also auch innerhalb der EG – die Einhaltung bestimmter Qualitäts-Mindeststandards voraus. Dies kann – analog zur Einfuhr – durch Kontrollbescheinigungen oder Empfangsbestätigungen nachgewiesen werden.
Die Kennung **G1** gilt für – dann genehmigungsfreie – Ausfuhren z.B. von *Butter* und *Fleisch* in Drittländer, sofern bestimmte Qualitätsstandards eingehalten und in der EG gültige Mindestpreise nicht unterschritten werden. Die Kennungen **G2/G3** gelten für genehmigungsbedürftige Ausfuhren von *Pflanzen* und *Saatgut* in alle Verbrauchsländer *(G2)* bzw. in EG-Mitgliedsländer *(G3)*. Die Genehmigung wird erteilt, wenn die Güter den EG-Standards entsprechen. Die Ausfuhr von G2/3-Warten in Drittländer sind genehmigungsfrei.
Die Voraussetzungen für die genehmigungsfreien Ausfuhren nach G1–G3 wird durch Stichproben seitens des BELF überprüft.
Ein **K** bzw. **Kk** in der Ausfuhrliste kennzeichnen *Kaffee-* bzw. *Kakao*produkte, deren – genehmigungsfreie – Wiederausfuhr im Rahmen der Bestimmungen des **Internationalen Kaffee-** bzw. des **Kakaoabkommens** die Vorlage bestimmter abkommensspezifischer Doku-

mente voraussetzt. Damit soll verhindert werden, daß der internationale Handel mit Produkten aus Ländern, die den Abkommen nicht beigetreten sind, die vereinbarten Mindestpreise unterläuft. Diese Vorschriften sind jedoch nur unter bestimmten Voraussetzungen *in Quotenzeiten* und nicht ständig in Kraft (z.B. derzeit – 1992 – nicht).
Die Ausfuhrliste unterliegt häufigen Änderungen; seit 1961 ist sie über 80mal geändert worden. Obgleich diese Änderungen im Bundesanzeiger veröffentlicht werden, können für Exporteure im konkreten Fall Zweifel bestehen, ob eine beabsichtigte Ausfuhr genehmigungspflichtig ist oder nicht. Dann kann bei den zuständigen Dienststellen eine Entscheidung eingeholt werden; bei genehmigungsfreien Tatbeständen können dann sog. **Negativbescheinigungen** durch das BAFA (oder ggf. andere zuständige Dienststellen) ausgestellt werden (Abb. E-5.2/5).
Im Intra-Schengen-Handel wurden vereinfachte Verfahren zugelassen, um den Warenverkehr mit strategischen Industriegütern zu liberalisieren, gleichzeitig aber auch die Ausfuhren in kritische Länder effizient kontrollieren zu können. Die *Allgemeine Genehmigung für den Intra-Schengen-Handel* gestattet Exporte von Gütern und Fertigungsunterlagen aus Teil I–C der Ausfuhrliste, ohne daß vorher Ausfuhrgenehmigungen oder Endverbleibsnachweise beantragt werden müssen. Die Kontrolle dieser Warenbewegungen erfolgt im nachheinein auf der Basis der vom Exporteur abgegebenen Meldungen.
Im Zusammenhang mit einer geplanten Harmonisierung der Ausfuhrkontrollen wird auf EG-Ebene eine EG-Ausfuhrliste erarbeitet («Euro-Liste»); vgl. Abb. E-5.2/6. Diese wird sich auf Industriegüter beschränken (müssen) (Teil I Abschn. C der deutschen Ausfuhrliste: *dual-use-Güter*), weil einzelne Staaten (u.a. Frankreich, Großbritannien) bei der Kontrolle (bzw. Genehmigung) von Waffenexporten gemäß Art. 223 EWGV auf uneingeschränkter Souveränität bestehen. Aber auch nach Inkrafttreten einer Euro-Liste wird es vielfältige nationale Besonderheiten geben. So ist die deutsche Regelung, daß auch Güter, die nicht selbst auf der Liste stehen, dennoch genehmigungspflichtig sind, wenn der Exporteur von ihrer militärischen Verwendung weiß (§§ 5c,d AWV), in anderen EG-Ländern nicht üblich; sie existiert ähnlich nur in Belgien und – mit Abstrichen – in den Niederlanden und Großbritannien. Die Euro-Liste wird sich jedoch aller Wahrscheinlichkeit nach nur geringfügig von der deutschen Liste unterscheiden.

Abb. E-5.2/5: **Negativbescheinigung**

BUNDESAUSFUHRAMT

Bundesausfuhramt, Postfach 5160, 6236 Eschborn

Zoll-Nr.			
Ihr Antrag vom	Lfd. Nr.	17.02.92	02
Prospekt-Ablage Nr.			
Sachbearbeiter-BAFA			

6800 MANNHEIM 1

Bei Rückfragen bitte unbedingt die Daten der rechtsstehenden Tabelle angeben oder eine Kopie dieses NB-Bescheides beifügen.

Mein Zeichen II C1 — ☎ (06196)908-0 Durchwahl 908- — Sachbearbeiter — Eschborn 17.08.1992

Negativ-Bescheinigung NB- 2 / 00

gemäß § 11(1) der Außenwirtschaftsverordnung (AWV)

1. Auf Grund Ihres o.a. Schreibens wird Ihnen **zwecks Vorlage beim Zollamt** bescheinigt, daß die Ausfuhr der in Ihrem Schreiben bezeichneten Ware(n), und zwar

Stat. Waren-Nr.	Genaue Warenbeschreibung Hersteller Typ
8518 156	VITRAMON monolithische Vielschicht-Keramik-Kondensatoren, ausgelegt für Betrieb im gesamten Umgebungstemperaturbereich von -55°C bis +125°C.-----
*********	**

- vorbehaltlich der nachstehenden Einschränkungen -

nach den derzeitigen Bestimmungen (Außenwirtschaftsgesetz, -verordnung und Ausfuhrliste) keiner Ausfuhrgenehmigung bedarf.

Bei Aufnahme der vorgenannten Ware(n) in die Ausfuhrliste - Anlage AL zur AWV -, und sei es auch nur für bestimmte Länder, tritt diese Bescheinigung automatisch außer Kraft.

Auch ohne Änderung der Ausfuhrliste verliert die Bescheinigung nach 12 Monaten - vom Ausstellungstag an gerechnet - ihre Gültigkeit.

Abb. E-5.2/6: **Euro-Ausfuhrliste**

Die neue Ausfuhrliste kommt am Heiligen Abend
Spätere Europa-Liste soll deckungsgleich sein / Weiterhin deutsche Sonderregelungen möglich

Europäer erarbeiten eine gemeinsame Ausfuhrliste
Verdoppelter Umfang trotz Straffung der Cocom-Liste / Exportkontroll-Konferenz mit Oststaaten

E-5.3. Abfertigungsunterlagen

Um Mißverständnissen vorzubeugen, sei nochmals hervorgehoben, daß es sich bei den folgenden Papieren nur um Unterlagen für außenwirtschaftsrechtliche Zwecke handelt. Selbstverständlich sind beim Export daneben auch andere Unterlagen erforderlich, so z.B. für die zollrechtliche Abfertigung oder – allerdings jenseits der Abfertigung im Exportland – Unterlagen wie die in Abschn. D-2.2 behandelten, die sich auch aus den *Importbestimmungen der Bestimmungsländer* ableiten. Hierauf wird hier in diesem Zusammenhang nicht eingegangen. Und ebenso ist hervorzuheben, daß natürlich nicht alle Unterlagen insgesamt erforderlich sind, sondern – je nach Einzelfall – nur bestimmte.

(1) Ausfuhranmeldung
Grundsätzlich sind alle *Sachen* (d.h. u.a. auch Zahlungsmittel), die ausgeführt werden sollen, der Ausfuhrzollstelle zu **gestellen** und zur Ausfuhr **anzumelden** (§ 9 AWV), damit sie beschaut und ggf. untersucht werden können. Gestellen bedeutet, daß die Sachen am Amtsplatz der zuständigen Zolldienststelle – das ist im Regelfall das Hauptzollamt (HZA), in dessen Bezirk der Ausführer seinen Sitz hat – darzulegen sind. Dieses kann u.U. geographisch weiter entfernt sein. Statt der Gestellung kann der Ausführer daher auch die Waren zur Ausfuhr anmelden: Dies bedeutet, daß er das zuständige Zollamt rechtzeitig, d.h. spätestens einen Tag vor der Verladung bzw. Verpackung der Ware über seine Ausfuhrabsicht unterrichtet. Das Zollamt kann dann eine (kostenpflichtige) Beschau im Unternehmen vornehmen. Als **Ausfuhranmeldung** dient Exemplar 2 des **Einheitspapiers** (vgl. Abb. E-5.3/1). Es gibt noch eine Reihe weiterer *Erleichterungen* und *Ausnahmen*, auf die weiter unten eingegangen wird.

Abb. E-5.3/1: **Ausfuhrerklärung**

EUROPÄISCHE GEMEINSCHAFT AE M 056874

A VERSENDUNGS-/AUSFUHRZOLLSTELLE

1 ANMELDUNG: Ex | 1 | XXXXX

1 — Exemplar für das Versendungs-/Ausfuhrland

2 Versender/Ausführer Nr.
Pierre Matisse et Cie.
67, Ave de la Citadelle
F-75782 Paris Cedex 16/France

3 Vordrucke: 1 | 1 — 4 Ladelisten: XXXXX

5 Positionen: 1 — 6 Packst. insgesamt: XXXXXXX — 7 Bezugsnummer

8 Empfänger Nr.
VVO Exportkhleb
Smolenskaya-Sennaya SW 34-36
121 200 Moskow /Russia

9 Verantwortlicher für den Zahlungsverkehr Nr.
XXXXXXXXXXXXXXXXXXXXXXXXXXXXXXXX

10 Erstes Best. Land: XXX — 11 Handels-land: 056 — 13 G.L.P.: XXXXX

14 Anmelder/Vertreter Nr.
Getreide-Handels-GmbH
Körnerstraße 18
2000 Hamburg 34

15 Versendungs-/Ausfuhrland: XXXXXXXXXXXXXXXX — 15 Vers./Ausf.L.Code: a XXX | b XX — 17 Bestimm.L.Code: a 056 | b XX

16 Ursprungsland: BRD — 17 Bestimmungsland: GUS/Rußland

18 Kennzeichen und Staatszugehörigkeit des Beförderungsmittels beim Abgang: MS AMUR 2507 — 19 Ctr.: 0

20 Lieferbedingung: CIF Kalinigrad | XX

21 Kennzeichen und Staatszugehörigkeit des grenzüberschreitenden aktiven Beförderungsmittels: MS AMUR 2507 | 050

22 Währung u. in Rechn. gestellter Gesamtbetr.: 400 | 850.640,- — 23 Umrechnungskurs: XXXXXXXX — 24 Art des Geschäfts: 1 | 1

25 Verkehrszweig an der Grenze: 1 — 26 Inländischer Verkehrszweig: XX — 27 Ladeort: Rostock — 28 Finanz- und Bankangaben

1 — 29 Ausgangszollstelle: 9931 — 30 Warenort: XXXXXXXXXXXXXXXX

31 Packstücke und Warenbezeichnung — Zeichen und Nummern - Container Nr. - Anzahl und Art
Weizen,
anderer als zur Aussaat

32 Positions Nr.: 1 — 33 Warennummer: 1001 | 90 | 99 | 000 | XXXX

34 Urspr.land Code: a 004 | b 01 — 35 Rohmasse (kg): 3.038.007

37 VERFAHREN: 1000 | 0 — 38 Eigenmasse (kg): 3.038.007 — 39 Kontingent: XXXXX

40 Summarische Anmeldung/Vorpapier: XXXXXXXXXXXXXXXXXXXXXXXXXX

41 Besondere Maßeinheit: lose

44 Besondere Vermerke/Vorgelegte Unterlagen/Bescheinigungen u. Genehmigungen
Ausgeführt mit Versand-AE Nr.: 00 063626
Ausfuhrgenehmigung vom 30.4.92 Nr. FRX 05606 Gültig bis 31.07.92
☐ Ich habe keine Kenntnis von einer rüstungstechnischen Verwendung im Sinne von § 5c AWV (Zutreffendenfalls ankreuzen)

Code B.V.: XXX

46 Statistischer Wert: 1.183.300,-

47 Abgabenberechnung

Art	Bemessungsgrundlage	Satz	Betrag	ZA
XXX	XXXXXXXXXX	XXXXXXXXXX	XXXXXXXXX	X
			Summe:	

48 Zahlungsaufschub: XXXXXXXXXXXXXXXX — 49 Bezeichnung des Lagers

B ANGABEN FÜR VERBUCHUNGSZWECKE

Ausfuhrerklärung

Anlage A 1 zur AWV (89)

50 Hauptverpflichteter Nr. — Unterschrift:
XXXXXXXXXXXXXXXXXXXXXXXXXXXXXXXXXXXXXXXXXXXXXXXX
vertreten durch
Ort und Datum:

C ABGANGSZOLLSTELLE

51 Vorgesehene Grenzübergangsstellen (und Land)

XXXXXXXXXXX	XXXXXXXXXXX	XXXXXXXXXXX	XXXXXXXXXXX	XXXXXXXXXXX	XXXXXXXXXXX

52 Sicherheit nicht gültig für XXXXXXXXXXXXXXXXXXXXXXXXXXXXXXXXXXXXXXXXXXX — Code: XX — 53 Bestimmungszollstelle (und Land): XXXXXXXXXXXXXXXXXXXXXXXXX

D PRÜFUNG DURCH DIE ABGANGSZOLLSTELLE — Stempel:
Ergebnis:
Angebrachte Verschlüsse: Anzahl:
Zeichen:
Frist (letzter Tag):
Unterschrift:

54 Ort und Datum:
Hamburg, 11. Juni 1992
Unterschrift und Name des Anmelders/Vertreters:
Pierre Matisse et Cie.
ppa. [signature]

(2) Ausfuhrerklärung (AE)
Die *Ausfuhrerklärung* (**AE**) ist in der Praxis Blatt 1 des Einheitspapiers (früher auch **Ausfuhrschein** genannt) und folglich formularmäßig identisch mit der Ausfuhranmeldung, nur daß in Feld B statt Ausfuhranmeldung Ausfuhrerklärung steht. Die AE ist vom Ausführer nach § 9 AWV der *Ausfuhrzollstelle* vorzulegen und später der *Ausgangszollstelle* abzugeben. Ausfuhranmeldung und Ausfuhrerklärung werden folglich schreibtechnisch in einem Arbeitsgang im Durchschreibeverfahren erstellt. Die AE dient der *statistischen Erfassung* der Ausfuhr (*statistischer Anmeldeschein* für das Statistische Bundesamt, formal also zu unterscheiden vom *außenwirtschaftsrechtlichen* Anmeldeschein, siehe oben). Die AE muß mit einer vom Statistischen Bundesamt zugeteilten Nummer versehen sein. Ausfuhren im Werte von weniger als DM 500,– brauchen auch statistisch nicht angemeldet zu werden. Der Ausführer kann sich – z.B. durch einen Spediteur – vertreten lassen; dies ist durch Zusätze wie ‹im Auftrag› bei der Unterschrift deutlich zu machen. Die Ausfuhrerklärung muß *vor der Verladung* bzw. *Verpackung* abgegeben werden, und die Waren dürfen erst *nach* dem in der Ausfuhrerklärung angegebenen Zeitpunkt verpackt, verladen und vom Verladeort entfernt werden, um eine – außenwirtschaftsrechtliche – Überwachung zu ermöglichen. Die auszuführenden Waren müssen so genau bezeichnet werden, daß anhand des Warenverzeichnisses für die Außenhandelsstatistik und der Ausfuhrliste geprüft werden kann, ob eine *Ausfuhrgenehmigung* erforderlich ist.
Da die Ausfuhrliste hinsichtlich der Warenbeschreibung und Codierung der Waren der COCOM-Liste folgt, für die Ausfuhrpapiere aber das Warenverzeichnis für die Ausfuhrstatistik maßgeblich ist, müssen Warenbezeichnungen und Warennummern der Ausfuhrliste – wie erwähnt – mit Hilfe entsprechender **Umschlüsselungsverzeichnisse** den jeweiligen Positionen der Ausfuhrstatistik zugeordnet werden – ein etwas umständliches Verfahren. Auch hierbei sind die laufenden Änderungen der Ausfuhrliste zu berücksichtigen.

(3) Versandausfuhrerklärung
Statt einer AE kann der Ausführer zunächst auch eine **Versandausfuhrerklärung** (**VAE**) verwenden, in der nur wenige Angaben erforderlich sind, u.a. keine Angaben über den Warenwert, das Käuferland, die Währung und die Fälligkeit (Abb. E-5.3/2, verdeutlicht durch mit xxx gekennzeichnete wegfallende Angaben). Die VAE ist ein vorläufiges Ausfuhrpapier, das innerhalb von 10 Tagen durch eine Ausfuhrerklärung des Exporteurs ergänzt werden muß. Der wohl wichtigste An-

Abb. E-5.3/2: **Versandausfuhrerklärung**

EUROPÄISCHE GEMEINSCHAFT VAE M 825122

1 ANMELDUNG: XXXXXXXXXX

A VERSENDUNGS-/AUSFUHRZOLLSTELLE

Von der Abgangs-/Ausgangszollstelle/Grenzkontrollstelle/Postanstalt an Zollstelle des Ausführers

Exemplar für das Versendungs-/Ausfuhrland

1

2 Versender/*Ausführer* Nr.
Pierre Matisse et Cie.
67, Ave de la Citadelle
Versender gem. § 13 AWV
F-75782 Paris Cedex 16 / France

3 Vordrucke: 1 | 1

4 Ladelisten: XXXXX

5 Positionen: 1

6 Packst. insgesamt: XXXXXXX

7 Bezugsnummer: XXXXXXXXXXXXXXXXXXX

8 Empfänger Nr.
XXXXXXXXXXXXXXXXXXXXXXXXXXXXXXXXXXXX

9 Verantwortlicher für den Zahlungsverkehr Nr.
XXXXXXXXXXXXXXXXXXXXXXXXXXXXXXXXXXX

10 *Erstes Best. Land*: XXX

11 *Handelsland*: XXX

13 *G. L. P.*: XXXXX

14 Anmelder/Vertreter Nr.
i.A.u.i.V.d.Fa. Pierre Matisse
Paris: SGS intercontrol, Rostock

15 Versendungs-/*Ausfuhrland*: XXXXXXXXXXXXXXXX

15 Vers./Ausf.L.Code: a XXX b XX

17 Bestimm.L.Code: a XXX b XX

16 Ursprungsland: BRD 004

17 Bestimmungsland: GUS 056

18 Kennzeichen und Staatszugehörigkeit des Beförderungsmittels beim Abgang
MS AMUR 2507

19 Ctr.

20 Lieferbedingung: XXX | XXXXXXXXXXXXXXXXXXXXXXXXXXX | XX

21 Kennzeichen und Staatszugehörigkeit des grenzüberschreitenden aktiven Beförderungsmittels
MS AMUR 2507 | 056

22 Währung u. in Rechn. gestellter Gesamtbetr.: XXX | XXXXXXXXXXXXX

23 Umrechnungskurs: XXXXXXXX

24 Art des Geschäfts: X | X

25 Verkehrszweig an der Grenze

26 Inländischer Verkehrszweig: XX

27 Ladeort: Rostock

28 Finanz- und Bankangaben
XXXXXXXXXXXXXXXXXXXXXXXXXXXXXXXXXXX

1

29 Ausgangszollstelle: 9931

30 Warenort: XXXXXXXXXXXXXXXXX

XXXXXXXXXXXXXXXXXXXXXXXXXXXXXXXXXXXX

31 Packstücke und Warenbezeichnung: Zeichen und Nummern - Container Nr. - Anzahl und Art

32 Positions Nr.: 1

33 Warennummer: 10019099 | 0 | | XXXX

34 Urspr.land Code: a 004 b

35 Rohmasse (kg): 3.038.007

36

37 VERFAHREN: 1000 | 0

38 Eigenmasse (kg): 3.038.007

39 *Kontingent*: XXXXX

40 Summarische Anmeldung/Vorpapier
XXXXXXXXXXXXXXXXXXXXXXXXXXX

41 Besondere Maßeinheit: lose

44 Besondere Vermerke/ Vorgelegte Unterlagen/ Bescheinigungen u. Genehmigungen
Ausfuhrgenehmigung vom 30.04.92 Nr. FR X 0560 Gültig bis 31.07.92
☐ Nicht für militärische Zwecke im Sinne von § 5c AWV bestimmt (Zutreffendenfalls ankreuzen)

Code B.V.: XXX

46 Statistischer Wert: XXXXXXXXXXXXX

47 Abgabenberechnung

Art	Bemessungsgrundlage	Satz	Betrag	ZA
XXX	XXXXXXXXXX	XXXXXXXXXX	XXXXXXXXXXXX	X
		Summe:		

48 Zahlungsaufschub: XXXXXXXXXXXXXXXX

49 Bezeichnung des Lagers

B ANGABEN FÜR VERBUCHUNGSZWECKE

Versand-Ausfuhrerklärung

Anlage A 3 zur AWV (89)

Zollstelle des Ausführers:
Bezeichnung:
Anschrift:

HZA Hamburg St. Annen
- Zollamt Teerhof -
z.Hd. Herrn Boldt
Ericus 1
2000 Hamburg 11

50 Hauptverpflichteter Nr.
XXXXXXXXXXXXXXXXXXXXXXXXXXXXXXXXXXXXXXXXXXXX
vertreten durch
Ort und Datum:

Unterschrift:

C ABGANGSZOLLSTELLE

51 Vorgesehene Grenzübergangsstellen (und Land)
XXXXXXXXXX | XXXXXXXXXX | XXXXXXXXXX | XXXXXXXXXX | XXXXXXXXXX | XXXXXXXXXX

52 Sicherheit nicht gültig für XXXXXXXXXXXXXXXXXXXXXXXXXXXXXXXXXXXXXX

Code: XX

53 Bestimmungszollstelle (und Land): XXXXXXXXXXXXXXXXXXXXX

D PRÜFUNG DURCH DIE ABGANGSZOLLSTELLE
Ergebnis:
Angebrachte Verschlüsse: Anzahl:
Zeichen:
Frist (letzter Tag):
Unterschrift:

Stempel:

54 Ort und Datum:
Rostock, den 04.06.1992
Unterschrift und Name des Anmelders/Vertreters:
i.A.u.i.V.d.
(wie Feld 2)
STEMPEL
SGS intercontrol Rostock

VERSAND-AUSFUHRERKLÄRUNG

0760 Versand-AE - + - III B 3 - **(1989)**

wendungsfall für die VAE ist der des sog. **Versenders** (der Begriff entspricht nicht der zollrechtlichen Bedeutung, vgl. dazu Abschn. F-5.1): In vielen Fällen erfolgt die physische Warenausfuhr nicht durch den Ausführer, sondern durch einen Dritten (Versender), bei dem der Ausführer Waren zum Zwecke des Exports gekauft hat, wobei der Versender den Transport veranlaßt. Um zu vermeiden, daß der Versender dabei eine Ausfuhrerklärung abgeben muß, die u.U. Daten enthält, die er aus Gründen des Geschäftsgeheimnisses besser nicht wissen sollte (Empfänger, Preise, Lieferbedingungen etc.), kann der Versender die Ausfuhr über die Ausgangszollstelle mit einer Versandausfuhrerklärung (VAE) durchführen, die VAE wird von der Zollstelle der für den Ausführer zuständigen Ausfuhrzollstelle zugeleitet. Der Ausführer legt dort innerhalb von 10 Tagen eine vollständige Ausfuhrerklärung vor.

Die Verwendung einer VAE kann auch bei Einschaltung von Zulieferern von Bedeutung sein sowie für den Ausführer selbst, z.B. wenn der Kaufpreis bei der Versendung noch nicht feststeht oder wenn mehrere Einzellieferungen – unter bestimmten Voraussetzungen – anschließend in einer einzigen AE zusammengefaßt werden.

(4) Ausfuhrgenehmigung

Für Waren bzw. Unterlagen zur Herstellung dieser Waren, die in den *Abschnitten A–C* des *Teils I* der *Ausfuhrliste* aufgeführt sind, ist eine Ausfuhrgenehmigung erforderlich (Abb. E-5.3/3).

Bei Waren des *Abschnitts C (strategische Güter)* ist dessenungeachtet *keine* Genehmigung nötig

- bei Ausfuhren in ein Land der *Länderliste A/B*, sofern der Warenwert des Ausfuhrvertrags 4000,– DM nicht übersteigt und die Ware nicht unter bestimmte Positionen der Ausfuhrliste fällt, wie z.B. Gleitsegler, Minispione oder Hubschrauber,
- für Waren desselben Abschnitts im Intra-COCOM-Handel, da für diese seit 1990 eine **Allgemeine Genehmigung** gilt (**GIC**; Allgemeine Genehmigung Intra-COCOM) (vgl. Abschn. E-5.8; allerdings sind dabei bestimmte Auflagen zu beachten, z.B. daß der Exporteur den Empfänger auf die Nichtzulässigkeit des Re-Exports in bestimmte Regionen aufmerksam macht),
- für bestimmte *Werkzeugmaschinen* für bestimmte (Schwellen-)Länder der Liste H, für die gleichfalls eine Allgemeine Genehmigung gilt,
- für Waren der *Abschnitte D und E* bei Ausfuhren in ein *OECD-Land*, wenn der Warenwert DM 10000,– nicht übersteigt (Ausnahmen für bestimmte chemische Vorprodukte).

Für eine Gruppe von als ‹kritisch› anzusehenden Ländern (z.Zt. Alge-

Abb. E-5.3/3: **Ausfuhrgenehmigung**

Anlage A 5 zur AWV

Ausfuhrgenehmigung

(§ 17 Abs. 1 der Außenwirtschaftsverordnung)
zusammen mit der Ausfuhrerklärung der Versandzollstelle vorzulegen

NICHT ÜBERTRAGBAR

Name und Anschrift des Antragstellers: [geschwärzt]07161
[geschwärzt] Maschinenbau [geschwärzt]
GmbH u. Co. KG
Postfach [geschwärzt]
[geschwärzt]
D-4400 Münster [geschwärzt]

Nur für amtliche Vermerke	
	den Eschborn, 11.05.89
Genehmigungs-Nr.:	Gültig bis 11.05.91

Geschäfts-Nr. des Antragstellers: 36/[geschwärzt]/010[geschwärzt]

Münster-Wolbeck, den 16.02. 1989

0250[geschwärzt] [geschwärzt]
Fernruf / Fernschreiber

1. Nr. des Warenverz. f. d. Außenhandelsstatistik: 1) 847191900 2) 854380900 3) 847192900 4) 852490910
2. Benennung der Ware(n) nach der Ausfuhrliste: Elektronisches Meß-/Überwachungssystem für Nachrichtenkabelnetze
3. Genaue Beschreibung der Ware(n): (möglichst Verwendungszweck und technische Daten) Datacenter DW 2002 color, bestehend aus: 1) Rechner IBM PS/2 Modell 50, 2) Bildschirm IBM PS/2 color mit Tastatur, 3) Drucker P80 (Matrix), 4) Software zur automatischen Fehlermeldung, erstellen von Berichten und Grafiken

Werkstoff-Nr. bzw. Analyse:

Code-Zeichen:

4. Menge: Stück, lfd. m, qm, usw.: 3 Systeme
(Erläuterung Nr. 4 beachten!)
Eigengewicht in vollen kg: 105 in Worten kg: einhundertfünf
5. Grenzübergangswert: DM [geschwärzt]
6. Käuferland: Costa-Rica
7. Käufer: [geschwärzt], San Jose
8. Bestimmungsland: Costa-Rica
9. Empfänger (Endverbleib): [geschwärzt] San Jose
10. Ablauf der vorgesehenen Lieferfrist am: 09.06.1989

Bedingungen, Befristungen, Auflagen, Widerrufsvorbehalt

Gemäß § 30 Abs. 1 AWG wird die Ausfuhrgenehmigung mit der Auflage erteilt, dem Bundesamt für Wirtschaft, Eschborn, den Eingang der Ware im Verbrauchsland unverzüglich durch Vorlage einer zollamtlichen Bescheinigung nachzuweisen.

Die Ausfuhr wird genehmigt. Diese Genehmigung befreit nur von der Ausfuhrbeschränkung des Außenwirtschaftsgesetzes und der auf Grund dieses Gesetzes erlassenen Rechtsverordnungen.
Andere Verbote und Beschränkungen bleiben unberührt.

Dienstsiegel

Rechtsbehelfsbelehrung:
Gegen diesen Bescheid kann innerhalb eines Monats nach seiner Bekanntgabe schriftlich oder zur Niederschrift bei der Genehmigungsstelle Widerspruch erhoben werden.
Bundesamt für Wirtschaft
Im Auftrag

Rechtsbehelfsbelehrung ist beigefügt

rien, Indien, Iran, Irak, Israel, Jordanien, Libyen, Nordkorea, Pakistan, Südafrika, Syrien, Taiwan) sind neben den in Abschn. *I–B* aufgeführten Gütern (Kernenergie) seit April 1992 auch bestimmte andere Güter genehmigungspflichtig, deren Ausfuhr in andere Länder als unbedenklich deklariert ist, die aber zur Herstellung, Modernisierung und Wartung von Waffen und Munition mißbraucht werden können.

Analog zum Verfahren bei Einfuhrgenehmigungen haben die Genehmigungsbehörden einen gewissen *Entscheidungsspielraum*, in dessen Rahmen sie beurteilen müssen, ob der Zweck der Ausfuhrbeschränkung durch eine etwaige Ausfuhr beeinträchtigt wird oder nicht. Wenn nicht, besteht ein *Rechtsanspruch* auf Erteilung der Ausfuhrgenehmigung. Dazu bestehen seit 1982 die bereits erwähnten *Politischen Grundsätze der Bundesregierung für den Export von Kriegswaffen und sonstigen Rüstungsgütern*. Für Güter der COCOM-Liste (vgl. Abschn. E-5.8) bestehen Sonderregelungen. Dem Antrag auf Erteilung einer Ausfuhrgenehmigung muß ein Nachweis über den (beabsichtigten) **Endverbleib** der Güter beigefügt werden (vgl. (7)). Bei genehmigungsbedürftigen Ausfuhren entfallen eine Reihe der weiter unten behandelten Verfahrenserleichterungen.

Sofern Ausfuhrgenehmigungen im Rahmen von **Ausfuhrkontingenten** erforderlich sind (dies bezieht sich vorrangig auf Waren des *Teils II* der Ausfuhrliste), weisen die Genehmigungsstellen darauf durch regelmäßige Veröffentlichungen im Bundesanzeiger hin (**Ausfuhrausschreibungen**). Dabei werden die Verfahrensbedingungen und ggf. auch die Kontingentgrenzen bekanntgegeben (vgl. Abschn. E-4.5).

Bei den Ausfuhrgenehmigungen sind *drei Arten* zu unterscheiden: **Einzelausfuhrgenehmigungen** gelten für einen einzelnen Exportvertrag, der allerdings auch in Teillieferungen abgewickelt werden kann. Sie sind in der Regel zwei Jahre gültig und können um zwei Jahre verlängert werden. Bei Exporten in Spannungsgebiete beträgt die Laufzeit 6 Monate mit dreimaliger Verlängerungsmöglichkeit. **Höchstbetragsgenehmigungen** gelten für einen einzelnen Abnehmer im Ausland, der laufend Ware bezieht, bis zu einem maximalen Ausfuhrwert. **Sammelausfuhrgenehmigungen** gelten für mehrere ausländische Abnehmer, allerdings in begrenzter Anzahl. Letzteres ist eine Erleichterung, die vorrangig für mittlere und große Unternehmen in Frage kommt, die im Rahmen umfangreicher Exporttätigkeit die entsprechenden, recht strikten Auflagen erfüllen können, die hinsichtlich Anschreibungen und Kontrollen für die Genehmigung dieses Verfahrens zu beachten sind. Das GIC-Verfahren hingegen ist auch für kleinere Unternehmen geeignet (vgl. Abschn. E-5.8).

Abb. E-5.3/4: **Ausfuhrlizenz**

EUROPÄISCHE GEMEINSCHAFT – AUSFUHRLIZENZ ODER VORAUSFESTSETZUNGSBESCHEINIGUNG AGREX

Exemplar für den Inhaber 1

1 Ausstellende Stelle der Lizenz (Bezeichnung und Anschrift)
Bundesanstalt für landwirtschaftliche Marktordnung
Adickesallee 40
D-6000 Frankfurt/Main 18
Bundesrepublik Deutschland

2 Trockenstempel und Perforierung der ausstellenden Stelle (1)

DE Nr. X 005015

3 XXXXXXXXXXXXXXXX

4 Inhaber (Name, vollständige Anschrift und Mitgliedstaat)
D-2000 Hamburg
Bundesrepublik Deutschland

5 Ausstellende Stelle der Teillizenz (Bezeichnung und Anschrift)

6 Rechte übertragen auf
ab
Dienststempel der zuständigen Stelle

7 Bestimmungsland: andere, Drittländer — Verbindlich: [x] JA [ ] NEIN

8 Vorausfestsetzung: [x] JA [ ] NEIN

9 An Ausschreibung beteiligt: [x] JA [ ] NEIN

10 Datum des Antragseingangs für die ursprüngliche Lizenz: XXXXXXXX

11 Gesamtbetrag der Sicherheit in Landeswährung: DM 752.847,45

12 LETZTER TAG DER GÜLTIGKEIT 31.12.92

1

13 AUSZUFÜHRENDES ERZEUGNIS

14 Handelsübliche Bezeichnung: Roggen

15 Bezeichnung nach der Kombinierten Nomenklatur (KN): Roggen

16 KN-Code(s): 10.02.00.00

17 Menge (2) in Zahlen: 13.903 t

18 Menge (2) in Buchstaben: Dreizehntausendneunhundertdrei Tonnen

19 Toleranz: 0 % mehr

20 Besondere Angaben: Gem. Bek. 10/92/21 vom 26.05.1992
Roggen zum Zwecke der Ausfuhr nach dritten Ländern.

21 IM VORAUS FESTGESETZTE ERSTATTUNG, GÜLTIG AM 12.08.92

22 Besondere Bedingungen (3) Am 12.08.92 im voraus festgesetzter Währungsausgleichsbetrag: muß gegebenenfalls angepaßt werden.
Lizenz gilt in Deutschland. XXXXXXXXXXXXXXXXXXXXXXXXXXXXXXXXXXXXXXXXXX
XXXXXXXXXXXXXXXXXXXXXXXXXXXXXXXXXXXXXXXXXXXXXXXXXXXXXXXXXXXXXXXXXXXXXXX

23 Ort: Frankfurt am Main
den 12.08.92 Nr. 23.801-099/92
Unterschrift und Dienststempel der ausstellenden Stelle
Im Auftrag
Ernst Irmer
Rechtsbehelfsbelehrung ist beigefügt
[Stempel: Bundesanstalt für landwirtschaftliche Marktordnung 12]

24 Verlängerung der Gültigkeitsdauer bis einschließlich den
für (2)
Ort: den
Unterschrift und Dienststempel der die Lizenz ausstellenden Stelle

(1) Nur auszufüllen, wenn Feld 23 weder Stempel noch Unterschrift enthält.
(2) Eigenmasse oder andere Maßeinheit mit Angabe der Einheit.
(3) Unbeschadet der Anwendung der Vorschriften über die landwirtschaftlichen Umrechnungskurse oder der Beitrittsakte.

„Ermächtigt durch Verfügung des Bundesamtes für Ernährung und Forstwirtschaft, 6000 Frankfurt a. M., vom 18. April 1989 – 37 – 31.32"

Formularverlag CW Niemeyer, Werkstr. 7, 3250 Hameln, (0 51 51) 20 03 24, FS 9 2 745, Fax 6 77 06, Wuppertal (02 02) 50 20 31, Offenbach (0 69) 86 26 82, Weil der Stadt (0 70 33) 3 49 40

(5) Ausfuhrlizenz (L)
Bei bestimmten *landwirtschaftlichen Erzeugnissen*, die einer gemeinsamen EG-Marktorganisation oder -Handelsregelung unterliegen, ist für die Ausfuhr anstelle der Ausfuhrgenehmigung eine Ausfuhrlizenz erforderlich, z.Zt. bei Getreide, Fetten, Milch und Milchprodukten, Reis, Rind-, Ziegen- und Schaffleisch, Zucker und Wein (Abb. E-5.3/4). In der Warenliste ist dies durch ein ‹L› gekennzeichnet. Lizenzen dienen der Gewinnung von Daten zur Marktbeobachtung. Auch für die *Stahlerzeugnisse* des Teils III der Ausfuhrliste ist eine Ausfuhrlizenz erforderlich, d.h. für Stahlexporte mit EG-Ursprung in die USA (vgl. oben). Wie die Einfuhrlizenz ist auch die Ausfuhrlizenz mit der Gestellung einer *Kaution* verbunden, welche ganz oder teilweise verfällt, wenn die Ausfuhr nicht wie angemeldet durchgeführt wird. Je nach Warenart gibt es bei bestimmten Gütern Lizenzfreimengen, die ohne Ausfuhrlizenz ausgeführt werden dürfen.

(6) Ausfuhrkontrollmeldung (AKM) (siehe unten E-5.4)

(7) Güterspezifische Unterlagen
Im Rahmen einer Reihe internationaler Abkommen über bestimmte Rohstoffe (Kaffee, Kakao, Kautschuk, Zinn, Zucker etc.) sind in den Zeiten, in denen die Abkommen in Kraft sind – dies ist nicht immer der Fall – bestimmte Papiere erforderlich (z.B. Kaffeezeugnis, Ausfuhrzeugnis Kakao). Damit soll vermieden werden, daß die durch vereinbarte Quoten reglementierten Märkte durch unkontrollierte Re-Exporte gestört werden.

(8) Endverbleibsnachweise
Um die Einhaltung von Verwendungsauflagen beim Export kontrollieren zu können (z.B. bei Waren der COCOM-Liste; vgl. unten), kann ein **Endverbleibszertifikat** erforderlich sein (§ 17 AWV). Dabei bestätigt der ausländische Importeur oder eine Behörde des Importlandes, daß die Ware zum Verbleib oder Verbrauch im Importland bestimmt ist. Der Wert derartiger Bescheinigungen hängt dabei offensichtlich von der Glaubwürdigkeit des Ausstellers im Importland ab, denn eine Kontrolle seitens des Exportlandes ist aus völkerrechtlichen Gründen kaum möglich. Je nach Empfängerland, sind insbesondere zwei *Formen* solcher Importzertifikate gebräuchlich:
In Ländern der Ländergruppe A/B genügt in der Regel eine *privatrechtliche* Endverbleibserklärung des ausländischen Importeurs. Als Endverbrauchsnachweis im COCOM-Bereich (Länderlisten C, D und E) wird in der Regel eine **Internationale Einfuhrbescheinigung** be-

Abb. E-5.3/5: **Internationale Einfuhrbescheinigung**

Streichungen und Ergänzungen in diesem Text dürfen nicht durchgeschrieben werden!

Im Durchschreibeverfahren auszufüllen!

Vor dem Ausfüllen bitte Rückseite genau beachten! **Anlage E 6 zur AWV**

Antrag auf Ausstellung einer
INTERNATIONALEN EINFUHRBESCHEINIGUNG
(International Import Certificate)
(§ 29 b der Außenwirtschaftsverordnung)

An das Bundesamt für Wirtschaft
Frankfurter Straße 29–31
Postfach 5171, 6236 Eschborn 1

Nur für amtliche Vermerke

Eing.-Datum	Nr.	
	Endausfertigung	abgesandt am

Name und Anschrift des antragstellenden Einführers / Transithändlers

EXIMCO Handels-Gesellschaft
Breite Straße 45
5000 Köln 71

Name und Anschrift des ausländischen Lieferanten

MAHASUZI LTD.
1000, Minawa - Cho
Yokohama 234 / Japan

Hinweis:

Nach § 29b Abs. 3 Außenwirtschaftsverordnung (AWV) ist die Einfuhr der in dem Antrag auf Internationale Einfuhrbescheinigung (IEB) bezeichneten Waren dem Bundesamt für Wirtschaft (BAW) unverzüglich nachzuweisen.

Bei Transithandelsgeschäften ist dem BAW die Wareneingangsbescheinigung (Delivery Verification Certificate) des Empfängers unverzüglich vorzulegen (§ 43a AWV).

Die Nichterfüllung der Nachweispflicht stellt eine Ordnungswidrigkeit dar, die nach § 70 Abs. 4 Nr. 16 Außenwirtschaftsverordnung in Verbindung mit § 33 Abs. 4 Nr. 2 und Abs. 5 Außenwirtschaftsgesetz mit einer Geldbuße bis zu fünfzigtausend Deutsche Mark geahndet werden kann.

Auftrags-(Order-)Nr.

K 37/933

Genaue Warenbezeichnung	Menge (kg, Stück, etc.) **)	Wert Währung angeben (fob, cif, etc.)
Werkzeugdrehbank, Computer-gesteuert, Fabr.-Nr. 5666-45-724-A	1 St	Yen 4.200.500,- cif Hamburg
Gesamtmenge, Gesamtwert:	1 St	Yen 4.200.500,-

Ich/Wir, der oben genannte Einführer/Transithändler*) beantrage(n) die Ausstellung einer Internationalen Einfuhrbescheinigung über die vorstehend bezeichneten Waren, die ich/wir
a) in das Wirtschaftsgebiet einzuführen*)
b) im Rahmen eines Transithandelsgeschäftes nach ______ zu liefern*) ______
beabsichtige(n). Ich versichere die Richtigkeit der in diesem Antrag gemachten Angaben. Die auf der Rückseite beschriebenen Verpflichtungen des Einführers/Transithändlers*) sind mir bekannt. Der Vordruck für die Internationale Einfuhrbescheinigung ist im Durchschreibeverfahren mit diesem Antrag übereinstimmend ausgefüllt worden. Für das vorgesehene Einfuhr-/Transithandelsgeschäft*) ist noch keine Internationale Einfuhrbescheinigung beantragt worden.
Mir ist bekannt, daß unzutreffende Angaben eine Ordnungswidrigkeit darstellen, die nach § 70 Abs. 4 Nr. 16 Außenwirtschaftsverordnung in Verbindung mit § 33 Abs. 4 Nr. 2 und Abs. 5 Außenwirtschaftsgesetz mit einer Geldbuße bis zu fünfzigtausend Deutsche Mark geahndet werden kann.

Als Unterlagen für das oben bezeichnete Einfuhr-/Transithandelsgeschäft*) sind beigefügt:

Kaufvertrag

Köln, 17.10.92
Ort und Tag der Ausstellung

EXIMCO-Handels-Gesellschaft
Firmenstempel und Unterschrift des Antragstellers

*) Nichtzutreffendes streichen.
**) Bei Gewichtsangaben ist stets das Reingewicht einzusetzen.

nötigt (**IEB**; *International Import Certificate, IIC*, auch: *IC*) (Abb. E-5.3/5). Mit der IEB bestätigen die zuständigen Stellen des Importlandes die Einhaltung der COCOM-Bestimmungen. Ohne IEB erhält der Exporteur in seinem Land keine Ausfuhrgenehmigung. In der Bundesrepublik stellt das Bundesausfuhramt diese Bescheinigungen aus. Die erfolgte Einfuhr muß dem BAFA ohne Verzögerung nachgewiesen werden.
Eine ähnliche Funktion haben – nachträglich vorzulegende – **Wareneingangsbescheinigungen** (**WEB**; *Delivery Verification Certificate, DVC*), mit denen das tatsächliche Eintreffen der genehmigungspflichtigen Exportware im Importland nachgewiesen wird. Dies kann – je nach Bestimmungsland – durch spezielle Unterlagen oder auch durch Importzollunterlagen erfolgen. Das Vorgehen wird insgesamt auch als **IC/DV-Verfahren** angesprochen. Auf eine Reihe von Vereinfachungen soll hier nicht eingegangen werden.

(9) Boykotterklärungen: verboten
Wie bereits im Abschn. D-2.2.3.1 behandelt, wird bei Nahost-Exporten aufgrund der dortigen Einfuhrbestimmungen häufig ein **Black-List-Certificate** verlangt, das oft vom jeweiligen Konsulat beglaubigt werden muß und bescheinigt, daß die kontrahierte Reederei oder die Versicherung nicht zu den Firmen zählen, die wegen ihrer Beziehungen zu Israel auf der ‹schwarzen Boykottliste› *(Black List)* der 18 Staaten der Arabischen Liga stehen (sog. **Sekundär-Boykott**) (vgl. den beispielhaften Text einer solchen Erkärung oben in Abschn. D-2.2.3.2; zur begrifflichen Abgrenzung zwischen Boykott und Embargo vgl. oben Abschn. E-3.6). Daneben verlangen viele arabische Staaten eine Erklärung des Exporteurs, daß die gelieferten Waren oder Teile «nicht aus Israel» stammen.
Es gibt zwar internationale Bestrebungen, insbesondere seitens der EG, solche Boykottlisten zu ächten, doch ist bisher keine gemeinsame Aktion erfolgt. Die Bundesregierung hat im November 1992 – mit Rücksicht auf die deutsch-israelisch-amerikanischen Beziehungen – im Alleingang die Beteiligung an Boykottmaßnahmen und die Abgabe entsprechender Erklärungen verboten, die nicht von der Bundesregierung selbst angeordnet sind (§ 4a AWV). Deutsche Unternehmen dürfen danach keine Erklärungen abgeben, daß sie sich an einem Boykott gegen einen anderen Staat beteiligen, daß eine Ware nicht aus einem bestimmten Land stammt (negative Ursprungserklärung), daß in einem bestimmten Land nicht investiert wird oder sonstige Geschäftsbeziehungen bestehen. Dieses Verbot gilt logischerweise nicht für Boykotts, welche die Bundesregierung anordnet (wie bei der Umsetzung

von Embargobeschlüssen des UN-Sicherheitsrates gegen z.B. Irak und Serbien/Montenegro); dies ist jedoch z.B. im Falle des von der Organisation Amerikanischer Staaten (OAU) und den USA ausgerufenen Embargos gegen Haiti (Abb. E-5.3/6) nicht der Fall; eine Boykotterklärung gegen Haiti wäre also eine Ordnungswidrigkeit, die von einer Geldbuße bis zu 1 Mio. DM bedroht wird.

Abb. E-5.3/6: **Boykottverbot**

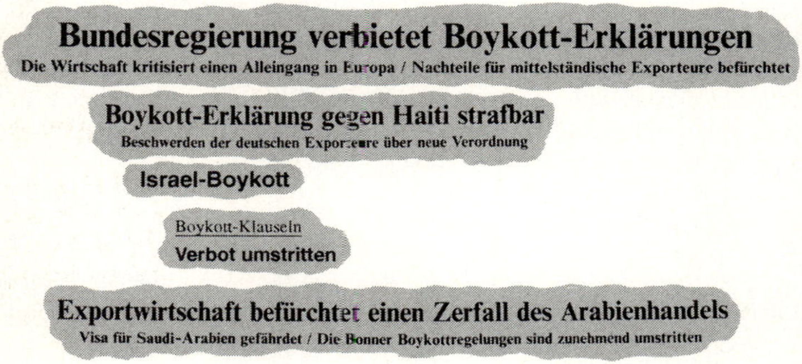

Bundesregierung verbietet Boykott-Erklärungen
Die Wirtschaft kritisiert einen Alleingang in Europa / Nachteile für mittelständische Exporteure befürchtet

Boykott-Erklärung gegen Haiti strafbar
Beschwerden der deutschen Exporteure über neue Verordnung

Israel-Boykott

Boykott-Klauseln
Verbot umstritten

Exportwirtschaft befürchtet einen Zerfall des Arabienhandels
Visa für Saudi-Arabien gefährdet / Die Bonner Boykottregelungen sind zunehmend umstritten

Deutsche Exporteure haben bisher derartige Erklärungen oft unbeschadet der Tatsache abgegeben, daß sehr wohl Beziehungen zu Israel bestanden, und die IHKs haben diese sogar beglaubigt. In der Exportwirtschaft wurde das Verbot daher massiv kritisiert, weil gerade mittelständische Unternehmen dadurch Probleme im Arabiengeschäft bekommen können, die nicht wie große Unternehmen über Auslandsniederlassungen verfügen, für die die Verbotsverfügung nicht gilt. Auch für die Ausstellung von Visa und Aufenthaltsgenehmigungen durch arabische Länder sind Probleme zu befürchten. Zunächst (Stand Dezember 1992) hat die Bundesregierung das Inkrafttreten der Verordnung auf Mai 1993 verschoben (vgl. auch Abb. E-5.3/6). Als Kompromiß hinsichtlich der o.a.Abgabe von Negativ-Erklärungen («nicht aus Israel») akzeptieren einige arabische Staaten mittlerweile eine Positiverklärung, aus der der Ursprung der Ware hervorgeht.

E-5.4. Vereinfachungen und Erleichterungen

Das oben beschriebene *Standardverfahren* der prinzipiellen *Gestellung* bei der Ausfuhrzollstelle und der Ausgangszollstelle ist in der Praxis eher die *Ausnahme*. Vielmehr gibt es eine Vielzahl von Vereinfachungen und Erleichterungen.

(1) Vorausanmeldung
Das HZA kann auf Antrag zulassen – und dies geschieht ohne besondere Voraussetzungen –, daß vom üblichen Verfahren bei der Ausfuhrzollstelle abgesehen wird und nicht für *jede* Ausfuhrsendung eine Ausfuhrerklärung vorgelegt werden muß. Vielmehr ist für einen Monat, ein Vierteljahr, u.U. sogar für ein *Kalenderjahr* im voraus anzumelden, daß Ausfuhren in diesem Zeitabschnitt vorgenommen werden sollen, ohne daß diese bei der Vorausanmeldung bereits zu präzisieren wären. Dabei sind Ort (der nicht im Zuständigkeitsbereich des betreffenden HZA liegen muß) und Zeitpunkt des Verpackens oder Verladens anzugeben, um eine Überwachung (theoretisch) zu ermöglichen. Zulässig ist dabei, *alle* Werktage dieses Zeitraums anzugeben, so daß sich der Ausführer nicht festlegen muß.
Da dieses Verfahren in der Praxis größte Bedeutung hat, finden aufgrund der äußerst großen Zahl der theoretisch – und zwar außerhalb des Amtsplatzes! – zu prüfenden Fälle *faktisch kaum Kontrollen der Ausfuhren* statt. Die Überwachung der Ausfuhr vollzieht sich folglich fast ausschließlich auf der Basis vorgelegter Unterlagen, deren Korrektheit im Normalfall kaum noch überprüft wird.
Die später für die einzelnen Ausfuhren erforderlichen *Ausfuhrerklärungen* (oder ggf. die *VAE*), welche die konkreten Ausfuhrdaten enthalten, die bei der *Vorausanmeldung* noch gar nicht bekannt waren, sind – auch in vereinfachter Form aufgrund von zollrechtlich bedingten Vereinfachungen und Erleichterungen – dann vom Ausführer selbst zu erstellen und der Ausfuhrzollstelle mit Hinweis auf die Zulässigkeit der Vorausanmeldung vorzulegen (vgl. aber (4)). Das Verfahren bei der Ausgangszollstelle wird dabei nicht verändert, beschränkt sich jedoch de facto meist auf eine papiermäßige Überprüfung.

(2) Ausfuhrkontrollmeldung (AKM)
Eine weitere Vereinfachung ist auch hinsichtlich der in der AE anzugebenden Daten möglich: Die zuständige Oberfinanzdirektion (OFD) kann Ausführern, die ständig eine Vielzahl von (genehmigungsfreien) Ausfuhren durchführen und die zur Vorausanmeldung zugelassen

sind, genehmigen, daß sie nicht jeweils Ausfuhrerklärungen zu erstellen brauchen, sondern eine **Ausfuhrkontrollmeldung (AKM)** verwenden. Dabei können als Warenbeschreibung *Sammelbezeichnungen* verwendet werden, z.B. Kfz-Teile – was immer das bedeuten mag. Voraussetzung ist, daß der Ausführer vertrauenswürdig und die fortlaufende und korrekte Erfassung der konkreten Ausfuhrsendung gewährleistet ist, auch durch EDV. Diese Angaben sind monatlich für die im Vormonat erfolgten Ausfuhren nachzumelden.
Als AKM wird Exemplar 2 des Einheitspapiers mit diversen Streichungen bei den auszufüllenden Feldern verwendet (Abb. E-5.4/1). Die AKM wird der *Ausgangszollstelle* übergeben und dort vernichtet, nachdem die Zulässigkeit der Ausfuhr geprüft wurde. Nur in rd. 1% aller Fälle wird sie der angegebenen *Ausfuhrzollstelle* zugesandt, um die Voraussetzungen für diese Verfahrenserleichterung stichprobenartig zu prüfen. Da die AKM kein statistischer Anmeldeschein ist, muß auch das Statistische Bundesamt entsprechende Verfahrenserleichterungen zulassen.
Insgesamt werden rund 90% aller genehmigungsfreien Ausfuhren in einem der beschriebenen Verfahren mit Vorausanmeldung abgewickelt. In bestimmten Fällen kann die AKM auch bei genehmigungspflichtigen Ausfuhren statt einer AE verwendet werden. Die Anmerkungen zur Kontrollintensität brauchen hier nicht wiederholt zu werden.

(3) Ausfuhrkontrollmeldung Kohle
Feste Brennstoffe (Kohle, Briketts, Koks) brauchen nicht bei der Ausfuhrzollstelle gestellt oder angemeldet zu werden. Zuverlässigen Kohleausführern kann statt einer Ausfuhrerklärung die Verwendung einer Ausfuhrkontrollmeldung für Kohle gestattet werden. Die Voraussetzungen hierfür und für weitere Erleichterungen sind denen bei der ‹normalen› Ausfuhrkontrollmeldung vergleichbar.

(4) Ausfuhrerklärung durch Versender
Das oben in Abschn. E-5.3 beschriebene Verfahren, nach dem ein Versender eine VAE erstellt und der Ausführer die AE nachreicht, kann vereinfacht werden: Dabei wird dem Versender gestattet, anstelle des Ausführers die AE vorzulegen und die Abfertigung zu beantragen. Dies bedingt, daß der Ausführer auf eine ‹Geheimhaltung› von Ausfuhrdaten keinen Wert legt (andernfalls müßte er das Verfahren der Versandausfuhrerklärung (VAE) wählen). Dies kommt insbesondere bei verbundenen Unternehmen (Zweigwerke etc.) in Betracht.

Abb. E-5.4/1: **Ausfuhrkontrollmeldung**

EUROPÄISCHE GEMEINSCHAFT

2 Exemplar für die Statistik - Versendungs-/Ausfuhrland **2**

1 ANMELDUNG XXXXXXXXX

A VERSENDUNGS-/AUSFUHRZOLLSTELLE

2 Versender/*Ausführer* Nr.

PANA Weizenhandels-GmbH
Getreidegasse 45
2800 Bremen 17

3 Vordrucke XXXXX | **4** Ladelisten XXXXX

5 Positionen XXXXX | **6** Packst. insgesamt XXXXXXX | **7** Bezugsnummer XXXXXXXXXXXXXXXXXXXX

8 Empfänger Nr.

XXXXXXXXXXXXXXXXXXXXXXXXXXXXXXXXXXX

9 Verantwortlicher für den Zahlungsverkehr Nr.

XXXXXXXXXXXXXXXXXXXXXXXXXXXXXXXXXXX

10 *Erstes Best. Land* XXX | **11** *Handelsland* XXX | **13** *G. L. P.* XXXXX

14 Anmelder/Vertreter Nr.

PANA Weizenhandels-GmbH
Getreidegasse 45
2800 Bremen

15 Versendungs-/*Ausfuhrland* XXXXXXXXXXXXXXXX | **15** Vers./*Ausf.L.Code* a XXX b XX | **17** Bestimm.L.Code a XXX b XX

16 Ursprungsland XXXXXXXXXXXXXXXX | **17** Bestimmungsland GUS/Rußland

18 Kennzeichen und Staatszugehörigkeit des Beförderungsmittels beim Abgang XXXXXXXXXXXXXXXXXXXXXXXXXXX XXX | **19** Ctr. XXX

20 Lieferbedingung XXX XXXXXXXXXXXXXXXXXXXXXXXXXX XX

21 Kennzeichen und Staatszugehörigkeit des grenzüberschreitenden aktiven Beförderungsmittels

MS "SIMONA"

22 Währung u. in Rechn. gestellter Gesamtbetr. XXX XXXXXXXXXXXXX | **23** Umrechnungskurs XXXXXXXX | **24** Art des Geschäfts X X

25 Verkehrszweig an der Grenze XX | **26** Inländischer Verkehrszweig XX | **27** Ladeort XXXXXXXXXXXX XXX | **28** Finanz- und Bankangaben XXXXXXXXXXXXXXXXXXXXXXXXXXXXXXXXXX

29 Ausgangszollstelle XXXXXXXXXXXXXXXXX | **30** Warenort XXXXXXXXXXXXXXXXX | XXXXXXXXXXXXXXXXXXXXXXXXXXXXXXXXXX

31 Packstücke und Warenbezeichnung — Zeichen und Nummern - Container Nr. - Anzahl und Art

Weizen,
anderer als zur Aussaat

32 Positions Nr. XX | **33** Warennummer 1001 90 99 000 XXXX

34 Urspr.land Code a XXX b XX | **35** Rohmasse (kg) 3.038.007

37 VERFAHREN XXXX XXX | **38** Eigenmasse (kg) 3.030.007 | **39** *Kontingent* XXXXX

40 Summarische Anmeldung/Vorpapier XXXXXXXXXXXXXXXXXXXXXXXXXX

41 Besondere Maßeinheit XXXXXXXXXXX XXXXXXXXXXXXXX

44 Besondere Vermerke/Vorgelegte Unterlagen/Bescheinigungen u. Genehmigungen

Zur Verfahrenserleichterung nach § 15 Abs. 5 AWV zugelassen.

Versandzollstelle: Bremen-Freihafen

Code B. V. XXX

46 Statistischer Wert XXXXXXXXXXXXX

47 Abgabenberechnung

Art	Bemessungsgrundlage	Satz	Betrag	ZA
XXX	XXXXXXXXXX	XXXXXXXXXX	XXXXXXXXXX	X
		Summe:		

48 Zahlungsaufschub XXXXXXXXXXXXXXXX | **49** Bezeichnung des Lagers XXXXXXXXXXXXXXXX

B ANGABEN FÜR VERBUCHUNGSZWECKE

Ausfuhrkontrollmeldung

Anlage A 7 zur AWV (88)

(§ 15 Abs. 5 Satz 1 AWV)

50 Hauptverpflichteter Nr. Unterschrift:

XXXXXXXXXXXXXXXXXXXXXXXXXXXXXXXXXXXXXXXXXX

vertreten durch
Ort und Datum:

C ABGANGSZOLLSTELLE

51 Vorgesehene Grenzübergangsstellen (und Land) XXXXXXXXXX XXXXXXXXXX XXXXXXXXXX XXXXXXXXXX XXXXXXXXXX XXXXXXXXXX

52 Sicherheit nicht gültig für XXXXXXXXXXXXXXXXXXXXXXXXXXXXXXXXXXXXXXXXXX | Code XX | **53** Bestimmungszollstelle (und Land) XXXXXXXXXXXXXXXXXXXXXX

D PRÜFUNG DURCH DIE ABGANGSZOLLSTELLE

Ergebnis:
Angebrachte Verschlüsse: Anzahl:
Zeichen:
Frist (letzter Tag):
Unterschrift:

Stempel:

54 Ort und Datum:

Bremen, 23.8.92

Unterschrift und Name des Anmelders/Vertreters:

PANA Weizenhandels-GmbH
ppa. Berling

(5) Klein- und Postsendungen
Für genehmigungsfreie Ausfuhren bis zu DM 4000,– entfällt das Verfahren bei der Ausfuhrzollstelle, bei Postsendungen das Verfahren bei der Ausgangszollstelle. Die Ausfuhrerklärung wird im letzteren Fall dem Postamt übergeben, das bestimmte Überwachungsfunktionen ausübt, z.B. prüft, ob eine u.U. erforderliche Zollabfertigung vorgenommen wurde.

(6) Gestellungsbefreiung
Wenn die Gestaltung bzw. Anmeldung bei der Ausfuhrzollstelle aus geographischen Gründen unzumutbar wäre, z.B. aufgrund zu großer Entfernung, kann der Ausführer von der Gestellung an der Ausfuhrzollstelle befreit werden, so daß er direkt bei der Ausgangszollstelle gestellt und dort Ausfuhranmeldung und AE vorlegt.

(7) Nachträgliche AE
Ausführern von *Massengütern geringen Wertes* (z.B. Kies) kann gestattet werden, die AE erst innerhalb einer bestimmten Frist, nach der Ausfuhr vorzulegen, i.d.R. bis zum zweiten Werktag des Folgemonats. Diese Erleichterung wird vorrangig in granznahen Gebieten gewährt.

(8) Genehmigungsbefreiung
In *§§ 19ff AWV* sind eine Vielzahl von Fällen aufgeführt, für die eine Befreiung von der Export-Genehmigungspflicht gegeben ist, u.a. für gewerbliche Kleinsendungen (bis 1000,– DM) oder Hilfsgüter (Katastrophenhilfe). Die meisten Befreiungstatbestände setzen allerdings eine *nichtkommerzielle* Ausfuhr voraus und gelten nicht für einen großen Teil der Güter des *Teils I der Ausfuhrliste* (Embargogüter); teilweise sind es sehr spezielle Fälle (z.B. Erbschaftsgut oder Briefmarken zu Tauschzwecken). Obgleich in der Regel mit der Genehmigungsbefreiung auch Verfahrensvereinfachungen (z.B. Befreiung von der Gestellungspflicht) verbunden sind, müssen befreite Ausfuhrsendungen auf Verlangen der Ausgangszollstelle doch gestellt werden, um eine Überprüfung vornehmen zu können; dabei muß auf den Grund der Befreiung hingewiesen werden.
Abb. E-5.4/2 faßt die bisher behandelten außenwirtschaftsrechtlichen Unterlagen in einer Übersicht zusammen. Bedauerlicherweise besteht dabei beträchtlich *begriffliche Verwirrung* hinsichtlich der verschiedenen zoll- und außenwirtschaftsrechtlichen Außenhandelspapiere. Abb. E-5.4/3 verdeutlicht dies und versucht gleichzeitig eine Klarstellung.

Abb. E-5.4/2: **Ausfuhrunterlagen** (Übersicht)

- Ausfuhrerklärung (AE)
- Versandausfuhrerklärung (VAE)
- Ausfuhrgenehmigung (AG) + (+ AE)
- Ausfuhrlizenz (AL) (+ AE)
  (lizenzpflichtige Marktordnungsware)
- Ausfuhrkontrollmeldung (AKM)
- Warenspezifische Papiere
  (z. B. Qualitätsnachweise)

Abb. E-5.4/3: **Gegenüberstellung Einfuhr-/Ausfuhrpapiere**

Einfuhr	**Ausfuhr**
Einfuhranmeldung statistisch: EP	**Ausfuhranmeldung** Antrag auf außenwirtschaftsrechtliche Abfertigung (EP)
Einfuhrerklärung (als EE oder EEG, vorherige Überwachung)	**Ausfuhrerklärung** statistisch; EP
Einfuhrkontrollmeldung (nachträgliche Marktbeobachtung bei Einfuhren aus Staatshandelsländern)	**Ausfuhrkontrollmeldung** vereinfachte AE

E-5.5. Aktuelle Exportverbote- und beschränkungen

- Von den oben ausgeführten Exportbeschränkungen sind an dieser Stelle nochmals die **absoluten Exportverbote** in Embargofällen (z.Zt. für Irak, Libyen und Serbien/Montenegro) hervorzuheben; weitere länderspezifische Kontrollen erstrecken sich darüber hinaus auf Syrien und den Libanon.
- In die *Exportliste* sind in den *Abschnitten A–C* des *Teils I* alle genehmigungspflichtigen Positionen eingearbeitet, die in der **COCOM-Liste** als Liste von Embargo-Gütern enthalten sind (vgl. hierzu den folgenden Abschnitt); die **Länderliste H** enthält solche ‹kritischen› Länder, bei denen sich die Kontroll- bzw. Prüfungsvorschriften, d.h. konkret: der Genehmigungsvorbehalt für Exporte auch auf

zivile Güter (*dual-use*-Güter) erstreckt, die nicht vom COCOM erfaßt werden. Daneben gibt es eine **Länderliste I**, in der Länder zusammengefaßt sind, die früher in der Länderliste H aufgeführt waren, weil sie nicht dem **NV-Vertrag** beigetreten sind.

- In den *Abschnitten D und E* der Exportliste sind die Güter aufgeführt, deren Export nur in Nicht-OECD-Länder genehmigungspflichtig ist.
- Der Export der Güter des *Teils II* der Exportliste ist genehmigungspflichtig.
- Der Export der Güter der *Teile III und IV* der Exportliste nach den USA ist genehmigungspflichtig.

Neben diesen auf das Außenwirtschaftsgesetz gestützten Beschränkungen gibt es weitere **Verbote und Beschränkungen (VuB)**, die auf anderen gesetzliche Vorschriften beruhen. Dies bedeutet, daß eine Exportgenehmigung auch dann erforderlich sein kann, wenn aus der Sicht des Außenwirtschaftsgesetzes keine Beschränkung vorliegt, u.a.:

- Aufgrund des **Kriegswaffenkontrollgesetzes (KWKG)** ist der Export von Kriegswaffen und von atomaren Stoffen verboten bzw. genehmigungspflichtig;
- zum ‹*Schutz des Kulturgutes*› ist die Ausfuhr von Kulturobjekten genehmigungspflichtig, sofern sie in das (recht knappe) «*Verzeichnis national wertvollen Kulturgutes*» eingetragen sind;
- zum ‹*Schutz der öffentlichen Ordnung*› ist der Export verfassungswidriger Medien verboten, bei Zuwiderhandlung erfolgt Beschlagnahme;
- dies gilt auch für den Export von Material, das Komponenten von Gewaltdarstellung, Rassenhaß, harter Pornographie oder sonstiger Jugendgefährdung enthält; bei Zuwiderhandlung erfolgt Beschlagnahme.

Im Zusammenhang mit den EG-rechtlichen oder nationalen Exportbeschränkungen ist aber auch an die *Importbeschränkungen* zu denken, die in den jeweiligen Käuferländern gelten. Auch diese können die Exportbemühungen nachhaltig beschränken, auch wenn aus der Sicht der Bundesrepublik keine Beschränkungen bestehen. Vgl. dazu das Beispiel unten in Abschn. E-5.10.

E-5.6. Zusammenfassung

Das Exportkontrollrecht ist noch nicht harmonisiert; es gibt keine gemeinsamen Warenlisten, Länderlisten, Genehmigungskriterien und -verfahren und Kontrollmaßnahmen.

Die Ausfuhr von Waren ist nach deutschem Außenwirtschaftsrecht grundsätzlich frei. Für bestimmte Fälle jedoch existieren Beschränkungen:

- Die Ausfuhr von Waren in Länder, die einem *UNO-Exportembargo* unterliegen, ist *verboten.*
- Grundsätzlich ist die Ausfuhr aller in der *Ausfuhrliste* genannten Waren *genehmigungspflichtig*, außer
  - Waren des *Abschnitts C* (insbesondere dual-use-Güter), wenn das Bestimmungsland ein Land der Liste A/B (westliche Industrieländer und Entwicklungsländer) ist und der Warenwert DM 4000,– nicht übersteigt,
  - Waren desselben Abschnitts im *Intra-COCOM-Handel*, da für diese seit 1990 eine *Allgemeine Genehmigung* gilt *(GIC)* (allerdings sind bestimmte Auflagen zu beachten, z.B. daß der Exporteur den Empfänger auf die Nichtzulässigkeit des Re-Exports in bestimmte Regionen aufmerksam macht),
  - Ausfuhren bestimmter *Werkzeugmaschinen* in die (Schwellen-)Länder der *Liste H*, für die gleichfalls eine *Allgemeine Genehmigung* gilt,
  - Waren der *Abschnitte D und E* bei Ausfuhren in ein *OECD-Land*, wenn der Warenwert DM 10000,– nicht übersteigt (Ausnahmen für bestimmte chemische Vorprodukte).

E-5.7. Exkurs: Durchfuhr

Die Durchfuhr wurde bereits in Abschn. E-4.1 definiert: Die Waren dürfen dabei nicht in den freien Verkehr des Wirtschaftsgebietes gelangen.

Das Verbringen von Waren aus dem Wirtschaftsgebiet heraus im Sinne der Durchfuhr ist verboten, wenn die Durchfuhr in ein Land der Länderliste C, nach Libyen oder dem Irak verbracht werden soll.

Genehmigungspflichtig ist die Durchfuhr von Eisen- und Stahlabfällen nach den Teilen III und IV der Ausfuhrliste.

Waren des Teils I der Ausfuhrliste, die sich außerhalb des Wirtschaftsgebietes befinden oder einfuhrrechtlich noch nicht abgefertigt sind (z.B. in einem Zollager), dürfen von Gebietsansässigen nur mit Genehmigung an Gebietsfremde veräußert werden (sog. **Transithandel**), sofern es sich beim Käuferland nicht um ein OECD-Land handelt. Die Beschränkung bezieht sich also auf das Rechtsgeschäft, nicht auf das Verbringen der Ware. Hierfür gelten die bereits ausgeführten Vorschriften.

E-5.8. Exkurs: Das COCOM

Im **COCOM** *(‹Coordinating Committee for Multilateral Strategic Export Controls›*, früher: *Coordinating Committee for East-West Trade Policy)* sind heute 17 Staaten zusammengeschlossen – alle *NATO-Staaten* (außer Island) sowie Australien und Japan; Irland, Österreich, Schweden und die Schweiz sind dem COCOM gleichgestellt –, um den Export von Gütern zu verhindern, der die ehemaligen kommunistischen Staaten stärken könnte, und die westlichen Sicherheitsinteressen gegenüber dem bisherigen Ostblock zu wahren.

Nach dem Zweiten Weltkrieg, vor dem Hintergrund der sich im Kalten Krieg nachhaltig verschlechternden Beziehungen zwischen den Vereinigten Staaten und der Sowjetunion, drängten die USA darauf, den Handel mit dem Ostblock zu begrenzen. Zunächst griffen die USA einseitig zu Exportlizenzen, die jedoch relativ einfach durch Umwegeexporte über Westeuropa in den Ostblock zu umgehen waren. Da ein amerikanischer Alleingang folglich nicht wirksam sein konnte, mußten die europäischen Staaten mitziehen.

Dies taten sie allerdings nicht freiwillig, sondern nur unter Druck: Die USA drohten, die Marshall-Plan-Hilfe an die Staaten einzustellen, die sich gemeinsamen Aktionen verschlössen.

1949 erließen die USA den *Export Control Act*, welcher den Aufbau eines umfassenden Kontrollsystems ermöglichte (1969 wurde dieser in *Export Administration Act* umgetauft). Gleichfalls 1949 (im November) wurde mit Sitz in Paris von den USA, England, Frankreich, Italien und den Benelux-Staaten eine entsprechende Beratungsgruppe *(Consultive Group)* mit dem *Coordinating Committee* (COCOM) als Ausführungsorgan ins Leben gerufen.

Das COCOM beschloß Embargolisten für alle Güter, die – aus vor allem amerikanischer Sicht – als strategisch für die Stärkung des Ostblocks angesehen wurden. Während im Zuge des *Koreakrieges* (1950–53) die COCOM-Listen drastisch verschärft wurden (sie enthielten u.a. auch zivile Güter wie Traktoren und Konservenmaschinen), wurden sie nach Kriegsende und dem Tode Stalins (1953) beträchtlich gekürzt. Dazu trugen wahrscheinlich auch Zweifel an der

Wirksamkeit des Embargos bei, denn 1953 zündeten die UdSSR ihre erste Wasserstoffbombe, kurz nach der ersten amerikanischen. Als 1958 der erste sowjetische Weltraumsatellit *Sputnik* die Erde umkreiste, war dies nur ein weiterer Impuls für eine Lockerung der Bestimmungen, vorrangig auf Druck der europäischen Länder, die ihre Handelsinteressen bedroht sahen. 1958 erfolgte eine nachhaltige Revision des Embargos, wobei die USA jedoch einseitig diese Lockerung nicht mitmachten und an den alten Regelungen festhielten. In vielen Fällen wurden die COCOM-Bestimmungen durch nationale Egoismen unterlaufen.

Dadurch, daß viele COCOM-Güter, insbesondere elektronische Güter, Bestandteile anderer Güter wurden, wurde die COCOM-Liste immer umfangreicher und zu einem zunehmenden Hindernis im allgemeinen, kommerziellen Ost-West-Handel. Die fälligen Reformen 1988 und 1990 wurden erleichtert durch die Demokratisierungprozesse im Ostblock und die Beendigung des Kalten Krieges. U.a. wurde eine «*Allgemeine Genehmigung für den Intra-COCOM-Handel* (**GIC**)» beschlossen für Waren und Fertigungsunterlagen, die sachlich dem *Teil I, Abschnitt C* der deutschen *Ausfuhrliste* entsprechen (*dual-use*-Güter), so daß eine Vielzahl von bisherigen Genehmigungstatbeständen entfiel. Voraussetzung ist u.a., daß keine Anhaltspunkte dafür vorliegen, daß die betreffenden Güter ohne Ausfuhrgenehmigung in ein anderes Land als das Bestimmungsland verbracht werden sollen und daß sie im Bestimmungsland nicht für militärische oder nukleare Zwecke verwendet werden sollen. Eine Ausfuhr im GIC-Verfahren darf allerdings erst 14 Tage nach der Anmeldung erfolgen, um den Behörden ggf. Zeit zur Überprüfung zu geben, im Gegensatz zur erleichterten Ausfuhr im Rahmen einer Sammelausfuhrgenehmigung (vgl. Abschn. E-5.3/4).

Zudem haben die Staaten des sog. **Schengener Abkommens** von 1990 (Belgien, Deutschland, Frankreich, Griechenland (seit Nov. 1992) Italien, Luxemburg, Niederlande, Portugal, Spanien) zur weiteren Vereinfachung des Ausfuhrverfahrens eine *Allgemeine Genehmigung für den Intra-Schengen-Handel* (**ASG**) beschlossen, die der GIC weitgehend entspricht, aber einen weiteren Warenkreis, d.h. weniger Ausnahmen, umfaßt. Dies geschieht, um den Güterverkehr zwischen Staaten mit vergleichbar hohem Exportkontrollstandard zu liberalisieren und um die Exportkontrollen auf sensible Ausfuhren in kritische Länder zu konzentrieren.

Die eigentliche COCOM-Liste umfaßt *drei Teillisten*: eine für *zivile Güter* (dual-use-Güter), eine *Waffenliste* und eine *Nuklearliste*. Dies entspricht weitgehend der amerikanischen Praxis. Insgesamt gibt es nach einer weiteren rigorosen ‹Entschlackung› der Liste Mitte 1991 im Bereich der zivilen Güter nun eine **Kernliste** mit neun Kategorien von Erzeugnissen, für deren Ausfuhr Genehmigungen erforderlich sind. Alle Güter, die nicht in der Kernliste stehen, können ohne Beschränkung exportiert werden.

Bei den wöchentlichen Sitzungen des COCOM in Paris wird über die Exportanträge aus den Mitgliederländern entschieden, wobei es eine Reihe von Vereinfachungen im Genehmigungsverfahren gibt, insbesondere beim Intra-COCOM-Handel (zwischen Ländern der *Länderliste D*) durch *Allgemeine Genehmigungen (GIC)* und in anderen Fällen durch Delegation der Entscheidungen an die nationalen Genehmigungsbehörden (in Deutschland: BAFA). In bestimmten Fällen sind die oben erwähnten *Internationalen Einfuhrbescheinigungen (IEB)* für die Genehmigung und nach erfolgtem Export *Wareneingangsbescheinigungen (WEB)* vorzulegen.

Die COCOM-Liste ist für sich genommen rechtlich *unverbindlich* und muß – durch einfache Rechtsverordnung – in nationales Recht transformiert werden. Dies geschieht im Fall der Bundesrepublik gemäß § 7 AWG durch Einarbeitung in die, d.h. jeweils durch entsprechende Änderung der *Ausfuhrliste*. Damit unterliegen Verstöße gegen die COCOM-Liste auch den Sanktionen des nationalen Außenwirtschaftsrechts.

Die COCOM-Liste stellt – wie unschwer einleuchten wird – eine Behinderung des Ost-West-Handels dar. In dem Maße, wie die politischen Gegensätze der ehemaligen Blöcke abgebaut werden, entfällt das ursprüngliche Argument für die Einführung bzw. heute Beibehaltung der COCOM-Liste. Für die CSFR und Polen wurden die Bestimmungen daher gelockert, Ungarn wurde ganz von der Liste gestrichen, wobei aber verstärkte Kontrollen in diesen drei Ländern einen Re-Export nach Rußland verhindern sollen. Einer vollständigen Abschaffung werden jedoch nach wie vor sicherheitspolitische Überlegungen entgegenstehen, insbesondere um zu verhindern, daß zivile Produkte zur Waffenherstellung mißbraucht werden könnten (*dual-use*-Güter), denn ungeachtet des Endes des Kalten Krieges gibt es eine Reihe von Ländern, die nach wie vor als ‹kritisch› einzustufen sind. Auch aus dem Kreis der bisherigen Ostblockländer sind Anfragen bezüglich Beratung zur Verbesserung der eigenen Exportkontrollen an das COCOM herangetragen worden. Hinzu kommen aber auch konkrete wirtschaftliche Interessen insbesondere der USA, die insbesondere im Bereich der Telekommunikation ein Vordringen der westeuropäischen Konkurrenz nach Osteuropa befürchten.

E-5.9. Kontrollprobleme

Jährlich passieren etwa *18 Millionen Exportsendungen* die Grenze. Dieses Volumen macht es unmöglich, daß in jedem Fall eine wirklich eingehende Kontrolle erfolgt, da dies nicht nur aus Gründen der Personalkapazität der Kontrollbehörden ausscheidet, sondern insbesondere, weil dies eine enorme Verzögerung des Güterhandels bedeutete und somit den im AWG verankerten Grundsatz des unbehinderten Handels erheblich einschränken würde.
Selbstverständlich sind Kontrollen in allen Bereichen erforderlich, die Beschränkungen unterliegen, da wohl kaum davon ausgegangen werden kann, daß alle Beteiligten von sich aus die geltenden Bestimmungen vorschriftsmäßig beachten; entweder absichtlich oder aufgrund mangelnder Vertrautheit mit den Vorschriften.
In vielen Fällen bestehen beträchtliche Auslegungsschwierigkeiten. Was sind beispielsweise Rüstungsgüter oder Kriegswaren? Sehr viele grundsätzlich zivile Waren (z.B. Laborausrüstungen oder Ölpumpen) können auch zu militärischen Zwecken verwendet werden (die immer wieder zitierten *dual-use*-Güter). Zweifelsfälle müssen gegebenenfalls individuell geprüft werden, was wiederum rein mengenmäßig schnell an Kapazitätsgrenzen stoßen kann, und zwar sowohl im vorherigen Genehmigungsverfahren als auch bei nachträglichen, ggf. strafrechtlichen Untersuchungen.
Auslegungsprobleme ergeben sich auch aus unpräzisen Begriffen wie der *‹leichtfertigen Förderung›* von Herstellungshandlungen bei ABC-Waffen. Gehört hierzu bereits die Ausbildung eines Chemielaboranten, der seine Kenntnisse später verbotswidrig einsetzt?
Die Effizienz von Außenhandelsbeschränkungen kann auf *drei Ebenen* verbessert werden: durch verbesserte *administrative Strukturen*, durch eine Erhöhung der Abschreckungswirkung von *Sanktionen* (möglicherweise dem Entzug der Gewerbegenehmigung bei gravierenden Verstößen durch Unternehmen) und schließlich durch einen Ausbau der *Selbstkontrolle* der Wirtschaft, so wie es in einigen Industriebereichen mit internen Kontrollsystemen bereits geschieht.
Auf europäischer Ebene gibt es bislang keine Verständigung über eine Gemeinschafts-einheitliche Exportkontrolle. Mit der Verwirklichung des Binnenmarktes wird es daher nicht schwer sein, die im europäischen Vergleich recht strengen deutschen Exportbestimmungen durch Umwegexporte über schwächer kontrollierte Außengrenzen zu umgehen, so daß die scharfen deutschen Exportkontrollen in vieler Hinsicht nur in der Theorie bestehen bleiben werden. Die deutsche Exportwirtschaft beklagt daher in zunehmendem Maße die *Behinderun-*

gen, die sich aus den Exportkontrollen ergeben, unter dem Blickwinkel von *Wettbewerbsnachteilen* gegenüber europäischen Konkurrenten, die nur weniger strengen und vor allem administrativ schnelleren Regelungen unterworfen sind. Allerdings wird damit im Ausland teilweise auch Stimmung gegen die deutschen Konkurrenten gemacht, denn die Genehmigungsverfahren sind *de facto* spürbar verkürzt worden: Exportanträge, die vom BAFA entschieden werden können, werden nach Angaben des BAFA zu 85% innerhalb von drei Wochen, zu 80% innerhalb von zwei Wochen entschieden. Innerhalb von 2 Tagen werden Exportanträge für *dual-use*-Güter in OECD-Ländern bearbeitet. (Diese Fristen werden allerdings aus Kreisen der Wirtschaft bestritten.) Wenn hingegen das BMWi bzw. das COCOM selbst eingeschaltet werden muß, können daraus durchaus auch sechs bis acht Wochen werden. Das BAFA wiederum schiebt einen Teil der Verantwortung für lange Bearbeitungzeiten auch den Unternehmen zu, die die Bestimmungen nicht hinreichend kennen (z.B. werden sehr viele überflüssige Anträge gestellt), die zulässige Vereinfachungen nicht in Anspruch nehmen bzw. unvollständige Unterlagen einreichen. Offensichtlich besteht das Problem darin, einen Kompromiß zwischen zügiger Exportabwicklung und Vorsicht bzw. Kontrolle zu realisieren.

Im US-amerikanischen Exportsystem, das auf dem Prinzip beruht, daß alles verboten ist, was nicht erlaubt ist (vgl. oben Abschn. E-3.1), sind für die Erlangung von Exportlizenzen (bitte nicht gleichsetzen mit dem deutschen Begriff der Exportlizenz, vgl. Abschn. E-5.3) deutlich längere Fristen (ca. 3 Wochen) üblich, in kontroversen Fällen noch mehr, durchaus bis zu einem halben Jahr. Einigkeit besteht mit den deutschen Exporteuren darin, die administrativen Prozeduren als handelshemmend zu beklagen.

Insgesamt ist es erforderlich, die Exportkontrollen international zu harmonisieren, und zwar nicht nur innerhalb der EG, sondern auch mit den USA und Japan. Nationale Alleingänge mögen von der Sache her angebracht sein, können jedoch asymmetrische Wettbewerbsverzerrungen bedeuten. Bislang ist in der EG hinsichtlich der Harmonisierung der Exportkontrollen noch die Frage ungeklärt, ob Waffenexporte unter die Harmonisierungskompetenz der EG gemäß Art. 113 EWGV (Handelspolitik) fallen oder gemäß Art. 223 (Sicherheitsinteressen) in nationaler Souveränität zu regeln sind.

E-5.10. Ausfuhrvorschriften nach dem EG-Zollkodex

Im Oktober 1992 hat der EG-Ministerrat den gemeinschaftlichen Zollkodex endgültig verabschiedet. Er wird zum 1. 1. 1994 in Kraft treten und rund 30 europäische Zollverordnungen teils ersetzen, teils ergänzen.

Als **Ausführer** gilt nach dem Zollkodex derjenige, für dessen Rechnung die **Ausfuhranmeldung** abgegeben wird. Sofern es sich dabei um einen «Nicht-Gemeinschaftsansässigen» handelt, so gilt der in der EG ansässige «Beteiligte» des Rechtsgeschäfts als Ausführer.

Der Ausführer kann die Zollformalitäten bei der Zollbehörde abwickeln, die seinem Firmensitz am nächsten liegt: Die für die Abfertigung zuständige Zollstelle, die sog. **Ausfuhrzollstelle**, ist in der Regel die, die für den Sitz des Ausführers zuständig ist; bei Kleinsendungen kann es z.B. auch die Ausgangszollstelle sein (siehe unten).

Zur Ausfuhranmeldung sind i.d.R. die Exemplare 1, 2 und 3 des **Einheitspapiers** zu benutzen; unter bestimmten Voraussetzungen können die Mitgliedstaaten der EG aber – individuell – auch statt dessen die Benutzung eines Handels- oder Verwaltungsdokuments zulassen, z.B. der Handelsrechnung, sofern das gesamte Ausfuhrverfahren auf dem Gebiet des betreffenden Mitgliedstaates abläuft. Sofern das Einheitspapier verwendet wird, behält die Ausfuhrzollstelle das Exemplar 1, Exemplar 2 sendet sie an das Statistische Bundesamt (aus deutscher Sicht). Exemplar 3 erhält der Zollbeteiligte. Dieses ist der **Ausgangszollstelle** vorzulegen (d.h. der letzten Zollstelle vor «Ausgang» der Waren aus dem Zollgebiet der Gemeinschaft; vgl. zu den Definitionen der Zollstellen Abschn. F-1.3.4), und die Ware ist zu gestellen.

Die Ausgangszollstelle vergewissert sich, ob die gestellten Waren den angemeldeten Waren entsprechen, bescheinigt dies auf der Rückseite von Exemplar 3 und übergibt es dem Beförderer. Dieser leitet das Papier an den Anmelder zurück. Bei Abweichungen (außer bei Mindermengen) untersagt die Ausgangszollstelle den Ausgang.

Auch nach dem Zollkodex sind Vereinfachungen möglich, die inhaltlich den derzeit geltenden Bestimmungen weitestgehend entsprechen (vgl. Abschn. F-2.3), indem u.a. nur eine **vereinfachte Anmeldung** erfolgt, d.h. nur ein unvollständig ausgefülltes Einheitspapier vorgelegt wird, aus dem aber zumindest die Warenbeschaffenheit eindeutig hervorgeht. Später – z.B. zusammenfassend oder periodisch – kann dann eine präzisierende Anmeldung erfolgen.

Auf Antrag kann auch ein **Anschreibeverfahren** genehmigt werden, das z.B. in den Geschäftsräumen des Zollbeteiligten erfolgt (sog. «zugelassener Ausführer»). Vor Abgang der Ware muß der Ausführer jedoch den vorgesehenen Abgang der Waren mitteilen und die Waren entsprechend in seiner Buchführung anschreiben. Ggf. kann auch eine **Befreiung von der Mitteilungspflicht** für jede einzelne Warenbewegung genehmigt werden, sofern das Beschaurecht der Zollstelle nicht beeinträchtigt wird.

E-5.11. Exkurs: Einfuhrbestimmungen von Mali

(Quelle: IHK Hamburg, Konsulats- und Mustervorschriften/KUM), Hamburg 1991

Die folgenden Ausführungen sollen beispielhaft verdeutlichen, daß bei der Warenausfuhr – neben den Ausfuhrbestimmungen des Exportlandes – auch die Einfuhrbestimmungen des betreffenden Importlandes zu beachten sind. Sie beziehen sich u.a. auf bestimmte Dokumente, Beglaubigungen, die Warenqualität, Verpackungs- und Markierungsvorschriften, etc.

République du Mali (unabhängig seit 22. September 1960, früher ein Teil Französisch-West-Afrikas)

Hauptstadt: Bamako

Gesamtbevölkerung: 8,7 Mill.

Städte (Bevölkerung)

Bamako (645000), Kayey (67000), Ségou (99000), Sikasso (70000).

Zollflughäfen: Bamako, Kayes, Timbuktu u.a.

Währungseinheit: 1 CFA-Franc = 100 Centimes. ISO-Code: XOF.

Korrespondenzsprache: französisch.

Maße und Gewichte: metrisches System.

Zolltarif: Brüsseler Tarifschema.

Einfuhrlizenzen: Die Einfuhr gliedert sich in liberalisierte und lizenzpflichtige Waren. Für liberalisierte Waren ist ein Einfuhrzertifikat erforderlich. Lizenzverlängerungen sind nur einmal möglich und werden nur gegen Nachweis stichhaltiger Gründe gewährt. Für die Beantragung der Importlizenz sind unterschriebene **Proforma-Rechnungen** erforderlich, die nicht älter als 3 Monate sein dürfen. **Beglaubigungen** sind **nicht** vorgeschrieben. Lizenzdauer im allgemeinen 6 Monate. Einfuhrverbot besteht für Waffen, Sprengstoff und Drogen.

EWG-Zugehörigkeit: Mitglied des AKP/EWG-Abkommens von Lomé.

Begleitpapiere

1. Schiffsfrachtsendungen:

a) Handelsrechnungen (9fach):
Für die Verzollung sind Rechnungen (möglichst in **französischer** Sprache) mit allen handelsüblichen Angaben erforderlich. Vor allem sind anzugeben: Name und Ort des Empfängers, Marke, Nummern, Anzahl und Art der Packstücke, Brutto- und Nettogewichte, genaue Warenbezeichnung, Lieferbedingungen, fob- und cif-Wert. Die Angabe der Lizenznummer wird empfohlen.
Am Schluß der Rechnung ist vom Ausführer folgende rechtsverbindlich (lt. Handelsregister) zu unterschreibende **Ursprungs-Erklärung** abzugeben (**Beispiel** für Waren der BR Deutschland):
«Nous certifions que les marchandises dénommées dans cette facture sont de fabrication et d'origine de la **République Fédérale d'Allemagne.**»
(Deutsche Übersetzung, nicht zur Verwendung: Wir bescheinigen hiermit, daß die auf der Rechnung genannten Waren in der Bundesrepublik Deutschland hergestellt sind und dort ihren Ursprung haben.)
Die Rechnungen müssen von der zuständigen **Handelskammer beglaubigt** sein. Es **genügt** jedoch die Beglaubigung des **Originals** (Original und 1 Kopie einreichen. Die Kopie verbleibt bei der Kammer). Die übrigen Exemplare können unbeglaubigt nach Mali gesandt werden.

b) Ursprungszeugnisse sind **nicht** erforderlich.

c) Warenverkehrsbescheinigungen EUR.1 bzw. EUR.2 sind **nicht** erforderlich.

d) Konnossemente bedürfen keiner Beglaubigung. Order-Konossemente sind zugelassen, jedoch ist die Angabe einer Notify-Adresse erforderlich.

e) Sonstige Begleitpapiere:
1. **Inspektions-Zertifikat (Attestation de Vérification oder Avis de Refus d'Attestation):**
Aufgrund einer Anweisung des «Ministère de Finances et Commerce» ist seit dem 15. September 1989 für alle Waren **vor Versendung** eine Qualitäts-, Mengen- und Preisprüfung notwendig. Ausgenommen sind Sendungen unter 1500000 CFA Franc.
Die entsprechenden Zertifikate «Attestation de Vérification» – sofern die Prüfung keine Beanstandungen ergeben hat – oder «Avis de Refus d'Attestation» – wenn die Prüfung bei Qualität, Menge und/oder Preis Diskrepanzen zeigt, die **nicht** vom Exporteur korri-

giert worden sind – werden in der Bundesrepublik Deutschland von SGS Controll-Co.m.b.H., 2000 Hamburg 1, Postfach 105480 (Tel.: 040/301010) ausgestellt.

Die Bezahlung der Waren erfolgt nur, wenn eine «Attestation de Vérification» beigebracht wird.

Das Zertifikat muß rechtzeitig vor der Versendung der Ware beantragt werden.

Grundsätzlich sollten die Qualitäts- und Mengenprüfungen **im Werk** des Herstellers erfolgen.

2. **Packliste:** Die Beifügung einer Packliste mit einer klaren Übersicht über alle Packstücke unter Angabe von Art, Marke, Nummer, Brutto- und Nettogewicht sowie des Inhalts wird empfohlen.

f) Besondere Bestimmungen:

Für **lebende Tiere, frisches** und durch **Kühlung konserviertes Fleisch** ist ein behördlich legalisiertes tierärztliches «Ursprungs- und Gesundheitszeugnis» erforderlich.

Konservierte und **halbkonservierte Lebensmittel** müssen mit dem Ursprungsland und dem Herstellungsdatum gekennzeichnet sein. Alle Kennzeichnungen müssen in französischer Sprache erfolgen.

Ein pflanzenpolizeiliches Zeugnis wird verlangt für **Pflanzen** und deren Teile und **Samen** sowie für **Erde, Dünger, Kompost** und **Verpackungen** aus diesen oder ähnlichen Stoffen.

Für **Zigaretten, Tabak** und **Streichhölzer** muß vor der Einfuhr eine formlose Genehmigung beim zuständigen Ministerium beantragt werden. Es muß erkennbar sein, daß sie für einen Verkauf nach Mali bestimmt sind durch die Aufschrift: «Vente au Mali».

2. **Luftfrachten und Postsendungen einschl. Luftpost:**

Siehe **1. Schiffsfrachtsendungen**». Luftfrachtbriefe bedürfen keiner Beglaubigung.

Postsendungen (Höchstgewicht 20 kg für Land-, Seeweg- und Luftpostpakete): 1 internationale Paketkarte, 1 Zollinhaltserklärung (französisch).

Markierungsvorschriften für Kolli: Übliche Markierung ausreichend. Besondere Vorschriften sind nicht bekannt. Es wird jedoch empfohlen, die Packstücke mit «Importé d'Allemagne» bzw. «Made in Germany» zu markieren.

«Made in Germany»-Warenmarkierung: Besondere Ursprungs-Kennzeichnungsvorschriften für Waren bestehen nach unserer Kenntnis nicht.

Verpackung. Heu- und Stroh-Bestimmungen: Alle Materialien, die

Krankheiten ins Land schleppen könnten, sind als Verpackungsstoffe verboten. Gegebenenfalls wird ein pflanzenpolizeiliches Zeugnis gefordert. Siehe auch «f) Besondere Bestimmungen».

Mustervorschriften: Muster ohne Handelswert werden zollfrei zugelassen. Siehe auch «MUSTERVORSCHRIFTEN» unter «**Wichtige allgemeine Hinweise**» (Seite I).

Zollbehandlung nicht abgenommener Waren: Waren, für die nicht innerhalb von 3 Tagen eine Zollanmeldung erfolgt, werden amtlicherseits eingelagert. Die Einlagerung erfolgt auf Kosten und Gefahr des Eigentümers der Waren. Werden die Waren nicht innerhalb von 3 Monaten entnommen, erfolgt eine öffentliche Versteigerung zugunsten des Staatshaushalts.

Auslandsvertretungen der Bundesrepublik Deutschland: Honorarkonsulate sind nicht genannt. Auskünfte Kammern.

Botschaft: Bamako, B.P. 100.

F. Zollrecht

F-1. Grundlagen und Begriffe

Neben dem Außenwirtschaftsrecht i.e.S. stellt das Zollrecht das zweite – und überaus wichtige – Rechtsgebiet für Außenwirtschaftsbeziehungen dar. Oben in Abschn. C-2.2 wurde bereits ausführlich auf die ökonomischen Grundlagen der Erhebung von Zöllen, insbesondere auf die sog. **tarifäre Protektion** eingegangen. In den folgenden Abschnitten werden nun die zollrechtlichen Aspekte vertieft.

F-1.1. Rechtsgrundlagen des Zollrechts

Wie das Außenwirtschaftsrecht und viele andere Rechtsgebiete umfaßt auch das Zollrecht in der EG die *nationale*, die *supranationale* und die *internationale Rechtsebene*. Im Gegensatz zum Außenwirtschaftsrecht, das noch stark auf nationalem Recht beruht, ist das Zollrecht aber bereits weitgehend *Gemeinschaftsrecht*. Mit der Vollendung des Binnenmarktes, zu dessen Realisierung zum 1. 1. 1993 sich die EG aufgrund des 1987 mit der Einheitlichen Europäischen Akte in den EWG-Vertrag eingefügten Art. 8a verpflichtet hat, werden sich inbesondere auch zollrechtlich einschneidende Änderungen im Handelsverkehr ergeben. Der Binnenmarkt ist definiert als *Raum ohne Binnengrenzen*, in dem der freie Verkehr von Waren, Dienstleistungen, Personen und Kapital gewährleistet ist. Der bisherige Außenhandel *innerhalb* der Gemeinschaft wird dadurch zum **Binnenhandel,** für den *alle Zollverfahren* für Gemeinschaftwaren (vgl. zu diesem Begriff Abschn. F-1.3.2) *entfallen*, und damit auch viele Formulare (auch das Einheitspapier und insbesondere Ausfuhrerklärungen, Einfuhrzollanmeldungen, Versandscheine T 2, Sammelzollanmeldungen). Dessenungeachtet bleiben zunächst auch weiterhin bestimmte Formalitäten bestehen, vor allem im Hinblick auf steuerliche und statistische Anmeldungen. Auf einige steuerrechtliche Aspekte wird im Abschn. F-3.3 eingegangen. Abschn. F-6 faßt die sich ergebenden Veränderungen durch die Realisierung des Binnenmarktes zusammen. Die folgenden Ausführen erstrecken sich demnach lediglich auf den **Warenverkehr mit Drittländern.**

F-1.1.1. Gemeinschaftszollrecht und internationales Zollrecht

Das Gemeinschaftszollrecht stellt sich zunächst als primäres Gemeinschaftsrecht dar, indem im EWG-Vertrag zollrechtlich relevante Bestimmungen enthalten sind: Im Zweiten Teil des EWGV («Grundlagen der Gemeinschaft») beschäftigt sich im Titel I: «Der freie Warenverkehr» das Kapitel 1 ausschließlich mit der «Zollunion». Kern dieser Art. 9–29 bezüglich des freien Warenverkehrs ist die Schaffung und der Ausbau der Zollunion zwischen den Mitgliedstaaten im Hinblick auf die Abschaffung der internen Zollschranken, die Ausgestaltung eines gemeinsamen Außenzolltarifes und die Vereinheitlichung der zollrechtlichen Bestimmungen. Insbesondere diese beiden Bereiche sind voneinander abzugrenzen: Das *Zollrecht* bezieht sich auf Aspekte, *ob* und unter welchen Voraussetzungen und Bedingungen der grenzüberschreitende Warenverkehr zollpflichtig ist und welche Abwicklungsverfahren angewendet werden; das Zoll*tarif*recht bezieht sich darauf, in welcher *Höhe* Abgaben anfallen. Es handelt sich also um zwei unterschiedliche rechtliche Regelungsbereiche: Zollrecht ist nicht gleich Zolltarifrecht.

Art. 9 (1) EWGV besagt im Wortlaut: «Grundlage der Gemeinschaft ist eine Zollunion, die sich auf den gesamten Warenaustausch erstreckt; sie umfaßt das Verbot, zwischen den Mitgliedstaaten Ein- und Ausfuhrzölle und Abgaben gleicher Wirkung zu erheben, sowie die Einführung eines gemeinsamen Zolltarifs gegenüber dritten Ländern.»

In der EG als Zollunion ist der Warenverkehr zwischen den Mitgliedstaaten folglich frei von *tarifären* und *nicht-tarifären Handelshemmnissen* (zu einigen außenwirtschaftsrechtlich begründeten Ausnahmen vgl. Abschn. E-2.1; vgl. dort auch den Wortlaut der Art. 30, 34, 36 EWGV). Für den Warenverkehr mit Spanien und Portugal bestehen ab 1. 1. 93 noch einige Übergangsregelungen für Marktordnungswaren. Gegenüber Drittländern gilt ein EG-einheitlicher gemeinsamer *Aussenzoll* (**Zolltarif**; vgl. hierzu ausführlich Abschn. F-3). Für EGKS-Waren (Kohle und Stahl) ist die zolltarif*rechtliche* Kompetenz noch weitgehend bei den Mitgliedstaaten auf nationaler Ebene verblieben, wenngleich die Zoll*sätze* bereits weitgehend harmonisiert sind.

Im Hinblick auf das Zoll*recht* wurde im März 1990 von der EG-Kommission der Entwurf eines **Zollkodex** der Gemeinschaften verabschiedet, der zur Vollendung des Binnenmarktes am 1. 1. 1993 in Kraft treten sollte; dies wird sich jedoch bis 1994 verzögern. Dessenungeachtet basieren die folgenden Ausführungen bereits auf den Regelungen des Zollkodex. Der Zollkodex soll die faktisch bislang noch

heterogenen nationalen (Rest-) Zollrechte harmonisieren und Rechtsvorschriften, Regelungen und Verfahren für den Warenverkehr mit Drittländern enthalten. Der Kodex wird rund 30 EG-Rechtsvorschriften ersetzen, die seit 1968 erlassen worden sind. Er enthält allgemeine Bestimmungen und Verfahrensvorschriften.
Eine hervorzuhebende Besonderheit ist das sog. **Ausschuß-Verfahren**: Es wird ein **Ausschuß für den Zollkodex** eingesetzt, der sich aus Vertretern der Mitgliedstaaten zusammengesetzt; den Vorsitz führt ein Vertreter der EG-Kommission. Die für die Umsetzung des Zollkodex erforderlichen Durchführungsvorschriften werden nach dem Ausschuß-Verfahren erlassen. Dies bedeutet – verkürzt –, daß die Komission dem Ausschuß einen Entwurf der zu treffenden Maßnahmen vorlegt, zu der der Ausschuß seine Stellungnahme abgibt. Wenn diese mit dem Entwurf der Kommission übereinstimmt, erläßt sie sie die Kommission in der beabsichtigten Weise. Andernfalls unterbreitet die Kommission dem Rat einen Vorschlag, über den dieser mit qualifizierter Mehrheit entscheidet.
Der Zollkodex regelt einen großen Bereich der zollrechtlich relevanten Aspekte, klammert jedoch bestimmte Aspekte aus bzw. sieht explizit nationale Vorschriften vor (z.B. organisatorische Aspekte oder die Regelungen für Zollordnungswidrigkeiten bzw. -straftaten), so daß auch weiterhin nationales Zollrecht erforderlich ist. Aus deutscher Sicht ist geplant, diese Regelungsbereiche in einem **Zollorganisationsgesetz** (ZOG) zusammenzufassen, welches das **Zollgesetz** (ZG) und die **Allgemeine Zollordnung** (AZO) ersetzen soll.
(Auf der Ebene des **sekundären Gemeinschaftsrechts** gibt es – noch – eine Vielzahl von *Richtlinien und Verordnungen*. Bei den **Richtlinien** sind hervorzuheben die *«Richtlinie zur Harmonisierung der Rechts- und Verwaltungsvorschriften über die zollamtliche Erfassung der Waren»*, die *«Richtlinie über Zahlungsaufschub»* und die *«Richtlinie zur Harmonisierunng der Verfahren über die Überführung von Waren in den zollrechtlich freien Verkehr»*. Daneben gibt es u.a die **Verordnungen** über das *Zollgebiet*, den *Zollwert*, über das gemeinschaftliche *Versandverfahren*, über das *Einheitspapier*, über *Zollager*, über die *Veredelungsverkehre*, etc. Die Einführung des Zollkodex soll dabei den Grundsatz beachten, daß – im Hinblick auf die Rechtssicherheit – bestehendes Recht möglichst wenig verändert wird. Dies schließt nicht aus, das Texte verbessert, gestrafft und modernisiert werden, insbesondere im Hinblick auf die Interessen der Wirtschaft.
Was die Belastung des Warenverkehrs mit Abgaben betrifft, so ist die für eine Wirtschaftsgemeinschaft unabdingbare Rechtsharmonisierung hinsichtlich der Zölle (interne Zollfreiheit, gemeinsamer Außen-

zolltarif, weitgehend harmonisiertes Tarifrecht und Zollwertrecht) sehr viel weiter fortgeschritten als bei den *übrigen Eingangsabgaben* wie Einfuhrumsatzsteuer und Verbrauchsteuern. Hier ist noch viel an Harmonisierungsarbeit zu leisten.

Im Bereich des *internationalen* Zollrechts ist vor allem der **Gatt-Vertrag** hervorzuheben, dessen Bestimmungen in Gemeinschaftsrecht transformiert worden sind (vgl. ausführlich oben Abschn. E-1). Daneben bestehen im Rahmen des **Rates für Zusammenarbeit auf dem Gebiet des Zollwesens** (engl.: *Customs Cooperation Council, CCC*) in Brüssel völkerrechtliche Abkommen, u.a. über das *«Harmonisierte System zur Bezeichnung und Codierung der Waren»* (HS), das gleichfalls in EG-Recht transformiert wurde. Auch die *Konvention von Kyoto* (1973) über Zollager ist internationales Recht, das in Gemeinschaftsrecht transformiert wurde.

F-1.1.2. Nationales Zollrecht

Das nationale Zollrecht ist bislang zwischen den EG-Staaten noch nicht umfassend harmonisiert worden; in vielen Details, aber auch hinsichtlich wichtiger Aspekte (wie z.B. der Organisation oder der zollrechtlichen Sanktionen) bestehen von Staat zu Staat unterschiedliche Regelungen. Nach Vollendung des Binnenmarktes ab 1. 1. 1993 tritt jedoch – wenn auch verzögert – der erwähnte EG-Zoll-Kodex in Kraft, so daß es dann nur noch unmittelbar geltendes Gemeinschaftszollrecht geben wird. Nationales Zollrecht gilt dann nur noch, sofern es der Zollkodex *expliziert* so vorsieht, z.B. im Hinblick auf Zuständigkeitsregelungen, das Verfahren bei Zahlungsaufschub oder das System des Rechtsbehelfs, also nicht – wie bislang – *automatisch* bei Regelungslücken im Gemeinschaftsrecht. Gegenwärtig sind die nationalen Zollrechtsbestimmungen von den unterschiedlichen nationalen Interessen und den jeweiligen *Rechtskreisen* (vgl. D-1.2), zu denen die Mitgliederländer gehören, geprägt.

Für die Bundesrepublik sind auf der Ebene des nationalen Zollrechts, das ein Teil des *Steuerrechts*, also des *öffentlichen Rechts* ist, insbesondere die folgenden Rechtsquellen von Bedeutung: Die **Abgabenordnung** (**AO**) (als allgemeine *Verfahrensnorm*, da Zölle – und Abschöpfungen – Steuern i.S.d. AO sind), ferner das **Zollgesetz** (**ZG**), die **Allgemeine Zollordnung** (**AZO**), die **Zolltarifverordnung** (**ZTVO**), das **Abschöpfungserhebungsgesetz** (**AbschEG**), u.a.m. Daneben sind noch marktordnungsrechtliche und verbrauchsteuerrechtliche Normen zu beachten sowie das **Einfuhrumsatzsteuergesetz** (**EUStG**). Das ZG und die AZO werden in einem neuen **Zollorganisa-**

tionsgesetz (ZOG) zusammengefaßt. Dieses würde insbesondere auch die Aspekte aufnehmen, für die der Zollkodex nationale Regelungen vorsieht, u.a. für Verfahrensregeln.
Auf diese Bestimmungen wird in den Abschnitten F-2 bis -5 im Zusammenhang mit der Betrachtung der Wareneinfuhr und der Warenausfuhr vertiefend eingegangen. In diesem Abschnitt werden zunächst allgemeine zollrechtliche Aspekte betrachtet.

F-1.2. Aufbau der Bundeszollverwaltung

Die von den Mitgliedern der EG erhobenen Zollabgaben fließen zwar nicht den nationalen Haushalten zu, sondern werden an den Haushalt der EG abgeführt. Die *Verwaltung* der Zolleinnahmen i.S.v. *Erhebung* und *Überwachung* der Zollabgaben obliegt jedoch den nationalen Zollbehörden. In der Bundesrepublik ist dafür nach § 1 Zollgesetz (ZG) die **Bundeszollverwaltung** zuständig, die dem Ressort des **Bundesministers der Finanzen** (**BMF**) zugeordnet ist.
Das Bundesfinanzministerium ist *oberste Verwaltungsbehörde* (vgl. nochmals oben Abb. E-3.4/3). Auf der mittleren Verwaltungsebene arbeiten die **Oberfinanzdirektionen** (**OFD**) als *Mittelbehörden* unter Leitung von *Oberfinanzpräsidenten*. Gegenwärtig gibt es 21 OFDen, wobei der jeweilige Zuständigkeitsbereich sich nicht mit der Abgrenzung der Bundesländer deckt. Die OFDen sind zugleich als Mittelbehörden für die Verwaltung der *Ländersteuern* zuständig. Die Zoll- und Verbrauchsteuerabteilungen werden jeweils von einem *Finanzpräsidenten* geleitet. In *Zolltechnischen Prüfungs- und Lehranstalten (ZPLA)* als Dienststellen der OFDen werden Untersuchungen im Zusammenhang mit Problemen der Zolltarifierung und der Zollwertbestimmung vorgenommen (vgl. Kap. F-3).
Auf der unteren Verwaltungsebene arbeiten die **Hauptzollämter** (**HZA**) als *örtliche Verwaltungsbehörden* mit *Grenzübergangszollstellen* und *Binnen*-**Zollämtern** als *Abfertigungsstellen* sowie *Zollkommissariaten* für die «grüne Grenze» als Dienststellen. Örtliche Verwaltungsbehörden sind auch die *Zollfahndungsämter* (eines pro OFD). Das *Zollkriminalamt (ZKA)* in Köln untersteht als weisungsbefugte Bundesoberbehörde direkt dem BMF.
Als Zweck der zollamtlichen Überwachung ist sicherzustellen, daß der Zoll und die anderen Eingangsabgaben erhoben und daß bestehende Verbote und Beschränkungen bei der Ein- und Ausfuhr beachtet werden. Zölle sind nach der Abgabenordnung (AO) Steuern, und die zollamtliche Überwachung ist folglich *Steueraufsicht*.

F-1.3. Zollrechtliche Begriffe und Definitionen

Im folgenden wird eine Reihe von Begriffen erläutert, die im Zusammenhang mit der Zollbehandlung von Bedeutung sind. Gleichzeitig ergibt sich daraus ein Einblick in den grundsätzlichen Ablauf der **Zollbehandlung**. Darunter sind alle Amtshandlungen zu verstehen, die sich an die Gestellung von Zollgut (vgl. nachstehend) anschliessen.

F-1.3.1. Zollgebiet

Die Abgrenzung des Zollgebiets ist wichtig hinsichtlich des Geltungsbereichs der jeweiligen nationalen bzw. supranationalen Zollvorschriften. Dabei sind das nationale deutsche Zollgebiet und das Gemeinschaftszollgebiet der EG zu unterscheiden.

(1) **Zollgebiet der Gemeinschaft**
Das Zollgebiet der EG entspricht grundsätzlich der Summe der nationalen **Hoheitsgebiete**, d.h. im Gegensatz zum nationalen deutschen Zollgebiet (vgl. (2)) *einschließlich* der **Freihäfen** und **Zollanschlüsse** – die österreichischen Gemeinden Jungholz und Mittelberg im Kleinen Walsertal (als Zollanschlüsse an die Bundesrepublik) sowie Monaco und San Marino aufgrund von Zollabkommen mit Frankreich bzw. Italien, ferner (weil als Départements Teil des französischen Zollgebietes) Guadeloupe, Guyana, Martinique, Reunion, St-Pierre-et-Miquelon, als Teil des spanischen Zollgebiets die Balearen (aber nicht die kanarischen Inseln und die Städte Ceuta und Melilla auf dem maraokkanischen Festland) sowie als Teil des portugiesischen Zollgebietes die Azoren und Madeira.
Ausgeschlossen sind aus historischen Gründen u.a. Helgoland (**Zollfreigebiet** vgl. unten) und die deutsche Gemeinde Büsingen (**Zollausschluß**; vgl. unten: zählt zum Zollgebiet der Schweiz), ferner das zu Dänemark zählende Grönland und die Färöer sowie Livigio, Campione d'Italia und Teile des Luganer Sees als Teile des italienischen Hoheitsgebiets als Zollausschlüsse an die Schweiz. Auch die Vatikanstadt gehört nicht zum Zollgebiet der EG.
Im Gegensatz zum nationalen Zollgebiet zählen *Freizonen* wie z.B. *Freihäfen* zwar zum Gemeinschaftszollgebiet. Nach dem Zollkodex aber werden Waren, die in Freizonen oder Freilager verbracht worden sind, als nicht im Zollgebiet der Gemeinschaft befindlich angesehen (sog. **Freizonenfiktion**, vgl. nachstehen (7) und Abschn. F-5.2).

(2) **Nationales (deutsches) Zollgebiet**
Die Abgrenzung des deutschen Zollgebiets ist insbesondere wichtig hinsichtlich des Geltungsbereichs des deutschen Zollrechts. Das deutsche Zollgebiet entspricht dem deutschen **Hoheitsgebiet** *plus* den **Zollanschlüssen**, aber *ohne* die **Zollausschlüsse** und *ohne* die (nationalen) **Zollfreigebiete**. Es wird von der (nationalen) Zollgrenze umschlossen.
Das *Hoheitsgebiet* ist nach der Rechtsprechung des Bundesverfassungsgerichts das *Gebiet des deutschen Reiches* in den Grenzen von 1937 (vgl. auch Art. 116 GG). Folglich gehörte die damalige *DDR* früher zum *Zollgebiet der Bundesrepublik*, und die *DDR-Grenze* war *keine Zollgrenze*! Der Warenverkehr mit der DDR wurde daher aus verfassungsrechtlichen Gründen als **innerdeutscher Handel** bezeichnet, die gehandelten Waren waren kein Zollgut, es fand keine Zollerhebung statt. Die DDR war mit diesem Sonderstatus folglich zollrechtlich kein Ausland, obgleich sie selbst ein eigenes Zollgesetz hatte. Verbrauchsteuerrechtlich hingegen wurden Warenbewegungen im innerdeutschen Handel wiederum wie Einfuhren aus dem Ausland behandelt. Es ist heute erfreulicherweise müßig, auf diese sehr verzwickten Rechtsfragen noch einzugehen.
In Abb. F-1.3/1 werden Zollgebiet und Wirtschaftsgebiet gegenübergestellt. Im Zusammenhang mit dem Zollgebiet sind dabei noch einige der folgenden Begriffe von Bedeutung. (Im Steuerrecht – EUSt, Verbrauchsteuern – wird analog vom **Erhebungsgebiet** gesprochen. Auf eine Abgrenzung zum Zollgebiet wird hier verzichtet.)

(3) **Zollgrenze**
Die Zollgrenze umschließt das Zollgebiet; sie ist *nicht* mit der *Hoheitsgrenze* identisch: An der Küste weicht die Zollgrenze von der Grenze des Wirtschaftsgebietes ab: Zollgrenze ist die **Strandlinie** (bei mittlerem Hochwasser), während als Hoheitsgrenze in Deutschland die Dreimeilenzone gilt.

(4) **Grenznaher Raum («Zollgrenzbezirk»)**
Der Zollgrenzbezirk wird auf den Ortschildern angegeben und umfaßt im deutschen Teil der EG-Zollgrenze einen bis zu 15 km breiten Geländestreifen parallel zur Zollgrenze (50 km an der Seegrenze). In diesem Gebiet haben die Zollbehörden besondere *Kontrollbefugnisse* (u.a. der körperlichen Durchsuchung oder Überholung; vgl. unten), und der Bürger besondere Pflichten (u.a. der Duldung dieser Kontrollen). Zudem entfallen für die Bewohner die im Reiseverkehr für den persönlichen Bedarf bestehenden Vergünstigungen (Freimengen). Weil

Abb. F-1.3/1: **Zollgebiet/Wirtschaftsgebiet**

Nationales Zollgebiet = Deutsches Hoheitsgebiet + Zollanschlüsse – Zollausschlüsse – Zollfreigebiete

	Wirtschaftsgebiet	Zollgebiet EG	Zollgebiet national
Hoheitsgebiet	x	x	x
Zollanschlüsse[1]	x	x	x
Zollausschlüsse[2]	–	–	–
Zollfreigebiete			
Helgoland	*x*	–	–
Freizonen			
– Freihäfen[3]	x	x	x
– Freilager[4]	x	x	x
Küstengewässer	*x*[5]	*x*	–[6]
Flugzeuge/Schiffe	–	–	–

[1] z.B. Kleines Walsertal (Mittelberg, Jungnau; österreichisches Hoheitsgebiet) sowie diverse kleine Flächen.

[2] z.B. Büsingen bei Schaffhausen sowie diverse kleine Flächen.

[3] Bremen, Bremerhafen, Hamburg (2), Emden, Kiel, Cuxhaven, Duisburg, Deggendorf; noch keine in den neuen Bundesländern.

[4] Nicht verwechseln mit Zollagern! Zollager gehören sowohl zum Wirtschafts- als auch zum Zollgebiet. Vgl. Abschn. F-5.2.2.

[5] 3-Meilenzone (entspricht nicht der UN-Seerechtskonferenz von 1982, wonach eine 12-Meilen-Zone gilt; diese wird (aus deutscher Sicht) nur auf Helgoland angewendet.

[6] Das Zollgebiet beginnt an der sog. Strandlinie bei mittlerem Hochwasser

innerhalb des Europäischen Binnenmarkts die Grenzkontrollen wegfallen, wird es ein sog. **Anhalterecht** den Zollbeamten ermöglichen, auch außerhalb des Zollgrenzbezirks Kontrollen durchzuführen.

(5) Zollanschlüsse

Zollanschlüsse sind *ausländisches Hoheitgebiet*, das dem deutschen Zollgebiet angeschlossen ist (z.Z. das – österreichische – kleine Walsertal), weil diese Gebiete von ihrem eigentlichen Hoheitsgebiet her nicht zugänglich sind (Österreich erwägt allerdings einen Tunnelbau).

(6) Zollausschlüsse

Zollausschlüsse sind Teile des *deutschen Hoheitsgebiets*, die nicht zum deutschen *Zollgebiet* gehören, sondern einem ausländischen

Zollgebiet angeschlossen sind (z.B. die Gemeinde Büsingen an der deutsch-schweizerischen Grenze bei Schaffhausen; es gibt noch eine Reihe anderer kleiner Flächen, die Zollaus- bzw. -anschlüsse sind). In Zollausschlüssen ist das deutsche Zollrecht *nicht wirksam.* Faktisch galten die Gebiete östlich der Oder-Neiße-Linie in Ermangelung von Friedensverträgen mit der UdSSR und Polen als Zollausschlüsse, die polnischer bzw. sowjetischer Verwaltung unterstellt waren.

(7) **Zollfreigebiete**

Zollfreigebiete nach dem nationalen Zollrecht sind Teile des deutschen Hoheitsgebiets, die weder zum deutschen, noch zu fremden Zollgebieten gehören. In Zollfreigebieten ist nationales wie supranationales Zollrecht in weiten Teilen nicht wirksam (aber nicht völlig ausgeschlossen); u.a. gibt es keine Gestellungspflicht, und die Waren in Zollfreigebieten werden nicht mit Eingangsabgaben belastet. Die Zollbehandlung erfolgt bei Verlassen des Zollfreigebiets. Die folgenden Gebiete sind (nationale) Zollfreigebiete:

a) Helgoland,
b) die *Küstengewässer* und *Watten* zwischen der Hoheitsgrenze und der Strandlinie (die 3-Meilenzonen-Regelung entspricht nicht der UN-Seerechtskonferenz von 1982, wonach eine 12-Meilen-Zone gilt; diese wird nur auf Helgoland angewendet),
c) deutsche *Schiffe* und *Flugzeuge* (genauer: *Luftfahrzeuge*) in Gebieten, die keinem Zollgebiet angehören (z.B. Schiffe auf hoher See, Flugzeuge in der Luft),
d) die *Freihäfen* als vom Zollgebiet ausgeschlossene Teile von See- und Binnenhäfen (Bremen, Bremerhafen, Cuxhafen, Deggendorf (zwischen Regensburg und Passau) (seit 1991), Duisburg (seit 1991, damals der erste Binnen-Freihafen Europas), Emden, Hamburg und Kiel). In diesen besonderen Gebieten sollen Umschlag und Lagerung von Waren erleichtert werden, wobei zwar deutsche Zollhoheit herrscht, aber das Zollrecht nur eingeschränkte Geltung hat, z.B. hinsichtlich der Bedingungen bezüglich Ge- und Verbrauch oder Lagerung der Waren, für die diese Sonderbehandlung gelten soll.

(8) **Zollausland**

Zollausland sind alle Gebiete, die weder zum Zollgebiet gehören noch Zollfreigebiete sind. Die rechtliche Bedeutung des deutschen Zollgebiets nimmt in dem Maße ab, wie das Gemeinschaftszollrecht, das auf der Definition des EG-Zollgebietes beruht, ausgebaut und harmonisiert wird.

F-1.3.2. Güterbegriffe

(1) **Gemeinschaftswaren / Drittlandswaren**
Drittlandswaren – oder umständlicher: **Nichtgemeinschaftswaren** – sind alle unverzollten Waren aus Ländern, die nicht zur Gemeinschaft gehören *(‹Drittländer›)*, die sich (noch) nicht im freien Verkehr der Gemeinschaft befinden. Waren, die in das Zollgebiet der Gemeinschaft verbracht werden, unterliegen vom Zeitpunkt des Verbringens der zollamtlichen Überwachung und können zollamtlich überprüft werden.
Gemeinschaftswaren befinden sich im zollrechtlich freien Verkehr eines Mitgliedstaates der Gemeinschaft. Dabei kann es sich im wesentlichen um drei Fälle handeln:
- Waren mit *‹Ursprung›* in der Gemeinschaft (die beispielsweise vollständig in der EG erzeugt worden sind (Obst),
- Drittlandswaren, die zum freien Verkehr abgefertigt worden sind *(verzollte Drittlandswaren)*.
- Waren, die aus verzollten Drittlandswaren durch Be- oder Verarbeitung *hergestellt* worden sind.

Die Unterscheidung Gemeinschafts-/Drittlandsware ist/war u.a. wichtig für das sog. gemeinschaftliche Versandverfahren (vgl. Abschn. F-5.1.1).

(2) **Zollgut / Freigut**
Diese Unterscheidung gibt es nur auf der nationalen (deutschen) zollrechtlichen Ebene; im EG-Recht entspricht dies in etwa der Unterscheidung Drittlandsgut/Gemeinschaftsgut, obgleich dieser Vergleich problematisch ist.
Der Status als **Zollgut** bedeutet, daß eine Ware der zollamtlichen Überwachung unterliegt, d.h. daß über sie nicht beliebig verfügt werden darf, sondern nur unter Beachtung bestimmter zollrechtlicher Bindungen. Dies gilt unabhängig davon, ob für eine Ware Zoll bezahlt werden muß oder nicht. Unter anderem muß Zollgut *‹gestellt›* werden, und die Zollbehörden haben u.a. das Recht zur *Überholung* und *Verwahrung* (s. unten). Eine Ware bleibt Zollgut, bis sie Freigut wird, untergeht, vernichtet oder ausgeführt wird.
Freigut unterliegt keinen zollrechtlichen Bindungen. Dies setzt voraus, daß es kein Zollgut mehr ist, d.h. zollamtlich in den freien Verkehr überführt worden ist und insbesondere keine Verbote und Beschränkungen mehr zu beachten sind (sog. **VuB**, vgl. u.a. Abschn. E-4.6).
Gemeinschaftsware ist damit aus der Sicht des nationalen Zollrechts beim Verbringen in das deutsche Zollgebiet automatisch zunächst

Zollgut und wird erst nach erfolgter (in der Regel problemloser) Abfertigung zum freien Verkehr Freigut.

F-1.3.3. Handelsformen

(1) Einfuhr / Eingang

Bei diesen Begriffen ist es wichtig, die hier relevante zollrechtliche Interpretation klar zu unterscheiden von der außenwirtschaftsrechtlichen:

Zollrechtlich (nach dem Gemeinschaftsrecht) ist **Einfuhr** das sog. *‹Verbringen›* von Ware in das *Gemeinschafts-Zollgebiet*. Dabei ist ursächlicher ‹menschlicher Wille› Voraussetzung: z.B. ist ausgebrochenes Vieh, das die Zollgrenze überschreitet, nicht eingeführt, wohl aber, wenn es mit menschlichem Willen an der Rückkehr gehindert wird. Dies gilt auch für angeschwemmtes Strandgut. *Außenwirtschaftsrechtlich* hingegen ist Einfuhr das Verbringen von Ware in das (deutsche) *Wirtschaftsgebiet*. Diese Unterscheidung wird später in Abschn. F-5.1 nochmals vertieft.

Eingang ist das Verbringen von Waren von einem EG-Mitgliedstaat in einen anderen; der Oberbegriff für *Einfuhr* und *Eingang* ist «**Bestimmung**» (auf der Ausfuhrseite gibt es keinen analogen Oberbegriff).

(2) Ausfuhr / Versendung / Versand

Ausfuhr ist *(zollrechtlich)* das Verbringen aus dem EG-Zollgebiet in ein fremdes Zollgebiet, *außenwirtschaftsrechtlich* das Verlassen des deutschen Wirtschaftsgebietes. Eine Warenbewegung in einen anderen EG-Staat wird als **Versendung** bezeichnet. **Versand** ist Ausfuhr oder Versendung unter speziellen Nebenbedingungen; vgl. Abschn. F-5.1.

In diesem Buch werden neben den Begriffen *Einfuhr/Ausfuhr* auch die im Sprachgebrauch üblichen analogen Begriffe *Import/Export* verwendet.

(3) Durchfuhr / Transit

Durchfuhr ist – außenwirtschaftsrechtlich – die (physische) Beförderung von Waren aus fremden Wirtschaftsgebieten *durch das Wirtschaftsgebiet*, ohne daß sie in den freien Verkehr des Wirtschaftsgebiets gelangen, also nacheinander sowohl «Einfuhr» als auch «Ausfuhr» (der Begriff wird zoll- und außenwirtschaftsrechtlich verwendet). Siehe auch Abschn. E-5.7.

Transit ist ein rein *außenwirtschaftsrechtlicher* Begriff (da zollrechtliche Belange nicht berührt werden) und bedeutet, daß Inländer Waren von Ausländern erwerben und sie wieder an Ausländer veräus-

sern, ohne daß die Waren in das Wirtschaftsgebiet verbracht werden, bzw. wenn doch, ohne daß sie einfuhrrechtlich abgefertigt werden (vgl. Abschn. E-4.1).
Im *Sprachgebrauch* werden die Begriffe Transit und Durchfuhr trotz dieser definitorischen Unterschiede häufig synonym verwendet.

F-1.3.4. Zollämter

Für die Unterscheidung von **Hauptzollamt** und **Zollamt** vgl. oben Abschn. E-2.3. Daneben gibt es eine Reihe weiterer Bezeichnungen für die entsprechenden Dienststellen in bestimmten Zusammenhängen, die sich aus zollrechtlichen (ZR) oder außenwirtschaftsrechtlichen Überlegungen (AWR) ergeben. Oben Abb. E-5.2/2 enthält eine Übersicht.
Aus der Sicht der Wirtschaft empfiehlt es sich, möglichst immer mit einem (oder mehreren) gleichbleibenden Abfertigungszollamt zusammenzuarbeiten, da bei einem Wechsel viele informelle Informationen verlorengehen können, welche die Abfertigung durchaus erleichtern können, z.B. im Hinblick auf bereits geklärte Zweifelsfragen und Probleme.

(1) **Abfertigungszollstelle**
Dies ist der Oberbegriff für alle abfertigenden Zollstellen, sowohl bei der Einfuhr als auch der Ausfuhr und sowohl in zoll- als auch außenwirtschaftsrechtlicher Hinsicht. Aus geographischer Sicht sind dabei zu unterscheiden **Grenzübergangsstellen** an der Hoheitsgrenze und **Binnenzollstellen**.

(2) **Eingangszollstelle**
Dabei handelt es sich um die Zollstelle, bei der Waren bei der Einfuhr in das Zollgebiet gestellt werden. Dies kann eine Grenz- oder eine Binnenzollstelle sein. Aus der Sicht des EG-Zollgebietes spricht man dabei auch von *Erster Zollstelle im Erhebungsgebiet*.

(3) **Ausfuhrzollstelle**
Die Ausfuhrzollstelle (bis 1993 Versandzollstelle genannt) ist die Zollstelle, bei der die **Ausfuhrerklärung** (AE) und die **Ausfuhrzollanmeldung** vorzulegen ist; dies ist i.d.R. das für den Sitz des Ausführers zuständige HZA. Die Ausfuhrzollstelle prüft dabei, ob die Ausfuhr nach dem Außenwirtschaftsrecht zulässig ist.

(4) **Ausgangszollstelle**
Die Ausgangszollstelle ist die *letzte Zollstelle* vor Verlassen des Zollgebietes bzw. Wirtschaftsgebiets, bei der die für die Ausfuhr vorgesehene Ware unter Vorlage der Ausfuhrerklärung (aus außenwirtschaftsrechtlicher Sicht) bzw. eines Exemplars der Ausfuhranmeldung (aus zollrechtlicher Sicht) (nochmals) *gestellt* wird; dies kann eine Grenz- oder eine Binnenzollstelle sein, je nach Transportmittel. Die vom Ausführer grundsätzlich frei wählbare Ausgangszollstelle überwacht die tatsächliche Ausfuhr aus dem Wirtschaftsgebiet. Sofern bereits eine Abfertigung bei einer Ausfuhrzollstelle (i.d.R. einer Binnenzollstelle) stattgefunden hat, überprüft die Ausgangszollstelle in der Praxis lediglich, ob die Abfertigung ordnungsgemäß stattgefunden hat. Bei **Versandverfahren** ist die Abgangszollstelle (5) zugleich Ausgangszollstelle.

(5) **Abgangszollstelle (ZR)**
Bei der Abgangszollstelle beginnt das **Versandverfahren**, dies ist i.d.R. das für den Sitz des Ausführers zuständige HZA.

(6) **Bestimmungszollstelle (ZR)**
Bei der Bestimmungszollstelle ist bei Beförderung von Waren in **Versandverfahren** die Ware erneut zu *gestellen*; meist endet das Versandverfahren dort. I.d.R. wird dies eine Binnenzollstelle sein.

(7) **Abfertigungsplätze außerhalb des deutschen Zollgebiets**
Dabei handelt es sich um (einige wenige) Abfertigungsstellen in Zollfreigebieten oder außerhalb des Zollgebiets (z.B. Basel Badischer Bahnhof), in denen Amtshandlungen nach deutschem Zollrecht vorgenommen werden.

F-1.3.5. Zollabfertigung

(1) «Zollwege»
Bei grenzüberschreitenden Warenbewegungen sind die amtlich bindend vorgeschriebenen **Zollstraßen** (dabei handelt es sich um Land- oder Wasserstraßen, Schienenwege oder auch Rohrleitungen) zu den gleichermaßen bindenden Dienst- bzw. Öffnungszeiten der Zolldienststellen zu benutzen (§ 4 ZG). Im Luftverkehr sind nur bestimmte Landungsplätze als **Zollflugplätze**, beim Benutzen von **Wasserzollstraßen** nur bestimmte Zollandungsplätze zulässig (§ 3 ZG).

(2) Gestellung

Eingeführtes Zollgut muß grundsätzlich, unverzüglich und unverändert der zuständigen Zollstelle an ihrem Amtsplatz *gestellt* werden, d.h. es muß auf den Amtsplatz der Zollstelle verbracht und der Zollstelle darüber eine Mitteilung gemacht werden (es muß *‹erkennbar angeboten›* werden) und darf z.B. nicht versteckt oder verheimlicht werden (**Einfuhrschmuggel**; dies bedeutet z.B. **Steuerhinterziehung** oder Verstoß gegen *Verbote und Beschränkungen* (sog. **Bannbruch**)). Mit der Gestellung beginnt grundsätzlich das eigentliche Abfertigungsverfahren. Auch bei der *Ausfuhr* sind (allerdings außenwirtschaftsrechtliche) Gestellungsvorschriften zu beachten.

Gestellen muß derjenige, der das Zollgut selbst befördert oder die Beförderung (etwa durch einen Spediteur) veranlaßt hat, und zwar grundsätzlich am **Amtsplatz** der Zollstelle, die entweder für den Sitz des Ausführers oder den Ort der Verladung zuständig ist. Gestellte Waren dürfen nur mit Zustimmung der Zollstelle vom Amtsplatz entfernt werden, in der Regel erst nach erfolgter Zollabfertigung. Im Rahmen einer Reihe von *Erleichterungen und Ausnahmen* kann die Gestellung auch außerhalb des Amtsplatzes der Zollstelle erfolgen, z.B. beim **zugelassenen Empfänger** (vgl. Abschn. F-5.1.1); ebenso gibt es generelle (z.B. für Briefe) und spezielle **Gestellungsbefreiungen** (vgl. z.B. Abschn. F-2.3 für **Sammelzollverfahren**). Auf weitere Ausnahmen wird an anderen Stellen eingegangen. Für den *Reiseverkehr* gelten besondere, hier nicht zu behandelnde Befreiungen und andere Bestimmungen.

(3) Überholung

Um zu überprüfen, ob Zollgut eingeführt und ordnungsgemäß und vollständig gestellt worden ist, haben die Zollstellen das Recht (nicht die Pflicht) zur **Überholung**: Dies bedeutet die physische Durchsuchung des Beförderungsmittels oder der Ladung, wobei der Gestellungspflichtige zur Hilfestellung nach zollamtlicher Anweisung verpflichtet ist: Die Zollbehörden können jederzeit ein Abladen oder Auspacken der Waren verlangen, um die Waren oder das Beförderungsmittel zu überprüfen. Die Überholung erfolgt *nach* der Gestellung und ist daher zollrechtlich zu unterscheiden von einer *Überprüfung*, die im *Zollgrenzbezirk* z.B. zur Schmuggelbekämpfung durchgeführt werden kann, obgleich im Ergebnis praktisch kein Unterschied besteht (vgl. auch (7) Zollbeschau).

(4) Zollanmeldung

(a) Sobald die Ware gestellt ist, muß nach dem Zollkodex eine **sum-**

marische Zollanmeldung abgegeben werden, die jedoch noch keine Festlegung hinsichtlich des beabsichtigen Zollverfahrens (**Zollantrag**, vgl. (b)) und keine Einzelheiten bezüglich der Ware beinhaltet (vgl. (c)).

(b) Gestellte Ware muß eine **zollrechtliche Bestimmung** erhalten, d.h. es muß ein **Zollverfahren** beantragt werden (**Zollantrag**). Die entsprechenden Antragsformalitäten müssen dabei innerhalb bestimmter Fristen erfüllt werden, und zwar innerhalb von 45 Tagen nach der summarischen Anmeldung für Waren, die auf dem Seeweg befördert wurden, und innerhalb von 20 Tagen für Waren, die auf andere Weise befördert wurden. Diese Frist ist u.a. dafür vorgesehen, daß der Einführer die Ware prüfen und ggf. unverzollt an den Lieferanten zurücksenden kann (siehe auch (6) Verwahrung).

(c) Waren, die in ein Zollverfahren überführt werden sollen, müssen angemeldet werden. Die **Zollanmeldung** ist zum einen eine *Willenserklärung*, mit der der Zollanmelder i.d.R. schriftlich oder mündlich (z.B. im Reiseverkehr) die von ihm gewünschte *Art der Zollbehandlung* des gestellten Zollgutes beantragt (**Zollantrag**). Dies kann sich u.a. auf die Abfertigung zum freien Verkehr, zu einem Freigutverkehr (aktive Veredelung, Freigutverwendung, Umwandlung) oder zu einem besonderen Zollverkehr erstrecken (Zollgutversand, Zollgutlagerung oder Zollgutverwendung. (Hinweis: Im deutschen Zollrecht wurde im Gegensatz zum EG-Recht (EG-Zollkodex) bislang zwischen Zollantrag und Zollanmeldung auch rechtlich unterschieden. Diese deutsche Besonderheit ist somit hinfällig. Zollanmeldung und -antrag sind EG-rechtlich synonym.) Für die Zollanmeldung werden in der gewerblichen Praxis im Regelfall Durchschreibeformulare («Einheitspapier») verwendet (vgl. Abschn. F-2 und oben Abb. E-4.3/1), doch sind auch andere Verfahren möglich, z.B. im Wege der Datenverarbeitung oder mündlich.

Anmerkung: Aus organisatorisch-kostenmäßigen Gründen können **Zollvordrucke** seit dem 1. 9. 1992 nicht mehr bei den Zollstellen erworben werden, sondern die amtlichen Vordrucke müssen im Handel bezogen werden. Nur in seltenen, begründeten Ausnahmefällen werden Zollformulare seitens der Zolldienststellen unentgeltlich an Zollbeteiligte abgegeben.

(d) Zum anderen ist die Zollanmeldung eine *Wissenerklärung*: In der Zollanmeldung muß der Zollanmelder alle Angaben machen, die für die *Verzollung der Ware* von Bedeutung sind (Menge, Beschaffenheit, Ursprungsland, Zollwert, etc.). Die Zollanmeldung ist daher auch eine **Steuererklärung** im Sinne der Abgabeordnung (AO), die bei unrichtigen Angaben entsprechende bußgeld- oder strafrechtliche Konse-

quenzen nach sich ziehen kann. In vielen Fällen ist gleichzeitig ein Formblatt über Angaben zum **Zollwert** abzugeben. Zur Vorbereitung der Zollanmeldung kann u.U. eine **Vorbesichtigung** des Zollgutes erfolgen, um beispielsweise die richtige *Tarifnummer* festzustellen. Dabei können auch *Muster und Proben* entnommen werden, die allerdings nicht zollfrei sind. Im *Reiseverkehr* sowie im gewerblichen Warenverkehr bis zu einem bestimmten Gesamtwert braucht i.d.R. keine Zollanmeldung abgegeben zu werden.
Bei der Zollanmeldung gibt es eine Vielzahl von Vereinfachungen, auf die an anderen Stellen eingegangen wird.

(5) **Zollanmelder / Zollbeteiligter**
Zollanmelder ist nach dem EG-Zollkodex derjenige, der die Zollbehandlung beantragt oder in seinem Namen beantragen läßt und der die Folgen dieser Erklärung trägt (vgl. (9); dies entspricht dem **Zollbeteiligten** nach dem deutschen Zollrecht). Entscheidend ist also nicht, wer die Erklärung abgibt. In der Regel wird dies der Einführer oder ein von ihm beauftragter bevollmächtigter Vertreter sein (z.B. der Spediteur oder ein Zollkomissionär), doch ist die Zollstelle nicht verpflichtet, die Besitz- und Eigentumsverhältnisse zu prüfen, so daß auch ein Dieb als Antragsteller auftreten kann. Der Zollanmelder hat u.a. die Pflicht zur Abgabe der Zollanmeldung und zur Gestellung des Zollguts. Er wird, sofern Eingangsabgaben (13) zu entrichten sind, **Abgabenschuldner** (**Zollschuldner**). Sofern der Anmeldende (z.B. ein Spediteur) nicht Zollschuldner werden soll, muß die Anmeldung «im Auftrag und in Vollmacht» des Zollbeteiligten (z.B. des Importeurs) erfolgen.

(6) **Verwahrung**
Prinzipiell soll auf die Gestellung die weitere **Zollbehandlung** folgen, die vom Zollanmelder zu *beantragen* ist, d.h. die gestellten Waren müssen eine zollrechtliche Bestimmung erhalten. Mitunter ist dies jedoch nicht sofort möglich, z.B. weil Unterlagen fehlen. Die Zollanmeldung kann daher auch später innerhalb einer bestimmten Frist erfolgen. In der Zwischenzeit wird das gestellte Zollgut von der Zollstelle *verwahrt*.
Dabei gibt es *drei Möglichkeiten*, über deren Anwendung die Zollstelle entscheidet:
- Die Zollstelle überläßt das Zollgut dem Gestellungspflichtigen oder seinem Beauftragten, z.B. einem Spediteur *(vorläufige Überlassung)* (Regelfall),
- sie überläßt es einem anderen, z.B. einem Lagereiunternehmen oder

– sie nimmt es selbst in eigenen Lagerräumen in Verwahrung. (Dies ist aus Platzmangel und lagertechnischen Gründen sehr selten.)

Wer Zollgut zur Verwahrung übernommen hat, ist dafür verantwortlich, daß es unverändert erhalten bleibt. Er haftet auch für den Zoll und sonstige Eingangsabgaben, falls während der Verwahrungszeit eine Abgabenschuld entsteht, beispielsweise durch Diebstahl. Um die Ware wiedererkennen zu können, wird die sog. **Nämlichkeit** gesichert (vgl. unten (14)). Ggf. ist auch eine entsprechende **Sicherheit** zu leisten. Die Verwahrung durch den Zoll oder durch Dritte ist i.d.R. mit Kosten verbunden.

(7) **Zollbeschau**

Nach der Zollanmeldung muß das Zollgut bereitgehalten werden, um eine Besichtigung des Zollguts zur Überprüfung der in der Zollanmeldung gemachten Angaben zu ermöglichen. Die **Zollbeschau** ist die steuerliche Ermittlung von Art und Menge des in der Zollanmeldung erfaßten Zollguts durch die Abfertigungsbeamten. Sie ist eine Kann-Bestimmung, d.h. eine Besichtigungspflicht existiert nicht (außer bei vielen Marktordnungswaren). Dann erfolgt die Zollabfertigung *ohne Zollbeschau* auf der Grundlage der Angaben in der Zollanmeldung. Dies wird bei der Zollabfertigung durch den Abfertigungsleiter in der Zollanmeldung mit dem Zusatz *«o.B.» (ohne Beschau)* bestimmt. Oft wird die Zollstelle sich auf *Stichproben* beschränken. Eine Zollabfertigung mit Zollbeschau wird immer dann erfolgen, wenn *Zweifel* an der Richtigkeit der Angaben in der Zollanmeldung bestehen. Ob eine Zollbeschau stattfindet oder nicht, liegt allein im Ermessen der Zollstelle.

Das Recht der Zollstelle auf Zollbeschau geht einher mit der Pflicht des Zollbeteiligten auf Darlegung des Zollgutes in einer Weise, daß die Zollabfertigung vorgenommen werden kann. Der Zollanmelder (oder sein Vertreter) muß dazu z.B. Behälter öffnen, die Ware auspakken, zur Waage bringen etc. Hervorzuheben ist, daß die Zollbeamten sich *nicht* am Aus- oder Einpacken beteiligen dürfen, um Einwänden vorzubeugen, sie hätten die Ware manipuliert. (Daher fordert z.B. im Reiseverkehr der Zollbeamte den Passagier auf, doch bitte einmal den Koffer – selbst – zu öffnen.) Bei der Zollbeschau können **Muster und Proben** entnommen werden, die nicht zollfrei sind, um eine nähere Untersuchung des Zollguts z.B. bei einer *Zolltechnischen Prüfungs- und Lehranstalt* zu veranlassen, um eine richtige Tarifierung zu ermöglichen. Die Kosten solcher Analysen allerdings trägt die Verwaltung.

Exkurs: Damit sind nun folgende Begriffe zu unterscheiden: Die **Über-**

holung (3) erfolgt *nach* ordnungsgemäßer Gestellung und *vor* der Durchführung der Zollbehandlung i.d.R. am Amtsplatz, um zu prüfen, ob Zollgut eingeführt und vollständig gestellt worden ist. Dies kann auch im Zollgrenzbezirk zur Schmuggelbekämpfung erfolgen. Die **Zollbeschau** (7) erfolgt *nach* der Zollanmeldung zur Überprüfung der gemachten Angaben.
Das Pendant zur Zollbeschau ist seitens des Zollanmelders die **Vorausbesichtigung** von Zollgut. Diese kann von der Zollstelle genehmigt werden, damit der Zollbeteiligte sich vor der Zollanmeldung über Art, Beschaffenheit und Menge der Einfuhrwaren informieren kann.

(8) Vermutung
Wenn die Zollstelle von ihrem Recht zur (umfassenden) Zollbeschau keinen Gebrauch macht oder nur Stichproben durchführt, so wird **vermutet**, daß die in der Zollanmeldung gemachten Angaben zutreffen.

(9) Zollbefund
Die erfolgte Zollbehandlung wird durch den **Zollbefund** als amtlichem Feststellungsbescheid beurkundet. Der Zollbefund – i.d.R. als Zusatzblatt zum Einheitspapier – ist auch Grundlage für den **Zollbescheid** (12).

(10) (Vorzeitige) Freigabe
Auf der Grundlage des Zollbefundes aufgrund der Zollbeschau oder der Vermutung kann – bei als sicher geltenden Zollbeteiligten – eine **vorzeitige Freigabe** erfolgen, d.h. das Zollgut wird dem Anmelder **überlassen**, *bevor* über die ev. Abgabenbelastung entschieden wird, und die gestellte Ware kann vom Amtsplatz entfernt werden. Ggf. ist dafür Sicherheit zu leisten. Die Ermittlung der Eingangsabgaben erfolgt dann später aufgrund der vorliegenden Zollanmeldung. In allen anderen Fällen erfolgt die Freigabe, sobald die Eingangsabgaben gezahlt, aufgeschoben oder gestundet sind (vgl. Abschn. F-2.2).

(11) Zollwert, Zolltarif, Tarifieren, Pauschalieren
Der für *Drittlandswaren* ggf. zu entrichtende Zoll wird nach dem ermittelten **Zollwert** und den für die betreffende Ware gültigen Zollsätzen festgelegt, die (weil die EG eine Zollunion ist) EG-einheitlich im sog. **Gemeinsamen Zolltarif (GZT)** geregelt sind. Für die Praxis gibt es daneben den sog. **Deutschen Gebrauchszolltarif (DGebrZT)**, der als Handbuch neben dem GZT auch andere, für den Außenhandel wichtige zoll-, außenwirtschafts- und steuerrechtliche Bestandteile

umfaßt (vgl. Abschn. F-3.3). Der Begriff Zoll*tarif* bezieht sich also einmal auf den Tarif i.S.v. *Abgabe*, der zum Beispiel durch einen Prozentsatz festgelegt ist, zum anderen auf das dicke, mehrbändige *«Buch»*, in dem diese Abgabensätze aufgeführt sind (GZT oder DGebrZT). Die – oft schwierige – Zuordnung einer bestimmten Ware zu einer bestimmten **Position** (Codenummer bzw. Warenbeschreibung) im Zolltarif nennt man **Tarifieren.** Dabei wird für jeden einzelnen Vorgang der individuelle **Transaktionswert** als Bemessungsgrundlage für den Zollwert und die Abgabenberechnung ermittelt (vgl. unten Abschn. F-3).
Im *nichtkommerziellen Warenverkehr* (z.B. Reiseverkehr) kann abweichend von den individuellen Sätzen im Zolltarif eine **Pauschalierung** vorgenommen werden, indem z.B. einheitlich auf alle eingeführten Waren 10% erhoben werden. Dies dient der verwaltungstechnischen Vereinfachung. Im kommerziellen Bereich kann bei Waren, bei denen der Aufwand zur tariflichen Einreihung in keinem Verhältnis zur Höhe der Eingangsabgaben stünde (z.B. bei Musterkollektionen, die aber nicht als «Muster», sondern «regulär» eingeführt werden, beantragt werden, daß alle Waren mit dem höchsten dabei in Frage kommenden Abgabensatz belastet werden.

(12) Zollbescheid

Der **Zollbescheid** ist die mündliche oder schriftliche *Aufforderung* der Zollstelle an den Zollanmelder *zur Zahlung* der ermittelten Eingangsabgaben. In vielen Fällen kann die Begleichung der Zollschuld hinausgeschoben werden (**Zollaufschub**) (vgl. Abschn. F-2.2). Der Zollbescheid kann innerhalb von drei Jahren – zu Gunsten oder zu Lasten des Abgabenschuldners – berichtigt werden.

(13) Eingangsabgaben

Die **Eingangsabgaben** umfassen (nach dem deutschen Zollgesetz) nicht nur den (tariflichen) **Zoll**, sondern auch ‹*Maßnahmen gleicher Wirkung*› wie **Anti-Dumping-** bzw. **Ausgleichszölle** (vgl. Abschn. E-1.5) oder **Abschöpfungen** bei Marktordnungswaren (vgl. Kap. G), ferner als nationale Abgaben die **Einfuhrumsatzsteuer** (EUSt) und sonstige **Verbrauchsteuern** (z.B. Mineralöl- oder Tabaksteuer) (vgl. Abschn. F-3.3); letztere sind nicht im gemeinschaftsrechtlichen Begriff der *Eingangsabgaben* enthalten.
Grundsätzlich ist die Zollabfertigung *kosten- und gebührenfrei*. Ausnahmen ergeben sich nur dann, wenn die Abfertigung – auf Antrag des Zollbeteiligten – *außerhalb des Amtsplatzes* oder der Öffnungszeiten der Zollstelle vorgenommen wird. Die Kosten halten sich in

Grenzen: Pro Stunde wird gegenwärtig eine Pauschale von DM 25,– berechnet plus einer zusätzlichen Stunde für An- und Abfahrt.

(14) Nämlichkeit

Im Zusammenhang mit der Abfertigung zu bestimmten Zollverfahren, z.B. zu einem **Versandverfahren**, oder bei der vorläufigen Überlassung von Zollgut, ist es erforderlich, die *Identität* des Zollgutes bis zur engültigen Abfertigung zu sichern, damit die Ware später eindeutig wiedererkannt werden kann (**Nämlichkeitssicherung**). Dies kann u.a. geschehen durch Verplombung (vgl. Abb. F-1.3/2), durch *Siegel* oder *Stempel* oder durch *Musterhinterlegung*. Nämlichkeitsmittel wie Zollplomben oder Siegel dürfen nur durch die Zollstelle oder mit ihrer Zustimmung entfernt werden. Zuwiderhandlungen gelten als **Siegelbruch** und können sogar mit *Freiheitsstrafe* geahndet werden. Sofern die Sicherung der Nämlichkeit gefährdet wird – z.B. bei einer Beschädigung einer verplombten Abdeckplane bei einem Unfall – sollten daher sofort Zoll- oder Polizeidienststellen eingeschaltet werden.

Abb. F-1.3/2: **Zollplombe**

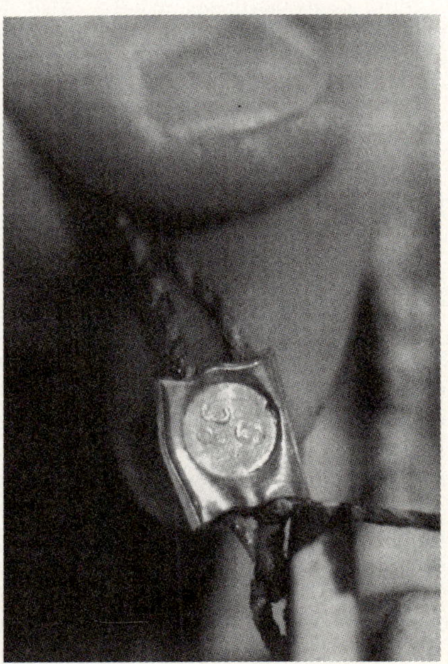

Nach dieser allgemeinen Darstellung zollrechtlich relevanter Begriffe werden nun in den folgenden Kapiteln verschiedene zollrechtliche Aspekte vertieft.
Das HZA kann sachkundige Personen, die nicht Mitglied der Zollverwaltung sind, sondern i.d.R. vom Zollbeteiligten beschäftigt werden, zu **Zollhilfspersonen** bestellen (dieser Begriff ist gängig, obgleich korrekt von Steuerhilfsperson zu sprechen wäre). Eine Zollhilfsperson ist Amtsträger und darf Tatsachen feststellen, die sonst nur zollamtlich festgestellt werden, z.B. Warenmengen, Gewichte, Unversehrheit von Plomben, Aufsicht bei der Vernichtung von Waren usw. Diese Feststellungen gelten als amtlich. Andererseits dürfen sie keine hoheitlichen Aufgaben (Amtshandlungen) ausführen wie z.B. Entgegennahme des Zollantrags.
Grundsätzlich haben alle Gerichte und Behörden der Zollverwaltung Amtshilfe zu leisten (§ 11 AO). Daneben kann der BMF aber **Zollhilfsorgane** bestellen, z.B. die Deutsche Lufthansa AG, internationale Luftlinien, die Deutsche Schlafwagen- und Speisewagengesellschaft mbH oder grenzüberschreitende Busunternehmen. Zollhilfsorgane müssen den Zollbehörden dienstliche Hilfe leisten, u.a. ihre Verkehrszeiten mitteilen und Zollbedienstete unentgeltlich befördern und ihnen den Zugang zu ihren Anlagen gewähren. Angestellte dieser Unternehmen können allerdings nicht belangt werden, wenn sie z.B. Schmuggler nicht melden.

F-2. Abfertigung

F-2.1. Das Einheitspapier

Seit dem 1. 1. 1988 sind in der EG eine Vielzahl von Formularen durch das sog. **Einheitspapier** ersetzt worden (Abb. F-2.1/1). Es findet bzw. fand als einheitliches Anmeldeformular bei Ein- und Ausfuhren im Warenverkehr innerhalb der EG (bis 1. 1. 93), zwischen der EG und den EFTA-Ländern und zwischen der EG und anderen Drittländern als der EFTA für viele zoll- und außenwirtschaftrechtliche Zwecke Anwendung; u.a. hat auch das mit der EG assoziierte *Polen* Mitte 1992 das Einheitspapier eingeführt. Seit 1. 1. 93 – mit der Realisierung des Binnenmarktes – entfallen sämtliche Zollformalitäten für den EG-internen Warenverkehr und mithin auch das Einheitspapier (bis auf einige Ausnahmen, z.B. Warenverkehr zwischen zwei EG-Orten über

Abb. F-2.1/1: **Einheitspapier**

A BESTIMMUNGSZOLLSTELLE

EUROPÄISCHE GEMEINSCHAFT

6

Exemplar für das Bestimmungsland

1 ANMELDUNG: IM | 4 | XXXXX

2 Versender/Ausführer Nr.
Australian Wool Comp. Melbourne

3 Vordrucke | 4 Ladelisten XXXXX

5 Positionen 1 | 6 Packst. insgesamt XXXXXXX | 7 Bezugsnummer

8 Empfänger Nr.
Firma Schaf u. Schur KG
Hamburger Straße 9
6000 Frankfurt/M.

9 Verantwortlicher für den Zahlungsverkehr Nr.
XXXXXXXXXXXXXXXXXXXXXXXXXXXXXXX

10 Letztes Herkunftsland XXX | 11 Hand./Erz. Land 800 | 12 Angaben zum Wert XXXXXXXXXXXXXX | 13 G. L. P. XXXXX

14 Anmelder/Vertreter Nr.
Empfänger/Vertreter: Spedition
Schnelltransport GmbH, Güterstr.13
6000 Frankfurt/M.

15 Versendungs-/Ausfuhrland Australien | 15 Vers./Ausf.L.Code a 800 b XX | 17 Bestimm.L.Code a XXX b 06

16 Ursprungsland Australien | 17 Bestimmungsland XXXXXXXXXXXXXXX

18 Kennzeichen und Staatszugehörigkeit des Beförderungsmittels bei der Ankunft: Waggon | 19 Ctr. 0

20 Lieferbedingung: FOB Melbourne

21 Kennzeichen und Staatszugehörigkeit des grenzüberschreitenden aktiven Beförderungsmittels: Schiff | 004

22 Währung u. in Rechn. gestellter Gesamtbetr. 400 5040 | 23 Umrechnungskurs 2,50 | 24 Art des Geschäfts 1 1

25 Verkehrszweig an der Grenze 1 | 26 Inländischer Verkehrszweig XX | 27 Entladeort Hamburg

28 Finanz- und Bankangaben XXXXXXXXXXXXXXXXXXXXXXXXXXXXXXX

6

29 Eingangszollstelle 1299 | 30 Warenort

31 Packstücke und Warenbezeichnung — Zeichen und Nummern - Container Nr. - Anzahl und Art
12 Kartons S+S Nrn. 1 - 12
Kammgarngewebe ganz aus Schurwolle
350 g/qm

Kosten bis Bestimmungsort 310,40 DM

32 Positions Nr. | 33 Warennummer 51121910 | 000 | 0

34 Urspr.land Code a 800 b XX | 35 Rohmasse (kg) 720 | 36 Präferenz

37 VERFAHREN 4000 0 | 38 Eigenmasse (kg) 600 | 39 Kontingent

40 Summarische Anmeldung/Vorpapier: Eisenbahnfrachtbrief

41 Besondere Maßeinheit | 42 Artikelpreis XXXXXXXXXX | 43 B. M. Code X

44 Besondere Vermerke/Vorgelegte Unterlagen/Bescheinigungen u. Genehmigungen
[X] **Hinsichtlich aller angemeldeten Waren zum vollen Vorsteuerabzug berechtigt.**
Anlage Zollwertanmeldung DV 1

Code B.V. XXX | 45 Berichtigung XXXXXXXXX

46 Statistischer Wert 12949 DM

47 Abgabenberechnung

Art	Bemessungsgrundlage	Satz	Betrag	ZA
100	12.949,60			
200	13.260,--			
	Summe:			

48 Zahlungsaufschub | 49 Bezeichnung des Lagers

B ANGABEN FÜR VERBUCHUNGSZWECKE

50 Hauptverpflichteter Nr. — Unterschrift:
XXXXXXXXXXXXXXXXXXXXXXXXXXXXXXXXXXXXXXXX
vertreten durch
Ort und Datum:

C ABGANGSZOLLSTELLE

51 Vorgesehene Grenzübergangsstellen (und Land)
XXXXXXXXXX | XXXXXXXXXX | XXXXXXXXXX | XXXXXXXXXX | XXXXXXXXXX | XXXXXXXXXX

52 Sicherheit nicht gültig für XXXXXXXXXXXXXXXXXXXXXXXXXXXXXXXXXXXXXX | Code XX

53 Bestimmungszollstelle (und Land) XXXXXXXXXXXXXXXXXXXXX

J PRÜFUNG DURCH DIE BESTIMMUNGSZOLLSTELLE

54 Ort und Datum:
Frankfurt/M., 5.10.1992
Unterschrift und Name des Anmelders/Vertreters:
i.A.u.i.V. Spedition
Schnelltransport GmbH
i.A. Müller, Expedient

ein EFTA-Land; vgl. Abschn. F-6.1). Das Einheitspapier wird daher – abgesehen von diesen Ausnahmen – grundsätzlich nur noch im Warenverkehr mit Drittländern verwendet.
Das Einheitspapier ist ein Formularsatz mit insgesamt *acht Exemlaren* (**Vollsatz**), die im *Durchschreibeverfahren* ausgefüllt werden, wobei unterschiedliche Kombinationen der einzelnen Exemplare (**Teilsätze**) – je nach Sachverhalt – verwendet werden.
Im Rahmen dieser Abhandlung ist es weder möglich noch sinnvoll, das Ausfüllen des Einheitspapiers mit all seinen Feinheiten für die verschiedenen Zwecke darzustellen. Für die Praxis gibt es dafür ein 90 (!) Seiten starkes Merkblatt...
Die Darstellung wird im folgenden Begriffe einschließen, die hier an dieser Stelle nicht näher erläutert werden können, da auf sie ausführlich in späteren Abschnitten eingegangen wird. Verkürzt gesagt gilt folgende Sprachregelung: **Versendung** ist jede Warenbewegung zwischen EG-Staaten, von **Versand** spricht man, wenn dies im Rahmen eines sog. **Versandverfahrens** mit bestimmten Formalitäten geschieht, **Ausfuhr** ist das Verbringen aus dem EG-Zollgebiet, **Einfuhr** das Verbringen in das EG-Zollgebiet.
Je nach Verwendungszweck sind daher unterschiedliche Kombinationen der insgesamt acht Exemplare des Einheitspapiers erforderlich, wobei hier nur die gebräuchlichsten Verwendungen angeführt sind (vgl. auch die Ein- und Ausfuhrunterlagen in den Abschn. E-4.3 u. E-5.3):
Bei Verbringen aus dem Wirtschaftsgebiet *(«Versendung/Ausfuhr»)*:
- Exemplar 1 für die Zollbehörden des Versendungs- bzw. Ausfuhrlandes (als **AE** oder **VAE**)
- Exemplar 2 für die Statistik des Versendungs- bzw. Ausfuhrlandes (als **Ausfuhranmeldung** oder **AKM**)
- Exemplar 3 für den Versender bzw. Ausführer (**Durchschrift** der **AE/VAE/AKM**)
- Exemplar 4 für die *Bestimmungszollstelle* im Ausland
- Exemplar 5 als **Rückschein** im Gemeinschaftlichen Versandverfahren,

Bei Verbringen in das Wirtschaftsgebiet *(«Einfuhr»)*:
- Exemplar 6 für das Bestimmungsland (**EKM**),
- Exemplar 7 für die Statistik des Bestimmungslandes (**Einfuhranmeldung**),
- Exemplar 8 für den Empfänger im Bestimmungsland.

Einige Anwendungsbeispiele: Für eine **Ausfuhrkontrollmeldung** sind erforderlich die Exemplare 2 und 3 (mit nur wenigen Eintragungen, vgl. oben Abb. E-5.4/1); für die Anmeldung einer **passiven Veredelung** (vgl. Abschn. F-5.3.2) die Exemplare 1 (doppelt), 2 und 3; für ein **Versandverfahren** (Abschn. F-5.1) die Exemplare 1, 4 (doppelt), 5 und 7.

Der Zollanmelder macht durch entsprechende Eintragungen oben im *Anmeldungsfeld 1* deutlich, welchem Verwendungszweck das Einheitspapier dienen soll. Folgende Verwendungszwecke werden im ersten Unterfeld des Anmeldungsfeldes unterschieden:

(1) Der Vordruck (Kürzel) **COM** ist im Warenverkehr zwischen den EG-Staaten zu verwenden für die Anmeldung von **Gemeinschaftswaren**

– bei der Überführung von Waren in den **steuerrechtlich freien Verkehr** oder in ein anderes Verfahren im Bestimmungsland.

Mit der Vollendung des Binnenmarktes am 1. 1. 1993 ist die Verwendung des Einheitspapiers für andere Warenbewegungen innerhalb der EG – bis auf wenige Ausnahmen, z.B. Transit von Deutschland über Österreich nach Italien – hinfällig geworden: Seitdem ist im Handel mit Gemeinschaftswaren zwischen den EG-Staaten kein einziges Zolldokument mehr erforderlich. An den *Binnengrenzen* entfallen alle Zollformalitäten und -kontrollen, ebenso die steuerlichen, statistischen und außenwirtschaftsrechtlichen Kontrollen im Hinblick auf die Einhaltung von Verboten und Beschränkungen. Diese Kontrollen sind in die Unternehmen verlagert worden (vgl. z.B. Absch. F-3.3 im Hinblick auf das Steuerrecht). Faktisch bedeutet dies, daß der Warenverkehr zwischen den Mitgliedstaaten an der Grenze so abläuft wie bei einem Transport von Hamburg nach Stuttgart.

(2) Der Vordruck bzw. Kürzel **EU** ist zu verwenden bei der Anmeldung von Waren

– bei der Ausfuhr von Waren (sowohl Gemeinschafts- als auch Drittlandswaren) aus dem Zollgebiet der Gemeinschaft in ein *EFTA*-Land oder
– bei der *Einfuhr* aus einem *EFTA*-Land und Abfertigung zum freien Verkehr oder zu einem anderen Verfahren des Bestimmungslandes,

d.h. verkürzt: bei Warenbewegungen zwischen EG und EFTA.

(3) Der Vordruck **EX** ist zu verwenden

– bei der Ausfuhr von Waren (sowohl Gemeinschafts- als auch Drittlandswaren) aus dem Zollgebiet der Gemeinschaft in ein *Drittland* (außer EFTA) oder
– bei der Versendung von Drittlandswaren (d.h. solche, die (noch) nicht zum freien Verkehr abgefertigt sind) in einen anderen *EG-Staat*,

d.h. verkürzt: bei der ‹Ausfuhr› von Drittlandswaren (die Anführungszeichen bei ‹Ausfuhr› beziehen sich auf die Unterscheidung von *Ausfuhr* und *Versendung*; vgl. Abschn. F-5.1).

(4) Der Vordruck **IM** ist zu verwenden

- bei der *Einfuhr* von Waren aus *Drittländern* (außer EFTA) zur Überführung in den freien Verkehr oder ein anderes Verfahren des Bestimmungslandes oder
- bei der Überführung von (noch) *Drittlandswaren* aus *einem anderen EG-Land* in den freien Verkehr oder ein anderes Verfahren des ‹Bestimmungslandes,

d.h. verkürzt: bei der ‹Einfuhr› von Drittlandswaren (die Anführungszeichen bei ‹Einfuhr› beziehen sich auf die Unterscheidung von *Einfuhr* und *Versendung*; vgl. ebenfalls Abschn. 5.1).

Die Verwendung des Einheitspapiers beschränkt sich nunmehr prinzipiell auf Ein- und Ausfuhren im *Handelsverkehr mit Drittländern* sowie *Warenbewegungen mit Drittlandswaren innerhalb der EG*, die sich in der EG nicht im freien Verkehr befinden. Bei anderen Warenbewegungen zwischen zwei Orten der EG wird das Einheitspapier nur noch verwendet, wenn der Transport über ein EFTA-Land erfolgt und – für eine Übergangszeit – bis zum Abbau einiger weniger Restzölle im Handel zwischen der EG und Spanien und Portugal sowie aus umsatzsteuerrechtlichen Gründen im Warenverkehr mit den Kanarischen Inseln, den Kanalinseln, den französischen überseeischen Gebieten und dem Berg Atos (!) in Griechenland.

Auf der *Ausfuhrseite* sind somit möglich:

- COM zur Versendung in ein anderes EG-Land (nur in wenigen Fällen),
- EU zur Ausfuhr in ein EFTA-Land,
- EX zur Ausfuhr in ein Drittland.

Auf der *Einfuhrseite*, die allgemein als «**Bestimmung**» angesprochen wird, sind somit möglich:

- COM beim Eingang aus einem anderen EG-Land (nur in wenigen Fällen),
- EU zur Einfuhr aus einem EFTA-Land,
- IM zur Einfuhr aus einem Drittland.

Durch entsprechende Eintragungen im *zweiten Unterfeld* des Anmeldefeldes wird bestimmt, welches **Abfertigungsverfahren** beantragt wird. Dabei gelten folgende Kürzel:

Für *Ausfuhr/Versendung:*

1 Abfertigung zur endgültigen Versendung/Ausfuhr
2 Abfertigung zur vorübergehenden Versendung/Ausfuhr
3 Abfertigung zur Wiederversendung/Wiederausfuhr.

Für *Einfuhr/Eingang:*
0 Abfertigung zum nur zollrechtlich freien Verkehr,
4 Abfertigung zum zollrechtlich und steuerrechtlich freien Verkehr,
5 Abfertigung zur vorübergehenden Einfuhr,
6 Abfertigung zur Wiedereinfuhr,
7 Abfertigung zu einem Lagerverfahren,
9 Abfertigung zu Umwandlungsverfahren, bleibender Zollgut-/ Freigutverwendung.

Die Codierung 8 ist nicht vergeben.

IM 4 bedeutet beispielsweise Abfertigung von Drittlandswaren zum zoll- und steuerrechtlich freien Verkehr. In Feld 37 wird diese Angabe jeweils noch in einem *fünfstelligen Code* detailliert. Aus anderen Eintragungen, die gleichfalls teilweise codiert sind, ergeben sich neben den Warendaten Angaben für die Außenhandelsstatistik, z.B. hinsichtlich des Bestimmungslandes, des Ursprungslandes, der Beförderungsmittel, der Art von Sicherheiten etc.

Sofern ein **Versandverfahren** (vgl. dazu Abschn. F-5.1) angemeldet werden soll, sind im dritten Unterfeld von Feld 1 Ergänzungen notwendig: Der Code **T1** ist zu verwenden bei Drittlandsware, **T2** bei Gemeinschaftsware. Dies betrifft sowohl **gemeinschaftliche Versandverfahren** (innerhalb der EG) als auch **gemeinsame Versandverfahren** (zwischen EG und EFTA). Dadurch werden aus dem Einheitspapier für innergemeinschaftlichen Versand die Vordrucke **COM/T1** und **COM/T2** und für den Versand EG-EFTA die Vordrucke **EU/T1** oder **EU/T2**.

Das Einheitspapier enthält – je nach Art der Transaktion – eine Fülle von Informationen, die teils für rechtliche, teils für statistische Zwecke von Bedeutung sind. Hierzu zählen – u.a. – aus außenwirtschaftsrechtlicher Sicht die Angaben bezüglich des Ausfuhr-, Versendungs-, Ursprungs- und Bestimmungslandes (Felder 15–17); im Hinblick auf die Ermittlung des Zollwertes bei der Einfuhr die Angaben zum Warenwert, Wechselkurs und den Lieferbedingungen (Felder 20–23) sowie die Warenbeschreibung (Felder 31–41); für statistische Zwecke u.a. der Zahlungsbilanz die Angaben über den Warenwert (Feld 46) oder für die Verkehrsbilanz die Angaben über Transportmittel, Grenzübergänge und Zollstellen (Felder 25–30), etc.

Sofern mehrere Warenarten zur Abfertigung angemeldet werden, sind ggf. **Ergänzungsblätter** zum Einheitspapier erforderlich. Der Zollanmelder muß nur die mit Nummern bezeichneten Felder ausfüllen. Die mit Großbuchstaben bezeichneten Felder sind für die Zollverwaltung bestimmt.

Um Verzögerungen oder gravierendere Unannehmlichkeiten bei der

Zollabfertigung zu vermeiden, ist u.a. auch bei der Verwendung des Einheitspapiers als Durchschreibformular darauf zu achten, daß das Durchschreiben *technisch problemlos* erfolgt. Fehlende oder unleserliche Angaben, z.B. aufgrund von nicht funktionierendem Kohlepapier, können zu Problemen bei der Abfertigung führen. *Streichungen* und *Zusätze* sollten bestätigt werden, *Rasuren* sind nicht zulässig.

F-2.2. Abwicklung der Zollschuld

Das Zollschuldrecht ist in der EG-Zollschuld-Verordnung zusammengefaßt und wird entsprechend in den in Kraft zu setzenden Zollkodex der EG übernommen werden.

(1) **Entstehung der Abgabenschuld**
Als **Abgabenschuld** ist die Verpflichtung einer (natürlichen oder juristischen) Person zu verstehen, die Abgaben für abgabenpflichtige Waren zu entrichten. Praxisrelevant sind nur *Einfuhr*abgabenschulden, da die Ausfuhr nicht abgabenpflichtig ist. Die Abgabenschuld wird dem Zollschuldner mit dem Zollbescheid mitgeteilt (vgl. oben Abschn. F-1.3.5).
Die **Zollschuld** entsteht (verkürzt) mit dem Zeitpunkt der *Annahme* der *(wirksamen) Zollanmeldung* durch die Zollbehörde. Dieser Zeitpunkt ist auch maßgeblich für die *Höhe* der *Zollschuld*, denn zwischen Annahme der Zollanmeldung und Verkündung des Zollbescheids kann sich der Warenwert und damit der Zollwert verändern (z.B. durch Qualitätsverlust). Die Zollschuld entsteht in der Höhe, die sich aus den Zollvorschriften ergibt; ein unrichtiger Zollbescheid muß daher korrigiert werden, sofern er nicht zurückgewiesen werden muß. Zollschuldner ist der Zollanmelder/Zollbeteiligte (vgl. oben). Werden die Zollformalitäten z.B. durch einen Spediteur oder Frachtführer vorgenommen, so wird nicht dieser, sondern der vertretene Einführer, in dessen Namen die Einfuhr erfolgt, Zollschuldner. Der Spediteur wird in diesen Fällen den Zollantrag auch mit dem Zusatz «i. A.» (im Auftrag) unterzeichnen.
Verbrauchsteuerschulden (inkl. der **Einfuhrumsatzsteuer** (**EUSt**) und **Abschöpfungen** (mit einigen Besonderheiten)) entstehen analog den Vorschriften zur Zollschuldenentstehung.

(2) **Fälligkeit**
Die Abgabenschuld ist mit der **Bekanntgabe** des Abgabenbescheids grundsätzlich *sofort fällig*; wird der Zollbescheid z.B. postalisch zuge-

stellt, ist nach dem Zollkodex eine Zahlungsfrist von bis zu 10 Tagen vorzusehen. Die fälligen Abgaben sind ggf. sofort bei der Zahlstelle des Abfertigungszollamtes zu entrichten. Dabei sollte bar bezahlt werden, da Schecks – sofern es sich nicht um Euroschecks handelt – erst nach Feststellung der Deckung eingelöst werden. Andererseits wird häufig ein **Zahlungsaufschub** in Anspruch genommen:

(3) Zahlungsaufschub

Zölle sind *indirekte* Abgaben, die vom Endverbraucher getragen werden (sollen). Daher kann nach den Bestimmungen des Zollkodex auf (formlosen) *Antrag* des Abgabenschuldners die Zahlung der Zollschuld für 30 Tage aufgeschoben werden (auf Einzelheiten der Bestimmung des Fristbeginns muß hier verzichtet werden).
In der Regel wird *Sicherheit* in der vollen Höhe der Zollschuld verlangt. Dies wird meist mit Hilfe einer *Bankbürgschaft* (**Zollaval**) geschehen. Wer ständig Waren einführt, kann laufenden Zahlungsaufschub beantragen. Dazu wird dem Zollbeteiligten ein **Aufschubnehmerausweis** ausgestellt, der bei der Abfertigung vorzulegen ist und in seiner Funktion einer Kreditkarte vergleichbar ist. Es ist auch möglich, daß ein Einführer, der selbst nicht über ein Aufschubkonto verfügt, seine Abgabenschulden auf einem fremden Aufschubkonto, z.B. des Spediteurs, anrechnen läßt. Dies erfolgt mittels eines Anrechnungsantrags, mit dem der Spediteur eine Schuldübernahme erklärt.
Zahlungsaufschub kann für einzelne buchmäßig erfaßte Abgabenschulden oder für sämtliche, innerhalb eines bestimmten Abrechnungszeitraums entstehenden Abgabenschulden gewährt werden, also neben dem *Zoll* insbesondere auch für die *EUSt*, auch und insbesondere im Rahmen von *Sammelzollverfahren* und Entnahmen aus offenen *Zollagern* (**laufender Zahlungsaufschub**, i.d.R. für einen Monat: sog. **Globalisierungszeitraum**, der auf die *buchmäßige* Erfassung abstellt). Auf Besonderheiten des Zahlungsaufschubs bei anderen Eingangsabgaben als Zöllen (z.B. unterschiedliche Fristen bei der EUSt bzw. Sicherheitsleistung) wird hier nicht eingegangen.

(4) Freigabe der Ware

Nach Zahlung (oder Aufschub oder Stundung) der Abgabenschuld wird aus Zollgut nun **Freigut**, d.h. die Ware wird freigegeben und der Einführer kann nach Belieben über sie verfügen. Die Freigabe erfolgt durch *formlose Erklärung* des Abfertigungsbeamten. Da die Berechnung der Eingangsabgaben Zeit beanspruchen kann, kann die Ware unter bestimmte Voraussetzungen *vorzeitig freigegeben* werden, wenn es sich um einen «sicheren» Zollbeteiligten handelt (z.B. den Inhaber eines *Aufschubnehmerausweises*) und die *Zollbeschau* erfolgt ist bzw. auf sie verzichtet wurde. Das Exemplar der Zollanmeldung, auf dem die Berechnug der Eingangsabgaben ersichtlich ist, wird dem Zollbeteiligten dann nachgereicht.

(5) **Verwahrung, Sicherstellung**
Sofern das Zollgut nach der Gestellung nicht sofort abgefertigt werden kann (z.B. weil erforderliche Papiere fehlen), kann die Zollstelle das Zollgut selbst in Verwahrung nehmen oder es dem Gestellungspflichtigen oder auch dem Empfänger oder einem Dritten in Verwahrung geben, wobei der Betreffende sowohl das Zollgut unverändert wieder zur Verfügung stellen muß als auch für die Eingangsabgaben haftet. Wenn der **Zollantrag** nicht rechtzeitig gestellt wird (20-Tage-frist!), kann die Zollstelle das Zollgut sicherstellen und veräußern, wobei aus dem Veräußerungserlös zunächst die Eingangsabgaben und Gebühren zu bestreiten sind. Unter Umständen kann das Zollgut auch vernichtet werden, bespielsweise bei verdorbener Ware (faule Bananen).

(6) **Erlaß, Erstattung**
Erlaß von Eingangsabgaben kommt *vor*, **Erstattung** *nach* erfolgter Zahlung von Eingangsabgaben in Frage. Dabei sind die folgenden Gründe am bedeutendsten: Der Zollbescheid erfolgte zu Unrecht (z.B. falsche Berechnung); es liegt eine irrtümliche Abfertigung zum freien Verkehr vor, obgleich eine aktive Veredelung vorgesehen war; Waren sollen wieder ausgeführt werden, z.B. aufgrund von Mängelrüge oder Falschbestellung. Erlaß oder Erstattung setzen einen *Antrag* des Berechtigten voraus und werden dem Zollbeteiligten in einem Bescheid der Zollstelle mitgeteilt; beim Erlaß erlöschen dabei die Ansprüche der Zollverwaltung.
Es kann vorkommen, daß bei nachträglicher Überprüfung eines Zollbescheids festgestellt wird, daß die Eingangsabgaben unrichtig berechnet worden sind. Prinzipiell müssen zu wenig entrichtete Abgaben nacherhoben (vgl. (8)), zuviel erhobene erlassen oder erstattet werden (Frist: drei Jahre).

(7) **Stundung, Niederschlagung**
Stundung bedeutet, daß die Begleichung der Abgabenschuld bei Vorliegen bestimmter Tatbestände, die von der Zollstelle zu prüfen sind (z.B. bei vorübergehenden wirtschaftlichen Schwierigkeiten des Abgabenschuldners), *auf Antrag* auf einen späteren Zeitpunkt *verschoben* wird.

Bei einer **Niederschlagung** verzichtet die Zollstelle von sich aus, aber ohne dies dem Abgabenschuldner mitzuteilen und – im Gegensatz zum Erlaß – ohne auf ihre Ansprüche zu verzichten, (zunächst) auf eine Verfolgung ihrer Ansprüche, z.B. weil es wegen Konkurs des Abgabenschuldners sinnlos ist. Sollten sich die wirtschaftlichen Voraussetzungen des Schuldners jedoch verbessern, kann der Anspruch wieder verfolgt werden.

(8) **Nacherhebung**

Genauso, wie sich die Ansprüche der Zollverwaltung gegenüber dem Zollbeteiligten verringern können, besteht auch die Möglichkeit einer nachträglichen Erhöhung der Abgabenschulden. Die Verjährungsfrist für **Nachforderungen** beträgt drei Jahre. Innerhalb dieser Frist kann sich – z.B. durch eine Zollprüfung – ergeben, daß Waren (unabsichtlich) falsch tarifiert worden sind oder daß der Warenwert/Zollwert zu niedrig angesetzt wurde. Bei gezielter ‹Beschönigung› der Tatbestände

Abb. F-2.2/1: **Nacherhebung von Abgaben**

Zollnachforderung bei falscher Anmeldung

HANDELSBLATT, Montag, 15.7.1991

msc DÜSSELDORF. Die Zollstelle kann gemäß Art. 5 Abs. 2 der EG-Verordnung Nr. 1697/79 von einer Nacherhebung von Eingangsabgaben absehen, wenn die Nichterhebung auf einen Irrtum der Zollstelle zurückzuführen ist und dieser Irrtum vom Abgabenschuldner nicht erkannt werden konnte und er gutgläubig gehandelt und alle Vorschriften über die Zollerklärung beachtet hat. Bei der Beurteilung, ob im Sinne dieser Vorschrift ein Irrtum vorliegt, den der Abgabenschuldner nicht erkennen konnte, ist namentlich auf die Art des Irrtums, die Erfahrung des betreffenden Wirtschaftsteilnehmers und die von ihm aufgewendete Sorgfalt abzustellen

(Urteil des EuGH vom 26.6.1990 – Rs. 64/89).

(vgl. (10) und Abb. F-2.2/1) sind die Verjährungsfristen je nach Tatbestand 5 bis 10 Jahre.
Ein *Verzicht* auf Nacherhebung ist in der Praxis äußerst selten, da dies einen ‹aktiven Irrtum› (z.B. falsches Tarifieren) der Zollstelle voraussetzt: Übernimmt sie beispielsweise die unrichtige Tarifierung des Zollanmelders, liegt diese Voraussetzung nicht vor. Nach einer EG-Verordnung kann von einer Nacherhebung abgesehen werden, wenn die Nichterhebung auf einen *Irrtum* der *Zollstelle* zurückzuführen ist und der Zollschuldner diesen Irrtum nicht erkennen konnte, er ansonsten aber ordnungsgemäß gehandelt hat. Dabei sind auch die Erfahrung des betreffenden Abgabenschuldners und die von ihm aufgewendete Sorgfalt zu berücksichtigen, da andernfalls eine Nacherhebung praktisch immer ausgeschlossen wäre.
Nacherhebungen können beträchtliche Summen bedeuten, die in kurzer Frist zu zahlen sind. Die kurzen Fristen leiten sich daraus ab, daß ggf. gezielte Steuerverkürzungen nicht noch mit ‹doppeltem› Zahlungsaufschub belohnt werden sollen, gelten jedoch gleichermaßen auch für unbeabsichtigte Fehler. In Zweifelsfällen bei der Zollanmeldung empfiehlt es sich daher, die Zollverwaltung schriftlich um eine entsprechende Klärung zu ersuchen.

(9) Rechsbehelfe

Bei Unstimmigkeiten zwischen Zollbeteiligten und den Abfertigungsbeamten sollte zunächst versucht werden, Probleme im direkten *Gespräch* ggf. mit dem Abfertigungsleiter oder dem Leiter des Zollamts zu klären. Ergibt sich daraus oder aus einem Gespräch mit dem zuständigen Hauptzollamt (HZA) oder der zuständigen Oberfinanzdirektion (OFD) keine Lösung, besteht die Möglichkeit einer *Beschwerde* bei der OFD. Diese wird in einem schriftlichen Bescheid entweder der Beschwerde ganz oder teilweise abhelfen oder die Meinung der Abfertigungszollstelle bestätigen. Sofern es sich nicht um Verhaltensfragen handelt (z.B. ein nach Meinung des Zollanmelders unangemessener rüder Ton eines Beamten), sondern um die Feststellung der Eingangsabgaben, können **Rechtsbehelfe** eingelegt werden.
Die Zollbehandlung ist ein Besteuerungsverfahren im Sinne der AO, der **Zollbescheid** ist ein steuerlicher *Verwaltungsakt* (Steuerbescheid). Dieser kann vom betroffenen Zollschuldner im außergerichtlichen oder gerichtlichen Verfahren nachgeprüft werden. Der Zollbescheid enthält dazu eine entsprechende Rechtsbehelfs-Belehrung.
Im *außergerichtlichen Verfahren* nach der AO muß als Rechtsbehelf beim zuständigen Hauptzollamt binnen eines Monats – unter Wahrung bestimmter Formschriften – **Einspruch** erhoben werden. Wenn

der Einspruch form- und fristgerecht erfolgte (i.d.R. innerhalb eines Monats), erfolgt eine sachliche Überprüfung durch das HZA. Im Ergebnis kann der Einspruch als unbegründet zurückgewiesen, als unzulässig verworfen, geändert oder ersatzlos aufgehoben werden. Sofern der Betroffene die Entscheidung akzeptiert, endet dieser Rechtsweg.
Andernfalls ist das (kostenpflichtige) *gerichtliche Verfahren* nach der Finanzgerichtsordnung zu eröffnen, d.h. der Betroffene muß vor dem zuständigen *Finanzgericht* klagen (**Anfechtungsklage**). Gegen die Entscheidung des Finanzgerichts ist **Revision** beim *Bundesfinanzhof* (BFH) möglich, dessen Entscheidung endgültig ist. Die Revision ist jedoch – im Gegensatz zur Klage – nicht unbedingt möglich; in vielen Fällen wird sie seitens des Finanzgerichts ausgeschlossen werden. Eine Revisionsmöglichkeit besteht grundsätzlich bei Zolltarifstreitigkeiten, bei wesentlichen Verfahrensmängeln im Gerichtsverfahren oder wenn das Finanzgericht die Revision zugelassen hat, z.B. bei Rechtssachen von grundsätzlicher Bedeutung. Die Finanzgerichte können ‹am BFH vorbei› direkt eine Entscheidung des Europäischen Gerichtshofs (EuGH) einholen.
Außer in der Bundesrepublik gibt es mit dem Finanzgerichtszweig nur in den Niederlanden eine spezielle Zollgerichtsbarkeit. In allen anderen EG-Staaten werden Zollstreitigkeiten vor den ordentlichen Gerichten verhandelt.

(10) Nichtbeachtung von Zollvorschriften

Die Nichtbeachtung von Zollvorschriften kann zu zoll-, d.h. steuerrechtlichen, ordnungswidrigkeitsrechtlichen oder strafrechtlichen Konsequenzen führen.
Verstöße gegen Zollvorschriften haben *zollrechtliche* Konsequenzen, unabhängig davon, ob *schuldhaftes* Verhalten vorliegt. Gängige Verstöße sind beispielsweise: unrichtige oder unvollständige Angaben im Zollantrag (z.B. *Steuerverkürzung*), Einfuhr außerhalb einer Zollstraße (*Steuergefährdung*, u.U. bei Vorsatz Schmuggel, d.h. *Steuerhinterziehung*), unrichtige Anschreibungen, Verstöße gegen die Frist und Form bei der Gestellung von Zollgut, etc. Im Reiseverkehr kann als steuerrechtliche Folge – unabhängig vom Verschulden – ein **Zollzuschlag** von 100% erhoben werden (d.h. der Abgabensatz wird verdoppelt), maximal 100 DM, sofern der Zollschuldner nicht mit einer Geldbuße oder Strafe belegt wird.
Im gewerblichen Bereich können solche Tatbestände als **Ordnungswidrigkeiten** in geringfügigen Fällen mit *Verwarnungen* bis zu 75,– DM, ansonsten mit **Geldbußen** bis zu 10000,– DM geahndet werden, wobei bereits fahrlässiges Handeln, d.h. Außerachtlassen der zumut-

baren Sorgfalt, genügen kann, also nicht einmal vorsätzliches Handeln erforderlich ist.
Zoll**straftaten** sind solche, die nach den Steuergesetzen strafbar sind und ggf. mit *Freiheitstrafe* bis zu 5 Jahren geahndet werden können. Bestrafungen nach diesen Vorschriften gelten als *Vorstrafen.* Hierzu zählt insbesondere die *Zollhinterziehung* (Schmuggel, fingierte Rechnungen, falsche Zollanmeldungen).

F-2.3. Vereinfachungen

Für Gemeinschaftswaren gibt es mit der Realisierung des Binnenmarktes die Befreiung von Grenzformalitäten und weitgehende Vereinfachungen bei den verbleibenden Formalitäten; letztere ergeben sich aus den (noch) unterschiedlichen Mehrwert- und Verbrauchssteuersätzen in der EG und nationalen außenwirtschaftrechtlichen Bestimmungen. Die Darstellung bezieht sich daher im folgenden vorrangig auf *Drittlandsgüter.* Die Bestimmungen des zukünftigen **Zollkodex** der Gemeinschaft sind in der Darstellung bereits berücksichtigt. Vgl. aber auch Abschn. E-5.10.
Grundsätzlich muß für jede Einfuhrsendung eine Zollanmeldung abgegeben werden (**Einzelzollverfahren**). Dies würde bei *häufiger Einfuhr* für die betroffenen Unternehmen, aber auch für die Zollverwaltung zu einer großen administrativen Belastung führen und wegen des Zeitbedarfs auch in erheblichem Umfang Kapital binden. Daher können – i.d.R. nur im Zusammenhang mit Versandverfahren (vgl. Absch. F-5.1) oder bei ständigen Einfuhren – Vereinfachungen zugelassen werden (sog. **Sammelzollverfahren**):

- Zollabfertigung nach *vereinfachter Zollanmeldung* (ZnV),
- Zollabfertigung nach *Aufzeichnung* (ZnA),
- Zollabfertigung nach *Gestellungsbefreiung* (ZnG) (vgl. unten).

Die Zollstelle fertigt die so vereinfacht angemeldeten Waren zum freien Verkehr ab, und der Zollbeteiligte reicht am Ende des Abrechnungszeitraums eine detaillierte **Sammelzollanmeldung** nach, auf deren Basis die Abrechnungszollstelle (das für den Empfänger zuständige HZA) für den **Abrechnungszeitraum** die Eingangsabgaben ermittelt; die Abrechnung kann ggf. auch durch den Zollbeteiligten erstellt werden. Die Abgaben werden für den Abrechnungszeitraum dann statt für jede einzelne Position in einer Summe entrichtet. Um in den Genuß solcher Vereinfachungen zu gelangen, muß der Einführer insbesondere die Gewähr für die ordnungsgemäße Abwicklung des Verfahrens bieten. Dazu gehört u.a., daß die eingeführten Waren ggf.

beschaut und entsprechend tarifiert werden können. In der Regel ist *Sicherheit* zu leisten.

Von der Möglichkeit von Sammelzollanmeldungen wird in der Praxis in erheblichem Umfang Gebrauch gemacht; die Einzelzollanmeldung ist bei laufenden Einfuhren im gewerblichen Bereich eher die Ausnahme. Die Vereinfachungen sind beim zuständigen HZA zu beantragen und können teilweise auch Spediteuren oder anderen Vertretern des Zollbeteiligten bewilligt werden. Abrechnungszeitraum ist in der Regel ein Kalendermonat, wobei die eingeführten Waren getrennt nach Warengruppen, EUSt-Satz, Zollverfahren und anderen Kriterien auf bestimmten Vordrucken anzumelden sind. Teilweise ist auch die Verwendung betrieblicher Unterlagen (Rechnungen, Lieferscheine) sowie der Einsatz betrieblicher EDV-gestützter Verfahren möglich. Drei Verfahren sind möglich:

(1) Zollabfertigung nach vereinfachter Zollanmeldung (ZnV)

Die in einem bestimmten Zeitraum eingeführten Waren werden bei diesem Verfahren gestellt und zunächst jeweils nur *vereinfacht angemeldet*, wobei in dem dazu zu verwendenden Teilsatz des Einheitspapiers nur bestimmte Angaben z.B. hinsichtlich Menge und Ursprungsland der Waren zu machen sind. Bei Gemeinschaftswaren, die nur der EUSt unterliegen, kann zugelassen werden, daß statt des Einheitspapiers lediglich Rechnungen oder Lieferscheine als *vereinfachte Zollanmeldung* abgegeben werden. Die Zollstelle fertigt die Waren zum freien Verkehr ab. Am Ende des Abrechnungszeitraums von i.d.R. einem Monat reicht der Einführer eine Sammelzollanmeldung mit allen zoll- und außenwirtschaftsrechtlich relevanten Daten beim zuständigen HZA nach. Dabei können auch Einfuhren zusammengefaßt werden, die über verschiedene Zollstellen eingeführt wurden.

(2) Zollabfertigung nach Aufzeichnung (ZnA)

Die ZnV wird ergänzt durch die *«Zollabfertigung nach Aufzeichnung»* (ZnA) für die Abfertigung von *Versandgut*, das an einem anderen Ort als der Bestimmungszollstelle – meist in einem Betrieb des «zugelassenen Empfängers» (vgl. Abschn. F-5.1) – gestellt wird. In der Praxis erfolgt dies allerdings weitgehend *ohne Mitwirkung* der Zollstellen: Der (zugelassene) Empfänger hat das Zollgut unverzüglich buchmäßig aufzuzeichnen und der Bestimmungszollstelle (auf bestimmte Vordrucken) eine **Gestellungsmitteilung** und eine **Aufzeichnungsanzeige** zuzustellen (spätestens am 1. Werktag der folgenden Woche, um ggf. eine Beschau zu ermöglichen), wobei die Aufzeichnung als **Zollantrag** und **vereinfachte Zollanmeldung** gilt. Über die

aufgezeichneten Waren darf erst nach Freigabe durch die Zollbehörde verfügt werden. Diese kann jedoch mündlich oder fernmündlich erfolgen. Bei Gemeinschaftswaren, die nur der EUSt unterliegen, wird i.d.R. eine (automatische) Freigabe zum Zeitpunkt der Aufzeichnung gewährt. Da die Aufzeichnung als Zollanmeldung gilt, muß sie – wie auch sonst – innerhalb von 20 Tagen nach Gestellung erfolgen.
ZnV und ZnA können auch für bevollmächtigte Dritte, z.B. Spediteure, gewährt werden, wobei diese jedoch nicht Abgabenschuldner werden, sondern die durch sie vertretenen Einführer.

(3) Zollbehandlung nach Gestellungsbefreiung (ZnG)
Für Güter, die keinen Verboten und Beschränkungen (VuB) unterliegen und bei denen eine Gestellung schwierig ist, kann eine *«Zollbehandlung nach Gestellungsbefreiung»* (ZnG) zugelassen werden. Dies betrifft z.B. Flüssigkeiten und Gase in Rohrleitungen oder Massenwaren (Sand, Kies, Kohle), für die die Benutzung einer Zollstraße einen unzumutbaren Umweg bedeuten würde. Auch hier hat der Zollbeteiligte unverzüglich *anzuschreiben* und – im Gegensatz zur ZnA – *ohne* Ausnutzung der Antragfrist unverzüglich den Zollantrag zu stellen.
Abrechnungszeitraum ist in den o.a. Sammelzollverfahren grundsätzlich der *Kalendermonat*. Die Zollanmeldung muß bis zum dritten Werktag nach dem Abrechnungszeitraum erfolgen. Die *Aufschubfrist* ist – wie üblich – auf 30 Tage begrenzt.
Eine *allgemeine Bewilligung* der Gestellungsbefreiung gilt für einige wenige Fälle, u.a. Freiballons, Segelflugzeuge und ausländische Flugzeuge zur nichtgewerblichen Personenbeförderung.

(4) Zollhilfspersonen
Die Zollbehandlung kann durch die Bestellung von **Zollhilfspersonen** vereinfacht werden (vgl. oben Abschn. F-1.3.5).

(5) Automatisierte Verfahren
Sammelzollanmeldungen müssen nicht zwangsläufig in Form der üblichen Formulare erstellt werden, sondern es können *computergestützte Verfahren* und entsprechende Listen zugelassen werden. Bei bestimmten Verfahren der Datenfernübertragung werden dabei automatisch gespeicherte Tarife und Fristen eingesetzt, so daß Entstehung und Berechnung der Abgabenschulden für alle Beteiligten mit einem Höchstmaß an Sicherheit und Zuverlässigkeit erfolgen. Ein Beispiel ist im Luftfrachtverkehr die *Automatisierte Luftfrachtabwicklung* (ALFA).

F-3. Bemessung der Eingangsabgaben

Zur Ermittlung der Höhe der **Eingangsabgaben** (vgl. zum Begriff oben Abschn. F-1.3.5, Ziff. (13)), die sich als Prozente bestimmter Bemessungsgrundlagen bestimmen (z.B. Wertzölle, in Abgrenzung zu *spezifischen Abgaben*; vgl. Abschn. C-2.2.1.2), müssen diese **Bemessungsgrundlagen** definiert werden. Die Darstellung beschränkt sich hier auf die Präzisierung des **Zollwertes** und des **EUSt-Wertes**; auf verbrauchsteuerrechtliche Aspekte kann nicht näher eingegangen werden, da die Vielzahl der Verbrauchsteuern den Rahmen sprengen würde. Allgemein kann in dieser Hinsicht aber gesagt werden, daß eingeführte Waren verbrauchsteuerrechtlich genauso behandelt werden wie Inlandsware. Abschn. F-3.5 geht kurz auf einige steuerrechtliche Aspekte ein.
Das Zollrecht befaßt sich mit der Begründung einer Zollschuld dem *Grunde* nach, d.h. *ob* eine Zollschuld entstanden ist; das Zollwert- und -tarifrecht beziffert die Zollschuld der *Höhe* nach, indem das Zollwertrecht die **Bemessungsgrundlage** und das Tarifrecht den darauf anzuwendenden Zollsatz regelt.

F-3.1. Zollwert

Der **Zollwert** ist von Bedeutung für Waren, die Wertzöllen (in Abgrenzung zu spezifischen Zöllen; vgl. Abschn. C-2.2.1.2) unterliegen. Der Zollwert kann nicht immer ohne weiteres aus dem *Rechnungspreis* abgeleitet werden, da dieser u.a. von den *Lieferbedingungen* abhängt (z.B. cif oder fob, vgl. Abschn. D-3); auch können Lieferant und Einführer z.B. als «Mutter und Tochter» konzernmäßig *verbunden* sein, so daß der Rechnungspreis nicht automatisch der Marktpreis sein muß; ferner können statt eines Kaufvertrages kostenlose Lieferungen (Schenkungen) oder Leasing- oder Mietverträge vorliegen, etc.
Sofern international die einzelnen Länder unterschiedliche Verfahren bei der Bestimmung des anzuwendenden Zollwertes verwenden, können sich diskriminierende Wirkungen ergeben. Im Rahmen des *Allgemeinen Zoll- und Handelsabkommens* (GATT) ist daher ein **Zollwert-Kodex** beschlossen und durch eine EG-Verordnung des Rates in Gemeinschaftsrecht überführt worden (sog. **Zollwertverordnung**, ZWVO). Unter anderem haben auch die USA, Kanada, Japan, Brasilien und viele andere Länder den Zollwert-Kodex angenommen. Die

Abb. F-3.1/1: **Zollwertberechnung**

		Ware (Pos.)
A. Grundlage der Berechnung	**11** (a) Nettopreis in der RECHNUNGSWÄHRUNG (Tatsächlich gezahlter Preis oder Preis im maßgebenden Bewertungszeitpunkt)	
	Nettopreis in NATIONALER WÄHRUNG (Umrechnungskurs ....)	
	(b) Mittelbare Zahlungen (siehe Feld 8b) (Umrechnungskurs ....)	
	12 Summe A in NATIONALER WÄHRUNG	
B. HINZURECHNUNGEN: Kosten in NATIONALER WÄHRUNG, die NICHT in A enthalten sind Gegebenfalls NACHSTEHEND frühere Zollentscheidungen hierzu angeben	**13** Kosten, die für den Käufer entstanden sind (a) Provisionen (ausgenommen Einkaufsprovisionen)	
	(b) Maklerlöhne	
	(c) Umschließungen und Verpackung	
	14 Gegenstände und Leistungen, die vom Käufer unentgeltlich oder zu ermäßigten Preisen für die Verwendung im Zusammenhang mit der Herstellung und dem Verkauf zur Ausfuhr der eingeführten Waren geliefert werden Die aufgeführten Werte sind ggf. entsprechend aufgeteilt (a) In den eingeführten Waren enthaltene Materialien, Bestandteile und dergleichen	
	(b) Bei der Herstellung der eingeführten Waren verwendete Werkzeuge, Gußformen und dergleichen	
	(c) Bei der Herstellung der eingeführten Waren verbrauchte Materialien	
	(d) Für die Herstellung der eingeführten Waren notwendige Techniken, Entwicklungen, Entwürfe, Pläne und Skizzen, die außerhalb der Gemeinschaft erarbeitet wurden	

	15 Lizenzgebühren (siehe Feld 9a)	
	16 Erlöse aus Weiterverkäufen, sonstigen Überlassungen oder Verwendungen, die dem Verkäufer zugute kommen (siehe Feld 9b)	
	17 Lieferungskosten bis (Ort des Verbringens)	
	(a) Beförderung	
	(b) Ladekosten und Behandlungskosten	
	(c) Versicherung	
	18 Summe B	
C. ABZÜGE: Kosten in NATIONALER WÄHRUNG, die in A ENTHALTEN sind	**19** Beförderungskosten nach Ankunft am Ort des Verbringens	
	20 Zahlungen für den Bau, die Errichtung, Montage, Instandhaltung oder technische Unterstützung nach der Einfuhr	
	21 Andere Zahlungen (Art)	
	22 Zölle und Steuern, die in der Gemeinschaft wegen der Einfuhr oder des Verkaufs der Waren zu zahlen sind	
	23 Summe	
24 ANGEMELDETER WERT (A + B − C)		

Zollwertberechnung in der anschließend dargestellten Form ist auch im neuen Zollkodex der EG verankert.

Der Zollwert ist bei der **Zollanmeldung** (in vielen Fällen auch auf einem speziellen Formblatt) vom Einführer anzugeben. Diese Angabe gilt als *Steuererklärung* und ist – sofern sie unrichtig ist – von straf- oder bußgeldrechtlichen Konsequenzen bedroht.

Je nach Art des Einfuhrfalles sieht die ZWVO bzw. der Zollkodex insgesamt sechs unterschiedliche Methoden zur Ermittlung des Zollwertes vor. Die Darstellung beschränkt sich hier auf die gebräuchlichste Variante.

Zollwert ist der sog. **Transaktionswert** der einzuführenden Ware. Dieser entspricht dem Preis, der vom Käufer tatsächlich zu zahlen ist. Nach dieser sog. *Hauptnorm* werden rund 90% aller Einfuhren behandelt. Wenn aber der Preis z.B. durch die Verbundenheit der Beteiligten beeinflußt wurde (Mutterunternehmen liefert zu Vorzugspreisen an Tochterunternehmen) oder in anderen, hier nicht auszuführenden Fällen (z.B. bei Geschenken), ist durch andere Verfahren der zugrunde zu legende Wert durch die Zollstelle zu ermitteln, z.B. durch Anwendung des Transaktionswertes bei einer anderen Einfuhr der gleichen Ware. Die folgende Darstellung ist leicht verkürzt (vgl. Abb. F-3.1/1):

(A) Der Zollwert ist der tatsächlich *gezahlte* oder zu *zahlende Preis*, der ggf. durch *Hinzurechnungen* oder *Abzüge* zu berichtigen ist (hierzu gleich). Der tatsächliche Preis ist der *Nettopreis*, also unter Berücksichtigung etwa von Skonti oder Preisnachlässen. Preise bzw. Kosten, die auf ausländische Währung lauten, sind – auf der Basis des Frankfurter Devisenbriefkurses (= Devisenankaufskurs) am Tage der Annahme der Zollanmeldung – in nationale Währung umzurechnen. An der Frankfurter Börse nicht notierte Währungen werden auf der Basis der von den Landeszentralbanken veröffentlichten Kurse umgerechnet.

(B) Der Zollwert wird auf *cif-Basis* ermittelt, d.h. – verkürzt – inkl. aller *Nebenkosten* bis zum Ort des Verbringens in das Zollgebiet der EG, d.h. vereinfacht: der Wert der Ware frei EG-Grenze, unabhängig davon, ob die tatsächlichen Lieferbedingungen dies so regeln oder eine andere Klausel beinhalten. Zum Nettopreis **hinzuzurechnen** sind daher ggf. folgende Positionen:

- Kosten, die neben dem Preis für den Käufer entstanden sind, z.B. *Provisionen* und *Maklerlöhne* (außer Einkaufsprovisionen) oder Kosten der *Umschließung* (z.B. Containermiete) oder *Verpackungskosten*,
- Der *Wert* von Gegenständen und Leistungen, die vom Verkäufer *unentgeltlich* oder zu *ermäßigten* Preisen im Zusammenhang mit der

Herstellung oder dem Verkauf der einzuführenden Waren geliefert wurden bzw. werden (vgl. DM 2000,– in Abb. F-3.1/3), d.h. solche, die in den einzuführenden Waren enthalten sind, bei der Herstellung verwendet wurden (z.B. Gußformen, aber auch Know-how (z.B. Konstruktionspläne), das außerhalb der EG erarbeitet wurde) oder bei der Herstellung verbraucht wurden,

- Lizenzgebühren,
- Erlöse aus *Weiterverkäufen* der eingeführten Waren, die dem Verkäufer zugute kommen,
- **Beförderungskosten** (Fracht-, Lade-, Behandlungs-, Versicherungskosten) bis zum Ort des Verbringens in die EG – *ein sehr wichtiger Posten.* Je nach der vereinbarten Lieferbedingung muß der Rechnungspreis korrigiert werden, um faktisch *«CIF Verbringungsort»* zu erhalten: entweder durch *Hinzurechnung* anteiliger Kosten (z.B. bei E- und F-Klauseln). Die Beförderungskosten müssen in solchen Fällen folglich *aufgeteilt* werden in Kosten bis zum Ort des Verbringens in die EG und – daran anschließende – Kosten bis zum Bestimmungsort in der EG (Abb. F-3.1/2). Bei Frachtkosten ist dies meist möglich, da sich diese oft aus Entfernungstarifen ableiten und vom Spediteur entsprechend rechnungsmäßig gesplittet werden können. Problematisch kann dies allerdings bei Versicherungskosten sein, die oft die gesamte Strecke zwischen Absende- und Bestimmungsort abdecken und nicht vernünftig aufzuteilen sind. Sie werden dann – obgleich dies strittig ist – voll dem Zollwert zugerechnet.

(C) **Abzüge** ergeben sich für folgende Positionen, sofern diese in (A) enthalten sind, um also *Doppelzählungen* zu vermeiden:

Abb. F-3.1/2: **Aufteilung der Beförderungskosten**

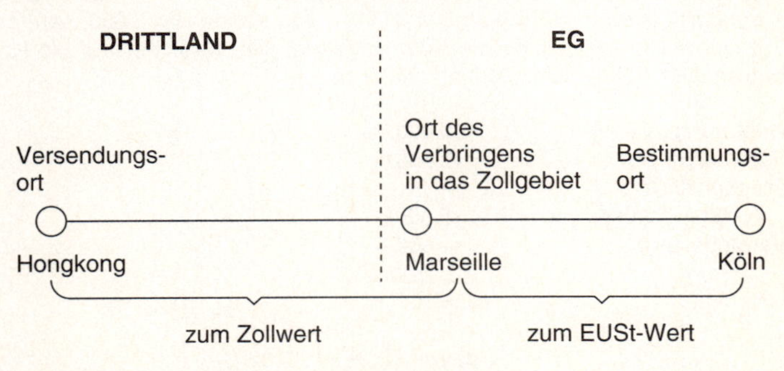

- *Beförderungskosten nach* der Einfuhr (wenn diese, wie gerade ausgeführt, getrennt zu ermitteln sind),
- Zahlungen für *Bau, Montage, Instandhaltung* etc. *nach* der Einfuhr (sie müssen aber getrennt vom Rechnungspreis ausgewiesen werden),
- *Zinsen* für einen Kredit, den der Importeur für die betreffende Wareneinfuhr aufgenommen hat,
- *Einkaufsprovisionen* (weil sie im Gegensatz zu den unter (B) aufgeführten Maklerprovisionen nicht mit der Herstellung bzw. Bereitstellung der Ware zusammenhängen),
- *Zölle* und *Steuern*, die in der Gemeinschaft wegen der Einfuhr zu zahlen sind.

Der Einführer muß bei der Einfuhranmeldung die Angaben über den Zollwert machen (Felder 46 und 47 des Einheitspapiers), wobei bei einem Warenwert über DM 5000,– eine gesonderte Zollwerterklärung gemäß Abb. F-3.1/1 (*Declaration of Value*, **D.V.1**) abzugeben ist. Abb. F-3.1/3 enthält ein Zahlenbeispiel.
Die Ermittlung des Zollwertes kann auch aus anderen Gründen als den bisher erwähnten (insbesondere der tariflichen Einordnung) zu unterschiedlichen Auffassungen seitens des Zollbeteiligten und der Zollbehörde führen.
Durch den in der Praxis weitgehenden *Verzicht* auf Zollbeschau werden Warenmängel oft nicht bei der Zollabfertigung, sondern erst ver-

Abb. F-3.1/3: **Berechnung des Zollwertes**

Beispiel:
Ein Importeur in Köln führt Damenblusen aus Hongkong über Marseilles ein. Für die Herstellung hat der Verkäufer Schulterpolster im Wert von DM 2.000 kostenlos zur Verfügung gestellt.
Der Rechnungspreis für die Blusen beträgt DM 100.000,–. Hinzu kommen Transportkosten in Höhe von DM 8.000,–, von denen DM 3.000,– auf den Transport von Marseilles bis Köln entfallen. Die Versicherung bis Köln beträgt DM 1.500,–. Der Zollsatz ist 12 %.

Rechnungspreis	100.000,–
Schulterpolster	2.000,–
Transportkosten	
8.000,– – 3.000,– =	5.000,–
Versicherung	1.500,–
	108.500,–
	davon 12 % = 13.020,–

spätet festgestellt. Sofern der Einführer feststellt, daß z.B. aufgrund von Beschädigungen der Warenwert objektiv nicht mehr dem Rechnungspreis entspricht, sollte er versuchen, innerhalb der Frist von 20 Tagen, die ihm zwischen summarischer Zollanmeldung bzw. Gestellung und Zollantrag gewährt ist, durch Vereinbarung mit seinem Lieferanten eine herabgesetzte Rechnung zu erhalten und der Zollstelle vorzulegen. Andernfalls muß der Zoll auch für mängelbehaftete Ware nach dem normalen Tarif berechnet werden; Herabsetzungen der Zollschuld bedingen dann (ingsgesamt umständlicher) eine Berichtigung des Zollwerts durch die Zollstelle bei Nachweisen des niedrigeren Wertes und entsprechende *Erstattungs-* oder *Erlaßverfahren* (vgl. F-2.2, Ziff. (6)).
Gegenstand eines Rechtsstreits war die Zollwertbestimmung bei gefrorenem Rindfleisch. Dabei war die Frage strittig, ob ausgetretener Fleischsaft (Blutwasser) zum Zollgewicht der Ware gehört. Im konkreten Fall wurde entschieden, daß angefrorener Fleischsaft als Teil des Gefrierblocks zum Zollgewicht gehört, nicht hingegen ausgetretener flüssiger Fleischsaft, der mit der Verpackung vernichtet wird. (Strenggenommen ist das keine Problem der *Wert-*, sondern der *Mengen*ermittlung und damit des Zollbefundes.)
Auf den Zollwert ist als nächster Schritt dann der entsprechende Zollsatz anzuwenden. Der Zollwert wiederum wird bei der Ermittlung des EUSt-Wertes herangezogen. Vgl. dazu Abschn. F-3.3.1.

F-3.2. Zolltarif

Wie mehrfach ausgeführt, bezieht sich das «allgemeine» Zollrecht auf die Frage, *ob* und unter welchen Voraussetzungen und Bedingungen der grenzüberschreitende Warenverkehr zollpflichtig ist; das Zoll*tarif*recht bezieht sich hingegen darauf, in welcher Höhe Abgaben anfallen.
Die Außenzölle der EG gegenüber Drittländern ergeben sich aus dem **Zolltarif**, der zum einen eine *Beschreibung der Waren* (sog. **Nomenklatur**) und zum anderen die gegenüber Drittländern anzuwendenden) **Zollsätze** umfaßt. Für die EG sind diese Daten einheitlich im **Gemeinsamen Zolltarif** (GZT) enthalten. (Die *Abschöpfungen* bei Marktordnungswaren werden nicht durch den GZT, sondern durch die jeweiligen EG-Verordnungen festgesetzt). Das Zoll*tarif*recht, welches die Abgabenbelastung festlegt, ist – im Gegensatz zum Zollrecht, welches insbesondere auch *Verfahrensrecht* und weitgehend harmonisiertes *Gemeinschaftsrecht* ist – im Bereich von EGKS-Waren (Kohle und Stahl) noch zu großen Teilen in der nationalen Kompetenz der

Mitgliedstaaten, wenngleich die diesbezüglichen Zollsätze wiederum aufeinander abgestimmt sind. Die Höhe des Zolls richtet sich dabei nach dem **GZT**, in den die zolltariflichen Regelungen der EG aufgrund von z.B. **Präferenzabkommen, Zollaussetzungen** sowie **Anti-Dumping-** und **Ausgleichszöllen** eingearbeitet sind.
Der Begriff ‹Zolltarif› kann also in zweierlei Hinsicht verwendet werden: Zum einen bezieht er sich auf die konkreten *Zollsätze* als Prozentsätze des Zollwertes, zum anderen auf den Zolltarif im buchtechnischen Sinn, d.h. das physisch existente *Nachschlagewerk*, in dem alle tarifrelevanten Informationen zusammengefaßt sind. Der GZT hat keine eigenständige Rechtskraft, sondern ist eine redaktionelle, verwaltungstechnisch vereinfachende Zusammenfassung aller tarifrechtlich relevanten Bestimmungen, insbesondere aufgrund von Präferenzabkommen (vgl. dazu Abschn. F-4).

F-3.2.1. Nomenklatur

Die systematische Beschreibung der Waren – die sog. **Nomenklatur** oder synonym: das **Zolltarifschema** – basiert seit 1988 auf dem sog. **Harmonisierten System** zur Bezeichnung und Codierung von Waren (**HS**). Es ist eine Weiterentwicklung von früher bzw. teilweise noch heute verwendeten Systematiken. So gab es von 1950–1987 eine *Nomenklatur des Rates für die Zusammenarbeit auf dem Gebiet des Zollwesens (NRZZ; Customs Cooperation Council: CCC)* in Brüssel. Diese wiederum verfeinerte die *Standard International Trade Classification (SITC)*, ein internationales Verzeichnis für den Außenhandel, das im Rahmen der UNO vereinbart wurde und internationale statistische Vergleiche ermöglichen soll. (In der EG gab es zuvor damit überlappend die NIMEXE, die *Nomenklatur Import Export Europa*, sowie ein *Warenverzeichnis für die Statistik des Außenhandels der Gemeinschaft und des Handels zwischen den Mitgliederstaaten.)* Daneben gibt es spezielle – und unterschiedliche – Nomenklaturen im Transportbereich (Seefahrt, Eisenbahnverkehr, Luftfracht) und in verschiedenen regionalen Integrationsräumen. (Auch der ehemalige RGW/COMECON hatte eine eigene Nomenklatur, allerdings nicht mit Zöllen, sondern mit entsprechenden Gebühren.)
Die Vielfalt dieser Verzeichnisse erschwert(e) logischerweise sowohl statistische Zusammenfassungen und internationale Vergleiche als auch den Warenfluß, denn einer Ware mußten u.U. mehrfach andere Codes zugeordnet bzw. *Umcodierungen* vorgenommen werden, z.B. für Transportzwecke, für Versicherungszwecke, für Zwecke der Außenhandelsstatistik, für Zollzwecke, etc. Das HS stellt bedeutet daher

eine beträchtliche Harmonisierung dar, da es auf internationaler Ebene ausgearbeitet wurde und abgewendet wird – neben der EG u. a. von der EFTA, den USA, Kanada, Japan, Australien. Die wichtigsten Handelspartner der EG haben das HS übernommen, neben den Industriestaaten auch viele Entwicklungsländer, und es wird in Zukunft auch in vielen osteuropäischen Staaten angewendet werden. Das HS wurde zudem mit dem – anderen Zwecken dienenden – o. a. NIMEXE in einer **Kombinierten Nomenklatur der EG** (KN) zusammengefaßt. Die KN ergänzt die sechsstellige Codierung des HS um zwei weitere Stellen (vgl. Abb. F-3.2/1). Das HS bzw. die KN dient nicht nur Zollzwecken, sondern ist *multifunktional* für eine Vielzahl von statistischen Zwecken verwendbar. Die dem HS-Übereinkommen beigetretenen Staaten verpflichten sich, sowohl ihre Zolltarife als auch ihre Außenhandelsstatistiken nach der Nomenklatur des HS aufzubereiten.

Das HS gliedert sich in 21 Abschnitte und 97 Kapitel, und diese wiederum in über 1200 Positionen und über 5000 Unterpositionen, und ordnet jeder Ware eine Codenummer zu (vgl. Abb. F-3.2/1). Die ersten sechs Ziffern dieser Nummer sind in den Zolltarifen aller Länder, die das HS anwenden, gleich. Die Systematik besteht dabei – vereinfacht – darin, daß die Waren zu *Warengruppen* zusammengefaßt sind und dabei nach zunehmendem *Verarbeitungsgrad* geordnet sind: Unverarbeitete Güter wie z. B. lebende Tiere und Waren tierischen Ursprungs sind in Abschnitt I, Maschinen in Abschnitt XVI enthalten; innerhalb der Abschnitte gilt jeweils das analoge Prinzip, so daß z. B. im Abschnitt I lebende Tiere in Kapitel 1, Milcherzeugnisse in Kapitel 4 enthalten sind, etc. Die Oberbegriffe der **Positionen** werden in den **Unterpositionen** immer feiner aufgegliedert, wobei als Krite-

Abb. F-3.2/1: **Codierung im HS**

Beispiel:

Codenummer	Warenbezeichnung
5004 0010 0100	Seidengarne (...), roh, abgekocht oder gebleicht, ganz aus Seide
50	Kapitel HS
500**4**	Position HS
5004 **00**	Unterposition HS
5004 00**10**	Kombinierte Nomenklatur (KN)
5004 0010 **0**	nationale Statistik
5004 0010 0**01**	TARIC
5004 0010 001**0**	nationale Besonderheiten

rien u.a. dienen: Wirtschaftszweig (Lebensmittelindustrie), biologische Gattung (Krebstiere, Weichtiere), Rohstoff (Eisen), Anteil bestimmter Stoffe (Zucker-, Alkoholgehalt), Gewicht, Größe, Verarbeitung (geschliffen, poliert), Verwendungszweck (zum Verzehr), Zustand (gekühlt, flüssig), Form (in Barren, in Strängen), Verpackung (in Flaschen). Abb. F-3.2/2 macht dies beispielhaft deutlich.
Die Zuordnung von Waren in dieses Tarifschema erfordert ein sehr hohes Maß an *Warenkenntnis*, wobei in manchen Fällen die Sachkunde des Einführers der Zollstelle überlegen sein kann. Auch aus diesem Grunde ist es sinnvoll, daß der Einführer in der Zollerklärung die entsprechende Position angeben soll. In Problemfällen können auch *Tarifauskünfte* eingeholt werden (vgl. Abschn. F-3.4).

Abb. F-3.2/2: **Zolltarif** (Auszug)

	Abfälle und Schrott, aus Eisen oder Stahl; Abfallblöcke aus Eisen oder Stahl:
7204 10 000	– **Abfälle und Schrott, aus Gußeisen** (EGKS)
	– **Abfälle und Schrott, aus legiertem Stahl:**
7204 21 000	– – **aus nichtrostendem Stahl** (EGKS)
7204 29 000	– – **andere** (EGKS)
7204 30 000	– **Abfälle und Schrott, aus verzinntem Eisen oder Stahl** (EGKS)
	– **andere Abfälle und anderer Schrott:**
	– – **Drehspäne, Frässpäne, Hobelspäne, Schleifspäne, Sägespäne, Feilspäne und Stanz- oder Schneidabfälle, auch paketiert** (EGKS):
7204 41 100	– – – Drehspäne, Frässpäne, Hobelspäne, Schleifspäne, Sägespäne und Feilspäne
	– – – Stanz- oder Schneidabfälle:
7204 41 910	– – – – paketiert
7204 41 990	– – – – andere
	– – **andere** (EGKS):
7204 49 100	– – – geschreddert
	– – – andere:
7204 49 300	– – – – paketiert
	– – – – andere:
7204 49 910	– – – – – weder sortiert noch klassiert
7204 49 990	– – – – – andere
	– **Abfallblöcke:**
7204 50 100	– – aus legiertem Stahl (EGKS)
7204 50 900	– – andere (EGKS)

F-3.2.2. Der Deutsche Gebrauchszolltarif (DGebrZT)

Der **Deutsche Gebrauchszolltarif** (DGebrZT) wird beim *Bundesminister der Finanzen* herausgegeben. Dieses voluminöse Handbuch umfaßt in drei (bzw. vier, siehe unten) Bänden zahlreiche einfuhrrelevante Angaben und Rechtsvorschriften und gibt u.a. Auskunft über
- Zollsätze, ggf. Zollvergünstigungen,
- Ursprungsregeln,
- andere Eingangsabgaben,
- Genehmigungsbedürftigkeit,
- Zollkontingente,
- Verbote und Beschränkungen.

Band I (**Grundlagen**) – er ist ein Doppelband und besteht aus zwei getrennten Teilbänden – enthält die Warenbeschreibung (Nomenklatur) und eine 12stellige Codenummer, Angaben zur außenhandelsstatistischen Anmeldung und zur außenwirtschaftsrechlichen Behandlung (z.B. genehmigungsbedürftige Einfuhr, Erfordernis der Ursprungserklärung, VuB) sowie den EUSt-Satz, Band II (**Maßnahmenband**) enthält die Zollsätze nach dem GZT, Band III (**Fußnotenband**) enthält Anhänge (u.a. Anti-Dumping- und Ausgleichszölle), Listen (u.a. Länderlisten: AKP-Staaten, Maghrebstaaten etc.) und Anweisungen mit teilweise sehr umfangreiche Erläuterungen.

Die Unterteilungen innerhalb des Tarifs (**Warenlinien**) verdichten sich (vgl. Abb. F-3.2/3) – als Spalte 1 – in einer 12stelligen Codenummer, die hier am Beispiel 940599902100 verdeutlicht werden soll: Die ersten beiden Ziffern geben das **Kapitel** im HS wieder (94 = Möbel), die Ziffern drei und vier die sog. **Position** im HS, die fünfte und sechste Ziffer die **Unterposition** im HS, die siebte und achte Ziffer ergänzen die sechs HS-Ziffern zur **kombinierten Nomenklatur** (KN), die neunte Ziffer ergänzt die acht KN-Ziffern für weitere Zwecke *nationaler Statistik* (so daß diese neunstellige Nummer die Warennummer des (deutschen) **Warenverzeichnisses für die Außenhandelsstatistik** ist, das vom Statistischen Bundesamt in Wiesbaden herausgegeben wird und auch für Exportanmeldungen von Bedeutung ist), die zehnte und elfte Ziffer bezieht sich auf gemeinschaftsrechtliche Besonderheiten des **Integrierten Zolltarifs** der EG (*Tarif Integré Communitaire:* **TARIC**) (z.B. Zollaussetzungen), die zwölfte Ziffer bezieht sich auf *nationale Besonderheiten* (z.B. Einfuhrliste), weitere Ziffern können weitere codierte Angaben aufnehmen, z.B. des Marktordnungsrechts (Ziffern 13–16) oder des Verbrauchsteuerrechts (Ziffern 17–20).

Spalte 2 enthält die *Warenbeschreibung* (Warenbezeichnung), Spalte 3

Abb. F-3.2/3: **Zollsätze und tarifliche Zollfreistellungen**

Zeile	Codenummer	Warenbezeichnung	Zust.-Bereich	Einfuhrliste: Genehmigungsfrei/-bedürftig	Einfuhrliste: Bemerkungen	EUSt	Ber.-Nr.
	1	2	3	4	5	6	7
11	5004	Seidengarne (andere als Schappeseidengarne oder Bour-					
12		retteseidengarne), nicht in Aufmachungen für den Einzelverkauf					
13		– roh, abgekocht oder gebleicht					
14	**5004 0010 0100**	– – ganz aus Seide	09			R	
15		→TXT 130A/1301←					

Codenummer	Zollsätze: Beitrittsländer ES	Zollsätze: Beitrittsländer PT	Zollsätze: Drittländer	Zollsätze: Zollaussetzung (A) Zollkontingent (K)	Besondere Zollsätze: Allg. Zollpräferenzen (APS)	Besondere Zollsätze: CY, EFTA [AT, CH, FI, IS, NO, SE], FO, IL, KCM [KI, CE], MCH [EG, JO, LB, SY]. MGB [DZ, MA, TN], MT, TR, WB ÜLG [XB], AKP [XY], YU	Ber.-Nr.
8	9	10	11	12	13	14	15
5004 0010 0100	**frei**	**frei**	**4,9**	**2,5 (A 3) frei[295] (K 2502)**	**frei[009]**	**frei**	

– verschlüsselt – die für eventuelle *Genehmigungen* zuständige Behörde (z.B. BAW (01–20), BALM (00); vgl. Abschnitt E-3.4; die Schlüsselzahlen werden in den Anmerkungen des DGebrZT erläutert). Spalte 4 enthält Angaben über die *Genehmigungsbedürftigkeit* von Einfuhren, wobei die konkreten Bedingungen in dreiziffrigen Fußnoten präzisiert werden, die in einer Fußnotenliste im Band 3 enthalten sind: z.B. bedeutet die Fußnote 262 in Abb. F-3.2/3, daß die Einfuhr genehmigungsbedürftig ist, wenn der Ursprung der Ware die Republik Südafrika ist. Spalte 5 enthält Angaben über vorzulegende *Unterlagen* (U = Ursprungszeugnis, UE = Ursprungserklärung, EE = Einfuhrerklärung aufgrund deutscher Vorschrift, EEG = Einfuhrerklärung aufgrund EG-Vorschrift, EKM = Einfuhrkontrollmeldung, L = Einfuhrlizenz, usw.), Spalte 6 enthält den *EUSt-Satz* (R = Regelsatz, E = ermäßigter Satz, F = frei), Spalte 7 die *Fundstelle* der letzten Berichtigung der Vorschrift. Auf die Spalten 8–15, die im Band 2 enthalten sind, wird in den folgenden Abschnitten eingegangen.

F-3.2.3. Zollsätze

Die im DGebrZT aufgeführten Zollsätze sind grundsätzlich *Importzölle* gegenüber *Drittländern*; sie üben eine **Schutzzollfunktion** aus. Die überwiegende Mehrzahl der Zollsätze sind **Wertzölle** (Spalte 11 in Abb. F-3.2/3). Nur bei wenigen Tarifpositionen gibt es **spezifische Zölle**, dagegen bei vielen Positionen **Mischzölle** (vgl. Abschn. C-2.2.1.2). Für neue Mitglieder der Gemeinschaft gelten bzw. galten bis zum endgültigen Abbau der Binnenzölle **Übergangszölle** (Spalten 9 und 10 für Spanien bzw. Portugal). Spalte 12 enthält Angaben über **Zollaussetzungen** und **Kontingente** (vgl. den nächsten Abschnitt). Daneben gibt es **besondere Zollsätze** (Spalten 13 und 14), d.h. günstigere Zollsätze für sonstige Einfuhren aus solchen *Drittländern*, für die gemäß Spalte 11 aufgrund von einseitigen oder gegenseitigen **Präferenzabkommen** besonders günstige Sätze angewendet werden, so für Einfuhren aus Entwicklungsländern im Rahmen des **Allgemeinen Präferenzsystems (APS)**; Spalte 12; hierfür ist ein besonderer *Präferenznachweis* **Form A** erforderlich (vgl. Abschn. F-4.5). Sofern in Spalte 13 Zahlen stehen, handelt es sich i.d.R. um eine Einschränkung des APS für bestimmte Entwicklungsländer oder bezüglich anderer Präferenzabkommen (Spalte 14), beispielsweise der Assoziierungsabkommen mit der Türkei, Ungarn, Polen und der Tschechischen und der Slowakischen Republik, der Freihandelsabkommen mit den EFTA-Staaten, der Präferenzabkommen mit den Mittelmeerstaaten

oder des Präferenzabkommens mit den AKP-Ländern im Rahmen des Lomé-Vertrags (vgl. auch Abb. F-3.2/3 und unten Abb. F-4.1/1).
Die Inanspruchnahme besonderer Zollsätze bedarf des Nachweises, daß die betreffenden Waren ihren Ursprung in den begünstigten Drittländern haben (Präferenznachweis). Vgl. zu Warenursprung und Präferenzen F-4.

F-3.2.4. Zollfreistellungen

Bei der Abfertigung von Waren zum freien Verkehr ist zu prüfen, ob sie zu verzollen sind oder ob eine **Zollfreistellung** vorliegt. Zollfreistellungen können auf *tarifliche* oder *außertarifliche* Gründe zurückzuführen sein.

(a) **Tarifliche Zollbefreiung**
Bei tariflichen Zollfreistellungen weist der Zolltarif in der Warenlinie einen Zollsatz von Null aus («frei» in Abb. F-3.2/3). Dies kann grundsätzlich gelten oder ein **Präferenzzollsatz** sein wie bei Rostoffeinfuhren aus **AKP-Ländern** oder im Rahmen von *Freihandelsabkommen*. Tarifliche Begünstigungen verfolgen demnach ökonomische Ziele wie die Handelsförderung oder die Sicherung der Rohstoffversorgung oder auch entwicklungspolitische Ziele.
Bei **Zollaussetzungen** werden ermäßigte oder Nullzollsätze vorübergehend, d.h. zeitlich befristet, meist für die Dauer eines Jahres, angewendet, wobei aber keine mengenmäßigen Einfuhrbeschränkungen bestehen; es handelt sich also nicht um Kontingente. Die Zollaussetzung kann allgemein gelten oder auf bestimmte Ursprungsländer beschränkt sein. In Abb. F-3.2/3 beispielsweise wird in Spalte 12 auf eine Zollaussetzung (A 3) verwiesen, während deren Laufzeit statt des Drittlandszolls von 4,9% ein ermäßigter Zollsatz von 2,5% erhoben wird. Nach Ablauf der Aussetzungsfrist tritt der Drittlandszoll wieder in Kraft (Abb. F-3.2/4).
Bei **(Zoll-)Kontingenten** hingegen ist die Zollbegünstigung (Zoll*freistellung* oder *Präferenzzoll*) auf ein mengen- oder wertmäßig definiertes und zeitlich befristetes Kontingent begrenzt; ist das Kontingent erschöpft, werden wieder die normalen Drittlandszollsätze angewendet. Abb. F-3.2/4 verweist in Spalte 12 auf die Zollfreiheit im Rahmen des Kontingents Nr. 2502. Kontingente werden für die EG insgesamt definiert und nach Quoten auf die Mitgliedstaaten verteilt. Auskunft über die Zollkontingente erteilt die «**Zentralstelle Zollkontingente**» bei der OFD Düsseldorf (vgl. Abschn. E-4.5 allgemein zu Kontingentverfahren).

Abb. F-3.2/4: Aufhebung von Zollpräferenzen

EG-Zollpräferenzen aufgehoben

Köln (BfAI) – Für die nachstehenden Waren aus Entwicklungsländern werden bei der Einfuhr in die EWG die allgemeinen Zollpräferenzen nicht mehr gewährt und die Drittlandszollsätze wieder eingeführt:

– ex Zolltarifposition (ZT-Pos.) 84.14: Vakuumpumpen, Luftpumpen und Kompressoren (Brasilien, ab 24. 1. bis 30. 6. 91);

– ex ZT-Pos. 42.03: Bekleidung und Bekleidungszubehör mit Ausnahme von Arbeitsschutzhandschuhen (VR China, ab 4. 2. 91)

Tarifliche Zollfreistellungen bzw. Präferenzzölle haben grundsätzlich keinen Einfluß auf die Erhebung der anderen *Eingangsabgaben*, d.h. unbeschadet der Zollfreiheit können z.B. EUSt oder Abschöpfungen oder Verbrauchsteuern zu entrichten sein.

(b) Außertarifliche Zollbefreiung

Bei **außertariflichen Zollbefreiungen** wird auf die Zollerhebung verzichtet, obgleich in der Warenlinie des Zolltarifs ein Zollsatz ausgewiesen ist. Dies geschieht z.B. aus humanitären Gründen (Katastrophenhilfe), aus kulturellen Gründen (Erwerb von Kunstschätzen), zur Förderung des Tourismus (Zollbefreiung des Reiseverkehrs), zur Verwaltungsvereinfachung (Grenzverkehr), etc. Grundsätzlich handelt es sich dabei um Motive, die keinen Einfluß auf den *Wettbewerb* und *fiskalisch* geringe Bedeutung haben.

Im Unterschied zu tariflichen Zollbefreiungen bedeutet eine außertarifliche Zollbefreiung daher i.d.R. auch eine *Befreiung* von den anderen eventuell anfallenden *Eingangsabgaben*. Es wäre wenig verständlich, wenn Sanitätszelte im Rahmen von Katastrophenhilfe zwar zollfrei eingeführt werden dürften, gleichwohl aber EUSt zu entrichten wäre.

Von besonderer Bedeutung sind bei der außertariflichen Zollbefreiung folgende Fälle:

Bei **Rückwaren** handelt es sich um Waren, die zunächst «endgültig» aus dem Zollgebiet ausgeführt worden sind, jedoch unverändert wieder in das Zollgebiet verbracht werden sollen, z.B. aufgrund von *Mängelrügen*, oder weil sie in einem ausländischen Konsignationslager gelagert waren oder weil sie vorübergehend im Zollausland *verwendet* worden sind (z.B. Straßenbaumaschinen). Die Zollanmeldung ist in diesen Fällen zu ergänzen durch eine spezielle Rückwarenerklärung (Abb. F-3.2/5). Rückwaren sind abzugrenzen gegen Waren, die

Abb. F-3.2/5: **Rückwarenerklärung**

Zutreffendes ankreuzen ☒ oder ausfüllen **(§ 37 Abs. 5 AZO)**

Rückwarenerklärung

Blatt 1 – Für die Zollstelle

1) Nur auszufüllen, wenn die Waren aus dem deutschen Zollgebiet ausgeführt worden sind.
2) Nicht erforderlich nach zugelassener Freihafenlagerung.
3) Listen der verbrauchsteuerpflichtigen Waren im Teil II des Deutschen Gebrauchs-Zolltarifs.

Hinweis nach § 9 Abs. 2 Bundesdatenschutzgesetz
Zu den Angaben in diesem Vordruck sind Sie insbesondere nach § 37 Abs. 5 Satz 1 Allgemeine Zollordnung und § 1 Abs. 3 Einfuhrumsatzsteuer-Befreiungsverordnung verpflichtet.

Zollstelle, Nr., Datum

Angaben über die Ausfuhr der Waren

1. Ausführer (Name oder Firma, Anschrift)

   Dieter Weigel KG, 8960 Kempten, Winterstraße 16

2. Zeitpunkt (ggf. Zeitraum) der Ausfuhr

   01.04.1992

3. Empfänger (Name oder Firma, Anschrift)

   Firma ESSEX, Ney York N.Y., USA

4. Die Waren sind ausgeführt worden
   - [X] aus dem deutschen Zollgebiet.
   - [ ] aus dem übrigen Zollgebiet der Gemeinschaft.
   - [X] aus dem freien Verkehr.
   - [ ] aus der Freigutverwendung.
   - [ ] nach aktiver Veredelung.
   - [ ] aus der bleibenden Zollgutverwendung.

5. [X] Die Waren sind nicht im Rahmen einer passiven Veredelung ausgeführt worden.

6. [X] Anläßlich der Ausfuhr der Waren sind Zoll oder auch Einfuhrumsatzsteuer nicht erlassen, erstattet oder vergütet worden.

Besondere Angaben für die Einfuhrumsatzsteuer [1] [2]

7. Die Waren sind nach der Ausfuhr (siehe Feld 2) und vor ihrer Wiedereinfuhr
   - [X] nicht verkauft (nicht geliefert) worden.
   - [ ] verkauft (geliefert) worden.

8. - [X] Die Waren sind im Rahmen einer umsatzsteuerfreien Ausfuhrlieferung ausgeführt worden.
   - [X] Derjenige, der die Auslieferung bewirkt hat, erhält die Waren zurück und ist hinsichtlich dieser Waren zum vollen Vorsteuerabzug berechtigt.

9. [ ] Die Waren sind im Außengebiet zu humanitären, karitativen oder erzieherischen Zwecken verwendet und im Rahmen der Steuervergütung von der Umsatzsteuer (einschließlich Einfuhrumsatzsteuer) entlastet worden.

Besondere Angaben bei Marktordnungswaren

10. Anläßlich der Ausfuhr der Waren
    - [ ] ist eine Ausfuhrabgabe erhoben worden.
    - [ ] sind die Förmlichkeiten für Ausfuhrvergünstigungen im Rahmen der gemeinschaftlichen Agrarpolitik erfüllt worden.

11. [ ] Für die Waren hat eine Verpflichtung zur Ausfuhr auf Grund von Vorschriften über den Absatz von Interventionswaren bestanden.

Besondere Angaben bei verbrauchsteuerpflichtigen Waren [3]

12. [ ] Die Waren sind aus dem verbrauchsteuerrechtlich freien Verkehr ohne Inanspruchnahme einer Steuervergünstigung (Befreiung, Erlaß, Erstattung, Vergütung) aus dem Erhebungsgebiet/Monopolgebiet ausgeführt worden.

Angaben über die Wiedereinfuhr der Waren

13. Anlaß der Wiedereinfuhr

    Mängellrüge (s. Schriftwechsel)

14. Die Waren sind außerhalb des Zollgebiets wie folgt behandelt (bearbeitet, verarbeitet oder ausgebessert) worden

    Entgelt für die Behandlung (DM) keine Behandlung

15. Außerhalb des Zollgebiets zugefügte Bestandteile oder auch Zubehörstücke (Art, Menge, Entgelt)

16. Ort, Datum, Unterschrift

    Kempten, 16.08.1992

    Weigel

    Anlagen
    - [X] Ausfuhrpapier (z. B. Ausfuhrerklärung)
    - [ ] Ausfuhrlizenz
    - [ ] Vorausfestsetzungsbescheinigung
    - [ ] Ausfuhrbescheinigung
    - [ ] Ausgangsrechnung
    - [X] Schriftwechsel

    Sonstige (z. B. Auskunftsblatt INF 3)

im Rahmen *passiver Veredelungsverkehre* wieder in das Zollgebiet verbracht werden (vgl. Abschn. F-5.3.2 u. -5.3.3); sie müssen daher bestimmte *Voraussetzungen* erfüllen:
Die *Nämlichkeit* ist nachzuweisen, die Rückverbringung muß innerhalb von *drei Jahren* erfolgen (Marktordnungswaren innerhalb von 12 Monaten), der Wiedereinführer muß mit dem Ausführer *identisch* sein, die Waren müssen in *unverändertem* Zustand zurückgebracht werden: Sie dürfen zwar verwendet, nicht aber behandelt worden sein, d.h. es darf keine Wertsteigerung erfolgt sein (anderfalls wäre ein passiver Veredelungsverkehr zu beantragen).
Weitere wichtige, praxisrelevante Beispiele für insgesamt eingangsabgabenfreie Warenbewegungen sind unverkennbar nur als *Muster und Proben* dienende Waren, Ge- und Verbrauchsgüter für *Ausstellungen* (vgl. auch Abschn. F-5.4.2: *Carnet-ATA*), Ausrüstungen verlegter Betriebe, Übersiedlungs-, Heirats-, Erbschafts- und Diplomatengut, Reisemitbringsel, Tierfutter, Treibstoffe in Kraftfahrzeugen, u.v.m. (vgl. dazu auch Abschnitt F-5.4.4).

F-3.2.5. Tarifauskünfte

In den vorangehenden Ausführungen wurde bereits deutlich, daß die Entscheidung über die Zuordnung von Waren zu den Positionen des Zolltarifs (Tarifierung bzw. Einreihung) erhebliche *Warenkunde* voraussetzt. Zudem kann zwischen Zollbeteiligten und Zollverwaltung ein *Interessenkonflikt* bestehen, indem erstere in Zweifelsfällen eher einer Eingruppierung mit niedrigerem, letztere mit höherem Zollsatz zuneigen mögen. Unrichtige Tarifierungen bei der Einfuhr können folglich innerhalb des Verjährungszeitraums durchaus zu *Nachforderungen* seitens der Zollbehörden oder *Erstattungsansprüchen* seitens der Zollbeteiligten führen (vgl. oben Abschn. F-3.2).
Um derartige Probleme zu vermeiden, bietet es sich an, eine **verbindliche Zolltarifauskunft** einzuholen (Abb. F-3.2/6). Dies kann (gebührenfrei) bei den **Zolltechnischen Prüf- und Lehranstalten** in Frankfurt, München, Berlin, Hamburg und Köln beantragt werden, allerdings nur für konkret in Betracht gezogene Handelsgeschäfte, also nicht ‹nur so›. Diese Auskunft bindet – aufgrund einer EG-Verordnung des Rates aus dem Jahr 1990 – alle Zollabfertigungsstellen des auskunfterteilenden *Mitgliedstaates* (aber auch die Zollbeteiligten) unter sonst gleichen Voraussetzungen für maximal sechs Jahre für Einfuhren *nach* Erteilung der Auskunft. Es ist geplant, diese Bindung auf *alle* Mitgliedstaaten auszudehnen. Für die Anwendung der Zolltarifauskunft muß sichergestellt werden, daß die gestellte Ware der in der Tarifaus-

Abb. F-3.2/6: **Verbindliche Tarifauskunft**

Oberfinanzdirektion Hamburg
Zolltechnische Prüfungs- und Lehranstalt

3926 9099

ZTA 18/1988

Zolltechnische Prüfungs- und Lehranstalt der Oberfinanzdirektion Hamburg, Baumacker 3, 2000 Hamburg 54

2000 Hamburg 54, 24. September 1987
Baumacker 3
Postfach 54 09 69
Tel. (040) 57 21 - (1)
Durchwahl 57 21 - 265

Firma
Carl Freudenberg
Postfach 13 69

6940 Weinheim

(Ersatz für die mit Ablauf des 31.12.1987 außer Kraft tretende vZTA 242/1987 vom 24. Juli 1987 - Tarifstelle 39.07 B V d))

VERBINDLICHE ZOLLTARIFAUSKUNFT
über

R W D R - Wellendichtringe CFW 102 und CFW 112

Auf Ihren Antrag vom
(Datum)

25. August 1987 **, der zuletzt von Ihnen ergänzt wurde am**
(Datum)

--- **, wird festgestellt, daß diese Ware als**

Wellendichtringe, charakterbestimmend aus Kunststoff

in die Unterposition

3926 9099 des Zolltarifs (Kombinierte Nomenklatur)

einzureihen ist.

Ihre Beschaffenheit entspricht der zu meiner außer Kraft tretenden

verbindlichen Zolltarifauskunft ZTA 242/1987 **gekennzeichneten Warenprobe.**

Diese Auskunft tritt außer Kraft, wenn die in ihr angewendeten Rechtsvorschriften geändert werden, spätestens am

(Datum)
01. Januar 1994

Durch diese Auskunft sind folgende Zollstellen gemäß § 23 Zollgesetz gebunden:

keine

kunft beschriebenen Ware in jeder Hinsicht entspricht. Eine Tarifauskunft kann gleichfalls für *Ausfuhrwaren* angefordert werden.
Daneben besteht die Möglichkeit einer **unverbindlichen Tarifauskunft**, die auf Anfrage jede Zolldienststelle bzw. die Zoll-Lehranstalten (ZLA) erteilen. Bei einzelnen OFDen (Frankfurt/M., Dortmund, Münster) sind zudem *Zentrale Auskunftsstellen für unverbindliche Zolltarifauskünfte* eingerichtet worden. Diese stützen sich auf das – computergestützte – «Tarifierungsunterstützungs- und Suchsystem» (System TAUNUS). Grundsätzlich sollte in allen Zweifelsfällen, die den Außenwirtschafts- bzw. Zollbereich betreffen, über die zuständigen Zolldienststellen oder Industrie- und Handelskammern eine Klärung oder Vermittlung an kompetente Stellen möglich sein.

F-3.3. Steuerliche Aspekte

Die **Zollabfertigung** umfaßt neben der *zollrechtlichen* und *außenwirtschaftsrechtlichen* Behandlung auch die *steuerrechtliche* Abfertigung. Dabei sind auf der Einfuhrseit die **Einfuhrumsatzsteuer (EUSt)** und die verschiedenen **Verbrauchsteuern** zu beachten (*bitte nicht:* Verbrauch*s*steuern; man sagt auch nicht Tabak*s*steuer). Seit dem 1. 1. 93 entfällt jedoch der *Steuertatbestand der Einfuhr* beim Verbringen von Waren aus anderen EG-Staaten. Die folgenden Ausführungen gelten demnach nur für Einfuhren aus Drittländern. Die nachfolgenden Darstellungen beschränken sich nur auf einige wichtige Aspekte; eine umfassende Darstellung der steuerrechtlichen Probleme würde den Rahmen sprengen. Die Betrachtung erfolgt im wesentlichen aus deutscher Sicht.
Die sog. **indirekten Steuern** (Mehrwertsteuer (MWSt) und die Verbrauchsteuern) sollen vom Sinn her den Endverbraucher belasten (sog. **Verkehrsteuern**), d.h. sie werden prinzipiell vom Endverbraucher beim Kauf entrichtet, und der Verkäufer führt sie an die Steuerbehörden ab. Um diesen Grundsatz auch beim grenzüberschreitenden Warenverkehr zu gewährleisten, muß das sog. **Verbrauchsland**- oder **Bestimmungslandprinzip** angewendet werden: Die Steuern werden nicht im Land des Herstellers oder Verkäufers erhoben (**Ursprungslandprinzip**), sondern im «Import»land. Bei der *Versendung* bzw. beim *Export* müssen sie folglich von den indirekten Steuern *entlastet* werden, um eine Doppelbesteuerung zu vermeiden. Steuerrechtlich liegt dabei eine bedingte Abgabenbefreiung vor. Dies war in der EG die Situation bis 31. 12. 92.
Seit Realisierung des Binnenmarktes ab 1. 1. 93 gibt es daher nun drei

Steuerwelten: die nationale deutsche, d.h. für Umsätze *innerhalb der Bundesrepublik* (hierauf wird nicht weiter eingegangen), die bisherige, weiterhin gültige für den Warenverkehr mit *Drittländern* (Abschn. F-3.3.1–2) sowie die innergemeinschaftliche, d.h. für Warenbewegungen *innerhalb der EG*, für die eine **Übergangsregelung** bis mindestens 1997 gilt (Abschn. F-3.3.3).

F-3.3.1. Einfuhrumsatzsteuer (EUSt)

Die **Einfuhrumsatzsteuer** (EUSt) ist das außenwirtschaftliche Pendant zur **Mehrwertsteuer** (MWSt) auf inländische Warenumsätze. Die EUSt wird bei der Einfuhr von Waren aus Drittländern in das deutsche Zollgebiet erhoben, damit Waren, die i.d.R. von der Umsatz- bzw. Mehrwertsteuer des Exportlandes befreit sind – so auch in der Bundesrepublik –, eine analoge Belastung wie inländische Waren erfahren. Der Käufer muß folglich auf eingeführte Waren dieselben Steuern bezahlen wie auf inländische (sog. **Verbrauchsland-** oder **Bestimmungslandprinzip**; vgl. auch Abschn. F-3.3.3). Ausfuhren in Drittländer sind von der MWSt befreit.

Exkurs:

Eine **Umsatzsteuer** (USt) belastet den vollen Wert der Umsätze auf *jeder* Produktions- bzw. Handelsstufe, eine **Mehrwertsteuer** (**MWSt**) nur die *Differenz* zwischen diesen Werten, eben den Mehrwert oder volkswirtschaftlich: die **Wertschöpfung**. Technisch werden bei einer MWSt zwar die jeweiligen Umsätze (Verkäufe) belastet, doch kann der Verkäufer, der diese Steuern vom Käufer ‹kassiert› und an die Steuerbehörden abzuführen hat, all die Steuern abziehen, die er seinerseits bei Einkäufen auf Vorleistungen bezahlen mußte (sog. **Vorsteuerabzug**). Faktisch überweist der Verkäufer also tatsächlich nur den Steueranteil auf die Wertschöpfung an sein Finanzamt, wälzt diesen aber an seinen Käufer weiter. Da der Endverbraucher dies nicht kann und als privater Käufer nicht zum Vorsteuerabzug berechtigt ist, trägt er die volle Belastung durch die MWSt.

Bei einem Umsatzsteuer-System i.e.S. (sog. *Brutto-Allphasen-Steuer*) erhöht sich die *Steuerbelastung* für ein Gut, je mehr Produktions- bzw. Handelsstufen zwischengeschaltet sind. Dies stellt einen Anreiz dar zur vertikalen *Konzentration*, d.h. z.B. zu einem Aufkauf vor- oder nachgelagerter Produktions- oder Handelsstufen (Stichwort: *Konzentration von Marktmacht*), während bei einem MWSt-System die Anzahl der Produktions- oder Handelsstufen hinsichtlich der letztendlichen Steuerbelastung für den Konsumenten – wegen des Vorsteuerabzugs – unerheblich ist. MWSt-Systeme sind folglich konsumentenfreundlicher als USt-Systeme i.e.S. Allerdings ist auch die MWSt eine Steuer auf Umsätze, so daß sie als *Spezialfall* einer USt anzusehen ist.

Die **Bemessungsgrundlage** der EUSt ist der **EUSt-Wert.** Er ergibt sich (vereinfacht) als Summe aus

Zollwert
\+ nicht im Kaufpreis enthaltene ausländische Steuern und Abgaben (z.B. Exportzölle)
\+ Zoll, Abschöpfung, Verbrauchsteuern außer EUSt
\+ Beförderungskosten bis zum ersten Bestimmungsort im Einfuhrland (Fracht-, Lade-, Lager-, Behandlungs-, Versicherungskosten) (sofern diese nicht bereits im Zollwert enthalten sind) (der erste Bestimmungsort ergibt sich meist aus dem Transportdokument, z.B. dem Frachtbrief)
\+ Einkaufsprovisionen
= EUSt-Wert

Abb. F-3.3/1 enthält ein Beispiel für die Berechnung des EUSt-Wertes. Die Tatsache, daß die Eingangsabgaben (Zölle, Abschöpfung, Verbrauchsteuern) in den EUSt-Wert einbezogen sind, ist schwer einzusehen, denn dies bedeutet die *Besteuerung von Steuern.* Sofern (steuerrechtlich) eingeführte Ware keinem Wertzoll unterliegt (z.B. bei Warenbewegungen innerhalb der EG), wird die EUSt vom Entgelt (Preis) erhoben. Die EUSt ist damit wie die inländische MWSt für die Unternehmen ein durchlaufender Posten, da sie gemäß § 15 UStG als Vorsteuer von der an das Finanzamt abzuführenden Umsatzsteuer abzuziehen ist, sofern die Importware weiterverkauft wird.

Abb. F-3.3/1: **Berechnung des EUSt-Werts**

Unter Verwendung des Beispiels aus Abb. F-3.1/3 ergibt sich:

Zollwert	108.500,–
zu zahlender Zoll	13.020,–
Transportkosten EG	3.000,–
Bemessungsgrundlage	124.520,–
davon 15 % =	18.678,–

An Eingangsabgaben zu zahlen sind somit

13.020,–	Zoll
18.678,–	EUSt
31.698,–	

Mit Realisierung des Binnenmarktes entfällt der Steuertatbestand der Einfuhr aus anderen *EG-Staaten* (nicht jedoch bei Einfuhren aus Drittländern) und somit die EUSt auf EG-Einfuhren. Statt dessen gelten im Zusammenhang mit der Harmonisierung der **Mehrwertsteuern** in der EG bestimmte Übergangsregelungen. Hierauf wird im Abschn. F-3.3.3 eingegangen.

F-3.3.2. Verbrauchsteuern

Verbrauchsteuern sollen vom fiskalischen Sinn her den Endverbraucher belasten; daher ist auch für sie das **Bestimmungslandprinzip** sinnvoll. Um dies zu erreichen, müssen die betreffenden Güter bei der Ausfuhr von diesen Steuern entlastet werden; auch hier gilt eine bedingte Abgabenbefreiung.
Die Verbrauchsteuern umfassen in der Bundesrepublik Steuern auf den Kauf von Mineralöl, Branntwein, Bier, Schaumwein (Sekt), Tabak, Kaffee (die Steuern auf Tee, Zucker, Salz und Leuchtmittel – sog. «*Bagatellsteuern*» – sind durch Beschluß der Bundesregierung zum 1. 1. 93 entfallen). Für jede Steuer gibt es ein eigenes Verbrauchsteuergesetz. Da auch die Mehrwertsteuer eine Steuer ist, die den Verbrauch belastet, werden die anderen Verbrauchsteuern auch als **Sonderverbrauchsteuern** bezeichnet. Die Verbrauchsteuern sind in den (noch) zwölf EG-Staaten recht unterschiedlich strukturiert. Dies betrifft sowohl die Steuergegenstände (z.B. gibt es in Deutschland keine Weinsteuer und keine Steuern auf nicht-alkoholische Getränke, aber in vielen anderen EG-Staaten) als auch die Steuersätze, die bei den Verbrauchsteuern (noch) in *jedem* EG-Staat anders sind (pro Steuer also 12 verschiedene Sätze). Um eine Gleichbehandlung von Inlandskäufen und Bezügen aus dem Ausland sicherzustellen, werden eingeführte Waren mit denselben Verbrauchsteuern belastet wie inländische Warenkäufe, während umgekehrt die Waren bei der Ausfuhr im Ausfuhrland entsprechend entlastet werden.
Im privaten Bereich, insbesondere im Reiseverkehr, ist dies nicht durchführbar. Daher gab es früher mengen- und wertmäßigen Begrenzungen für abgabenfreie Einfuhren (sog. **Reiseproviantmengen**). Durch den Wegfall der Grenzkontrollen entfallen folglich auch diese Begrenzungen.
Während die vorangehenden Ausführungen grundsätzlich für den Warenverkehr mit **Drittländern** gelten, geht der folgende Abschnitt auf einige Aspekte im Zusammenhang mit der Realisierung des **Binnenmarktes** ein.

F-3.3.3. Steuerharmonisierung in der EG

F-3.3.3.1. Mehrwertsteuer

Die Mehrwertsteuerstrukturen der derzeitigen 12 EG-Länder zeichnen sich durch eine verwirrende Vielfalt aus: Einige Länder haben nur zwei Steuersätze (**Normalsatz, ermäßigter Satz**) (z.B. Bundesrepublik, Niederlande), andere haben *verschiedene* ermäßigte Sätze für unterschiedliche Steuertatbestände (z.B. Belgien, Italien), einige Länder haben **erhöhte Steuersätze** («**Luxussteuersätze**») (z.B. Italien, Frankreich), andere nicht; einige Länder haben (noch) einen **Nullsatz** (Steuerbefreiung) (z.B. Belgien, Großbritannien) (läuft aus). Die Normalsteuersätze streuen (10/1992) zwischen 13% (Spanien) und 25% (Dänemark), die erhöhten Steuersätze reichen bis zu 38% (Italien). Irland hat fünf verschiedene MWSt-Sätze.

Aus dem Grundsatz des **Bestimmungslandprinzips** folgte bei der MWST bislang ein Umsatzsteuerausgleich an der Grenze: Die MWSt als Endverbrauchsteuer wurde bisher bei der Ausfuhr aus der Bundesrepublik erstattet bzw. es wurde auf die Erhebung verzichtet und bei der Einfuhr nach Frankreich die entsprechende französische MWSt von rd. 19% erhoben (außer im Reiseverkehr); Analoges gilt für die Einfuhr von Frankreich nach Deutschland. Dies ist wettbewerbsneutral, denn damit wird gewährleistet, daß eine im Inland gekaufte Ware dieselbe MWSt-Belastung trägt wie eine importierte. Die dadurch erforderliche Prozedur des Grenzausgleichs würde – im Hinblick auf die Steuerbelastung der Ware – nur im Falle gleicher Steuerstrukturen überflüssig sein.

Mit der Realisierung des Binnenmarktes entfallen aber alle Grenzkontrollen, also auch der steuerliche Grenzausgleich. Um Wettbewerbsverzerrungen zu vermeiden, müßten folglich die MWSt der EG-Länder harmonisiert werden. Dies bezieht sich auf die Steuerbemessungsgrundlage, die Anzahl und die Höhe der Steuersätze. Ab 1993 wird ein Normalsatz von 15% angewendet. Daneben haben die Länder die Möglichkeit, einen oder zwei ermäßigte Steuersätze von mindesten 5% anzuwenden. Für Nullsätze bestehen Übergangsregelungen. Insgesamt wird die Harmonisierung länderindividuell zu spezifischen Problemen führen: Beispielsweise finanziert Dänemark über den Normalsatz von 25% sein Sozialversicherungssystem. Eine Reduzierung auf z.B. harmonisierte 15% würde eine totale Veränderung des entsprechenden Finanzierungssystems bedingen. Kein Wunder, daß die Bereitschaft dafür recht gedämpft ist.

Daneben besteht aber noch eine andere fiskalische Problematik: Bei

der Einfuhr nach Deutschland wird bislang die MWSt (als EUSt) beim deutschen Verbraucher erhoben und fließt dem deutschen Fiskus zu, bei einem Verkauf innerhalb Frankreichs aber dem französischen Fiskus. Folglich besteht ein Interesse exportstarker Staaten wie der Bundesrepublik, den Steuertatbestand vom Verbrauch auf die Herstellung zu verändern und statt des Bestimmungslandprinzips das Ursprungslandprinzip anzuwenden. Dies soll – nach den Vorstellungen der EG-Kommission, die sich u.a. mit denen der Bundesrepublik decken – ab 1. 1. 1997 auch geschehen. Grenzüberschreitende Lieferungen zwischen Unternehmen innerhalb der EG werden dann wie Umsätze im Inland besteuert. Damit wird auch der Export mit der MWSt belastet, und die Steuereinnahmen fließen nun nicht mehr dem Importland, sondern dem Exportland zu. Wird die Ware im Importland weiterverkauft, kann die vom Exporteur auf den Importeur überwälzte Steuer im Importland als Vorsteuer geltend gemacht werden.
Diese Umstellung der fiskalischen Ströme würde erhebliche Veränderungen mit sich bringen, denn Netto-Import-Staaten, d.h. solche mit defizitärem Außenhandel, würden auf bisherige Steueranteile verzichten müssen. Um die Nachteile des Ursprungslandprinzips für die betroffenen Staaten auszugleichen, ist – bis zu einer Harmonisierung der Steuersysteme – ein **Ausgleichsystem** (**Clearingsystem**) vorgesehen. Eine noch zu schaffende **Clearingstelle** soll als supranationale Behörde für einen Ausgleich sorgen: Staaten als Netto-Exporteure sollen an die Clearingstelle zahlen, Netto-Importeure Zahlungen erhalten, so daß die Staaten – trotz der Umstellung auf das Ursprungslandprinzip – dieselben MWSt-Einnahmen erhalten wie nach dem gegenwärtigen Bestimmungslandprinzip. Nach heutigen Daten würden die Bundesrepublik, Belgien/Luxemburg und die Niederlande an die Clearingstelle zahlen, alle übrigen EG-Länder würden Zahlungen erhalten. Die Finanzbehörden müßten monatlich Aufstellungen für die Clearingstelle erbringen.
Der EG-Ministerrat hat jedoch bislang keine eindeutige Entscheidung für das Ursprungslandprinzip gefällt. Für gewerbliche Warenlieferungen gilt nach wie vor weitgehend die Besteuerung nach dem Bestimmungslandprinzip. Dies erfordert eine technisch ziemlich komplizierte **Übergangsregelung**, die mindestens bis 1997 gelten wird: (1) Waren, die im Lieferland mit MWSt belastet wurden, dürfen ohne mengen- oder wertmäßige Beschränkung in ein anderes EG-Land gebracht werden, sofern sie dem **privaten Verbrauch** zugerechnet werden können *(Ursprungslandprinzip)*; dies trifft insbesondere auf den Reiseverkehr zu. (2) **Gewerbliche Lieferungen** (Unternehmen an Unternehmen) werden wie bisher erst im Bestimmungsland versteuert. Der

Verkäufer berechnet keine Mehrwertsteuer, wenn der Käufer im Bestimmungsland als Mehrwertsteuerpflichtiger registriert ist. Statt der Einfuhr wird also der sog. **innergemeinschaftliche Erwerb** von Waren im Bestimmungsland versteuert (**Erwerbsteuer**: *Bestimmungslandprinzip*). (3) Bleibt die Ware im Land des Verkäufers, ist sie dort zu versteuern *(Ursprungslandprinzip)*. (4) Auch bei Lieferungen an nicht der MWSt unterliegende Unternehmen (z.B. Versicherungen, Banken und nicht-steuerpflichtige öffentliche Unternehmen) stellt der Verkäufer die MWSt in Rechnung *(Ursprungslandprinzip)*, wenn der Gesamtwert der Lieferungen an diesen Abnehmer 200000 DM im laufenden oder vorangehenden Jahr nicht übersteigt (dieser Wert kann gesenkt werden), sowie (5) bei Lieferungen von neuen Fahrzeugen und von verbrauchsteuerpflichtigen Waren *(Ursprungslandprinzip)*.
Der Steuertatbestand der Einfuhr und die Steuerbefreiung bei der Ausfuhr gelten nur noch für Drittländer. Die Steuerfreiheit bei gewerblichen Ausfuhren muß nachgewiesen werden. Um dies zu leisten, ergeben sich auf einer technischen Ebene einige Veränderungen und Belastungen für die Unternehmen.
(1) Vom *Verkäufer* sind die Lieferungen in andere Mitgliedstaaten und in Drittländer in seiner **Umsatzsteuervoranmeldung** (in einer Summe) anzumelden. Um die Mehrwertsteuerbefreiung zu erlangen, ist in der Unternehmensbuchführung nachzuweisen, daß die Waren in den anderen Staat gelangt sind und daß der Empfänger in seinem Land der Umsatzsteuer unterliegt. Innerhalb der EG wird jedem Unternehmen dafür eine **Umsatzsteuer-Identifikationsnummer** zugewiesen. Die Handelsrechnung, die für jeden Geschäftsvorgang ausgestellt wird, muß ebenso wie die USt-Voranmeldungen sowohl die Steuernummern des Lieferanten als auch der Abnehmer enthalten.
Daneben muß das Unternehmen vierteljährlich zu Kontrollzwecken eine sog. **zusammenfassende Meldung** an das Bundesamt für Finanzen abgeben, in der alle Lieferungen an Kunden in anderen Mitgliedstaaten – mit Steuernummer und Gesamtumsatz pro Kunde – enthalten sind. Für Kleinunternehmen (bis zu 30000 ECU-EG-Umsatz pro Jahr) und im Versandhandel (bis zu 70–200000 ECU-EG-Umsatz pro Jahr) bestehen Sonderregelungen (Ursprungslandprinzip, oberhalb der Wertgrenzen Bestimmungslandprinzip).
(2) Der **innergemeinschaftlicher Erwerb** von Waren ist vom *Erwerber* in einer periodischen Steuererklärung (**Umsatzsteuer-Voranmeldung**) anzumelden, getrennt nach allgemeinem und ermäßigtem Steuersatz. Der Käufer hat die MWSt in dem Staat zu entrichten, in den die von ihm gekaufte Ware geliefert wird. Er berechnet die MWSt auf seine Einkäufe aus EG-Ländern und muß den **innergemeinschaftlichen Er-**

werb in einer MWSt-Erklärung im Rahmen der periodischen (meist vierteljährlichen) Steuererklärung als Gewerbetreibender gesondert angeben. Er ist dabei zum Vorsteuerabzug berechtigt. Problematisch ist dies, wenn – was sehr oft der Fall sein wird – die Rechnung des Exporteurs aus der Sicht des Importeurs in ausländischer Währung ausgestellt ist. Hierfür sind eigene steuerliche Umrechnungstabellen erforderlich. Insgesamt werden die Unternehmen mit verstärkten Steuerprüfungen rechnen müssen.

F-3.3.3.2. Sonderverbrauchsteuern

Wegen der sehr unterschiedlichen Steuerstruktur bei den Verbrauchsteuern ist der Harmonisierungsbedarf sehr groß, aber dies gilt auch für die entsprechenden Probleme: Die Bundesrepublik erhebt eine Kaffeesteuer, andere EG-Länder nicht; andere EG-Länder erheben eine Weinsteuer, die Bundesrepublik nicht. Grundsätzlich also müßten bestimmte Steuern komplett abgeschafft werden (dies ist wegen des Wegfalls von Steuereinnahmen eher unwahrscheinlich), oder bestimmte Länder müßten neue Steuern einführen. Wie erwähnt, hat die Bundesrepublik die Steuern auf Tee, Zucker, Salz und Leuchtmittel aus Harmonisierungsgründen zum 1. 1. 93 abgeschafft. Das Hauptproblem liegt daher im Bereich der Alkoholsteuern. Auf Einzelheiten des *Vorschlags für eine Richtlinie des Rates über die Harmonisierung der Struktur der Verbrauchsteuern auf Alkohol* von 1972 bzw. 1985 kann hier nicht eingegangen werden. Analoge Entwürfe von Harmonisierungsrichtlinien gibt es für Mineralöle, Zigaretten und Tabakwaren. Grundsätzlich wird in der EG-Kommission an eine Harmonisierung der Steuersätze durch Bildung arithmetischer Mittel gedacht. Ab 1993 gelten zunächst Mindeststeuersätze. Dies bedeutet für die Bundesrepublik Steuererhöhungen bei der Mehrwertsteuer und bei Bier; alle übrigen Mindeststeuersätze liegen unter den gegenwärtigen deutschen Sätzen. Nach unserer Meinung allerdings wäre eine Berechnung der oben erläuterten Clearingströme durchaus anhand der Außenhandelsstatistik möglich. Dies würde die beträchtlichen administrativen Belastungen für die Unternehmen vermeiden und faktisch analoge Ergebnisse liefern. Dies gilt um so mehr, als zur Minimierung des Risikos der Steuerhinterziehung ein EDV-gestütztes MWSt-Informationssystem aufgebaut werden muß.

Für die Sonderverbrauchsteuern ist keine Clearingstelle vorgesehen, sondern ein europäisches Steuerlager-Verbundsystem. Im Warenverkehr zwischen den Mitgliedstaaten bleibt die Ware in einem steuerlich überwachten Verfahren, wobei sie unversteuert befördert und erst im

Abb. F-3.3/2: **Verbrauchsteuer-Begleitpapier**

EUROPÄISCHE GEMEINSCHAFT
VERBRAUCHSTEUERPFLICHTIGE WAREN

BEGLEITENDES VERWALTUNGSDOKUMENT

1 — Ausfertigung für den Versender

1 Versender — MwSt-Nummer 333401234567	WILHELM KÖHLER VERLAG BRÜCKENKOPF 2a 4950 MINDEN 1	2 Verbrauchsteuernummer des Versenders	2244
		3 Bezugsnummer	555
		4 Verbrauchsteuernummer des Empfängers	7707
		5 Rechnungsnummer	111
		6 Rechnungsdatum	2. 1. 1993
7 Empfänger — MwSt-Nummer 78500	JEAN DUPONT RUE DE LA LOI 200 B-1040 BRÜSSEL	8 Zuständige Behörde am Abgangsort	ZOLLAMT MINDEN FRIEDRICH-WILHELM-STRASSE 2 4950 MINDEN
7a Ort der Lieferung		10 Sicherheitsleistung	BEFÖRDERER
9 Beförderer	SPEDITION SCHMIDT LANGE STRASSE 95 4950 MINDEN	12 Abgangsland	DE
		13 Bestimmungsland	B
11 Sonstige Angaben zur Beförderung	LKW MI-AB 333 3 ZOLLPLOMBEN A 77	14 Steuerlicher Beauftragter	

1

15 Abgangsort	16 Versanddatum	17 Beförderungsdauer
MINDEN	2. 1. 1993	8 STUNDEN

Feld	Zeichen, Anzahl und Art der Packstücke, Warenbeschreibung	Warenkode (KN-Kode)	Menge	Rohgewicht (kg)	Eigengewicht (kg)
18a / 19a–22a	100 KISTEN X - 1 - 100 BIER 12,5 GRAD PLATO 5 vol %	22030090	1.000 LITER	1.200	1.000
18b / 19b–22b					
18c / 19c–22c					

23 Bescheinigungen (bestimmte Weine und Spirituosen, kleine Brauereien und Brennereien)

Hiermit wird bescheinigt, daß das genannte Erzeugnis von einem unabhängigen Kleinunternehmen mit einem Jahresausstoß - bezogen auf das Vorjahr - von 10.000 Hektoliter Bier gebraut wurde.

A Kontrollvermerk der zuständigen Behörde

Fortsetzung auf der Rückseite (Ausfertigungen 2, 3 und 4)

24 Für die Richtigkeit der Angaben in Feld 1–22

Firma des Unterzeichners (mit Telefonnummer)
WILHELM KÖHLER VERLAG
BRÜCKENKOPF 2a
4950 MINDEN 1
05 71 / 2 80 31

Name des Unterzeichners
Heinz Müller

Ort, Datum
Minden, 2. 1. 1993

Unterschrift
Heinz Müller

Bestimmungsland nach den dort geltenden Bestimmungen versteuert wird (Bestimmungslandprinzip). Um dies zu realisieren, wären nur zugelassene (Steuer-)**Lagerinhaber** zur Versendung und nur sog. **registrierte Marktteilnehmer** zum Empfang verbrauchsteuerpflichtiger Ware berechtigt. Nichtberechtigte Hersteller müßten also für die Ausfuhr die Waren erst in ein inländisches Steuerlager bringen. Was macht z.B. der Wirt einer kleinen grenznahen Kneipe, der bislang «über die Grenze» bei einem kleinen französischen Winzer seinen Wein einkaufte?
Auch in den Bereichen der Kraftverkehr-, der Unternehmen- und der Kapitalbesteuerung besteht erheblicher Harmonisierungsbedarf.
Mit dem Begriff «Harmonisierung» verbindet sich eigentlich der Eindruck von Vereinfachung und Straffung. Im steuerlichen Bereich allerdings scheint die Harmonisierung eher mit Komplikationen einherzugehen. Die steuerliche Abwicklung des Warenhandels mit Drittländern wird einfacher sein als innerhalb der EG. Natürlich ist dies ein klares Werturteil des Autors, denn seitens der EG-Kommission wird im Gegenteil angeführt, daß das neue System abwicklungstechnisch einfacher sei. Man wird es abwarten müssen.

F-4. Warenursprung und Präferenzen

F-4.1. Begriffe

In den vorangehenden Ausführungen ist bereits angeklungen, daß in vielen Aspekten die Herkunft der Waren – der **Warenursprung** – eine Rolle spielt, und zwar aus zweierlei Überlegungen: Viele Handelsbeziehungen beruhen z.B. auf ein- oder gegenseitigen **Präferenzabkommen**, so daß zur Ausnutzung der vereinbarten **Präferenzzölle** der Warenursprung nachzuweisen ist. Zur Bestimmung des Ursprungs sind dabei *präferentielle* **Ursprungsregeln** anzuwenden, auf die nachstehend eingegangen wird. Daneben ist der Warenursprung aus *nicht-präferentiellen* Gründen von Bedeutung, etwa aufgrund des **Außenwirtschaftsrechts** im Hinblick auf Einfuhr- und Ausfuhrgenehmigungen oder für die Überwachung von Selbstbeschränkungsabkommen, die Anwendung von Anti-Dumping- und Ausgleichszöllen oder im kaufmännischen Bereich als notwendiges Akkreditivdokument. Der Warenursprung ist folglich sowohl aus außenwirtschaftsrechtlicher als

auch aus präferenzrechtlicher Sicht und sowohl für Einfuhr- als auch für Ausfuhrgeschäfte von Bedeutung.
Im Sprachgebrauch werden die Begriffe Präferenznachweis und Ursprungsnachweis gelegentlich synonym verwendet, was oft nicht korrekt ist. **Präferenznachweise** ‹beweisen›, daß eine Ware nach den jeweils zutreffenden Kriterien des Präferenzabkommens *präferenzberechtigt* ist. Dies hängt nicht zwingend vom Nachweis eines bestimmten Warenursprungs ab; beispielsweise ist ehemalige Drittlandsware, die sich im freien Verkehr der Türkei befindet, bei der Einfuhr in die EG präferenzberechtigt (sog. **Freiverkehrsabkommen**). **Ursprungsnachweise** weisen nach, welches Land als «Enstehungsland» einer Ware anzusehen ist. Ein Ursprungsnachweis *kann* im Zusammenhang mit Präferenzregeln erforderlich sein, d.h. als eine Bedingung zur Inanspruchnahme von Präferenzen kann u.U. der Nachweis des Ursprungs in einem bestimmten Land erforderlich sein; der Nachweis, daß eine Ware präferenzberechtigt ist, weist jedoch nicht grundsätzlich zugleich auch den Warenursprung nach, wie das obige Türkei-Beispiel zeigt.
Es gibt keine international allgemeingültige oder gar bindende Regelung über die Bestimmung des Warenursprungs. Auch das GATT enthält dazu keine Vorschriften, sondern überläßt die Ausgestaltung der Ursprungsregeln den Mitgliedstaaten. Allerdings gibt es mit der sog. *Konvention von Kyoto* (1973) ein Rahmenabkommen über wichtige Grundsätze hinsichtlich des Warenursprungs (vgl. unten F-4.3). Das Rechtsgebiet, das sich mit diesem Problemkreis befaßt, wird als *«Warenursprung und Präferenzen»* (**WuP**) angesprochen.
In jedem Präferenzabkommen – bzw. präzise: in den dazugehörigen sog. **Ursprungsprotokollen** – muß jeweils vereinbart werden, nach welchen *Kriterien* die Ursprungsbestimmung im Warenverkehr zwischen den Partnerstaaten des Präferenzabkommens erfolgt. Beispielsweise sind die Ursprungsregeln in den Präferenzabkommen der EG mit den **EFTA-Staaten** *(Protokoll Nr. 3 zu den EWG-EFTA Abkommen)* andere als im Rahmen des *Allgemeinen Präferenzsystems* (APS) für Enwicklungsländer.

F-4.2. Präferenzabkommen (Übersicht)

Die EG hat eine Vielzahl von völkerrechtlichen Abkommen mit anderen Staaten bzw. Staatengemeinschaften abgeschlossen, die als Assoziierungs-, Freihandels- oder Präferenzabkommen einseitige oder gegenseitige Präferenzregelungen enthalten (vgl. Abb. F-4.2/1). Im Zen-

Abb. F-4.2/1: **Präferenzabkommen** (Übersicht)

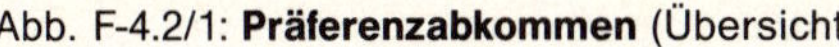

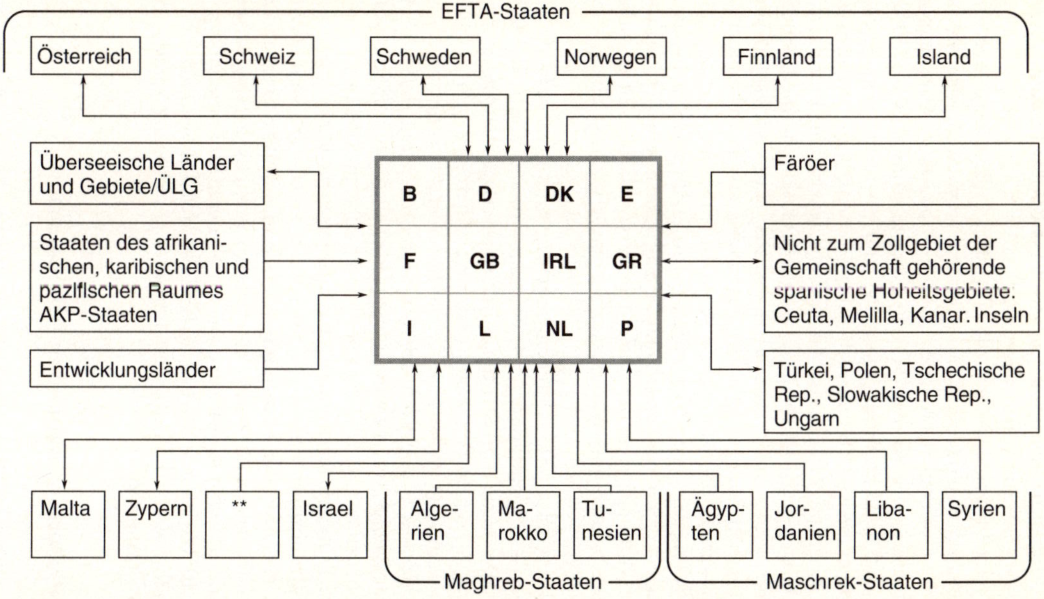

* Pfeile mit zwei Spitzen bezeichnen gegenseitige Präferenzgewährung ** Slowenien, Kroatien, Mazedonien, Bosnien-Herzegowina

trum steht naturgemäß die interne **Zollunion der EG** zwischen den gegenwärtig 12 Mitgliedstaaten, in der (u.a.) völlige Zollfreiheit herrscht. Daß zur Vollendung eines wirklichen gemeinsamen Binnenmarktes neben der Güterfreiheit noch andere Voraussetzungen erfüllt sein müssen, die sich u.a. auch auf die steuerrechtliche Harmonisierung erstrecken, wurde bereits an anderer Stelle behandelt und braucht hier nicht mehr vertieft zu werden.

Präferenzregelungen widersprechen prinzipiell dem GATT-Grundsatz der **Meistbegünstigung** und einseitige Präferenzen dem Grundsatz der **Reziprozität** (vgl. Abschn. E-1.1). Die von der EG geschlossenen Vereinbarungen sind jedoch – aufgrund eines entsprechenden Beschlusses der GATT-Staaten im Zusammenhang mit Teil IV des GATT – konform mit dem GATT-Vertrag.

In der Regel werden Präferenzabkommen von der *EG-Kommission* ausgehandelt und im Namen der Gemeinschaft vom *EG-Ministerrat* abgeschlossen. Diese Abkommen werden üblicherweise durch eine sog. **Bestätigungsverordnung** (nochmals) in Gemeinschaftsrecht transformiert. Dies wäre grundsätzlich nicht erforderlich, weil bereits nach Art. 228 EWGV der Abschluß von Abkommen, welche die Organe und die Mitgliedstaaten der EG binden, diese zu Gemeinschaftsrecht werden läßt (vgl. oben Abschn. B-3.1). Andererseits dienen derartige Bestätigungs-VO der klärenden Abgrenzung gegenüber allgemeinen Regelungen für Drittländer.

In den folgenden Abschnitten werden zunächst zweiseitige, anschließend einseitige Präferenzabkommen ausgelistet.

F-4.2.1. Zweiseitige Präferenzregelungen

(1) Die vom Volumen des Außenhandels her wichtigsten zweiseitigen (gegenseitigen, **bilateralen**) **Präferenzabkommen** (die also im Gegensatz zu Freihandelsabkommen entsprechenden *Warenursprung* voraussetzen) hat die EG mit den sechs **EFTA-Staaten** geschlossen, und zwar nicht mit der EFTA als Organisation, sondern mit jedem einzelnen Staat (Österreich, Schweiz, Schweden, Norwegen, Finnland, Island). Diese Abkommen sind jedoch inhaltlich weitgehend gleichlautend, in vielen Passagen sogar wörtlich gleich, und stimmen insbesondere in den Ursprungsregeln (vgl. unten Abschn. F-4.4) überein. Nur bezüglich der jeweils einbezogenen *Warenliste* gibt es Unterschiede, z.B. im Falle Islands gibt es von den anderen EFTA-Abkommen abweichende Bestimmungen insbesondere bei Fischereiprodukten.

(2) Zwischen der EG und der **Türkei** besteht – als einzigem Partnerland – ein **Freiverkehrsabkommen** (1964), welches nicht an der

Ursprungseigenschaft einer Ware, sondern an der Freiverkehrseigenschaft anknüpft (dies entspricht der EG-internen Regelung; vgl. dazu z.B. den Begriff *Gemeinschaftsware* oben in Abschn. F-1.3.2).

(3) Eine weitere wichtige Gruppe von bilateralen **Präferenzabkommen** wurde mit den **Mittelmeerländern** Malta (1971), Zypern (1973) (beide mit der EG assoziiert), Jugoslawien (im November 1991 seitens der EG gekündigt, aber auf Teilrepubliken übertragen) und Israel (1975) geschlossen. Auch diese sind weitgehend gleichlautend.

(4) Die als Vorstufe zu einer EG-Vollmitgliedschaft gedachten **Assoziierungsabkommen** (Interimsabkommen) mit den mittel- und osteuropäischen Ländern (**MOEL**) (u.a. Ungarn, Polen, Rumänien sowie Tschechische und Slowakische Republik (1991) sind ursprungsbezogene Präferenzabkomen und beinhalten die Einräumung gegenseitiger (wenngleich zunächst asymmetrischer) länderbezogener Zollpräferenzen.

(5) Mit einigen noch nicht selbständigen Treuhandgebieten, Kolonien und überseeischen Provinzen der EG-Mitglieder Frankreich, Niederlande, Großbritannien, Dänemark (Grönland), Spanien und Portugal, den sog. **überseeischen Ländern und Gebieten** (**ÜLG**), die nach Art. 131–136 des EWG-Vertrages *assoziiert* sind (also nicht zur Gemeinschaft *gehören*), bestehen gleichfalls bilaterale **Präferenzabkommen**, die in den Begünstigungen dem Lomé-Abkommen ähneln.
Die ÜLG umfassen folgende Gebiete (ein kleines Erdkunde-Quiz...):
Dänemark: Grönland (1973 zusammen mit Dänemark Teil der EG, aber 1985 wieder ausgetreten),
Frankreich: Neukaledonien, frz. Polynesien, frz. Antarktis, Wallis & Futuna, Mayotte, St. Pierre & Miquelon,
Niederlande: Aruba, ndl. Antillen (Bonaire, Curacao, Saba, St. Eustatius, Sint Maarten),
Großbritannien: Anguilla, Kaimaninseln, Falklandinseln, südl. Sandwich-Inseln, Montserrat, Pitcairn, St. Helena, brit. Antarktis, Turks & Caicos-Inseln, brit. Jungferninseln, brit. Territorien im Indischen Ozean.

(6) Dies gilt analog für die nicht zum Zollgebiet der EG gehörenden **spanischen Hoheitsgebiete** der Kanarischen Inseln sowie die Städte Ceuta und Melilla in Nordmarokko.

F-4.2.2. Einseitige Präferenzregelungen

(1) Die EG hat 1971 – gestützt auf Art. 113 EWGV (Handelspolitik) – ein *System allgemeiner Präferenzen* (**SAP**; mißverständlich mit Sektoranpassungsprogramm von IWF/Weltbank (vgl. Abschn. B-2.6 und

B-2.7, daher besser synonym: **Allgemeines Präferenzsystem** (**APS**) (engl.: **GSP**; **General System of Preferences**) in Kraft gesetzt, daß primär den Entwicklungsländern, insgesamt aber über 160 Ländern einseitige Zollpräferenzen einräumt. Dies geht auf eine Forderung der **Welthandelskonferenz** (UNCTAD) in Neu Delhi aus dem Jahre 1968 und ein entsprechendes Übereinkommen innerhalb der Vereinten Nationen aus dem Jahre 1970 zurück, ist jedoch eine autonome, freiwillige Maßnahme der EG, d.h. beruht nicht auf einer vertraglichen Verpflichtung. Daher werden die Präferenzen auch jeweils nur für ein Jahr festgelegt und müssen entsprechend verlängert bzw. erneuert werden. Da das APS ein einseitiges System ist, besteht also dabei eine Bevorzugung in beiden Richtungen, da auch die Märkte der Entwicklungsländer geschützt werden. Das APS differenziert allerdings nicht bzw. kaum hinsichtlich des Entwicklungsstandes der Entwicklungsländer, so daß auch **Schwellenländer** (**NICs**: *Newly Industrialized Countries*) wie z.B. Südkorea das «Armenrecht» in Anspruch nehmen können (Abb. F-4.2/2).

Abb. F-4.2/2: **Präferenzen und GATT**

GATT / Präferenzsysteme für Entwicklungsländer werden oftmals mißbraucht

Die Handelsvorrechte der Dritten Welt sollen grundsätzlich neu geregelt werden

In sachlicher Hinsicht erstreckt sich das APS auf *Ursprungswaren* der begünstigten Länder. Es gilt für eine Reihe von landwirtschaftlichen Erzeugnissen sowie für alle industriellen Halb- und Fertiggüter; Rohstoffe sind nach dem Gemeinschaftszolltarif (GZT) sowieso weitgehend zollfrei. Für einige *sensible Waren* (z.B. im Agrarbereich und bei Textilien) bestehen **Kontingente** mit zollfreien Höchsteinfuhrmengen pro Jahr, nach deren Erschöpfung wieder der normale Drittlandszoll Anwendung findet. In einigen Fällen sind diese Kontingente allerdings bereits nach wenigen Tagen erschöpft.

Für andere, weniger sensible Waren bestehen **Plafonds**, bei denen die Einfuhr dieser Waren auch nach Überschreiten von Höchstmengen so lange zollfrei oder zollbegünstigt bleibt, bis die EG-Kommission auf Antrag eines Mitgliedstaates die Wiedereinführung des normalen Zolltarifs verordnet. Dabei wird nach Ländergruppen differenziert: Für die rd. 40 «am wenigsten fortgeschrittenen Länder» entfällt die

Bindung an Gemeinschaftzollkontingente bzw. -plafonds. Die 15 als «wettbewerbsfähige Länder» bezeichneten **Schwellenländer** sind hingegen an bestimmte *Einzelkontingente* gebunden, die übrigen «weniger wettbewerbsfähigen Länder» (rd. 110) an bestimmte Pauschalkontingente. Mit dem allgemeinen Abbau der Zollschranken im Rahmen des GATT hat sich der ursprüngliche Präferenzvorteil für die begünstigten Länder zwar verringert, er ist aber immer noch erheblich.
Für die unter das **Welttextilabkommen** (WTA/MFA) fallenden Erzeugnisse gelten im Rahmen von Kontingenten Zollbefreiungen für eine Reihe von Ländern, die mit der EG Selbstbeschränkungsabkommen abgeschlossen haben.
Im **Agrarbereich** werden für rund 400 Argrarerzeugnisse aus Entwicklungsländern Zollfreiheit oder Zollsenkungen gewährt; nur in ganz wenigen Fällen greifen mengenmäßige Beschränkungen. Der normale Zollschutz kann zum Schutz europäischer Erzeuger oder von Exporteuren aus AKP-Ländern wiedereingeführt werden. Den am wenigsten entwickelten Ländern (LLDC) wird Zollfreiheit für rund 700 Agrarerzeugnisse gewährt. Allerdings kommen nur rund 1% der APS-begünstigten Importe aus LLDCs, während auf 10 Schwellenländer (u.a. Brasilien, Südkorea) rund 70% der Präferenzimporte entfallen.

(2) Zusätzlich zum APS hat die EG den sog. **AKP-Staaten** (Staaten des afrikanischen, karibischen und pazifischen Raumes) im Rahmen der sog. **Lomé-Verträge** seit 1975 einseitige Zollpräferenzen gewährt, die sich in sachlicher Hinsicht auf eine analoge Güterpalette erstrecken, deren Sätze aber günstiger sind als die des APS (vgl. Abschn. B-2.12).

(3) Die bilateralen Abkommen mit den o.g. Mittelmeerstaaten werden für den Mittelmeerraum ergänzt durch – weitgehend gleichlautende – einseitige Präferenzabkommen mit den **Maghreb-Staaten** (Algerien, Marokko, Tunesien; *maghreb* (arab.) = Westen) und den **Maschrik-Staaten** (Ägypten, Jordanien, Libanon, Syrien; *mashrik* (gelegentlich auch *maschrek*) (arab.) = Osten). Diese Abkommen gewähren den Partnerstaaten freien Zugang zum EG-Markt, mit bestimmten Sonderregelungen bei Agrarprodukten und Textilien.

(4) Mit den Mitgliedern des Kooparationsrates der Arabischen Golfstaaten (Gulf Cooperation Council, GCC, Vereinigte Arabische Emirate, Bahrein, Saudi-Arabien, Oman, Katar, Kuweit) wurde 1988 ein Kooperationsabkommen abgeschlossen, das zu einem Freihandelsabkommen ausgebaut werden soll.

(5) Mit den zum dänischen Hoheitsgebiet zählenden **Färöer-Inseln,** auf die jedoch der EWG-Vertrag keine Anwendung findet (Art. 227 Abs. 5a EWGV), wurde 1974 ein einseitiges Präferenzabkommen geschlossen, um den Färöern den Export von Gütern zu erleichtern, die

Abb. F-4.2/3: **Präferenzzollsätze und Kontingente**

Zeile	Codenummer	Warenbezeichnung	Zust.-Bereich	Einfuhrliste Genehmigungsfrei/-bedürftig	Einfuhrliste Bemerkungen	EUSt	Ber.-Nr.
	1	2	3	4	5	6	7
11	5004	Seidengarne (andere als Schappeseidengarne oder Bour-					
12		retteseidengarne), nicht in Aufmachungen für den Einzelverkauf					
13		– roh, abgekocht oder gebleicht					
14	**5004 0010 0100**	– – ganz aus Seide	09			R	
15		→ TXT 130A/1301 ←					

Codenummer	Zollsätze				Besondere Zollsätze		Ber.-Nr.
	Beitrittsländer		Drittländer	Zollaussetzung (A)	Allg. Zollpräferenzen (APS)	CY, EFTA [AT, CH, FI, IS, NO, SE], FO, IL, KCM [KI, CE], MCH [EG, JO, LB, SY].	
	ES	PT		Zollkontingent (K)		MGB [DZ, MA, TN], MT, TR, WB ÜLG [XB], AKP [XY], YU	
8	9	10	11	12	13	14	15
5004 0010 0100	**frei**	**frei**	**4,9**	**2,5 (A 3) frei[295] (K 2502)**	**frei[009]**	**frei**	

«für die wirtschaftliche und soziale Entwicklung von wesentlicher Bedeutung sind».
Einseitige Präferenzen werden auch den von **Israel** besetzten Gebieten gewährt. Abb. F-4.2/3 verdeutlicht einige Präferenzzollsätze.
Mit einer Reihe anderer Staaten bzw. Staatengruppen wurden zwar keine Zollpräferenzen, aber, quasi als Vorstufe dazu, Kooperationsabkommen geschlossen, u.a. mit den ASEAN-Staaten (1983), der Rio-Gruppe (1990, 11 südamerikanische Länder) sowie bilateral mit einer Reihe von lateinamerikanischen und asiatischen Staaten (Sri Lanka 1975, Indien 1981, Brasilien 1982, Pakistan 1985, Argentinien 1990, Chile 1990, Mexiko 1991, Uruguay 1991).

F-4.2.3. Zusammenfassende Übersicht

Damit ergeben sich aus der Sicht der EG *fünf Gruppen* von Beziehungen zu anderen Ländern:
(1) Mit den EFTA-Staaten bestehen individuelle **bilaterale Präferenzabkommen**. Die Inanspruchnahme der Zollfreiheit setzt die Einhaltung bestimmter *Ursprungsregeln* (vgl. unten) und die Erstellung bestimmter Nachweise (vgl. unten) voraus.
(2) Mit der *Türkei* besteht ein **Freiverkehrsabkommen**, welches nicht an der Ursprungs-, sondern der Freiverkehrseigenschaft einer Ware angeknüpft.
(3) Mit *Malta, Zypern, Israel*, einigen Teilrepubliken von *Ex-Jugoslawien, Ungarn, Polen*, der *Tschechischen* sowie der *Slowakischen Republik (MOEL)* sowie den sog. *überseeischen Ländern und Gebieten (ÜLG)* bestehen wiederum **bilaterale Präferenzabkommen**.
(4) Mit einer Vielzahl von Drittländern, i.d.R. *Entwicklungsländern*, bestehen **einseitige Präferenzabkommen**, deren Inanspruchnahme analog bestimmte Ursprungsnachweise erfordert.
(5) Für die übrigen Drittländer (i.d.R. *Industrieländer*) bestehen keine *Zollvergünstigungen*. Einfuhren aus diesen Ländern werden EG-einheitlich nach dem EG-Zolltarif behandelt.

F-4.3. Arten von Ursprungssystemen

Ursprungsregeln klären die Frage, ob und unter welchen Voraussetzungen einer Ware der Ursprung in einem bestimmten Land zuzugestehen ist, weil die Frage des Warenursprungs für die zollrechtliche Behandlung (Inanspruchnahme von Zollpräferenzen: **präferentielle Ursprungsregelungen**) und die außenwirtschaftliche Behandlung (z.B.

im Hinblick auf eine Genehmigungsbedürftigkeit; **nicht-präferentielle Ursprungsregeln**) entscheidend ist. Die nicht-präferentiellen Ursprungsregeln werden seitens des betreffenden Landes (unter Berücksichtigung internationaler Abkommen, vgl. unten) autonom festgelegt, präferentielle Ursprungsregelungen werden in den entsprechenden Präferenzabkommen individuell vereinbart, z.B. im *Protokoll Nr. 3 zu den EWG-EFTA-Abkommen* bzw. nunmehr im *EWR-Vertrag*. Bei den präferentiellen gibt es zwei grundsätzliche Regelungssysteme, je nachdem, ob der Präferenzgewährung ein Freihandelsabkommen oder eine Zollunion zugrunde liegt.

F-4.3.1. Zollunionen

In einer **Zollunion** (bzw. im Warenverkehr mit bestimmten *assoziierten Staaten* – z.B. EG und assoziierte Türkei) genügen für die Inanspruchnahme der Zollfreiheit *zwei Kriterien:*
Erstens muß sich die Ware im **freien Verkehr** des Exportlandes befinden. Dabei ist es unerheblich, ob es sich dabei um *Ursprungsware* des Exportlandes handelt oder um ehemalige *Drittlandsware*, die nach Zollbehandlung in den freien Verkehr übergegangen ist. Der angestrebte Außenschutz ist ja durch den gemeinsamen Außenzolltarif gewährleistet, unabhängig vom Ort der Zollabfertigung. *Umwegeinfuhren* über Länder mit niedrigerem Außenzoll, wie sie sich potentiell (aber nur theoretisch) in einer Freihandelszone anböten, sind in einer Zollunion grundsätzlich ausgeschlossen (Abb. F-4.3/1).
Das *zweite* Kriterium ist die **unmittelbare Beförderung** (Direktbeförderung) innerhalb der Zollunion, d.h. es darf kein Drittland berührt werden. Andernfalls muß (in der EG) der Transport durch ein oder mehrere Drittländer durch ein einziges, in einem EG-Land ausgefertigtes, durchlaufendes Beförderungs- bzw. Frachtpapier nachgewiesen werden.

Abb. F-4.3/1: **Außenzölle und Drittlandsimporte**

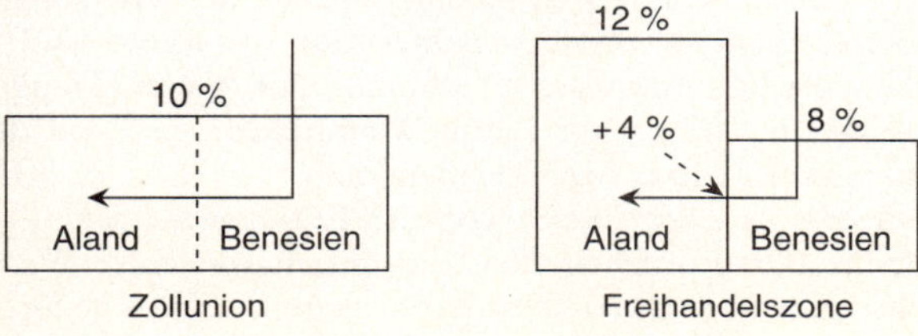

F-4.3.2. Freihandelszonen und sonstige Präferenzabkommen

Für *alle anderen Präferenzregelungen* (also außer der Zollunion) kann das obige erste Kriterium *(freier Verkehr)* nicht greifen, weil sich sonst Umwegeinfuhren anböten: Schweden hat (fiktiv) einen Außenzoll auf Gummibärchen von 15%, Norwegen von 10%. Folglich böte es sich aus der Sicht schwedischer Importeure an, Waren aus einem Drittland zunächst nach Norwegen zu importieren, sie dort zum (norwegischen) freien Verkehr abzufertigen und dann – mit dem Argument des zollfreien Güterverkehrs zwischen den Mitgliedern der Freihandelszone – zollfrei nach Schweden zu verbringen; dies würde folglich den schwedischen Außenzollschutz unterlaufen (vgl. in diesem Zusammenhang auch Abschn. F-5.3.2 zum sog. **Draw-back**). Daher wird die Zollfreiheit in der Freihandelszone nur solchen Waren gewährt, die ihren **Ursprung** in einem Mitgliedstaat haben, während alle *Drittlandeinfuhren* ggf. einer **Nachverzollung** unterworfen werden. In unserem Beispiel würde dies eine Nachverzollung von 5% an der schwedischen Grenze bedeuten. Das erste Kriterium für die Zollfreiheit ist folglich, daß die Ware ihren Ursprung in dem begünstigten Land hat.
Das zweite Kriterium ist wiederum der Nachweis der *unmittelbaren Beförderung*, i.d.R. durch ein durchlaufendes Frachtpapier erbracht.

F-4.4. Ursprungsregeln

In vielen Fällen ist es nicht eindeutig, in welchem Land eine Ware ihren Ursprung hat, insbesondere, wenn sie Bestandteile aus verschiedenen Länder beinhaltet. Daher muß geklärt werden, nach welchen *Regeln* die Ursprungseigenschaft nachgewiesen werden kann bzw. muß, um die entsprechende Vergünstigung in Anspruch nehmen zu können. Dies geschieht, wie bereits erwähnt, auf vertraglicher Basis in den jeweiligen Freihandels-, Präferenz- oder Assoziierungsabkommen. Sofern dies nicht gegeben ist, gelten in der EG eine Vielzahl von Ursprungsregelungen, so die allgemeine **EWG-Ursprungs-Verordnung Nr. 802/68** (diese diente als Grundlage für die o.a. bereits angesprochene, international angewendete **Konvention von Kyoto 1973**) sowie zahlreiche spezielle Ursprungsregeln für einzelne Waren (Traubensaft, Magnettongeräte, Waren aus Eiern, Wermutwein etc.), auf die hier nicht im einzelnen eingegangen werden kann.
Allgemein gibt es zwei – auch von der EG angewendete – (nichtpräferentielle) Ursprungskriterien, die (alternativ) einer Ware «die Ursprungseigenschaft geben», wie es etwas umständlich heißt:

- Entweder ist die betreffende Ware *vollständig* im Ursprungsland *erzeugt* worden, besitzt also die Ursprungseigenschaft bereits, oder
- die zu ihrer Herstellung verwendeten Materialien sind im Ursprungsland *ausreichend be- oder verarbeitet* worden, wodurch die Ware die Ursprungseigenschaft erwirbt.

(1) **Vollständige Erzeugung**

Das einfachste Ursprungskriterium findet sich auch in der o.g. EG-Ursprungs-VO, nach der Ursprungsland das Land ist, in dem die Ware *vollständig gewonnen oder hergestellt* worden ist, z.B. Mehl, das aus Getreide hergestellt wurde, das in dem betreffenden Ursprungsland geerntet wurde, oder Hühnereier, die von im Ursprungsland gehaltenen Hühnern gelegt wurden, oder Hühnerküken, die im Ursprungsland ausgeschlüpft sind, oder im Ursprungsland geförderte Kohle, oder im Ursprungsland gefischte Fische, etc. Dieses Kriterium kann offenbar nur auf *relativ einfache Produktionsvorgänge* angewendet werden.

(2) **Ausreichende Be- oder Verarbeitung**

Problematischer wird es, wenn an der Herstellung einer Ware zwei oder mehr Länder direkt oder indirekt beteiligt sind und somit *Vorprodukte* verwendet werden, die ihren Ursprung in einem anderen Land als dem betrachteten haben (sog. **V.o.U.**: **Vormaterialien ohne Ursprungseigenschaft**). Dann gilt nach der o.g. Ursprungs-VO das Land als Ursprungsland, in dem die **letzte wesentliche** bzw. ausreichende (d.h. **wirtschaftlich gerechtfertigte**) **Be- oder Verarbeitung** stattgefunden hat, z.B. das Rösten von Rohkaffee oder das Zusammennähen von Oberbekleidung aus Stoffteilen. In vielen Präferenzabkommen wird dazu analog geregelt, daß Waren, die unter Verwendung von Waren aus anderen Ländern hergestellt worden sind, ihren Ursprung dann in dem betreffenden Land haben, wenn sie dort ausreichend be- oder verarbeitet worden sind (vgl. unten zur *Kumulation*). Üblicherweise wird der Begriff «**Vorprodukt**» negativ abgegrenzt, indem im Ursprungsprotokoll die Güter aufgeführt werden, die *nicht* als Vorprodukt gelten, z.B. Werkzeuge oder Energiestoffe, die bei der Be- oder Verarbeitung verwendet werden. Kriterien wie ‹*wesentlich*› oder ‹*ausreichend*› sind erforderlich, um beispielsweise auszuschließen, daß durch Etikettieren oder bloßes Umpacken als letzte Bearbeitung eine vollständig woanders produzierte Ware z.B. aufgrund des **Positionswechsels** (vgl. anschließend) Ursprungseigenschaft erhält, so daß sogenannte ‹**Minimalbehandlungen**› nicht ursprungsbegründend

sind (z.B. bloßes Zerschneiden von Stoff oder Umpacken oder Etikettieren). Analoges gilt auch für ‹*wirtschaftlich gerechtfertigt*›.
Die Bedingung «ausreichend» ist gleichfalls nicht allgemein zu definieren, sondern zur im konkreten Zusammenhang in Abhängigkeit von verschiedenen Regeln. Z.B. liegt eine ausreichende Be- oder Verarbeitung dann vor, wenn das aus den Vormaterialien erstellte Gut in eine anderen *Position* des Zolltarifs (dies betrifft die ersten vier Ziffern der Codenummer des Zolltarifs; vgl. Abschn. F-4.3) einzureichen ist als alle Vormaterialien (sog. **Positionswechsel**, früher: Tarifsprung).
Der Positionswechsel ist aus zweierlei Gründen möglicherweise kein geeignetes Kriterium: Einmal kann ein Positionswechsel bereits bei Be- oder Verarbeitungsvorgängen von wirtschaftlich relativ geringer Bedeutung eintreten, z.B. bei Abfüllungsvorgängen bei Flüssigkeiten, Zerschneiden von textilen Stoffen oder einfachen Montagevorgängen bei Elektronikgeräten. Zum anderen tritt bei bestimmten Gütern umgekehrt trotz materiell relativ intensiver Be- oder Verarbeitung der Tarifwechsel *nicht* ein, doch werden die Produktionsvorgänge dennoch als ursprungsbegründet angesehen, weil eine erhebliche qualitative Veränderung eingetreten ist. Daher bieten sich *ergänzende Regeln* an, z.B. *Wertregeln*, welche einen bestimmten prozentualen Anteil an der Wertschöpfung der Ware vorschreiben. Solche Wertregeln können *z.B.(!)* beinhalten:
- Der Wert der **V.o.U.** darf 30% des Ab-Werk-Preises des Fertigprodukts nicht überschreiten,

oder:
- der Wert der **V.o.U.** darf den Wert der **Vormaterialien mit Ursprungseigenschaft (V.m.U.)** nicht überschreiten (Abb. F-4.4/1).

Von der Logik her ergibt sich, daß Güter, die aus Vormaterialien hergestellt wurden, die bereits die Ursprungseigenschaft besitzen (V.m.U.), damit ihrerseits auch die Ursprungseigenschaft erhalten. Dabei ist es unerheblich, ob diese Vormaterialien die Ursprungseigenschaft aufgrund von Kriterium (1) oder (2) haben.

Abb. F-4.4/1: **Ursprungsregeln**

- vollständige Erzeugung
- ausreichende Be- oder Verarbeitung (keine Minimalbehandlung), nachgewiesen z.B. durch
  - Positionswechsel
  - Wert V.o.U. > 50 % des Ab-Werk-Preises
  - Wert V.o.U. < Wert V.m.U.

Als konkretes Beispiel können die EWR-Ursprungsregeln dienen. Dem EWR-Abkommen ist ein – vom Abkommen erfaßter – Anhang beigefügt, der *für jede Ware* ein spezifisches Ursprungskriterium enthält. Diese Ursprungsregeln können zu drei Gruppen zusammengefaßt werden:

- Entsprechend dem Aufbau des Tarifs reicht in vielen Fällen der Positionswechsel aller V.o.U. zum Fertigerzeugnis aus.
- In anderen Fällen (z.B. im Textilbereich) wird die den V.o.U. ursprungverleihende Barbeitung im EWR verbal beschrieben (z.B. Herstellen aus Garn).
- Vereinfachend werden in den restlichen Fällen Wertklauseln verwendet, d.h. der Wert der verwendeten V.o.U. darf nur einen Wert von z.B. 30% des (Ab-Werk-) Wertes der Fertigware ausmachen.

(3) **Kumulation**

Nach den Bestimmungen vieler Präferenzabkommen ist es zur Erfüllung der Ursprungskriterien zulässig, daß auch Produktionsvorgänge außerhalb des Staates bzw. Zollgebietes, aus dem die Ware exportiert wird, ‹mitgezählt› *(kumuliert)* werden, z.B. aus der Sicht der EG alle Produktionsvorgänge innerhalb der EWG-EFTA-Präferenzzone (sog. **Kumulation**). Dabei sind zwei Aspekte zu berücksichtigen:

- Zum einen wird hinsichtlich des sachlichen Umfangs der Erfassung zwischen zwei Varianten unterschieden: Bei der **kleinen** *(eingeschränkten)* **Kumulation** werden nur **ursprungsbegründende Produktionsvorgänge** im anderen Land gewertet, d.h. solche, die der Ware den *Ursprung* des anderen Landes verschaffen. Bei der **großen** *(uneingeschränkten* **Kumulation** wird *jeder* Produktionsvorgang im anderen Land mitgewertet, auch wenn er in dem betreffenden Land nicht ursprungsbegründend ist (allerdings sind auch dabei *Minimalbehandlungen* nicht hinreichend).
- Zum anderen wird unterschieden, ob sich die Kumulation nur auf ein bestimmtes oder ggf. mehrere Partnerstaaten erstreckt:

Bei der **bilateralen Kumulation** werden alle Produktionsvorgänge in Aland und Cedonien für den Ursprung Cedonien gewertet (vgl. (a) in Abb. F-4.4/2). Beispiel: Vorprodukte aus der EG werden in Polen bearbeitet, wobei die Ware polnischen Ursprung erhält. Dabei eingesetzte Vorprodukte aus anderen Staaten können – wie es so schön heißt – *ursprungsschädlich* sein, werden also nicht kumuliert.

Bei der **multilateralen Kumulation** werden auch Produktionsvorgänge mitgewertet, die bei einem Export von Österreich in die EG vorher in die Schweiz erfolgt sind, da sowohl Österreich als auch die Schweiz Mitglieder des Präferenzraumes sind (vgl. (b) in Abb. F-4.4/2). Es

Abb. F-4.4/2: **Kumulation**

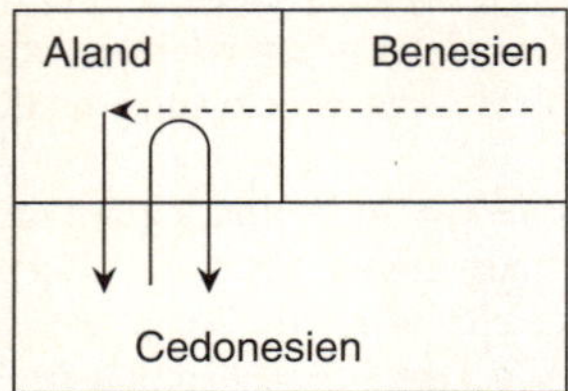

bilaterale Kumulation

--→ (= wird nicht berücksichtigt)

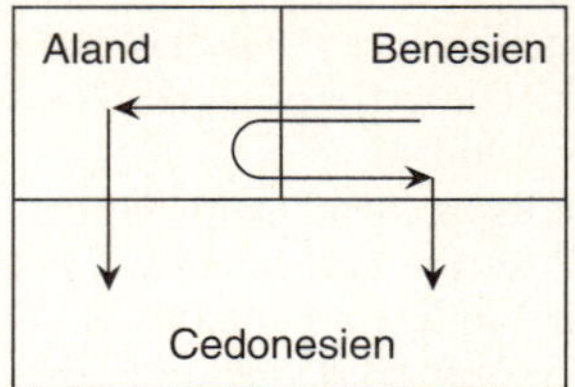

multilaterale Kumulation

⟶ (= wird berücksichtigt)

handelt sich also um eine regionale Regelung, im Gegensatz zu einer länderbezogenen (bilateralen) Regelung. Weiteres Beispiel: Eine Ware, die von Ghana nach Nigeria und von dort in die EG ausgeführt wird, in Nigeria aber nicht hinreichend be- oder verarbeitet (sondern z.B. nur umgepackt) wurde, erhält dessenungeachtet nach der *multilateralen* Kumulationsregel AKP-Ursprung und ist entsprechend präferenzberechtigt.

Die ursprungsbegründenden Kriterien sind nicht nur im Hinblick auf Präferenzzölle von Bedeutung, sondern auch in anderen Zusammenhängen, z.B. bei (versuchtem) *Unterlaufen von Anti-Dumping-Zöllen*. In diesem Zusammenhang wird international auch von ‹**local content**›-**Regeln** gesprochen oder deutsch: von Vorschriften zum heimischen Fertigungsanteil. Diese sollen vermeiden, daß beispielsweise Waren in sog. ‹**Schraubenzieherfabriken**› zusammengesetzt und dann dort den Ursprung erhalten, z.B. japanische Autoteile werden in Großbritannien montiert, um damit EG-Ursprung zu erhalten, wodurch Anti-Dumping-Zölle unterlaufen würden. Damit dies nicht geschehen kann, muß beispielsweise nach der EG-Anti-Dumping-Ratsverordnung von 1989 der heimische Fertigungsanteil 60% der Wertschöpfung betragen. Auch reine Montagevorgänge (Abb. F-4.4/3) können nach einem Urteil des EuGH ursprungsbegründend sein, wenn sie die entscheidende Herstellungsstufe darstellen.

Problematisch ist dabei, daß ein ausländischer (z.B. japanischer) Hersteller versuchen kann, die Montage z.B in die USA zu verlagern. Wenn die Kfz dort amerikanischen Ursprung erhielten, so würden die gegen Japan gerichteten Anti-Dumping-Zölle nun gegenüber den US-Waren nicht greifen. Dies könnte zu einer Ausdehnung von Anti-Dumping-Maßnahmen auch auf zunächst nicht anvisierte Länder führen. Während auf einzelne (Liefer-) Länder zugeschnittene *local-con-*

Abb. F-4.4/3: **Montage**

Zollinformation

Warenursprung durch Montage

HANDELSBLATT, Sa./So., 22./23.9.1990

msc DÜSSELDORF. Entscheidendes Kriterium für die Bestimmung des Ursprungs einer Ware, an deren Herstellung zwei oder mehrere Länder beteiligt sind, ist die letzte wesentliche Be- oder Verarbeitung dieser Ware. Nicht geregelt ist, inwieweit Montagevorgänge als wesentliche Be- oder Verarbeitung einer Ware eingestuft werden können. Deshalb muß in jedem Einzelfall anhand objektiver Kriterien festgestellt werden, ob andere als einfache Montagearbeiten eine wesentliche Be- oder Verarbeitung darstellen (Urteil des EuGH vom 13.12.1989 — Rs. C-26/88).

tent-Regeln wegen des Diskriminierungsverbots nicht GATT-konform wären, wären allgemeine Regelungen u.U. auch für einheimische Produzenten problematisch, wenn sie einen großen Teil ihre Vorprodukte aus Drittländern beziehen.

In bestimmten Einzelfällen werden spezielle Kriterien angewendet. So ist es z.B. nicht unüblich, für Kaufverträge, die auf bestimmten Messen abgeschlossen werden, spezielle Präferenzen zu gewähren. Beispielsweise wurden für die Berliner Messe «Partner des Fortschritts» 1991 zeitlich befristete zollfreie (Bestell-) Kontingente definiert. Neben dem Ursprungsnachweis war daher der *Messe-Kaufvertrag* für die Gewährung der Zollpräferenz vorzulegen.

F-4.5. Ursprungsnachweise

Wie erläutert, können Ursprungsnachweise sowohl aufgrund des *Außenwirtschaftsrechts* als auch des *Präferenzrechts* (Zollrechts) erforderlich sein. In vielen Fällen überlagern sich beide Aspekte, aber nicht immer: Zollrechtliche Präferenznachweise (z.B. im Rahmen des APS) genügen gleichzeitig auch den außenwirtschaftsrechtlichen Anforderungen, aber umgekehrt genügen Ursprungsnachweise nach dem Außenwirtschaftsrecht nicht in jedem Fall für die Anwendung eines Präferenzzollsatzes. Präferenzbegründende Ursprungsnachweise werden i.d.R. als **Warenverkehrsbescheinigungen** (**WVB**) bezeichnet.

Bei der **Einfuhr** sind entsprechende Nachweise beizubringen, die i.d.R. durch den ausländischen Lieferanten zu beschaffen sind. Wie bereits im Zusammenhang mit den Einfuhr-Abfertigungsunterlagen in Abschn. E-4.3 ausgeführt wurde, ist zwischen einem amtlichen *Ursprungszeugnis* und einer privaten *Ursprungserklärung* zu unterscheiden (vgl. unten nochmals ausführlich). Sofern ein **Ursprungszeugnis** erforderlich ist, muß dieses grundsätzlich von einer zuständigen Stelle des *Ursprungslandes* ausgestellt sein. Sofern jedoch Ursprungs- und Versenderland nicht identisch sind, können auch Testate des *Versenderlands* anerkannt werden, wenn das Versenderland dem *«Internationalen Abkommen zur Vereinfachung der Zollförmlichkeiten»* von 1923 angehört und das Vorliegen eines entsprechenden Ursprungszeugnisses bestätigt.

Bei der **Ausfuhr** muß der gebietsansässige Ausführer analog seinem ausländischen Kunden entsprechende Unterlagen verschaffen. Von Amts wegen werden Präferenz- und Ursprungsnachweise nur auf Antrag ausgestellt. Die Bescheinigungen sind dabei auf entsprechenden Formblättern zu beantragen, wobei es sich i.d.R. um Durchschreibesätze handelt, von denen ein Exemplar als Antrag und ein anderes als Original dient. Der Antrag ist in Deutschland bei der *IHK* zu stellen (für abschöpfungspflichtige WVBs sind die Zollstellen zuständig). Der Antragsteller versichert dabei in seinem Antrag, daß die Ware die Voraussetzungen erfüllt, um die beantragte Bescheinigung zu erhalten. Präferenznachweise dürfen für Waren, die von dem betreffenden Präferenzabkommen ausgeschlossen sind, logischerweise nicht ausgestellt werden, z.B. meist im Falle landwirtschaftlicher Güter.

Nichtamtliche Nachweise (z.B. **Ursprungs-** oder **Lieferantenerklärungen**) erstellt der Ausführer bzw. Lieferant in eigener Verantwortung, in der Regel auf der *Handelsrechnung* oder ggf. anderen Geschäftspapieren.

Aus der Sicht des Ausführers sollte dem ausländischen Kunden in Zweifelsfällen auch dann ein Präferenz- bzw. Ursprungsnachweis zur Verfügung gestellt werden, wenn nicht sicher ist, ob der Einführer einen solchen Nachweis benötigt. Dies erspart es, ggf. nachträglich einen Nachweis beschaffen zu müssen, wobei der Einfuhrer möglicherweise zunächst einen höheren Zoll bezahlen und nun eine nachträgliche *Erstattung* beantragen muß. In exportrechtlicher Hinsicht ist hervorzuheben, daß es aus der Sicht der EG innerhalb der EG grundsätzlich keinen nationalen Ursprung, sondern nur einen **Gemein-**

schaftsursprung gibt, so daß sich Bearbeitungsvorgänge in verschiedenen EG-Staaten *immer kumulieren*. Dessenungeachtet bestehen manche Importländer darauf, daß z.B. aufgrund politischer Spannungen mit einem EG-Mitgliedstaat nachgewiesen wird, daß Exportware frei ist von Bestandteilen aus eben diesem Staat.
Seit 1990 sind aus EG-Sicht als Ursprungsbezeichnungen nur noch *«Bundesrepublik Deutschland»*, u.U. «Deutschland» in der entsprechenden Sprache zu verwenden. Die IHKs bestätigen daher als Ursprung entweder **«Europäische Gemeinschaft»** oder **«Bundesrepublik Deutschland»**.
Da die Präferenz- und Ursprungsregeln eine ausgesprochen komplizierte Materie sind, sollten Zweifelsfragen vor Abgabe einer Präferenz- oder Ursprungserklärung durch den Exporteur mit den zuständigen Stellen hinreichend geklärt worden sein.

F-4.5.1. Außenwirtschaftsrechtliche Nachweise

Außenwirtschaftrechtlich sind zwei Arten von Ursprungsnachweisen sind zu unterscheiden: *Ursprungszeugnisse* (Ů) und *Ursprungserklärungen* (**UE**). Diese Kürzel finden sich u.a. in der Warenliste der Einfuhrliste bzw. im DGebrZT.

(1) Ursprungszeugnisse

Ursprungszeugnisse müssen von einer *Behörde* oder von einer anderen vom Ausstellungsland dazu ermächtigten und zuverlässigen Stelle ausgestellt sein. In der Bundesrepublik beispielsweise sind die *Industrie- und Handelskammern* (IHKs) dazu ermächtigt. Das Zeugnis muß alle Angaben enthalten, die für die Feststellung der Nämlichkeit der Ware erforderlich sind, sowie den Namen des Absenders, und es muß eindeutig bescheinigen, daß die aufgeführten Waren ihren Ursprung in dem betreffenden Land haben (Abb. F-4.5/1).

(2) Ursprungserklärungen

Eine **Ursprungserklärung** wird vom Exporteur oder Lieferanten auf der *Handelsrechnung* (oder ggf. einem anderen Beleg) schriftlich abgegeben. Dabei handelt es sich um einen vereinfachten Präferenznachweis (statt einer WVB), der nur unter bestimmten Bedingungen möglich ist (z.B: Wertgrenze).

Ursprungsnachweise können sowohl auf der Einfuhr- als auch auf der Ausfuhrseite erforderlich sein. Grundsätzlich ergibt sich der Warenursprung aus einer Vielzahl von Unterlagen, so z.B. der Handelsrech-

Abb. F-4.5/1: **Ursprungszeugnis Bundesrepublik**

1 Absender - *Consignor - Expéditeur - Expedidor* Pierre Matisse et Cie. 67, Ave de la Citadelle F-75782 Paris Cedex 16 / France	A 469563	**ORIGINAL**
2 Empfänger - *Consignee - Destinataire - Destinatario* VVO Exportkhleb Smolenskaya-Sennaya SW 34-36 121 200 Moskow / Russia	**EUROPÄISCHE GEMEINSCHAFT** *EUROPEAN COMMUNITY - COMMUNAUTE EUROPEENNE - COMUNIDAD EUROPEA* **URSPRUNGSZEUGNIS** *CERTIFICATE OF ORIGIN - CERTIFICAT D'ORIGINE - CERTIFICADO DE ORIGEN* 3 Ursprungsland - *Country of origin - Pays d'origine - País de origen* Federal Republik of Germany	
4 Angaben über die Beförderung - *means of transport - expédition - expedición* MS AMUR 2507	5 Bemerkungen - *remarks - observations - observaciones* Contract No.: 01/12902-260	
6 Laufende Nummer; Zeichen, Nummern, Anzahl und Art der Packstücke; Warenbezeichnung GERMAN MILLING WHEAT, Crop 92, in bulk	7 Menge 3.038.007 kilos	

8 DIE UNTERZEICHNENDE STELLE BESCHEINIGT, DASS DIE OBEN BEZEICHNETEN WAREN IHREN URSPRUNG IN DEM IN FELD 3 GENANNTEN LAND HABEN
The undersigned authority certifies that the goods described above originate in the country shown in box 3
L'autorité soussignée certifie que les marchandises désignées ci-dessus sont originaires du pays figurant dans la case No. 3
La autoridad infrascrita certifica que las mercancías abajo mencionadas son originarias del país que figura en la casilla no. 3

HANDELSKAMMER HAMBURG
Stempel i.A.

Hamburg, den 5.6.1992

Ort und Datum der Ausstellung; Bezeichnung, Unterschrift und Stempel der zuständigen Stelle

nung oder Transportpapieren. In vielen Fällen sind jedoch spezielle Nachweise erforderlich. Es gibt hierfür keine international vereinheitlichten Formulare; die EG-Staaten allerdings verwenden ein formal identisches Ursprungszeugnis, wenngleich jeweils in der Landessprache, das mit den Empfehlungen der UN-Wirtschaftskommission für Europe (ECE) für einen Rahmenvordruck konform ist.

F-4.5.2. Präferenzbegründende Nachweise

(1) **Nachweis des freien Verkehrs in der EG**
Für den Warenverkehr innerhalb einer Zollunion – hier wieder am Beispiel der EG – ist für die Inanspruchnahme der Zollfreiheit erforderlich, daß die Ware sich im Ausfuhrland im **freien Verkehr** befunden hat, es sich also entweder um **Ursprungsware** oder um **verzollte Drittlandsware** handelt. Bei Warensendungen von Gemeinschaftswaren *innerhalb der EWG* genügen mit der Vollendung des Binnenmarkts seit 1993 **Handelsrechnungen** oder sonstige Handelsdokumente als Präferenznachweis. Die Handelsrechnung selbst oder ein entsprechendes Ergänzungsblatt muß daher eine **Lieferantenerklärung** beinhalten (vgl. auch Abschn. F-4.5.3). Diese ist sozusagen eine vorbereitende Präferenzbescheinigung, die belegen soll, daß ein im Ausfuhrerzeugnis verwendetes Vormaterial bereits EG-Ursprung besitzt und daher die Ursprungsregeln nicht erfüllen muß. Neben einer Lieferantenerklärung für Waren *mit Präferenzursprung* (Abb. F-4.5/2) sind auch Lieferantenerklärungen für Waren *ohne Präferenzursprung* von Bedeutung, wenn im Wege der **Kumulation** die Gesamtheit der präferenzbegründenden Produktionsvorgänge berücksichtigt wird (vgl. oben).
Im Rahmen des internen gemeinschaftlichen Versandverfahrens (gVV) gilt die **Versandanmeldung T2** als Nachweis; bei Versendung von Gemeinschaftswaren innerhalb der EG, aber nicht im internen gVV – z.B. bei Luftfracht – wird das **Versandpapier T2L** (Exemplar 4 des Einheitspapiers) als Ursprungsnachweis verwendet. Im *Reiseverkehr* genügen mündliche Erklärungen.

(2) **EWG–EFTA**
Als zollrechtlicher Ursprungsnachweis im Verkehr **EG–EFTA** dienen im gemeinsamen Versandverfahren (gemVV) T2/T1-Papiere als Nachweis, im sonstigen Güterverkehr die **Warenverkehrsbescheinigung (WVB) EUR. 1** (Abb. F-4.5/3) sowie für *ermächtigte Ausführer* bei Warenlieferungen über einen längeren Zeitraum (i.d.R. ein Jahr), bei denen die Herstellungsbedingungen unverändert bleiben, als *Langzeit-WVB* ein sog. **LT-Zertifikat** *(Long-Term-Certificate)* (formu-

Abb. F-4.5/2: **Warenverkehrsbescheinigung EUR. 1**

WARENVERKEHRSBESCHEINIGUNG

1. Ausführer/Exporteur (Name, vollständige Anschrift, Staat)

Kraft-Maschinenbau-KG
Alleestraße 6
6720 Speyer

EUR. 1 Nr. A 785274

Vor dem Ausfüllen Anmerkungen auf der Rückseite beachten

2. Bescheinigung für den Präferenzverkehr zwischen der

Europäischen Wirtschaftsgemeinschaft

und

ZIMBABWE

(Angabe der betreffenden Staaten, Staatengruppen oder Gebiete)

3. Empfänger (Name, vollständige Anschrift, Staat) (Ausfüllung freigestellt)

BARLANA (PVT) LTD.
CNR HUNTER STREET 44
P O BOX S.T. 124
HARARE, ZIMBABWE

4. Staat, Staatengruppe oder Gebiet, als dessen bzw. deren Ursprungswaren die Waren gelten: BUNDESREPUBLIK DEUTSCHLAND

5. Bestimmungsstaat, -staatengruppe oder -gebiet: ZIMBABWE

6. Angaben über die Beförderung (Ausfüllung freigestellt)

SEEFRACHT PER SCHIFF "MS WATERBERG" UND BAHN DURBAN/HARARE

7. Bemerkungen

8. Laufende Nr.; Zeichen, Nummern, Anzahl und Art der Packstücke 1); Warenbezeichnung		9. Rohgewicht (kg) oder andere Maße (l, m³, usw.)	10. Rechnungen (Ausfüllung freigestellt)
1. P1, P2 2 Paletten	2 Sandstrahlmaschinen Maschinen-Nr. 67-300-35 " " 67-300-41	4045	Nr. 92/405 31.1.92

1) Bei unverpackten Waren ist die Anzahl der Gegenstände oder „lose geschüttet" anzugeben.

11. SICHTVERMERK DER ZOLLBEHÖRDE

Die Richtigkeit der Erklärung wird bescheinigt.

Ausfuhrpapier 2)
Art/Muster AE Nr. V 55 231
vom Zollamt Speyer
Zollbehörde:
Ausstellender/s Staat/Gebiet:
Bundesrepublik Deutschland

Stempel

(Ort und Datum)

(Unterschrift)

2) In der **Bundesrepublik Deutschland** vom Ausführer auszufüllen.

12. ERKLÄRUNG DES AUSFÜHRERS/EXPORTEURS

Der Unterzeichner erklärt, daß die vorgenannten Waren die Voraussetzungen erfüllen, um diese Bescheinigung zu erlangen.

6720 Speyer, 31.1.92
(Ort und Datum)

KRAFT KG
(Unterschrift)

Abb. F-4.5/3: **Warenverkehrsbescheinigung EUR. 2**

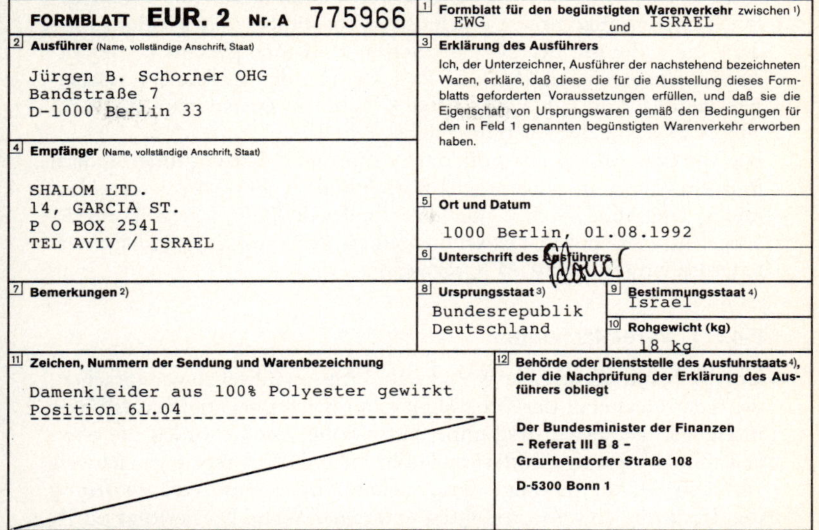

FORMBLATT EUR. 2 Nr. A 775966

1 **Formblatt für den begünstigten Warenverkehr** zwischen 1)
EWG und ISRAEL

2 **Ausführer** (Name, vollständige Anschrift, Staat)
Jürgen B. Schorner OHG
Bandstraße 7
D-1000 Berlin 33

3 **Erklärung des Ausführers**
Ich, der Unterzeichner, Ausführer der nachstehend bezeichneten Waren, erkläre, daß diese die für die Ausstellung dieses Formblatts geforderten Voraussetzungen erfüllen, und daß sie die Eigenschaft von Ursprungswaren gemäß den Bedingungen für den in Feld 1 genannten begünstigten Warenverkehr erworben haben.

4 **Empfänger** (Name, vollständige Anschrift, Staat)
SHALOM LTD.
14, GARCIA ST.
P O BOX 2541
TEL AVIV / ISRAEL

5 **Ort und Datum**
1000 Berlin, 01.08.1992

6 **Unterschrift des Ausführers**

7 **Bemerkungen** 2)

8 **Ursprungsstaat** 3)
Bundesrepublik Deutschland

9 **Bestimmungsstaat** 4)
Israel

10 **Rohgewicht (kg)**
18 kg

11 **Zeichen, Nummern der Sendung und Warenbezeichnung**
Damenkleider aus 100% Polyester gewirkt
Position 61.04

12 **Behörde oder Dienststelle des Ausfuhrstaats** 4), **der die Nachprüfung der Erklärung des Ausführers obliegt**
Der Bundesminister der Finanzen
– Referat III B 8 –
Graurheindorfer Straße 108
D-5300 Bonn 1

1) Angabe der betreffenden Staaten, Staatengruppen oder Gebiete. 2) Hinweise auf Prüfungen durch die zuständige Behörde oder Dienststelle, soweit sie schon stattgefunden haben. 3) Als Ursprungsstaat gilt der Staat, die Staatengruppe oder das Gebiet, als dessen bzw. deren Ursprungswaren die Waren gelten. 4) Als Staat gilt auch eine Staatengruppe oder ein Gebiet.

larmäßig Abb. F-4.5/2 sehr ähnlich) in Verbindung mit der Rechnung. Bei Warensendungen bis zu einem Höchstwert (z.Z. DM 9200,–; dies ändert sich gelegentlich) genügt eine Ursprungserklärung auf der Rechnung.

(3) EWG-Türkei

Die Türkei wird aufgrund ihrer *Assoziierung* mit der EG nach den Kriterien behandelt, die für eine *Zollunion* gelten, d.h. auch Waren, die ihren Ursprung nicht in der Türkei haben, dort aber im *freien Verkehr* befindlich sind, bzw. analog Waren, deren Ursprung nicht die EG ist, sich dort aber im freien Verkehr befinden, sind im Warenverkehr EG-Türkei präferenzberechtigt.

Der Nachweis erfolgt mit den als Versandschein dienenden Freiverkehrsnachweisen **A.TR.1** bei unmittelbarer Beförderung und **A.TR.3** bei nicht unmittelbarer Beförderung (formularmäßig wie Abb. F-4.5/3, nur statt Eindruck EUR. 1 eben A.TR. 1 oder 2). Diese Papiere sind *keine* Ursprungs-, sondern reine Präferenznachweise.

(4) **Andere Drittländer**

Als EG-Ursprungsnachweis gegenüber **Drittländern**, mit denen die EG Präferenzabkommen geschlossen hat (außer Entwicklungsländern) bzw. die mit der EG assoziiert sind, dienen gleichfalls die Warenverkehrsbescheinigungen **EUR. 1**, die von den Zollstellen bescheinigt werden, und ggf. **EUR. 2** (ohne Abb.) im Postverkehr bis (z.Z.) 5450,– DM, die der Ausführer selbst erstellt.

Bei Wareneinfuhren aus präferenzbegünstigten **Entwicklungsländern** muß ein Ursprungszeugnis gemäß **Formblatt A** (FORM A) (formularmäßig wie Abb. F-4.5/3, nur statt Eindruck EUR. 1 jetzt Form A) vorgelegt werden. Für Postsendungen bis zu bestimmten Höchstwerten wird ein **Formblatt APR** verwendet.

F-4.5.3. Vereinfachungen

Um die Beantragung einer WVB EUR. 1 für Ausführer zu vereinfachen, die nicht Hersteller der Ware sind, kann der (ermächtigte) Ausführer in eigener Verantwortung ohne Mitwirkung der Behörden die oben erwähnte **Ursprungs-Erklärung** (Abb. F-4.5/2) als Ursprungsnachweis vorlegen. Damit bestätigt der Ausführer in eigener Verantwortung den *Ursprung* von Vorprodukten bzw. einer Ware. Dies erfolgt i.d.R. auf seinen eigenen Geschäftspapieren (z.B. in der Handelsrechnung oder dem Lieferschein, vorgedruckt, geschrieben oder eingestempelt und handschriftlich unterschrieben, außer bei EDV-Unterlagen). In der EG ist der Wortlaut dafür einheitlich festgelegt (siehe oben). Da unrichtige Angaben zu Regreßansprüchen oder auch Bußgeldern führen können, ist hierbei besondere Sorgfalt anzuwenden.

Unter bestimmten, jedoch leicht zu erfüllenden Voraussetzungen kann die *«Vorausbehandlung»* von Formblättern EUR. 1 durch die Zollstelle zugelassen werden. Dabei werden die entsprechenden Formulare durch die Zollstelle *vorab* abgestempelt, und der Ausführer vervollständigt die Angaben anschließend im konkreten Einzelfall. Und auch die Vorausbehandlung kann auf den Ausführer übertragen werden, indem dieser eigene Stempel oder Siegel verwenden darf.

Ermächtigten Ausführern kann bei Warenlieferungen über einen längeren Zeitraum (i.d.R. ein Jahr), bei denen die Herstellungsbedingungen unverändert bleiben, als Langzeit-WVB ein sog. **LT-Zertifikat** in Verbindung mit der Rechnung genehmigt werden (formularmäßig analog Abb. F-4.5/2).

F-4.5.4. Nachträgliche Ausstellung von Ursprungsnachweisen

Gelegentlich kann es vorkommen, daß Ursprungsnachweise verlorengehen. Wegen der großen präferenzrechtlichen Bedeutung werden dabei an nachträglich auszustellende Nachweise entsprechend *strenge Kriterien* angelegt. U.a. müssen die Gründe für die nachträgliche Ausstellung einleuchtend dargelegt werden. Eine Ursprungs*erklärung* allerdings darf nicht nachträglich ausgestellt werden; in diesem Fall ist eine Warenverkehrsbescheinigung bei den zuständigen Behörden zu beantragen.

F-4.5.5. Überprüfung von Ursprungsnachweisen

Im Hinblick auf die Ware wird bei der Zollabfertigung geprüft, ob der Präferenznachweis inhaltlich mit der Ware übereinstimmt, für die eine Präferenz in Anspruch genommen werden soll. Die formelle Prüfung erstreckt sich darauf, ob die formellen Voraussetzungen, z.B. hinsichtlich amtlicher Bestätigungen bei Ursprungszeugnissen, erfüllt sind. Ggf. können fehlende Unterlagen auch nachträglich vorgelegt werden, wobei der Zollbescheid vorläufig erstellt wird.
Bestehen Unklarheiten oder Zweifel bezüglich der Richtigkeit von (ausländischen) Ursprungsnachweisen oder Präferenzpapieren, so kann bei der **Zentralen Ursprungsprüfung** bei der OFD Münster ein Nachprüfungsersuchen eingereicht werden. Dies kann sowohl hinsichtlich von Ursprungsnachweisen aus Drittländern als auch für EG-Ursprungsnachweise geschehen. Lieferantenerklärungen werden mittels eines **INF. 5** genannten Verfahrens überprüft. Bis zum Nachweis des Gegenteils müssen Ursprungsnachweise (in der EG) als richtig betrachtet werden. Sofern sich nachträglich herausstellt, daß Waren nicht den angegebenen Ursprung haben, können sich erhebliche nachträgliche Abgabenbelastungen ergeben. Auch innerbetrieblich ist es daher von größter Bedeutung, daß die Bestimmungen über Präferenz- und Ursprungsregeln sehr genau beachtet werden.

F-5. Zollverfahren

Durch die Vereinfachungen aufgrund des Binnenmarktes (vgl. zusammenfassend auch Abschn. F-6) ist der Warenverkehr innerhalb der EG an den Binnengrenzen weitestgehend frei von Formalitäten.

Zudem erfolgt – wie oben ausgeführt – in der Praxis der größte Teil der verbleibenden Abfertigungsformalitäten nicht an den Grenzzollstellen, sondern wird auf Binnenzollstellen bzw. in die Unternehmen verlagert. Neben den oben bereits besprochenen vereinfachten Formalitäten gibt es aber auch für den Warenverkehr mit Drittländern weitere Vereinfachungen und sog. **besondere Zollverkehre**. Dieser Begriff wird verwendet, weil sich eine Ware bis zur Beendigung der Zollbehandlung im allgemeinen Zollverkehr befindet. Zunächst werden die sog. *Versandverfahren* behandelt.

F-5.1. Warenbeförderung in Versandverfahren

Der Sinn dieser Verfahren ist zum einen, Warenbewegungen zwischen Exporteur und Importeur so zügig und kostensparend wie möglich ablaufen zu lassen, zum anderen, den Zollbehörden die Überwachung der zoll- und außenwirtschaftsrechtlichen Bestimmungen mit möglichst geringem Aufwand zu ermöglichen.
Vereinfachend laufen Versandverfahren nach folgendem **Schema** ab:

- Die sog. *Abgangszollstelle* beim Versender vergleicht die Ware mit den Begleitdokumenten und verplombt z.B. den als Transportmittel verwendeten Lkw. Beim Grenzübertritt erfolgen keine Kontrollen.
- Die *Bestimmungszollstelle* beim Empfänger prüft, ob die Plombe unversehrt ist und bestätigt dies auf dem Versandschein.
- Dieser wird als *Rückschein* an die Abgangszollstelle zurückgeschickt, und das Verfahren ist beendet.

Zur näheren Betrachtung aber sind zunächst wiederholend einige begriffliche Abgrenzungen vorzunehmen. Eine Warenbewegung über die *nationale Grenze* ist *außenwirtschaftsrechtlich* **Ausfuhr** bzw. **Einfuhr**(vgl. oben Abschn. E-4.1 und -5.1). *Zollrechtlich* hingegen bedeutet **Ausfuhr** bzw. **Einfuhr** eine Warenbewegung über die *Zollgrenze der EG* aus einem bzw. in ein Drittland. Eine Warenbewegung von Gemeinschaftsware von einem EG-Staat in einen anderen *(Intra-Handel)* wird als **Versendung** bezeichnet; aus der Sicht des ‹empfangenden› Landes spricht man von **Eingang**. Erfolgt diese Versendung unter bestimmten formalen Voraussetzungen, handelt es sich um **Versand**. Eingang und (zollrechtliche) Einfuhr werden gemeinschaftsrechtlich unter dem (wenig plausiblen) Begriff **Bestimmung** zusammengefaßt (vgl. Abb. F-5.1/1). Das Marktordnungsrecht verwendet davon wiederum abweichende Definitionen (vgl. Kap. G).
Auch der Begriff des **Versenders** ist abzugrenzen: Der *außenwirtschaftsrechtliche* Versender liefert anstelle des Ausführers Ware an

Abb. F-5.1/1: **Zollrechtliche Einfuhr- und Ausfuhrbegriffe**

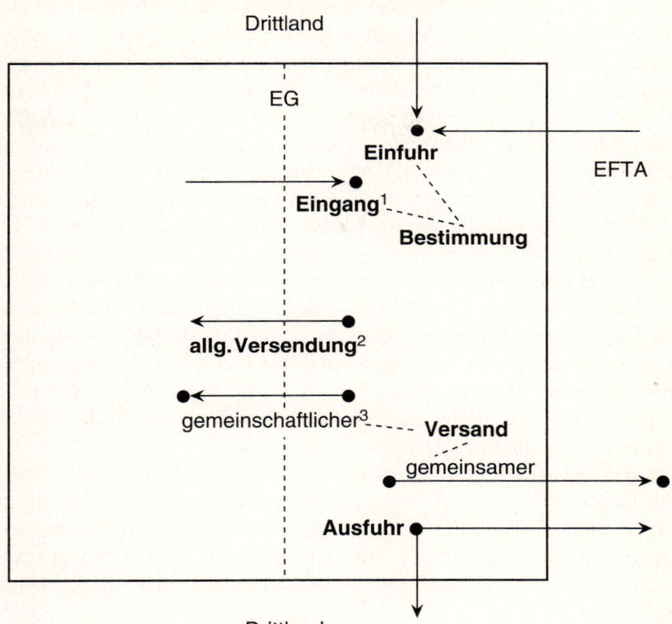

[1] außenwirtschaftsrechtlich: Einfuhr.
[2,3] außenwirtschaftsrechtlich: Ausfuhr.

den ausländischen Abnehmer (vgl. Abschn. E-5.3), der *zollrechtliche* Versender liefert Ware in einem *Versandverfahren*.

Verallgemeinernd sind *drei Arten* von Versandverfahren zu unterscheiden:

- Versand von Gemeinschaftswaren innerhalb der EG (früher: **internes gemeinschaftliches Versandverfahren** (gVV) (*ab 1993 weitestgehend entfallen*, vgl. anschließend),
- Versand von Drittlandsware innerhalb der EG (**externes gVV**; bleibt auch ab 1993 bestehen) und schließlich
- Versand zwischen EG- und EFTA-Ländern (**gemeinsames Versandverfahren (gemVV)**; bleibt gleichfalls bestehen).

Das **interne gVV** für den internen Versand von Gemeinschaftsware ist seit 1. 1. 93 prinzipiell entfallen. Ware, die innerhalb der EG transportiert wird, *gilt* als Gemeinschaftsware und ist von allen Zollförmlich-

keiten befreit. Das interne gVV gilt jedoch noch für den Versand im *Transit* über ein EFTA-Land (z.B. nach Italien via Schweiz oder Österreich oder im Schienenverkehr nach Griechenland) sowie *vorübergehend* noch für bestimmte Waren im Verkehr mit Spanien und Portugal; letztere Regelung wird mit Abschaffung der noch bestehenden Restzölle in Spanien und Portugal gegenüber den anderen EG-Ländern automatisch wegfallen. Bei diesen Transporten bleibt der Status der Ware als Gemeinschaftsware erhalten; mit den betreffenden Ländern bestehen entsprechende Abkommen über die Anwendung des gVV. Bei anderen Transporten über Drittländer – z.B. beim Lkw-Transport nach Griechenland – hingegen verliert die Ware beim Verlassen des EG-Zollgebiets den Status als Gemeinschaftsware und wird zu Drittlandsware. In solchen Fällen kann dann nicht das interne gVV angewendet werden, sondern das *TIR-Verfahren* (vgl. unten Abschn. F-5.1.3). Im folgenden wird das Kürzel *gVV* daher im Sinne des *externen* gVV verwendet. Es ist vorgesehen, das gVV auch auf Polen, Ungarn und die tschechische und die slowakische Republik anzuwenden, die mit der EG assoziiert sind.
Dessenungeachtet besteht im innergemeinschaftlichen Warenverkehr mit Gemeinschaftsware trotz der zollrechtlichen Liberalisierung noch keine vollständige Liberalisierung, da unterschiedliche nationale *Steuerregelungen* nach wie vor Abfertigungsformalitäten erfordern, zwar nicht an den Grenzübergangs-Zollstellen, aber an Binnenzollstellen.

F-5.1.1. (Externes) Gemeinschaftliches Versandverfahren (gVV)

Der Versand von **Drittlandswaren**, also noch nicht verzollter Waren, zwischen EG-Mitgliedstaaten unter bestimmten formalen Voraussetzungen wird als **externes gemeinschaftliches Versandverfahren** (gVV) bezeichnet. Waren, die im gVV befördert werden sollen, sind zu **gestellen** und **anzumelden**. Auch dies geschieht üblicherweise mit entsprechenden Vordrucksätzen des Einheitspapiers. Für Luft- und Seetransporte ist das gVV zwingend vorgeschrieben. Im Landverkehr sind auch verschiedene Beförderungsverfahren möglich, z.B. Straße–Schiene–Straße. Die Beantragung des gVV erfolgt durch den sog. **Hauptverpflichteten**, der die *Haftung* für die ordnungsgemäße Durchführung des gVV übernimmt; der Hauptverpflichtete (nach EG-Recht) entspricht dem *Zollbeteiligten* des deutschen Zollrechts. Die Zollstelle, bei der das gVV beginnt, wird als **Abgangszollstelle** bezeichnet, die Zollstelle, bei der das Verfahren enden soll, als **Bestimmungszollstelle** (vgl. oben Abb. F-1.3/2).

Voraussetzung für ein gVV ist grundsätzlich die Leistung einer **Sicherheit** (außer – u.a. – bei Beförderungen im See- und Luftweg oder durch EG-Eisenbahngesellschaften), in der Regel als **Gesamtbürgschaft** (z.B einer Bank) für eine unbegrenzte Anzahl von gVV, die bei einem beliebigen HZA zu hinterlegen ist. Darüber erhält der Hauptverpflichtete eine *Bürgschaftsbescheinigung*, mit der er bzw. die dazu von ihm Ermächtigten (Unterschriftsproben auf der Rückseite) bei jeder Zollstelle der EG ein gVV einleiten können. Der Hauptverpflichtete haftet – wie gesagt – für die ordnungsgemäße Durchführung des Versandverfahrens, insbesondere für die Gestellung an der Bestimmungszollstelle, und muß für alle *Rechtsfolgen* wie z.B. die Entstehung der Zollschuld einstehen. Weitere Möglichkeiten der Sicherheitsstellung sind **Einzelbürgschaften** für ein einzelnes gVV, die beim jeweils zuständigen HZA zu hinterlegen sind, oder **Pauschalbürgschaften,** die z.B. von Berufsverbänden, Banken oder Versicherungen übernommen und beim Bundesministerium der Finanzen hinterlegt werden. Die Möglichkeit einer **Barsicherheit** für ein einzelnes gVV ist wegen ihrer komplizierten Handhabung ohne größere praktische Relevanz.
Ein weiterer wichtiger Aspekt ist die **Nämlichkeitssicherung** durch die Abgangszollstelle (vgl. oben Abschn. F-1.4). Dies geschieht meistens als Raumverschluß, z.B. durch Verplombung eines Lkw oder Containers. In manchen Fällen reicht auch eine *Warenbeschreibung* in den Begleitpapieren aus, z.B. bei eindeutig durch Motornummern identifizierbaren Motoren. Sog. *zugelassene* Versender bzw. Empfänger (vgl. unten) können Maßnahmen zur Nämlichkeitssicherung ggf. auch selbst durchführen, sogar Zollplomben anlegen (sog. **Mini-Breakaway-Siegel** oder *Tyden-Seal-Verschlüsse*: selbstschließende Zollverschlüsse) oder entfernen. Die Abgangszollstelle stellt einen **Versandschein** in mehreren Exemplaren aus, welche die Ware auf dem Transportweg begleiten und an den Grenzübergangszollstellen, an denen die Ware jeweils vorzuführen ist, auf Verlangen vorzulegen sind. Diese Prozedur ist jedoch sehr viel weniger zeitaufwendig als eine ‹normale› Abfertigung. Das gVV wird abgeschlossen durch Gestellung der Ware bei der Bestimmungszollstelle, welche ein Exemplar des Versandscheins nach Prüfung als sog. **Rückschein** mit entsprechendem Prüfungsvermerk an die Abgangszollstelle zurücksendet. Damit ist das gVV beendet.
Im Einheitspapier wird ein *internes* gVV für Gemeinschaftswaren im Anmeldefeld mit dem Kürzel «**T2**» bezeichnet. Die Beförderung von *Drittlandware* in einem externen gVV wird mit dem Kürzel «**T1**» angemeldet (im Luft- und Seeverkehr mit Drittlandsware ist das T1-Verfahren zwingend vorgeschrieben). T2/T1-Papiere wurden/werden

Abb. F-5.1/2: **Versandanmeldung**

EUROPÄISCHE GEMEINSCHAFT

A VERSENDUNGS-/AUSFUHRZOLLSTELLE

1 — Exemplar für das Versendungs-/Ausfuhrland

1 ANMELDUNG: COM | T1

2 Versender/*Ausführer* Nr.
Neva Handels-Gmbh
Wagenburg 66
D-6000 Frankfurt/M.

3 Vordrucke | 4 Ladelisten

5 Positionen: 1 | 6 Packst. insgesamt | 7 Bezugsnummer

8 Empfänger Nr.
Fa. VAN LOOST B.V.
KOENENGRAACHT 6
NL- AMSTERDAM

9 Verantwortlicher für den Zahlungsverkehr Nr.

10 *Erstes Best. Land* | 11 *Handelsland* | 13 *G. L. P.*

14 Anmelder/Vertreter Nr.

15 Versendungs-/*Ausfuhrland*: BR DEUTSCHLAND | 15 Vers./*Ausf.L.Code* a b | 17 Bestimm.L.Code a b

16 Ursprungsland | 17 Bestimmungsland: NIEDERLANDE

18 Kennzeichen und Staatszugehörigkeit des Beförderungsmittels beim Abgang: LKW F - DH 667 | 004 | 19 Ctr.: 0

20 Lieferbedingung

21 Kennzeichen und Staatszugehörigkeit des grenzüberschreitenden aktiven Beförderungsmittels: LKW F - DH 667 | 004

22 Währung u. in Rechn. gestellter Gesamtbetr. | 23 Umrechnungskurs | 24 Art des Geschäfts

25 Verkehrszweig an der Grenze | 26 Inländischer Verkehrszweig | 27 Ladeort | 28 Finanz- und Bankangaben

1

29 Ausgangszollstelle | 30 Warenort

31 Packstücke und Warenbezeichnung — Zeichen und Nummern - Container Nr. - Anzahl und Art
10 Ballen EXC/AMS Nr. 1-10
50 handgeknüpfte Teppiche aus Wolle
über 500 Knotenreihen/m Kette 320 qm

32 Position Nr. | 33 Warennummer: 57011099

34 Urspr.land Code a b | 35 Rohmasse (kg): 1100

37 VERFAHREN | 38 Eigenmasse (kg): 1000 | 39 *Kontingent*

40 Summarische Anmeldung/Vorpapier: OZL LAGERABMELDUNG 5/92

41 Besondere Maßeinheit

44 Besondere Vermerke/ Vorgelegte Unterlagen/ Bescheinigungen u. Genehmigungen

Code B. V.

46 Statistischer Wert

47 Abgabenberechnung

Art	Bemessungsgrundlage	Satz	Betrag	ZA
	Summe:			

48 Zahlungsaufschub | 49 Bezeichnung des Lagers

B ANGABEN FÜR VERBUCHUNGSZWECKE

Versandanmeldung

50 Hauptverpflichteter Nr. Unterschrift:
SPEDITION PENTAX GMBH
PAKETWEG 54
D-6000 FrRANKFURT/M.
vertreten durch: FrRANZ PAGGA, EXPEDIENT
Ort und Datum: Frankfurt/M. 6.1.92

C ABGANGSZOLLSTELLE

51 Vorgesehene Grenzübergangsstellen (und Land): BERGH NL

52 Sicherheit nicht gültig für: F 5664/45 HZA FRANKFURT/M.-WEST | Code

53 Bestimmungszollstelle (und Land): AMSTERDAM-COENHAVEN NL

D PRÜFUNG DURCH DIE ABGANGSZOLLSTELLE
Ergebnis:
Angebrachte Verschlüsse: Anzahl:
Zeichen:
Frist (letzter Tag):
Unterschrift:

Stempel:

54 Ort und Datum:
FRANKFURT/M. 6.1.92
Unterschrift und Name des Anmelders/Vertreters:
PAGGA Pagga

auch als **Versandanmeldung** bzw. **Versandscheine** bezeichnet (Abb. F-5.1/2). Für bestimmte Fälle im Warenverkehr mit Spanien und Portugal gibt es die Versandscheine T2 ES und T2 PT.

Die Formalitäten sind bei Versandverfahren denkbar gering (auf Details wird hier verzichtet): An der Abgangszollstelle wird die *Versandanmeldung*, zusammen mit der **Ausfuhrerklärung** (**AE** oder **VAE**) und dem Nachweis der *Sicherheitsleistung* vorgelegt. An den *Ausgangszollstellen* gibt es – abgesehen von eventuellen polizeilichen Ausweisformalitäten – keinerlei Abfertigungsformalitäten mehr. Bei der *Bestimmungszollstelle* sind die Waren zu gestellen und drei Exemplare des Versandscheins abzugeben: Eins davon wird der Abgangszollstelle übersandt (womit das Versandverfahren abgeschlossen ist), eines geht – in Deutschland – als statistische Meldung an das Statistische Bundesamt, eines verbleibt bei der Bestimmungszollstelle. Auf Wunsch kann eine **Eingangsbescheinigung** ausgestellt werden.

Wie bei allen Abläufen gibt es auch hier *Erleichterungen*, die sog. **zugelassenen Versendern** (**ZV**) bzw. **zugelassenen Empfängern** (**ZE**) gewährt werden, die laufend Ware versenden bzw. erhalten. Voraussetzung sind auch hier wieder eine *Vertrauenswürdigkeitsprüfung* sowie zuverlässige *Anschreibungen*, welche eine Kontrolle der Warenbewegungen sicherstellen.

An der Abgangszollstelle kann auf die *Gestellung* verzichtet werden. Ferner kann zugelassen werden, daß die *Versandanmeldungen* jeweils für einen Monat im voraus – noch ohne präzise Warenbeschreibungen – durch die Abgangszollstelle registriert und abgestempelt werden. Nach erfolgtem Versand werden der Abgangszollstelle dann die vollständig ausgefüllten Versandanmeldungen und die (außenwirtschaftliche) Ausfuhrerklärung zugeleitet. Möglich ist auch, wie erwähnt, daß der Versender selbst eigene Stempel oder Vordrucke verwendet oder bestimmte Verschlüsse zur Nämlichkeitssicherung selbst anlegt.

Bei der *Bestimmungszollstelle* kann zugelassen werden, daß die Gestellung außerhalb des *Amtsplatzes* z.B. im Betrieb des Empfängers erfolgt, d.h. der Hauptverpflichtete ist bereits bei ordnungsgemäßem Eintreffen der Ware beim Empfänger entlastet, der allerdings der Bestimmungszollstelle den Eingang mitteilen muß. Der ZE darf je nach Bewilligung auch Nämlichkeitsmittel (z.B. Plomben) entfernen und nach Abgabe der Eingangsanzeige über die Ware verfügen. Im Eisenbahnverkehr mit CIM-Frachtbriefen (vgl. oben Abschn. D-2.2.3.2) gelten weitere Vereinfachungen, auf die hier nicht eingegangen wird, mit fast völligem *Wegfall* der Zollformalitäten, weil die Bahn als staatliches Unternehmen als ‹sicher› gilt.

F-5.1.2. Gemeinsames Versandverfahren (gemVV)

Seit 1988 gibt es ein dem gemeinschaftlichen VV analoges Versandverfahren zwischen EG- und EFTA-Staaten, das als **gemeinsames Versandverfahren** (**gemVV**) bezeichnet wird. Auch beim gemVV wird je nach Art der beförderten Ware zwischen T2- und T1-Versandscheinen unterschieden (**T2:** Warenursprung EG/EFTA, **T1:** Drittlandsware). Das gemVV entspricht in seinen Bestimmungen dem bisherigen (internen) gVV. Der Warenursprung kann dabei durch Handelspapiere nachgewiesen werden.
Auch außerhalb des heutigen **Europäischen Wirtschaftsraumes** (EWR = EG + EFTA) werden sich analoge Vereinfachungen ergeben. Gegenwärtig wird ein entsprechendes Abkommen mit Polen vorbereitet.

F-5.1.3. Carnet-TIR

Für den Warenverkehr mit Staaten außerhalb des EWR gibt es ein internationales Abkommen zwischen über 40 Staaten – einschließlich den USA, Kanada, einigen südamerikanischen, nordafrikanischen und nahöstlichen Staaten – zur Vereinfachung der Beförderung. Das Abkommen wurde 1975 von der *Wirtschaftskommission der Vereinten Nationen für Europa* UN-ECE) erarbeitet. Eine Warenbeförderung mit einem **Carnet TIR** *(Transport International de Marchandises par Route)* setzt voraus, daß die Waren ohne Umladen zwischen der Abgangszollstelle eines Mitgliedstaates und der Bestimmungszollstelle befördert werden.
Ein wichtiges Kriterium ist dabei wiederum die Nämlichkeitssicherung, die i.d.R. durch *Zollverschluß* (Verplombung) der Lastkraftwagen erfolgt. Die Lkw tragen vorne und hinten eine *Tafel* mit den weißen TIR-Buchstaben auf blauem Grund und werden an den Grenzzollstellen bevorzugt abgefertigt. Fahrzeuge, die zeitweilig nicht in einem TIR-Verkehr fahren, müssen die Tafeln abnehmen oder sie z.B. mit rotem Klebeband ‹entwerten›. (Weshalb die Tafeln mit dem Fahrzeug aber fest verbunden sein müssen, weiß niemand. Es ist eben so vorgeschrieben). Das Verfahren ist neben dem eigentlichen Straßentransport auch für den Containerverkehr mit anderen Transportarten anwendbar.
Das TIR-Verfahren beruht darauf, daß die Teilnehmerstaaten ein *gemeinsames Zolldokument* verwenden (Abb. F-5.1/3), auf dessen Grundlage die Grenzabfertigung beschleunigt und vereinfacht wird. Das Dokument besteht aus einem Heft *(Carnet)*, zwischen dessen Umschlagblätter bestimmte *Stammblätter* und je nach Anzahl der

Abb. F-5.1/3: **Carnet TIR**

VOLET N° 1 PAGE 1

1. **CARNET TIR** No 9558401

2. Bureau(x) de douane de départ
1. Prag
2.
3.

3. Nom de l'organisation internationale
BdF Frankfurt/M.
IRU Union Internationale des Transports Routiers

Pour usage officiel

4. Titulaire du carnet (nom, adresse, pays)
Transco GmbH
1000 Berlin 33

5. Pays de départ: CSFR

6. Pays de destination: D

7. No(s) d'immatriculation du (des) véhicule(s) routier(s)
B - MC 6551

8. Documents joints au manifeste

MANIFESTE DE MARCHANDISES

9. a) Compartiment(s) de chargement ou conteneur(s) b) Marques et Nos des colis ou objets	10. Nombre et nature des colis ou objets: désignation des marchandises	11. Poids brut en kg	16. Scellements ou marques d'identification apposés (nombre. identification)
a) 120 Karton b) Nrn. 1 - 90	Trinkgläser aus Bleikristall	2700	-1-

12. Total des colis figurant sur le manifeste
Destination: — Nombre
1. Bureau de douane
2. Bureau de douane
3. Bureau de douane

13. Je certifie que les indications sous rubriques 1 à 12 ci-dessus sont exactes et complètes
14. Lieu et date
15. Signature du titulaire ou de son représentant
Prag
Unterschr.

17. Bureau de douane de départ
Signature de l'agent et timbre à date du bureau de douane
Douane Prag
Stempel
24.8.92

18. Certificat de prise en charge (bureau de douane de départ ou de passage d'entrée)

☐ 19. Scellements ou marques d'identification reconnus intacts

20. Délai de transit: 24.11.92

21. Enregistré par le bureau de douane de: ZA Fürth i.W. — sous le No 213

22. Divers (itinéraire fixé, bureau où le transport doit être présenté, etc.)

23. Signature de l'agent et timbre à date du bureau de douane
Stempel

SOUCHE N° 1 PAGE 1 **du CARNET TIR** No 9558401

1. Pris en charge par le bureau de douane de: ZA Fürth i.W.
2. Sous le No: VAB 123
3. Scellements ou marques d'identification apposés
4. ☐ Scellements ou marques d'identification reconnus intacts
5. Divers (itinéraire fixé, bureau où le transport doit être présenté, etc.)

6. Signature de l'agent et timbre à date du bureau de douane
Stempel
25.8.92

beteiligten Zollstellen eine bestimmte Zahl von *Trennabschnitten* geheftet werden. Die Abfertigung erfolgt lediglich papiermäßig, d.h. eine Beschau findet nicht statt. Beim Passieren bzw. Erreichen von Grenzübergangszollstellen (Ausgangs- und Eingangszollstellen) trennen diese jeweils einen Abschnitt heraus und nehmen bestimmte Eintragungen in den Stammblättern vor, so daß der Transportweg lückenlos zurückverfolgt werden kann. Innerhalb des EWG/EFTA-Raums ist nur eine Gestellung bei den Eingangszollstellen erforderlich. Eine Entrichtung oder Hinterlegung von Eingangs- oder Ausgangsabgaben findet nicht statt, weil die dem Abkommen beigetretenen Staaten selbst oder durch Verbände *Bürgschaften* abgeben für die Zahlung von Abgaben, die bei Verstößen gegen das Verfahren u.U. fällig werden.

Das TIR-Verfahren kann nicht angewendet werden, wenn die Beförderung *innerhalb* der Gemeinschaft beginnen *und* enden soll: In diesem Fälle war bis zum 1. 1. 93 das gemeinschaftliche Versandverfahren (EG) anzuwenden. Wenn jedoch zwischen der EG und einem Drittland kein Abkommen über die Anwendung des gemeinschaftlichen Versandverfahrens besteht, ist das TIR-Verfahren auch dann zulässig, wenn die Beförderung innerhalb der Gemeinschaft beginnen *und* enden soll, z.B. von Deutschland über «Jugoslawien» nach Griechenland. An den EG-Binnengrenzen wird bereits seit 1. 1. 1992 – im Vorgriff auf den Binnenmarkt – auf Abfertigunsformalitäten im TIR-Verkehr verzichtet. Mit Österreich und der Schweiz hingegen bestehen entsprechende Abkommen; das TIR-Verfahren ist daher beim Transit z.B. von Deutschland nach Italien über diese Länder nicht zulässig.

Daneben gibt es noch das **Rhein-Manifest** für den Gütertransport auf dem Rhein, auf dessen Darstellung hier verzichtet wird.

F-5.2. Freizonen, Freihäfen und Zollager

F-5.2.1. Freihäfen und Freilager

Freizonen und Freilager liegen zwar geographisch im Zollgebiet der Gemeinschaft, sind aber rechtlich vom Zollgebiet getrennt: Die Waren in **Freizonen** *gelten* als nicht im (EG-)Zollgebiet befindlich (sog. **Freizonenfiktion**), so als ob sie ‹gar nicht da sind›. Freizonen müssen eingezäunt sein. Für den Außenhandel sind bislang nur die **Freihäfen** als Freizonen von Bedeutung. **Freilager** könnten nach dem EG-Zollkodex Flächen oder Gebäudeteile sein, z.B. auf *Flughäfen* mit beträchtlichem Warenumschlag. Gegenwärtig gibt es dafür noch keine

Beispiele. Freilager sind nicht zu verwechseln mit **Zollagern** – vgl. dazu anschließend –, auch wenn viele Aspekte übereinstimmen. Im folgenden wird nur das Beispiel des Freihafens verwendet.
Freihäfen sollen den Umschlag und die Lagerung von Waren im Aussenhandel erleichtern, so daß diese Aktivitäten möglichst wenig durch Formalitäten behindert werden sollen. Daher entfällt in Freihäfen jeglich Gestellungs- und Anmeldepflicht; es gibt keine Zollabfertigung der von See kommenden Güter bzw. Schiffe; Waren in Freihäfen werden nicht durch Eingangsabgaben belastet und von handelspolitischen Maßnahmen der EG betroffen (z.B. hinsichtlich Importkontingenten), sondern erst dann, wenn sie in den freien Verkehr überführt werden. Nationale außenwirtschaftsrechtliche Beschränkungen gelten jedoch auch in Freizonen (z.B. Importverbote für Waffen oder bedrohte Tierarten). Unabhängig davon bedeutet dies nicht, daß es sich um *zollrechtlich* freie Zonen handelt, denn auch in Freizonen gelten eine Vielzahl von zollrechtlichen Bestimmungen, da die zollrechtliche Sonderbehandlung an bestimmte Voraussetzungen bezüglich Gebrauch, Verbrauch, Lagerung oder Aufzeichnung anknüpft. Freizonen sind also zollrechtliche *«Sonderrechtszonen»*. Die in Freihäfen lagernde Ware ist mengen- und wertmäßig ebenso unbegrenzt wie die Lagerdauer.
Außer Umschlags- und Lageraktivitäten ist jede gewerbliche Tätigkeit in Freizonen grundsätzlich untersagt. Bestimmte Handelsaktivitäten sind zulässig, aber genehmigungspflichtig (beispielsweise der Handel mit Schiffsbedarf). Die gelagerten Waren dürfen auch nicht ge- oder verbraucht werden. Verbrauch beispielsweise führt unmittelbar zum Entstehen der Zollschuld. Die üblichen **Lagerhandlungen** sind zulässig (Wartung, Reinigung, Aus- und Umpacken).

F-5.2.2. Zollagerverfahren

Im Gegensatz zur Fiktion, daß Waren in Freizonen und Freilagern so gesehen zollrechtlich ‹gar nicht existieren›, werden Waren in Zollagern durchaus als präsent gesehen. Zollager sind *keine* Freizonen. Waren, die für Zollager bestimmt sind, sind **Zollgut**, müssen gestellt und angemeldet werden, unterliegen umfassend dem Zollrecht, genießen jedoch während ihrer Lagerung im Zollager das Privileg der Befreiung von Eingangsabgaben.
Zollager bieten sich immer dann an, wenn zwischen dem Eintreffen der Ware und dem Übergang in den freien Verkehr längere Zeit verstreichen wird oder wenn noch nicht feststeht, was mit der Ware geschehen soll – ob sie beispielsweise wieder ausgeführt wird oder

nicht. Insbesondere im **Konsignationsgeschäft** mit **Kommissionären** sind Zollager üblich, sie sind aber auch weit verbreitet bei Unternehmen mit starkem Importverkehr sowie als **Transitlager**, wenn Waren zwar physisch «eingeführt» werden, jedoch nicht in den freien Verkehr überführt, sondern weiterverkauft werden sollen. Von besonderer Bedeutung sind im Agrarbereich auch sog. **Erstattungslager**: Beim Export von bestimmten Marktordnungswaren (sog. *Nicht-Anhang-II-Waren*) können ggf. Erstattungen beansprucht werden (vgl. Abschn. G-1). Diese können unter bestimmten Voraussetzungen im Sinne einer Vorfinanzierung bereits ausgezahlt werden, wenn die Güter zwar nicht physisch ausgeführt, aber in ein **Ausfuhrlager** verbracht werden, um sie der Einlagerung von entsprechender Drittlandsware in ein Transitlager gleichzustellen.

Die wirtschaftlichen *Vorteile* des Zollagers bestehen aber in erster Linie in der Befreiung von den Eingangsabgaben während der (zeitlich unbegrenzten) Lagerung (früher: auf fünf Jahre begrenzt); dies bedeutet teilweise erhebliche Liquiditäts- und damit Zinsvorteile. Zudem müssen die außenwirtschaftsrechtlichen Abfertigungsunterlagen, z.B. eine Einfuhrgenehmigung, noch nicht vorliegen. Andererseits greifen bereits außenwirtschaftliche Einfuhrbeschränkungen, wie z.B. das Importverbot nach dem Artenschutzgesetz oder das für Waffen.

Als *Nachteile* von Zollagern ergeben sich lediglich Kostenaspekte, einmal die direkten Lagerkosten, zum anderen Kosten für die zu leistende Sicherheit (i.d.R. durch Bankbürgschaft). Zollager müssen beantragt und bewilligt werden.

Grundsätzlich gibt es *sechs Arten* von Zollagern in *zwei Gruppen*, die in der seit 1. 1. 92 geltenden EWG-Zollager-Verordnung (präziser: Durchführungsverordnung, DVO) – etwas unsystematisch – nach *Typen* unterschieden werden (Abb. F-5.2/1):

F-5.2.2.1. Öffentliche Zollager

In **öffentlichen Zollagern** (bisher auch als **Zollniederlagen** bezeichnet) kann jedermann Ware einlagern. Dabei handelt es sich um geschlossene Zollager, entweder direkt unter **Zollverschluß**, d.h. nur die Zolldienststelle hat Zugang zum Lager, oder unter **Zollmitverschluß**, d.h. bei Einlagerung und Entnahme ist eine Mitwirkung der Zollverwaltung erforderlich. Bei öffentlichen Zollagern sind zu unterscheiden (1) *zolleigene Lager* in Orten mit starkem Zollverkehr, wenn ein allgemeines Interesse für die Lagerhaltung besteht und wenn kein anderer Niederlagehalter zu finden ist (Lager-**Typ F**) (sog. **Zollverschlußlager**, selten). Daneben gibt es öffentliche Zollager, die durch Private ver-

Abb. F-5.2/1: **Zollagerarten**

Öffentliche Zollager (Einlagerung durch jedermann)	
Typ F	«Zollniederlagen» (zolleigene) Zollverschlußlager (selten) nur bei wenigen Zollstellen
Typ A	durch private Lagerhalter verwaltet, unter Zollverschluß Lagerhalter ist Zollverpflichteter
Typ B	wie Typ A, aber Einlagerer ist Zollverpflichteter
Private Zollager (stehen nur dem Lagerinhaber zur Verfügung, nicht jedermann zugänglich)	
Typ C	unter Zollmitverschluß Gestellungspflicht bei der Einlagerung
Typ D	offenes Zollager, ohne Zollmitverschluß Feststellung der Bemessungsgrundlagen bei Einlagerung Abgabenberechnung bei Auslagerung
Typ E	«fiktives Zollager» buchmäßiges Ein- und Auslagern ohne zwingend erforderliche physische Bewegungen der Güter

waltet werden, und zwar (2) solche, bei denen der *Lagerhalter* für die entsprechenden Pflichten verantwortlich ist (z.B. eine Hafenverwaltung, ein Kommissionär oder eine Spedition) (**Typ A**), und (3) solche, bei denen der Einlagerer verpflichtet ist (**Typ B**). Die Typen A und B sind Lager unter *Zollverschluß*. Dies schränkt natürlich die Verfügungsfreiheit über die Waren ein. Die Zollverwaltung geht daher auch davon aus, daß diese Lagertypen eher die Ausnahme darstellen, da private Zollager wirtschaftsfreundlicher und flexibler zu handhaben sind.

F-5.2.2.2. Private Zollager

Private Zollager stehen nur dem *Lagerinhaber* zur Verfügung, sind also nicht jedermann zugänglich wie öffentliche. Da der Lagerhalter aber nicht Eigentümer der Ware sein muß, können somit auch Dritte *Ware einlagern* (dies ist insbesondere für Kommissionäre und Spediteure von Bedeutung).

(4) Der **Typ C** als geschlossenes Lager entspricht faktisch dem bisherigen *Zollmitverschlußlager* und ist durch eine Gestellungspflicht bei

der Einlagerung und zollamtliche Mitwirkung bei der Lagerabwicklung gekennzeichnet. Der Lagertyp C ist recht selten und kommt insbesondere für Güter in Betracht, die Verboten und Beschränkungen unterliegen.

(5) Bislang am gängigsten sind private Zollager ohne Zollmitverschluß (**offene Zollager**), d.h. u.a. auch ohne Gestellung. Sie sind folglich an bestimmte *Auflagen*, insbesondere hinsichtlich der Lageraufzeichnungen gebunden. Häufig sind Duty-free-Shops in dieser Lagerart organisiert. Beim offenen Zollager des **Typs D** werden die *Bemessungsgrundlagen* für die Eingangsabgaben (Zollwert, EUSt-Wert) zum Zeitpunkt der Einlagerung in einem sog. **Festsetzungsbescheid** festgestellt, allerdings ohne *Berechnung* von Eingangsaben, da (noch) keine Abgabenschuld entstanden ist. Dies erfolgt erst zum Zeitpunkt der Auslagerung. Die Feststellung der Bemessungsgrundlagen bei der Einlagerung ist wegen der flexiblen Entnahmemöglichkeiten aus dem Zollager erforderlich.

(6) Ein neues, in Zukunft wohl recht bedeutsames Zollager wird das Lager vom **Typ E** sein. Dabei wird ein Zollager dem Lagerhalter bewilligt. Es ist jedoch nicht erforderlich, daß die einzulagernde Ware tatsächlich *physisch* in dieses Lager verbracht wird, sondern es genügt, wenn sie in *irgend eine* Lagereinrichtung des Bewilligungsinhabers, auch auf einem Transportmittel, eingelagert wird; entsprechende *Aufzeichnungen* ersetzen die physische Ein- bzw. Umlagerung. Dies ermöglicht eine sehr flexible Lagerdisposition, da z.B. ein deutscher Lagerhalter seine Waren dezentral in jedem anderen EG-Staat einlagern kann (*fiktive* Einlagerung in das Zollager). Daß dabei an die Anschreibungen besonders hohe Anforderungen zu stellen sind, wird einleuchten. Gegenwärtig beeinträchtigen noch die unterschiedlichen Verbrauchsteuerbelastungen die offensichtlichen Vorteile dieses Lagertyps.

Die Zollgutlagerung ist ein **besonderer Zollverkehr**; die Lagerware ist Zollgut. Zollager müssen vom HZA, in dessen Bezirk sie betrieben werden sollen, bewilligt werden (außer Typ F natürlich). Eine sachliche Voraussetzung ist, daß die durchschnittliche *Lagerdauer* länger ist als der durchschnittlich in Anspruch zu nehmende **Zahlungsaufschub** von rd. 30 Tagen (vgl. Abschn. F-2.2), denn bei kürzeren Fristen würde der Zahlungsaufschub bei weniger Verwaltungsaufwand zum wirtschaftlich analogen Ergebnis führen. Zu den persönlichen *Bewilligungsvoraussetzungen* zählt die (steuerliche) Vertrauenswürdigkeit des Lagerhalters und die ordnungsmäßige Führung der Bücher, da bestimmte Anschreibungen zu machen sind, insbesondere bei den Typen D und E. Für die Typen D und E wird zudem *Sicherheit* verlangt, und zwar i.d.R. in Höhe des Betrages, der auf die Warenmenge entfällt, die durchschnittlich in 45 Tagen entnommen wird. Für bestimmte hochwertige Güter (Kaffee, Branntwein) sind höhere Sicherheiten vorzuweisen.

F-5.2.2.3. Lagerbegriff

Waren, die in einem Zollager eingelagert werden sollen, müssen über das übrige Zollgebiet transportiert werden. Daher ist das Verbringen von Ware in ein Zollager zollrechtlich *anzumelden* (mit dem Vordruck **IM** des Einheitspapiers: vgl. Abschn. F-2.1), jedoch nicht außenwirtschaftsrechtlich (*ohne Einfuhrerklärung* und ggf. *Einfuhrgenehmigung* etc.). Die Zollstelle erstellt dabei je nach Lagertyp bei der Ein- oder Auslagerung einen **Zollbefund**, d.h. stellt die Bemessungsgrundlagen für die Eingangsabgaben fest (Typ D bei Einlagerung, alle übrigen prinzipiell bei der Auslagerung; andere Regelungen sind fakultativ möglich).

Der Begriff ‹*Lager*› ist weit zu verstehen und beschränkt sich nicht – was sprachlich vielleicht naheläge – auf umschlossene Räume oder Hallen. Es kann genügen, in einer Lagerhalle eine bestimmte Fläche durch farbige Markierungen auf dem Fußboden abzugrenzen. Aufgrund der o.g. Zollschuld-Entstehungstatbestände ist es ja unerheblich, ob Ware aus einem geschlossenen Raum entnommen oder dort verbraucht wird oder schlicht aus/in einer abgegrenzten Fläche. Dies ist auch eine Frage der unternehmensinternen Praktikabilität. Im Zollkodex heißt es dazu (Art. 98 Abs. 2): «Als Zollager gilt jeder von den Zollbehörden zugelassene und unter zollamtlicher Überwachung stehende Ort, an dem Waren unter den festgelegten Bedingungen gelagert werden können.» Ein Zollager kann auch aus mehreren getrennten Lagerstätten bestehen.

F-5.2.2.4. Lagerbehandlungen

Eingelagerte Ware darf einer **lagerüblichen Behandlung** unterzogen werden, die der *Erhaltung* der Ware (z.B. Kühlung, Lüftung) oder der *Verbesserung* ihrer Aufmachung und Handelsgüte dient (z.B. Etikettieren). Auch *einfache Behandlungen* (z.B. Auspacken, Umpacken, Sortieren) sind allgemein zugelassen. Weitergehende Behandlungen bedürfen der Zulassung durch die Zollstellen, um eine Abgrenzung gegen die fiktive *Entnahme* durch Verwendung oder Verarbeitung im La-

ger und insbesondere gegen *aktive Veredelung* (vgl. Abschn. F-5.3.1) sicherzustellen.
Aus offenen Zollagern kann die Ware jederzeit und ohne Mitwirkung der Zollverwaltung entnommen werden. Jede **Entnahme** *läßt eine* **Zollschuld** entstehen, sei die Entnahme *gewollt* (d.h. tatsächlich, z.B. nach Verkauf der Ware) oder *fiktiv* (Diebstahl, Verbrauch im Lager, Fehlmengen). I.d.R. wird die Entnahme körperlich erfolgen, doch können auch rein buchmäßige Entnahmen zugelassen werden, d.h. daß die Ware physisch gar nicht bewegt wird. Die durch die Entnahme entstehende *Zollschuld* bzw. anderen Eingangsabgaben sind selbst zu berechnen, der Zollstelle anzumelden und bis zum 16. Tag des Folgemonats zu entrichten. Aus einem offenen Zollager darf Ware – bei Beachtung strenger Anschreibungspflichten – in ein anderes offenes Zollager verbracht werden.

F-5.2.2.5. Beendigung des Zollagerverfahrens

Durch Überführung in den zollrechtlich freien Verkehr oder in ein anderes Zollverfahren (z.B. Umwandlung, vgl. Abschn. F-5.5.1) ist das Lagerverfahren beendet. Dabei ist in Abhängigkeit vom Lagertyp teilweise eine *Gestellung* erforderlich, teilweise genügen *Anschreibungen.* Wiederum je nach Lagertyp wird bei der Auslagerung der **Zollwert** festgestellt (bei den Lagertypen A, B und D geschieht dies bereits bei der Einlagerung). Die Kosten der Lagerung gehen *nicht* in den Zollwert ein. Auf Einzelheiten hinsichtlich Gestellung, Beschau oder Anschreibungsvorschriften muß hier verzichtet werden.

F-5.2.3. Exkurs: Sonderwirtschaftszonen

In vielen Ländern wurden Sonderwirtschaftszonen, Nationale Freihandelszonen oder Industrieparks geschaffen, insbesondere auch in ehemaligen Ostblockländern, um den Übergang zur Marktwirtschaft praktisch unter Laborbedingungen zu erleichtern (vgl. Abb. F-5.2/2). Dabei handelt es sich um abgegrenzte Gebiete innerhalb des Wirtschaftsraumes des betreffenden Staates, für die zoll- und steuerrechtliche und andere Sonderbestimmungen gelten (synonyme Begriffe sind *Free Production Zone, Investment Promotion Zone, Free Trade Zone*). Neben den oben behandelten Freihäfen und den Duty-Free-Shops, die in diesem Sinne auch Sonderwirtschaftszonen sind, gibt es **Exportförderzonen** (z.B. in Malaysia, Taiwan, Südkorea, China), für die weitgehende Steuerbefreiungen und administrative Vergünstigungen gelten. Auch andere Länder haben Freizonen eingerichtet (Ungarn),

Abb. F-5.2/2: **Sonderwirtschaftszonen**

Neue Freihandelszonen für Exportindustrien
Indonesien: Staatliche und private Firmen bereiten begünstigte Standorte vor

Sonderwirtschaftszonen
Markt-Labors

Inseln für den Markt

Japan plant Sonderwirtschaftszonen
Steuer- und Zollvorteile für ausländische Unternehmen

Sonderwirtschaftszonen müssen so offen wie möglich für den Warenaustausch sein

Marokko schafft Freihäfen für Investoren
Heimische Unternehmer befürchten Konkurrenz / Kritik an der Sparpolitik

TÜRKEI:
Regelungen für Freizone in Istanbul

ČSFR
Industriefreizone

China:
Mit Sonderwirtschaftszonen zum Erfolg

Japan
Import-Sonderzonen

Nordkorea läßt ausländische Unternehmen zu
Ansiedlung in Sonderwirtschaftszonen / Steuererleichterungen

in denen erleichterte Produktionsbedingungen für Güter gelten, die nicht in den inländischen Warenverkehr gebracht werden sollen. Im Bankensektor gibt es freie Bankzonen, für die z.B. die Mindestreserveverpflichtungen oder Eigenkapitalvorschriften entfallen (New York, London) (vgl. Abschn. D-5.4 zu Off-shore-Bankplätzen).

Zu den Vergünstigungen in Sonderwirtschaftszonen zählen z.B. zollfreie Einfuhr von Vorleistungen, steuerfreie oder steuervergünstigte Wirtschaftstätigkeit, Eigentumsgarantie, d.h. Schutz vor Verstaatlichung, großzügige Abschreibungsbedingungen, Transfergarantien für Gewinne, Bereitstellung entsprechender Infrastruktur durch den Staat, billiges Bauland, langfristige Miet- oder Pachtverträge, ‹weiche› Kreditkonditionen, etc. In der Regel sind solche Freizonen in der Nähe von Seehäfen oder Flughäfen angesiedelt.

Mit derartigen Sonderwirtschaftszonen sollen inländische Investitionen stimuliert bzw. ausländische Investoren angelockt werden, um die lokale Beschäftigungssituation – auch hinsichtlich des Ausbildungsniveaus – zu verbessern, um durch steigende Exporte das Devisenaufkommen zu erhöhen, aber auch um die Produktion für den Binnenmarkt zu verbessern. Die bisherigen Erfahrungen mit Sonderwirtschaftszonen sind gemischt. Während diese Experimente in vielen Ländern gescheitert sind, weil dirigistische Strukturen im Kernland sich nicht ohne weiteres in regionalen Teilbereichen ausschalten ließen, gibt es z.B. aus China ausgesprochen positive Erfahrungen.

Auch in den **USA** kann eine Produktionsstätte den Status einer Freihandelszone erhalten. Normalerweise müssen importierte Rohstoffe oder Vorleistungen, die in den Fertigungsprozeß eingehen, zu den jeweiligen Zolltarifen verzollt werden, die beim Verbringen in das Zollgebiet anzuwenden wären. Das in einer Freihandelszone produzierende Unternehmen kann aber wählen, ob importierte Rohstoffe oder Vorleistungen zu diesen Tarifen verzollt werden oder ob sie zu dem Tarif verzollt werden, die für das Fertigprodukt gelten. Wenn die importierten Waren untergehen oder zerstört werden (z.B. Ausschuß), fällt überhaupt kein Zoll an. Ursprünglich entsprach die Idee solcher *«Foreign Trade Zones»* dem Konzept des Freihafens im Sinne des europäischen Zollrechts, da nur an Lagerung, Verpacken und geringfügiger Behandlung gedacht war, nicht aber an Produktionshandlungen. Zonen dieser Art werden als *General Purpose Zones* oder *Public Zones* bezeichnet. Daneben entwickelte sich dann im Lauf der Zeit das Konzept der *Special Purpose Zones* oder kurz: *Subzones* für Produktions- und Fertigungszwecke. Damit soll u.a. auch erreicht werden, daß eventuelle Lärm- oder Geruchsbelästigungen, die von Fertigungsbetrieben ausgehen, in bestimmten Gegenden konzentriert werden und nicht in Nachbarschaft mit Lagerhäusen und Umschlagseinrichtungen auftreten. *Subzones* werden allgemein nur für ein einzelnes Unternehmen definiert und abgegrenzt. Sie werden insbesondere von japanischen Automobilunternehmen, aber auch von der Textilindustrie verwendet. Die Genehmigung einer *Subzone* hängt u.a. davon ab, ob es dem Antragsteller nachzuweisen gelingt, daß Arbeitsplätze geschaffen, die Exporte aus den USA gefördert oder Importe in die USA substituiert werden, ohne daß bereits ansässige Unternehmen dadurch nachteilig betroffen werden, d.h. insgesamt: daß die *Subzone* von nationalem Interesse ist.

F-5.3. Veredelungsverkehre

Mehrstufige Produktionsverfahren können es nahelegen, einzelne Produktionsabschnitte in Länder zu verlegen, in denen die *Produktionskosten* niedriger sind oder in denen bestimmtes technisches Knowhow vorhanden ist. Wenn Waren aus dem Zollgebiet A in das Zollgebiet B verbracht werden, um dort bearbeitet (einschließlich Zusammensetzung oder Montage), verarbeitet (z.B. Verarbeiten von Tomaten zu Ketchup) oder ausgebessert (einschließlich Instandsetzung, Reinigung und Regulierung) zu werden, spricht man von **Veredelung**; es findet in B also keine vollständige Produktion statt. Bei den jeweiligen Verbringungen in das Zollgebiet würden entsprechende Eingangsabgaben anfallen, die der Zweckbestimmung der Eingangsabgaben nicht entsprächen und ggf. Erlaß oder Erstattung von Eingangsabgaben erforderlich machten.

Das Verfahren kann daher durch die Einleitung zollrechtlicher Veredelungverkehre vereinfacht werden. Dabei ist zwischen **aktiver** und **passiver Veredelung** zu unterscheiden, je nachdem, ob die Veredelung im Zollgebiet A oder B erfolgt. Von **Lohnveredelung** spricht man (aus EG-Sicht) wenn die Veredelung im Veredelungsland für Rechnung eines im Drittland Ansässigen erfolgt, hingegen von **Eigenveredelung** bei Veredelung für Rechnung eines im Veredelungsland Ansässigen. Von einer rein **wirtschaftlichen Veredelung** wird gesprochen, wenn keine zollamtliche Bewilligung erforderlich ist, weil die veredelten Waren tariflich zollfrei sind (z.B. Präferenzwaren mit Ursprungsnachweis). Wichtig: Bevor Veredelungsverkehre konkret in Anspruch genommen werden können, müssen sie vorab grundsätzlich genehmigt worden sein.

F-5.3.1. Aktive Veredelung

Bei einer **aktiven Veredelung** (aV) werden Waren (abgabenfrei) aus dem Zollausland (Drittland) ins (EG-)Zollgebiet verbracht, um den o.g. Veredelungshandlungen unterzogen und anschließend wieder in das Zollausland ausgeführt zu werden. Aus der Sicht der Bundesrepublik kommt dies insbesondere für *Ausbesserungs- und Wartungsarbeiten* in Betracht. Grundsätzlich müßten beim Verbringen der zu veredelnden Waren in das Zollgebiet Eingangsabgaben entrichtet werden, die dann – bei der Wiederausfuhr – ggf. zu erlassen bzw. zu erstatten wären. Durch *Gestellung und Anmeldung* zu einem **aktiven Veredelungsverkehr** (aVV) (mit entsprechenden Formularsätzen des Einheitspapiers) wird erreicht, daß die Waren gänzlich von Zollbelastungen freigestellt werden, weil sie letztlich nicht in die Wirtschaft des Zollgebietes übergehen. Dabei gibt es in der EG *zwei Varianten:*

- Möglich, wenngleich selten (auf Drängen Dänemarks, Hollands und Großbritanniens, die dieses Verfahren praktizieren), ist das **Zollrückvergütungsverfahren**, bei dem die Waren zunächst in den zollrechtlich freien Verkehr überführt werden, die Eingangsabgaben jedoch bei der Wiederausfuhr der Veredelungserzeugnisse *erlassen* oder *erstattet* werden.
- Gängig hingegen ist das **Nichterhebungsverfahren**, bei dem für Drittlandsware, die zur Wiederausfuhr in Form von Veredelungserzeugnissen bestimmt ist, auf die Erhebung von Eingangsabgaben verzichtet wird.

Aktive Veredelungsverkehre bedürfen der *vorherigen* Bewilligung durch das zuständige HZA. Kleinere Ausbesserungsarbeiten können statt durch das HZA auch durch Erteilen eines **Ausbesserungsscheins** von jeder anderen zuständigen Zollstelle bewilligt werden.

Bei der Beantragung müssen die zu veredelnden Ware (Art, Menge, Wert), die Veredelungsvorgänge und das Veredelungsergebnis («**Ausbeute**», z.B. in mengenmäßigem oder prozentualem Verhältnis zur Einfuhrmenge) genau beschrieben werden, um bestimmen zu können, in welchem Umfang Einfuhrwaren zollfrei bleiben. Anders ausgedrückt: Es muß sicherzustellen sein, daß die veredelten Ausfuhrgüter nach Art und Menge den (zollfreien) unveredelten Einfuhrgütern entsprechen.

Die *Bewilligung* von Veredelungsverkehren hängt in *persönlicher* Hinsicht von den üblichen Voraussetzungen ab wie (steuerliche) Vertrauenswürdigkeit des Antragstellers und ordnungsgemäße Führung der Bücher. In sachlicher *(wirtschaftlicher)* Hinsicht ist zu prüfen, daß durch die aV keine Interessen von Herstellern in der EG beeinträchtigt werden. Dies ist insbesondere immer dann anzunehmen, wenn die zu veredelnden Erzeugnisse in der EG nicht oder nur in unzureichender Menge hergestellt werden. Die wirtschaftlichen Voraussetzungen sind bei Lohnveredelung i.d.R. gegeben, Eigenveredelung ist zu prüfen.

Ein aVV kann entweder als *nicht begrenzte Veredelung* bewilligt werden, d.h. zeitlich und mengenmäßig nicht beschränkt, oder *mengenmäßig begrenzt* oder *zeitlich begrenzt* (i.d.R. auf drei Monate) oder beides, wobei ein nicht genehmigtes Überschreiten der Wiederausfuhrfrist grundsätzlich eine Zollschuld entstehen läßt. Bei Vorliegen sachlicher Gründe kann diese Frist (ggf. auch nachträglich) verlängert werden. Ein wesentliches Kriterium der Bewilligung ist die *Nämlichkeit*, d.h. daß sichergestellt ist, daß die zu veredelnden Waren in Form veredelter Erzeugnisse das Zollgebiet auch wieder verlassen. Dabei

kann u.a. auch zugelassen werden, daß andere als die eingeführten, aber **äquivalente Waren** veredelt und re-exportiert werden (Freigut als Ersatzgut; **Äquivalenzprinzip**), und zwar auch schon vor der Veredelung des eingeführten Zollguts (**Vorgriff; Vorgriffsgüter**). Das Zollgut wird dann später als **Nachholgut** zum freien Verkehr abgefertigt. Dies ist beispielsweise bei starkem Auftragseingang aus dem Ausland von Bedeutung.
Unter der Voraussetzung der vorherigen Bewilligung ist ein aVV vom Inhaber der Bewilligung mit einem entsprechenden Formularsatz des Einheitspapiers *anzumelden*. Bei aktiver *Eigenveredelung* sind die entsprechenden außenwirtschaftsrechtlichen Bestimmungen zu beachten (ggf. Einfuhrgenehmigung, Einfuhrerklärung, Ursprungsnachweise). Dies ist bei aktiver *Lohnveredelung* durch Gebietsansässige nicht erforderlich.
Nach erfolgter Abfertigung zum aVV und durchgeführter Veredelung werden die veredelten Erzeugnisse unter zollamtlicher Überwachung – d.h. nach Gestellung – wieder ausgeführt. Die aVV werden dann *abgerechnet*, indem den eingeführten Waren die entsprechenden ausgeführten Waren gegenübergestellt werden. Dabei wird verglichen, ob die «Ausbeute» aufgrund der vorher festgelegten Prozentsätze oder Umrechnungskoeffizienten der Einfuhrware entspricht. Bei Fehlmengen oder Verstößen gegen bzw. Abweichungen vom bewilligten aVV entsteht die Zollschuld für den Zollanmelder auf der Basis der (nichtveredelten) Drittlandsware.
Im Zusammenhang mit der aktiven Veredelung ist das sog. **Draw-back-Verbot** von Bedeutung. Wenn beispielsweise Waren aus Kanada in Deutschland im Rahmen eines aktiven Veredelungsverkehrs (zollfrei) so bearbeitet würden, daß sie den EG-Ursprung erhielten, könnten sie aufgrund des EWR-Präferenzabkommens zollfrei nach Schweden (re-) exportiert werden. Damit würde der schwedische Außenzoll gegenüber Drittländern (Kanada) unterlaufen. Einige Länder wenden *Draw-back*-Systeme gezielt zur Exportförderung an. Um dies zu verhindern, sehen Präferenzabkommen meistens ein *Draw-back*-Verbot vor. Dies bedeutet – kurz gesagt –, daß *entweder* eine Präferenzvergünstigung ohne aV *oder* ein aV ohne Präferenzbegünstigung in Anspruch genommen werden kann. Am hier verwendeten Beispiel bedeutet dies das Verbot, daß die auf die kanadischen Waren bei der Einfuhr nach Schweden ggf. erhobenen Zölle bei der Verbringung nach Deutschland im Wege der Zollrückvergütung erstattet werden.

F-5.3.2. Passive Veredelung

Bei der **passiven Veredelung** (**pV**) werden Waren aus dem Zollgebiet re-importiert. Dies kommt insbesondere für Produktionsvorgänge in Betracht, bei denen Lohnkostenvorteile im Ausland (in *«Billiglohnländern»*) ausgenutzt werden können, insbesondere in Osteuropa und Südostasien. Wenn der Re-Import in eine anderes EG-Land erfolgt als der ursprüngliche Export, spricht man von einem **Dreiecksgeschäft.** Grundsätzlich müßten beim (Rück-)Verbringen in das Zollgebiet Eingangsabgaben in Höhe des vollen Zollwerts der veredelten Waren erhoben werden. Da diese jedoch exportierte und re-importierte Freigüter des Zollgebiets enthalten, erfolgt nur eine **Differenzverzollung**: Der volle Zoll auf die veredelten Waren wird gekürzt um den Zoll, der bei einer – fiktiven – Einfuhr der unveredelten Güter zu erheben wäre. Der Zollwert der veredelten Waren ist ganz ‹normal› zu ermitteln (vgl. oben Abschnitt F-3.1), d.h. enthält u.a. den **Werklohn** für die Veredelung, außerhalb des Zollgebiets für die veredelten Waren gezahlte oder geschuldete **Abgaben**, bei der Einfuhr in das Zollgebiet entstehende Abgaben sowie die **Kosten des Verbringens** vom Veredler bis zum ersten Ort des (Rück-)Verbringens ins Zollgebiet (also ausschließlich u.a. der Beförderungskosten, die im Erhebungsgebiet anfallen). Dieser Zollwert ist um den Wert der bereitgestellten zu veredelnden Güter zu berichtigen (**fiktiver Zoll** oder **Minderungsbetrag**), und zwar auf der Basis der Herstellungskosten oder des Kaufpreises dieser Waren. Die Lieferungskosten bis zum ausländischen Veredler gehören also nicht zum Zollwert. Wenn bei der Veredelung Waren verwendet wurden, die nicht aus dem Zollgebiet geliefert worden sind (**Zutaten**), müssen diese bei der Wiedereinfuhr gesondert angemeldet werden. Wenn die Veredelung aus irgendwelchen Gründen nicht erfolgt, werden die unveredelten Waren bei der Wiedereinfuhr wie **Rückwaren** behandelt (vgl. Abschnitt F-5.3.3).

Beispiel:
Stoff im Wert von 100000,– wird nach Hongkong verbracht; EG-Zollsatz 10%. Aus dem Stoff werden Blusen gefertigt, Veredelungsentgelt 50000,–, EG-Zollsatz für Blusen 15%:

15% von 150000	=	22500,–
−10% von 100000	=	10000,–
Differenzzoll		12500,–

Die *Bewilligungsvoraussetzungen* passiver Veredelungsverkehre (pVV) sind denen aktiver VV analog, d.h. eine pV muß zunächst beim HZA beantragt und bewilligt werden. Jeder pVV ist danach im konkreten Fall vom Inhaber der Bewilligung mit dem Einheitspapier anzumelden. Ein wichtiger Aspekt ist auch hierbei die *Nämlichkeitssicherung* der zu veredelnden Ausfuhrwaren, insbesondere bei Dreiecksgeschäften. Der entsprechende Zollbefund wird im Einheitspapier vermerkt (**Nämlichkeitsverfahren**). Bei der Wiedereinfuhr können – nach Bewilligung – auch den veredelten Waren gleichwertige (äquivalente) Waren zugelassen werden (sog. *(Standard-)* **Austauschverfahren** oder **Äquivalenzverfahren**, insbesondere in Ausbesserungsfällen). Für die Wiedereinfuhr wird eine *Frist* gesetzt, die vom vorhersehbaren Zeitaufwand für die Veredelung abhängt, regelmäßig aber drei Monate beträgt. Die Frist kann, wenn die Umstände dies rechtfertigen, auch rückwirkend (!) verlängert werden. Unter bestimmten Voraussetzungen können auch bei Veredelungsverkehren Sammelzollverfahren zugelassen werden. Bei der Wiedereinfuhr wird regelmäßig eine Abfertigung zum freien Verkehr erfolgen, aber auch andere Zollbehandlungen sind möglich wie z.B. Verbringen in ein Zollager. Bei der Zollanmeldung ist dabei ein Hinweis auf die pV erforderlich, um die entsprechende Zollvergünstigung (**Differenzverzollung**) in Anspruch nehmen zu können.

F-5.3.3. Rückwaren

Sachlich, wenngleich nicht rechtlich, verwandt sind Rückwaren: Wenn Gemeinschaftswaren aus dem Zollgebiet ausgeführt worden sind, aber innerhalb von drei Jahren – unverändert – wieder eingeführt werden, können sie als **Rückwaren** von den Eingangsabgaben befreit werden. Dies kann z.B. aufgrund von Mängelrügen erfolgen, bei denen der Exporteur die gelieferten Waren zurücknehmen muß (vgl. dazu ausführlicher Abschn. F-3.2.4). Rückwarenverbringung ist im Gegensatz zur pV kein besonderer Zollverkehr, sondern eine Variante der Abfertigung zum freien Verkehr.

F-5.4. Zollgut- und Freigutverwendung

Im Gegensatz z.B. zu den Veredelungsverkehren, die vorher beantragt und allgemein bewilligt werden müssen, bevor im konkreten Einzelfall Veredelungsverkehre durchgeführt werden können, setzen Zoll- und Freigutverwendungen keine zollamtliche Vorabfertigung voraus: Die Antragstellung erfolgt z.B. *ad hoc* am Grenzzollamt und wird sofort entschieden (i.d.R. auch bewilligt).

F-5.4.1. Vorübergehende Zollgutverwendung

Die **vorübergehende Zollgutverwendung** bezieht sich auf Fälle, in denen Zollgut *nicht endgültig* in den Wirtschaftsverkehr der Gemeinschaft eingehen soll. Vielmehr sollen Waren, die im Eigentum von Gebietsfremden bleiben, zeitlich befristet in das Zollgebiet verbracht, dort zu bestimmten Zwecken vorübergehend verwendet und anschließend wieder ausgeführt werden, zum Beispiel im Zusammenhang mit einer Messe oder der Nutzung einer Spezialmaschine auf einer Baustelle. Voraussetzung sind dabei die Nämlichkeitssicherung und die Leistung einer Sicherheit für die normalerweise fälligen Einfuhrabgaben. Bei ordnungsgemäßer Wiederausfuhr werden keine Abgaben fällig (Ausnahme: vgl. unten), und geleistete Sicherheiten werden erstattet.

In den allgemein bewilligten Fällen ist die vorübergehende Verwendung zu beantragen und unter zollamtlicher Überwachung durch Wiederausfuhr aus dem Zollgebiet zu beenden. Zuwiderhandlungen führen i.d.R. zur Entstehung einer Zollschuld und können zollrechtliche Konsequenzen (z.B. Bußgeld) nach sich ziehen. Die vorübergehende Verwendung wird direkt und ohne vorherige grundsätzliche Entscheidung (Vorabfertigung) bewilligt (im Gegensatz z.B. zu Veredelungsverkehren). Wenn sie *laufend* erfolgt, kann die vorübergehende Verwendung formlos und ohne Leistung von Sicherheit bewilligt werden. Für bestimmte Verkehrszweige (Eisenbahn, Straßengüterverkehr) sind im gewerblichen Bereich dabei spezielle Regelungen geschaffen worden, so z.B., daß die vorübergehende Verwendung von Beförderungsmitteln und Containern *allgemein als bewilligt* gilt. Ferner gibt es Regelungen insbesondere im Hinblick darauf, daß drittländische Transport- oder Reiseunternehmen keine unzulässige Konkurrenz für inländische Unternehmen ausüben. (Im Rahmen des Binnenmarktes werden sich dabei noch eine Reihe von Veränderungen ergeben: beispielsweise gilt gegenwärtig (weitgehend noch) das sog. **Cabotage**-Verbot, nach dem z.B. ein holländischer Spediteur keine Aufträge ausführen darf, die in Deutschland beginnen und enden).

Grundsätzlich dürfen Waren im Rahmen der gewerblichen vorübergehenden Verwendung bis zu 24 Monaten im Zollgebiet verbleiben. Im *privaten Bereich* (z.B. Kfz) bestehen auch kürzere Beschränkungen; z.B. darf die Verwendung zollgebietsfremder Kfz im Zollgebiet grundsätzlich nicht länger als insgesamt ein halbes Jahr erfolgen. Bei Vorliegen allgemeiner Bewilligungen (z.B. Transportmittel, Container, persönliche Habe) erfolgt in der Regel eine *formlose Abfertigung*, z.B. durch ‹*Durchwinken*› an den Grenzübergängen. Auf mögliche abga-

benrechtliche Probleme (z.B. muß ein Drittlands-Kfz nach einem Unfall verschrottet werden) kann hier nicht eingegangen werden.
In vielen Ländern – nicht jedoch innerhalb der EG – ist für die vorübergehende Verwendung von Kraftfahrzeugen ein **Carnet de Passage** erforderlich. Dieses wird von den Automobilclubs herausgegeben. In der EG ist die vorübergehende Verwendung von Kfz – wie erwähnt – allgemein bewilligt.
Während für die o.g. Beispiele und andere Verwendungszwecke (z.B. persönliche Habe im Reiseverkehr, Berufsausrüstungen, Material für Katastropheneinsätze) grundsätzlich *vollständige Abgabenfreiheit* besteht, kann in anderen Fällen nur eine *teilweise* Befreiung vorliegen. Beispeilsweise kann es vorkommen, daß *Spezialmaschinen* vorübergehend im Zollgebiet zu kommerziellen Zwecken verwendet werden sollen. Um die Möglichkeit auszuschließen, daß eine abgabenpflichtige Einfuhr durch sich wiederholende abgabenfreie ‹vorübergehende› Verwendungen unterlaufen wird, kann – u.a. im Baugewerbe und zu Zwecken der Warenherstellung – unter bestimmten Voraussetzungen die Verwendung einer **Teilverzollung** unterliegen, und zwar in Höhe von 3% pro Monat der Zollschuld, die bei der Abfertigung zum freien Verkehr entstünde. Nach 33 Monaten ergäbe sich also dieselbe Abgabenbelastung wie bei einer Abfertigung zum freien Verkehr. Dies kann jedoch nur auf Fälle zutreffen, bei denen (nach den in Abschn. F-5.1 erwähnten *Ausschuß-Verfahren*) eine längere Verweildauer als die grundsätzliche Begrenzung auf 24 Monate zugelassen ist. Da die tatsächliche Dauer der vorübergehenden Verwendung oft nicht im voraus zu bestimmen ist – z.B. bei aufgrund von Verlängerungen –, wird die Zollschuld erst *nach* Beendigung der vorübergehenden Verwendung ermittelt. I.d.R. ist eine Zollanmeldung erforderlich und Sicherheit zu leisten; die üblichen Zahlungserleichterungen wie Aufschub können in Anspruch genommen werden.
Neuerdings können bei vorübergehender Verwendung auch *Zinsen* auf die Eingangsabgaben erhoben werden: Wenn beispielsweise ein – fabrikneuer – Pkw zunächst einige Monate vorübergehend verwendet und dann als Gebrauchtwagen zollrechtlich eingeführt wird, wäre die Abgabenbelastung erheblich niedriger als bei sofortigem Import. Dieser Vorteil soll durch die Verzinsung aufgehoben werden. In der Praxis dürfte dies kaum zu überwachen sein.
Im sachlich verwandten Zusammenhang mit der vorübergehenden Verwendung spielen zwei *Carnet*-Verfahren in der Praxis eine wichtige Rolle:

F-5.4.2. Carnet-ATA

Ähnlich wie das oben angeführte **Carnet-TIR** beruht das **Carnet-ATA** *(Admission Temporaire/Temorary Admission)* auf einem internationalen Abkommen, dem gegenwärtig 43 Staaten beigetreten sind. Das ATA-Verfahren ist ein Sonderfall der o.g. *vorübergehenden Verwendung mit vollständiger Befreiung*. Es handelt sich bei dem *Carnet*-ATA um ein einheitliches internationales Zollpapier (Abb. F-5.4/1), das für bestimmte vorübergehende Einfuhren aus Drittländern eine Reihe von sonst erforderlichen Dokumenten überflüssig macht und damit die Zollabfertigung erleichtert und beschleunigt (unabhängig vom *Carnet*-ATA ist jeweils zu prüfen, ob Einfuhr- oder Ausfuhrgenehmigungen erforderlich sind, denn diese werden durch das *Carnet* nicht ersetzt). Seit 1. 1. 93 sind innerhalb der EG keine Carnets mehr erforderlich, d.h. es gibt keine Förmlichkeiten und Kontrollen beim Überschreiten von Binnengrenzen; diese erfolgen lediglich beim Verbringen ins bzw. Verlassen des Zollgebiets der EG.

Das *Carnet* wird in der Bundesrepublik von den Industrie- und Handelskammern ausgegeben (Gebühr DM 25,–). Es kann ausgestellt werden für folgende Zwecke: für Waren, die auf *Ausstellungen, Messen oder Kongressen* ausgestellt oder verwendet werden sollen (dies ist der Hauptanwendungsfall), für *Warenmuster* (in handelsüblichem Umfang und Wert), für Gegenstände zum *beruflichen Gebrauch* sowie für *Ersatzteile* für Kfz, die außerhalb des Zollgebiets beheimatet und vorübergehend im Zollgebiet verwendet werden (siehe vorstehend F-5.4.1). Das *Carnet* gilt ein Jahr und kann beliebig oft benutzt werden. Beim Grenzübertritt tragen die Zollbehörden jeweils die eingeführten Waren ein, so daß bei der Wieder-Ausfuhr zu prüfen ist, ob auch alle eingeführten Waren das Land wieder verlassen. Im Warenverkehr zwischen den EG-Staaten sind – im Vorgriff auf den Binnenmarkt – beim *Carnet*-ATA bereits seit 1. 1.1992 alle Grenzformalitäten entfallen.

Bei Einfuhren mit einem *Carnet*-ATA sind keine Eingangsabgaben zu entrichten, da die Waren zollrechtlich als abgabenfreie Rückwaren einzustufen sind. Das *Carnet* ist jedoch kein Ursprungsnachweis. Auch sind keine Kautionen oder Sicherheiten zu leisten; die Sicherheit (bis zu einem Gesamtwert von 300000,– DM, bei einer Selbstprüfungsgrenze bis zu 100000,– DM) beruht auf Bürgschaften von natio-

---

Abb. F-5.4/1: **Carnet ATA**

Issuing Association DEUTSCHER INDUSTRIE- UND HANDELSTAG, BONN **Issuing Association**
Association émettrice
Ausgebender Verband

INTERNATIONAL GUARANTEE CHAIN
CHAINE DE GARANTIE INTERNATIONALE
INTERNATIONALE BÜRGSCHAFTSKETTE

CARNET DE PASSAGES EN DOUANE FOR TEMPORARY ADMISSION
CARNET DE PASSAGES EN DOUANE POUR L'ADMISSION TEMPORAIRE
CARNET FÜR DIE VORÜBERGEHENDE EINFUHR

CUSTOMS CONVENTION ON THE A.T.A. CARNET FOR THE TEMPORARY ADMISSION OF GOODS
CONVENTION DOUANIERE SUR LE CARNET A.T.A. POUR L'ADMISSION TEMPORAIRE DE MARCHANDISES
ZOLLÜBEREINKOMMEN ÜBER DAS CARNET A.T.A. FÜR DIE VORÜBERGEHENDE EINFUHR VON WAREN

(Before completing the Carnet, please read Notes on cover page 3)
(Avant de remplir le carnet, lire la notice en page 3 de la couverture)
(Bitte erst die Anleitung auf Seite 3 des Umschlagblattes lesen, dann das Carnet ausfüllen)

TO BE RETURNED TO OFFICE OF ISSUE AFTER USE
NACH VERWENDUNG AN DIE AUSGEBENDE KAMMER ZURÜCKGEBEN

A. HOLDER AND ADDRESS / Titulaire et adresse / *Inhaber und Anschrift* W.G. Mein KG Stadtgraben 6 4000 Düsseldorf 1	**FOR ISSUING ASSOCIATION USE** / Réservé à l'Association émettrice / *Vom ausgebenden Verband auszufüllen* **FRONT COVER** / Couverture / *Vorderes Umschlagblatt* **(a) A.T.A. CARNET No.** / Carnet A.T.A. No. / *Carnet A.T.A. Nr.* **DE** 467 / 92 / St
B. REPRESENTED BY * / Représenté par * / *Vertreten durch* * Walter Krause, Ramertsweg 14, 4000 Düsseldorf oder "Vertreter gem. bes. Vollmacht"	**(b) ISSUED BY** / Délivré par / *Ausgegeben durch* Industrie- und Handelskammer Düsseldorf
C. INTENDED USE / Utilisation prévue des marchandises / *Beabsichtigte Verwendung der Waren* Berufsausrüstung	**(c) VALID UNTIL** / Valable jusqu'au / *Gültig bis* 1993 / 02 / 11 **year** année *Jahr* — **month** mois *Monat* — **day (inclusive)** jour (inclus) *Tag (einschließlich)*

This Carnet may be used in the following countries under the guarantee of the following associations: / Ce carnet est valable dans les pays ci-après, sous la garantie des associations suivantes: / *Dieses Carnet ist in nachstehenden Ländern unter Bürgschaft der folgenden Verbände gültig:*

AUSTRALIA (AU) The State Chamber of Commerce & Industry, Melbourne.
AUSTRIA (AT) Bundeskammer der gewerblichen Wirtschaft, Vienna.
POLAND (PL) Polish Chamber of Foreign Trade, Warsaw.
PORTUGAL (PT) Associacao Comercial de Lisboa, Lisbon.

— — —

The holder of this Carnet and his representative will be held responsible for compliance with the laws and regulations of the country of depature and the countries of importation. / A charge pour le titulaire et son représentant de se conformer aux lois et règlements du pays de départ et des pays d'importation. / *Der Carnetinhaber und sein Vertreter haben die Gesetze und sonstigen Vorschriften des Ausgangslandes und der Einfuhrländer zu beachten.*

CERTIFICATE BY CUSTOMS AUTHORITIES / Attestation des autorités douanières / *Bescheinigung der Zollbehörden*

a) **Identification marks have been affixed as indicated in column 7 against the following item No(s) of the General List** / Apposé les marques d'identification mentionnées dans la colonne 7 en regard du (des) numéro(s) d'ordre suivant(s) de la liste générale / *Die in Spalte 7 vermerkten Nämlichkeitszeichen wurden an den in der Allgemeinen Liste unter folgende(r)(n) Nummer(n) aufgeführten Waren angebracht.*

b) **Goods examined** * / Vérifié les marchandises * / *Die Waren wurden beschaut* *

Yes / Oui / *Ja* ☐ **No** / Non / *Nein* ☐

c) **Registered under Reference No.** * / ......
Enregistré sous le numéro * / *Eingetragen unter Nr.* *

d) ......

Customs Office Bureau de Douane *Zollamt*	**Place** Lieu *Ort*	**Date (year/month/day)** Date (année/ mois/jour) *Datum (Jahr/Monat/Tag)*	**Signature and Stamp** Signature et Timbre *Unterschrift und Stempel*

Signature of authorised official and stamp of the Issuing Association / Signature du délégué et timbre de l'association émettrice / *Unterschrift des Beauftragten und Stempel des ausgebenden Verbandes*

Industrie- und Handelskammer Düsseldorf
i.A. [signature]

Düsseldorf, 1992/02/12

Place and Date of Issue (year/month/day)
Lieu et date d'émission (année/mois/jour)
Ort und Ausgabedatum (Jahr/Monat/Tag)

X [signature] (Mein) X

Signature of Holder / Signature du titulaire / *Unterschrift des Inhabers*

* **If applicable** / * S'il y a lieu / * *Soweit zutreffend.*

nalen Verbänden der Mitgliedstaaten bzw. in Deutschland auf einer Rückversicherung der HERMES-AG. Das *Carnet*-ATA ist daher gebührenpflichtig.
Für Taiwan, das aus völkerrechtlichen Gründen nicht in das *Carnet*-ATA-System einbezogen werden konnte, wurde Mitte 1992 ein spezielles, bilaterales *Carnet CPD-Taiwan* eingeführt – und von der EG anerkannt –, welches optisch dem Carnet ATA weitgehend ähnelt und faktisch analog zu handhaben ist.
Auf der Ausfuhrseite kann analog ein Carnet-ATA ausgestellt werden, und zwar für Gemeinschaftswaren, die zur Wiedereinfuhr bestimmt sind, nachdem sie zu den o.g. Messe- oder Ausstellungszwecken verwendet worden sind.

F-5.4.3. Gemeinschaftliches Warenverkehrscarnet

Noch einfacher und günstiger ist das **gemeinschaftliche Warenverkehrscarnet**. Es kann für die vorübergehende Aus- bzw. Einfuhr aller Waren (mit wenigen Ausnahmen) innerhalb der EG ausgestellt werden und innerhalb der Gültigkeitsdauer von zwei Jahren beliebig oft benutzt werden. Es gibt kein Wertbegrenzung, alle sonstigen Dokumente entfallen, und es ist keine Sicherheit erforderlich; das Carnet ist daher praktisch gebührenfrei.

F-5.4.4. Bleibende Zollgutverwendung

Im Gegensatz zur *vorübergehenden* Zollgutverwendung hängt bei der *bleibenden* Zollgutverwendung die Zollfreiheit nicht davon ab, daß das Zollgut wieder ausgeführt wird. Es gibt nur wenige Fälle allgemeiner Bewilligung für bleibende Zollgutverwendung, so z.B. für die Verwendung von Betriebsstoffen für Schiffe oder Luftfahrzeuge, d.h. der Tankinhalt darf zollfrei eingeführt und verbraucht werden. In allen anderen Fällen muß eine Einzelbewilligung des HZA eingeholt werden.

F-5.4.5. Freigutverwendung

Das faktische Ergebnis der bleibenden zollfreien Verwendung wird in einigen Fällen auch durch eine andere rechtliche Konstruktion erreicht. Sofern Ware für bestimmte begünstigte Zwecke verwendet wird, kann sie als **Freigut** abgefertigt werden, bleibt aber unter **zollamtlicher Überwachung**. Eine Freigutverwendung muß daher beantragt und bewilligt werden; dazu wird in bestimmten Fällen ein

Erlaubnisschein ausgestellt, der bei der Einfuhrabfertigung vorzulegen ist. Dabei kann eine *vollständige Abgabenbefreiung* vorliegen oder eine Anwendung *ermäßigter Abgabensätze*. Dies bedeutet, daß eine Abgabenschuld entsteht, wenn die Ware nicht zu dem vorgesehenen Zweck verwendet wird.
Dabei kommt einmal eine **außertarifliche Freigutverwendung** in Frage (vgl. Abschn. F-3.3.4.), u.a. für Heiratsgut, Übersiedlungsgut, für den Bedarf ausländischer Botschaften in Deutschland, Treib- und Schmierstoffe in Kraftfahrzeugen, für bestimmte wissenschaftliche und kulturelle Zwecke, bei Waren für Test- und Untersuchungszwecke etc. Dies ist i.d.R. mit einer vollständigen Befreiung von allen Abgaben verbunden. Daneben gibt es die **tarifliche Freigutverwendung**, wenn der Zolltarif für die Abfertigung zu bestimmten Verwendungszwecken (unter zollamtlicher Überwachung) im Vergleich zur normalen Verwendung *vergünstigte Zolltarife* vorsieht (z.B. Zeitungspapier). Dies ist von der **Zollfreistellung** bzw. **-vergünstigung** zu unterscheiden, bei der der Waren*ursprung* das Vergünstigungskriterium (z.B. bei Präferenzzollsätzen für AKP-Länder) ist und nicht die Waren*verwendung*. Bei tariflicher Zollbegünstigung bleibt allerdings die Einfuhrumsatzsteuerschuld bestehen.
Die Bewilligung zur Freigutverwendung kann unter bestimmten Voraussetzungen auf andere Personen übertragen werden, wobei bestimmte Verfahrensvorschriften (z.B. gemeinschaftliches Versandverfahren) zu beachten sind. Einzelheiten sind hier entbehrlich.

F-5.5. Ergänzende Aspekte

F-5.5.1. Umwandlung

Bei der Umwandlung sollen Waren endgültig eingeführt werden, jedoch vor der Überführung in den freien Verkehr vorher – im Zollgebiet, aber unter zollamtlicher Überwachung – so be- oder verarbeitet werden, daß sie einer geringeren bzw. gar keiner Abgabenbelastung unterliegen. So können beispielsweise hölzerne Verpackungskisten (Zollsatz 10%) zu Brennholz (Zollsatz 0%) zerkleinert werden.

F-5.5.2. Vernichtung oder Zerstörung

Bei der **Vernichtung** soll das Zollgut – unter zollamtlicher Überwachung – in einen Zustand versetzt werden, in dem es *wirtschaftlich*

nicht mehr nutzbar ist und folglich auch keiner Abgabenbelastung mehr unterliegt. Dies kann z.B. durch Verbrennen des Gutes oder durch Wegschütten von flüssigen Stoffen geschehen. Während die Vernichtung den darauf gerichteten menschlichen Willen voraussetzt, führt der **Untergang** ohne menschlichen Willen zollrechtlich zum selben Ergebnis.
Im Gegensatz zur Vernichtung ist bei **Zerstörung** die verbleibende Materie ökonomisch noch zu verwerten, wie z.B. bei der oben angeführten Zerkleinerung von Holzkisten zu Brennholz. Dieses muß dann z.B. in den freien Verkehr überführt werden.

F-5.5.3. Wiederausfuhr

Drittlandswaren können unter bestimmten Voraussetzungen bereits bei der Einfuhr zur Wiederausfuhr angemeldet werden und damit abgabenfrei bleiben.

F-5.6. Zusammenfassende Kurzübersicht

Der Zollantrag (vgl. Abschn. F-1.4) kann sich folglich auf folgende Abfertigungen erstrecken:

- Überführung in ein Zollverfahren:
  - Überführung in den zollrechtlich freien Verkehr,
    durch – Verzollung,
    – Zollfreistellung,
  - Versandverfahren,
  - Zollagerverfahren,
  - aktive Veredelung,
  - passive Veredelung,
  - Umwandlungsverfahren,
  - vorübergehende Verwendung,
  - Ausfuhrverfahren,
- Verbringen in eine Freizone oder Freilager (z.B. einen Freihafen),
- *Wieder*ausfuhr (zu unterscheiden von ‹bloßer› Ausfuhr),
- Umwandlung, Vernichtung oder Zerstörung unter zollamtlicher Überwachung,
- Zollgutverwendung.

Die **Inanspruchnahme** eines sog. «Zollverfahrens mit wirtschaftlicher Bedeutung» bedarf der **vorherigen Bewilligung**. Hierzu zählen:

- Zollagerverfahren,
- aktive Veredelung,

- Umwandlung unter zollamtlicher Überwachung,
- vorübergehende Verwendung,
- passive Veredelung.

Für die (allgemeine) Bewilligung müssen persönliche, wirschaftliche und organisatorische Voraussetzungen erfüllt sein.

Für die (konkrete) Inanspruchnahme müssen die in der Bewilligung präzisierten Voraussetzungen erfüllt sein.

Um die Zollschuld zu sichern, kann die Überführung in ein Zollverfahren von einer Sicherheitsleistung abhängig gemacht werden.

Abb. F-5.6/1 gibt eine (unvollständige) Übersicht über die Abfertigungen zu besonderen Zollverfahren.

Abb. F-5.6/1: **Besondere Zollverfahren** (Übersicht)

Zollverfahren Abfertigungen in Tausend	1989	1990
Versand	8.860	9.550
Zollager	200	210
Veredelung	70	70
Umwandlung	3	3
Verwendung u. Zweckbindung	910	770

Quelle: BMF

F-6. Vereinfachungen und Veränderungen durch den Binnenmarkt

F-6.1. Wegfall aller Zollformalitäten

Mit dem 1. 1. 1993 ist formal der Binnenmarkt der Europäischen Gemeinschaften in Kraft getreten (vgl. Abb. F-6.1/1), zu dessen Realisierung sich die EG aufgrund des 1987 mit der **Einheitlichen Europäischen Akte** in den EWG-Vertrag eingefügten Art. 8a verpflichtet hat. Es haben sich insbesondere auch zollrechtlich einschneidende Änderungen im Handelsverkehr ergeben. Der Binnenmarkt ist definiert als Raum ohne Binnengrenzen, in dem der freie Verkehr von Waren, Dienstleistungen, Personen und Kapital gewährleistet ist. Der bisherige Außenhandel innerhalb der Gemeinschaft wird dadurch zum Binnenhandel. Daher entfallen beim *internen Warenverkehr mit Gemein-*

Abb. F-6.1/1: **Binnenmarkt**

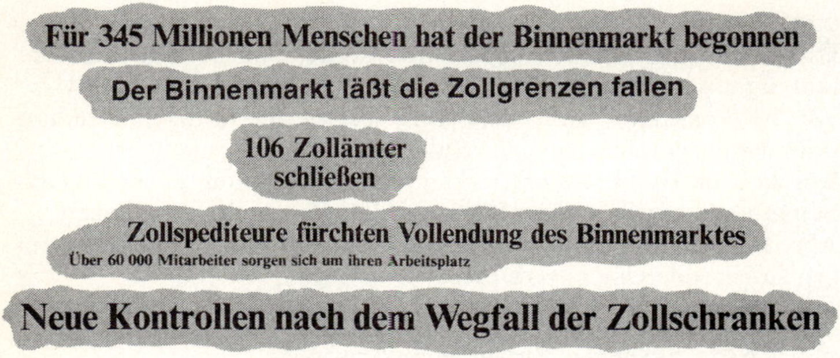

Für 345 Millionen Menschen hat der Binnenmarkt begonnen

Der Binnenmarkt läßt die Zollgrenzen fallen

106 Zollämter schließen

Zollspediteure fürchten Vollendung des Binnenmarktes

Über 60 000 Mitarbeiter sorgen sich um ihren Arbeitsplatz

Neue Kontrollen nach dem Wegfall der Zollschranken

schaftswaren alle Zollformalitäten. Diese bestehen nur noch beim Warenverkehr mit *Spanien* und *Portugal*, bis die derzeit noch existierenden Restzölle gegenüber den anderen EG-Staaten abgeschafft sind. Die Handelsrechnung soll gemeinschaftsintern das einzige Handelsdokument sein. Bei Postsendungen innerhalb der EG ist keine Zollinhaltserklärung mehr erforderlich. Postsendungen werden innerhalb der Gemeinschaft zu denselben Bedingungen befördert wie innerhalb eines Mitgliedsstaates.
Im Reiseverkehr zwischen den Mitgliedstaaten gibt es keine mengen- und wertmäßigen Beschränkungen mehr für Waren, die für **private Zwecke** eingekauft werden. Die **Steuern** für diese Waren sind bereits im Einkaufsland über den Preis entrichtet. Waren, die zur **gewerblichen Verwendung** bestimmt sind, müssen weiterhin im Bestimmungsland (steuerlich) angemeldet und versteuert werden. Bis 30. Juni 1999 kann noch zollfrei in Duty-free-Läden eingekauft werden; danach werden diese schließen müssen.

F-6.2. Wegfall des internen Versandverfahrens

Ware, die innerhalb der EG transportiert wird, ist von allen Zollförmlichkeiten befreit. Das interne gVV ist seit 1. 1. 93 daher prinzipiell entfallen. Es gilt jedoch noch für den Versand im Transit über ein EFTA-Land (z.B. nach Italien via Schweiz oder Österreich oder im Schienenverkehr nach Griechenland) sowie *vorübergehend* noch für bestimmte Waren im Verkehr mit Spanien und Portugal; letztere Regelung wird mit Abschaffung der noch bestehenden Restzölle in Spanien und Portugal gegenüber den anderen EG-Ländern automatisch wegfallen. Bei diesen Transporten bleibt der Status der Ware als Gemeinschaftsware erhalten; mit den betreffenden Ländern bestehen entsprechende Abkommen über die Anwendung des gVV. Bei anderen Transporten über Drittländer – z.B. beim Lkw-Transport nach Griechenland – hingegen verliert die Ware beim Verlassen des EG-Zollgebiets den Status als Gemeinschaftsware und wird zu Drittlandsware. In solchen Fällen kann dann nicht das interne gVV angewendet werden, sondern das TIR-Verfahren (vgl. dazu oben Abschn. F-5.1.3).

F-6.3. Kein Nachweis des Gemeinschaftscharakters von Waren

Waren, die zwischen zwei Orten der EG transportiert werden, *gelten* kraft einer gesetzlichen Fiktion als **Gemeinschaftswaren**; der **Gemeinschaftscharakter** von Gemeinschaftswaren (vgl. die Definition in Abschn. F-1.3.2) braucht dabei nicht mehr nachgewiesen zu werden. Ausnahmen bestehen lediglich für bestimmte See- und Luftbeförderungen, bei bestimmten Zollverfahren (Zollager, aktive Veredelung, vorübergehende Verwendung), im TIR-Verfahren, beim Carnet-ATA und bei Warenbewegungen über das Gebiet eines Drittlandes (z.B. von Deutschland über die Schweiz nach Italien). In diesen Fällen gelten die Waren als Nichtgemeinschaftswaren, es sei denn, daß der Beförderer den Gemeinschaftscharakter nachweist; hierfür werden der Versandschein T2 (im gVV) bzw. im übrigen das Versandpapier T2L verwendet. Statt des T2L können auch die Handelsrechnung oder ein Beförderungspapier mit bestimmten Mindestangaben verwendet werden.

Mit diesen Vereinfachungen und dem völligen Wegfall der warenbezogenen Grenzkontrollen entfallen zwar viele Prozeduren mit der Zollverwaltung, doch müssen die Unternehmen einen Teil der Abwicklung nun selbst übernehmen. Dadurch müssen sie auch mit verstärkten Betriebsprüfungen rechnen.

F-6.4. Weitere verbleibende Formalitäten

Trotz der zollrechtlichen Vereinfachungen bleiben auch innerhalb des Binnenmarkts weiterhin bestimmte Formalitäten bestehen, vor allem im Hinblick auf **steuerliche, außenwirtschaftsrechtliche** und **statistische Anmeldungen**. Auf die steuerrechtlichen Aspekte wurde im

Abschn. F-3.5 eingegangen. Die statistischen Meldungen des Binnenhandels werden in Zukunft direkt – mit entsprechenden neuen Formularen (vgl. Abb. F-6.1/3), aber auch wie bisher mit dem Einheitspapier – durch die Unternehmen (bestimmte Größenordnungen vorausgesetzt) beim Statistischen Bundesamt erfolgen (sog. **Intrastat-System**), ggf. auch durch magnetische Datenträger.
Die EG-Mitglieder haben sich bisher noch nicht auf einen Wegfall der personenbezogenen Kontrollen geeinigt (u.a. Paß- und Ausweiskontrollen). Das diesbezügliche **Schengener Abkommen** ist allerdings mittlerweile von 9 der 12 EG-Staaten unterzeichnet worden (außer Großbritannien, Irland und Dänemark); an den meisten Grenzübergangsstellen findet überhaupt keine Kontrolle mehr statt.

F-6.5. Konsequenzen

Durch den Wegfall der warenbezogenen Grenzkontrollen werden viele Grenzzollstellen überflüssig; allein auf deutscher Seite werden über 120 Dienststellen geschlossen; an den Binnengrenzen finden keine Warenabfertigungen mehr statt. Fast 20 weitere Grenzzollstellen werden in Binnenzollstellen verwandelt. Die Zollämter sind nurmehr zuständig für die Überwachung

- des Warenverkehrs mit Drittstaaten über die Zollgrenze der Gemeinschaft,
- der Sicherung der Einfuhr- und Ausfuhrabgaben,
- der Einhaltung von Verboten und Beschränkungen für den Warenverkehr über die deutsche Grenze sowie
- des Warenverkehrs mit verbrauchsteuerpflichtigen Waren.

Der Wegfall der Grenzabfertigungen bedeutet für bestimmte Berufsgruppen, die entsprechende Abwicklungsdienstleistungen anbieten (Zollspediteure), eine erhebliche Verringerung des Auftragsvolumens. Allerdings werden sich viele dieser Aktivitäten verlagern auf die Abwicklung mit Binnenzollstellen und auf komplementäre Aktivitäten wie die steuerrechtliche Abwicklung, denn eine Harmonisierung der Steuersysteme und -sätze (insbesondere Mehrwertsteuer und besondere Verbrauchsteuern) konnte bislang noch nicht realisiert werden.

F-6.6. Harmonisierung des Außenwirtschaftsrechts i.w.S.

Die Realisierung des Binnenmarktes insgesamt ist noch lange nicht abgeschlossen; Abb. F-6.1/2 verdeutlicht, in welchem Ausmaß die

Abb. F-6.1/2: **Harmonisierungsdefizite**

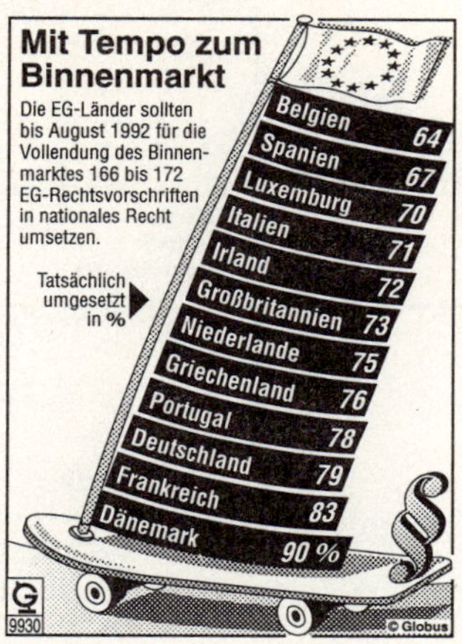

erforderliche tatsächliche Harmonisierung der Rechtsvorschriften hinter der beabsichtigten zurückgeblieben ist. Das EG-**Zollrecht,** das bislang in eine nur schwer zu übersehende Vielzahl von Richtlinien und Verordnungen zersplittert war, ist (verzögert mit Wirkung erst vom 1. 1. 94) im **Zollkodex** zusammengefaßt. Dieser enthält im wesentlichen kein neues Recht, sondern beruht auf bereits existierendem, harmonisiertem EG-Recht.

Das **Außenwirtschaftsrecht i.e.S.** enthält noch eine Vielzahl nationaler Besonderheiten mit unterschiedlicher Beschränkungs- und Kontrollintensität. Durch den Wegfall der Binnengrenzkontrollen sind nunmehr Handelsverlagerungen möglich, indem z.B. Güter über ein Mitgliedsland mit relativ schwächeren Bestimmungen importiert und dann ohne Kontrolle in das eigentliche Bestimmungsland verbracht werden; Analoges gilt für den Export. In dieser Hinsicht besteht noch erheblicher Harmonisierungsbedarf.

Abb. F-6.1/3: **Intrastat**

EUROPÄISCHE GEMEINSCHAFT **VORDRUCK N**

INTRASTAT

1 Umsatzst.-Nr. Zusatz Bundesl. FA
Auskunftspflichtiger (Name und Anschrift)

Eingang **X**

2 Monat/Jahr **3**

4 Umsatzst.-Nr. Zusatz Bundesl. FA
Drittanmelder (Name und Anschrift)

5
– Statistische Meldung –

An das Statistische Bundesamt
Außenhandelsstatistik
Postfach 55 28
D-6200 Wiesbaden

6 Warenbezeichnung
7 Pos.-Nr. **8** Vers.-Land/Best.-Reg. a b **9** Lieferbed. **10** Art **11** V **12** Entladehafen
13 Warennummer **14** Urspr.-L. **15** Statist. Verfahren
16 Eigenmasse in kg **17** Besondere Maßeinheit
18 Rechnungsbetrag in vollen DM **19** Statistischer Wert in vollen DM

6 Warenbezeichnung
7 Pos.-Nr. **8** Vers.-Land/Best.-Reg. a b **9** Lieferbed. **10** Art **11** V **12** Entladehafen
13 Warennummer **14** Urspr.-L. **15** Statist. Verfahren
16 Eigenmasse in kg **17** Besondere Maßeinheit
18 Rechnungsbetrag in vollen DM **19** Statistischer Wert in vollen DM

6 Warenbezeichnung
7 Pos.-Nr. **8** Vers.-Land/Best.-Reg. a b **9** Lieferbed. **10** Art **11** V **12** Entladehafen
13 Warennummer **14** Urspr.-L. **15** Statist. Verfahren
16 Eigenmasse in kg **17** Besondere Maßeinheit
18 Rechnungsbetrag in vollen DM **19** Statistischer Wert in vollen DM

6 Warenbezeichnung
7 Pos.-Nr. **8** Vers.-Land/Best.-Reg. a b **9** Lieferbed. **10** Art **11** V **12** Entladehafen
13 Warennummer **14** Urspr.-L. **15** Statist. Verfahren
16 Eigenmasse in kg **17** Besondere Maßeinheit
18 Rechnungsbetrag in vollen DM **19** Statistischer Wert in vollen DM

Erläuterungen:

Feld 8a: Versendungsmitgliedstaat
8b: Bestimmungsregion
9 : Lieferbedingung
10 : Art des Geschäfts

Feld 11 : Verkehrszweig
12 : Entladehafen oder -flughafen
14 : Ursprungsland

20 Ort/Datum/Unterschrift des Auskunftspflichtigen/Drittanmelders

G. Marktordnungsrecht

Die folgenden Ausführungen werden im wesentlichen nicht auf die marktordnungsrechtlichen Details eingehen – dies würde den Rahmen sehr schnell sprengen –, sondern sich auf die Darstellung des Systems von Marktordnungen und eine grundsätzliche Beurteilung konzentrieren.

G-1. Entstehung und Ziele der Marktordnungen

Die Landwirtschaft in der EG war im Laufe des europäischen Integrationsprozesses einer der ersten Bereiche, in dem die Mitgliedstaaten auf einen Teil ihrer nationalen *Souveränität* verzichteten. Der **gemeinsame Agrarmarkt** war neben der Zollunion frühzeitig der am weitesten fortgeschrittene Bereich der europäischen Integration. Die *rechtliche Grundlage* für den EG-Agrarmarkt ist zunächst Art. 3 EWGV, in dem die Einführung einer gemeinsamen Politik auf dem Gebiet der Landwirtschaft vorgeschrieben wird. *Titel II: Die Landwirtschaft* mit den Art. 38–47 EWGV konkretisiert diese Vorgabe. Als **Ziele** der gemeinsamen Agrarpolitik wurden (1957) formuliert (Art. 39):
- die Produktivität der Landwirtschaft zu steigern,
- der landwirtschaftlichen Bevölkerung eine angemessene Lebenshaltung zu gewährleisten,
- die Märkte zu stabilisieren,
- die Versorgung sicherzustellen,
- für die Belieferung der Verbraucher zu angemessenen Preisen Sorge zu tragen.

Ganz offensichtlich sind diese politischen Vorgaben noch geprägt durch die Erfahrungen nach dem II. Weltkrieg, als noch keine 100%ige Selbstversorgung mit Agraproduktion möglich war und erhebliche Agrareinfuhren erforderlich waren. Zur Verwirklichung dieser Ziele wurde auf der instrumentalen Ebene eine **gemeinsame Organisation der Agrarmärkte** (**Marktorganisation** oder **Marktordnung**) beschlossen (Art. 40). Dies klingt nach einem in sich geschlossenen Konzept, doch sieht die Praxis anders aus: Für eine Vielzahl landwirtschaftlicher Erzeugnisse wurden jeweils eigene, produktionsspezifische Marktordnungen geschaffen (Abb. G-1.1/1), die höchst unterschiedlich strukturiert sind, jedoch im wesentlichen Systeme von produktionsbeeinflussenden Preis- und Absatzgarantien umfassen, um die vorstehenden angeführten Ziele zu verfolgen. Der EWGV sah eine zwölfjährige Übergangszeit in drei Stufen bis 31. 12. 1969 vor, um die Gemeinsame Marktorganisation zu realisieren. Die eigentliche gemeinsame Agrarpolitik begann aber erst 1962 mit der zweiten Stufe, als die ersten güterspezifischen Marktordnungen beschlossen wurden, die 1967 in Kraft traten.

Um es vorweg zu nehmen: Das Marktordnungskonzept ist meiner Meinung nach im Hinblick auf die Ziele des Art. 39 EWGV volks- und betriebswirtschaftlich *ineffizient* und stellt ordnungspolitisch einen *Fremdkörper* dar in einer marktwirtschaftlichen Wirtschaftsordnung. Daß sich die Agrarmarktordnungen in dieser Form bis heute behauptet haben, ist nur politisch zu begreifen, weil sie – bis zur Realisierung des Binnenmarktes – der einzige Bereich waren, wo tatsächlich eine EG-weite Harmonisierung der Politik und der Normen vorlag. Der Begriff «Marktordnung» ist rein sprachlich schon verräterisch: Eine administrativ vorgegebene «Ordnung» für einen freien Markt? Faktisch weisen die Marktordnungen auch ausgeprägte zentralverwaltungswirtschaftliche Elemente auf. Über den Agrarmarkt

Abb. G-1.1/1: **EG-Marktordnungen** (Übersicht)

- Getreide
- Reis
- Fette
- frisches Obst und Gemüse
- Wein
- Saatgut
- Hopfen
- Rohtabak
- Flachs und Hanf
- lebende Pflanzen und Waren des Blumenhandels
- Zucker
- Verarbeitungserzeugnisse aus Obst und Gemüse
- Rindfleisch
- Schweinefleisch
- Geflügelfleisch
- Eier
- Milch und Milcherzeugnisse
- Fischereierzeugnisse
- Trockenfutter
- Schaf- und Ziegenfleisch
- bestimmte in Anhang II des EWG-Vertrages aufgeführte Erzeugnisse
- *neu:* Bananen
- Glukose und Laktose
- Eier und Milchalbumin
- bestimmte aus landwirtschaftlichen Erzeugnissen hergestellte Waren

ergießt sich aus Brüssel eine wahre Flut von Regelungen und Vorschriften mit teilweise schon skurrilen Elementen. Wir werden hierauf zurückkommen (müssen).

G-2. Grundsätze

Die Entwicklung der einzelnen Marktordnungen bedeutete anfangs im Europa der Sechs und auch später ein zähes Ringen, um nationale Schutzinteressen in Einklang zu bringen und etablierte protektionistische Strukturen abzubauen bzw. zu harmonisieren. Drei agrarpolitische Grundprinzipien sind zu unterscheiden:

G-2.1. Markteinheit

Der Agrarmarkt war schon lange vor der Realisierung des Binnenmarktes im Jahre 1993 ein partieller Binnenmarkt, ohne Zölle, nichttarifäre Handelshemmnisse oder (einzelstaatliche) Subventionen. Zur **Markteinheit** gehören auch gemeinsame Preise und gemeinsame Wettbewerbsregeln, ein gemeinsames Agrarverwaltungsrecht (**Marktordnungsrecht; MOR**) und gemeinsame Marktordnungsinstrumente. Auf eine aus heutiger Sicht nur noch historische Besonderheit im Bereich der Währungspolitik mit den sog. *«grünen Paritäten»* und dem daraus resultierenden *«Währungsgrenzausgleich»* wird später noch kurz eingegangen.

G-2.2. Präferenz für Gemeinschaftswaren

Nicht nur im EG-Agrarmarkt allein werden bekanntlicherweise landwirtschaftliche Produkte erzeugt. Um den Produkten des EG-Agrarmarktes eine Vorzugsstellung zu geben, d.h. um sie EG-intern vor billigerer und/oder besserer ausländischer Konkurrenz abzuschirmen, waren und sind entsprechende Instrumente erforderlich, die mit den Grundprinzipien eines freien Außenhandels vom Prinzip her absolut nicht zu vereinbaren sind und die sich auch im Rahmen des *GATT* nur mit Mühe absichern ließen; das Scheitern der *Uruguay-Runde* (vgl. Abschn. E-5.1.3) leitet sich genau aus diesem Punkt ab. Zu diesem System der sog. Gemeinschaftspräferenz gehören u.a. **Mindestpreise** mit **Preis-** und **Abnahmegarantien** sowie **Abschöpfungen** auf der Einfuhr- und **Erstattungen** auf der Ausfuhrseite sowie **Beihilfen** (Subventionen) auf Erzeuger- und Verarbeiterebene.

G-2.3. Finanzielle Solidarität

Die Kosten des EG-Agrarmarktes haben heutzutage Dimensionen erreicht, an die die Schöpfer der ursprünglichen Agrarpolitik wahrscheinlich nicht in ihren schlimmsten Befürchtungen gedacht haben; wenn doch, wäre die Agrarpolitik möglicherweise frühzeitig in andere Bahnen gelenkt worden – ich kann es mir nicht anders vorstellen. Wie auch immer: Die durch die gemeinsame Agrarpolitik entstehenden Kosten werden gemeinschaftlich aus dem Gemeinschaftshaushalt der EG finanziert, unabhängig von der Verteilung der Nutzen auf die einzelnen Mitgliedstaaten. Die Abwicklung erfolgt über den *Europäischen Ausrichtungs- und Garantiefonds für die Landwirtschaft* (**EAGFL**) (Art. 40 Abs. 4 EWGV). Dieser umfaßt zwei Abteilungen: die Abteilung **Garantie** und die Abteilung **Ausrichtung.** Die Abteilung Garantie finanziert die staatlichen Ausgaben, die durch die gemeinsamen Marktorganisationen entstehen (Interventionen, Lagerkosten, Erstattungen). Die Abteilung Ausrichtung finanziert Kosten zur Verbesserung der Agrarstruktur (z.B. Stillegungsprämien). Der Agrarhaushalt beansprucht heute ca. ⅔ der gesamten EG-Haushaltsmittel; mehr als die Hälfte *aller* EG-Ausgaben betreffen die Lagerung von Interventionsbeständen.

Ein wichtiger Begriff ist noch zu klären: **«landwirtschaftliche Erzeugnisse»**. Dabei handelt es sich zum einen um **Urprodukte** (Erzeugnisse des Bodens, der Viehzucht und der Fischwirtschaft) sowie um Erzeugnisse der **1. Verarbeitungsstufe** (z.B. Mehl), *nicht aber* um Erzeugnisse der höheren Verarbeitungsstufen (z.B. Brot). Zur Begriffserklärung kann eine Liste der landwirtschaftlichen Erzeugnisse im Sinne des Art. 38 EWGV als Anhang II zu diesem Artikel dienen; deshalb spricht man auch von **Anhang-II-Waren,**[1] andere Waren werden daher als **«Nicht-Anhang-II-Waren»** bezeichnet – ein schöner Begriff.

Insgesamt gibt es gegenwärtig 20 verschiedene agrarische Sektoren, die Marktordnungsregelungen unterliegen. Da jede individuell, ohne Koordination mit den anderen und von verschiedenen Fachleuten ent-

[1] Allerdings ist der Anhang II *nicht* deckungsgleich mit den verbal definierten Produkten des Art. 38 Abs. 1; z.B. ist Baumwolle ein «Erzeugnis des Bodens», ist jedoch nicht in Anhang II genannt.

wickelt wurde, herrscht neben konzeptioneller Vielfalt auch ein beträchtlicher *begrifflicher Wirrwarr*: So heißt das, was beim Getreide Richtpreis heißt, beim Rindfleisch Orientierungspreis, beim Schweinefleisch Einfuhrmindestpreis, warum auch immer: Ein logischer Grund dafür läßt sich nicht erkennen. Daneben gibt es u.a. noch die Begriffe Schwellenpreis, Interventionspreis, Referenzpreis, Grundpreis, Einschleusungspreis, Zielpreis und Auslösepreis – das begriffliche Durcheinander ist schon bemerkenswert. Vgl. unten Abb. G-6.1/1 für das Beispiel der Marktorganisation für Getreide.

G-3. Rechtliche und organisatorische Grundlagen

Auf der Basis der o.a. Art. 3, 38ff. EWGV wurden für die einzelnen (als **Sektoren** bezeichneten) Marktordnungswaren sog. **Grundverordnungen** des Rates erlassen, z.B. die *Grundverordnung «Getreide» Nr. 2727/75 des Rates* von 1975. Diese werden jeweils ergänzt durch **Durchführungsverordnungen**, z.B. bezüglich der Preisfestsetzung und der Abschöpfungsfestsetzung auf dem Getreidesektor oder Verordnungen über den Absatz verbilligter Butter, über Ausfuhrerstattungen, u.v.m. Auf der nationalen (deutschen) Rechtsebene sind insbesondere das **Marktordnungsgesetz** (**MOG**) und das **Abschöpfungserhebungsgesetz** (**AbG**) zu nennen.

In der Bundesrepublik sind zwei Institutionen für die Marktordnungen zuständig: Die **Bundesanstalt für landwirtschaftliche Marktordnung** (**BALM**) und das **Bundesamt für Ernährung und Forstwirtschaft** (**BEF**), beide in Frankfurt/M. Die BALM ist zuständig für Marktordnungswaren aus Gemeinsamen Marktorganisationen, die Interventionen vorsehen, das BEF für Marktordnungswaren ohne Interventionen.

Bevor unten ein konkretes Beispiel dargestellt wird (Abschn. G-5), soll zunächst die grundsätzliche Struktur einer Marktordnung an einem Modell dargestellt werden.

G-4. Agrarmarkt-Modell

Eine Marktordnung weist in den wichtigsten Marktorganisationen drei Elemente auf: Der zentrale Aspekt ist meist eine **Preisregelung,** die durch entsprechende **Handelsregelungen** gegenüber Drittländern ergänzt wird. Diese beiden Aspekte verdeutlichen das folgende Modell. Der dritte Aspekt sind interne **Binnenmarktregelungen** (z.B. Beihilfen, Prämien). Hierauf wird in Abschn. G-5 Bezug genommen.

G.-4.1. Interne Preisgarantie

Aus den oben aufgeführten Zielen der Sicherung der Lebenshaltung der landwirtschaftlichen Bevölkerung und der Versorgung der Bevölkerung zu angemessenen Preisen leitet sich zunächst das Instrument der Mindestpreise ab. In Abb. G-4.1/1 wird ein Marktmodell mit den typischen Angebots- und Nachfragefunktionen dargestellt. Dabei wird angenommen, daß bei steigenden Preisen die Nachfrage sinkt und das Angebot zunimmt. Dies führt zum fallenden (steigenden) Verlauf der Nachfrage- (Angebots-)Kurve (N bzw. A). Unter marktwirtschaftlichen Gesetzen (der sog. vollständigen Konkurrenz) würde

Abb. G-4.1/1: **Agrarmarkt-Modell I**

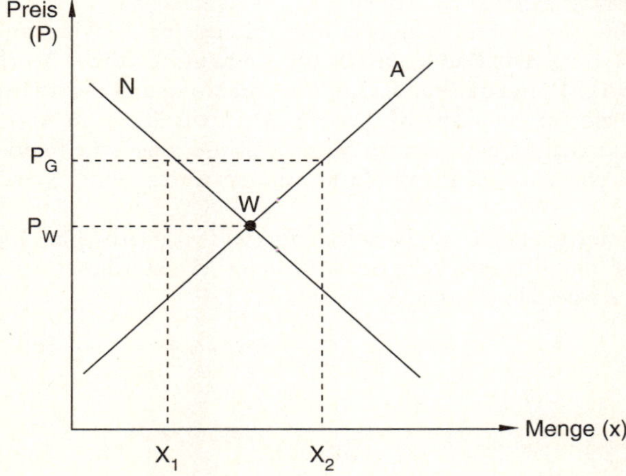

sich ein Gleichgewichtsmarktpreis P_W ergeben, der durch den Punkt W repräsentiert ist. Nun soll aber ein EG-Mindestpreis P_G realisiert werden. Zu diesem Preis ist die Nachfragemenge X_1 aber kleiner als die Angebotsmenge X_2: Es ergibt sich ein **Angebotsüberhang** (oder eine **Nachfragelücke**, was im Ergebnis dasselbe ist). Zwei Aspekte sind nun zu unterscheiden: zum einen der Mechanismus der internen Preisstützung, zum anderen der Schutz gegen Importe zu Weltmarktpreisen.

G-4.1.1. Intervention

Unter marktwirtschaftlichen Bedingungen würde ein Angebotsüberhang zu Preissenkungen führen; dies läßt sich auf vielen Produktmärkten lehrbuchartig nachvollziehen, z.B. einem Überangebot von Obst oder Gemüse, bedingt durch besonders gute Ernten. Ein solcher Preisverfall darf aber nicht eintreten, denn es sind Mindestpreise vereinbart worden. Zur Preisstützung sind daher ergänzende Maßnahmen erforderlich: Entweder wird die *Nachfrage erhöht* und/oder das *Angebot verringert*. Zum EG-Mindestpreis P_G ist die private Nachfrage offenbar nicht bereit, die Angebotsmenge X_2 abzunehmen. Folglich muß der Staat (die EG) durch künstliche Nachfrage eingreifen: Neben der **Mindestpreisgarantie** gibt es in einer Reihe von Marktordnungen auch eine unbegrenzte **Interventionspflicht**, d.h. der Angebotsüberschuß wird in unbegrenzter Höhe aufgekauft. Diese Interventionen werden in der EG dezentral durchgeführt. In der Bundesrepublik ist für die Koordinierung der Interventionen der **Interventionsstellen** die *Bundesanstalt für landwirtschaftliche Marktordnung* (**BALM**) in Frankfurt zuständig (auf einige Details der Preisfestsetzung, eventuelle Kontingente und die Frage, was mit den aufgekauften Produkten geschieht, wird unten eingegangen).

G-4.1.2. Außenschutz

Der Marktpreis P_W in unserem Modell entspricht prinzipiell dem Weltmarktpreis: Wenn EG-Produkte zum Preis P_G angeboten werden, dasselbe Produkt aber vom Weltmarkt zu P_W importiert werden kann, werden inländische Anbieter nicht zum Zuge kommen. Folglich muß der Garantiepreis P_G gegen den Weltmarkt abgeschirmt werden. Dies geschieht, indem die Differenz zwischen Garantiepreis und Weltmarktpreis in Form einer Importzoll-ähnlichen Abgabe **«abgeschöpft»** wird (vgl. Abb. G-4.1/2). Andererseits sind EG-Anbieter auf dem Weltmarkt chancenlos; dies gilt auch für die Interventionsstellen, die

Abb. G-4.1/2: **Agrarmarkt-Modell II**

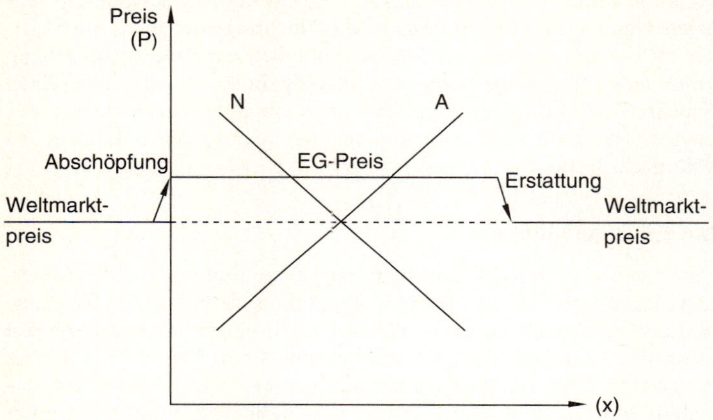

eingelagerte Ware abstoßen müssen. Folglich muß der Export (massiv) subventioniert werden in Form sog. **Erstattungen**. In Abschn. G-4.3 wird das Abschöpfungs-/Erstattungssystem vertieft.

Ein solches System mit Abnahmegarantien für die Erzeugnisse bedeutet praktisch eine Aufforderung zu maximal möglicher (risikoloser) Produktion. Die Interventionsstellen wurden und werden folglich als Teil des ‹normalen› Absatzmarkts angesehen bzw. mißbraucht. Teilweise wird gezielt und direkt nur für die Intervention produziert; wer kann, vergrößert die Anbauflächen. Produktionsüberschüsse wurden und werden zudem gefördert durch technischen Fortschritt: Die Agrarproduktion hat gewaltig zugenommen, während die Zahl der in der Landwirtschaft Beschäftigten ständig abnimmt. Auf die Folgen und die Bewertung dieses Konzentrationsprozesses und des dadurch bedingten Strukturwandels kann hier nicht eingegangen werden.

G-4.2. Konsequenzen der Intervention

Die meisten Sektoren, die Marktordnungen unterliegen, weisen fast durchgängig eine Selbstversorgungsquote von über 100 % der Inlandsnachfrage auf, anders ausgedrückt: Es bestehen Angebotsüberschüsse (außer bei Mais, Schaf- und Ziegenfleisch). Was macht man nun mit all diesen Riegenmengen aufgekaufter Güter, den Butterbergen,

Milch- und Weinseen und den Fleischgebirgen? Wie sich aus dem theoretischen Modell oben ergab, gibt es zwei Möglichkeiten: Die Nachfrage wird erhöht und/oder das Angebot verringert.

G-4.2.1. Erhöhung der Nachfrage

(1) Aufkauf und Lagerung
Die durch Intervention aufgekauften Erzeugnisse müssen gelagert werden. Ein Getreidelager mag technisch gesehen noch relativ problemlos sein. Schwieriger und vor allem teurer wird es mit Erzeugnissen wie Butter oder Rindfleisch, die nur in sehr energie- und damit kostenaufwendigen **Kühlhäusern** gelagert werden können. Hier bilden sich die oft zitierten **Butter- und Fleischberge**. Milch läßt sich nicht lange lagern, sondern muß bald in z.B. Butter oder Milchpulver verwandelt werden.
Bei laufenden Interventionskäufen ergibt sich zwingend, daß die Lagerkapazitäten bald erschöpft sind. Folglich müssen die Lagerbestände kontinuierlich wieder abgegeben werden. (Betriebswirtschaftlich wird man dabei nach dem *fifo*-Prinzip vorgehen *(first-in-first-out)*: Die zuerst eingelagerten – d.h. ältesten und damit qualitativ minderwertigsten – Bestände müssen zuerst wieder abgegeben werden.) Dabei gibt es mehrere Möglichkeiten. Zunächst erfolgen Verkäufe zu besonders *niedrigen Preisen* für bestimmte Verwendungszwecke. Die Zollverwaltung soll die Einhaltung dieser Bedingungen stichprobenartig überwachen. Auch die folgenden Möglichkeiten führen zum Abbau von Lagerbeständen:

(2) Export
Die Ausfuhr in Drittländer kann entweder direkt oder indirekt erfolgen: direkt durch den Erzeuger bzw. Händler selbst, indirekt aus den Beständen der Interventionsstellen *nach* bereits erfolgtem Aufkauf vom Erzeuger. Da die EG-Preise über den Weltmarktpreisen liegen, kann ein Export nur zu niedrigeren Preisen als zu den EG-Mindestpreisen erfolgen. Durch **Ausfuhrerstattungen** (vgl. Abschn. G-4.3) werden die Erzeuger bzw. Händler als Direktexporteure dabei subventioniert. Indirekte Exporte über die Interventionsstellen bedeuten entsprechende Verluste für den EG-Haushalt.

(3) Denaturierung
Denaturierung bedeutet, Güter in ihrer Beschaffenheit verändern: Z.B. wird Wein zu Industriealkohol verarbeitet.

(4) Vernichtung
Bei nicht lagerfähigen Gütern (Obst, Gemüse) bleibt nur die Vernichtung. Bei einigen Gütern erfolgt nach dem Ankauf durch die Interventionsstelle der direkte Transport zur Abfalldeponie (Abb. G-4.2/1).

Abb. G-4.2/1: **Lagerabbau**

(5) Verschenken und Subventionierung der Verwendung
Die Mitgliedstaaten sind ermächtigt, aus den Interventionsbeständen Erzeugnisse an soziale Einrichtungen und wirtschaftlich schwache Personen abzugeben: Obst, Gemüse und Schulmilch kann kostenlos verteilt werden, Rindfleisch und Butter dürfen zu niedrigen ‹sozialen Preisen› abgegeben werden. Auch können bestimmte Verwendungen subventioniert werden, so z.B. die Butterverwendung durch Bäcker, Speiseeishersteller oder Fischkonservenproduzenten. Diese Möglichkeiten werden in den einzelnen Mitgliedstaaten in unterschiedlicher Intensität genutzt.

G-4.2.2. Verringerung des Angebots

(1) Senkung der Agrarmindestpreise
Dies würde das Ausscheiden vieler Betriebe bedeuten. Die damit verbundenen sozialen und ökonomischen Folgen brauchen hier nicht vertieft zu werden. Allerdings könnten direkte Einkommenssubventionen eingesetzt werden. Kostenmäßig wäre dies erheblich billiger als das derzeitige System.

(2) Quotenregelungen
Bei den MO für Zucker, Milch und Milcherzeugnisse werden Höchstmengen für den Aufkauf der Produktion zu Garantiepreisen festgelegt. Diese **Länderquoten** werden nach Erfahrungswerten auf die Mitgliedstaaten verteilt und von diesen wiederum auf die Erzeuger umgelegt (sog. **Hofquote**). Wenn die nationale Quote überschritten wird, muß der Mitgliedstaat Abgaben an die EG zahlen, die z.B. bei Milch 75% oder sogar 100% des Garantiepreises betragen können. Ein Überwälzen dieser Abgaben auf die Erzeuger würde tendenziell die zur Intervention angebotenen Mengen senken (Abb. G-4.2/2); allerdings geschieht dies nicht immer, weil der betreffende Staat die Abgaben selbst trägt.

Abb. G-4.2/2: **Produktionsquoten**

Preissteigerungen signalisieren „Trendwende" am Milchmarkt

„Die Quoten greifen jetzt"

Härtere Regelungen lassen Liefermengen seit Jahresbeginn sinken

Quoten für den Rapsanbau gefordert

Milchmarkt als Beispiel

Bei einigen Gütern (z.B. Getreide, Milch) werden bei Überschreiten bestimmter Produktionshöchstmengen sog. **Mitverantwortungsabgaben** (z.B. der «Milchpfennig») erhoben, die vom Interventionspreis abgezogen werden. Einen analogen Effekt hat die Absenkung des Ankaufspreises nur auf einen bestimmten **Prozentsatz des Interventionspreises**.

(3) Flächenstillegungen / Abschlachtprämien
Wenn der Erzeuger bestimmter Produkte Anbauflächen stillegt oder Milch oder Fleisch erzeugende Tiere schlachtet, erhält er eine Prämie. Natürlich werden in erster Linie unproduktive oder schwierige Flächen stillgelegt (z.B. Hanglagen); die geschlachtete Kuh gibt zwar keine Milch mehr (= Abschlachtprämie), wird aber als Rindfleisch der Interventionsstelle angeboten und vergrößert die Lagerbestände...

G-4.3. Außenschutz: Marktordnung und Weltmarkt

G.-4.3.1. Abschöpfung

Aus den oben angeführten Grundprinzipien der Markteinheit und der Gemeinschaftspräferenz folgt als Konsequenz die Notwendigkeit, den Binnenmarkt gegen störende Einflüsse von außen abzuschirmen. Dies geschieht durch sog. Abschöpfungen.
Die **Abschöpfung** soll Importwaren so verteuern, daß sie keine Billigkonkurrenz für die inländische (EG-)Produktion darstellen (natürlich wird sie damit auch für den inländischen Verbraucher teurer). Daher wird die Differenz zwischen dem garantierten EG-Mindestpreis und dem Weltmarktpreis abgeschöpft, d.h. als Einfuhrabgabe erhoben. Da der Weltmarktpreis Schwankungen unterliegt, kann kein fester Abschöpfungssatz definiert werden, sondern dieser muß flexibel den Veränderungen des Weltmarktpreises angepaßt werden. Daher stellt die Abschöpfung im technischen Sinne keinen *Zoll* dar (vgl. Abschn. G-7.1). Jede produktspezifische Marktordnung hat ein eigenes, von den anderen MO verschiedenes Abschöpfungssystem.
Im theoretischen Fall, daß der Weltmarktpreis über dem EG-Mindestpreis liegt, wird logischerweise keine Abschöpfung erhoben. Andererseits könnte sich daraus ein Anreiz für Exporte auf den Weltmarkt in einem Ausmaß ergeben, daß im Binnenmarkt eine Unterversorgung eintritt. Dann könnten **Ausfuhrabgaben** erhoben werden, die den Abfluß der Mangelwaren auf den Weltmarkt bremsen sollen. Dies ist gegenwärtig nur ein theoretischer Aspekt.

G-4.3.2. Ausfuhrerstattung

Bei der **Ausfuhrerstattung** (synonym: **Export-/Ausfuhrbeihilfe** oder **-subvention**) gibt es zwei Formen: Wenn der Ausführer Erzeuger, Händler oder eine entsprechende Organisation ist, erhält er die Ausfuhrerstattung auf Antrag direkt als Exportsubvention. Erfolgt die Ausfuhr aus den Beständen der Interventionsstellen, stellt die Ausfuhrerstattung einen kalkulatorischen Verlust im EG-Haushalt dar. Die von den EG-Mitgliedstaaten ausgezahlten Ausfuhrerstattungen werden aus dem EAGFL ersetzt. Vgl. auch Abschn. G-7.2.
Analog zur eben erwähnten *Ausfuhrabgabe* könnten **Einfuhrerstattungen (Einfuhrsubventionen)** gewährt werden, wenn der Drittlandspreis höher ist als der EG-Preis und im EG-Markt eine Angebotslücke vorliegt. Auch dies ist gegenwärtig nur ein theoretischer Aspekt.

Die Kombination von Schutz gegen Importe und Exportförderung ist ein klassisches Instrument des **Merkantilismus**, wie er im 16.–18. Jahrhundert vertreten wurde.

G-5. Arten von Marktordnungen

Die Vielzahl der sehr unterschiedlichen Agrarmarktordnungen läßt sich in vier Gruppen unterteilen.

(1) Marktordnungen mit Interventionspreissystem und Außenschutz. Zu *dieser* Gruppe zählen die MO für *Getreide, Reis, Rindfleisch, Schweinefleisch, Obst und Gemüse* und *Wein.* Wie oben im Modell dargestellt, wird bei diesen Agrarprodukten die Nachfragelücke durch Käufe der Interventionsstellen zum Interventionspreis bzw. durch Exportsubventionen geschlossen. Innerhalb dieser Gruppe werden MO mit uneingeschränkter (z.B. Getreide) und eingeschränkter Interventionspflicht (z.B. Rindfleisch) unterschieden. Bei letzteren setzt die **obligatorische Intervention** erst dann ein, wenn der konkrete EG-Marktpreis (beim Rindfleisch der sog. nationale **Referenzpreis**) unter einen bestimmten Prozentsatz des **Orientierungspreises** (entspricht im übertragenen Sinne dem Richtpreis bei Getreide) und gleichzeitig der Referenzpreis unter einen bestimmten Prozentsatz des **Interventionspreises** gesunken ist. Deshalb ergibt sich bei Rindfleisch ein höherer Importanteil als z.B. bei Getreide. Bei den MO für Obst und Gemüse setzt die staatliche Intervention (ohne mengenmäßige Begrenzung) erst dann ein, wenn trotz *privater Interventionen* durch *Erzeugerorganisationen* eine ernste Krise eintritt. Dies erfordert einen speziellen Beschluß der EG-Kommission. Den privaten Erzeugerorganisationen werden die entstehenden Interventionskosten aus dem EG-Haushalt ersetzt; so gesehen besteht also im Effekt kein Unterschied zwischen staatlicher und privater Intervention. Allerdings beschränkt sich letztere auf die Mitglieder der Erzeugerorganisationen. Bei Wein wiederum werden zunächst Zuschüsse zu den privaten Lagerhaltungskosten gezahlt, bevor eine Intervention einsetzt, diesmal auf der Basis eines gesonderten Ratsbeschlusses, welche verschiedene, hier nicht zu behandelnde Formen der **Destillation**, d.h. der Denaturierung zu Alkohol umfaßt.

(2) MO mit Kontingenten
Bei einigen MO *(Milch und Milcherzeugnisse, Rübenzucker)* erfolgen

Interventionen nur im Rahmen bestimmter **Kontingente**. Von der Kommission werden z.B. für Milch jährliche Höchstmengen für die Erzeugung festgesetzt, die zu Garantiepreisen aufgekauft werden. Diese Mengen werden auf die Mitgliedstaaten als **Länderquoten** aufgeteilt, die Länder wiederum verteilen diese sog. Garantiemengen auf die Erzeuger (**Hofquoten**) oder Molkereien. Sofern die nationalen Quoten überschritten werden, werden für die Überschußmengen seitens der Kommission von den betreffenden Staaten Abgaben erhoben, die zwischen 75 und 100% des Garantiepreises liegen. Nicht immer werden diese Abgaben dann auf die Erzeuger überwälzt, sondern werden – im Widerspruch zum Sinn der Regelung – vom Staatshaushalt übernommen.
Die MO für Zucker (Rübenzucker) sieht ein ähnliches Kontingentsverfahren vor. Das Kontingent wird dabei aufgeteilt in eine **A-Quote** mit Intervention zum Garantiepreis, die etwa dem EG-Bedarf entsprechen soll. Um die Interventionskosten (mit) zu finanzieren (insbesondere Lagerkosten), wird eine **Produktionsabgabe** vom Erzeuger erhoben, so daß nur 98% des Interventionspreises in der A-Quote gezahlt wird. In der darüber hinausgehenden **B-Quote** beträgt der Abschlag sogar fast 40%. Produktionsmengen jenseits der B-Quote unterliegen einem Verkaufsverbot in der EG und müssen vor Ablauf des Wirtschaftsjahres exportiert werden (sog. C-Zucker).

(3) MO nur mit Außenschutz
Diese Art von Marktordnung existiert für Eier und Geflügel und sieht keine Stützung des Binnenmarktpreises vor, sondern nur einen Aussenschutz, so wie oben beschrieben. Die Berechnung der Abschöpfung beruht auf einem recht komplizierten Ansatz, ähnlich dem für Schweinefleisch, der u.a. die Futterkosten besonders berücksichtigt, weil nicht der Geflügelmarkt geschützt wird, sondern die EG-Futtermittelhersteller.

(4) MO mit ergänzenden Beihilfen
Bei einigen Gütern hat sich die EG gegenüber dem GATT verpflichtet, den Außenzoll konstant zu halten. In diesen Fällen ist ein Außenschutz in der oben geschilderten Art nicht möglich. Daher werden der Agrarindustrie – (natürlich?) von Land zu Land unterschiedliche – **Produktionsbeihilfen** gewährt. In Großbritannien wird den **Erzeugern** von Schaf- und Ziegenfleisch unter bestimmten Bedingungen eine Abschlachtprämie gewährt; die anderen Länder bieten eine Mutterschafprämie (!) für das am Leben gelassene Schaf an, wenn der Fleischpreis bestimmte Schwellenwerte unterschreitet.

Bei Produkten zur Herstellung von Ölen und Fetten (Olivenöl, Raps, Rübsen[2], Sonnenblumenkerne, Sojabohnen, einheimischer Rohtabak) kaufen die Verarbeiter die Produkte zwar zu einem Mindestpreis an. Um auf der Ebene der Weiterverarbeitung ein bestimmtes Einkommen zu sichern, erhalten die **Verarbeiter** eine direkte Subvention (**Produktionsbeihilfe**). Neu ist eine Subventionierung der Baumwollverarbeitung, die erst seit dem EG-Beitritt Griechenlands geschaffen wurde. Um sicherzustellen, daß diese Beihilfen nur für in der EG erzeugte Produkte gewährt werden, sind entsprechende Überwachungsmechanismen erforderlich (Ursprungsnachweis, Kaution etc.).

(5) MO mit pauschalen Beihilfen für den Erzeuger
Für bestimmte Agrarprodukte (u.a. Flachs, Hanf, Hopfen, Seidenraupen, Saatgut, Trockenfutter) werden *pauschale* Beihilfen pro Hektar Anbaufläche oder pro Mengeneinheit gewährt.

Insgesamt werden rund 90% des landwirtschaftlichen Produktionswertes von EG-Marktordnungen erfaßt. Die derzeit wichtigste Ausnahme ist (noch) die Kartoffel. Obgleich die obige Einteilung systematisch befriedigend sein mag und eine gewisse Gleichartigkeit bei verschiedenen Agrarprodukten suggeriert, ‹vertuscht› diese Gruppenbildung die Tatsache, daß *keine MO der anderen gleicht: jede ist anders*. Im MO-Typ (1) z.B. bestehen beträchtliche Unterschiede hinsichtlich der Bestimmung des Mindestpreises, der oben im Modell ‹einfach so› angenommen wurde. So einfach geht das in der Praxis nicht; das folgende Beispiel wird dies verdeutlichen.

G-6. Beispiel: Das Preissystem für Getreide

Vier Preise sind zu unterscheiden: der **Weltmarktpreis**, der **Interventionspreis**, der **Schwellenpreis** und der **Richtpreis**.
Als **Mindestpreis** wird der niedrigste lokale Marktpreis in der EG garantiert. Das Problem besteht darin, diesen zu ermitteln. Man fand heraus, daß in **Ormes** in der Nähe von Orléans/Frankreich das größte lokale Angebot an Hartweizen in den EG besteht, die größte Nachfrage hingegen in **Duisburg**, wo überhaupt kein Angebot existiert.

[2] Das ist kein Druckfehler: Rübsen leitet sich aus Rübsamen ab, und diese sind die *Früchte* der Runkel- und Zuckerrübe.

Zur fiktiven Marktpreisbildung nun muß das Angebot mit der Nachfrage zusammengebracht werden, d.h. der Weizen muß gedanklich nach Duisburg transportiert werden. Der Preis in Duisburg ergibt sich also aus:

Preis in Ormes
+ einem sog. Marktelement
+ Beförderungskosten
+ Händlerprovision (Gewinn)

= Preis in Duisburg

Dies ist der repräsentative **Richtpreis** für das *gesamte* Gebiet der EG (vgl. Abb. G-6.1/1). Der Richtpreis soll im Rahmen der gemeinsamen Marktorganisation für den Erzeuger erreicht werden. Er wird jährlich festgesetzt für das (pro Agrarprodukt unterschiedliche) Wirtschaftsjahr (für Weizen von August bis Juli). Das angesprochene **Marktelement** entspricht der Differenz zwischen dem angenommenen (erwarteten) Interventionspreis und dem sich unter normalen Marktbedingungen tatsächlich in Ormes bildenden Marktpreis.
In Abhängigkeit vom Richtpreis wird für die *unbegrenzte Intervention* durch die EG-Kommission für die Interventionsstellen ein **Interventionspreis** festgelegt. Zu diesem Preis müssen die staatlichen Interventionsstellen die ihnen angebotenen Erzeugnisse aufkaufen. Je nach Produktart kaufen die Interventionsstellen nur zu einem bestimmten Prozentsatz dieses Preises an. Der Interventionspreis liegt meist deutlich unter dem Richtpreis.
Um die **Abschöpfung** zu berechnen, muß der gedankliche Transport von Ormes nach Duisburg zu Vergleichszwecken ergänzt werden durch einen ebenfalls fiktiven Import von Weltmarktweizen nach Duisburg. Dabei geht man aus verkehrstechnischen Überlegungen davon aus, daß ein Importeur den Weizen sinnvollerweise über Rotterdam einführen würde. Folglich geht die Rechnung so:

Preis in Duisburg (Richtpreis)
− Transportkosten Rotterdam-Duisburg
− Umladekosten in Rotterdam
− Händlerprovision

= fiktiver cif-Preis in Rotterdam

Der (fiktive) cif-Rotterdam-Preis ist der (fiktive) Preis auf Großhandelsbasis quasi «an der Schwelle der EG», der sog. **Schwellenpreis**. Dies ist also der Preis, der zuzüglich Transportkosten und Gewinn zum selben Preis führen würde wie der garantierte *Richtpreis* in Duis-

Abb. G-6.1/1: **Preissystem Getreide**

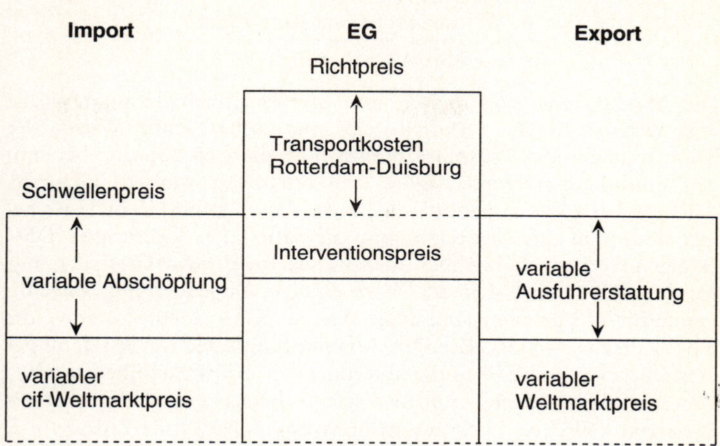

Richtpreis (geplanter Marktpreis):
Preis, der vom Erzeuger erzielt werden soll.

Interventionspreis (Referenzpreis, garantierter Mindesterlös):
Preis, zu dem die staatlichen Interventionsstellen ihnen angebotene Produkte aufkaufen müssen.

Schwellenpreis (Mindesteinfuhrpreis, cif-Preis Rotterdam):
Preis für Importgüter, der zuzüglich Umladekosten, Beförderungskosten und Händlerspanne dem Richtpreis entspricht.

Weltmarktpreis (cif-Preis):
Preis, der auf dem Weltmarkt bei cif-Importen in die EG verlangt wird bzw. bei fob-Exporten erzielt werden kann.

burg. Ein Import zum Schwellenpreis *(Mindesteinfuhrpreis)* würde folglich nicht billiger sein als ein Weizenkauf in Duisburg. Die Transport- und sonstigen Kosten werden dabei für das Betrachtungsjahr als kurzfristig konstant angesehen. Da viele Anbieter durchaus zum Interventionspreis verkaufen, haben Anbieter aus Drittländern nur ausnahmsweise Chancen auf dem EG-Markt; Abb. G-6.1/1 macht dies deutlich. Der Schwellenpreis wird jeweils monatlich um sog. **Reports** erhöht, die einen Ausgleich für Lager- und Kapitalkosten darstellen sollen. Wäre dies nicht so, würde die gesamte Erntemenge in den Monaten Juli/August angeliefert.

Die sog. **variable Abschöpfung** nun entspricht der Differenz

Schwellenpreis
− Weltmarktpreis cif Rotterdam
= variable Abschöpfung.

Die Abschöpfung wird in ECU pro Mengeneinheit definiert; sie ist also *faktisch* (nicht rechtlich) ein **spezifischer Zoll**. Wegen der Schwankungen des Weltmarktpreises muß die Abschöpfung bei einigen Produkten teilweise *täglich* neu festgesetzt werden (Getreide, Zucker), bei anderen periodisch. Da die Abschöpfung in ECU festgelegt sind, muß eine Umrechnung in die nationalen Währungen (DM) erfolgen. Dies geschah früher über die sog. *grünen Paritäten*, d.h. nur für den MO-Bereich geltende Wechselkurse, die jedoch mit dem Binnenmarkt weggefallen sind (vgl. Abschn. G-9). Heute werden die EWS-Kurse verwendet. Die DM-Abschöpfungssätze werden dann per Fernschreiben und Fax an die abfertigenden Zollstellen übermittelt.

Die **Ausfuhrerstattung** errechnet sich technisch etwas einfacher als Differenz zwischen Interventionspreis und fob-Weltmarktpreis (vgl. unten Abschn. G-7.2).

Ein kritischer Punkt besteht in der laufenden Ermittlung der repräsentativen Weltmarktpreise der einzelnen Produkte. Wenn die Weltmarktpreise zu niedrig angenommen werden, ist die Abschöpfung entsprechend zu hoch. Für den normalen Bürger ist es nicht möglich, die Technik der Preisermittlung zu überprüfen. Nur die Gerichte können in Streitfällen Einblick nehmen in die Berechnungsmethodik der Kommission.

Es gibt ein weiteres Problem: Viele Güter bestehen aus verschiedenen landwirtschaftlichen Produkten, so daß mehrere Abschöpfungen für ein und dasselbe Gut zu berechnen sind. Die Abschöpfung für Milch beispielsweise berechnet sich auf der Basis der Einzelabschöpfung für Fett, Zucker und Eiweiß. Die Berechnung der Abschöpfung (bzw. Erstattung, vgl. unten) kann teilweise eine recht komplizierte Materie sein.

Nun gibt es Agrarprodukte, die *keine* Anhang-II-Waren darstellen, z.B. Brot. Folglich gibt es auch keine Abschöpfung für Brot. Im Brot sind jedoch Anhang-II-Waren enthalten (u.a. Getreide bzw. Mehl), welche unverarbeitet einer Abschöpfung unterlägen; dies sollte eigentlich auch im verarbeiteten Zustand der Fall sein. Bei solchen **Nicht-Anhang-II-Waren** werden neben einem Wertzoll (auf Brot) gemäß Zolltarif zusätzlich sog. **bewegliche Teilbetragszölle (bT)** erhoben (dies trifft z.B. zu auf Güter wie Schiffszwieback, Nudeln, Speiseeis,

Schokolade). Faktisch kommt dies einer Abschöpfung gleich und kann ebenfalls recht kompliziert sein: In Brot ist also u.a. das landwirtschaftliche Grunderzeugnis Getreide enthalten, welches einer Abschöpfung unterliegt. Nun läßt sich unmittelbar nicht mehr feststellen, wieviel Getreide in dem betreffenden Brot steckt. Folglich muß man zurückrechnen, indem der Stärkegehalt des Brotes mit bestimmten Faktoren umgerechnet wird in die Menge des verarbeiteten Mehls und dieses wiederum umgerechnet wird in Getreide... Bei vielen Marktordnungswaren sind für die Einfuhr erhebliche lebensmittelchemische Überlegungen anzustellen. Ein **bT** ist übrigens – obgleich er Abschöpfungscharakter hat – formal und faktisch gesehen ein **Zoll**: Ein Wertzoll wird zum Schutz der Verarbeitungsindustrien erhoben, die bT als Schutz für die im betreffenden Produkt enthaltenen Grunderzeugnisse.

Um die Belastung durch Abschöpfungen zu verringern, besteht natürlich ein Anreiz, Schlupflöcher zu suchen. Ein – legales – Beispiel aus der jüngeren Geschichte belegt dabei den Erfindungsreichtum beim Ausnutzen von rechtlichen Lücken: Ein bekannter bayrischer Fleischhändler hat unmittelbar vor der Wiedervereinigung große Mengen an Rindfleisch aus Osteuropa in die Noch-DDR importiert und dort zollrechtlich abgefertigt – ohne Abschöpfung natürlich. Durch die Wiedervereinigung ging das Fleisch über Nacht in den freien Verkehr der EG über – ohne Abschöpfung. Ein anderes (illegales) Beispiel: Auf Schlachtabfälle (z.B. Milz) wird keine Abschöpfung erhoben. Nun sind diese in durchgedrehtem, insbesondere gefrorenem Zustand nicht zu unterscheiden von durchgedrehtem Fleisch. Was liegt also näher, als Fleisch in den Einfuhrpapieren als Schlachtabfälle zu deklarieren? Sofern nicht eine gründliche Zollbeschau erfolgt, kann eine erhebliche Summe an Abschöpfung gespart und das Fleisch mit entsprechend hoher Gewinnspanne verkauft werden.

G-7. Formale Aspekte

G-7.1. Abschöpfungen

Der marktordnungsrechtliche *Einfuhrbegriff* unterscheidet sich von den bereits oben dargestellten außenwirtschaftsrechtlichen (§ 4 AWG) und zollrechtlichen Einfuhrbegriffen (§ 1 ZG) (vgl. Abschn. F-1.4). Nach dem Marktordnungsgesetz (MOG) ist **Einfuhr** die *Überführung* *in den zollrechtlich und steuerrechtlich freien Verkehr des Mitgliedstaates* (und damit der Gemeinschaft) (also nicht bereits das Verbringen in das Zoll- bzw. Wirtschaftsgebiet). Dies ist nach dem MOG (i. V. mit der EG-Zollschuld-VO) der Tag, an dem die Einfuhrerklärung angenommen wird.

Die Abschöpfungen werden nach den für Zölle geltenden Vorschriften erhoben (Gestellung, Fristen etc. gemäß ZG, AZO und AO), so daß eigene Verfahrensvorschriften für die Abschöpfung im AbG entbehrlich sind.

Abschöpfungen stellen – wie erwähnt – im technischen Sinne keinen Zoll dar (denn dieser wäre im Zolltarif – einigermaßen dauerhaft – fixiert), obgleich wohl kein Zweifel daran besteht, daß die Abschöpfung ein klassisches Beispiel für einen (teilweise prohibitiven) Schutzzoll darstellt. Man spricht auch von einer Gleitzoll-*ähnlichen* Eingangsabgabe. Faktisch sind sie in der Wirkung mit spezifischen Zöllen gleichzusetzen. Die ‹Erfindung› der Abschöpfung führt daher zu einer recht schillernden rechtlichen Einordnung: Die Abschöpfung ist also kein *Zoll* i.S. des Zollgesetzes oder des EWGV, dennoch aber *Zoll* i.S. internationaler Abkommen (z.B. des GATT, was teilweise bestritten wird), eine *Eingangsabgabe* i.S. des Zollgesetzes, eine *Steuer* i.S. von § 3 der Abgabenordnung (AO), eine «Abgabe im Rahmen der EG, den Zöllen zugehörend» i.S. des Grundgesetzes Art. 105ff.

Die Abschöpfungssätze werden pro 1000 oder 100 kg, 100 Stück oder 100 Liter festgesetzt. Um dem Importeur bei ständig schwankenden Marktpreisen und entsprechend sich verändernden Abschöpfungssätzen eine einigermaßen verläßliche Kalkulationsgrundlage für *beabsichtigte* Einfuhren zu verschaffen, kann eine **Vorausfestsetzung** des Abschöpfungssatzes erfolgen. Dies muß entsprechend beantragt werden und ist in der Regel (außer bei Nicht-Anhang-II-Waren) mit der Notwendigkeit einer **Einfuhrlizenz** und entsprechender **Kaution** verbunden (vgl. auch Abschn. E-4.3 und G-7.4). Wenn zum Zeitpunkt der Erteilung der Lizenz Preissenkungen auf dem Weltmarkt vorhersehbar sind, kann zum Ausgleich eine zusätzliche **Prämie** als Teil der Abschöpfung festgesetzt werden. Die festgesetzte Abschöpfung wird auf der Einfuhrlizenz festgehalten (bzw. bei lizenzfreien Waren auf einer **Vorausfestsetzungsbescheinigung**). Durch die Vorausfestsetzung sind sowohl der Einführer als auch die Zollverwaltung gebunden. Ein Ausweichen auf einen ggf. günstigeren Tagessatz ist dann nicht mehr möglich (es sei denn, daß der Einführer – bei entsprechend großen Abweichungen – die Kaution verfallen läßt). Das Verfahren ist einer Devisen-Termin-Kursvereinbarung ähnlich.

G-7.2. Ausfuhrerstattungen

In der speziellen MO-Warenliste[3] wird durch ein bestimmtes Zeichen deutlich gemacht, ob bei der Ausfuhr Ausfuhrerstattungen oder Ausgleichsbeträge gewährt werden. Da sich die Sachlage kurzfristig ändern kann, kann der Fall eintreten, daß die Warenliste noch nicht auf den aktuellen Stand gebracht worden ist. In Zweifelsfällen kann dies beim **HZA Hamburg-Jonas** geklärt werden: Die Ausfuhrerstattungen werden in der Bundesrepublik zentral über das HZA Hamburg-Jonas abgefertigt. Für den Antrag auf Gewährung von Ausfuhrerstattung (spätestens 60 Tage nach der Ausfuhr) ist ein Kontrollexemplar des Einheitspapieres erforderlich sowie ein Ankunftsnachweis, i.d.R. durch den Importeur oder zuständige Stellen im Importland, ggf. Warenproben als Beleg. Bei allen Gütern mit Erstattung sind **Ausfuhrlizenzen** erforderlich (z.B. bei Getreide und Rindfleisch). Diese sind – wie in Abschn. E-5.5.3 ausführlicher dargestellt – statistische Instrumente zur Marktbeobachtung. Um sicherzustellen, daß die angemeldete Ausfuhr auch tatsächlich durchgeführt wird, ist für die Ausfuhrlizenz eine **Kaution** zu hinterlegen. Erfolgt die Ausfuhr nicht im angemeldeten Umfang, verfällt die Kaution ganz oder teilweise.
Analog zur Abschöpfung können auch die Erstattungssätze im voraus festgesetzt werden. Sie werden auf der Ausfuhrlizenz festgehalten (bzw. bei lizenzfreien Waren auf einer **Vorausfestsetzungsbescheinigung**). Unter bestimmten Voraussetzungen (u.a. Sicherheitsleistung/Kaution und bestimmte Kontrollverfahren) kann ein Ausführer den zu erwartenden Betrag der Ausfuhrerstattung bereits *vor* der Ausfuhr erhalten (**Vorfinanzierung der Erstattung**), und zwar einmal, wenn das Erzeugnis noch hergestellt werden muß (z.B. Käse) (**Erstattungs-Veredelungsverkehr**), zum anderen, wenn es vor der Ausfuhr noch gelagert werden muß (z.B. weil sich die Ankunft des Transportschiffes verzögert) (**Erstattungs-Lagerverkehr**).
Wenn der Weltmarktpreis über dem EG-Interventionspreis liegt, kann die Versorgung des Binnenmarktes u.U. durch massive Exporte in Drittländer gefährdet sein. In solchen Fällen kann – wie erwähnt: theoretisch – eine **Ausfuhrabgabe** erhoben werden, die sinngemäß eine spiegelbildliche Abschöpfung darstellt, allerdings nur faktisch, nicht dem Rechtscharakter nach.

[3] Nicht zu verwechseln mit den Einfuhr- bzw. Ausfuhrwarenlisten des Außenwirtschaftsrechts.

G-7.3. Unterlagen

G-7.3.1. Einfuhr

(1) Einfuhrlizenz
Sofern für ein bestimmtes Erzeugnis eine **Einfuhrlizenz** erforderlich ist, ist im Zolltarif das Zeichen ‹L› aufgeführt. Sie hat eine *Kontroll-* bzw. *Überwachungsfunktion*: Die Lizenzerteilung wird von der Stellung einer **Kaution** abhängig gemacht wird, die ganz oder teilweise verfällt, wenn die Einfuhr nicht fristgemäß oder unvollständig durchgeführt wird. Die mit der Lizenz erlaubten Mengen dürfen um ±5% über- bzw. unterschritten werden. Für bestimmte Warenarten gibt es Lizenzfreimengen, die ohne Einfuhrlizenz eingeführt werden dürfen. Die Einfuhrlizenz ist der Stelle vorzulegen, welche für die Zollformalitäten zuständig ist. Die lizenzpflichtige Einfuhrmenge wird auf der Rückseite der Lizenz von der insgesamt erlaubten Menge abgeschrieben (subtrahiert). Nach Erfüllung bestimmter, je nach MO unterschiedlicher Formalitäten wird die gestellte Kaution freigegeben.

(2) Qualitätsnachweise
Für eine Reihe von MO-Waren sind bestimmte qualitätsbezogene Nachweise zu erbringen, auch veterinärmedizinischer Art.

G-7.3.2. Ausfuhr

(1) Ausfuhrlizenz
Wenn eine **Ausfuhrlizenz** erforderlich ist, ist dies in der MO-Warenliste durch ein ‹L› gekennzeichnet. Wie die Einfuhrlizenz ist auch die Ausfuhrlizenz mit der Gestellung einer **Kaution** verbunden, welche ganz oder teilweise verfällt, wenn die Ausfuhr nicht wie angemeldet durchgeführt wird. Für die Freigabe der Kaution durch die BALM ist ein Einfuhrnachweis (*landing certificate*) erforderlich, den der Importeur seinem Lieferanten beschaffen muß. Je nach Warenart gibt es bei bestimmten Gütern Lizenzfreimengen, die ohne Ausfuhrlizenz ausgeführt werden dürfen.

(2) Ausfuhrerstattung
Für die Erfüllung der Ausfuhrzollförmlichkeiten muß ein **Kontrollexemplar** (KE) **T 5** im Original mit einer Durchschrift vorgelegt werden (vgl. Abb. G-7.3/1). Dieses dient dem Nachweis der ordnungsgemäßen Verwendung der darin aufgeführten Ware, u.a. um beim Ex-

Abb. G-7.3/1: **Kontrollexemplar T 5**

EUROPÄISCHE GEMEINSCHAFT

KONTROLLEXEMPLAR - ORIGINAL

Beim Ausfüllen bitte Merkblatt beachten

T 5

A ABGANGSZOLLSTELLE

2 Versender/Ausführer Nr.

Alfred K. Berger
Hafenstraße 54
2800 Bremen

3 Vordrucke | 4 Ladelisten

5 Positionen | 6 Packst. insgesamt | 7 Bezugsnummer

8 Empfänger

FRANK KÖPKE EXPORT-IMPORT GMBH
POSTFACH 2323
A-8011 GRAZ

BEMERKUNGEN ZU

Feldern „Wichtiger Hinweis", 100a und 104: Zutreffendes [X] ankreuzen.

Feld 105: Einzutragen sind Art, Seriennummer, Ausstellungsdatum und Bezeichnung der ausstellenden Stelle.

Feld 109: Einzutragen sind Art/Muster, Nummer, Eintragungsdatum und Bezeichnung der Zollstelle.

14 Anmelder/Vertreter Nr.

15 Versendungs-/Ausfuhrland
BRD 004

17 Bestimmungsland
ÖSTERREICH 038

WICHTIGER HINWEIS

Dieses Original muß die Waren begleiten und abgegeben werden

- im Falle von auszuführenden Waren bei der Ausgangszollstelle des Zollgebiets der Gemeinschaft,
- in den anderen Fällen bei der zuständigen Zollstelle im ☐ Abgangsmitgliedstaat. ☐ Bestimmungsmitgliedstaat.

Tilbagesendes til: / επιστρεπέο εις: / Renvoyer à: / Terugzenden aan:

Zurücksenden an: / Return to: / Rinviare a: / Devolver a:

Hauptzollamt Jonas
– Ausfuhrerstattung –
Holzbrücke 8
2000 Hamburg 11

31 Packstücke und Warenbezeichnung — Zeichen und Nummern - Container Nr. - Anzahl und Art

Maiskleberfutter (Rückstände aus der Maisstärkeherstellung) mit einem Proteingehalt von mehr als 63 % i.T.

32 Positions Nr.

33 Warennummer

35 Rohmasse (kg)
22.400

38 Eigenmasse (kg)
22.400

40 Vorpapier

41 Besondere Maßeinheit
1 Silozug

BESONDERE ANGABEN

100 Nationalität und Kennzeichen des Beförderungsmittels

100a ☐ Interventionserzeugnisse

103 Nettomenge (kg oder Liter) in Buchstaben

104 VERWENDUNG UND/ODER BESTIMMUNG

☐ Ausgang aus dem Zollgebiet der Gemeinschaft
☐ Lieferung an folgende internationale Organisation:
☐ Lieferung zur Bevorratung
☐ Lieferung an die .... (Nationalität) Streitkräfte in .... (Mitgliedstaat)
☐ Andere (genaue Angaben):

Ausfuhr nach Österreich

105 Lizenzen

Lizenz der BALM Frankfurt ausgestellt am 11.1.1991 unter Nr. 213 77893

106 Weitere Angaben

Wir erklären hiermit verbindlich, daß o.a. Erzeugnis nicht aus einem denaturierten Grunderzeugnis hergestellt wurde.

107 Anwendbare Vorschriften | 108 Anlagen | 109 Verwaltungs- oder Zollpapier

D PRÜFUNG DURCH DIE ABGANGSZOLLSTELLE

Ergebnis: konform
Angebrachte Verschlüsse: Anzahl: 5 (fünf)
Zeichen: F-733
Frist (letzter Tag): 14 Tage
Unterschrift:

Stempel:

110 Ort und Datum:

Bremen, 23.1.1991

Unterschrift und Name des Anmelders/Vertreters:

Alfred K. Berger

pp.a (Klöbner)

6-7.3/1

Druck: Wilhelm Köhler, 4950 Minden (Westf), Brückenkopf 2a

Abb. G-7.3/2: **Ausfuhrerstattung**

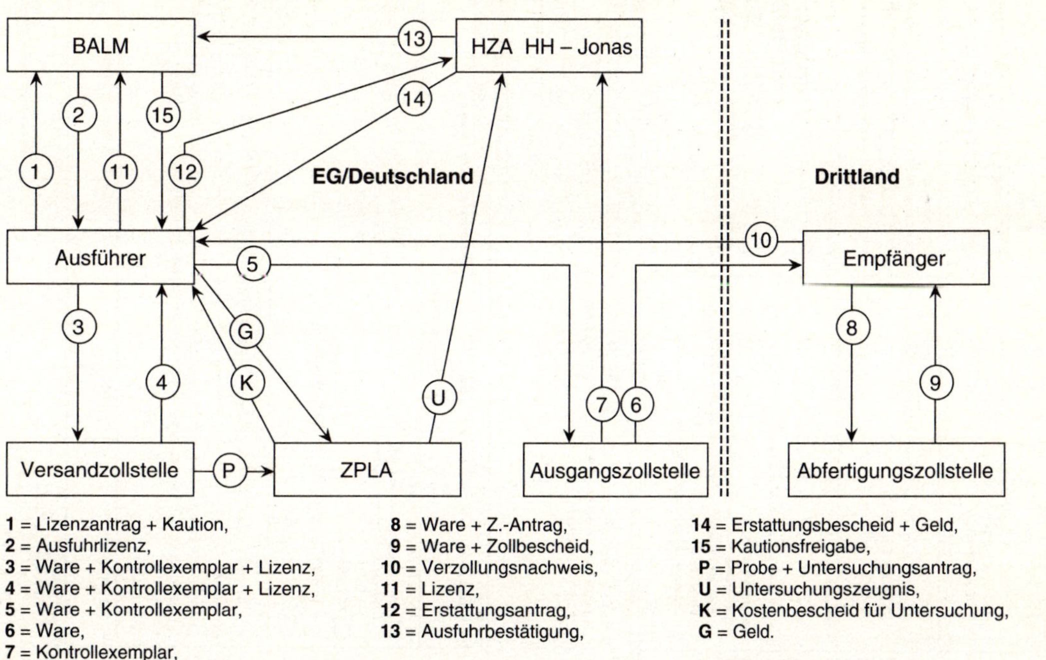

port von MO-Ware eine Ausfuhrerstattung zu erhalten. Abb. G-7.3/2 verdeutlicht den Verfahrensablauf.

Je nach Art des Erzeugnisses müssen zudem produktspezifische Papiere vorgelegt werden, z.B. bei Wein eine Analysebescheinigung, bei bestimmten Obstsorten eine Kontrollbescheinigung über die Einhaltung der EG-Qualitätsnormen, u.a.m. Die zuständige Zollstelle kann Proben entnehmen und z.B. einer Zolltechnischen Prüf- und Lehranstalt (ZPLA) zur Untersuchung einreichen (bei einigen wichtigen Gütern *muß* sie dies tun). Hierfür gibt es Verfahrensvorschriften. Grundsätzlich ist die Nämlichkeit der auszuführenden Ware durch sog. Raumverschluß oder ganz ausnahmsweise durch Warenbeschreibung zu sichern, da die tatsächliche Ausfuhr der Erzeugnisse in unverändertem Zustand innerhalb von 60 Tagen erfolgen muß. Dies ist von der Grenz- bzw. Ausgangszollstelle auf dem KE-T5 zu bestätigen.

Auch für Nicht-Anhang-II-Waren sind Ausfuhrerstattungen möglich, und zwar bei fünf MO (Getreide, Eier, Milch und Milcherzeugnisse, Reis, Zucker). Beispielsweise wird die Erstattung bei Bier auf der Basis der verwendeten Gerste (Getreideerstattung) berechnet. Auf die teilweise komplizierten Um- und Rückrechnungen wurde bereits oben im Zusammenhang mit den Abschöpfungen hingewiesen; in diesem konkreten Fall allerdings ist das Verfahren durch Pauschalierungen vereinfacht.

(3) Ausfuhrtag

Marktordnungsrechtlich ist der Tag der Ausfuhr – im Unterschied zu den oben behandelten außenwirtschaftsrechtlichen (§ 4 AWG) und zollrechtlichen Ausfuhrbegriffen (§ 1 ZG) (vgl. Abschn. F-1.4) – der Tag, an dem die Behörde die *Willenserklärung* des Ausführers annimmt, die Waren unter Erstattung auszuführen. Diese zeitliche Festsetzung ist der maßgebliche Zeitpunkt – und daher besonders wichtig – für den Erstattungssatz, sofern keine **Vorausfestsetzung** vorliegt. Die Ausfuhrwaren werden bis zum Verlassen des Zollgebiets unter Zollkontrolle gestellt.

G-8. Nur noch Geschichte: Grüne Paritäten und Währungsgrenzausgleich

Der historischen Vollständigkeit halber sei erwähnt, daß es in der EG in der Vergangenheit neben dem EWS ein zweites Wechselkurssystem gab: das System der **grünen Paritäten**. Dieses war erforderlich gewesen, weil für den Landwirtschaftsbereich im Rahmen der EG-Marktordnungen die jeweiligen Preise in ECU festgelegt werden. Um diese in die nationalen Währungen umzurechnen, waren spezielle Umrechnungskurse vereinbart worden – die grünen Paritäten –, die nicht mit den EWS-Leitkursen identisch waren, sondern von den Agrarministern vereinbart wurden. Um daraus eventuell resultierende Benachteiligungen und Begünstigungen zu vermeiden (z.B. indem ein in ECU definierter Mindestpreis bei der Umrechnung über die EWS-Kurse einen niedrigeren bzw. höheren Betrag ergab als vorgesehen), war ein kompliziertes System von sog. **Währungs-Grenzausgleichsbeträgen** erforderlich gewesen, welches den grenzüberschreitenden Warenverkehr verwaltungsmäßig erheblich belastete. Da dieses System mit der Realisierung des Binnenmarktes mittlerweile gegenstandslos ist, wird auf eine nähere Darstellung verzichtet.

G-9. Probleme und Fehlentwicklungen

Das System von Marktordnungen mit Mindestpreisen, Abnahmegarantie und Außenschutz führt also zu riesigen **Produktionsüberschüssen** und als Folge zu den oben bereits erwähnten Butter- und Fleischbergen und Milch- und Weinseen, die in den Lägern der Interventionsstellen gelagert werden müssen. In der jüngsten Vergangenheit haben drei Faktoren die **Lagerbildung** verstärkt:

- Durch die deutsche Wiedervereinigung sind beträchtliche zusätzliche Angebotsmengen gerade in den Sektoren entstanden, wo ohnehin schon chronische Überschüsse bestehen (z.B. Getreide);
- der stark gesunkene Dollarkurs hat die Absatzchancen von Agrarprodukten auf dem Weltmarkt weiter verschlechtert. Nur durch forcierte Subventionen hätte der Export angeregt werden können. Hierauf wurde aus Kostengründen zunächst einmal verzichtet;

- die Weltnachfrage nach bestimmten Agrarprodukten ist durch den weitgehenden Ausfall der Nachfrage aus Osteuropa stark zurückgegangen.

Das Abschöpfungs-/Erstattungs-System sieht in der graphischen Darstellung (oben Abb. G-4.1/1) zu Unrecht symmetrisch aus: Die Einnahmen aus den Abschöpfungen (die zwar von den nationalen Zollverwaltungen erhoben, aber an den EG-Haushalt abgeführt werden) reichen mitnichten aus, die gewaltige Summe der Erstattungen zu finanzieren: Es ergeben sich in diesem Teilbereich riesige **Defizite** (Abb. G-9/1). Die immensen Kosten des EAGFL wirken sich wegen der angespannten Haushaltslage der EG auch auf andere Bereiche außerhalb des Agrarsektors aus.

Die **Kosten** dieses ökonomisch irrsinnigen Systems sind gigantisch. Der Agrarbereich der EG schluckt pro Jahr etwa 80 Mrd. DM, davon allein für Ausfuhrerstattungen über 20 Mrd. DM. Zu denken gibt dabei, daß nur etwa 20% der landwirtschaftlichen Betriebe, nämlich die größten, von den Marktordnungen nachhaltig profitieren. Folglich liegt die Überlegung nahe, statt der Subventionisierung der Überschußproduktion zu direkten Einkommensbeihilfen überzugehen. Dies wird zwar mit zunehmender Intensität diskutiert, stößt aber auf Widerstand aus der Landwirtschaft, die nicht zu «Almosenempfängern» werden will. Im Juli 1992 wurden erste Schritte in diese Richtung beschlossen: Die Garantiepreise bestimmter Produkte werden gesenkt, statt dessen werden flächenabhängige Einkommenssubventionen gezahlt. Solche Agrarreformen bedeuten ein ständiges Gezerre

Abb. G-9/1: **Agrarausgaben**

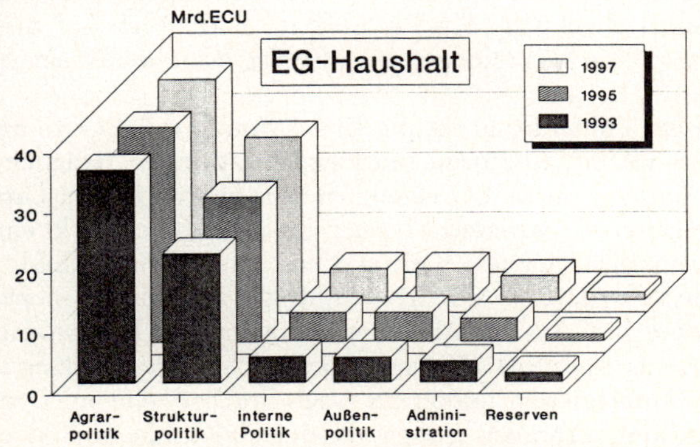

Die Hälfte der EG-Ausgaben für die Agrarpolitik

zwischen den Mitgliedstaaten, weil jeder Agrarminister natürlich für die in seinem Land besonders wichtigen Erzeugnisse die größten Produktionsquoten, die höchsten Garantiepreise oder Ausnahmeregelungen durchzusetzen versucht. Dies erschwert es, überzeugende Alternativen für die – allgemein als dringend reformbedürftigen – Marktordnungsregelungen zu finden.
Die gezielte Überschußproduktion auf dem Binnenmarkt hat zudem negative **ökologische Konsequenzen**. Bei vielen Gütern werden Anbauflächen ausgedehnt und Naturflächen umgewandelt; durch massive Düngung werden Produktionssteigerungen angestrebt.
Unabhängig von seinen offensichtlichen Fehlentwicklungen diente das EG-MO-System als Vorlage für Überlegungen innerhalb der **UNCTAD** (UN-Welthandelskonferenz), zur Stabilisierung der Preise verschiedener Rohstoffe **Pufferlager** *(buffer stocks)* zu schaffen. Diese sollten bei sinkenden Preisen Stützungskäufe und bei steigenden Preisen preisberuhigende Verkäufe aus den Lagerbeständen tätigen. Die wenigen tatsächlich realisierten Versuche sind alle daran gescheitert, daß die für die Stützungskäufe und die entsprechende Lagerung erforderlichen Mittel fehlten.
Die Praxis der Exportsubventionen für Agrarprodukte bedeutet beträchtliche und billige Angebotsmengen auf den **Weltmärkten**. Dort stellen sie in vielen Fällen eine bedrohliche **Konkurrenz** für die Erzeugnisse von **Entwicklungsländern** dar, die versuchen, mit ihren Agrarerzeugnissen Devisen zur Finanzierung ihrer Importe zu verdienen. Der Export von Agrargütern in die EG ist nur in sehr beschränktem Umfang möglich, da die entsprechenden Zollpräferenzen (u.a. des APS und der Lomé-Verträge) in vielen Fällen Agrarprodukte als ‹sensible› Güter einstufen und oft nur bescheidene Importkontingente zur Verfügung stehen (vgl. Abschn. E-4.5 u. F-4). Auch auf diese entwicklungspolitische Problematik kann hier nicht weiter eingegangen werden.
Vor diesem Hintergrund ist die Entscheidung der EG-Kommission besonders pikant, eine neue Marktorganisation für **Bananen** einzuführen, um den in der EG erzeugten Bananen nach dem Grundsatz der Gemeinschaftspräferenz Vorrang auf dem Binnenmarkt einzuräumen. Frankreich, Spanien, Portugal und Griechenland (inkl. einiger ÜLG) decken rd. 20% der EG-Nachfrage ab. Dazu kommen wiederum rund 20% aus den AKP-Staaten, die mit der EG assoziiert sind (sog. *Kolonial-Bananen*). Die restlichen 60% werden bislang vorrangig aus Mittelamerika importiert (sog. *Dollar-Bananen*). Den höchsten Pro-Kopf-Verbrauch weisen allerdings nicht die Südländer, sondern Deutschland und die Benelux-Staaten aus. Während der EG-

Außenzoll auf Bananen 20% beträgt, genoß die Bundesrepublik bis 1. 1. 93 ein in den Römischen Verträgen gewährtes «*Bananen-Privileg*» der Zollfreiheit. Durch eine Marktordnung mit Außenschutz in Form einer beabsichtigten Kontingentierung würde sich eine Angebotslücke an Dollar-Bananen ergeben, die durch Kolonialbananen geschlossen werden würde. Geplant ist die Einführung eines zollvergünstigten Kontingents für Dollar-Bananen mit einem spezifischen Zoll von 100 ECU/Tonne, nach dessen Erschöpfung erheblich höhere Bananenzölle (850 ECU/Tonne) erhoben werden; dies entspräche DM 1,70 pro kg. Zusammen mit dem für die Bundesrepublik neuen Importzoll werden Bananen beträchtlich teurer werden. EG- und AKP-Bananen gelten zudem als qualitativ schlechter als die Dollar-Bananen. Die geplante Bananen-MO wird wahrscheinlich so größeren Strukturverlagerungen zugunsten u.a. englischer und französischer und zu Lasten deutscher Fruchthändler führen und auch das Güteraufkommen in den deutschen Seehäfen verringern (vgl. Abb. G-9/2).
Aber auch mit anderen Industrieländern steht die EG-Exportpraxis im Konflikt, insbesondere auf dem Getreidemarkt mit den USA, Kanada und Australien. Diese vier großen Anbieter konkurrieren um Marktanteile auf einem von Überschüssen gekennzeichneten Markt. Das Beharren der EG auf Exporterstattungen war einer der Hauptgründe für das bisherige Scheitern der **Uruguay-Runde** des GATT sowohl 1991 als auch 1992.
Das System der Ausfuhrerstattungen, aber auch der Mehrwertsteuererstattung beim Export bedeutet eine «Aufforderung zum **Betrug**» (Zitat eines Staatsanwaltes). In einer Vielzahl von Fällen wurden (und werden) Erstattungen erschwindelt, indem gefälschte Ausfuhrdokumente vorgelegt werden: z.B. wird das Verpackungsgewicht dem Wa-

Abb. G-9/2: **Bananen-MO**

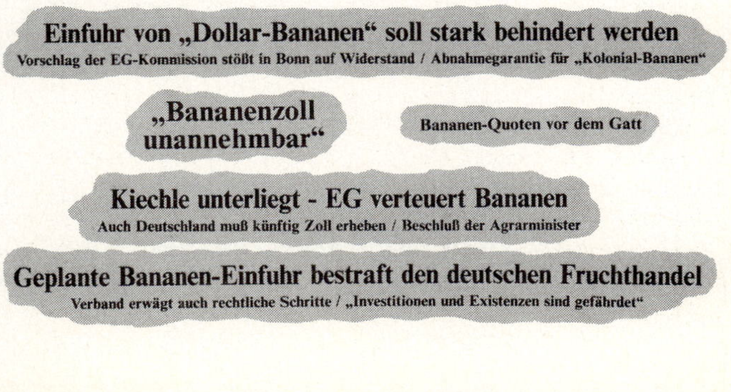

Einfuhr von „Dollar-Bananen" soll stark behindert werden
Vorschlag der EG-Kommission stößt in Bonn auf Widerstand / Abnahmegarantie für „Kolonial-Bananen"

„Bananenzoll unannehmbar"

Bananen-Quoten vor dem Gatt

Kiechle unterliegt - EG verteuert Bananen
Auch Deutschland muß künftig Zoll erheben / Beschluß der Agrarminister

Geplante Bananen-Einfuhr bestraft den deutschen Fruchthandel
Verband erwägt auch rechtliche Schritte / „Investitionen und Existenzen sind gefährdet"

rengewicht zugeschlagen oder die Warenbezeichnung geändert, z.B. im Fall von Waren, die eigentlich nicht für den menschlichen Verzehr geeignet sind. Nicht selten werden fiktive Exportpapiere abgefertigt für gar nicht existierende Güter. Um dies zu erschweren, wurden in einem Fall als Beleg für den Export von Rindfleisch von den Abfertigungsstellen die Vorlage von Rinderohren verlangt, um die Exporterstattung zu kassieren. Als Konsequenz soll es in dem betreffenden Landstrich erstaunlich viele Rinder geben, denen ein Ohr fehlt. Viele Beispiele belegen auch, daß Güter (mit Erstattung) exportiert wurden, um anschließend über die grüne Grenze (z.B. an der italienischen Küste) wieder re-importiert und erneut exportiert zu werden (natürlich mit Erstattung), und dieses Spiel läßt sich bei nichtverderblichen Gütern ziemlich lange wiederholen. Und auch unser obiges Beispiel trifft hier spiegelbildlich zu: Wenn die Erstattung für Rindfleisch beantragt wird, so kann dieses in gefrorenem Zustand durch bloße Betrachtung nicht von Schlachtabfällen unterschieden werden. Aufgrund einer Vielzahl von Vergünstigungen und Vereinfachungen (Gestellungsbefreiung, Sammelanmeldungen, Einsatz von Zollhilfspersonen) reduziert sich die Intensität der konkreten Zollbeschau und erhöht sich analog die Möglichkeit des Mißbrauchs und Betrugs.
Die Vielzahl der bekanntgewordenen Betrugsfälle – wobei von einer hohen Dunkelziffer auszugehen ist – hat 1988 die Schaffung einer *Einheit zur Koordinierung der Betrugsbekämpfung innerhalb der EG* erforderlich gemacht. Auf EG-Ebene gibt es *keine* Möglichkeit der *strafrechtlichen Sanktion*, dies ist nur nach dem jeweiligen nationalen Recht möglich. Dabei besteht Harmonisierungsbedarf: Noch 1989 beispielsweise war nach griechischem Recht der Betrug gegenüber der EG nicht unter Strafe gestellt. Es ist wahrscheinlich, daß die juristischen Befugnisse der Kommission ausgeweitet werden.

H. Risiken und Risikoabsicherung im Außenhandel

H-1. Risikoarten und Umgehen mit Risiken

Außenwirtschaftlich tätige Unternehmen sehen sich – neben den ‹üblichen› Risiken unternehmerischer Tätigkeit – besonderen Risiken ausgesetzt, sowohl im Export- als auch im Importbereich.
Auf einer systematischen Ebene ist der Begriff **Risiko** gegen **Unsicherheit** abzugrenzen: Bei einem Risiko ist die Wahrscheinlichkeit *p* (von engl.: *probability*) des Eintretens eines Ereignisses quantifizierbar (O < p < 1), bei Unsicherheit nicht. Wenn die Eintrittswahrscheinlichkeit gleich 0 oder gleich 1 ist, spricht man von **Sicherheit**, da das betreffende Ereignis entweder sicher eintritt (p = 1) oder nicht (p = 0).
Risiko ist daher grundsätzlich ein *neutraler Begriff*: Das risikobehaftete Ereignis kann positive oder negative Wirkungen hervorrufen. So hat das positive Risiko eines Lottogewinns die Wahrscheinlichkeit von rd. 1:14000000. Grundsätzlich verbindet sich mit dem Begriff «Risiko» aber die Vorstellung eines möglichen Schadens, oder allgemeiner: einer (unerwünschten) Abweichung von Zielvorstellungen.

H-1.1. Risikoarten (Überblick)

Aufgrund der offensichtlichen Vielfalt von Problemen und Risiken kann sich durchaus eine gewisse ‹Schwellenangst› vor Auslandsaktivitäten ergeben. Abb. H-1.1/1 versucht eine Zusammenfassung und Systematisierung von Risikobegriffen aus verschiedenen Gesichtswinkeln; es sind beeindruckend viele. Andererseits gibt es aber auch eine Fülle von Möglichkeiten, mit diesen Risiken umzugehen. Hierauf geht der folgende Abschnitt ein.

Abb. H-1.1/1: **Risikoarten im Außenhandel** (Überblick)

1. Allgemeine Risiken
(Sprache, Mentalität, Rechtsprobleme etc.)

2. Länderrisiken

2.1. Politische Risiken i.e.S.
(Krieg, Aufruhr, Embargo, politische Instabilität etc.)

2.2 Wirtschaftspolitische Länderrisiken
(Inflation, Devisenbewirtschaftung, Enteignung; Transferprobleme, Zahlungsverbot)

3. Ökonomische Risiken

Export		Import
	3.1. Güterwirtschaftliche Risiken	
Absatzrisiko (Marktrisiko)		Beschaffungsrisiko
Abnahmerisiko		Liefer-/Qualitätsrisiko
Transportrisiko		Transportrisiko
Lagerrisiko		Lagerrisiko
technische Risiken		
	3.2. Rechtliche Risiken	
Produkthaftungsrisiko		Produkthaftungsrisiko
Verstöße gegen Exportbestimmungen		Verstöße gegen Importbestimmungen
Kautionsrisiko		
	3.3. Zahlungsrisiken	
Zahlungsrisiko		Voraus-/Anzahlungsrisiko
Bonitätsrisiko		
Liquiditätsrisiko		
	3.4. Währungsrisiken	
Aufwertung der Inlandswährung		Abwertung der Inlandswährung

H-1.2. Risikostrategien

Beim Umgang mit Auslandsrisiken sind verschiedene Varianten von Risikopolitik oder Risikomanagement *(risk management)* möglich. Dies bezieht sich auf die Maßnahmen zur *Risikoerkennung* und *-bewertung* sowie auf den Einsatz risikopolitischer *Instrumente*. Grundsätzlich ist dabei zu unterscheiden zwischen ursachenbezogenen (1) und (2) und wirkungsorientierten Maßnahmen (3)–(5). Dabei ist wiederum – je nach gewählter Risikostrategie – eine vollständige oder

eine partielle *Absicherung* des Risikos möglich. Dies ist nicht zuletzt eine Frage der Kosten.
Zwei extreme Verhaltensweisen (1) und (2) sowie mehrere dazwischen liegende sind möglich:

(1) Risikovermeidung
Damit ist gemeint, daß die risikobegründenden *Ursachen* vermieden oder beseitigt werden. In der extremen Form bedeutet dies die gänzliche Vermeidung von Auslandsaktivitäten. Es gibt viele (meist kleinere) Unternehmen, die auf Export- oder Importgeschäfte tatsächlich aus Risikoscheu vollständig verzichten.

(2) Risikoakzeptierung
Die gegensätzliche extreme Variante besteht in der bewußten Hinnahme des Risikos, ohne zu versuchen, in irgend einer der nachfolgenden Verhaltensweisen ‹gegenzusteuern›. In solchen Fällen werden Risiken zwar erkannt, aber es wird ganz bewußt auf risikovermindernde oder -besichernde Maßnahmen verzichtet.

(3) Risikoverminderung und Risikokompensation
Weniger extrem umfaßt Risikovermeidung auch **Risikoverminderung**. Dies erfordert zunächst eine qualitativ und quantitativ solide Informationsbasis über die Gegebenheiten im Partnerland und über den Partner (Risikovorbeugung). Dies kann sich auf Sekundärinformationen anderer stützen (Banken, Versicherer, IHK, andere Unternehmen) oder auch auf selbsterhobenen Primärinformationen beruhen (Besuche, Messen). Eine Risikoverminderung kann sich auch durch **Risikostreuung** (Risikoverteilung) ergeben, indem beispielsweise Geschäftsbeziehungen nicht nur mit einem, sondern mit verschiedenen Partnern, u.U. in verschiedenen Ländern, unterhalten werden. Durch **Risikokompensation** wird versucht, daß sich positive und negative Risiken ganz oder teilweise ausgleichen.

(4) Risikobesicherung
Für eine Vielzahl von Risiken können die eventuellen negativen Folgen ganz oder teilweise durch Versicherungen, Garantien oder Bürgschaften besichert werden (vgl. hierzu Abschn. H-2.4.3). (Während man üblicherweise von **Versicherung** sprechen dürfte, verwenden Fachleute auch gern den Begriff **Besicherung**. Faktisch besteht kein Unterschied.)

(5) Risikoabwälzung
Durch Risiko*ab-* oder *-überwälzung* (**Risikoübertragung**) wird das Risiko ganz oder teilweise – entgeltlich oder unentgeltlich – einem Dritten übertragen, beispielsweise durch Fakturierung in Inlandswährung oder durch den Verkauf von Forderungen (vgl. u.a. Abschn. D-5.1.8 und -5.1.9 zu Factoring und Forfaitierung).
Im folgenden werden vor dem Hintergrund der Übersicht in Abschn. H-1.1 einige wichtige Risikoarten näher untersucht.

H-1.3. Allgemeine Risiken

Allgemeine Risiken ergeben sich insbesondere aus den soziokulturellen Rahmenbedingungen eines fremden Landes.

(a) Sprache
Ein zentrales Problem ist zunächst einmal die Sprache; dies gilt für Importeure ebenso wie für Exporteure. Deutsche Unternehmer können nur in seltenen Fällen davon ausgehen, daß ihre Geschäftspartner deutsch sprechen. Regelmäßig wird es wohl erforderlich sein, daß sich die Partner auf eine gängige Sprache wie Englisch, Französisch oder Spanisch einstellen. Dies bedeutet mögliche Mißverständnisse beim Umgang mit Kunden, Lieferanten, Spediteuren, Behörden etc., einschließlich etwaiger Sprachprobleme bei Rechtsstreitigkeiten (vgl. auch Abb. H-1.3/1). Natürlich lassen sich Verständigungsschwierigkeiten durch Dolmetscher oder Übersetzer abschwächen, doch dies kann Verzögerungen und erhebliche Kosten verursachen. Eine hohe Sprachkompetenz auf eigener Seite ist in dieser Hinsicht die beste Risikoabsicherung.

(b) Mentalität, Kultur, Sitten und Gebräuche
Das Umgehen mit ausländischen Partnern im In- oder Ausland kann erheblich von der jeweiligen Mentalität beeinflußt werden, sowohl von expliziten oder ungeschriebenen Umgangsformen etwa bei Verhandlungen oder Konferenzen als auch durch Handelsbräuche und Usancen. Hinzu kommen u.U. ungewohnte Aspekte, wie die Notwendigkeit, beim Umgang mit Behörden kräftig zu ‹schmieren›, oder eine aus deutscher Sicht ungewohnte Auffassung von Pünktlichkeit oder Zuverlässigkeit.
Auch wird man sich auf abweichende Feiertagsregelungen einstellen müssen; z.B. ist im arabischen Raum der Freitag ein Feiertag, und während des **Ramadan** sind viele Aktivitäten eingeschränkt. Gleicher-

Abb. H-1.3/1: **Allgemeine Risiken**

Sprachbarrieren als Exportbremse

Wenn Dänen in Portugal Teppich verlegen

Flut von Fachvokabeln verwirrt EG-Markt

Auf fremden Märkten ist nicht nur die Sprachbarriere zu überwinden

Korruption in Rußland ein blühendes Geschäft

Ohne Schmiergeld läuft fast nichts

maßen endet in manchen tropischen Ländern der (administrative) Arbeitstag bereits am Mittag. Dies hat i.d.R. folgenden Grund: Unter tropischen Bedingungen sind Arbeiten unter einer Sonne, die im Zenit steht, ohne Klimaanlagen kaum möglich; jeder Europäer würde nachhaltig nach Schatten und Kühlung lechzen, und dies geht Landesbewohnern kaum anders. Da aber die einheimischen Arbeitnehmer i.d.R. am Stadtrand wohnen (in diesem Sinne ist der sonst disputable Begriff der sog. **Marginalbevölkerung** entfernungstechnisch korrekt), müssen sie zu ihren Arbeitsplätzen anreisen, meist mit privaten oder öffentlichen Sammeltaxis oder Bussen, in jedem Fall aber *gegen Entgelt*. Da eine Unterbrechung aller Tätigkeiten in der mittäglichen Gluthitze in tropischen Gegenden immer üblich – und wahrlich verständlich – ist (man denke an die bekannte *Siesta* bei unseren spanischen Nachbarn) – z.B. von 12–16.00 Uhr Ortszeit –, würden die Arbeitnehmer entweder vier Stunden überbrücken müssen oder – wenn sie zwischenzeitlich nach Hause zurückkehrten – es würden ihnen zweimal Transportkosten entstehen; dies aber ist bei meist *sehr* bescheidenen Löhnen nicht finanzierbar. Folglich ist die Variante gängig, daß die Arbeitszeit z.B. von 7.00 oder 8.00 Uhr bis maximal 14.00 Uhr dauert – und dann ist Schluß. Ein nachmittäglicher Telefonanruf aus Europa stößt folglich ins Leere. Diese Regelung hat im Behördenbereich noch eine simple ökonomische Erklärung: Die Gehälter im öffentlichen Dienst sind – nach ganz objektiven Kriterien – wirklich unzureichend. Zum einen erklärt dies die in den betreffenden Ländern meist intern allgemein akzeptierte, somit institutionalisierte **Korruption**: Schmiergelder sind normal, gelten quasi als Lohnanteil öffentlich Bediensteter, die sonst nicht wüßten, wie sie – bei meist horrenden Inflationsraten und entsprechenden Preisen – ‹über die

Runden kämen›. Zum anderen eröffnet ein Ende der Behördendienstzeit gegen Mittag die Möglichkeit, einem **Zweiterwerb** nachzugehen – für Staatsbedienstete in vielen Entwicklungsländern völlig normal. Solche Probleme lassen sich am besten durch konkrete Erfahrungen vor Ort begreifen.

(c) Adminstrative Probleme
Ausländische Verfahren und Verfahrensvorschriften erschließen sich manchmal nur mühsam, außerdem können sie sich ändern, ohne daß es der deutsche Unternehmer erfährt. Eine solide Informationsgewinnung – direkt oder durch kompetente Stellen, im In- oder Ausland – kann hier vorbeugen.

(d) Rechtsprobleme
Auf der juristischen Ebene können sich in mancherlei Hinsicht Risiken ergeben, z.B. im Hinblick auf die administrativen Prozeduren (z.B. bei Rechtsbehelfen), bei der Durchsetzung von Ansprüchen bei Vertragsstreitigkeiten mit dem Geschäftspartner, hinsichtlich des Risikos, aus der Produzentenhaftung in Anspruch genommen zu werden, etc. (vgl. Abschn. H-1.6). Hier sind mit der ausländischen Rechtslage kompetent vertraute Rechtsberater die beste Risikoabsicherung, auch wenn dies nicht immer billig sein wird: Zwar sind die lokalen Honorare oft bescheiden, doch gibt es dann meist eine Gebührentabelle für einheimische und eine für (reiche) ausländische Klienten analog zu ausländischen Preisen. Das muß man in der Regel akzeptieren. Hinsichtlich der allgemeinen Rechtsproblematik bei internationalen Verträgen sei nochmals auf Abschn. D-1 verwiesen.

H-1.4. Länderrisiken

Der Begriff des **Länderrisikos** (politisches Risiko) wird in der Literatur *sehr uneinheitlich* verwendet. Grundsätzlich sind damit Risiken gemeint, die nicht in der *Person* des ausländischen Partners begründet sind, also z.B. keine Bonitätsrisiken, sondern sich aus Maßnahmen der ausländischen Regierung oder allgemein aus der *Situation des Partnerlandes* ableiten. Diese Risiken können u.U. auch den Exporteur hindern, die geschuldete Leistung zu erbringen. Dabei sollte zwischen politischen Risiken i.e.S. und wirtschaftspolitischen Risiken unterschieden werden:

H-1.4.1. Politische Risiken

Zu den **politischen Risiken** zählen kriegerische Ereignisse, Aufruhr oder Revolution im Ausland, politische Instabilität (Regierungswechsel, Politikwechsel), Embargo, Blockade und Boykott, so daß die Ware nicht vertragsgemäß exportiert bzw. importiert werden kann bzw. darf. Die letzteren drei Begriffe werden häufig unscharf verwendet (vgl. dazu Abschn. E-3.3.6).
Durch derartige politische Risiken können die internationalen Handelsbeziehungen empfindlich gestört werden. In dem hier behandelten Zusammenhang ist allerdings nochmals hervorzuheben, daß es sich dabei um *neue* Risiken handeln muß. Beispielsweise ist bekannt daß bestimmte arabische Staaten die Einfuhr von Gütern verweigern, die von Exporteuren stammen, die mit Israel wirtschaftliche Beziehungen unterhalten. Die Einfuhrbestimmungen schreiben dabei u.a. die Vorlage eines **Black-List-Zertifikats** vor (vgl. Abschn. D-2.2.3.1), mit dem bestätigt wird, daß der betreffende Exporteur oder die Reederei keine Beziehungen zu Israel unterhalten. Sofern ein Exporteur dessenungeachtet versucht, in ein arabisches Land zu liefern, obgleich er diese Bedingungen nicht erfüllen kann, liegt natürlich kein Risiko vor, denn die Handelsbehinderung ist ja bekannt.

H-1.4.2. Wirtschaftspolitische Risiken

Neben die politischen Risiken im oben beschriebenen Sinne treten andere staatliche Eingriffe in das Wirtschaftsgeschehen. Entschädigungslose **Beschlagnahmung** (Konfiszierung) bzw. **Enteignung** von Gütern kann auch im Handelsbereich erfolgen (Abschn. H-1.7 geht auch auf die entsprechenden Risiken bei Direktinvestitionen ein). Im Import- wie im Exportland können sich die Außenhandels*vorschriften* ändern, so daß z.B. Kontingente eingeführt werden, Lizenzen bzw. Genehmigungen erforderlich werden oder Einfuhr- oder Ausfuhrverbote erlassen werden. In Ländern mit Devisenbewirtschaftung besteht u.a. ein **Konvertierungsrisiko**, bei dem der Importeur zwar – in eigener Währung – leisten kann und will, jedoch ein Umtausch in Devisen nicht möglich ist. Dieses Risiko ist eng verwandt mit dem **Transferrisiko** (**KT-Risiken**), z.B. in Form eines **Zahlungsverbotes** für zahlungswillige ausländische Importeure oder in Form eines einseitig verfügten, zeitlich begrenzten **Moratoriums** des betreffenden Staates (**ZM-Risiken**). (Die Abgrenzung zwischen KT- und ZM-Risiken ist fließend; meist wird argumentiert, daß beim KT-Risiko der Schuldner in Inlandswährung geleistet hat, jedoch die Zahlung ins Ausland blok-

kiert wird, während er beim ZM-Risiko aufgrund der staatlichen Maßnahmen gar nicht erst eine Einzahlung zum Zweck des Transfers leistet. Allgemein wird auch von **Erfüllungsrisiken** gesprochen). Die dauernde Zahlungsablehnung wird in Abgrenzung vom vorübergehenden Moratorium als **Repudiation** bezeichnet. Zahlungsverbote sind selten; beispielsweise wurden sie 1982 von Großbritannien und Argentinien während des Falklandkrieges verhängt bzw. vom UN-Sicherheitsrat während des Golfkrieges 1991 gegen Irak und Kuwait und wegen des Jugoslawienkrieges 1992 gegen Serbien und Montenegro. Moratorien – in offener oder verdeckter Form – wurden in der jüngeren Vergangenheit von einigen hochverschuldeten lateinamerikanischen Ländern verfügt (Costa Rica, Mexiko, Guatemala, Venezuela, Peru). In vielen Fällen kommt es dabei dann anschließend zu bi- oder multilateralen **Umschuldungsabkommen**, die – meist bei faktischem, jedoch nicht offiziell erklärtem Moratorium – in großer Zahl durchgeführt wurden. Das Transferrisiko kann auch eintreten, wenn der Käufer landesintern die Zahlung angewiesen hat. Auch **Wechselkursänderungen** sind zu den wirtschaftspolitischen Risiken zu zählen.
Diese Risiken sind – um es nochmals zu betonen – abzugrenzen vom Zahlungsrisiko, das von der Bonität des Schuldners abhängt (vgl. Abschn. H-2.1).

H-1.5. Güterrisiken

H-1.5.1. Güterrisiken im Export

(1) Absatzrisiko
Auf der Exportseite ergibt sich zunächst einmal ein **Absatzrisiko** (**Marktrisiko**), indem für den Export produzierte Ware nicht verkauft werden kann, z.B. weil neue Konkurrenten aufgetreten sind, weil die eigene Preiskalkulation nicht (mehr) den international üblichen Preisen entspricht, weil sich neue (Zoll-)Präferenzräume gebildet haben, weil die Produktqualität nicht (mehr) konkurrenzfähig ist oder weil sich Wechselkursänderungen ergeben haben. Eine entsprechende Marktbeobachtung ist eine notwendige, wenngleich nicht hinreichende Risikoabsicherung. Unzureichende Marktkenntnis kann dazu führen, daß für den Auslandsmarkt ungeeignete Produkte angeboten werden, falsche Geschäftspartner gewählt werden (Kunden, Lieferanten, Spediteure, Makler etc.), die Vertriebs- bzw. Beschaffungssysteme unangemessen sind, usw. Als Anekdote sei aus dem Marketingbereich angeführt, daß eine Autofirma ein Modell mit dem Namen «Nova» in

Lateinamerika einführen wollte. Nun bedeutet aber *«no va»* auf Spanisch: «geht nicht». Auch ein Automodell mit der Bezeichnung «MR 2» ist auf dem französischen Markt *(MR deux)* auf Probleme wegen der sprachlichen Nähe zu *«merde»* getroffen. Ebenso führt die Übersetzung lateinischer Schreibweise in kyrillische, chinesische oder japanische Schriftzeichen häufig zu inhaltlichen Deformierungen.

(2) Abnahmerisiko

Hinzu kommt ein **Abnahmerisiko**, wenn der ausländische Käufer die bestellte – und möglicherweise bereits ausgelieferte – Ware nicht abnimmt, z.B. weil er Mängelrügen geltend macht (siehe Qualitätskontrollen) oder weil er Liquiditätsprobleme hat oder gar in Konkurs gegangen ist. Dies ist besonders unangenehm bei verderblichen Gütern und kann beim Exporteur zu Zahlungs-, Beschäftigungs- und Kapazitätsproblemen führen. U.a. läßt sich dieses Risiko durch entsprechende Zahlungsbedingungen (Vorauszahlung) oder durch Akkreditive absichern. Insgesamt können dabei zusätzlich **Lagerrisiken** entstehen, indem die nicht absetzbare Ware zu Zins- und Lagerkosten führt und von Verderb, Diebstahl, Brand oder Überalterung bedroht ist.

(3) Transport- und Lagerrisiken

Transportrisiken bestehen in zweierlei Hinsicht: Zum einen besteht die Gefahr, daß die abgesandte Ware an einen *falschen Ort* geliefert wird oder daß von der vorgesehenen Reiseroute abgewichen wird bzw. werden muß (z.B. bei Ausbruch von Konflikten) oder daß die Ware mit *zeitlicher Verzögerung* ankommt (Streiks) oder unterwegs ‹steckenbleibt› (wiederum z.B. bei Ausbruch von Konflikten). Dieses Risiko ist i.d.R. nur schwer abzusichern, ggf. durch Konventionalstrafen, die mit dem Lieferanten vereinbart werden, der sich jedoch insbesondere von Risiken freistellen lassen wird, die nicht in seinem Verantwortungsbereich, sondern beim Spediteur oder Frachtführer oder in höherer Gewalt begründet liegen. In den meisten Transportbedingungen aber sind die Haftungsmöglichkeiten für zeitliche Verzögerungen sehr eingeschränkt und schließen u.a. Verzögerungen durch unzureichende Hafenkapazität, Grenzblockaden, Streiks, Sabotage, hoheitliche Eingriffe (z.B. Beschlagnahmung), politische Ursachen etc. aus. Diese Risiken können i.d.R. nur gesondert und gegen erhebliche Prämien abgesichert werden.

Zum anderen bestehen Transportrisiken hinsichtlich *Beschädigung* oder *Verlust* der Ware, nicht zuletzt auch bei erforderlichem Umladen der Ware oder aufgrund klimatischer Einflüsse oder aufgrund des

Transportweges (z.B. Seewasserschäden). Diese Risiken können durch entsprechende Versicherungen abgesichert werden bzw. sind bereits in den Frachtraten des Transportführers berücksichtigt. Wer die Kosten dafür trägt, hängt von den vereinbarten Lieferbedingungen ab (vgl. Abschn. D-3). Es gibt zwei Deckungsformen: Bei der «**vollen Dekkung**» sind alle Gefahren versichert, die nicht ausdrücklich vom Versicherungsschutz ausgeschlossen sind (u.a. Krieg, Streik, Piraterie). Bei der «**Strandungsfalldeckung**» sind alle, einzeln aufgeführten Gefahren versichert, die zum Totalverlust oder zur Totalbeschädigung der Güter führen können (Transportmittelunfall, Untergang des Schiffes, Brand, Explosion).
Die Versicherung kann entweder eine **Generalpolice** oder eine **Einzelpolice** sein (vgl. hierzu auch Abschn. D-2.2.2). Bei ‹*gebrochenen*› Versicherungen, bei denen in Abhängigkeit von der vereinbarten Lieferklausel (vgl. Abschn. D-3.2.3) verschiedene Transportabschnitte durch unterschiedliche Versicherungen gedeckt sind, kann sich das Problem ergeben, den Schadenseintritt zeitlich zu bestimmen, z.B. wenn der Schaden erst bei Ankunft am Bestimmungsort festgestellt wird. Durchgehende Versicherungen von Haus zu Haus sind in dieser Hinsicht unproblematisch.

(4) Haftungsrisiko
Ein besonderes Risiko kann im Exportbereich daraus entstehen, daß der Exporteur im Rahmen seiner Produkt- bzw. Produzentenhaftung in einem Ausmaß in Anspruch genommen wird, das das nationale Risiko ‹zu Haus› bei weitem übertreffen kann, z.B. auf dem US-amerikanischen Markt. Vgl. hierzu ausführlicher den Exkurs in Abschn. H-1.6.

(5) Technische Risiken
Besondere klimatische Bedingungen, abweichende Normen und Sicherheitsvorschriften sowie unzureichende Qualität der menschlichen Arbeit können Nacharbeiten, Umrüstungen oder Reparaturen zu Lasten des Exporteurs bedingen.

(6) Verstöße gegen Exportvorschriften
Das Außenwirtschaftsgesetz beinhaltet eine Reihe von Exportbeschränkungen, insbesondere hinsichtlich des Exports strategischer Güter (vgl. Abschn. E-5.5). Nach der jetzigen Rechtslage besteht für den deutschen Exporteur das Risiko, daß sein *Abnehmer* die bezogenen Güter verbotswidrig verwendet, insbesondere wenn es sich um *dual-use*-Güter handelt oder um Anlagenteile, die für sich genommen

den Exportbedingungen entsprechen, jedoch in Kombination mit anderen Gütern mißbräuchlich für andere Verwendungszwecke eingesetzt werden. Der Lieferant kann dies nicht in letzter Konsequenz übersehen, und auch die Vorlage von **Endverbleibsnachweisen** (vgl. Abschn. E-5.3) ist keine 100%ige Absicherung.
Unabhängig davon birgt die Komplexität der außenwirtschaftsrechtlichen und zollrechtlichen Bestimmungen die Gefahr von (unbeabsichtigten) **Verstößen**, die als Ordnungswidrigkeiten mit Geldbußen geahndet werden können.

(7) Kautionsrisiken
Häufig muß der Exporteur – bzw. im Vorfeld: der Anbieter – Garantien übernehmen (insbesondere Bietungs-, Anzahlungs-, Liefer-, Gefährleistungs-, Erfüllungsgarantien) (vgl. Abschn. D-1.1.2). Da derartige Garantien in der Regel *«auf erstes Anfordern»* hin, d.h. ohne materielle Prüfung des Anspruchs zahlbar gestellt werden, besteht die Gefahr, daß sie unberechtigterweise in Anspruch genommen werden (**unfair calling**). Wie erwähnt, hat die ICC Mitte 1992 *Einheitliche Richtlinien für auf Anforderung zahlbare Garantien* auf internationaler Ebene eingeführt.

H-1.5.2. Importrisiken

Die Dispositionen des Importeurs beruhen darauf, daß die Importware so zu seiner Verfügung gestellt wird, wie er sie geordert hat. Dabei treten eine Reihe von Risiken auf.

(1) Beschaffungsrisiko
Das **Beschaffungsrisiko** hat mehrere Dimensionen. Zum einen besteht es in *quantitativer* Hinsicht darin, daß georderte Ware nicht oder nur in unzureichender Menge geliefert werden kann bzw. geliefert wird (Ausfall von Vorlieferanten und anderen Bezugsquellen, Mißernten, Naturkatastrophen, Streik, politische Unruhen im Ausland, Konkurs des Lieferanten, Falschdisposition des Lieferanten beim Export). In *qualitativer* Hinsicht kann eine bestimmte Qualität nicht zu beschaffen sein oder es wird eine mangelhafte Qualität geliefert oder es kommen gar komplette Falschlieferungen vor (die Grenze zum quantitativen Beschaffungsrisiko ist dann fließend). In *zeitlicher* Hinsicht kann seitens des Lieferanten der zugesagte Liefertermin nicht eingehalten werden, oder es treten Verzögerungen bei der Zollabfertigung auf – entweder im Export- oder im Importland. Verzögerungen, Falsch- oder Fehllieferungen können den Importeur u.U. selbst in

Verzug gegenüber seinen Abnehmern bringen. In *preislicher* Hinsicht kann die bestellte und gelieferte Ware aufgrund von zwischenzeitlichen Preisveränderungen für den geplanten Zweck zu teuer geworden sein (Preissenkungen der Konkurrenten).

(2) Lieferrisiko
Sofern diese Probleme auf den ausländischen Lieferanten zurückzuführen sind, spricht man allgemein von **Lieferrisiko** oder **Lieferantenrisiko.** Risikovermeidung würde den Verzicht auf Importgeschäfte bedeuten. Risikoverminderung ist möglich u.a. durch Sicherstellen alternativer Bezugsquellen, was jedoch häufig dennoch zu zeitlichen Verzögerungen führt und Kosten nach sich ziehen kann. Gegen Lieferantenrisiken kann sich der Importeur teilweise absichern durch die Prüfung der abzusendenden Ware vor der Verpackung bzw. Verladung auf die Transportmittel. Hierfür gibt es – wie ausgeführt – spezialisierte Unternehmen, die im Auftrag des Importeurs solche Untersuchungen durchführen und hierüber ein Inspektionszertifikat ausstellen, das u.a. auch Bestandteil von Akkreditivdokumenten sein kann. Eine Abschwächung des eventuellen Schadens aufgrund von Lieferantenrisiken kann auch durch Vereinbarung von **Konventionalstrafen** geschehen sowie durch die oben erwähnten Anzahlungs-, Bietungs- und Liefer-**Garantien.** Sofern der Importeur jedoch auf den ordnungsgemäßen physischen Eingang der Ware angewiesen ist, nützen ihm auch eventuelle kompensierende Geldleistungen oft nur wenig.

(3) Transport- und Lagerrisiken
Sachrisiken aus Transport, Lagerung und Montage (Beschädigung, Verlust, Verzögerung) bestehen analog wie für den Exporteur. Hinzu kommt für den Importeur das Risiko von Fehlleitung der Ware und unter bestimmten Voraussetzungen auch das Risiko der Produkthaftung. Hierauf geht der nächste Abschnitt ein.

H-1.6. Exkurs: Produkthaftung

H-1.6.1. Deutsches Produkthaftungsrecht

In der Bundesrepublik gilt seit 1. 1. 1990 das neue **Produkthaftungsgesetz (ProdHG)**, welches eine 1985 beschlossene EG-Richtlinie in nationales Recht umsetzt. Sie ist allerdings keineswegs deckungsgleich mit Gesetzen, die in anderen EG-Ländern erlassen wurden: Die eigentlich beabsichtigte Rechtsharmonisierung innerhalb der EG ist nur teilweise verwirklicht worden. Die nationalen Regelungen sind nach wie vor unterschiedlich, insbesondere im Hinblick auf die Rechtsprechung. Die neue deutsche Rechtslage der Produkthaftung oder präziser: *Produzenten*haftung geht nun – analog zum amerikanischen Recht – von der **Gefährdungshaftung** aus und nicht mehr – wie früher – von einer Verschuldungshaftung (sog. deliktische Haftung). Dies betrifft insbesondere auch Exporteure und Importeure (Abb. H-1.6/1).

Abb. H-1.6/1: **Produkthaftung**

EUROPÄISCHES RECHT

Umkehr der Beweislast zugunsten des Verbrauchers

Nach alter Rechtslage mußte dem Hersteller eines Produkts *nachgewiesen* werden, daß durch sein **Verschulden** ein Schaden entstanden ist. Im Normalfall wird zwischen Hersteller und Endverbraucher kein Vertragsverhältnis bestehen, aus dem sich Schadenersatzansprüche bei Sach- oder Personenschäden ableiten ließen, weil der Endverbraucher nicht beim Hersteller, sondern beim Händler bzw. Importeur kauft. Ein Vorgehen gegen den Händler war aber meist wenig aussichtsreich, sofern ihm nicht Vorsatz oder Fahrlässigkeit oder das Fehlen einer zugesicherten Eigenschaft nachgewiesen werden konnte (**deliktische Haftung** nach § 823ff. BGB).
Nach der neuen Rechtslage haftet ein Hersteller für Schäden, die durch einen Fehler seines Produktes entstanden sind, *unabhängig* davon, ob er den Schaden vorsätzlich oder fahrlässig verursacht hat. Beispielsweise wurde von einem Urteil des Bundesgerichtshofs ein Hersteller von Kindertee zur Verantwortung gezogen, weil er nicht ausreichend darauf aufmerksam gemacht hat, daß sein Produkt bei übermäßigem Genuß Kariesschäden bei Kleinkindern verursachen konnte. Die Haftung erstreckt sich auf **Personen-** und **private Sachschäden**, *nicht* aber auf **immaterielle Schäden (Schmerzensgeld)** sowie **gewerbliche Sachschäden**, d.h. die Haftung stellt auf den Endverbraucher ab, und die Beweislast liegt nunmehr beim Hersteller. Schmerzensgeldansprüche müssen auch nach der neuen Rechtslage nach der verschuldensabhängigen Delikthaftung gemäß § 823 BGB geltend gemacht werden. Die Haftung gilt 10 Jahre nach dem Inverkehrbringen

des Produktes. Der Anspruch verjährt innerhalb von drei Jahren von dem Zeitpunkt an, in dem der Anspruchsberechtigte von dem Schaden, dem Fehler und von der Person des Ersatzpflichtigen Kenntnis erlangt hat oder hätte erlangen müssen.
Neben dem tatsächlichen Hersteller (inkl. Zulieferern) haften nun u.a. auch **Quasi-Hersteller**, welche fremde Produkte unter eigenem Namen oder eigenem Markenzeichen vertreiben (z.B. bestimmte Kaufhausketten), der **Importeur** für Güter aus Nicht-EG-Ländern und unter bestimmten Bedingungen auch der **Händler** (**Lieferant**), ggf. auch für Produktteile. Der Geschädigte kann sich dabei seinen Anspruchsgegner aussuchen. Der Haftungsausschluß des Importeurs für EG-Importe beruht auf der Annahme, daß Ansprüche innerhalb der EG am Schadensort eingeklagt und am Sitz des Herstellers durchgesetzt werden können, während Hersteller im EG-Ausland – z.B. bei *no-name*-Produkten – oft nicht in Anspruch genommen werden können. Diese Importeurshaftung erstreckt sich auch auf *Re-Importe*, da speziell für den Export vorgesehene Güter oft anderen Standards unterliegen als im Inland. Der Händler haftet im Sinne einer *«Auffanghaftung»*, wenn der Hersteller nicht festgestellt werden kann. Durch Benennung des Herstellers oder von Vorlieferanten innerhalb bestimmter Fristen kann sich der Händler entlasten.
Die Produzentenhaftung kann auch vertraglich *nicht* ausgeschlossen werden, insbesondere nicht durch entsprechende Klauseln in den Allgemeinen Geschäftsbedingungen. Nach alter wie neuer Rechtslage muß der Geschädigte nachweisen, daß das Produkt einen *Fehler* hat, allerdings nicht (mehr), daß die Fehlerursache im Verantwortungsbereich des Herstellers liegt. Sofern der Hersteller nachweisen kann, daß der Fehler nicht in seinem Zuständigkeitsbereich, sondern später entstanden ist – dies kann z.B. durch die Dokumentation der Lieferketten (insbesondere bei Zulieferern) oder entsprechender Qualitäts-, Ein- und Ausgangskontrollen geschehen – ist er entlastet; die Beweislast liegt aber bei ihm.
Der Hersteller haftet auch nicht für unterschlagene oder gestohlene Güter, ebenso nicht für Güter, die zu dem Zeitpunkt, als er sie in den Verkehr gebracht hat, zwingenden Rechtsvorschriften entsprachen: Dies kann z.B. auf gesetzlich vorgeschriebene chemische Zusätze bei Lebensmitteln zutreffen, die sich später als schädlich erweisen. Schließlich haftet er nicht für Fehler, die nach dem Stand von Wissenschaft und Technik nicht erkennbar waren (sog. **Entwicklungsrisiko**), hingegen für Konstruktions-, Fabrikations-, Produktbeobachtungsfehler (unterlassener Rückruf fehlerhafter Produktion) und **Instruktionsfehler** (Gebrauchsanleitung); letzteres ist insbesondere bei Überset-

zungen für ausländische Verbraucher ein wichtiger Aspekt, aber auch hinsichtlich des Verständnisses technischer Laien im Inland. Der Hersteller muß auch hinreichend auf mögliche *Nebenwirkungen* hinweisen (**Aufklärungshaftung**; vgl. den Hinweis bei Pharma-Werbung: «Zu Risiken und Nebenwirkungen fragen Sie Ihren Arzt oder Apotheker»). Kritisch sind auch **Zusicherungen** in Verkaufsgesprächen oder Werbematerial («absolut unschädlich») oder die vereinfachte Darstellung von Gütern zu Werbezwecken: Riskant ist es beispielsweise, wenn zur besseren Veranschaulichung des Funktionierens einer Maschine in einem Film Sicherheitsvorrichtungen entfernt werden.

Die Schadenersatzpflicht für **Personenschäden** ist begrenzt auf 160 Mio. DM Höchstbetrag für den einzelnen Schadensfall bzw. die Gesamtschuldsumme bei einem Fehler in einer Serienproduktion. Eine Haftung für **Schmerzensgeld** besteht nach dem ProdHG nicht; dieses muß ggf. nach BGB eingeklagt werden. Die Höhe der **Sachschadenshaftung** ist nicht begrenzt. Allerdings ist bei Sachschäden ein **Selbstbehalt** des Geschädigten in Höhe von 1125 DM anzurechnen. Dies bedeutet einen Schutz gegen ungerechtfertigte Ansprüche und gegen Bagatellklagen. Schadensersatz unterhalb der Bagatellgrenze kann aber weiterhin nach § 823 BGB eingeklagt werden. Es ist möglich, vor der Anmeldung von Produkthaftungsansprüchen ein **Strafverfahren** einzuleiten, wodurch letztlich ohne Kostenrisiko für den Klagenden die Wahrscheinlichkeit des Erfolges des Produkthaftungsanspruchs abgeklärt werden kann. Auf Einzelheiten der Verjährung von Ansprüchen wird hier verzichtet. Neben dem Produkthaftungsgesetz gelten auch andere gesetzliche Haftungsgrundlagen, wie z.B. das deutsche Arzneimittelgesetz.

Um sich gegen Schadenersatzansprüche abzusichern, sollte der beschriebene Kreis von potentiellen Haftern dafür Sorge tragen, daß die Bezugs- und Lieferketten und der Produktionsablauf genau dokumentiert werden können. Bei der Güterproduktion ist für den möglichen Nachweis von strengen Qualitätskontrollen zu sorgen. Dies gilt auch für Güter oder Teile von Gütern, die von anderen bezogen werden. Gebrauchsanweisungen und Anleitungen sollten unmißverständlich und nachvollziehbar sein, insbesondere, wenn es sich um Übersetzungen handelt. Dringend zu empfehlen ist auch eine Absicherung durch entsprechende Versicherungen, wenngleich die Prämien sich dem erhöhten Risiko angleichen dürften.

H-1.6.2. US-Produkthaftungsrecht

Das US-amerikanische Produkthaftungsrecht ist besonders streng, weshalb es hier als Beispiel für ausländische Rechtsnormen angeführt wird. Allerdings gibt es nicht ‹das› US-Produkthaftungsrecht, sondern eine Vielzahl teilweise recht unterschiedlicher Varianten, weil es als Teil des Zivilrechts grundsätzlich in die Kompetenz der Bundesstaaten fällt. Allerdings gibt es einen übergeordneten, vereinheitlichenden *Uniform Commercial Code* (UCC). Einige grundsätzliche Aspekte des Produkthaftungsrechts lassen sich aber verallgemeinern, wobei hier nur auf solche eingegangen wird, die über die vorangehenden Ausführungen zum deutschen Recht hinausgehen.

Zunächst wird im amerikanischen Recht unterstellt, daß der Hersteller ausdrücklich oder stillschweigend garantiert, daß die verkauften Produkte für den *«gewöhnlichen Gebrauch»* bzw. den *«besonderen Zweck»* geeignet sind, ausdrücklich z.B. durch Produktbeschreibungen, Prospekte, aber auch im Verkaufsgespräch, stillschweigend z.B. auch, wenn der Verkäufer weiß, daß der Käufer auf bestimmte Eigenschaften des Gutes angewiesen ist (z.B. Wasserdichtigkeit einer Taucheruhr) und er nicht klarstellt, daß diese nicht gegeben sind. Die Haftung des Herstellers (in der oben für das deutsche Recht ausgeführten weiten Interpretation bezüglich Zulieferer, Importeur, Exporteur, Händler) tritt im Sinne der beschriebenen Gefährdungshaftung bei einem Verstoß gegen diese garantierte **Zusicherung** (**breach of warranty**) ein, wenn ein Produktfehler ursächlich für einen Schaden ist, unabhängig z.B. von einer Fahrlässigkeit des Herstellers. Voraussetzung ist, daß das Produkt den Geschädigten im wesentlichen in dem Zustand erreicht hat, in dem es verkauft wurde. Als Fehler gelten Fehler aller Art, u.a. Konstruktions-, Fabrikations- und Informationsfehler: Fehler in der Verpackung oder in der Gebrauchsanweisung werden Produktfehlern gleichgestellt.

Insgesamt ergeben sich als Anspruchsgrundlagen (a) die gerade ausgeführte Zusicherungshaftung, (b) die Verschuldungshaftung, wenn dem Verkäufer z.B. Fahrlässigkeit anzurechnen ist, und (c) die strikte Deliktshaftung *(strict liability)* im Sinne der Gefährdungshaftung, wenn objektiv ein Schaden verursacht wurde, aber (a) und (b) nicht greifen. Dem Kläger steht es dabei frei, sämtliche Mitglieder der Handelskette, mehrere oder einzelne zu verklagen.

In den USA hat jeder Bundesstaat ein eigenes Gerichtssystem. Allgemein aber kennt der amerikanische **Zivilprozeß** zwei Etappen: Zunächst erfolgt ein **Beweismittelverfahren** *(pre-trial discovery)* und anschließend das **Hauptverfahren**. Das Beweismittelverfahren beruht auf der Sammlung von Beweisen außerhalb des Gerichts und erfolgt fast ohne richterliche Aufsicht (Vernehmung oder schriftliche Befragung von Parteien und Zeugen unter Eid, Einsicht in Dokumente, Fotografieren von Beweismitteln, etc.). Damit kann der Kläger sich oft erst das Material verschaffen, das er zur Geltendmachung seines Anspruchs überhaupt benötigt. Dieses Verfahren kann – für den Beschuldigten – sehr kostenintensiv sein, ohne daß eine Möglichkeit auf Kostenerstattung bei erwiesener Unschuld bestünde. Das Hauptverfahren findet – anders als in Deutschland bzw. Europa – auch bei Zivilprozessen (meist) vor Geschworenengerichten statt, also vor juristischen und meist auch fachlichen Laien. Die Jury entscheidet die **Tatfragen,** der Richter die **Rechtsfragen** (unter bestimmten Voraussetzungen ist eine Vermeidung von Geschworenenverfahren möglich).

Auch das *Anwaltssystem* unterscheidet sich von deutschen Regelungen. Amerikanischen Anwälten ist es gestattet, Werbung zu betreiben und potentielle Klienten selbst anzusprechen. Im Gegensatz zum deutschen System kann der Anwalt auf der Basis von **Erfolgshonoraren** tätig werden (in Deutschland nach **Gebührensätzen** auf der Basis des **Streitwertes**), so daß für den Kläger kein Kostenrisiko besteht, wohl aber dem Beklagten, weil auch bei abgewiesener Klage jede Partei ihre eigenen Kosten tragen muß und ein Anwalt eines Beklagten kaum auf Erfolgsbasis arbeiten wird. Mancher potentiell Beklagte wird daher unter Kostenaspekten bereit sein, sich – auch bei völlig unbegründeten und aussichtslosen Ansprüchen – mit dem klagebereiten Gegner zu vergleichen. Die allermeisten Produkthaftungsprozesse in den USA enden mit einem Vergleich.

Die *Höhe der Entschädigung* unterscheidet sich gleichfalls deutlich von deutschen Standards. Ein materieller Schaden muß – wie in Deutschland – konkret nachgewiesen werden (Kosten, Rechnungen, Verdienstausfall etc.). Ein immaterieller Schaden (Schmerzensgeld) wird nach freiem Ermessen des Gerichts bestimmt und kann beträchtliche Summe ausmachen. Zudem gibt es im amerikanischen Recht den Begriff des «**punitive damage**», d.h. einen immateriellen Schadensersatz mit (empfindlich spürbarem) *Strafcharakter*: Diese über den reinen Schadensersatz hinausgehende Strafe ist dabei aber nicht – wie in Deutschland – an gemeinnützige oder öffentliche Institutionen zu zahlen, sondern direkt an den Geschädigten. «Straf»-Schadenersatz (z.B. bei Umweltschäden: Tankerunglücke) in Millionenhöhe sind gängig. Je bekannter (reicher) das beklagte Unternehmen ist, desto höher ist tendenziell der Schadensersatz.

Als Konsequenz solcher Risiken ergeben sich **Versicherungskosten**, die mit außeramerikanischen Verhältnissen nicht zu vergleichen sind; insbesondere die *punitive damage* ist oft nicht zu besichern oder nur zu prohibitiven Prämien. Viele Unternehmen laufen daher gezielt das Risiko, ganz oder teilweise ohne Versicherungsschutz zu arbeiten (sofern dies gesetzlich zulässig ist) und im Schadensfall ruiniert zu sein. Aus der Sicht deutscher Exporteure ist der US-amerikanische Markt also mit besonderen, beträchtlichen Risiken gespickt. Die Haftungsbestimmungen sind aus nicht-amerikanischer Sicht durchaus als *nichttarifäre Handelshemmnisse* zu werten. Manches Unternehmen verzichtet daher grundsätzlich auf eine Bedienung des amerikanischen Marktes. Das Risiko ist damit jedoch nicht eliminiert: Besonders problematisch kann sich der «indirekte Export» durch Touristen erweisen. Zudem ist der Hersteller dafür verantwortlich, dafür Sorge zu tragen, daß sein Produkt nicht in die Hände Unbefugter fällt. Insbesondere für den US-Markt sollte daher auf alle möglichen Gefahrenquellen am Produkt und in den Beschreibungen hingewiesen werden.

H-1.7. Exkurs: Länderrisiko bei Direktinvestitionen

H-1.7.1. Risikoformen

Im Zusammenhang mit dem in diesem Kapitel behandelten Risikoaspekt wird nicht auf die allgemeinen ökonomischen Risiken eingegangen, die mit einer Investition schlechthin verbunden sind (Standort, Infrastrutur, Absatzmarkt, Rohstoffbezug etc.), sondern nur auf solche, die spezifisch sind für **Direktinvestitionen** im Ausland. Der Begriff ‹Direktinvestition› ist nicht allgemeingültig definiert: Das deutsche Außenwirtschaftsrecht versteht darunter gem. § 55 AWV «die Anlage von Vermögen in fremden Wirtschaftsgebieten zur Schaffung dauerhafter Wirtschaftsverbindungen». Betriebswirtschaftlich rechnet man u.a. dazu: Gründung von ausländischen Tochterunternehmen und Zweigniederlassungen, Erwerb von Beteiligungen an ausländischen Unternehmen, Ausstattung dieser Unternehmen mit Finanz- und Sachmitteln, Kauf von Gebäuden und Grundstücken etc. Die Direktinvestition ist daher abzugrenzen von der **Portfolio-Investition**, die vorrangig im Kauf von Wertpapieren besteht. In der Zahlungsbilanz werden Beteiligungen von weniger als 25 % des Nominalkapitals als Portfolioinvestition erfaßt.
Ein einschneidendes Risiko bei Direktinvestitionen besteht im Hinblick auf die Möglichkeit von **Eigentumsentzug** (Enteignung, Verstaatlichung, Nationalisierung). In den meisten Staaten ist dies grundsätzlich gesetzlich zulässig, aber mit einem Entschädigungsanspruch

verbunden. Dies ist in der Regel durch bilaterale **Investitionsschutzabkommen** gesichert, welche den ausländischen Investor einem Inländer gleichstellen (sog. **Inländerbehandlung**), u.a. verbunden mit Regelungen über Kapital- bzw. Gewinntransfer und Schiedsgerichtsbarkeit. Bislang gibt es keine multilateralen Abkommen außer einem Abkommen der Weltbank aus dem Jahr 1965 über die Beilegung von Investitionsstreitigkeiten zwischen Staaten und Angehörigen anderer Staaten. Dabei handelt es sich allerdings nicht um materielles Recht, sondern ausschließlich um Verfahrensrecht.
Problematisch ist der *entschädigungslose* Eigentumsvorbehalt z.B. durch Beschlagnahmung oder Enteignung, der oft vor dem Hintergrund politischer Krisen und Konflikte zu beobachten ist (Iran, Irak, Libyen), wobei Staaten sich ökonomische oder personelle Faustpfänder verschaffen. In solchen Situationen umfaßt das Risikospektrum auch das **Sicherheitsrisiko** für Mitarbeiter und ihre Angehörigen sowie für die Anlagen.
Weniger dramatisch sind Risiken, die sich aus der nachträglichen Änderung von Genehmigungen oder Zusagen (Subventionen, Zollschutz) ergeben können, aus Erhöhung von Abgaben (Steuern, Zölle) oder Kosten (Löhne, Zinsen) sowie aus gezielter Einschränkung des Güter- oder Kapitalverkehrs. Dies berührt auch das sog. **Dispositionsrisiko**, d.h. daß der ausländische Investor in seiner unternehmerischen Entscheidungsfreiheit eingeschränkt wird, z.B. durch Vorschriften über den Einsatz lokaler Produktionsfaktoren (auch hinsichtlich der Beschäftigung von lokalem Personal) oder bezüglich Produktionsart und -umfang sowie technische Vorschriften, Einschränkung der Bewegungsfreiheit im Gastland oder bei der Ein- und Ausreise, Diskriminierung bei der Vergabe öffentlicher Aufträge, Preiskontrollen, Beschränkung des Zugangs zum Geld- und Kapitalmarkt, etc.
Zum **Transferrisiko** zählt die Beschränkung des Zahlungsverkehrs oder des Transfers von Gewinnen (wobei es häufig Re-Investitionsvorschriften gibt) (vgl. auch oben Abschn. H-1.1 und H-1.4).

H-1.7.2. Risikoanalyse

Es gibt eine Vielzahl von Methoden und Modellen, um das **Länderrisiko** zu analysieren. Einige dieser Ansätze sind bekannt, weil sie publiziert werden, andere werden von den anwendenden Banken und Unternehmen unter Verschluß gehalten (nach meiner Meinung zu Unrecht). Insgesamt gibt es zwei große Hauptgruppen von Analysemodellen: solche zur Ermittlung der *Kreditwürdigkeit* eines Landes, also eher bankmäßig orientiert, und solche zur Ermittlung von *Direktinve-*

stitionsrisiken. Trotz aller Unterschiede in der Zwecksetzung und der angewendeten Analysemethoden ist die Grundstruktur ähnlich: Zunächst handelt es sich darum, einen *Kriterienkatalog* auszuwählen, der je nach der Art des zu analysierenden Risikos unterschiedlich strukturiert sein wird: Die Kreditwürdigkeit eines Landes hängt von anderen Kriterien ab als die Rentabilität von Investitionen. Diese Kriteriensammlungen umfassen i.d.R. sowohl *qualitative* Kriterien (z.B. das Ausmaß bürokratischer Hindernisse) als auch *quantitative* (z.B. die Inflationsrate). Einige der Risikoanalysen beschränken sich auf eine reine *Beschreibung* der Situation, ohne das Länderrisiko in irgendeiner Weise z.B. in einem Indexwert quantitativ zu verdichten («Länderbericht»). Andere Ansätze «übersetzen» auch qualitative Kriterien in *quantitative Werte*. Viele Analysemethoden verwenden eine *Kombination* qualitativer (deskriptiver) und quantitativer Indikatoren.

H-1.7.2.1. Index-Konstruktion

Bei vielen Risikoanalysen soll das Länderrisiko als **Gesamtrisiko** quantitativ ausgedrückt werden. Dazu ist es – wie erwähnt – einmal erforderlich, qualitative Indikatoren zu quantifizieren, indem z.B. die ordinale Reihung «gering/mittel/hoch» in eine pseudo-kardinale Skala mit Werten von 1 bis 10 überführt wird. Zum anderen muß jede einzelne Risikokomponente *gewichtet* werden, um ihren Einfluß auf das Gesamtrisiko deutlich zu machen. Für das Investitionsrisiko wird die Gefahr einer Enteignung wahrscheinlich wichtiger sein als die Existenz bürokratischer Hemmnisse. Die so direkt oder indirekt quantifizierten Kriterien können dann in einem Gesamtwert verdichtet werden (**Scoring-Verfahren**, *score* (engl. = Punktzahl)), der mit anderen Länderwerten verglichen werden kann (**Country Rating**).
Die Konstruktion eines solchen Risikoindex durch quasi-quantitative, mathematisch-statistische Modelle erweckt den Augenschein der Präzision und Objektivität, beinhaltet aber tatsächlich in erheblichem Maße *subjektive Bewertungen*: Dies bezieht sich u.a. auf die Entscheidung über die Auswahl der zu berücksichtigenden Indikatoren, auf die Auswahl der dabei heranzuziehenden Informationen, auf die Eintrittswahrscheinlichkeiten von Ereignissen, auf die Quantifizierung qualitativer Kriterien (soll im obigen Beispiel ein «mittleres» Risiko den Wert 4 und 5 oder 6 erhalten?) sowie auf die Gewichtung des einzelnen Teilindikators.

H-1.7.2.2. Beispiele

Im deutschen Umfeld sind vor allem folgende Risikoanalysen gebräuchlich:

International mit am bekanntesten ist wohl der amerikanische **BERI-Index** *(Business Environment Risk Information)*, der anschließend ausführlicher dargestellt wird (Abb. H-1.7/1). Er basiert auf qualitativen und quantitativen Kriterien, die in einen Gesamtindex überführt werden. Eine ähnliche Konstruktion hat auch der deutsche **mm-Ländertest** des Manager-Magazins. Weitere Indizes sind der **Euromoney-Index**, der sich auf die Abweichungen der länderspezifischen Kreditkonditionen vom LIBOR stützt *(London Interbank Offered Rate)* (sog. *spreads*; vgl. Abschn. D-5.4), der BERI-Kreditrisiko-Index sowie der (qualitative) **International Country Risk Guide**, der auf den Bewertungen durch 100 international tätige Banken beruht. Spezifische **Länderberichte** bieten die Bundesstelle für Außenhandelsinformationen (bfai), Köln, sowie der **Institutional Investor Country Guide**. Auch viele **Kreditinstitute** publizieren Länderberichte, teilweise sind diese aber nur zur internen Verwendung bestimmt. Zur Veranschaulichung soll der BERI-Index etwas ausführlicher dargestellt werden.

Der BERI-Index (synonym: POR: *Profit Opportunity Recommendation*) setzt sich aus drei Teilindizes zusammen:

(a) Der **ORI** *(Operation Risk Index)* beurteilt das Investitions- und Geschäftsklima. Hierzu beurteilen 100 Fachleute die einzelnen Länder anhand von 15 Kriterien, wobei die Einzelurteile für jedes Kriterium in einem Durchschnittswert zusammengefaßt werden. Die Durchschnittswerte werden gewichtet und zu einem Gesamtindex aggregiert, der Werte zwischen 0 und 100 annehmen kann. 0–40 Punkte bedeuten unannehmbares Risiko, 41–55 Punkte hohes Risiko, 56–70 mäßiges Risiko und 70–100 Punkte geringes Risiko.

(b) Der **PRI** *(Political Risk Index)* bewertet das politische Klima, d.h. die soziale und politische Situation anhand einer methodisch ähnlichen Konstruktion wie der ORI. U.a. werden erfaßt die Häufigkeit von Demonstrationen, von bewaffneten Überfällen, von Todesopfern aufgrund politischer Gewalttätigkeiten und von Zwangsmaßnahmen der Regierung.

(c) Der Rückzahlungsfaktor (**RF**: *Repayment Factor*) beschreibt die außenwirtschaftliche Zahlungsfähigkeit eines Landes. Er beruht nicht auf qualitativen Expertenurteilen, die quasi-quantifiziert werden, sondern auf einer Auswertung quantitativer Daten (z.B. Verhältnis des Schuldendienstes zu Exporterlösen, etc.).

Die drei Teil-Indizes werden dann nach einer entsprechenden Gewich-

Abb. H-1.7/1: **BERI-Index**

	Anzahl Punkte[1]		Gewichtung		Gesamtwertung[2]
1. Politische Stabilität	____	(x)	3,0	(=)	____
2. Haltung gegenüber Auslandsinvestitionen und Gewinntransfer	____	(x)	1,5	(=)	____
3. Nationalisierungsbestrebung	____	(x)	1,5	(=)	____
4. Inflation	____	(x)	1,5	(=)	____
5. Wirtschaftswachstum	____	(x)	2,5	(=)	____
6. Arbeitskosten/Produktivität	____	(x)	2,0	(=)	____
7. Zahlungsbilanz	____	(x)	1,5	(=)	____
8. Währungskonvertibilität	____	(x)	2,5	(=)	____
9. Bürokratische Hindernisse	____	(x)	1,0	(=)	____
10. Durchsetzbarkeit vertraglicher Vereinbarungen	____	(x)	1,5	(=)	____
11. Qualität der Dienstleistungen und Zuverlässigkeit der Vertragspartner	____	(x)	0,5	(=)	____
12. Qualität des einheimischen Managements und der Partner	____	(x)	1,0	(=)	____
13. Verkehrsverbindungen	____	(x)	1,0	(=)	____
14. Kurzfristige Kredite (Verfügbarkeit auf dem lokalen Markt)	____	(x)	2,0	(=)	____
15. Langfristige Anleihen/Investitionskapital (Verfügbarkeit auf dem einheimischen Markt)	____	(x)	2,0	(=)	____
Total					____

[1] Von 0,0 (= nicht akzeptabel) bis 4,0 (= außerordentlich günstig)

[2] Eine ‹Gesamtnote› von 100 Punkten würde einem ‹perfekten› Anlage- und Investitionsklima mit der Note 4 für jedes der 15 Kriterien entsprechen.

Einstufung der Länder:

über 70 Punkte:	Typische Situation eines insgesamt stabilen Industrielandes.
55–70 Punkte:	Länder mit mäßigem Risiko und gewissen Erschwernissen im täglichen Betrieb.
40–55 Punkte:	Hohes Risiko und schlechtes Geschäftsklima für ausländische Unternehmen.
unter 40 Punkte:	Für ausländische Investitionen nicht akzeptabel.

Rumänien ist für westliche Investoren noch ein unsicheres Pflaster

Das neue Investitionsgesetz wiegt die Risiken und viele Hürden bisher nicht auf

Abb. H-1.7/2: **Länder-Rating**

Rang März 1992	Rang Sept. 1992	Land	Rating
1	1	Schweiz	91,8
2	2	Japan	90,8
3	3	Deutschland	89,8
4	4	Niederlande	88,1
6	5	USA	87,1
5	6	Frankreich	85,7
8	7	Großbritannien	84,6
7	8	Österreich	84,3
9	9	Luxemburg	83,1
10	10	Kanada	81,6
11	11	Belgien	79,7
12	12	Singapur	78,2
16	13	Taiwan	77,5
13	14	Italien	76,1
14	15	Norwegen	76,0
61	65	Simbabwe	26,1
59	66	Libyen	26,0
67	67	Philippinen	25,2
69	68	Rumänien	24,8
70	69	Polen	24,7
66	70	Kenia	24,3
75	71	Sri Lanka	24,1
75	72	Costa Rica	23,8
–	73	Rußland	23,6

Quelle: Institutional Investor/AWI-aktuell

tung zum Gesamt-BERI/POR-Index zusammengefaßt. Neben dem BERI-Geschäftsrisiko-Index POR gibt es noch ein BERI-Kreditrisiko-Analysesystem, das noch andere Indikatoren auswertet.

H-1.7.2.3. Anwendung

Insgesamt ist festzustellen, daß die individuellen, konkret risikoträchtigen Investitions- oder Kreditvergabeentscheidungen sich in der Praxis nur in geringem Maße an solchen publizierten *Ratings* orientieren. Dies liegt u.a. daran, daß die verschiedenen Länderrisikoanalysen im Quervergleich oft sehr *widersprüchliche Ergebnisse* produzieren. Dies ist angesichts der oben skizzierten beträchtlichen Subjektivität der Beurteilungen auch nicht verwunderlich. Insbesondere aber lassen die pauschalen Länderratings jegliche branchenspezifische Differenzierung vermissen. Sie werden daher allenfalls dazu dienen, die individuelle Entscheidungsfindung zu unterstützen. Dies bezieht sich – je nach Branche – auf Länderlimits bei der Kreditgewährung, auf die Diversifizierung der Risiken im Hinblick auf die Struktur des Portfolios, auf die Ausgestaltung von Verträgen und die entsprechende Risikoabsicherung.

H-1.7.3. Risikobesicherung

Die meisten westlichen Staaten haben für international tätige Unternehmen die Möglichkeit geschaffen, Kapitalverluste aufgrund von Länderrisiken zu besichern. Die Bundesrepublik hat 1960 das *«Garantiesystem für Kapitalanlagen im Ausland»* eingeführt, das von der **Treuarbeit AG**, Hamburg, als Mandatar des Bundes abgewickelt wird. Die Bundesgarantien für Kapitalanlagen, die wie die *Ausfuhrgewährleistungen des Bundes* (Abschn. H-2.4.4) jährlich im Haushaltsgesetz veranschlagt werden, erstrecken sich auf Enteignung, Verstaatlichung, Krieg, Revolution, Aufruhr, Zahlungsverbote und Moratorien sowie Konvertierungs- und Transferrisiken. Das Dispositionsrisiko ist nur insofern abzusichern, als es sich um für das Unternehmen existenzbedrohende Maßnahmen handeln muß.
Besichert werden können Beteiligungen an ausländischen Unternehmen, Kapitalausstattungen und beteiligungsähnliche Darlehen, wobei sich die Garantie sowohl auf Verluste an investiertem Kapital als auch auf Ertragsverluste erstreckt. Die Besicherung muß *vor* dem Zeitpunkt der Investition erfolgen; eine Ausnahme stellen reinvestierte Gewinne aus bereits garantierten Beteiligungen dar, die nachträglich in die Deckung einbezogen werden können. Voraussetzung ist die Existenz eines bilateralen *Investitionsschutzabkommens* mit dem betreffenden Gastland. Der Investor muß eine **Selbstbeteiligungsquote** von 5% tragen. Die Deckungs*laufzeit* ist i.d.R. auf 15 Jahre begrenzt, in Ausnahmefällen bis zu 20 Jahren. Das Deckungs*entgelt* beträgt pro Jahr 0,5% des garantierten Betrages. Hinzu kommt eine einmalige Bearbeitungsgebühr von 0,5–1‰, höchstens 20000 DM.
Daneben bieten auch private Versicherer Kapitalanlagebesicherungen an, u.a. das *Lloyd's-Syndikat* in London, die *American International Group* (AIG) sowie speziell für Osteuropa die *Garant AG* in Wien und die *Black Sea and Baltic General Insurance Ltd.* in London (beides Tochtergesellschaften der russischen Gesellschaft *Ingostrakh*).
Von den bei der Treuarbeit AG beantragten Kapitalanlage-Besicherungen werden im Schnitt nur rund 2% abgelehnt, z.B. weil das

Investitionsland grundsätzlich aus der Bundesdeckung herausfällt (z.B. Irak, Libyen).
Zur Besicherung der Risiken im Exporthandel vgl. Abschn. H-2.

H-2. Risiken im Zahlungsverkehr

Unabhängig von den im vorangehenden Kapitel behandelten allgemeinen Risiken bestehen im Außenwirtschaftsverkehr zusätzliche und besondere Zahlungsrisiken, auch wenn diese sich in mancher Hinsicht mit den Zahlungsrisiken im Inland überschneiden. Vereinfachend kann man sagen, daß die Zahlungsrisiken im EG- und EFTA-Bereich im großen und ganzen den inländischen Risiken entsprechen, so daß sich die folgenden Ausführungen in erster Linie auf das außereuropäische Ausland beziehen. Dies läßt sich u.a. auch daran ablesen, daß staatliche Exportkreditbesicherungen (vgl. Abschn. H-2.4.4) nicht für EG-Länder zu erhalten sind; allerdings hat dies auch rechtliche Gründe, die sich aus dem Verbot der Exportsubventionierung im EWG-Vertrag ergeben (Art. 92ff. EWG-V).

H-2.1. Risikoarten

Zu den Zahlungsrisiken zählt zunächst einmal das allgemeine **Kredit-** oder **Delkredere-Risiko**, worunter man den Ausfall oder den verspäteten Eingang der Zahlung versteht. Das Delkredere-Risiko umfaßt bei differenzierterer Betrachtung das **Abnahmerisiko**, d.h. der Importeur nimmt die Ware nicht ab und verweigert logischerweise auch die Zahlung, z.B. weil Beanstandungen geltend gemacht werden oder weil der Importeur eine günstigere Bezugsquelle ausfindig gemacht hat. Bei Verweigerung der Abnahme können für den Exporteur erhebliche Kosten entstehen, zunächst durch entstandene Produktions- und Transportkosten, nun erforderliche Lager- und Versicherungskosten, ggf. auch durch erforderliche Preisnachlässe, um die Ware ohne zu große Verzögerung an andere Käufer absetzen zu können, oder durch den erforderlichen Rücktransport der Ware, weil sie – auch mit Preisnachlässen – nicht anderweitig veräußert werden kann, z.B. bei Spezialanfertigungen. Hinzu kommt das **Zahlungsrisiko** i.e.S., d.h. der Importeur nimmt die Ware ab, zahlt aber nicht oder nur unvollständig oder verspätet, obgleich er objektiv voll leisten könnte (Zah-

lungsunwilligkeit). Bei privaten Abnehmern wird die Zahlungsunwilligkeit angenommen, wenn sie ohne rechtlich abgesicherte Einreden (z.B. Mängelrüge) die Zahlung länger als sechs Monate verweigern (Nichtzahlung, *protracted default; to protract* = in die Länge ziehen). Staatliche Abnehmer gelten bei Nichtzahlung automatisch als zahlungsunwillig. Das Zahlungsrisiko wird gelegentlich auch als **Kreditrisiko** bezeichnet, doch ist dies mißverständlich, da sich das Zahlungsrisiko nicht nur auf die Nichtbedienung von Krediten erstreckt.
Davon abzugrenzen ist das **Bonitätsrisiko**, daß sich aus dauerhafter Zahlungs*unfähigkeit* des Kunden – trotz ursprünglich angenommener Bonität – ergibt (z.B. aufgrund Konkurs, Vergleich, schlechter wirtschaftlicher Lage) sowie das **Liquiditätsrisiko**, wenn der ausländische Importeur vorübergehend nicht zahlen kann. Gelegentlich wird auch als **Inkassorisiko** das Risiko bezeichnet, daß der Schuldner die Zahlung bewußt verweigert und verzögert. Diese Risiken sind abzugrenzen gegen das **Konvertierungsrisiko** und das **Transferrisiko** (**KT-Risiko**) und das **Zahlungsverbots-** und **Moratoriumsrisiko** (**ZM-Risiko**, siehe oben Abschn. H-1.4.2), die nicht im Einflußbereich des Importeurs liegen.
Derartige Zahlungrisiken können auf mancherlei Weise besichert werden (im Versicherungswesen wird synonym von versichern und besichern gesprochen): durch An- und Vorauszahlungen, Akkreditive, Ausfallbürgschaften (so daß anstelle des Schuldners ein Bürge – i.d.R. im Land des Schuldners, aber dies ist nicht zwingend – in die Verpflichtung eintritt), Ausfuhrgewährleistungen (z.B. staatliche Garantien des Exportlandes gegenüber dem Gläubiger), Factoring oder Forfaitierung. Auf staatliche Maßnahmen zur Exporterlösabsicherung wird im Abschnitt H-2.4.4 eingegangen.

H-2.2. Risiken aus dokumentärer Zahlung

Auch bei **dokumentärer Zahlung** (d/p, d/a, Akkreditiv; vgl. Abschn. D-4.3) bestehen – ungeachtet der dokumentären Absicherung – Risiken sowohl für den Exporteur als auch für den Importeur. Um zu große Überschneidungen zu vermeiden, werden diese Risiken hier nur beispielhaft und nur kurz gestreift.
Bei **d/p** und **d/a** besteht für den Exporteur ein Abnahmerisiko, wenn der Importeur die Dokumente nicht aufnimmt. Analog besteht für den Importeur ein Lieferrisiko, (a) ob der Exporteur auch liefert und (b) ob die Ware auch tatsächlich der in den Dokumenten spezifizierten Beschreibung entspricht. Bei allen dokumentären Zahlungsformen

verbleiben Konvertierungs- und Transferrisiken, die ggf. beim **Akkreditiv** z.B. durch eine Bestätigung der Exportbank aufgefangen werden können.
Zur Risikobegrenzung sind eine Reihe von Maßnahmen entwickelt worden, die in den folgenden Abschnitten vertieft werden.

H-2.3. Einzug von Auslandsforderungen

Bei Zahlungsproblemen sollte zunächst versucht werden, die Zahlung durch einfachen *Schriftwechsel* zu erreichen, um die Geschäftsbeziehung nicht zu belasten. Allerdings ist darauf zu achten, daß durch den damit verbundenen Zeitaufwand keine Probleme im Hinblick auf Verjährungsfristen entstehen.
Wenn dies nicht zum Erfolg führt, kann – sofern dies vereinbart wurde – das Verfahren vor dem entsprechenden *Schiedsgericht* eröffnet werden (vgl. Abschn. D-1.6). Sofern eine außergerichtliche Einigung nicht in Frage kommt, kann der Gläubiger im Rahmen eines gerichtlichen Verfahrens einen **Vollstreckungstitel** erwirken und ggf. zur Vollstreckung bringen (vgl. Abschn. D-1.5.3).

H-2.4. Risikobegrenzende Maßnahmen

H-2.4.1. Zahlungsbedingungen und Forderungsverkauf

Wie in Abschn. D-4 ausgeführt wurde, läßt sich durch bestimmte **Zahlungsbedingungen** eine größtmögliche Sicherheit für den Exporteur erreichen, u.a. durch Voraus-, An- oder Abschlagszahlungen oder durch dokumentäre Zahlungsbedingungen (d/p, d/a, Akkreditiv). Hinzu kommt die Möglichkeit des Forderungsverkaufs (**Factoring, Forfaitierung**; vgl. Abschn. D-5.1). Bei vielen Unternehmen ist es üblich, Forderungen, die nicht durch HERMES zu besichern sind (vgl. Abschn. H-2.4.4), zu verkaufen.

H-2.4.2. Garantien und Bürgschaften

Wie bereits in Abschn. D-1 erwähnt, werden für eine Reihe von Leistungen bei internationalen Kauf- und Lieferverträgen oft Garantien verlangt, in der Regel als *Bankgarantien* oder *Bankbürgschaften*. Obgleich diese Begriffe oft gleich gesetzt werden, bestehen wesentliche Unterschiede. Formaljuristisch bestehen zwischen Garantie und Bürgschaft folgende Unterschiede:

(1) Eine **Bürgschaft** stellt nach §§ 765ff BGB und §§ 349ff HGB einen Vertrag dar zwischen einem Gläubiger eines Schuldners und einem Bürgen. Dabei verpflichtet sich der Bürge, bei Zahlungsunfähigkeit oder Zahlungsunwilligkeit des Schuldners für die Erfüllung der Verbindlichkeit des Schuldners einzustehen. Vertragspartner des Bürgschaftsvertrages sind also der Gläubiger und der Bürge, nicht der Schuldner. Die Bürgschaft gilt nur, soweit die verbürgte Hauptforderung besteht, d.h. wenn die Basisforderung nicht entstanden ist oder aus irgendeinem Grunde erlischt, ist auch die Bürgschaft gegenstandslos (forderungsabhängige oder **akzessorische Bürgschaft**), d.h. der Bürge kann vom Gläubiger nicht in Anspruch genommen werden, wenn der Schuldner nicht zu leisten braucht. Der Bürge haftet üblicherweise *subsidiär*, d.h. er kann verlangen, daß die Forderung zunächst beim Schuldner eingetrieben wird. Erst wenn dies nicht möglich ist, tritt sein Bürgschaftsversprechen in Kraft (**Einrede der Vorausklage**), sofern er auf eben diese Einrede nicht verzichtet hat (**selbstschuldnerische Bürgschaft**) und direkt in Anspruch genommen werden kann. Der Bürge kann die dem Hauptschuldner zustehenden Einreden und Einwendungen geltend machen (§§ 765ff BGB und §§ 349ff HGB, wenn es sich um ein Handelsgeschäft handelt). Sehr verbreitet ist der **Avalkredit**, mit dem sich ein Kreditinstitut für die Verbindlichkeit eines Schuldners verbürgt (vgl. Abschn. D-5.1.2). Eine Sonderform ist die **Ausfallbürgschaft.** Bei dieser kann der Bürge erst in Anspruch genommen werden, wenn eine Zwangsvollstreckung erfolglos geblieben ist und die Vermögenslosigkeit des Schuldners nachgewiesen ist. Dies setzt i.d.R. Konkurs oder eidesstattliche Versicherung (früher: Offenbarungseid) des Schuldners bezüglich seiner Vermögenslosigkeit voraus.

(2) Der Begriff ‹Garantie› wird rechtlich in zweierlei Hinsicht verwendet:
(a) Zum einen wird – unscharf – von **Garantie** im Sinne der gesetzlich geregelten **Gewährleistung** gesprochen. Dies ist im Zusammenhang mit Kauf- oder Werkverträgen relevant: Der Hersteller oder Verkäufer eines Gutes muß dafür einstehen, daß das Gut nicht mit Fehlern behaftet ist (Sachmängel, fehlende zugesicherte Eigenschaft) (**Mängelhaftung**). Sofern eine **Mängelrüge** gerechtfertigt ist, hat der Käufer Anspruch auf **Nachbesserung** oder **Ersatz** (bei Gattungswaren durch Lieferung eines entsprechenden Gutes), oder er kann wahlweise **Wandlung** (Rückgängigmachung des Kaufvertrages), **Minderung** (Herabsetzung des Kaufpreises) oder ggf. **Schadenersatz** wegen Nichterfüllung verlangen. Im Gegensatz zur nachstehend beschriebenen ab-

strakten Garantie handelt es sich dabei aber um einen unselbständigen Bestandteil des Kauf- oder Werkvertrags.
(b) Die **abstrakte Garantie** ist nicht notwendigerweise mit einem bestimmten Vertragstyp verknüpft: Mit einer Garantie in diesem Sinne entsteht eine *unwiderrufliche Verpflichtung* des ‹Garanten›, für einen bestimmten Erfolg oder ein Risiko zu haften, insbesondere dem Garantiebegünstigten einen Schaden zu ersetzen, z.B. wenn der Schuldner nicht zahlen kann oder will oder bestimmte Leistungen nicht erbringt. Dabei gibt es *keine* Einrede der Vorausklage, d.h. der Garant kann unabhängig von einer versuchten Inanspruchnahme des Schuldners direkt in Anspruch genommen werden. Die Garantiebank z.B. verzichtet dabei auf Einreden und Einwendungen aus dem Basisgeschäft. Es besteht also ein rechtlich *eigenständiges Rechtsverhältnis*, unabhängig von einer zugrundeliegenden Rechtsbeziehung.
Es ist üblich, Garantien *«auf erstes Anfordern»* hin zahlbar zu stellen, d.h. der Garant verzichtet auf alle Einwendungen und Einreden und zahlt, wenn der Garantiebegünstigte den Eintritt des Garantiefalls erklärt, ohne zu prüfen, ob dies gerechtfertigt ist. Daß dies im Hinblick auf unberechtigte Inanspruchnahme problematisch sein kann, liegt auf der Hand. Der Garant muß dann versuchen, eine Rückzahlung durchzusetzen. Im Abschn. D-1 wurden die damit zusammenhängenden Rechtsprobleme dargelegt; dort wurde auch bereits erwähnt, daß die ICC Mitte 1992 *Einheitliche Richtlinien für auf Anforderung zahlbare Garantien* auf internationaler Ebene eingeführt hat. Abschn. H-2.4.4.7 geht auf entsprechende **Kautionsversicherungen** ein, mit denen man sich gegen die ungerechtfertigte Inanspruchnahme von Garantien (**unfair calling**) absichern kann.

H-2.4.2.1. Inhaltliche Arten von Garantien

Garantieverträge können zwischen den Parteien individuell gestaltet werden, so daß es in der Praxis eine Vielzahl von Ausprägungen gibt. Die nachfolgend dargestellten Garantien sind als die gängigsten anzusehen. In der Regel ist der Garant eine Bank, doch ist dies nicht zwingend.

A. Leistungssicherungen für den Käufer
(1) Hält sich bei (internationalen) Ausschreibungen ein Bieter, der den Zuschlag erhält, nicht an sein Angebot, verfällt bei **Bietungsgarantien** oder **Offertgarantien** *(bid bond, tender guarantee)* die Garantie (unabhängig von sonstigen Ansprüchen). Die Garantie beträgt meist 1–5% vom Angebotsvolumen.

Zwei schwächere Varianten sind gebräuchlich:
Mit einer **Absichts-** oder **Verpflichtungserklärung** *(letter of intent)* bestätigt der Garant – i.d.R. eine Bank –, daß sie im Fall des Zuschlags an ihren Kunden eine Bietungsgarantie abgegeben wird. Mit einer **Präqualifikation** (Vorauswahl) bestätigt die Bank, daß der sich bewerbende Anbieter die geforderten Leistungen erbringen kann. Erst danach werden ausgewählte Anbieter zur Abgabe eines Angebots aufgefordert.
(2) Mit einer **Liefergarantie** *(delivery guarantee)* wird der Käufer abgesichert, falls er die Lieferung nicht oder nicht zum vereinbarten Termin erhält. Sie überschneidet sich teilweise mit den folgenden Formen:
(3) Durch **Leistungs-** oder (Vertrags-)**Erfüllungsgarantien** *(performance bonds)* soll sichergestellt werden, daß der Verkäufer dem Käufer vertragsgerechte Ware liefert bzw. im – Fall von **Gewährleistungsgarantien** – seinen Pflichten im Rahmen der Mängelrüge nachkommt. Dabei sind Garantiesätze von 10% des Vertragswerks gängig. Leistungsgarantien werden oft im Rahmen von dokumentärer Zahlung (Akkreditiv, d/p oder d/a) zur Absicherung des Restrisikos (Lieferrisikos) für den Importeur verlangt und sind dann Teil der Dokumentation.
(4) Durch eine **Konnossementsgarantie** kann der Importeur auch dann die Ware erhalten, wenn das erforderliche Konnossement nicht rechtzeitig beim Käufer eintritt. Andernfalls würden zusätzliche Kosten wie z.B. Lager- und Versicherungsgebühren entstehen. Mit der Garantie wird die Reederei oder der Spediteur die Ware dennoch aushändigen, weil sie sich ggf. bei der garantierenden Bank schadlos halten können, falls sich die Warenübernahme als unrechtmäßig herausstellt. Konnossementsgarantien belaufen sich meist auf 150% des Warenwertes, um auch sämtliche Nebenkostenaspekte abzusichern.

B. Zahlungssicherungen für den Käufer
(5) Durch eine **Anzahlungsgarantie** *(advance payment* oder *down payment guarantee)* soll gewährleistet werden, daß einem Käufer, der eine Anzahlung geleistet hat, diese zurückgezahlt wird, wenn der Verkäufer nicht leistet (**Rückerstattungs-** oder **Rückzahlungsgarantie**).

C. Zahlungssicherung für den Verkäufer
(6) Mit einer Ausfall-**Zahlungsgarantie** verpflichtet sich die Bank (i.d.R. des Importeurs), auf erste Anforderung hin einem Exporteur Zahlung zu leisten, wenn dieser eine Erklärung einreicht, daß der Käufer seiner Zahlungspflicht nicht nachgekommen ist. Diese Garan-

tie ist oft mit «offener Rechnung» verbunden und schließt i.d.R. auch Wechselforderungen ein. Häufig kann der Käufer auch eine geforderte Anzahlung durch eine Garantie ersetzen. Sie ist aber aufgrund schwächerer Rechtskraft kein vollwertiger Ersatz für ein Akkreditiv. Da in den USA und Kanada Banken keine Garantien herauslegen dürfen (dies ist Kompetenzbereich von Versicherungen), ist dort (aber auch in anderen Ländern) das **Standby-Akkreditiv** *(stand-by letter of credit)* gängig, welches den ERA unterliegt (vgl. Abschn. D-4.3.2.3 und -4.3.2.5): Das Standby-Akkreditiv ist auf erste Anforderung gegen Vorlage bestimmter Dokumente zahlbar.

(7) Durch eine **Schlußzahlungsgarantie** wird der Verkäufer bei größeren Projekten dagegen abgesichert, daß der Käufer die Abschlußzahlung aus Sicherheitsgründen zurückhält.

(8) **Konsortialgarantien** gibt es bei Konsortialgeschäften, bei denen mehrere Konsorten oder Lieferanten Leistungen erbringen und gemeinsam eine Bank beauftragen, dem Abnehmer gegenüber eine Garantie abzugeben; für diese haften die Konsorten meist nicht gesamtschuldnerisch, sonder anteilig *(pro rata)*.

(9) Dagegen sind bei Konsortien **Rückgarantien** üblich, wenn nur einer der Partner gegenüber dem Kunden als Generalunternehmer auftritt und eine Garantie abgibt. Der Garant kann dann von seinen Konsortialpartnern Erstattungen für den Fall verlangen, daß er zunächst umfassend in Anspruch genommen wird.

(10) Durch **Transfergarantien** wird dem Verkäufer die Zahlung sichergestellt, wenn durch staatliche Maßnahmen verhindert wird, daß der vom Käufer ordnungsgemäß angeschaffte Beitrag nicht in Devisen konvertiert werden (**Konvertierungsrisiko**) oder transferiert werden kann (**Transferrisiko**) (sog. **KT-Risiko**; vgl. Abschn. H-2.1).

D. Zahlungssicherung gegenüber Behörden

(11) Zollgarantien

Aufgrund der teilweise erheblichen Abgabenschulden, die beim Güterimport entstehen können, verlangen die Zollbehörden in einer Reihe von Fällen (Bank-)Sicherheiten, z.B. bei der Genehmigung bestimmter Vereinfachungen oder der Genehmigung von Zollagern. Meistens handelt es sich dabei allerdings nicht um Garantien – auch wenn dies in der Literatur teilweise so bezeichnet wird –, sondern um **Bürgschaften**. Abb. H-2.4/1 faßt die gängigsten Garantiearten zusammen.

Abb. H-2.4/1: **Arten von Garantien** (Übersicht)

A. Leistungssicherung für den Käufer

- Bietungsgarantie, Offertgarantie
- Liefergarantie
- Leistungs-, (Vertrags-)Erfüllungsgarantie
- Gewährleistungsgarantie
- Konnossementsgarantie

B. Zahlungssicherung

- für den Käufer
  - Anzahlungs-, Rückerstattungs-, Rückzahlungsgarantie
- für den Verkäufer
  - Ausfall-Zahlungsgarantie
  - Schlußzahlungsgarantie
  - Konsortialgarantie
  - Rückgarantie
  - Transfergarantie

C. Zahlungssicherung gegenüber Behörden

- Zollgarantie

H-2.4.2.2. Direkte und indirekte Garantien

Bei einer **direkten Garantie** besteht eine unmittelbare Beziehung zwischen garantierender Bank und Garantiebegünstigtem. Bei einer **indirekten Garantie** beauftragt z.B. die Bank des Exporteurs eine Korrespondenzbank im Importland, z.B. die Bank des Importeurs, diesem eine Garantie abzugeben: In vielen Entwicklungsländern dürfen Garantien nur von Instituten abgegeben werden, die im Land ansässig sind. Die Exportbank wird der Importbank dabei i.d.R. eine bedingungslose, auf erste Anforderung zahlbare **Rückgarantie** geben. Indirekte Garantien bedeuten zusätzliche Kosten und Risiken, u.a. Anerkennung ausländischen Rechts und zeitliche Verzögerungen.

H-2.4.2.3. Inanspruchnahme von Garantien

Im Vergleich mit der sehr großen Zahl abgegebener Garantien werden Garantien *de facto* relativ selten in Anspruch genommen. Andererseits sind sie aber – wie erwähnt – meist «auf erstes Anfordern» hin, d.h. ohne materielle Prüfung des Anspruchs, zahlbar gestellt. Die in Anspruch genommene Bank wird den Garantie-Auftraggeber von der Inanspruchnahme benachrichtigen, so daß dieser u.U. im direkten

Kontakt mit dem Garantiebegünstigten versuchen kann, die Inanspruchnahme abzuwenden. Die Garantiebank kann jedoch keine Einreden aus dem Grundgeschäft geltend machen, um die Zahlung abzuwehren. Aufgrund der Rechtslage bzw. den entsprechenden Kosten lohnt es sich in den meisten Fällen nicht, gegen eine ungerechtfertigte Inanspruchnahme einer Garantie (**unfair calling**) einen Prozeß anzustrengen (vgl. Abschn. D-1). Daher ist es sinnvoll, sich dagegen zu schützen, daß Garantien unberechtigterweise in Anspruch genommen werden. Dies kann z.B. auch durch Einschaltung eines **Schiedsgerichts** erfolgen oder durch eine sog. **Kautionsversicherung**. Vgl. dazu Abschn. H-2.4.3.7.

Es ist auch nicht selten, daß der Garantiebegünstigte, z.B. bei einer Ausschreibung, auf *Verlängerung* der Garantie drängt, d.h. in diesem Beispiel müssen die Bieter ihr Angebot länger aufrechterhalten, als sie ursprünglich kalkuliert haben. Um die Verlängerung durchzusetzen, wird oft mit der Inanspruchnahme der ursprünglichen Garantie gedroht *(pay or prolong)*; ggf. wird eine erneute Garantie erforderlich.

Seit 1978 gibt es die *Einheitlichen Richtlinien für Vertragsgarantien* (ERVG), die von der *Internationalen Handelskammer* (ICC) in Paris entwickelt worden sind. Die ICC hat Mitte 1992 dazu ergänzend *Einheitliche Richtlinien für auf Anforderung zahlbare Garantien* auf internationaler Ebene eingeführt (URDG: *Uniform Rules on Demand Guarantees*).

H-2.4.3. Staatliche Exportkreditsicherung

Die Zahlungsrisiken im Außenhandel lassen sich durch eine Exportkreditversicherung erheblich begrenzen. Eine **Exportkreditversicherung** besichert das Risiko der Uneinbringlichkeit der Exportforderung sowie weitere Risiken, die mit der Nichterfüllung des Auslandsgeschäftes in Zusammenhang stehen.

Dabei sind zeitlich *zwei Abschnitte* zu unterscheiden: das Risiko *vor* Versand der Ware (**Produktions-** oder **Fabrikationsrisiko**) und das Risiko *nach* Versand der Ware (**Ausfuhrrisiko**). Die Besicherung des Ausfuhrrisikos bezieht sich nur auf Risiken, die nicht von der Transportversicherung abgedeckt werden. Zudem kann das **Kreditrisiko** (**Zahlungsrisiko**) von Bestellerkrediten und unter bestimmten Voraussetzungen das **Wechselkursrisiko** abgedeckt werden (vgl. Abschn. H-2.4.3.6).

Für die *staatliche* Besicherung von Exportrisiken sprechen zwei Überlegungen:

Aus *mikroökonomischer Sicht* ist davon auszugehen, daß es für viele

Unternehmen nicht möglich ist, die Bonität ihrer Kunden im Ausland wirklich solide zu analysieren. Hierfür stehen oft weder aussagekräftige Informationen noch entsprechende Erfahrungen in hinreichendem Maße zur Verfügung. Die staatlichen Exportversicherungsträger (mit langjähriger Erfahrung) prüfen und überwachen die Kreditwürdigkeit der Abnehmer. Die kompetente (und neutrale) Beratung durch die Versicherungsunternehmen geht im konkreten Nutzen häufig weit über die reine Risikobesicherung hinaus: Schadensverhütung statt Schadensvergütung. Im tatsächlichen Schadensfall aber erfolgt die Entschädigung für den größten Teil eines Forderungsausfalls ohne großen Formularaufwand und große Verzögerung. Die Kosten für diese Absicherung sind bekannt, halten sich in Grenzen und sind folglich kalkulierbar. Entschädigungsansprüche können abgetreten werden und erweitern damit die Kreditmöglichkeiten des Exporteurs.

Aus *makroökonomischer Sicht* kommt hinzu, daß eine Exportförderung durch staatliche Risikobesicherung in fast allen Industrieländern üblich ist, so daß die **Wettbewerbsfähigkeit** der deutschen Industrie in dieser Hinsicht staatlicherseits gewährleistet werden muß. Die politische Zielsetzung solcher Maßnahmen sind Arbeitsplatzsicherung durch Erschließung und Erhaltung von Auslandsmärkten. Allerdings ist zu beachten, daß nur rund 3–4% des deutschen Gesamtexport staatlich besichert wird, da der deutsche Außenhandel sich in erster Linie mit Industrieländern abwickelt, für die keine staatlichen Besicherungsmöglichkeiten bestehen (EG) oder erforderlich sind.

H-2.4.3.1. Organisation

In der Bundesrepublik gibt es zwei im staatlichen Auftrag arbeitende Versicherer: die **Hermes Kreditversicherungs-AG** und die **Treuarbeit AG Wirtschaftsprüfungs- und Steuerberatungsgesellschaft**, beide als private Gesellschaften im Auftrag des Bundes tätig (**Mandatare**) und beide mit Sitz in Hamburg sowie einem Filialnetz in den alten und neuen Bundesländern. Die Hermes AG ist im Bereich der **Ausfuhrgewährleistungen** tätig, die Treuarbeit AG vorrangig im Bereich der **Kapitalanlagebesicherung**. Da die Hermes-AG federführend ist, wird aber allgemein von Hermes-Deckungen gesprochen. Die Hermes-AG wurde bereits 1917 gegründet und gehört heute mehrheitlich der Allianz-Münchener-Rückversicherungs-Gruppe; der Staat ist *nicht* an der Hermes AG beteiligt. Die Treuarbeit AG befindet sich im Besitz der öffentlichen Hände (Bund und Länder).

Die Besicherung eines Exportgeschäfts erfolgt nach individueller Prü-

fung des Einzelfalls; es besteht seitens des Exporteurs nicht etwa ein Anspruch auf Besicherung. Die Mandatare können nur über Kreditdeckungen bis zu 2 Mio. DM selbst entscheiden. Bei höheren Beträgen entscheidet der **Interministerielle Ausschuß (IMA)**, der sich aus Vertretern der Bundesministerien für Wirtschaft, Finanzen, für wirtschaftliche Zusammenarbeit und des Auswärtigen Amtes zusammensetzt und durch Sachverständige der Bundesbank, der Kreditanstalt für Wiederaufbau (KfW), der AKA Ausfuhrkreditgesellschaft und Vertretern der Export- und Bankwirtschaft beraten wird (nicht zu verwechseln mit dem Interministeriellen Einfuhrausschuß; vgl. Abschn. E-5.4). Für kleinere Volumina bis 5 Mio. ist der **Kleine Interministerielle Ausschuß (KLIMA)** zuständig. Der IMA legt allgemein die offizielle Deckungspolitik des Bundes fest und entscheidet über Einzelgeschäfte nach den Kriterien ‹Förderungswürdigkeit des Geschäftes› und ‹besonderes staatliches Interesse›. Diese Begriffe sind bewußt sehr vage, da die Übernahme von Exportrisiken nicht nur vom Schadensrisiko, sondern vor allem auch von politischen Zweckmäßigkeiten abhängt, z.B. bei der Entscheidung über die Übernahme von Deckungsrisiken für die Republiken der GUS oder für China oder den Ausschluß von Deckungen für Krisengebiete (Irak, Ex-Jugoslawien) (Abb. H-2.4/2). Grundsätzlich macht die Bundesregierung den Einbezug von Ländern in die Hermes-Deckung davon abhängig, daß das betreffende Land eine **Staatsgarantie** für Hermes-verbürgte Kredite abgibt; dies ist international üblich. Eine pikante Randnotiz dazu: Gewährleistungen für kriegsführende Länder sind grundsätzlich nicht möglich. Anfang der 80er Jahre wurde daher im Iran-Irak-Krieg nur ein ca. 50 km breiter Grenzstreifen des Irak gegenüber dem Iran zum Kriegsgebiet erklärt, um weiterhin für den damals noch politisch akzeptablen Irak Gewährleistungen übernehmen zu können (u.a. für Staudamm-, Autobahn-, Flughafen-, Wohn- und Industriebauten).
Der maximale *Kreditrahmen* für die Ausfuhrgewährleistungen des Bundes wird im **Haushaltsgesetz** jährlich festgelegt, und zwar sowohl für Lieferanten- als auch für Bestellerkredite (vgl. unten). Die staatlichen Besicherungen erfolgen nach dem **Subsidiaritätsprinzip**, d.h. sie dürfen nur dann greifen, wenn keine privaten Besicherungen zur Verfügung stehen. Die privaten Mandatare sind grundsätzlich – abgesehen von der Abwicklung der Ausfuhrgewährleistungen des Bundes – gewinnorientiert. Die Ausfuhrgewährleistungen allerdings laufen über separate, vom sonstigen Privatgeschäft getrennte **Treuhandkonten** ab, so daß Auszahlungen direkt aus dem Bundeshaushalt geleistet werden und Einnahmen direkt dem Bundeshaushalt zufließen. Anders ausgedrückt: Verluste aus Gewährleistungen deckt der Bundeshaushalt, Ge-

Abb. H-2.4/2: **Hermes I: Exportförderung**

OSTHANDEL / Das Wegbrechen von Zulieferungen soll möglichst verhindert werden

Großzügige Hermes-Deckungen für das ostdeutsche Geschäft mit der UdSSR

Hermes-Bürgschaften für die Republiken der GUS

Ausgewählte Projekte / Devisenversorgung soll verbessert werden / Exportförderung für die neuen Länder

CHINA / Verhaltener Optimismus in der deutschen Wirtschaft zur Geschäftsentwicklung

Hermes-Bürgschaften im China-Handel werden künftig fallweise wieder gewährt

Deutschland erhält Aufträge aus China über 500 Millionen Dollar

Großer Bedarf an Hermes-Deckungen

Hermes-Bürgschaften freigegeben

Hermes fördert Produktion und Beschäftigung

Höheres Limit für Hermes-Kredite an den Iran

Wirtschaftsminister Möllemann in Teheran / Verhandlungen über Milliardenaufträge

Außenhandel fordert neue Ost-Risikodeckung

„Klassischer Außenhandel unmöglich"

Wirtschaft fordert Bundesbürgschaften für Kompensationsgeschäfte mit Osteuropa

Exportbürgschaften

Die Risiken sind weiter gewachsen

winne fließen in den Bundeshaushalt. Dies war Anfang der 80er Jahre noch der Fall, ist jedoch gegenwärtig eher ein theoretischer Aspekt: Die Gewährleistungen verursachen in der Gegenwart Verluste (insbesondere – aber nicht nur – Irak, UdSSR/GUS; dies gilt aber international). Die Mandatare erhalten für ihre Dienstleistungen ein erfolgsunabhängiges Honorar und Kostenerstattung seitens des Bundes.

Abb. H-2.4/3: **Hermes II: Verluste**

Bedrückende Risiken aus Exporten seit der Golfkrise
Haushaltsbelastung aus dem Irak-Geschäft noch bei 2,5 Milliarden DM / Ausfuhrkredite für den arabischen Raum

AUSFUHRBÜRGSCHAFTEN / Defizite besorgniserregend
Hohe Entschädigungen für Zahlungsausfälle geleistet

Bonn muß eine Milliarde Mark für Irak-Bürgschaften zahlen

UDSSR / Deutscher Steuerzahler trägt hohes Kreditrisiko
Hermes-Instrument muß neu zugeschnitten werden

HERMES KREDITVERSICHERUNG
Die Schadenquote schnellte nach oben

Große Defizite aus Hermes-Bürgschaften

Neues Milliardendefizit aus staatlichen Exportbürgschaften
Der Bund muß für 1992 rund 2,3 Milliarden DM zahlen / Defizite schon seit 10 Jahren / Vorsorge getroffen

H-2.4.3.2. Grundprinzipien

Das System der Exportkreditabsicherung in der Bundesrepublik beruht – wie in den meisten anderen Ländern – auf dem *Prinzip der Selbsttragung*, d.h. daß die Inanspruchnahme von Deckungszusagen mit entsprechenden Gebühren und Entgelten verbunden ist, aus welchen sich die etwaigen Auszahlungen finanzieren sollen *(Kostendekkungsprinzip)*. Sofern das Exportkreditversicherungssystem mit Verlust abschließt, wird dieser – wie erwähnt – aus dem Bundeshaushalt gedeckt. Überschüsse sind analog in bestimmter Höhe an den Bund abzuführen. Bedingt durch die Krisen in Nah-Ost und die Veränderungen in Osteuropa haben sich in den letzten Jahren die besicherten Risiken allerdings in beträchtlichem Umfang in Forderungsausfällen und entsprechenden Verlusten im Gewährleistungssystem des Bundes realisiert (vgl. Abb. H-2.4/3). Andererseits muß auch ganz klar gesagt werden, daß es sich bei dem staatlichen Exportkredit-Versicherungssystem um eine **Exportsubventionierung** handelt, denn die abgesicherten Risiken würden nach marktwirtschaftlichen Prinzipien zu deutlich höheren Prämien führen (vgl. Abschn. H-2.4.3.8).

Die *Kreditlaufzeiten* sollen bei kurzlebigen Wirtschaftsgütern 180 Tage nicht überschreiten, bei Investitionsgütern maximal 5 Jahre. Grundsätzlich müssen die besicherten Lieferungen deutschen Ursprungs sein, wobei Zulieferungen aus EG- und EFTA-Ländern in bestimmtem Umfang zulässig sind.
Sofern der Schadensfall bei den besicherten wirtschaftlichen und politischen Risiken nachweislich eingetreten ist, löst dies die Leistungspflicht des Versicherers in Form der Zahlung der vereinbarten Entschädigung aus. In der Regel greift dabei aber eine **Karenzfrist** als Zeitspanne, bis der Versicherungsnehmer einen Zahlungsanspruch gegen den Bund erheben kann, um zu vermeiden, daß der Schadensfall nicht nur vermeintlich, weil temporär ist. Die Karenzfrist beträgt i.d.R. 4–6 Monate, in Sonderfällen aber auch bis zu 12 Monaten. Sofern die staatlichen Versicherer eine Entschädigung leisten, geht die Forderung des Exporteurs an den Bund über. Vielfach wird sie dann in erforderliche **Umschuldungsabkommen** mit dem Schuldnerland einbezogen, wobei jedoch per Saldo beträchtliche Einnahmeverluste entstehen können.
Grundsätzlich muß der Versicherte einen Teil des Schadens selbst tragen. Dieser **Selbstbehalt** (**Selbstbehaltsquote**) beträgt 5–25% der Forderung und darf nicht anderweitig versichert werden. Dadurch soll erreicht werden, daß der Exporteur alles in seiner Macht stehende unternimmt, um den Schadensfall zu vermeiden und sich nicht auf eine bequeme Absicherung verläßt. Allerdings ist der Selbstbehalt bei politischen Risiken geringer als bei wirtschaftlichen.
Nach dem Grundsatz der **Einheitsdeckung** sollen wirtschaftliches und politisches Risiko nach den Hermes-Bedingungen prinzipiell zusammen besichert werden. Ausnahmen: Bei staatlichen (öffentlichen) Abnehmern gibt es definitorisch kein wirtschaftliches Risiko; bei privaten Abnehmern kann auf eine Absicherung des wirtschaftlichen Risikos verzichtet werden, wenn es sich um ein mit dem Exporteur verbundenes Unternehmen handelt oder wenn das wirtschaftliche Risiko aus sonstigen Gründen als ausgeschlossen anzusehen ist.

H-2.4.3.3. Deckungsformen

Im Rahmen von **Einzeldeckungen** werden Forderungen aus einem individuellen Exportgeschäft besichert, insbesondere im Anlagenbau, bei Schiffen oder Flugzeugen. Bei regelmäßig wiederkehrenden Exporten an einen bestimmten Käufer bietet sich die **revolvierende Dekkung** an. Der Verwaltungsaufwand ist dabei reduziert, da nur ein Deckungsantrag gestellt werden muß. Revolvierende Deckungen ver-

sichern nur das Ausfuhrrisiko und sind auf Kreditlaufzeiten von maximal zwei Jahren begrenzt. Im Rahmen von **Pauschaldeckungen** werden verschiedene Forderungen gegenüber mehreren Bestellern versichert, gleichfalls nur bezogen auf das Ausfuhrrisiko und für maximal zwei Jahre.
Diese Deckungsformen werden allgemein als **Gewährleistungen** bezeichnet (Abb. H-2.4/4), wobei wiederum unterschieden wird zwischen *Garantien* und *Bürgschaften*. Die Begriffe Garantie und Bürgschaft sind jedoch *nicht* mit den zivilrechtlichen Sicherungsgeschäften zu verwechseln, sondern dienen allein der technischen Unterscheidung (ob die Begriffswahl daher glücklich ist, sei dahingestellt):
Garantien beziehen sich auf das Insolvenzrisiko, sofern der Besteller eine natürliche Person des *Privatrechts* ist, d.h. prinzipiell wird unterstellt, daß Zwangsvollstreckung möglich und das Vermögen des Schuldners konkursfähig ist. **Bürgschaften** gelten in bezug auf Besteller, die ‹*Staat*› oder eine Körperschaft des *öffentlichen Rechts* sind. Die Konditionen sind bei Bürgschaften etwas günstiger, weil das Ausfallrisiko als geringer angesehen wird.

Abb. H-2.4/4: **Deckungsformen**

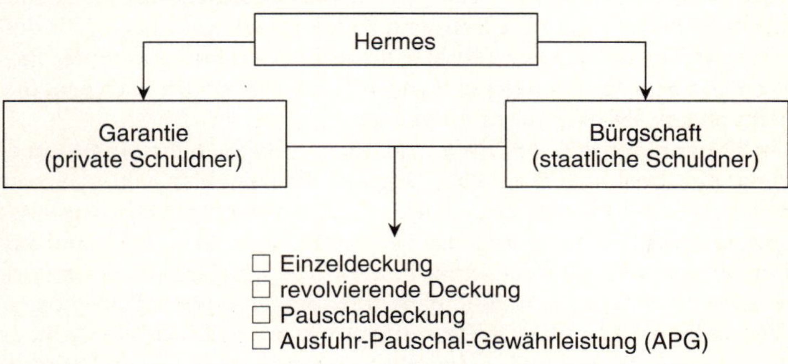

H-2.4.3.4. Versicherungsmöglichkeiten und Kosten

Der Exporteur kann zunächst einmal das **Fabrikationsrisiko** abdekken, d.h. daß das Exportgeschäft vor dem Warenversand scheitert und die Fertigstellung oder der Versand der Ware nicht mehr möglich oder zumutbar ist. Bei der Versicherung des Fabrikationsrisikos wird der Verlust gedeckt, den der Exporteur erleidet, weil Fertigstellung oder Versand der Ware für mehr als sechs Monate unterbrochen oder insgesamt unmöglich oder unzumutbar werden, u.a. auch wegen schwerer Vertragsverletzung des Käufers. Gedeckt werden nur die **Selbstkosten**, also nicht der (dann entgangene) kalkulierte Gewinn des Herstellers. In das Fabrikationsrisiko ist auch das **Embargorisiko** einbezogen, d.h. daß dem Exporteur durch staatliche Regelungen die Ausfuhr untersagt wird. Fabrikationsrisikodeckungen werden nur gewährt bei Spezialanfertigungen mit langen Produktionszeiten oder wenn aus anderen Gründen ein Weiterverkauf an Dritte nicht möglich ist. Die Haftung beginnt mit Abschluß des Exportkaufvertrags und erlischt mit Abnahme der Ware beim Hersteller (*Ex-works*-Vertrag) bzw. bei Übergabe an den Spediteur oder Frachtführer. Das **wirtschaftliche Risiko** erstreckt sich dabei auf die Insolvenz des ausländischen Bestellers (z.B. bei Konkurs oder Vergleichsverfahren) oder auf den unrechtmäßigen Rücktritt vom Vertrag durch den Besteller. Hierfür gilt ein Selbstbehalt von 15%. Der Schadensfall tritt ein, wenn durch Realisierung politischer Risiken (z.B. Embargobeschluß) eine Lieferung innerhalb der nächsten sechs Monate nicht möglich ist oder aufgrund des wirtschaftlichen Risikos in bezug auf den Schuldner eine Zahlung innerhalb der nächsten sechs Monate nicht zu erwarten ist.

Zu den **politischen Risiken** zählt auch das **Embargorisiko**, weil der Bund nach dem Außenwirtschaftsgesetz (AWG) Ausfuhrbeschränkungen durchsetzen kann (vgl. Abschn. E-5.3.2), wie z.B. bezüglich des Irak und Kuwait. Bei der Fabrikationsrisikobesicherung muß der Exporteur eine **Selbstbehaltsquote** von 10% der Selbstkosten tragen, die nicht anderweitig versichert werden dürfen.

Die **Deckungskosten** umfassen eine Bearbeitungsgebühr bei Beantragung der Deckung (von 30,– DM bei Risiken bis 3000,– bis zu 500,– DM bei Risiken über 1 Mio. DM) (zuzüglich einer Ausfertigungsgebühr von 0,1‰ bei Auftragswerten über 5 Mio. DM) und das Entgelt von z.B. 1% (Garantie) bzw. 0,75% (Bürgschaft) des Forderungsbetrags (Ausfuhrrisiko) bzw. 1% der gedeckten Selbstkosten (Fabrikationsrisiko). Die Sätze variieren nach Art des gedeckten Risikos (wirtschaftliches/politisches Risiko; Fabrikations-/Ausfuhrrisiko; Bauleistungen; dokumentäre Zahlung; etc.). Dabei gilt das Prinzip des **Einheitsentgelts**, d.h. es gibt i.d.R. keine Prämiendifferenzierung je nach Land oder Bonität des Schuldners, sondern lediglich nach Art der gewählten Besicherung. Da sich das Entgelt folglich aus den Umständen ableitet, entstehen nur Kosten für konkrete, nicht aber für latente Risiken.

Das **Ausfuhrrisiko** ist bis zu einer Kreditlaufzeit von fünf Jahren versicherbar (zum Währungsrisiko bei Fakturierung in Fremdwährung vgl. anschließend). Finanzierungszinsen und Preisgleitklauseln

(um Kostensteigerungen während der Vertragslaufzeit auf den Besteller abzuwälzen) können in die Deckung mit einbezogen werden. Im Gegensatz zum Fabrikationsrisiko erfaßt die Besicherung des Ausfuhrrisikos zum einen auch den kalkulierten **Gewinn**, zum anderen – im Hinblick auf die Ursachen – auch Konvertierungs- und Transferrisiken. Der wirtschaftlich begründete Garantiefall tritt ein bei Konkurs, Vergleich und nachgewiesener erfolgloser Zwangsvollstreckung, zudem bei öffentlichen Schuldnern und bei mittelfristigen Kontrakten privater Schuldner auch bei Zahlungsverzug von mehr als sechs Monaten (sog. *protracted default*). Bei politischen Risiken ist die Selbstbehaltsquote 10%, bei wirtschaftlichen Risiken 15%, bei *protracted default* 25%. An **Kosten** fallen wiederum die o.a. Positionen an.
Für kurzfristige Ausfuhrgarantien (bis zu zwei Jahren Kreditlaufzeit) im Rahmen von Einzeldeckungen kann die Nichtzahlung privater Schuldner *(protracted default)* nicht besichert werden. Statt dessen kann eine **Ausfuhr-Pauschal-Gewährleistung** (**APG**) eingedeckt werden, welche auch die Nichtzahlung – ohne erhöhten Selbstbehalt – einschließt (Selbstbehalt für alle Risiken 15%). Dabei hat der Exporteur eine **Andienungspflicht**, d.h. er muß seinen gesamten Umsatz monatlich melden und versichern, auch solche Transaktionen, bei denen das Risiko dies eigentlich nicht erforderlich macht. Damit soll den staatlichen Versicherungen eine angemessene Risikomischung ermöglicht werden; andernfalls würden nur wirklich riskante Geschäfte besichert. Allerdings fallen OECD-Länder und bestimmte andere Risiken nicht unter die Andienungspflicht. Ausgeschlossene Länderrisiken können aber dann nicht durch Einzeldeckungen nachträglich versichert werden. Der Exporteur kann im Rahmen von APG die Bonität seiner Kunden selbst prüfen oder auch Hermes prüfen lassen. Das politische Risiko kann isoliert versichert werden.
Für Hermes-besicherte Forderungen hat sich ein eigener **Forfaitierungsmarkt** entwickelt, da durch die Besicherung auch problematischere Länderrisiken forfaitierbar sind. Die Hermes-AG stimmt einer Abtretung der Garantie- oder Bürgschaftsansprüche an den Forfaiteur i.d.R. zu. Der Forfaiteur muß die Gesamtforderung übernehmen, also inkl. des Selbstbehalts, wofür er mit dem Exporteur ggf. eine Prämie vereinbaren kann.

H-2.4.3.5. Versicherung von Bestellerkrediten

Bestellerkredite gewährt eine inländische Bank einem ausländischen Besteller zur Finanzierung einer im Kaufvertrag mit einem inländischen Lieferanten vereinbarten Warenlieferung *(gebundener Finanzkredit)*. Solche Kredite können von der kreditgewährenden Bank zu 95% durch Hermes besichert werden (5% Selbstbehalt seitens der Bank). Der Haftungszeitraum schließt die Ausfuhr nicht ein; diese müßte durch eine gesonderte Ausfuhrrisikoversicherung des Exporteurs gedeckt werden (Abb. H-2.4/5).

Abb. H-2.4/5: **Hermes-Kosten**

Kosten je nach Art des gedeckten Risikos z.B.:

Garantie		Bürgschaft
	Bearbeitungsgebühr (200,––500,– DM)	
	Ausfertigungsgebühr	
0,1 ‰	(ab 5 Mio)	0,1 ‰
	Entgelt	
1 %	Grundentgelt	0,75 %
0,1 % p.m. nach 6 Monaten	Zeitentgelt	0,055 % p.m. ab Risikobeginn
10 %	**Selbstbehalt**	10 %
6 Mon.	**Karenzzeit**	6 Mon.

H-2.4.3.6. Wechselkursdeckungen

Bundesdeckungen dürfen nach dem Haushaltsgesetz nur für *auf DM* lautende Forderungen gewährt werden. Forderungen in *Fremdwährung* werden daher mit Inkrafttreten der Absicherung in DM umgerechnet. Tritt der Schadensfall ein, wird maximal auf der Basis dieses Absicherungskurses entschädigt, so daß sich für den Exporteur ein Wechselkursrisiko ergibt. Durch einen **Prämienaufschlag** jedoch kann der Exporteur aber auch zum ggf. höheren Tageskurs entschädigt werden.

Wechselkursrisiken werden von Hermes nicht gedeckt, weil – dem Subsidiaritätsprinzip entsprechend – Hermes nur für Risiken eintritt, die nicht am privaten Markt besichert werden können. Dies ist aber bei Währungsrisiken der Fall (vgl. Abschn. H-3). Allerdings kann eine spezielle Wechselkursversicherung abgeschlossen werden, aber nur für bestimmte Währungen (USD, SFR, PST) und nur für solche Risiken, die nicht durch Devisentermingeschäfte oder andere Möglichkeiten am freien Markt abgedeckt werden können. Faktisch gilt dies für Kreditlaufzeiten *über 2 Jahre*. Die Haftung beginnt folglich erst nach 2 Jahren, und zwar auf der Basis des Kurses zu Beginn der Haftungszeit. Geschäfte innerhalb der EG sind ausgeschlossen, da dies nach Art. 92ff. EWG-V als eine unzulässige Exportbeihilfe anzusehen wäre. Kursverluste sind nur gedeckt, wenn sie 3% übersteigen. Kursgewinne über 3% müssen an den Bund abgeführt werden. Das Entgelt für Wechselkursdeckungen beträgt ca. 0,6% der ausstehenden Forderung.

H-2.4.3.7. Kautionsversicherungen

In Abschn. H-2.4.2 und H-2.4.3 wurde dargestellt, welche Garantien Exporteure oft abgeben müssen, um den ausländischen Besteller abzusichern (Bietungs-, Anzahlungs-, Liefer-, Vertragserfüllungs-, Gewährleistungsgarantien etc.). In diesem Zusammenhang bietet der Bund via Hermes **Kautionsversicherungen** an als Deckungsschutz gegen die widerrechtliche Inanspruchnahme solcher Garantien bzw. Kautionen *(unfair calling)*. Der rechtskräftige Rückerstattungsanspruch des Exporteurs wird dabei wie eine Forderung betrachtet und entsprechend entschädigt. Das Entgelt für Garantiedeckung beträgt i.d.R. 0,4% des Garantiebetrages bei 10% Selbstbehalt des Exporteurs.

H-2.4.3.8. Internationale Aspekte

Die Besicherung des Ausfallrisikos bedeutet für den Exporteur eine wesentliche Entlastung und ermöglicht es ihm, ggf. auch auf risikoreichere Transaktionen einzugehen. Im Abschn. D-5.3.4 wurde bereits der **OECD-Konsensus** erwähnt, der für die staatliche Exportförderung bestimmte Mindestkonditionen vorsieht; dies gilt auch für die Entgelte für staatliche Gewährleistungen, die sich an den Tabellen- bzw. Referenzzinssätzen orientieren sollen.

Im internationalen Vergleich ist festzuhalten, daß in den meisten Ländern die Exportkreditabsicherungssysteme von staatlichen Trägern betrieben werden, wobei es aber auch öffentlich-private Mischformen gibt (z.B. Spanien). Andere OECD-Länder (u.a. Frankreich, Großbritannien oder Japan) setzen ihre Exportkreditversicherungssysteme dabei vergleichsweise deutlicher zur Exportförderung ein als die in dieser Hinsicht recht zurückhaltende Bundesrepublik. Beispielsweise ist der *Selbstbehalt* in anderen Ländern deutlich niedriger; in bestimmten Fällen entfällt er sogar ganz. Auch sind andere Länder weniger restriktiv hinsichtlich der Besicherung kritischer politischer

Risiken: In Großbritannien und Japan beispielsweise gibt es keine Risikoausschlüsse, sondern lediglich erhöhte Prämien. Grundsätzlich gibt es in diesen Ländern für den Exporteur also keine unmöglichen Deckungen; sie sind allenfalls teurer als andere. Die Entgelte des deutschen Systems sind dabei im internationalen Vergleich recht hoch und die Karenzfristen relativ lang. Gerade letzteres kann für Unternehmen in Problemsituationen sehr kritisch sein.
Einige partielle Vorteile des deutschen Systems gegenüber dem anderer Länder (beispielsweise hinsichtlich der unbegrenzten Wechselkursabsicherung im mittelfristigen Bereich) ändert nichts an der Feststellung, daß das deutsche Exportförderungssystem im internationalen Vergleich eine ganze Reihe von nicht unerheblichen Schlechterstellungen beinhaltet. Andererseits muß festgehalten werden, daß nur für einen sehr kleinen Teil des deutschen Gesamtexports (ca. 3–4%) staatliche Gewährleistungen in Anspruch genommen werden: Der deutsche Außenhandel vollzieht sich vorrangig mit den westlichen Industrieländern, für die andere Besicherungsmechanismen eingesetzt werden können als die staatliche Gewährleistung. Der Schwerpunkt der Hermes-Besicherungen liegt in Entwicklungsländern, insbesondere in OPEC-Ländern, sowie seit 1990 mit stark zunehmender Tendenz in Osteuropa (Polen, GUS). Dabei nehmen die mittel- und langfristigen Sicherungen stark zu; gegenwärtig liegen sie bei rund 47% der Hermes-Zusagen.

H-2.4.4. Private Exportkreditversicherungen

Denkbar wäre, die Nachteile des deutschen Systems durch private Versicherungsleistungen abzusichern. In der Praxis ist dies nur sehr eingeschränkt möglich:
Private Versicherer decken in der Regel nur das *wirtschaftliche* Exportkreditrisiko ab, da die *politischen* Risiken nicht präzise genug kalkulierbar seien. Diese Besicherung kommt daher nur für Abnehmer in Ländern ohne politisches Risiko in Frage, d.h. für die westlichen Industrieländer. In Deutschland bieten insbesondere die *Allgemeine Kreditversicherungs-AG*, Mainz, die *Gerling Konzern Speziale Kreditversicherungs-AG*, Köln, und die *Zürich Kautions- und Kreditversicherungs-AG*, Frankfurt, entsprechende Leistungen an. Dabei ist meist ein Mantelvertrag mit umfassender Andienungspflicht des Exporteurs üblich. Für jeden Abnehmer legt der Versicherer ein Kreditlimit fest. Die Versicherungsprämien werden im Gegensatz zur Hermes-Besicherung individuell kalkuliert. Neben der eigentlichen Prämie

wird eine jährliche Prüfungsgebühr für die Überwachung der ausländischen Schuldner berechnet.

Die *Allgemeine Kreditversicherungs-AG* bietet für kleine und mittlere Unternehmen mit einem Jahresumsatz bis zu 4 Mio. DM eine Sonderdeckung an. Im Rahmen der sog. *Europa-Police* werden die Forderungen – bis zu 100000 DM pro Kunde und mit Zahlungszielen bis zu 180 Tagen – aus Warenlieferungen und Dienstleistungen sowohl im Inland als auch im europäischen Ausland besichert. Die Prämie richtet sich nach dem Umsatz des letzten Geschäftsjahres (bei bis zu 1 Mio. beispielsweise knapp 4000 DM).

Eine Deckung politischer Risiken (inkl. der Transferrisiken) kann jedoch – wenn auch teuer – bei internationalen Kreditversicherungen erfolgen, z.B. bei dem oben bereits erwähnten *Lloyd's-Syndikat*, London, oder der *American International Group* (AIG), New York. Diese Institute versichern auch politische Risiken bis zu einer Kreditlaufzeit von bis zu drei Jahren: Für längere Fristen gibt es für die Versicherer keine Rückversicherungsmöglichkeiten. Die gleichfalls bereits erwähnten *Garant Versicherungs-AG*, Wien, und die *Black Sea and Baltic General Insurance Ltd*, London, besichern jedoch Zeiträume bis zu 10 Jahren. Der Selbstbehalt beträgt i.d.R. 10%, die Prämie 1–5%, bei besonders risikoreichen Engagements bis zu 10% der besicherten Forderungen.

H-2.4.5. Kompensationsgeschäfte

Der Vollständigkeit halber sei als risikobegrenzende Maßnahme im Rahmen von Abschn. H-2.4 auch die **Kompensation** erwähnt. Dabei handelt es sich um verschiedene Formen von Gegenseitigkeitsgeschäften wie Kompensation im engeren Sinne, Rückkaufgeschäfte, Bartergeschäfte oder Switchgeschäfte, bei denen – verkürzt – unter Verminderung oder Ausschluß von Zahlungsvorgängen Ware gegen Ware getauscht wird. Zwar entfallen oder vermindern sich Zahlungs- und Währungsrisiken, doch entstehen andererseits neue Risiken, die sich aus den Besonderheiten des Kompensationsgeshäftes ableiten: So besteht insbesondere das Risiko, daß die Waren, die zur ‹Bezahlung› geliefert werden, nicht der vereinbarten Qualität entsprechen. In jüngerer Zeit vermehren sich die entsprechenden Wünsche der Wirtschaft, auch derartige Risiken in die Hermes-Besicherung einzubeziehen. Gegenwärtig ist dies noch nicht möglich.

H-3. Währungsrisiken

Währungsrisiken im Außenhandel bestehen aus dreierlei Gründen: Erstens aufgrund von **Konvertierungs-** und **Transferrisiken** (sog. **KT-Risiken**, vgl. Abschn. H-1.4.2), zweitens aufgrund des **Erfüllungsrisikos**, daß z.B. eine zum *Terminkurs* (vgl. unten) kalkulierte und erwartete Zahlung eines Partners durch Konkurs des Partners ausbleibt und der entsprechende Devisenbetrag aufgrund eigener Verpflichtungen nun zum (höheren) Kassakurs beschafft werden muß, drittens aufgrund des **Wechselkursrisikos**: Dies bedeutet das Risiko, daß sich Forderungen und Verbindlichkeiten, die auf ausländische Währung lauten, durch Wechselkursänderungen ungünstig verändern: Forderungen können durch Aufwertung der Inlandswährung vor Einlösung der Forderung umgerechnet in Inlandswährung weniger wert werden (Beispiel: Während der Exporteur auf der Basis 1 USD = 1,60 DM kalkuliert hatte, sinkt der Exporterlös aufgrund einer DM-Aufwertung/Dollar-Abwertung auf 1 USD = 1,50 DM), Verbindlichkeiten können analog durch Abwertung der Inlandswährung/Aufwertung der Auslandswertung ‹teurer› werden. Man spricht von einer **Plusposition**, wenn Guthaben in Fremdwährung gehalten werden, und von einer **Minusposition**, wenn Verbindlichkeiten in Fremdwährung bestehen.
Das Währungsrisiko i.S.v. Wechselkursrisiko kann direkt oder indirekt auftreten: Ein *direktes* Währungsrisiko entsteht bei allen Forderungen und Verbindlichkeiten sowie bei allen Vermögensteilen, die auf ausländische Währung lauten. Ein *indirektes* Währungsrisiko ergibt sich daraus, daß sich durch Wechselkursveränderungen die Wettbewerbssituation verändern kann, indem beispielsweise eine Aufwertung der Inlandswährung inländische Exporteure gegenüber ausländischen Konkurrenten auf dem Weltmarkt benachteiligt. Die ‹Empfindlichkeit› eines Unternehmens gegenüber Wechselkursveränderungen kann mit dem anglophonen Begriff **‹Exposure›** präzisiert werden.

H-3.1. Exposure

Drei Arten von **‹Exposure›** sind zu unterscheiden, die sich mit der gerade erwähnten Differenzierung in direkte und indirekte Wirkungen überschneiden: *transaction*, *translation* und *economic exposure* (Abb. H-3.1/1).

Abb. H-3.1/1: **Exposure**

allgemeine Definition:
In welchem Ausmaß ist ein Unternehmen unmittelbar dem Einfluß von Wechselkursänderungen ausgesetzt?

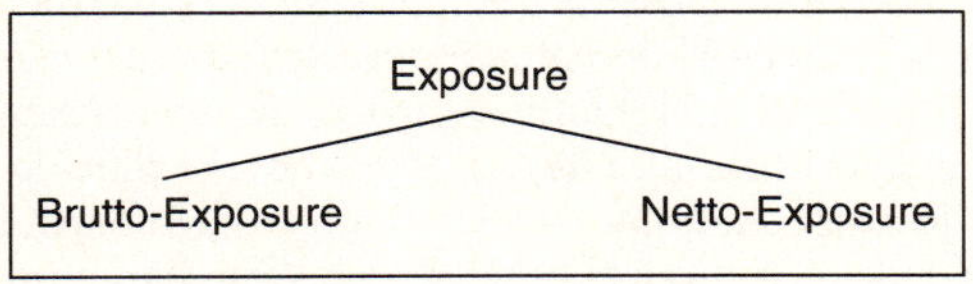

- **Transaction Exposure:**
  Bezieht sich auf *bereits bestehende* Forderungen und Verbindlichkeiten aus den laufenden Transaktionen, deren Werte sich durch eine Wechselkursänderung verändern.

- **Translation Exposure:**
  Bezieht sich auf *bereits bestehende* Aktiva und Passiva in der Bilanz, deren DM-Werte sich durch eine Wechselkursänderung verändern.

- **Economic Exposure:**
  Bezieht sich auf die *zukünftige* Wettbewerbsfähigkeit im Weltmarkt und auf dem Binnenmarkt, die durch eine Wechselkursänderung beeinflußt wird.

Das **Transaction Exposure** (**Umwechslungsrisiko**) bezieht sich auf die laufenden Operationen einer Unternehmung, d.h. auf das Halten von daraus resultierenden Forderungen und Verbindlichkeiten, die auf ausländische Währung lauten. Eine Aufwertung der Inlandswährung (DM) vermindert z.B. den DM-Gegenwert von Dollarpositionen, sowohl was Forderungen als auch Verbindlichkeiten betrifft, eine DM-Abwertung gegenüber dem Dollar erhöht die entsprechenden DM-Gegenwerte. Das *Transactions Exposure* bezieht sich also auf die in der Vergangenheit entstandenen Wertpositionen, die erst zu einem späteren Zeitpunkt fällig werden, und kann unmittelbar liquiditätswirksam werden. Dieses Risiko kann durch verschiedene Maßnahmen verringert bzw. ganz ausgeschlossen werden (vgl. unten).
Das ‹**translation exposure**› (**Umrechnungsrisiko**) bezieht sich auf ausländische Vermögenswerte (z.B. Beteiligungen) als bilanzielle Bestandsgrößen eines Unternehmens, die – durch Wechselkurse ‹über-

setzt› und damit in DM-Werte umgerechnet – z.B. in die Bilanz des Unternehmens eingehen, so daß sich Wechselkursänderungen unmittelbar auf die zu bilanzierenden Bestandsgrößen auswirken. Das Umrechnungsrisiko ist nicht direkt liquiditätswirksam.
Das ‹**economic exposure**› (**ökonomisches Währungsrisiko**) schließlich entspricht dem oben angesprochenen indirekten Wechselkursrisiko, indem sich durch eine Wechselkursänderung die Wettbewerbsfähigkeit oder der Wert eines Unternehmens verbessern oder verschlechtern kann, sich also indirekte Veränderungen der ökonomischen Gesamtsituation ergeben können. Der Begriff ist nicht sehr glücklich, da auch die anderen Risiken ökonomische Risiken im allgemeinen Sinn sind.
Die verschiedenen Positionen können sich offenbar in verschiedene Richtungen verändern. Wenn beispielsweise Dollarforderungen durch eine DM-Aufwertung – in DM ausgedrückt – an Wert verlieren, so bedeutet dies umgekehrt, daß sich Dollarverbindlichkeiten analog entwerten. Folglich ist zwischen *Brutto-* und *Netto-Exposure* zu unterscheiden: Die **Brutto-Exposure** erfaßt die Auswirkungen einer Wechselkursveränderung isoliert *(ceteris paribus)* auf bestimmte Devisenpositionen, während die **Netto-Exposure** die saldierten Effekte ausdrückt. Bei wertgleichen Forderungs- und Verbindlichkeiten mit kongruenten Fristen beispielsweise wäre die Netto-*Exposure* Null, weil sich ‹Gewinne› und ‹Verluste› aus einer Wechselkursveränderung kompensieren. Andernfalls spricht man auch von **offenen Positionen,** z.B. einer Plusposition beim Ankauf von bzw. bei Forderungen in Fremdwährung (vgl. oben), die ggf. durch entsprechend spiegelbildliche Minuspositionen **geschlossen** werden können (vgl. Abschn. H-3.2.2.2). Es ist u.a. Aufgabe des sog. **Währungsmanagements** einer Unternehmung, die Netto-*Exposure* möglichst gering zu halten. Bei den folgenden Darlegungen steht das *Transaction Exposure* im Vordergrund.

H-3.2. Instrumente zur Risikobegrenzung

Das Wechselkursrisiko hängt insbesondere auch vom **Wechselkurssystem** ab: Die Wahrscheinlichkeit einer Wechselkursveränderung ist bei *flexiblen* Wechselkursen offensichtlich ungleich größer als bei *festen* Wechselkursen (vgl. oben Abb. C-1.3/2: Dollarkurs). Innerhalb des **Europäischen Währungssystems (EWS)** hat sich – nach anfänglich häufigeren Kursanpassungen *(Realignments)* mittlerweile eine beträchtliche Stabilität eingestellt, so daß das Kursrisiko im EWS gegenwärtig ausgesprochen gering ist. (Natürlich kann sich das auch wieder ändern.) Entsprechend gering wird in der Praxis i.d.R. auch die Notwendigkeit gesehen, das Wechselkursrisiko innerhalb der EG zu begrenzen. Anders hingegen sieht es bei flexiblen Wechselkursen aus wie z.B. DM/US-Dollar oder DM/Yen. Im folgenden werden Instrumente zur Begrenzung des Währungsrisikos betrachtet.

H-3.2.1. Risikoabwälzung

Unter **Risikoabwälzung** oder **Risikoübertragung** versteht man die entgeltliche und unentgeltliche Übertragung des Risikos auf andere Wirtschaftssubjekte.

H-3.2.1.1. Fakturierung in Inlandswährung

Offensichtlich besteht kein Währungsrisiko bzw. *Exposure*, wenn Forderungen bzw. Verbindlichkeiten auf **Inlandswährung** lauten. Ob dies möglich ist, ist vorrangig eine Frage der Marktmacht, weil damit das Wechselkursrisiko auf den ausländischen Geschäftspartner abgewälzt wird. Ein Beharren auf DM-Fakturierung kann daher für einen Exporteur den Verlust von Aufträgen bedeuten, ebenso wie ein Importeur möglicherweise nicht beliefert würde. Es kann hingegen sein, daß

Abb. H-3.2/1: **Fakturierung**

Währungsstruktur im deutschen Außenhandel (Anteile in %)

	Exporte	Importe
DM	78,5	53,2
US-Dollar	7,3	21,5
EWS-Währungen*	9,7	10,2
japanischer Yen	0,4	2,1
sonstige Währungen	4,1	13,0

* Französischer Franc, Pfund Sterling, italienische Lira, niederländischer Gulden, belgischer Franc.

Quelle: Bundesbank/Handelsblatt 1991

BUNDESBANK / Rund 80 Prozent der Exportverträge werden in D-Mark abgeschlossen

Hohe DM-Fakturierung im Außenhandel ein Vorteil für die deutsche Wirtschaft

Bei den Importen ist der Anteil des US-Dollars rückläufig

bestimmte Länder ihren eigenen Unternehmungen eine Fakturierung in Inlandswährung vorschreiben, so daß ausländische Geschäftspartner hierüber gar nicht verhandeln können. Da es aber andere Möglichkeiten der Risikoabsicherung gibt, kann hierauf durchaus auch verzichtet werden.
Andererseits ist festzuhalten, daß rund 80% der deutschen Exporte und über 50% der deutschen Importe in DM fakturiert werden (vgl. Abb. H-3.2/1). Manche Unternehmen verzichten auf Geschäfte, die sie nicht auf DM-Basis abwickeln können. Angesichts der großen Bedeutung, die dem EG-internen Handel auch aus der Sicht der Bundesrepublik zukommt, ist der Anteil der Fakturierung in EG-Währungen vergleichsweise gering. Die läßt sich mit der relativ starken Marktposition deutscher Unternehmen erklären, die daher DM-Fakturierung durchsetzen können, wobei dies für die Partner angesichts der hohen Wechselkursstabilität im EWS offenbar ein akzeptables Risiko darstellt.

H-3.2.1.2. Fakturierung in anderen Währungen

Bei Geschäftsbeziehungen, bei denen auf beiden Seiten schwache Währungen auftreten, kann es sich anbieten, in einer als stabil angesehenen ‹neutralen› dritten Währung zu fakturieren, z.B. dem Schweizer Franken.
Die Fakturierung in einer Korbwährung wie dem ECU spielt im Aussenhandel (noch) gar keine Rolle; auf dem Kapitalmarkt hingegen werden gelegentlich Anleihen in ECU aufgelegt. Auch eine Fakturierung in SZR ist ungebräuchlich, wenngleich beispielsweise bei Ausschreibungen von Entwicklungshilfeprojekten der Weltbank als Recheneinheit auch SZR gewählt werden; die konkreten kommerziellen Faktura lauten aber auf nationale Währungen.
In der Literatur wird häufig durch unscharfe Formulierungen ein Mißverständnis genährt: Das sog. **Währungsgesetz (WäG)** *(Erstes Gesetz zur Neuordnung des Geldwesens)* von 1948, mit dem durch die westlichen alliierten Militärregierungen die DM eingeführt wurde, schreibt in seinem § 3 vor:
«Geldschulden dürfen nur mit Genehmigung der für die Erteilung von Devisengenehmigungen zuständigen Stelle in einer anderen Währung als in Deutscher Mark eingegangen werden.»
Würde dies so angewendet, wie es vor dem Hintergrund von Devisenbewirtschaftung formuliert worden war, bedürfte u.a. jeder Kaufvertrag, der auf ausländische Währung lautet, der Genehmigung durch die Deutsche Bundesbank. Dies würde auch der Freiheit des Zah-

lungsverkehrs gem. § 1 AWG widersprechen. Folgerichtig sagt § 49 AWG: «§ 3 Satz 1 des Währungsgesetzes findet auf Rechtsgeschäfte zwischen Gebietsansässigen und Gebietsfremden keine Anwendung.»
Unabhängig davon gilt, daß nach den amtlichen Begründungen zum Entwurf des AWG der Devisenhandel sowieso nicht unter den Begriff der Geldschulden gem. § 3 WäG fällt. Geschäfte zwischen Inländern in Auslandswährung bedürfen prinzipiell der Genehmigung nach § 3 WäG, doch hat die Bundesbank weitreichende allgemeine Genehmigungen erlassen (u.a. für Fremdwährungskonten und -kredite bei Inlandsbanken), so daß faktisch nur sehr wenige tatsächlich noch genehmigungsbedürftige Tatbestände übrig bleiben. Auf Einzelheiten wird hier verzichtet.

H-3.2.1.3. Währungsklauseln

Durch die Vereinbarung eines **Währungsoptionsrechts** wird – i.d.R. dem Begünstigten, ggf. aber auch dem Zahlungspflichtigen – das Recht eingeräumt, bei Fälligkeit der Forderung die Währung der Zahlung zu bestimmen. Dabei kann er zwischen mehreren Währungen wählen, deren Relation zueinander als absolute Beträge auf der Basis der Devisenkurse bei Vertragsabschluß festgelegt werden: Es können beispielsweise gezahlt werden 100000 US-Dollar oder 152000 DM oder 480000 FFR (hier fiktive Wechselkurse). Es ist offensichtlich, daß dies für den Partner ein erhebliches Wechselkursrisiko bedeuten kann, da der Optionsberechtigte sich die jeweils für ihn günstigste Währung auswählen wird, insbesondere wenn die Inlandswährung des Optionsberechtigten zu den Optionswährungen zählt.
Eine andere Möglichkeit ist es, zwar in einer **Auslandswährung** zu fakturieren, jedoch dem ausländischen Partner durch eine Vertragsklausel das Kursrisiko aufzuerlegen, indem beispielsweise bei einem Zahlungsziel der zu zahlende Betrag – aus der Sicht eines $-Kassakurses von z.B. 1,52 DM – als *Dollar-Gegenwert von 152000 DM* definiert wird. Sollte sich zwischenzeitlich der Dollarkurs abgeschwächt haben, müßte der ausländische Partner folglich einen höheren Dollarbetrag aufwenden als in der Ausgangssituation. Ggf. wäre auch nachzuverhandeln. Sofern der Dollarkurs gestiegen ist, hätte der ausländische Partner einen Gewinn zu verzeichnen. Faktisch entspricht diese Klausel einer Fakturierung in Inlandswährung. Eine Variante ist dabei zu vereinbaren, daß der zu zahlende Betrag z.B. $ 100000,–, mindestens jedoch DM 152000,– beträgt, so daß der deutsche Vertragspartner zwar gegen eine Kursverschlechterung geschützt ist, jedoch von einer Kursverbesserung profitieren würde.

H-3.2.1.4. Bankgarantien

Der Begriff der Bankgarantie zur Risikoabwälzung wird hier weit verstanden: Hierzu zählen sowohl Bankgarantien im ‹klassischen› Sinne (‹**Avale**›) und **Bürgschaften** als auch das (bestätigte) **Akkreditiv**. Vgl. die ausführlichen Ausführungen in Abschn. D-4.3.2 und H-2.4.2.

H-3.2.1.5. Forderungsverkauf

Durch **Factoring** oder **Forfaitierung** wird das Wechselkursrisiko auf den Forderungskäufer überwälzt (vgl. dazu Abschn. D-5.1.8–9). Dies gilt – abgesehen vom Problem des Wechselkursrückgriffs – grundsätzlich auch für **Diskontierung** von Auslandswechseln und **Negoziierung** von Akkreditiven. Zu beachten ist dabei, daß Fremdwährungswechsel (wie Fremdwährungsschecks) von Banken zum **Sichtkurs** angekauft werden, der aus der Sicht des Einreichers ungünstiger (niedriger) ist als der Devisengeldkurs (Ankaufskurs der Bank). Die Bundesbank setzt an jedem Werktag die Ankaufskurse für Fremdwährungswechsel in den amtlich notierten Währungen fest. Der Abschlag entspricht i.d.R. der halben Spanne zwischen Devisengeld- und -briefkurs.

H-3.2.1.6. Lagging (und Leading)

Für Importeure besteht die Möglichkeit, erwartete Wechselkursveränderungen durch *Leading* oder *Lagging* auszunutzen. *Leading* ist vertragskonform, *Lagging* nicht:

Unter **Lagging** versteht man das bewußte Überschreiten eines Zahlungsziels. Damit kann ein deutscher Schuldner sich Vorteile verschaffen, wenn er z.B. in US-Dollar leisten muß und der Dollarkurs sinkt. Hinzu kommen ggf. Zinsvorteile beim Importeur und analoge -nachteile beim Gläubiger. Zwar hat der Gläubiger im strengen Sinne kein Kursrisiko, denn er erhält – wenn auch verspätet – denselben Dollarbetrag. Sofern er jedoch seinerseits an eine spätere Konvertierung in DM gedacht hat, erleidet er einen Kursverlust. Er wird sich auch kaum gegen dieses Risiko durch ein Devisen-Termin-Geschäft abgesichert haben. Vertragswidrige Überschreitungen des Zahlungsziels können folglich die Geschäftsbeziehungen belasten.

Leading stellt keine Risikoüberwälzung dar, ist absolut vertragskonform und wird hier nur der Vollständigkeit halber im Zusammenhang mit erwähnt. *Leading* bedeutet analog eine vorzeitige Zahlung, was – um im obigen Beispiel zu bleiben – für den deutschen Schuldner bei steigendem Dollarkurs günstig sein kann. Dies muß gegen die dadurch implizierte Liquiditätsverminderung und eventuelle Zinseinbussen abgewogen werden.

H-3.2.2. Risikoverminderung und Risikokompensation

H-3.2.2.1. Wechselkursprognose

Es wird unmittelbar einleuchten, daß das Risiko von Wechselkursänderungen in einem System (fast) fester Wechselkurse wie im Europäischen Währungssystem (EWS) ungleich geringer ist als bei flexiblen Wechselkursen wie z.B. gegenüber dem Dollar oder dem Yen. Die Vorhersage der künftigen Wechselkursentwicklung ist auch kurzfristig nicht präzise möglich, auch wenn verschiedene Prognosemodelle dies mit einer gewissen Wahrscheinlichkeit anbieten. Wechselkurse hängen jedoch von zu vielen Einflußfaktoren ab, als daß sich eine Kursbildung flexibler Währungen – insbesondere über einen kurzen Zeithorizont hinaus – seriös vorhersagen ließe (dies gilt auch für die teilweise sehr favorisierte *Chart*-Analyse, d.h. die Auswertung graphisch dargestellter Entwicklungen und Trends): U.a. wirken auf den Wechselkurs die Import- und Exportbewegungen im Güterhandel, Zinsunterschiede, Inflationserwartungen, spekulative Elemente und politische Ereignisse. Gerade bei der internationalen Hauptwährung US-Dollar unterliegt die Kursentwicklung teilweise abrupten Schwankungen (sog. **Volatilität**) (vgl. Abschn. C-1.2).

H-3.2.2.2. Matching (Hedging, Netting, Covering)

Um eine Netto-*Exposure* beim Transaktionsrisiko von Null zu erreichen, können offene Positionen durch entsprechende spiegelbildliche Positionen geschlossen (kompensiert) werden. Wenn ein Exporteur beispielsweise eine offene Forderung über $ 50000,– mit Zahlungsziel in 3 Monaten hat, kann er das Wechselkursrisiko dadurch ausschalten, daß er eine Verbindlichkeit eingeht – z.B. in Form eines Dollarkredites –, die sich inklusive aller Nebenkosten und Zinsen zu exakt demselben Termin auf genau $ 50000,– beläuft. Der aufgenommene Dollarbetrag wird sofort kassa in DM getauscht. Bei Fälligkeit des Fremdwährungskredits wird dieser dann durch die eingehende Forderung gedeckt. Was der Exporteur daher theoretisch bei einer Dollarabwertung beim DM-Gegenwert seiner Forderung verlöre, würde er beim DM-Gegenwert seiner Verbindlichkeit wieder ‹gewinnen› (Abb. H-3.2/2). Die entstehenden Kosten können dabei als ‹Versicherungsprämien› betrachtet werden.

Abb. H-3.2/2: **Matching**

Beispiel:
Einem Exporteur entsteht am 1. Februar eine Forderung gegenüber einem ausländischen Kunden über US-$ 30.000,–, Fälligkeit 30. April, Kassakurs am 1. Februar 1,50 DM, Forderungswert also 45.000,– DM. Um das Kursrisiko auszuschalten, nimmt der Exporteur gezielt einen Kredit in US-Dollar auf, der am 30. April rückzahlbar ist und incl. Zinsen und Abwicklungskosten genau US-$ 30.000 beträgt. Am 30. April steht der $-Kassakurs:

a) bei DM 1,60:
Exportforderung
$ 30.000 × 1,60 DM = 48.000 DM
«Gewinn» im Vergleich
zum kalkulierten Kurs am 1. Februar: + 3.000 DM

Kreditrückzahlung
$ 30.000 × 1,60 DM = 48.000 DM
«Verlust» im Vergleich
zum kalkulierten Kurs am 1. Februar: − 3.000 DM

→ Bei *steigendem* $-Kurs *entgeht* dem Exporteur ein *Kursgewinn* aus der Exportforderung.

b) bei DM 1,40:
Exportforderung
$ 30.000 × 1,40 DM = 42.000 DM
«Verlust» im Vergleich
zum kalkulierten Kurs am 1. Februar: − 3.000 DM

Kreditrückzahlung
$ 30.000 × 1,40 DM = 42.000 DM
«Gewinn» im Vergleich
zum kalkulierten Kurs am 1. Februar: + 3.000 DM

→ Bei *fallendem* $-Kurs *vermeidet* der Exporteur einen *Kursverlust* aus der Exportforderung.

Dieses bewußte Eingehen von Risiken am Devisenmarkt, um ein bestehendes Risiko zu kompensieren, wird auch als **Hedging** bezeichnet. (Der Begriff leitet sich ab aus «to hedge = schützen».) In der Literatur wird *Hedging* häufig auch als spezielles Synonym für die unten beschriebenen **Devisen-Termin-Geschäfte** verwendet. Die Terminologie ist uneinheitlich.

Matching erfordert daher eine genau deckungsgleiche Struktur von Forderungen und Verbindlichkeiten hinsichtlich der Beträge und Fristen in der betreffenden Währung. Dies kann sich insbesondere deshalb als problematisch erweisen, weil die offene Forderung unseres Beispiels u.U. nicht fristgerecht bedient wird (vgl. oben *Lagging*), so daß am Fälligkeitstag der Verbindlichkeit doch eine offene Position entsteht. Innerhalb eines Währungsverbundes mit faktisch stabilen Wechselkursen wie dem EWS können die zu ‹*matchenden*› Positionen durchaus auch auf verschiedene Währungen lauten. Für *Matching* werden häufig synonym die Begriffe **Covering** oder **Netting** verwendet.

H-3.2.2.3. Fremdwährungskonten

Sofern ein Unternehmen laufend Zahlungsein- und -ausgänge in bestimmten Währungen zu verzeichnen hat, bietet sich die Führung von Fremdwährungskonten an. Dies klammert zum einen das Wechselkursrisiko aus und vermeidet zum anderen Kosten, die bei Hin- und Hertausch durch die Spanne zwischen Devisengeld- und -briefkurs sowie die zweimalige Courtage von 0,25‰ entstünden. Der Nachteil ist, daß Fremdwährungskonten im Inland relativ teuer sind: Guthaben werden i.d.R. nicht verzinst, sofern sie nicht für einen längeren Zeitraum als Termineinlagen zur Verfügung gestellt werden; Kontenbewegungen führen zu prozentual oder absolut definierten Gebühren. Hinzu kommt, daß Barverfügungen nur über zusätzliche Sortengeschäfte möglich sind, da Guthaben Devisen (Giralgeld) sind; man kann also nicht einfach von seinem Fremdwährungskonto wie von einem DM-Girokonto ‹abheben›. In der Praxis werden daher dann meist entsprechende Konten im Ausland unterhalten, z.B. Dollar-Konten in New York.

H-3.2.2.4. Devisen-Termin-Geschäfte

Eine spezielle Form von Risikoabsicherung durch Matching sind Devisentermingeschäfte (**futures**). Darunter ist zu verstehen, daß z.B. ein Exporteur heute einen in drei Monaten eingehenden (bzw. erwarteten) Dollarbetrag aus einem Exportgeschäft ‹per Termin›, d.h. hier in drei Monaten, verkauft (in der Regel an eine Bank, aber das ist nicht zwingend), und zwar zu einem Kurs, der heute festgesetzt wird (**Terminkurs**). Die Bank als Käufer geht damit also ein Kursrisiko ein, weil sie zum vereinbarten Termin den Dollarbetrag zum vereinbarten Kurs abnehmen muß, auch wenn der dann gültige Kassakurs niedriger liegen sollte. Weshalb sie das trotzdem tut, wird gleich verdeutlicht.

Für den Exporteur bedeutet ein Devisentermingeschäft also den völligen *Ausschluß* des Kursrisikos, allerdings auch den Verzicht auf einen möglichen Kursgewinn. Die im Zusammenhang mit einem Termingeschäft entstehenden Kosten, auf die ebenso wie auf die Terminkursbildung gleich eingegangen wird, können auch hier als Versicherungsprämie betrachtet werden (vgl. Abb. H-3.2/3). In der Praxis haben sich *Standardtermine* von 1, 2, 3, 6 und 12 Monaten eingebürgert, weil dies den bevorzugten Zahlungszielen entspricht. Selbstverständlich aber kann jede beliebige Laufzeit vereinbart werden, wobei naturgemäß mit zunehmender Frist auch das Risiko von Kassa-Kursveränderungen zunimmt.

Abb. H-3.2/3: **Devisentermingeschäft I**

Deutsche Exporteure setzen die Wechselkurssicherung wenig ein

Fakturierung in D-Mark üblich / Devisentermingeschäften wird der Vorzug vor Devisenoptionen gegeben

Betrachten wir ein ausführlicheres Beispiel, um darzustellen, weshalb Banken derartige, per se risikoreiche Termingeschäfte machen (vgl. Abb. H-3.2/4). Ein deutscher Exporteur verkauft per Termin einen Dollarbetrag an seine Hausbank. Ein solches einseitiges Termingeschäft wird als **Sologeschäft** oder **Outright-Geschäft** bezeichnet, im Gegensatz zu sog. **Swapgeschäften**, bei denen ein Kassageschäft mit einem Termingeschäft kombiniert wird; hierzu gleich. Für die Bank entsteht damit also per Termin eine offene Position (Kaufverpflichtung; ein sog. «*Long*»-Vertrag) (1). Um diese zu schließen, würde sie eine analoge Verkaufsverpflichtung («*Short*»-Vertrag) benötigen. Theoretisch könnte dies gleichfalls durch ein Outrightgeschäft erfolgen, realistischer ist aber, daß die Position im Rahmen eines Swapgeschäfts mit einem andern Partner geschlossen wird. Beispielsweise möchte ein japanisches Unternehmen vorübergehend DM-Einlagen bilden. Hierzu verkauft es einer deutschen Bank Dollarbestände zum Kassakurs (2a) (der DM-Gegenwert wird dann zinsbringend angelegt) und kauft die Dollars per Termin zum Terminkurs zurück. Hieraus entsteht also die von der deutschen Bank benötigte Verkaufsverpflichtung (2b). Die deutsche Bank und das japanische Unternehmen tauschen quasi vorübergehend Währungsbeträge aus; daher der Betriff Swap-Geschäft (*to swap* = austauschen), (vgl. auch Abschn. H-3.2.2.5). Durch den Swap aber entsteht für die deutsche Bank eine offene Kassaposition durch den Dollarankauf. Diese Position wird durch einen sofortigen Kassaverkauf geschlossen (3). Sofern die Kassa- und

Abb. H-3.2/4: **Devisentermingeschäft II**

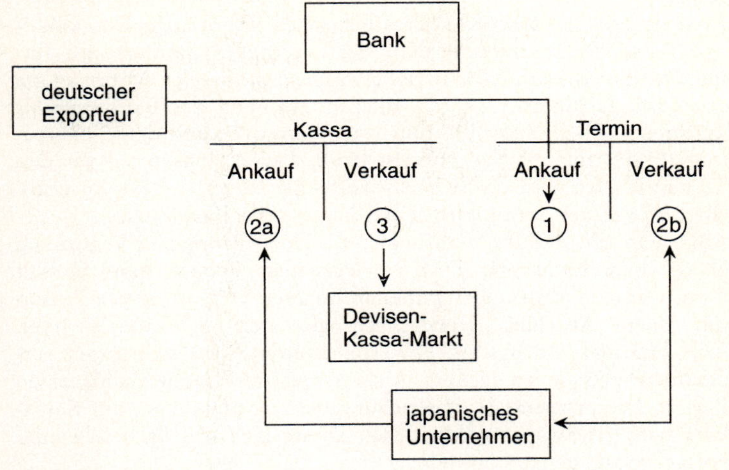

Terminpositionen ohne Verzögerung und sowohl zeit- als auch betragsmäßig kongruent geschlossen werden können, entstehen für die betrachtete Bank keinerlei Kursrisiken. Auch für den Exporteur ist das Kursrisiko ausgeschlossen. Weshalb sich der Swappartner (in unserem Beispiel das japanische Unternehmen) zu dieser Transaktion entschließt, sei hier dahingestellt; in aller Regel werden die Gründe in Zinsvorteilen zu suchen sein; auch hierzu gleich.

Die **Terminkurse** bilden sich nicht wie die Kassakurse durch Angebot und Nachfrage an den Devisenmärkten, sondern leiten sich in erster Linie aus **Zinsunterschieden** zwischen den beteiligten Währungen ab. Nehmen wir an, daß am Euromarkt für 3-Monats-Geld (vgl. Abschn. D-5.4) die DM mit 7% p.a. und der Dollar mit 5% p.a. gehandelt wird. Betrachten wir die Transaktion aus der Sicht eines deutschen Importeurs, der seine in 3 Monaten zu begleichenden Verbindlichkeiten per Termin absichert. Er kann bis zum Erfüllungszeitpunkt des Termingeschäfts den entsprechenden DM-Betrag noch zu 7% für sich arbeiten lassen, während die Bank als Terminverkäufer so gesehen bereits jetzt Dollars – mit niedrigeren Verzinsungsmöglichkeiten – halten muß, um sie per Termin zur Verfügung stellen zu können. (Ob diese Anlagen tatsächlich erfolgen, ist für die Betrachtung der fiktiven Zinsvor- und -nachteile unerheblich.) Folglich muß der Importeur als Termindollar-Käufer einen entsprechenden Aufschlag zahlen.

Analoges gilt aus der Sicht eines deutschen Exporteurs: Der Käufer von Termindollars (hier die Bank des Exporteurs) muß erst per Termin DM liefern, kann also in der Zwischenzeit diesen DM-Betrag am deutschen Geldmarkt zu 7% anlegen, während der Exporteur als Termindollar-Verkäufer bis zum vereinbarten Termin den Dollarbetrag (fiktiv) nur zu 5% anlegen kann. Dieser Zinsvorteil für den Termin-Käufer wird durch einen Aufschlag *(Report, Agio)* ausgeglichen, so daß der Terminkurs höher liegt als der Kassakurs.

Allgemein gilt, daß für Währungen mit einer niedrigeren Verzinsung als der Inlandswährung (DM) ein **Aufschlag (Report, Agio)** bezahlt wird, während Währungen mit einer höheren Verzinsung per Termin mit einem **Abschlag (Deport, Disagio)** gehandelt werden (vgl. Abb. H-3.2/5). Auch stark abwertungsverdächtige Währungen verzeichnen meist einen Deport, Aufwertungskandidaten analog einen Report. Die prozentuale Abweichung des Terminkurses vom Kassakurs wird als **Swapsatz** bezeichnet. Dieser läßt sich nach folgender Formel relativ genau ermitteln:

$$\text{Swapsatz} = \frac{\text{Kassakurs} \times \text{Zinsdifferenz für 3-Monats-Geld} \times \text{Tage}}{360 \times 100 \times \text{Zinssatz Fremdwährung} \times \text{Tage}}$$

Auch der folgende vereinfachende Ansatz liefert bereits recht brauchbare Ergebnisse:

$$\text{Swapsatz} = \frac{\text{Kassakurs} \times \text{Zinsdifferenz} \times \text{Tage}}{360 \times 100}$$

Am Beispiel aus der Abb. H-3.2/5 läßt sich dies belegen: Beispiel: Ein Exporteur erwartet in drei Monaten 100000 USD. Er verkauft sie per Termin 90 Tage zum Terminkurs von 1,6453 auf der Basis eines Kassakurses von DM 1,6577 (Devisengeldkurs).

Der Swapsatz berechnet sich aus der Sicht der Bank wie folgt: Sie nimmt einen Kredit über 100000 USD auf und zahlt dafür 7% Zinsen.

Sie verkauft die USD am Kassamarkt für 1,6577 DM.

Sie legt den DM-Erlös am Geldmarkt für 4% an.

Nach der vorstehenden vereinfachten Formel errechnet sich damit der folgende Swapsatz:

$$\text{Swapsatz} = \frac{1{,}6577 \times 90 \times 3}{360 \times 100} = 0{,}0124 \text{ (zur Vereinfachung gerundet)}$$

Der Terminkurs beträgt folglich 1,6577 – 0,0124 = 1,6453. Zum vereinbarten Termin liefert der Exporteur die USD, erhält den Gegenwert von 164530 DM, und die Bank zahlt den USD-Kredit zurück. Die Kurssicherungskosten (hier 165770 –164530 = 1240 DM) lassen

Abb. H-3.2/5: **Terminkurse**

Devisen und Noten

22.4.93	Dis- kont- satz	Frankfurter Devisen Geld	Brief	Wechs. Ankfs.- Kurs[3])	Noten- verk.* (DM)	Zürich Noten- verk.**
Am. Dollar[1])	3	1.5968	1.6048	1.5981	1.67	1.51
Aust.Dollar[1])*)	7	1.1370	1.1490	—	1.23	1.10
Belg. Fr.	7	4.8500	4.8700	4.8590	4.97	4.59
Brit. Pfund[1])		2.4680	2.4820	2.4630	2.58	2.35
Dän.Kronen	9.25	26.020	26.140	25.900	27.15	25.00
D-Mark	7.25	—	—	—	—	93.25
Finnmark	7	28.830	29.030	28.750	29.90	28.00
Fr. Franc		29.525	29.685	29.505	30.55	27.90
Gr.Drach.*)	19	0.7150	0.7550	—	0.89	0.73
Holl.Gulden	7	88.875	89.095	88.980	90.30	83.75
Hongk. Dollar*)		20.61	20.81	—	24.50	—
Ir. Pfund[1])	10.5	2.4310	2.4450	2.4340	2.52	—
It. Lire[2])	11.5	1.0415	1.0515	1.0360	1.115	0.99
Jap. Yen	2.5	1.4500	1.4530	1.4515	1.47	1.37
K.Dollar[1])	5.27	1.2658	1.2738	1.2664	1.34	1.21
Neus.Dollar[1])*)		0.8600	0.8720	—	—	—
Norw. Kronen		23.540	23.660	23.560	24.60	22.75
Öst. Schill.	7	14.191	14.231	14.211	14.37	13.40
Port.Escud.	14.5	1.0670	1.0870	1.0560	1.23	1.05
Südaf. Rd. F[1])*)		0.3390	0.3550	—	0.60	—
Südaf. Rd. H[1])*)		0.4995	0.5115	—	—	—
Schw.Kron.	7	21.570	21.730	21.530	22.65	20.75
Schw.Frank.	5	109.690	109.890	109.730	110.70	—
Span.Pes.	13	1.3710	1.3810	1.3590	1.465	1.32
Türk.Lira*)		0.0170	0.0180	—	—	—

100 Einh.; [1]) 1 Einh.; [2]) 1000 Einh.; [3]) 90 Tage; *) nicht amtl.; **) gegen sfr.

Termine (Swapsätze in Pfg.) 1, 3, 6 Monate (Mittelkurse): **Dollar:** 0,68; 1,90; 3,42 Aufschlag; **Pfund:** 0,45; 1,16; 1,73 Aufschlag; **Franc:** 3,2; 7,4; 13,6 Abschlag; **Gulden:** 3,0; 0,6; 15,1 Aufschlag; **Schweizer Franken:** ±0; ±0; ±0 Aufschlag.

Tendenz: Geringe Veränderungen.

Quelle: Berliner Handels- und Frankfurter Bank (BHF-Bank)

Europäische Währungseinheit (Ecu) am 22. April:
In D-Mark 1,95028 (Ecu-Leitkurs: 1,95294).
In Dollar 1,21931 (12. März 1979: 1,35444).

sich folglich im voraus recht präzise ermitteln und für die Preiskalkulation bzw. die Verhandlungen über den Kaufpreis berücksichtigen. Die Kreditinstitute berechnen i.d.R. für Devisen-Termingeschäfte keine Bearbeitungsgebühren, Courtagen oder Spesen, da sie an einer Marge verdienen, die in den Terminkurs einbezogen ist. Allerdings muß der Kunde bei Termingeschäften meist eine **Sicherheit** leisten, z.B. durch Verpfändung von Wertpapieren. Die reinen Kurssicherungskosten (ggf. entsprechende Kurssicherungserträge) lassen sich durch folgenden Ansatz ermitteln:

$$\text{Kurssicherungskosten in \%} = \frac{\text{Swapsatz} \times \text{Zinsdifferenz} \times \text{Tage}}{360 \times 100}$$

Für die Wechselkursabsicherung per Termin ist der richtige *Zeitpunkt* wichtig. Betrachten wir wiederum unseren Exportfall. Strenggenommen müßte die Kursabsicherung zum Zeitpunkt des *Angebots* erfolgen. Dies ist jedoch problematisch, weil der Auftrag möglicherweise nicht zustande kommt. Realistischer ist also der Zeitpunkt des *Vertragsabschlusses*, wobei aber ein ungesichertes Risiko zwischen Angebotstermin und Auftragstermin verbleibt. Eine dritte Möglichkeit ist die Kurssicherung am *Fakturierungstag*, wobei jedoch der Risikozeitraum entsprechend größer ist. Hinzu kommt eine gewisse Unsicherheit hinsichtlich des tatsächlichen Eingangs des Devisenbetrages sowie auch hinsichtlich der exakten Höhe, da u.a. nicht feststeht, ob Skonto ausgenutzt wird oder Mängelrügen geltend gemacht werden (Minderung). Derartige offene Risiken lassen sich natürlich in der Kalkulation durch entsprechende Risikozuschläge berücksichtigen.

H-3.2.2.5. Devisenoptionen

Durch *Hedging* und *Matching* kann – wie dargestellt – das Wechselkursrisiko ausgeschaltet werden. Der Einsatz dieser Instrumente setzt aber u.a. die Kenntnis fester Abwicklungstermine voraus, was z.B. bei Ausschreibungen mit ungewissem Zeitpunkt des Zuschlags nicht immer gegeben ist. Gleichzeitig muß aber auch auf die Möglichkeit verzichtet werden, von einer günstigen Kursentwicklung zu profitieren. Dies hingegen ist bei **Devisenoptionen** möglich: Der Inhaber einer Devisenoption hat – im Gegensatz zum Termingeschäft – z.B. das *Recht*, nicht aber die Pflicht, Dollars zu einem vereinbarten Kurs zu verkaufen. Liegt zum entsprechenden Termin der Kassakurs höher, wird der Optionsinhaber seine Option verfallen lassen und zum Kassakurs tauschen. Diese Form der Kursabsicherung ist allerdings um einiges teurer als die Devisen-Termin-Absicherung. Als Kurssicherungsinstrument im eigentlichen Sinne kann man Devisenoptionen aufgrund ihres stark spekulativen Charakters nur in eingeschränktem Maße bezeichnen.

Wenn das Optionsrecht darin besteht, eine Währung kaufen zu dürfen, spricht man von einer **Call-Option**, beim Verkaufsrecht von einer **Put-Option**. Auf Einzelheiten kann hier nicht eingegangen werden.

Eine Anmerkung am Rande: Unter **Spekulation** versteht man Geschäfte, die eine günstige Entwicklung zwischen *zwei Zeitpunkten* ausnutzen wollen. Z.B. bedeutet eine Kursspekulation, daß ein Käufer von Fremdwährung darauf hofft, daß der Kurs dieser Währung steigt und er später Kassa günstiger verkaufen kann, als er jetzt angekauft hat. Auch per Termin ließe sich u.a. so spekulieren, daß man per Termin Dollars verkauft in der Hoffnung, daß der Kassakurs entsprechend niedriger liegt und man die Verkaufsverpflichtung also günstig am Kassamarkt eindecken kann. Für sich genommen, sind Solo- bzw. Outright-Geschäfte Spekulationsgeschäfte. Analog gibt es auch Zinsspekulation.

Im Gegensatz zur Spekulation spricht man von (Kurs-)**Arbitrage,** wenn Kursunterschiede ausgenutzt werden, die *zum selben Zeitpunkt* bestehen, indem man z.B. Kassa-Dollars in New York kauft und sofort mit Gewinn in Frankfurt verkauft. Analog gibt es Zinsarbitrage. Kursarbitrage beschränkt sich in der Praxis auf das Ausnutzen geringer Kursunterschiede, die sich auch sehr schnell wieder ausgleichen können bzw. sogar ins Gegenteil verkehren können. Das Risiko der Devisenkursspekulation ist entsprechend hoch.

H-3.2.2.6. Devisen-Swaps

Sprachlich und sachlich verwandt mit dem o.a. Swapgeschäft im Zusammenhang mit Devisentermingeschäften sind Devisenswaps in folgender Form (Abb. H-3.2/6):

Abb. H-3.2/6: **Swaps**

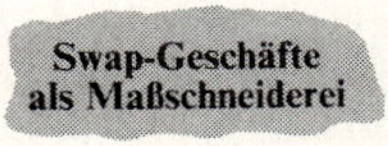

Swap-Geschäfte als Maßschneiderei

Das Prinzip des **Devisenswaps** liegt im *Tausch* von zwei Kapitalsummen in zwei verschiedenen Währungen auf Zeit (einschließlich der damit verbundenen *Zinsverpflichtungen*), nach deren Ablauf die Swappartner ihre ursprüngliche Währung wieder zurücktauschen, so daß ihnen kein Wechselkursrisiko entsteht (vgl. das Beispiel des japanischen Unternehmens und der deutschen Bank oben in Abschn. H-3.2.2.3). Hin- und Rück‹tausch› bedeuten *de facto* Kauf und Rück-Verkauf auf der Basis *desselben* Kurses, im Gegensatz zu Devisentermingeschäften, denen sie ansonsten sehr ähneln: Allerdings ist das Devisentermingeschäft für den Exporteur oder Importeur i.d.R. ein Sologeschäft, für die beteiligte Bank ein Swapgeschäft, während beim Devisenswap im hier angesprochenen Sinn beide Partner sowohl ein Kassa- als auch ein Termingeschäft miteinander abschließen. Kosten entstehen durch die Differenz zwischen den Marktzinsen, die in Form des **Swapsatzes** berücksichtigt werden: Der Swappartner, der während des Devisenswaps z.B. den niedrigeren Soll-Zins zu entrichten hat, muß seinem Tauschpartner den Swapsatz zahlen. Devisenswaps bieten sich zwischen Partnern an, die aus jeweils subjektiven Gründen für den Swapzeitraum eine Konvertierung mit entsprechender Rückkonvertierung vermeiden wollen bzw. wenn dies nicht möglich ist, z.B. wenn eine Konzerntochter ihren Sitz hat in einem Land mit Devisenrestriktionen. (Das Instrument von **Zins-Swaps** – Austausch von fixen gegen variable Zinsverpflichtungen – hat keine risikobegrenzende, sondern eine Finanzierungs- bzw. Kostenminimierungsfunktion, weshalb auf eine Darstellung hier verzichtet wird.)

H-3.2.3. Staatliche Wechselkursbesicherung

In Abschn. H-2.4.4.6 wurde bereits ausgeführt (hier nur einige Stichworte), daß die staatliche Exportkreditversicherung im Rahmen von Hermes-Gewährleistungen das Wechselkursrisiko nicht einschließt. Dies beruht auf dem Subsidiaritätsprinzip, nach dem Hermes nicht in Konkurrenz zu privaten Besicherungsmöglichkeiten treten darf. Die Wechselkursrisiko-Absicherung ist am Markt allerdings nur kurzfristig möglich (maximal 24 Monate). Daher kann für bestimmte Währungen (US-Dollar, Pfund Sterling, Schweizer Franken, in Ausnahmefällen auch andere Währungen) bei Hermes eine spezielle Wechselkursversicherung abgeschlossen werden. Die staatliche Gewährleistung deckt dabei erst das Risiko nach Ablauf der Vorlaufzeit von mindestens 24 Monaten ab (auch längere Fristen können vereinbart werden); der vorangehende Zeitraum muß – sofern gewünscht – privat besichert werden. Die Haftung geht vom Devisenmittelkurs am letzten Tag der Vorlaufzeit aus. Geschäfte innerhalb der EG sind

Abb. H-3.2/7: **Währungsoptionen**

US-$	Kaufoptionen (Call)				Verkaufsoptionen (Put)			
Basispreis	15/17 MAR	14/16 JUN	13/15 SEP	13/15 DEC	15/17 MAR	14/16 JUN	13/15 SEP	13/15 DEC
1.55	10.80-11.00	13.10-13.3	14.75-14.95	15.90-16.10	0.90-1.10	1.75-1.95	2.40-2.60	2.90-3.10
1.60	7.10-7.30	9.70-9.90	11.45-11.65	12.75-12.95	2.15-2.35	3.15-3.35	3.90-4.10	4.40-4.60
1.65	4.25-4.45	6.85-7.05	8.65-8.85	10.00-10.20	4.20-4.40	5.10-5.30	5.85-6.05	6.30-6.50

Yen	Kaufoptionen (Call)				Verkaufsoptionen (Put)			
Basispreis	04/08 FEB	05/07 APR	05/07 JUL	04/07 JAN	04/08 FEB	05/07 APR	05/07 JUL	04/07 JAN
1.25	6.40-6.60	8.05-8.25	9.75-9.95	12.10-12.30	0.15-0.35	0.90-1.10	1.40-1.60	1.95-2.15
1.30	2.65-2.85	4.65-4.85	6.40-6.60	8.90-9.10	1.40-1.60	2.40-2.60	2.90-3.10	3.40-3.60
1.35	0.65-0.85	2.30-2.50	3.90-4.10	6.20-6.40	4.40-4.60	4.95-5.15	5.20-5.40	5.35-5.55

Quelle: Bay. Vereinsbank AG, München

ausgeschlossen, da dies nach Art. 92ff. EWG-Vertrag als eine unzulässige Exportbeihilfe anzusehen wäre. Kursverluste sind nur gedeckt, wenn sie 3% übersteigen. Kursgewinne über 3% müssen an den Bund abgeführt werden. Das Entgelt für Wechselkursdeckungen beträgt 0,6–0,7% der ausstehenden Forderung.
Abb. H-3.2/8 faßt die behandelten Instrumente zur Wechselkursabsicherung zusammen.

Abb. H-3.2/8: **Instrumente zur Wechselkursabsicherung** (Übersicht)

- Fakturierung in Inlandswährung
- Fakturierung in Inlandswährung
- Währungsklauseln/Währungsoptionsrechte
- Bankgarantien, Avale, Bürgschaften
- bestätigtes Akkreditiv
- Forderungsverkauf
  - Factoring
  - Forfaitierung
  - Diskontierung von Auslandswechseln
  - Negoziierung von Akkreditiven
- Lagging
- Matching (Hedging, Netting, Covering)
- Fremdwährungskonten
- Devisen-Termin-Geschäfte (Hedging, futures) (Solo-/Outrightgeschäft, Swapgeschäft)
- Devisenoptionen
- Devisen-Swaps
- Staatliche Wechselkursbesicherung

Schlußbemerkung

In den vorangehenden Kapiteln wurde ein breites Spektrum von Themen behandelt, die für die betriebliche Außenwirtschaft von Bedeutung sind. Obgleich dieses Buch für ein Taschenbuch recht umfangreich ist, kann es dennoch nicht alle Aspekte erschöpfend behandeln: Dem einen Leser mag dieser Abschnitt zu kurz geraten sein, dem anderen erscheint jenes Kapitel hingegen zu ausführlich. Ein zentrales Problem ist dabei grundsätzlich der Versuch, aktuell zu sein: Ein Überblick über alle außenwirtschaftlich relevanten Bereiche ist eine Sysiphusarbeit, denn sehr häufig verändern sich die gerade beschriebenen Tatbestände, insbesondere im rechtlichen Bereich. Dieses Problem stellt sich aber für jedes praxisorientierte Buch, weil zwischen Manuskriptfertigstellung und Drucklegung des Buches durchaus 8–10 Monate vergehen können.
Dessenungeachtet dürfte deutlich geworden sein, daß die außenwirtschaftliche Betrachtung aus betrieblicher Sicht sehr eng verflochten ist mit gesamtwirtschaftlichen Aspekten, sei es in rechtlicher, institutioneller oder allgemein wirtschaftspolitischer Hinsicht. Für das Verständnis betriebswirtschaftlicher Probleme der Außenwirtschaft allgemein und des Außenhandels im besonderen sind nach meiner Auffassung die gesamtwirtschaftlichen Zusammenhänge unabdingbar. Und hierfür gilt das gerade Gesagte in besonderem Maße: Volkswirtschaftliche und wirtschaftspolitische Themen mußten aus diesem Buch logischerweise weitestgehend ausgeklammert bleiben. Einem an der verständlichen Darstellung orientierten Autor fällt es dabei oft schwer, auf angrenzende, weiterführende oder vertiefende Aspekte zu verzichten. Trotz des möglichen Vorwurfs, Eigenwerbung zu betreiben, sei der interessierte Leser daher auf ergänzende Lehrbücher des Verfassers verwiesen: Grundlegende gesamtwirtschaftliche Zusammenhänge werden in «*Volkswirtschaftslehre. Einführende Theorie mit praktischen Bezügen*» (UTB 1504, 3. Auflage 1991) behandelt. Dieses Buch wird wiederum erweitert und vertieft durch «*Wirtschaftspolitik. Eine praxisorientierte Einführung*» (UTB 1317, 5. Auflage 1992), und beide Bücher werden ergänzt durch ein «*Arbeitsbuch Volkswirtschaftslehre / Wirtschaftspolitik*» (UTB 1537, 2. Auflage 1993).
Ich würde mich sehr über Reaktionen von Lesern und Nutzern dieses *Außenwirtschaftsbuches* freuen, durchaus auch in kritischer Hinsicht, denn gerade eine 1. Auflage ist sicherlich noch verbesserungsfähig.

Einige Literaturhinweise

Zu Kapitel A

Altmann, J., Internationale Arbeitsteilung und Weltwirtschaft, 2. Aufl., Tübingen 1988

Altmann, J., Internationale Wirtschaftsbeziehungen, Opladen 1984

Altmann, J., Wirtschaftspolitik, 5. Aufl., Stuttgart 1992

Altmann, J., Volkswirtschaftslehre, 3. Aufl., Stuttgart 1991

Binder/Siemann/Hackenschmidt, Kompensation im Auslandsgeschäft, Köln 1991

BMWi (Hrsg.), ABC der EG, Bonn 1990

BMWI, Entwicklung der Leistungsbilanz, Bonn 1990

BMWI, Wirtschaftspolitische Konsequenzen aus den außenwirtschaftlichen Beziehungen, 2. Aufl., Wiesbaden 1982

Borchert, M., Außenwirtschaftslehre, Frankfurt 1992

Bundesverband des deutschen Groß- und Außenhandels, Unternehmen im Kompensationshandel, 3. Aufl., Bonn 1992

Busch, B., EG-Binnenmarkt: Herausforderung für Unternehmen und Politik, Köln 1989

Butt, Dietmar/Hölscher, Wilfried, Außenwirtschaftslexikon, 2. Aufl., Köln 1989

Deutsche Bank (Hrsg.), Außenwirtschafts-Alphabet, Frankfurt 1986

Deutsche Bundesbank (Hrsg.), Die Zahlungsbilanzstatistik der Bundesrepublik Deutschland, Sonderdruck der Deutschen Bundesbank Nr. 8

Deutscher Genossenschaftsverlag, Außenwirtschaftslexikon, Wiesbaden 1989

Dieckheuser, G., Internationale Wirtschaftsbeziehungen, München 1990

Dresdner Bank (Hrsg.), Außenwirtschaftslexikon, 2. Aufl., Köln 1989

Eichhorn, G., Informationen zum Auslandsgeschäft, 5. Aufl., Stuttgart 1989

Gemper, Bodo B., Internationale Koordination und Kooperation, Hamburg 1990

Glismann, Hans-Hinrich u.a., Weltwirtschaftslehre Bd. 1: Außenhandels- und Währungspolitik, Göttingen 1986

Glismann, Hans-Hinrich u.a., Weltwirtschaftslehre Bd. 2: Entwicklungspolitik, 3. Aufl., Göttingen 1987

Haury, S., Laterale Kooperation zwischen Unternehmen: Erfolgskriterien, Chur 1989

Heiduk, G., Fachbegriffe der Außenwirtschaft, 5. Aufl., Stuttgart 1989

IHK Hamburg (Hrsg.), Assoziierungsabkommen mit Polen, Ungarn, CSFR, Hamburg 1992

Jahrmann, F.U., Außenhandel, 5. Aufl., Ludwigshafen, 1988

Jastorff, M.A., Inlandsinvestitionen zur Exportintensivierung oder Auslandsd, Frankfurt 1989

Kersch, A., Wechselkursrisiken, internationaler Handel und Direktinvestionen, Hamburg 1987

König, W. u.a., Betriebliche Kooperation mit den Entwicklungsländern, Tübingen 1987

Nagel K./Numrich, K.J., Außenwirtschaft der Unternehmung, Berlin 1984

Nerreter, W./Stöcher, J., Import und Export, 6. Aufl., Berlin 1989

Ohling, J., Handbuch Export, Import, Spedition, 10. Aufl., Wiesbaden 1986

Opitz, P., Weltprobleme, 3. Aufl., Bonn 1990

Rath, Herbert, Neue Formen der internationalen Unternehmenskooperation, Hamburg 1990

Sachs, R., Leitfaden Außenwirtschaft, 5. Aufl., Wiesbaden 1989

Schoppe, S.G., Kompendium der internationalen Betriebswirtschaftslehre, München/Wien, 1991

Stadtsparkasse Münster (Hrsg.), Fachbegriffe der Außenwirtschaft, Münster 1991

Zu Kapitel B

Barfuss, W., Kartellrecht, 4. Aufl., Wien 1989

Bechthold, R., Die Entwicklung des deutschen Kartellrechts von 1981 bis 1983, 1984

Becker, U., Der Gestaltungsspielraum der EG-Mitgliedstaaten, Baden-Baden 1991

Biehl, D., Zur Reform der EG-Finanzverfassung, Bonn 1990

Blank, J., Europäische Fusionskontrolle im Rahmen der Art. 85/86 des EWV, Baden-Baden 1991

BMWi (Hrsg.), ABC der EG, Bonn 1990

Boltersdorf, J., Die Grenzen von Wirtschaftsmacht: Die Exportkontrollpolitik, Berlin 1989

Brendl, Erich, Euro-Produkt-Haftung des Handels, 2. Aufl., Freiburg 1990

Bress, L., Europa im Wandel: Gegenwart und Zukunft der Wirtschaftsbeziehungen, München 1989

Brindlmayer, Maria u.a., Wege zum Binnenmarkt 1992, 2. Aufl., Bonn 1989

Brösskamp, Markus, Meistbegünstigung und Gegenseitigkeit im GATT, Köln 1990

Bundeszentrale für politische Bildung, Die Europäische Gemeinschaft, Bonn 1990

Busch, B., EG-Binnenmarkt: Herausforderung für Unternehmen und Politik, Köln 1989

Caspari, Manfred, Wettbewerbsfragen der Europäischen Gemeinschaft, Berlin 1990

Cecchini, P., Europa 92: Der Vorteil des Binnenmarktes, Baden-Baden 1988

Cox, H. u.a. (Hrsg.), Handbuch des Wettbewerbs. Wettbewerbstheorie, -politik, -recht, München 1981

David, Rene/Grasmann, Günther, Einführung in die großen Rechtssysteme der Gegenwart, München 1988

DIHT (Hrsg.), Wegweiser zum EG-Binnenmarkt, 3. Aufl., Köln 1990

Emmerich, V., Kartellrecht, 4. Aufl., München 1982

EG (Hrsg.), EWG-Vertrag, Grundlage der Europäischen Gemeinschaft, Bonn 1990

EG-Kommission (Hrsg.), Europa – Dritte Welt, ein Dialog, Luxemburg 1989

EG-Kommission (Hrsg.), Europa nach Maastricht. Die Union, Bonn 1992

EG-Kommission (Hrsg.), Schaffung eines europäischen Finanzraumes, Köln 1988

Ernsthaler, J. (Hrsg.), Europäischer Binnenmarkt: Stand und Zukunftsperspektiven, Berlin 1990

Fikentscher, W., Weltwirtschaftsrecht, München 1983

Fröhlich, H.-P., Das GATT am Scheideweg, Köln 1989

Fröhlich, H.-P., Freier Kapitalverkehr in Europa, Köln 1990

IHK Hamburg (Hrsg.), Assoziierungsabkommen mit Polen, Ungarn, CSFR, Hamburg 1992

Klippert, V., Die wettbewerbsrechtliche Beurteilung von Konzernen, Berlin 1984

Jäger, G., Das große Euro-Handbuch. EG-Staaten und EFTA-Länder., Bonn 1992

Klaue, S., Die europäischen Gesetze gegen Wettbewerbsbeschränkungen, Berlin 1990

Läufer, T. (Hrsg.), EWG-Vertrag, 5. Aufl., Bonn 1990

Mathijsen, P., Einführung in das Recht der Europäischen Gemeinschaften. Ein Grundriß, 1992

Monopolkommission des Dt. Bundestages, Hauptgutachten des Monopolkommission (versch. Jahrgänge)

Möschel, W., Recht der Wettbewerbsbeschränkungen, Köln 1983

Naujoks, W. (Hrsg.), EG-Länderprofile, Köln 1990

Oppermann, Th., Europa-Leitfaden: Ein Wegweiser zum europäischen Binnenmarkt, Regensburg 1989

Scharrer, H.-E./Erbe S., Die deutsche Wirtschaft und die EG, Bonn 1990

Schäfers, M./Starbatty, J., Das Instrumentarium der EG zur Förderung innergemeinschaftlicher Wirtschaftsbeziehungen, Bonn 1990

Schmidt, J., Wettbewerbspolitik und Kartellrecht, 2. Aufl., Stuttgart 1987

Seidel, M., Rechtsangleichung und Rechtsgestaltung in der Europäischen Gemeinschaft, Baden-Baden, 1990

Stolz, K., Das öffentliche Auftragswesen in der EG, Baden-Baden, 1991

Werner, H., Perspektiven und Probleme des Gemeinsamen Marktes 1993, Bonn 1990

Zu Kapitel C (vgl. auch zu Kap. H)

Aume/Niesr, Maastricht und was dann? Perspektiven der europäischen Wirtschafts- und Währungsunion, Bonn 1992

Bayerische Vereinsbank (Hrsg.), Das Devisengeschäft, München 1992

Beck, M., Devisenmanagement: Wechselkursrisiken aus operativer u. strategischer Sicht, Wiesbaden 1990

Casal, Chr., Problematik mittelfristiger Wechselkursschwankungen für internationale Unternehmen, St. Gallen 1989
Deutscher Genossenschaftsverlag, Devisen und Devisenmärkte, Wiesbaden 1989
EG-Kommission (Hrsg.), Schaffung eines europäischen Finanzraumes, Köln 1988
Eckes, E.H./Kleinheyer, N., ECU – Funktion und Verwendung, 3. Aufl., Bonn 1991
Fischer-Erlach, P., Handel und Kursbildung am Devisenmarkt, Frankfurt 1989
Flasbeck, H., Freihandel, GATT und das internationale Währungssystem, Tübingen 1985
Gemper, B. (Hrsg.), Protektionismus in der Weltwirtschaft, Hamburg 1984
Glismann, Hans-Hinrich u.a., Weltwirtschaftslehre Band 1: Außenhandels- und Währungspolitik, Göttingen 1986
Gutowski, A. (Hrsg.), Der neue Protektionismus, Hamburg 1984
Hager/Taylor/Noelke, Protektionismus in der EG und im Welthandel, Brüssel 1982
Kersch, A., Wechselkursrisiken, internationaler Handel und Direktinvestion, Hamburg, 1987
Oberlack, H.G., Handelshemmnisse durch Produktstandards, Hamburg 1990
Schneeberger, B., Wirtschaftspolitische Implikationen alternativer Wechselkurse, Chur 1989
Spiethoff, B., Geld-Kredit-Währung, Berlin 1990
Stadtsparkasse Münster (Hrsg.), Die Absicherung von Fremdwährungsrisiken, Münster 1991
Steinel, H., Das Europäische Währungssystem, Bonn 1990
Wallner, J., Wechselkursunsicherheit: Ursachen, Messung und Auswirkungen, Frankfurt 1989
Wermuth D./Ochonsky, W., Strategien an Devisenmärkten, Wiesbaden 1983

Zu Kapitel D

Allmendinger, B., Gestaltung von Liefer- (Kauf-) Verträgen im Auslandsgeschäft, Köln 1991
Bredow, Jens, Incoterms 1990: Wegweiser für die Praxis, Bonn 1990
Bernstorff, Chr. v., Rechtsprobleme im Auslandsgeschäft, Frankfurt, 1987
bfai (Hrsg.), Exportbedingungen nach UNCITRAL-Kaufrecht, Köln 1991
bfai (Hrsg.), Gesellschaftsrecht I. GmbH, AG, KGaA, Köln 1992
bfai (Hrsg.), Rechtsfragen im Auslandsgeschäft. Kurzdarstellung, Köln 1980
bfai (Hrsg.), Wiener UNCITRAL-Übereinkommen, 3. Aufl., Köln 1988
Deutscher Genossenschaftsverlag, Dokumentäres Auslandsgeschäft, Wiesbaden 1990
Deutscher Genossenschaftsverlag, Dokumentenakkreditive. ICC-Erläuterungen, Wiesbaden 1986
Deutscher Genossenschaftsverlag, Dokumentengeschäft – Grundlagen Inkasso, Wiesbaden 1989

Gerlach, A., Leitfaden der Zahlungsbedingungen und rationellen Zahlungsabwicklung, Düsseldorf 1989
Gerlach, A., Zahlungsziele und deren Refinanzierung im Exportgeschäft, Köln 1991
Glossner, O./Bredow, J./Buhler, Das Schiedsgericht in der Praxis, Heidelberg 1990
Handelskammer Hamburg (Hrsg.), K und M (Konsulats- und Mustervorschriften), Hamburg 1991
Helbling, J., Akkreditive, Dokumentar-Inkassi, Bankgarantien, Zürich 1987
Huber, Edgar/Schäfer, Hanspeter, Dokumentengeschäft und Zahlungsverkehr, 2. Aufl., Frankfurt 1990
Husslein-Stich, Gabriele, Das UNCITRAL-Modellgesetz über die internationale Handelsschiedsgerichtsbarkeit, Köln 1990
ICC (Hrsg.), Vergleichs- und Schiedsgerichtsordnung, Paris 1988
Lang, Dietrich, Rechtsfragen beim Wechsel, 10. Aufl., 1988
Langendorf, H., Prozeßführung im Ausland und Mängelrüge im ausländischen Recht, Hagen 1989
Langendorf, H., Rechtsverfolgung von Auslandsgeschäften, Köln 1982
Reitz, G., Export-Finanzierung: Neue und erprobte Formen, Heidelberg 1989
Reitz, G., Exportfinanzierung im Wandel, Heidelberg 1988
Sandrock, D., Handbuch der internationalen Vertragsgestaltung, 2 Bände, Heidelberg 1989
Schütze, Anerkennung und Vollstreckung deutscher Urteile im Ausland, Herne/Berlin 1973
Sparkasse (Hrsg.), Dokumente (vgl. Kommentar), 1990
Sparkasse (Hrsg.), Einheitliche Richtlinien und Gebräuche für Dokumenten-Akkreditive, 1990
Sparkasse (Hrsg.), Internationale Vertragsformeln (Incoterms); (vgl. Kommentar), 1990
Stadtsparkasse Münster (Hrsg.), Die Außenhandelsfinanzierung, Münster 1991
Stadtsparkasse Münster (Hrsg.), Das Dokumentenakkreditiv, Münster 1991
Stadtsparkasse Münster (Hrsg.), Das Dokumenteninkasso, Münster 1991
Stadtsparkasse Münster (Hrsg.), Das internationale Wechsel- und Scheckrecht, Münster 1991

Zu Kapitel E

Commerzbank (Hrsg.), Leitfaden für das Außenwirtschaftsrecht, Frankfurt 1989
Deutscher Genossenschaftsverlag, Außenwirtschaftsrecht, Wiesbaden 1990
Deutscher Wirtschaftsdienst, Außenwirtschaftsrecht, Köln 1992
Dresdner Bank (Hrsg.), Außenwirtschaftsrecht 1989, 19. Aufl., Köln 1989
Dresdner Bank (Hrsg.), Handbuch Außenwirtschaftsrecht, 1991
Hucko, E., Außenwirtschaftsrecht, 3. Aufl., Köln 1992
Rister, Außenwirtschaftsrecht (Loseblattsammlung), Regensburg 1991

Stadtsparkasse Münster (Hrsg.), Das Außenwirtschaftsgesetz, Münster 1991
Stadtsparkasse Münster (Hrsg.), Die Außenwirtschaftsverordnung, Münster 1991
Wapenhensch, J. (Hrsg.), Das neue Außenwirtschaftsrecht, Berlin 1990

Zu Kapitel F

Becker, H., Der praktische Zollhelfer, Bonn 1993
Bundesanzeiger, Zölle, Abgaben, Steuern, aktuell, Köln/Bonn 1991
Finschow, J., Das Zollbuch, Berlin 1988
Fuchs, K., Wirtschaftliches Zollverfahren. Zollrechtliche Vorbereitung auf eine Teilnahme, 1989
Koch, K., Zollrecht (vgl. Kommentar), Berlin 1990
Reichwald, W., Rationelle Zollabwicklung der Exporte, Köln 1991
Schröder, S., Das private Zollager als Distributionszentrum und Profitcenter, 1991
Stadtsparkasse Münster (Hrsg.), Die Importbestimmungen anderer Länder (vgl. Kommentar), Münster 1991
Witte, P./Wolfgang, H.-M., Lehrbuch des Zollrechts, Münster 1991
Wockenfoth, K. (Hrsg.), Zoll-Leitfaden für die Betriebspraxis, 9. Aufl., Berlin 1987

Zu Kapitel G

Bundeszentrale für politische Bildung, Agrarpolitik, Bonn 1990
Neumann, H.-P., Die EWG-Agrarmarktpolitik. System und Probleme, Köln 1989

Zu Kapitel H (vgl. auch zu Kap. C)

Beck, M., Devisenmanagement: Wechselkursrisiken aus operativer u. strategischer Sicht, Wiesbaden 1990
Casal, Chr., Problematik mittelfristiger Wechselkursschwankungen für internationale Unternehmen, St. Gallen 1989
Deutscher Genossenschaftsverlag, Devisen und Devisenmärkte, Wiesbaden 1989
Eilenberger, G., Währungsrisiko, Währungsmanagement und Devisenkurssicherung, Frankfurt 1986
Fürer, Guido, Risk Management im internationalen Handel, Bern 1990
Hauptmann, L., Exportkreditversicherung in der BRD, Frankfurt 1988
Heidemann, H., Währungsrisiken im Außenhandel und ihre Abwehr, Frankfurt 1980
Hettich, Richard, Die Produkthaftung, 2. Aufl., 1990

Hichert, I., Staatliche Exportabsicherung. Die Hermesdeckung, Wuppertal 1986

Hoechst, Peter, Die US-amerikanische Produzentenhaftung, 1986

Jokisch, J., Betriebswirtschaftliche Währungsrisikopolitik, Stuttgart 1987

Kersch, A., Wechselkursrisiken, internationaler Handel und Direktinvestion, Hamburg 1987

Köpplinger, H./Wolfrum, B., Risiken im Auslandsgeschäft, 1986

Loscher, G., Zum Problem der Identifizierung des politischen Risikos, München 1984

Meyer, M., Die Beurteilung von Länderrisiken der internationalen Unternehmung, Berlin 1987

Reszat, B., Devisenkurssicherung und Währungsspekulation, Hamburg 1987

Rogers, J. (Hrsg.), Global risk assessments, Riverside/Calif. 1983

Schwab, St., Risiko-Management durch staatliche Exportkreditversicherung, Frankfurt 1989

Stadtsparkasse Münster (Hrsg.), Die Absicherung von Fremdwährungsrisiken, Münster 1991

Stolzenburg, G., Die staatliche Exportkreditversicherung, 2. Aufl., Köln 1987

Wallner, J., Wechselkursunsicherheit: Ursachen, Messung und Auswirkungen, Frankfurt 1989

Wittstock, M./Dahremöller, A., Finanzierung und Risikoabsicherung des Exports mittelständischer Unternehmen, Stuttgart 1984

Register

Hinweis

Um das Auffinden von Stichwörtern zu erleichtern, sind bestimmte Begriffe nicht nur substantivisch, sondern auch adjektivisch eingeordnet. So ist z. B. «aktive Leistungsbilanz» unter ‹A› (aktiv) und unter ‹L› (Leistungsbilanz, aktive) zu finden.

SEMPER BONIS ARTIBUS
GUSTAV
FISCHER

Absender:

....

....

....

☐ Teilverzeichnis Wirtschaftswissenschaften/ Datenverarbeitung/Statistik (kostenlos)

Falls keine Buchhandlung bekannt, bitte einsenden an:

UTB FÜR WISSENSCHAFT
Uni-Taschenbücher GmbH, Postfach 80 11 24,
D-70511 Stuttgart

X. 93. 4,5. nn. Printed in Germany
Altmann, Außenwirtschaft, UTB 1750

Bitte
ausreichend
frankieren

Werbeantwort/Postkarte

An die Buchhandlung